Peter A. Bruck (Hrsg.)

Medienmanager Staat

Von den Versuchen des Staates, Medienvielfalt zu ermöglichen

Medienpolitik im internationalen Vergleich

Ein Buch aus dem Forschungsprogramm
Ökonomie und Zukunft der Printmedien, finanziert vom
Bundesministerium für Wissenschaft und Forschung,
Republik Österreich

Forschungsprogramm "Ökonomie und Zukunft der Printmedien"

Forschungsmanagement

Leiter des Forschungsprogramms
Univ. Prof. DDr. Peter A. Bruck

Wissenschaftliche Assistentin
Dr. Iris Melcher-Smejkal

Wissenschaftliche und administrative Unterstützung
Mag. Hannes Selhofer
Andrea Himsl M.A.
Susanne Tiefenbacher
Lucas Schneider-Manns-Au

Wissenschaftlicher Projektbeirat

Vorsitzender: Dr. Wolfgang Vyslozil, Austria Presse Agentur, Wien

Mitglieder: Min. Rat. Dr. Georg Becker, Bundesministerium für Wissenschaft und Forschung, Wien; Min. Rat. Dr. Hermann Bodenseher, Bundesministerium für Wissenschaft und Forschung, Wien; Dkfm. Hans Peter Halouska, ÖAMTC-Betriebe, Wien; Dr. Clemens Hüffel, Bundesministerium für Wissenschaft und Forschung, Wien; Mag. Franz Ivan, Die Presse, Wien; Vertriebsleiter Winfried König, Salzburger Nachrichten, Salzburg; Univ. Prof. Dr. Wolfgang Langenbucher, Universität Wien; Dr. Gertraud Lankes, V.Ö.Z., Wien; Dr. Max Mitterhauser, Oberösterreichische Nachrichten, Linz; Dr. Peter Muzik, trend, Wien; Dr. Susanne Obermayer, Austria Presse Agentur, Wien; Univ. Prof. Dr. Heinz Pürer, Universität München; Chefredakteur Josef Riedler, Neue Zeit, Graz; Univ. Prof. Dr. Michael Schmolke, Universität Salzburg.

Das Forschungsprogramm **Ökonomie und Zukunft der Printmedien** zielt auf eine umfassende wissenschaftliche Darstellung der österreichischen Tageszeitungsbranche im internationalen Vergleich mit der Schweiz, Deutschland, Schweden und anderen Ländern ab. Das Forschungsprogramm will die Ursachen- und Wirkungszusammenhänge für die Entwicklung von Printmediensystemen einsichtig machen. Daran schließen sich Überlegungen zu unternehmerischen Handlungspotentialen und ordnungspolitischen Handlungsnotwendigkeiten für eine pluralistisch-demokratische und wirtschaftlich abgesicherte Gestaltung von Printmedien an.

Nach einer Idee von Wolfgang Vyslozil ist das Forschungsprogramm in Zusammenarbeit von BMfWF und professionell an der Medienwirtschaft Interessierten entwickelt worden. Es besitzt eine Forschungs- und Optimierungsphase (November 1990 bis März 1993) und eine Umsetzungsphase (April 1993 bis November 1993) und besteht aus 16 Teilprojekten. Das Programm verfügt über einen wissenschaftlichen Beirat aus Fachleuten der Medienbranche, Wissenschaftlern und anderen Experten. In den Teilprojekten arbeiten Fachwissenschaftler und Zeitungsexperten mit verschiedenen praktischen Erfahrungen prozeßorientiert und interdisziplinär zusammen. Regelmäßige Workshops koordinieren die Arbeiten der Teilprojektnehmer und erlauben die Diskussion von allgemeinen medienökonomischen Problemstellungen. Die Endberichte der Teilprojekte können per unten angeführter Adresse bestellt werden. Zwei Leitbände werden publiziert.

Das Forschungsprogramm **Ökonomie und Zukunft der Printmedien** wird ausschließlich aus Mitteln des Bundesministeriums für Wissenschaft und Forschung der Republik Österreich unter Bundesminister Dr. Erhard Busek finanziert.

Information zum Forschungsprogramm

Universität Salzburg, Institut für Publizistik und Kommunikationswissenschaft
A-5020 Salzburg, Rudolfskai 42
Tel: (Ö)0662/8044-4160 / FAX: (Ö)0662/8044-4190

Peter A. Bruck (Hrsg.)

Medienmanager Staat

Von den Versuchen des Staates, Medienvielfalt zu ermöglichen

Medienpolitik im internationalen Vergleich

Autoren:

Gerd. G. Kopper
Günther Rager
Harald Trettenbrein
Rudolf Mosler
Edith Weinmeier
Christina Holtz-Bacha
Erich Geretschlaeger
Anton Leinschitz

Textbearbeitung:

Hannes Selhofer

Verlag Reinhard Fischer
MÜNCHEN

Die Deutsche Bibliothek – CIP-Einheitsaufnahme

Forschungsprogramm "Ökonomie und Zukunft der Printmedien"
/ Peter A. Bruck (Hrsg.) : – München : R. Fischer.
ISBN 3-88927-136-7
NE: Bruck, Peter A. (Hrsg.)

Medienmanager Staat : von den Versuchen, Medienvielfalt zu ermöglichen ;
Medienpolitik im internationalen Vergleich / mit Beitr. von
Gerd G. Kopper ... - 1993
ISBN 3-88927-134-0
NE: Kopper, Gerd G.

Band 2 des Forschungsprogrammes
"Ökonomie und Zukunft der Printmedien":

Print unter Druck
Zeitungsverlage auf der Suche nach Innovationen
ISBN 3-88927-135-9

ISBN 3-88927-134-0

© Verlag Reinhard Fischer, Weltistr. 34, D - 81477 München
Tel.: 089 / 791 88 92, Fax: 089 / 791 83 10
Preis: DM 49.-, ÖS 343.-, SFr 49.-

Druck: Novotny, Söcking 1994

Verzeichnis der Abschnitte

Inhaltsverzeichnis

Abschnitt II
Grenzzieher Staat

Harald Trettenbrein
Interventionsmöglichkeiten gegen Medienkonzentration

Abschnitt III
Rechtsgrundlage Staat

Rudolf Mosler / Edith Weinmeier

Arbeitsbedingungen bei Tageszeitungsunternehmen

Abschnitt IV
Förderer Staat

Christina Holtz-Bacha
Presseförderung im westeuropäischen Vergleich

Abschnitt V
Staatliche Dienste

Erich Geretschlaeger / Anton Leinschitz
Postleistungen

Vorwort

Dieses Buch schließt eine mehrjährige Arbeit zur Untersuchung der Situation und Entwicklung der Printmedienbranchen in Österreich, Deutschland, der Schweiz, Schweden und den Niederlanden unter Berücksichtigung anderer Vergleichsländer in Europa ab. Diese Untersuchung hat die Form des Forschungsprogramms ÖKONOMIE UND ZUKUNFT DER PRINTMEDIEN genommen, an dem über 35 Wissenschaftler aus Österreich, Deutschland und der Schweiz in schlußendlich 16 Teilprojekten mitgearbeitet haben. Die Resultate liegen nun in Forschungsberichtsbänden vor. Dieses Buch soll als Leitband zu jenen Projekten dienen, die im Forschungsbereich 'Medienpolitik' des Forschungsprogramms gearbeitet haben. Sie alle haben sich mit dem Wechselverhältnis zwischen Staat und Verlagswirtschaft beschäftigt. Die Arbeiten aus dem Forschungsprogramm zum Forschungsbereich 'Verlagsmanagement' werden in einem zweiten Leitband im selben Verlag erscheinen. Verwiesen sei auch auf die Studie zur internationalen Werbemarktentwicklung unter besonderer Berücksichtigung Österreichs sowie methodischer und prognostischer Fragen, die unter dem Titel WERBEBOOM UND MEDIEN - ZUR KRISE AM WERBEMARKT, EINE MEDIENÖKONOMISCHE BEWERTUNG von mir im Verlag Buchkultur, Wien, herausgegeben wurde. Buchpublikationen zum 'Alltagskunstwerk Zeitung' sowie zur Strukturentwicklung und ökonomischen Analyse der österreichischen Zeitungsbranche schließen die Veröffentlichungen des Forschungsprogramms ab.

Ich möchte mich beim Bundesminister für Wissenschaft und Forschung der Republik Österreich, Vizekanzler Dr. Erhard Busek, dafür bedanken, daß ein so großes Forschungsvorhaben Unterstützung fand. Dadurch wurde es möglich, ein in der europäischen Kommunikationswissenschaft in den letzten zehn Jahren einmaliges wissenschaftliches Programm interdisziplinär zu organisieren und erfolgreich zum Abschluß zu bringen. Der Ertrag dieses Forschungsprogramms sei nicht allein an diesem Buch gemessen, sondern an der Gesamtheit der vorgelegten Berichte und den in den letzten drei Jahren entstandenen neuen Kooperationen zwischen Wissenschaft und Verlagspraxis.

Ich danke auch dem Geschäftsführer der Austria Presse Agentur-APA Dr. Wolfgang Vyslozil, der sowohl Initiator und Entwickler der ursprünglichen Idee dieses Forschungsprogramms ist, aber auch als Vorsitzender des wissenschaftlichen Beirates wesentlichen Anteil an seiner Durchführung hat. Er hatte die Überzeugungskraft aufgebracht, um eine Gruppe von Verlagsexperten und die zuständigen Fachbeamten des Ministeriums zu eine koordinierten Anstrengung zusammenzubringen. Besonders sei auch MR. Dr. Hermann Bodenseher, dem zuständigen Abteilungsleiter im Bundesministerium für Wissenschaft und Forschung, und MR. Dr. Georg Becker, dem bearbeitenden Sachbeamten, für die konstruktive Zusammenarbeit gedankt.

Das Forschungsprogramm hat eine spezielle Qualität zu den wissenschaftlichen Arbeiten gebracht - sie wurden mit Praktikern gemeinsam in Fragestellung und

Anlage diskutiert, öffentlich ausgeschrieben, durchgängig im Rahmen des Gesamtprogramms mit Workshops koordiniert, in ihren Ergebnissen diskutiert, und dann schließlich nachgebessert und veröffentlicht. Die Mitglieder des wissenschaftlichen Beirates haben hier unentgeltlich enorm viel geleistet. Um die Trennung zwischen Verbesserung und Verzerrung der von den Wissenschaftlern vorgelegten Inhalte wurde gerungen, es gab immer ein positives Ergebnis. Allen Mitgliedern des Beirates sei hier für dieses Engagement gedankt. Ihre Namen sind an anderer Stelle in diesem Buch vermerkt und auf sie sei hier besonders verwiesen.

Schließlich möchte ich die Arbeit der Autoren dieses Bandes anerkennen. Die Kollegen Gerd Kopper, Günther Rager, Harald Trettenbrein, Christina Holtz-Bacha, Rudolf Mosler, Edith Weinmeier, Erich Geretschlaeger und Anton Leinschitz haben mehr gemacht als nur ein Projekt durchgeführt und einen Forschungsbericht geliefert. Sie haben an einem dreijährigen Prozeß mitgewirkt, ihn gestaltet und durch ihre Initiative verbessert und zu einem Erfolg gebracht. Die hier vorgelegten Fassungen ihrer Endberichte sind mehrmals kommentiert und überarbeitet worden, und ich danke den Autoren besonders für ihre Geduld und Durchhaltekraft, die bis zur Herstellung des Manuskriptes zu diesem Buche währte. Iris Melcher-Smejkal danke ich für ihre Mitarbeit als wissenschaftliche Assistentin für das Gesamtforschungsprogramm. Sie hat eine schwierige Managementaufgabe hervorragend gelöst und damit zum erfolgreichen und zeitgerechten Abschluß des Programms beigetragen. Hannes Selhofer hat die Detailarbeiten zur Herstellung des druckfertigen Manuskriptes mit Genauigkeit und Sorgfalt durchgeführt.

Das Forschungsprogramm hat am Institut für Publizistik und Kommunikationswissenschaft an der Universität Salzburg einen großzügigen Standortgeber gehabt. Hier wurde nicht nur Raum zur Verfügung gestellt, sondern ein breiter Resonanzboden gefunden. Michael Schmolke hat als Institutsvorstand bei den formalen Vertragsabwicklungen wirksam geholfen. Ihm sei aber auch für sein Gesamtinteresse und -engagement an Inhalt und Gestaltung des Forschungsprogramms besonders gedankt. Hans-Heinz Fabris danke ich für seinen Einsatz für meine fünfjährige Gastprofessur in Salzburg. Dadurch wurden alle nachfolgenden Arbeiten inklusive dieses Leitbandes erst möglich. Über die Laufzeit von drei Jahren haben mehr als zwanzig Studenten in der einen oder anderen Form am Forschungsmanagement mitgearbeitet. Ihre Ausbildung und Qualifikation sind auch dem Institut anzuerkennen und zu danken.

Das Buch legt umfassende Darstellungen und Analysen des Wechselverhältnisses Staat und Markt für die Tageszeitungsbranche vor. Hier wird versucht, jenseits einer verkürzenden Konzentrationsdebatte die verschiedenen Einflußgrößen und Wirkungszusammenhänge staatlichen Handelns zu erklären und zu diskutieren. Ziel ist eine wirtschaftlich leistungsfähige Presse, die auch publizistisch wie demokratiepolitisch den an sie gestellten Aufgaben gerecht wird.

Salzburg/Ottawa, im November 1993 Peter A. Bruck

Vizekanzler
Dr. Erhard Busek
Bundesminister für Wissenschaft und Forschung
Republik Österreich

Geleitwort

Demokratie braucht eine vitale und sich weiterentwickelnde Tagespresse. Zeitungen bilden die Grundlage für eine demokratische Öffentlichkeit und eine soziale Marktwirtschaft. Dies gilt für hier und heute, für Österreich wie für Europa. Es gilt aber auch für die Zukunft.

Die Länder Europas haben sich in den letzten Jahren in rasantem Tempo zu Mediengesellschaften entwickelt. In nahezu allen Mitgliedstaaten von EG und EFTA macht der tertiäre Sektor der Informations- und Dienstleistungen mehr als 50 % des Nettoinlandsproduktes aus. Die Wirtschaftsleistung dieses Sektors ist eine der Grundlagen für den Wohlstand der Länder und für ihre internationale Wettbewerbsfähigkeit. Diese Entwicklung beschleunigt sich weiter, und die neuen Informationstechnologien haben die Horizonte kräftig erweitert.

ISDN und Multimedia verändern das Umfeld für Tageszeitungen, sie machen diese aber nicht obsolet. Die Ideale der Freiheit, der Demokratie und des Rechtsstaates bedürfen einer medialen Öffentlichkeit, die den Kriterien der Universalität, Aktualität, Zugänglichkeit und einer minimalen Dauerhaftigkeit entspricht. Die Tageszeitungen können dies besser als andere Medien leisten.

Das vorliegende Buch untersucht das Wechselverhältnis zwischen Staat und Tagespresse in mehreren europäischen Staaten, wobei Österreich, die Bundesrepublik Deutschland und die Schweiz als Ausgangspunkte für die Analysen dienen. Die Grundfrage ist zeitgemäß und zukunftsweisend: Welche Mitteln und Wege kann der Staat wählen, um eine unabhängige und wirtschaftlich lebensfähige Tagespresse zu sichern und zu fördern? Diese Frage unterschlägt nicht das notwendige Distanzverhältnis zwischen Staat und Presse. Vielmehr nimmt sie dieses als gegeben an und geht mit Rücksicht darauf, daß Freiheit und Demokratie beiden als Aufgabe und Ziel gestellt sind, darüber hinaus.

Das Buch MEDIENMANAGER STAAT ist eine der Buchpublikationen aus dem vom Bundesministerium für Wissenschaft und Forschung der Republik Österreich finanzierten Forschungsprogramm ÖKONOMIE UND ZUKUNFT DER PRINT-MEDIEN. Das Forschungsprogramm hat in beispielhafter Weise Medienexperten aus Wissenschaft und Praxis zusammengebracht mit dem gemeinsamen Ziel, die

Entwicklungsbedingungen und Gestaltungsfaktoren des Mediensystems an Hand der Tageszeitungen besser verständlich zu machen.

Sechzehn Forscherteams aus Österreich, der Bundesrepublik und der Schweiz haben knapp drei Jahre zusammengearbeitet. Heute liegt mit ihren Forschungsberichten eine der umfangreichsten wissenschaftlichen Bestandsaufnahmen im Bereich Medien und Kommunikationspolitik vor.

Das Forschungsprogramm ÖKONOMIE UND ZUKUNFT DER PRINTMEDIEN stellt eine wesentliche Investition der Republik in die Verbesserung der Leistungsfähigkeit des Mediensystems im Sinne einer freiheitlichen, öko-sozialen Marktwirtschaft dar. Die Resultate wenden sich an alle, die Lösungen für die Zukunft suchen. MEDIENMANAGER STAAT entwickelt eine Perspektive, die weit über ein einzelnes Land hinaus geht.

Österreich wird sich in den nächsten Jahren auf seine Entwicklung in einem gemeinschaftlichen Europa konzentrieren müssen. Eine umfassende Sachkenntnis aller gesellschaftlicher Teilbereiche ist dazu notwendig. Praxisorientierte, wissenschaftlich anspruchsvolle Forschung, die international vergleichend arbeitet, leistet dazu einen wesentlichen Beitrag.

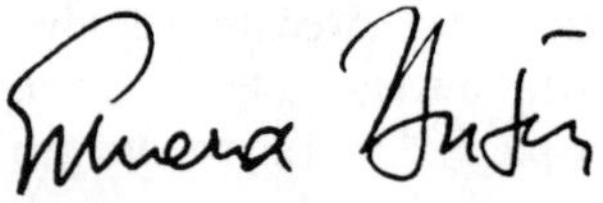

Vizekanzler Dr. Erhard Busek
Bundesminister für Wissenschaft und Forschung

Markt braucht Staat - Eine Einleitung

Peter A. Bruck

Kernfrage: Leistungsfähigkeit statt Medienkonzentration

Die Kommunikationswissenschaft und ihre Vertreter sehen sich auf Dauer einer zentralen intellektuellen wie politischen Herausforderungen gegenüber. Seit dem Beginn ihrer wissenschaftlichen Beschäftigung ist die Frage nach der immer wieder zunehmenden Konzentration im Bereich der modernen Massenmedien ohne zufriedenstellende Antwort. Dabei sind Analysen und wohl auch Lament über Konzentrationsbewegungen sowohl vielfältig als auch weitreichend und keineswegs neu oder beschränkt auf ein Land oder eine Mediensparte.

Schon Ende des vergangenen Jahrhunderts sah Karl Bücher Monopolisierungstendenzen als eine 'natürliche' Konsequenz einer erwerbswirtschaftlichen Organisation des Pressewesens, das entsprechend dem Gesetz der Massenproduktion operiere[1]. Ebensoviele Jahrzehnte wie ihre europäischen Kollegen haben amerikanische Kommunikationswissenschaftler das Phänomen Presse- und Medienkonzentration studiert. Ben Bagdikian hat in dem umfassend zitierten Werk 'The Media Monopoly' schon vor längerer Zeit argumentiert, daß immer weniger Hände die Medien kontrollieren und sich somit national wie international ein Meinungs- und Informationsmonopol schaffen, das die öffentliche Meinung im Interesse von Großunternehmen manipuliere[2].

Die Analyse und Dokumentation von Medienkonzentration kann auch als ein Diskurs innerhalb der Kommunikationswissenschaft gesehen werden, der selbst zum Gegenstand von Überlegung und Untersuchung zu machen ist. Er arbeitet mit empirischen Fakten zur Strukturentwicklung von Medienmärkten, mißt die zunehmende Größe der Markteinheiten, behauptet und weist zum Teil nach, daß aus Unternehmensgröße Marktmacht entspringt, und daß Eigentumskontrolle auch Informationssteuerung und Meinungsbeeinflussung zur Folge hat.

Gegenwärtig stützt sich dieser Diskurs auf die beobachtbaren Phänomene einer rasanten Internationalisierung, ja Globalisierung der führenden Medienkonzerne, die sich zu multi-medialen und multi-sektoralen Konglomeraten auswachsen. Dabei sind die horizontalen und vertikalen Konzentrationen nicht auf einen Medienbereich

---

1 Vgl. Heinz-Dietrich Fischer und Hort Minte (Hrsg.) Karl Bücher - Auswahl der publizistikwissenschaftlichen Schriften. Bochum: Studienverlag Dr. N. Brockmeyer, 1981.

2 Vgl. Ben Bagdikian. The Media Monopoly. Boston: Beacon Press, 1990 (3. Auflage).

beschränkt. Sie kennzeichnen vielmehr alle Bereiche[3]. Die Privatisierung von Rundfunkmedien in Westeuropa seit Ende der 70er Jahre und der gesamten Medienlandschaften in Osteuropa nach 1989 haben hier besonders deutliche Sachverhalte vorgelegt.

Zum dominanten Konzentrationsdiskurs gehört es auch, bei einer privatwirtschaftlichen Verfassung die Verringerung der Anzahl von unternehmerischen Markteinheiten als publizistisches und politisches Problem zu sehen. Eine funktionierende Demokratie setzt eine Vielfalt von Medien voraus. Meinungs- und Willensbildung in einer auf Bürgerbeteiligung fußenden und sich auf das Volk berufenden Regierungsform verlangen eine differenzierte Öffentlichkeit, die nur durch eine Mehrzahl von Medien hergestellt werden kann. Die Vielfaltssicherung, wenn nicht auch die Vielfaltsherstellung, wird dabei dem Staat übertragen. Vom Markt weiß man, daß er in seiner Grundtendenz zur Konzentration neigt.

Der Kommunikationswissenschaft kommt es somit unter anderem auch zu, Vorschläge für die Handlungen des Staates zu machen. Die im kritischen Konzentrationsdiskurs angelegten Optionen sind jedoch eher beschränkt. Sie laufen immer wieder auf Formen der Steuerung hinaus, die die privatwirtschaftliche Verfassung der Medien letztendlich in Frage stellen. Damit brechen diese Vorschläge mit einem der Grundprinzipien der etablierten Gesellschaftsordnungen und bleiben schließlich ohne Konsequenz. Es ist daher zu überlegen, ob nicht - unter Beibehaltung des Zieles einer demokratischen Funktionalität der Informationsmedien - eine etwas andere Fragestellung und Richtung der Antwortsuche hilfreich sein könnten. Dabei kann es keine Patentrezepte und finale Lösungen geben.

Ein Schritt wäre es, die Probleme der Anbieterverringerung am Markt statt mit dem Begriff 'Konzentration' zentral mit dem Begriff 'Vielfalt' zu bearbeiten. Die Pressekonzentrationsforschung[4] und der in ihr angelegte Diskurs drängen danach, Lösungen in der Verhinderung des von ihr untersuchten Phänomens zu suchen. Rager und Weber haben dies erkannt und konsequenterweise das Problem begrifflich anders erfaßt. Sie rücklen in der von ihnen vorgestellten Diskussion den Begriff der Vielfalt in den Mittelpunkt[5]. Vielfalt - publizistische wie ökonomische - kann

---

[3] Wie diese Entwicklungen auch anders als im Konzentrationsdiskurs angesprochen werden können, zeigten kürzlich Alexander/Owers/Carveth. Vgl. Alison Alexander, James Owers, Rod Carveth (eds.). Media Economics - Theory and Practice. Hillsdale, N.J.: Lawrence Erlbaum, 1993. Eine kritische Diskussion dieses medienökonomischen Diskurses findet sich in: Robert Babe (ed.). Information and Communication in Economics. Boston: Kluwer Academic Publishers, 1994.

[4] Vgl. den für heute noch immer gültigen Überblick in: Siegfried Klaue, Manfred Knoche, Axel Zerdick (Hrsg.). Probleme der Pressekonzentrationsforschung. Baden-Baden: Nomos, 1980.

[5] siehe: Günther Rager /Bernd Weber (Hrsg.). Publizistische Vielfalt zwischen Markt und Politik. Düsseldorf: Econ Verlag, 1992.

Gegenstand positiver Handlungen sein, die auf ihre Herstellung und Erhaltung abzielen.

Weiters ist es m.E. sinnvoll, von kategorischen Begriffen abzurücken und sowohl in Analyse wie auch in der Präskription mit relativen Begriffen zu arbeiten. Handlungsrealitäten sind nie vollkommen gut oder schlecht, weder Vielfalt noch Konzentration je absolut erreicht oder erreichbar. Vielmehr geht es darum, Strukturen und Ergebnisse zu optimieren. Der Begriff der Leistungsfähigkeit taugt in diesem Zusammenhang, um sowohl die wirtschaftlich-strukturelle als auch publizistisch-inhaltliche und auch demokratisch-funktionale Optimierung zu erfassen, die Ziel von Handlungsvorschlägen sein muß. Die in diesem Buch vorgelegte Forschung erlaubt eine Zustandsbestimmung, darauf aufbauend können eine Leistungsbemessung und -optimierung diskutiert und durchgeführt werden. Dies prägt auch die weiter unten ausgeführte Kernfrage des Gesamtforschungsprogramms ÖKONOMIE UND ZUKUNFT DER PRINTMEDIEN.

STAAT UND MARKT

Überlegungen zur Beziehung zwischen Medien und Staat gehen vielfach von einem antagonistischen und konkurrenzierenden Verhältnis aus. Dies nicht ohne Grund. Vereinfacht läßt sich feststellen, daß dies der geschichtlichen Entwicklung entspricht. Der absolutistische Staat wandelte sich nicht ohne Kampf zum demokratischen, Willkürherrschaft nicht ohne Widerstand zum Rechtsstaat. Im Gegenteil. Es hat immer wieder - bis zum heutigen Tag - besonderer politischer Kraftanstrengungen bis hin zu Revolutionen bedurft, um diese geschichtlich als bürgerlich definierte Transformation zu erreichen und weiterzuentwickeln. Die Medien in der Form der Presse haben hier die entscheidende Rolle gespielt, und die bürgerlichen Grund- und Freiheitsrechte sind nicht denkbar und realisierbar ohne den vierten Stand. Das Bewußtsein dieser Konstellation ist im anglo-amerikanischen Bereich bekanntermaßen besonders ausgeprägt und mit Stolz wird eine Tradition gepflegt, die die Montesquieusche Gewaltentrennung als unvollkommen begreift, wenn sie nicht um ein viertes Element - die Presse im hochkulturellen Gebrauch des Begriffes - erweitert ist. Ebenso ist es nicht von der Hand zu weisen, daß die fundamentalen Transformationen in Mittel- und Osteuropa zwischen 1988 und 1990 entscheidend vom Kampf um die Medien und durch die Mittel des Informationsaustausches geprägt waren[6].

Nun läßt sich fragen, was jenseits dieser historischen Momente und der ihnen innewohnenden Antagonismen zu denken und zu tun ist. Die Spannungsbeziehung zwischen Medien und Staat ist strukturell, aber dies ist nur ein Teil einer wesentlich

[6] Vgl. dazu: Hania M. Fedorowicz 'The War for Information: The Polish Response to Martial Law' in: Canadian Journal of Communication, Dezember 1988, S. 13-33.

komplexeren Konfiguration. Dies wird oft übersehen. Einfacher ist es, die anderen Dimensionen schweben zu lassen, und immer wieder nur die Kontroll- und Freiheitsaspekte zu betonen. Dies erlaubt der Presse ein mehr oder weniger heimliches Partizipieren an der Ausübung von gesellschaftlicher Macht und verleiht ihr wie den anderen Informationsmedien auch die Aura des Heroischen, das keiner weiteren Legitimationen bedarf.

Nun gibt es aber neben diesem Heroischen und seinen unbezweifelbar wichtigen Momenten auch den Ozean des Normalen, des alltäglichen Geschäfts. Hier geht es nicht um Herrschaft und Freiheit, sondern um Kapital und Nachfrage. Um Macht geht es immerhin, aber in einer anderen, nicht dramatischen Form. Während politisch-soziale Macht umfangreichem Legitimationsdruck ausgesetzt ist, wird ökonomisch-materielle Macht weniger befragt. Dies ist sicherlich von Kontext zu Kontext verschieden zu sehen, entscheidend m.E. ist es, das Verhältnis zwischen Medien und Staat in diesem Bereich anders zu denken. "Markt" ist dabei die Schlüsselkategorie.

Wieder im Entwicklungszusammenhang gedacht, läßt sich Markt als funktionierendes soziales Transaktionssystem von Gütern und Dienstleistungen nicht ohne ein funktionierendes soziales Gewaltmonopol denken und realisieren. Die ökonomisch-materiellen Konsequenzen eines Zusammenbruchs des Letzteren lassen sich in tragischer Weise an dem gegenwärtigen Geschehen in Bosnien demonstrieren. Als Laborbefund für Krankheit mag dies ausreichen, wie aber ist Gesundheit zu denken, zu erreichen und zu erhalten?

Kaum ein ökonomischer Denker würde die Notwendigkeit von sozialer Ruhe und Ordnung für das Funktionieren von Markt ignorieren wollen. Als Regelsystem des Austausches von Gütern und Dienstleistungen muß ein Markt, will er funktionieren, auf einem durchsetzbaren und durchgesetzten Gewaltmonopol aufbauen. In Zweifel und Streit bezüglich Regeln, ihrer Interpretation und Anwendung muß und wird Rekurs gezogen werden. Jeder Markt ist letztendlich in einem Staat aufgehoben, der mit Gesetzen, Justiz und Polizei Eigentum und seine Übertragung regelhaft festlegt und schützt, wie auch die mit Eigentum eingehenden Verpflichtungen und Verantwortungen bestimmt und einfordert. Die Bandbreite, wie dies geschieht, ist groß und prinzipiell historisch-kulturell spezifisch. Keine Artikulation dieser Beziehung oder Lösung ist natürlich, jede ist sozial gemacht und von den jeweiligen Kontexten und Problembeziehungen abhängig.

Das Wechselverhältnis von Staat und Medien verfügt weiters über eine gewichtige Unterseite, die klassischer Weise auch als gegensätzlich strukturiert gedacht wurde und wird. Das Verhältnis von Medien und Kommerz muß m.E. ebenso neu angedacht werden, wie das von Medien und Staat. Klärt sich durch die hier vorgelegte Argumentation in bezug auf das erstere der Nebel des Antagonistischen und für die Medien so Heroischen, so läßt sich auch der zweite Antagonismus und der Komplex des Korrupten etwas auflösen.

Die Zeitungswissenschaft und die Medienkulturanalyse haben mit dieser Unterseite ähnlich viele Schwierigkeiten gehabt wie mit der Oberseite. Dies gilt bis heute. Die deutsche wie die anglo-amerikanische Tradition haben, so läßt sich an Bücher, Dovifat wie Lippmann zeigen, diese Seite des bürgerlichen Seins der Presse nie gemocht und ihre Konsequenzen vielfach kritisiert. Die Presse in der Figur des um Gewaltenteilung kämpfenden Helden mußte auch ökonomisch-materiell jungfräulich sein. Der wirtschaftliche Wechselverkehr wurde und wird vielfach noch als Sündenfall gesehen, der zwar nicht vermeidbar, dennoch aber beklagenswert und kritisierbar war und ist.

Die hochkulturelle Medienkritik antwortet damit auf eine geschichtliche Konstellation mit einem kaum zu übersehenden, interpretativen Fundamentalismus. Die Reinheit der Texte und des sie produzierenden sozialen Gestus, Journalismus genannt, sollen unter Zurückstellung von materiellen Fakten und wirtschaftlichen Notwendigkeiten bewahrt und eingefordert werden. Hier verbirgt sich eine Vision von Gesellschaft, die in ihrer Realisierung eines politischen Ordnungskonzeptes entweder unfruchtbar geblieben ist oder geschichtlich als gescheitert anzusehen ist.

Folgt man dem hier sehr komprimiert skizzierten Gedankengang so kommt man zu einem anderen Ausgangspunkt für die Analyse des Wechselverhältnisses von Staat und Medien und seiner Unterseite, dem Verhältnis von Medien und Kommerz. Anerkannt wird ihre gegenseitige Begründung und Strukturierung. Dies geschieht nicht als resignativer Nachgedanke wie im Falle aller jener kritischen Medientheorien, die sich letztendlich als Gesellschaftstheorien entdecken und damit ihres unmittelbaren Erkenntniszweckes und Handlungszusammenhanges enthoben finden, sondern als Ausgangsposition.

Es ergibt sich daraus, daß demokratische Ordnungsgefüge und gesellschaftliche Gemeinwesen die massenmediale Leistung der Herstellung des öffentlichen Gutes Informations- und Meinungsforum als solche anerkennen und sich um die Leistungsfähigkeit der Unternehmungen nicht nur in kulturkritischer und journalismuspolitischer Weise kümmern, sondern auch die wirtschaftlichen Aspekte einer Leistungsfähigkeit berücksichtigen. Die Denkaufgabe und ordnungspolitische Herausforderung wäre es dann, nicht nur den Konnex zwischen wirtschaftlicher und publizistischer sowie demokratiepolitischer Leistungsfähigkeit zu erkennen und zu analysieren, sondern diesen auch gestaltend, stützend und eben regelnd fruchtbar zu machen. Ein solches Vorgehen verlangt zu Beginn das Eingeständnis, daß Medienmärkte allein nicht Leistungsfähigkeit in allen drei Dimensionen schaffen, sondern daß es der Marktdynamik zu eigen ist, wirtschaftliche Leistungsfähigkeit zu priorisieren, publizistische Leistungsfähigkeit als kundenabhängige Variable zu sehen und demokratiepolitische Leistungsfähigkeit oft nur als Legitimationsvorschub zu gebrauchen. Das Verlegen wie das gesamte Verlagsgeschäft werden auch in einer vollständig digitalisierten, telematischen Informationswelt entscheidende gesellschaftliche Aufgaben und Funktionen zu erfüllen haben. Nachfrage und Märkte für qualitativ hochstehende Informationen werden weiter wachsen und Verlegen als wirtschaftliche wie publizistische Tätigkeit bald nicht mehr an die Produktion von Papierträgern gebunden sein. In diesem Kontext sich die Grundannahmen der Wechselbeziehung Staat - Markt - Unternehmen neu zu überlegen, ist reizvoll und notwendig.

DAS FORSCHUNGSVORHABEN

Wie einige andere große Forschungsanstrengungen im Bereich der Medien hatte auch das Forschungsprogramm ÖKONOMIE UND ZUKUNFT DER PRINTMEDIEN seinen Auslöser in einem Konzentrationsschub. Zeitungseinstellungen hatten die Anzahl der publizistischen Einheiten der österreichischen Tagespresse 1988 auf 16 reduziert. Zwei Jahrzehnte zuvor waren es noch 25 gewesen. Zudem zeichnete sich die zunehmende Europäisierung der Medienmärkte schon deutlich ab, und die Verschiebungen in der intermedialen Konkurrenz machten den Printmedien zu schaffen. In dieser Situation wurde die Idee des Forschungsprogramms entwickelt und schließlich umgesetzt[7]. Eine Vorlaufstudie entwickelte ein 'Forschungskonzept zur international vergleichenden Analyse der österreichischen Printmedien unter betriebswirtschaftlichem und rechtlichem Aspekt'[8], und eine Arbeitsgruppe im Verlegerverband diskutierte und bearbeitete die vorgelegten Ergebnisse. Das hier vorgelegte Buch entspringt diesem Forschungsprogramm, das weiter unten noch näher zu erläutern sein wird. Es faßt jene Forschungsarbeiten zur Leistungsfähigkeit bzw. Konzentrationsproblematik zusammen, die in den Bereich der Medienpolitik fallen, sich also auf das Verhältnis Staat > Markt > Unternehmen beziehen. In einem zweiten Buchband wird der Bereich des verlegerischen Handlungsspielraumes und der dort angesiedelten Faktoren der Leistungsfähigkeit erörtert. Die dort vorgestellten Untersuchungen beziehen sich auf das Verhältnis Unternehmen > Markt > Staat[9].

Die in diesem Buch vorgelegten Forschungsarbeiten fassen also den gegenwärtigen Entwicklungsstand an Regelungssystemen und -instrumenten zusammen. Sie tun dies in einer international vergleichenden wie auch multidisziplinären Weise. Ausgangs- und Bezugspunkt für die Analyse sind die Lage in Österreich, Deutschland und der Schweiz. Sachlagebeschreibungen und Fakteninterpretationen für diese Län-

---

[7] Vgl. dazu auch die Kurzdarstellung im Vorwort dieses Bandes. Eine umfassendere Darstellung der Genese des Forschungsprogramms ist bei Wolfgang Vyslozil zu finden in: Sonderheft MEDIEN JOURNAL, Frühjahr 1994, Salzburg: Österreichische Gesellschaft für Kommunikationsfragen. Eine Auflistung der Teilprojekte ist an anderem Ort in diesem Band zu finden.

[8] Aus dem Titel der Studie 'Ökonomie der Printmedien' von Dr. Georg Erdmann, ETH Zürich, September 1990.

[9] Siehe dazu: Peter A. Bruck (Hrsg.). Print Unter Druck - Tageszeitungen auf der Suche nach Innovationen. München: R. Fischer Verlag, 1994.

der werden durch die Berücksichtigung der Entwicklungen in anderen europäischen Ländern erweitert. Dabei wird speziell Rücksicht auf die Erfahrungen in Schweden und den Niederlanden genommen, basierend auf der Grundannahme, daß ähnliche Medienkulturen und wirtschaftliche Entwicklungen wichtige Voraussetzungen dafür sind, daß auch über Regelungssystem und Fördermaßnahmen kontextuell vergleichbare Aussagen gemacht werden können. Die Details der forschungsstrategischen Entscheidung über die Kernvergleichsländer des gesamten Forschungsprogramms wurden in einem Workshop mit allen Teilprojektnehmern diskutiert und für alle Projekte verbindlich festgelegt. Wie aus den nachfolgenden Berichten ersichtlich, wurde der Ländervergleich projektweise erweitert. Entscheidend dafür waren projektspezifische Überlegungen und Fragestellungen.

Zielsetzung und Phasen des Forschungsprogramms

Das Forschungsprogramm "Ökonomie und Zukunft der Printmedien" hat Wissenschafter und Experten aus verschiedenen Rechtsgebieten mit Journalismusforschern, Industrieökonomen mit Marketingspezialisten, Werbemarktbeobachter mit Unternehmensleitern zusammengebracht. Zwei Hauptziele wurden formuliert und den international vergleichenden Forschungsarbeiten gesteckt:

a) zum einen sollte eine Darstellung der Zeitungsbranchen und ihrer entwicklungsbestimmenden Faktoren im Vergleich der Länder Österreich, Schweiz, Deutschland, Holland, Schweden u.a. versucht werden;
b) zum anderen geht es um einen intensiven Dialog zwischen Wissenschaft und Praxis, um einen Know-how-Transfer zwischen Wissenschaftern, Medienpolitikern, Unternehmern der Medienbranche und allen an Medienfragen Interessierten.

Dieser Zielvorgabe entsprechend wurde das Forschungsprogramm in zwei Phasen gegliedert, einer empirischen Phase der Datenerhebung und Analyse und einer Phase der Datenverwertung und der Ergebnisvermittlung und Diskussion. Gesellschaftlich relevante Forschung, die Handlungsoptionen aufzeigen möchte, muß - so war und ist meine Grundannahme - den Dialog mit ihren Bezugsgruppen in ihre Arbeit integrieren. Die Unterstützung durch das Bundesministerium für Wissenschaft und Forschung umfaßte im Fall dieses Forschungsprogramms gerade auch diese Aufgaben[10].

---

[10] Die Arbeiten des Forschungsprogramms lassen sich in fünf Schritte einteilen:

1. AUSSCHREIBUNG der Teilprojekte in zwei Stufen - Nov. 1990 bis Juni 1991
2. FORSCHUNG und KOORDINATION der Teilprojekte - April 1991 bis Dez. 1992
3. OPTIMIERUNG: 'Reviewer' System und Arbeitstreffen - Nov. 1992 bis Sept. 1993
4. ABSCHLUß: Beratung durch wissenschaftlichen Beirat - Jänner 1993 bis Sept. 1993
5. VERMITTLUNG: Publikationen und Veranstaltungen - April 1993 bis Dezember 1993

Orientierung und Grundfrage

Das Forschungsprogramm stellte dabei die durch freie Medienunternehmer versorgten Leser mit ihren Bedürfnissen in den Mittelpunkt und adressiert jene der Medienproduzenten, die möglichst nahe am Markt arbeiten. Die duale Marktsituation für Medienbetriebe wurde durchgängig in allen Teilprojekten berücksichtigt. Marktstrukturen und Marktverhalten unter den unterschiedlichen Bedingungen verschiedener Länder wurden untersucht. Fluchtpunkt aller Forschungsanstrengungen war und ist es, für Medienunternehmer, ordnungspolitisch Verantwortliche und die interessierte Öffentlichkeit neue Einsichten und Handlungsmöglichkeiten zu schaffen.

Im internationalen Wissenschaftsbetrieb der Sozial- und Humanwissenschaften stellt das Forschungsprogramm "Ökonomie und Zukunft der Printmedien" den recht einmaligen Versuch dar, eine übergreifend, von einem Managementteam koordinierte, interdisziplinäre Forschungsanstrengung von nahezu dreißig Wissenschaftlern auf eine entscheidende Frage zu konzentrieren, in diesem Fall: **Welche Handlungsmöglichkeiten gibt es, um die ökonomische, journalistische und demokratiepolitische Leistungsfähigkeit der Tagespresse zu fördern ?** Dabei wird eben davon ausgegangen, daß ökonomische, publizistische und politische Leistungsfähigkeit zusammen wünschenswert sind, in der Tat aufeinander aufbauen, sich aber nicht zwingend bedingen. Eine analytische Trennung der Ebenen wurde in bezug auf die verschiedenen Phänomene angestrebt.

Beiratskonstruktion

Die Grundfragen des Forschungsprogramms wurden von Praktikern in Zusammenarbeit mit Wissenschaftern erarbeitet. Fachleute aus den Verlagen und führende Repräsentanten des Verbandes Österreichischer Zeitungsherausgeber und -verleger haben dem auftraggebenden Bundesministerium für Wissenschaft und Forschung und dem Forschungsmanagement über die gesamte Laufzeit des Forschungsprogramms beratend zur Verfügung gestanden. Alle Grundsatzentscheidungen wurden vom Forschungsmanagement vorbereitet und beantragt, dann vom Beirat diskutiert und dem auftraggebenden Bundesministerium für Wissenschaft und Forschung der Republik Österreich zur Durchsetzung empfohlen.

Daraus ergab sich eine intensive Zusammenarbeit zwischen Wissenschaft und Verlagspraktikern, die insgesamt und dank dem Einsatz der einzelnen Personen erfolgreich verlaufen ist und eine sonst in den wissenschaftlichen Arbeitsprozeß nur wenig - und dann meist nur punktuell - eingebrachte Expertise zum Tragen brachte. Die Beziehung war nicht konfliktfrei und die Autonomie des wissenschaftlichen Urteils mußte argumentativ erarbeitet und klargestellt werden. Sie wurde durch ein gemeinsames Festlegen des Optimierungsprozesses und eine Publikationsrestriktion bis nach Abschluß aller Beratungen erkauft. In diesem Prozeß ergab sich aber auch eine Vielzahl von Sachkorrekturen und Inhaltsverbesserungen, die ohne den praktischen Wissensstand von in Unternehmen arbeitenden Experten nicht möglich gewesen wären.

Das Forschungsprogramm hat in den Mitgliedern einer gesellschaftlichen Machtelite - den Tageszeitungsverlegern und -managern - seine Ansprechpartner und Auskunftspersonen. Konflikte sind in dieser Beziehung zu erwarten, da die Interessenslage zwischen Wissenschaftern und Praktikern objektiv unterschiedlich ist. So auch das Machtpotential. Das Forschungsmanagement hatte mit diesem Machtgefälle zu arbeiten und zwei ablaufgefährdende Konflikte zu bewältigen. In diesem Zusammenhang ist als größter Mangel die Nichtrealisierung der industrieökonomischen Datenerhebung zu erwähnen.

DATENBASIS, VERLAGSMANAGEMENT UND MEDIENPOLITIK

Die oben angeführte Frage wurde in 15 Forschungsprojekte und ein Erhebungsprojekt untergliedert, deren Bearbeitung vom Forschungsmanagement in einem internationalen, zweistufigen, öffentlichen Wettbewerb ausgeschrieben wurde. Die Projektnehmer waren und sind universitäre Wissenschaftler, freie Forscher und Forschungs- und Beratungsfirmen aus Österreich, Deutschland und der Schweiz. Seit Anfang 1993 werden die Resultate veröffentlicht[11]. Das Forschungsprogramm gliedert sich inhaltlich in die drei Bereiche Datenbasis, Verlagsmanagement und Medienpolitik.

I. Datenbasis

Ein eigenes System wurde entwickelt, um erstmals auch für die österreichische Branche industrieökonomische Basisdaten zu sammeln, deren Verfügbarkeit in Kernvergleichsländern wie Deutschland längst zur Selbstverständlichkeit gehört. Grundlage war eine Tresordatenkonstruktion, die absolute Vertraulichkeit von Betriebsdaten garantieren sollte. Ein Wirtschaftstreuhänder stellte die Anonymisierung von Erhebung und Verarbeitung der Unternehmensdaten sicher. Ein umfangreiches Erhebungsinstrument wurde projektübergreifend in mehrmaligen Konsultationen mit führenden Managern aus der Verlagsbranche erarbeitet. Der Rücklauf war trotz der aufgewendeten Mittel ungenügend. Weniger als die Hälfte der Verlage antworteten, und unter diesen war keiner der wirtschaftlich erfolgreichen Verlage.

Die grundlegenden Daten zur österreichischen Tageszeitungsbranche im internationalen Vergleich wurden von einem Projekt 'Pressestatistik' zusammengefaßt und vorgelegt. Zugleich wurden auch die Modelle der statistischen Erfassung von Printmedien aus anderen Ländern verglichen, um neue Wege für Österreich aufzuzeigen. Insgesamt ist und bleibt die Datenlage in Österreich unzufriedenstellend und im Vergleich mit anderen Ländern signifikant schlecht. So fehlt weiterhin ein

[11] Die vollständigen Endberichte der Forschungsprojekte sind über das Institut für Publizistik der Universität Salzburg gegen Erstattung des Selbstkostenpreises zu erhalten.

Pressestatistikgesetz. Diese schlechte Datenlage ist sicherlich auch mit als ein Grund für die mangelnde Handlungsfähigkeit der Politik und auch die mangelnde Durchsichtigkeit unternehmerischer Optionen zu sehen.

II. Verlagsmanagement[12]

Die Fülle der Produktentwicklungen und Marktstrategien wurde gesondert analysiert. Dabei ging es um die international vergleichende Darstellung der Handlungsoptionen von Tageszeitungsverlagen im Spannungsfeld zwischen publizistischen und ökonomischen Zielsetzungen des Unternehmens. Erfolge und Mißerfolge auf der Ebene des redaktionellen Marketings wurden durch Genre- und Ressortanalysen vervollständigt.

Erlöse aus dem Anzeigenmarkt sind zentral für die Lebensfähigkeit eines Verlages. Die Konkurrenzfähigkeit von Printprodukten im inter- und intra-medialen Wettbewerb entscheidet sich heute mehr denn je auf dem Werbemarkt. Eine Zeitreihenanalyse der Entwicklungen über die letzten zwei Jahrzehnte wurde im Projekt 'Werbemarkt' durch eine Prognose der weiteren internationalen Entwicklungen ergänzt.

Entscheidend für Leser ist zunächst ein funktionierendes Vertriebssystem. Bestehende Vertriebsformen und -arten wurden unter Berücksichtigung der logistischen, technischen und gesetzlichen Aspekte analysiert. Fragen der Rationalisierung und Optimierung des Vertriebs wurden im internationalen Vergleich beantwortet, die Leistungen der Post gesondert erfaßt und analysiert.

In allen Wirtschaftsbranchen wird der internen Organisation zunehmend Aufmerksamkeit als entscheidendes Wettbewerbsinstrument geschenkt. Die Organisationskultur und interne Entscheidungsstrukturen von Printmedienunternehmen sind jedoch nahezu unerforscht. Ein Teilprojekt des Forschungsprogramms befaßte sich mit theoretischen und praktischen Konzepten für diese Bereiche sowie mit den damit verbundenen Entwicklungsmöglichkeiten und Risiken. Im Zweiländervergleich Österreich-Deutschland wurde vor allem die Führungsorganisation von Verlag und Redaktion analysiert.

Die kontinuierlich kürzer werdenden Investitionszyklen setzen Printmedienunternehmer international unter Druck. Neben Produktaspekten wie Vierfärbigkeit sind gerade die Rationalisierungen von internen Produktionsschritten durch Computerunterstützung eine finanziell besonders belastende Unternehmensaufgabe. Neue Druckereien haben zusätzlichen Investitions- und Finanzierungsbedarf geschaffen.

---

[12] Die Forschungsberichte aus diesem Bereich sind redaktionell gekürzt im zweiten Leitband des Forschungsprogramms publiziert: Peter A. Bruck (Hrsg.). Print unter Druck - Tageszeitungen auf der Suche nach Innovationen. München: R. Fischer Verlag, 1994

Der gesamte Fragenkomplex von Innovationen, Investitionen und Finanzierung wurde in zwei gesonderten Projekten international vergleichend untersucht.

Die seit 1987/88 besonders konzentrierte Marktsituation der österreichischen Tageszeitungsbranche beeinflußt den Verhaltensspielraum aller Verlage und aller ordnungspolitisch denkenden Verantwortlichen. Ein Teilprojekt 'Marktasymmetrie' hat die Faktoren dieser Konzentrationsentwicklung dargelegt und mögliche Gegenkräfte und - maßnahmen identifiziert.

Medienunternehmen haben erst kürzlich begonnen, ihre eigene Unternehmenskommunikation getrennt von der Produktherstellung zu sehen und zu analysieren. Zwei Projekte befaßten sich mit der quantitativen und qualitativen Bestandsaufnahme der Kommunikationsstrategien von Tageszeitungsverlagen. Auch gemeinsame Kampagnen der Branche wurden international verglichen.

III. Medienpolitik

Im rechtlich-politischen Bereich wurde nicht nur versucht durch eine systematische, rechtsvergleichende Untersuchung von Medien- und Kartellrecht neue Handlungsmöglichkeiten aufzuzeigen, sondern der gesamte Komplex von Steuerungs- und Wirkungsfragen wurde modellhaft dargestellt und systemisch verstehbar gemacht. Fragen des Arbeits- und Vertragsrechtes wurden gesondert untersucht und im internationalen Vergleich präsentiert. Weiters analysierten zwei Forschungsprojekte die aktiven Förderungsmaßnahmen. Dieser inhaltliche Bereich des Forschungsprogramms ist Gegenstand dieses Buches über den **Medienmanager Staat**. Die wichtigeren Ergebnispunkte seien in der Folge kurz vorgestellt.

1. Optionen des Staates

Im ersten Abschnitt dieses Buches legen Gerd Kopper und Günther Rager zusammen mit ihren MitautorInnen Lehman, Johnson und Müller-Gerbes, ausgehend vom Medien- und Kartellrecht, eine Untersuchung der Gesamtheit aller Regelungsverfahren und Steuerungsmechanismen für Printmedien vor. Ziel war es zu versuchen, eine 'Regelungsmaschinerie' für staatliche Eingriffnahme möglichst vollständig zu denken und darzustellen und dann einer Wirksamkeitsanalyse zu unterziehen. Schweden, die Schweiz, Großbritannien und Deutschland wurden untersucht.

Zu den Ergebnissen des Projektes gehört, daß die **Politkultur** eines Landes **entscheidend** sowohl für Ausgestaltung als auch Wirkungsweise und -mächtigkeit von staatlichen Regelungs- und Steuerungsinstrumenten ist. Allgemeine Steuerungs- und Wirkungsmodelle lassen sich zwar wissenschaftlich präzise erstellen, aber die Wirksamkeit einzelner Instrumente hängt wesentlich von länderspezifischen Kontexten ab, die von der politischen Kultur, der Mediengeschichte und situativen Faktoren bestimmt sind. Eine Regelungsmaschinerie, die für ganz Europa Gültigkeit haben könnte, erscheint den Autoren als nicht möglich - ein Umstand, den auch die Europäische Gemeinschaft in Rechnung stellen wird müssen.

Das Konzept des **freien Marktes** findet sich **als fiktive Grundannahme** in allen Vergleichsländern. Im Pressesektor herrschen nahezu uneingeschränkt wirtschaftsliberale Grundauffassungen über das Verhältnis Staat und Wirtschaft. Zielorientierung und Steuerungsverhalten des Staates in allen Vergleichsländern implizieren einen freien Markt und selbstregulierenden Wettbewerb. Die empirischen Fakten aus dem internationalen Überblick ergeben aber, daß ein 'freier' Markt und Wettbewerb im Printmedienbereich faktisch nicht bestehen.

Weiters zeichnen sich die Grundbedingungen staatlicher Steuerung dadurch aus, daß einem **privaten System öffentliche Funktionen** zugeteilt werden. Die Presse hat zwar wesentliche öffentliche Aufgaben, diese aber sind privatwirtschaftlich zu verwirklichen. Es existieren kaum Regelungen, die einen gravierenden Eingriff in die Eigentums- und Gewerbefreiheit darstellen. Prinzipiell stehen dem Staat die Instrumente zur Verfügung, ökonomische Macht einzuschränken und Markt und Wettbewerb wiederherzustellen, diese werden aber kaum diskutiert und wenn, dann nicht zur Anwendung gebracht.

Am meisten gilt das **subjektive Schutzrecht**. Im internationalen Überblick gilt für den Staat ein nicht-interventionistisches Prinzip. Nur die Pressefreiheit als subjektives Schutzrecht vor Eingriffen des Staates in die Publizistik ist unbestritten konsensfähig. Die individuelle Handlungsfreiheit gilt gegenüber einer staatlichen Steuerungspflicht als vorrangig. Darunter fällt auch allgemein die verlegerische Tätigkeit.

Anbietervielfalt erscheint als das **verbindende Element** in den untersuchten staatlichen Regelungssystemen. Die Gesetzgeber arbeiten in einem von starken Konflikten durchzogenen Bereich: Neben konstitutionellen Zielkonflikten, unterschiedlichen Eigentumsinteressen und Gruppenwünschen steht auch die Legitimation des Gesamtsystems auf dem Spiel. Die Vielfalt selbständiger Anbieter auf einem Markt erlaubt die Verquickung von wirtschafts- und medienpolitischen Zielsetzungen, sie führt aber nicht zwingend zu einem bestimmten Regelungsansatz.

2. Grenzzieher Staat

Ziel des Projekts 'Medien- und Kartellrecht - vergleichende Systematik' war es, einen rechtsvergleichenden Überblick über die restriktive Interventionsmöglichkeiten des Gesetzgebers angesichts von Medienkonzentration und Wettbewerbsverzerrung zu geben. Harald Trettenbrein schreibt in seiner rechtsvergleichenden Untersuchung, daß Staaten sich generell **dreier Eingriffsmöglichkeiten** für restriktive Intervention bedienen können. Diese drei Eingriffstypen umfassen die wirtschaftsrechtliche Fusionskontrolle und die medienrechtliche Fusionskontrolle mit weichen oder mit harten Kriterien. Für alle Formen gibt es Beispiele in den untersuchten Ländern.

Die **wirtschaftsrechtliche Fusionskontrolle** stellt auf die Eigenschaft von Medienunternehmen als Wirtschaftseinheit ab. Ein Zusammenschluß kann dann untersagt werden, wenn dadurch eine "marktbeherrschende Stellung" begründet oder verstärkt würde. Beispiele dafür finden sich in Deutschland innerhalb des Gesetzes gegen Wettbewerbsbeschränkung (GWB), im Rahmen der Fusionskontrolle der EG und in Schweden.

Die **medienrechtliche Fusionskontrolle** läßt die Berücksichtigung publizistischer Aspekte zu oder baut auf ihnen auf. Sie kann auf *weichen Kriterien*, d.h. mehr oder weniger allgemein gehaltenen, oder *harten Kriterien* mit detaillierten Schwellenwerten beruhen. Auf weichen Kriterien baut die Regelung für Medien im österreichischen Kartellgesetz (novelliert im Nov. 1993) auf. Demnach sind Medienzusammenschlüsse untersagt, wenn dadurch die "Medienvielfalt beeinträchtigt wird", ohne näher zu erläutern, wann das der Fall ist. Ähnliche Bestimmungen finden sich im Schweizer Kartellgesetz, gemäß dem auf "Anhaltspunkte für volkswirtschaftlich oder sozial schädliche Auswirkungen" zu achten ist. Auch Großbritannien kennt eine pressespezifische Fusionskontrolle mit weichen Kriterien. Harte Kriterien für Medienzusammenschlüsse werden in Frankreich verwendet, wo niemand "mehr als 30 % der Auflage gleichartiger Tageszeitungen" kontrollieren darf. In Italien gibt es exakte Bestimmungen für intermediäre Zusammenschlüsse, aber auch einen Katalog pressespezifischer Konzentrationsbeschränkungen, die weitere Konzentrationsvorgänge zu verhindern suchen. Harte Kriterien werden auch in den USA angewandt.

Im Unterschied zum Problem der Pressekonzentration wird **multimedialer Konzentration** (Print / elektronische Medien) stets mit spezifisch mediengesetzlichen Regelungen begegnet. In Deutschland wird zusätzlich die Anwendbarkeit des allgemeinen Kartellrechts im Rundfunkbereich bejaht. In Österreich baut das Regionalradiogesetz 1993 (im Gegensatz zu den Regelungen im Kartellgesetz) auf harten Kriterien auf. Weiche Kriterien kommen etwa im Schweizer "Bundesgesetz über Radio und Fernsehen" zur Anwendung.

Die Marktabgrenzung stellt ein Problem für jegliche Form der Fusionskontrolle dar. In der Festlegung der Abgrenzung des jeweils "relevanten Marktes" ist eine der Schlüsselfragen aller restriktiver Maßnahmen zu sehen.. Eine rein wirtschaftliche Fusionskontrolle beispielsweise muß im Medienbereich schon deshalb Defizite aufweisen, da sie den Doppelcharakter von Medien als "Ware" (Werbemarkt) und als "publizistischem Faktor" nicht berücksichtigt. Auch der geographisch relevante Markt ist oft nur schwer abgrenzbar, wenn Medien fusionieren, die in verschiedenen Teilmärkten operieren.

3. Rechtsgrundlage Staat

Ein weiteres Projekt analysiert und vergleicht die aktuelle Arbeits- und Einkommenssituation der Mitarbeiter europäischer Tageszeitungsverlage. Basis für die *rechtsvergleichende Analyse* von Rudolf Mosler und Edith Weinmeier bildete das gesetzliche und tarifliche Arbeitsrecht. Ergänzt wurde dieses Material durch Expertengespräche, und einige Schlüsselergebnisse lassen sich wie folgt zusammenfassen.

Die Untersuchung ergab, daß in **Österreich Sonderregeln** gelten. In den Vergleichsländern (Deutschland, Schweiz, Schweden) existieren im Gegensatz zu Österreich keine Sondergesetze für Pressemitarbeiter. Zwar kam auch in Österreich bislang kein umfassendes Medienmitarbeitergesetz zustande, doch Journalisten- und Mediengesetz enthalten spezifische Regelungen für Journalisten. Besonders günstig sind Regelungen wie das **Weihnachts- oder Urlaubsgeld.** Hier ist der österreichische Kollektivvertrag für Journalisten am günstigsten. Sie erhalten drei zusätzliche Monatsgehälter, wogegen sich die deutschen oder Schweizer Kolleginnen und Kollegen mit zwei respektive einem zusätzlichen Monatsgehalt zufrieden geben müssen. In punkto Altersversorgung hinkt Österreich zwar hinter den Vergleichsländern her (es gibt keine Regelung einer obligatorischen Betriebspension für Journalisten), andererseits ist die in Österreich übliche "Abfertigung" wiederum jenseits der Landesgrenzen nicht bekannt.

Während für den Bereich der Journalisten klare Aussagen gemacht werden können, **fehlt im Druckbereich Klarheit.** Die Lohngestaltung für österreichische Drucker im Zeitungsverlag ist in den Augen der Autoren 'unübersichtlich'. Zwar liegen die Kollektivvertrags-Grundlöhne hier deutlich unter dem Niveau von Deutschland oder der Schweiz, sie werden aber durch zahlreiche Zulagen und Zuschläge ergänzt, so daß ein Vergleich nur in ausgewählten Einzelfällen möglich ist. Bei einer Wochenarbeitszeit von 36 Stunden (bzw. 34,5 Std. bei Einrechnung bezahlter Pausen) verfügen Österreichs Drucker über mehr Freizeit als Drucker in Deutschland (37 Std. Wochenarbeitszeit) oder in der Schweiz (40 Std. pro Woche).

In der Schweiz, Deutschland und Schweden existieren eigene **Kollektivverträge für jene freien journalistischen Mitarbeiter**, die arbeitnehmer-ähnliche Positionen haben. In Österreich gelten arbeitsrechtliche Schutzbestimmungen in der Regel nicht für freie Mitarbeiter, weil laut geltender Rechtslage die Arbeitnehmer-Eigenschaft fehlt. So haben etwa die im Journalisten-Kollektivvertrag enthaltenen Honorarempfehlungen hier keine verbindliche Wirkung. Der Abschluß befristeter Arbeitsverträge ist zwar generell eingeschränkt, in Österreich wird jedoch - anders als in Deutschland oder der Schweiz - erst die zweite Befristung auf sachliche Rechtfertigung geprüft.

Die Mediengesetze können Bestimmungen zum **Überzeugungsschutz** enthalten. Redaktionsstatuten kommt in der Praxis nach Ansicht der befragten Experten keine "überragende Bedeutung" zu. In Österreich enthält das Mediengesetz einige Bestimmungen zugunsten des Überzeugungsschutzes journalistischer Mitarbeiter (z.B. unter bestimmen Voraussetzungen das Weigerungsrecht, der Überzeugung widersprechende Beiträge zu verfassen). Dagegen existiert weder in Deutschland noch in der Schweiz ein gesetzlich geregelter Überzeugungsschutz für Journalisten.

4. Förderer Staat

Die Erfahrungen mit verschiedenen Modellen der Presseförderung in Westeuropa wurden von Christina Holtz-Bacha zusammengestellt und zur Beurteilung vorgelegt. Vor diesem Hintergrund wurde dann das österreichische Förderungssystem analysiert und bewertet.

Aus diesem Vergleich ergibt sich, daß **Österreich als Sonderfall** im Bereich der **staatlichen Förderung** gesehen werden muß. Österreich zählt im internationalen Vergleich zu den Ländern mit umfangreicherer Förderung. Besonders fällt auf, daß der Staat durch die Bundesregierung den Tageszeitungen zunächst eine allgemeine und direkte Förderung gewährt. In allen anderen Staaten sind direkte Fördermaßnahmen selektiv ausgebildet. Die selektive Förderung in Österreich gleicht den entsprechenden Maßnahmen anderer Länder. Dennoch schöpft Österreich das Instrumentarium zur Presseförderung bei weitem nicht aus. Unter den direkten Maßnahmen fehlt ein Kreditprogramm, bei der indirekten Förderung wird wenig für eine steuerliche Entlastung der Presse getan.

Von der **Presseförderung leben nicht wenige Tageszeitungen.** Direkte Subventionen, die nicht zurückzuzahlen sind, gibt es außer in Österreich auch in Schweden, Finnland, Norwegen, den Niederlanden, Frankreich, Italien, Belgien, Luxemburg und Portugal. Diese Maßnahmen haben sich in fast allen Ländern zu permanenten Hilfen entwickelt. Sie sind zwar geeignet, schwache Zeitungen am Markt zu halten, aber sie vermögen kaum, diese langfristig von Unterstützung unabhängig zu machen. Entgegen der ursprünglichen Absicht entwickelt sich eine Abhängigkeit der Zeitungen von staatlicher Hilfe. Die Förderung kompensiert strukturelle Schwächen (vorwiegend des Anzeigenmarktes), die sich jedoch nach Ansicht der Autorin so nicht beseitigen lassen. In den meisten dieser Länder, v.a. in den nordischen Staaten, ist in den letzten Jahren eine Tendenz zum Abbau der Subventionen zu erkennen.

Die skandinavischen Länder verbinden selektive Förderung zum Teil mit Anreizen zu ökonomischem Verhalten (z.B.: finanzielle Unterstützungen von Vertriebs- und Druckkooperationen). Durch diese **Förderung von Kooperationen** soll unter anderem das Entstehen von Überkapazitäten im Druckbereich verhindert werden. In den Niederlanden wird die Vergabe von Förderungen z.T. an die Vorlage detaillierter Pläne geknüpft, um die längerfristigen ökonomischen Auswirkungen der Hilfen abschätzen und überprüfen zu können. Eine andere Art der "Presseförderung" ist noch in den Niederlanden zu finden: Der niederländische Betriebsfonds finanziert Untersuchungen über die Erwartungen der Leserschaft, damit die Zeitungen nicht am Lesermarkt vorbei produzieren.

Die wenigsten Länder bemühen sich um eine Effektivitätskontrolle ihrer PF-Maßnahmen. Eine **Begleitkontrolle findet kaum statt.** Anders ist die Lage in Schweden und den Niederlanden, wo eine fortlaufende Evaluation durch den Betriebsfonds (NL) bzw. mehrere Pressekommissionen (SWE) erfolgt. Frankreich und Italien beschränken sich weitgehend auf die Vorlage (presse-)statistischen Materials, in Österreich fehlt eine Evaluation der Förderpraxis. Das hängt auch mit dem Nichtvorhandensein von ökonomischen Daten zusammen, die für eine "Diagnose" der Maßnahmen nötig wären[13].

5. Staatliche Dienste

Die Leistungen nationaler Postzustellungsorganisationen stellen in nahezu allen westlichen Industrieländern einen der größten Unterstützungsposten von Staat und Gesellschaft für die Printmedien dar. Sie übertreffen bei weitem alle andere Formen der Presseförderung. Ihre betragsmäßige Bestimmung ist jedoch vielfach schwierig bis unmöglich. Das Ausmaß der Unterstützung von Printmedien durch die Reduzierung der Postgebühren wird vielfach nicht erkannt und gewürdigt, wiewohl in den letzten Jahren die fiskalische Krise des Staates in den Industrieländern zu einem oft recht radikalen Umdenken mit ebenso einschneidenden Konsequenzen geführt hat. Das mangelnde Anerkennen hat teilweise mit der Art der Unterstützung zu tun. Eine Hilfe, die in einer strukturellen Erleichterung besteht und sich als Reduktion in Gebühren ausdrückt, die grundsätzlich einmal allen, die bestimmte Kriterien erfüllen, zukommt, wird betriebswirtschaftlich nicht ausgewiesen. Dasselbe trifft auf die volkswirtschaftliche Rechnung zu. Gemeinhin haben die nationalen Postverwaltungen die Kosten für die Zustellung von Printmedien voll absorbiert und staatliche Budgetmittel zu ihrer Abdeckung in Anspruch genommen. Die Printmedienunterstützung wurde in diesen Fällen nirgendwo richtig sichtbar, weder bei den Verlagsunternehmen noch beim staatlichen Haushalt. Vielmehr wurde sie in die chronischen und in einigen Ländern auch sehr beklagten Defizite der Postverwaltungen eingerechnet.

So hat die kanadische Bundesregierung schon 1989/90 schrittweise beschlossen, die Ermäßigungen für die Zustellung von Printmedien etappenweise zu beenden und durch ein Programm der direkten Förderung für periodische Publikationen zu ersetzen. Das Für und Wider einer solchen prinzipiellen Umstellung staatlicher Unter-

[13] Siehe dazu auch den Projektbericht 'Pressestatistik im internationalen Vergleich' von Ursula Maier-Rabler und Erich Sutterlütti. ÖKONOMIE UND ZUKUNFT DER PRINTMEDIEN, Salzburg, 1993.

stützung für Printmedien wurde zu diesem Zeitpunkt in Kanada nicht ausführlich untersucht oder diskutiert[14]. Vielmehr stand die politische Priorität der damaligen konservativen Regierung im Vordergrund, das 'Post office' zu privatisieren und die staatlichen Zuschüsse zur Defizitabdeckung innerhalb von fünf Jahren einstellen zu können.

Der Zustelldienst für Printmedien wird somit von zwei Seiten her zunehmend in Frage gestellt. Zum einen sinkt der Kostendeckungsgrad in vielen Ländern, zum anderen ist ein verstärktes Kostenbewußtsein sowohl von Seiten der Postadministrationen als auch der staatlichen Budgetverwalter festzustellen. Dies ist in Zusammenhang nicht nur mit der Finanzkrise des Staates zu sehen, sondern auch mit der technologischen Revolutionierung der 'blauen' Post, also der Telephon- und Telekommunikationsdienste, und der privaten Konkurrenz für die Post im Bereich der Paketzustellung. Diese Entwicklungen stellen die eingebürgerte Form der Postzustellung von Printmedien zunehmend in Frage. Sie gerät unter einen wirtschaftlichen wie auch demokratiepolitischen Legitimationsdruck, und die als gegeben angenommene Akzeptanz einer für die Printmedien recht vorteilhaften, teilweise sogar absolut geschäftsnotwendigen Gebührenordnung erodiert zunehmend. Prinzipien wie Kostenwahrheit, Subventionsberechtigung und -effizienz führen zu einer grundsätzlichen Diskussion der Zweckmäßigkeit gegenwärtiger Modelle.

In ihrem Beitrag zu diesem Leitband stellen Erich Geretschlaeger und Anton Leinschitz zunächst die notwendigen Fakten für eine Beurteilung der Leistungen von Postzeitungsdiensten vor. Sie präsentieren im internationalen Vergleich institutionelle Strukturen, rechtliche Ausgangslagen und Zulassungsbedingungen sowie Gebühren, Leistungsumfang und Kostendeckung für Österreich, Deutschland, die Schweiz, Frankreich, Großbritannien und Finnland.

Die Post ist weiterhin unverzichtbar. So transportiert die österreichische Post zur Zeit ca. 840 Millionen "Zeitungsexemplare" pro Jahr (darin sind u.a. Tages-, Wochen- und Monatspublikationen enthalten), was einem Anteil von 28% am gesamten von der Post beförderten Volumen entspricht. Der Löwenanteil entfällt mit 48% auf Massensendungen. Während sich die Anteile der im Postzeitungsdienst beförderten Presseprodukte im Verlauf der letzten zehn Jahre nicht wesentlich verändert haben, hat sich die gesamte transportierte Auflage im selben Zeitraum um 47% oder 268 Mill. Exemplare erhöht. Im europäischen Vergleich nützen Zeitungsverlage in der Schweiz, Frankreich oder Finnland den Distributionsweg Post am häufigsten, es folgen Österreich und dann mit einigem Abstand Deutschland und Großbritannien. Die österreichischen Tageszeitungen machen zwar in der Menge

[14] Die Dienstleistungen des kanadischen Postzustelldienstes sind nur begrenzt mit dem in zentraleuropäischen Ländern vergleichbar, da Tageszeitungen nur zu einem verschwindend geringen Teil per Post zugestellt werden. Die Vertriebsgebiete von Tageszeitungen sind ident mit den Versorgungsgebieten der zeitungseigenen Zustellorganisationen.

von insgesamt 7600 beförderten Titeln nur einen Anteil von 0,2% aus, sie fallen aber mit 220 Mill. Exemplaren pro Jahr (26 % des Gesamtvolumens) bei den Stückzahlen besonders ins Gewicht. Der Zeitungsvertrieb per Post ist für Verlage kostengünstig, die österreichischen Gebühren liegen innerhalb Europas im unteren Bereich.

Weniger günstig ist der Zeitungsdienst für die Post. Postverwaltungen machen ohne Ausnahme Defizite mit diesem Dienst. Die österreichische Post erzielte 1990 Einnahmen in Höhe von 355 Mill. öS aus dem Postzeitungsdienst. Die Kostenunterdeckung liegt nach Angaben der Post derzeit bei 2,67 Mrd. öS pro Jahr oder bei öS 3,18 pro Titel; die Autoren bemängeln allerdings eine unzureichende Kostenrechnung der Post, die eine realistische Kalkulation unmöglich mache. Zeitungen erbringen dabei höhere Erlöse als andere Titel. Während Vertriebsleiter von Zeitungsverlagen zahlreiche Unzulänglichkeiten des Postzeitungsdienstes beklagen (so können z.B. regionale Tageszeitungen in anderen Bundesländern erst einen Tag nach ihrem Erscheinungstermin zugestellt werden), halten die Leser die Post in dieser Hinsicht für zuverlässig. Eine eigens durchgeführte Umfrage zeigte, daß Verspätungen oder nicht erfolgte Auslieferungen eher den Verlagen als der Post angelastet werden. In Sachen **Morgenzustellung** kann die Post mit verlagseigenen Austrägern **nicht konkurrieren**. Erst damit aber wäre, nach Ansicht der Autoren, der Postzeitungsdienst ein wettbewerbs-neutrales Vertriebsinstrument, das vorhandene Machtstrukturen eventuell neutralisieren kann.

Die Autoren halten eine **neue Strukturierung der Postgebühren** für die Beförderung von Presseprodukten für angemessen. Sie könnte sich unter anderem am redaktionellen Teil, der Erscheinungsfrequenz und an den Transportleistungen der Verlage orientieren. Motto: Je mehr ein Produkt den Kriterien einer "echten Tageszeitung" gleicht, desto niedriger sollten die Postgebühren sein.

An diese Darstellungen schließen die beiden Autoren noch eine Diskussion von alternativen Modellen für die Zustellung von Printmedienprodukten. Die Herausforderung für diese Modelle besteht darin, kostengünstige Tarife und geographische Ubiquität zu verbinden und dies unter Wettbewerbskonditionen in wirtschaftlich lukrativen Zustellgebieten. Grundlage dieser Erwägungen ist die Einschätzung, daß die Herstellung und der Erhalt von Presse- und Meinungsvielfalt einer den Postzeitungsdiensten entsprechende Form von Zustellorganisationen bedarf, die auch staatlich unterstützt werden kann und soll. Die Autoren kommen zum Schluß auf einzelne Schritte und Modelle zu sprechen, die modulartig gedacht und zusammengebaut werden können. Die Aufgabe den Informationsträger, bedrucktes Papier Nutzern zuzustellen, wird in der absehbaren Zukunft nicht geringer werden, sicherlich aber anders als bisher zu lösen sein. Dabei spielen nicht zuletzt auch zunehmend ökologische Überlegungen eine Rolle. Die hier vorgelegten Untersuchungsergebnisse laden zur Diskussion kurzfristig machbarer Alternativen wie auch langfristiger Perspektiven ein.

Gerd G. Kopper, Günther Rager,
Annette Lehmann, Signe-Lou Johnson

Steuerungs- und Wirkungsmodelle

Prof. Dr. Gerd G. Kopper
und Prof. Dr. Günther Rager,

Universitätsprofessoren am Institut für Journalistik der Universität Dortmund. Schwerpunkte von Prof. Kopper sind Medienpolitik, Medienökonomie und Medienrecht; Prof. Ragers Schwerpunkt ist die Produktion.

Annette Lehmann und Signe-Lou Johnson,

Journalistinnen mit Ausbildung am Institut für Journalistik der Univ. Dortmund und wissenschaftliche Projektmitarbeiterinnen. Schwerpunkt von Annette Lehmann waren die "Mediensysteme", jener von Signe-Lou Johnson "Kartellrecht".

1. Zielsetzung der Studie

Die Studie "Medien- und Kartellrecht: Medienpolitik", deren Hauptergebnisse hier zusammengefaßt werden, erfaßt und systematisiert zunächst den existierenden sowie logisch ableitbaren Bestand an Steuerungsmöglichkeiten im Bereich des Medien- und Kartellrechts. Das heißt, es werden sowohl alle denkbaren als auch realen Lenkungsmöglichkeiten berücksichtigt: Aufgezeigt werden soll das gesamte Repertoire logisch erfaßbarer Steuerungsmöglichkeiten im Bereich des Medien- und Kartellrechts. Untersucht wurden nach der Vorgabe aus dem übergeordneten Gesamtprojekt die Vergleichsländer Schweden, Schweiz, Großbritannien und Bundesrepublik Deutschland.

Zur Übertragung des Modells einer umfassenden Rekonstruktion von Gesamtbeständen (Regelungsrepertoires) sowie von Einzelregelungen war es notwendig, ein eigenes Erhebungsinstrumentarium zu entwickeln und Systematisierungsgrundlagen zu schaffen, die für alle untersuchten Länder und ihre unterschiedlichen Rechtstraditionen zutreffen konnten. Die Ausgangsbestände der Vergleichsländer wurden statt über eine zentral organisierte Literaturanalyse durch einzelne nationale Expertenteams erhoben. Damit wurde die Übernahme spezifischer nationaler und durch Rechtstraditionen gegebener Perspektiven weitgehend gesichert.

Im Sinne der Verwendung und Beibehaltung des Ausgangsmaterials und seiner differierenden Profile wurde davon abgesehen, in den Literaturnachweisen zusätzlich die Bestände anzugeben, die möglicherweise länderbezogen als Generalreferenz hätten dienen können. Die Literaturverweise sind also - bis auf geringste Ausnahmen - diejenigen, die von den internationalen Arbeitsgruppen eingebracht wurden. So ist es möglich, wenn durch den Fachleser gewünscht, den Zuschnitt und Expertenbezug der jeweiligen Arbeitsgruppe bezogen auf die Auswertung und Referierung von Strukturbefunden sowie Regelungsrepertoires nachzuvollziehen.

Der Mithilfe dieser Expertinnen und Experten sei daher an dieser Stelle ausdrücklich gedankt. Es waren dies:

- Vereinigtes Königreich: Hugh Stephenson, Nanna Hepke;
- Schweden: Karl Erik Gustafsson, Lennart Weibull;
- Schweiz: Werner A. Meier, Michael Schanne;
- Österreich: Walter Berka, Hans Heinz Fabris, Rudolf Mosler, Michael Schmolke, Harald Trettenbrein.

Hauptzielsetzung der Studie ist die Untersuchung von Wirkungsmöglichkeiten bestimmter Regelungen im Medien- und Kartellrecht. Erfaßt werden sollen dabei gerade auch medienpolitisch oder gesellschaftlich induzierte Wirkungen, die sich dem Blick auf allein rechtliche Regularien entziehen. Die Untersuchung "Medien- und Kartellrecht: Medienpolitik" ist demzufolge bewußt nicht als klassische, rechtsvergleichende Studie angelegt. Vielmehr bemüht sie sich um einen komplementären Ansatz zum üblichen rechtsvergleichenden Vorgehen.

Die theoretische Basis für die Erhebung wurde durch Literaturrecherchen gelegt. Dabei zeigte sich bald, daß ein spezifischer und in dieser Form neuartiger methodischer Ansatz gefordert war, um:

- den aktuellen Anforderungen an eine international orientierte Pressekonzentrationsforschung gerecht zu werden, die nach medienpolitischen Zielen, Steuerungsoptionen und Wirkungen rechtlicher Maßnahmen fragt;
- den Untersuchungsgegenstand - Instrumente struktureller Steuerung des Pressemarktes - vollständig zu erfassen.

Die folgenden theoretischen Ausführungen dokumentieren die Entwicklung dieses Forschungsansatzes und zeichnen wesentliche Arbeitsschritte des Projektes nach. Im einleitenden Kapitel ("Problemaufriß") wird eine Bestandsaufnahme bisheriger Studien zur Pressekonzentration geleistet und aktueller Forschungsbedarf ermittelt. Es folgt die Konkretisierung und Systematisierung des Untersuchungsgegenstandes ("Optionen staatlicher Medienpolitik"), bevor die Entwicklung unseres neuartigen Erhebungsinstrumentariums begründet und dokumentiert wird.

2. Problemaufriß

Die Pressekonzentrationsforschung im engeren Sinne kam Ende der 70er Jahre nahezu zum Stillstand. Ursächlich hierfür ist zum einen eine gewisse Stagnation der Konzentrationsentwicklung, insbesondere im Sektor der lokalen und regionalen Tagespresse: Das Zeitungssterben verlangsamte sich, wurde zum Teil sogar gestoppt.

Zum anderen wandte sich, nicht zuletzt ausgelöst durch den "Ölschock“ der Jahre 1973/74, das politische und damit auch das wissenschaftliche Interesse verstärkt der klassischen Wirtschaftspolitik zu, schwerpunktmäßig Fragen der Energie-, Geld-, Arbeitsmarkt- und Sozialpolitik. Schlagartig ließ die Bereitschaft zu politischen Debatten um die Pressekonzentration und zu neuen medienpolitischen Regelungsansätzen nach. Hinzu kam, daß die Entwicklung des audio-visuellen Mediensektors, vor allem die verstärkte Einführung privaten Rundfunks auch auf lokaler und regionaler Ebene, erhebliche wissenschaftliche Ressourcen beanspruchte.

In den 80er Jahren nahmen neue und bis heute fortschreitende Tendenzen auf dem Medienmarkt ihren Verlauf. Bislang auf nationaler Ebene tätige Konzerne dehnten ihre Aktivitäten auf internationale Märkte aus. Gleichzeitig gingen nationale und internationale Konzernbildungen mit "cross-ownership“-Entwicklungen - unternehmerischem Engagement in verschiedenen Mediensektoren - einher. Nicht minder wichtig in diesem Zusammenhang sind politische Entscheidungen, europaweit wirtschaftliche Freiräume zu schaffen und auf eine Vereinheitlichung rechtlicher Regelungen, z.B. auf EG-Ebene, hinzuwirken.

Diese politischen und strukturellen Gegebenheiten lassen es nötig erscheinen, den Printmedienmarkt wieder kontinuierlich zu untersuchen. Will staatliche Medienpolitik überhaupt noch eine Chance haben, bestehende Marktstrukturen auf der Basis wissenschaftlicher Analysen zu regulieren - und nicht nur, wie etwa bei Einführung der pressespezifischen Fusionskontrolle in der Bundesrepublik Deutschland Mitte der 70er Jahre, der ökonomischen Entwicklung hinterherlaufen - muß die systematische wissenschaftliche Erarbeitung presserelevanter Themenfelder dringend wieder aufgenommen werden.

2.1 Phasen bisheriger Pressekonzentrationsforschung

Anhand der einschlägigen Literatur lassen sich, ausgehend von der Bundesrepublik Deutschland, die bisherigen Diskussionen über Pressekonzentration sowie der Schwerpunkt entsprechender Forschungsaktivitäten in vier Phasen aufgliedern[1]:

1. Der zunehmende Rückgang der Zahl publizistischer Einheiten im Sektor der Tagespresse löste in den 60er Jahren die erste Phase problembezogener medienpolitischer Debatten aus. In diesem Zeitraum standen Fragen der inhaltlichen Angebotsproduktion sowie auch struktureller Veränderungen und dekonzentrierender Maßnahmen im Zentrum der Diskussion. Insbesondere ging es dabei um Pressekonzentration auf lokalen Märkten und um Möglichkeiten, diese Entwicklung zu stoppen. Im Zuge einer politischen Umorientierung verlor die frühe und bodenständige Pressekonzentrationsforschung Mitte der 70er Jahre jene auch finanzielle Unterstützung, die ihr vorher von staatlicher Seite zuteil geworden war.
2. In einer anschließenden Phase verschob sich der Schwerpunkt wissenschaftlicher Betrachtung von der Grundlagenforschung mit strukturverändernder Zielrichtung hin zu Einzelfragen der rechtlichen und/oder ökonomischen Modifikation. Gegenstand der Analyse war die faktische Situation auf einem bereits konzentrierten Markt. In dieses Spektrum gehören sowohl Studien zum Marktzutritt im Pressebereich als auch Inhaltsanalysen, die sich auf den Angebotstypus und die publizistische Leistung von Presseerzeugnissen, wie etwa der Lokalberichterstattung oder Anzeigenblätter, beziehen.
3. Die dritte erkennbare Forschungsphase geht einher mit der bereits skizzierten Bildung international und intermediär tätiger Medienkonzerne. Kennzeichnend für diese Entwicklung ist die Expansion traditioneller Verlagsunternehmen in andere Mediensektoren, hier vornehmlich den audio-visuellen sowie den Software-Bereich, z.B. Film- und Fernsehrechte. Mit dieser Veränderung von Angebots- und Unternehmensstrukturen rückten Fragen der Wettbewerbspolitik, auch im Zusammenhang mit EG-weiten Harmonisierungsbestrebungen, in den Vordergrund des politischen und wissenschaftlichen Interesses. Diese Faktoren bestimmen seit etwa fünf Jahren maßgeblich die internationale medienbezogene Konzentrationsforschung.

---

[1] vgl. zum folgenden auch: Kopper, Gerd G.: On the Methodological Problems of New Ideas and Approaches to Press Concentration Research. In: Journal of Media Economics (Special Issue on Current Media Economic and Policy Problems in Central Europe), Volume 6, Nr. 1, Spring 1993, S. 25 - 35

4. Ansatzweise kristallisiert sich im länderübergreifenden Diskussionskontext eine neue Forschungsperspektive heraus, die sich bemüht, "positive“ Konzentrationsanforderungen zu formulieren. Derartige Überlegungen, z.B. zu Mindestgrößen von Betrieben, sollen Aussagen über die Wettbewerbsfähigkeit von Medienunternehmen ermöglichen. Dies gilt sowohl auf internationaler Ebene als auch für nationale Märkte.

2.2 Forschungsdefizite

Jede der dargestellten presserelevanten Forschungsperspektiven hat ihre eigene Berechtigung und wirft jeweils weitere "neue“ Fragestellungen auf. Vor dem Hintergrund aktueller Strukturen und Entwicklungstendenzen auf dem Medienmarkt lassen die bisherigen Ansätze aber auch einige gemeinsame Defizite erkennen.

a) Die Fragestellungen orientierten sich ganz überwiegend an vorgegebenen Marktstrukturen.

Die gesamte bisherige Debatte um legislative Maßnahmen zur Eindämmung von Pressekonzentration spiegelt die bekannte Dichotomie zwischen wirtschaftspolitischen und medienpolitischen Zielsetzungen wider. Die Meinungsäußerungs-, Presse- und Informationsfreiheit steht in Konkurrenz zur Unternehmerfreiheit und Eigentumsgarantie. Medienpolitik zielt auf Verhinderung von Meinungsmonopolen, Wirtschaftspolitik auf Sicherung des ökonomischen Wettbewerbs zwischen den Marktteilnehmern. Endgültig geklärt wurde das Verhältnis zwischen beiden Postulaten bislang nicht - und es wird wohl auch kaum abschließend zu entscheiden sein, wie u.a. die umfangreiche Diskussion über den Begriff publizistischer Vielfalt zeigt.[2]

Die praktische Medienpolitik läßt aber erkennen, daß Vorstellungen über diese Relation implizit vorausgesetzt werden: Publizistischer Wettbewerb gilt als Resultante des ökonomischen Wettbewerbs. Medienpolitisches Handeln greift deshalb regelmäßig auf Instrumente der Wirtschaftspolitik zurück, z.B. das Wettbewerbs- oder Fusionsrecht. Wo funktionierender ökonomischer Wettbewerb einfach als gegeben vorausgesetzt und zum zentralen Axiom von Medienpolitik wird, besteht erhebliche Skepsis gegenüber allen staatlichen Steuerungsversuchen, die nicht der herrschenden Wirtschaftsordnung entsprechen. Beispielsweise werden fördernde Maßnahmen zur Sicherung äußerer Vielfalt, wie etwa direkte staatliche Subventionen für wirtschaftsschwache Pressebetriebe, überwiegend als unzulässiger Eingriff in die unternehmerische Freiheit und als potentielle Wettbewerbsverzerrung abgelehnt.

Dementsprechend stand in der Vergangenheit vor allem das Ziel im Vordergrund, den Konzentrationsprozeß auf dem bereits erreichten Niveau einzufrieren oder die spiralförmig verlaufende Entwicklung ein wenig zurückzudrehen. Weil sich

---

2 dokumentiert z.B. in: Rager, Günther/Weber, Bernd (Hrsg.): Publizistische Vielfalt zwischen Markt und Politik. Düsseldorf (u.a.) 1992

Konzepte stets stark am politisch "Machbaren“ orientierten, kamen Überlegungen darüber zu kurz, wie eine nach medienpolitischen Gesichtspunkten wünschenswerte Pressestruktur auszusehen hätte. Optionen, die den parteipolitisch gesteckten Rahmen gesprengt hätten, wurden in Gesetzgebungsverfahren erst gar nicht thematisiert und spielten auch in der wissenschaftlichen Debatte nur eine untergeordnete Rolle.

Eine Untersuchung, die das Gesamtspektrum medienpolitischer Eingriffsmöglichkeiten und erkennbare Bandbreiten instrumenteller Wirkungschancen zum Gegenstand hat, darf nicht an den genannten Grenzen stehenbleiben. Gefordert ist statt dessen ein Ansatz, der von der Aufdeckung sämtlicher vorhandener Optionen (Steuerungsrepertoires) ausgeht. Auf diese Weise läßt sich, bezogen auf einzelne Länder, der spezifische Ausschnitt kennzeichnen, der für Regelungen eingesetzt wurde. Dies führt zu einer analytisch ausgerichteten Grundlagendiskussion zu Zielen staatlicher Steuerung, wobei die Konservierung vorgegebener Marktsituationen nur eine von mehreren Möglichkeiten darstellt. Erst wenn das Spektrum möglicher Intentionen ermittelt ist, lassen sich Steuerungsinstrumente und ihre Wirksamkeit im Hinblick auf vorgegebene Zielsetzungen erkennen.

b) Die Fragestellungen betrachteten vor allem nationale Märkte.

Der Internationalisierung von Märkten, die seit Jahren auch den Pressesektor immer entscheidender berührt, wurde bisher nicht hinreichend Rechnung getragen. Aufgrund einer vorgegebenen Perspektiv-Verengung wurden mitunter Entscheidungen getroffen, die auf internationalem Niveau genau das Gegenteil ihres eigentlichen Zwecks bewirkten. So beschleunigte z.B. der Versuch, Konzentration im Inland zu stoppen, die internationale Konzernbildung, weil kapitalstarke Unternehmen auf ausländische Märkte auswichen, wo ihnen in nationalen Marktsegmenten eine Expansion untersagt wurde.

Inzwischen hat eine Internationalisierung der Diskussion eingesetzt, allerdings vorwiegend im Bereich der audio-visuellen Medien. Daß die Presse auch innerhalb der europäischen Debatte bislang kaum eine Rolle spielte, mag daran liegen, daß sie aufgrund ihrer Sprachgebundenheit häufig als nationalstaatliche und nationalkulturelle Angelegenheit definiert wird. Der Handlungsbedarf, länderübergreifende Regelungstatbestände zu schaffen, schien im Rundfunksektor aufgrund des wachsenden Programm- und Ressourcenaustausches dagegen dringlicher. Angesichts der zunehmenden medialen Verflechtung, auch über Staatsgrenzen hinweg, stellt sich der Pressemarkt längst nicht mehr als isoliert dar. Gerade das Beispiel Österreichs zeigt, daß Strukturen im Printmedienbereich in Zukunft nicht mehr allein national zu betrachten sein werden, sondern Absprachen, Verträge und koordiniertes staatliches Handeln auf internationaler Ebene einzubeziehen sind. Dieses Feld ist wissenschaftlich bislang nicht ausreichend bearbeitet, und es fehlt an theoretisch grundlegender Durchdringung.

Die aufgezeigte nationale Orientierung von Medienpolitik führte auch zu einer unzureichenden Verzahnung der Forschungsansätze in verschiedenen Ländern. Bislang fehlen international vergleichende Studien, abgesehen von Einzelfall-Untersuchungen spezifischer Aspekte.[3] Zudem liegen die meisten Analysen bereits lange zurück.[4] Schon auf der Ebene empirischer Strukturdaten fehlt eine befriedigende vergleichende Systematik. Hier liegt zwar eine kaum überschaubare Vielzahl von Einzeldaten vor, international stimmen aber nicht einmal die statistischen Erhebungs-Instrumentarien überein.

Neue Ansätze werden auf EG-Ebene eingeleitet und hier insbesondere durch den Ministerrat. Bemüht, das Forschungsdefizit auszugleichen und wissenschaftliche Untersuchungen in einzelnen Staaten zu Fragen der intermediären Konzentration zu koordinieren, gab der Rat 1990 eine entsprechende Studie in Auftrag.[5] Sie fragte sowohl rechtliche als auch statistische Daten länderübergreifend ab. Ziel ist es dabei, aus der Erkenntnis spezifischer Probleme einzelner Mitgliedsstaaten mögliche europäische Strategien zu entwickeln.

Die Tatsache, daß sich die Europäische Gemeinschaft, u.a. auch im Rahmen der Tätigkeit ihrer Kommission[6], verstärkt Fragen der Massenmedienkonzentration zuwendet, zeigt, daß Auseinandersetzungen mit der besonderen Rolle der Medien eingesetzt haben: Deren Produkte werden nicht per se als "gewöhnliche“ Dienstleistungen eingeordnet. In diesem Kontext taucht immer wieder das Postulat der freien Meinungsäußerung auf, das sowohl in nationalstaatlichen Verfassungen als auch in der Europäischen Konvention zum Schutze der Menschenrechte und Grundfreiheiten von 1950 (Art. 10) sowie in der 1948 durch die Vereinten Nationen verabschiedeten Allgemeinen Erklärung der Menschenrechte (Art. 19) verankert ist. Übereinstimmend kommen die EG-Mitgliedsstaaten zu der Erkenntnis, daß zumindest diskutiert werden muß, ob Medienkonzentration Vor- oder Nachteile für die Meinungsfreiheit mit sich bringt. Wenn gemeinsame rechtliche Stategien zur Sicherung der freien Meinungsäußerung und der Pluralität entwickelt werden sollen, müssen zunächst medienpolitische Zielvorgaben formuliert werden, die über generelle Statements hinausgehen. Desweiteren bedarf es innerhalb der Debatte über geeignete Steuerungsinstrumente einer Untersuchung der feststellbaren Wirkungen juristischer Regelungen im jeweils gegebenen gesellschaftlichen Zusammenhang. In diesem wissenschaftlich bislang nicht erschlossenen Bereich hat sich die vorliegende Studie eine Erstbearbeitung vorgenommen.

---

[3] vgl. etwa zum Bereich der Presseförderung: Dünser, Felix: Demokratie und Medienvielfalt. Medienpolitik in Österreich am Beispiel staatlicher Presseförderung. Wien 1979

[4] Smith, Anthony: Subsidies and the Press in Europe. London 1977; Fischer, Heinz-Dietrich/Baerns, Barbara (Hrsg.): Wettbewerbswidrige Praktiken auf dem Pressemarkt. Positionen und Probleme im internationalen Vergleich. Baden-Baden 1979

[5] vgl. Synthesis report on media concentrations in Europe. Unveröff. Material zur 3. Europäischen Minister-Konferenz für Massenmedienpolitik, 9./10. Oktober 1991.

[6] Die Europäische Kommission hat im Juli 1991 eine Europäische Tagung der Presse ("Assise de la Presse“) veranstaltet, bei der u.a. rechtliche Probleme eine Rolle spielten. vgl. Bericht der Arbeitsgruppe Rechtsfragen (unveröffentlicht)

c) Die Fragestellungen orientierten sich kaum an tatsächlichen Wirkungen staatlicher Eingriffe.

In der bisherigen Pressekonzentrationsforschung fehlte nicht nur eine ausführliche und präzise Diskussion über die Ziele staatlicher Eingriffe, sondern die beteiligten Fachdisziplinen verfügen auch über unzureichende Kenntnisse der realen Effekte von Maßnahmen. Aussagen über die Wirksamkeit juristischer Steuerung des Medienmarktes beschränkten sich, so zeigt die Literaturanalyse, im wesentlichen auf "Soll"-Beschreibungen. Weder ist eine systematische Begleitforschung der Umsetzung gesetzlicher Vorgaben erkennbar noch eine Untersuchung der (Nicht-)Konsequenzen staatlicher Steuerung. Ausnahmen sind hier Einzelfallbetrachtungen, wie beispielsweise im Bereich der Presseförderung. In welcher gegebenen Marktstruktur welche Regelung zum gewünschten Erfolg führt, wurde bislang noch nicht oder nicht hinreichend analysiert. Erst aufgrund valider Aussagen über konkrete Wirkungen spezifischer Rechtsinstrumente in einer bestimmten Marktstruktur hat staatliche Steuerungspolitik eine realistische Chance, mit ausgewählten Maßnahmen angestrebte medienpolitische Ziele zu erreichen.

Daher muß auch in Frage gestellt werden, ob durch die Politik der Europäischen Gemeinschaft, den Regelungsbereich der Massenmedien dem allgemeinen Wettbewerbsrecht zuzuordnen[7], das erklärte Ziel - Schutz der Meinungsfreiheit und der Pluralität - erreicht wird. Wie auch in anderen Ländern, z.B. in der Bundesrepublik Deutschland, gilt eine hinreichende Sicherung des Wettbewerbs als Garant für besagte medienpolitische Zielsetzungen. Da aber die branchenübergreifende Ausgestaltung des EG-Rechts kaum medienrelevante Problemstellungen erfaßt - so werden etwa die Eingriffsgrenzen der EG-Fusionskontroll-Verordnung sogar für andere Wirtschaftssektoren als zu hoch bewertet -, bleibt die europäische "Medienpolitik" weit hinter ihren Absichtserklärungen zurück. Erst im vorläufigen Diskussionsstadium ist die Frage einer Koordinierung bzw. Harmonisierung der unterschiedlichen nationalstaatlichen Regelungen mit medienspezifischem Charakter.

3. Optionen staatlicher Medienpolitik

Bevor der besondere und in dieser Form neuartige methodische Ansatz, den dieses Forschungsprojekt verfolgt, detailliert erläutert wird, erscheint es sinnvoll, zunächst mögliche Optionen staatlicher Medienpolitik theoretisch zu skizzieren. Dabei sind sowohl denkbare Ziele als auch Regelungsinstrumente zu betrachten. Auf diese Weise läßt sich der Untersuchungsgegenstand umreißen, dem sich das Projekt gerade auch in einer länderübergreifenden Erhebung widmet.

---

7 Diese Tendenz ist z.B. erkennbar in den Ausführungen des Synthesis report on media concentrations in Europe, a.a.O., S. 7 ff

Die folgende Darstellung medienpolitischer Optionen mit Relevanz für den Pressemarkt basiert auf umfassenden Literaturstudien, die - parallel zur Entwicklung des Frageinstrumentariums - vor Durchführung der Feldphase vorgenommen wurden. In der Beschreibung medienpolitischer Zielsetzungen und Steuerungsinstrumente wird bereits ansatzweise auf nationale Spezifika wie auch auf Gemeinsamkeiten der fünf Untersuchungsländer Bezug genommen, soweit sie sich aus dem einschlägigen Schrifttum ergeben.

3.1 Ziele staatlicher Medienpolitik

In allen untersuchten Staaten - Österreich, Bundesrepublik Deutschland, Großbritannien, Schweden und Schweiz - lassen sich auf genereller Ebene durchaus ähnliche medienpolitische Zielsetzungen feststellen. Ausgehend von einem Demokratieverständnis als Gesellschaftsform mit offener Medienordnung, wird die Pressefreiheit überall postuliert. Teilweise kodifiziert in der jeweiligen Verfassung, teilweise auch lediglich in allgemeinen Gesetzen, stimmen die Rechtsordnungen darin überein, daß die Printmedien frei sein müssen von inhaltlicher Lenkung durch den Staat (Zensurverbot), daß grundsätzlich jeder das Recht haben muß, seine Meinung frei zu äußern und sich über alle wesentlichen Fragen des Gemeinwesens zu informieren, um am Prozeß demokratischer Willensbildung teilnehmen zu können.

Für die Bundesrepublik Deutschland weist Witte in einer Befragung gesellschaftlich relevanter Gruppen, darunter u.a. Parteien, Gewerkschaften, Kirchen, Wirtschaft sowie medienspezifische Organisationen, solche medienpolitischen Ziele nach.[8] Zu den häufigsten von insgesamt 1107 Nennungen gehören die folgenden Zielsetzungen: Informationsfreiheit, Pluralität bzw. publizistische Vielfalt des Medienangebotes, freie Meinungsäußerung und Selbstbestimmung im Sinne der Freiheit von Staat und anderen Institutionen.

Alle medienpolitischen Vorgaben in bezug auf den Pressemarkt basieren letztlich auf dem Begriff einer "vielfältigen Ordnung“. Dieses Postulat ist aber interpretationsbedürftig. Einschlägige wissenschaftliche Publikationen belegen: Was als "vielfältiges Angebot“ und somit als Ziel staatlichen Handelns gilt, hängt vom jeweiligen politischen Verständnis ab.[9] Die Zielsetzungen lassen sich aber durchaus grundsätzlich systematisieren, denn sie beziehen sich auf unterschiedliche Betrachtungsebenen. Vielfalt kann national und auf regionalen oder lokalen Märkten angestrebt werden. Staatliche Medienpolitik bewegt sich in allen untersuchten Ländern auf diesen Ebenen. Ihre Intention ist entweder, Vielfalt zu sichern, oder sie erst zu schaffen. Hinter Eingriffen in den Markt steht - implizit oder explizit - stets das Modell einer angestrebten Medienordnung. Im folgenden werden diese "idealen“

---

[8] Witte, Eberhard: Ziele deutscher Medienpolitik. München 1982

[9] vgl . Rager, Günther/Weber, Bernd: Publizistische Vielfalt zwischen Markt und Politik. Eine Einführung, in: dies. (Hrsg.), a.a.O., S. 7 ff

Systeme als Zielvorstellungen staatlichen Handelns typisiert. Zugleich wird jeweils erörtert, wann Steuerung im Hinblick auf eine bestimmte Vorgabe als erfolgreich gelten kann.

a) Medienordnung, die auf Erhalt bestehender Markt-Pluralität zielt

Häufig wird bereits die bestehende Medienordnung als hinreichend "vielfältig" definiert. Bei diesem politischen Konzept fehlt in der Regel eine kritische Prüfung, ob die reale Situation tatsächlich den kontinuierlich formulierten Anforderungen an ein Mediensystem entspricht. Statt dessen wird die vorgefundene Struktur zum Maßstab staatlichen Handelns erhoben. Dabei ist jedoch ein klar definiertes medienpolitisches Ziel dieser Politik nicht feststellbar, abgesehen von dem Vorhaben, die als bedrohlich empfundenen Konzentrationsprozesse zu unterbinden. Wenn es gelingt, weitere Konzentration zu verhindern, gilt die Kontrolle als erfolgreich.

b) Medienordnung, die den Marktzutritt neuer Anbieter erlaubt

Die Forschung der vergangenen Jahre hat gezeigt, daß vor allem im Tageszeitungssektor die Chancen für Neugründungen äußerst gering sind und potentielle Wettbewerber meist auf unüberwindliche Barrieren stoßen.[10] Analog zum wirtschaftswissenschaftlichen Denkmodell wird aber der Marktzutritt als zentrales Element eines intakten Wettbewerbs interpretiert. Wo künftige Konkurrenten nicht zu fürchten sind, können Anbieter auf weitere Anstrengungen, z.B. im Hinblick auf Produktqualität, verzichten. Zudem gilt der Marktausschluß inhaltlich neuer Teilnehmer aus medienpolitischer Sicht als besonders bedenklich. Staatliches Handeln ist dann erfolgreich, wenn es gelingt, den Marktzutritt zu öffnen.

c) Medienordnung mit exakten Vorgaben für regionale oder inhaltliche Angebote

Im Gegensatz zu den beiden bereits vorgestellten Modellen, wird hier eine "ideale" Medienordnung positiv gesetzt. Wünscht der Staat beispielsweise eine Zeitungslandschaft, in der jedem Bürger lokale Information angeboten wird, so muß er dort intervenieren, wo eine lokal berichtende Presse fehlt oder ineffektiv geworden ist. Derartige Steuerung setzt eine Analyse der bestehenden Marktsituation voraus. Staatliches Handeln ist erfolgreich, wenn es gelingt, dort neue Angebote zu plazieren, wo zuvor Defizite festgestellt wurden, oder wenn die Struktur von Märkten erhalten werden kann, die bereits mit der gewünschten Ordnung übereinstimmen.

Dabei können die konkreten medienpolitischen Vorgaben für eine solche "geplante Medienlandschaft" unterschiedlich sein. Denkbar ist beispielsweise der Grundsatz, auf jeder Ebene stets mindestens zwei konkurrierende Presseangebote zur Verfügung zu haben, oder auch die Richtlinie, aus Gründen der Aufrechterhaltung von Pluralität Parteiblätter zu stärken.

---

10 vgl. Kopper, Gerd G. (Hrsg): Marktzutritt bei Tageszeitungen - zur Sicherung von Meinungsvielfalt durch Wettbewerb. München (u.a.) 1984

d) Medienordnung, die auf eine maximale Anzahl kleiner selbständiger Einheiten zielt

Dieser Ansatz basiert auf dem ökonomischen Modell des vollkommenen Wettbewerbs, das bekanntlich in der Wirtschaftswissenschaft wie auch in der Publizistik umstritten ist. Dennoch kann es möglicherweise als Gegenkonzept zum hochkonzentrierten modernen Medienmarkt sinnvoll sein. Allerdings müßte hierbei zunächst analysiert werden, welche Anzahl von Anbietern ein Markt "verkraftet", und welches Minimum an Unternehmensgröße ein Medienbetrieb überhaupt aufweisen darf, um noch die erwünschte publizistische Leistung zu erbringen. Staatliche Eingriffe können im Hinblick auf das Ziel eines kleingliedrigen Marktes erfolgreich sein, wenn es gelingt, einerseits konzentrierte Strukturen aufzubrechen und andererseits neue Anbieter zu etablieren.

e) Medienordnung, die einige wenige, leistungs- und konkurrenzfähige Unternehmen vorsieht ("weites Oligopol")

Hier steht das Konzept des "funktionsfähigen Wettbewerbs"[11] Pate. Dem Modell liegt die These zugrunde, daß Unternehmen erst ab einer bestimmten Betriebsgröße "optimale Leistung" erbringen und außerdem gegen "hostile overtakes" geschützt werden können. Marktmacht gilt im Pressesektor auch als Garant für die Abwehr inhaltlicher Beeinflussung, wie sie etwa durch Anzeigenkunden ausgeübt werden kann. In diesem Kontext wird als Beispiel oft das bundesdeutsche Nachrichtenmagazin "Der Spiegel" genannt, das jedoch in seinem relevanten Markt eher als Monopolanbieter tätig ist. Um zur Medienordnung eines weiten Oligopols zu gelangen, muß zuvor die jeweils optimale Betriebsgröße ermittelt werden. Staatliches Handeln zielt dann darauf, kleine Einheiten zu größeren zusammenzuschließen oder in spezifischen Funktionskreisen zusammenzuwirken zu lassen, und gleichzeitig die Bildung zu großer Unternehmen zu verhindern.

f) Medienordnung mit möglichst geringer ausländischer Beteiligung

Hinter dieser medienpolitischen Vorgabe können sich unterschiedliche Begründungen verbergen. Einerseits wird "kulturelle Überfremdung" befürchtet, analog z.B. zu den besonders in Frankreich verbreiteten Ängsten vor einer komplett "amerikanisierten" Filmbranche. Inwiefern eine solche "Überfremdung" auf dem Pressemarkt, wo die Sprachgebundenheit eine zentrale Rolle spielt, überhaupt eintreten kann, ist derzeit nicht geklärt. Andererseits gibt es Vorbehalte gegen ausländische Beteiligungen, weil diese schwerer zu kontrollieren sind. Durch fortschreitende Internationalisierung gerät der auf nationaler Ebene mühsam beruhigte Markt außer Kontrolle, weil beispielsweise undurchschaubare, kettengliedrige Verflechtungen

[11] vgl. Kantzenbach, Erhard/Greiffenberg, Horst: Die Übertragbarkeit des Modells des "funktionsfähigen Wettbewerbs" auf die Presse, in: Klaue, Siegfried/Knoche, Manfred/Zerdick, Axel (Hrsg.): Probleme der Pressekonzentrationsforschung. Baden-Baden 1980, S. 189 ff.

entstehen können. Schließlich ist es innerhalb dieses Ansatzes auch aus wirtschaftspolitischer Sicht nicht erwünscht, inländische (Kapital-)Ressourcen ans Ausland abzutreten. Staatliche Politik gilt dann als erfolgreich, wenn es gelingt, ausländische Anteile am nationalen Markt klein zu halten bzw. zu verringern.

3.2 Instrumente staatlicher Steuerung

Um die Entwicklung unseres umfangreichen Frageinstrumentariums vor dem Hintergrund geltender Rechtstheorie nachvollziehen zu können, ist es hilfreich, zunächst die Optionen medienpolitischer Steuerung systematisch darzustellen.

Operative Medienpolitik kann grundsätzlich auf verschiedenen Regelungsebenen ansetzen. Dabei kommt es entscheidend auf die (juristische) Auslegung medienrelevanter Grundgarantien an, hier insbesondere der Meinungsäußerungs- bzw. Pressefreiheit. Im Sinne einer individualrechtlichen Ausgestaltung muß für den Schutz einerseits vor strukturellen, in der Regel also markt- und unternehmensbezogenen staatlichen Eingriffen, andererseits vor inhaltlicher Lenkung gesorgt werden. Wird die Presse als "Institution“ verstanden, deren freiheitliche Struktur der Staat positiv zu gewährleisten hat, kommen wiederum sowohl strukturelle als auch inhaltlich wirksame Maßnahmen in Frage.

Beide genannten Aspekte einer (verfassungs-)rechtlich verankerten Meinungs- oder Pressefreiheit schließen sich nicht als alternative Interpretationsrichtungen gegenseitig aus, sondern können eine doppelte Verpflichtung des Staates begründen. So hat - für die Bundesrepublik Deutschland - das Bundesverfassungsgericht in mehreren bindenden Entscheidungen den Begriff der Pressefreiheit dahingehend konkretisiert, daß neben das subjektive Abwehrrecht eine objektiv-rechtliche Komponente tritt: die Garantie des Instituts "freie Presse“.[12] Schaubild 1 stellt diese beiden Ausprägungen der Pressefreiheit sowie die zugehörigen rechtlichen Steuerungsoptionen im Überblick dar:

Unsere länderübergreifende Erhebung beschränkte sich, entsprechend dem Auftrag der vorliegenden Studie, auf jene Regelungsinstrumente, die auf die Struktur des Pressemarktes zielen. Die Leitfrage unserer Analyse - welche Steuerungsinstrumente führen zu welchen marktrelevanten Bedingungszusammenhängen? - untersucht allerdings nicht, ob die erreichte Struktur auch tatsächlich die erwünschte inhaltliche Vielfalt des Mediensystems gewährleistet. Dieser Problembereich steht außerhalb unseres Forschungsauftrages.

---

[12] vgl. u.a. BVerfGE 20, 162 ff ("Spiegel-Urteil“)

Schaubild 1: Ausbildungen der Pressefreiheit und rechtliche Steuerungsoptionen

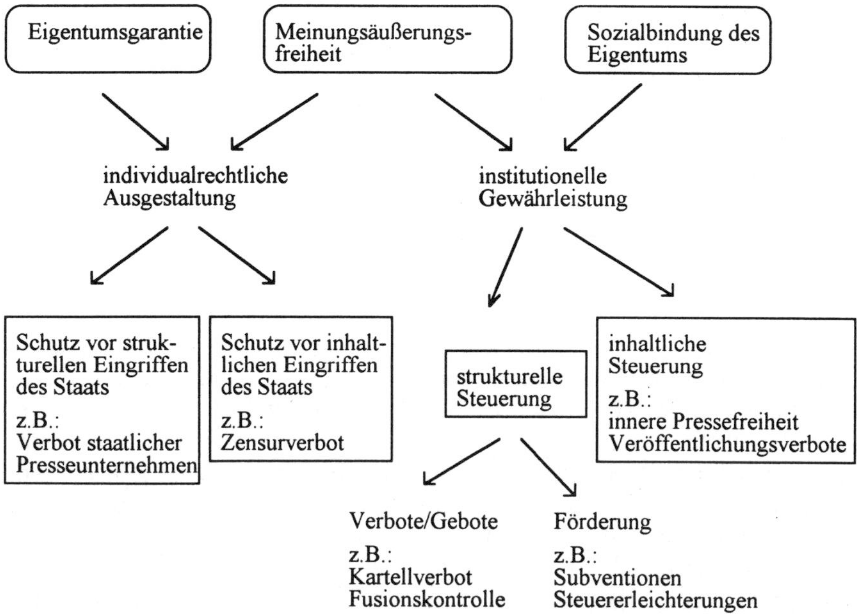

3.3 Instrumente struktureller Steuerung

Auf der Ebene struktureller Marktsteuerung, auf die sich das Projekt konzentriert, stehen zahlreiche juristische Instrumente aus ganz unterschiedlichen Rechtsgebieten zur Verfügung. Schon die Literaturrecherche ergab, daß es sich dabei überwiegend um wirtschaftspolitische und nicht um originär medienpolitische Maßnahmen handelt - ein Grund, weshalb die Medienwissenschaft hier bislang auf keine spezifische Terminologie zurückgreifen kann. Auch wir bedienen uns im folgenden Überblick der gebräuchlichen wirtschaftsrechtlichen Begriffe, allerdings stets unter dem Vorbehalt, daß sie in medienpolitischer Interpretation einen anderen Stellenwert haben und einem anderen Funktionsbezug unterliegen.

Daher verzichten wir auch bewußt darauf, uns auf die übliche wirtschaftsjuristische Systematik zu verpflichten. Eine "Hierarchie" der Instrumentarien, die sich aus wirtschaftspolitischer Sicht durch den unterschiedlich starken Eingriff in Marktstrukturen rechtfertigen läßt, ist unter medienpolitischem Aspekt nicht von vornherein gegeben: Ob das Fusionsrecht, wirtschaftspolitisch betrachtet zweifellos ein gravierender Markteingriff, medienpolitisch einen höheren Stellenwert einnimmt als beispielsweise die finanzielle Förderung von Zweitzeitungen, kann sich erst im Verlauf der empirischen Untersuchung erweisen. Dabei können dann Besonderheiten gesellschaftlicher und kultureller Art eine wichtige Rolle spielen. Die folgende Systematik darf deshalb nicht als vorgegebene "Hierarchie" der Regelungsoptionen interpretiert werden, sondern lediglich als heuristische Anordnung, wie sie auch der detaillierten Ausarbeitung des Frageinstrumentariums vorausging. Wir unterscheiden zwischen folgenden Instrumenten struktureller Steuerung des Pressemarktes:

- Juristischer Schutz vor staatlichen Eingriffen
- Subventionspolitik
- Wettbewerbsrecht
- Fusionskontrolle
- Periphere Gesetzgebungsmaßnahmen

a) Juristischer Schutz vor staatlichen Eingriffen

Die "Enthaltsamkeit" des Staates als medienpolitisches Steuerungsinstrument zu begreifen, mag zunächst befremden. In unserem Forschungskontext interessiert aber, ob es im Bereich der Medien, speziell: der Presse, die Tendenz gibt, mit staatlichen Eingriffen zurückhaltender zu sein als in anderen Wirtschaftszweigen. Zu untersuchen ist, ob den Printmedien möglicherweise bestimmte, gesetzlich kodifizierte Privilegien eingeräumt werden, die ihnen größere Freiräume belassen. Dieser Gesichtspunkt ist vor allem im Hinblick auf die Pressefreiheit in individualrechtlicher Auslegung, als subjektives Abwehrrecht, relevant. Auch hier wird deutlich: Im Mittelpunkt unseres Forschungsinteresses steht nicht die "freie Marktordnung", sondern die "freie Medienordnung".

Beispiele für staatliche "Steuerung durch Abstinenz" wären etwa Bestimmungen, die jegliche Beteiligung des Staates an Presseunternehmen verbieten. Denkbar wäre auch, das Enteignungsrecht im Mediensektor anders auszugestalten als in anderen Wirtschaftsbranchen. Unter juristischen Schutz vor staatlichen Eingriffen in die Marktstruktur fallen auch Rechtsgarantien des freien Zugangs zum Journalisten- und zum Verlegerberuf oder die Gründungsfreiheit für Pressebetriebe. Die Erhebung fragt also nach allen strukturrelevanten (Sonder-)Bestimmungen, die das Verhältnis zwischen Printmedien und dem Staat normieren.

b) Subventionspolitik

Der Literatur zum Problemkreis der Pressekonzentration läßt sich entnehmen, daß Vorbehalte gegen Subventionierung von Printunternehmen häufig unter Hinweis auf den erwähnten Schutz vor staatlichen Eingriffen begründet werden. Die "Staatsfreiheit" der Presse verbiete es, durch finanzielle Förderung in die Marktordnung einzugreifen. Dabei gilt Subventionierung als klassisches Instrument der Wirtschaftspolitik. Gerade in Europa gibt es zahlreiche Beispiele für Branchen, die wesentlich stärker staatlich subventioniert werden als der Pressesektor, z.B. die Landwirtschaft oder die Stahlindustrie.

Wiederum zeigt sich: Bestimmte rechtliche Instrumente erhalten einen deutlich anderen Stellenwert, wenn sie als medienpolitische statt als wirtschaftspolitische Maßnahmen eingesetzt werden sollen. Unsere Erhebung soll auch feststellen, inwieweit staatliche Subventionen im Printmedienbereich anders gehandhabt werden als im übrigen Wirtschaftsraum, ob ihre Konsequenzen dort anders eingeschätzt werden, und ob sie sich als effektiver oder als weniger wirksam erweisen.

c) Wettbewerbsrecht

Auch das Wettbewerbsrecht ist ein klassisches wirtschaftspolitisches Instrument. Schon die Ergebnisse unserer Literaturanalyse ließen die Schlußfolgerung zu, daß sich seine Anwendung auf den Pressemarkt weitgehend nicht von der auf andere Wirtschaftszweige unterscheidet. Ziel staatlicher Steuerung durch wettbewerbsrechtliche Bestimmungen ist also in der Regel nicht die freie Medien-, sondern primär die freie Marktordnung. Das Verbot unlauteren Wettbewerbs etwa hat im Mediensektor denselben Schutzzweck wie im Einzelhandel: Es soll Chancengleichheit der Anbieter gewährleisten. Presseprodukte werden hier als Wirtschaftsgüter betrachtet, die sich nicht von anderen Erzeugnissen unterscheiden.

In unserem Zusammenhang interessieren allerdings auch die Möglichkeiten, mit Hilfe des wirtschaftspolitisch geprägten Wettbewerbsrechts Medienpolitik zu betreiben: Wo finden sich hier Ansätze, die eine Sonderstellung des Printmedienmarktes gegenüber anderen Wirtschaftsbranchen erkennen lassen? Im Sinne der Abschätzung von Wirkungen staatlicher Eingriffe rückt außerdem die Frage ins Blickfeld, inwiefern allgemein gültige wettbewerbsrechtliche Regelungen spezifische, möglicherweise nicht intendierte Effekte auf den Pressesektor haben. Im Zuge der Auswertung unserer Befragung sollen auch denkbare Alternativen zur derzeitigen juristischen Ausgestaltung in den Untersuchungsländern diskutiert werden.

d) Fusionskontrolle

Die Zusammenschlußkontrolle nimmt innerhalb des Wettbewerbsrechts eine Sonderstellung ein, denn sie erlaubt die in der Regel am weitesten gehenden Eingriffe in die unternehmerische Gewerbefreiheit. Hier sind auch teilweise Ansätze erkennbar, das wirtschaftspolitische Instrument zu einem medienpolitischen umzufunktionieren. Gerechtfertigt werden Eingriffe durch pressespezifische Fusionskontrolle explizit unter Hinweis auf die Printmedien als einen besonders schützenswerten Bereich.

Allerdings sind Zusammenschlußvorschriften zum Teil erst vor wenigen Jahren erlassen worden, national sehr unterschiedlich ausgestaltet, und werden in der Praxis uneinheitlich angewandt. Der Schwerpunkt unserer Studie liegt einerseits auf der Frage, wie die jeweilige rechtliche Gestaltung begründet wird, andererseits darauf, welche praktischen Konsequenzen sie für den Pressesektor hat. Anhand der Expertenbefragungen sollen außerdem Defizite und nicht erprobte Perspektiven einer Medienpolitik durch Fusionskontrolle aufgezeigt werden.

e) Periphere Gesetzgebungsmaßnahmen

Es gibt eine Reihe weiterer Rechtsbereiche, die sich nicht unter die bisher dargestellten Kategorien subsumieren lassen, aber dennoch für den Pressemarkt strukturell relevant sind. Die Bezeichnung "periphere Gesetzgebungsmaßnahmen“ dient hier nur als Hilfskatagorie für ein Bündel juristischer Gebiete, das im Zuge der Ausarbeitung des Frageinstrumentariums weiter aufgefächert wurde. In diese Kategorie gehören beispielsweise Bestimmungen des Gewerbe- und Haftungsrechts, des Urheberrechts sowie auch des Arbeitsrechts und der betrieblichen Mitbestimmung. Sie alle tangieren Printbetriebe in ökonomischer Hinsicht und haben daher ggf. Einfluß auf die Marktstellung des einzelnen Unternehmens. Sofern diese gesetzlichen Regelungsinstrumente strukturelle Auswirkungen auf den Pressesektor haben können, sind sie Gegenstand unserer länderübergreifenden Erhebung.

4. Konzeption der Untersuchung

Die theoretische Basis für die Studie "Medien- und Kartellrecht: Medienpolitik" liefert die Annahme eines bewußt extensiv angelegten, abstrakten Steuerungsmodells ("Regelungsmaschinerie"). Typen von Regelungsrepertoires sollten somit auf dem Hintergrund der abstrakten "Regelungsmaschinerie" in ihrer Spezifik verdeutlicht werden. Die Grundlage für das umfassende Steuerungsmodell wurde mit Literaturrecherchen gelegt (den Zusammenhang der Modellentwicklung verdeutlichen die Schaubilder Nr. 2a bis 2d).

Schaubild 2a: Festlegung sämtlicher denkbarer Regelungsmöglichkeiten

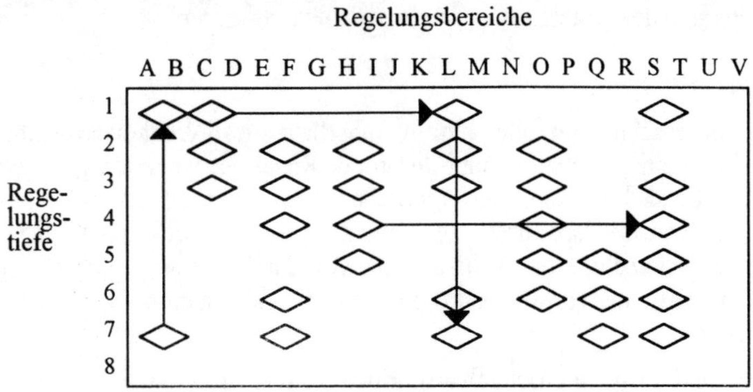

Veranschaulichung einer abstrakten "Regelungsmaschinerie"

Schaubild 2b: Ermittlung eines Regelungsbestandes, z.B. Land X

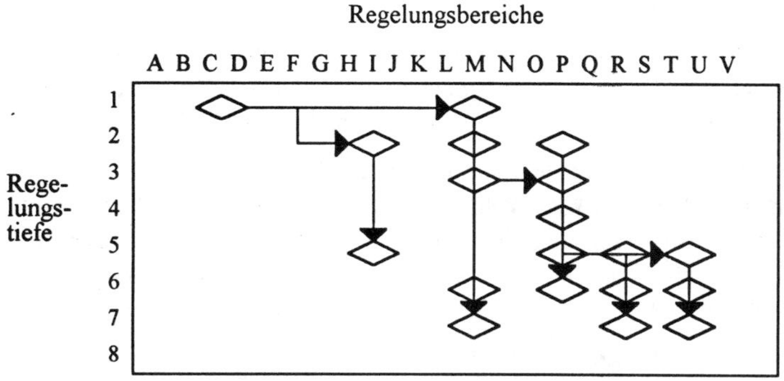

Bestandserhebung anhand des "Arbeitsbuches"

Schaubild 2c: Analyse von Regelungsrepertoires, z.B. Land X

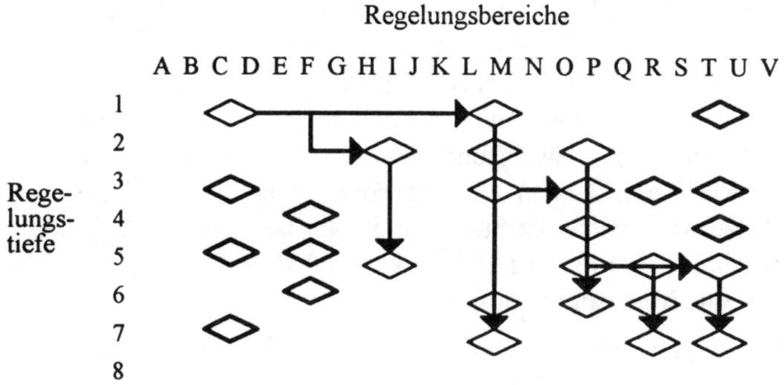

Vergleich von Optionen (siehe 2a und 2b)

Schaubild 2d: Analyse von Wirkungsmustern, z.B. Land X

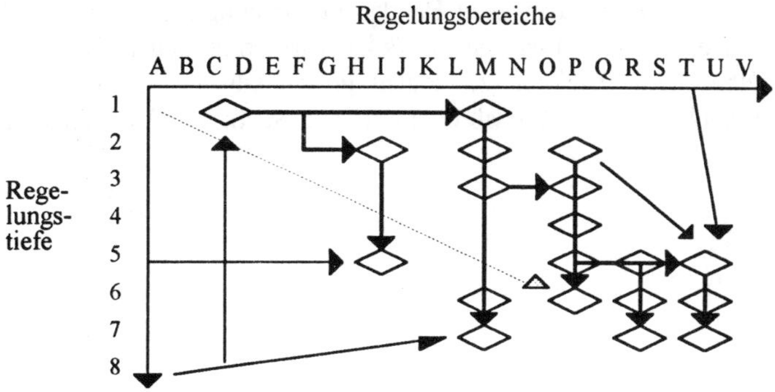

Analyse von Wirkungszusammenhängen

Dabei zeigte sich, daß ein methodisches Verfahren gefordert war, das zwei wesentlichen Anforderungen gerecht werden mußte:

Erstens sollte die Methode den aktuellen Anforderungen an eine internationale Pressekonzentrationsforschung entsprechen, die nach den Zielen der Medienpolitik sowie den Steuerungsoptionen und Wirkungen rechtlicher Maßnahmen fragt.

Zweitens mußte der Untersuchungsgegenstand, also die Instrumente struktureller Steuerung des Pressemarktes, vollständig erfaßt werden. Um keine Mißweisung durch eine von vornherein nivellierende Außenbetrachtung zu verursachen, wurden für jedes Erhebungsland Expertenteams mit der faktischen Erhebung und Literaturrecherche beauftragt.

Diese komplexe Aufgabenstellung erforderte eine ausgearbeitete Vorgabe. So wurde ein spezielles Untersuchungsinstrument entwickelt, mit dem sich die jeweiligen Steuerungsverfahren und deren Wirkungsweisen systematisch zusammenfassen und einander zuordnen lassen. Das System sollte dazu dienen, empirisch bestimmbare Unterschiede der Entwicklung, der Regelungspraxis und deren Wirkungen herauszuarbeiten; ebenso sollten Übereinstimmungen oder Bereiche fehlender Regelungen deutlich werden. Dieses Regelwerk wurde allen Expertenteams als "Arbeitsbuch" zur Verfügung gestellt. Dieses Verfahren gewährleistete den angezielten systematischen Vergleich der Ergebnisse aus den vier Ländern. Um die Wirkungen einzelner Steuerungsmaßnahmen abschätzen und zuordnen zu können, wurden Marktdaten und ökonomische Entwicklungen abgefragt sowie Experten-Einschätzungen vorgenommen. Ein Schwergewicht der Studie lag in den Bereichen "Wettbewerbsrecht", "Subventionspolitik", "Berufszugang", "Marktzutritt", "Gewerbe- und Haftungsrecht" sowie "Arbeits- und Mitbestimmungsrecht".

Aufgrund des Gesamtumfanges wurde in hohem Maße arbeitsteilig vorgegangen. Die Materialanalyse erfolgt durch die Expertengruppen in den einzelnen Ländern; darüber hinaus wurden keine eigenen empirische Erhebungen vorgenommen.

Im Verlauf der Untersuchung wurden Materialien in erheblichem Umfang zusammengetragen. Selbst deren verdichtete Darstellung hätte den Rahmen eines Endberichtes gesprengt; sie sind in zwei Bänden dokumentiert. Deshalb werden die Ergebnisse hier exemplarisch dargestellt. Es kann davon ausgegangen werden, daß diese exemplarische Darstellung zu keinen grundsätzlichen Erkenntniseinbußen führt. Zusammenhang und Stufenabfolge der Untersuchung gibt Schaubild Nr. 3 wieder.

Schaubild 3: Identifizierung von Regelungsstrukturen und Untersuchungsablauf

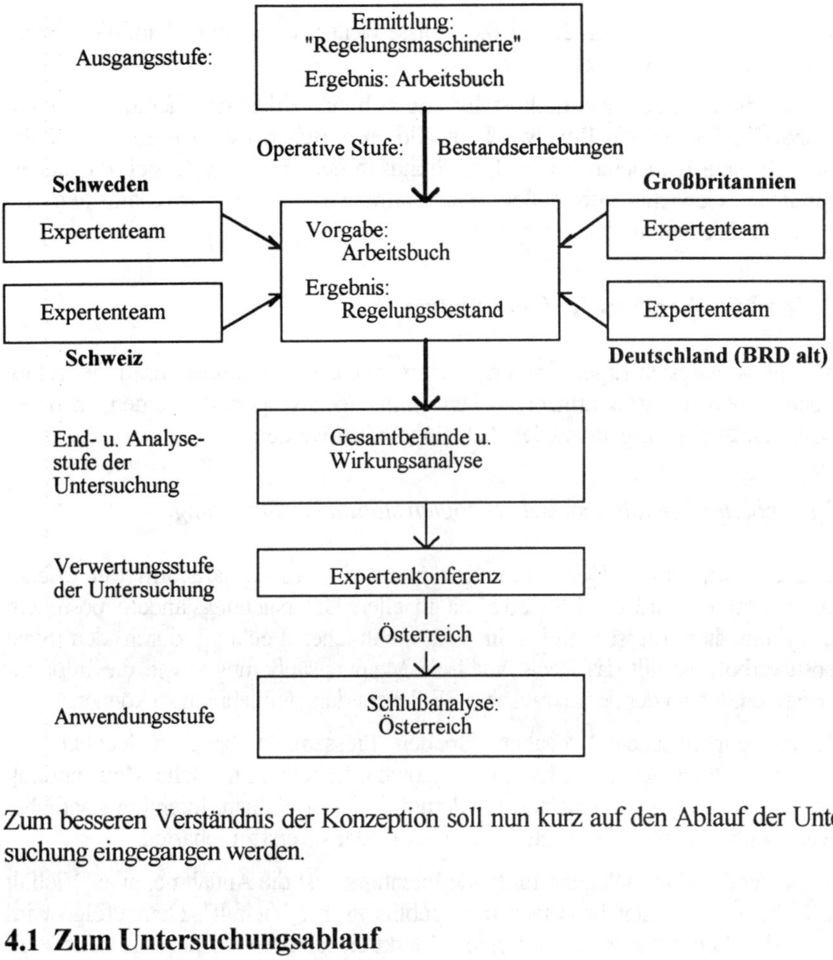

Zum besseren Verständnis der Konzeption soll nun kurz auf den Ablauf der Untersuchung eingegangen werden.

4.1 Zum Untersuchungsablauf

Nachdem die theoretische Ausgangsbasis durch Literaturrecherchen gelegt worden war, erfolgte der weitere Ablauf der Untersuchung in drei Phasen:

Während der ersten Phase wurde das "Arbeitsbuch" ausgearbeitet, geprüft und getestet. In dieses Arbeitsbuch gingen alle nur erdenklichen Verfahren einer Einzel- oder Gesamtsteuerung im Bereich des Medien- und Kartellrechts ein.

In der zweiten Phase, der Phase der Aufbereitung, sichteten und sammelten die Expertengruppen in den Vergleichsländern geeignetes Material und führten erste Analysen durch. Diese wurden in das Darstellungsraster des Arbeitsbuches übertragen. Somit bildete sich eine umfassende Gesamtregistratur der jeweiligen Regelungsbestände aus den einzelnen Ländern.

In der dritten Phase wurden diese Erkenntnisse weiter verdichtet und auf die wesentlichen Elemente hin gekürzt.

Während dieser Arbeitsschritte kristallisierte sich eine Erkenntnis heraus: Die theoretische Überlegung, ein Regelwerk für alle empirischen Befunde zu entwickeln, hatte sich nicht realisieren lassen. Der Grund: In der Praxis zeigte sich das außerordentliche Gewicht informeller, nichtnormativer Wirkungsmechanismen im Bereich des Medien- und Kartellrechts.

4.2 Strukturtheoretische Grundlagen

Bevor die wichtigsten Ergebnisse der ländervergleichenden Studie zusammengefaßt werden, sollen die strukturtheoretischen Grundlagen vorgestellt werden, in deren Zusammenhang die Ergebnisse letztlich eingeordnet werden.

4.2.1 Anbieter-Vielfalt und Zieltypologien staatlicher Steuerung

Ausgehend von einem Demokratieverständnis als Gesellschaftsform mit offener Medienordnung, wird die Pressefreiheit in allen Untersuchungsländern postuliert: Die Printmedien müssen frei sein von inhaltlicher Lenkung durch den Staat (Zensurverbot); es gilt das Recht auf freie Meinungsäußerung sowie die Informationsfreiheit, um an der demokratischen Willensbildung teilnehmen zu können.

Alle medienpolitischen Vorgaben für den Pressemarkt basieren letztlich auf "vielfältiger Ordnung". Sei es national, regional oder lokal: Staatliche Medienpolitik bewegt sich in allen untersuchten Ländern auf diesen Ebenen. Intention staatlicher Medienpolitik ist entweder, Vielfalt zu sichern, oder sie erst zu schaffen.

Entscheidend und grundlegend für beide Intentionen ist die Annahme, eine "Vielfalt von Anbietern" sei gleichzusetzen mit "publizistischer Vielfalt". Demzufolge wird anhand der Zahl der Anbieter auf einem Markt entschieden, ob publizistische Vielfalt gewährleistet ist oder nicht. Ausgehend von der Anbieter-Vielfalt zielt staatliche Medienpolitik auf den Erhalt dieser Medienordnung.

Staatliche Medienpolitik, die durchaus uniform auf den Erhalt der bestehenden Marktordnung zielen, lassen dennoch signifikante Unterschiede im Zielzuschnitt erkennen. Folgende Zieltypen zeichnen sich ab (vgl. Schaubild Nr.4):

a) Medienordnung, die auf den Erhalt bestehender Anbieter-Pluralität in einem Markt zielt;
b) Medienordnung, die auf eine maximale Anzahl kleiner selbständiger Einheit zielt;
c) Medienordnung, die einige wenige, leistungs- und konkurrenzfähige Unternehmen vorsieht ("weites Oligopol").

d) Medienordnung mit möglichst geringer ausländischer Beteiligung.

Besteht nach staatlicher Einschätzung jedoch keine Anbieter-Vielfalt und damit keine publizistische Vielfalt auf einem Markt, lassen sich zwei Ziele staatlicher Medienpolitik erkennen:

a) Medienordnung, die den Marktzutritt neuer Anbieter fördert;
b) Medienordnung mit exakten Vorgaben für regionale oder inhaltliche Angebote.

Schaubild 4: Übersicht über die ermittelten Zielhierarchien

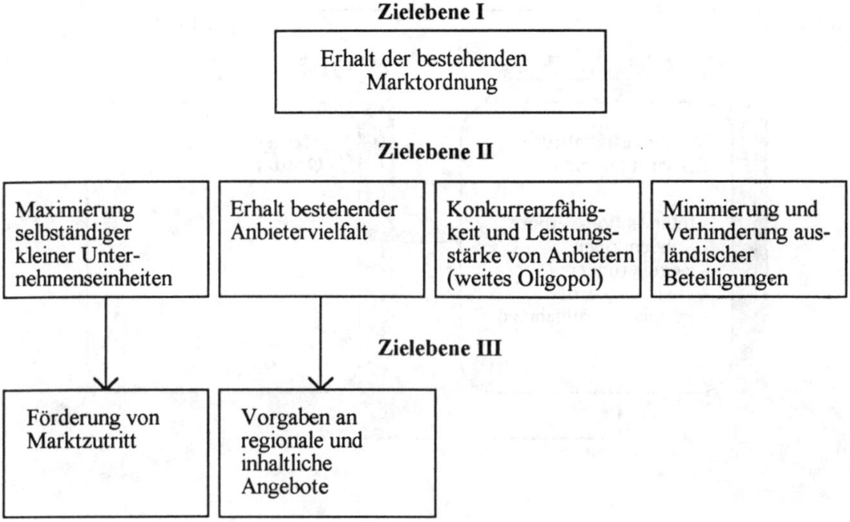

Auf der Grundlage dieser Handlungstypen stellt sich die Frage: Mit welchen Instrumenten kann staatliche Medienpolitik die Struktur des Printmedienmarkts steuern? Auf der struktur-theoretischen Grundlage "Anbieter-Vielfalt" sollen nachfolgend die Instrumente staatlicher Steuerung dargestellt werden.

4.2.2 Anwendungsebenen staatlicher Steuerungsinstrumente

Der Einsatz von Instrumenten staatlicher Steuerung des Pressemarktes erfolgt überwiegend auf wirtschaftspolitischer und nicht auf originär medienpolitischer Ebene. Eingesetzt werden zahlreiche juristische Instrumente aus unterschiedlichen Rechtsgebieten.

Die Untersuchung stellte vor allem den Einsatz folgender fünf Instrumenten fest:

a) Schutz vor staatlichen Eingriffen (Interventionsverbot),
b) Subventionspolitik,

c) Wettbewerbsrecht,
d) Fusionskontrolle,
e) periphere Gesetzgebungsmaßnahmen.

Wirtschaftspolitik und ihre Instrumente ersetzen somit in der Regel Medienpolitik und dort mögliche originäre Maßnahmen (Prinzip komplementärer Zuordnung, s. Schaubild Nr. 5).

Schaubild 5: Prinzip komplementärer Zuordnung

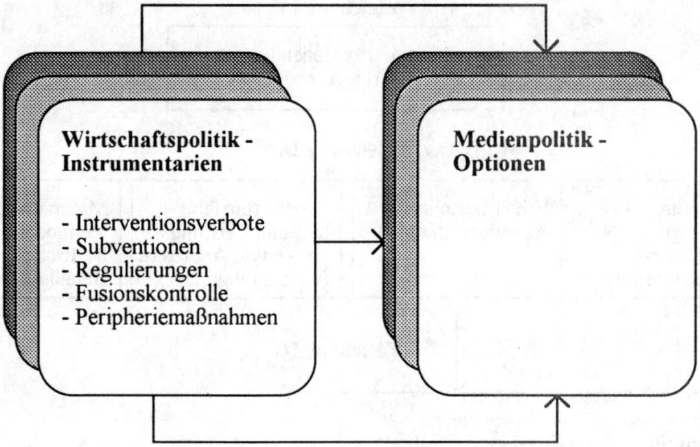

5. Steuerungsmodelle und deren Wirksamkeit

Zunächst zur Präsentation der Ergebnisse. Die folgende Darstellung der wichtigsten Ergebnisse wurde so gewählt, daß sie eine möglichst optimale Einsicht in die komplexen Befunde bietet. Deshalb werden die Ergebnisse wie folgt vorgestellt:

Als Grundlage analytischer Auseinandersetzung mit der Effektivität der Regelungsinstrumente dient in einer ersten Auswertungsphase eine ländervergleichende Diskussion zu jedem Steuerungsbereich.

Ausgehend von den medienpolitischen Zielen, die vielfach durchaus auch umstritten sein mögen, werden die nationalen Instrumente und die entsprechende Strukturentwicklung des Pressemarktes im zeitlichen Ablauf dokumentiert.

Um zu Aussagen über die Wirksamkeit bestimmter Maßnahmen zu gelangen, wird die schon umrissene strukturelle Betrachtung den Experteneinschätzungen gegenübergestellt. Die Wirkungsanalyse wird ergänzt um vergangene und aktuelle medienpolitische Kontroversen. Diese können sich sowohl auf die Zielvorgaben als auch auf die Eignung eingesetzter Instrumente beziehen.

Der Ländervergleich bildet die Diskussionsbasis für die zweite Auswertungsphase. Im Mittelpunkt steht eine Bestandsaufnahme des Regelungszusammenhangs, die die generellen Effekte bestimmter Regelungsmöglichkeiten aufzeigt (s. Schaubilder Nr. 2a bis 2d). Aus dem Regelwerk lassen sich Leitfragen ableiten, die die Effektivität bzw. die besondere Problematik bestimmter Regeln herausarbeiten. Ein Beispiel: Durch welche Faktoren wird die Entscheidung ausgelöst, Presseunternehmen staatlich zu subventionieren?

Erst die Auseinandersetzung mit der Gesamtheit der ermittelten Regeln führt zu übergreifenden Leitthesen - etwa die Frage nach dem Zusammenhang zwischen der Stärke einer Zielorientierung und dem Umfang der eingesetzten Regelungsinstrumente.

Die Aufbereitung des Materials entlang solcher Leitthemen soll die Grundlage schaffen für mögliche, medienpolitische Schlußfolgerungen.

GENERALTHESE:

Im Pressesektor herrscht nahezu uneingeschränkte Übereinstimmung mit dem Staatsmodell des Wirtschaftsliberalismus. Zielorientierung und Steuerungsverhalten des Staates implizieren einen freien Markt und selbstregulierenden Wettbewerb, obwohl dieser faktisch im Printmedienbereich nicht mehr besteht, wie alle materiellen Details im internationalen Überblick belegen.

5.1 Konstitutionelle Prioritäten

In den vier untersuchten Ländern Schweden, Schweiz, Großbritannien und Bundesrepublik Deutschland haben sowohl allgemeine Grundprinzipien des Wirtschaftssystems als auch die Funktion der Presse den Rang von Verfassungszielen. Daher müssen sich alle staatlichen Vorgaben und rechtlichen Ausgestaltungen an den konstitutionellen Normen messen lassen.

Die geschriebenen, teils aber auch ungeschriebenen Verfassungsziele umfassen unterschiedliche, vielfach kollidierende Schutzbereiche bzw. Garantien: Neben ihrer Bedeutung als subjektives Schutzrecht vor staatlichen Eingriffen kann eine objektivrechtliche Leistungspflicht des Staates stehen. Das macht den Gestaltungsspielraum staatlicher Steuerung aus.

Bevor der Gesetzgeber handelt, muß er sowohl im Grundsatz als auch bei einzelnen Maßnahmen konstitutionelle Prioritäten setzen. Seine Entscheidung findet statt zwischen den beiden Polen eines gezielt interventionistischen und eines gezielt nichtinterventionistischen Prinzips.

Aus der privatwirtschaftlichen Struktur der Printmedien ergibt sich, daß sowohl wirtschafts- als auch medienpolitische Leitvorstellungen relevant sind, die oft gemeinsam und komplementär wirken und eine zusätzliche Abwägung erfordern. Den Zusammenhang der Entscheidungsprinzipien verdeutlicht Schaubild Nr. 6.

Schaubild 6: Gesetzgeberischer Gestaltungsgang und regulative Optionen

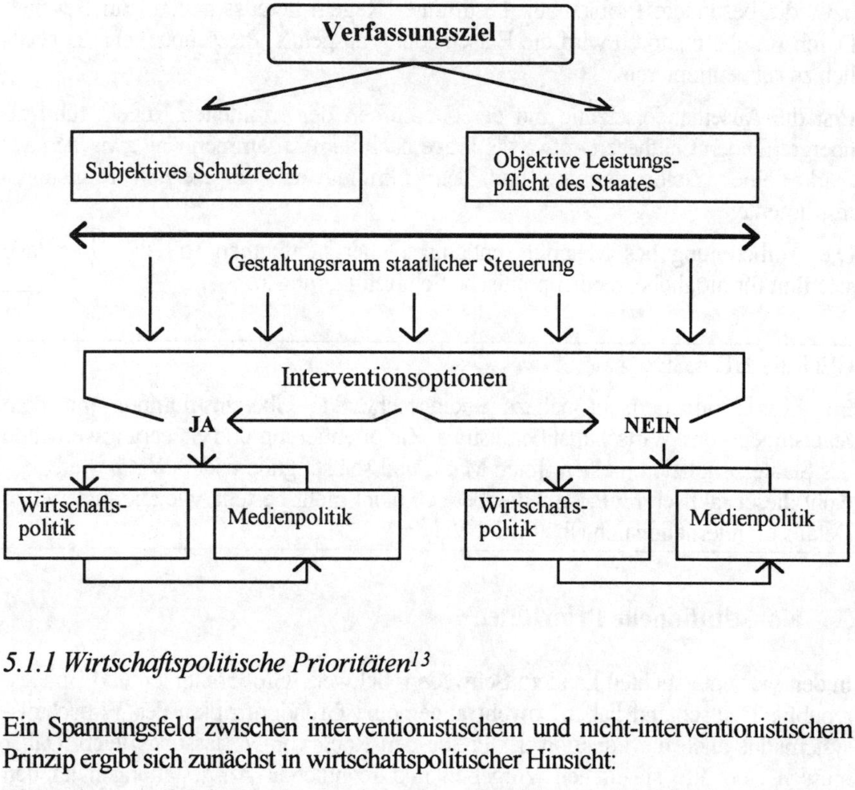

5.1.1 Wirtschaftspolitische Prioritäten[13]

Ein Spannungsfeld zwischen interventionistischem und nicht-interventionistischem Prinzip ergibt sich zunächst in wirtschaftspolitischer Hinsicht:

Einerseits gewährleisten die Verfassungen der Untersuchungsländer subjektive (Grund-)Rechte, die die Handlungsfreiheit jedes einzelnen vor staatlichen Eingriffen schützt. Relevant sind hier besonders der Schutz des Privateigentums und die Gewerbefreiheit. Andererseits existieren durchweg sozialstaatliche Prinzipien, die eine Pflicht des Staates zur Sicherung bestimmter Grundgewährleistungen begründen. In diesem Spannungsfeld muß der Gesetzgeber abwägen. Auf Verfassungsebene zeigt sich eine Polarität zwischen dem Wirtschaftsliberalismus (freier

[13] Vgl. Bd. II, Teil C, Kap. VII (Gewerbe- und Haftungsrecht) und X (Arbeitsrecht und Mitbestimmung), in: Kopper, Gerd G./Rager, Günter et al. (1993): Medien- und Kartellrecht: Steuerungs- und Wirkungsmodelle. Endbericht im Rahmen des Forschungsprogramms "Ökonomie und Zukunft der Printmedien". Salzburg

Markt, selbstregulierender Wettbewerb) und dem sozial-interventionistischen Staatsmodell, das staatliches Eingreifen zur Umsetzung der Wirtschafts- und Sozialpolitik erfordert.

Wie die Studie in den vier Untersuchungsländern zeigt, hat der Wirtschaftsliberalismus eindeutig Vorrang. Zwar sind auch sozial-interventionistische Einsprengsel erkennbar. Priorität erhält jedoch die Eigentums- und Gewerbefreiheit. Allerdings bleiben auch beim Wirtschaftsliberalismus in allen Untersuchungsländern bindende, vor allem soziale Grundgarantien mit Verfassungsrang erhalten. Sie ziehen eine staatliche Leistungs- und Steuerungspflicht nach sich. So sind Eingriffe in die Gewerbe- und Eigentumsfreiheit legitimiert, wenn es um die wirtschaftliche und soziale Absicherung von Beschäftigten geht.

Auf dieser Abwägung beruht beispielsweise das Arbeitsrecht. Über die einklagbaren, sozialen Rechte trägt der Staat der Sozialbindung des Eigentums am Gewerbebetrieb Rechnung. Als Beispiele seien hier genannt: Versicherungspflicht, Kündigungsschutz, Bestimmung über betriebliche Ausbildung. Die Unternehmen des Printmedienmarktes ihrerseits bedienen sich einer großen Zahl von freien Journalisten. Im Regelungskontext bedeutet dies: Es werden Sozialleistungen eingespart. Als weitere Eingriffe in die Eigentums- und Gewerbefreiheit sind etwa der Schutz des geistigen Eigentums oder das Persönlichkeitsrecht zu nennen. Regelungen der Verwertung journalistischer Produkte, welche die Nutzung geistigen Eigentums begrenzen und an Entschädigungsansprüche knüpfen, schützen subjektive Rechte.

Die Priorität des Wirtschaftsliberalismus führt jedoch dazu, daß kaum Regelungen existieren, die einem gravierenden Eingriff in die Eigentums- und Gewerbefreiheit gleichkommen. Eingriffe unterbleiben selbst dann, wenn ein Maß an wirtschaftlicher Konzentration erreicht wird, das freien Wettbewerb faktisch einschränkt oder sogar ausschaltet. Prinzipiell stehen dem Staat Instrumente zur Verfügung, ökonomische Macht zu beschränken, den Markt und damit den Wettbewerb wiederherzustellen. Diese Eingriffsmöglichkeiten werden aber, dies zeigt die Untersuchung sehr deutlich, kaum in die Diskussion gebracht und in der Praxis nicht angewandt: Eigentumsgarantie und Gewerbefreiheit werden als höherrangiges Schutzgut eingestuft.

5.1.2 Medienpolitische Prioritäten[14]

Alle vier Untersuchungsländer übertragen den Printmedien eine zentrale, gesellschaftliche Funktion: eine "öffentliche Aufgabe". Auch in medienpolitischer Hinsicht ergibt sich eine konstitutionelle Gewichtung: Ein Auslegungsspielraum und damit ein staatlicher Handlungs- und Gestaltungsspielraum entsteht dadurch, daß die Pressefreiheit als Verfassungsgarantie zwei unterschiedliche und de facto kollidierende Wirkungsrichtungen hat:

14 Vgl. Bd. II, Teil C, Kap. III (Subventionen) und V (Berufszugang und Marktzutritt), in: Kopper / Rager et al. (1993), a.a.O.

Als subjektives Freiheitsrecht schützt die allgemeine Meinungsäußerungs- und die spezielle Pressefreiheit den einzelnen Bürger vor staatlichen Eingriffen. Darüber hinaus hat die Pressefreiheit aber auch eine objektiv-rechtliche Seite, indem sie den Bestand eines unabhängigen Pressewesens garantiert. (Dieser duale Schutzzweck läßt sich für die Bundesrepublik Deutschland anhand von Art. 5 Abs. 1 S. 2 des Grundgesetzes und der dazu ergangenen Rechtsprechung beispielhaft verdeutlichen.)

Für die Medienpolitik entsteht also fortlaufend die Frage, ob sie ggf. intervenieren will oder nicht. Voraussetzung für staatliche Steuerung ist somit jeweils, daß Prioritäten gesetzt und befolgt werden.

Alle Untersuchungsländer gewichten das nicht-interventionistische Prinzip höher. Nur die Pressefreiheit als subjektives Schutzrecht insbesondere vor Eingriffen des Staates in die Publizistik ist unbestritten konsensfähig. Die individuelle Handlungsfreiheit gilt gegenüber einer staatlichen Steuerungspflicht als vorrangig. Auf der Basis dieser konstitutionellen Prioritäten existieren in den Untersuchungsländern einige übereinstimmende Grundgarantien für die Printmedien, die nicht-interventionistischen Charakter haben. Hierzu gehören u.a. die Gründungsfreiheit für Presseunternehmen, der offene Zugang zum Journalistenberuf sowie das Fehlen von Publikationspflichten für Mitteilungen von Behörden.

Demgegenüber wird eine objektiv-rechtliche Leistungspflicht des Staates zugunsten eines freien und vielfältigen Pressewesens abgelehnt. Der Grund ist darin zu sehen, daß die höherrangige Handlungsfreiheit des einzelnen durch staatliche Eingriffe beschnitten werden könnte. Schon restriktive gesetzliche Maßnahmen, zum Beispiel eine pressespezifische Fusionskontrolle, stoßen auf Vorbehalte. Sie werden allenfalls zögernd und vorsichtig ergriffen. Ein politischer und juristischer Konsens wird dagegen nicht gefunden zugunsten einer positiven staatlichen Steuerungspflicht im Hinblick auf bestimmte medienpolitische Vorgaben - ein Konsens etwa, wie er Voraussetzung insbesondere für direkte Presseförderung ist. So scheiterten beispielsweise in der Schweiz gleich zweimal Entwürfe für ein Presseförderungsgesetz. Danach hätte die Regierung per Verfassung ermächtigt werden sollen, Maßnahmen zur Förderung einer unabhängigen und vielfältigen Presse zu ergreifen und Vormachtstellung im Printbereich zu verhindern. Eine Expertenkommission schlug 1975 die Aus- und Weiterbildung von Journalisten und Verlegern vor. Die entsprechende Neuformulierung des Art. 55 fand jedoch keine Mehrheit; auch ein politischer Konsens für staatliche Presseförderung kam nicht zustande. 1982 wurde eine Neuauflage des Berichts auf dem Hintergrund eines Mediengesamtkonzepts erneut diskutiert. Doch auch der zweite Vorschlag fand keinen politischen Konsens. Auch die Verleger zeigten kein Interesse an einer weitergehenden Verrechtlichung und lehnten die entsprechenden Initiativen ab, bevor diese in den parlamentarischen Entscheidungsprozeß gelangten.

Ganz anders in Schweden. Das schwedische Ausnahmebeispiel zeigt: Eine Entscheidung zugunsten der Funktionsfähigkeit der Printmedien bedeutet nicht zwangsläufig, daß subjektives Schutzrecht und individuelle Handlungsfreiheit beschnitten werden. Daß sich der Staat weiterhin an beide konstitutionellen Gewährleistungen gebunden fühlen kann, belegen die schwedischen Bemühungen um ein objektives, automatisiertes Verfahren der Pressesubventionen (vgl. Kapitel 4.4).

5.1.3 Printmedien im Schnittbereich konstitutioneller Garantien[15]

Die konstitutionelle Zuweisung einer wie immer definierten öffentlichen Aufgabe räumt den privaten (Print-)Medien eine Sonderstellung gegenüber Unternehmen aller anderen Branchen ein: Verlegerische Tätigkeit ist durch die Meinungsäußerungs- bzw. Pressefreiheit geschützt, zusätzlich durch die allgemeine Eigentumsgarantie und Gewerbefreiheit. Konkretes staatliches Gestalten bewegt sich somit in einem komplexen konstitutionellen Bezugssystem: Der Gesetzgeber muß sowohl die wirtschaftspolitische als auch die medienpolitische Priorität für allgemeinverbindlich erklären, d.h. sie können nicht nur aus spezifischen Gruppeninteressen abgeleitet werden.

Unter beiden Aspekten bieten sich jeweils interventionistische und nicht-interventionistische Modelle an. Mögliche Konflikte entstehen bei bestimmten Entscheidungen und Abwägungen in einzelnen Regelungsbereichen. Zum Beispiel bei der Frage, ob der Staat bei Marktzutritten eingreifen oder sich zurückhalten sollte: Hier müssen sowohl medienpolitische Schwerpunkte gesetzt werden (subjektive Gründungsfreiheit vs. Gewährleistung einer funktionsfähigen Presse) als auch wirtschaftspolitische Prioritäten (Gewerbefreiheit vs. regulative Wiederherstellung des Wettbewerbs).

Auch im Bereich der betrieblichen Mitbestimmung muß gewichtet werden: Es kollidieren die Mitbestimmungsrechte der Beschäftigten mit der Eigentums- und Gewerbefreiheit der Unternehmer. Die Sonderstellung der Presse führt hier zu einem zusätzlichen Konflikt. Spezifische Beschneidungen von Mitwirkungsrechten, wie sie zum Beispiel in der Bundesrepublik Deutschland gelten, dienen einem medienpoltischen Ziel: Sie sollen die subjektive Pressefreiheit des Verlegers vor nichtjournalistischen Einflüssen, insbesondere durch Gewerkschaften, schützen.

In gleicher Weise basiert das pressespezifische Kündigungsrecht, dem redaktionell Beschäftigte unterliegen, auf einer wirtschaftspolitischen Priorität. Ebenfalls zeigt das Beispiel der Bundesrepublik Deutschland: Zum allgemeinen Konflikt zwischen Unternehmerfreiheit und Arbeitnehmerschutzrechten tritt eine medientypische Kollision hinzu zwischen der Pressefreiheit des Verlegers ("Tendenzfreiheit") und der subjektiven Presse- und Meinungsfreiheit der Journalisten.

Auch für das Tarif- und vor allem das Arbeitskampfrecht ergibt sich eine Verflechtung wirtschafts- und medienpolitischer Prioritäten. Zum einen ist hier der branchenübergreifende Konflikt zwischen Eigentumsgarantie und Gewerbefreiheit und dem

---

[15] Vgl. Bd. II, Teil C, Kap. X (Arbeitsrecht und Mitbestimmung), in: Kopper/Rager et al. (1993), a.a.O.

von der Verfassung gedeckten Streikrecht zu lösen. Zum anderen machen die praktischen Auswirkungen von Pressestreiks (verringerter Informationsfluß) eine zusätzliche Abwägung erforderlich: zwischen konstitutioneller Garantie allgemeiner Informationsfreiheit und der Arbeitskampffreiheit der Beschäftigten.

5.2 Konstitutionelle Zielorientierung

Auf der Grundlage dieser verfassungsimmanenten Prioritäten, mit deutlicher Gewichtung des nicht-interventionistischen Prinzips, entwickeln die vier untersuchten Staaten konstitutionelle Zielsetzungen. Diese stehen letztlich hinter allen Maßnahmen im Printmedienbereich.

5.2.1 Wirtschaftspolitische Zielsetzung

Nach dem Grundsatz des freien Marktes wird Anbieter-Vielfalt sowohl auf unterschiedlichen Märkten als auch in einzelnen Segmenten angestrebt. Der Wettbewerb soll zu Vielfalt von Anbietern führen, zur Optimierung der Produkte sowie zur Erweiterung des Angebots.

Chancengleichheit im Wettbewerb ist ein zentraler Gesichtspunkt dieser wirtschaftspolitischen Zielorientierung. Wesentliches Element der Anbieter-Vielfalt ist der freie Zutritt zu Märkten bzw. Marktsegmenten. Freier Marktzutritt ist zugleich eine Form praktischer Ausübung der theoretisch garantierten Gewerbefreiheit.

5.2.2 Medienpolitische Zielorientierung[16]

Die Verfassungen aller Untersuchungsländer übertragen der Presse in unterschiedlicher Definition eine "öffentliche Aufgabe". Sie ist als Erweiterung und Absicherung des Prinzips staatlicher Gewaltenteilung zu verstehen. Die konstitutive Funktion der Presse gilt darüber hinaus als Bestandteil der durchweg verbindlichen Modelle einer repräsentativen Demokratie sowie einer pluralistischen Gesellschaft. Die Bürger fungieren als eigentliche Träger der Staatsgewalt. Umfassende und vielfältige Information wird als entscheidende Bedingung für eine effektive Teilnahme der Staatsbürger an den politischen Entscheidungsprozessen angesehen.

Die gesellschaftliche Funktion der Printmedien besteht in der Bereitstellung von Themen in der öffentlichen Kommunikation, in ihrem Beitrag zur Information sowie zur Meinungs- und politischen Willensbildung. Im Sinne der Gewaltenteilung muß die Presse unabhängig und frei von Einflußnahme durch den Staat arbeiten, staatliches Handeln kritisieren und kontrollieren u. v. a. m.

---

[16] Vgl. Bd. II, Teil C, Kap. III (Subventionen), V.2 (Marktzutritt) und I.3 (Verflechtungen zwischen Presse und privatem Rundfunk), in: Kopper / Rager et al. (1993), a.a.O.

Als Voraussetzung für die adäquate Erfüllung dieser "öffentlichen Aufgabe" gilt ein plurales Angebot an Printmedien. Deshalb kommt dem Begriff "publizistische Vielfalt" im Pressemarkt eine zentrale Bedeutung zu im Hinblick auf die konstitutionelle Zielsetzung. In allen Untersuchungsländern wird "Vielfalt" als äußere, d. h. quantitative Vielzahl von Produkten definiert. Es wird also davon ausgegangen, daß eine Vielzahl unterschiedlicher Anbieter auf einem Pressemarkt die erwünschte publizistische Vielfalt garantiert. Eine konkrete Vorgabe findet sich jedoch in keinem der vier untersuchten Länder, die das angestrebte Maß an Außenpluralität festlegen würde. Statt dessen ist die Tendenz erkennbar, das jeweils bestehende Presseangebot, also die reale Marktstruktur in ihrem jeweiligen Zuschnitt, als "vielfältig" zu definieren. Es handelt sich hier um ein "gleitendes Kriterium", der Mangel an Objektivierbarkeit ist zugleich ein wesentliches Strukturprinzip. Insofern ist es konsequent, wenn die jeweilige Medienpolitik die real existierende Medienstruktur erhalten will. Eine Ausnahme bildet die Phase zwischen 1976 bis 1987 des schwedischen Presseförderungsprogramms: In diesen Jahren wurden Zeitungsneugründungen gezielt subventioniert, um mehr Anbieter auf dem Markt zu gewinnen.

Die vorherrschende Medienpolitik, das jeweils bestehende Angebot als "publizistisch vielfältig" zu definieren und insofern den Bestand zu halten, ist nicht unumstritten. Zweifel an der äußeren Pluralität des realen Angebots ergeben sich aus dem erreichten Grad der Pressekonzentration und den kaum überwindbaren Hürden für Neugründungen in gewichtigen Segmenten des Pressemarktes, zum Beispiel bei Tageszeitungen. Diese Barrieren sind für das außenplurale Modell in hohem Maße problematisch.

Vor diesem Hintergrund wurden und werden Alternativkonzepte für publizistische Vielfalt diskutiert. Angesichts der faktischen Strukturentwicklung, so lautet das zentrale Argument dieser Fiktion, müsse das herrschende Modell zumindest teilweise durch innere Pluralität einzelner Printmedien ersetzt werden. Solche Forderungen beziehen sich meist auf Zeitungen in Alleinanbieterposition: In Anlehnung an die Organisation öffentlich-rechtlicher Rundfunkanstalten sollten Verlagsmonopole eine binnenplurale Struktur erhalten oder auch gesetzlich verpflichtet werden können, redaktionellen Raum für Veröffentlichungen gesellschaftlich relevanter Gruppen zur Verfügung zu stellen.

Derartige Anregungen sind aber in keinem Untersuchungsland politisch wirkungsvoll vermittelt und/oder in der Folge durchgesetzt worden. Einerseits gilt eine Umorientierung als nicht erforderlich, da nach überwiegendem Verständnis publizistische Vielfalt de facto bestehe. Andererseits zeigt sich an der Zurückhaltung abermals die medien- und wirtschaftspolitische Priorität subjektiver Schutzrechte. Verleger berufen sich erfolgreich auf ihre individuelle Pressefreiheit und zugleich auf die Eigentumsgarantie und Gewerbefreiheit.

Das Prinzip des Außenpluralismus wird auch bei intermediärer Betrachtung deutlich: Mediengattungen sollen publizistisch unabhängig voneinander funktionieren. So wird äußere Vielfalt sowohl zwischen einzelnen Segmenten des Pressemarktes als auch zwischen verschiedenen Mediengattungen angestrebt, zum Beispiel zwischen Presse und privatem Rundfunk. Diagonale Konzentration gilt grundsätzlich als Gefahr für die Meinungsvielfalt. Daraus resultieren beispielsweise staatliche Steuerungen, die Anteile marktbeherrschender Verlage an Lokal- oder Regionalsendern begrenzen. Auf diese Weise soll der Anhäufung von Meinungsmacht, etwa durch Doppelmonopole in einem Verbreitungsgebiet, vorgebeugt werden.

Ebenso ist aber die grundsätzliche, wenn auch beschränkte Zulassung von Verlagsbeteiligungen am privaten Rundfunk keineswegs nur Ausdruck allgemeiner Gewerbefreiheit. Vielmehr privilegiert sie die Zulassung: Diese Bevorzugung ermöglicht den Presseunternehmen, mögliche Werbeeinbußen - entstanden durch die Konkurrenz elektronischer Medien - durch Erträge aus der Rundfunkwerbung kompensieren zu können.

Interessengruppen der Verlage rechtfertigen ihre bevorzugte Zulassung zum privaten Rundfunk auch medienpolitisch. Sie führen die öffentliche Aufgabe der Printmedien in die Diskussion, wenn es um die Auswirkungen der intermediären Konkurrenz geht. Ihr zentrales Argument ist die (bislang nicht nachgewiesene) Existenzgefährdung von Pressebetrieben durch Verluste im existentiell wichtigen Anzeigengeschäft. Diese Einbußen bedrohten die äußere Vielfalt und schließlich die öffentliche Aufgabe. Die Forderungen nach Werbelimits für den Rundfunkbereich gehen mit in der Regel erfolgreichen Bemühungen der Verlage einher, ihrerseits Zugang zu den elektronischen Medien zu bekommen.

Gesetzliche Werbebeschränkungen auch im privaten Hörfunk sind eines der wenigen Beispiele für staatliche Interventionen, die über eine passive Anerkennung der Pressefreiheit als subjektives Schutzrecht hinausgehen.

Gleichwohl sind in allen Untersuchungsländern Maßnahmen allgemeiner und indirekter Förderung konsensfähig, mit denen der Staat explizit der öffentlichen Aufgabe der Printmedien Rechnung trägt. Exemplarisch können hier die niedrigen Mehrwert- bzw. Umsatzsteuersätze für den Pressevertrieb genannt werden. Die Schweiz gewährt im Unterschied zu allen anderen Untersuchungsländern sogar Mehrwertsteuerprivilegien für das Anzeigengeschäft. Zur Förderung der Printmedien gehören auch die ermäßigten Tarife für die Postzustellung. Mit diesen Steuerprivilegien erkennt die Medienpolitik das Grundbedürfnis nach Information an, dessen Befriedigung finanziell erschwinglich bleiben soll. Hinter den geringeren Postgebühren steht das Ziel, der Presse durch Kostensenkungen die Erfüllung ihrer öffentlichen Aufgabe zu erleichtern. Gleiches gilt etwa für Zollprivilegien beim Import von Druckpapier.

In diesen medienpolitischen Kontext gehören auch pressespezifische Bestimmungen im Verfahrensrecht sowie verringerte Haftungsrisiken, vor allem bei Presseinhaltsdelikten, wie sie in Schweden und der Bundesrepublik Deutschland existieren. Damit verteidigt der Staat die gesellschaftliche Funktion der Printmedien auch gegenüber anderen geschützten Rechtsgütern: Besondere Haftungsrisiken für

Verlage, die aus medienspezifischen Gegebenheiten wie dem Zeitdruck in der Produktion oder gerade aus der Kritik- und Kontrollfunktion der Presse resultieren, werden kompensiert.

Die öffentliche Aufgabe der Presse sowie ihrer Funktion als staatsunabhängige und kontrollierende Instanz bedingt, daß jede Form rechtlicher Benachteiligung von Presseunternehmen in den untersuchten Ländern gegen konstitutionelle Normen verstoßen würde und somit verfassungswidrig wäre. Dies läßt sich am Beispiel der Bundesrepublik Deutschland illustrieren, wo das Grundgesetz in Art. 5 Abs. 2 eine Einschränkung der Pressefreiheit zwar durch "allgemeine Gesetze" zuläßt, nicht aber durch Regelungen, die sich speziell gegen die Printmedien richten.

5.2.3 Anbieter-Vielfalt als verbindendes Element

Die Ziele staatlicher Wirtschafts- und Medienpolitik stimmen für die Printmedien in hohem Maße überein. Zentrales und verbindendes Element ist die Vielfalt selbständiger Anbieter auf einem Markt und innerhalb eines Segments.

Diese Verquickung wirtschafts- und medienpolitischer Zielvorstellungen tritt bei Subventionsmaßnahmen deutlich zutage: Alle Typen staatlicher Presseförderung sind darauf ausgerichtet, über ökonomische Effekte grundlegende medienpolitische Intentionen zu verwirklichen, insbesondere die publizistische Vielfalt.

5.3 Regelungsansatz

Die Anbieter-Vielfalt als zentrales Ziel führt nicht zwingend in einen Regelungsansatz. Im Hinblick sowohl auf die wirtschafts- als auch auf die medienpolitische Orientierung läßt sich in vielen Fällen staatliche Zurückhaltung ebenso legitimieren wie strukturelle Steuerung. Bei der Entscheidung für oder gegen einen bestimmten Gestaltungsansatz wird wiederum deutlich: In den Untersuchungsländern herrscht das nicht-interventionistische Prinzip vor - wenn auch nicht durchgehend.

5.3.1 Grundsatz des freien Wettbewerbs[17]

Die Wirtschaftspolitik in den Untersuchungsländern ist von erheblichen Vorbehalten gegenüber staatlichen Eingriffen in den freien Markt und Wettbewerb gekennzeichnet. Konsens ist der Wirtschaftsliberalismus. Auf dieser Basis wird ein Eingriff des Staates häufig mit Marktverzerrung gleichgesetzt. Daher bleibt die Gründung und Führung von Unternehmen in allen Wirtschaftszweigen, auch der Pressebranche, weitgehend unreglementiert.

[17] Vgl. Bd. II, Teil C, Kap. II (Wettbewerbsrecht), in: Kopper / Rager et al. (1993), a.a.O.

Anhand des Wettbewerbsrechts läßt sich aufzeigen: Staatliche Steuerung besteht allenfalls in einer behutsamen Lenkung der (ansonsten von der Vertragsfreiheit geprägten) Geschäftsbeziehungen zwischen Unternehmen. Gesetze werden nur eingesetzt, wenn sie unbedingt erforderlich scheinen, um offenkundige Mißstände zu beseitigen, einen fairen Wettbewerb und Chancengleichheit der Anbieter zu gewährleisten.

5.3.2 Grundsatz der staatsunabhängigen Presse[18]

Jede Entscheidung des Staates für einen bestimmten Regelungsansatz setzt voraus, daß überhaupt ein entsprechendes Problembewußtsein existiert. Erst dann und nach sachbezogenen Debatten kann sich eine medienpolitische Orientierung herausbilden. Deren Intensität zeigt sich in dem Umfang der eingesetzten Steuerungsmaßnahmen.

Das Bewußtsein einer Problematik und damit auch konkrete Zielvorstellungen sowie Regelungsmaßnahmen haben häufig eine historische Dimension. Einschlägige geschichtliche Erfahrungen führen im jeweiligen Staat zu einer Sensibilisierung im Hinblick auf besondere medienspezifische Fragestellungen.

Dies läßt sich am Beispiel der Bundesrepublik Deutschland illustrieren. Der Zugriff des NS-Regimes auf die Printmedien erzeugte ein Problembewußtsein im Hinblick auf die staatliche Auswahl von Verlegern und Journalisten nach politischer Opportunität. Die Folge waren entsprechende Gesetze, insbesondere die explizite Garantie der Zulassungsfreiheit für Pressetätige, wie sie in vielen anderen Ländern nicht existieren. In gleicher Weise wirkte in der Bundesrepublik Deutschland die historische Tatsache, daß der faschistische Staat eine berufsständische Zwangsorganisation als "verlängerten Arm" mißbrauchte, um letztlich die Pressefreiheit zu beseitigen. Daher bestehen heute Regelungen, die Standesorgane der Presse unter besonderen Schutz vor staatlichen Eingriffen stellen und internen Anpassungszwang ausschließen sollen.

Trotz dieser Abweichungen im Umfang der Steuerungen, ähneln sich die Regelungsansätze in den Untersuchungsländern. Grund für diese Gemeinsamkeit ist das Verständnis von einer staatsfernen und in diesem Sinne freien Presse, die keinem reglementierenden Einfluß von außen unterliegt. Exemplarisch läßt sich der durchweg freie Zugang zum Verleger- und zum Journalistenberuf nennen. Aus den genannten Gründen gibt es hierfür nur in der Bundesrepublik Deutschland eine kodifizierte gesetzliche Grundlage (Landespressegesetze). In den anderen Staaten ist die Ausübung der Pressetätigkeit völlig unreglementiert - aber ebenso faktisch offen. Da der offene Zugang zum Journalismus auf dem konstitutionellen Verständnis eines unabhängigen Pressewesens basiert, sind staatlicher Steuerung enge Grenzen gesetzt. Zugleich entsteht aber ein Zielkonflikt, da auch die spezifischen Qualifikations- und Professionalisierungsanforderungen des Berufs im Zusammenhang mit der öffentli-

---

[18] Vgl. Bd. II, Teil C, Kap. IV (Staatliche Presse), in: Kopper / Rager et al. (1993), a.a.O.

chen Aufgabe der Presse stehen. Hier setzen staatliche Fördermaßnahmen im Bereich journalistischer Ausbildung und Schaffung zusätzlicher Qualifizierungsprogramme an, die jedoch stets auf der Ebene unverbindlicher Angebote bleiben. Dem freien Berufszugang wird Priorität vor der Sicherung der Ausbildungsqualifikation gewährt.[19]

Vielfach können politische Machtverhältnisse und kollidierende Wirtschaftsinteressen Regelungen verhindern, obwohl Steuerungsbedarf besteht. Die Ergebnisse der Studie zeigen, daß konstitutionelle Zielorientierung mangels formalrechtlicher Ausgestaltung oft reine Absichtserklärungen bleiben. Dies gilt vor allem für die publizistische Vielfalt auf dem Printmedienmarkt.

Diese Aussage läßt sich anhand zahlreicher Regelungsbereiche belegen. So beschränkt sich das für Presseunternehmen relevante Wettbewerbsrecht fast ausnahmslos auf die allgemeinen Gesetze, denen alle Wirtschaftsbranchen unterliegen. Medienspezifische Wettbewerbsbestimmungen existieren kaum, trotz offensichtlichen und im Detail erkennbaren Handlungsbedarfs.

Dazu gehören auch Diskussionen um pressespezifische Offenlegungspflichten zugunsten größerer Markttransparenz, für die sich Interessenverbände, Gewerkschaften, andere Teilöffentlichkeiten und auch politische Parteien einsetzen. Unter Verweis auf die subjektiven Rechte der Presse- und Gewerbefreiheit kann die Einführung erweiterter Offenlegungspflichten häufig erfolgreich verhindert werden.[20]

Die weitgehende Ablehnung direkter Pressesubventionen in allen untersuchten Ländern, mit Ausnahme Schwedens, wird begründet mit dem Problem, objektive Förderkriterien zu entwickeln und politische Einflußnahme durch den Staat auszuschließen. Es überwiegt die Befürchtung, Verlage könnten von staatlichen Mitteln publizistisch und wirtschaftlich existentiell abhängig und somit ihrer konstitutionellen Funktion nicht länger gerecht werden.

Ähnlich verliefen in diesen Staaten Debatten über eine gezielte Subventionierung des Marktzutritts im Pressebereich. Entsprechende Steuerung scheiterte an der strikten Ablehnung medien- oder auch wirtschaftspolitisch motivierter Staatseingriffe in den Printmedienmarkt - sowohl durch die Interessengruppen der Verlage als auch durch die politisch Verantwortlichen. Diese Feststellung gilt nicht für das Untersuchungsland Schweden, wo Zeitungsneugründungen nach bestimmten Kriterien gefördert wurden.

Zugleich beweist das schwedische Beispiel, daß es durchaus möglich ist, ein automatisiertes, von staatlicher Intervention freies Vergabeverfahren für Subventionen zu entwickeln und reale Gefährdungen, insbesondere der Pressefreiheit, auszuschließen. Der Regierungswechsel 1991 in Schweden zeigt jedoch auch, daß medienspezifische

---

19 Vgl. Bd. II, Teil C, Kap. V (Berufszugang und Marktzutritt), in: Kopper/Rager et al. (1993), a.a.O.

20 Vgl. Bd. II, Teil C, Kap. I.7 (Offenlegungspflichten), in: Kopper / Rager et al. (1993), a.a.O.

Regelungen im Zuge einer Trendwende hin zu wirtschaftlichen Prioritäten abgeschafft werden können.[21]

Die Studie zeigt auch: Je stärker die Vorbehalte gegen staatliche Steuerung des Printmedienbereichs sind, desto weniger medienspezifische Sonderregelungen existieren in einem Land. Großbritannien kann hier exemplarisch genannt werden. Dort entspricht es dem traditionellen medienpolitischen Verständnis, jegliche Sonderregelung für die Presse abzulehnen. Begründet wird diese Ablehnung mit der Gefahr staatlicher Einflußnahme. Deshalb werden die Printmedien aber auch dort nicht privilegiert und entlastet, wo ihnen aus medienspezifischen Gegebenheiten erhebliche Nachteile erwachsen.

So machen die britischen Diffamierungsgesetze deutlich, daß eine rechtliche Gleichstellung der Presse diese besonders stark betreffen und ihrer öffentlichen Aufgabe zuwiderlaufen kann. Hohe, unter Umständen ruinöse Entschädigungssummen bei Inhaltsdelikten, wie sie in Großbritannien drohen, können erheblichen Einfluß auf die Berichterstattung haben. Sie könnten in der Praxis die Pressefreiheit behindern.

Der Vergleich zeigt: Streng geregelt sind dagegen Beteiligungen öffentlich-rechtlicher Rundfunksender an Presseunternehmen und auch an anderen privatwirtschaftlichen Betrieben. Hier wirkt sich die medienpolitische Zielsetzung intermediärer publizistischer Vielfalt aus sowie die Intention, den speziellen gesetzlichen Programmauftrag der Anstalten vor kommerziellen Einflüssen zu schützen.

5.3.3 Bezüge zwischen Regelungen der Wirtschafts- und Medienpolitik

Aus der privatwirtschaftlichen Struktur der Printmedien ergeben sich enge Verknüpfungen auch im Hinblick auf die wirtschafts- bzw. medienpolitische Gestaltungsansätze. Der Wirtschaftsliberalismus geht quasi von Natur mit einem geringen medienpolitischen Handlungspotential einher. Folglich sind entsprechende Zielorientierungen sowie der Umfang der eingesetzten pressespezifischen Instrumente schwach ausgeprägt.

5.4 Ebenen der Steuerung

Inwiefern beeinflußt eine politische Debatte um staatliches Eingreifen im Pressebereich das Verhalten der beteiligten Interessengruppen? Auch diese Frage ist relevant bei der Entscheidung des Staates, ob und wie sein gewählter Regelungsansatz in Gesetze umgesetzt wird. Die unterschiedlichen Steuerungsebenen wurden aufgrund einer zweigleisigen Untersuchungsanlage sichtbar. Denn der Vergleich eingesetzter sowie lediglich diskutierter Regelungsoptionen mit der parallelen Entwicklung der Pressestruktur ermöglicht Aussagen über Wirkungen realisierter und erwogener

[21] Vgl. Bd. II, Teil C, Kap. III (Subventionen), in: Kopper / Rager et al. (1993), a.a.O.

Maßnahmen. Die im folgenden dargestellten Steuerungsebenen sind sowohl innerhalb des interventionistischen als auch innerhalb des nicht-inverventionistischen Staatsprinzips relevant.

5.4.1 Autonome Selbstregulierung[22]

Selbstregulierung wird von den beteiligten Interessengruppen aus eigenem Antrieb heraus entwickelt. Dies geschieht zumeist dann, wenn sie einen Regelungsbedarf erkennen und autonom darauf reagieren. Dabei kann die Ausgestaltung entweder auf informeller oder auf regulativer Ebene erfolgen. Entscheidend ist der Begriff "Autonomie", wie im Vergleich der Steuerungsebenen deutlich wird. Autonome Selbstregulierung zeichnet sich dadurch aus, daß sie unabhängig vom Gesetzgeber entsteht, theoretisch also außerhalb des staatlichen Sanktionierungssystems funktionieren kann.

Vor allem von Interessengruppen der Verlage wird der Selbstregulierung, die meist einer Selbstkontrolle gleichkommt, Vorrang eingeräumt. Sie basiert auf dem Verständnis der publizistischen wie wirtschaftlichen Pressefreiheit. Relevant für das Funktionieren autonomer Selbstregulierung ist ihr Entwicklungsprozeß: Wenn ihre Zielvorstellungen und Grundprinzipien historisch gewachsen und gesellschaftlich verankert sind, entwickelt sie größere Wirkung.

Ein prägnantes Beispiel für autonome Selbstregulierung ist das Standesrecht der Verleger, das in allen Untersuchungsländern existiert und im Hinblick auf offenkundigen Steuerungsbedarf selbständig entwickelt wurde. Gegenüber staatlicher Normsetzung ist es flexibler und praxisnäher. So sind zum Beispiel Bestimmungen der Berufsverbände im Bereich des Vertragsrechts auf pressespezifische Gegebenheiten und Bedürfnisse zugeschnitten und in der Praxis prägend für die Geschäftsbeziehungen in diesem Bereich.

Die Untersuchungsergebnisse zeigen, daß standesrechtliche Überwachungs- und Sanktionsmechanismen für die Wirksamkeit bestehender Regelungen eine entscheidende Rolle spielen. Wenn hier effektive Maßnahmen fehlen, werden die eigentlichen Steuerungsziele nicht erreicht. Anhand der Bundesrepublik Deutschland läßt sich exemplarisch zeigen, daß Standesrichtlinien, die nicht mit durchgreifenden Sanktionen bewährt sind, in der Praxis häufig unterlaufen oder mißachtet werden. Generell verfügen die Berufsgruppen der Presse in allen Untersuchungsländern nur über ein äußerst begrenztes Kontroll- und Sanktionspotential. Damit wird es zu einem rein praktischen Problem, daß autonome Selbstregulierung funktioniert.

Lösungen wären etwa Zwangsmitgliedschaften oder ein Standesgericht mit erweiterten Sanktionsmechanismen. Der Vergleich mit anderen Standesverbänden, insbesondere von Freiberuflern, spricht dafür, daß solche Maßnahmen nicht zwangsläufig den befürchteten politischen und publizistischen Anpassungsdruck auslösen müssen.

---

[22] Vgl. Bd. II, Teil C, Kap. XII (Standesrecht), in: Kopper / Rager et al. (1993), a.a.O.

Möglicherweise könnten sie effektive Selbstkontrolle im Sinne der Pressefreiheit und unabhängig von staatlichen Eingriffen gewährleisten.

Neben den berufständischen Grundsätzen der Presseverbände besteht in den Untersuchungsländern ein dichtes Netz standesrechtlicher Bestimmungen, die für den Wettbewerb im Werbebereich relevant sind. Geregelt werden sowohl die Verhältnisse zwischen Printmedien und Werbenden als auch zwischen Verlagen und der Leserschaft. Doch sind nicht alle dieser Vorschriften medienspezifisch. Häufig handelt es sich auch, wie etwa beim British Code of Advertising Practice, um branchenübergreifende Richtlinien von Standesgremien der werbetreibenden Wirtschaft. Denen gehören auch die britischen Verlegerorganisationen an.

Der Umfang des Standesrechts für den Werbebereich und das vergleichsweise starke Regelungsinteresse der Presseunternehmen spiegelt die ökonomische Bedeutung des Anzeigengeschäfts, das für die meisten Printmedien die wichtigste Einnahmequelle darstellt. Diese Selbstkontrolle der Verlage dient offensichtlich dem Ziel, staatliche Eingriffe durch Gesetze und entsprechende Sanktionen überflüssig zu machen und sich damit ein Maximum an Autonomie zu bewahren. Hierauf deutet insbesondere das Beispiel Großbritanniens hin. Gerade die britische Presse zeichnet sich durch starke Vorbehalte gegenüber staatlicher Reglementierung des Printmedienmarktes aus. Zugleich wurden in diesem Land, unter Beteiligung der Verlegerverbände, zahlreiche konkrete Bestimmungen und Kontrollinstanzen für das Werbegeschäft entwickelt.

Die Untersuchung zeigt, daß autonome Selbstregulierung erst dann wirkungsvoll praktiziert wird, wenn sie der Sicherung existentieller Belange und eigener Rechte von Presseunternehmen dient. Diese Erkenntnis läßt sich noch erweitern: Autonome Selbstregulierung ist in den Bereichen effektiv, wo sich Geschäftspartner, die in ökonomischer Abhängigkeit voneinander stehen, auf gleiche Ziele einigen können.

5.4.2 Konsentierte Selbstregulierung[23]

Auf einer anderen Steuerungsebene liegen konsentierte Formen der Selbstregulierung, vor allem tarifvertragliche Vereinbarungen. Ihre Grundlage bilden nicht medienpolitisch motivierte, sondern allgemeine wirtschafts- und sozialpolitische Ordnungsprinzipien, die teilweise Verfassungsrang haben. Exemplarisch kann hier die Garantie der Koalitionsfreiheit in Art. 9 Abs. 3 des Grundgesetzes für die Bundesrepublik Deutschland genannt werden.

Tarifabkommen erweisen sich auch im Pressebereich flexibler und praxisnäher als kodifizierte Gesetze: Sie können branchenspezifischen Gegebenheiten und Marktentwicklungen stärker Rechnung tragen. Außerdem entlasten sie die Legislative, die ansonsten diesen Regelungsbedarf aufgreifen müßte. Darüber hinaus wird die kon-

---

[23] Vgl. Bd. II, Teil C, Kap. X.3 (Tarifrecht und Arbeitskampf), in: Kopper/Rager et al. (1993), a.a.O.

sentierte Selbstregulierung auf der Grundlage des Arbeits- und Tarifrechts von den Interessengruppen der Unternehmer und der Beschäftigten ohne staatliches Eingreifen vorangetrieben. Im Gegensatz zur autonomen Selbstregulierung zeichnet sie sich durch große Effektivität aus.

Das Beispiel Schwedens zeigt, daß ein hoher Organisationsgrad den Tarifverbänden erheblichen Einfluß verleiht. Traditionell gewachsene Stärke der Organisationen und die Anerkennung ihrer Vereinbarungen machen staatliche Reglementierung per Gesetz vielfach entbehrlich.

Auch die konsentierte Selbstregulierung belegt, daß Eigensteuerung ohne Eingriff des Staates dort erfolgreich praktiziert wird, wo wirtschaftliche Interessengruppen in hohem Maße voneinander abhängig sind.

5.4.3 Reaktive Selbstbindung[24]

Reaktive Selbstbindung ist insbesondere von der autonomen Selbstregulierung deutlich abzugrenzen. Sie besteht nämlich in einer Selbstbindung ökonomischer und/oder publizistischer Interessen, die nicht aus eigenem Antrieb erfolgt, sondern als Reaktion auf drohende staatliche Steuerung.

Auslöser sind zumeist öffentliche Debatten über Mißstände im Pressebereich und Reformansätze sowie vor allem Erwägungen des Gesetzgebers, diese Fragen formell mit entsprechenden juristischen Sanktionen zu regeln.

Reaktive Selbstbindung kann sich nach Androhung staatlicher Eingriffe in zweierlei Hinsicht zeigen: Erstens durch fortan zurückhaltendes Verhalten der Marktteilnehmer und zweitens durch Schaffung oder Erweiterung standesrechtlicher Reformen.

Charakteristisch für die Selbstbindung durch Verhaltensänderung ist ihre Unscheinbarkeit, da sie in der Regel auf informeller unternehmenspolitischer Ebene stattfindet. Ein Beispiel hierfür liefert die Marktpolitik der Bonnier-Gruppe, des führenden Verlags- und Medienkonzerns in Schweden. Seine geplante Übernahme des größten inländischen Filmunternehmens löste Mitte der 70er Jahre in Schweden intensive politische Diskussionen aus um die Einführung eines speziellen Gesetzes gegen Medienkonzentration und Cross-ownership-Tendenzen. Ein bereits vorliegender Entwurf wurde wegen eines Regierungswechsels nicht umgesetzt. Die bloße Androhung jedoch bewog den Bonnier-Konzern, Selbstbeschränkung zu üben: Er verzichtete jahrelang auf ein Engagement im Bereich der Regionalpresse.

Die zweite Form reaktiver Selbstbindung ist in der Praxis von großer Bedeutung. Wie erwähnt, schlagen sich hierbei öffentliche Debatten über Probleme im Printmedienbereich und über entsprechende staatliche Reglementierung im Standesrecht der Presse nieder. Die Ergebnisse der Studie belegen dies vor allem mit der Entwicklung berufsständischer Gremien, Verfahren und Grundsätze in den Untersuchungs-

[24] Vgl. Bd. II, Teil C, Kap. XII (Standesrecht), in: Kopper / Rager et al. (1993), a.a.O.

ländern. Häufig dienen Reformen dem Zweck, drohenden staatlichen Eingriffen zuvorzukommen.

Exemplarisch läßt sich hier die Geschichte des früheren britischen Press Council skizzieren, der seit seiner Gründung im Jahre 1953 immer wieder als ineffektiv und parteiisch kritisiert worden war. Strukturelle Veränderungen, wie sie unter anderem die letzten beiden Royal Commissions on the Press empfohlen hatten, wurden größtenteils nicht umgesetzt. Erst, als die britische Regierung 1989 erwog, den Schutz der Privatsphäre gesetzlich zu regeln, reformierte sich der Press Council teilweise und stellte erstmals einen Verhaltenskodex auf. Dennoch wurde das Gremium im Januar 1991 aufgelöst und durch die Press Complaints Commission als reine Beschwerdeinstanz ersetzt.

Besonders auch für die Entwicklung des Standesrechts in Schweden ist charakteristisch, daß strukturelle Reformen sowie Erweiterungen und Konkretisierungen des Regelwerks oft durch Diskussionen ausgelöst wurden, presserelevante Bereiche staatlich zu steuern. Dies gilt zum Beispiel für Fragen der Kriminalberichterstattung oder des Persönlichkeitsrechts.

Trotz ihrer erheblichen praktischen Relevanz ist die Steuerungsebene der reaktiven Selbstbindung bislang kaum ins öffentliche Bewußtsein oder in die fachliche Diskussion gedrungen, da sie meist unterhalb der öffentlichen und auch medienwirksamen Reaktionsmuster, d. h. also in hohem Maße informell abläuft. Die Ergebnisse der Studie deuten darauf hin, daß auf den oben genannten informellen Wegen in vielen Fällen die überwiegend einzig wirksame Steuerungspolitik praktiziert wird. Als Selbstschutz der beteiligten Interessengruppen vor staatlichem Eingreifen ist reaktive Selbstbindung effektiv, weil sie sich an der spezifischen Situation der Presse orientiert und zielgerichtet auf aktuelle Mißstände hin entwickelt wird.

Wie die Untersuchung weiter belegt, gewinnt reaktive Selbstbindung in der Praxis zunehmend an Gewicht und hat sich sogar zum bevorzugten Instrument entwickelt, um bestimmte Ziele zu erreichen. Diese Aussage gilt uneingeschränkt für alle Untersuchungsländer. Sie verwundert deshalb nicht, weil die informelle Steuerungsebene den Typ des funktionalen und flexiblen Kompromisses darstellt: Beide Seiten - Gesetzgeber wie Interessengruppen - erblicken hierin die größten Vorteile.

5.4.4 Zielgerichtete staatliche Steuerung[25]

Entscheidet sich der Staat für gesetzliche Instrumente, so können diese entweder wirtschafts- oder medienpolitisch ausgestaltet werden - entsprechend den eingangs beschriebenen Prioritäten.

---

[25] Vgl. Bd. II, Teil C, Kap. I (Fusionsrecht) und III (Subventionen), in: Kopper / Rager et al. (1993), a.a.O.

Die Studie zeigt: Medienspezifische Steuerung erfolgt in der Regel nach einer politischen Debatte über Mißstände im Pressemarkt. Typisch ist somit ihre Marktbezogenheit. Im einzelnen lassen sich jedoch unterschiedliche Zielrichtungen ausmachen: Meist sollen gesetzliche Regelungen strukturerhaltend wirken, in einige wenigen Fällen aber auch strukturverändernd.

Auffällig ist, daß medienspezifische Bestimmungen oft statisch bleiben und nicht den strukturellen Entwicklungen des Bereichs angepaßt werden. Angesichts ihres ursprünglich marktbezogenen Charakters erscheint diese Beobachtung zunächst widersprüchlich. Dieser Widerspruch erklärt sich mit dem Zielkonflikt zwischen kollidierenden staatlichen Prioritäten. Mit anderen Worten: Der interventionistischen Modellogik wird zwar ansatzweise insofern gefolgt, als spezifische Regelungen installiert werden. Jedoch werden sie nicht konsequent durchgesetzt, permanent überprüft und ggf. durch Gesetze reformiert. Vielmehr wird an diesem Punkt eine Rückkehr zur liberal-wirtschaftlichen Marktlogik deutlich, nach der staatliche Eingriffe auf ein Minimum zu reduzieren sind.

Wie die Untersuchung zeigt, wird dieser Widerspruch nicht ausgeräumt, sondern vielfach ignoriert. Das heißt: Selbst wenn in politischen Diskussionen Mängel thematisiert und Reformen gefordert werden, bleibt die Gesetzgebung meist untätig mit der Begründung, daß über die bestehenden Instrumente hinaus keine neuen erforderlich seien.

Eine der wenige Ausnahmen bildet hier das schwedische Presseförderungsprogramm, das nicht als statisches Modell konzipiert ist. Unter anderem durch die Arbeit von sechs parlamentarischen Pressekommissionen wurden einerseits die geltenden medienpolitischen Zielsetzungen äußerer Vielfalt laufend konkretisiert und modifiziert. Andererseits wurden die eingesetzten Mittel auf ihre Wirksamkeit geprüft, erweitert und abgeändert. Zunächst stand dabei die Strukturerhaltung der Printmedien im Vordergrund. Später kamen strukturverändernde Maßnahmen hinzu, indem Marktzutritte gezielt gefördert wurden.

Für die anderen Untersuchungsländer zeigt die Studie: Aus der Perspektive der Vielfaltssicherung gibt es Defizite bei zielgerichteten, staatlichen Regelungen. Die Ursachen liegen darin, daß die Instrumente den dynamischen Veränderungen des Medienmarktes nicht ausreichend angepaßt wurden. Zahlreiche Indizien sprechen dafür, daß gerade Gesetze ungeeignet sind, medienpolitische Entwicklungen zu steuern. Teilweise erfüllen kodifizierte Bestimmungen eine reine Alibi-Funktion. Diese Schlußfolgerung erscheint auf der Grundlage der Ergebnisse zulässig. Wie die folgenden Ausführungen zur Wirksamkeit verdeutlichen, höhlt der statische Charakter von Gesetzen allzu häufig die ursprüngliche Zielvorgabe aus.

5.5 Wirksamkeit[26]

Für eine fundierte Wirkungsanalyse muß die Gesamtheit aller medienrelevanten Regelungen in ihrem Zusammenhangsgefüge herangezogen werden. Hierzu zählen nicht nur pressespezifische Bestimmungen, sondern auch allgemein geltende, also branchenübergreifende, denen Printunternehmen unterliegen. Eine isolierte Betrachtung, im Sinne einer "Baustein-Methode", wo von einem spezifischen Set von Regelungen vor dem Hintergrund der abstrakten "Regelungsmaschinerie" auf spezifische Wirkungen geschlossen würde, führt zu dem Ergebnis, daß kein Baustein in Wirklichkeit autonom funktioniert. Denn häufig zieht eine Bestimmung mehrere Effekte nach sich oder wirkt erst ein Bündel von Einzelmaßnahmen. Zudem wird deutlich: Wirkungen einzelner Instrumente lassen sich mitunter nur dann abschätzen, wenn die kulturell-historische Entwicklung eines Untersuchungslandes einbezogen wird. Denn die kulturell-historische Entwicklung bestimmt maßgeblich die Zusammensetzung der Einzelbausteine und deren Beziehung zueinander. Voraussetzung für jede Wirkungsanalyse ist folglich, daß dieser strukturelle Verlauf berücksichtigt wird.

Auf der Grundlage der genannten vier Steuerungsebenen (1. autonome Selbstregulierung, 2. konsentierte Selbstregulierung, 3. reaktive Selbstbindung und 4. zielgerichtete staatliche Steuerung) läßt sich eine Matrix entwerfen, wobei die Entwicklung der Marktstruktur wichtige Hinweise auf reale Effekte liefern kann. Ist beispielsweise der Zusammenhang zwischen angedrohter staatlicher Steuerung und Selbstregulierung relevant dafür, daß bestimmte Maßnahmen getroffen werden, handelt es sich dabei um Anhaltspunkte für die Wirksamkeit dieser Regelungen. Schaubild Nr. 7 versucht den Verlaufszusammenhang von Wirkungen als Matrix zu veranschaulichen.

Schaubild 7: Matrix von Wirkungsverläufen medien- und kartellrechtlicher Regelungen

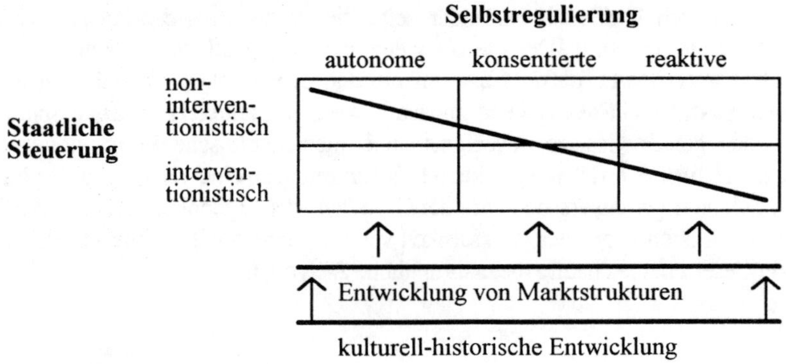

[26] Vgl. Bd. II, Teil C, Kap. I (Fusionsrecht), in: Kopper / Rager et al. (1993), a.a.O.

Vor diesem Hintergrund werden nun wesentliche Untersuchungsergebnisse exemplarisch dargestellt. Es folgt zunächst die exemplarische Wirkungsanalyse von Regelungen, die auf dem Wirtschaftsliberalismus basiert. Anschließend sollen staatliche Maßnahmen interventionistischer Prägung betrachtet werden.

Wettbewerbsrechtliche Vorschriften, teilweise medienspezifischer Art, konnten Pressekonzentrationen in den Untersuchungsländern nicht gänzlich aufhalten. Dämpfungseffekte solcher Steuerungen, wie etwa in der Bundesrepublik Deutschland, sind allerdings zu verzeichnen. Die Problematik statischer Instrumente zeigt sich beispielhaft an der Fusionskontrolle, etwa in der Bundesrepublik Deutschland und in Großbritannien. Die Maßnahmen, die die weitere Konzentration verhindern und damit die Pressestruktur erhalten sollten, erwiesen sich als weitgehend wirkungslos. Die Ursachen hierfür liegen zum einen in der Marktlogik der Tageszeitungsindustrie, zum anderen aber auch in der Starrheit der geltenden Bestimmungen.

Der Charakter dieser Regelungsbausteine wird deutlich, wenn man die historische Strukturentwicklung betrachtet. Die bundesdeutsche wie die britische Pressefusionskontrolle wurde Anfang der 70er Jahre eingeführt, um die vorhandene Marktstruktur zu erhalten. Allerdings hinkten beide Steuerungsansätze der realen Entwicklung hinterher, weil sie erst verwirklicht wurden, als der Konzentrationsprozeß in vollem Gange und sogar fast abgeschlossen war. Da die Regelungen dem Strukturverlauf später nicht angepaßt wurden, blieben sie hinter ihrer Zielsetzung zurück. Die Furcht vor weitergehenden staatlichen Eingriffen war hierfür ausschlaggebend: Die Fusionskontrollen wurden zum Beispiel nicht flankiert mit entflechtenden oder wiederherstellenden Maßnahmen. Sie hätten es unter Umständen ermöglicht, das eigentliche Ziel zu erreichen.

Die Studie zeigt auch, daß weitgefaßte Regelungen, zum Beispiel in Form von Generalklauseln, häufig eingesetzt werden. Mit derartigen staatlichen Vorschriften soll eine flexible Handhabung garantiert werden, die sich auf möglichst viele Fälle ausdehnen läßt. Die Analyse zeigt jedoch, daß Generalklauseln wegen ihrer Zielungenauigkeit keine präzisen Wirkungen entfalten können. Und da sie faktisch Richterrecht produzieren, entsteht eine Entscheidungspraxis, die sich am Grundsatz größter Behutsamkeit der Auslegung orientiert.

Ähnliches gilt für "Kann-Regelungen". Sie erzwingen keine rechtlichen Konsequenzen für bestimmte Tatbestände, sondern belassen den zuständigen Instanzen Entscheidungs- und Handlungsspielraum. Wegen mangelnder Anwendung sind sie zumeist von geringer Wirksamkeit und können mitunter, im Hinblick auf ihre eigentliche Ziele, als geradezu überflüssig bezeichnet werden. Selbst als Drohpotential - im Sinne: Verfahren reaktiver Selbstbindung auszulösen - erweisen sich "Kann-Regelungen" als ungeeignet: Aufgrund fehlender Anwendung in der Praxis werden sie offenkundig nicht ernst genommen. Tendenziell ineffektiv sind auch Vorschriften, die mit unzureichend definierten Begriffen operieren. Unbestimmte Rechtsbegriffe erzeugen Unsicherheit und verhindern in diesem Bereich überdies, daß Bestimmungen überhaupt adäquat funktionieren.

Diese Defizite sind zurückzuführen auf eine Kollision staatlicher Prioritäten. Bei überwiegender Orientierung am Wirtschaftsliberalismus ist die Verwendung unbestimmter Rechtsbegriffe konform. Diese These läßt sich wiederum am Beispiel der Fusionskontrolle in der Bundesrepublik und Großbritannien illustrieren. Obwohl die Fusionskontrolle in das Konzept des regulierungsfreien Marktes eingebettet ist, legt das Gesetz exakte Aufgreifkriterien fest und widerspricht damit augenscheinlich dem nicht-interventionistischen Prinzip. Explizites Ziel ist es, Anbietervielfalt zu gewährleisten. Andererseits können über Ausnahmebestimmungen, die teilweise nicht kodifiziert sind, Zusammenschlüsse erlaubt werden, die gemessen an den Aufgreifkriterien bedenklich sind.

Hier fällt auf, daß Fusionsvorhaben in der Regel einer Einzelfallprüfung unterzogen werden. Zugleich gilt, daß Zusammenschlüsse solange rechtmäßig sind, bis das Gegenteil bewiesen ist. Die zuständigen Instanzen, die großen Beurteilungsspielraum haben, entscheiden sich oft für eine Genehmigung. Sie legitimieren ihre Entscheidungen mit regulativ unzureichenden Begriffen wie "publizistische Vielfalt", "Pluralität", "public interest" oder "volkswirtschaftlich vorteilhaft". In der Praxis zeigt sich also der Zielkonflikt zwischen staatlichen Prioritäten darin, daß auch konkrete Regelungen oft nicht angewendet werden. Somit findet eine Abkehr vom interventionistischen Prinzip statt (das der Fusionskontrolle ursprünglich zugrundeliegt) und eine im Verfahren selbst sublim angelegte Rückkehr zum nicht-interventionistischen Modell.[27]

Diese Erkenntnis spielt ein große Rolle für eine Wirkungsanalyse der Zusammenschlußkontrolle. Die Ausnahme, ob gesetzlich kodifiziert oder nicht, zeigt die Tendenz, in der Praxis zur Regel zu werden. Die Ergebnisse der Studie deuten darauf hin, daß diese Ausnahmetatbestände für die Strukturentwicklung des Pressemarktes relevanter sind als die eigentliche Fusionskontrolle. Unter diesen Voraussetzungen steht auch in Zukunft nicht zu erwarten, daß sich die Konzentrationstrends, die heute auch intermediär erkennbar sind, aufhalten lassen. Veränderungen könnten möglicherweise nur durch einen konsequenten Prioritäten-Wechsel zum interventionistischen Modell eintreten. Eine solche Umorientierung darf aber nicht nur Hintergrund gesetzlicher Regelungen bleiben, sondern muß auch in der begleitenden Praxis erfolgen. Dem wurde bislang nicht hinreichend Rechnung getragen.

Bedeutend ist die staatliche gesetzte Priorität des Wirtschaftsliberalismus auch für den Marktzutritt. Trotz juristischer Gewährleistung, theoretischer Freiheit und ohne staatliche Reglementierung bestehen in allen vier Untersuchungsländern seit Jahrzehnten nur noch in bestimmten Marktsegmenten von Printmedien reale Chancen für Neugründungen. Hierzu zählen Wirtschafts- und Wochenzeitungen, kostenlos verteilte und rein werbefinanzierte Anzeigenblätter bzw. "freesheets", Special-Interest- und Fachzeitschriften sowie die alternative Presse.

---

[27] Vgl. Bd. II, Teil C, Kap. I.5 (Juristische Ausgestaltung von Fusions- und Beteiligungsregelungen), in: Kopper / Rager et al. (1993), a.a.O.

Insbesondere im Bereich der Tagespresse ist der freie Marktzutritt überwiegend theoretischer Natur. Denn in der Praxis stoßen Neugründungen auf kaum überwindbare Hindernisse, die aus den erheblichen Größenvorteilen marktstarker Unternehmen sowie der Marktsättigung resultieren. Die Strukturentwicklung in allen untersuchten Ländern belegt für die meisten Segmente des Pressemarktes hohe Zutrittsbarrieren, auch ohne gesetzlich vorgeschriebenes Mindestkapital. Die erheblichen Kapitalvoraussetzungen für Neugründungen basieren nicht auf staatlicher Normsetzung, sondern auf den spezifischen Bedingungen des jeweiligen Marktes bzw. Marktsegmentes sowie der Produktionsstruktur in diesem Industriesegment.

Diese Tatsache führt gravierende Defizite des Wirtschaftsliberalismus vor - abermals aus der Perspektive der Vielfaltssicherung. Obwohl der Markt nach diesem Ansatz offen sein müßte, ist er de facto geschlossen. Der offene Handlungsraum als wesentlicher Bestandteil dieses Konzeptes ist für den Pressesektor in entscheidenden Ausschnitten eine Fiktion. Der marktbezogenen Definition folgend besteht nämlich kein Markt mehr.

Es sei allerdings auf eine Ausnahme hingewiesen: Marktzutritte sind häufig dann erfolgreich, wenn sie von kapitalstarken Presseunternehmen ausgehen. Erneut wird hier der Zielkonflikt wirksam, der am Beispiel der Fusionskontrolle erläutert wurde. Denn marktbeherrschende Positionen können im Zuge von Neugründungen ausgebaut werden. Wieder erhält der Wirtschaftsliberalismus Priorität: Neugründungen werden als "Förderung des Wettbewerbs" bewertet und sind daher erlaubt. Die Alternative, den Ausbau einer marktbeherrschenden Stellung durch Interventionen zu verhindern, wird demgegenüber vollständig ausgeblendet.[28]

Nach der exemplarischen Wirkungsanaylse von Regelungen, die auf dem liberalwirtschaftlichen Prinzip basieren, sollen im folgenden staatliche Maßnahmen interventionistischer Prägung betrachtet werden. Hierzu zählt insbesondere die staatliche Pressesubventionierung. Wenngleich alle Untersuchungsländer allgemeine und indirekte Presseförderung betreiben (Steuerprivilegien etc.), stellt das schwedische Modell mit umfangreichen direkten, selektiven Subventionen unter den betrachteten Staaten die Ausnahme dar. Wie die Ergebnisse der Studie zeigen, sind diese Maßnahmen existentiell für die Überlebensfähigkeit der bezuschußten Unternehmen, vor allem für Zweitzeitungen.

Auch in diesem Kontext ist die Entwicklung der Pressestruktur aussagekräftig. Denn sie zeigt zum einen, daß begonnene Subventionierungen weitergeführt werden müssen, um die Marktsituation zu erhalten. Wird die selektive und direkte Förderung abgebaut, ist die bestehende Marktstruktur gefährdet. Am Beispiel Schwedens wird deutlich, daß derartige staatliche Intervention zumindest das Potential in sich birgt, existentielle wirtschaftliche Abhängigkeiten zu erzeugen.

Ferner zeigt die Studie, daß Kredithilfen kein ausreichendes Mittel sind, um Vielfalt zu sichern im Sinne des Erhalts redaktionell selbständiger Anbieter. Doch auch

[28] Vgl. Bd. II, Teil C, Kap. V.2 (Marktzutritt), in: Kopper / Rager et al. (1993), a.a.O.

direkte staatliche Subventionen können den Printmarkt nicht dauerhaft verändern, wie sich in Schweden erwies. Vor allem im Bereich der Tagespresse eröffneten sich keine grundlegend größeren Marktzutrittschancen durch direkte Förderung. Offenkundig ließ sich von den beiden Zielen des staatlichen Programms zur Presseförderung nur eines verwirklichen: die äußere Vielfalt zu sichern. Grundlegende größere Marktchancen für Neugründungen wurden dadurch nicht eröffnet. Durch Subventionierung von Zweitzeitungen wurde die Struktur erhalten, hingegen scheiterte die angestrebte Marktveränderung.[29]

Generell wird deutlich: Nach Ablauf der Konzentration gegen Ende der 70er Jahre hat sich der Pressebereich kaum wesentlich verändert - schon gar nicht im Sinne einer Vergrößerung der Vielfalt. Auch gibt es keine Anzeichen für einen strukturellen Wandel im Zuge der Konkurrenz durch private Rundfunkveranstalter. Das Beispiel Bundesrepublik Deutschland zeigt: Die befürchtete Gefährdung der (Tages-)Presse durch die neuen Privatsender ist bisher nicht eingetreten. Daher rechtfertigt die bisherige Entwicklung keinen bevorzugten Zugang von Verlagen zu audio-visuellen Medien, um Anzeigenverluste zu kompensieren. Zugleich spricht einiges dafür, daß die bestehenden Beschränkungen für Rundfunkwerbung in einigen Ländern ihren Schutzzweck erreicht haben: Presseunternehmen konnten steigende Anzeigeneinnahmen verbuchen bzw. Verluste begrenzen.

Allein in Großbritannien fanden gravierende Marktveränderungen noch in jüngster Zeit statt, insbesondere im Bereich der nationalen Presse. Hier gibt es klare Indizien, die zeigen, daß Reformen im Arbeitsrecht den Pressemarkt mitverändert haben: Massenentlassungen nach dem Abbau des Kündigungsschutzes sowie die Zusammenhänge zwischen Personalausstattung und Rentabilität von Pressebetrieben lösten einen Strukturwandel aus. Beschneidungen des Streikrechts und der betrieblichen Mitbestimmung nahmen überdies den britischen Gewerkschaften entscheidende Machtmittel, Rationalisierungen zu verhindern. Die Effekte waren einerseits Kostensenkungen, wirtschaftliche Sanierung der Printunternehmen sowie erleichterte Marktzutritte, andererseits wurde erheblich Personal abgebaut, vor allem im Bereich der Technik.

Die Entwicklung in Großbritannien führt vor, welche Relevanz das branchenübergreifende Arbeits- und Tarifrecht für den Pressemarkt haben kann. Es kann vermutet werden, daß Regelungen, die wirtschaftliche Belange von Printbetrieben maßgeblich betreffen, strukturverändernd wirken. Wenn sie abgewandelt werden, können deutliche Verschiebungen auf dem Pressemarkt folgen. In diesem Falle wurden Rechte der Beschäftigten zugunsten der Arbeitgeber reduziert. Diese Maßnahmen entsprechen dem Wirtschaftsliberalismus mit seinem regulierungsfreien Raum.[30]

---

[29] Vgl. Bd. II, Teil C, Kap. III (Subventionen), in: Kopper / Rager et al. (1993), a.a.O.

[30] Vgl. Bd. II, Teil C, Kap. X (Arbeitsrecht und Mitbestimmung), in: Kopper / Rager et al. (1993), a.a.O.

Presseunternehmen unterliegen in den Untersuchungsländern weitgehend dem allgemein gültigen Wettbewerbsrecht. Die Studie zeigt auch hier Defizite auf. Vielfach klaffen Lücken zwischen Zielvorgabe gesetzlicher Maßnahmen und der Strukturentwicklung des Printmedienmarktes. Dies läßt sich exemplarisch anhand des Pressevertriebs über Groß- und Einzelhandel illustrieren. So konnten sich in der Bundesrepublik Deutschland trotz einschlägiger kartellrechtlicher Verbotsnormen konkurrenzlose Grossisten etablieren, die mit einem System des Gebietsschutzes arbeiten. Ähnlich wie die Bestimmungen der Fusionskontrolle scheinen wettbewerbsrechtliche Vorschriften häufig am Punkt ihrer praktischen Umsetzung zu scheitern. Die mangelnde Überprüfung und Sanktionierung spricht erneut dafür, daß dem Wirtschaftsliberalismus Priorität eingeräumt wird.

Die Entscheidung gegen das interventionistische Prinzip manifestiert sich auch darin, daß Presseunternehmen wie die Druck- oder Papierindustrie dem generellen Wettbewerbsrecht unterliegen. Folgt man dagegen - gedanklich - dem interventionistischen Ansatz und berücksichtigt die medienpolitische Bedeutung dieser Industriezweige, so kämen spezifische Steuerungen durchaus in Betracht. Denkbar wären etwa Verbote oder Einschränkungen von Verlagsbeteiligungen an Druck- oder Vertriebsbetrieben. Solche Maßnahmen könnten vertikale Konzentrationen aufheben und hätten tatsächlich gravierende Markteffekte. Denn derzeit engagieren sich Presseunternehmen der untersuchten Länder häufig in diesen Bereichen. Voraussetzung ist allerdings, daß bei der Einführung von Verbotsnormen zugleich an ausgleichende Maßnahmen gedacht wird.

Generell ergibt die Wirkungsanalyse, daß der Zielkonflikt zwischen dem Wirtschaftsliberalismus und dem interventionistischen Modell gravierende Konsequenzen für den Pressemarkt hat. Bis auf wenige Ausnahmen herrscht in den untersuchten Staaten das Prinzip des Wirtschaftsliberalismus vor. Diese Priorität ist zumeist historisch gewachsen. In der Praxis wird sie konsequent angewandt. Und zwar auch in jenen Steuerungsbereichen, in denen man sich aufgrund der gesetzgeberischen Tradition für staatliche Intervention entschieden hat. Die Priorität des freien Marktes und des Wettbewerbs bedeutet indes nicht, daß er tatsächlich überall besteht. Insbesondere die Frage des Marktzutritts verdeutlicht, daß das Konzept des Wirtschaftsliberalismus im Pressebereich seine eigene Fiktion für Realität ausgibt. Festzuhalten bleibt ebenfalls, daß die Konzentrationstendenz in keinem der Untersuchungsländer aufgehalten wurde. Praktische Veränderungen setzen als erstes eine Umorientierung zum interventionistischen Prinzip voraus.

6. Praxis und Problematik der Steuerungselemente

Die Problematik der praktischen Anwendung bestehender Vorschriften, die sich in mehreren Steuerungsbereichen zeigte, soll hier anhand des Wettbewerbsrechts und des Marktzutritts beispielhaft weiter erläutert werden. Die praktische Umsetzung von Steuerungsmaßnahmen scheitert vielfach an Interessenkonflikten auf politischer Ebene. Exemplarisch belegt die Fusionskontrolle, daß Genehmigungen häufig von politischen Interessen bestimmt sind. In Großbritannien ist dieser Spielraum sogar Bestandteil des Gesetzes: Der zuständige Minister kann Zusammenschlüsse maßgeblich beeinflussen. Hier handelt es sich also um politische Ermessensentscheidungen, wie die Strukturentwicklung deutlich macht.

Im Wettbewerbsrecht zeigt sich, daß Pressebetriebe, die denselben allgemeinen Regelungen unterliegen wie alle Wirtschaftsunternehmen, bislang weitgehend von Kontrollen verschont blieben. Auch hier kann als Beispiel Großbritannien angeführt werden. Der Competition Act 1980, der explizit auf vermehrte Überprüfung wettbewerbswidriger Praktiken angelegt war, zog nicht die erwartete große Zahl von Kontrollen durch die Behörden nach sich. Getreu dem Staatsmodell des Wirtschaftsliberalismus bleiben Kontrollen offensichtlich aus, weil der Staat auf die Selbstregulierung des Marktes baut. Auch in anderen Bereichen, zum Beispiel im schweizerischen Kartellrecht, ist die Tätigkeit von Aufsichtsgremien praktisch kaum relevant.

Ausgestaltungen des Wettbewerbsrechts sind von großer Relevanz für die Struktur des Pressemarkts. Im folgenden Kapitel werden Organisationsformen und das Steuerungsrepertoire in verschiedenen Produktions- und Tätigkeitsbereichen von Presseunternehmen - Vertrieb, Druck, Anzeigengeschäft etc. - dargestellt. Dabei halten wir uns im wesentlichen an die Systematik und Logik unseres Arbeitsbuchs, die von Eingriffsoptionen unterschiedlicher Intensitätsstufen ausgeht: vom staatlichen Monopol über Partizipation staatlicher Einrichtungen am privatwirtschaftlichen Wettbewerb bis hin zur rein regulierenden Funktion. Auch hier bilden die vier Länder Großbritannien, Bundesrepublik Deutschland, Schweiz und Schweden unsere Untersuchungsbasis. Wiederum sind wir jedoch häufig exemplarisch vorgegangen und stellen einzelne Regelungsbereiche problembezogen dar.

6.1 Wettbewerbsrecht - Pressevertrieb

Der Vertrieb ihrer Produkte ist für Verlage, neben der Werbung, eine wichtige Einnahmequelle. Wegen des engen Zusammenhangs zwischen (verkaufter) Auflage und Annoncenpreisen hat der Vertrieb eines Printmediums wiederum Rückwirkungen auf das Anzeigengeschäft. Gleichzeitig stellt er für die Unternehmen aber auch einen Kostenfaktor dar. Hier ergeben sich zahlreiche markt- und wettbewerbsrelevante Problemfelder.

Dem Staat bieten sich grundsätzlich mehrere Eingriffsmöglichkeiten unterschiedlicher Stärke. So wäre die Einrichtung eines staatlichen Vertriebsmonopols denkbar, um lückenlose Versorgung mit Zeitungen und Zeitschriften sicherzustellen, gleiche Bedingungen für alle Presseunternehmen zu schaffen oder kleinere Verlage gezielt zu fördern. Staatliche Stellen könnten sich aber auch am privatwirtschaftlichen Wettbewerb beteiligen, indem sie z.B. die Zustellung per Post anbieten. Schließlich hat der Staat die Möglichkeit, in den Wettbewerb des Pressevertriebs lediglich regulierend einzugreifen.

6.1.1 Zielsetzung

Medienpolitische Ziele

Eine Betrachtung der vier Untersuchungsländer ergibt zunächst, daß die wettbewerbsrechtlichen Bestimmungen, die im Pressevertrieb gelten, durchweg kaum medienspezifisch ausgestaltet und nicht mit entsprechenden Zielsetzungen verbunden sind. Auch wurde nirgendwo ein staatliches Vertriebsmonopol errichtet oder ernsthaft erwogen. In Schweden ist allerdings eine der drei großen Vertriebsorganisationen, die Morgenzeitungen im Abonnement zustellen, im Besitz der staatlichen Post. Außerdem umfaßt das schwedische Presseförderungsprogramm seit 1969 Distributionshilfen für den gemeinschaftlichen Vertrieb von Tageszeitungen.[31]

Davon abgesehen stellt der postalische Vertrieb in allen vier Ländern das einzige direkte Engagement des Staats dar. In allen Untersuchungsländern gibt es auch pressespezifische Gebührenvergünstigungen bei der Zustellung durch die staatliche Post. Sie sind an bestimmte formale und/oder inhaltliche Kriterien geknüpft und als eine Form indirekter Presseförderung einzuordnen. Die britische Royal Mail ist allerdings nicht gesetzlich verpflichtet, Presseprodukte zu Vorzugstarifen zu befördern. Die Entscheidung liegt bei der Post selbst, die ihre Gebühren auf Grundlage des geltenden Post Office Act 1964 festlegt.

Hinter dem verbilligten Pressevertrieb durch die staatliche Post steht in diesen Ländern die medienpolitische Zielsetzung, den Printmedien durch Senkung der Vertriebskosten die Erfüllung ihrer öffentlichen Aufgabe zu erleichtern. Die entsprechenden formalen oder auch inhaltlichen Voraussetzungen sollen bewirken, daß nur solche Periodika das Angebot nutzen können, die im Sinne der öffentlichen Funktion der Presse eine wesentliche Rolle spielen. (Näheres zur medienpolitischen Begründung der Gebührenerleichterungen beim Vertrieb durch die staatliche Post vgl. Kopper/Rager et al. 1993, Kap. III., Subventionen). Ansonsten jedoch greift der Staat

---

31 Vgl. Kopper, Gerd G./Rager, Günter et al. (1993): Medien- und Kartellrecht: Steuerungs- und Wirkungsmodelle, Kap. III, Subventionen. Endbericht im Rahmen des Forschungsprogramms "Ökonomie und Zukunft der Printmedien". Salzburg. Im folgenden wird stets dann auf die (umfangreichere) Originalfassung des Projektberichts "Steuerungs- und Wirkungsmodelle" verwiesen, wenn der betreffende Abschnitt im vorliegenden Band nicht enthalten ist.

in den vier Untersuchungsländern lediglich über das Wettbewerbsrecht regulierend in den Pressevertrieb ein. Dabei existieren nur vereinzelte pressespezifische Bestimmungen, die auf medienpolitischen Intentionen basieren.

Hierzu zählt die Vorschrift im bundesdeutschen Gesetz gegen Wettbewerbsbeschränkungen (GWB), wonach - im Gegensatz zu anderen Wirtschaftsbranchen - Preisbindungen im Pressesektor gesetzlich erlaubt sind. § 16 GWB räumt Verlagen ein kartellrechtliches Privileg ein, indem er sie von der Bestimmung des § 15 GWB ausnimmt, die Verträge über Preisgestaltung für nichtig erklärt. Gemäß § 16 GWB ist eine Preisbindung zulässig, "soweit ein Unternehmen die Abnehmer seiner Verlagserzeugnisse rechtlich oder wirtschaftlich bindet, bei der Weiterveräußerung bestimmte Preise zu vereinbaren oder ihren Abnehmern die gleiche Bindung bis zur Weiterveräußerung an den letzten Verbraucher aufzuerlegen".

Dieser Ausnahmeregelung im bundesdeutschen Wettbewerbsrecht liegt das medienpolitische Ziel zugrunde, dem geistigen und kulturellen Wert von Presseprodukten gerecht zu werden und ein großes Maß an Vielfalt zu sichern. Der Preiswettbewerb wird auf diese Weise stark eingeschränkt, damit Erzeugnisse nicht unter rein kommerziellen Gesichtspunkten vermarktet werden und qualitativ hochwertige Produkte neben gefragter Massenware auf Dauer bestehen können.

Auch in Großbritannien besteht eine rechtliche Möglichkeit der Preisbindung. Doch sind in diesem Land nur Bücher, nicht aber Zeitungen von den Bestimmungen des Resale Prices Act 1976 per Beschluß des Restrictive Trade Practices Court ausgenommen. Das sog. Net Book Agreement bindet Buchhändler an den vom Verlag vorgegebenen Preis.

Von der Preisbindung abgesehen gelten in keinem der vier Länder pressespezifische Regelungen des Wettbewerbsrechts. Allerdings sind in der Bundesrepublik Deutschland allgemeine Bestimmungen durch die Rechtsprechung speziell im Hinblick auf den Pressesektor ausgelegt und mit medienpolitischen Zielsetzungen verbunden worden. So bezwecken die Grundsätze zum Verschenken von Presseprodukten, die Gerichte auf Basis der §§ 1 UWG und 22 GWB entwickelt haben, den Erhalt eines intakten Wettbewerbs auf dem Printmarkt. Gratisverteilung ist danach unzulässig, sobald andere Printmedien in ihrem Bestand gefährdet werden. Wesentlich ist dabei auch der Schutz der Pressefreiheit als Verfassungsgut: Mit dem kostenlosen Vertrieb von Printprodukten und ihrer Finanzierung allein aus Anzeigenerlösen steigt das Risiko, daß wirtschaftliche Interessensgruppen auf die redaktionelle Gestaltung Einfluß nehmen und die Pressefreiheit strukturell gefährdet wird.

Medienpolitische Intentionen stehen in der Bundesrepublik Deutschland ferner hinter standesrechtlichen Regelungen des Pressevertriebs. Hier sind die "Wettbewerbsregeln für den Vertrieb von abonnierbaren Tages- und Wochenzeitungen" des BDZV zu nennen, die 1975 beim Bundeskartellamt eingetragen wurden. Das Regelwerk entstand vor dem Hintergrund eines zunehmenden Verdrängungswettbewerbs, vor allem auf lokalen und regionalen Märkten. Es soll die allgemeinen Gesetze pressespezifisch und praxisorientiert ergänzen. Ziel ist es vor allem, kleinere Tageszeitungen vor ruinösen Werbepraktiken großer Konkurrenzverlage zu bewahren. Außerdem geht es, wie im formellen Wettbewerbsrecht auch, um den Schutz der Leserschaft (vgl. zur Zielsetzung auch Kopper/Rager et al. 1993, Kap. XII., Standesrecht).

Daneben sollte die Aufstellung standesrechtlicher Wettbewerbsregeln auch das Image bundesdeutscher Zeitungsverlage verbessern, das durch unseriöse Bezieherwerber gelitten hatte. So heißt es in Pkt.I.: "Die Zeitungsverlage haben in der Vertriebswerbung alles zu vermeiden, was gesetzlich unerlaubt ist oder gegen die guten Sitten verstößt und dadurch geeignet ist, das Ansehen des Zeitungsgewerbes in der Öffentlichkeit herabzusetzen."

Allgemeine Systemziele

Der Pressevertrieb ist in den Untersuchungsländern - abgesehen von der Postzustellung - rein privatwirtschaftlich organisiert und unterliegt weitgehend allgemeinen wettbewerbsrechtlichen Regelungen. Diese gelten für alle Wirtschaftszweige und basieren nicht auf medien- sondern auf wirtschaftspolitischen Zielsetzungen.

Als allgemeines Systemziel läßt sich durchweg ein liberal-wirtschaftliches Staatsmodell herausarbeiten: Es gilt das Prinzip des freien Markts, des selbstregulierenden Wettbewerbs sowie der Unternehmerfreiheit. Staatliche Intervention setzt erst bei offensichtlichen Mißständen ein. Wettbewerbs- oder kartellrechtliche Regelungen, die in den vier Ländern unterschiedlich stark ausgeprägt sind, zielen grundsätzlich auf den Erhalt einer Vielzahl selbständiger Anbieter. Unlautere und u.U. für die Konkurrenz ruinöse Praktiken sollen durch gesetzliche Reglementierung ebenso unterbunden werden wie Beschränkungen des freien Wettbewerbs, z.B. durch Absprachen zwischen Unternehmen. Als weiteres wirtschaftspolitisches Ziel tritt häufig der Schutz der Konsumenten vor unlauteren Wettbewerbsmethoden hinzu.

So fällt in der Schweiz das gesamte Medienwesen, also auch der Pressevertrieb, unter die Vorschriften des Kartellgesetzes (KG): Medien bieten "Dienstleistungen" i.S.d. Art. 2 und 3 KG an. Nach Auffassung der Schweizerischen Kartellkommission beschränkt sich der Schutzbereich des Kartellgesetzes nicht allein auf die rein ökonomischen Wettbewerbswirkungen: Sowohl im einschlägigen Verfassungsartikel als auch in Art. 20 KG findet sich die Formulierung "volkswirtschaftlich oder sozial schädliche Auswirkungen". Nach eigener Darstellung hat die Kartellkommission den Begriff der "sozial schädlichen" Wirkungen stets weit ausgelegt und dabei auch politische sowie kulturelle Aspekte berücksichtigt.

Dennoch wird in der Schweiz das nicht-interventionistische Prinzip besonders deutlich: Das Kartellgesetz verbietet weder Absprachen oder Kartelle noch Kooperationen. Dies ist im Pressesektor sowohl beim Abonnementvertrieb als auch beim Vertrieb über Großhandel relevant.

Auch in der Bundesrepublik Deutschland unterliegt der Pressevertrieb den allgemeinen wettbewerbsrechtlichen Bestimmungen, hinter denen primär wirtschaftspolitische Intentionen stehen. Einschlägig sind hier vor allem das Gesetz gegen den unlauteren Wettbewerb (UWG), das Gesetz gegen Wettbewerbsbeschränkungen (GWB), das Gesetz über Preisnachlässe (Rabattgesetz) und die Zugabeverordnung (ZugabeVO).

Sowohl beim Großhandelsvertrieb als auch beim Pressevertrieb über Abonnement gelten das Kartellverbot, das Verbot von Ausschließlichkeitsbindungen nach § 18 GWB und das Diskriminierungsverbot gem. § 26 Abs.2 GWB. Diese Vorschriften dienen dem generellen Ziel, Beschränkungen des freien Wirtschaftswettbewerbs zu vermeiden. Boykott-Aktionen sind als Behinderungswettbewerb nach der Generalklausel in § 1 UWG untersagt, um unlautere Methoden zu unterbinden, die sich außerhalb des Preis- und Leistungswettbewerbs bewegen.

Branchenübergreifend erleichtert das GWB aber in § 5 b Kooperationen kleinerer und mittlerer Unternehmen. Hier kann Zusammenarbeit durch Kostenersparnis die Wettbewerbsfähigkeit der beteiligten Firmen stärken, was dem Schutzzweck des Gesetzes entspricht. Entsprechend liegen die Grenzen der erlaubten Kooperation dort, wo der Wettbewerb wesentlich beeinträchtigt wird. Auch diese Bestimmungen sind für den Pressevertrieb von Bedeutung.

Die Vorschriften der §§ 1 UWG und 22 GWB sowie das Rabattgesetz, die unlauteren Preiswettbewerb erfassen, verfolgen das allgemeine wirtschaftspolitische Ziel, eine Vielzahl selbständiger Anbieter auf dem Markt zu erhalten. Sie sind für alle Formen des Pressevertriebs von Relevanz und wurden - wenngleich sie ursprünglich nicht auf medienpolitischen Zielsetzungen basieren - durch die Rechtsprechung pressespezifisch ausgelegt (s.o.).

Die Zugabe-Verordnung, die z.B. im Abonnementbereich von Bedeutung sein kann, soll generell den Leistungswettbewerb schützen und verhindern, daß massiver Einsatz sog. "Wertreklame" das Marktgeschehen bestimmt. Das Wettbewerbsrecht in der Bundesrepublik Deutschland enthält ferner eine Vielzahl von Bestimmungen, die außer den Mitwettbewerbern auch die Konsumenten vor unlauteren Praktiken schützen sollen. Hierzu zählen vor allem Vorschriften des UWG wie die Verbote irreführender, belästigender oder gefühlsbetonter Werbung, die z.B. im Abo-Vertrieb oder Straßenverkauf relevant sind.

In Großbritannien beschäftigte sich die Royal Commission on the Press 1977 mit der Frage einer optimalen Organisation des Zeitungsvertriebs. Das Gremium lehnte aber schließlich pressespezifische Ausnahmeregelungen im Wettbewerbsrecht ab. Daher unterliegt auch der britische Pressevertrieb generellen gesetzlichen Vorschriften, die nicht mit medienpolitischen Zielsetzungen verbunden sind. Im Rahmen dieser Regelungen können sich Verlage auch selbst im Bereich des Groß- oder Einzelhandels betätigen.

Grundsätzlich steht hinter dem britischen Wettbewerbsrecht das wirtschaftspolitische Prinzip, Wettbewerb und Konkurrenz zu fördern und zu bewahren. Zugleich soll die Verbesserung von Effizienz, Versorgung und technischem Fortschritt nicht behindert werden. Aus diesen Zielvorstellungen ergeben sich die einschlägigen gesetzlichen Reglementierungen, die auch im Pressevertrieb über Groß- und Einzelhandel sowie über Abonnement gelten. So besteht in Großbritannien ein Kartellverbot und ein Verbot von Ausschließlichkeitsabkommen. Auch die Preisgestaltung von Unternehmen unterliegt verschiedenen Wettbewerbsbestimmungen. Ferner ermöglicht der Competition Act 1980 eine Überprüfung wettbewerbswidrigen Verhaltens. Unter bestimmten Voraussetzungen kann auch das Office of Fair Trading eingreifen, um eine Monopolstellung zu verhindern. Grundsätzlich erlaubt sind dagegen Kooperationen von Unternehmen, sofern sie nicht gegen die Regelungen des Restrictive Trade Practices Act 1976 verstoßen. In diesem Rahmen sind z.B. Abkommen über gegenseitigen Informationsaustausch, über Standardisierung, Forschung und Entwicklung, sowie andere Formen der Zusammenarbeit zulässig, die die Effizienz fördern. Die britische Royal Commission on the Press von 1977 begrüßte Kooperationen von Presseunternehmen grundsätzlich, lehnte aber eine spezielle gesetzliche Förderung ab.

Auch im Untersuchungsland Schweden unterliegt der überwiegend privatwirtschaftlich organisierte Pressevertrieb den allgemeinen gesetzlichen Regelungen. Einschlägig ist hier das geltende Wettbewerbsgesetz (KL), das den gesamten Mediensektor erfaßt und keine pressespezifischen Bestimmungen enthält.

6.1.2 Regelungsinstrumentarium

a) <u>Vertrieb über die staatliche Post</u>

In allen vier Untersuchungsländern befördert die staatliche Post Presseprodukte zu ermäßigten Tarifen. Allerdings sind diese Gebührenvergünstigungen teilweise an eine Vielzahl formaler und/oder inhaltlicher Kriterien geknüpft, so z.B. in der Bundesrepublik Deutschland.[32]

Ein privates Postunternehmen, das ebenfalls im Pressevertrieb tätig sein könnte, besteht in keinem der untersuchten Länder. Das Monopol der staatlichen Post ist gesetzlich kodifiziert. So heißt es in Art. 36 Abs.1 der schweizerischen Bundesverfassung: "Das Post- und Telegraphenwesen im ganzen Umfange der Eidgenossenschaft ist Bundessache."

In der Bundesrepublik Deutschland basiert das staatliche Postmonopol auf § 2 Abs.1 des Gesetzes über das Postwesen (PostG) vom 28.7.1969: "Das Errichten und Betreiben von Einrichtungen zur entgeltlichen Beförderung von Sendungen mit schriftlichen Mitteilungen oder mit sonstigen Nachrichten von Person zu Person ist der Deutschen Bundespost ausschließlich vorbehalten." Dabei nimmt § 2 Abs.3 Nr.2.

---

32 Bei der verbilligten Postzustellung handelt es sich um eine Form indirekter staatlicher Presseförderung. Für die Voraussetzungen dazu siehe Kopper/Rager et al. 1993, Kap. III., Subventionen.

PostG "wiederkehrend erscheinende Druckschriften", also Presseprodukte, vom Beförderungsmonopol der Post aus. Diese Regelung ermöglicht andere, nicht-postalische Vertriebswege. Die Gründung privater Postunternehmens ist jedoch nicht vorgesehen.

Gemäß § 8 Abs.2 PostG kann "jedermann" die Beförderungseinrichtungen der Deutschen Bundespost benutzen. Das Postmonopol geht in der Bundesrepublik Deutschland mit einem Kontrahierungszwang einher, dem sog. Postdebit: Die staatliche Post ist verpflichtet, alle Sendungen zu befördern, es sei denn, ihre Transportmittel reichen für die gewünschte Leistung nicht aus (§ 8 Abs.2 PostG). Dieser Kontrahierungszwang erstreckt sich auch auf Presseprodukte. Die Post muß also alle Periodika befördern, aber nicht zu den gleichen Bedingungen. Eine Ungleichbehandlung ohne sachlichen Grund wäre jedoch ein Verstoß gegen die verfassungsrechtlich garantierte Vertriebsfreiheit, die Bestandteil der Pressefreiheit ist. Keine Diskriminierung ist es, wenn die Post - so das geltende Recht - ihre Sonderleistungen für die Presse an bestimmte Kriterien knüpft, die dem Zweck des Postzeitungsdienstes entsprechen.

b) Wettbewerbsrecht im Presse-Groß- und Einzelhandel

CH Regelungen des schweizerischen Kartellgesetzes

In der Schweiz gelten für den Vertrieb von Presseprodukten über Groß- und Einzelhandel die allgemeinen Vorschriften des Kartellgesetzes (KG). Auf dieser Grundlage kann die zuständige Kartellkommission gegen Wettbewerbspraktiken mit volkswirtschaftlich oder sozial schädlichen Auswirkungen vorgehen (Art. 20 KG). Das schweizerische Kartellgesetz verbietet aber weder Absprachen bzw. Kartelle noch Kooperationen von Unternehmen.

D Kartell- und Wettbewerbsrecht in der Bundesrepublik Deutschland

In der Bundesrepublik Deutschland unterliegt der Grosso-Vertrieb einer Vielzahl allgemeiner wettbewerbsrechtlicher Bestimmungen. Im folgenden werden die wesentlichen Regelungen und Problemtatbestände dargestellt.

Kartelle und Kooperationen

Absprachen, Kartelle und Kooperationen von Unternehmen sind nach den branchenübergreifenden Vorschriften des Gesetzes gegen Wettbewerbsbeschränkungen (GWB) von 1957 zu beurteilen. Die Regelungen erfassen sowohl die Ebene der Presse-Grossisten als auch des Einzelhandels und sind ebenso für Verlagsunternehmen verbindlich, die sich selbst im Großhandel engagieren.

Nach geltendem bundesdeutschen Recht sind Kartelle in der Regel unzulässige horizontale Wettbewerbsbeschränkungen. Das GWB verbietet in § 1 Abs.1 S.1 Verträge zwischen Unternehmen zu einem gemeinsamen Zweck, die geeignet sind, den Wettbewerb zu beschränken. Hierzu gehören z.B. Gebietsabsprachen, Preis- oder Inhaltskartelle. Dabei setzt das Kartellgesetz keine rechtswirksamen Verträge voraus: Schon eine faktische oder moralische Verpflichtung reicht aus oder (gem. § 25 GWB) ein aufeinander abgestimmtes Verhalten der Unternehmen ohne vertragliche Bindung. Voraussetzung für ein Verbot ist, daß ein Kartell den Wettbewerb beschränkt. In diesem Fall ist die Absprache unwirksam. §§ 2 bis 8 GWB lassen jedoch Ausnahmen von diesem grundsätzlichen Kartellverbot zu, z.B. Konditionen-, Rabatt-, Strukturkrisen- oder Ausfuhrkartelle. Auch eine Erlaubnis durch den Bundeswirtschaftsminister ist möglich.

Das Wettbewerbsrecht in der Bundesrepublik Deutschland setzt aber Kartelle nicht mit Unternehmenskooperationen gleich. Diese sind grundsätzlich erlaubt: Die Verfassungsgarantie der Unternehmerfreiheit umfaßt das Recht, Kooperationen einzugehen. Vor allem eine Zusammenarbeit kleinerer (Presse- oder Vertriebs-) Unternehmen kann durch Kostensenkung die Wettbewerbsfähigkeit der beteiligten Firmen stärken. Erhalt und Förderung des Wettbewerbs ist auch Schutzzweck des GWB.

Daher sieht das Gesetz in § 5 b, der im Oktober 1969 eingefügt wurde, ausdrücklich Kooperationserleichterungen für kleine und mittlere Unternehmen vor: Danach sind Verträge und Beschlüsse zur Rationalisierung durch zwischenbetriebliche Zusammenarbeit erlaubt, sofern der Wettbewerb nicht wesentlich beeinträchtigt und die Leistungsfähigkeit kleiner oder mittlerer Unternehmen gefördert wird. Im Falle horizontaler Wettbewerbsbeschränkungen durch Kooperationen greift allerdings das Kartellverbot des GWB ein.

Für Unternehmen, die zu Rationalisierungszwecken eine erlaubte Zusammenarbeit eingehen, gilt auch das Diskriminierungsverbot in § 26 Abs.2 GWB. Sie dürfen "ein anderes Unternehmen in einem Geschäftsverkehr, der gleichartigen Unternehmen üblicherweise zugänglich ist, weder unmittelbar noch mittelbar unbillig behindern oder gegenüber gleichartigen Unternehmen ohne sachlich gerechtfertigten Grund unmittelbar oder mittelbar unterschiedlich behandeln".

Ausschließlichkeitsbindungen und Gebietsschutz

Ausschließlichkeitsbindungen sind im Pressevertrieb über Groß- und Einzelhandel in unterschiedlicher Form denkbar. So könnten Verlage mit Großhändlern vereinbaren, daß nur ihre Produkte vertrieben werden. Umgekehrt ist es möglich, daß Grossisten Presseunternehmen verpflichten, andere Großhändler nicht zu beliefern. Denkbar ist auch, daß Grossisten Einzelhändler allein an den Verkauf ihrer Produkte binden. Solche ausschließlichen Bindungen verstoßen in der Bundesrepublik Deutschland unter bestimmten Voraussetzungen gegen Kartellrecht.

Einschlägig ist hier zum einen das Verbot von Ausschließlichkeitsbindungen in § 18 GWB. Danach kann das Bundeskartellamt derartige Abkommen für unwirksam erklären, sofern sie den Marktzutritt "unbillig" beschränken, den Wettbewerb wesentlich beeinträchtigen oder eine erhebliche Zahl von Unternehmen binden und in ihrer Wettbewerbsfreiheit "unbillig" einschränken.

Zum anderen kommt bei Ausschließlichkeitsbindungen ein Verstoß gegen das bereits zitierte Diskriminierungsverbot des § 26 Abs.2 GWB in Betracht. Die Bestimmung gilt u.a. für marktbeherrschende Unternehmen, marktstarke Unternehmen, von denen kleine oder mittlere Firmen als Anbieter oder Nachfrager abhängig sind, sowie für preisbindende Unternehmen, vor allem Verlage. Diese Unternehmen dürfen nach dem Diskriminierungsverbot andere Firmen im üblicherweise zugänglichen Geschäftsverkehr nicht unbillig behindern und gleichartige Unternehmen nicht ohne sachlich gerechtfertigten Grund unterschiedlich behandeln.

Wesentlich für die Struktur des bundesdeutschen Pressegroßhandels ist eine spezielle Art von Ausschließlichkeitsbindungen zwischen Verlagen und Grossisten: der Gebietsschutz. Dabei vereinbaren beide Seiten, daß innerhalb eines bestimmten Vertriebsgebiets nur ein Großhändler beliefert wird, andererseits aber der betreffende Grossist auch nicht außerhalb des Vertragsgebietes tätig wird. Üblich sind folgende Konstellationen: Ein Grossist beliefert in einem bestimmten Gebiet alle Einzelhändler mit sämtlichen Produkten aller Verlage (Monopolgrossist mit Gebietsabgrenzung) oder mehrere Großhändler liefern im selben Gebiet jeweils einen Teil der Presseerzeugnisse, die die anderen Grossisten dann nicht führen (Objekttrennung).

Trotz der genannten kartellrechtlichen Verbotsnormen hat sich das System des Gebietsschutzes im bundesdeutschen Grosso-Vertrieb etabliert. § 26 Abs.2 GWB, ähnlich auch § 18 GWB, untersagt nur eine "unbillige" Behinderung oder eine Ungleichbehandlung ohne sachlichen Grund. Das Diskriminierungsverbot wird üblicherweise nicht auf den Gebietsschutz angewandt: Denn das aus der Presse- und der Unternehmensfreiheit abgeleitete Dispositionsrecht der Verlage, einen sachgerechten und wirtschaftlich sinnvollen Vertriebsweg zu wählen, gilt als "sachlich gerechtfertigter Grund" i.S.d. § 26 Abs.2 GWB.

Das Dispositionsrecht gestattet den Presseunternehmen, außer dem Vertriebsweg auch gelieferte Titel und Mengen frei zu wählen. Das System des Gebietsschutzes ist für sie übersichtlicher und senkt die Remissionsquoten. Aus diesen Gründen sind Verlage auch nicht verpflichtet, Grossisten zu beliefern, die neu auf den Markt treten. Teilweise werden in Literatur und Rechtsprechung für "Newcomer"-Großhändler bereits die beiden anderen Voraussetzungen des Diskriminierungsverbots in § 26 Abs.2 GWB verneint: Sie gelten dann weder als "gleichartige Unternehmen" noch bewegen sie sich im "üblicherweise zugänglichen Geschäftsverkehr".

Koppelungsgeschäfte und Verwendungsbestimmungen

Koppelungsgeschäfte, z.B. zwischen Verlagen und Großhändlern, sind grundsätzlich zulässig. Ein Verstoß gegen Wettbewerbsrecht liegt erst vor, wenn weitere Voraussetzungen hinzutreten. Bei unbilliger Beschränkung des Wettbewerbs oder des Marktzutritts kann das Bundeskartellamt gemäß § 18 GWB Verträge für unwirksam erklären, die "verpflichten, sachlich oder handelsüblich nicht zugehörige Waren oder gewerbliche Leistungen abzunehmen". Als Grenze für Koppelungsgeschäfte, die große Presseunternehmen vornehmen, kommt außerdem die Bestimmung des § 22 GWB in Frage, die Mißbrauch einer marktbeherrschenden Stellung verbietet.

Dieser Tatbestand kann auch bei Verwendungsbestimmungen erfüllt sein, die marktbeherrschende Presseunternehmen Grossisten für den Vertrieb ihrer Produkte vorschreiben. Hier sind z.B. Auflagen denkbar, für bestimmte Objekte besondere Werbung zu betreiben. Außerdem dürfen marktbeherrschende Unternehmen gem. § 26 Abs.3 GWB ihre Marktstellung nicht dazu ausnutzen, andere Unternehmen im Geschäftsverkehr zu veranlassen, ihnen ohne sachlich gerechtfertigten Grund Vorzugsbedingungen zu gewähren.

Boykott

Der Tatbestand des Boykotts, wie ihn die bundesdeutsche Rechtsprechung entwickelt hat, erfordert drei Beteiligte: Er besteht im organisierten Ausschluß des Boykottierten vom Geschäftsverkehr durch eine Aufforderung des Boykottierers (Verrufers) an die Boykotthelfer (Adressaten). Ein solcher Fall ist beispielsweise gegeben, wenn ein Presseunternehmen Grossisten dazu aufruft, die Produkte eines anderen Verlags nicht mehr zu vertreiben.

Boykott-Aktionen sind als Spezialfall des unlauteren Behinderungswettbewerbs nach der Generalklausel in § 1 des Gesetzes gegen den unlauteren Wettbewerb (UWG) grundsätzlich unzulässig. Das UWG wurde bereits 1909 erlassen. Außer § 1 UWG kann hier auch § 26 Abs.1 GWB einschlägig sein: Danach ist es Unternehmen verboten, zum Boykott Dritter aufzufordern, wenn dahinter die Absicht steht, Wettbewerber unbillig zu beeinträchtigen. Nur ausnahmsweise, als Abwehrmaßnahme oder als Ausdruck der freien Meinungsäußerung, können Boykotte gerechtfertigt sein.

Kontrahierungszwang und Diskriminierungsverbot für Monopolgrossisten

Da das Gebietsschutz-System zu einer monopolistischen Struktur des bundesdeutschen Presse-Großhandels geführt hat, unterliegen die Grossisten einem Kontrahierungszwang in bezug auf Titel und Mengen der Objekte: Sie müssen alle Verlagsprodukte vertreiben, die ihnen angeboten werden. Rechtsgrundlage ist hier das bereits erwähnte Diskriminierungsverbot in § 26 Abs.2 GWB. Es gilt nicht universell, jedoch u.a. für marktbeherrschende Unternehmen, wozu Monopolgroßhändler zählen. Diskriminierungen können durch die Kartellbehörde untersagt werden und gem. § 35 GWB einen Anspruch auf Schadensersatz auslösen.

Literatur und Rechtsprechung leiten aus den Ansprüchen auf Schadensausgleich einen Kontrahierungszwang ab. Monopolgrossisten dürfen den Vertrieb bestimmter Verlagsobjekte nur aus sachlich gerechtfertigten Gründen ablehnen, wie z.B. Verweigerung des Remissionsrechts oder unpünktliche Lieferungen. Nach überwiegender, aber nicht einhelliger Auffassung in der Fachliteratur gilt der Kontrahierungszwang auch für die vereinzelten bundesdeutschen Grossisten, die mit dem System der Objekttrennung arbeiten. Denn sie sind marktbeherrschend im Bereich der von ihnen vertriebenen Titel.

Auch Preisdiskriminierungen durch Großhändler mit Monopolstellung sind nach dem Diskriminierungsverbot des § 26 Abs.2 GWB zu beurteilen. Danach dürfen marktbeherrschende Grossisten für ihre Vertriebsleistung von Verlagen keine willkürlich unterschiedlichen Preise fordern.

Remissionsrecht und Dispositionsrecht

Sowohl Großhändler als auch Einzelhändler in der Bundesrepublik Deutschland können unverkaufte Presseobjekte an den Verlag zurückgeben und erhalten den Preis für diese Exemplare gutgeschrieben. Dieses Remissionsrecht stellt eine Besonderheit der Geschäftsbeziehungen im Pressevertrieb dar. Es basiert nicht auf einer speziellen wettbewerbsrechtlichen Bestimmung, sondern ist seit Jahrzehnten in den Verträgen zwischen Verlagen und Grossisten verankert und daher Handelsbrauch i.S.d. § 346 ff HGB. Der Großhändler wird rechtlich allgemein als Kommissionsagent des Verlags gem. § 383 ff HGB betrachtet. Er ist in eigenem Namen, aber auf Rechnung des Verlags tätig und aufgrund des Remissionsrechts vom Absatzrisiko entlastet.

Die Entwicklung des Remissionsrechts basiert auf dem ökonomischen Interesse der Presseunternehmen an Absatzsteigerung. Die Objekte sollen in ausreichender Menge und an möglichst vielen Verkaufsstellen angeboten werden. Ein weiterer Grund ist die Angebotsbereitschaft des Einzelhandels: Stetige und gute Präsentation im Handelssortiment wirbt für einzelne Verlagsprodukte. Da die Händler vom Absatzrisiko entbunden werden, sind sie bereit, höhere Stückzahlen und auch neue oder unbekanntere Objekte in ihr Sortiment aufzunehmen. Hierbei spielt auch eine Rolle, daß Presseprodukte wegen ihrer Aktualität und nie ganz gleichförmigen Gestaltung keine Massenerzeugnisse sind. Daher ist die Nachfrage schwieriger abzuschätzen als bei anderen Produkten.

Meist erfolgt die Remittendengutschrift durch den Verlag nur dann, wenn die Händler bestimmte Remissionsfristen einhalten. Große Verlage legen üblicherweise Richtremissionssätze fest, die Grossisten nicht überschreiten sollen. Überzählige Exemplare werden dem Großhändler dann zwar vergütet, doch kürzen Großverlage ihre Lieferungen, wenn die Richtsätze ständig überschritten werden.

Neben dem Remissionsrecht der Groß- und Einzelhändler ist das Dispositionsrecht der Verlage ein Charakteristikum der Geschäftsbeziehungen im Pressevertrieb. Aufgrund ihres Dispositionsrechts, das häufig als Äquivalent des Remissionsrechts begründet und aus der Pressefreiheit abgeleitet wird, bestimmen die Verlage Titel und Mengen, die sie an die Grossisten liefern. Üblich ist ferner, daß sie Erstverkaufstage ihrer Objekte festlegen und Vertriebs- und Verwendungsbindungen festschreiben: Grossisten dürfen nur an Einzelhändler liefern, Einzelhändler nur an Endverbraucher.

Preisbindung für Verlagserzeugnisse

Im Gegensatz zu anderen Wirtschaftsbranchen ist Preisbindung im bundesdeutschen Pressevertrieb gesetzlich erlaubt. § 16 GWB enthält ein kartellrechtliches Presseprivileg, indem er Verlage von der Bestimmung des § 15 GWB ausnimmt, die Verträge über Preisgestaltung für nichtig erklärt. Gemäß § 16 GWB ist die Preisbindung zulässig, "soweit ein Unternehmen die Abnehmer seiner Verlagserzeugnisse rechtlich oder wirtschaftlich bindet, bei der Weiterveräußerung bestimmte Preise zu vereinbaren oder ihren Abnehmern die gleiche Bindung bis zur Weiterveräußerung an den letzten Verbraucher aufzuerlegen". Somit gilt die Preisbindung für Verlagserzeugnisse nicht nur zwischen Presseunternehmen und Grossisten. Verlage können Großhändler verpflichten, auch den Einzelhandel an die von ihnen vorgegebenen Preise zu binden.

Nach § 34 GWB müssen Preisbindungs-Verträge schriftlich abgefaßt werden. Die vertikale Preisbindung ist nur dann rechtlich geschützt, wenn sie lückenlos praktiziert wird. So dürfen Verlage nicht bestimmte Großhändler, die ihre Objekte vertreiben, von der Preisbindung ausnehmen. Ebenso sind Dumping-Preise, die nur gegenüber bestimmten Abnehmern gelten (Preisspaltung) unzulässig. Verlage dürfen allerdings niedrigere Einführungspreise für neue Objekte im Großhandel festsetzen. Solche Einführungspreise stellen aber dann einen Verstoß gegen § 1 UWG dar, wenn sie den Wettbewerb gefährden.

Ein gebundener Abnehmer braucht sich seinerseits nicht an den Vertrag zu halten, wenn seine Konkurrenten die gleichen Produkte billiger verkaufen. Nach § 17 GWB kann das Kartellamt unter bestimmten Voraussetzungen Preisbindungen aufheben, z.B. wenn sie mißbräuchlich gehandhabt werden. Die Preisbindung, die schon 1887 vom Börsenverein des Deutschen Buchhandels durchgesetzt wurde, gilt seit der 2. Novelle des GWB von 1973 ausschließlich für Verlagserzeugnisse.

Wegen der Preisbindung für Verlagserzeugnisse erzielen Grossisten ihre Gewinne durch Rabatte, die ihnen die Presseunternehmen gewähren. Diese sogenannten "Funktionsrabatte" der Verlage, die üblicherweise zwischen Objekten differenzieren, machen den größten Teil der Handelsspanne im Grosso-Vertrieb aus. Umstritten sind dabei allerdings die Bemessungsgrundlagen der Funktionsrabatte. Das in der Bundesrepublik Deutschland geltende Rabattgesetz erfaßt nur den Verkauf von Waren und Leistungen an den Endverbraucher. Auf der Wirtschaftsstufe zwischen Verlagen und Großhändlern herrscht daher Rabattfreiheit.

Preiswettbewerb und Gratisverteilung von Presseprodukten

Grundsätzlich sind Verlage als Wirtschaftsunternehmen in der Preisgestaltung für ihre Produkte frei. Preisunterbietung stellt aber dann einen Verstoß gegen § 1 UWG dar, wenn mit ihr Verdrängungs- oder Vernichtungswettbewerb bezweckt wird. Ferner kommt bei Dumping-Preisen marktbeherrschender Verlage Mißbrauch einer marktbeherrschenden Stellung gem. § 22 GWB in Frage. Auch hier ist die Gefährdung des Wettbewerbs entscheidendes Kriterium für ein Verbot der Preisunterbietung.

Die Zulässigkeit kostenloser Verteilung von Presseprodukten ist auf Grundlage der Generalklausel zum unlauteren Wettbewerb des § 1 UWG zu beurteilen. Die Vorschrift verbietet Wettbewerbshandlungen im geschäftlichen Verkehr, die gegen die guten Sitten verstoßen. Außerdem kommt beim Verschenken von Printprodukten durch Marktführer der Mißbrauch einer marktbeherrschenden Stellung gem. § 22 GWB in Betracht.

Die von der bundesdeutschen Rechtsprechung entwickelten Grundsätze zu dieser Problematik orientieren sich an den Gegebenheiten des Einzelfalls. Ob Verschenken als sittenwidrig beurteilt wird, richtet sich nach der Beeinträchtigung des relevanten Markts. Daher ist es sinnvoll, nach Printmedien-Typen zu differenzieren. Beurteilungsgrundlage sind dabei auch die Interessen der Allgemeinheit, vor allem der Schutz der Pressefreiheit als Institution.

Kostenloses Verteilen von Tageszeitungen ist im Regelfall wegen Marktverstopfung unzulässig. Eine Ausnahme stellen Probelieferungen dar, die jedoch nur im Abo-, nicht im Grosso-Vertrieb relevant sind. Gratisverteilung von Fachzeitschriften beurteilt die jüngere Rechtsprechung erst dann als unzulässig, wenn hierdurch der Wettbewerb auf dem betreffenden Markt gefährdet wird. Hier hat sich in letzter Zeit der Tenor einschlägiger Gerichtsentscheidungen gewandelt: So wertete der Bundesgerichtshof in den 70er Jahren das Verteilen von 40 Prozent der Auflage einer Zeitschrift als grundsätzlich wettbewerbswidrig. Heute gilt, daß Gerichte das Verschenken von Fachzeitschriften nicht beanstanden, wenn es schon seit längerem ohne wesentliche Marktstörungen praktiziert wird.

Der verbreitete Vertrieb von kostenlosen Anzeigenblättern war in der Bundesrepublik Deutschland schon Gegenstand vieler Gerichtsentscheidungen. Hier ist allerdings zu beachten, daß diese Printmedien nicht über den Presse-Großhandel, sondern meist durch eigene Träger zugestellt werden. Kostenlose Verteilung von Anzeigenblättern ist verboten, wenn sie den Bestand konkurrierender Presseorgane, vor allem Tageszeitungen, schädigt oder ernsthaft gefährdet.

Daher dürfen Offertenblätter ohne redaktionellen Teil gratis verteilt werden. Bei Anzeigenblättern mit redaktionellem Teil kommt es darauf an, ob sie als Zeitungsersatz angesehen werden können. In der Regel unzulässig ist das Verschenken von Anzeigenblättern, deren redaktioneller Teil ein Drittel ihres Gesamtumfangs übersteigt. Bei der rechtlichen Bewertung kommt es auch auf Wettbewerbsstörungen auf dem Anzeigenmarkt an und darauf, ob das Anzeigenblatt von einem Zeitungsverlag herausgegeben wird.

GB Wettbewerbsrechtliche Regelungen in Großbritannien

Auch in Großbritannien gelten im Pressevertrieb über Groß- und Einzelhandel branchenübergreifende wettbewerbsrechtliche Vorschriften.

Kartelle und Kooperationen

Kartelle sind als wettbewerbswidriges Verhalten nach den komplizierten Bestimmungen des britischen Wettbewerbsrechts generell untersagt. Den gesetzlichen Rahmen bilden hier der Competition Act 1980, Restrictive Trade Practices Act 1976, Fair Trading Act 1973 und der Resale Prices Act 1976.

Die genannten vier Gesetzeswerke ergänzen sich in ihrer Zielsetzung, wettbewerbswidrige Praktiken zu verhindern. Dabei besteht jedoch ein großer Entscheidungsspielraum darüber, wann eine Beeinträchtigung des Wettbewerbs vorliegt. Zentrales Kriterium des Restrictive Trade Practices Act und des Fair Trading Act ist dabei die Wahrung des öffentlichen Interesses ("public interest"). Das britische Kartellrecht hatte im Restrictive Trade Practices Act und dem Resale Price Maintenance Act zunächst formalen Charakter, um den Gerichten eine Auseinandersetzung mit komplizierten wirtschaftlichen Vorgängen zu ersparen. Es unterschied sich damit grundlegend von wettbewerbsrechtlichen Regelungen auf EG-Ebene, die nicht auf die Form eines Abkommens abstellen, sondern vor allem auf seine ökonomischen Auswirkungen. Erst der Competition Act 1980 schuf eine flexiblere Grundlage zur Erfassung wettbewerbsschädigender Praktiken.

Das Gesetz von 1980 erweiterte die Möglichkeiten des Director General of Fair Trading, wettbewerbswidriges Verhalten ("anti-competitive practices") außerhalb des Restrictive Trade Practices Act und des Resale Price Maintenance Act untersuchen zu lassen und zu unterbinden. Dabei ist das Bestehen einer Monopolstellung keine Voraussetzung für eine Prüfung.

Eine Definition wettbewerbswidriger Praktiken findet sich in s 2 (1) des Competition Act 1980. Der Gesetzestext lautet: "A person engages in an anti-competitive practice if, in the course of a business that person pursues a course of conduct which of itself or when taken together with a course of conduct pursued by persons associated with him, has or is intended to have or is likely to have the effect of restricting, distorting or preventing competition in connection with the production, supply or acquisition of goods in the United Kingdom or any part of it or the supply or securing of services in the United Kingdom or any part of it."

Generell sind allerdings bestimmte Wirtschaftsbranchen sowie kleine Unternehmen von den Bestimmungen des Competition Act 1980 ausgenommen. Nicht unter dieses Gesetz fallen Firmen mit einem Jahresumsatz unter £ 5 Mio und einem Anteil am relevanten Markt von weniger als 25 Prozent. Dabei dürfen sie aber auch keinem Konzern angehören, dessen jährlicher Umsatz mindestens £ 5 Mio oder dessen Marktanteil 25 Prozent und mehr erreicht. Diese Ausnahmeregelungen für kleine

Unternehmen sind kodifiziert in der Anti-Competitive Practices (Excludions) Order 1980 as amended by the Anti-Competitive Practices (Exclusions) Order 1984.

Zu den wettbewerbsschädlichen Handlungen, die der Competition Act 1980 ansonsten jedoch verbietet, zählen auch verschiedene Formen von Kartellen. Laut Restrictive Trade Practices Act 1976 sind Absprachen und Abkommen zwischen Unternehmen, die dem Wettbewerb schaden könnten, meldepflichtig. Sie werden dem Restrictive Practices Court zur Untersuchung vorgelegt. Diese Instanz entscheidet, ob eine bestimmte Vereinbarung dem öffentlichen Interesse zuwiderläuft.

Der Competition Act 1980 enthält keine Auflistung verbotener Abkommen oder Aktivitäten, sondern schafft einen groben Rahmen, innerhalb dessen jeder Einzelfall beurteilt wird. Das Office of Fair Trading hat hierzu entsprechende Richtlinien herausgegeben, die allerdings nicht umfassend sind. Demnach gehören zu den Vereinbarungen, die möglicherweise den Wettbewerb in einem bestimmten Markt beeinträchtigen, u.a. Ausschließlichkeitsabkommen, langfristige Lieferverträge, selektive Vertriebsstrukturen, restriktive Lizenzvergabe, Tie-ins und Lieferboykotte.

So können etwa wettbewerbswidrige Ausschließlichkeitsbindungen ("exclusive dealing and purchasing agreements") zwischen Verlagen und Großhändlern auf verschiedenen juristischen Wegen unterbunden werden. Möglich ist zum einen ihre gerichtliche Verurteilung auf Grundlage der Common Law Doctrine of Restraint of Trade, sofern ein Vertragspartner Klage erhebt. Dieses Gewohnheitsrecht geht bis ins 15. Jahrhundert zurück und hat seit Einführung formeller Wettbewerbsgesetze an Bedeutung verloren. Es spielt jedoch weiterhin u.a. bei der Interpretation kodifizierter Bestimmungen eine Rolle oder bei Tatbeständen, auf die das formelle Recht nicht anwendbar ist. In einem Beispielfall von 1919, der Entscheidung Mc Ellistrim v Ballimacelligott Co-operative and Agricultural Dairy Society, erklärte das Gericht eine Exklusivklausel im Verkauf ("exclusive selling term") für nicht einklagbar.

Zum anderen können nach dem Fair Trading Act 1973 Ausschließlichkeitsabkommen untersucht und unterbunden werden, wenn die beteiligten Unternehmen eine dominante Marktstellung wettbewerbshinderlich ausnutzen. Der FTA 1973 erlaubt dem Secretary of State und in den meisten Fällen auch dem Director General of Fair Trading, "Monopolsituationen" zur Untersuchung an die Monopolies and Mergers Commission weiterzuleiten.

Bei der gesetzlichen Definition von Monopolstellungen im Hinblick auf Güter, Dienstleistungen und Exporte, die in Ss 6 bis 8 des Fair Trading Act 1973 festgeschrieben ist, wird differenziert zwischen "structural monopolies" und "behavioural monopolies". Nach Ss 6(1)(a) und (b) ("structural monopolies") liegt ein Monopol vor, wenn mindestens ein Viertel der in Großbritannien vertriebenen Güter einer bestimmten Güterklasse von derselben Person/Firma geliefert oder bezogen wird bzw. auch von eng verbundenen Personen/Firmen. Gemäß Ss 6(1)(c) und (d) ("behavioural monopolies") besteht ferner eine Monopolsituation, wenn wenigstens ein Viertel aller im Inland vertriebenen Güter einer bestimmten Klasse von zwei oder mehr Personen/Firmen geliefert oder bezogen wird, die sich nach s 6(2) des FTA wettbewerbswidrig verhalten. In beiden Fällen kann eine Prüfung durch die Wettbewerbsbehörden eingeleitet werden. Darüber hinaus erlaubt der britische Competition Act 1980 auch eine Untersuchung von Ausschließlichkeitsbindungen zwischen Unternehmen, die keine Monopolstellung haben.

Preiskartelle, auch im Pressevertrieb, werden vom Restrictive Trade Practices Act 1976 erfaßt. Derartige Abkommen müssen gemeldet und eingetragen bzw. vom Restrictive Trade Practices Court auf ihre Zulässigkeit hin untersucht werden. Dies gilt auch für Vereinbarungen, die sich indirekt auf den Preis auswirken, z.B. ein vertraglich vereinbarter Rabattverzicht, die Vereinbarung von Höchst- oder Mindestpreisen, verbindliche und unverbindliche Preisempfehlungen sowie der Austausch preisrelevanter Informationen. Preiskartelle galten in Großbritannien lange als stabilitätsfördernd und wurden nicht geahndet. Erst 1948 schuf man hier die gesetzlichen Voraussetzungen, um Preisabsprachen zu unterbinden.

Ebenso sind Vereinbarungen über die geographische Aufteilung eines Markts, auch im Pressevertrieb, meldepflichtig nach s 6 des Restrictive Trade Practices Act 1976. Bisher hat der Restrictive Trade Practices Court solche Abkommen stets verboten.

Vertriebskooperationen sind dagegen erlaubt, sofern sie sich im Rahmen des britischen Wettbewerbsrecht bewegen. Beispielsweise kann eine Zusammenarbeit, die Mitwettbewerber gezielt ausschließt, unter bestimmten Voraussetzungen nach s 2 Competition Act 1980 oder Ss 6 und 8 des Restrictive Trade Practices Act 1976 als wettbewerbswidrig untersagt werden.

Preiswettbewerb im Pressesektor

Da in Großbritannien keine kodifizierte Bestimmung das Verschenken von Printprodukten untersagt, ist es grundsätzlich erlaubt. Bestimmte Formen der Preisgestaltung werden aber von den Wettbewerbsbestimmungen des Restrictive Trade Practices Act 1976, Resale Prices Act 1976, Fair Trading Act 1973 und des Competition Act 1980 erfaßt.

Nach dem Fair Trading Act 1973 und dem Competition Act 1980 kann der Director General of Fair Trading die Preispolitik einzelner Unternehmen überprüfen lassen und wettbewerbsschädigendes Verhalten unterbinden. Da die Monopolies and Mergers Commission jeweils nur Einzelfälle beurteilt, lassen sich nur grobe Trends aufzeigen. U.a. können Preissenkungen verboten werden, die dazu dienen, Wettbewerber aus dem Markt zu drängen oder am Marktzutritt zu hindern. Ebenso können Treuerabatte, einheitliche Vertriebskostenzuschläge auf den Preis bei unterschiedlichen Vertriebswegen sowie der Verkauf von Presseprodukten zu Dumping-Preisen wettbewerbsschädigend sein.

Rabatte dürfen gewährt werden, sofern sie nicht den Tatbestand einer Preisdiskriminierung erfüllen, den das britische Wettbewerbsrecht erfaßt. Die Monopolies and Mergers Commission hat auf Grundlage des Fair Trading Act 1973 mehrfach sogenannte Treuerabatte verurteilt. Wirtschaftlich begründbare Preisunterschiede, die z.B. Pressegroßhändler festlegen, können jedoch nicht unterbunden werden. Daher müssen Zeitungen und Zeitschriften, die Minderheiten ansprechen, u.U. höhere Vertriebskosten entrichten.

Remissionsrecht

In Großbritannien besteht keine gesetzliche Regelung, die Verlage zwingt, unverkaufte Produkte zurückzunehmen. In der Praxis gibt es zwei Möglichkeiten vertraglicher Vereinbarungen zwischen Presseverlagen und Händlern: "Sale or Return" oder "Firm Sale".

SWE Wettbewerbsgesetz in Schweden

In Schweden erfaßt das branchenübergreifende Wettbewerbsgesetz (KL) auch den Pressevertrieb. Es wurde 1954 als Gesetz gegen Wettbewerbsbeschränkungen (KBL) eingeführt und orientierte sich an US-amerikanischen Modellen. 1982 wurde das Gesetzeswerk erweitert und umbenannt. U.a. wurden Bestimmungen in bezug auf negative Effekte des Preiswettbewerbs und Marktzutrittsbarrieren sowie Fusionsregelungen aufgenommen. Nach Angaben der schwedischen Expertengruppe soll das KL 1992 erneut revidiert werden. Dabei ist vorgesehen, die Kompetenzen des Ombudsmanns sowie der zuständigen Kommission zu erweitern. Medien- oder pressespezifische Vorschriften sind jedoch auch im Zuge der Revision nicht geplant.

Im Einzelverkauf an Zeitungsständen, den vor allem schwedische Abendzeitungen nutzen, besteht eine durch die Verlage festgelegte Preisbindung. Die Händler arbeiten auf Kommission, unverkaufte Exemplare werden remittiert.

c) Abonnement-Vertrieb

Die dargestellten kartell- und wettbewerbsrechtlichen Regelungen in den einzelnen Untersuchungsländern gelten auch für den Pressevertrieb über Abonnement.

So ist in der Schweiz wiederum das Kartellgesetz (KG) einschlägig, auf dessen Grundlage die Kartellkommission Wettbewerbsmethoden mit volkswirtschaftlich oder sozial schädlichen Auswirkungen unterbinden kann (Art. 20 KG). Danach ist z.B. irreführende oder unlautere Werbung im Abonnementvertrieb ebenso verboten wie in allen anderen Wirtschaftsbereichen. Das schweizerische Kartellgesetz untersagt aber auch hier weder Kartelle noch Unternehmens-Kooperationen.

In Großbritannien unterliegt auch der Pressevertrieb über Abonnement den Bestimmungen des Competition Act 1980, Restrictive Trade Practices Act 1976, Fair Trading Act 1973 und Resale Prices Act 1976. Die oben beschriebenen Vorschriften über Kartelle, Kooperationen oder die Preisgestaltung, auf die hier verwiesen wird, gelten entsprechend. Allerdings spielt der Abonnementvertrieb im britischen Zeitungssektor auch nur eine untergeordnete Rolle. Häufiger werden Zeitschriften auf diesem Wege zugestellt.

In Schweden richtet sich auch der Abonnementbereich nach dem allgemeinen Wettbewerbsgesetz (KL). Im Gegensatz zu Großbritannien ist in diesem Untersuchungsland der Abo-Vertrieb die häufigste Form der Zustellung von Morgenzeitungen. In der Regel gelten für den Vertrieb innerhalb eines Gebiets einheitliche Preise, unabhängig vom Gewicht des Einzelexemplars und den Strukturunterschieden in einem Gebiet. Einheitliche Vertriebspreise sind eine Voraussetzung für die Gewährung staatlicher Distributionshilfen. Diese Rabatte für den Gemeinschaftsvertrieb von Tageszeitungen wurden 1969 eingeführt (zu Kriterien und Förderungsumfang: vgl. Kopper/Rager et al. 1993, Kap. III., Subventionen).

D Wettbewerbsrechtliche Regelungen in der Bundesrepublik Deutschland

Im folgenden konzentrieren wir uns auf eine Darstellung der Rechtslage in der Bundesrepublik Deutschland. Zum einen sind aus diesem Untersuchungsland die im Abonnementbereich einschlägigen Bestimmungen, Problemtatbestände und Beispielfälle ausführlich dokumentiert, zum anderen spielt der Abo-Vertrieb für den Wettbewerb im bundesdeutschen Pressesektor eine zentrale Rolle. Dies gilt vor allem für lokale und regionale Tageszeitungen. Daher wurde zu Wettbewerbsverstößen im Rahmen der Abo-Werbung auch ein standesrechtliches Regelwerk entwickelt.

Um Wiederholungen weitgehend zu vermeiden, werden die oben bereits umfassend erläuterten und zitierten Bestimmungen, vor allem des GWB, nur noch synoptisch dargestellt. Zu Details sei auf die Ausführungen zum Grosso-Vertrieb verwiesen. Der Schwerpunkt liegt hier auf charakteristischen Tatbeständen und Problemfeldern des Pressevertriebs im Abonnement.

Kartelle, Kooperationen und Diskriminierungsverbot im Abo-Vertrieb

Das allgemeine Kartellverbot des § 1 Abs.1 S.1 GWB gilt in der Bundesrepublik Deutschland auch für Unternehmen, die im Abonnementbereich tätig sind, also auch für die Vertriebsaktivitäten von Verlagen. Wettbewerbsbeschränkende Absprachen können verboten werden und sind dann unwirksam. Wiederum sehen §§ 2 bis 8 GWB Ausnahmen vor, z.B. für Strukturkrisenkartelle.

Grundsätzlich zulässig sind Kooperationen im Abonnement-Vertrieb, z.B. zwischen Pressunternehmen. Auch hier kann § 5 b GWB zum Tragen kommen, der explizit die Zusammenarbeit kleiner oder mittlerer Unternehmen zu Rationalisierungszwecken erlaubt. Ein Verbot kommt allerdings dann in Betracht, wenn derartige Kooperationen den Wettbewerb beschränken.

Für einen Kontrahierungszwang gibt es keine rechtliche Grundlage. Daher sind Verlage nicht verpflichtet, ihre Vertriebswege für andere Presseprodukte zu öffnen.

Das Diskriminierungsverbot des § 26 Abs.2 GWB verbietet nur Behinderung oder Ungleichbehandlung in einem "üblicherweise zugänglichen Geschäftsverkehr". Hierzu gehören nicht die verlagseigenen Vertriebssysteme für die Abo-Zustellung.

Vereinbarungen, durch die Presseunternehmen externe Vertriebsfirmen verpflichten, ausschließlich ihre Objekte zu betreuen, verstoßen unter bestimmten Voraussetzungen gegen das Kartellrecht. Nach § 18 GWB kann das Bundeskartellamt Ausschließlichkeitsbindungen für unwirksam erklären, die den Marktzutritt "unbillig" beschränken oder den Wettbewerb wesentlich beeinträchtigen. Bei marktbeherrschenden oder marktstarken Vertriebsunternehmen, von denen kleine oder mittlere Firmen abhängig sind, kommt ferner ein Verstoß gegen das Diskriminierungsverbot in § 26 Abs.2 GWB in Betracht. Grundsätzlich sind aber auch Vertriebsfirmen in der Wahl ihrer Handelspartner frei.

Auch im Abonnementbereich ist ein Boykott als unlauterer Behinderungswettbewerb nach der Generalklausel des § 1 UWG von 1909 verboten. Ebenso kann § 26 Abs.1 GWB greifen, wonach es untersagt ist, Unternehmen zum Boykott Dritter aufzufordern, um Wettbewerber unbillig zu beeinträchtigen. So ist es rechtswidrig, wenn ein Verlag Vertriebsfirmen auffordert, die Produkte eines anderen Presseunternehmens nicht zuzustellen. Allenfalls als Abwehrmaßnahme oder Ausdruck der freien Meinungsäußerung kann ein Boykott ausnahmsweise gerechtfertigt sein.

Preiswettbewerb, Probelieferungen und Prämienwerbung

Willkürlich unterschiedliche Preise, die marktbeherrschende Vertriebsfirmen für ihre Leistungen fordern, können den Tatbestand einer verbotenen Diskriminierung nach § 26 Abs.2 GWB erfüllen. Ansonsten sind jedoch auch Vertriebsunternehmen frei in ihrer Preisgestaltung und nicht gezwungen, alle Verlage, mit denen sie zusammenarbeiten, gleich zu behandeln. Da es sich bei Preisvereinbarungen mit Presseverlagen nicht um Verkäufe an den Endverbraucher handelt, sind hier auch die Einschränkungen des Rabattgesetzes nicht einschlägig.

Vor allem bei hochauflagigen Publikumszeitschriften in der Bundesrepublik Deutschland spielt neben verlagseigener Zustellung und dem Postzeitungsdienst der Abo-Vertrieb über den Werbenden Buch- und Zeitschriftenhandel (WBZ) eine Rolle. Hier ist es üblich, daß Großverlage höhere Preisangebote für Vertriebsleistungen machen und dadurch WBZ-Firmen exklusiv an ihre Objekte binden. Nur in Ausnahmefällen kommt in diesen Fällen sittenwidriges Wettbewerbsverhalten und ein Verbot nach § 1 UWG in Frage.

Ein charakteristischer Tatbestand aus dem Bereich des Abo-Vertriebs in der Bundesrepublik Deutschland ist die Preisspaltung. Typische Fälle sind z.B. solche, in denen eine Tageszeitung mit mehreren Lokalausgaben in "Kampfgebieten" mit starker Konkurrenz ihre Abo-Preise senkt. Grundsätzlich können Verlage als Wirtschaftsunternehmen ihre Preise frei gestalten. Unterbietung und Preisspaltung verstoßen aber dann gegen § 1 UWG, wenn sie auf Verdrängungs- oder Vernichtungswettbewerb zielen. Bei Dumping-Preisen bzw. Preisspaltung marktbeherrschender Verlage kann außerdem Mißbrauch einer marktbeherrschenden Stellung gem. § 22 GWB oder Preisdiskriminierung gem. § 26 Abs. 2 GWB vorliegen. Stets ist die Gefährdung des Wettbewerbs entscheidendes Kriterium für das Verbot einer Preisspaltung oder -unterbietung.

Die kostenlose Verteilung abonnierbarer Zeitungen und Zeitschriften ist nach den bereits dargestellten Grundsätzen zu beurteilen, welche die bundesdeutsche Rechtsprechung auf Basis der §§ 1 UWG und 22 GWB entwickelt hat. Dabei wird nach Printmedientypen differenziert. So ist Gratisverteilung von Fachzeitschriften nur verboten, wenn sie den Wettbewerb auf dem relevanten Markt gefährdet. Der Gratisvertrieb von Tageszeitungen ist in der Regel unzulässig.

Ein typisches Sonderproblem stellen hier kostenlose Probeabonnements dar, mit denen sich bundesdeutsche Gerichte schon in den 50er Jahren befaßten. Grundsätzlich gilt, daß Werbeexemplare nur so lange verschenkt werden dürfen, wie der Erprobungszweck es erfordert. Die 1975 beim Bundeskartellamt eingetragenen "Wettbewerbsregeln für den Vertrieb von abonnierbaren Tages- und Wochenzeitungen" des BDZV bestimmen in Pkt.IV. Nr.3: "Die Verteilung von Werbeexemplaren in einem Umfang, der den Bestand des Wettbewerbs gefährdet, ist unzulässig." Pkt. IV. dieser Richtlinien erlaubt eine Gratis-Probelieferung über zwei Wochen. Gemäß Pkt. VI. dürfen Freiexemplare nur bestimmten Empfängergruppen zugestellt werden, z.B. Betriebsangehörigen, ständigen Mitarbeitern, wissenschaftlichen Instituten oder Behörden.

Mit ihrer Eintragung ins Kartellregister wurden die Wettbewerbsregeln für BDZV-Mitgliedsverlage bindend: Verstöße gegen diese Richtlinien stellen einen juristisch relevanten Vertragsbruch dar. In solchen Fällen können Gerichte zudem die Verletzung von Wettbewerbsrecht ahnden, z.B. wenn der Tatbestand unlauteren Wettbewerbs i.S.d. § 1 UWG erfüllt ist. Generell kann die Rechtsprechung auf dieses standesrechtliche Regelwerk zum Abo-Vertrieb zurückgreifen und etwa die Generalklausel der "guten Sitten" in § 1 UWG branchenspezifisch auslegen (vgl. hierzu auch Kopper/Rager et al. 1993, Kap. XII., Standesrecht).

Ein weiterer zentraler Problembereich im bundesdeutschen Pressesektor ist die Abonnentenwerbung mittels Prämien. Rechtlich ist hier zu unterscheiden zwischen Geschenken, die direkt an Neuabonnenten gehen, und Geschenkprämien für (Laien-)Werber, z.B. im Rahmen der stark verbreiteten "Leser werben Leser"-Werbung.

Geschenke, die Verlage neuen Abonnenten zukommen lassen, sind nach den Bestimmungen der Zugabeverordnung vom 9.3.1932 und nach § 1 UWG zu beurteilen. Die ZugabeVO enthält in § 1 Abs.1 S.1 das grundsätzliche Verbot, im Geschäftsverkehr neben einer Ware bzw. Leistung eine Zugabe (Ware oder Leistung) anzubieten, anzukündigen oder zu gewähren. Auch Umgehungsversuche werden erfaßt: § 1 Abs.1 S.2 u.3 verbieten Zugaben gegen ein Scheinentgelt und solche, die mit der Hauptware zu einem Gesamtpreis angeboten werden. Werbegeschenke für Neuabonnenten müssen im Rahmen der Ausnahmen des § 1 Abs.2 ZugabeVO bleiben: Erlaubt sind danach u.a. geringwertige Kleinigkeiten, handelsübliches Zubehör oder Nebenleistungen. Als Presseprivileg ist es nach der ZugabeVO auch zulässig, zugunsten der Abonnenten einer Zeitung oder Zeitschrift Versicherungen bei beaufsichtigten Unternehmen abzuschließen.

Zugaben, die den Abnehmer durch leistungsfremde Mittel zum Geschäftsabschluß bewegen sollen, z.B. zu einem Abonnement, gelten als besondere Form der Wertreklame. Unter bestimmten Voraussetzungen, z.B. sehr hohe Vergünstigungen oder psychologischer Kaufzwang, verstoßen sie überdies gegen § 1 UWG. Auch in Pkt. II. Abs.2f der BDZV-Wettbewerbsregeln heißt es explizit: "Die Werber dürfen nicht mit unerlaubten Zugaben werben." In Pkt. IX. verweist das standesrechtliche Regelwerk auf die ZugabeVO und verbietet ausdrücklich Gutscheine für kostenlose oder verbilligte Anzeigen.

Überhöhte Werbeprämien für Werber sind nach der Generalklausel des § 1 UWG zu beurteilen. Dies gilt auch für die "Leser werben Leser"-Werbung, die vor allem viele Tageszeitungsverlage praktizieren: Die werbenden Leser sind im rechtlichen Sinne Laienwerber, deren Einsatz grundsätzlich nicht wettbewerbswidrig ist. Unlauter i.S.d. § 1 UWG sind Prämien, die ein angemessenes Entgelt erheblich übersteigen.

Ergänzend sind auch hier die eingetragenen "Wettbewerbsregeln für den Vertrieb von abonnierbaren Tages- und Wochenzeitungen" des BDZV heranzuziehen. Nach Pkt. X. dieser Richtlinien darf der Ladenverkaufspreis einer Sachprämie für den Werber bei sechsmonatigem Abo höchstens den dreifachen und bei zwölf- und mehrmonatigem Abonnement höchstens den sechsfachen Monatsbezugspreis erreichen. Laienwerber erhalten keine Prämie, wenn sie ihr eigenes Abo innerhalb des Zeitraumes kündigen, für den der Neuabonnent geworben wurde. Außerdem darf die Prämie nicht an den Geworbenen weitergegeben werden.

Irreführende und belästigende Abonnentenwerbung

Irreführende Werbung ist nach § 3 UWG verboten, der in einer Neufassung vom Juni 1969 gilt. In exemplarischer, aber nicht erschöpfender Aufzählung untersagt die Bestimmung irreführende Angaben "im geschäftlichen Verkehr zu Zwecken des Wettbewerbs über geschäftliche Verhältnisse, insbesondere über die Beschaffenheit, den Ursprung, die Herstellungsart oder die Preisbemessung einzelner Waren oder gewerblicher Leistungen oder des gesamten Angebots, über Preislisten, über die Art des Bezugs oder die Bezugsquelle von Waren, über den Besitz von Auszeichnungen, über den Anlaß oder den Zweck des Verkaufs oder über die Menge der Vorräte". Dabei ist es rechtlich unerheblich, ob tatsächlich eine Täuschung eintrat oder nur die Gefahr der Irreführung bestand.

Die folgenden typischen Beispiele aus dem Bereich der Abo-Werbung erfüllen den Tatbestand des § 3 UWG. Irreführung über die betriebliche Herkunft besteht vor allem in irreführenden Angaben über Größe und Charakter eines Unternehmen. Sie liegt z.B. vor, wenn sich eine Zeitung als "eingesessene Lokalzeitung" bezeichnet, ohne eine eigene Lokalredaktion zu unterhalten. Hierzu zählt auch die Angabe eines falschen Gründungsdatums, durch die ein Verlag als Unternehmen mit langer Tradition erscheint.

Irreführung über die Auflagenhöhe ist gegeben, wenn ein Presseunternehmen mit einer höheren als der tatsächlichen Auflage wirbt. Solche Praktiken sind vor allem im Wettbewerb um Anzeigenkunden relevant, sie lassen ein Blatt aber auch für Abonnenten attraktiver erscheinen. Der Auflagenkontrolle im bundesdeutschen Pressesektor widmet sich ferner das 1949 gegründete standesrechtliche Gremium IVW (vgl. Kopper/Rager et al. 1993, Kap. XII., Standesrecht).

Irreführung durch Superlativ-Werbung liegt vor, wenn faktisch nachprüfbare Superlative, z.B. "größte Zeitung am Ort", ohne sachliche Grundlage in der Werbung eingesetzt werden. Ein Beispiel für Irreführung über den Preis ist die Bezeichnung der Wochenendbeilage einer Zeitung als "gratis", obwohl deren Kosten in den Verkaufspreis einkalkuliert wurden. Irreführende Anlehnung an fremde Autorität kann z.B. in einer fälschlichen Bezeichnung als "Diözesanblatt" oder "Börsenorgan" bestehen.

Auch zu Tatbeständen irreführender Abo-Werbung enthalten die Wettbewerbsregeln des BDZV ergänzende, praxisnahe Bestimmungen. So dürfen Bezieherwerber nicht vorgeben, der Erlös aus dem Abonnement fließe (teilweise) gemeinnützigen oder mildtätigen Zwecken zu (Pkt.II Abs.2 b). Außerdem müssen sie Fragen über die Zeitung, für die sie werben, wahrheitsgemäß beantworten (Pkt.II Abs.2c).

Sowohl bei Belästigung von Lesern im Rahmen der Abo-Werbung als auch bei Gefühlsausnutzung ist die Generalklausel der "guten Sitten" im Wettbewerb in § 1 UWG einschlägig. Belästigende Werbung gilt nicht nur wegen der Gefahr unbedachter Kaufentscheidungen als unlauter, sondern auch, weil die Individualsphäre des Umworbenen vor wirtschaftlichem Gewinnstreben geschützt werden soll. Daher ist z.B. die Zusendung unbestellter Waren verboten.

Im Bereich der Abonnentenwerbung sind vor allem zwei Formen möglicher Belästigung relevant: die Telefonwerbung und die unverlangte Zusendung von Werbebriefen, das sog. "Mailing" oder "Direct-Mail". Telefonwerbung ist grundsätzlich unzulässig, sofern vorher keine Geschäftsbeziehungen zwischen dem potentiellen Kunden und dem entsprechenden Unternehmen bestanden. Konkret bedeutet dies, daß allenfalls ehemalige Abonnenten oder Bezieher von Probe-Abos im Rahmen der Verlagswerbung angerufen werden dürfen. Briefwerbung wird dagegen allgemein als sozialadäquate und nicht unlautere Belästigung eingestuft. "Mailing" kann aber dann wettbewerbswidrig sein, wenn es trotz Einspruchs des Empfängers fortgeführt wird.

Gefühlsbetonte Werbung, die geeignet ist, Kunden irrezuführen, ist grundsätzlich unlauter. Das gleiche gilt für Praktiken gewerblicher Unternehmen, die Mitgefühl,

Hilfsbereitschaft oder Angst ausnutzen, ohne daß ein sachlicher Zusammenhang zur Leistung des betreffenden Unternehmens besteht.

d) Straßenverkauf von Presseprodukten

CH In der Schweiz ist der Presse-Straßenverkauf gewerbepolizeilich geregelt. Dabei sind die Kompetenzen föderalistisch aufgeteilt zwischen Gemeinde und/oder Kanton sowie dem Bund, der z.B. für die Bahnhofsgelände zuständig ist. Für den Presseverkauf auf öffentlichem Grund ist eine Lizenz erforderlich, die auf einen bestimmten Zeitungstitel und den jeweiligen Verkäufer ausgestellt wird. In der Stadt Zürich z.B. muß eine Zeitung mindestens monatlich erscheinen, damit Straßenhandel zulässig ist. Gegenwärtig beträgt die Gebühr für den Verkauf einer Wochenzeitung durch zehn Verkäufer 730 sfr pro Jahr. Passanten und der Verkehr dürfen dabei nicht behindert werden. Weitere rechtliche Einschränkungen gibt es nicht. So können Presseprodukte durchaus billiger durch Straßenhändler vertrieben werden als über den Kiosk.

GB In Großbritannien ist der Presse-Straßenverkauf nach allgemeinem Recht verboten. Er wird jedoch nach dem Grundsatz von "custom and practice" toleriert und ist vor allem in London weit verbreitet.

D In der Bundesrepublik Deutschland unterliegt der Straßenhandel mit Presseprodukten dem allgemeinen Wettbewerbsrecht. Sofern einschlägige Bestimmungen bereits im Zusammenhang mit anderen Vertriebswegen erläutert wurden, beschränken wir uns hier auf eine knappe Darstellung. Die kostenlose Verteilung von Presseprodukten durch Straßenverkäufer ist rechtlich wiederum auf Grundlage der "guten Sitten" im Wettbewerb gem. § 1 UWG sowie ggf. des Mißbrauchs einer marktbeherrschenden Stellung nach § 22 GWB zu beurteilen. Kriterium ist auch hier die Beeinträchtigung des relevanten Markts. Im Straßenhandel mit abonnierbaren Tages- und Wochenzeitungen gelten ergänzend die standesrechtlichen Wettbewerbsregeln des BDZV. Sie verbieten in Pkt.IV. Nr.3 die "Verteilung von Werbeexemplaren in einem Umfang, der den Bestand des Wettbewerbs gefährdet". Teilweise übertragen bundesdeutsche Verlage die Betreuung von Straßenverkäufern auch dem ZZ-Großhandel. In diesen Fällen ist kostenlose Verteilung oder Verkauf zu Dumping-Preisen wegen der vertikalen Preisbindung für Verlagserzeugnisse unzulässig.

Für Waren des täglichen Bedarfs, die im Einzelverkauf an den letzten Verbraucher veräußert werden, gilt außerdem das Rabattgesetz vom 25.11.1933. Dies ist beim Presse-Straßenhandel der Fall. Nach dem RabattG dürfen generell nur folgende Preisnachlässe gewährt werden: Barzahlungsrabatte bis zu drei Prozent des Rechnungsbetrags, Mengenrabatte und Sonderrabatte für bestimmte Gruppen wie z.B. Großverbraucher oder Betriebsangehörige. Ansonsten sind Unternehmen an ihre eigenen Normalpreise gebunden.

Zugaben durch Straßenverkäufer sind wiederum nach den Bestimmungen der Zugabeverordnung zu beurteilen. Sie erlaubt lediglich u.a. geringwertige Kleinigkeiten, handelsübliches Zubehör oder Nebenleistungen. Unter bestimmten Voraussetzungen, z.B. Auslösung eines psychologischen Kaufzwangs, verstößt diese Form der Wertreklame überdies gegen § 1 UWG. Irreführende Werbung ist auch im Straßenverkauf von Presse nach § 3 UWG wettbewerbswidrig. Ebenso wird Belästigung potentieller Kunden und gefühlsbetonte Werbung von der Generalklausel zum unlauteren Wettbewerb in § 1 UWG erfaßt.

6.1.3 Strukturentwicklung

Zentrales Ziel der vorliegenden Studie ist es, marktstrukturelle Wirkungen real eingesetzter Regelungsoptionen zu untersuchen, ihre Effekte mit medienpolitischen Zielvorgaben zu vergleichen und ungenutzte Alternativen zu erörtern. Im Sinne einer problemorientierten Darstellung stehen die Länder Großbritannien und Bundesrepublik Deutschland im Mittelpunkt dieses Strukturüberblicks. Ersichtlich ist das Wettbewerbs- und Kartellrecht im Pressevertrieb dieser beiden Untersuchungsländer von größerer Relevanz als in der Schweiz, wo hier ein nicht-interventionistisches Prinzip deutlicher wird, oder in Schweden, wo der Schwerpunkt staatlicher Medienpolitik auf direkter Presseförderung liegt (vgl. Kopper/Rager et al. 1993, Kap. III., Subventionen). Doch auch auf die Organisation des schweizerischen und des schwedischen Pressevertriebs wird im folgenden eingegangen.

a) Allgemeine Strukturdaten zum Pressemarkt der Bundesrepublik Deutschland und Großbritanniens

Der Zeitungsmarkt

D Struktur des bundesdeutschen Zeitungssektors

Zwei Charakteristika kennzeichnen den Tageszeitungsmarkt in der Bundesrepublik Deutschland: Der Schwerpunkt liegt auf Titeln lokaler oder regionaler Verbreitung, und Abonnement-Zeitungen dominieren eindeutig gegenüber Kaufzeitungen. In den alten Bundesländern lag die Gesamt-Verkaufsauflage der Tageszeitungen 1990 bei 20,98 Mio Exemplaren. Der größte Teil der Verkaufsauflage, 13,97 Mio, entfiel dabei auf lokale und regionale Abo-Zeitungen. Demgegenüber kamen sechs Kaufzeitungen auf zusammen 5,65 Mio Stück, fünf überregionale Zeitungen setzten 1,34 Mio Exemplare ab. Die verkaufte Tageszeitungs-Auflage in den neuen Ländern wurde Ende 1991 auf 7,5 Mio geschätzt.

Um den Konzentrationsgrad auf dem bundesdeutschen Tageszeitungsmarkt zu beschreiben, ist es sinnvoll, zuvor die in diesem Land gebräuchlichen pressestatistischen Meßgrößen zu definieren. Die folgende Darstellung orientiert sich an den Kategorien, die in den 50er Jahren von Walter J. Schütz entwickelt wurden und bis heute überwiegend verwendet werden (vgl. hierzu und zum folgenden: Schütz 1989, 748 ff; Kopper/Rager et al. 1993). Diese Meßgrößen sind wissenschaftlich umstritten, doch soll hier auf die Kritik nicht näher eingegangen werden.

Kleinste pressestatistische Einheit in der Bundesrepublik Deutschland ist die "Ausgabe" einer Tageszeitung: Sie ist durch ihre inhaltliche Gestaltung, z.B. Regionalseiten, lokaler Text- und Anzeigenteil, auf das jeweilige Verbreitungsgebiet abgestimmt. Hierzu zählen auch Ausgaben, die nicht täglich erscheinen, sowie "Kopfblätter", bei denen nur der (lokalbezogene) Titel gewechselt wird. Alle Ausgaben, in deren Impressum der gleiche Herausgeber und/oder Verlag vermerkt ist, werden unter "Verlage als Herausgeber" zusammengefaßt. Allerdings werden hierbei Mehr-Zeitungs-Verlage, die mehrere Publikationen mit unterschiedlichem Hauptteil herausgeben, mehrfach gezählt.

In der Kategorie "Verlage als wirtschaftliche Einheit" erscheinen alle Verlage als Herausgeber, die wirtschaftlich kooperieren, z.B. im Druck oder Vertrieb, sofern sich diese Kooperation nicht auf Anzeigengemeinschaften beschränkt. Wesentlich für den Konzentrationsgrad im Tageszeitungssektor ist die Kategorie der "publizistischen Einheit". Hierzu zählen alle Verlage als Herausgeber mit den jeweiligen redaktionellen Ausgaben, die in ihrem Mantel, d.h. im Regelfall den ersten beiden Seiten mit den aktuellen politischen Nachrichten, vollständig oder (bei Übernahme von Spaltenmatern) in wesentlichen Teilen übereinstimmen.

Der erste Strukturüberblick zur Tagespresse in den alten und neuen Bundesländern basiert auf einer Untersuchung von Schütz. Danach gaben am Stichtag 1. September 1991 in der gesamten Bundesrepublik Deutschland 410 Verlage als Herausgeber 1.673 Zeitungsausgaben heraus. Die Verkaufsauflage der Tagespresse betrug 1991 insgesamt 27.340.100 Exemplare. Die Zahl der publizistischen Einheiten betrug bundesweit 159. Eine genauere Aufschlüsselung des aktuellen Konzentrationsgrades im Tageszeitungssektor lag zum Zeitpunkt unserer Erhebung noch nicht vor.

In den alten Bundesländern zählte Schütz bei einer Stichtagssammlung im April 1989 119 publizistische Einheiten. Die Gesamt-Verkaufsauflage der Tagespresse belief sich auf 20,3 Mio Exemplare. 358 Verlage als Herausgeber gaben insgesamt 1.344 Tageszeitungs-Ausgaben heraus. In diesem Zusammenhang weist Schütz auf die ständig steigende Zahl der Zeitungsausgaben hin und erkennt einen Trend zur "(Wieder-)Entdeckung der Nahwelt des Lesers und...des Anzeigenkunden". Die publizistische Vielfalt werde jedoch nicht wesentlich bereichert, da meist nur bestehende Ausgaben redaktionell weiter aufgeteilt würden (Schütz 1989, 751 f).

Die publizistische Einheit in der niedrigsten Auflagengrößenklasse verkaufte 1989 3.000 Zeitungsexemplare. Demgegenüber kamen 17 publizistische Einheiten in der höchsten Auflagengrößenklasse (über 250.000 Exemplare) gemeinsam auf eine Auflage von 9.960.400. Somit gingen 49,1 Prozent der Auflage in den alten Ländern auf die redaktionelle Arbeit von 14,3 Prozent der publizistischen Einheiten zurück. Von 358 Verlagen als Herausgeber gaben 343 lokale oder regionale Abonnement-Zeitungen heraus. Hiervon wiederum hatten 35,9 Prozent in ihrem Verbreitungsgebiet (überwiegend) eine Monopolstellung. 36,8 Prozent der Auflage lokaler oder regionaler Abo-Zeitungen entfielen auf Monopolverlage. Weitere 51,6 Prozent der Herausgeber-Verlage von Lokal- oder Regionalzeitungen waren in ihrem Verbreitungsgebiet in Erstanbieterposition. Auf diese Erst-Zeitungen entfielen 53,4 Prozent der Verkaufsauflage.

Eine wichtige pressestatistische Kategorie in der Bundesrepublik Deutschland ist die Zeitungsdichte, der hohe Aussagekraft für die publizistische Vielfalt auf dem Tageszeitungsmarkt zugeschrieben wird. Hier wird die Meßgröße der Ein-Zeitungs-Kreise verwendet: Dies sind Kreise oder kreisfreie Städte, in denen die Einwohnerzahl der Gebiete überwiegt, deren Bevölkerung nur eine Tageszeitung mit aktueller lokaler Information zur Verfügung steht. 1989 zählten 48,8 Prozent aller bundesdeutschen Kreise bzw. kreisfreien Städte zu diesen Ein-Zeitungs-Kreisen mit der Zeitungsdichte 1. Im Durchschnitt betrug die Zeitungsdichte 1,7. Somit lebten bundesweit 36,5 Prozent der Bevölkerung in Kreisen mit nur einer lokal informierenden Tageszeitung.

Im Jahr '89 erschienen 89,7 Prozent der bundesdeutschen Tageszeitungen sechsmal wöchentlich und 8,2 Prozent täglich. 97,6 Prozent der Ausgaben und 72,4 Prozent der Verkaufsauflage entfielen auf Abonnementzeitungen, 2,4 Prozent der Ausgaben und 27,6 Prozent der Auflage entfielen auf Kaufzeitungen.

Einen hohen Konzentrationsgrad der Tagespresse dokumentiert die Darstellung der auflagenstärksten Verlagsgruppen. Auf die fünf größten Anbieter entfielen 1991 41,6 Prozent der gesamten Verkaufsauflage der Tagespresse. 28 Prozent der Abo-Zeitungen und 93,2 Prozent der Straßenverkaufszeitungen wurden von diesen fünf Unternehmen herausgegeben. Dabei kam allein der Springer-Verlag, der gleichzeitig zu den vier größten Anbietern auf dem Markt der Publikumszeitschriften gehört, auf 23,9 Prozent der Tageszeitungen insgesamt und 74,7 Prozent der Kaufzeitungen.

1990 erschienen in den alten Bundesländern außerdem fünf Sonntagszeitungen mit einer Verkaufsauflage von insgesamt 3,9 Mio Exemplaren. Allein die beiden Springer-Produkte Bild am Sonntag und Welt am Sonntag erreichten Auflagen von gut 2.751.000 bzw. gut 394.000 Stück. Die 29 bundesdeutschen Wochenzeitungen hatten 1990 eine Auflage von 1,82 Mio Exemplaren.

GB Nationale und regionale Zeitungen in Großbritannien

In Großbritannien wird der Zeitungsmarkt traditionell aufgeteilt in die nationale und die regionale Presse. Laut einer Erhebung der Marktforschungsgesellschaft MORI (Market Opinion Research International) vom Juli 1990 kaufen die Briten täglich 20,7 Mio Tageszeitungen und wöchentlich 7,9 Mio Wochenzeitungen. Lediglich 25 Prozent der verkauften Auflage in der Tagespresse entfällt auf Regionalzeitungen. Nach einem Bericht des inzwischen abgelösten Press Council verlegten 1989 sechs Unternehmensgruppen 53 Prozent der Gesamtauflage der britischen Zeitungspresse, weitere sechs Gruppen gaben 14 Prozent heraus. Hierbei sind die kostenlosen Zeitungen mit berücksichtigt.

Die nationale britische Tagespresse erreichte 1990 eine Verkaufsauflage von 14,251 Mio Exemplaren gegenüber 14,569 Mio im Jahr 1989. Die Gesamt-Verkaufsauflage der nationalen Sonntagspresse lag 1990 bei 17,344 Mio Stück und 1989 bei 17,763 Mio. Der nationale Pressemarkt besteht aus zwölf Morgenzeitungen, elf Sonntagszeitungen und einer Wochenzeitung. Dabei umfaßt die seriöse Tagespresse ("quality press") fünf Blätter mit einer Gesamtauflage von 2.688.893, und zur seriösen Sonntagspresse zählen vier Zeitungen mit einer Auflage von insgesamt 2.941.593 Exemplaren. Die nationale britische Boulevardpresse ("popular press") umfaßt sechs Tageszeitungen mit einer Gesamtauflage von 11,559 Mio, sechs Sonntagsblätter mit einer Auflage von 14.554.156 sowie eine Wochenzeitung, die 393.000 Exemplare verkauft.

Auf dem nationalen Pressemarkt Großbritanniens dominieren neun Verlage, die teilweise zu Unternehmensgruppen mit bedeutenden Aktivitäten in anderen Wirtschaftsbranchen oder in der Regionalpresse gehören. Im Jahr 1989 kontrollierte die australische News Corporation Ltd. von Rupert Murdoch 35 Prozent der Gesamtauflage nationaler Zeitungen, 27 Prozent beherrschten Mirror Group Newspapers plc und Maxwell Foundation des inzwischen verstorbenen Robert Maxwell. United Newspapers plc (13 Prozent), der Daily Mail & General Trust (elf Prozent), die kanadische Hollinger Inc. (fünf Prozent) und Lonrho plc (zwei Prozent) kontrollierten gemeinsam weitere 31 Prozent der gesamten Auflage in der nationalen Presse.

Im Bereich der regionalen Zeitungen Großbritanniens erlebten kostenlose Blätter in den 70er und 80er Jahren einen regelrechten Boom und begannen, die bezahlten Regionalzeitungen vom Markt zu drängen. Daher unterscheidet man mittlerweile in der britischen Regional- und Lokalpresse zwischen der "paid for press" und den "freesheets".

Die verkauften regionalen Morgen- und Abendzeitungen erreichten 1990 eine Gesamtauflage von 6,824 Mio gegenüber 6,908 Mio im Jahr 1989. Die Verkaufsauflage wöchentlicher und vierzehntägiger Regionalzeitungen lag 1990 bei 8,501 Mio und 1989 bei 7,809 Mio Exemplaren. Die lokale Presse in London umfaßte 1990 eine Abendzeitung und 63 wöchentliche oder vierzehntägige Blätter. Im gesamten übrigen Großbritannien gab es 1990 18 Morgen-, 72 Abend- und neun Sonntagszeitungen sowie 733 wöchentliche und vierzehntägige Blätter. 42 von 99 regionalen Tages- und Sonntagszeitungen außerhalb Londons, die der Press Council für 1990 registrierte, verkauften weniger als 50.000 Exemplare, nur 22 hatten Auflagen über 100.000.

Im Jahr 1989 beherrschten die Maxwell Foundation (17 Prozent), DC Thomson & Co Ltd. (15 Prozent) und International Thomson Organisation Ltd. (14 Prozent) gemeinsam 46 Prozent der verkauften regionalen Tages- und Sonntagsauflage. Weitere acht Unternehmensgruppen kontrollierten zusammen 38 Prozent. Bei den wöchentlichen und vierzehntägigen Regionalzeitungen entfielen auf EMAP plc (elf Prozent) sowie United Newspapers plc, Johnston Press plc und Reed International plc (je fünf Prozent) gemeinsam 26 Prozent der Verkaufsauflage. Weitere sechs Gruppen gaben hier 22 Prozent heraus.

Nach Zeitungstiteln aufgeschlüsselt, wurden 1990 die 99 verkauften regionalen Tages- und Sonntagszeitungen außerhalb Londons von lediglich 31 Unternehmensgruppen verlegt. Zwölf dieser Verlage gaben jeweils nur einen Titel heraus, sieben verlegten zwei Zeitungen, und zwölf Unternehmen veröffentlichten drei oder mehr Titel. Die meisten regionalen Tages- und Sonntagszeitungen verlegten dabei Pearson plc (acht), International Thomson Organisation Ltd. (16), der Daily Mail & General Trust (12), United Newspapers plc (acht) sowie EMAP plc (fünf). Jeweils vier Titel entfielen auf die US-amerikanische Gesellschaft Ingersoll Publications Company und die Eastern Counties Newspapers Group. Sechs der Unternehmensgruppen, die in der verkauften Regionalpresse aktiv sind, besitzen auch nationale Zeitungen.

Die meisten Verlage der regionalen "paid for press" haben eine Monopolstellung in einer oder in mehreren Regionen. Mehr als einen regionalen Zeitungstitel gibt es lediglich in 13 von 75 britischen Städten. Meist handelt es sich hierbei um Morgen-, Abend- und Sonntagsausgaben einer monopolistischen Verlagsgruppe. Lediglich in Plymouth, Glasgow und Belfast erscheinen Regionalzeitungen aus mehreren Unternehmensgruppen.

In einem Bericht des Press Council über die verkaufte regionale Presse von 1987 heißt es: "The groups maintained a local monopoly by publishing a daily morning and, more generally, an evening paper together with a string of weekly and bi-weekly papers which ensured total control of the market. They learned the price of competition before the war in several bitter local feuds (...). Since then they have been careful not to compete, but to respect their rival fiefdoms. The smaller groups could afford not to compete since they enjoyed their own, often extremely lucrative, local monopolies" (Press Council 1988, 272).

Im Sektor der kostenlosen britischen Regionalpresse sind für das Jahr 1989 942 wöchentliche oder vierzehntägige Zeitungen dokumentiert, von denen 111 in London erschienen, ferner eine kostenlose Morgen- und eine Sonntagszeitung. Die freesheets erreichten 1989 eine Gesamtauflage von 40,141 Mio Exemplaren. Die Verlagsgruppen Reed International plc (14 Prozent), International Thomson Organisation Ltd. (zehn Prozent), Yellow Advertiser Newspaper Group plc (sechs Prozent), United Newspapers plc (sechs Prozent) und Pearson plc (fünf Prozent) kontrollierten gemeinsam 41 Prozent der Auflage kostenloser Zeitungen. Auf weitere sechs Unternehmen entfielen zusammen 20 Prozent der Gesamtauflage.

27 Gruppen gaben 1989 jeweils mehr als sechs Titel von freesheets mit Gesamtauflagen von je über 250.000 Exemplaren heraus. Ein Großteil der britischen Verlage, die in der regionalen "paid for press" aktiv sind, hat sich durch Übernahme oder Neugründung kostenloser Zeitungen auch in diesem Sektor etabliert. Nach einer 1987 erfolgten Bestandsaufnahme der Auflagenverteilung in der Regionalpresse verlegte lediglich einer der 20 führenden Verlage keine freesheets. Nur zwei Unternehmensgruppen gaben ausschließlich kostenlose Zeitungen heraus.

Die freesheets waren in den letzten zehn Jahren der Hauptwachstumsbereich des britischen Printmediensektors, getragen vom Werbeboom der 80er Jahre und der Einführung neuer Technologien, welche die Zeitungsproduktion verbilligten und Neugründungen von Presseunternehmen ermöglichten. Durch diese Strukturentwicklung geriet vor allem die bezahlte wöchentliche Regionalpresse in starke Konkurrenz auf dem Anzeigen- sowie dem Lesermarkt: Ihre Auflage ging zwischen 1977 und 1987 um etwa ein Drittel auf 7,7 Mio Exemplare zurück.

Die Zeitschriften- und Alternativpresse

D In der Bundesrepublik Deutschland erreichen Publikumszeitschriften von allen Printmedientypen mit weitem Abstand die höchsten Auflagen: 1991 wurden hier 117,74 Mio Exemplare verkauft. Auch dieser Markt weist einen hohen Konzentrationsgrad auf. So erschienen 1988 449 Titel von Publikumszeitschriften mit einer Verkaufsauflage von insgesamt 105,1 Mio Exemplaren. Dabei gaben die vier größten Anbieter 46,08 Prozent der Gesamtauflage und 72 Titel heraus. Ihr gewichteter Marktanteil (hierbei werden Zeitschriften mit monatlicher, zweiwöchiger oder anderer Erscheinungsweise auf eine einheitliche wöchentliche Auflage umgerechnet) betrug sogar 65,64 Prozent. Die zehn größten der insgesamt 449 Publikumszeitschriften kamen '88 auf einen Anteil an der gewichteten Auflage von 37,18 Prozent. Allein der führende Bauer-Verlag verbuchte einen gewichteten Marktanteil von 32,38 Prozent für sich.

Fachzeitschriften hatten in der Bundesrepublik Deutschland 1991 eine verkaufte Auflage von 16,49 Mio Exemplaren. 1988 erschienen 850 verschiedene Fachzeitschriften-Titel. Die Kundenzeitschriften kamen 1991 auf eine gemeinsame Verkaufsauflage von 20,28 Mio.

Ein bedeutender Werbeträger auf dem bundesdeutschen Pressemarkt sind die Anzeigenblätter. 1989 gaben 458 in diesem Sektor tätige Verlage 1.035 Titel heraus und erreichten damit eine Gesamtauflage von 53,891 Mio. Der überwiegende Teil der Anzeigenblätter erschien wöchentlich.

Die Alternativpresse kam in der Bundesrepublik Deutschland verstärkt in den 70er Jahren auf, um eine "Gegenöffentlichkeit" zur etablierten Presse zu schaffen. Sie stellt sich heute in vielfältigen Formen und Erscheinungsweisen dar: jugendbezogene Stadtillustrierte, alternative Lokal- und Regionalzeitungen sowie Wochenzeitungen und Fachzeitschriften der Linken und/oder der Ökologiebewegung. 1989 gab es 114 lokal- oder regionalbezogene Titel alternativer Presse, vor allem Stadtzeitungen. Hinzu kamen 775 primär gruppen- bzw. themenbezogene Titel, hier vorrangig Kultur-, Umwelt- und Jugendzeitschriften.

GB In Großbritannien existieren nach Angaben des Berufsverbandes der Zeitschriftenverleger, Periodical Publishers Association (PPA), derzeit mehr als 6.600 Zeitschriften, die Werbung aufnehmen. Das sind etwa 70 Prozent mehr als vor zehn Jahren. Dabei hat sich die Zahl der "Consumer Titles" von 1.367 im Jahr 1980 auf 2.373 im

Jahr 1990 knapp verdoppelt. Die Anzahl der "Business Titles" stieg im selben Zeitraum von 2.490 auf 4.302. Die führenden Zeitschriften gehören relativ wenigen britischen Großverlagen.

Der marktstärkste Verlag von "Consumer magazines" ist IPC Magazines mit einem Anteil an der Gesamtauflage von etwa 40 Prozent. Im Sektor der "Business magazines" dominiert die Reed Business Publishing Group. Beide Unternehmen gehören zur Gruppe Reed International plc, die auch bedeutende Anteile an Regionalzeitungen besitzt. Reed gab 1990 über IPC Magazines 28 der 50 auflagenstärksten "Consumer magazines" heraus. Weitere 16 Titel gehörten zu EMAP plc. Auch dieses Unternehmen ist in der regionalen Presse stark vertreten.

Die Zeitschriften mit der höchsten Auflage waren im ersten Halbjahr 1990 die Programmzeitschriften von BBC Magazines (2.771.711 Exemplare) und IPC Magazines (2.669.943 Exemplare). Es folgte Reader's Digest der Reader's Digest Association mit 1.605.741 Exemplaren.

b) Vertrieb über die staatliche Post

In allen vier Untersuchungsländern bietet die staatliche Post Gebührenvergünstigungen für den Pressevertrieb an.

In Großbritannien spielt die Zustellung per Post nur im Zeitschriftensektor eine gewisse Rolle. Für den Zeitungsmarkt ist sie nahezu irrelevant, denn in diesem Land werden Zeitungen traditionell kaum im Abonnement, sondern überwiegend im Einzelverkauf abgesetzt.

Auch in der Bundesrepublik Deutschland wird der verbilligte Postzeitungsdienst vor allem von Zeitschriften genutzt. Dagegen wurden beispielsweise 1988 nur durchschnittlich 4,8 Prozent der Verkaufsauflage von Tageszeitungen postalisch vertrieben. Die bundesdeutsche Tagespresse nimmt offensichtlich den Postvertrieb in weiter sinkendem Maße in Anspruch.

In der Schweiz werden gegenwärtig etwas mehr als 6.000 Zeitungs- und Zeitschriftentitel vergünstigt durch die PTT transportiert, mit einer jährlichen Gesamtzahl von ca. 1,3 Mrd Exemplaren. Dieser Vertriebsweg spielt vor allem außerhalb von Agglomerationen eine Rolle.[33]

c) Struktur des Pressevertriebs über Groß- und Einzelhandel

Großhandels-Vertrieb in der Bundesrepublik Deutschland

D In der Bundesrepublik Deutschland werden vorrangig Zeitschriften und Kaufzeitungen über Groß- und Einzelhandel abgesetzt. Im Sektor der Tagespresse spielt

[33] für detaillierte Strukturdaten zum postalischen Vertrieb vgl. Kopper/Rager et al. 1993, Kap. III., Subventionen (siehe auch Anm. 32)

der Grosso-Vertrieb eine geringere Rolle: Hier entfällt der größte Teil der Gesamtauflage auf regionale oder lokale Abonnementzeitungen, die diesen Vertriebsweg in untergeordnetem Maße nutzen. So wurden 1991 lokale und regionale Abo-Zeitungen zu 9,5 Prozent im Einzelverkauf abgesetzt und überregionale Zeitungen zu 21,2 Prozent. Bei den Kaufzeitungen dagegen machte der Einzelverkauf 98,3 Prozent aus. Insgesamt wurden 1991 35,3 Prozent der Auflage bundesdeutscher Tageszeitungen im Einzelverkauf vertrieben.

Die heutige Struktur des bundesdeutschen Presse-Großhandels ist vor dem Hintergrund der Nachkriegsgeschichte zu betrachten. In den ersten Jahren nach dem Zweiten Weltkrieg vertrieben Grossisten in Objekt-Alleinauslieferung das gesamte Presseangebot, das noch weitgehend aus Blättern der Militärregierungen und Lizenzzeitungen bestand. Unter den Rahmenbedingungen von Papierknappheit und wachsendem Lesehunger der Bevölkerung gründeten sich viele Großhandelsunternehmen. So gab es vor der Währungsreform allein in Nordrhein-Westfalen über 350 Grossisten.

Nach der Währungsreform stieg die Nachfrage nach Presserzeugnissen weiter. Schätzungsweise etwa 500 Grossisten waren damals bundesweit tätig und standen in einem harten Konkurrenzkampf um Einzelhändler, der zu zahlreichen Konkursen von Großhändlern führte. Solange die Nachfrage das Angebot weit übertraf, war es für die Einzelhändler wichtig, ihr Sortiment aus verschiedenen Quellen beziehen zu können: Sie unterhielten Geschäftsbeziehungen zu jeweils möglichst vielen Grossisten. Bis in die 50er Jahre hinein arbeiteten die bundesdeutschen Grossisten ohne fest umrissene Gebietsgrenzen in freier Konkurrenz.

Die heutige Struktur des ZZ-Großhandels geht auf Ausschließlichkeitsbindungen zum Zwecke des Gebietsschutzes zwischen großen Presseunternehmen und Grossisten zurück. Mitte der 50er Jahre begannen Großverlage wie Springer, Hammerich & Lesser und Martens, Alleinvertriebsrechte für auflagenstarke Titel auf bestimmte Großhändler zu übertragen. Die Wettbewerbsstellung dieser Grossisten wurde gestärkt, wodurch sie weitere Alleinvertriebsrechte anderer Presseanbieter erhielten. Im Zuge dieser Vertriebspolitik der Verlage entwickelte sich das heutige System der Gebietsabgrenzung.

1969 gab es 115 Presse-Großhändler. Ihre Zahl reduzierte sich durch Fusionen, Gebietsbereinigungen und Kooperationen bis 1973 auf 96 Unternehmen. 1983 bestanden in der Bundesrepublik Deutschland und West-Berlin 83 Grossisten, die fast ausnahmslos als Monopolisten mit Gebietsschutz arbeiteten. Sie hatten insgesamt rund 9.000 Beschäftigte und erreichten einen gemeinsamen Jahresumsatz von 4,1 Mrd DM, der auch 1984 konstant blieb. 1983 umfaßte das Pressesortiment des Großhandels bundesweit 2.000 Titel. 78 der 83 Grossobetriebe, also 94 Prozent, hatten keine Kapitalverbindung zu Großverlagen.

Einzelhändler werden de facto von nur noch einem Lieferanten versorgt. Nur in den Großstädten Dortmund, Saarbrücken, Berlin, Hamburg und Darmstadt gab es Mitte der 80er Jahre jeweils zwei Pressegroßhändler: Sie praktizierten Objekttrennung, belieferten also dasselbe Gebiet mit jeweils unterschiedlichen Verlagsobjekten. Kundentrennung - ein System, bei dem mehrere Grossisten in einem Gebiet die Einzelhändler unter sich aufteilen - gibt es in der Bundesrepublik seit 1973 nicht mehr. Zwischen Presse-Grossisten bestehen also heute keine Konkurrenzverhältnisse mehr.

Die Zahl der belieferten Einzelhändler betrug 81.526 im Jahr 1970 und erhöhte sich bis 1983 auf 90.916. Dabei entfiel 1983 mit 25,5 Prozent der größte Anteil im Presse-Einzelhandel auf Lebensmittelläden mit einer Verkaufsfläche unter 400 qm. Lediglich 8,1 Prozent der Einzelhändler, das entspricht 7.393 Verkaufsstellen, wurden von zwei Grossisten beliefert, die in Objekttrennung arbeiteten. Der durchschnittliche Umsatz der Betriebe aus dem Verkauf von Zeitungen und Zeitschriften belief sich 1983 auf 783,60 DM pro Woche, wobei die meisten der Verkaufsstellen (60.000 Einzelhändler) nur Wochenumsätze unter 750 DM erzielten.

Wesentlich für die Struktur des Presse-Grosso ist zudem die wirtschaftliche Abhängigkeit der Händler von den sog. "Brotobjekten" weniger Großverlage. Mitte der 80er Jahre wurden in der Bundesrepublik Deutschland folgende Verlagsanteile am Großhandelsumsatz geschätzt: Größter Lieferant war der Springer-Verlag mit einem Umsatzanteil von etwa 30 Prozent, gefolgt vom Bauer-Verlag (20 Prozent), dem Verlag Gruner & Jahr (rund zehn Prozent) und, je nach Region, der Burda-Gruppe oder der entsprechenden Regionalzeitung, mit jeweils ca. sechs Prozent Umsatzanteil.

Damit vereinten sechs Prozent der über Grosso ausliefernden Verlage einen Marktanteil von über 90 Prozent auf sich. Die übrigen 94 Prozent der liefernden Verlage erreichten gemeinsam nur einen Grosso-Umsatzanteil von weniger als zehn Prozent. Zu dieser existentiellen Abhängigkeit der Presse-Großhändler von auflagenstarken "Brotobjekten" gibt es teilweise kritische Äußerungen: Sie wird als potentielle Gefährdung der Pressefreiheit durch Verringerung der Marktzutrittschancen vor allem für Produkte kleinerer Unternehmen gewertet.

In der Bundesrepublik Deutschland ist es üblich, daß kleinere Verlage ihre Objekte über nationale Vertriebsunternehmen an den ZZ-Großhandel ausliefern lassen. Diese National Distributors fungieren als eine Art Zwischengroßhändler. Der erste dieser Nationalvertriebe, die Firma Saarbach, wurde 1987 gegründet. Da jedoch fast alle nationalen Vertriebsfirmen Tochterunternehmen von Großverlagen sind, wird die Gleichbehandlung kleiner und großer Printprodukte durch den Nationalvertrieb vielfach bezweifelt. Es gibt auch Zeitungs- und Zeitschriftenhandel in Verlagseigentum. Allerdings zählen diese Betriebe nicht zu den "Großhändlern" im Sinne der Satzung des "Verbandes Deutscher Buch-, Zeitungs- und Zeitschriften-Grossisten e.V.". Aus der Bundesrepublik Deutschland sind auch einschlägige Beispielfälle dokumentiert, die typische Problembereiche und die praktische Relevanz der dargestellten kartellrechtlichen Bestimmungen im Bereich des Großhandels-Vertriebs verdeutlichen. So gab es z.B. Verfahren wegen rechtswidriger Kartelle in diesem Sektor.

Wegen eines verbotenen Preiskartells im Bereich von Programmzeitschriften schritt das Bundeskartellamt 1979 gegen die Großverlage Springer, Bauer und Burda ein und belegte sie mit erheblichen Geldbußen in Höhe von insgesamt über 26 Mio DM. Nach den Ermittlungen der Kartellbehörde hatten die Unternehmen zum einen einheitliche Preiserhöhungen für bestimmte Objekte abgesprochen und zum anderen gleichzeitig die Groß- und Einzelhandelsspannen für Programmillustrierten gekürzt. Diese Entscheidung des Bundeskartellamts führte zu einem Verfahren vor dem Berliner Kammergericht. Auf Grundlage von § 25 Abs.1 GWB, der abgestimmtes Verhalten verbietet, verurteilte das Gericht die Verlage Springer und Bauer zu einer Geldstrafe von insgesamt 5,34 Mio DM. Das Verfahren gegen den Burda-Verlag wurde eingestellt.

Im Juni 1977 verhängte das Bundeskartellamt Bußgelder in Höhe von 853.000 DM gegen 17 süddeutsche Presse-Grossisten, die Gebietsabsprachen getroffen hatten, welche ihr gesamtes Sortiment umfaßten. Die Kartellbehörde begründete ihre Entscheidung u.a. damit, daß der Wettbewerb um die Einzelabnehmer ausgeschaltet werde und die Marktzutrittschancen kleinerer Verlage durch die monopolistische Vertriebsstruktur verschlechtert würden. Die Großhändler legten Einspruch gegen die Geldbußen ein, woraufhin der Fall vor Gericht kam. Das Verfahren wurde schließlich eingestellt, weil deutlich wurde, daß die Gebietsabsprachen maßgeblich auf den Einfluß von Großverlagen zurückgingen.

In einem anderen Fall versuchte ein Grossist auf juristischem Weg, seine Belieferung durch einen bestimmten Verlag durchzusetzen. 1975 klagte die Großhandelsfirma MAL, ein Tochterunternehmen des Rheinpfalz-Verlags, vor dem Landgericht Mannheim auf Belieferung durch den Bauer-Verlag. Der Verlag seinerseits lehnte ab, weil er bereits mit drei Grossisten im Raum Mannheim / Ludwigshafen / Heidelberg Alleinauslieferungsverträge geschlossen hatte. Das fragliche Vertriebsgebiet war somit unter den Großhändlern aufgeteilt. MAL sah hierin einen Verstoß gegen das Diskriminierungsverbot in § 26 Abs.2 GWB, scheiterte jedoch mit ihrer Klage. Das Landgericht verneinte sowohl die Gleichartigkeit der MAL mit den drei etablierten Grossisten in diesem Gebiet als auch den "üblicherweise zugänglichen Geschäftsverkehr". Somit fehlten zwei Voraussetzungen für die Anwendung des § 26 Abs.2 GWB. Der Fall durchlief mehrere Instanzen und wurde 1981 vom Bundesgerichtshof endgültig entschieden: MAL unterlag in diesem Rechtsstreit und konnte den Bauer-Verlag nicht zur Belieferung zwingen.

Für den gezielten Ausschluß bestimmter Presse-Grossisten vom Geschäftsverkehr finden sich in der bundesdeutschen Fachliteratur zwei Beispielfälle, die beide aus den frühen 60er Jahren stammen.

Um einen echten Boykott im juristischen Sinne handelte es sich im bekannten "Blinkfüer-Fall", wobei der Springer-Verlag als Boykottierer auftrat. 1961, kurz nach Errichtung der Berliner Mauer, drohte Springer norddeutschen Grossisten mit einer Liefersperre, falls sie weiterhin Blätter vertreiben würden, die das DDR-Rundfunkprogramm abdrucken. Die Großhändler gaben dem Druck des Großverlags nach und boykottierten die Hamburger Wochenzeitschrift Blinkfüer. Der Bundesgerichtshof wies im Juli 1963 die Klage von Blinkfüer ab mit der Begründung, Springer habe nicht zu Zwecken des Wettbewerbs, sondern aus politischen Erwägungen gehandelt. Daher hielt der BGH den Boykott für gerechtfertigt. 1968, zu diesem Zeitpunkt bestand die Wochenzeitschrift nicht mehr, gab das Bundesverfassungsgericht einer Verfassungsbeschwerde von Blinkfüer gegen das BGH-Urteil statt. Das BVerfG machte seine Entscheidung vor allem daran fest, daß Springer den Grossisten Liefersperren angedroht hatte: Damit habe der Verlag seine marktbeherrschende Stellung für einen politischen Meinungskampf ausgenutzt.

Im Fall der Satire-Zeitschrift Pardon lag dagegen kein Boykott im wettbewerbsrechtlichen Sinne vor: Wegen eines Anti-Springer-Artikels verweigerten mehrere Großhändler im Herbst 1962 die Auslieferung der betreffenden Ausgabe. Dabei reagierten die Grossisten jedoch ohne Aufruf von dritter Seite und sogar ohne Absprache.

Die Preisbindung im Großhandelsvertrieb, die heute ein Presseprivileg im Rahmen des GWB darstellt, gehörte schon im vergangenen Jahrhundert zu den Gepflogenheiten im deutschen Verlagswesen. Seit Jahrzehnten wird sie lückenlos und auf allen Handelsstufen praktiziert. In seinem Jahresbericht von 1976 rügte das Bundeskartellamt aber, daß viele Verlage ohne die nach § 34 GWB erforderlichen schriftlichen Verträge Preisbindungen für Tages- und Wochenzeitungen festgelegt hatten. Aufgrund dieser Beanstandung führten mehr als 100 Verlage ein Sammelreversverfahren zur Bindung von ca. 80.000 Einzelhändlern ein. Zugleich wurden dadurch die Grossisten verpflichtet, Einzelhändler ihrerseits durch Einzelreverse an die von den Verlagen vorgeschriebenen Endabnehmerpreise zu binden. Im bundesdeutschen Zeitschriftensektor sind individuelle Verträge zwischen Verlagen und Grossisten, sowie zwischen Groß- und Einzelhändlern üblich.

Für ihre Vertriebsleistung werden Grossisten von Verlagen vor allem über die Funktionsrabatte entlohnt. Bis 1963 galt für alle Objekte ein Einheitsrabatt, der 15 Prozent für den Groß- und 25 Prozent für den Einzelhandel betrug. Ab 1964 war es dann üblich, daß Grossisten 16 Prozent des jeweiligen Verkaufspreises erhielten.

Eine wesentliche Veränderung erfuhr dieses Rabattsystem mit der Einführung der Mehrwertsteuer im Jahre 1968. Die Großhändler, die existentiell vom Vertrieb hochauflagiger "Brotobjekte" abhängig sind, können die Vertriebspreise gegenüber den Großverlagen nicht selbst bestimmen. Üblicherweise setzen große Verlage selbst ihre Funktionsrabatte fest, die bei Produkten mit hoher Auflage über zehn Prozent niedriger liegen als bei kleineren Objekten. Indem Grossisten für den Vertrieb kleinerer Presseprodukte höhere Preise fordern, gleichen sie deren niedrigere Auflagen und im Verhältnis höheren Remissionskosten aus. In der Literatur gibt es auch Belege dafür, daß Großhändler zuweilen Zuschüsse für die Einführung neuer Objekte verlangen, die besondere Werbemaßnahmen erfordern (vgl. Brummund 1985, 265).

Beispiele für wettbewerbsrechtlich relevante Preisdiskriminierungen durch Grossisten finden sich im einschlägigen Schrifttum jedoch nicht. Unterschiedliche

Funktionsrabatte je nach Auflage der einzelnen Periodika fallen nicht unter § 26 Abs.2 GWB, da sie sachlich gerechtfertigt sind. In diesem Zusammenhang verweisen vor allem Interessenvertreter des Grosso auf ihre Neutralität und Offenheit für alle Objekte: Trotz höherer Funktionsrabatte für kleine Produkte alimentierten Großhändler diese Titel mit geringem Ertrag und kleiner Auflage aus den höheren Erlösen auflagenstarker Objekte.

Dagegen gibt es in der Fachliteratur kritische Darstellungen, die Zweifel an der faktischen Neutralität des bundesdeutschen Grosso-Vertriebs äußern. Verwiesen wird auf eine bevorzugte Behandlung von Großverlagen, die über die Durchsetzung geringerer Funktionsrabatte für ihre Produkte hinausgeht. Brummund legt detailliert dar, wie kleinauflagige Titel, z.B. durch Remissionsverfahren, Plazierung und Streuung, im Groß- und Einzelhandel benachteiligt werden. Diese Praxis geht teilweise auf Verwendungsbestimmungen und gezielte Werbeaktionen großer Verlage zurück, die den Grossisten über "Brotobjekte" den weitaus größten Teil ihrer Erlöse sichern.

So setzt der Springer-Verlag als wichtigster Lieferant des ZZ-Grosso eigene Verkaufsberater ein, die für optimale Plazierung der Springer-Objekte in den Verkaufsstellen des Einzelhandels sorgen. Exemplarisch für Werbemethoden großer Verlage nennt Brummund auch den Gong-Verlag: Dieser versuchte, Großhandels-Außendienstmitarbeiter mit "Zuwendungen" für sich zu gewinnen, um seine Neuerscheinungen auf den Markt zu bringen. Mit solchen Aktionen, so Brummund, verletzten die Großverlage "objektiv die Lauterkeit im Wettbewerb". Oft gehen Benachteiligungen kleiner Objekte aber auch von den Grossisten selbst aus, deren wirtschaftliche Existenz vom Wohlwollen der Großlieferanten abhängt (vgl. Brummund 1985, 251 ff). Sofern es keine direkten Weisungen von Verlagsseite gab, liegen auch keine wettbewerbsrechtlich relevanten Verwendungsbestimmungen vor.

Ebenso wie die Preisbindung hat das Remissionsrecht im bundesdeutschen Grosso-Vertrieb eine lange Tradition. In den Jahren unmittelbar nach dem Zweiten Weltkrieg gab es zwar ein Remissionsrecht zwischen Lizenzverlagen und Großhändlern, doch bei der damaligen großen Nachfrage nach Presseerzeugnissen spielten Remittenden kaum eine Rolle. Das Problem hoher Remissionsquoten tauchte erst in den 50er Jahren auf. Erschwerend kam hinzu, daß viele Einzelhändler noch von mehreren Grossisten beliefert wurden, und Remittenden nicht gleichmäßig auf die zuliefernden Großhändler verteilt wurden. Im Zeitraum Ende der 70er bis Anfang der 80er Jahre betrug die Remissionsquote aller Presseprodukte insgesamt 35 Prozent. Dabei waren allerdings die Unterschiede zwischen den Auflagenklassen beträchtlich: "Brotobjekte" wurden nur zu 20 Prozent remittiert, kleinauflagige Titel dagegen im Durchschnitt zu 50 Prozent.

In den 50er und 60er Jahren war der Springer-Verlag dafür bekannt, seinen Grossisten besonders niedrige Remissionsrichtwerte aufzuerlegen. Die Vorgaben betrugen etwa für die Programmzeitschrift Hör Zu fünf bis sechs Prozent und für die Bild-Zeitung neun bis zwölf Prozent. Bald konzentrierten sich auch andere Verlage auf diese Großhändler, da sie von der Einhaltung extrem niedriger Remissionsvorgaben auf die Leistungsfähigkeit der Firmen schlossen. Auch diese Vertriebspolitik der Verlage trug zur Entstehung der Gebietsmonopole im Presse-Grosso bei.

GB Vertrieb über Groß- und Einzelhandel in Großbritannien

In Großbritannien werden Zeitungen und zum großen Teil auch Zeitschriften überwiegend im Einzelverkauf abgesetzt. Demgegenüber ist der Abonnementvertrieb von geringer Relevanz. Vor allem für die nationale Presse spielt die Auslieferung über Groß- und Einzelhandel eine große Rolle: Hier liegen die Anteile am Gesamtabsatz einzelner Zeitungen zwischen 40 (The Sun) und 75 Prozent (Daily Telegraph). Lediglich der Daily Star verkauft nur 26 Prozent seiner Auflage auf diesem Wege. Im Bereich der "consumer magazines" wurden 1987 lediglich drei Prozent der Auflage über Abonnement abgesetzt. 60 Prozent wurden über CTNs (Confectioners, Tobacconists and Newsagents) vertrieben, 33 Prozent im Straßenverkauf, Buchhandel etc. und vier Prozent in Supermärkten.

Die traditionelle Vertriebskette für Presseprodukte geht vom Verlag über den Großhändler zum Einzelhandel, der auch die Abo-Auslieferung an Haushalte ("home delivery") organisiert. Regionale Abend- und Wochenzeitungen und das Londoner Abendblatt Evening Standard werden nicht über den Groß-, sondern direkt an den Einzelhandel verteilt. Die meisten Presse-Einzelhändler sind sog. CTNs (Confectioners, Tobacconists and Newsagents). Zeitungen werden jedoch auch im Straßenverkauf, im Buchhandel und in Supermärkten vertrieben.

Der Verleger Rupert Murdoch begann 1986, seine Zeitungen durch die Kurierfirma Thomas Nationwide Transport (TNT) direkt an den Einzelhandel ausliefern zu lassen. Auf diese Weise wollte er eine mögliche Blockierung seines Wapping-Projekts durch die Gewerkschaft SOGAT umgehen, die im Pressevertrieb einen erheblichen Einfluß hatte (vgl. Kopper/Rager et al. 1993, Kap. X., Arbeitsrecht und Mitbestimmung). Dieser Vertriebsweg über ein Kurierunternehmen stellt jedoch eine Ausnahme dar.

Groß- und Einzelhändler erhalten Händlerrabatte ("discounts") auf den Verkaufspreis von Pressesprodukten. Diese Rabatte bewegen sich zwischen acht und elf Prozent für Großhändler und 25 bis 30 Prozent für Einzelhändler. Dieses "Discounting System" prägt das Vertriebssystem im britischen Pressesektor und gilt im allgemeinen als zufriedenstellend. Preiswettbewerb findet allenfalls zwischen den Verlagen und, in geringem Maße, über die gewährten Rabatte statt. Dagegen gibt es keinen Preiskampf auf Groß- und Einzelhandelsebene.

Ein gesetzliches Privileg für die Preisbindung von Zeitungen und Zeitschriften, wie in der Bundesrepublik Deutschland, existiert in Großbritannien nicht. Nach dem "Report of the Committee on Resale Price Maintenance" von 1944 und dem 1955 vorgelegten Bericht der MMC über "Collective Discrimination" wurde die Festlegung von Endverkaufspreisen durch Produzenten per Restrictive Trade Practices Act 1956 und Resale Prices Act 1964 bis auf wenige Ausnahmen verboten. Heute sind die einschlägigen Bestimmungen über Preisbindung im Resale Prices Act 1976 zusammengefaßt. Ausgenommen sind nur Bücher, nicht aber Zeitungen und Zeitschriften. Das dargestellte "Discounting System", nach dem sich Einzelhändler, Großhändler und Verlage die Verkaufserlöse aufteilen, hat aber dazu geführt, daß der Groß- und Einzelhandel dennoch de facto den vom Verlag vorgegebenen Preis übernimmt.

Das Remissionsrecht ist im britischen Pressevertrieb nicht universell üblich. Es gibt in Großbritannien zwei Grundformen des Abkommens zwischen Verlag und Großhändler und zwischen Groß- und Einzelhandel: "sale or return" und "firm sale". Beim "sale or return" wird ein Remissionsrecht vereinbart. Beim "firm sale" kauft der Groß- bzw. Einzelhändler die Produkte ohne Remissionsrecht auf und trägt somit das Absatzrisiko. Die wirtschaftliche Bedeutung des "firm sale" von Einzelhändlern wird auf allen Vertriebsebenen anerkannt: Es ist vor allem für den Erhalt der Verkaufsauflagen von "quality newspapers" ausschlaggebend.

Nach einem Bericht des Office of Fair Trading (OFT) vom Mai 1986 gab es etwa 500 Großhandelsunternehmen, die wochentags liefern, und mehrere tausend kleinere Großhändler, die ausschließlich sonntags Zeitungen vertrieben. Bereits zum Zeitpunkt der letzten Royal Commission on the Press 1977 waren die drei bedeutendsten Großhandelsketten W.H. Smith & Son, John Menzies und Surridge Dawson. Bei der 1986 publizierten Untersuchung des OFT gehörten ihnen mit 227 Zweigstellen insgesamt 86 Prozent aller Großhandels-Filialen. Die Zweigstellen dieser drei Unternehmen erreichten 87,5 Prozent des Gesamtumsatzes. Der britische Großhandelssektor ist somit stark konzentriert.

Das OFT befragte im Rahmen seiner Studie 35 Großhandelsfirmen, von denen 13 auch Verkaufspunkte im Einzelhandel besaßen. Den drei führenden Großhandelsunternehmen gehörten 1984 insgesamt 678 Einzelhandels-Läden. Zugleich betrieben die drei größten Einzelhandelsketten ohne Beteiligung am Großhandel gemeinsam mehr als 3.500 Läden. Das OFT befand, daß keiner der Großhändler mehr als 25 Prozent der Verkaufspunkte in seinem Belieferungsgebiet kontrollierte und demnach keine Monopolstellung der Großhändler im Einzelhandel bestehe. Es schloß jedoch nicht aus, daß Großhandelsfirmen ihre eigenen Verkaufspunkte teilweise bevorzugt behandeln.

Im Jahr 1986 gab es in Großbritannien 40.797 "newsagents", die in der Statistik als CTNs geführt werden. Davon waren 34.869 unabhängige Einzelhändler, 5.925 gehörten zu CTN-Ketten ("multiple newsagency chains"). Dabei entfielen allein auf vier Einzelhandelsketten über 400 Verkaufspunkte. 1989 war die Gesamtzahl der Presse-Einzelhändler auf 45.131 CTNs gestiegen, von denen 38.705 unabhängig waren und 6.426 zu Ketten gehörten. Beispielfälle für Kartelle auf der Ebene des Presse-Einzelhandels sind aus Großbritannien aber nicht dokumentiert. Die verschiedenen Royal Commissions on the Press haben allerdings auf die zunehmende Konzentration in diesem Bereich hingewiesen.

1982 erzielten die britischen CTNs 21,9 Prozent ihrer Einkünfte durch den Zeitungs- und Zeitschriftenverkauf. Das Office of Fair Trading stellte ein wachsendes Interesse anderer Einzelhandelsbereiche am Pressevertrieb fest, insbesondere von Supermärkten, Tankstellen und Krämerläden. Für seinen im Mai 1986 erschienenen Bericht untersuchte das OFT 20 CTN-Ketten, die zusammen 3.936, also etwa zehn Prozent aller Verkaufspunkte betrieben. Lediglich drei der befragten Einzelhandelsketten gaben an, von jeder ihrer Filialen aus an Haushalte auszuliefern, neun lieferten von mindestens 80 Prozent ihrer Verkaufspunkte aus. Für diese Leistung verlangten die CTNs durchschnittlich 20 p je Exemplar.

Die Royal Commission on the Press 1977 kam zu dem Ergebnis, daß trotz einer Monopolstellung der meisten Großhandelsfirmen in ihrem Gebiet, eine faire Behandlung der Einzelhändler gewährleistet sei. Im Juni 1978 legte dann die britische Monopolies and Mergers Commission (MMC) ihren Bericht "The Wholesaling of Newspapers and Periodicals" vor. Anlaß für diese Untersuchung waren zahlreichen Beschwerden von Einzelhändlern darüber, daß Großhändler eine Belieferung verweigerten.

Die MMC stellte ein "komplexes Monopol" der Großhandelsunternehmen W.H. Smith, John Menzies und Surridge Dawson fest. Sie hielt jedoch deren Einschränkung der Anzahl belieferter Einzelhändler für durchaus sinnvoll und im Interesse eines funktionierenden Wettbewerbs. Nach Ansicht der MMC würde eine Überlastung mit Endverkaufspunkten den Absatz von Zeitungen und Zeitschriften nicht fördern, sondern lediglich verschieben. Die Kommission befand auch, daß die wachsende Beteiligung von Großhändlern am Einzelhandel auf beiden Vertriebsstufen keine negativen Effekte auf den Wettbewerb habe.

Zwischen 1978 und 1986 erhielt das britische Office of Fair Trading weitere 365 Beschwerden von Einzelhändlern und 64 von Parlamentsmitgliedern über die Praxis von Großhändlern, die Belieferung von Einzelhändlern zu verweigern. Das OFT stellte fest, daß 1984 81 Prozent aller 2.148 Belieferungsgesuche von Einzelhändlern abgelehnt wurden. Die Großhändler begründeten ihre Weigerung hauptsächlich damit, daß das entsprechende Gebiet bereits ausreichend mit Verkaufspunkten versorgt sei. Teilweise argumentierten sie auch, daß die mögliche Absatzsteigerung zu gering sei, oder kein zusätzlicher Wettbewerb mit bestehenden Stellen auftreten solle. Oftmals erlegen britische Presse-Großhändler dem Einzelhandel auch Bedingungen auf, wie z.B. Mindestbestellmengen, die Durchführung von "home deliveries", längere Öffnungszeiten oder Vorgaben für die Auslage von Zeitungen und Zeitschriften in den Verkaufsräumen.

Einzelhändler haben gelegentlich kritisiert, daß manche Großhandelsfirmen im Zuge der Anfang der 80er Jahre durchgeführten Rationalisierung ihrer Vertriebswege, die in der Praxis weitgehend zu Gebietsmonopolen führte, von Verlagen großzügige Rabatte oder Remissionsangebote erhielten. Sie hätten diese Vergünstigungen jedoch nicht an den Einzelhandel oder nur an ihre eigenen Verkaufsstellen weitergegeben.

Das OFT hingegen stellte bei der Prüfung dieser Einzelfälle keine Wettbewerbsverzerrung fest, die ein Eingreifen rechtfertigen würde.

Speziell Zeitschriftenverlage haben sich besorgt darüber geäußert, daß die Rationalisierungsmaßnahmen im Vertrieb die Entscheidungsbefugnis der Großhändler über den Vertrieb ihrer Produkte erweitert hätten. Insbesondere die Belieferung von Verkaufspunkten, die nicht zu den traditionellen CTNs gehören und deshalb u.U. vom Großhandel vernachlässigt werden, z.B. Tankstellen oder Supermärkte, kann für den Erfolg einer Zeitschrift ausschlaggebend sein. Viele Zeitschriftenverleger schätzen Impulskäufe in Supermärkten oder Buchläden als wichtigen Faktor ein. Das Office of Fair Trading schloß im Ergebnis seiner Untersuchung auch nicht aus, daß bestehende Einzelhändler Druck auf Großhändler ausüben, keine weiteren Verkaufsstellen zu versorgen. Es fand Anhaltspunkte für entsprechende informelle Kontakte mit dem Ziel, neue Presse-Einzelhändler abzublocken. Das OFT versprach, Fälle aufmerksam zu prüfen, die nach dem Restrictive Trade Practices Act oder dem Competition Act geahndet werden können.

Einzelhändler, denen ein Großhändler die Belieferung verweigert, können sich direkt an den entsprechenden Verlag wenden. Mitte der 80er Jahre erhielt jede britische Zeitung jährlich etwa 50 bis 100 solcher Anfragen. Die Reaktionen sind je nach Verlagshaus unterschiedlich. Das Office of Fair Trading stellte jedoch fest, daß Verlage in den meisten Fällen kaum Einfluß auf die Entscheidung des Großhändlers ausüben, ein Produkt zu vertreiben oder nicht. Auch revidierte der Großhandel seine Entscheidung nur äußerst selten. In seinem Bericht von 1986 schlug das OFT vor, eine Berufungsinstanz für abgelehnte "newsagents" einzurichten. Diese Anregung hatte jedoch keine praktischen Konsequenzen.

Bis 1961 bestand ein Abkommen zwischen dem Verband der nationalen Zeitungsverleger, Newspaper Publisher Association (NPA), und dem Verband der Zeitungseinzelhändler, National Federation of Retail Newsagents (NFRN), das sogenannte "Re-entrants and New Applications Agreement". Danach verweigerte die NPA dem Großhandel die Lieferung von Zeitungen zur Weitergabe an neue CTNs, sofern diese keine Genehmigung des Verlegerverbandes nachweisen konnten. Die NFRN unterstützte diese Maßnahme, indem sie Großhändler boykottierte, die Verkaufsstellen ohne NPA-Genehmigung versorgten.

Das Abkommen wurde 1961 vom Restrictive Practices Court verboten, der Gerichtsinstanz, die für wettbewerbswidriges Verhalten nach dem damals gültigen Restrictive Trade Practices Act 1956 zuständig war. Mit diesem Verbot unterband der Restrictive Trade Practices Court die direkte Kontrolle der Verlage darüber, welche Einzelhändler ihre Produkte vertreiben dürfen. In der Folgezeit gab es dann Fälle, in denen wettbewerbswidrige Praktiken von Verlagen im Vertriebsbereich nach dem Competition Act 1980 untersagt wurden. So befand der Director of Fair Trading 1981, daß die Lieferbedingungen von Sheffield Newspapers Ltd. Einzelhändler davon abhalten könnten, "free-sheets" in ihr Sortiment aufzunehmen. Dieses Verhalten von Sheffield Newspapers Ltd. wurde als wettbewerbswidrig verboten.

Die Möglichkeit, ihre Objekte nur gekoppelt anzubieten, ist vor allem für Großverlage ein Machtmittel im Vertriebsbereich. So drohte Maxwell den Händlern mit Entzug des erfolgreichen Boulevardblatts Daily Mirror, falls sie sich weigerten, den Titel European in ihr Sortiment aufzunehmen. Die Tatsache, daß Großhändler ansonsten aber faktisch große Entscheidungsfreiheit über die Zusammensetzung ihres Angebots haben, hat für manche britische Verlage erhebliche Konsequenzen. Meist werden solche Entscheidungen nach rein kommerziellen Gesichtspunkten getroffen. Großhandelsfirmen haben Publikationen aber auch aus inhaltlichen Gründen abgelehnt. So weigerte sich z.B. die bedeutende Groß- und Einzelhandelskette W.H. Smith lange Zeit, das Satiremagazin Private Eye zu vermarkten. Eine Rolle spielen jedoch auch die britischen Diffamierungsgesetze, wonach ein Großhändler, der diffamierende Presseprodukte wissentlich vertreibt, haftbar gemacht werden kann.

Die weitgehend ökonomisch motivierte Entscheidung von Großhändlern über die Aufnahme bestimmter Objekte führt dazu, daß kleinere Verlage in der Praxis ein stärkeres Interesse an Vertriebskooperationen haben. Beispielsweise gründete die britische Alternativpresse in den 70er Jahren eine entsprechende Gemeinschaft, um den Absatz ihrer Produkte zu sichern. Zusammenarbeit von Verlagen im Vertriebsbereich ist in Großbritannien üblich, verbreitet und unter Wettbewerbsaspekten auch grundsätzlich erwünscht. So befürwortete die Royal Commission on the Press 1977 Vertriebskooperationen als sinnvoll und effizient, da die große Anzahl von Zeitungen, die in Großbritannien vertrieben werde, ein hohes Maß an Organisation verlange. Das Wettbewerbsrecht dürfe dabei allerdings nicht verletzt werden.

Vor allem Kooperationen größerer Verlage können unter bestimmten Voraussetzungen nach den allgemeinen Wettbewerbsbestimmungen untersagt werden. Bislang sind aber keine Fälle bekannt, in denen Vertriebskooperationen als wettbewerbswidrige Kartelle verboten wurden.

CH Kioskverkauf von Presseprodukten in der Schweiz

Das schweizerische Wettbewerbsrecht enthält, wie erwähnt, weder eine Zusammenschlußkontrolle noch ein Verbot bestimmter Kartelle oder Kooperationen. Daher konnte die Merkur-Gruppe, die zahlreiche Kioske betreibt, 1990 durch Fusionierung eine Monopolstellung in der Deutschschweiz und im Tessin aufbauen. Landesweit erreicht dieses Unternehmen drei Viertel des auf insgesamt 1,5 Mrd sfrs geschätzten Kioskumsatzes. Das Monopol der Merkur-Gruppe ist auch für den schweizerischen Pressevertrieb über Groß- und Einzelhandel relevant, da Kioske etwa 45 Prozent ihres Umsatzes durch den Verkauf von Zeitungen und Zeitschriften machen.

In der Westschweiz hat die Naville-Gruppe eine Monopolposition im Bereich des Kioskverkaufs. Damit teilen sich zwei ungleiche Oligopole den gesamten Markt auf. Nach Darstellung der Expertengruppe ist sich das Merkur-Unternehmen der Problematik bewußt und versucht, dementsprechend zu handeln. Seine Kioske nehmen praktisch alle angebotenen schweizerischen Presseprodukte in ihr Sortiment auf. Bei ausländischen Objekten gibt es stärkere Vorbehalte, weil sich, so die Argumentation der Merkur-Gruppe, das Angebot mit 400 Zeitungs- und 2.800 Zeitschriftentiteln bereits an der oberen Grenze bewege.

Auch im schweizerischen Pressevertrieb über Groß- und Einzelhandel ist es üblich, daß Verlage die Endverkaufspreise bestimmen. Die in der Deutschschweiz ansässigen Presseunternehmen seien, so die Expertengruppe, "beruhigt" darüber, daß Merkur bislang in keiner Weise im Verlagsgeschäft tätig ist. Doch rechtlich wäre auch ein Zusammenschluß mit Großverlagen möglich, wie das Beispiel der Naville-Gruppe zeigt. Sie wurde 1987 an den größten Pressekonzern in der Westschweiz, die Edipresse-Gruppe, verkauft.

SWE Presse-Einzelhandel in Schweden

Der schwedische Zeitungsmarkt besteht überwiegend aus Morgenzeitungen, die zum weitaus größten Teil im Abonnement vertrieben werden. Lediglich die Abendzeitungen, von denen 1991 drei bestanden, setzen ihre gesamte Auflage im Einzelverkauf ab. Die drei Abendblätter, durchweg Boulevardzeitungen, werden an Zeitungsständen, Kiosken, Tankstellen und in den unterschiedlichsten Geschäften verkauft. 1991 bestanden hier 16.000 Verkaufspunkte, das entspricht einer Stelle pro 200 Haushalte. Die Verlage schwedischer Abendzeitungen liefern, meist in Kooperation, direkt an den Einzelhandel. Sie bestimmen auch den jeweiligen Verkaufspreis. Außerdem besteht ein Remissionsrecht: Die Einzelhändler verkaufen in Kommission und leiten überzählige Exemplare an den Verlag zurück.

d) Organisation des Abonnementvertriebs

D Struktur und Werbepraktiken des bundesdeutschen Abo-Vertriebs

Der Pressevertrieb über Abonnement spielt in der Bundesrepublik Deutschland vor allem im Zeitungs-, aber auch im Zeitschriftensektor eine zentrale Rolle. Wie bereits erwähnt, entfiel 1990 in den alten Ländern bei einer Gesamt-Verkaufsauflage der Tagespresse von 20,98 Mio der größte Anteil auf Lokal- und Regionalzeitungen, die insgesamt 13,97 Mio Exemplare verkauften.

Nach Daten von 1991 werden lokale und regionale Abonnementzeitungen zu 90,1 Prozent im Abo abgesetzt und überregionale Zeitungen zu 71,8 Prozent. Bei Kaufzeitungen beträgt der Anteil dieses Vertriebswegs dagegen nur 1,3 Prozent. Auf dem Gesamtmarkt der bundesdeutschen Tagespresse wurden 1991 63,9 Prozent der verkauften Auflage im Abonnement und 35,3 Prozent im Einzelverkauf vertrieben.

Lokal- und Regionalzeitungen werden meist durch verlagseigene Träger oder Agenturen zugestellt. Selten schalten Zeitungsverlage externe Vertriebsfirmen ein. Überregionale Blätter beteiligen sich darüber hinaus häufig an Vertriebskooperationen oder nutzen den Postzeitungsdienst. Im Zeitschriftensektor spielt neben verlagseigener Zustellung der Postvertrieb eine größere Rolle, den insbesondere Fach-, Vereins- und Verbandszeitschriften nutzen. 1975 beschäftigten bundesdeutsche Zeitungsverlage 52.983 Zusteller, 1984 waren es 59.391, und 1989 betrug ihre Zahl 74.930. Bei Zeitschriftenverlagen waren im Jahr 1976 1.789 Zusteller tätig, 1983 waren es bereits 16.714. Insbesondere bei den hochauflagigen Publikumszeitschriften werden Abos auch über den Werbenden Buch- und Zeitschriftenhandel (WBZ) vertrieben. Die Geschäftstätigkeit dieser Firmen erstreckt sich neben Werbung, Verwaltung, Zustellung und Inkasso für die Abonnements häufig auch auf Bücher und Versicherungen.

Zeitschriftenverlage, die WBZ-Firmen beauftragen, haben großes Interesse daran, daß die entsprechenden Unternehmen nur ihre Produkte betreuen. Denn andernfalls besteht die Gefahr, daß unseriöse Werber Abonnenten auf Konkurrenzprodukte umwerben. Grundsätzlich sind aber die WBZ-Firmen frei in der Wahl ihrer Handelspartner. Große Zeitschriftenverlage schließen üblicherweise mit ihnen keine Ausschließlichkeitsverträge, sondern erreichen über Vergünstigungen wie hohe Werbe- und Reisekosten, Rabatte oder Sonderzahlungen, daß die Unternehmen exklusiv ihre Objekte betreuen. Daher wirbt der WBZ meist ausschließlich für relativ wenige (etwa 40-50) hochauflagige Publikumszeitschriften aus großen Verlagshäusern.

Vertriebskooperationen, die vor allem für lokale und regionale Abonnement-Zeitungen kostensenkend wirken könnten, stoßen in der Praxis auf mehrere Hindernisse. Zum einen ist in vielen Kreisen und kreisfreien Städten der Bundesrepublik Deutschland nur noch eine regional oder lokal berichtende Zeitung erhältlich. In diesen Ein-Zeitungs-Kreisen - 1976 waren es 45,6 Prozent und 1989 48,8 Prozent aller bundesdeutschen Kreise - scheidet eine Zusammenarbeit zwischen Regional- oder Lokalzeitungen von vornherein aus. Wenn jedoch konkurrierende Anbieter bestehen, birgt eine Kooperation im Abo-Vertrieb zum anderen die Gefahr, daß auf diese Weise Abonnenten des anderen Blattes abgeworben werden. Dies liegt vor allem dann nahe, wenn die Erstzeitung den Vertrieb einer unterlegenen Konkurrentin mit übernimmt.

Aus diesen Gründen sind vor allem Vertriebskooperationen zwischen überregionalen und regionalen bzw. lokalen Zeitungen üblich. So arbeitete z.B. Die Welt, eine überregionale Tageszeitung des Springer-Konzerns, Mitte der 80er Jahre bundesweit mit mehr als 110 Zeitungsverlagen in Vertriebsgemeinschaften und -gesellschaften zusammen. Außerdem wurde die Welt noch über eigene Agenturen vertrieben.

Die Abonnentenwerbung ist für den Wettbewerb auf dem bundesdeutschen Pressemarkt von großer Bedeutung. Dies gilt sowohl für den Tageszeitungs- als auch für den Zeitschriftensektor. Zentrale Problembereiche sind hier zum einen unseriöse Praktiken von Bezieherwerbern, zum anderen Methoden der Verlagswerbung, z.B. die insbesondere in der Tagespresse praktizierte "Leser werben Leser"-Werbung.

In den 50er Jahren waren viele Verlage bestrebt, ihre Auflagen um jeden Preis zu steigern. Seitdem werden häufig Bezieherwerber eingesetzt, die teils als Verlagsangestellte beschäftigt sind, teils auch bei selbständigen Werbefirmen. Bedingt durch langsameres Auflagenwachstum in den 50er und 60er Jahren und durch die Tätigkeit unseriöser Werber wurde es üblich, Abonnements zu "drücken". Dabei wurden neue Kunden teilweise mit unverhältnismäßig hohen Zugaben angeworben. Nach Einführung der "Leser werben Leser"-Werbung in den 60er Jahren orientierten sich viele Bezieherwerber an den dort angebotenen Prämien für Laienwerber: Die Zugaben, die sie als "Türöffner" bei potentiellen Neuabonnenten einsetzten, erreichten oft den gleichen Wert.

Welche Bedeutung jedoch solche illegalen Praktiken von Bezieherwerbern heutzutage für die Abo-Werbung haben, ist anhand der Fachliteratur schwer zu beurteilen. An Darstellungen von (ehemaligen) Praktikern aus dem Vertriebsbereich läßt sich jedoch ablesen, daß Richtlinien für lautere Werbung, z.B. die BDZV-Wettbewerbsregeln oder die Grundsätze der Arbeitsgemeinschaft Abonnentenwerbung (AGA), unterlaufen wurden, obwohl sie lange bestanden (vgl. Brummund 1985, 78 ff; Schulz 1982, 17 f).

"Leser werben Leser"-Werbung praktizieren bundesdeutsche Verlage seit Ende der 60er Jahre. Sie hat sich zu einer relativ erfolgreichen Methode entwickelt. Abonnement-Zeitungen beispielsweise werben etwa ein Drittel ihrer Neuzugänge auf diese Weise. Im Bereich der LwL-Werbung konnte auch die 1975 erfolgte Eintragung der standesrechtlichen Wettbewerbsregeln des BDZV Unklarheiten und Verstöße nicht völlig verhindern. So mußten in der Folgezeit mit der Zentrale gegen unlauteren Wettbewerb ergänzende Vereinbarungen zur Auslegung der Richtlinien getroffen werden. Zu einigen Rechtsfragen holte der BDZV auch juristische Gutachten ein.

Diese Unsicherheiten sowie einzelne selbstkritische Äußerungen von Verlagsvertretern sind Indizien dafür, daß Presseunternehmen häufig versuchen, die Prämienbeschränkungen zu unterlaufen. Dagegen heißt es im Jahrbuch des BDZV für 1991, "seit längerer Zeit" gäbe es keine Berichte mehr über Mißstände in der "Leser werben Leser"-Werbung. (BDZV 1991, 86 f; vgl. hierzu auch Kopper/Rager et al. 1993, Kap. XII., Standesrecht).

Die Gratisverteilung von Presseprodukten, die unter bestimmten Voraussetzungen als unlautere Praxis gemäß § 1 UWG verboten werden kann, ist für den Wettbewerb auf dem bundesdeutschen Pressemarkt seit langem von Bedeutung. Meist ging es dabei um kostenlose Anzeigenblätter. Dieser Typ von Periodika, der Anfang der 50er Jahre entstand, wird nicht im Abonnement zugestellt, sondern zeichnet sich gerade dadurch aus, daß er unentgeltlich und unbestellt an alle Haushalte eines bestimmten Gebietes geliefert wird. Dabei setzen die Verlage in der Regel eigene Träger ein. Anzeigenblätter sind aber vor allem als Konkurrenzobjekte lokaler und regionaler Abonnementzeitungen wettbewerbsrechtlich relevant.

Ihre Zahl und Auflage ist seit den 50er Jahren stetig gestiegen. In der Bundesrepublik Deutschland war bereits in mehreren Gerichtsverfahren eine Wettbewerbsgefährdung durch gratis vertriebene Anzeigenblätter zu prüfen. Nach den von der Rechtsprechung entwickelten Grundsätzen ist ihre kostenlose Verteilung unzulässig, wenn die Existenz konkurrierender Presseorgane, vor allem Tageszeitungen, geschädigt oder ernsthaft gefährdet wird. Bei Anzeigenblättern mit redaktionellen Beiträgen ist entscheidend, ob sie als Zeitungsersatz gelten können. Hier haben Gerichte die sog. "Drittelregelung" angewandt: Grundsätzlich unzulässig ist der Gratisvertrieb von Anzeigenblättern, deren redaktioneller Teil mehr als ein Drittel ihres Gesamtumfangs beträgt.

In einem einschlägigen Fall wies das Oberlandesgericht Nürnberg im Juni 1984 die Klage eines Tageszeitungsverlags ab, der sich gegen die kostenlose Verteilung eines Anzeigenblatts in seinem Verbreitungsgebiet gewehrt hatte. Der Verlag verlangte, den Gratisvertrieb zu verbieten, sofern die redaktionelle Berichterstattung im Anzeigenblatt mehr als ein Drittel des Umfangs ausmachte. Seine Klage blieb in diesem Punkt erfolglos. Dabei stellte das Gericht nicht schematisch auf die "Drittelregelung" ab, sondern verneinte eine Existenzgefährdung der Tageszeitung oder eine gemeinschädliche Störung der Wirtschaftsordnung. Auch war es für das OLG nicht erwiesen, daß das Blatt einen Ersatz für die Tageszeitung darstellte oder zumindest als Informationsquelle nach Art der Tagespresse angesehen werden könnte.

Speziell im Abonnementvertrieb ist die Gratisverteilung von Presseprodukten auch dann wettbewerbsrelevant, wenn es um die Lieferung kostenloser Probe-Abos geht. Auch hierzu sind Beispielfälle dokumentiert. So beurteilte der Bundesgerichtshof in einer Entscheidung vom April 1957 die einmonatige Gratislieferung der Abonnement-Zeitung Westfalen-Blatt an Neuvermählte als zulässig im Rahmen des § 1 UWG. Das Gericht sah die Gefahr eines allgemeinen Ausschlusses der Mitwettbewerber und somit eine Bestandsgefährdung des Wettbewerbs als nicht gegeben an. Entscheidend war bei diesem Urteil, daß die Probelieferungen nur an einen begrenzten Personenkreis, an Neuvermählte, erfolgten.

Auch die Vergabe von Werbegeschenken an neue Bezieher ist eine übliche Praxis der Abonnentenwerbung. Nach der Zugabeverordnung sind hier lediglich geringwertige Kleinigkeiten oder handelsübliches Zubehör gestattet. Auf dieser Rechtsgrundlage beurteilte das Landgericht Bielefeld in einem 1973 ergangenen Urteil ein Feuerzeug im Wert von zehn DM für ein einjähriges Zeitungsabonnement als unzulässige Zugabe. Nach Auffassung des Gerichts war dieses Feuerzeug keine geringwertige Kleinigkeit: Es komme auf den Verkehrswert der Zugabe an, nicht auf das Wertverhältnis zwischen ihr und dem Hauptgeschäft.

Aus der Bundesrepublik Deutschland sind auch zahlreiche Fallbeispiele aus der Rechtsprechung zu irreführender Werbung im Abonnementbereich dokumentiert, die gemäß § 3 UWG verboten ist. Anhand der Fachliteratur läßt sich jedoch nicht summarisch darstellen, welche Bedeutung diese Praktiken für die Abo-Werbung und damit für den Wettbewerb auf dem Pressemarkt haben. Die aufgeführten Gerichtsentscheidungen zeigen aber, daß im Printmediensektor vor allem Irreführung über die betriebliche Herkunft und Tatbestände der Superlativ-Werbung relevant sind. Besonders häufig sind Fälle von "Auflagenschwindel". Dabei ist allerdings zu berücksichtigen, daß die Auflagenhöhe eines Presseprodukts im Anzeigenwettbewerb entscheidender ist als im Bereich der Abo-Werbung.

Um überhöhte Auflagenangaben zu unterbinden, besteht in der Bundesrepublik Deutschland bereits seit 1949 die "Informationsgemeinschaft zur Feststellung der Verbreitung von Werbeträgern" (IVW). Diese standesrechtliche Organisation wurde von Presse und Werbewirtschaft gemeinsam gegründet. Sie überprüft und veröffentlicht Auflagenmeldungen von Verlagen (vgl. hierzu Kopper/Rager et al. 1993, Kap. XII., Standesrecht).

Um wettbewerbswidrige Superlativ-Werbung ging es in einem älteren BGH-Urteil vom April 1957. Damals untersagte der Bundesgerichtshof der Tageszeitung Westfalen-Blatt, sich "Bielefelds große Zeitung" zu nennen. Nach Auffassung des BGH lag irreführende Werbung vor, obwohl die fragliche Bezeichnung als "Bielefelds große Zeitung" keinen Superlativ im grammatikalischen Sinn enthielt. Im Wortsinn, so das Gericht, liege aber die Behauptung einer Alleinstellung, die für das Westfalen-Blatt nicht zutreffe.

Irreführende Werbung spielt in der Praxis auch bei der Tätigkeit von Bezieherwerbern für Zeitschriftenabonnements eine Rolle. So nennt Brummund auf der Basis eigener Erfahrungen Beispiele dafür, wie insbesondere Vertreter von WBZ-Firmen mit irreführenden Methoden Kunden von einem Objekt zu einem anderen umwerben. So hätten Werber z.B. fälschlicherweise behauptet, ein bestimmter Zeitschriftentitel sei eingestellt worden (vgl.: Brummund 1985, 81 ff).

Zahlreiche Einzelbeispiele finden sich in der bundesdeutschen Fachliteratur auch für belästigende oder gefühlsbetonte Werbung im Pressevertrieb, die unlauter i.S.d. § 1 UWG sein kann. So entschied das Landgericht Trier 1976 den Fall eines Vertriebsunternehmens, dessen Vertreter Dankschreiben eines Altersheims für Spenden der Firma zur Werbung für Zeitschriftenabonnements einsetzten. Nach Ansicht des Gerichts handelte sich dabei um unlautere gefühlsbetonte Werbung. Doch kann auch hier wiederum keine generelle Einschätzung der Relevanz solcher Tatbestände für den Wettbewerb im Printmediensektor geleistet werden.

GB Bedeutung des Abonnementvertriebs in Großbritannien

Der Pressevertrieb über Abonnement ist in Großbritannien traditionell von untergeordneter Bedeutung, insbesondere im Zeitungsbereich. Eine größere Rolle spielt er im Zeitschriftensektor und hier hauptsächlich für Fachzeitschriften. 1991 wurden ca. 24 Prozent der Verkaufsauflage von Fachzeitschriften ("trade and professional magazines"), aber nur drei Prozent der verkauften Exemplare aller Verbraucherzeitschriften ("consumer magazines") per Abonnement abgesetzt. Auf dem gesamten britischen Zeitschriftenmarkt werden derzeit etwa 8,5 Prozent der Auflage auf diese Weise verkauft. Die Zustellung von Abonnements geschieht durch "home delivery" des Presse-Einzelhandels oder über die staatliche Post. Die Hauptursache für die geringe Nutzung dieser Vertriebswege liegt in den hohen Versandkosten, vor allem beim postalischen Vertrieb.

Daher sah sich die britische Expertengruppe auch nicht in der Lage, anhand der Fachliteratur genauere Angaben über wettbewerbsrechtlich relevante Tatbestände oder strukturelle Effekte der einschlägigen Regelungen zu machen. Insbesondere Datenmaterial über Vertriebskooperationen zwischen Verlagen sei, so die Expertengruppe schwer zugänglich: Solche Informationen würden von den Verbänden vertraulich behandelt. Allerdings seien Versuche anderweitiger Zusammenarbeit nationaler Zeitungen, z.B. im Anzeigenbereich, bisher meist am intensiven Wettbewerb zwischen den Verlagen gescheitert.

CH Abo-Vertrieb schweizerischer Zeitungen

Im Untersuchungsland Schweiz spielt dieser Vertriebsweg für die Presse eine wichtige Rolle: Rund 90 Prozent der Zeitungsauflage werden per Abonnement zugestellt. In den Agglomerationen setzen die Verlage dabei eigene oder fremde Trägerorganisationen ein und kooperieren teilweise auch im Abonnementvertrieb.

SWE Organisation des Abonnementvertriebs auf dem schwedischen Pressemarkt

In Schweden werden die Morgenzeitungen, wozu die weitaus meisten Titel zählen, hauptsächlich im Abonnement abgesetzt und den Beziehern nach Hause geliefert. Wie in der Bundesrepublik Deutschland, dominieren auch im schwedischen Zeitungssektor die Regional- und Lokalzeitungen. Der Anteil des Abo-Vertriebs an der Verkaufsauflage aller Zeitungen betrug im Jahr 1980 66 Prozent, 1986 waren es 64 und 1991 63 Prozent. Es bestehen drei spezielle Vertriebsunternehmen, davon zwei in der landesweiten Pressezustellung. Eine der landesweit tätigen Firmen gehört der staatlichen Post, die andere einer privaten Gesellschaft. Außerdem arbeitet im Süden des Landes ein regionales Unternehmen im Besitz der Verlage.

Die schwedische Expertengruppe verweist in diesem Zusammenhang explizit auf die Effizienz des bestehenden Systems. Morgenzeitungen werden den Abonnenten vor sechs Uhr früh zugestellt, also bevor die meisten von ihnen das Haus verlassen. Landesweit sind 14.000 Zusteller beschäftigt, die im Durchschnitt 250 Haushalte versorgen. Das Vertriebssystem sei, so die Expertengruppe, für alle Zeitungen offen. Dadurch entfalle eine erhebliche Marktzutrittsbarriere. Zeitungen überregionaler Verbreitung können die jeweils ansässige Lokalzeitung mit der Zustellung beauftragen.

Die Öffnung ihres Vertriebs für alle Interessenten ist für schwedische Zeitungsverlage eine Voraussetzung, um Distributionshilfen für jedes zugestellte Exemplar zu erhalten. Diese Rabatte für den gemeinschaftlichen Vertrieb von Tageszeitungen wurden 1969 im Rahmen des staatlichen Presseförderungsprogramms eingeführt, um die Unternehmen zu Kooperationen anzuregen. Ziel ist es dabei, die Kosten zu senken, die Konkurrenzfähigkeit der beteiligten Verlage zu sichern und Neugründungen zu erleichtern. Karl Erik Gustafsson gibt als Mitglied der schwedischen

Expertengruppe an, daß es gelungen sei, Verlage zur verstärkten Zusammenarbeit im Vertrieb zu bewegen. Seit 1969 wurden die Vertriebssysteme konkurrierender Zeitungen fusioniert. Zugleich öffneten Monopolverlage ihre Zustelleinrichtungen für Zeitungen aus anderen Verbreitungsgebieten (vgl. auch Kopper/Rager et al. 1993, Kap. III., Subventionen).

e) Strukturentwicklung des Presse-Straßenverkaufs

D In der Bundesrepublik Deutschland gibt es seit den 50er Jahren Straßenverkauf von Presse in den Großstädten. Der Straßenhandel kam gleichzeitig mit den Boulevardzeitungen auf. Außer Boulevard- und Sonntagsblättern werden aber auch Abonnementzeitungen auf diesem Weg abgesetzt. Die Bedeutung des Straßenverkaufs für den Wettbewerb im Pressesektor läßt sich jedoch anhand der Fachliteratur nicht beurteilen. Auch fehlen einschlägige Beispielfälle zu rechtlich relevanten Tatbeständen.

GB Im Untersuchungsland Großbritannien und hier insbesondere in London ist der Presse-Straßenhandel weit verbreitet. Obwohl eigentlich ein gesetzliches Verbot besteht, wird er nach Gewohnheitsrecht toleriert. In London wird vor allem die Abendzeitung Evening Standard größtenteils an zahlreichen Straßenständen außerhalb der U-Bahn-Stationen abgesetzt. Auch diese Verkaufsstände werden geduldet.

CH In der Schweiz spielt der Pressehandel durch Straßenverkäufer eine völlig marginale Rolle. Dagegen fällt der Vertrieb über Verkaufsboxen stärker ins Gewicht.

6.1.4 Wirksamkeit, Debatten und Alternativen

a) Staatlich organisierter Pressevertrieb

Mit Ausnahme Schwedens, wo die Post außerdem eine landesweite Vertriebsorganisation betreibt, stellt die verbilligte postalische Zustellung in den Untersuchungsländern die einzige Form staatlicher Aktivität im Pressevertrieb dar. In Großbritannien, der Bundesrepublik Deutschland und in der Schweiz gibt es derzeit aktuelle Diskussionen um die pressespezifischen Beförderungstarife.[34] Die Einrichtung eines staatlichen Monopols für den Pressevertrieb wurde in keinem der Untersuchungsländer ernsthaft erwogen.

In der Bundesrepublik Deutschland waren aber, schwerpunktmäßig in den 70er Jahren, gemeinwirtschaftliche Vertriebsmodelle in der medienpolitischen Diskussion. So gab es 1977 entsprechende Forderungen aus Reihen der IG Druck und Papier: Gewerkschaftsvertreter plädierten für ein öffentlich-rechtliches Vertriebssystem, das allen Zeitungen und Zeitschriften offenstehen solle. Dieser Vorschlag fand aber weder Unterstützung bei den im Bundestag vertretenen Parteien noch bei Interessenvertretern der Verlage. In der Fachliteratur werden Formen eines öffent-

---

34 zur Wirksamkeit und ökonomischen Relevanz des Postvertriebs für den Pressesektor siehe Kopper/Rager et al. 1993, Kap. III., Subventionen (siehe auch Anm. 32)

lich-rechtlichen Vertriebs teilweise auch unter Hinweis auf die Pressefreiheit abgelehnt, die nach herrschender Auffassung auch das Recht der Verlage umfaßt, einen sachgerechten und wirtschaftlich sinnvollen Vertriebsweg zu wählen.

b) Organisation des Groß- und Einzelhandelsvertriebs: Effekte und Probleme

D Debatten um Gebietsschutz und die Abhängigkeit von Großverlagen in der Bundesrepublik Deutschland

In der Bundesrepublik Deutschland stellt sich zum einen das System des Gebietsschutzes im Presse-Großhandel als problematisch dar. Es bewirkte, daß die weitaus meisten Grossisten in ihrem Vertriebsgebiet eine Monopolstellung haben, sofern sie nicht - wie in wenigen Ausnahmefällen - mit Objekttrennung arbeiten. Damit ist der Wettbewerb auf dem Markt des Presse-Großhandels de facto völlig ausgeschaltet. Das heutige System konnte sich etablieren, obwohl horizontale Gebietsschutzkartelle zwischen Grossisten als wettbewerbsbeschränkende Absprachen nach den allgemeinen Bestimmungen des GWB verboten werden können.

Wie einschlägige Gerichtsverfahren zeigen, greifen die kartellrechtlichen Regelungen in der Praxis jedoch nicht, weil der Gebietsschutz nachweislich nicht aus horizontalen Absprachen auf Großhandelsebene resultiert, sondern aus der Vertriebspolitik und dem faktischen Einfluß großer Verlage. Da Verlagsunternehmen aber frei in der Wahl des Vertriebswegs für ihre Produkte sind, lassen sich diese Praktiken wettbewerbsrechtlich nicht unterbinden. Eine (pressespezifische) Änderung der gesetzlichen Grundlagen stand nicht zur Diskussion, allerdings sind einzelne Auslegungsfragen umstritten.

Auf europäischer Ebene wurde die herrschende Praxis des Gebietsschutzes im Pressegroßhandel bereits kritisiert. So befaßte sich die EG-Kommission Mitte der 80er Jahre mit dem Grosso-System in der Bundesrepublik Deutschland. Anlaß war die Beschwerde eines belgischen Einzelhändlers. Die EG-Kommission gelangte zu der Auffassung, das bundesdeutsche Großhandelssystem beschränke den Wettbewerb auf dem Gemeinsamen Markt. Für ihre Beurteilung war außer der üblichen Preisbindung für Verlagserzeugnisse auch der Gebietsschutz ausschlaggebend: Beide sollten, so die Empfehlung der Kommission, im grenzüberschreitenden Verkehr entfallen. Dagegen erklärte die Bundesregierung, so u.a. in ihrem letzten Medienbericht von 1985, der Pressevertrieb in der Bundesrepublik Deutschland stimme mit den Wettbewerbsregeln des EWG-Vertrags überein.

Ein weiterer Problembereich des bundesdeutschen Presse-Grosso ist die existentielle Abhängigkeit der Händler von hochauflagigen "Brotobjekten" weniger Großverlage. So erreichten Mitte der 80er Jahre allein sechs Prozent der ausliefernden Verlage einen Marktanteil von über 90 Prozent. Die übrigen 94 Prozent der liefernden Verlagsunternehmen hatten nur einen gemeinsamen Großhandels-Umsatzanteil von unter zehn Prozent.

Diese wirtschaftliche Abhängigkeit der Grossisten von marktstarken Verlagen wird teilweise skeptisch betrachtet und als potentielle Gefahr für die Pressefreiheit angesehen, da sie die Marktzutrittsbarrieren für Produkte kleinerer Unternehmen erhöhe. Hierfür sprechen auch Belege in der Fachliteratur für eine bevorzugte Behandlung von Großverlagen, die zum Teil auf Verwendungsbestimmungen und Werbeaktionen der Herausgeber von "Brotobjekten" zurückgeht. Dagegen weisen Interessenvertreter des Presse-Großhandels Zweifel an der faktischen Neutralität des Vertriebs zurück. Sie verweisen auf ihre Offenheit für alle Produkte: Großhändler, so die Argumentation, würden Titel mit geringem Ertrag und kleiner Auflage aus den höheren Erlösen auflagenstarker Objekte alimentieren.

In diesem Zusammenhang wurden in der Vergangenheit auch Kooperationsformen kleinerer Verlage im Grosso-Vertrieb in die medienpolitische Diskussion gebracht. So gab es 1968 entsprechende Vorschläge von Verlegerseite als Reaktion auf den Bericht der Günther-Kommission. Sie wurden damit begründet, daß Kleinverlage, die zusammenarbeiten, gegenüber den Händlern ihre Interessen effektiver vertreten könnten. Bisher jedoch haben sich Kooperationen im Bereich des Grosso-Vertriebs nicht durchgesetzt. Kritik an solchen Modellen gab es von Interessenvertretern des Großhandels. Nach ihrer Ansicht ist der freie Marktzutritt kleinerer und mittlerer Objekte auch so gewährleistet.

GB Wirkungen des britischen Wettbewerbsrechts und Kritik am bestehenden Vertriebssystem

In Großbritannien gelten die wettbewerbsrechtlichen Bestimmungen generell als zu kompliziert und schwer durchschaubar. Das 1977 von der Regierung eingesetzte Liesner Committee bewertete die damalige Rechtslage als unzureichend und unflexibel. Es empfahl Reformen, die sich im Competition Act 1980 niederschlugen. Das Liesner Committee stellte aber keine spezielle Untersuchung des Medienmarkts an.

Nach Angaben der britischen Expertengruppe läßt die Literaturlage eine generelle Beurteilung der Effekte wettbewerbsrechtlicher Vorschriften auf den Pressevertrieb nicht zu. Es lägen lediglich Studien über die allgemeine Preisentwicklung von Zeitungen und Zeitschriften vor. Resümierend stellt sie jedoch fest, die gesetzlichen Regelungen hätten in mehreren Fällen Bestrebungen von Verlagen verhindert, sich Wettbewerbsvorteile im Vertriebsbereich zu verschaffen.

Nach Einschätzung der Expertengruppe hat das Kartellverbot, das auch für Presse-Großhändler gilt, geringe praktische Relevanz. Da der Großhandelsmarkt de facto zwischen wenigen etablierten Unternehmen aufgeteilt sei, gäbe es in diesem Sektor wenig direkten Wettbewerb. Bereits die Royal Commission on the Press hatte festgestellt, daß sich diese Situation trotz der Bestimmungen des Restrictive Trade Practices Act 1976 herausbilden konnte. Auf die bestehende Marktstruktur im Großhandel würde sich, so die Expertengruppe, auch eine formelle Erlaubnis von Gebietsschutzkartellen kaum auswirken. Im einschlägigen Schrifttum fänden sich keine Angaben zu den Auswirkungen des britischen Wettbewerbsrechts auf den

Presse-Einzelhandel. Nach wie vor bestünden aber in Großbritannien zahlreiche unabhängige "newsagents".

Auch in diesem Untersuchungsland gab es medienpolitische Debatten und Reformansätze zum Pressevertrieb. So beschäftigte sich die Royal Commission on the Press von 1977 mit der Frage einer optimalen Organisation des Zeitungvertriebs. Die Kommission lehnte aber eine pressespezifische Ausnahmeregelung innerhalb des Wettbewerbsrechts ab.

Dagegen befürworteten alle drei Royal Commissions on the Press Vertriebskooperationen. Nach Einschätzung der britischen Expertengruppe würde ein generelles Kooperationsverbot die Distributionskosten der Verlage steigern. Daher begrüßten die Presseunternehmen auch eine zunehmende Monopolisierung des Vertriebs. Die Möglichkeit in diesem Bereich zusammenzuarbeiten, sei vor allem für kleinere Verlage wesentlich, die möglicherweise keinen Großhändler finden, der ihre Produkte vertreibt. Da der reibungslose Vertrieb für Zeitungen eine zentrale Rolle spielt, tragen Kooperationen nach Ansicht der Expertengruppe zur Effizienz bei.

Die Royal Commission on the Press 1977 befaßte sich auch speziell mit den Vertriebsproblemen kleiner Verlage und neuer Publikationen, lehnte jedoch jede rechtliche Vorzugsbehandlung ab. Eine privilegierende Regelung würden im übrigen auch der marktgeprägten Tradition des britischen Pressesektors widersprechen. Hier gilt der Grundsatz, daß sich ein Produkt auf dem Markt behaupten muß.

Kritik am bestehenden Vertriebssystem äußerte u.a. die gewerkschaftsnahe "Campaign for Press and Broadcasting Freedom". Sie forderte eine effektivere Kontrolle über den Presse-Großhandel und entsprechende gesetzliche Regelungen, d.h. das kodifizierte Recht jedes Verlags auf Vertrieb seiner Produkte. Die "Campaign for Press and Broadcasting Freedom" kritisierte vor allem die Quasi-Monopolstellung der marktstarken Großhandelsketten. Sie entscheiden in der Praxis, ob sie ein bestimmtes Objekt ins Sortiment aufnehmen und behalten sich auch vor, nach nichtkommerziellen Kriterien zu urteilen.

Daher haben Verlage kleinerer Zeitschriften, z.B. der politischen Publikation New Statesman, de facto wenig Einfluß auf die Behandlung ihrer Produkte durch Großhändler. Es gibt in Großbritannien auch zahlreiche Fälle vor allem linksradikaler Minderheitenblätter, die von Händlern nicht oder ungern vertrieben werden. So nahm das Unternehmen Surridges 1977 die Zeitschriften Undercurrents, Camerawork und The Leveller ins Angebot, gab jedoch alle drei Titel wieder auf, nachdem in Undercurrents ein kontroverser Beitrag über Drogen erschienen war. Allerdings gibt es auch Beispiele, in denen sich die im Vertriebsbereich aktiven Gewerkschaften weigerten, bestimmte Publikationen zu vertreiben, oder auch mit Streik drohten.

Ein weiterer Grund, weshalb Händler den Vertrieb mancher Zeitungen und Zeitschriften ablehnen können, sind die britischen Diffamierungsgesetze ("Libel Laws"). Danach kann jeder belangt werden, der diffamierendes Material verbreitet, also auch Drucker, Groß- und Einzelhändler. Damit beispielsweise begründeten das Großhandelsunternehmen W.H. Smith und andere Firmen ihre frühere Weigerung, das Satire-Magazin Private Eye zu vertreiben. Im 1976 entschiedenen Fall Goldsmith vs Sperrings Ltd & Others verklagte James Goldsmith 37 Händler, die Private Eye-Ausgaben mit diffamierenden Aussagen über ihn verkauft hatten. Elf dieser Firmen versprachen, den Titel in Zukunft nicht mehr zu vertreiben.

Kritiker halten dem jedoch entgegen, daß Großhändler die Diffamierungsgesetze als bequeme Begründung ausnutzten, um unliebsame Publikationen nicht zu berücksichtigen. Sowohl die britische Labour Party als auch die Liberal Democrats haben einen "Freedom of Information Act" in ihr Wahlprogramm aufgenommen. Bislang ist jedoch nach Einschätzung der Expertengruppe nicht abzusehen, inwiefern sich ein solches Gesetz auf den Presse-Vertrieb auswirken würde.

Nach Abschluß unserer Erhebung ergab sich eine neue Entwicklung im Vertriebssektor Großbritanniens. Sie konnte im Material der Expertengruppe noch nicht berücksichtigt werden, soll hier aber wegen ihrer wettbewerbsrechtlichen Relevanz dennoch kurz erwähnt werden. Mitte August 1992 wurde bekannt, daß die Monopolies and Mergers Commission (MMC) im Auftrag des Office of Fair Trading die Vertriebsstrukturen auf dem britischen Zeitungsmarkt untersuchen wird.

Nach Auskunft des Director General of Fair Trading wurde die Prüfung nach zahlreichen Beschwerden über die Praktiken bei der Zeitungsdistribution an Einzelhändler und nach Klagen über Beschränkungen des Marktzutritts für Zeitungseinzelhändler angeordnet. Die führenden Großhandelsunternehmen W.H. Smith Group und John Menzies reagierten auf diese Ankündigung erstaunt. Bei einer Untersuchung im Jahr 1978 hatte die MMC zwar Monopolstellungen und Liefereinschränkungen der Großhändler festgestellt, jedoch entschieden, daß diese dem öffentlichen Interesse nicht zuwiderliefen. Seitdem hätten jedoch deutliche Veränderungen im Markt stattgefunden, die eine neue Untersuchung rechtfertigten. Dagegen erklärte der Geschäftsführer von John Menzies, es sei überraschend, daß die Wettbewerbsbehörde im September 1991 eine solche Prüfung abgelehnt habe und diese nun für notwendig halte.

CH Stellungnahme der schweizerischen Kartellkommission zum Kioskverkauf

In der Schweiz prüfte die für den Pressesektor zuständige Kartellkommission das Vertriebsmonopol im Verkauf an Kiosken. Anlaß war eine Fusion, durch welche die Merkur-Gruppe ein Monopol für diese Verkaufsstellen in der Deutschschweiz und im Tessin erlangte. Wie bereits dargestellt, entfallen etwa 45 Prozent des Umsatzes schweizerischer Kioske auf den Presseverkauf. Der Präsident der zuständigen Kartellkommission vertrat die Ansicht, für die Konsumenten habe der fragliche Zusammenschluß keine Effekte, da die Zeitungspreise von den Verlagen bestimmt würden und auch die Tabakpreise festgelegt seien. Nach seiner Auffassung könnten nachteilige Auswirkungen der Fusion erst zu einem späteren Zeitpunkt festgestellt werden.

c) Wirksamkeit des Abonnementvertriebs und Alternativen

D In der Bundesrepublik Deutschland sind Kooperationen im Abo-Vertrieb seit den frühen 70er Jahren in der medienpolitischen Diskussion. Meist ging es dabei um Tageszeitungsverlage, die - im Gegensatz zu Zeitschriften - den größten Teil ihrer Auflage im Abonnement absetzen. Vor dem Hintergrund der zunehmenden Pressekonzentration auf dem Zeitungsmarkt wurden Vertriebskooperationen aus Gründen der Kostenersparnis vor allem für kleine und mittlere Unternehmen diskutiert. Die Vertriebskosten machten Anfang der 70er Jahre 20 Prozent der Gesamtkosten bei den Abo-Zeitungen aus, 1990 waren es 18,6 Prozent.

1973 legte der BDZV verschiedene Entwürfe zu Vertriebskooperationen im Bereich der Tagespresse vor. Unter anderem erwog der Verlegerverband, Zeitungen und möglicherweise auch andere Presseprodukte durch eine genossenschaftlich strukturierte Organisation zustellen zu lassen, die mit staatlichen Mitteln gefördert werden sollte. Dieses Konzept ging von Vertriebsmonopolen auf bundesweiter oder regionaler Ebene aus. Auf diese Weise sollte der Vertrieb rationalisiert und als Wettbewerbsmittel neutralisiert werden, vor allem zugunsten kleiner und mittlerer Verlage.

Ein solches Modell, das den Wettbewerb im Abo-Vertrieb ausschalten soll, funktioniert aber nur über einen Anschlußzwang für alle Verlage. In der Fachliteratur wird ein Anschlußzwang teilweise abgelehnt, da eine Rechtsgrundlage für die hoheitliche Entflechtung von Verlag und Vertrieb fehle. Ebenfalls im Jahr 1973 sprach sich die FDP für eine kooperative Vertriebsorganisation in genossenschaftlicher Form und auf freiwilliger Basis aus.

Für das Untersuchungsland Schweden beurteilt die dortige Expertengruppe die bestehende Struktur des Abonnementvertriebs als effizient. Das Vertriebssystem sei für alle Zeitungen offen, wodurch eine wesentliche Marktzutrittsbarriere entfalle. Mittels staatlicher Rabatte für den Gemeinschaftsvertrieb gelang es, Verlage zu verstärkter Kooperation zu bewegen. Seit 1969 wurden die Systeme konkurrierender Zeitungen fusioniert, und Monopolverlage öffneten ihren Vertrieb für Titel aus anderen Verbreitungsgebieten (vgl. Kopper/Rager et al. 1993, Kap. III., Subventionen).

In Großbritannien wird nach einem Beitrag in der Fachzeitschrift Media Week vom Februar 1992 in den kommenden Jahren ein wesentlicher Anstieg des Abonnementvertriebs im Zeitschriftensektor erwartet. Der Grund hierfür liegt in der Preispolitik der Royal Mail, die zunächst einem dreimonatigen Preisstopp bei den Vertriebsgebühren zustimmte und ihre Tariferhöhungen für 1992 auf höchstens sechs Prozent beschränkt (vgl. Kopper/Rager et al. 1993, Kap. III., Subventionen).

6.2 Wettbewerbsrecht - Anzeigenmarkt

Das Anzeigengeschäft spielt im Hinblick auf die ökonomische Situation einzelner Presseunternehmen und die Gesamtstruktur des Sektors eine zentrale Rolle, da sich viele Printmedien hauptsächlich durch Werbeeinnahmen finanzieren. Auch in diesem Bereich stehen dem Staat unterschiedlich starke Eingriffsoptionen zur Verfügung. Theoretisch denkbar ist etwa die Abwicklung der gesamten Anzeigenvermarktung über eine staatliche Monopolstelle, um den Wettbewerb um Werbeaufträge zu neutralisieren, spezielle Presseunternehmen gezielt zu unterstützen oder auch Einflußnahme von Inserenten auf die publizistische Arbeit der Verlage auszuschließen. Ferner könnte der Staat durch eigene Agenturen oder Anzeigenschaltung am privatwirtschaftlichen Wettbewerb teilnehmen. Möglich ist jedoch auch, daß sich staatliche Eingriffe in den Werbemarkt auf regulierende rechtliche Maßnahmen beschränken.

In den meisten Untersuchungsländern unterliegt das Anzeigengeschäft von Verlagen nicht nur formellen Gesetzen, sondern hier sind auch standesrechtliche Vorschriften von großer Bedeutung.[35] Im folgenden werden die relevanten Bestimmungen aufgeführt, um einen Gesamtüberblick des ökonomisch wichtigen Werbemarkts zu geben und die verschiedenen Steuerungsebenen darzustellen.

6.2.1 Zielsetzung

Medienpolitische Ziele

In den vier untersuchten Staaten Großbritannien, Bundesrepublik Deutschland, Schweiz und Schweden werden mit den formellen Gesetzen, die für den Anzeigenmarkt gelten, weitgehend keine medienpolitischen Intentionen verfolgt. Es handelt sich überwiegend um branchenübergreifende Vorschriften mit wirtschaftspolitischem Charakter. In keinem der Länder ist die Anzeigenvermarktung staatlich monopolisiert, ebenso betreibt der Staat keine eigenen Agenturen. Auch werden offizielle Anzeigen nicht im Hinblick auf eine generelle oder spezifische Unterstützung von Verlagen genutzt.

SWE In Schweden wurden aber in der Vergangenheit staatliche Werbeaufträge de facto in Form einer allgemeinen Presseförderung erteilt. In diesem Untersuchungsland gab es eine umfassende Debatte um Anzeigenschaltungen der Regierung. Vor Einführung des selektiven Subventionierungsprogramms in den 60er Jahren mußten staatliche Anzeigen an jede Zeitung vergeben werden. Hierbei handelte sich um eine generelle Förderung, wenngleich sie nach Darstellung der Expertengruppe nicht als solche bezeichnet wurde. Seit der schwedische Staat die effektiveren gezielten Subventionen gewährt, änderten die Werbeaufträge der Regierung allmählich ihren Charakter und glichen sich mehr und mehr gewöhnlichen Inseraten an.

---

[35] zum Standesrecht der Presse siehe Kopper/Rager et al. 1993, Kap. XII.

D In der Bundesrepublik Deutschland ist die landesgesetzlich geforderte Trennung von Text- und Anzeigenteil, die den Wettbewerb von Presseunternehmen auf dem Werbemarkt tangiert, mit medienspezifischen Zielsetzungen verbunden. Die einzelnen Landespressegesetze normieren eine Kennzeichnungspflicht für entgeltliche Veröffentlichungen, um die redaktionelle Arbeit der Presse und die unabhängige Meinungsbildung von wirtschaftlichen Einflüssen freizuhalten. Ökonomische Interessen der Inserenten sollen sich nicht in der publizistischen Arbeit der privatwirtschaftlich strukturierten Printmedien niederschlagen. Außerdem soll verhindert werden, daß korrekt handelnde Verlage durch den Verlust von Anzeigenkunden wirtschaftliche Nachteile erleiden und auf diese Weise die Pressevielfalt gefährdet wird. Ferner geht es darum, Irreführung der Leserschaft und unlautere Wettbewerbsmethoden zu vermeiden.

Außerhalb des formellen Rechts existiert in einigen Untersuchungsländer ein Konstrukt standesrechtlicher Bestimmungen, die den Werbesektor betreffen. Nicht alle dieser Vorschriften sind medienpolitischer Natur: Zum Teil handelt es sich, wie etwa beim British Code of Advertising Practice, um branchenübergreifende Regelwerke. Die Tatsache jedoch, daß die Verlegerverbände der betreffenden Länder Organisationen der werbetreibenden Wirtschaft angehören, ist speziell für den Wettbewerb auf dem Pressemarkt von Bedeutung.

Die Dichte standesrechtlicher Vorschriften für den Werbebereich und das vergleichsweise starke Regelungsinteresse der Presseunternehmen spiegelt die ökonomische Relevanz des Anzeigengeschäfts wider: Für die meisten Printmedien ist es von existentieller Bedeutung. Die Selbstbindung der Verlage dient offensichtlich dem Ziel, staatlichen Eingriffen vorzubeugen, kodifizierte Gesetze und entsprechende Sanktionen entbehrlich zu machen und sich damit letztlich ein Höchstmaß an Autonomie und Unabhängigkeit zu bewahren. Dafür spricht insbesondere das Beispiel Großbritanniens. Hier unterliegt der Werbesektor zahlreichen konkreten Bestimmungen und Kontrollinstanzen, obwohl sich gerade die britische Presse generell durch starke Vorbehalte gegenüber staatlicher Reglementierung des Printmedienmarkts auszeichnet.

Im Rahmen des Standesrechts bestehen auch medienspezifische Regelungen des Anzeigengeschäfts bzw. spezielle Vorschriften von Standesorganen der Presse, die medienpolitisch motiviert sind. Die wachsende Pressekonzentration und die harte Konkurrenz auf dem Markt haben standesrechtliche Gremien veranlaßt, sich zunehmend Fragen des Wettbewerbs im Pressesektor zu widmen. Zentrale Problemstellungen im Anzeigenbereich sind Tatbestände irreführender Werbung sowie die Trennung von redaktionellem Teil und Inseraten.

Die konsequente Abgrenzung zwischen der publizistischen Arbeit von Verlagen und dem Werbegeschäft, wie sie in der Bundesrepublik Deutschland, der Schweiz und Großbritannien per Standesrecht gefordert wird, basiert auf den gleichen medienspezifischen Intentionen wie die entsprechenden Regelungen der bundesdeutschen Landespressegesetze. Vorrangig geht es darum, die Unabhängigkeit der redaktionellen Tätigkeit privatwirtschaftlich organisierter Printmedien vor dem Einfluß wirtschaftlicher Interessengruppen zu bewahren. Weiteres Ziel ist es, unlautere und irreführende Wettbewerbspraktiken auf dem Anzeigenmarkt zu unterbinden.

Vielfach stehen Intentionen standesrechtlicher Bestimmungen der Berufsverbände mit staatlichen Zielsetzungen des allgemeinen Wettbewerbsrechts in Einklang, die sie im Hinblick auf den Pressesektor spezifizieren. So entspricht in der Bundesrepublik Deutschland die Auflagenkontrolle bei Printmedien durch eine standesrechtliche Instanz den Zielen des Gesetzgebers in § 3 UWG, der irreführende Werbung verbietet. In pressespezifischer Modifikation soll das Standesrecht Wettbewerbsvorteile einzelner Verlage durch falsche Angaben verhindern. Die Auflagenzahlen von Presseprodukten spielen im Anzeigengeschäft eine zentrale Rolle, da Publikationen mit wachsender Auflage für Inserenten attraktiver werden, zugleich die Anzeigenpreise und damit die Verlagseinnahmen steigen.

Allgemeine Systemziele

Auf gesetzlicher Ebene gelten in den Untersuchungsländern für den privatwirtschaftlich strukturierten Anzeigenmarkt vor allem die Bestimmungen des allgemeinen Wettbewerbsrechts. Sie sind branchenübergreifend formuliert und verfolgen, wenngleich sie im Ländervergleich unterschiedlich intensive Eingriffe erlauben, primär wirtschaftspolitische Intentionen. Ebenso wie im Steuerungsbereich des Pressevertriebs (s.o.), ist das liberal-wirtschaftliche Prinzip, das vom Modell eines selbstregulierenden Wettbewerb ausgeht, die zentrale theoretische Vorgabe. Der Staat greift erst dann intervenierend in den Werbemarkt und die unternehmerische Freiheit ein, wenn die Maßnahmen geboten scheinen, um eine Vielzahl von Anbietern zu erhalten. Meist zielen die gesetzlichen Regelungen darauf, unlautere und ruinöse Methoden sowie Wettbewerbsbeschränkungen zu verhindern.

So basieren in Großbritannien die Bestimmungen, die horizontale Preisabsprachen im Anzeigenbereich erfassen, nicht auf medienpolitischen Zielvorstellungen. Historisch entwickelten sie sich aus einer Initiative des Board of Trade von 1952: Er forderte, gemäß s 15 des damaligen Monopolies and Restrictive Practices (Inquiry and Control) Act 1948, die Monopolies and Mergers Commission dazu auf, Ausmaß und Wirkungen wettbewerbsschädlicher Praktiken generell zu untersuchen. In ihrem 1955 veröffentlichten Bericht "Collective Discrimination" verurteilte die MMC eine Reihe von Abkommen zwischen Unternehmen verschiedener Wirtschaftszweige. Daraufhin wurde der Restrictive Trade Practices Act 1956 eingeführt, um der politischen Willkür des vorherigen Systems, das nur in Einzelfällen angeordnete Prüfungen vorsah, ein Ende zu setzen. Der heute geltende Restrictive Trade Practices Act 1976 ähnelt dem Gesetz von 1956, enthält jedoch erweiterte Sanktionsmöglichkeiten.

Auch die Tatsache, daß im Rahmen des britischen Wettbewerbsrechts Anzeigenkooperationen grundsätzlich erlaubt sind, beruht nicht auf medienspezifischen Erwägungen, sondern erwuchs aus der generellen Erkenntnis, daß bestimmte Abkommen zwischen Unternehmen positive wirtschaftliche Effekte haben können. Ebenfalls keinen medienpolitischen Hintergrund hat der Competition Act 1980, der auch für den Werbemarkt gilt. Mit diesem Gesetz folgte die Legislative den Empfehlungen des Liesner Committee von 1977, das Möglichkeiten zur Verschärfung des britischen Wettbewerbsrechts untersuchen sollte. Das Kommittee hatte vorgeschlagen, ein Instrumentarium zur selektiven Prüfung von Geschäftspraktiken zu schaffen anstatt mit vorgegebenen Definitionen wettbewerbswidrigen Verhaltens zu arbeiten.

Die wirtschaftspolitischen Zielsetzungen, die hinter dem Wettbewerbs- und Kartellrecht in der Bundesrepublik Deutschland stehen, wurden im Zusammenhang mit dem Pressevertrieb bereits näher erläutert. Da diese Regelungen, insbesondere des UWG, GWB, Rabattgesetzes und der Zugabeverordnung, auch den Anzeigenmarkt erfassen, beschränken wir uns hier auf einen Verweis.

Allerdings können die allgemeinen Intentionen dieser Gesetze bei der Anwendung im Einzelfall pressespezifisch modifiziert werden. So enthält das GWB, wie oben erwähnt, Kooperationserleichterungen für kleine und mittlere Unternehmen zu Rationalisierungszwecken. Wenn in diesem Sinne z.B. durch Anzeigengemeinschaften von Verlagen getrennte Verbreitungsgebiete zusammengefaßt werden, ist dies zugleich eine medienpolitisch erwünschte Praxis. Die beteiligten Zeitungen profitieren von zusätzlichen Werbeeinnahmen durch neue, (über-)regionale Belegungsmöglichkeiten, ohne daß gleichzeitig der Wettbewerb beschränkt wird. Wenn kleinere Verlage in dieser Form kooperieren, können sie die Vorteile, die Großunternehmen aus höheren Tausenderpreisen für Anzeigen erwachsen, teilweise ausgleichen.

Im Rahmen des schweizerischen Kartellgesetzes, dem auch der Werbemarkt unterliegt, ist durchaus Raum für medienpolitische Beurteilungskriterien. Voraussetzung für ein Eingreifen der Kartellkommission sind "volkswirtschaftlich oder sozial schädliche Auswirkungen" bestimmter Wettbewerbsmethoden, wobei die Kommission die Formulierung der "sozial schädlichen" Effekte weit interpretiert und auf politische sowie kulturelle Aspekte ausdehnt. Anhand eines konkreten Beispiels - des Anzeigenboykotts von Unternehmen gegen einen Verlag - weist die schweizerische Expertengruppe jedoch nach, daß bei Entscheidungen der Kartellkommission letztlich die wirtschaftsrechtliche Sichtweise die pressespezifische bzw. demokratietheoretische dominiert.

6.2.2 Regelungsinstrumentarium

Zu einigen der branchenübergreifenden Bestimmungen, denen auch die Printmedienwerbung in den einzelnen Untersuchungsländern unterliegt, finden sich in Pkt. 1., Pressevertrieb detaillierte Ausführungen. An diesen Stellen erfolgt hier nur eine Synopse sowie ggf. eine Darstellung charakteristischer Tatbestände des Anzeigenwettbewerbs.

GB Reglementierung und Kontrolle des britischen Anzeigenmarkts

Gesetze zum Wettbewerb und Verbraucherschutz

In Großbritannien ist das einschlägige kodifizierte Recht äußerst komplex gestaltet. Insgesamt bestehen etwa 150 verschiedene Gesetze, die teilweise über 200 Jahre alt sind, sowie weitere 50 Verordnungen, die in irgendeiner Form das Verhalten von Werbetreibenden, Agenturen und Werbeträgern betreffen.

Zu den Regelwerken, die den Anzeigenmarkt tangieren, gehört z.B. der Trade Descriptions Act 1968, wonach Güter, die zum Verkauf angeboten werden, nicht mit falschen Beschreibungen versehen werden dürfen. Der Consumer Protection Act 1987 regelt Preisangaben und Sonderangebote, der Food Act 1984 die Auszeichnung und Werbung im Lebensmittelbereich und der Medicines Act 1968 u.a. Praktiken der Arzneimittelreklame. Tatbestände aus dem Werbe- bzw. Anzeigenbereich werden ferner von anderen Gesetzen zum Verbraucherschutz erfaßt, z.B. vom Consumer Credit Act 1974.

Gemäß der Control of Misleading Advertising Regulation von 1988 kann das Office of Fair Trading einschreiten und Werbemethoden, die dem öffentlichen Interesse widersprechen, per Gerichtsbeschluß unterbinden lassen. Dadurch erhielt der Selbstkontrollmechanismus der Advertising Standards Authority (dazu unten) erstmals einen gesetzlichen Überbau.

Darüber hinaus unterliegt das Verhalten von Unternehmen auf dem Anzeigenmarkt den allgemeinen Bestimmungen des britischen Kartell- und Wettbewerbsrechts. Der Restrictive Trade Practices Act 1976 enthält die wesentlichen Kartellvorschriften, inklusive der Ergänzungen, die zuvor mit dem Fair Trading Act 1973 und dem Restrictive Trade Practices (Services) Order 1976 vorgenommen wurden. Außerdem gelten die Änderungen dieses Gesetzes durch den Restrictive Trade Practices Act 1977, der u.a. die Ausnahmeregelungen erweiterte. Ferner ist der Competition Act 1980 einschlägig.

Auch im Werbebereich müssen Kartelle als horizontale Wettbewerbsbeschränkungen gemäß Ss 6 und 11 des Restrictive Trade Practices Act 1976 beim Office of Fair Trading registriert werden. Meldepflichtig sind verschiedene Formen von Abkommen zwischen zwei oder mehr Unternehmen, z.B. solche über Geschäftsbedingungen, Verfügbarkeit von Dienstleistungen und Gütern, Produktionsweise, Handelspartner oder Orte der Geschäftsausübung. Demnach müssen auch Preisabsprachen ("horizontal price fixing agreements") auf allen Ebenen des Werbegeschäfts registriert werden, wie etwa Vereinbarungen zwischen Verlagen über einheitliche Anzeigentarife. Dabei erfaßt s 11 des Restrictive Trade Practices Act 1976 nicht nur ausdrücklich geschlossene, sondern auch implizierte Kartelle.

Schedule 3 des Gesetzes nimmt spezielle Absprachen zwischen Unternehmen von der Meldepflicht aus, z.B. Ausschließlichkeitsbindungen, gesetzlich erlaubte Abmachungen, Vereinbarungen über Handelsmarken und solche, die sich im Ausland auswirken. Auch bestimmte Abkommen in einigen Wirtschaftsbranchen müssen nicht registriert werden, z.B. in der Kohle- und Stahlindustrie oder im Finanzwesen. Werbeagenturen und Verlage fallen jedoch nicht unter diese Sonderregelungen. Eine Ausnahme von der Meldepflicht ist nach Ss 29 und 30 des Restrictive Trade Practices Act 1976 auch möglich, wenn eine Absprache dazu dient, die Preise niedrig zu halten, oder wenn sie vom Secretary of State genehmigt wurde, weil sie für die Wirtschaft bedeutend und unerläßlich ist.

In allen anderen Fällen leitet der Director General of Fair Trading registrierte Vereinbarungen in der Regel zur Untersuchung an den Restrictive Trade Practices Court weiter, wobei das Gesetz vier Abweichungsmöglichkeiten vorsieht. Ein Abkommen kann nur dann aufrechterhalten werden, wenn es unter eines der "Gateways" in Ss 10 und 19 des Restrictive Trade Practices Act 1976 fällt.

Unternehmenskooperationen, auch auf dem Anzeigenmarkt, sind jedoch grundsätzlich erlaubt, sofern sie im Rahmen der britischen Wettbewerbsgesetze bleiben. Speziell für Formen der Zusammenarbeit im Werbebereich ist relevant, daß der Restrictive Trade Practices Act 1976 zwar Vereinbarungen zum Informationsaustausch über Güter erfaßt, nicht aber im Hinblick auf Dienstleistungen.

Der Competition Act 1980 ermöglicht dem Director General of Fair Trading, Praktiken einzelner Firmen zu prüfen, die im Verdacht stehen, den Wettbewerb zu verzerren oder zu beeinträchtigen. Nach Ss 2 bis 10 des Gesetzes darf der Director General wettbewerbswidrige Methoden sofort beanstanden und das betreffende Unternehmen zur Unterlassung auffordern. Er kann den Fall aber auch der Monopolies and Mergers Commission zuleiten, die festzustellen hat, ob der entsprechende Tatbestand dem öffentlichen Interesse zuwiderläuft. Wenn dies gegeben ist, kann der Secretary of State Unterlassung der beanstandeten Praktiken verlangen oder den Director General beauftragen, mit dem Unternehmen Maßnahmen auszuhandeln, die eine Schädigung des öffentlichen Interesses ausschließen.

Die bisherige Vorgehensweise der britischen Wettbewerbsbehörden zeigt, daß z.B. Ausschließlichkeitsbindungen, Dumping-Preise oder Rabatte als wettbewerbswidrig im Sinne des Competition Act 1980 beurteilt wurden. So können etwa Treuerabatte, die einen Käufer an einen bestimmten Lieferanten binden sollen, als "restrictive terms" geahndet werden. Auch die Vergabe kostenloser Zusatzanzeigen kann unter bestimmten Voraussetzungen verboten werden, ebenso ein Boykott. Diese Tatbestände sind auch im Anzeigengeschäft der Presse relevant.

Dagegen gibt es in Großbritannien keinen Kontrahierungszwang für Inserate. Ein Grund dafür ist, daß Printmedien nach den Verbraucherschutz-Bestimmungen des Trade Description Act 1968 für irreführende oder illegale Inhalte von Anzeigen haftbar gemacht werden können. Ein Rechtfertigungsgrund ist allerdings der Nachweis, diesen Inhalt nicht gekannt zu haben ("defence of innocent dissemination").

Standesrechtliche Gremien und Richtlinien der britischen Werbebranche

Außerhalb der kodifizierten Regelungen sind standesrechtliche Bestimmungen für das Anzeigengeschäft der britischen Printmedien von großer Relevanz. Gemeinsame Selbstkontrollorgane der Presse und des Werbesektors entwickeln Richtlinien und gehen Beschwerden nach. Von Bedeutung ist hier insbesondere der British Code of Advertising Practice (BCAP). Er wird vom Committee of Advertising Practice (CAP) herausgegeben, dem Verbände der Medien- und Werbebranche angehören, darunter die Advertising Association, die Newspaper Publishers Association der nationalen Zeitungen, die Association of Free Newspapers, die Newspaper Society der regionalen Presse und Periodical Publisher Association der Zeitschriftenverleger.

Die Mitglieder des CAP verpflichten sich, nur Anzeigen anzunehmen, die diesem Regelwerk entsprechen. Der British Code of Advertising Practice wurde erstmals 1961 veröffentlicht und gilt derzeit in seiner Fassung vom 1.12.1988. Er ist für jede Form von Werbung verbindlich, außer für Rundfunkwerbung. Der BCAP ist etwa 100 Seiten stark und läßt sich kaum in Kürze zusammenfassen. Sein Grundprinzip lautet: "All advertisements should be legal, honest and truthful; they should show responsibility to consumers and society and they should follow the business principle of fair competition." Dabei umfaßt der Begriff "truthful" auch eine Kennzeichnungspflicht für Werbung. Ausdrücklich heißt es in § 11 des Code: "An advertisement should always be so designed and presented that anyone who looks at it can see, without having to study it closely, that it is an advertisement".

Der BCAP regelt u.a. die Produktwerbung durch prominente Persönlichkeiten, Reklame für Arznei- und Genußmittel, vergleichende Werbung - die in Großbritannien nicht verboten ist - und Werbung, die sich an Kinder richtet. Er hat keine rechtlich bindende Wirkung, wird jedoch von den CAP-Mitgliedern als verbindlich anerkannt. Darüber hinaus gibt das CAP den British Code of Sales Promotion Practice heraus, der u.a. Vorschriften für Preisausschreiben in der Werbung, die Verteilung von Coupons oder Warenproben sowie für Sonderangebote enthält. Die Verlegerverbände Newspaper Society, Newspapers Publisher Association und Periodical Publishers Association haben aufgrund von Leserbeschwerden über Zeitung- und Zeitschriftenwerbung von Versandunternehmen, sog. "mail order protection schemes gegründet". Sie sollen die Leserschaft vor falschen Angaben durch Versandfirmen schützen. Die einzelnen Modelle sind unterschiedlich, dienen jedoch alle dem Zweck, entsprechende Anzeigen vor ihrer Verbreitung auf Seriösität zu prüfen und den Inserenten eine "satisfaction or money back"-Garantie abzuverlangen.

1962 wurde in Großbritannien außerdem die Advertising Standards Authority (ASA) als Kontrollorgan für das CAP gegründet. Ihr Council wirkt bei der Ausarbeitung des Codes mit und ist zuständig für die Überwachung seiner Einhaltung, vor allem durch Entgegennahme und Bearbeitung von Beschwerden. Dabei dürfen der Vorsitzende des Council und die Mehrzahl seiner Mitglieder nicht selbst aus der Werbebranche kommen.

Die ASA untersucht bestimmte Anzeigen auch systematisch, z.B. alle Inserate für Zigaretten, und andere per Stichprobenerhebung. Häufig reichen Werbende ihre Inserate vor der Veröffentlichung freiwillig zur Überprüfung ein. Dies ist etwa bei den meisten Anzeigen für alkoholische Getränke der Fall. Befindet die ASA, daß eine spezielle Werbung den standesrechtlichen Richtlinien zuwiderläuft, so kann sie die Verantwortlichen auffordern, die Anzeige zurückzunehmen oder zu verändern, und die Medien dazu anhalten die ursprüngliche Fassung abzulehnen. In den weitaus meisten Fällen wird ihr Appell befolgt. Überdies berichtet die ASA in monatlichen Case-Reports über die bearbeiteten Fälle und ihre Entscheidungen.

Das britische Selbstkontrollsystem wird über eine Werbeabgabe finanziert, die das 1974 zu diesem Zweck gegründete Advertising Standard Board of Finance einzieht. Die standesrechtlichen Verfahren wurden 1978 durch das Office of Fair Trading und 1980 vom Department of Trade untersucht und bestätigt. Mit der Control of Misleading Advertisements Regulation, die das britische Parlament 1988 als Implement der EG-Direktive über irreführende Werbung von 1984 verabschiedete, erhielt die Funktion dieser Gremien eine gesetzliche Verankerung.

Kritik an Printmedienwerbung konnte bis zum Jahr 1990 auch an den Press Council gerichtet werden, der nach § 2 seines Statuts Beschwerden über das Verhalten der Presse entgegennahm. Das frühere Selbstkontrollorgan setzte sich auch mit der Anzeigenpolitik seiner Mitglieder, der Zeitungs- und Zeitschriftenverbände, auseinander. Im Januar 1991 wurde der britische Press Council von der Press Complaints Commission abgelöst, deren Funktionen wesentlich spezifischer darauf ausgerichtet sind, die Öffentlichkeit vor redaktionellen Falschdarstellungen zu schützen. Aufgabe der neuen Kommission ist nicht eine generelle Überwachung der Presse, sondern sie soll die Einhaltung eines journalistischen Code of Practice garantieren. Ihrem ersten Bericht zufolge, der die Arbeit von Januar bis Juni 1991 dokumentiert, hat die Press Complaints Commission Beschwerden über Inserate an die Advertising Standards Authority weitergeleitet.

D Gesetzliche Regelung und Selbstkontrolle des bundesdeutschen Werbemarkts

Kooperationen, Anzeigenboykott und Kontrahierungszwang

In der Bundesrepublik Deutschland gilt auch für den gesamten Bereich des Werbegeschäfts das Kartellverbot in § 1 GWB, das horizontale Absprachen verbietet, die geeignet sind, den Wettbewerb zu beschränken. Auf dieser Grundlage sind etwa Vereinbarungen zwischen Verlagen über eine Preisangleichung unzulässig.

Dagegen sind Anzeigenkooperationen von Presseunternehmen im Rahmen des GWB grundsätzlich erlaubt: Sofern sie den Wettbewerb auf dem Pressemarkt fördern oder erhalten, greifen kartellrechtliche Vorschriften nicht ein. Insbesondere eine entsprechende Zusammenarbeit kleinerer Verlage entspricht dem Sinn und Zweck des Gesetzes, das in § 5 b explizit Rationalisierungs-Kooperationen kleiner und mittlerer Unternehmen zuläßt. Wettbewerbsbeschränkende Anzeigengemeinschaften fallen allerdings unter das Kartellverbot des § 1 GWB.

Fälle von Anzeigenboykott, wobei z.B. Inserenten oder Konkurrenzverlage andere Werbekunden auffordern, in bestimmten Printmedien nicht zu inserieren, werden als unlauterer Behinderungswettbewerb von § 1 UWG erfaßt. Boykott-Aktionen sind grundsätzlich verboten. Auch gemäß § 26 Abs.1 GWB ist es unzulässig, Unternehmen zum Boykott Dritter aufzufordern in der Absicht, Wettbewerber unbillig zu beeinträchtigen. Nur in wenigen Ausnahmefällen, z.B. als Abwehrmaßnahme oder Ausdruck freier Meinungsäußerung, kann ein solches Verhalten gerechtfertigt sein. Sofern sich aber nur eine einzelne Firma zur Anzeigensperre gegenüber einem Verlag entschließt, liegt kein Boykott im juristischen Sinne vor.

Auch wenn in umgekehrter Konstellation Printmedien bestimmte Inserate ablehnen, ist rechtlich zu differenzieren zwischen organisierten Boykott-Aktionen und der individuellen Entscheidung eines Presseunternehmens ohne vorherige Absprache. Wiederum sind vereinbarte Boykotte von Anzeigenkunden durch Verlage nach der bundesdeutschen Rechtslage grundsätzlich untersagt.

Zur Frage eines Kontrahierungszwangs der Printmedien für Inserate gibt es in der einschlägigen Fachliteratur und Rechtsprechung kontroverse Diskussionen. Jedenfalls wird übereinstimmend eine generelle Verpflichtung zur Annahme von Anzeigenaufträgen abgelehnt. Überwiegend bejaht wird der Kontrahierungszwang für Zeitungen mit Monopolstellung unter Verweis auf das Diskriminierungsverbot in § 26 Abs.2 GWB. Begründet wird diese Publikationspflicht für Monopolzeitungen zumeist mit der öffentlichen Aufgabe der Presse im Zusammenhang mit ihrer spezifischen Werbefunktion. Ein Abschlußzwang für Unternehmen mit Alleinstellung aus § 26 Abs.2 GWB gilt aber auch in anderen Branchen. Nach der Rechtsprechung u.a. des Bundesverfassungsgerichts unterliegen jedoch auch Monopolverlage keiner Veröffentlichungspflicht für Inserate politischen Inhalts, wie z.B. Wahlwerbung.

Preiswettbewerb

Ihre Anzeigentarife können Presseverlage im Rahmen der Unternehmerfreiheit grundsätzlich nach eigenem Ermessen festlegen. Preisunterbietung auf dem Werbemarkt ist aber als unlautere Praxis i.S.d. § 1 UWG zu werten, wenn sie auf Verdrängungs- oder Vernichtungswettbewerb zielt. Ferner kommt bei Dumping-Preisen von Marktführern der Mißbrauch einer marktbeherrschenden Stellung gem. § 22 GWB oder, z.B. bei Tarifspaltung innerhalb eines Verbreitungsgebiets, eine verbotene Preisdiskriminierung nach § 26 Abs.2 GWB in Frage.

Gegenüber Anzeigenkunden unterliegt die Preisgestaltung bundesdeutscher Verlage dagegen dem Rabattgesetz von 1933. Dessen Vorschriften gelten für Waren und gewerbliche Leistungen des täglichen Bedarfs, die an den letzten Verbraucher veräußert werden, und sind nach der Rechtsprechung auf Druck und Verbreitung von Inseraten anwendbar. Daher sind Presseunternehmen an ihre Anzeigenpreisliste gebunden und dürfen über die Rabattgewährung nicht frei entscheiden. Das RabattG erlaubt nur wenige Formen des Preisnachlasses. Im Werbebereich kommt gem. § 2 lediglich ein Barzahlungsnachlaß von drei Prozent oder, wenn große Anzeigenaufträge vorliegen, ein Mengenrabatt im handelsüblichen Rahmen in Frage, der nach §§ 7 und 8 zulässig ist. Die Preislistentreue schließt somit Sonderkonditionen für bestimmte Inserenten weitgehend aus.

Auch die Vergabe kostenloser Zusatzanzeigen durch Verlage verstößt grundsätzlich gegen § 1 des Rabattgesetzes. Unentgeltliche Inserate werden außerdem als unlautere Wettbewerbsmethode von § 1 UWG erfaßt, weil die Preislistentreue mißachtet wird.

Abgrenzung des Anzeigenteils und irreführende Werbung

Ein zentraler Problembereich im Anzeigengeschäft der Printmedien ist die Vermischung von redaktionellem Teil und Werbung. Hier sind vor allem zwei Tatbestände von Bedeutung. Zum einen handelt es sich um redaktionell gestaltete Anzeigen, d.h. um Annoncen, die in ihrer Aufmachung wie journalistische Beiträge wirken. Sie werden von Inserenten eingesetzt, um von der Glaubwürdigkeit und mutmaßlichen "Objektivität" des redaktionellen Teils zu profitieren. Zum anderen sind Fälle redaktioneller Hinweise relevant, bei denen Journalisten Produkte, Dienstleistungen oder bestimmte Unternehmen (positiv) erwähnen.

Redaktionell gestaltete Anzeigen sind - seit dem entsprechenden Modellentwurf von 1963 - nach § 10 der Landespressegesetze in den alten Bundesländern verboten. In Bayern und Berlin ist § 9, in Hessen § 8 LPG einschlägig. Nach diesen Regelungen müssen entgeltliche Veröffentlichungen, die nicht allgemein als solche erkennbar sind, deutlich mit dem Wort "Anzeige" bezeichnet werden. Redaktionelle Hinweise fallen aber nicht unter die landesgesetzlichen Bestimmungen, weil es sich hierbei nicht um "entgeltliche" Veröffentlichungen handelt.

Wenn ein Werbekunde jedoch zusätzlich zu einer bezahlten Anzeige mit einem redaktionellen Hinweis bedacht wird, liegt ein Koppelungsgeschäft vor, das von der Zugabeverordnung erfaßt wird. Solche Praktiken sind nach § 1 Abs.1 der ZugabeVO untersagt, da der Verlag dem Inserenten einen journalistischen Beitrag als kostenlose Zugabe gewährt. Sowohl redaktionell gestaltete Anzeigen als auch redaktionelle Hinweise stellen zudem grundsätzlich einen Verstoß gegen § 1 UWG dar, der unlauteren Wettbewerb verbietet. Außerdem erfüllen Inserate, die als journalistische Beiträge getarnt sind, den Tatbestand irreführender Werbung gemäß § 3 UWG.

Die gebotene Abgrenzung zwischen journalistischer Arbeit und Werbung in den Printmedien ist in der Bundesrepublik Deutschland auch standesrechtlich geregelt. Die Verlegerverbände gehören dem Selbstkontrollorgan Zentralausschuß der Werbewirtschaft e.V. (ZAW) an, der sich u.a. um die Beseitigung von Mißständen auf dem Werbemarkt bemüht. Relevant für den Anzeigenwettbewerb im Pressesektor sind die sehr detailliert ausformulierten Standesregeln des ZAW zur Trennung von redaktionellem Teil und Inseraten. Gemeinsam mit Verleger- und Journalistenverbänden wurden 1952 die "ZAW-Richtlinien für redaktionelle Hinweise in Zeitungen und Zeitschriften" (erweitert 1972) und im April 1964 die "ZAW-Richtlinien für redaktionell gestaltete Anzeigen" erarbeitet.

Einschlägig sind hier außerdem die Standesgrundsätze des Deutschen Presserats, der im Jahr 1973 einen "Pressekodex" mit 16 grundlegenden Regeln verabschiedete und laufend Richtlinien für die journalistische Praxis erläßt. So hat das Gremium in seinen "Richtlinien für die redaktionelle Arbeit" Nr. 34 und Nr. 35 die Trennung von Text- und Anzeigenteil (im Oktober 1960) sowie die Kennzeichnung redaktionell gestalteter Anzeigen (im Juni 1976) normiert. Auch weil die Abgrenzung zwischen journalistischer Arbeit und Werbung standesrechtlich verankert ist, verstößt ihre Vermischung grundsätzlich gegen § 1 UWG. Dies gilt insbesondere, wenn die Grundsätze mißachtet werden, um einen geschäftlichen Vorteil zu erlangen.

Füllanzeigen, die Verlage unbestellt und ohne Entgelt veröffentlichen, sind als irreführende Werbung gemäß § 3 UWG zu werten. Vor allem, wenn auf diese Weise für bekannte Firmen oder mit Warenzeichen geworben wird, täuschen solche Annoncen eine größere Werbekraft der Zeitung oder Zeitschrift vor. Es entsteht der falsche Eindruck, die betreffenden Unternehmen hätten Anzeigenaufträge vergeben. Dasselbe gilt, wenn frühere Inserate kostenlos und ohne Auftrag wiederholt publiziert werden. Außerdem können Füllanzeigen eine unlautere Praxis i.S.d. § 1 UWG darstellen, weil ein wettbewerbsbezogener Verstoß gegen die Standesauffassung der Presse vorliegt.

Ein typischer Tatbestand aus dem Bereich des Anzeigenwettbewerbs ist der sog. "Auflagenschwindel": Überhöhte Angaben über die Zahl der vertriebenen oder verkauften Exemplare eines Printprodukts verschaffen dem betreffenden Verlag Wettbewerbsvorteile. Die Auflagenzahlen von Zeitungen und Zeitschriften spielen auf dem Anzeigenmarkt eine wichtige Rolle, da Publikationen mit höherer Auflage als Werbeträger attraktiver sind. Zugleich steigen die Anzeigenpreise und somit die Verlagseinnahmen. Der Auflagenschwindel ist als irreführende Werbung gemäß § 3 UWG verboten.

Auch hier kommen in der Bundesrepublik Deutschland Selbstkontrollmechanismen zum Tragen. Die 1949 gegründete Informationsgemeinschaft zur Feststellung der Verbreitung von Werbeträgern (IVW), ein gemeinsames Gremium von Presseverbänden und Werbewirtschaft, ist für die standesrechtliche Auflagenkontrolle bei Printmedien zuständig. Die IVW kontrolliert die Meldungen von Verlagen über ihre Verkaufsauflage und veröffentlicht die Ergebnisse vierteljährlich. In ihrer Satzung sind feste Kriterien für die Berechnung von Auflagenhöhen festgeschrieben, wobei vor allem die Abgrenzung zwischen Druckauflage, verbreiteter Auflage (alle abgesetzten Exemplare inkl. kostenlos verteilter Werbeexemplare) und Verkaufsauflage relevant ist. Allein die Zahl der verkauften Exemplare spiegelt die Bedeutung einer Zeitung oder Zeitschrift auf dem Anzeigenmarkt verläßlich wider.

CH Kartellgesetz und standesrechtliche Bestimmungen in der schweizerischen Werbebranche

Auf gesetzlicher Ebene unterliegt der Anzeigenwettbewerb der Presse in der Schweiz dem Kartellgesetz (KG). Gemäß Art. 20 KG kann die Kartellkommission gegen Wettbewerbspraktiken mit volkswirtschaftlich oder sozial schädlichen Auswirkungen vorgehen. Das Gesetz enthält aber weder ein grundsätzliches Verbot von horizontalen Absprachen oder Diskriminierungen noch regelt es Unternehmenskooperationen. In diesem Rahmen können Inserenten ihre Werbeaufträge nach eigenem Ermessen vergeben. Umgekehrt dürfen Verlage bestimmte Inserate abweisen.

Für das Anzeigengeschäft von Zeitungen und Zeitschriften sind in diesem Untersuchungsland, ähnlich wie in Großbritannien, Selbstkontrollorgane und standesrechtliche Regelwerke von großer Bedeutung. So setzt sich der Schweizerische Verband der Zeitungs- und Zeitschriftenverleger (SZV) gemäß Zweckartikel 2 seiner Statuten für die Fairness und Lauterkeit in der Publizistik und im Wettbewerbsverhalten ein sowie für die deutliche Trennung von redaktionellem Teil und Werbung.

Einschlägig sind hier auch die Richtlinien der Schweizerischen Kommission für Public Relations und Werbung in den Informationsmedien (PRW-Kommission). In diesem Gremium sind folgende Organisationen vertreten: die staatliche Post PTT, der Verlegerverband SZV, der Schweizerische Fachpresse-Verband (SFPV), die Schweizerische Public Relations Gesellschaft (SPRG), die Union romande de journaux (URJ), der Verband der Schweizer Journalisten (VSJ) und der Verband Schweizer Werbegesellschaften (VSW). Die PRW-Kommission entwickelt u.a. Grundsätze für die Abgrenzung zwischen Public Relations und Werbung in den Informationsmedien. In diesem Kontext hat sie auch Regeln für die alltägliche Praxis im Pressebereich aufgestellt, wonach z.B. jede Koppelung zwischen Anzeigenaufträgen und redaktionellen Beiträgen untersagt ist.

Außerdem geht die PRW-Kommission gemeldeten Verstößen gegen die Richtlinien nach, interpretiert das standesrechtliche Regelwerk und ist durch kontinuierliche Kontrolle der Medien generalpräventiv tätig. Ihre Einzelfallentscheidungen dienen Journalisten als Orientierungshilfe im Umgang mit PR-Produkten und Werbung.

Detailliert geregelt ist der gesamte Bereich des Anzeigengeschäfts aber vor allem in den gemeinsamen Normativbestimmungen des Schweizerischen Verbandes der Zeitungs- und Zeitschriftenverleger (SZV) und des Verbandes Schweizer Werbegesellschaften (VSW). Der VSW setzt sich zusammen aus den vier Unternehmen Assa, Mosse, ofa und Publicitas, die in diesem Land als Mittler zwischen Werbeträgern und der werbetreibenden Wirtschaft fungieren. Bei vielen Zeitungen hat eine dieser Gesellschaften den gesamten Anzeigenteil gepachtet, den sie für den Verlag verwaltet. Die genannten Richtlinien sind für Mitglieder beider Organisationen verbindlich. Die Inseratekommission SZV/VSW ist zuständig für ihre Formulierung und überprüft die praktische Umsetzung.

Die Normativbestimmungen enthalten u.a. Grundsätze zur Lauterkeit der Werbung, zur Trennung zwischen Anzeigen und Textbeiträgen sowie zu Koppelungsgeschäften. Danach müssen Inserate für Leser deutlich als solche erkennbar sein und vom redaktionellen Teil unterschieden werden können. Ferner ist jede Koppelung von Werbeaufträgen mit der Aufnahme journalistischer Beiträge abzulehnen.

Außerdem regeln die Normativbestimmungen verschiedene Probleme der Anzeigenpreisgestaltung. So gilt die Tariffreiheit des Verlegers, der seine Werbetarife und Rabattskalen unter Berücksichtigung betriebswirtschaftlicher Faktoren sowie der Marktsituation autonom festlegen darf. Die publizierten Anzeigentarife und Rabattskalen sind jedoch verbindlich und gegenüber allen Inserenten gleichermaßen anzuwenden. Als einheitliche Basis für die Preisgestaltung gilt die einspaltige Millimeterzeile oder die ganze Seite, als Grundtarif der Schweizer Preis. Die Festsetzung von Lokaltarifen unterliegt separaten Vorschriften.

Weitere Richtlinien der Normativbestimmungen von SZV und VSW beziehen sich z.B. auf Fragen von Werbegemeinschaften, der allgemeinen Geschäftsbedingungen von Zeitungen und Zeitschriften sowie der Tätigkeit von Werbegesellschaften, Annoncenagenturen, Inseratevermittlern und Werbeberatern. Für Anzeigenverträge bestimmen sie, daß Verlage Inserate ohne Angaben von Gründen abweisen können.

Neben diesen Normativbestimmungen besteht auch ein "Loyalitätskodex" zwischen SZV und VSW, der die Kündigung von Pachtverträgen und das Wettbewerbsverhalten regelt. Einerseits verpflichten sich die VSW-Firmen, im Rahmen der wirtschaftlichen Freiheit keine Wettbewerbsmaßnahmen zu ergreifen, die außerhalb branchenüblicher Praktiken liegen und Verlage daran hindern könnten, einen Pachtvertrag zu kündigen. Zu solchen verbotenen Methoden zählt etwa die Finanzierung eines neuen Konkurrenzobjekts oder eine speziell niedrige Pachtmarge. Andererseits verpflichten sich die Mitgliedsverlage des SZV, im Fall einer Vertragskündigung die branchenüblichen Marktregeln zu respektieren. Hierzu gehört z.B. die Gewährung einer Vermittlungskommission und die Beachtung der Tariftreue.

SWE <u>Wettbewerbsrecht in Schweden</u>

Im Untersuchungsland Schweden unterliegt auch der Werbemarkt dem allgemeinen Wettbewerbsgesetz (KL), das 1954 als Gesetz gegen Wettbewerbsbeschränkungen (KBL) erlassen wurde. Seit seiner Erweiterung und Umbenennung im Jahr 1982 erfaßt das KL u.a. auch negative Wirkungen des Preiswettbewerbs und Probleme des Marktzugangs. Das Gesetz sollte 1992 erneut revidiert werden, um insbesondere dem Ombudsmann und der zuständigen Kommission größere Befugnisse einzuräumen.

6.2.3 Strukturentwicklung

Im Überblick zeigt der Strukturverlauf, daß das Werbegeschäft der Printmedien in den Untersuchungsländern ähnlich organisiert ist. Meist verkaufen und verwalten Verlage ihren Anzeigenplatz durch firmeneigene Abteilungen. In der Schweiz haben viele Presseunternehmen aber auch Pachtverträge mit zwischengeschalteten Werbegesellschaften geschlossen. In allen vier Ländern sind Anzeigenkooperationen von Verlagen weit verbreitet.

GB Strukturdaten und Fallentscheidungen zum Werbemarkt in Großbritannien

In Großbritannien verfolgt der Staat bei der Vergabe eigener Werbeaufträge keine erkennbare und gezielte Politik, etwa im Sinne selektiver Presseförderung. Allerdings gilt hier eine Bestimmung, wonach Anzeigen staatlicher Institutionen so geschaltet werden müssen, daß sie die jeweils Betroffenen erreichen. Nach einer Erhebung der Marktforschungsgesellschaft MEAL beliefen sich die Werbeausgaben der britischen Regierung 1987 auf £ 76,6 Mio, im Jahr 1989 auf £ 93,8 Mio und 1991 auf £ 84,8 Mio. Der Anstieg des Budgets in den 80er Jahren hängt mit den großangelegten Privatisierungsmaßnahmen der konservativen Regierung zusammen. Sie verkaufte nacheinander die Gas-, Strom- und Wasserwerke sowie die Telefongesellschaft British Telecom mit Hilfe intensiver Werbekampagnen an Aktionäre.

Die von MEAL veröffentlichten Zahlen erfassen jedoch nicht alle staatlichen Werbeausgaben, da sowohl die verschiedenen Ministerien als auch die Gemeindeverwaltungen innerhalb ihrer Etats eigene Aufträge vergeben, über die keine summarischen Angaben vorliegen. Auch eine medienbezogene Aufschlüsselung des staatlichen Werbebudgets stand der britischen Expertengruppe nicht zur Verfügung. Vergleicht man aber die genannten Ausgaben der Regierung allein mit den Gesamtkosten für Nahrungsmittelwerbung von £ 436 Mio im Jahr 1987 und £ 525,9 Mio im Jahr 1991, so fällt der staatliche Beitrag zu den Werbeeinnahmen der Medien eher bescheiden aus. MEAL beziffert den Anteil von Regierungsaufträgen am gesamten Werbemarkt auf rund 2,5 Prozent für 1991.

Im selben Jahr betrugen die Anzeigeneinkünfte britischer Zeitungen insgesamt £ 1,5455 Mrd aus Inseraten ("display advertising") und weitere £ 1,2035 Mrd aus Kleinanzeigen ("classified advertising"). Dabei hatte die nationale Presse einen Anteil am gesamten Werbemarkt von 18,3 Prozent, die Regionalpresse von 27,6 Prozent. Da ferner zwölf Prozent aller Werbeausgaben auf Fachzeitschriften entfielen und 7,3 Prozent auf Verbrauchermagazine, betrug 1991 der Gesamtanteil der Printmedien am Werbemarkt 65,2 Prozent. Nach ihrer Erlösstruktur sind die regionalen Zeitungen Großbritanniens wesentlich stärker vom Anzeigengeschäft abhängig als die nationalen. So bezogen regionale Verlage im Jahr 1989 etwa 78 Prozent ihrer Einnahmen aus Werbung. Demgegenüber betrugen die Anzeigenerlöse in der nationalen Tagespresse rund 45 Prozent und bei Verlagen nationaler Sonntagszeitungen ca. 62 Prozent.

Zugleich investieren manche Verlage aber auch in eigene Werbekampagnen, die vorwiegend auf Straßenplakaten und teilweise im Fernsehen oder Hörfunk betrieben werden. Dabei bestreiten 15 nationale Blätter 78 Prozent der Werbeausgaben britischer Zeitungen, die sich 1989 auf insgesamt £ 65,4 Mio summierten. So gab beispielsweise The Sun £ 8 Mio für Eigenwerbung aus, der Daily Express £ 6,3 Mio. Es folgten die Sunday Times mit £ 4,4 Mio, Mail on Sunday mit £ 4,2 Mio und Daily Mail mit £ 4 Mio.

Mit Möglichkeiten von Verlagskooperationen im Anzeigenbereich beschäftigte sich u.a. die Royal Commission on the Press 1977. Das Gremium stellte fest, daß trotz unterschiedlicher Interessenlagen Modelle der Zusammenarbeit praktiziert wurden. So betrieben die Zeitschriftenverlage damals in manchen Bereichen gemeinsame Marktforschung. Verlage regionaler Zeitungen kooperierten über das Evening Newspapers Advertising Bureau, das jedoch keinen Anzeigenverkauf tätigte. Außerdem bestand eine gemeinsame Vertretung in den USA, das Newspaper Advertising Bureau. Insgesamt aber beurteilte die Royal Commission on the Press 1977 die bestehenden Kooperationen im Werbegeschäft als nicht bedeutsam. Das Gremium bezweifelte jedoch, daß eine ausdrückliche Aufforderung seinerseits die Presseunternehmen zu intensiverer Zusammenarbeit bewegen könnte.

Im Sektor der nationalen Zeitungen bemüht sich der Verlegerverband Newspaper Publishers Association seit Jahrzehnten erfolglos, einen gemeinsamen Anzeigenservice einzurichten. So wurde bereits Ende der 60er Jahre eine Newspaper Publisher Association Marketing Executive gegründet, die aber scheiterte. Auch der in den frühen 70er Jahre unternommene Versuch, ein Anzeigenbüro der nationalen Presse zu starten, schlug fehl.

Hingegen gründeten die britischen Regionalzeitungen 1990 erfolgreich den gemeinsamen Regional Daily Advertising Council (RDAC). Diese Einrichtung soll die Regionalpresse als Werbemedium für landesweit inserierende Unternehmen attraktiver machen. Ein Großteil der beteiligten Zeitungen ist nicht im National Readership Survey des Joint Industry Committee for National Readership Surveys (JICNARS) registriert. Zu Beschwerden über den RDAC als wettbewerbshinderliches Kartell, die beim Office of Fair Trading eingingen, hat die Wettbewerbsbehörde bislang nicht Stellung genommen.

Zu den Preiseffekten von Anzeigenkooperationen stellte die Royal Commission on the Press 1977 fest, daß eine Zusammenarbeit nicht zu höheren Tarifen führe. Untersuchungen des Evening Newspaper Advertising Bureau der Regionalpresse hätten ergeben, daß einheitliche Anzeigenpreise, wie Großverlage sie anböten, im Durchschnitt etwas unter denen unabhängiger Blätter lägen. Höhere Tarife würden in der Regel von neueren Publikationen und von Zeitungen mit sinkender Auflage gefordert.

Aus Großbritannien liegen auch praktische Beispiele für wettbewerbswidrige Methoden von Verlagen vor. Zum einen geht es um Treuerabatte, die nach dem Competition Act 1980 als "restrictive terms" geahndet werden können. In einem 1981 entschiedenen Fall hatte Sheffield Newspapers Ltd. (SNL) für Immobilienanzeigen ein System eingeführt, wonach Werbekunden Rabatte erhielten, wenn sie einen bestimmten Anteil ihrer Inserate an SNL vergaben und die Anzeigen für mehrere Wochen im Jahr buchten. Außerdem verweigerte der Verlag zeitweilig die Annahme von Werbung, die zugleich in einem neugegründeten freesheet geschaltet wurde.

Der Director of Fair Trading beurteilte diese Praktiken als wettbewerbsschädlich. Daraufhin nahm das Presseunternehmen seine Bedingung für die Rabattgewährung zurück, nach der ein bestimmter Teil aller Immobilieninserate an SNL vergeben werden mußte. Die Monopolies and Merger Commission akzeptierte dieses veränderte System.

In einem weiteren Fall aus dem Jahr 1983 erklärte der Director General of Fair Trading Dumping-Preise im Anzeigengeschäft für wettbewerbswidrig. Hierbei hatte der Verlag Scottish and Universal Newspapers (SUNL) ein eigenes freesheet als Konkurrenzobjekt zu einer kostenlos verteilten Zeitung im Raum Lancashire gegründet. SUNL vergab die Anzeigen in seinem freesheet zunächst unentgeltlich und später zu einem subventionierten Tarif. Um gratis inserieren zu können, mußten sich die Werbekunden außerdem verpflichten, keine Inserate im konkurrierenden Blatt zu schalten. Der Director General zwang den Verlag, seine Preispolitik zu ändern.

Auch die Ablehnung von Anzeigenaufträgen durch ein Presseunternehmen war schon Gegenstand von Entscheidungen der britischen Wettbewerbsbehörde. Im Juli 1983 hatte der Director General of Fair Trading über die Entscheidung von Essex County Newspapers (ECN) zu befinden, Inserate einer Immobilienagentur abzulehnen, die eine neue Verkaufsmethode praktizierte. Nach Beanstandung durch den Director General versprach der Verlag, diese Praxis aufzugeben.

D Anzeigenwettbewerb der bundesdeutschen Presse

In der Bundesrepublik Deutschland sind die Tageszeitungen mit weitem Abstand der größte Werbeträger, wenngleich sich ihr Anteil am Werbemarkt in den letzten Jahren stetig verringert hat. 1990 entfielen in den alten Bundesländern 32,9 Prozent aller Werbeausgaben auf die Tagespresse. In der Erlösstruktur von Abonnementzeitungen überwogen die Anzeigeneinnahmen mit rund 64 Prozent (56 Prozent aus Inseraten und acht Prozent aus Fremdbeilagen) deutlich die Vertriebserlöse von gut 36 Prozent.

Der Anteil von Werbung am Gesamtumfang aller Tageszeitungen belief sich im Jahr 1965 auf 36,5 Prozent, 1975 auf 40,7 und 1984 auf 41,6 Prozent. Im Sektor der Abo-Tagespresse waren diese Zahlen deutlich höher: Hier machten die Anzeigenseiten sowohl 1976 als auch 1983 durchschnittlich 61 Prozent des Gesamtumfangs aus. Bei Abonnement-Tageszeitungen steigt in der Regel mit der Auflage auch der Umsatzanteil des Werbegeschäfts. So betrug 1983 der prozentuale Umsatz aus Inseraten in der Auflagenklasse von 5.000 bis 10.000 Exemplaren 63,0 Prozent. Bei Zeitungen mit einer Auflage zwischen 50.000 bis 125.000 waren es 65,8 und bei Abo-Tageszeitungen mit Auflagen über 250.000 Exemplaren 71,5 Prozent.

Die Gesamterlöse bundesdeutscher Wochen- und Sonntagszeitungen beliefen sich im Jahr 1990 auf rund 647,42 Mio DM, davon knapp 55 Prozent (353,7 Mio DM) Anzeigen- und Beilagenerlöse und gut 45 Prozent (293,72 Mio DM) Vertriebserlöse. Publikumszeitschriften waren 1990 mit einem Anteil am Werbemarkt von 12,5 Prozent der drittgrößte Werbeträger. Der Umsatzanteil des Anzeigengeschäfts betrug 1983 bei den Zeitschriften insgesamt 51 Prozent, im Bereich der unterhaltenden Publikumszeitschriften 42 Prozent und bei den politischen Wochenblättern 61 Prozent.

Ein weiteres bedeutendes Werbemedium auf dem bundesdeutschen Printmedienmarkt sind die Anzeigenblätter. Sie rangierten 1990 mit einem Anteil von acht Prozent der gesamten Werbeaufwendungen an sechster Stelle. 1980 existierten in diesem Sektor 606 Titel mit einer Auflage von 36,3 Mio Exemplaren und 1983 669 Titel bei einer Auflage von gut 40 Mio. Im Jahr 1989 gaben 458 Verlage 1.035 Anzeigenblätter heraus und erreichten damit eine Gesamtauflage von 53,891 Mio Exemplaren. Die meisten dieser Objekte erschienen wöchentlich.

Auch zu Verlagskooperationen im Werbebereich liegen aus der Bundesrepublik Deutschland Strukturdaten vor. 1975 waren 82,6 Prozent der Abonnement-Tageszeitungen mit einer Auflage unter 50.000 einer Anzeigengemeinschaft angeschlossen. Bei den Blättern mit über 50.000 verkauften Exemplaren betrug dieser Anteil 50,7 Prozent. Im Jahr 1983 hatten sich diese Zahlen auf 90,1 Prozent (Auflage bis 50.000) und 58,4 Prozent (Auflage über 50.000) erhöht. Dabei handelte es sich meist um sog. "Additionskooperationen": Getrennte Verbreitungsgebiete werden zusammengefaßt, um auf diese Weise vor allem überregionale Anzeigen anbieten und gemeinsam verwalten zu können.

So wurde beispielsweise 1975 die Anzeigen-Cooperation Nordrhein (ACN) gegründet, die den beteiligten Tageszeitungen ermöglichte, gemeinsam überregionale Inserate im Verbreitungsraum Köln-Düsseldorf anzubieten. Im Januar 1977 erschien erstmals das Supplement Prisma der ACN. Der überregionale Werbeträger wurde 1977 fünfzehn Objekten in Nordrhein-Westfalen mit einer Gesamtauflage von über 1,86 Mio Exemplaren beigelegt.

Generell haben insbesondere Tageszeitungen seit den 70er Jahren in wachsendem Maße Supplements als Medium für Farbanzeigen eingeführt. Da sich deren Produktion erst bei hohen Auflagen rentiert, sind hier Verlagskooperationen sehr verbreitet. 1975 hatten diese Beilagen eine Gesamtauflage von 3,23 Mio und wurden in knapp 130 Trägerobjekten vertrieben. Im Jahr 1991 gab es 13 Supplements, die 241 Trägerobjekten beigelegt wurden und zusammen eine Auflage von 17,5 Mio Exemplaren erreichten.

Ein praktisch relevanter Tatbestand im Anzeigenwettbewerb bundesdeutscher Printmedien sind Kombinationstarife: Großverlage fassen mehrere ihrer Zeitungen mit unterschiedlichen Verbreitungsgebieten zu einem Anzeigenverbund zusammen.

Auf diese Weise können die Presseunternehmen weitaus niedrigere Tausenderpreise anbieten als kleinere Konkurrenten. In der Regel wird dabei eine Verbindung geschaffen zwischen beherrschten und nicht beherrschten Märkten, die entweder rechtlicher (bei Zwangskombinationen) oder wirtschaftlicher Natur ist (bei erheblich billigeren Kombinationstarifen). Unter wettbewerbsrechtlichem Aspekt stellt sich hier die Frage, ob verbotener Mißbrauch einer marktbeherrschenden Stellung vorliegt, wenn Verlage ihre Vormachtstellung in lokalen oder regionalen Verbreitungsgebieten auf andere, noch nicht kontrollierte Märkte übertragen.

In einschlägigen Entscheidungen wurden solche Fälle teilweise uneinheitlich beurteilt. Beispielsweise hob das Berliner Kammergericht 1977 eine einstweilige Anordnung der Landeskartellbehörde gegen den Springer-Verlag auf, der Kombinationspreise für seine in Berlin erscheinenden Abonnementzeitungen eingeführt hatte. Das Unternehmen hatte die Anzeigentarife der Titel Welt und Berliner Morgenpost sowie der Welt am Sonntag und der Welt zusammengelegt. Es handelte sich zwar nicht um Zwangsbelegungen, doch waren die Kombinationstarife deutlich günstiger. Das Berliner Kartellamt hatte diese Praxis als Behinderungsmißbrauch bei marktbeherrschender Stellung gem. § 22 GWB untersagt. Das Kammergericht dagegen erkannte keine erhebliche Verschlechterung der Marktstruktur und hob die behördliche Entscheidung wieder auf.

Neben Kombinationstarifen waren auch andere charakteristische Tatbestände aus dem Anzeigengeschäft der Presse schon Gegenstand von Gerichtsurteilen. So hatte das Stuttgarter Oberlandesgericht 1972 über die Anwendung des Rabattgesetzes auf die Geschäftsbeziehungen zwischen Verlagen und Werbeagenturen zu befinden, die im Auftrag von Firmen Inserate schalten. Das Gericht hielt das Rabattgesetz für nicht einschlägig. Nach seiner Ansicht gelten die Agenturen nicht als Endverbraucher für den Druck und die Verbreitung von Anzeigen als Leistungen des täglichen Bedarfs. Letztverbraucher im Sinne des Gesetzes seien vielmehr die werbenden Unternehmen als Auftraggeber. Daher gelten die Vorschriften des Rabattgesetzes zwischen diesen Firmen und den Werbeagenturen.

Um den Entzug von Inseraten als Sanktion gegen einen Verlag ging es in einer Entscheidung des Bundesgerichtshofs von 1960. In diesem Fall hatte ein Filmtheaterverband versucht, durch Anzeigensperre die negative Filmrezension einer Tageszeitung zu verhindern. Der BGH bewertete diese Methode als unlauteren Wettbewerb und somit als Verstoß gegen § 1 UWG.

Mit der umgekehrten Konstellation, der Ablehnung eines Werbeauftrags durch ein Presseunternehmen, beschäftigte sich das Landgericht Passau in den frühen 80er Jahren. Das Gericht entschied, daß eine Regionalzeitung trotz ihrer Monopolstellung die gesellschaftskritische Anzeige einer Privatperson nicht veröffentlichen mußte. Es verneinte hier einen Kontrahierungszwang, weil das Inserat politischen Inhalts war.

Die publizistisch wie wettbewerbsrechtlich bedenkliche Vermischung von redaktionellem Teil und Werbung ist in der Bundesrepublik Deutschland - wie dargestellt -

sowohl nach kodifizierten Bestimmungen als auch nach standesrechtlichen Grundsätzen untersagt. Historisch betrachtet, wurde diese Frage erst nach dem Ende der Lizenzperiode relevant, denn vorher galten strenge Richtlinien der Alliierten. Daher nahm das Bundesland Bayern eine Kennzeichnungspflicht für Anzeigen bereits 1949 in sein Pressegesetz auf. Anhand der Fachliteratur läßt sich jedoch nicht konkret darstellen, inwieweit die gebotene Trennung im Pressesektor derzeit real umgesetzt wird. Es gibt lediglich Anhaltspunkte.

Vor allem der Bereich redaktioneller Hinweise auf Werbekunden als unzulässige Koppelungsgeschäfte scheint nach wie vor problematisch zu sein. Die einschlägigen Verbote werden z.B. von Anzeigenblättern häufig unterlaufen. Zum Teil argumentieren die Verlage, es handle sich um eine "handelsübliche Nebenleistung", die nach der Zugabeverordnung erlaubt ist.

In einer Untersuchung bundesdeutscher Zeitungen und Zeitschriften aus den 70er Jahren verweist Baerns in diesem Zusammenhang auf neuere PR-Strategien von Wirtschaftsunternehmen, die Redaktionen oft druckfertige Artikel oder kostenlose Fotos zusenden. Am Beispiel fünf regionaler Tageszeitungen im Ruhrgebiet belegt die Wissenschaftlerin außerdem, daß redaktionelle Hinweise und die Übernahme von vorgefertigtem PR-Material in diesem Printmedientyp verbreitet sind. Gleichzeitig, so Baerns, habe sich auch das redaktionelle Marketing der Presseunternehmen gewandelt. Angebote wie Verlagsbeilagen oder Sonderseiten sollen Werbekunden durch ein attraktives Anzeigenumfeld anlocken (vgl. Fischer/Baerns 1979, 99 ff). Solche Strategien werden von Vertretern der Pressebranche auch in aktuellen Veröffentlichungen ausdrücklich empfohlen. Diese Entwicklungen verwischen die Grenze zwischen journalistischen Beiträgen und Inseraten und erschweren die juristische Beurteilung. Die Verknüpfung von Werbung und redaktionellem Teil wird auch bei Publikumszeitschriften, z.B. Frauenmagazinen, häufig kritisiert.

In einem Fall zu diesem Problemkreis rügte die Zentrale zur Bekämpfung unlauteren Wettbewerbs (Wettbewerbszentrale) Anfang der 70er Jahre die Veröffentlichung eines Anzeigen-Wochenblatts aus Hannover. Das Blatt hatte unter dem Titel "Ein Blick hinter die Kulissen" direkt neben einer entsprechenden Anzeige über eine Reinigungsfirma berichtet. Dieser Artikel wirkte wie ein journalistischer Beitrag über eine Betriebsbesichtigung. Nur das nebenstehende Inserat war mit dem Vermerk "PR-Anzeige" versehen. Da der Verlag sich weigerte, gegenüber der Wettbewerbszentrale eine Unterlassungserklärung abzugeben, entschied später das Landgericht Hannover, daß hier irreführende redaktionelle Werbung vorlag.

Um einen anderen Tatbestand von Irreführung ging es in einem 1954 ergangenen Urteil des Stuttgarter Landgerichtes. Danach stellt die eigenmächtige und kostenlose Veröffentlichung von Todesanzeigen eine Form irreführender Werbung dar, weil sie einen falschen Eindruck über die Bedeutung der Zeitung als Werbeträger erweckt.

CH Anzeigengeschäft und Rolle der Werbegesellschaften in der Schweiz

Für schweizerische Zeitungen sind Inserate als Einnahmequelle in den letzten Jahren immer wichtiger geworden. Heute machen die Anzeigenerlöse in diesem Sektor zwischen 70 und 80 Prozent der Verlagseinkünfte aus.

Vom gesamten Netto-Werbeumsatz des Landes entfielen 1988/89 36 Prozent (1,923 Mrd sfrs) auf die Zeitungspresse, fünf Prozent (265 Mio sfrs) auf Publikumsmagazine und sechs Prozent (296 Mio sfrs) auf Fachzeitschriften. Demgegenüber betrug der Anteil des Fernsehens am Werbemarkt vier Prozent (203 Mio sfrs), lokale Radios kamen auf ein Prozent (54 Mio sfrs). Die Zeitungen stellen seit einigen Jahren nur noch den zweitgrößten Werbeträger dar. Sie wurden von den Ausgaben für Direktwerbung überholt, auf die 1988/89 39 Prozent der Gesamtaufwendungen entfielen.

Von zentraler Bedeutung für das Anzeigengeschäft der Presse sind hier die vier Werbegesellschaften Assa, Mosse, ofa und Publicitas. Sie haben in der Schweiz eine Mittlerfunktion zwischen Werbemedien und der werbetreibenden Wirtschaft. Im Bereich dieser Firmen besteht eine große Konzentration und starke Verflechtung. So kontrolliert allein Publicitas über ihre Pachtblätter und Inseratekombinationen rund 45 Prozent des gesamten schweizerischen Anzeigenmarkts und etwa 60 Prozent des Werbegeschäfts bei den Tageszeitungen. Sie hält außerdem 100 Prozent der Anteile an der Mosse Annoncen AG und ist zu 42 Prozent an der ofa Orell Füssli Werbe AG beteiligt. Die in Lausanne ansässige Agentur Publicitas hat bei 135 Zeitungen den Anzeigenteil gepachtet, den sie für die Verlage verkauft und verwaltet. Dafür erhält sie zwischen 20 und 25 Prozent der Netto-Erträge. Die Werbegesellschaft ist auch am Lokalradio Aktuell und der Videotext-Agentur Telepress beteiligt. Mit einem jährlichen Inlandsumsatz von 900 Mio sfrs und einem Gesamtumsatz von 1,4 Mrd sfrs ist Publicitas der größte Medienkonzern in der Schweiz.

Nicht zuletzt aufgrund einer spürbaren Wirtschaftsflaute hat sich 1991 in diesem Untersuchungsland die Tendenz zu Verlagskooperationen weiter verstärkt. Nach Ansicht der Expertengruppe konnten sich viele der heute noch bestehenden Zeitungen nur behaupten, weil sie mit anderen Unternehmen u.a. im Werbebereich zusammenarbeiten. Dabei entstand eine Reihe neuer Anzeigengemeinschaften. Gegenwärtig gibt es 14 täglich belegbare Zeitungskombinationen. Darunter nimmt das SwissCombi eine Leaderstellung ein, das gebildet wird von der Berner Zeitung, den Luzerner Neuesten Nachrichten, dem Tages-Anzeiger und La Suisse. SwissCombi ist der führende Anbieter im Hinblick auf Leserzahl, Auflage, Kontakte und Tausenderpreis.

Als praktisches Beispiel zum Anzeigenwettbewerb ist aus der Schweiz eine Inseratensperre der Automobilbranche gegenüber dem Zürcher Tages-Anzeiger dokumentiert. Nach Einschätzung der Expertengruppe zeigt der Fall aus den frühen 80er Jahren, daß die wachsende Werbeabhängigkeit auch für ertragsgesunde Zeitungen problematisch werden kann. Damals schritt die Kartellkommission ein, die nach schweizerischem Wettbewerbsrecht prüfte, ob der Anzeigenboykott gegen den Tages-Anzeiger volkswirtschaftlich oder sozial schädliche Auswirkungen hatte. Nach ihrer Untersuchung kam das Gremium zu dem Schluß, daß einige Autoimporteure ihr Verhalten stillschweigend aufeinander abgestimmt hatten und somit eine kartellähnliche Organisation bestand.

Unter volkswirtschaftlichem und auch medienpolitischem Aspekt befand die Kommission: "Abnahmesperren auf der Nachfrageseite bergen die Gefahr in sich, den Bestand einer Zeitung zu gefährden und damit die Pressekonzentration zu begünstigen... Diese Auswirkung ist deshalb negativ zu werten, weil eine Vielfalt der Informations- und Meinungspresse in der Demokratie erwünscht ist."

Im Hinblick auf mögliche sozial schädliche Effekte formulierte sie: "Entscheidend erscheint in diesem Zusammenhang, daß der Tages-Anzeiger wegen seiner redaktionellen Haltung gemaßregelt wird. Dies ist - aus der Sicht sozialer Schädlichkeit - insbesondere deshalb bedenklich, weil das Vorbild durchaus Schule machen kann." Demgegenüber betont die Kommission aber auch: "Auf der anderen Seite müssen auch die Interessen der Inserenten in gebührender Weise berücksichtigt werden, denn unzweifelhaft stellt der redaktionelle Teil mit dem Inserateteil ein Gut dar. Es muß daher eine Schwelle geben, von der an einem Unternehmen schon aus betriebswirtschaftlichen Gründen nicht mehr zugemutet werden kann, in einem bestimmten Presseorgan zu inserieren. Wird diese Schwelle überschritten, kann der Inseraterückzug auch aus staatspolitischer Sicht nicht mehr negativ gewertet werden." (Veröffentlichungen der Schweizerischen Kartellkommission 1981, 76 ff).

Die Expertengruppe Schweiz kommentiert die zitierte Entscheidung folgendermaßen: Bewußt ohne Klärung des konkreten Sachverhalts werde lediglich aufgezeigt, daß die Insertionsfreiheit in Widerspruch mit einer institutionell verstandenen Pressefreiheit geraten könne. Letztlich aber werde der wirtschaftsrechtlichen Sichtweise Vorrang eingeräumt gegenüber presserechtlichen bzw. demokratietheoretischen Aspekten.

SWE Strukturverlauf des schwedischen Werbemarkts

Schwedische Morgenzeitungen erzielen rund zwei Drittel ihrer Einkünfte durch den Verkauf von Anzeigenraum und etwa ein Drittel durch den Vertrieb, vorwiegend im Abonnement. Die drei bestehenden Abendzeitungen, durchweg Boulevardblätter, haben eine umgekehrte Erlösstruktur: Hier stammt ein Drittel der Einnahmen aus dem Werbegeschäft, zwei Drittel aus dem Einzelverkauf.

In Schweden lesen im Durchschnitt etwa 75 Prozent der Bevölkerung zwischen neun und 79 Jahren täglich eine Morgenzeitung und 34 Prozent ein Abendblatt. Diese große Reichweite verschafft den Zeitungen, so die Expertengruppe, eine starke Position auf dem Werbemarkt. So betrug der Anteil der Provinzmorgenzeitungen am gesamten Werbeumsatz in traditionellen Medien 1991 37 Prozent (3,864 Mrd skr). Die großstädtischen Morgenblätter in Stockholm, Göteborg und Malmö erreichten

32 Prozent (3,350 Mrd skr) und die drei Abendzeitungen sieben Prozent (690 Mio skr). Weiterhin entfielen zehn Prozent des traditionellen Werbemarkts (1,042 Mrd skr) auf Handelszeitschriften sowie fünf Prozent (486 Mio skr) auf populäre Magazine. Freesheets sind in Schweden von geringerer Bedeutung und verbuchten 1991 nur einen Werbeumsatz von einigen hundert Mio skr. Im selben Jahr belief sich der entsprechende Anteil des Fernsehens auf fünf Prozent.

Schwedische Zeitungsverlage verkaufen und verwalten ihre Inserate in der Regel über firmeneigene Abteilungen. Werbeagenturen geben ebenso Bestellungen auf wie andere Kunden. Im Gegensatz zur Schweiz werden in diesem Untersuchungsland keine ganzen Anzeigenseiten von Annoncengesellschaften gemietet.

Während der 80er Jahre erlebte der Pressesektor in Schweden, wie auch in anderen Staaten, einen Werbeboom. Trotz kontinuierlicher Preisanstiege steigerte sich das Anzeigenvolumen fast ununterbrochen, und die Profitmargen der Verlage wurden stetig weiter. In dieser Zeit der Hochkonjunktur wuchsen die Seitenumfänge, die größten Objekte wurden in multi-sektionale Zeitungen umgewandelt, Supplements eingeführt und die Periodizität erhöht. 1989 kündigte sich aber eine Rezession an. Die Gewinne der werbetreibenden Unternehmen verringerten sich, und sie kürzten ihre Werbeetats. Die Zeitungen spürten vor allem einen Rückgang von Stellenanzeigen, ganzseitigen Inseraten und Markenartikelwerbung. Diese Entwicklung spiegelt sich auch in den durchschnittlichen Netto-Gewinnen der Zeitungsverlage wider, die 1980 1,7 Prozent betrugen, 1984 4,9 Prozent, 1988 9,6 Prozent und im Jahr 1990 3,3 Prozent.

Auch in Schweden gibt es zahlreiche kooperierende Presseunternehmen, die Anzeigenraum gemeinsam verkaufen. So arbeiten z.B. die größten Provinzblätter zusammen und häufig auch Zeitungen einer Region aus demselben Verlag.

6.2.4 Wirksamkeit, Debatten und Alternativen

Insbesondere aus Großbritannien und der Bundesrepublik Deutschland liegen Hinweise auf die reale Wirksamkeit gesetzlicher oder standesrechtlicher Bestimmungen im Anzeigenwettbewerb der Printmedien vor. Auch waren in beiden Untersuchungsländern Alternativmodelle Gegenstand medienpolitischer Debatten.

GB In Großbritannien haben sich alle drei Royal Commissions on the Press von 1949, 1962 und 1977 mit der Relevanz des Werbegeschäfts für den Zeitungssektor und mit möglichen Auswirkungen beschäftigt. Dabei vertraten die Kommissionen wiederholt die Ansicht, Anzeigen seien neben dem Vertrieb die optimale Finanzierungsbasis, um politische Unabhängigkeit der Presse zu gewährleisten. Historisch gesehen ist Werbung seit Anfang des 19. Jahrhunderts eine wichtige Einnahmequelle britischer Zeitungen. Nach der konventionellen Darstellungsweise der "Whig history of the press" führte ihre Entwicklung als Werbeträger zur eigentlichen Pressefreiheit, da sie die Abhängigkeit von Partei- und Regierungsgeldern beendete.

Schwerpunktmäßig in den 60er und 70er Jahren wurden unterschiedliche Vorschläge zu strukturellen Änderungen des Anzeigenmarkts britischer Printmedien in die medienpolitische Diskussion gebracht. Diese Modelle waren Reaktionen auf die Wirtschaftsrezessionen von 1961-62 und 1966-67, unter denen die Werbeeinnahmen der Presse litten. Kritiker verwiesen auch auf Einbußen durch das inzwischen eingeführte Werbefernsehen. Die Abhängigkeit der Verlage vom Anzeigengeschäft wurde damals besonders deutlich, und die Vielfalt der britischen Presse schien gefährdet.

Bereits in den frühen 60er Jahren kamen in Großbritannien Forderungen auf, staatliche Anzeigen als Mittel selektiver Presseförderung einzusetzen und ihre Vergabe an der finanziellen Bedürftigkeit von Verlagen zu orientieren. Einen entsprechenden Vorschlag trugen z.B. die Co-Operative Press Ltd. und die Daily Worker Co-operative Society an die Royal Commission on the Press 1962 heran. Das Gremium lehnte jedoch eine solche Regelung ab: Wie allen anderen Werbetreibenden müsse es der Regierung freigestellt sein, ihre Anzeigenaufträge nach eigenen Bedürfnissen zu erteilen.

Die Kommission von 1962 setzte sich auch mit einer Reihe weiterer Alternativmodelle auseinander, die sie jedoch alle verwarf. So wurde damals eine gesetzliche Einschränkung des Anzeigenteils von Zeitungen angeregt. Die Wirtschaftswissenschaftler Nicholas Kaldor und Robert Nield plädierten für eine Werbeabgabe proportional zur Auflage. In ihrem Bericht verwies die Royal Commission auf die Gefährdung kleiner Verlage durch die Dominanz großer Unternehmen und den hohen Anteil der Werbefinanzierung. Sie befand jedoch, es gäbe keine akzeptablen legislativen oder fiskalen Maßnahmen, um die Pressevielfalt zu garantieren.

In den folgenden Jahren setzten sich diese medienpolitischen Debatten fort. Vertreter der politischen Linken, insbesondere der Labour Party und der Fabian Society, kritisierten, die Marktstruktur verhindere Neugründungen unabhängiger Zeitungen außerhalb der Großkonzerne. Sie verlangten auch eine gezielte Förderung kleinerer Verlage, um ein breites Pressespektrum sichern. Erneut wurde an die Regierung appelliert, ihre Werbeaufträge als Subventionierung zu vergeben. Im Rahmen unterschiedlicher Konzepte war auch die Einführung staatlicher Behörden zur Anzeigenverwaltung im Gespräch.

1969 forderte John Ryan, Mitglied der sozialistischen Fabian Society, die Gründung einer National Press Corporation. Sie sollte Druckanlagen aufkaufen, die Einrichtungen an Verlage vermieten und möglicherweise auch die Anzeigenvermarktung für ihre Vertragspartner übernehmen. Mit weiteren Modellen befaßte sich die folgende Royal Commission on the Press von 1977. Sie prüfte unter anderem ein Konzept der Labour Party zur Gründung eines Advertising Revenue Board, das die Werbeeinkünfte der Presse umverteilen sollte. Der Trade Union Congress hatte eine Werbeabgabe angeregt, um aus diesen Mitteln Neugründungen zu finanzieren.

Diskussionsbeiträge kamen aber auch von Seiten einiger Verlage. So unterbreitete Mirror Group Newspapers der Royal Commission 1977 den Vorschlag, ein "advertising rate cartel" einzuführen. Danach sollten die Anzeigentarife von Zeitungen automatisch an die Auflage gebunden werden. Die Kommission lehnte eine solche Maßnahme ab, weil sie den Kartellgesetzen widersprochen hätte. Außerdem sei wegen des intensiven Wettbewerbs zwischen nationalen Zeitungen und der gegenseitigen Preisunterbietung im Anzeigenbereich ein Kartell auf freiwilliger Basis undenkbar. Aus diesen Gründen hielt das Gremium die Anregung von Mirror Group Newspapers für nicht praktikabel und ungeeignet.

Generell lehnte die Royal Commission 1977 alle vorgelegten Alternativmodelle unter Verweis auf ihre unkalkulierbaren Auswirkungen und die schwierige organisatorische Handhabung ab. Wie die Vorgängerkommissionen argumentierte sie, mögliche positive Effekte auf die Pressevielfalt seien zu ungewiß, um staatliche Eingriffe in den Markt zu rechtfertigen.

Die in Großbritannien verbreitete Ablehnung jeglicher Intervention, insbesondere im Printmediensektor, zeigt sich auch in aktuellen Debatten um Anzeigenschaltung der Regierung. Aus Furcht vor möglicher staatlicher Lenkung gibt es immer wieder parlamentarische Anfragen, um das Volumen und die Auftragslenkung dieser Werbung zu kontrollieren. Allerdings reagierte die britische Regierung stets nur mit sehr summarischen Auskünften.

Im Hinblick auf die reale Wirksamkeit kodifizierter Regelungen des Wettbewerbsrechts stellt die britische Expertengruppe allgemein fest, die erklärten Ziele des Competition Act 1980 seien nur teilweise umgesetzt worden. Die Hoffnung, Untersuchungen wettbewerbsschädlicher Praktiken könnten schneller abgewickelt werden als nach dem älteren Fair Trading Act, habe sich nicht erfüllt. Auch sei nicht die erwartete große Zahl behördlicher Prüfungen durchgeführt worden. Das Gesetz selbst stieß in Großbritannien auf Kritik, weil es den Begriff wettbewerbswidrigen Verhaltens unzureichend definiert. Nach Einschätzung der Expertengruppe hat der Competition Act 1980 jedoch zur Vereinheitlichung des britischen Wettbewerbsrechts beigetragen, indem er dem Director General of Fair Trading weitere und exakter umschriebene Kompetenzen einräumt.

Zu den praktischen Effekten der detaillierten standesrechtlichen Grundsätze im British Code of Advertising Practice liegen keine aktuellen und verläßlichen Angaben vor. Eine Untersuchung des Office of Fair Trading zu Pressewerbung aus dem Jahr 1978 gelangte zu dem Ergebnis, daß 93 Prozent aller veröffentlichten Inserate dem Code entsprachen. Die 1962 gegründete Advertising Standards Authority, die auch Kritik aus der Öffentlichkeit an Anzeigen nachgeht, erhält jährlich etwa 8.000 Beschwerden.

D Auch in der Bundesrepublik Deutschland gab es medienpolitische Debatten um Werbung in den Printmedien und alternative Modelle. Unter anderem von gewerkschaftlicher Seite wurde Ende der 70er Jahre der Vorschlag eines gesetzlichen Anzeigenpools entwickelt, an dem sich alle Verlage beteiligen müssen. Eine solche Einrichtung forderte z.B. die IG Druck und Papier auf ihrem 11. Gewerkschaftstag im Jahr 1977. Mit dieser Maßnahme wollte die Gewerkschaft vor allem der wachsenden Werbeabhängigkeit der Presse, insbesondere der Tageszeitungen, und den daraus resultierenden wirtschaftlichen Einflüssen auf die redaktionelle Arbeit entgegenwirken. Vergleichbare Konzepte fanden auch Eingang in parlamentarische Diskussionsgruppen. Es wurden jedoch keine Anstrengungen zur gesetzlichen Umsetzung unternommen.

Auf standesrechtlicher Ebene sind für den Anzeigenwettbewerb bundesdeutscher Verlage, wie dargestellt, besonders die detaillierten Richtlinien der ZAW zur Trennung von redaktionellem Teil und Werbung relevant. Anhand der Fachliteratur ist schwer zu beurteilen, inwieweit diese Grundsätze in der Praxis beachtet werden. Es gibt aber Anhaltspunkte dafür, daß die einschlägigen Regelungen häufig unterlaufen oder mißachtet werden. Auch wissenschaftliche Untersuchungen lassen darauf schließen, daß das Standesrecht die verbreitete Vermischung von journalistischer Arbeit und Anzeigen in der Presse nicht wirksam unterbinden konnten. Teilweise wird darauf verwiesen, daß die Möglichkeiten juristischer Verfolgung nicht ausreichten oder nicht entsprechend genutzt würden, um eine breite Wirkung zu zeigen.

6.3 Marktzutritt

Marktzutritt bildet das konstitutive Kriterium für die Funktionsfähigkeit eines Marktes. Ohne Marktzutritt ist die Degeneration des Marktes, sind Wettbewerbsverluste beträchtlicher Art vorgezeichnet. Daher stellt der Marktzutritt in diesem Untersuchungskontext ein wichtiges Problemfeld dar.

Nicht nur deswegen erscheint es sinnvoll, die verwandten Regelungsbereiche Berufszugang und Marktzutritt separat zu behandeln. Wie gezeigt, ist die medienpolitische Zielsetzung beim Berufszugang ganz überwiegend vom Prinzip der Staatsfreiheit geprägt. Im Bereich des Marktzutritts aber ist das Problem direkter publizistischer Lenkung durch den Staat um eine struktur- und marktorientierte Betrachtungsweise zu ergänzen: um die Frage des Wettbewerbs auf dem Printmarkt und das Ziel einer, wie auch immer definierten, vielfältigen privatwirtschaftlich organisierten Presse. Es gibt aber auch Überschneidungen beider Bereiche, z.B. bei der Frage, inwiefern der theoretisch offene Berufszugang für Verleger auf praktische Hindernisse des Marktzutritts stößt.

6.3.1 Zielsetzung

Medienpolitische Ziele

Im Hinblick auf die Staatsferne der Presse ist im Regelungsbereich Marktzutritt das Ziel denkbar, zu verhindern, daß das Angebot an Printmedien von staatlich gesetzten Kriterien politischer und publizistischer Opportunität bestimmt wird.

Dieses medienpolitische Ziel ist von den vier Untersuchungsländern nur in der Bundesrepublik Deutschland explizit formuliert worden. Hier wird die einschlägige Bestimmung zur Zulassungs- und Gründungsfreiheit für Presseunternehmen damit begründet, staatlichen Mißbrauch aus politisch-publizistischen Erwägungen verhindern zu wollen. Die historische Dimension dieser medienpolitischen Zielsetzung entspricht der, die für den freien Berufszugang gilt. Es handelt sich auch um dieselben gesetzlichen Grundlagen. Staatlicher Aneignung und Unterdrückung der freien Presse, wie sie in der deutschen Geschichte mehrfach und zuletzt unter dem NS-Regime massiv geschah, soll auf diese Weise vorgebeugt werden.

Auch in Schweden muß von der medienpolitischen Zielsetzung ausgegangen werden, den Marktzutritt im Sinne einer umfassenden Pressefreiheit offen zu gestalten, um staatliche Kontrolle, auch unter publizistisch-politischem Aspekt, auszuschließen. Die einschlägigen Verfassungsbestimmungen sind als Freiheitsrechte gegen staatliche Eingriffe in die Presselandschaft konzipiert.

In Großbritannien ist ebenfalls von der gefestigten Vorstellung einer freien und von staatlichen Zulassungen unabhängigen Presse auszugehen. Hier hat dieses Prinzip jedoch nicht den Rang eines expliziten medienpolitischen Ziels. Die Zulassungs- und Gründungsfreiheit für Printmedien, die historisch gesehen seit Mitte des 19. Jahrhunderts weitgehend ungefährdet überdauerte, wurde in diesem Untersuchungsland nicht thematisiert.

Neben seiner Bedeutung als Freiheitsrecht, das Schutz vor staatlichen Eingriffen gewährt, hat der Marktzutritt im Pressebereich noch einen anderen, unmittelbar strukturrelevanten Aspekt. Analog zum wirtschaftswissenschaftlichen Modell kann der Marktzutritt als zentrales Element eines intakten Wettbewerbs, auch im Hinblick auf Produktqualität, angesehen werden. Wo neu hinzutretende Konkurrenten chancenlos sind, entfällt für die bestehenden Anbieter ein wichtiger Leistungsanreiz. Speziell aus medienpolitischer Sicht ist, sofern eine möglichst große Vielfalt auf dem Pressemarkt angestrebt wird, der Marktzutritt inhaltlich neuer Anbieter ein entscheidender Faktor.

Vor diesem medienpolitischen Hintergrund läßt sich neben dem subjektiven Freiheitsrecht des einzelnen Presseunternehmers eine objektive, positive staatliche Steuerungspflicht denken: Um Vielfalt des Presseangebots zu sichern oder, z.B. auf Monopolmärkten, wiederherzustellen, müßte der Staat dann durch gezielte Regelungen dafür sorgen, daß Marktzutritte neuer Anbieter möglich sind. Er könnte auch marktstarke Presseunternehmen an der Erschließung weiterer Märkte hindern.

In Schweden wurde der Marktzutritt im Pressebereich unter dieser Zielsetzung thematisiert und problematisiert. Schon in den 60er Jahren kam hier - angesichts fortschreitender Konzentration des Zeitungsmarktes - die Befürchtung auf, die Presse könnte bei steigendem Konzentrationsgrad ihren Beitrag zur demokratischen Meinungsbildung nicht mehr adäquat leisten. Äußere Vielfalt wurde explizit zum medienpolitischen Staatsziel erhoben. Man wollte die Konkurrenz zwischen verschiedenen Zeitungen auf dem gleichen Markt bewahren bzw. wiederherstellen. Die Entwicklung der schwedischen Presseförderung zeigt, daß es zu Beginn der Maßnahmen in den frühen 70er Jahren lediglich darum ging, die Struktur zu bewahren. Erst einige Jahre später kam die gezielte Förderung des Marktzutritts hinzu. Der schwedische Experte Gustafsson bezeichnet dies als "natürlichen Folgeschritt".

Schon bevor in Schweden konkrete Maßnahmen zur Förderung des Marktzutritts existierten, wurden, als Vergabekriterium für andere Subventionsformen, die relevanten Presseobjekte bestimmt. Da es stets um Förderung der politischen Meinungsbildung im weitesten Sinne ging, definierte man alle Publikationen als "Zeitungen", die Nachrichten und Informationen allgemeiner Art vermitteln und mindestens einmal pro Woche erscheinen. Die Förderung von Neugründungen sollte sich ursprünglich auf Zeitungen mit häufiger Erscheinungsweise, also mehrmals wöchentlich bis täglich, richten. Eine genauere Analyse der Marktzutrittsbarrieren im Bereich der Tageszeitungen führte aber dazu, daß man sich schließlich auf andere Förderungsobjekte konzentrierte.

Die dritte schwedische Pressekommission, die von 1972 bis 1975 tätig war, hatte den Auftrag, Förderungsmaßnahmen für Marktzutritte im Zeitungsbereich zu konzipieren. Sie stellte im Zuge ihrer vorbereitenden ökonomischen Analyse außerordentlich hohe und kaum überwindbare Zutrittsbarrieren im Bereich der mehrmals wöchentlich erscheinenden Objekte fest. Dies hat verschiedene Ursachen.

Zum einen haben die schwedischen Zeitungen, gemessen an der Bevölkerungszahl, eine relativ hohe Auflage und große Reichweite. So wurden 1991 allein die Zeitungen, die mindestens viermal pro Woche erscheinen, mit 517 Exemplaren je tausend der Bevölkerung verkauft. Daher ist von einer weitgehenden Sättigung des Lesermarktes auszugehen. Zum anderen gibt es nicht nur auf dem Anzeigenmarkt, der auch für schwedische Zeitungen die Haupt-Einnahmequelle ist, sondern in fast allen Bereichen des Zeitungsgeschäfts ökonomische Größenvorteile für Großunternehmen. Kleine Zeitungen können daher, unabhängig von ihrem Kostenlevel, mit den ökonomischen Gegebenheiten einer großen Zeitung nicht konkurrieren. Was niedrige Verkaufspreise angeht, so scheinen - wie die schwedische Expertengruppe meint - die Leser in ihrem Land nicht preisbewußt zu sein.

Da in einem stagnierenden Markt wie dem der Tageszeitungen jeder Marktzutritt Verluste bei den Anteilen der bestehenden Objekte bedeutet, ist zudem mit Abwehrmaßnahmen der Konkurrenten zu rechnen. Obwohl die 1969 erfolgte Einführung von Gemeinschaftsvertriebs-Rabatten zumindest den Zutritt zu Vertriebskanälen für schwedische Abo-Zeitungen erleichtert hatte (viele Monopolzeitungen öffneten ihre Vertriebseinrichtungen), beurteilte die dritte Pressekommission die Marktzutrittschancen für mehrmals wöchentlich erscheinende Zeitungen als zu gering. Hier hätten Newcomer nur bei außerordentlich hoher Subventionierung eine Chance.

Daher wurde das medienpolitische Ziel äußerer Vielfalt etwas modifiziert und auf die schon vorhandene Zeitungsdefinition zurückgegriffen. Bezugsrahmen für den Vielfaltsbegriff wurde der gesamte Zeitungsmarkt. Die staatlichen Fördermaßnahmen zielten auf Wochenblätter, deren Inhalte Tageszeitungscharakter hatten. Hier schätzte man die Marktzutrittsbarrieren aus zwei Gründen geringer ein. Zum einen können Wochenblätter Produktionsüberkapazitäten innerhalb des Zeitungsgewerbes nutzen: Zusätzliche Investitionen für die technische Herstellung entfallen. Zum anderen, so die dritte schwedische Pressekommission, konkurrierten Wochenzeitungen auf dem existentiell wichtigen Anzeigenmarkt wegen ihrer anderen Periodizität und geringeren Haushaltsabdeckung nicht mit häufiger erscheinenden Blättern. Daher war hier keine Abwehrreaktion der etablierten Objekte zu fürchten. Zusammenfassend läßt sich sagen, daß Anfang der 70er Jahre die komplementäre Sicherung äußerer Vielfalt auf dem gesamten Zeitungsmarkt in Schweden zum medienpolitischen Staatsziel erhoben wurde.

Wie der Vergleich des Materials aus den anderen drei Untersuchungsgebieten zeigt, wurde die Relevanz des Marktzutritts im Hinblick auf äußere Vielfalt nur noch in der Bundesrepublik Deutschland überhaupt problematisiert. Hier herrscht bis heute, ähnlich wie in Schweden, in der medienpolitischen Diskussion die These vor, daß eine Vielzahl von Anbietern und Titeln auf dem Printmarkt in publizistischer Hinsicht erwünschte Vielfalt garantiert. Trotz der verbreiteten Erkenntnis, daß der Marktzutritt vor allem auf dem Markt der Tagespresse theoretisch zwar frei, praktisch aber kaum zu realisieren ist, wurde die gezielte Förderung von Marktzutritten oder auch die Hinderung marktstarker Unternehmen am Erschließen weiterer Märkte nie zum medienpolitischen Ziel des Staates erhoben. Derartige Forderungen gelangten in der Bundesrepublik nicht über die Ebene von Debatten hinaus.

Entsprechende Diskussionen um Förderung des Marktzutritts als Ziel staatlicher Medienpolitik sind aus den Untersuchungsgebieten Schweiz und Großbritannien nicht dokumentiert. In beiden Ländern zeigt der Staat auch extreme Zurückhaltung in bezug auf das Marktgeschehen, auch im Printbereich.

Allgemeine Systemziele

In der Schweiz steht hinter der relevanten Verfassungsbestimmung zum Marktzutritt eine andere Zielsetzung als die bisher dargestellte und z.B. in der Bundesrepublik Deutschland deutliche Intention, politische Einflußnahme des Staates auf das Presseangebot zu verhindern. Im Untersuchungsgebiet Schweiz geht es hier primär um eine gewerberechtliche Garantie, die Pressegewerbefreiheit, und nicht um eine medienspezifische Zielvorstellung. Der Marktzutritt im Pressebereich wurde vorrangig aus ökonomischer und weniger aus medienpolitischer Sicht thematisiert, zumal ein rechtliches Instrumentarium zur speziellen Förderung von Neugründungen durch direkte staatliche Subventionen nicht zur Verfügung steht.

In diesem Zusammenhang betont die schweizerische Expertengruppe, das Pressewesen sei ausschließlich nach den Regeln der Gewerbefreiheit zu beurteilen. Der

Regelungsbereich Marktzutritt wird also primär unter einer wirtschaftspolitischen Zielsetzung betrachtet: Der wirtschaftliche Wettbewerb, auch im Pressesektor, soll weitgehend frei von staatlicher Steuerung bleiben. Nur im "äußersten Notfall", so die Schweizer Experten wörtlich, greife der Staat regelnd ein: wenn fehlender Wettbewerb eine offensichtliche Beeinträchtigung der freien Meinungsbildung und Meinungsäußerung und/oder eine grundsätzliche Gefährdung der Existenz wichtiger Medienunternehmen oder Medieninstitutionen nach sich ziehe.

6.3.2 Regelungsinstrumentarium

Freiheit des Marktzutritts

Kodifizierte Bestimmungen, die den Marktzutritt im Pressebereich betreffen, existieren nur in drei der vier Untersuchungsgebiete: in der Bundesrepublik Deutschland, in Schweden und in der Schweiz. In diesen Ländern ist die Gründungsfreiheit von Presseunternehmen gesetzlich festgeschrieben. Daß hierbei aber von einem unterschiedlich gelagerten Normzweck auszugehen ist - in der Bundesrepublik und in Schweden eher der medienpolitisch-publizistische, in der Schweiz eher der gewerberechtliche Aspekt -, wurde dargestellt.

In allen drei Ländern ist die einschlägige Bestimmung als subjektives Abwehrrecht gegen staatliche Eingriffe konzipiert. Sie hat, was ihr besonderes Gewicht verleiht, in der Schweiz und in Schweden Verfassungsrang. In der Bundesrepublik Deutschland handelt es sich um eine einfachgesetzliche Konkretisierung und Erweiterung des Grundrechts der Pressefreiheit mit engem Bezug zu dessen Schutzbereich.

CH Die gesetzliche Grundlage für die Gründungsfreiheit von Presseunternehmen bildet in der Schweiz Art. 55 der Bundesverfassung. In der einzigen pressespezifischen Verfassungsnorm heißt es: "Die Pressefreiheit ist gewährleistet." Daß sich hieraus das Recht der ungehinderten und unreglementierten Gründung von Presseunternehmen ergibt, der Marktzutritt also juristisch jedermann offensteht, ist unumstritten. Darüber hinaus aber bezeichnet die Expertengruppe Art. 55 BV als problematische Verfassungsbestimmung, deren konkreter Schutzbereich ungeklärt sei.

SWE Im Untersuchungsland Schweden hat die Gründungsfreiheit ebenfalls Verfassungsrang: Das Gesetz über die Freiheit der Presse von 1766 gibt jedem Bürger, nach formaler behördlicher Genehmigung, das Recht, Verlagsunternehmen zu gründen und Presseprodukte zu veröffentlichen.

D In der Bundesrepublik Deutschland basiert die Gründungsfreiheit für Presseunternehmen, ebenso wie der offene Berufszugang, auf § 2 der Landespressegesetze aller alten Bundesländer. In Erweiterung des Art. 5 GG heißt es dort, die Pressetätigkeit, einschließlich der Errichtung eines Verlagsunternehmens oder sonstigen Betriebes des Pressegewerbes, dürfe von keiner Zulassung abhängig gemacht werden. Dabei beinhaltet § 2 LPG auch die Entziehungsfreiheit, um zu verhindern, daß der unreglementierte Marktzutritt de facto durch nachträglichen Entzug der Rechte umgangen wird. Indem § 2 LPG speziell Printmedien von jeglicher Zulassung durch Verwaltungsakt oder gerichtliche Entscheidung ausnimmt, normiert er ein Presseprivileg. Seine Gewährleistungen gehen über die allgemeine Gewerbefreiheit in § 1 Gewerbe-Ordnung und über die Berufsfreiheit in Art. 12 Abs. 1 GG hinaus.

GB In Großbritannien ist der Marktzutritt im Pressebereich in keiner Form formalrechtlich festgeschrieben: Weder die Gründungsfreiheit noch Möglichkeiten staatlicher Reglementierung sind gesetzlich kodifiziert. In der Praxis enthält sich der Staat aber traditionell jeglicher Eingriffe.

Förderung von Neugründungen

Die im Arbeitsbuch aufgeführten Steuerungsoptionen, welche die unmittelbare Strukturrelevanz des Marktzutritts im Hinblick auf funktionierenden Wettbewerb und Sicherung bzw. Restituierung publizistischer Vielfalt betreffen, wurden nur in einem der vier Untersuchungsgebiete, in Schweden, eingesetzt.

Nach Vorarbeiten durch die dritte Pressekommission wurde dort 1976 staatliche Etablierungshilfe für Zeitungen eingeführt, die nur an einigen Tagen erscheinen. Hierbei ging es schwerpunktmäßig um allgemein informierende Wochenzeitungen. Zwischen 1976 und 1987 flossen im Rahmen dieser Subventionsform insgesamt 22,1 Mio skr an Verlage. Dabei lagen die Zuschüsse zwischen insgesamt 3,7 Mio skr im Jahr 1983/84 und keinerlei Mitteln im Jahr 1985/86. 1987 wurde diese Maßnahme eingestellt. Die Etablierungshilfe war, insgesamt betrachtet, die Subventionsform mit dem zweitgeringsten Gesamtumfang: Noch etwas weniger Mittel flossen seit den 70er Jahren in den Zusammenarbeitsbonus. Der Schwerpunkt der schwedischen Presseförderung lag und liegt mit weitem Abstand bei den Produktionszuschüssen.

In den anderen drei untersuchten Ländern (Großbritannien, Bundesrepublik Deutschland und Schweiz) gehören Bestimmungen aus einer positiven Verpflichtung des Staates, Marktzutritt durch Subventionen zu fördern oder Erschließung neuer Märkte durch marktstarke Printunternehmen zu unterbinden, nicht zum Regelungsrepertoire.

6.3.3 Strukturentwicklung

Eine Betrachtung der Strukturdaten zum Pressesektor in allen vier Untersuchungsgebieten zeigt übereinstimmend, daß reale Marktzutrittschancen seit langem nur noch für bestimmte Printmedientypen bestehen. Der Tageszeitungsmarkt gehört nicht dazu.

SWE Aufschlußreich ist hier vor allem die Strukturentwicklung in Schweden, wo von 1976 bis 1987 staatliche Etablierungshilfe für Zeitungsneugründungen, vor allem Wochenblätter, gewährt wurde. Generell stellt die schwedische Expertengruppe fest, im Sektor der Tagespresse sei nach einer Strukturstabilisierung in den 70er Jahren die Zahl der Zeitungen und auch der Erscheinungsorte wieder angewachsen. Diese

Aussage bezieht sich auf einen Vergleich des heutigen Zeitungsangebots mit dem der 70er Jahre. Einen fortschreitenden klaren Aufwärtstrend zeigt das vorliegende Datenmaterial für den Zeitraum von 1980 bis 1991 aber nicht mehr: Die Zahl aller Zeitungen mit ein- bis siebenmaligem Erscheinen pro Woche betrug demnach 163 im Jahr 1980 und 166 zu Beginn des Jahres 1991.

Von den 166 Zeitungen, die Anfang 1991 auf dem schwedischen Pressemarkt angeboten wurden, darunter 97 mit viermal wöchentlichem oder häufigerem Erscheinen, entstanden laut Expertenangaben etwa 25 Blätter seit Einführung der staatlichen Presseförderung. Da das Subventionsprogramm bereits 1969 begann, Etablierungshilfe aber erst 1976 eingeführt wurde, ist eine exakte Wirkungsanalyse speziell dieser Maßnahme schwierig.

Drei verschiedene Typen von Neuzugängen sind auf dem schwedischen Zeitungsmarkt relevant: Umwandlungen (ein Blatt wechselt durch Erhöhung seiner Erscheinungshäufigkeit in ein anderes Marktsegment), Ausgabenvermehrung (eine Zeitung mit großem Verbreitungsgebiet wandelt einen Teil ihrer Auflage in eine selbständige Ausgabe mit eigener Redaktion um) und echte Neugründungen (faktisch neue Blätter).

Die gezielten Hilfen zum Marktzutritt von Wochenzeitungen als Komplemetärmedien trugen seit 1976 zur Gründung von 25 hauptsächlich regional und national verbreiteten Wochenblättern bei. Dabei erhielten auch fünf der sechs Parlamentsparteien und andere politische Gruppierungen staatliche Etablierungshilfe für neue Zeitungen. Etwa zehn der 25 neugegründeten Wochenblätter waren aber 1991 wieder eingestellt worden.

Außerdem wurden zwei Zeitungen mit höherem Erscheinungsmodus seit Beginn des Subventionsprogramms gegründet. Es handelt sich zum einen um die sozialdemokratische Stockholms-Tidningen. Sie erschien im September 1981 mit fünf Ausgaben pro Woche, seit 1983 dann mit sieben Ausgaben und einer Auflage von 41.000 Exemplaren. Zum anderem ist die Wirtschaftszeitung Finanstidningen zu nennen, die seit September 1989 auf dem Markt ist. Die Stockholms-Tidningen hatte, trotz hoher Subventionen durch den Staat sowie den schwedischen Gewerkschaftsbund als Eigentümer, erhebliche Schwierigkeiten, sich auf dem Markt zu behaupten. Da die Anzeigenverkäufe nicht liefen, erwirtschaftete sie große Verluste und stellte ihr Erscheinen bereits 1984 wieder ein.

Ohne staatliche Subventionen wurde zu Beginn der 80er Jahre die Wirtschaftszeitung Dagens Industri, ein Blatt aus der größten Verlagsgruppe Bonnier, gegründet. Dagens Industri erschien anfangs zweimal wöchentlich, seit 1983 fünfmal und seit 1990 sechsmal pro Woche. Sie ist, so die Expertengruppe, die erfolgreichste neue schwedische Zeitung während der 80er Jahre.

Wie in anderen Ländern auch, erlebte die schwedische Zeitungsindustrie in den 80er Jahren einen Anzeigenboom, der mit hohen Gewinnen für die Verlage einherging. Im Zuge des großen Werbeaufkommens wurden die beiden anderen Typen von

"Neuzugängen" auf dem Pressemarkt, also Umwandlung und Ausgabenvermehrung, häufiger. Während des Werbebooms wurden die größten schwedischen Zeitungen in multi-sektionale Zeitungen umkonzipiert (Ausgabenvermehrung), Supplements eingeführt und/oder die Periodizität erhöht (Umwandlung). Ende 1989 jedoch flaute dieser Anzeigenboom, nicht nur in Schweden, spürbar ab. Mit sinkenden Gewinnraten der schwedischen Presseindustrie war erneut das Überleben einer Reihe von Zweitzeitungen bedroht.

In zwei Fällen versuchten Verlage auch, eine mit Etablierungshilfen neugegründete Wochenzeitung in ein häufiger erscheinendes Objekt umzuwandeln. Beide Male wurde es ein Fehlschlag: Die eine Zeitung mußte ihr Erscheinen einstellen, die andere kehrte zum wöchentlichen Modus zurück. Etwa zwanzig schwedische Zeitungen, die Betriebssubventionen erhielten, vermehrten seit Beginn des Förderungsprogramms die Zahl ihrer Ausgaben: In ca. der Hälfte dieser Fälle konnte die Neuordnung langfristig beibehalten werden.

Auch in den anderen drei Untersuchungsländern, in denen der Marktzutritt im Pressesektor nie staatlich gefördert wurde (Großbritannien, Bundesrepublik Deutschland und Schweiz), glückten im Tageszeitungssektor in den letzten Jahrzehnten kaum Marktzutritte. Statt dessen ist die Strukturentwicklung hier geprägt von Konzentrationstendenzen mit einem Trend zu weniger Zeitungen mit höheren Auflagen. Vor allem viele kleine und mittlere Blätter verschwanden vom Markt, und Monopolgebiete entstanden.

CH Die Schweizer Experten verweisen hier auf die meist gescheiterten Entwicklungen neuer Titel: Dies verdeutliche, daß das Eintreten in den Zeitungsmarkt nur unter langfristigen Perspektiven und mit starker finanzieller Rückendeckung möglich sei.

D Deutlich sind die geringen Marktzutrittschancen auch im Bereich der bundesdeutschen Tagespresse. Hier nahm die Zahl der Verlage als Herausgeber von 1954 bis 1989 stetig von 624 auf 358 ab. (Zu den in der Bundesrepublik Deutschland gebräuchlichen pressestatistischen Meßgrößen vgl. Kopper/Rager et al. 1993, Kap.II., Wettbewerbsrecht). Abgesehen vom Engagement zahlreicher Verlage in den neuen Bundesländern hat sich der Tageszeitungsmarkt auch bis 1991 nicht nennenswert verändert. Die Zahl der publizistischen Einheiten verringerte sich zwischen 1954 und 1976 stetig von 225 auf 121. Bis 1985 stieg sie auf 126 an, und 1989 wurde dann ein neuer Tiefststand von 119 publizistischen Einheiten registriert.

Neugründungen von Verlagsbetrieben gab es nach 1954 kaum. Die Tatsache, daß sich die Zahl der Zeitungsausgaben zwischen 1976 und 1989 von 1229 auf 1344 erhöht hat, ist nicht auf Marktzutritte neuer Unternehmen zurückzuführen, sondern in fast allen Fällen auf (sub-)lokale Aufteilung bereits bestehender Ausgaben. Eine echte Verlags-Neugründung, wie 1979 die Herausgabe der alternativen Berliner Tageszeitung "die tageszeitung" (taz), stellt eine seltene Ausnahme in der bundesdeutschen Tagespresse dar. Das überregional verbreitete Blatt erschien erstmals im

April 1979 mit einer Auflage von 70.000 Exemplaren und kann sich, trotz großer finanzieller Schwierigkeiten, bislang halten.

Grund für die erfolgreiche Einführung der taz in einem Sektor mit extrem hohen Marktzutrittsbarrieren war das Special-Interest-Segment in der Leserschaft. Wirtschaftlich betrachtet war entscheidend die brilliante Ausnutzung sämtlicher Förder- und Steuerpräferenzen, verbunden mit einer miniaturisierten "Konzern"-Struktur. Die Marktzutrittsprobleme struktureller Art werden nach Abbau der Berlin-Präferenzen und im harten Wettbewerb der Zeitungen nach der deutschen Einheit erneut augenfällig.

Im Bereich der Tagespresse, das zeigt die Strukturentwicklung aller vier Untersuchungsländer, ist der freie Marktzutritt überwiegend theoretischer Natur: In der Praxis stoßen Neugründungen auf erhebliche Hindernisse, die aus der harten Konkurrenz und der Marktenge resultieren.

Sowohl in Großbritannien als auch in der Bundesrepublik Deutschland gab es in den letzten Jahren zahlreiche Marktzutritte im Bereich nicht täglich erscheinender, kostenloser Lokal- oder Regionalblätter. In Großbritannien sind die sog. "freesheets" - rein anzeigenfinanzierte, gratis verteilte Zeitungen, die wöchentlich oder vierzehntägig erscheinen - seit den 70er Jahren der Pressesektor mit dem größten Wachstum. Durch den Werbeboom der 80er Jahre und die Einführung neuer Technologien, welche die Produktionskosten senkten, stieg die Zahl der regionalen freesheets auf dem britischen Pressemarkt seit den 70er Jahren bis 1987 von 175 auf 822. 1989 betrug ihre Zahl 942, davon 111 allein in London. Sie erreichten eine Gesamtauflage von 40,141 Mio Exemplaren.

Ähnlich verlief die Entwicklung in der Bundesrepublik Deutschland: In den letzten Jahren gab es hier etliche Neugründungen von Anzeigenblättern. 1980 waren 244 reine Anzeigenblatt-Verlage auf dem Markt, 1987 waren es 390. Gleichzeitig stieg die Zahl der Titel zwischen 1980 und 1987 von 606 auf 1047 an. Von diesen 1047 Anzeigenblatt-Titeln im Jahr 1987 wurden 401 von Unternehmen herausgegeben, die in noch anderen Pressebereichen, vor allem Tageszeitungen, aktiv sind.

Marktzutritte in Form von Verlagsneugründungen oder Herausgabe neuer Titel gelangen in Großbritannien und in der Bundesrepublik ebenfalls im Zeitschriftensektor, hier auch im Bereich der alternativen Presse.

GB Für Großbritannien stellte die Royal Commission on the Press 1977 fest, daß eine Reihe neuer Titel außerhalb großer Verlage gegründet worden waren, so zum Beispiel 1961 das Satiremagazin Private Eye oder das Londoner Stadtmagazin Time Out, das seit 1968 erscheint. Nach einer 1991 veröffentlichten Statistik erschienen auf dem britischen Pressemarkt 1990 insgesamt über 6.600 Zeitschriften, die Anzeigen aufnehmen. Das sind etwa 70 Prozent mehr als noch vor zehn Jahren. Zwischen 1980 und 1990 stieg die Anzahl der "Consumer Titles" von 1.367 auf 2.373 und die der "Business Titles" von 2.490 auf 4.302.

In der Bundesrepublik Deutschland kam, als "Gegenöffentlichkeit" zur etablierten Presse, verstärkt in den 70er Jahren, die Alternativpresse auf. Sie stellt sich heute in vielfältigen Formen und Erscheinungsweisen dar: jugendbezogene Stadtillustrierten, alternative Lokal- und Regionalzeitungen sowie Wochenzeitungen und Fachzeitschriften der Linken und/oder der Ökologiebewegung. Die Gesamtzahl alternativer Blätter stieg zwischen 1980 und 1989 von 390 auf 889 Titel an. 1989 gab es 114 lokal- oder regionalbezogene Titel alternativer Presse, vor allem Stadtzeitungen, und 775 primär gruppen- bzw. themenbezogene Titel, v.a. Kultur-, Umwelt- und Jugendzeitschriften.

Im Bereich der bundesdeutschen Publikumszeitschriften ist zwischen 1976 und 1983 ein erheblicher Anstieg der Titel von 807 auf 1348 zu verzeichnen. Hier weist allerdings der letzte Medienbericht der Bundesregierung darauf hin, daß diese Entwicklung ganz überwiegend nicht auf Marktzutritten von Presseunternehmen basiert, sondern auf der Herausgabe neuer (preiswerter) Publikumszeitschriften durch etablierte, meist marktstarke Verlage. So entfielen drei Viertel der zwischen 1978 und 1984 neugegründeten Titel unterhaltender Frauenzeitschriften auf drei von vier Großverlagen, die den Zeitschriftenmarkt mit Abstand anführen.

6.3.4 Wirksamkeit, Debatten und Alternativen

Die Wirksamkeit des eingesetzten Steuerungsrepertoires bzw. auch Debatten und ungenutzte Alternativen müssen an den unterschiedlichen (medien-)politischen Zielsetzungen gemessen werden, die im Bereich des Marktzutritts denkbar sind.

Dem nur in der Bundesrepublik Deutschland explizit formulierten Ziel der Staatsferne von Presse unter publizistischem Aspekt entspricht die faktische Situation in allen vier Untersuchungsländern. Überall existiert Gründungsfreiheit, ist das Printmedienangebot unabhängig von staatlich gesetzten Opportunitäts-Kriterien und besteht keine erkennbare Gefahr, daß staatliche Presse-Zulassungen eingeführt und politisch mißbraucht werden könnten. Wie der Vergleich zwischen Großbritannien und der Bundesrepublik Deutschland zeigt, ist dieses Ziel auch ohne kodifizierte Bestimmungen erreichbar. Voraussetzung ist, daß es sich bei der Enthaltsamkeit des Staates im Hinblick auf jegliche Steuerung des Pressemarktes um eine historisch bedingte und gesellschaftlich tradierte Vorstellung handelt.

Im Untersuchungsgebiet Schweiz zeigt sich, daß die primär wirtschaftsrechtliche Intention des freien Marktzutritts, die hinter der einschlägigen Verfassungsbestimmung steht, real umgesetzt ist. Das gesamte Wettbewerbsgeschehen im Pressesektor, auch der Marktzutritt, vollzieht sich weitgehend ohne staatliche Steuerung.

Der Marktzutritt bleibt also in allen vier untersuchten Ländern frei von staatlicher Reglementierung und ist doch faktisch in wesentlichen Sektoren der meinungsbildenden Presse, vor allem auf dem Tageszeitungsmarkt, die große Ausnahme.

SWE Das gilt auch in Schweden: Nach Einschätzung der Expertengruppe hat die Einführung staatlicher Subventionen für die Presse, die Etablierungshilfe gehört dazu, keine grundsätzlich neuen Marktzutrittsbedingungen geschaffen. Dies beweise eine Reihe erfolgloser Zeitungsgründungen in den 80er Jahren: Mit Ausnahme des Wirtschaftsblattes Dagens Industri gelang es keiner neuen Tageszeitung, sich eine gesicherte Marktposition zu schaffen. Hier zeigt sich deutlich ein Segmentationseffekt als Möglichkeit weiteren Wachstums des gesättigten Tagespresse-Marktes: Während sich die Zutrittsbarrieren für allgemein informierende Tageszeitungen - wie auch in den anderen drei Untersuchungsländern - als kaum überwindbar erweisen, wurde in den 80er Jahren der Markt für Wirtschaftszeitungen ohne negative Effekte auf die allgemein informierende Presse erschlossen. Offenbar gelten für diese Nischenzeitungen andere Marktmechanismen.

Auch neugegründete Wochenblätter - als Komplementärmedien zur Tagespresse war die Etablierungshilfe vor allem für sie bestimmt - hatten in der Praxis mit erheblichen Schwierigkeiten zu kämpfen: In Schweden erweist sich der Marktzutritt auch hier als riskantes Unterfangen. Viele Neugründungen scheiterten trotz neuester Produktionstechniken und niedriger Verkaufspreise. Immerhin konnten sich aber bis jetzt 15 Wochenzeitungen auf dem Markt behaupten, die mit staatlicher Hilfe gegründet worden waren. Dies ist durchaus als Beitrag zur Restituierung publizistischer Vielfalt auf dem gesamten Zeitungsmarkt zu werten. So schlagen auch die schwedischen Experten vor, den Schwerpunkt des Presseförderungsprogramms in Zukunft auf Neugründungen von Komplementärorganen zu verlagern. Das publizistische Potential für Wochenblätter ist nach Einschätzung der Expertengruppe noch nicht ausgeschöpft.

In den anderen drei Untersuchungsländern (Bundesrepublik Deutschland, Großbritannien und Schweiz) beschränken sich die medienpolitischen Zielsetzungen zum Marktzutritt und, wenn überhaupt, eingesetzte Regelungsinstrumente allein auf den Schutz vor staatlichen Eingriffen. Obwohl auch hier wegen der hohen Zutrittsbarrieren im Tageszeitungssektor ersichtlich ein wesentliches Element intakten Wettbewerbs fehlt, ist eine positive Steuerungspflicht des Staates in keinem dieser Untersuchungsgebiete vorhanden. Dieser unmittelbar strukturrelevante Aspekt des Marktzutritts sowie entsprechende Steuerungsoptionen - Förderung des Marktzutritts und/ oder Hinderung marktstarker Unternehmen am Erschließen neuer Märkte - sind vor allem in der Bundesrepublik Deutschland, in vorsichtigen Ansätzen auch in Großbritannien, diskutiert worden. Der Schritt zur realen Umsetzung wurde jedoch nicht vollzogen.

D In der medienpolitischen Diskussion der Bundesrepublik Deutschland herrscht bis heute die These vor, daß eine Vielzahl von Anbietern und Titeln auf dem Printmarkt publizistische Vielfalt garantiert. Hier wurde seit den 60er Jahren wiederholt eine staatliche Förderung des Marktzutritts gefordert, um vor allem auf hochkonzentrierten Märkten (z.B. in Monopolgebieten der lokalen oder regionalen Tagespresse) äußere und inhaltliche Vielfalt wiederherzustellen.

Neugründungen von Zeitungen und Zeitschriften durch staatliche Zuschüsse zu erleichtern, war einer der Vorschläge, mit denen die "Kommission zur Untersuchung der Gefährdung der wirtschaftlichen Existenz von Presseunternehmen und der Folgen der Konzentration für die Meinungsfreiheit in der Bundesrepublik Deutschland", die sog. "Günther-Kommission", 1968 ihre Arbeit abschloß. Das Gremium, dem unter Vorsitz des Bundeskartellamts-Präsidenten Eberhard Günther auch Verleger, Journalisten und Rundfunkintendanten angehörten, war im Mai 1967 auf Verlangen des Bundestags von der Regierung eingesetzt worden. Seine Anregung, Presse-Marktzutritte gezielt finanziell zu fördern, setzte sich aber medien- und wirtschaftspolitisch nicht durch. Eine kritische Stellungnahme hierzu gab u.a. der Deutsche Presserat, ein Gremium aus Verlegern und Journalisten, ab.

Eine weitere für den Marktzutritt relevante Forderung der Günther-Kommission wies exakt in die andere Richtung: Der Staat sollte die Erschließung neuer Märkte durch Großverlage reglementieren. Die Kommission setzte sich in ihrem Abschlußbericht von 1968 für eine Begrenzung von Marktanteilen im Bereich der Tages- und Sonntagspresse sowie der Publikumszeitschriften ein. Diese Maßnahme wäre de facto auf ein Expansionsverbot für Großunternehmen durch Gründung neuer Titel, Ausgaben oder Tochterunternehmen hinausgelaufen.

Die Kommission unterbreitete einen Entwurf mit konkreten Auflagelimits. Danach "gefährdet" ein Verlag die Pressefreiheit, wenn sein Anteil an der Gesamtauflage von Tages- und Sonntagszeitungen oder von Publikumszeitschriften 20 Prozent beträgt. Er "beeinträchtigt" die Pressefreiheit, wenn sein Marktanteil in einem der beiden Bereiche 40 Prozent beträgt. Gibt ein Verlag sowohl Tages- und Sonntagspresse als auch Publikumszeitschriften heraus, und erreicht er in nur einem der Sektoren 20 Prozent, so ist die Pressefreiheit im anderen Bereich schon bei einem Auflageanteil von zehn Prozent gefährdet. Erreicht ein solcher Verlag in einem der beiden Sektoren 40 Prozent der Gesamtauflage, so ist die Pressefreiheit auf dem anderen Feld bei einem Anteil von 15 Prozent unmittelbar beeinträchtigt. Marktbeherrschende Verlage, die diese Höchstgrenzen überschreiten, dürften dann in einem der beiden Teilmärkte oder auch in beiden Bereichen nicht mehr expandieren.

Diese Forderung nach Marktanteilsbegrenzung stieß auf Kritik von seiten des Deutschen Presserats und auf Widerstand der Verlegerverbände. Letztere äußerten, unter Verweis auf ihre Pressefreiheit und Eigentumsgarantie, auch verfassungsrechtliche Bedenken. Der Bundesverband Deutscher Zeitungsverleger (BDZV) hielt den Vorschlag für pressestatistisch, kommunikationswissenschaftlich und juristisch nicht fundiert. Auch im Bundestag erwies sich eine Begrenzung von Marktanteilen als nicht durchsetzbar.

GB Eine Diskussion über derartige Steuerungsoptionen gab es auch in Großbritannien. Hier erwog die Royal Commission on the Press bereits 1962, im Rahmen ihrer Untersuchung der Pressekonzentration, Höchstgrenzen für Zeitungsauflagen oder auch für die Anzahl der Objekte aus einem Verlag. Beide Möglichkeiten, Marktanteile zu begrenzen, wurden von der Kommission jedoch letztlich verworfen. Die

Auflagenhöhe einer Zeitung, so die Royal Commission, spiegele ihre Attraktivität für die Leserschaft wider. Eine Beschränkung von Auflagen sei daher eine Einschränkung der Leserwahl. Die rückwirkende Limitierung der Titel aus einem Verlag bezeichnete die Kommission als äußerst schwierig. Sie äußerte zudem die Befürchtung, eine Aufspaltung bestehender Presseunternehmen könne einige ihrer Zeitungen gefährden. Auch eine zukünftige Grenze für Publikationen, die ein Verlag herausgibt, erschien der Royal Commission als zu rigides Mittel.

Als Resümee der Wirkungsanalyse in allen vier Untersuchungsgebieten läßt sich festhalten, daß der Marktzutritt theoretisch überall frei von staatlicher Reglementierung, praktisch aber im Sektor der Tagespresse kaum zu realisieren ist. Wesentlich größer sind die Chancen realen Marktzutritts dagegen in den Bereichen der Fachzeitungen, z.B. Wirtschaftsblätter, und Wochenzeitungen (in Schweden), der Anzeigenblätter, Zeitschriften sowie der alternativen Presse.

Das Beispiel Schwedens zeigt, daß es wegen der erheblichen Zutrittsbarrieren im Tageszeitungssektor, verursacht durch die Sättigung des Lesermarktes und die ökonomischen Vorteile großer Unternehmen, auch über staatliche Förderung nicht gelingt, den Markt für Newcomer zu öffnen. Wesentlich erfolgreicher, wenn auch nicht problemlos, erweist sich staatliche Etablierungshilfe im Bereich anderer Pressetypen, speziell der Wochenzeitungen. Hier kann durch komplementäre Printmedienangebote Vielfalt teilweise wiederhergestellt werden.

Sofern Debatten über gezielte Gründungshilfen oder auch Hinderung der Großunternehmen am Erschließen neuer Märkte in den übrigen drei Untersuchungsländern überhaupt stattfanden, wurden entsprechende Steuerungsoptionen dennoch nicht umgesetzt. Dahinter steht die Ablehnung medien- oder wirtschaftspolitisch motivierter Staatseingriffe in den Printmarkt. Dieser grundsätzlichen Auffassung sind sowohl verlegerische Interessenvertreter als auch die politisch Verantwortlichen.

Literaturverzeichnis

Vorbemerkung: In das folgende Literaturverzeichnis wurden Titel entsprechend den Vorgaben der internationalen Expertenteams in den vom Projekt erfaßten Vergleichsländern aufgenommen. Dabei ist der zeitliche Bezugsrahmen auf rund 20 Jahre der Entwicklung von Medienstrukturen und rechtlichen Tatbeständen zugeschnitten. Für laufende Erörterungen wurde auf einschlägige Zeitschriften und Fachdienste zurückgegriffen. Hierzu werden jedoch keine Detailverweise im Literaturverzeichnis gemacht. Einzelaufsätze werden nur zitiert, wenn sie von besonderem Gewicht für Materialbestände oder analytische Argumente sind. Gesetzestexte und Entscheidungssammlungen werden, wie auch in der rechtswissenschaftlichen Schriftpraxis geläufig, nicht eigens aufgeführt. Entsprechend erfolgen Literaturverweise nur dann, wenn Autorenbezüge vorliegen, etwa im Fall von Kommentierungen oder eigenständigen Analysen.

Advertising Association Information Centre (1991): Student's Brief No. 5, January 1991. London

Advertising Association/MEAL: Quarterly Advertising Statistics. London

Advisory Conciliation and Arbitration Service (1976): Industrial Relations in the National Newspaper Industry. Cmnd. 6680. London

Advisory Conciliation and Arbitration Service (1977): Industrial Relations in the Provincial Newspaper and Periodical Industries. Cmnd. 6810-2. London

Albers, Willi et al. (Hrsg.) (1977 ff): Handwörterbuch der Wirtschaftswissenschaft. Erster bis Neunter Band. Stuttgart (u.a.)

Allemann, Urs et al. (1981): Wem dient die Medienfreiheit? La liberté des média, au service de qui? Hrsg.: Demokratische Juristen der Schweiz. Bern

Annan (1977): Report of the Committee on the Future of Broadcasting. Cmnd. 6753. London

Arbeitsgemeinschaft Kommunikationsforschung (1977): Synopse Journalismus als Beruf. Schlußbericht. München

Axberger, Hans Gunnar (1984): Tryckfrihetens gränser. Stockholm

Barclays Economics Department (1991): Industry Briefing, April 1991. London

Baumbach, Adolf/Hefermehl, Wolfgang (1983): Wettbewerbsrecht. München (14. Auflage)

Bausch, Hans (1980): Rundfunkpolitik nach 1945. Zweiter Teil. In: Bausch, Hans (Hrsg.): Rundfunk in Deutschland. Band 3. München

Bellwald, Waltraud/Hättenschwiler, Walter/Würsch, Roman (1991): Blätterwald Schweiz. Zahlen und Fakten zur Zeitungsstruktur. Seminar für Publizistikwissenschaft der Universität Zürich, Diskussionspunkt 21. Zürich

Berkemeier, Michael (1979): Staatliche Presseunterstützung und -förderung in Schweden. Magisterarbeit, Freie Universität Berlin (unveröffentlicht)

Bertelsmann sucht Chancen auf heimischem Medienmarkt. In: Westdeutsche Allgemeine Zeitung vom 12.9.1991

Bollinger, Ernst (1986): La presse suisse. Les faits et les opinions. Lausanne

Bonfadelli, Heinz/Meier, Werner A./Schanne, Michael (1990): Auswirkungen internationaler Kommunikationsstrukturen auf die schweizerische Medienkultur. Schlußbericht zum Nationalen Forschungsprogramm 21 "Kulturelle Vielfalt und nationale Identität". Zürich

Borden, William (1991): Press - Government Relations - A Comparison between Sweden and the United States. Diss., Universität Göteborg

Börjesson, Britt (1989): Pressens självsanering. Avdelningen för masskommunikation, Göteborgs universitet. Göteborg

Börjesson, Britt (1990): Heder och seder. Anmälningar till Pressens Opinionsnämnd aren 1916-1987. Avdelningen för masskommunikation, Göteborgs universitet. Göteborg

Börjesson, Britt/Weibull, Lennart (1988): Journalistik och pressetik. In: Carlsson, Ulla (Hrsg.): Forskning om journalistik. Göteborg

Börner, Bodo (1981): Der Vertrag zwischen Verlag und Pressegrossisten. Zivilrecht - Kartellrecht - Verfassungsrecht . Berlin

Börner, Bodo (1985): Der Zugang der Presse zum Rundfunk und das Wettbewerbsrecht. Schriften zu Kommunikationsfragen 5. Berlin

Bowers, John/Honeyball, Simon (1990): Textbook on Labour Law. London

Brand, Peter/Schulze, Volker (Hrsg.) (1983): Medienkundliches Handbuch. Die Zeitung. Zeitungssystematischer Teil. Braunschweig

Bruderer, Herbert (1990a): Redaktionelle Zusammenarbeit von Tageszeitungen. Möglichkeiten und Grenzen. Rorschach

Bruderer, Herbert (1990b): Wem gehören die schweizerischen Zeitungsverlage? (Folge 1). In: Media Trend Journal, H. 9, S. 48 - 52

Bruderer, Herbert (1990c): Wem gehören die schweizerischen Zeitungsverlage? (Folge 2). In: Media Trend Journal, H. 10, S. 70 - 76

Bruderer, Herbert (1990d): Wem gehören die schweizerischen Zeitungsverlage? (Folge 3). In: Media Trend Journal, H. 11, S. 70 - 74

Brummund, Peter (1985): Struktur und Organisation des Pressevertriebs. Teil 1: Der deutsche Zeitungs- und Zeitschriftengroßhandel. München

Buchholz, Goetz (1988): Durch Paragraphen-Dschungel und Honorar-Einöde. Eine Orientierungshilfe für freie Journalisten. In: die feder ("feder extra“), H. 2, S. I - XXXII

Bullinger, Martin (Hrsg.) (1984): Rechtsfragen der elektronischen Textkommunikation. Videotext, Bildschirmtext, Kabeltext - Medien- und Urheberrecht in rechtsvergleichender Sicht. München

Bullinger, Martin/Kübler, Friedrich (Hrsg.) (1979): Rundfunkorganisation und Kommunikationsfreiheit. Landesberichte und Generalbericht der Tagung für Rechtsvergleichung 1979 in Lausanne. Baden-Baden

Bundesverband Deutscher Zeitungsverleger (1983): Jahresbericht 1982/83. Bonn

Bundesverband Deutscher Zeitungsverleger (1986): Die deutschen Zeitungen in Zahlen und Daten 1986. Bonn

Bundesverband Deutscher Zeitungsverleger (1986): Jahresbericht 1985/1986. Bonn

Bundesverband Deutscher Zeitungsverleger (1991): Zeitungen `91. Bonn

Carlsson, Ulla/Anshelm, Magnus (1991): Medie-Sverige 1991. Göteborg

Cars, Thorsten/Danowsky, Peter (1983): Pressen inför rätta. Stockholm

Central Office of Information (1976): The British Press. HMSO. London (3. Auflage)

Committee of Advertising Practice (1988): The British Code of Advertising Practice. London

Crozier, Michael (1988): The Making of the Independent. London

Curran, James/Seaton Jean (1991): Power Without Responsibility. London

Custer, Ueli (1990): Kooperationitis. Bald arbeitet jeder Schweizer Verlag mit jedem zusammen. In: Media Trend Journal, H. 12, S. 26 - 32

Custer, Ueli (1991): Kooperationen und Kombinationen. In: Media Trend Journal,, H. 12, S. 16 - 22

Degenhart, Christoph (1988): Staatsrecht I. Staatszielbestimmungen, Staatsorgane, Staatsfunktionen. Heidelberg (4. Auflage)

Departement of Trade and Industry (1988): White Paper on Mergers Policy. Cmnd. 278. London

Department for Trade and Industry (1991): Newspaper Merger Guidance Note. London

Deutscher Presserat (1991): Jahrbuch 1990. Bonn

Diederichs, Helmut H. (1989): Daten zur Konzentration der Publikumszeitschriften in der Bundesrepublik Deutschland im IV. Quartal 1988. In: Media Perspektiven, H. 6, S. 313 -324

Director General of Fair Trading (1980): Annual Report 1979. London

Dorsch-Jungsberger, Petra E. (1989): Alternative Information. Die Szenenblätter verändern ihr Gesicht. In: Journalist, H. 12, S. 52 - 54

Dröge, Franz/Kopper, Gerd G. (1991): Der Medien-Prozeß. Zur Struktur innerer Errungenschaften der bürgerlichen Gesellschaften. Opladen

Dünser, Felix (1979): Demokratie und Medienvielfalt. Medienpolitik in Österreich am Beispiel staatlicher Presseförderung. Wien

Ebel, Hans-Rudolf (1990): Kartellrecht. GWB und EWG-Vertrag. Kommentar. Neuwied (Stand: Juni 1990)

Ebner, Eberhard (1988): Zum intermediären Wettbewerb zwischen Tageszeitungen und Rundfunk. In: Mahle, Walter A. (Hrsg.): Intermediärer Wettbewerb nach dem Ende des öffentlich-rechtlichen Monopols. AKM-Studien 29. Berlin, S. 71 -77

Eidenmüller, Alfred (1991): Post- und Fernmeldewesen. Kommentar. 2 Bände. Heidelberg (Stand: Mai 1991)

Eidgenössisches Justiz- und Polizeidepartement (Hrsg.) (1975a): Presserecht. Presseförderung. Bericht der Expertenkommission für die Revision von Artikel 55 der Bundesverfassung vom 1. Mai 1975. Bern

Eidgenössisches Justiz- und Polizeidepartement (Hrsg.) (1975b): Presserecht. Presseförderung. Anhang zum Bericht der Expertenkommission für die Revision von Artikel 55 der Bundesverfassung vom 1. Mai 1975. Bern

Eidgenössisches Justiz- und Polizeidepartement (Hrsg.) (1978): Presserecht. Presseförderung. Zusammenstellung der Vernehmlassungen zu den Expertenvorschlägen vom 1. Mai 1975. Bern

Eidgenössisches Justiz- und Polizeidepartement (Hrsg.) (1982): Medien-Gesamtkonzeption. Bericht der Expertenkommission für eine Medien-Gesamtkonzeption. Bern

Emmerich, Volker (1976): Wettbewerbsrecht. München (2. Auflage)

Emmerich, Volker (1982): Kartellrecht. München (4. Auflage)

Emmerich, Volker/Steiner, Udo (1986): Möglichkeiten und Grenzen der wirtschaftlichen Betätigung der öffentlich-rechtlichen Rundfunkanstalten. Berlin

Engwall, Lars (1981): Newspaper Concentration: A Case for Theories of Oligopoly. In: Scandinavian Economic History Review, 29. Jg., S. 145 - 154

Fay, Jackie (1992): Subscription market ripe for growth. In: Media Week, 6.2.1992

Fischer, Heinz-Dietrich/Baerns, Barbara (Hrsg.) (1979): Wettbewerbswidrige Praktiken auf dem Pressemarkt. Positionen und Probleme im internationalen Vergleich. Baden-Baden

Fleck, Florian et al. (Hrsg.) (1987): Massenmedien und Kommunikationswissenschaft in der Schweiz. Jubiläumsschrift der SGKM. Zürich

Fuhr, Ernst W./Rudolf, Walter/Wasserburg, Klaus (1989): Recht der Neuen Medien. Ein Handbuch. Heidelberg

Furhoff, Lars (1973): Some Reflections on Newspaper Concentration. In: Scandinavian Economic History Review, 21. Jg., S. 1 - 27

Furhoff, Lars/Jönsson, Lennart/Nilsson, Lennart (1974): Communication policies in Sweden. Paris

Generaldirektion PTT (Hrsg.) (1990): Zeitungen. Eine Informationsschrift für Verleger und Drucker. Bern

Gerald, J.E. (1965): The British Press under Government Economic Controls. Minneapolis

Gerschel, Alfred (1989): Die große Freiheit. Wider die Illusion über den freien Beruf. In: Journalist, H. 12, S. 86 - 88

Gibbons, Thomas (1991): Regulating the Media. London

Gothberg, John A. (1983): Newspaper Subsidies in Sweden Pose No Dangers, Its Editors Feel. In: Journalism Quaterly, 60. Jg., S. 629 - 634

Greiffenberg, Horst (1988): Medienrechtliche und kartellrechtliche Kontrolle der Konzentration im Rundfunk. In: Mestmäcker, Ernst-Joachim (Hrsg.): Offene Rundfunkordnung. Gütersloh, S. 311-347

Groll, Lennart (1980): Freedom and Self-Discipline of the Swedish Press. Stockholm

Groß, Rolf (1989): Privatfunkgesetze. Textsammlung. Wiesbaden

Grundmann, Birgit (1990): Die öffentlich-rechtlichen Rundfunkanstalten im Wettbewerb. Baden-Baden

Gustafsson, Karl Erik (1978): The Circulation Spiral and the Principle of Household Coverage. In: Scandinavian Economic History Review, 26. Jg., S. 1 - 14

Gustafsson, Karl Erik (1980): The Press Subsidies of Sweden: A Decade of Experiment. In: Smith, Anthony (Hrsg.): Newspapers and Demorcracy

Gustafsson, Karl Erik (1981): Pressepolitik in Schweden. In: Publizistik, H. 3, S. 371 - 387

Gustafsson, Karl Erik (1984): Pressesubventionen in Schweden heute - Form und Auswirkungen. In: Schwedisches Institut (Hrsg.): Aktuelle Informationen aus Schweden 318. Stockholm

Gustafsson, Karl Erik (1986): Sweden. In Kleinsteuber, H. J./McQuail, D./Siune, K. (Hrsg.): Electronic Media and Politics in Western Europe. Frankfurt a.M.

Gustafsson, Karl Erik/Hadenius, Stig (1977): The Swedish Press and Press Policy. Stockholm

Hadenius, Stig (1983): The Rise and Possible Fall of the Swedish Party Press. In: Communications Research, 10. Jg., S. 287 - 331

Hadenius, Stig (1990): Journalistik och politik. Institutionen för journalistik, medier och kommunikation. Stockholm

Hadenius, Stig/Weibull, Lennart (1989): Massmedier. En bok om press radio TV. Fjärde upplagan. Stockholm

Hadenius, Stig/Weibull, Lennart (1991): Partipressens död? Stockholm

Hartstein, Reinhard/Ring, Wolf-Dieter/Kreile, Johannes (1989): Rundfunkstaatsvertrag. Kommentar zum Staatsvertrag der Länder zur Neuordnung des Rundfunkwesens. München

Hauenschild, Claus (1989): Von Technik überrollt. In: Journalist, H. 12, S. 94 - 96

Heckel, Hans (1974): Grundinformation Recht. Opladen

Henry, H. (1986): The Dynamics of the British Press. London

Hesse, Walter (1988): Arbeitsrecht der Pressejournalisten. Stuttgart

Holtz-Bacha, Christina (1992): Presseförderung im westeuropäischen Vergleich. Auf dem Weg zu einem neuen Modell für Österreich. Bochum (unveröffentlicht)

Hubmann, Heinrich (1987): Urheber- und Verlagsrecht. München (6. Auflage)

Hultén, Olof (1984): Mass Media and State Suppport in Sweden. Stockholm

ICC Group Publications (Hrsg.) (1989): Business Ratio Report - Paper & Board Manufacturers. Middlesex

Jens, Carsten (1991): Die Entwicklung des Presseengagements beim privaten Hörfunk 1988 bis 1991. In: Media Perspektiven, H. 9, S. 570 - 589

Johansson, Folke (1971): Lag och etik för massmedier. Stockholm

Kaiser, Joseph H. (1979): Das Recht des Presse-Grosso. Baden-Baden

Kaiser, Ulrike (1989): Kompetenz im Wandel. Die unerfreuliche Ausbildungsdiskussion. In: Journalist , H. 12, S. 102 - 109

Kelm, Hartwig (1989): Plädoyer für das "Unternehmen öffentlich-rechtlicher Rundfunk". In: Media Perspektiven, H. 1, S. 1-8

Keynote Publications (1989): Keynote Report - Newpapers. London

Keynote Publications (1991): The Newspaper Market. London

Klaue, Siegfried/Knoche, Manfred/Zerdick, Axel (Hrsg.) (1980): Probleme der Pressekonzentrationsforschung. Ein Experten-Colloquium an der Freien Universität Berlin. Baden-Baden

Knoche, Manfred/Zerdick, Axel (1977): Konjunkturelle Entwicklung und Pressekonzentration. In: Media Perspektiven, H. 7, S. 365 - 379

Knoche, Manfred/Zerdick, Axel et al. (1991): Die Wirtschaftlichkeit der Verlage und der Postzeitungsdienst. Bad Honnef

Köcher, Renate (1985): Kompetenz und politische Einstellungen von Wirtschaftsjournalisten. Allensbach (unveröffentlichtes Manuskript)

Kopper, Gerd G. (1982): Massenmedien. Wirtschaftliche Grundlagen und Strukturen. Analytische Bestandsaufnahme der Forschung 1968 - 1981. Konstanz

Kopper, Gerd G. (1984): Marktzutritt bei Tageszeitungen - Zur Sicherung von Meinungsvielfalt durch Wettbewerb. Dortmunder Beiträge zur Zeitungsforschung, Band 39. München/New York

Kopper, Gerd G. (1991): Pressekonzentrationsforschung. Zur methodischen Fragestellung nach "neuen Forschungsideen“ und "neuen Forschungsansätzen“. Vortrag auf der Konferenz zum Projektschwerpunkt "Ökonomie und Zukunft der Printmedien“ an der Universität Salzburg, 22. Juni 1991. Dortmund (unveröffentlicht)

Kopper, Gerd G. (1992): Medien- und Kommunikationspolitik der Bundesrepublik Deutschland. Ein chronologisches Handbuch 1944-1988. München (u.a.)

Kopper, Gerd G. (1993): On the Methodological Problems of New Ideas and Approaches to Press Concentration Research.. In: Journal of Media Economics (Special Issue on Current Media Economic and Policy Problems in Central Europe), Volume 6, Nr. 1, Spring 1993

Kopper, Gerd G./Rager, Günter et al. (1993): Medien- und Kartellrecht: Steuerungs- und Wirkungsmodelle. Endbericht im Rahmen des Forschungsprogramms "Ökonomie und Zukunft der Printmedien". Salzburg

Koszyk, Kurt/Pruys, Karl Hugo (1981): Handbuch der Massenkommunikation. München

LAG Berlin: Nebentätigkeit rechtfertigt fristlose Entlassung (1988). In: die feder, H. 2, S. 3

Landesmedienanstalten (Hrsg.) (1990): DLM Jahrbuch 89/90. Privater Rundfunk in Deutschland. München

Lind, Harold (1991): A Council's childhood. In: Newspaper Focus, H. 4, S. 30

Lipps, Wolfgang (1982): Kartellrecht. Baden-Baden (3. Auflage)

Löffler, Martin (1983): Presserecht. Kommentar. Band I: Landespressegesetze. München (3. Auflage)

Löffler, Martin/Ricker, Reinhart (1986): Handbuch des Presserechts. München (2. Auflage)

Luyken, Georg-Michael (1990): Das Medienwirtschaftsgefüge der 90er Jahre. In: Media Perspektiven, H. 10, S. 621 - 641

Mayson, French/Mayson, Ryan (1990): Company Law. London

Media Perspektiven (Hrsg.) (1989): Daten zur Mediensituation in der Bundesrepublik. Basisdaten 1989. Frankfurt a.M.

Meier, Werner A./Saxer, Ulrich (1980): Die Lokalpresse - ein funktionaler Träger lokaler Politik? In: Schweizerisches Jahrbuch für politische Wissenschaft 1980, Themenheft Kommunalpolitik in der Schweiz. Bern, S. 169 - 193

Meier, Werner A./Saxer, Ulrich (1992): Switzerland. In: Euromedia Research Group: The media in Western Europe. The Euromedia Handbook. London, S. 224 - 237.

Melvern, Linda (1986): The End of the Street. London

Mestmäcker, Ernst Joachim (1974): Europäisches Wettbewerbsrecht. München

Mestmäcker, Ernst Joachim (1978): Medienkonzentration und Meinungsvielfalt. Eine vergleichende wirtschaftsrechtliche Untersuchung im Auftrage des Bundesministers des Innern. Baden-Baden

Meyn, Hermann (1990): Massenmedien in der Bundesrepublik Deutschland. Berlin (3. Auflage)

Michel, Dagmar (1984): "Pressöd" in Schweden. Magisterarbeit, Freie Universität Berlin (unveröffentlicht)

Minority Press Group/Campaign for Press Freedom (1986): The other Secret Service - Press distributors and press censorship. London

Monopolies and Mergers Commission (1970): George Outram/Hamilton Advertiser. HCP (1969-70) 76

Monopolies and Mergers Commission (1978): Wholesaling of Newspapers and Periodicals. Cmnd. 7214. London.

Monopolies and Mergers Commission (1979): Guardian and Manchester Evening News/Surrey Advertiser Holdings. HCP (1979) 100

Monopolies and Mergers Commission (1980): West Somerset Free Press/Bristol United Press Ltd. HCP (1979-80) 546

Monopolies and Mergers Commission (1981): Atlantic Richfield (The Observer)/Lonrho Group. HCP (1980-81) 378

Monopolies and Mergers Commission (1981): Reed International Ltd./News International Ltd. Cmnd. 8337. London

Monopolies and Mergers Commission (1989): Century Newspapers Ltd./Thomson Regional Newspapers Ltd. Cmnd. 677. London

Monopolies and Mergers Commission (1989): TR Beckett Ltd./EMAP plc. Cmnd. 623. London

Monopolkommission (1981): Wettbewerbsprobleme bei der Einführung von privatem Hörfunk und Fernsehen. Sondergutachten 11. Baden-Baden

Monopolkommission (1984): Ökonomische Kriterien für die Rechtsanwendung. Hauptgutachten 1982/83. Baden-Baden

Monopolkommission (1986): Gesamtwirtschaftliche Chancen und Risiken wachsender Unternehmensgrößen. Hauptgutachten 1984/85. Baden-Baden

Monopolkommission (1988): Die Wettbewerbsordnung erweitern. Hauptgutachten 1986/87. Baden-Baden

Monopolkommission (1990): Wettbewerbspolitik vor neuen Herausforderungen. Hauptgutachten 1988/89. Baden-Baden

Moonman, Eric (Hrsg.) (1969): The Press - A Case for Commitment. London

Müller, Werner (1979): Die Ökonomik des Fernsehens. Eine wettbewerbspolitische Analyse unter besonderer Berücksichtigung unterschiedlicher Organisationsformen. Göttingen

Nationale Schweizerische Unesco-Kommission (Hrsg.) (1987): Verteilsystem für Printmedien - Abhängigkeiten und Wechselwirkungen. Bericht über ein Seminar veranstaltet von der Nationalen Schweizerischen Unesco-Kommission. Bern

National Westminster Bank (1989): Industry Brief - Printing, October 1989. London

Neverla, Irene/Kanzleiter, Gerda (1984): Journalistinnen. Frauen in einem Männerberuf. Frankfurt a.M./New York

Newspaper Society (1989): Circular letter to Members, 9.2.1989. London

Nies, Gerd (1990): Chancen neuer Tarifverträge nutzen. In: Kontrapunkt, H.13, S.10f

Nobel, Peter (1982): Leitfaden zum Presserecht. Zürich

Nordemann, Wilhelm (1986): Wettbewerbsrecht. Baden-Baden (5. Auflage)

Nordenstreng, Kaarle/Topuz, Hifzi (1989): Journalist: Status, Rights and Responsibilities. Prag

Ochs, Gerd (1984): Wettbewerbsrechtliche Probleme der Presse. Stuttgart

Office of Fair Trading (1986): Anti-Competitive Practices - A Guide to the Provisions of the Competition Act 1980. London

Office of Fair Trading (1986): Distribution of newspapers and periodicals. London

Pape, Martin/Samland, Detlev (Hrsg.) (1988): Medienhandbuch. Privater Hörfunk/ Privates Fernsehen. 2. Bände. Neuwied (Stand: September 1991)

Pätzold, Ulrich/Röper, Horst (1984): Neue Ansätze einer Pressekonzentrationsforschung. In: Media Perspektiven, H. 2, S. 98 - 106

Peacock (1986): Report of the Committee on Financing the BBC. Cmnd. 9824. London

Periodical Publisher Association (1991a): Magazine Handbook 1991. London

Periodical Publishers Association (1991b): The Press under Threat - A review of the likely effects of legislation being enacted in Brussels on the viability of the magazine industry in the United Kingdom. London

Picard, Robert G. (1981): State Aid and Newspaper Marketing in two Swedish Cities 1965 - 1978. In: Gazette, 28. Jg., S. 17 - 33

Picard, Robert G. (1988): The Ravens of Odin. The Press in the Nordic Nations. Ames

Pieroth, Bodo/Schlink, Bernhard (1989): Grundrechte. Staatsrecht II. Heidelberg (5. Auflage)

Pilkington (1962): Report of the Committee on Broadcasting. Cmnd. 1753. London

Press Complaints Commission (1991): Report No.1. London

Press Council (1963): The Press and the People. Annual Report 1962. London

Press Council (1986): The Press and the People. Annual Report 1985. London

Press Council (1987): The Press and the People. Annual Report 1986. London

Press Council (1988): The Press and the People. Annual Report 1987. London

Press Council (1990): Facts in Figures - Annual Statistical Survey of the British Newspaper and Periodical Industry 1989. London

Press Council (1990): The Press and the People. Annual Report 1989. London

Press Council (1991): The Press and the People. Annual Report 1990. London

Presse- und Informationsamt der Bundesregierung (Hrsg.) (1978): Bericht der Bundesregierung über die Lage der Medien in der Bundesrepublik Deutschland 1978. Medienbericht 1978. Drucksache 8/2264 des Deutschen Bundestages, 8. Wahlperiode, vom 9.November.1978. Bonn

Presse- und Informationsamt der Bundesregierung (Hrsg.) (1985): Bericht der Bundesregierung über die Lage der Medien in der Bundesrepublik Deutschland 1985. Medienbericht `85. Drucksache 10/5663 des Deutschen Bundestages, 10. Wahlperiode, vom 16.Juni 1986. Bonn

Rager, Günther/Weber, Bernd (Hrsg.) (1992): Publizistische Vielfalt zwischen Markt und Politik. Düsseldorf (u.a.)

Rehbinder, Manfred (1975): Schweizerisches Presserecht. Bern

Reville, N. (1991): Broadcasting: The New Law. London

Ricker, Reinhart (1985): Privatrundfunk-Gesetze im Bundesstaat. Zur Homogenität der Mediengesetze und Mediengesetzentwürfe. Rechtsgutachten. München

Robertson, Geoffrey (1983): People Against the Press. London

Robertson, Geoffrey/Nicol, Andrew (1990): Media Law - the rights of journalists and broadcasters. London (2. Auflage)

Roderick, Martin (1981): New Technology and Industrial Relations in Fleet Street. Oxford

Röper, Horst (1989): Stand der Verflechtung von privatem Rundfunk und Presse 1989. In: Media Perspektiven, H. 9, S. 533-551

Röper, Horst (1990): Formationen deutscher Medienmultis 1990. In: Media Perspektiven, H. 12, S. 755 - 774

Röper, Horst (1991). Die Entwicklung des Tageszeitungsmarktes in Deutschland nach der Wende in der ehemaligen DDR. In: Media Perspektiven, H. 7, S. 421 - 430

Röper, Horst (1991): Daten zur Konzentration der Tagespresse in der Bundesrepublik Deutschland im I. Quartal 1991. In: Media Perspektiven, H. 7, S. 431 - 444

Röpers, Burkhardt (1986): Aktuelle Wettbewerbsprobleme der Neuen Medien. Insbesondere in NRW. Dortmund

Röpers, Burkhardt (Hrsg.) (1987): Wettbewerb im Medienbereich. Berlin

Royal Commission on the Press (1949): Report 1947 - 49. Cmnd. 770. London

Royal Commission on the Press (1962): Report 1962. Cmnd. 1811. London

Royal Commission on the Press (1976): Interim report: The National Newspaper Industry. Cmnd. 6433. London

Royal Commission on the Press (1977): Final Report, July 1977. Cmnd. 6810. London

Sadler (1991): Enquiry into the Standards of Cross - Media Promotion. Cmnd. 1436. London

Schenk, Michael/Donnerstag, Joachim (Hrsg.) (1989): Medienökonomie. Einführung in die Ökonomie der Informations- und Mediensysteme. München

Schöier, Hans (1991): Ethics by law? Speech at the Stockholm symposium on Press Councils and Press ethics, June 11 - 14 (unveröffentlichtes Manuskript)

Schulz, Herbert (1982a): Die Zukunft der Zeitungsabos. Bestandsaufnahme und Ausblick. In: Der Neue Vertrieb, H. 2, S. 14-20

Schulz, Herbert (1982b): Die Zukunft der Zeitungsabos (II). Bestandsaufnahme und Ausblick. In: Der Neue Vertrieb, H. 3, S. 18-22

Schürmann, Leo (1985): Medienrecht. Bern

Schütz, Walter J. (1989): Deutsche Tagespresse 1989. In: Media Perspektiven, H. 12, S. 748-775

Schwindt, Peter (1985): Struktur und Organisation des Pressevertriebs. Teil 2: Zeitungen und Zeitschriften im Einzelhandel. München

Seibold, Carsten (Hrsg.) (1988): Die 68er. Das Fest der Rebellion. München

Smith, Anthony (1977): Subsidies and the Press in Europe. London

Spieler, Ekkehard (1988): Fusionskontrolle im Medienbereich. Berlin

Statistisches Bundesamt (Hrsg.) (1978 ff): Bildung und Kultur (Fachserie 11). Presse 1975 ff (Reihe 5). Wiesbaden (erscheint jährlich)

Stephenson, Hugh/Mory, P. (1990): Journalism training in Europe. Commission of the European Communities.

Sterzel, Fredrik (1971): God publicistisk sed. Stockholm

Stiftung Werbestatistik Schweiz (1990): Werbeaufwand Schweiz 1988/1989. Zürich

Stone, Peter (1990): Copyright Law in the United Kingdom and the European Community. London

Survey, Jordan (1990): Britain's Top 300 Printers. Bristol

Synthesis report on media concentrations in Europe (1991). Material zur 3. Europäischen Minister-Konferenz für Massenmedienpolitik, 9./10. Oktober 1991. (unveröffentlicht)

Thiel, Michael (1992): Presseunternehmen in der Fusionskontrolle. Diss. jur. München

Ulmer, Peter (1975): Fälle und Entscheidungen zum deutschen und europäischen Kartellrecht. Frankfurt a.M. (2. Auflage)

Ulmer, Peter (1977): Schranken zulässigen Wettbewerbs marktbeherrschender Unternehmen. Fallstudie zum Anzeigenwettbewerb auf dem Pressemarkt im Ruhrgebiet. Baden-Baden

Veröffentlichungen der Schweizerischen Kartellkommission (1969): Die Konzentration im schweizerischen Pressewesen. H. 3/4. Zürich

Veröffentlichungen der Schweizerischen Kartellkommission (1974): Konzentration im schweizerischen Pressewesen, H. 3. Zürich

Veröffentlichungen der Schweizerischen Kartellkommission (1981): Anzeigensperre "Tages-Anzeiger", H. 1. Zürich

Veröffentlichungen der Schweizerischen Kartellkommission (1983): Die Wettbewerbsentwicklung im Bereich der Medien und die multimediale Konzentration, H. 2/3. Zürich

Vom Zeitungsverkauf zum Zeitungsmarketing (1986). Schriftenreihe der Pressestiftung RWV. Düsseldorf/Wien von Gamm, Otto-Friedrich (1981): Gesetz gegen den unlauteren Wettbewerb. Köln (2. Auflage)

Waldmann, Simon (1991): Paper Stock. In: Media Week, 15.11.1991, S. 35 - 36

Weibull, Lennart/Börjesson, Britt (1992): The Swedish Media Accountability System: A Research Perspective. In: European Journal of Communication, H. 7, S. 121 - 140

Weibull, Lennart/Börjesson, Britt (1992): Views on Press Ethics. Do journalists and readers agree? Department of Journalism and Mass Communication, University of Göteborg. Göteborg

Weibull, Lennart et al. (1991): Svenska journalister - ett grupporträtt. Stockholm

Weibull, Lennart/Anshelm, Magnus (1992): Indications of change. In: Gazette, 39. Jg., S. 41 - 72

Weischenberg, Siegfried (1989): Journalismus im Umbruch. Bedenkliche Veränderungen der Berufsfelder. In: Journalist, H. 12, S. 30 - 33

Wenzel, Karl Egbert (1979): Das Recht der Wort- und Bildberichterstattung. Köln (2. Auflage)

Whish, Richard (1985): Competition Law. London

Winsbury, Rex (1968): Government and the Press. Fabian Tract 379. London

Winton, Charles (1989): The Rise and Fall of Fleet Street. London

Witte, Eberhard (1982): Ziele deutscher Medienpolitik. München

Zentralausschuß der Werbewirtschaft (1991): Werbung in Deutschland 1991. Bonn

Zölch, Franz (1987): Medienrecht. In: Fleck, Florian et al. (Hrsg.): Massenmedien und Kommunikationswissenschaft in der Schweiz. Jubiläumsschrift der SGKM. Zürich, S. 241 - 258

Harald Trettenbrein

Interventionsmöglichkeiten gegen Medienkonzentration

Dr. Harald Trettenbrein
ist Universitäts-Assistent am Institut für Rechtswissenschaften der Universität Klagenfurt, derzeit dienstzugeteilt beim Verfassungsdienst des Bundeskanzleramtes.

1. Von der Pressekonzentration zur Medienkonzentration

Medienvielfalt ist nicht Selbstzweck, sondern wird angestrebt, um ein "höheres Ziel" zu erreichen. Medienvielfalt wird angestrebt unter der Annahme, daß eine Vielzahl unabhängiger Medien eine größere Chance bietet, **Meinungsvielfalt** zu verwirklichen. Ein Verschwinden von wirtschaftlich selbständigen Medienunternehmen stellt eine Bedrohung für die Kommunikationsfreiheiten dar, als damit in einem auf Außenpluralität basierenden Kommunikationsmodell die Möglichkeiten freier gesellschaftlicher Kommunikation verringert werden.[1] Forderungen nach einer Intervention gegen Konzentrationen im Medienbereich basieren auf der Annahme, eine fortschreitende Konzentration werde zu einer Gefährdung der Informations- und Meinungsfreiheit führen. Auf die Existenz einer Vielfalt wirtschaftlich selbständiger Unternehmen kann vor allem deshalb nicht verzichtet werden, weil die Bildung marktbeherrschender Unternehmen ein System von Abhängigkeiten wirtschaftlicher, publizistischer und politischer Art zur Folge hat, der am effizientesten durch externe Pluralität der Anbieter begegnet werden kann.[2] Das rechtfertigt auch Eingriffe in grundrechtlich geschützte Positionen oder kann sie sogar fordern.

Eine Bedrohung der Vielzahl von Medienunternehmen kann durch internes und externes Unternehmenswachstum entstehen:

Unter **internem Unternehmenswachstum** wird die Ausweitung des Marktanteils durch Größenwachstum verstanden. Im Fall des Medienunternehmens bedeutet das Auflagensteigerung und Produktdifferenzierung etwa durch das Plazieren neuer Titel. Wettbewerbsrechtlich wird Unternehmenswachstum an sich und die damit verbundene Verdrängung von Mitbewerbern jedoch nicht als grundsätzlich mißbräuchlich betrachtet. Auch das US-amerikanische Antitrustrecht, das ein allgemeines Monopolisierungsverbot kennt (Art 2 Sherman Act) und daher auch gegen Verdrängungswettbewerb durch Unternehmenswachstum eingesetzt werden kann, verlangt neben dem Vorhandensein monopolistischer Marktmacht ein Handeln in Monopolisierungsabsicht. Nach den gerichtlichen Entscheidungen richtet sich dieses Verbot gegen den Mißbrauch einer marktbeherrschenden Stellung und Zusammenschlüsse, nicht aber gegen zulässiges internes Größenwachstum.[3] So wurde auch der Vorschlag der deutschen "Pressekommission" (auch Günther-Kommission genannt, da sie unter dem Vorsitz des damaligen Präsidenten des Bundeskartellamtes Günther

[1] Ein auf Außenpluralität aufbauendes Marktmodell ist jedoch nicht die einzig denkbare Form, die Kommunikationsordnung zu gestalten. HOFFMANN-RIEM unterscheidet zwischen Marktmodell, Integrationsmodell und Mischmodellen. Vgl. HOFFMANN-RIEM in AK-GG Rz 156 ff zu Art 5 I und HOFFMANN-RIEM in Handbuch des Verfassungsrechts 391 (428 ff). Vgl. auch DITTRICH, Pressekonzentration 22, der externer Pluralität Vorrang vor Maßnahmen zur Sicherung einer pluralistischen Binnenstruktur einräumt.

[2] DITTRICH, Pressekonzentration 14.

[3] Vgl. AICHER/ZIB, Regelungsmodelle 18.

stand)[4], die zulässigen Marktanteile von Presseunternehmen mit 20 % (Gefährdung der Pressefreiheit) bzw. 40 % (Beeinträchtigung der Pressefreiheit) an der Gesamtauflage von Tages- und Sonntagszeitungen oder von Publikumszeitschriften zu begrenzen, mit der Folge von Auflagenbeschränkungen für einzelne Objekte und Entflechtungsanordnungen, von der deutschen Bundesregierung abgelehnt.[5] Ein "pressespezifisches Expansionsverbot" in dieser Form stieße wohl auch in Österreich an Grenzen der verfassungsrechtlichen Zulässigkeit. Anders zu beurteilen sind allerdings strukturpolitische Maßnahmen, die gewisse Vergünstigungen (Steuern, Tarife, Subventionen) nur etwa nicht marktbeherrschenden Unternehmen oder Unternehmen unter einem bestimmten Marktanteil, zugute kommen lassen. Internem Unternehmenswachstum wird dann durch das Wettbewerbsrecht eine Grenze gesetzt, wenn es mit Unlauterkeitsmomenten behaftet ist.

Externes Unternehmenswachstum ist Wachstum durch Zusammenschlüsse - zur genaueren Definition vgl. unten 1.1 -; das eingesetzte Instrument dagegen heißt Fusionskontrolle. Eine Fusionskontrolle im Medienbereich, die als Instrument der Vielfaltssicherung eingesetzt wird, setzt allerdings am Ende einer Entwicklung an und bekämpft nur mehr Symptome. Das erübrigt kartellrechtliche Maßnahmen keinesfalls - genauso wenig wie eine Symptombehandlung in der Medizin in gewissen Fällen verzichtbar wäre -, doch zeigt sich, daß mit diesen Instrumenten kaum eingedämmt werden kann, was strukturpolitisch hätte verhindert werden müssen. Kartellrecht kann strukturelle Maßnahmen, kann medienpolitische Maßnahmen nicht ersetzen.[6]

1.1 Formen der Konzentration im Medienbereich

Die Formen der Konzentration/Integration im Medienbereich sind äußerst vielfältig, und es ist schon von der Ausgangssituation her zwischen wirtschaftlicher und publizistischer Konzentration zu unterscheiden. Unter "Konzentrationserscheinungen" im **wirtschaftlichen Sinn** sind vor allem Fusionen und verschiedene Formen der Integration zu nennen.

Als **Fusion** ist jeder Vorgang zu verstehen, bei dem ein Unternehmen durch ein anderes übernommen, absorbiert wird, oder wenn zwei oder mehrere Unternehmen sich zu einem einheitlichen Unternehmen vereinigen. **Integration** wäre demgegenüber jede weniger weitreichende Form der Machtausübung und Kontrolle über die

---

4 Schlußbericht der Kommission zur Untersuchung der Gefährdung der wirtschaftlichen Existenz von Presseunternehmen und der Folgen der Konzentration für die Meinungsfreiheit in der Bundesrepublik Deutschland (Pressekommission), BT-Drucks 5/3122, 18 und 44 ff.

5 Stellungnahme der Bundesregierung zum Schlußbericht der Pressekommission, BT-Drucks 5/3856; ablehnend auch die Lehre, vgl. nur DITTRICH, Pressekonzentration 94 ff mwN.

6 Vgl. GROSS, Presserecht 126; vgl. auch den Projektbericht von KOPPER/RAGER, die das ganze Interventionsrepertoir zur Vielfaltssicherung untersuchen.

Aktivitäten eines (anderen) Unternehmens oder einer Gruppe von Unternehmen. Sowohl Fusionen als auch Integrationserscheinungen lassen sich weiter differenzieren. Wenn in Zukunft sowohl Fusion als auch Integration angesprochen werden, so werden sie unter dem Überbegriff Integration im weiteren Sinn zusammengefaßt. **Vertikale** Integration (im weiteren Sinn) liegt dann vor, wenn ein Unternehmen (Konzern) Kontrolle über verschiedene Phasen eines Produktionsprozesses ausübt (im Zusammenhang mit einem Zeitungsunternehmen wäre das etwa die Kontrolle über Papierproduktion, Druck, Verlag, Vertrieb oder als neueste Entwicklung Werbeagenturen).

Horizontale Integration (im weiteren Sinn) liegt vor, wenn ein Unternehmen (Konzern) auf Managementebene mehrere Produktionseinheiten derselben Stufe kontrolliert (etwa die Kontrolle über mehrere Zeitungstitel, Druckereien oder Werbeagenturen).

Von **internationaler** Integration (im weiteren Sinn) ist zu sprechen, wenn ein Unternehmen (Unternehmensgruppe) seine Tätigkeit über zwei oder mehrere Länder ausdehnt. Dabei kommt der Integration (im weiteren Sinn) innerhalb des Gemeinsamen Marktes und möglicherweise innerhalb des europäischen Wirtschaftsraummarktes eine eigene Rolle zu. Unterliegt doch dieser Bereich nicht nur eigenen wettbewerbs- und fusionsrechtlichen Vorschriften, sondern auch einer eigenen Förderungspolitik.

Insbesondere im Hinblick auf Medien ist weiter zu unterscheiden zwischen **multimedialer (intermediärer) Integration** (iwS) und **multisektoraler Integration**. Erster Fall meint die Kontrolle eines Medienunternehmens bzw. einer Gruppe von Medienunternehmen über verschiedene Mediensparten (z.B. das Engagement von Printmedienunternehmen im Bereich elektronischer Medien; media cross ownership). **Multisektorale Integration** liegt dann vor, wenn ein Medienunternehmen in einer oder mehreren Medienbranchen tätig ist und gleichzeitig in einem oder mehreren anderen wirtschaftlichen Bereichen (z.B. ein Unternehmen, das gleichzeitig in der Medien- und Baubranche tätig ist).

Die Auswirkungen dieser verschiedenen wirtschaftlichen Konzentrationsformen sind jeweils verschieden im Hinblick auf den wirtschaftlichen und auf den Meinungsmarkt: Vertikale Konzentration allein hat keine **unmittelbare** Auswirkung auf den Meinungsmarkt - kann aber zur Bildung oder Verstärkung einer marktbeherrschenden Stellung beitragen. Damit wird etwa der Zugang neuer Konkurrenten zum entsprechenden Markt erschwert und mittelbar wieder der Meinungsmarkt beeinflußt. Die Gefahr negativer Effekte auf dem Meinungsmarkt ist besonders groß bei horizontaler und multimedialer (intermediärer) Verflechtung. Unbedenklich für den Meinungsmarkt scheinen auf den ersten Blick Formen multisektoraler Konzentration, da hier nicht die Gefahr der Gleichschaltung redaktioneller Inhalte, wie in bezug auf horizontale und multimediale Konzentration besteht. Allerdings droht hier, daß nur bestimmte (wirtschaftliche) Interessen die breite Öffentlichkeit ansprechen können. Aber auch wenn Unternehmen völlig selbständig bleiben, kann es zu Vereinbarungen kommen, die die einzelnen Unternehmen zur Stärkung ihrer Marktposition abschließen, die im Endeffekt zu konzentrationsgleichen Effekten führen.

Daneben gibt es aber noch Formen der Integration und Konzentration, die **rein publizistisch sind** und von wirtschaftsrechtlicher Fusionskontrolle nicht erfaßt werden.[7] So wird etwa die Zusammenfassung publizistischer Einheiten durch Übernahme des redaktionellen Teils bei Fortbestehen der wirtschaftlichen Selbständigkeit von fusionskontrollrechtlichen Bestimmungen nicht erfaßt, da diese eben an einem wirtschaftlichen Zusammenschlußtatbestand anknüpfen. Hierher gehört etwa auch die Abhängigkeit von einigen wenigen Nachrichtenagenturen, was in verschiedenen Bereichen zu einer immer einheitlicheren Berichterstattung führt, oder die redaktionelle Kooperation über verschiedene Mediensparten hinweg. Diese Formen publizistischer Konzentration sind bisher vom Gesetzgeber kaum aufgegriffen worden. Erste Regelungen gegen publizistische Konzentrationserscheinungen wurden im Zusammenhang mit der Liberalisierung im Rundfunkrecht getroffen. In manchen deutschen Landesmediengesetzen wird danach der Einfluß schon in anderen Sparten tätiger Medienunternehmen nicht nur durch Beschränkung der Möglichkeit, Eigentumsanteile zu halten, begrenzt, sondern auch dadurch, daß explizit die Gestaltung des Programms etwa durch Zeitvorgaben reglementiert wird.[8]

Positive und negative Aspekte

Schon der oberflächliche Blick zeigt, daß Medienkonzentration nicht nur eine Bedrohung der Pressefreiheit und Meinungsvielfalt sein kann, sondern auch positive Aspekte haben mag. So kann sie etwa unter bestimmten Umständen:[9]

- die Autonomie der Herausgeber gegenüber der Werbewirtschaft und politischen Machtgruppen stärken;
- sie ermöglicht Unternehmen "economies of scale" und die Senkung von Produktionskosten, da sie Zugang zu einem größeren Publikum haben und über ein entsprechendes Know-how und die Erfahrung verfügen, die ihnen gegenüber Mitbewerbern einen Konkurrenzvorteil gibt;
- sie ermöglicht Bildung von Unternehmen, die auf internationaler Ebene arbeiten können; erst so lassen sich europäische Unternehmensgrößen erreichen, die im internationalen Wettbewerb mithalten können;
- Zeitungen können weiterbestehen, für die die Gefahr besteht, daß sie sonst geschlossen werden müßten, mit der Konsequenz, daß dadurch ein differenzierteres Angebot erhalten bleibt, ganz abgesehen von den Konsequenzen im Arbeitsmarkt;
- sie ermöglichen die Einführung neuer Technologien und Dienstleistungen.

---

[7] Vgl. SCHÜTZ, Konzentration in SCHIWY/SCHÜTZ (Hrsg.), Medienrecht[2] 161.

[8] Vgl. zB. § 16 HPRG, siehe auch Kap. 5.

[9] Vgl. Europaratsbericht, 331. Die folgenden Zitate beziehen sich auf eine vorläufige Fassung, die nicht veröffentlicht ist. Vgl. 3.2.1.

Diesen möglichen positiven Aspekten der Medienkonzentration sind die ohnehin schon bekannten Gefahren gegenüberzustellen:

- Das Verschwinden von Zeitungstiteln oder ihre Weiterführung als bloße Kopfblätter führt zu einer Verringerung der zugänglichen Informationsquellen und zu einer Uniformierung der vermittelten Inhalte;
- die Gefahr der Kontrolle einer bedeutenden Anzahl von Tageszeitungen durch die gleiche physische oder juristische Person;
- Versuche, Mitbewerber, die den Markt neu betreten oder über eine schwächere Wettbewerbsposition verfügen, durch den Mißbrauch einer marktbeherrschenden Position vom Markt zu drängen;
- im audiovisuellen Bereich die Abhängigkeit "unabhängiger Produzenten" von Rundfunkveranstaltern;
- ein reduziertes Angebot insbesondere am regionalen Zeitungsmarkt;
- "ökonomische Zensur", also die Gefahr, daß Informationen, die den Interessen der Eigentümer von Medienunternehmern entgegenlaufen, kein entsprechendes Forum mehr finden;
- die Abhängigkeit kleiner kultureller Einheiten (kleine Länder, Sprachgruppen, Regionen etc.) gegenüber der Macht großer nationaler und internationaler Konzerne.

Ursachen für gesetzgeberische (Nicht)Aktivität

Medienkonzentration ist kein traditionell gewachsenes Gebiet gesetzgeberischer Aktivität. Interventionen in diesem Bereich sind, so wie es sich auch jetzt in Österreich abzeichnet, die Reaktion auf tatsächliche Konzentrationsvorgänge. Dementsprechend haben auch die Europaratsstaaten in den Fragebögen zur Medienkonzentration, die die Grundlage für eine groß angelegte Untersuchung des Europarates bildeten, das Fehlen entsprechender Maßnahmen gegen die Medienkonzentration damit begründet, daß dies nicht als Problem empfunden wird. Eine zweite Gruppe von Antworten betraf verfassungsrechtliche Probleme in einigen Mitgliedstaaten mit der Presse- oder Rundfunkfreiheit bzw. dem Zensurverbot, das in diesen Ländern in einer Form interpretiert wird, die auch solche Interventionen bedenklich erscheinen läßt.

Der Auslöser für Maßnahmen gegen Medienkonzentrationstendenzen - und das wird sowohl durch eine historische Analyse, als auch durch die Antwort in den Europaratsfragebögen bestätigt - bilden zumeist massive Konzentrationsvorgänge im jeweiligen nationalen Medienmarkt: Das Zeitungssterben in der Bundesrepublik war Anlaß für die Novelle zum GWB; das Engagement des WAZ-Konzerns in Österreich hat hier die Diskussion losgetreten.

1.2 Rechtliche Instrumente zur Sicherung der Medienvielfalt

Die rechtlichen Instrumente, die die Vielfaltssicherung im Medienbereich durch eine Vielfalt der Anbieter, also außenplural, bewirken wollen, lassen sich einerseits danach unterscheiden, ob sie auf die Qualität von Medien als publizistischer Faktor eingehen und andererseits wie sie intervenieren. Im ersten Fall wird unterschieden zwischen wirtschafts- und kartellrechtlichen Regelungen, sowie medienrechtlichen Regelungen. Rein wirtschaftliche Regelungen beachten bei Medien nur deren Qualität als Wirtschaftsgut und lassen publizistische Überlegungen bewußt außer acht. Auf diese zweite Qualität von Medien gehen medienrechtliche Regelungen ein. Weiters läßt sich danach unterscheiden, ob die Instrumente einen eher fördernden oder restriktiven Charakter haben.[10]

Unter dem deklarierten Zweck der Förderung und Erhaltung der Medienvielfalt wird eine Vielzahl von Maßnahmen getroffen. Anderes hat bloß einen zu beachtenden Effekt auf die Medienökonomie. Diese Differenzierung, von der auch dieses Forschungsprojekt ausgeht, stellt Maßnahmen der Presseförderung restriktive, kartell- und medienrechtliche Eingriffe gegenüber. Im Bereich Medienpolitik bildet denn auch Presseförderung ein eigenes Teilprojekt im Rahmen des Gesamtprojektes "Ökonomie und Zukunft der Printmedien". Freilich ist Presseförderung nicht gleich Vielfaltsförderung. Presseförderung hat zwar oft auch das Ziel, eine **vielfältige** Zeitungslandschaft zu erhalten, sie kann aber auch auf Förderung der Presse allgemein ausgerichtet sein. Presseförderung, die nicht zwischen marktmächtigen und marktschwachen Medienunternehmen unterscheidet, ist bestenfalls dazu geeignet, Konzentrationstendenzen nicht zu beeinflussen - im schlimmsten Fall verstärkt undifferenzierte Presseförderung die Medienkonzentration. Daher ist unter den fördernden Maßnahmen weiter zu unterscheiden zwischen diskriminierenden und nicht diskriminierenden Maßnahmen. Bei den staatlichen Eingriffen in die Ökonomie der Medien, die nicht unterscheiden, welche Position das geförderte Medienunternehmen am Medienmarkt einnimmt, handelt es sich wohl um die Mehrzahl der Maßnahmen. Darunter fallen beispielsweise:

- Subventionen
- Steuerbegünstigungen (Umsatz-, Mehrwertst.) für Presseprodukte, Anzeigen, etc.
- günstigere Gebühren für Postdienstleistungen, Telekommunikation
- arbeitsrechtliche Bestimmungen (Tendenzschutz, Ausnahmen von sonstigen Mindeststandards)
- öffentliche Inseratenkampagnen
- Förderung der Journalistenausbildung
- geförderte Kredite
- Wirtschaftsförderung (AMV-Druckereisubventionen)

[10] Auch der Europarat trennt in seiner Studie zwischen "general measures in economic law" und "media law measures". PICARD unterscheidet zwischen "Advantages", Subsidies" und "regulation" in State interventions in U.S. press economics, Gazette 30 (1982) 3-11, 1.

Bei den nichtdiskriminierenden Geldzuwendungen (z.B. Subventionen), die allen Medien theoretisch in gleicher Weise zugute kommen, ist aus österreichischer Sicht etwa an die, vorwiegend aus Geldern der Arbeitsmarktverwaltung geleisteten, Zuschüsse zur Errichtung diverser Druckereien zu denken. Die Geldleistungen, die hier an die Größten der Branche gingen, sind wohl kaum als Beitrag **gegen** die Konzentrationstendenzen am Pressemarkt zu werten. Besonders wichtig und häufig sind auch die **Vorteile**, die der Medienbranche als Ganzes oder gewissen Teilbranchen gewährt werden. International weit verbreitet sind etwa günstigere Gebühren für Postdienstleistungen und reduzierte Telekommunikationsgebühren für Zeitungsunternehmen. Einen massiven Eingriff in die Medienökonomie stellt auch aus öffentlichen Geldern finanzierte Werbung dar. In diesem Bereich zu erwähnen sind auch noch Steuererleichterungen, die das Medienprodukt, die Werbung oder auch die Bewertungsgrundsätze betreffen können (besondere Abschreibungen, Rücklagenbildungen etc.). Ein Beispiel für diskriminierende Förderungspolitik, die bewußt die Zweitzeitungen unterstützen will, bietet die schwedische Presseförderung. (vgl. dazu insgesamt den Bericht HOLTZ-BACHA.)

Eine weitere schon angesprochene Differenzierung der Regelungen, die Meinungsvielfalt durch Medienvielfalt sichern sollen, läßt sich danach treffen, welchem Rechtsbereich die untersuchte Rechtsnorm angehört. Die beiden wichtigsten Gruppen sind hier **wirtschaftsrechtliche** Regelungen und **medienrechtliche** Regelungen. Daneben hat auch der Normbestand anderer klassischer Rechtsdisziplinen Einfluß, ob es zu Konzentrationstendenzen kommt, bzw. wie diese Tendenzen von der Rechtsordnung sanktioniert werden[11] (vgl. Abb. 1).

Dem Regelungsbereich des **Wirtschaftsrechts** gehören die Regelungsinstrumente des Wettbewerbsrechts und des Kartellrechts an. Dabei können der Medienbereich insgesamt oder gewisse Mediensparten von der Anwendbarkeit dieser Bestimmungen grundsätzlich ausgenommen sein. Erinnert sei an den deutschen Streit über die Anwendung kartellrechtlicher Bestimmungen auf den öffentlichen Rundfunk. In den untersuchten Rechtsordnungen waren die entsprechenden wirtschaftsrechtlichen Bestimmungen gegen wirtschaftliche Konzentrationsvorgänge auf den Medienbereich grundsätzlich anwendbar und zwar zumeist ohne die Spezifika der Mediensituation zu berücksichtigen. Das deutsche GWB bildet hier insofern eine Ausnahme, als es für Medienunternehmen eine besondere Formel zur Berechnung des als Anknüpfungspunkt für weitere Rechtsfolgen relevanten Umsatzes enthält.[12] Das ist noch keine medienrechtliche Regelung, da sie nicht die Systematik des Wettbewerbsrechts verläßt. Auch für andere Branchen enthält das GWB Sonderbestimmungen zur Berechnung des relevanten Umsatzes, so für Kreditinstitute, Bausparkassen oder auch Versicherungen. Dem GWB geht es (im Rahmen der presserechtlichen Fusionskontrolle) nämlich "nur" um die unternehmerische Selbständigkeit des

---

[11] Besonders das Steuerrecht kann durch günstige Versteuerungsmöglichkeiten zu Konzentrationstendenzen führen.

[12] Vgl. § 23 GWB.

Presseunternehmens und seine wirtschaftliche Position auf dem relevanten Markt. Dem Bundeskartellamt wird bei der Beurteilung nicht erlaubt, die publizistische Seite zu berücksichtigen[13] - daß das GWB mit der Bewahrung der wirtschaftlichen Selbständigkeit zumeist auch die redaktionelle Eigenständigkeit erhält, ist Nebeneffekt, aber kein explizites Ziel der Regelung.

Daß wirtschaftlich orientierte Fusionskontrolle die Aufrechterhaltung wirtschaftlichen Wettbewerbs zum Ziel hat, steht fest. Was bei der Zusammenschlußkontrolle interessiert, ist die Beseitigung der Unabhängigkeit einer Entscheidungseinheit auf dem Markt, sei es eines Anbieters, sei es eines Nachfragers, und die Wirkung eines solchen Vorganges auf den Wettbewerb. Fragen der Meinungs- und Medienvielfalt bleiben dabei unberücksichtigt. Dieses "reine" Konzept wird in der Bundesrepublik verwirklicht - die Frage bei der Fusionskontrolle geht nach der Entstehung und Verstärkung einer marktbeherrschenden Stellung - und nur danach (Marktmacht-Konzept). Nur diese Regelungen können als rein wirtschaftsrechtlich bezeichnet werden. Alle anderen Regelungen, auch wenn sie an wirtschaftliche Fusionstatbestände anknüpfen, sollen unter dem Begriff medienrechtliche Instrumente zur Vielfaltssicherung behandelt werden. Dabei kann das Ziel der Vielfaltssicherung mit weichen oder mit harten Kriterien angestrebt werden. Weiche Kriterien wären etwa, wenn kartellrechtliche Normen implizit ermöglichen oder ausdrücklich anordnen, daß eine Fusion zu unterbleiben hat, wenn sie die Vielfalt der Medien oder Meinungen gefährdet. Man könnte dann von **Medienkartellrecht**[14] - um den Terminus der Schweizer Medien-Gesamt-Konzeption zu verwenden - oder mit AICHER/ZIB[15] von einem "publizistischen Konzept" sprechen, wenn an die durch Zusammenschlüsse bewirkte Gefahr für die Meinungsvielfalt angeknüpft wird. Das ist der Weg, den die Novelle zum Kartellgesetz in Österreich explizit vorschlägt, indem für Medienzusammenschlüsse ein auf die Medienvielfalt abstellender Tatbestand eingeführt wird. In der Schweiz wird die Ansicht vertreten, daß solche publizistischen Aspekte im Rahmen der Abwägung der volkswirtschaftlichen und sozialen Nachteile, bei deren Vorliegen ein Zusammenschluß zu untersagen ist, Berücksichtigung finden können.[16] Die Verankerung im Kartellrecht hat freilich zur Konsequenz, daß aufgrund des Anknüpfungspunktes nur Formen der wirtschaftlichen Konzentration erfaßt werden können (die möglicherweise publizistische Konsequenzen haben), nicht aber Phänomene bloß publizistischer Konzentration. Harte Kriterien finden sich in der Anti-Medienkonzentrationsgesetzgebung in Italien und Frankreich. Hier wird entweder der Eigentumsanteil, den eine physische oder juristische Person an einem Unternehmen in einer bestimmten Medienbranche halten darf, begrenzt oder es werden Schwellen in bezug auf den zulässigen Marktanteil eingeführt, die ein

---

[13] Vgl. Stellungnahmen der Bundesregierung zum Bericht des Bundeskartellamtes vom 16.6.1976, BT-Drucks. 7/5390 S. III.

[14] MGK, 508.

[15] AICHER/ZIB, Regelungsmodelle 18 f.

[16] WEBER, Wirtschaftsregulierung 357.

Medienunternehmen (durch externes Wachstum) nicht überschreiten darf (vgl. Kapitel 4).

Die Liberalisierung im Bereich der elektronischen Medien hat bald gezeigt, daß hier **rein wirtschaftsrechtliche Regelungsansätze versagen**. So läßt sich der Fall einer Vereinbarung zwischen einem marktbeherrschenden Printmedium und einem Lokalradio, wonach das Printmedium die Nachrichtensendungen für das Lokalradio gestaltet, kartellrechtlich kaum erfassen. Dazu bedarf es spezieller mediengesetzlicher Regelungen. Solche finden sich etwa in den deutschen Landesmediengesetzen, die die Liberalisierung des Rundfunkmarktes rechtlich determinieren.

Presserecht und Rundfunkrecht weisen traditionell verschiedene Strukturen auf: Von der Sicherung einer binnenpluralen Struktur, wie sie für öffentlich-rechtliche Monopolradios typisch ist, ist es nur ein kleiner Schritt zur Sicherung einer funktionsfähigen außenpluralen Struktur. Außerdem bietet sich im Rundfunkrecht das Lizenzverfahren als geeignetes Instrumentarium an, um die entsprechende Zielsetzung rechtstechnisch zu verwirklichen. Vielfaltsaspekte spielen daher konsequenterweise eine Rolle bei der Vergabe von knappen Rundfunkfrequenzen/lizenzen; die Regelung der Beteiligung von Printmedien an elektronischen Medien bietet sich in diesem Zusammenhang geradezu an. Im "legge Mammi"[17] wird dementsprechend auch die Vergabe von nationalen Rundfunklizenzen zum Hebel, um gestuft auf den Meinungsmarkt beherrschende Medienunternehmen und nicht nur Rundfunkunternehmen zu reagieren.

Diese medienspezifischen Regelungen im Rundfunkrecht zeigen zwei regulatorische Schwerpunkte. **Wer** bewirbt sich um eine Lizenz und **in welcher Form** wird ihm die Teilnahme am Rundfunkunternehmen ermöglicht?

Die Frage, welche Rechtssubjekte sich um eine Lizenz bewerben, ist einsichtigerweise deswegen von Interesse, da davon Beeinträchtigungen der publizistischen Vielfalt ausgehen können. Handelt es sich um ein Medienunternehmen, das schon in der gleichen Mediensparte, oder in einer anderen tätig ist? Wie ist die Position dieses Medienunternehmens auf dem publizistisch relevanten Markt? Für die Vergabe einer Lokalradiolizenz ist natürlich besonders zu beachten, ob das betreffende Medienunternehmen am lokalen Meinungsmarkt präsent ist - oder gar eine marktbeherrschende Stellung einnimmt.

Die Möglichkeiten, auf Bedrohungen für die Meinungsvielfalt, die aus cross-ownerships entspringen können, zu reagieren, sind so differenziert (denkbar), wie die Bedrohungen selbst. Gewisse durch bestimmte Merkmale beschriebene Interessentenkreise (Marktbeherrschung, gewisser Marktanteil) können gänzlich von der Lizenzvergabe ausgeschlossen werden oder in der Anzahl der erreichbaren Lizenzen begrenzt werden. Schließlich kann auch deren Teilnahme nur unter gewissen Bedingungen zugelassen werden. Die häufigste Lösung geht in der BRD dahin, die Eigentumsanteile zu begrenzen, um so zu verhindern, daß das beteiligte Medienunterneh-

[17] Siehe 4.4.2

men (beherrschenden) Einfluß ausüben könnte. Eine Neutralisierung dieser publizistischen Macht kann aber auch dadurch angestrebt werden, indem materiellere Kriterien vorgegeben werden - nur ein bestimmter Anteil der Sendezeit darf den betreffenden Medienunternehmen zur Verfügung gestellt werden oder die Kontrolle durch Programmbeiräte wird vorgesehen oder zwingend eine Veranstaltungsgemeinschaft eingerichtet.

Systematisch gesehen lassen sich also drei Ebenen der Reaktion auf Gefahren durch multimediale Konzentration unterscheiden:
- entweder wird die Sicherung der **Meinungsvielfalt allgemein** als Kriterium bei der Auswahl unter mehreren Bewerbern um eine Rundfunkkonzession herangezogen;
- oder es werden bezüglich Eigentumsanteilen und/oder Marktanteilen konkrete Unvereinbarkeiten definiert;
- oder es gibt pluralitätssichernde Vorgaben bezüglich der Organisation des Unternehmens und/oder der Programmgestaltung (vgl. dazu Kapitel 5).

Abbildung 1:
Gliederung der Interventionsmöglichkeiten gegen Medienkonzentration

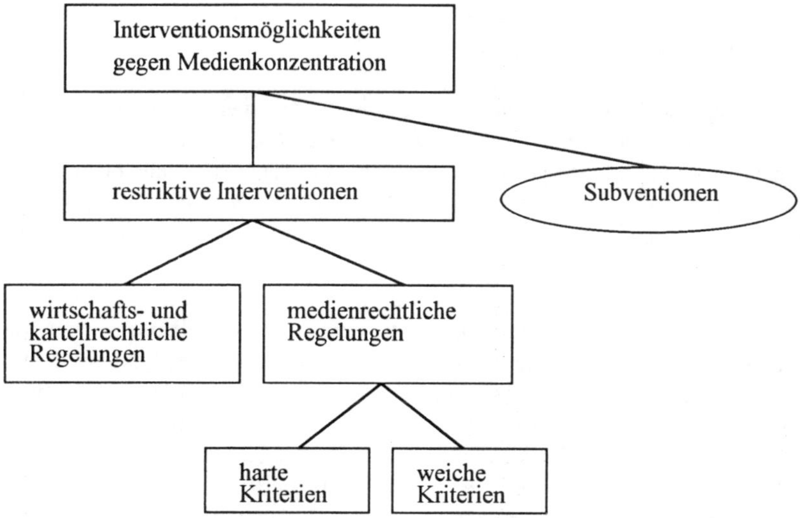

2. Die Ausgangslage

Medienkonzentration und Pressekonzentration stehen in den untersuchten Ländern keinesfalls gleichermaßen stark in Diskussion. Die Bundesrepublik Deutschland hat sicher die breiteste juristische Diskussion zum Problem der Medienkonzentration geführt. Dabei kommen die Beiträge nicht nur von der Wissenschaft, sondern auch von parlamentarischen Ausschüssen und Untersuchungen der Kartellbehörden. Ähnlich auch in der Schweiz, wo die Kartellkommission - bei einer etwa mit Deutschland oder Österreich verglichen ungleich günstigeren Ausgangssituation - schon seit langem Konzentrationstendenzen im Medienbereich verfolgt. Die erste dieser Untersuchungen fand schon 1969 statt. In Schweden kam es 1974 durch ein medienübergreifendes Engagement des BONNIER-Konzerns zu einer größeren Untersuchung der Medienkonzentration. Die eigentliche Diskussion steht Schweden allerdings erst bevor. Die Veränderungen des Subventionssystems und die Öffnung des Marktes für elektronische Medien wird das Problem der Medienkonzentration erneut und verschärft aufwerfen. Auffallend ist sicher das Beispiel Österreich, nicht nur, daß hier ein unvergleichlich hoher Konzentrationsgrad erreicht ist, es fehlte bis vor kurzem auch jede juristische Diskussion dieses Problems. Dieses Diskussionsdefizit hängt sicher auch damit zusammen, daß eine entsprechend unabhängige und aktive Kartellbehörde fehlt, ist damit aber wohl nicht restlos erklärt. Während in anderen Ländern - unter wesentlich weniger bedrohlichen Bedingungen - der Medienmarkt konsequent auf Konzentrationserscheinungen hin untersucht und beobachtet wurde und legistische Maßnahmen vorgeschlagen und gefordert wurden, fehlten in Österreich selbst diese Vorstufen zur gesetzgeberischen Intervention.

2.1 Deutschland

Seit Anfang der sechziger Jahre ist die Diskussion über die Konzentration im Pressewesen in Deutschland nicht verstummt. Sie unterlag sowohl in ihrer Intensität als auch in ihren Themen gewissen Konjunkturen. Eine Intensitätsspitze hatte die Diskussion im Anschluß an das **massive Zeitungssterben in den Sechzigern**: Die Anzahl der Vollredaktionen ging von 1954 bis 1976 von 225 auf 121 zurück, blieb allerdings seither auf diesem relativ hohen Niveau stabil.[18] So legte die **Michel-Kommission** Ende 1967 ihre Ergebnisse vor, die klar machen sollten, daß die mittleren und kleinen Verlage nicht durch Funk und Fernsehen aus dem Markt gedrängt werden. Das war die These des Bundesvorstandes der Zeitungsverleger - geäußert in der Streitschrift "Pressefreiheit und Fernsehmonopol" (1964) - gewesen, der damit für ein Werbeverbot in den elektronischen Medien argumentieren wollte. Die Feststellungen und Schlußfolgerungen der Günther-Kommission[19] initiierten die rechtspolitischen Erörterungen der beginnenden siebziger Jahre. Pressefusionskontrolle und redaktionelle Mitbestimmung standen dabei im Mittelpunkt der Über-

[18] BT-Drucks 8/2264 S 6, Tabelle B 3. Seither hat sich die Situation stabilisiert. 1979: 122 Vollredaktionen, 1985: 126 Vollredaktionen (BT-Drucks 10/5663). Zur aktuellen Situation vgl. Media Perspektiven, Sonderheft, Daten zur Mediensituation in Deutschland 1991, 42 ff. 1989: 119 Publizistische Einheiten im Westen - dazu kommen 37 publizistische Einheiten aus der ehemaligen DDR.

[19] BT-Drucks 5/3122.

legungen.[20] Wenig wurde jedoch umgesetzt; weder die **Marktanteilsbegrenzung**, die von der Günther-Kommission zur Bekämpfung der Konzentration vorgeschlagen wurde, aber an verfassungsrechtlichen Bedenken scheitern mußte,[21] noch ein Presserechtsrahmengesetz, das die innere Pressefreiheit wirksam absichern würde.[22] Überhaupt wirkt im gegenwärtigen geistigen Großklima, das von Schlagworten wie Liberalisierung, Deregulierung und "mehr Privat, weniger Staat" geprägt ist, die frühere Diskussion um öffentlich-rechtliche Organisationsformen für Presseverlage, Sicherung binnenpluraler Strukturen etc. zumindest nicht dem geistigen "main stream" entsprechend.[23] Maßnahmen hat die Bundesrepublik im eigentlichen Kartellrecht getroffen und damit zumindest noch weitere Konzentrationsvorgänge verhindert. Wenn auch gerade im Hinblick auf die neuen Bundesländer hier Chancen ungenutzt blieben.[24]

Die juristische Diskussion zu Medienkonzentration und Meinungsvielfalt in der Bundesrepublik Deutschland ist im wesentlichen eine **wirtschaftsrechtliche Diskussion**, die in manchen Fragen auch auf Aspekte der Verfassungskonformität eingeht. Diese stark wirtschaftsrechtliche Orientierung liegt in einer sehr restriktiven Grundrechtsinterpretation begründet, die mediengesetzliche Regelungsansätze nahezu ausschließt. Ausgangspunkt dieser Argumentation ist Art 5 des Grundgesetzes, der u.a. die Pressefreiheit garantiert und in Abs 2 vorsieht, daß diese Rechte "ihre Schranken in den Vorschriften der allgemeinen Gesetze ...." finden.

In Fortführung von Ansätzen aus der Weimarer Zeit versteht das Bundesverfassungsgericht unter allgemeinen Gesetzen all jene Gesetze, "die nicht eine Meinung als solche verbieten, die sich nicht gegen die Äußerung von Meinung als solche richten, die vielmehr dem Schutz eines schlechthin, ohne Rücksicht auf eine bestimmte Meinung, zu schützenden Rechtsgutes dienen, dem Schutz eines Gemeinschaftswertes, der gegenüber der Betätigung der Meinungsfreiheit den Vorrang hat."[25] Jede Regelung, die medienspezifische Anknüpfungspunkte enthält, steht daher unter dem Verdacht, kein allgemeines Gesetz im Sinne von Art 5 Abs 2 GG zu sein. Diese Bedenken wurden auch der Pressefusionsnovelle, die 1974 die pressespezifischen Modifikationen im GWB verankerte, entgegengebracht.[26] Inzwischen hat der BGH

---

[20] Vgl. DITTRICH, Pressekonzentration und Grundgesetz (München, 1971); MÖSCHEL, Pressekonzentration und Wettbewerbsgesetz (Tübingen, 1978); MESTMÄCKER, Medienkonzentration und Meinungsvielfalt (Baden-Baden, 1978).

[21] BT-Drucks 5/3122, vgl. DITTRICH, Pressekonzentration 98.

[22] Vgl. dazu GROSS, Presserecht 101 f.

[23] Vgl. die Untersuchung verschiedener Maßnahmen zur Neutralisierung der Medienkonzentration bei DITTRICH, Pressekonzentration 113 ff.

[24] Vgl. dazu u.a. RÖPER, Die Entwicklung des Tageszeitungsmarktes in Deutschland nach der Wende in der ehemaligen DDR, Media Perspektiven 1991, 421.

[25] BVerfGE 7, 198 (209 f); vgl. auch BVerfGE 28, 282 (292); BVerfGE 50, 234 (241).

[26] So KULL, Freie Presse und Antitrustgesetzgebung, AfP 1974, 634 (636); BECHTOLD, Fusionskontrolle in Anzeigenmärkten, AfP 1980, 88 (89);

die hier gezogenen Grenzen zugunsten der Wettbewerbsfreiheit gerechtfertigt. Denn das Recht der freien Meinungsäußerung umfaßt dann nicht mehr auch die Freiheit zu externem Unternehmenswachstum über die Grenzen einer marktbeherrschenden Stellung hinaus, wenn es den funktionsfähigen Wettbewerb unter den Presseunternehmen beeinträchtigt.[27] Auch ein Großteil der deutschen Lehre folgt dieser Ansicht.[28] Es bleibt allerdings bei jeder die Medien betreffende Intervention die Notwendigkeit, zu beweisen, daß es sich um ein "allgemeines Gesetz" handelt. Das mag mit ein Grund für die Zurückhaltung bei medienspezifischen Regelungen sein und dafür, daß die juristische Konzentrationsdiskussion im wesentlichen über das Wirtschaftsrecht, über das Gesetz gegen den unlauteren Wettbewerb (UWG) bzw. über das Gesetz gegen Wettbewerbsbeschränkungen (GWB) geführt wurde und wird.[29] Es geht dabei um die Korrektur bestimmter Verhaltensweisen von Marktteilnehmern bzw. um Strukturkorrekturen, wobei allerdings immer die Qualität von Medienunternehmen als wirtschaftliche Einheiten bzw. von Medien als Waren bzw. Dienstleistungen betont wird. Publizistische Aspekte finden nur am Rande Beachtung. So in einer verfassungs- und grundrechtskonformen Interpretation der Generalklauseln des Wettbewerbsrechts, mittels der auch der objektive Verfassungswert der Pressefreiheit Berücksichtigung finden kann.[30]

DITTRICH dürfte die für die deutsche Lehre wohl herrschende Meinung vertreten, wonach im Pressebereich grundsätzlich der Vorrang einer Vielfalt selbständiger Zeitungsunternehmen gegenüber einer durch gesetzliche Regelungen sichergestellten binnenpluralistischen Struktur einzuräumen ist. Die mögliche Pflicht des Staates zu einer Intervention gegen Medienkonzentration ergibt sich für ihn im Rahmen der deutschen Grundrechtskonzeption, jedoch nicht aus dem Kommunikationsgrundrecht des Art 5 GG, sondern aus dem Demokratiegebot des Art 20 GG.[31]

2.2 Die Schweiz

Die 6,5 Millionen Schweizer können zwischen ca. 260 Zeitungen wählen, von denen 106 täglich erscheinen. Eine Ursache für diese hohe Anzahl liegt sicher in der Viersprachigkeit der Schweiz und in dem, was selbst in der Schweizer Eigendefinition als **"helvetischer Partikularismus"**[32] erlebt wird. Zwei Drittel der Titel erscheinen in Deutsch, der Rest in Französisch, Italienisch und Rätoromanisch. Die Gesamtauflage

---

PITSCHAS, Wettbewerbliche Probleme und Verfassungsmäßigkeit der pressespezifischen Fusionskontrolle, DBl 1981, 729 (731); HARMS in GK Rz 761 zu § 24 GWB.

27 WuW/E BGH 1685 (1689); WuW/E BGH 2276 (2277 f).

28 Vgl. ua. SPIELER, Fusionskontrolle 28; MÖSCHEL, Pressekonzentration 64; DITTRICH, Pressekonzentration 62; vgl. auch MESTMÄCKER, Medienkonzentration 30 mwN.

29 Siehe unten Pkt. 5. Vgl. auch MESTMÄCKER, Medienkonzentration 107 ff.

30 Vgl. MÖSCHEL, Pressekonzentration 64; MESTMÄCKER, Medienkonzentration 152.

31 DITTRICH, Pressekonzentration 22, 41, 51.

32 VKK 1983, 155.

der Tageszeitungen beträgt 4,4 Millionen Exemplare, wovon die drei größten rund ein Viertel stellen (Blick, Tages-Anzeiger, Neue Zürcher Zeitung).[33]

Trotz dieser noch immer gegebenen relativ großen Vielfalt der Medienlandschaft gab es auch in der Schweiz einen Ausdünnungsprozeß; in der Zeit von 1939 bis 1980 hat sich entsprechend dem Bericht der Expertenkommission für eine Medien-Gesamtkonzeption[34] die Zahl der Zeitungen von 406 auf 286 verringert. Im gleichen Zeitraum stieg allerdings die tägliche Gesamtauflage von 2 Millionen auf 3,2 Millionen Exemplare. Vom Zeitungssterben betroffen waren besonders Blätter, die wöchentlich nur zwei- bis viermal erschienen, und Blätter mit einer Auflage von weniger als 5000 Stück. Vor diesem Hintergrund ist die rege Auseinandersetzung mit Fragen der Pressekonzentration und der Medienstruktur überhaupt zu sehen, die nicht nur zur Medien-Gesamt-Konzeption geführt hat, sondern auch zu einer Reihe von einschlägigen Veröffentlichungen der Kartellkommission:

Als beeindruckendes Projekt muß hier auch die Arbeit an der **Medien-Gesamt-Konzeption**, die unter der Leitung von Dr. Hans KOPP die Schweizer Mediensituation umfänglichst untersuchte, angeführt werden. Die Ergebnisse der Arbeit wurden in Form der 700-Seiten "Medien-Gesamt-Konzeption" (MGK) vorgelegt.

Unbestritten war in der Kommission die selbstverständliche Anwendung des allgemeinen Kartellrechts auf die Medienwirtschaft. Denn Kartelle und ähnliche Organisationen sind auch in diesem Bereich recht häufig, und ein Ungleichgewicht in der Versorgung mit Medien und Informationen kann sozial oder volkswirtschaftlich schädliche Auswirkungen haben. Dazu kommt allerdings,

> "daß publizistische Vielfalt nicht schon durch die publizistische Vielzahl und damit nicht allein durch wirtschaftlichen Wettbewerb erreicht wird. So kann auf einem regionalen Pressemarkt der Wettbewerb durchaus intakt sein, ohne daß die ganze Vielfalt der für die Öffentlichkeit relevanten Informationen und Meinungen zum Ausdruck kommt. Umgekehrt kann eine Monopolzeitung durch eigene redaktionelle Leistungen oder durch weitgehendes Öffnen für außenstehende Personen ein adäquates Bild der politischen, kulturellen und sozialen Situation ihrer Region zeichnen."[35]

Deshalb schließt die MGK-Kommission spezielle **"medienrechtliche Normen kartellrechtlicher Art"** nicht aus. Gemeint sind damit spezialgesetzliche Regelungen, die die besondere Funktion und Stellung von Medien berücksichtigen. Der

---

[33] Zahlen nach MUZIK, Medien Multis 61; Quelle: Katalog der Schweizer Presse 1989, Auflagen Bulletin 1989 der AG für Werbemittelforschung (WMF). Vgl. auch Bulletin 1/1988, Schweizer Gesellschaft für Kommunikationsforschung und Medienwissenschaft, Medienlandschaft Schweiz im Wandel 93 ff.

[34] Medien-Gesamt-Konzeption, herausgegeben vom Eidgenössischen Justiz- und Polizeiparlament, Bern 1982.

[35] MGK, 498.

Lösungsvorschlag der MGK zur Sicherung der Meinungsfreiheit lautet daher: **"Medienkartellrecht".**[36] Damit schlägt die MGK-Kommission einen Weg vor, wie er nun ansatzweise im Entwurf zur Kartellgesetz-Novelle in Österreich beschritten wird. Aber auch die besondere Beachtung des Mißbrauchs einer marktbeherrschenden Stellung durch Medienunternehmen findet sich schon in der MGK.

Aufgrund der gewonnenen Schweizer Erfahrungen im Zusammenhang mit der Anzeigensperre der Schweizer Automobilimporteure gegen den "Tagesanzeiger"[37] standen dabei zuerst rechtliche Normierungen in jenen Gebieten zur Diskussion, aus denen Gefahren für die Meinungsäußerungsfreiheit stammten. Überlegt wurde ein **Insertionsgesetz**, das die Bewirtschaftung des gesamten Inseratenmarktes und die Verteilung der Einnahmen gemäß der redaktionellen Leistungen vorsehen sollte. Zwar ließe sich damit das Ziel, unstatthafte Einflußnahme auf die redaktionelle Berichterstattung zu verhindern, erreichen. Der Eingriff wurde allerdings auch schon in der MGK-Kommission als unverhältnismäßig empfunden. Medienkartellrechtliche Ziele lassen sich, und darin wird man der Kommission wohl zustimmen müssen, auch bei der **Konzessionserteilung** im Rahmen des **Radio- und Fernsehrechtes** verwirklichen. Schließlich sind auch Regeln über die **innere Medienfreiheit** geeignet, Beeinflussungen zu erschweren.

Ausführlich behandelt hat die Kommission die Beeinträchtigung der freien Meinungsbildung durch den **Mißbrauch von Vormachtstellungen**. Sie hat hier auch eigene Vorschläge für medienkartellrechtliche Normen gemacht. Dadurch sollte

> "das Problem aus den wirtschaftlichen Zusammenhängen des Kartellgesetzes herausgelöst und die Funktionserfüllung der Medien eigenständig geschützt werden. In bezug auf das Verfahren hingegen kann auf das bewährte Instrumentarium des Kartellgesetzes zurückgegriffen werden".[38]

Die Kommission schlug im Anschluß an die Verfassungsentwürfe, die schon grundlegende Maßnahmen gegen den Mißbrauch von Vormachtstellungen[39] verwirklichen wollten, ein Medienunterstützungsgesetz vor, das in einem eigenen Abschnitt auch kartellrechtliche Regelungen enthalten sollte.[40]

Kern der vorgeschlagenen Regelung ist die Untersuchung von Kartellen oder ähnlichen Organisationen durch die zu schaffende Medienkommission beim Vorliegen zweier (alternativer) Voraussetzungen. Nämlich wenn die Auswirkungen solcher Kartelle

---

[36] MGK, 508.

[37] Vgl. die Anzeigensperre der Automobilimporteure gegen den "Tages-Anzeiger", VKK 1981, 41 ff. Die Automobilimporteure hatten mit einem Inseratenboykott auf unliebsame Berichterstattung des "Tages-Anzeiger" reagiert.

[38] MGK, 509.

[39] MGK, 387 ff.

[40] MGK, 510 ff.

"a) die Erörterung von Fragen von allgemeinem Interesse in untragbarer Weise erschweren, oder
b) die Tätigkeit von Medienunternehmen erheblich behindern oder zu behindern versuchen".[41]

Für das Verfahren sollten die Bestimmungen des Kartellgesetzes betreffend Vorabklärung, Untersuchungsverfahren, Empfehlung an Beteiligte, Berichterstattung, Auskunfts- und Mitwirkungspflichten und die Ablehnung von Empfehlungen sinngemäß anwendbar sein.

Nach dem Kurzkommentar sollte der Mißbrauch einer Vormachtstellung dadurch legistisch erfaßt werden, daß das Vorliegen einer Vormachtstellung mit den Ausdrücken "Kartell oder kartellähnliche Organisation" umschrieben wird. In den zwei Tatbeständen lit a) und b) werden die mißbräuchlichen Verhaltensweisen umschrieben. Was den konkreten Verstoß gegen diese Bestimmungen ausmachen sollte, wäre anhand der übergeordneten Ziele zu beurteilen gewesen: Im ersten Fall wäre das Ziel die **Meinungsbildung über Gegenstände öffentlichen Interesses** gewesen, im zweiten Fall liegt das mißbilligende Verhalten in der unzulässigen Tätigkeit des Medienunternehmens.[42] Insgesamt stellt also dieser Entwurf den **Versuch** dar, die **funktionsnotwendige Rolle der Medien** in einer **demokratischen Gesellschaft** für den Prozeß der offenen Kommunikation legistisch zu erfassen und **zu schützen**.

Der Entwurf sah eine Meldepflicht für Medienunternehmen und -herausgeber vor. Diese Meldepflicht wird allerdings nicht durch internes Unternehmenswachstum ausgelöst. Es fehlt auch eine Entflechtungskompetenz für bestehende Vormacht- oder Alleinstellungen. "Von der Zielsetzung her wird eine Untersuchung nicht aufgrund der wirtschaftlichen Stärke der zusammengeschlossenen Unternehmen eingeleitet, sondern nach publizistischen Kriterien wie der Medienvielzahl unter einheitlicher Leitung, des Mehr-Kanal-Besitzes und der publizistischen Vormachtstellung."[43] In der Minderheit blieben jene Kommissionsmitglieder, die die Instrumentarien des Kartellrechts für den angestrebten Zweck für untauglich, da praktisch wirkungslos, hielten. Die bisherigen Erfahrungen bewiesen nach deren Ansicht nämlich, daß die Kartellkommission wirtschaftliche Prozesse und Entscheidungen nicht kontrollieren kann. Diese Überlegungen blieben im Entwurfsstadium; zur aktuellen Regelungslage vgl. Pkt. 4.3.1. Abgesehen von einer Reform der Bundesverfassung wurde von den zentralen Vorschlägen nichts umgesetzt. Der neu eingeführte Art 55 bis der Bundesverfassung legt fest, daß Radio und Fernsehen als öffentliche Aufgabe gesehen werden.

[41] MGK, 510.
[42] MGK, 511.
[43] Art 21 des Entwurfs für ein Medienunterstützungsgesetz; MGK, 512.

2.3 Schweden

Die Mediensituation in Schweden befindet sich derzeit in einer Phase des **radikalen Umbruchs**. Die Ausgangssituation ist gekennzeichnet durch eine große Anzahl von Tageszeitungen - etwa 94 Tageszeitungen in 125 Ausgaben werden gezählt -, die sich hauptsächlich aus Werbeeinnahmen finanzieren. Dazu kommt ein ausgeklügeltes Subventionssystem, das die Wettbewerbsnachteile, denen Zweitzeitungen[44] im Anzeigengeschäft ausgesetzt sind, auszugleichen versucht. (Siehe Bericht HOLTZ-BACHA.) Der Regierungswechsel in Schweden von einer sozialdemokratischen zu einer bürgerlich-liberalen Koalition wird auch in diesem Bereich seine Auswirkung haben. Zwar wird nicht mit einer allgemeinen Abschaffung der Pressesubventionen gerechnet - schließlich gehört auch das liberale "Svenska Dagbladet" zu den größten Subventionsempfängern -, aber doch mit einer Kürzung der dafür verwendeten Beträge.

Allein diese Maßnahme wird einige Zeitungen, die schon jetzt angesichts der deutlichen Rezessionstendenzen der schwedischen Wirtschaft und den damit verbundenen verringerten Werbeeinnahmen Probleme haben, zusätzlich hart treffen. Einen weiteren dramatischen Impuls erhält diese Entwicklung noch durch die Öffnung der elektronischen Medien für Werbung. Bisher gibt es - zumindest offiziell - im Radio- und Fernsehbereich noch keine Werbung. Für den Fernsehbereich ist die Änderung bereits beschlossen.[45] Zu den beiden öffentlich-rechtlichen Kanälen soll ein weiterer national verbreiteter privater Fernsehkanal kommen. Um die Lizenz für diesen Kanal bewerben sich auch jene Betreiber, die bereits aus dem Ausland via Satellit "schwedische" Programme in Kabelnetze einspeisen. All das wird weitere Werbegelder von den Printmedien abziehen.

Auch im Rundfunkbereich stehen Änderungen bevor.[46] Derzeit dürfen bloß nicht auf Gewinn gerichtete ideelle Vereine "Närradio" (= Nahradio = Lokalradio) betreiben. Werbung ist in diesen Programmen nicht erlaubt. Doch wird dieses Verbot teilweise gebrochen, weshalb derzeit auch ein Musterprozeß läuft, um die Frage der Werbung im Rundfunk zu klären. Natürlich gibt es auch hier starken Veränderungsdruck: So arbeitet eine Gruppe von Morgenzeitungen bereits in einer Gesellschaft zusammen, die sich zum Ziel gesetzt hat, eine Kette von Lokalradiostationen zu betreiben.

Zu den stattfindenden Veränderungen kommt noch, daß Marieberg, der Herausgeber der großen Tageszeitungen "DN" (Dagens Nyheter) und "Expressen" in Stockholm, damit angefangen hatte, sich in die "Sydsvenska Dagbladet" in Malmö einzukaufen. Das ist nicht nur ein Abweichen von der bisherigen Handlungsstrategie und Selbstbeschränkung in der Sphäre des Medienkonzerns BONNIER, nämlich keine Zeitun-

[44] Zeitungen, die auf einem bestimmten Markt nicht die Spitzenposition halten.

[45] PROP 1990/91: 149; SFS 1991: 1066.

[46] Vgl. Lokalt bdd närradio SOU 1990:70.

gen in der Provinz zu kaufen oder zu gründen, sondern es ist etwas ganz Neues im schwedischen Massenmedien-Besitz. Die Behandlung der Frage, ob solche Konzentrationstendenzen innerhalb einer Mediensparte wünschenswert sind, wird somit unumgänglich.

Diese Summe von Veränderungen, die teilweise noch bevorstehen, wird überlagert von Reformbestrebungen im Wettbewerbsrecht. Die hier diskutierten Reformvorschläge sehen allerdings (noch) keine medienspezifischen Regelungen vor, die den nun neu auftretenden Gefahren begegnen würden.[47]

Untersuchungen der Medienbranche

Einige staatliche Ausschüsse wurden damit beauftragt, die Konzentration der Massenmedien zu ermitteln und die Wettbewerbsverhältnisse im Sektor der Massenmedien zu erforschen. Die umfassendste Studie bisher wurde von dem Ausschuß, der die Konzentration der Massenmedien zu erforschen hatte, durchgeführt. Analysen, auf die Tagespresse begrenzt, wurden von den insgesamt sechs Presseausschüssen gemacht. 1974 wurde der **Ausschuß zur Untersuchung der Massenmedien Konzentration** von der damaligen sozialdemokratischen Regierung eingesetzt. Der Anlaß war, daß "Dagens Nyheter", eine Zeitung aus dem BONNIER-Bereich, "Svensk Filmindustri" kaufte und die Familie Bonnier dadurch den Besitz noch eines Medienunternehmens übernahm.

Die Aufgabe des Ausschusses bestand darin, die Möglichkeiten für ein Gesetz zu überprüfen, um nicht nur weitere Medienkonzentrationstendenzen zu verhindern, sondern auch um bestehende Konzentrationen zu entflechten. Zwei Mitglieder des Ausschusses (beide von der bürgerlichen Partei) vertraten allerdings die Meinung, daß keine negativen Auswirkungen durch die schwedische Massenmedienkonzentration vorhanden seien. Der Bericht verschwand deshalb einige Zeit später in der Schublade.

2.4 Österreich

Der österreichische Diskussionsstand zur Medienkonzentration läßt sich sehr kurz abhandeln. Die ersten juristischen Äußerungen zu diesem Problem datieren aus der jüngsten Vergangenheit.[48] Offizielle Untersuchungen fehlen überhaupt, wenn man

---

47 Konkurens för ökad välfärd SOU 1991:59.

48 Vgl. AICHER/ZIB, Regelungsmodelle gegen Medienkonzentration und Medienverflechtung, Bildungsinformation Extra-Medienpolitik (1990), 13. AICHER, Wettbewerbsrechtliche Aspekte der Medienkonzentration in FS Ostheim (Wien, 1990) 461; WITTMANN, Die Kontrolle des Wettbewerbs auf dem Medienmarkt, Wirtschaftspolitische Blätter 1991, 318; WITTMANN, Medienkonzentration und Kartellrecht in Österreich, in Wittmann (Hrsg.), Kartellrecht und Medien in Europa (Wien, 1991) 64.

von der kurzen Beschreibung der Situation im Medienbericht II (1982)[49] absieht. Diese Deskription der Pressekonzentration beschränkt sich auf eine Darstellung der Auflagenkonzentration, denn sonst liegen in Österreich ja kaum Daten vor; ein Pressestatistikgesetz, das zu entsprechender Transparenz bei bestimmten relevanten Eckdaten verpflichten würde, existiert nicht, und jene Daten, die etwa im Zusammenhang mit der Subventionsvergabe der Arbeitsmarktverwaltung an die verschiedenen Druckereien erhoben wurden, werden der Öffentlichkeit nicht zugänglich gemacht. Nach den bekannten Daten betrug die Druckauflage der drei auflagenstärksten Produkte 1953 25,17 %, 1971 60,51 % und 1992 64,7 % der Gesamtauflage der Tageszeitungen. Dabei sind allerdings "Krone" und "Kurier" noch getrennt gerechnet.[50] Neben dieser überregionalen Konzentration gibt es auch teilweise hochkonzentrierte regionale Märkte: Das trifft vor allem auf Tirol zu, wo die "Tiroler Tageszeitung" rund 90 % der Leser erreicht.[51] Die Reichweite der "Tiroler Tageszeitung" stieg von 1970 31 % auf 1992 54,9 %.[52] Aber auch andere regionale Märkte sind stark konzentriert. Dabei ist besonders der Wiener Markt zu erwähnen, in dem die größte Tageszeitung, die "Neue Kronen Zeitung" mit einer Reichweite von 51 %, über eine Unternehmensbeteiligung des deutschen WAZ-Konzerns mit der zweitgrößten Tageszeitung, dem "Kurier" mit einer Reichweite von 37,7 %, verflochten ist.[53] Nahezu alle nicht-redaktionellen Belange dieser beiden Zeitungen werden über die Mediaprint wahrgenommen. Die Anzahl der selbständigen publizistischen Einheiten ist von 34 (1963) auf 15 Einheiten gesunken, sowie zuletzt durch die Gründung von "täglich Alles" wieder auf 16 gestiegen. Neben der Auflagenkonzentration und der horizontalen Konzentration sind zunehmend auch Tendenzen zu vertikaler Konzentration feststellbar, etwa in Form der schon erwähnten Mediaprint.

Die nun stattfindende Diskussion konzentriert sich auf entsprechende kartellrechtliche Maßnahmen. Dazu hat das Bundesministerium für Justiz einen Entwurf vorgelegt, der unter Punkt 4.3.2 behandelt wird.[54]

---

49 Institut für Publizistik der Universität Salzburg (Hrsg.), Massenmedien in Österreich, Medienbericht II (Wien, 1982); vgl. auch PÜRER, Presse in Österreich (St. Pölten, 1990).

50 Daten: Medienbericht II, 56; PÜRER, Presse in Östereich 24.

51 Medienbericht II, 56.

52 Media Analyse 1990, 121; Optima 1992.

53 Media Analyse 1991, 91.

54 Bundesministerium für Justiz, Kartellgesetznovelle 1992 GZ 9100/245 - I 4/91; das von Michael GRAFF lancierte "Bundesgestz zur Sicherung der Medienvielfalt" war ein Anstoß für diese Aktivitäten; vgl. AICHER/ZIB, Regelungsmodell, Bildungsinformation Extra - Medienpolitik 1990, 20.

3. Rahmenbedingungen für Interventionen im Medienbereich

Gesetzgeberische Spielräume sind jedenfalls in der Realität nicht unbeschränkt. Die Gestaltung einer Medienmarktordnung durch den nationalen Gesetzgeber hat nicht nur die nationale Grundrechtsordnung zu beachten. Diese könnte man ja notfalls noch überspielen, indem man einfach ein Verfassungsgesetz beschließt - eine Praxis, in der der österreichische Gesetzgeber ja schon eine gewisse Erfahrung hat.[55] Sich verschiedener Verpflichtungen, die international eingegangen wurden, zu entledigen, fällt im Vergleich dazu schon deutlich schwieriger. Tatsächlich enthalten die Instrumente des internationalen/europäischen Menschenrechtsschutzes und auch die Verträge zur wirtschaftlichen Integration Europas Beschränkungen der Gestaltungsfreiheit des österreichischen Gesetzgebers. Im folgenden werden daher jene Parameter aufgezeigt, die den Handlungsspielraum des einfachen österreichischen Gesetzgebers insbesondere im Hinblick auf den (europäischen) Grundrechtsschutz (3.1) und die europäische Integration bestimmen (3.2).

3.1 Grundrechte und Pressevielfalt

Da jede Regelung der Medienmarktordnung stark von grundrechtlichen Determinanten abhängt, müssen einige dieser verfassungsrechtlichen Grundlagen **kurz skizziert** werden. Eckstein und Begrenzung jeder einfachgesetzlichen Aktivität sind der Schutz der Meinungsfreiheit, Meinungsäußerungs- und Meinungsempfangsfreiheit, sowie des Eigentums und der verfassungsrechtliche Vertrauensschutz (Schutz wohlerworbener Rechte). Diese Grundrechte legen den Spielraum des einfachen Gesetzgebers fest.

Kommunikationsgrundrechte - funktionsnotwendig in einer demokratischen Gesellschaft

Schweden war die erste Nation dieser Welt, die die Pressefreiheit garantiert hat und in einer königlichen Verordnung 1766 die Freiheit des Schreibens und der Veröffentlichung mit starkem Schutz versehen hat,[56] und natürlich bildet die Meinungsfreiheit auch schon einen zentralen Gehalt der französischen **Erklärung der Menschen- und Bürgerrechte** vom 26. August 1789. Art 11 legt fest:

> "Die freie Mitteilung der Gedanken und Meinungen ist eines der kostbarsten Menschenrechte. Jeder Bürger kann also frei reden, schreiben und drucken, vorbehaltlich seiner Verantwortlichkeit für den Mißbrauch dieser Freiheit in den durch das Gesetz bestimmten Fällen."[57]

[55] Vgl. FUNK, Zur Bewirtschaftung von Taxikonzessionen, oder: wie demontiert man die Verfassung, WBl 1987, 182.

[56] PICARD, The Ravens of Odin - The Press in the Nordic Nations, 43.

[57] Zitiert aus: Verfassungen der EG-Mitgliedstaaten, 2. Auflage (1990) Beck-Texte im dtv.

Der Schutz der Pressefreiheit stellt geradezu ein Minimalerfordernis einer demokratischen Verfassung westlichen Zuschnitts dar. Wir finden entsprechende Bestimmungen in Art 55 der Bundesverfassung der Schweizer Eidgenossenschaft aus 1874[58] ebenso wie in Art 5 des deutschen Grundgesetzes.[59] Einen diesen Bestimmungen vergleichbaren Tatbestand finden wir auch schon im österreichischen Staatsgrundgesetz aus 1867. Art 13 StGG enthält, wie die vorerwähnten Bestimmungen, die Gewährleistung der Pressefreiheit unter einem formellen Gesetzesvorbehalt.[60]

Die Europäische Menschenrechtskonvention

Daher überrascht es auch nicht, die Meinungs- und Medienfreiheit im zentralen Dokument des Europäischen Menschenrechtsschutzes wiederzufinden. Art 10 der Europäischen Menschenrechtskonvention (EMRK) bestimmt:

> "(1) Jedermann hat Anspruch auf freie Meinungsäußerung. Dieses Recht schließt die Freiheit der Meinung und die Freiheit zum Empfang und zur Mitteilung von Nachrichten oder Ideen ohne Eingriffe öffentlicher Behörden und ohne Rücksicht auf Landesgrenzen ein. Dieser Artikel schließt nicht aus, daß die Staaten Rundfunk-, Lichtspiel- oder Fernsehunternehmen einem Genehmigungsverfahren unterwerfen.
>
> (2) Da die Ausübung dieser Freiheiten Pflichten und Verantwortung mit sich bringt, kann sie bestimmten, vom Gesetz vorgesehenen Formvorschriften, Bedingungen, Einschränkungen oder Strafdrohungen unterworfen werden, wie sie in einer demokratischen Gesellschaft im Interesse der nationalen Sicherheit, der territorialen Unversehrtheit oder der öffentli-

---

[58] SR 101, Bundesverfassung der Schweizer Eidgenossenschaft vom 29. Mai 1874. "Die Pressefreiheit ist gewährleistet."

[59] Grundgesetz für die Bundesrepublik Deutschland vom 23. Mai 1949 (BGBl S. 1).
Art 5 (Meinungsfreiheit, Pressefreiheit, Rundfunk, Freiheit der Kunst, Wissenschaft, Forschung und Lehre)
(1) Jeder hat das Recht, seine Meinung in Wort, Schrift und Bild frei zu äußern und zu verbreiten und sich aus allgemein zugänglichen Quellen ungehindert zu unterrichten. Die Pressefreiheit und die Freiheit der Berichterstattung durch Rundfunk und Film werden gewährleistet. Eine Zensur findet nicht statt.
(2) Diese Rechte finden ihre Schranken in den Vorschriften der allgemeinen Gesetze, den gesetzlichen Bestimmungen zum Schutze der Jugend und in dem Recht der persönlichen Ehre.
(3) Kunst und Wissenschaft, Forschung und Lehre sind frei. Die Freiheit der Lehre entbindet nicht von der Treue zur Verfassung.

[60] Art 13 StGG (Meinungsäußerung und Pressefreiheit):
"(1) Jedermann hat das Recht, durch Wort, Schrift, Druck oder durch bildliche Darstellung seine Meinung innerhalb der gesetzlichen Schranken frei zu äußern.
(2) Die Presse darf weder unter Zensur gestellt, noch durch das Konzessionssystem beschränkt werden. Administrative Postverbote finden auf inländische Druckschriften keine Anwendung." Beachte hiezu Z 1 und 2 Beschl d Provisorischen Nationalversammlung 30.10.1918, StGBl 3 (Nr 35).

chen Sicherheit, der Aufrechterhaltung der Ordnung und der Verbrechensverhütung, des Schutzes der Gesundheit und der Moral, des Schutzes des guten Rufes oder der Rechte anderer unentbehrlich sind, um die Verbreitung von vertraulichen Nachrichten zu verhindern oder das Ansehen und die Unparteilichkeit der Rechtsprechung zu gewährleisten."[61]

Die "Meinungsfreiheit" als Schutzgut wird in Art 10 EMRK dreifach aufgegliedert. Schon der Normtext unterscheidet zwischen Meinungsbildungsfreiheit, Freiheit der Mitteilung und der Freiheit, Mitteilungen zu empfangen. Die **Meinungsbildungsfreiheit** (freedom to hold opinions, liberté d'opinion) schützt einen Vorgang des Innenlebens, der vor jeder Äußerung liegt. Der Staat darf dem Bürger keine Meinung durch Indoktrinierung oder andere Mittel aufdrängen.[62] FROWEIN/PEUKERT erscheint es konsequent, die objektive Wirkung des Konventionsrechts, sich frei eine Meinung zu bilden, auch als Verbot der extrem einseitigen Meinungsbeeinflussung durch den Staat zu interpretieren.[63] Das spricht für die Pflicht, des Staates, nicht gezielt einseitig zu informieren und möglicherweise auch für eine Pflicht einen funktionierenden Pluralismus bei der Meinungsvermittlung sicherzustellen.

Die zweite in Art 10 Abs 1 Z 1 aufgezählte grundrechtlich geschützte Handlungsform sichert den Rezipienten in einer Kommunikationsbeziehung. **Geschützt ist, wenn jemandem eine Mitteilung gemacht wird, sei es individuell oder als Teil der allgemeinen Öffentlichkeit.** Aber auch die gezielte Sammlung von Informationen muß unter den Schutz der Freiheit auf Empfang von Informationen gerechnet werden und erfaßt somit auch die journalistische Recherche.[64]

Die **Meinungsäußerungsfreiheit** ist nach der EMRK das Recht, Informationen und/oder anderes ohne Behinderung durch Behörden mitzuteilen. Ausdrücklich wird das Recht auf die Übermittlung über Staatsgrenzen hinweg einbezogen.[65] Die

---

[61] Vgl. auch Art 19 des Paktes über Bürgerliche und Politische Rechte:
(1) Jedermann hat das Recht auf unbehinderte Meinungsfreiheit.
(2) Jedermann hat das Recht auf freie Meinungsäußerung; dieses Recht schließt die Freiheit ein, ohne Rücksicht auf Staatsgrenzen Informationen und Gedankengut jeder Art in Wort, Schrift oder Druck, durch Kunstwerke oder andere Mittel eigener Wahl sich zu beschaffen, zu empfangen und weiterzugeben.
(3) Die Ausübung der in Absatz 2 vorgesehenen Rechte ist mit besonderen Pflichten und einer besonderen Verantwortung verbunden. Sie kann daher bestimmten, gesetzlich vorgesehenen Einschränkungen unterworfen werden, die erforderlich sind
a) für die Achtung der Rechte oder des Rufs anderer;
b) für den Schutz der nationalen Sicherheit, der öffentlichen Ordnung (ordre public), der Volksgesundheit oder der öffentlichen Sittlichkeit.

[62] KJELDSEN u.a. GH 23, 26 = EuGRZ 1976, 478.

[63] FROWEIN/PEUKERT, EMRK-Kommentar 226.

[64] Vgl. FROWEIN/PEUKERT, EMRK-Kommentar 228; COHEN-JONATHAN, La Convention Europeenne des droits de l'homme (Paris, 1989) 450 f.

[65] So EGMR 22.5.1990 Fall Autronic = EuGRZ 1990, 261; vgl. auch EGMR 22.5.1990 Fall Groppera = EuGRZ 1990, 255.

Formulierung ist, sowohl was Inhalt als auch Form der Kommunikation betrifft, sehr weit. Tatsachenäußerungen sind ebenso geschützt wie reine Meinungskundgaben. Auch wirtschaftliche Werbung durch Anzeigen genießt nach Auffassung der Kommission den Schutz des Art 10 EMRK.[66]

Auch was die Form der Kommunikation betrifft, macht Art 10 keine Einschränkungen: Grundsätzlich fallen alle massenkommunikativen Äußerungsformen unter den Schutz der Äußerungsfreiheit.[67] Allein für gewisse technische Medien erlaubt der letzte Satz des Art 10 Abs 1 ein Genehmigungsverfahren.[68] Art 10 spricht aber nicht von der "Presse" oder den "Medien" und garantiert auch keine Presse- oder Medienfreiheit, sondern ist als Individualgrundrecht konzipiert: **"Jedermann"** ist Träger der grundrechtlichen Gewährleistungen. Die EMRK schützt die **Medienfreiheit** also nur als Bestandteil der allgemeinen Mitteilungsfreiheit und steht damit in der Tradition der allgemeinen Erklärung der Menschenrechte und der UN-Pakte, die die Presse- und Medienfreiheit ebensowenig besonders nennen.[69] Dennoch hat der EGMR die besondere Bedeutung, die den Massenmedien zukommt, von Anfang an erkannt. Schon im Sunday-Times-Urteil, in dem er die Zulässigkeit der Einschränkung einer Presseveröffentlichung zu beurteilen hatte, wird die **grundsätzliche Rolle der Presse in einer freiheitlichen Demokratie** betont, durch die die Öffentlichkeit über Fragen von allgemeinem Interesse informiert wird.[70]

Diese Bedeutung der Medien für die in einer demokratischen Gesellschaft funktionsnotwendige offene Kommunikation stellt eine konsequente Argumentationslinie des Gerichtshofes dar. So führte der GH im Fall Lingens, der Österreich betraf, aus:

> "Die Pressefreiheit bietet überdies der Öffentlichkeit eines der besten Mittel, eine Meinung über die Ideen und Einstellungen der politischen Führer festzustellen und zu bilden. Noch allgemeiner gesprochen, ist die *Freiheit der politischen Debatte das eigentliche Kernstück des Konzepts einer demokratischen Gesellschaft*, das in der gesamten Konvention vorherrscht."[71]

Die Redefreiheit stellt eines der wesentlichen Fundamente einer demokratischen Gesellschaft dar und ist eine der grundlegenden Voraussetzungen für ihren Fortschritt und für die Selbstverwirklichung jedes einzelnen. Dabei gilt der grundrechtliche Schutz nicht nur für Nachrichten oder Ideen, die positiv aufgenommen werden oder als harmlos oder gleichgültig betrachtet werden, sondern auch für solche, die als

---

66 E 7805/77, D&R 16, 68 (73). Wirtschaftliche Werbung kann allerdings schärferen Einschränkungen unterworfen werden als "politische" Meinungsäußerungen.

67 Geschützt wird von Art 10 EMRK die Kommunikation von Einem zu Vielen, Individualkommunikation wird unter Art 8 EMRK erfaßt.

68 Hier wäre die Frage nach der EMRK-Konformität eines Rundfunkmonopols zu untersuchen. Vgl. HOLOUBEK, Rundfunkmonopol 179 ff.

69 Vgl. FROWEIN/PEUKERT, EMRK-Kommentar 230.

70 GH 30, 40 ff = EuGRZ 1979, 386.

71 EGMR 8.7.1986 Fall Lingens = EuGRZ 1986, 424; MuR 4/86, 11(12) HvA.

verletzend, schockierend oder irritierend empfunden werden.[72] Auch der Rechtsprechung des EGMR zur Kommunikationsfreiheit des Art 10 EMRK liegt deutlich das Konzept der **externen Pluralität** zugrunde: Jedermann soll den grundrechtlichen Anspruch ausüben können, Beschränkungen der Freiheit bedürfen der Legitimation.[73]

Mit dieser Interpretation steht der EGMR durchaus in der Tradition der Konventionsstaaten. Auch in der Schweiz wird die in Art 55 Bundesverfassung gewährleistete Pressefreiheit als ein Teil der umfassenderen Meinungsäußerungsfreiheit verstanden.[74] Die Meinungsäußerungsfreiheit selbst ist allerdings in der Bundesverfassung nicht positiviert, sondern "un princip fondamental du droit fédéral et cantonal",[75] ein ungeschriebenes Recht der Bundesverfassung,[76] und auch der Bundesgerichtshof sieht den Konnex zwischen Meinungsäußerungsfreiheit und demokratischem System:

> "Elle est encore le fondement de tout Etat démocratique: permettant la libre formation de l'opinion, notamment de l'opinion politique, elle est indispensable au plein exercice de la démocratie. Elle mérite dès lors une place à part dans le catalogue des droits individuels garantis par la constitution et un traitement privilégié de la part des autorités."[77]

Auch der italienische Verfassungsgerichtshof hat in einer Entscheidung Vergleichbares geäußert.[78]

Die deutsche Diskussion hat in diesem Zusammenhang den Begriff von der "öffentlichen Aufgabe" der Presse geprägt, welche vom Grundgesetzgeber in Art 5 Abs 1 Satz 2 GG anerkannt worden sei und die Pressefreiheit über den Charakter des Individualgrundrechtes hinaus gehoben hätte.[79] Unbestritten ist, daß die Kommunikationsfreiheit konstitutive Bedeutung für das Gefüge der verfaßten politischen Abläufe im Staat hat und damit einen auch institutionellen Charakter. Uneinheitlich bleibt in der Interpretation durch die Lehre, was konkret daraus zu folgern ist.[80]

---

[72] Durchgehend Judikaturlinie: "Handyside" EGMR 7.12.1976 = EuGRZ 1977, 38, "Lingens" EGMR 8.7.1986 = MuR 4/86, 11; zuletzt "Oberschlick" EGMR 23.5.1991, MuR 1991, 171 (173). Vgl. auch LECLERC, Liberte de la presse et Convention Europeenne des Droits de l'Homme, Legipresse 1991/10, 99.

[73] Vgl. DITTRICH, Pressekonzentration 9 ff.

[74] SCHÜRMANN, Medienrecht 18.

[75] BGE 87 I 117.

[76] BGE 91 I 485.

[77] BGE 96 I 592.

[78] Corte costituzionale sentenza n. 105/1972: "... un regime democratico, richiede pluralità di fonti di informazione, libero accesso alle medesime, assenza d' ingustificati ostacoli legali alla circolazione delle notizie e delle idee."

[79] Vgl. GROSS, Presserecht 37. Vgl. BVerfGE 20, 56 (97).

[80] Vgl. u.a. SCHMIDT-JORZIG, Meinungs- und Informationsfreiheit in ISENSEE/ KIRCHHOFF (Hrsg.), Handbuch des Staatsrechts VI (Heidelberg, 1989) 635 (639 f);

Die Frage, was aus den grundrechtlichen Normen an Konsequenzen zu gewinnen ist, insbesonders wie auf Konzentrationen im Medienbereich zu reagieren sei, hängt wesentlich von der grundrechtstheoretischen Position ab, von der ausgegangen wird. Dabei lassen sich **zwei Hauptargumentationsrichtungen** unterscheiden. Einerseits jene in klassisch-liberaler Tradition stehende Sichtweise, die den individualrechtlichen Aspekt der Kommunikationsfreiheit betont. Für sie steht die Freiheit der Meinungsäußerung des einzelnen im Mittelpunkt, und jeder Eingriff in diese Freiheit bedarf der grundrechtlichen Rechtfertigung. Dieser Sichtweise liegt die Vorstellung, die Vielfalt der Meinungen durch die Vielfalt der Anbieter abzusichern, näher. Die andere Argumentationslinie betont den institutionellen Aspekt des Grundrechts und leitet daraus die Verpflichtung des Staates ab, zur Sicherung der Meinungsfreiheit unter bestimmten Voraussetzungen gestaltend und reglementierend in den Kommunikationsprozeß einzugreifen. Im Umfeld dieser Argumentationskette werden auch jene Ansätze zu beheimaten sein, die Pluralität als vorrangiges Ziel sehen.

Wie das Tübinger Forschungsprojekt zur Meinungsfreiheit[81] gezeigt hat, liegt im Zusammenhang mit Fragestellungen nach der Kommunikationsverfassung der Sinn der Meinungsfreiheit in der Ermöglichung politischer Öffentlichkeit als einer "conditio sine qua non" gerechter Politik. Politische Willensbildung als Ergebnis der vielen individuellen Mitwirkungshandlungen kann nur über die Konstitution einer kritischen "politischen Öffentlichkeit" entstehen. In diesem Sinne verlangt die Meinungsfreiheit nach einer generellen Ordnung, die die öffentliche politische Auseinandersetzung einerseits von staatlicher Bevormundung freihält und andererseits in sich selbst einen sinnvollen politischen Willensbildungsprozeß gewährleistet. Wo öffentliche Auseinandersetzungen stattfinden und Meinungen aus allen Richtungen des politischen Spektrums aufeinanderprallen können, entsteht ein "Kampf der Meinungen", der die Gefahr in sich birgt, jederzeit in einen realen Konflikt umzuschlagen. Es geht auch um die Kanalisation dieses Kampfes in friedliche Formen durch die Kommunikationsverfassung; dann kann es als Ergebnis einer solchen Auseinandersetzung zu vernünftigen Kompromissen kommen. Zumindest kann Einigkeit darüber erzielt werden, daß als legitim und wahr - wenn auch nicht mit absoluter Endgültigkeit - gelten soll, was sich in der offenen Konkurrenz der Meinungen durchsetzen kann. So erhöht dieser Prozeß - bei optimistischer Sichtweise - die Rationalität und Akzeptanz politischer Entscheidungen. Kommunikation wird als Prozeß um ihrer gesellschaftlichen Bedeutung willen geschützt. Daraus folgt, um es mit HOFFMANN-RIEM zu formulieren, die Forderung nach "kommunikativer

BULLINGER, Freiheit von Presse, Rundfunk, Film in ISENSEE/KIRCHHOFF (Hrsg.), Staatsrecht VI, 667 (680 ff, 683); HOFFMANN-RIEM, Rz 135 ff (161 f) zu Art 5 GG in AKGG; vgl. auch BVerfGE 57, 295 (319); BVerfGE 7, 198 (208), BVerfGE 20, 162 (175 f); BVerfGE 80, 124 (133).

81 SCHWARTLÄNDER/WILLOWEIT (Hrsg.), Meinungsfreiheit - Grundgedanken und Geschichte in Europa und USA (Kehl 1986); SCHWARTLÄNDER/RIEDEL, Neue Medien und Meinungsfreiheit (Kehl, 1990); vgl. auch BURKHART, Kommunikationswissenschaft 138 ff (144); HUNZIKER, Medien 98 ff (116).

Chancengleichheit", die sowohl die jeweiligen Kommunikatoren als auch die Rezipienten umfassen soll.[82] Aus dem läßt sich unter bestimmten Voraussetzungen ein Auftrag an den Staat ableiten, eine positive Ordnung zu schaffen, die die Funktionstüchtigkeit des Kommunikationsprozesses in allen Richtungen gewährleisten kann. Und diese Forderung gilt natürlich auch für den Printbereich.

Die Entsprechung zum Begriff "Binnenpluralität", der die Diskussion zur Vielfaltssicherung im Rundfunkbereich lange beherrschte, findet sich in der Printmediendiskussion unter Betonung der institutionellen Aspekte des Grundrechts auf Meinungsfreiheit, wenn von **"innerer Medienfreiheit"** die Rede ist. Auch hier geht es um das gleiche Problem. Wenn die Vielfalt der Meinungen und ihre entsprechende Vermittlung - eine wesentliche Voraussetzung für das Funktionieren eines demokratischen Systems - nicht mehr durch die Vielfalt der Medienunternehmen sichergestellt ist, muß man sich andere Möglichkeiten überlegen, das gewünschte Ziel zu erreichen. Dabei kann bei der Argumentation über Notwendigkeit und Zulässigkeit solcher Eingriffe in die Printmedienstruktur an die oben erörterten Erwägungen zu Binnenpluralität und Rundfunk angeknüpft werden: Binnenpluralität wird grundrechtlich vorgeschrieben, weil Außenpluralität nicht funktioniert. Im Rundfunkbereich galt das wegen der besonderen Bedingungen des Rundfunkmarktes: beschränkte Frequenzen, hoher Kapitalbedarf. Doch auch der Presse/Zeitungsmarkt kennt solche Eigentümlichkeiten, die zu einer Verringerung der Anzahl der Medienunternehmen führen: Erinnert sei nur an das mit dem Phänomen des dualen Marktes (Anzeigen- und Lesermarkt) zusammenhängende Problem der Auflagen-Anzeigenspirale; schließlich wird man heute auch das Kapitalbedarfsargument wohl eher für eine Intervention im Print- denn im Radiobereich heranziehen können. Als Konsequenz aus diesen Überlegungen läßt sich formulieren, daß unsere Kommunikationsverfassung zwar grundsätzlich von einer Vielfalt von Anbietern ausgeht, aber um mit dem Bundesverfassungsgericht zu sprechen, "sich etwa auch an eine Pflicht des Staates denken (läßt), Gefahren abzuwehren, die einem freien Pressewesen aus der Bildung von Meinungsmonopolen erwachsen können!"[83] Wenn sich also Außenpluralität nicht verwirklichen läßt, wäre zu überlegen, ob Medieninhabern, die etwa am Tageszeitungsmarkt einen Anteil von mehr als 50 % haben, Verpflichtungen zu Objektivität, Unparteilichkeit und Ausgewogenheit der Berichterstattung auferlegt werden müßten.[84]

Diese Überlegungen zur funktionellen Notwendigkeit offener Kommunikation in einer demokratischen Gesellschaft dürften wohl auch hinter einem obiter dictum der

---

[82] HOFFMANN-RIEM, Kommunikationsfreiheit und Chancengleichheit in SCHWARTLÄNDER/RIEDER (Hrsg.), Neue Medien und Meinungsfreiheit 27 f.

[83] BVerfGE 20, 162 (176). Vgl. auch DITTRICH, Pressekonzentration 22: "... ein erhebliches Absinken der Zahl der wirtschaftlich selbständigen Presseunternehmen, das zu einer Oligopolisierung führte, hätte eine der Sondersituation des Rundfunks vergleichbare Lage der Presse zur Folge".

[84] Vgl. DITTRICH in letzter Fußnote.

Kommission in Straßburg stehen, die nebenbei die Möglichkeit anerkannt hat, daß sich staatliche Pflichten zu Maßnahmen **gegen exzessive Pressekonzentrationen** aus Art 10 EMRK ergeben könnten, obwohl dieser Artikel an sich nicht zum Schutz der wirtschaftlichen Interessen einer bestimmten Zeitung oder einer Gruppe von Zeitungen dienen soll:[85]

> "Be that as it may, the Commission considers that protection of the commercial interests of particular newspapers or groups of newspapers is not as such contemplated by the terms of Art 10 of the Convention. These matters might perhaps raise an issue under this provision where a state fails in its duty to protect excessive press-concentrations, but this obviously is not the position in the present case."

Diese Kommissionsentscheidung ist deswegen bemerkenswert, da sie Maßnahmen, die im Zusammenhang mit der Vielfaltssicherung im Pressebereich stehen, nicht als nach Art 10 Abs 2 EMRK rechtfertigungsbedürftige Eingriffe in die Meinungsäußerungsfreiheit ansieht, sondern aus dem Schutzgut des Art 10 Abs 1 die Verpflichtung des Staates zu Maßnahmen gegen exzessive Pressekonzentration ableitet. **Der Staat darf sich also, unter bestimmten Bedingungen, nicht nur damit begnügen, Beschränkungen der Meinungsfreiheit zu unterlassen, sondern muß positive Maßnahmen ergreifen, damit das Recht des einzelnen auf pluralistische Information als Grundlage des demokratischen Staates gewahrt bleibt.**[86] Wie schon ausgeführt, ist die Meinungsäußerungsfreiheit des Art 10 Abs 1 als Individualgrundrecht konzipiert. Jede Maßnahme, natürlich insbesondere jede restriktive Maßnahme, die den Medienmarkt gestalten will, greift gezwungenermaßen auch in jemandens Grundrechtsposition ein, da sie dessen individuelle Meinungsäußerungsmöglichkeiten als Medieninhaber, Herausgeber oder Journalist beschränkt. Das ist offensichtlich bei kartellrechtlichen Maßnahmen wie Entflechtungsbestimmungen oder bei Regelungen, die media-cross-ownership verhindern sollen. Es ließe sich aber auch vertreten, daß selbst fördernde Maßnahmen (Subventionen) die Grundrechtspositionen jener betreffen können, die daran nicht teilnehmen können. Zu denken wäre hier etwa an die (einseitige) Förderung bestimmter (einseitig) ideolo-

---

[85] B 5178/71 De Geillustreerde Pers N.V. D&R 8, 5 (14). Vgl. auch COHEN-JONATHAN, Convention Europeenne 453 f.

[86] COHEN-JONATHAN, Convention Europeenne 453; "L'Etat doit non seulement s'abstenir de limiter la liberté de réception des informations et des idées mais il a en plus le devoir positif d'assurer l'exercice de ce droit en garantissant notamment l'existence de médias permettant de leur donner une réalité et en veillant même à ce que la liberté ne soit pas menacée par des tiers. C'est ainsi le droit de tout individu à une information pluraliste qui caracterise actuellement le plus nettement la liberté d'expression et reflète le plus fidèlement les fondements memes d'une société démocratique. Or un tel droit est mis en péril par la tendance à la concentration des moyens d'information. Ainsi, pour ne prendre que cet exemple, la crise mondiale de la presse écrite - due à des raisons financières et à la concurrence des moyens électroniques - entraine une concentration excessive."

gisch ausgerichteter Zeitungen.[87] Folgt man der Argumentation, daß es sich bei Maßnahmen zur Vielfaltssicherung gleichzeitig auch um Maßnahmen handelt, die prima facie geschützte Grundrechtspositionen verletzen können, so sind diese Eingriffe nur gerechtfertigt, wenn sie den in Art 10 Abs 2 EMRK festgelegten Anforderungen genügen.

Art 10 Abs 2 enthält - im Gegensatz zu den meisten älteren nationalen Grundrechtsbestimmungen - einen materiellen Gesetzesvorbehalt. Ein Eingriff in den prima facie geschützten Grundrechtsbereich ist nur zulässig, wenn er drei Anforderungen entspricht: Er muß gesetzlich vorgesehen sein, einem legitimen Eingriffsziel, wie es in Art 10 Abs 2 EMRK genannt wird, dienen, und schließlich muß der Eingriff verhältnismäßig sein.

Bei gesetzlichen Bestimmungen zur Sicherung der Meinungsvielfalt wäre das erste Kriterium per definitionem erfüllt. Schwieriger wird die Suche nach einem **legitimen Eingriffsziel**. Näher in Betracht zu ziehen sind wohl die Eingriffsgründe "Aufrechterhaltung der Ordnung" und eventuell "Schutz der Rechte anderer". Der Gerichtshof hat hier schon die Aufrechterhaltung der Ordnung einer speziellen sozialen Gruppe oder Institution wie Armee[88] oder Gefängnis[89] als legitime Eingriffsziele anerkannt. Auch wenn als Ordnung hier nur die Grundlagen der öffentlichen Ordnung anzusehen wären[90], so ist nach der Bedeutung, die der Gerichtshof der freien Kommunikation in einer Demokratie beimißt, vertretbar, die Funktionsbedingungen dieser freien Kommunikation zu den Grundlagen der öffentlichen Ordnung zu zählen, die jedenfalls als legitimes Eingriffsziel in Frage kämen. Maßnahmen gegen die Medienkonzentration wären daher nach diesem Eingriffsziel gerechtfertigt. Erfolgversprechend scheint auch das Eingriffsziel "Schutz der Rechte anderer". Hier muß auf die in Art 10 Abs 1 positivierte Freiheit zum Empfang von Mitteilungen als ein "Recht anderer" zurückgegriffen werden. Denn der GH hat nicht nur von einem Recht des Publikums gesprochen, die von Medien verbreiteten Informationen zu erhalten, sondern darüber hinaus von einem Recht, angemessen informiert zu werden.[91]

In jedem Fall müßte der Eingriff eine Prüfung seiner Notwendigkeit in einer demokratischen Gesellschaft bestehen. Das heißt, jede Maßnahme zur Sicherung der Meinungsvielfalt müßte als Grundrechtseinschränkung auf ihre **Verhältnismäßig-**

---

87 Für diese Argumentation spricht auch, daß der in Art 10 Abs 2 genannte Katalog an möglichen Beschränkungen sehr weit ist: "Formvorschriften, Bedingungen, **Einschränkungen** oder Strafandrohungen" HvA. So meinen auch FROWEIN/PEUKERT, EMRK-Kommentar 234, daß unter diesen Katalog sämtliche Bestimmungen subsumiert werden können, die eine Einschränkung der Meinungsfreiheit festlegen.

88 ENGEL u.a. GH 22, 41 = EuGRZ 1976, 221.

89 GOLDER, GH 18,21 = EuGRZ 1975, 91.

90 So FROWEIN/PEUKERT, EMRK-Kommentar 237.

91 EGMR 26.4.1979 Sunday Times = EuGRZ 1979, 386; kritisch FROWEIN/PEUKERT, EMRK-Kommentar 229.

keit hin geprüft werden, was die Fragen nach der Geeignetheit, Notwendigkeit und Verhältnismäßigkeit einschließt.

Diese Überlegungen sind zwar nicht irrelevant, da sie meiner Meinung nach die transparenteren Lösungen in einem Grundrechtskonflikt erlauben, sie entsprechen aber nicht dem, was sich in den zitierten Kommissionsentscheidungen abzeichnet: danach wären Maßnahmen gegen die Pressekonzentration nicht als Beschränkung des Grundrechts, sondern als Verpflichtung, die sich aus dem Grundrecht ergibt, zu verstehen. Es liegt auf der Hand, daß sich eine Maßnahme, die sich als Verpflichtung aus einer grundrechtlichen Gewährleistung ergeben sollte, nicht gleichzeitig ein rechtfertigungsbedürftiger Eingriff in bezug auf dasselbe Grundrecht sein kann. Diese mögliche Widersprüchlichkeit in der Kommissionsentscheidung läßt sich folgendermaßen auflösen: Man könnte die drei in Art 10 Abs 3 gewährten grundrechtlichen Ansprüche selbständig auffassen. Maßnahmen zur Realisierung eines dieser Ansprüche - etwa der Empfangsfreiheit - könnten durchaus gleichzeitig einen anderen Anspruch des Art 10 Abs 1 beschränken - etwa die Äußerungsfreiheit - und wären nach Abs 2 rechtfertigungsbedürftig.

Allerdings folgt auch die deutsche Lehre mehrheitlich der Meinung, daß gesetzliche Antikonzentrationsmaßnahmen nicht in die Pressefreiheit eingreifen, sondern vielmehr gerade jene Institutionen der freien Presse schützen, die das Grundgesetz gewahrt wissen will,[92] deren wesentliches Element "eine relativ große Zahl" selbständiger Zeitungen ist.[93]

In der Diskussion werden verschiedentlich auch **andere Grundrechte** genannt, nach denen gesetzgeberische Eingriffe in den Medienmarkt unzulässig wären. Selbst der hier folgende bloß oberflächliche Blick zeigt, daß der Gesetzgeber hier durchaus Gestaltungsmöglichkeiten hat.

<u>Eigentumsschutz</u>

Zu bedenken ist auch, inwieweit Eingriffe in bestehende Rechtsverhältnisse unter dem Titel Schutz der Meinungsvielfalt - Entflechtung - mit Eigentumsgarantien auf nationaler oder europäischer Ebene in Konflikt kommen können. Dabei ist nicht nur an den schwerwiegenden Eingriff einer Enteignung zu denken, die jedenfalls den Eigentumsvorbehalt beträfe. Auch "gelindere Maßnahmen" zur Vielfaltssicherung, die in bestehende Rechtspositionen eingreifen - etwa Entflechtungsmaßnahmen oder kartellrechtliche Beschränkungen - müssen als Eigentumsbeschränkungen grundrechtlich rechtfertigbar sein.

[92] GROSS, Presserecht 112 mit Verweis auf SCHEUNER in VVDStRL 22,1 (77); BVerfGE 20, 162/76); HECK, NJW 1967, 2196; DÖV 1967, 849 und AfP 1968, 709; vgl. auch HERZOG in MAUNZ/DÜRIG, Rz 182 zu Art 5 Abs 1 und Abs 2 GG; von MÜNCH in von Münch, Rz 24 zu Art 5 GG; anderer Ansicht PÜTTNER, NJW 1975, 813 ff und KULL, AfP 1974, 634 (636).

[93] BVerfGE 52, 283. (299).

Auf europäischer Ebene garantiert Art 1 des 1. Zusatzprotokolls zur EMRK die Achtung des Eigentums. Dabei versteht Straßburg den Eigentumsbegriff im weiten völkerrechtlichen Sinn. Innerstaatlich garantiert Art 5 StGG das Eigentum. Nach der Judikatur des VfGH umfaßt der Eigentumsschutz alle vermögenswerten Privatrechte.[94] Inhalt der Garantie ist, daß das Ausmaß des Eigentums erhalten und vermehrt werden kann und Einschränkungen des Eigentums die Ausnahme bilden sollen.[95] Der Verfassungsgerichtshof sieht entgegen der herrschenden Meinung die Entschädigungspflicht, die sich aus dem Gleichheitssatz ergibt ("Sonderopfertheorie").[96] Insoweit steht die österreichische Judikatur in Widerspruch zu neueren Straßburger Entscheidungen.

Art 1 des 1. Zusatzprotokolls zur EMRK garantiert jeder natürlichen und juristischen Person ein Recht auf Achtung ihres Eigentums. Abs 2 dieser Bestimmung erlaubt den Vertragsstaaten allerdings, **Regeln für die Benutzung des Eigentums, die im Allgemeininteresse erforderlich sind**, zu erlassen.[97]

Die Straßburger Rechtsprechung läßt sich wie folgt zusammenfassen:[98] Eine Bedingung für eine zulässige Eigentumsbeschränkung bzw. Enteignung ist das Vorliegen eines öffentlichen Interesses bzw. eines Allgemeininteresses. Den nationalen Gesetzgebern steht bei der Beurteilung, ob ein solches Interesse vorliegt, ein weiter Ermessensspielraum zu. Art 1 des 1. Zusatzprotokolls insgesamt (Enteignung und Eigentumsbeschränkung) unterliegt dem Gebot eines gerechten Gleichgewichts ("fair balance"), das bei der Abwägung zwischen den Erfordernissen des Schutzes und den Grundrechten des einzelnen anzustreben ist. Daraus leitet der EGMR einerseits ab, daß eine Enteignung grundsätzlich nur gegen Entschädigung im angemessenen Verhältnis zum Wert des enteigneten Guts erfolgen darf. Andererseits ergibt sich daraus das Gebot der Verhältnismäßigkeit zwischen öffentlichem Interesse bzw. Allgemeininteresse und dem durch die gewählte Maßnahme bewirkten Ausmaß des Eingriffs in die Rechte des einzelnen.[99] Maßnahmen zum Schutz der Meinungsvielfalt können nun jedenfalls beanspruchen, aus Gründen des öffentlichen Interesses bzw. Allgemeininteresses zu erfolgen, sie müssen aber dennoch der Anforderung der Verhältnismäßigkeit entsprechen. In diesem Bereich gibt es, soweit ersichtlich, bis-

---

[94] Grundlegend VfSlg 71/1921.

[95] Vgl. ERMACORA, Menschenrechte Rz 995.

[96] Vgl. insbes. AICHER, Verfassungsrechtlicher Eigentumsschutz und Enteignung, Gutachten, 9. ÖJT (1985).

[97] Vgl. FROWEIN/PEUKERT, EMRK-Kommentar 252 (264).

[98] Vgl. EGMR 13.6.1979, MARCKX = EuGRZ 1979, 454; EGMR 7.12.1976, HANDYSIDE = EuGRZ 1977, 48 ff; EGMR 23.9.1982 SPORRONG-LÖNNGRATH = EuGRZ 1983, 523; EGMR 21.2.1986, JAMES = EuGRZ 1988, 341; EGMR 8.7.1986 LITHGOW = EuGRZ 1988, 350;, EGMR 24.10.1986, AGOSI = EuGRZ 1988, 513; EGMR 19.12.1989, MELLACHER = JBl 1990, 507 = ÖJZ 190/3 (MRK); EGMR 12.2.1991 = ÖJZ 1991/11 (MRK).

[99] Vgl. auch BERNEGGER, Die wirtschaftliche Bedeutung der Europäischen Menschenrechtskonvention, ÖZW 1987, 11 u. 45.

her keine einschlägigen Entscheidungen, und mit Prognosen ist daher vorsichtig zu sein. Klar scheint aber, daß selbst Eingriffe in eigentumsrechtlich geschützte Positionen im Rahmen der Verhältnismäßigkeit zum Schutz der Medien - und damit mittelbar Meinungsvielfalt - zulässig sind. Natürlich muß jede Form des Eingriffs auf ihre Konventionskonformität hin genau geprüft werden - was hier im Moment nicht geleistet werden kann, da noch unklar ist, welche "Entflechtungsmaßnahmen" nun denn wirklich eingeführt werden sollen - Anhaltspunkte geben jedoch jüngere Entscheidungen von EGMR und VfGH.

So hat der EGMR etwa die mögliche Mietzinsherabsetzung nach § 44 MRG für konventionskonform gehalten.[100] Bei der Verfolgung rechtspolitischer Ziele auf dem Gebiet des Wohnrechts, dem in unserer modernen Gesellschaft eine besondere Bedeutung zukommt, habe der Staat einen weiten Ermessensspielraum, wobei es dem Gesetzgeber möglich sein muß, **in die künftige Durchführung früher geschlossener Verträge einzugreifen,** um das beschlossene rechtspolitische Ziel zu erreichen. Die Kommission hielt den Entzug einer Wasserrechtsbewilligung für eine Mülldeponie für konventionskonform, weil eine Gefährdung von Gesundheit und Umwelt gegeben war.[101] Und auch der VfGH erklärte etwa das Verbot, über eine bestimmte gesetzlich festgelegte Grenze hinaus Tierbestände zu halten, für verfassungskonform.[102] Selbst der nur oberflächliche Blick zeigt klar, daß dem Gesetzgeber ein weiter Ermessensspielraum zukommt, der zur Regelung der Medienmarktordnung jedenfalls ausreichen müßte.[103]

Verfassungsrechtlicher Vertrauensschutz[104]

Durch mehrere Jahrzehnte behandelte der VfGH dieses Problem unter dem Aspekt des "Eingriffs in wohlerworbene Rechte", wobei er die Auffassung vertrat, daß diese **grundsätzlich keinen** verfassungsrechtlichen Schutz genießen, der Gesetzgeber also in bestehende Rechtspositionen eingreifen dürfe. Als Schranke wurde die Beachtung des Gleichheitssatzes angeführt. Erst in der Entscheidung zu den Politikerpensionen[105] hielt er deren nachträgliche Kürzung durch Einführung von Ruhensbestimmungen für verfassungswidrig, weil gleichheitswidrig: Auch wenn die Kürzung (langjährig) bestehender Ansprüche und Anwartschaften im öffentlichen Interesse

---

100 EGMR 19.12.1989 MELLACHER = JBl 1990, 507 = ÖJZ 1990/3 (MRK).

101 EKMR 7.1.1991, 16922/90 = ÖJZ 1991/9 (MRK).

102 VfGH 20.6.1989, B 941/88 = ZfVB 1990/1584.

103 Vgl. EGMR 21.2.1990 HANKANSSON und STURESSON = EuGRZ 1992, 5. Der Gerichtshof sieht im Zwangsverkauf eines landwirtschaftlichen Anwesens keine Verletzung des Eigentumsrechts, auch wenn der vorübergehende Eigentümer auf eine mündliche, behördlicherseits abgegebene Zusage sein Eigentum behalten zu können vertraute. Kritisch dazu PEUKERT, Zur Notwendigkeit der Beachtung des Grundsatzes des Vertrauensschutzes in der Rechtsprechung des EGMR zu Eigentumsfragen, EuGRZ 1992, 1.

104 Vgl. THIENEL, Vertrauensschutz und Verfassungsrecht (Wien, 1990) mit Besprechung durch REBHAHN in DRdA 1992, im Erscheinen.

105 VfSlg 11308, 11309

erfolge, vermag dieses "nicht die Minderung wohlerworbener Rechte jedweder Art in jedweder Intensität sachlich zu begründen". Konkret ging der Verfassungsgerichtshof davon aus, daß die Aussicht auf einen Ruhebezug bei einer Durchschnittsbetrachtung einen wesentlichen mitbestimmenden Faktor bei der Entscheidung zu Gunsten der Ausübung einer politischen Funktion darstellt. Es ist daher

> "sachlich nicht begründbar, denjenigen Amtsträger, der sein öffentliches Amt langjährig im Vertrauen darauf ausübt, daß er die Anwartschaft auf einen an seinem Amtseinkommen orientierten Ruhebezug erwirkt ... plötzlich einem strengeren ... Kürzungssystem zu unterwerfen. Er würde dadurch nämlich einem solchen Amtsträger völlig gleichgestellt, der überhaupt schon im vorhinein oder zumindest während eines nicht unbeträchtlichen Zeitraums seiner Amtsausübung .... Kenntnis davon hat, daß sein späterer Ruhebezug einem rigorosen Kürzungssystem unterliegen wird. Der ... Vergleich erweist, daß der Unterschied im tatsächlichen derart schwer wiegt, daß er einer ... schematischen Gleichbehandlung der Betroffenen entgegensteht".[106]

Ein Jahr später hob der VfGH mit der gleichen Begründung die Einführung von Ruhensbestimmungen für Beamtenpensionen - die sich auch auf bereits bestehende Ansprüche und Anwartschaften bezogen - als gleichheitswidrig auf. Die besondere Schutzwürdigkeit der mit Pensionsregelungen verbundenen Erwartungshaltung ergäbe sich daraus, daß die betroffenen Pensionisten sich nicht mehr auf die Änderungen einstellen könnten. Die Aufhebung der geprüften Bestimmungen erfolgte unter anderem mit der Begründung, daß die vorgenommene Kürzung nicht geeignet sei, die verfolgten öffentlichen Interessen (Budgetentlastung, Entlastung des Arbeitsmarktes) zu erreichen. Mehrfach hielt der VfGH allerdings fest, daß sich dieser aus dem Gleichheitssatz abzuleitende verfassungsrechtliche Vertrauensschutz nur auf schwerwiegende Eingriffe bezöge, nicht aber auf bloß geringfügige: Inzwischen hat der VfGH in mehreren Fällen diese Rechtsprechung auch auf **rückwirkend** erlassene belastende Steuerregeln angewandt. Er begründet dabei die Aufhebung der steuerrechtlichen Normen damit, daß Rechtsnormen auf die Steuerung menschlichen Verhaltens zielten. Diese Funktion können sie allerdings nur erfüllen, wenn sich die Normunterworfenen bei ihren Dispositionen grundsätzlich an der geltenden Rechtslage orientieren können. Daher können gesetzliche Vorschriften mit dem Gleichheitsgrundsatz in Konflikt geraten, weil und insoweit sie die im Vertrauen auf eine bestimmte Rechtslage handelnden Normunterworfenen nachträglich belasten. Das kann bei schwerwiegenden und plötzlich eintretenden Eingriffen in erworbene Rechtspositionen, auf deren Bestand der Normunterworfene mit guten Gründen vertrauen konnte, zu Gleichheitswidrigkeit der belastenden Eingriffe führen.[107]

---

[106] VfSlg 11309, 402.

[107] VfGH 5.10.1989 = RdW 1990, 419; WBl 1989, 336; JBl 1990, 167.

Der aus dem Gleichheitssatz erfließende verfassungsrechtliche Vertrauensschutz ist also dann angesprochen, wenn der Gesetzgeber bei einer Änderung der Rechtslage plötzlich und intensiv in erworbene Rechtspositionen eingreift.[108] Doch muß der Vertrauensschutz etwa zurücktreten, um einer neu gewonnenen Einsicht für eine besondere für die Allgemeinheit unmittelbar zu erwartende Gefahr, die den sofortigen Eingriff in die Rechtsposition rechtfertigt, Rechnung zu tragen.[109]

Diese hier dargestellten Entscheidungen lassen jedenfalls nicht erkennen, warum Entflechtungsbestimmungen am verfassungsrechtlichen Vertrauensschutz schlichtweg scheitern sollten, so wie dies die Erläuterungen zur KartGNov behaupten ("von vornherein unzulässig").[110]

Die Pensionserkenntnisse machen nämlich klar, daß der VfGH vor allem die "quasi Enteignung" schon bestehender Ansprüche und Anwartschaften als gleichheitswidrig betrachtete. Die Steuererkenntnisse betreffen **rückwirkend** erlassene Steuerregeln, das heißt, sie richten sich gegen jene steuerlichen Normen, die auf in der Vergangenheit liegende Tatbestände angewandt werden und damit den Normunterworfenen in seinen Dispositionsvoraussetzungen treffen. Alle diese Aspekte träfen selbst auf innerhalb angemessener Zeit zu verwirklichende Entflechtungsauflagen nicht zu. Denn geschützt sein kann ja nicht jedwede Disposition eines Normunterworfenen für alle Zukunft. Auch der verfassungsrechtliche Vertrauensschutz ist kein absolutes Rechtsgut. Eingriffe sind dann zulässig, wenn sie verhältnismäßig und durch ein entsprechendes Eingriffsziel gerechtfertigt werden.

Dieses erste Ergebnis für die österreichische Rechtsordnung wird bestätigt durch die umfänglichen Untersuchungen in Deutschland, die zu dem gleichen Ergebnis kommen: **Interventionen im Medienbereich (inklusive Entflechtungsbestimmungen) sind jedenfalls nicht per se grundrechtlich verboten**. MÖSCHEL,[111] der seine Entflechtungskonzeption unter verschiedensten Aspekten prüft, beweist, daß sie schlußendlich den verfassungsrechtlichen Einwänden standhält. DITTRICH[112] prüft verschiedene Strategien zur Verhinderung und Beseitigung von Konzentration am GG und kommt im wesentlichen zu dem Ergebnis, daß zur Begrenzung der Marktanteile von Presseunternehmen sowohl die Einführung einer Fusionskontrolle als auch grundsätzlich eine Entflechtung verfassungsrechtlich zulässig ist. Nur eine Auflagenbegrenzung für einzelne Presseerzeugnisse, wie auch eine Sozialisierung marktbeherrschender Presseunternehmen, scheidet dagegen als Antikonzentrationsmaßnahme aus.

Alle Maßnahmen, die prima facie Grundrechtseingriffe sein können, haben zusammenfassend also folgenden Voraussetzungen zu genügen:

108 VfGH 6.12.1990 = JBl 1991, 372 (375); RdW 1991, 82; ecolex 1991, 63 und 134.

109 VfGH 8.10.1990 = JBl 1991, 307.

110 Bundesministerium für Justiz, Kartellgesetznovelle 1992 (GZ 9100/245-1 4/91), 28 f.

111 Entflechtungen 131 ff.

112 Pressekonzentration 71 ff.

1) Sie bedürfen einer ausdrücklichen, hinreichend klaren gesetzlichen Grundlage - etwas, das beim derzeitigen Entwurf zur KartGNov für die Entflechtungsbestimmungen problematisch scheint.
2) Ein legitimes Eingriffsziel muß vorliegen, hier Schutz der Meinungsfreiheit in ihren institutionellen Komponenten.
3) Verhältnismäßigkeit meint die Notwendigkeit, Geeignetheit und Verhältnismäßigkeit im engeren Sinn. Hier gibt es sicher Spielräume für Rechtssetzung und die Beurteilung in einem Normenkontrollverfahren. Jedenfalls unverhältnismäßig erscheinen etwa entschädigungslose Enteignung und Auflagenbegrenzungen für einzelne Medientitel. Anderen Eingriffen, die notwendig sind, die Meinungsfreiheit zu schützen, sich zweckmäßiger Mittel bedienen, um dieses Ziel zu erreichen und im engeren Sinn verhältnismäßig sind, wird Legitimität nicht abgesprochen werden können.

3.2 Der europäische Kontext

Überlegungen zu Medienkonzentration und Konzentrationskontrolle müssen heute notwendigerweise auch europäische Aspekte mitberücksichtigen. Das erklärt sich in bezug auf die EG und Österreichs Beitrittsbemühungen von selbst. Auch wenn die EG keine eigenen medienrechtlichen Legislativkompetenzen hat, so sind ihre Aktivitäten doch in vielfacher Hinsicht für Medien relevant. Insbesondere da Medienunternehmen - wie andere Unternehmen auch - dem Regime des Gemeinschaftsrechts unterliegen. Die Rechtsdurchsetzungsmöglichkeiten des Europarates sind signifikant beschränkter. Er ist primär als Ort der internationalen Konsultation und Koordination zu verstehen, der allerdings nichts gegen den Willen seiner Mitglieder durchsetzen kann. Empfehlungen des Europarates haben keinen verbindlichen Charakter. Nicht unerwähnt bleiben darf allerdings, daß ein weltweit einzigartiges Instrument regionalen internationalen Menschenrechtsschutzes im Rahmen des Europarates verwirklicht wird. Die Europäische Menschenrechtskonvention ist eine Konvention des Europarates, und deren Organe sind beim Europarat angesiedelt.

Die **Europäische Gemeinschaft** hat zwar mit den Rechtssatzformen Entscheidung, Richtlinie und Verordnung ein wirksames Instrumentarium zur Rechtssetzung und einen Gerichtshof, der sich als Integrationsmotor versteht; sie hat aber wie gesagt keine originäre Kompetenz in Medienfragen. Das ist noch lange kein Hindernis für die Gemeinschaft, nicht dennoch medienpolitisch aktiv zu sein. Allerdings ist sie dann gezwungen, Medienpolitik unter "wirtschaftsrechtlichem" Gesichtspunkt zu betreiben, denn nur hier besitzt die Gemeinschaft Kompetenzen. Die Fernsehrichtlinie der Gemeinschaft, die gewisse Verwaltungsvorschriften der Mitgliedstaaten vereinheitlicht, knüpft dementsprechend auch an Fernsehen als grenzüberschreitender Dienstleistung an. Der **Europarat** andererseits beschäftigt sich mit Medienfragen unter allen möglichen Perspektiven, leidet aber unter dem schon erläuterten Umsetzungsdefizit, produziert er doch hauptsächlich Resolutionen, die ein juristisches Schattendasein führen. Den bislang einzigen Fall einer geglückten Koordination und Kooperation zwischen beiden stellen das Fernsehübereinkommen des Europarates und die EG-Fernsehrichtlinie 1989 dar.

3.2.1 Europarat und Medienpolitik

Der Europarat hat einen eigenen **Lenkungsausschuß** für Massenmedienpolitik (Comité directeur sur les moyens de communication des masses, CDMM) installiert, der - beauftragt vom Ministerkomitee - jene Probleme untersucht, die sich im Zusammenhang mit Medien in einer freiheitlich demokratischen Gesellschaft stellen. Richtungsweisend für seine Aktivitäten ist die Erklärung des Ministerkomitees vom 29. April 1982 zur Meinungs- und Informationsfreiheit. Als Ergebnis der Arbeit liegt eine Reihe von vom CDMM ausgearbeiteten, vom Ministerkomitee verabschiedeten Empfehlungen vor.[113]

Besonderes Interesse zeigt der Europarat dabei gegenüber den Problemen, die sich für Pluralität und Unabhängigkeit der Medien und kulturelle Vielfalt als Folge zunehmender Medienkonzentration ergeben.

Angeregt durch die 2. Ministerkonferenz über Medienpolitik[114] begann das CDMM 1989 mit Länderstudien zu Fragen im Zusammenhang mit Medienkonzentrationsentwicklungen.

Eine erweiterte Arbeitsgruppe hat darauf aufbauend für die 3. Medienministerkonferenz[115] einen zusammenfassenden Bericht erstellt.[116] Dieser Bericht sieht das

---

[113] Vgl. Council of Europe, Recommendation by the Committee of Ministers of the Council of Europe in the media field, DH-MM (88)2: Resolution (61) 23 on the exchange of television programmes; Resolution (67) 13 on the press and the protection of youth; Resolution (70) 19 on educational and cultural uses of radio and television; Resolution (74) 26 on the right of reply - position of the individual in relation to the press; Resolution (74) 43 on press concentrations; Recommendation R (79) 1 on consumer education of adults and consumer information; Recommendation R (80) 1 on sport and television; Recommendation R (81) 19 on the access to information held by public authorities; Recommendation R (84) 3 on principles on television advertising; Recommendation R (84) 17 on equality between women and men in the media; Recommendation R (84) 22 on the use of satellite capacity for television and sound radio; Recommendation R (85) 6 on aid for artistic creation; Recommendation R (85) 8 on the conservation of the European film heritage; Recommendation R (86) 2 on principles relating to copyright law questions in the field of television by satellite and cable; Recommendation R (86) 3 on the promotion of audiovisual production in Europe; Recommendation R (86) 9 on copyright and cultural policy; Recommendation R (86) 14 on the drawing up of strategies to combat smoking, alcohol and drug dependence in co-operation with opinion-makers and the media; Recommendation R (87) 7 on film distribution in Europe; Recommendation R (88) 1 on sound and audiovisual private copying; Recommendation R (88) 2 on measures to combat piracy in the field of copyright and neighbouring rights.

[114] Stockholm, 23./24. November 1988.

[115] Nikosia, 9./10. Oktober 1991.

Problem der Medienkonzentration im Zusammenhang mit grundrechtlichen Gewährleistungen (Meinungsfreiheit) und kulturellen Fragen. Bei Konzentrationsvorgängen wird dabei unterschieden zwischen Fusion und Integration. Bei Fusionen handelt es sich um Prozesse, bei denen ein Unternehmen in einem anderen aufgeht, oder zwei oder mehrere Unternehmen einander zu einem einzigen Unternehmen zusammenschließen. Unter Integration wird jede nicht so weitgehende Unternehmensverbindung verstanden. Der Begriff der Integration wird weiter aufgefächert mit den Adjektiven vertikal, horizontal, multimedia, multisektoral und international.[117] Nach der Untersuchung von Ursachen und Formen der Medienkonzentration kommt der Bericht schließlich zum rechtlichen Instrumentarium, wo er zwischen wirtschaftsrechtlichen und medienrechtlichen Eingriffsmöglichkeiten unterscheidet. Konkret wird die ganze Angelegenheit allerdings erst in Appendix III des Berichts: "List of measures which might be taken to guarantee pluralism". Diese Liste enthält zum ersten Vorschläge für unterstützende Maßnahmen: Subventionen. Daneben widmen sich einige Vorschläge der Stellung der Medienmitarbeiter: Ihre Stellung soll gestärkt werden, um die Risiken, die mit der Medienkonzentration verbunden sind, zu mindern; explizit werden dazu Formen der Mitarbeiterbeteiligung in bezug auf Aktienerwerb etc. an Medienunternehmen vorgeschlagen. Die vielversprechend als "more innovatory" bezeichneten Vorschläge betreffend Europäische Kooperation beschränken sich darauf anzuregen, man möge bedenken, welche Auswirkungen in einem Staat gesetzte Maßnahmen auf die Pluralität in einem anderen haben, bzw. einen Erfahrungsaustausch vorzuschlagen.

Der 3. Punkt der "list of measures" ist für die hier durchgeführte Untersuchung einschlägig: "Regulation of the activities and status of communication undertakings". Das was dann als "measures" vorgeschlagen wird, ist allerdings mit derart vielen "wenns" und "abers" versehen, daß daraus kaum eine konkrete Handlungsanleitung ableitbar ist.

Gefordert werden Transparenz-Vorschriften in bezug auf Eigentumsverhältnisse an Medienunternehmen, sowie hinsichtlich Entscheidungsstrukturen, Finanzierungsquellen und Bilanzen. Regulatorische Eingriffe, wie Begrenzungen des Eigentumsanteils an Medienunternehmen ("appropriate tresholds for media ownership") müssen in einem ausgewogenen Verhältnis mit positiven Unterstützungsmaßnahmen stehen. Solche Regelungen müssen auf die jeweilige spezielle Situation (Größe des Landes, Bevölkerung, geographische und sprachliche Begrenzung gewisser Märkte) Rücksicht nehmen, die wirtschaftlichen Grundfreiheiten beachten und auch die positiven Aspekte, die sich aus der Konzentrationsentwicklung ergeben, bedenken. Konkret sind allerdings die Empfehlungen in bezug auf intermediale Verflechtung und die sich als Eingriffsmöglichkeit anbietende Lizensierungspolitik: "For this purpose, account should be taken of the control already exercised by the applicant in

---

[116] Elarged Working Party on media concentrations of the CDMM/MCC (91)8. Synthesis Report on media concentrations in Europe. Im folgenden kurz: Synthesis Report.

[117] Synthesis Report Seite 9.

aspect of other media undertakings." Der Endbericht des CDMM zur Medienkonzentration sollte in der ersten Hälfte 1992 erscheinen und umfassende Länderberichte enthalten. Darin wird das jeweils vorhandene wirtschaftsrechtliche und juristische Instrumentarium zur Bekämpfung der Medienkonzentration detailliert dargestellt werden.

3.2.2 *Europäische Gemeinschaft*

Die Europäische Gemeinschaft hat bzw. hatte **keine speziellen Kompetenzen in Medienangelegenheiten**. Die Gemeinschaften sind als Institutionen wirtschaftlicher Zusammenarbeit gegründet worden. Im primären Gemeinschaftsrecht sind daher auch keine eigentlich "medienrechtlichen" Regelungen zu erwarten. Freilich hat Medientätigkeit auch eine wirtschaftliche Seite und kann insoferne vom Gemeinschaftsrecht erfaßt werden. Die Fernsehrichtlinie[118] stützt sich dementsprechend auch auf Art 66 EWG-Vertrag,[119] der die Dienstleistungs- und Niederlassungsfreiheit betrifft.[120] Auch kann die Gemeinschaft nicht ohne kulturellen Aspekt existieren. Der Gedanke an einen erfolgreichen Abschluß des europäischen Einigungswerkes ist überhaupt nur faßbar dank der gemeinsamen kulturellen Tradition der Mitglieder der EG - die Kultur als "gründender Grund" der Gemeinschaft.[121] Vor diesem Hintergrund war es der Gemeinschaft auch schon bisher nicht schlechthin verwehrt, europäische Kulturpolitik und damit europäische Medienpolitik zu betreiben, das heißt, vorhandene Zuständigkeiten einschließlich Ergänzungen wie Art 235 EWGV "auch" kulturell zu nutzen, wo das angezeigt war.[122] Es gibt also keinen "allgemeinen Kulturvorbehalt" oder eine "Bereichsausnahme Kultur" zugunsten der Mitgliedstaaten, der generell Gemeinschaftszuständigkeit ausschließen würde, wenn es um kulturelle Güter oder Kulturschaffende ginge. Die Kommission hat den der EG zustehenden Regelungsbereich gelegentlich mit dem nicht sehr glücklichen Begriff **"Kulturwirtschaft"** umschrieben. Die grundsätzliche Regelungskompetenz für kulturelle Angelegenheiten verbleibt allerdings bei den Mitgliedstaaten.[123] Durch den Gipfel in Maastricht und den dort gebilligten Entwurf eines Vertrages über die Europäische Union ergibt sich jedoch insoferne eine Ände-

[118] Abl C Nr. 179 vom 17.7.1989, 9.

[119] Als weitere Kompetenzgrundlage führt die Richtlinie Art 57 Abs 2 EWG-Vertrag an, der die Koordinierung der Rechts- und Verwaltungsvorschriften der Mitgliedstaaten über die Aufnahme selbständiger Tätigkeiten zum Ziel hat.

[120] Vgl. auch DELBRÜCK, Direkter Satellitenrundfunk und nationaler Regelungsvorbehalt 63 ff; SCHWARTZ, Rundfunk, EG-Kompetenz und ihre Ausübung ZUM 1991, 155; SPARR, Kulturhoheit und EWG-Vertrag (Baden-Baden, 1991).

[121] So OPPERMANN, Europarecht Rz 1978 ff.

[122] Die Kommission hat dementsprechend 1977, 1982 und 1987 zusammenhängende Konzepte für eine kohärente EG-Kulturpolitik vorgelegt: EG-Kommission (Hrsg.), Neue Impulse für die Aktion der EG im kulturellen Bereich, Bull. EG 1987, Beilage 4.

[123] Vgl. OPPERMANN, Europarecht Rz 1983 f; SPARR, Kulturhoheit 25 ff.

rung, als im Vertragsentwurf erstmals kulturelle Kompetenzen explizit angesprochen werden. Unter dem Titel IX wird mit der Überschrift "KULTUR" nämlich folgender Artikel 128 in den EWGV eingefügt:

> "Artikel 128
> 1. Die Gemeinschaft leistet einen Beitrag zur Entfaltung der Kulturen der Mitgliedstaaten unter Wahrung ihrer nationalen und regionalen Vielfalt sowie gleichzeitiger Hervorhebung des gemeinsamen kulturellen Erbes.
> 2. Die Gemeinschaft fördert durch ihre Tätigkeit die Zusammenarbeit zwischen den Mitgliedstaaten und unterstützt und ergänzt erforderlichenfalls deren Tätigkeit in folgenden Bereichen:
> - Verbesserung der Kenntnis und Verbreitung der Kultur und Geschichte der europäischen Völker;
> - Erhaltung und Schutz des kulturellen Erbes von europäischer Bedeutung;
> - nichtkommerzieller Kulturaustausch;
> - künstlerisches und literarisches Schaffen, einschließlich im audiovisuellen Bereich.
>
> 3. Die Gemeinschaft und die Mitgliedstaaten fördern die Zusammenarbeit mit dritten Ländern und den für den Kulturbereich zuständigen internationalen Organisationen, insbesondere mit dem Europarat.
> 4. Die Gemeinschaft trägt den kulturellen Aspekten bei ihrer Tätigkeit aufgrund anderer Bestimmungen dieses Vertrags Rechnung.
> 5. Als Beitrag zur Verwirklichung der Ziele dieses Artikels erläßt der Rat
> - gemäß dem Verfahren des Artikels 189 b und nach Anhörung des Ausschusses der Regionen Fördermaßnahmen unter Ausschluß jeglicher Harmonisierung der Rechts- und Verwaltungsvorschriften der Mitgliedstaaten. Der Rat beschließt im Rahmen des Verfahrens des Artikels 189 b einstimmig;"

Das stellt insbesondere die Förderungspolitik der Kommission im audiovisuellen Bereich[124] auf eine neue Grundlage. So etwa die Programme MEDIA mit BABEL (zur Förderung mehrsprachiger Programme), EURO-AIM (Organisation für den Markt audiovisueller Interpreten), CARTOON (Filmanimation), EVE (Espace Video Europeene) etc., das audiovisuelle EUREKA und EURIMAGES. Eine Harmonisierung der einschlägigen kultur- und medienrechtlichen Vorschriften der Mitgliedstaaten wird aber explizit ausgeschlossen. Förderung ist es also, was der Gemeinschaft im kulturellen Bereich vorrangig an Kompetenz zukommt und nicht Rechtsvereinheitlichung oder Rechtanpassung. Nichtsdestotrotz gelten auch für den Medienbereich im gemeinsamen Markt "the rules of the game". "Regles du Jeux" war der Titel eines Workshops auf der European Audiovisual Conference in Paris im Herbst 1989 und hat seitdem Eingang gefunden in die Terminologie der Kommis-

---

124 Vgl. GOLDBERG/WALLACE, Regulating the Audiovisual Industry - The Second Phase (London, 1991).

sion. Gemeint sind damit die wirtschaftsrechtlichen, vor allem die urheber- und wettbewerbsrechtlichen Regelungen im Gemeinschaftsrecht (Mißbrauch einer marktbeherrschenden Stellung etc.).

Die Europäische Gemeinschaft, obzwar durch einen völkerrechtlichen Vertrag gegründet, stellt eine Rechtsordnung eigener Qualität dar, die Vorrang vor den nationalstaatlichen Regelungen in Anspruch nimmt.[125] Die Europäische Gemeinschaft basiert auf vier Grundfreiheiten, die jede für sich auch im Zusammenhang mit Medientätigkeit relevant werden können: Freier Warenverkehr, Freizügigkeit (= Freiheit des Personenverkehrs), Dienstleistungsfreiheit und freier Kapitalverkehr. Nach der Rechtsprechung des EuGH fallen Printmedien unter die Freiheit des Warenverkehrs, elektronische Medien unter die Dienstleistungsfreiheit. Ein Journalist, der in einem Mitgliedstaat der EG arbeiten will, kann sich auf die Freiheit des Personenverkehrs berufen, und das europäische Engagement von Medienunternehmen wird nicht nur durch die Niederlassungsfreiheit und die Dienstleistungsfreiheit, sondern auch durch die Freiheit des Kapitalverkehrs geschützt. Dabei verbietet es der zentrale Grundsatz der Nicht-Diskriminierung den Mitgliedstaaten, Waren, Dienstleistungen, etc. aus anderen Mitgliedstaaten aufgrund der Staatszugehörigkeit diskriminierend zu behandeln.

Printmedienunternehmen

Der Handel mit **Presseprodukten**[126] wie auch mit Tonträgern, Filmen etc.[127] unterliegt den Regeln des **freien Warenverkehrs**. Die Abgrenzung zur Dienstleistungsfreiheit erfolgt, indem auf den wirtschaftlichen Charakter der Leistung abgestellt wird. Wird dabei ein grenzüberschreitender Druckauftrag gegeben, so geht die Dienstleistung des Druckens wirtschaftlich gesehen im Wert der Ware auf. Anders, wenn ein Autor von einem ausländischen Verlag beauftragt wird, ein Buch zu schreiben - hier liegt eine Dienstleistung im Sinne von Art 59 EWGV vor. Diese Unterscheidung ist u.a. deshalb relevant, da die Regelungen für den Erlaß von sekundärem Gemeinschaftsrecht (Richtlinien, Verordnungen) unterschiedlich ausgestaltet sind.[128] Im wesentlichen bedeutet das Unterliegen unter den Regeln des freien Warenverkehrs, daß mengenmäßige Einfuhrbeschränkungen sowie alle Maßnahmen

---

[125] Vgl. KAPETEYN/VAN THEMAAT, Introduction to the law of the European Communities after the coming into force of the Single European Act (Deventer, 1989) 36 ff, 330 ff; BEUTLER/BIEBER/PIPKORN/STREIL, Europäische Gemeinschaft 89 ff; SPARR, Kulturhoheit 25.

[126] RS 18/84 Slg 1985, 1339.

[127] u.a. RS 155/73 Slg 1974, 409.

[128] Für Rechtsangleichung auf dem Gebiet des Warenschutzes gilt Art 100 a iVm Art 8 EWGV mit dem Erfordernis der Anhörung des Wirtschafts- und Sozialausschusses. Für den Dienstleistungsverkehr gilt Art 66 iVm Art 57 Abs 2 S 3 EWGV in Zusammenarbeit mit dem Europäischen Parlament. Vgl. ROTH, Grundfreiheiten des gemeinsamen Marktes für kulturschaffende Tätigkeiten und kulturelle Leistungsträger, ZUM 1989, 101 (106).

gleicher Wirkung zwischen den Mitgliedstaaten verboten sind.[129] Der Begriff der "mengenmäßigen Beschränkung" wird im EWG-Vertrag nicht ausdrücklich definiert, was praktisch allerdings keine Probleme macht, da der Gerichtshof davon ausgeht, daß die zweite Verbotskategorie - "Maßnahmen gleicher Wirkung" - alle vom ersten Begriff nicht erfaßten Sachverhalte umfaßt.[130] Nach der Dassonville-Formel ist "jede Handelsregelung der Mitgliedstaaten, die geeignet ist, den innergemeinschaftlichen Handel unmittelbar oder mittelbar, tatsächlich oder potentiell zu behindern ... als Maßnahme mit gleicher Wirkung wie eine mengenmäßige Beschränkung anzusehen".[131]

So hat der EuGH auch festgestellt, daß die Regelung des französischen "Code de postes et de le communications", in der ermäßigte Postgebühren nur für französische Zeitungen und Zeitschriften, unter Ausschluß gleichartiger Druckwerke aus anderen Mitgliedstaaten, vorgesehen sind, Art 30 EWG-Vertrag widerspricht.[132] Frankreich hat sich noch eine weitere Verurteilung nach Art 30 EWG-Vertrag dafür eingehandelt, daß es Presseunternehmen für Veröffentlichungen, die sie in anderen Mitgliedstaaten drucken ließen, vom Genuß bestimmter Steuervergünstigungen ausgeschlossen hat.[133] In beiden Fällen war der Gerichtshof der Meinung, daß es sich um Maßnahmen gleicher Wirkung handelte, die den freien Warenverkehr unzulässig beschränkten.

Ausnahmen von dieser umfassenden Liberalisierungsvorschrift enthält Art 36 EWG-Vertrag. Danach stehen die Bestimmungen den Art 30 und 34 "Einfuhr-, Ausfuhr- und Durchfuhrverboten oder -beschränkungen nicht entgegen, die aus Gründen der öffentlichen Sittlichkeit, Ordnung und Sicherheit zum Schutz der Gesundheit und des Lebens von Menschen, Tieren oder Pflanzen, des nationalen Kulturgutes von künstlerischem, geschichtlichem oder archäologischem Wert oder des gewerblichen und kommerziellen Eigentums gerechtfertigt sind". Diese Ausnahmebestimmung steht unter einem zweifachen Vorbehalt, denn diese Verbote und Beschränkungen dürfen nach Art 36 zweiter Satz EWG-Vertrag "weder ein Mittel zur willkürlichen Diskriminierung noch eine verschleierte Beschränkung des Handels zwischen den Mitgliedstaaten darstellen".

Die Berufung auf Art 36 setzt voraus, daß für den entsprechenden Bereich (noch) keine Gemeinschaftsregelungen bestehen.[134] Der Katalog der Eingriffsgründe ist erschöpfend und erlaubt also keine Eingriffe zugunsten beispielsweise der Medienvielfalt im eigenen Land. Allerdings können andere "zwingende Erfordernisse" im Rahmen des Art 30 als eine Art **"immanente Schranke"** Berücksichtigung

---

129 Art 30 ff EWG-Vertrag.

130 Vgl. BEUTLER/BIEBER/PIPKORN/STREIL, Europarecht 282 ff.

131 RS 8/5/74 Slg 1974, 837 (852).

132 RS 269/83 Slg 1983, 837.

133 RS 18/84 Slg 1985, 1339.

134 MATTHIES in Grabitz, Kommentar Rz 2 zu Art 36 EWG-Vertrag.

finden.[135] Zu denken ist dabei insbesondere an "Erfordernisse einer wirksamen steuerlichen Kontrolle, des Schutzes der öffentlichen Gesundheit, der Lauterkeit des Handelsverkehrs und des Verbraucherschutzes."[136] In der jüngeren Rechtsprechung hat der GH auch Umweltschutzanliegen als "zwingende Erfordernisse" anerkannt.[137]

Die französische Regierung versuchte mit der Argumentation, es handle sich um ein "zwingendes Erfordernis des Verbraucherschutzes und der Kreativität und **kulturellen Vielfalt**" (HvA), nationale Rechtsvorschriften zu verteidigen, wonach jeder Einzelhändler beim Verkauf von Büchern einen vom Verleger oder Importeur festgesetzten Preis einhalten muß. Der Gerichtshof ging darauf gar nicht näher ein, sondern fegte den Einwand mit einem Satz vom Tisch.[138] Aus der Entscheidung läßt sich nicht erkennen, ob der GH die Berufung auf "kulturelle Vielfalt" als grundsätzlich untauglichen Eingriffsgrund sieht, oder nur in diesem Fall nicht für hinreichend schlagkräftig hielt. In einer neueren Entscheidung zur Dienstleistungsfreiheit hat der EuGH allerdings explizit anerkannt, daß bestimmte kulturpolitische Anliegen einen zwingenden Grund des Allgemeininteresses darstellen können, die eine Beschränkung rechtfertigen.[139]

Elektronische Medien

Das Recht des **Dienstleistungsverkehrs** ist in Art 59 ff EWG-Vertrag geregelt, wobei Art 55 bis 58, das Recht auf Niederlassungsfreiheit betreffend, gemäß Art 66 EWG-Vertrag entsprechende Anwendung auf den Dienstleistungsverkehr finden. Art 60 EWG-Vertrag definiert Dienstleistungen als alle Leistungen, die in der Regel gegen Entgelte erbracht werden, soweit sie nicht den Vorschriften über den freien Waren- und Kapitalverkehr und der Freizügigkeit der Person unterliegen.

Nach dieser Definition des Begriffes Dienstleistung ist also nicht erstaunlich, daß der EuGH Fernsehsendungen mit Werbecharakter und dann auch Kabelfernsehen mit Werbeeinschaltungen dem Regime des Vertrages unterworfen hat. In RS 352/85 hat der EuGH eine weitere Differenzierung vorgenommen. In einem Verfahren nach Art 177 EWG-Vertrag (Vorabentscheidungsverfahren) stellte der "Gerechtshof Den Haag" an den EuGH die Frage, ob eine oder mehrere Dienstleistungen vorlägen, wenn über Kabel-, Funk- oder Satellitenverbindungen aus dem Ausland angebotene Hörfunk- oder Fernsehprogramme - mit oder ohne Werbemitteilungen - von Betreibern von Kabelnetzen in diesen Mitgliedstaaten empfangen werden und dann durch diese Betreiber über ihre Kabelnetze verbreitet werden. Der EuGH hat diese Frage in dieser Entscheidung nur zur Hälfte beantwortet, nämlich nur in bezug auf Fernseh-

[135] Vgl. MATTHIES in Grabitz, Kommentar Rz 20, 21 zu Art 30 EWG-Vertrag.

[136] RS 120/88 Slg 1979, 649 (662).

[137] RS 302/86 Slg 1988, 4607.

[138] RS 95/84 Slg 1986, 2253; vgl. auch RS 229/83 Slg 1985, 1, ebenfalls zu Endverkaufspreis von Büchern.

[139] Siehe unten, RS C-353/89 EuZW 1992, 56 ff.

programme, die Werbemitteilungen enthalten. Dabei geht der EuGH davon aus, daß die betroffenen Sendungen mindestens zwei gesonderte Dienstleistungen enthalten:

Die erste Dienstleistung erbringen die in einem Mitgliedstaat ansässigen Betreiber von Kabelnetzen zugunsten der Sendeanstalten in anderen Mitgliedstaaten, indem sie die von diesen ausgestrahlten Fernsehprogramme an ihre eigenen Teilnehmer weiterleiten. Die zweite Leistung erbringen die Sendeanstalten einiger Mitgliedstaaten zugunsten der insbesondere im Empfangsstaat ansässigen Werbefirmen, indem sie die Werbemitteilungen verbreiten, die diese Firmen speziell für das Publikum des Empfangsstaates erstellt haben. In weiterer Folge prüfte der Gerichtshof die anderen Voraussetzungen für die Anwendung des Gemeinschaftsrechtes, nämlich ob es sich um Leistungen grenzüberschreitenden Charakters handelt[140], die im Sinne von Art 60 EWG-Vertrag in der Regel gegen Entgelt erbracht werden. Die erste Frage war dadurch positiv beantwortet, daß in beiden Fällen der Erbringer der Leistung in einem anderen Mitgliedstaat ansässig war als derjenige, dem die Leistung zugute kam. Entgeltlichkeit war nach Ansicht des EuGH gegeben, da die Kabelfernsehbetreiber für den Dienst, den sie den Sendeanstalten leisten, Entgelt in Form von Gebühren von ihren Teilnehmern erheben. Aus der Sicht des EuGH zahlen also die Teilnehmer für eine Dienstleistung des Kabelbetreibers an das Sendeunternehmen!? Jedenfalls gemeinschaftsrechtlich unerheblich sei, daß die Weiterleitung nicht von den Sendeanstalten selbst bezahlt werde, da Art 60 EWG-Vertrag nicht verlangt, daß die Dienstleistung von demjenigen bezahlt wird, dem sie zugute kommt. Entgeltlich ist schließlich auch das Dienstleistungsverhältnis zwischen Werbefirmen und Sendeanstalt.[141] Heute ist für den Gerichtshof völlig unstreitig, daß **jede** Fernsehsendung den Regeln über den Dienstleistungsverkehr unterfällt.[142]

Im Bereich der Freiheit der Niederlassung und der Dienstleistung enthält der EWG-Vertrag[143] Ermächtigungsbestimmungen für die Gemeinschaftsorgane, ein allgemeines Programm zur Aufhebung der Beschränkungen in diesen Bereichen innerhalb der Gemeinschaft zu beschließen. Innerhalb dieser Kompetenz hat der Rat eine Vielzahl von Richtlinien beschlossen, die die Angleichung der nationalen Vorschriften über die Zulassung und die Ausübung der von diesen Freiheiten betroffenen Berufe regeln. Dieser Regelungsansatz hat sich allerdings als suboptimal herausgestellt, sodaß nunmehr in einem "neuen Harmonisierungskonzept" nur mehr die jeweiligen Diplome, Prüfungszeugnisse und Befähigungsnachweise als prinzipiell gleichwertig anerkannt werden.[144]

Auch im Zusammenhang mit der Dienstleistungsfreiheit stellt sich die Frage, inwieweit ein nationaler Regelungsvorbehalt - etwa zum Schutz der Meinungsvielfalt -

---

140 Art 59 EWG-Vertrag.

141 RS 252/85 Slg 88, 2085.

142 Zuletzt EuGH 18.6.1991 RS C - 260/89 = MuR 1991, 214.

143 Art 54 EWG-Vertrag und Art 63 EWG-Vertrag.

144 Vgl. Art 57 EWG-Vertrag, den auch die Fernsehrichtlinie (Abl L 298 v. 3.10.1989) als Kompetenzgrundlage heranzieht.

reichen kann.[145] Dabei gilt, daß innerstaatliche Vorschriften, die nicht unterschiedslos auf alle Dienstleistungen ohne Rücksicht auf deren Ursprung anwendbar und somit diskriminierend sind, nur dann mit dem Gemeinschaftsrecht vereinbar sind, wenn sie unter eine ausdrückliche abweichende Bestimmung fallen. Dabei kommt vor allem Art 56 EWG-Vertrag, auf den Art 66 EWG-Vertrag verweist, in Frage. Danach sind Sonderregelungen zulässig, wenn sie aus Gründen der öffentlichen Ordnung, Sicherheit oder Gesundheit gerechtfertigt sind. Nach der Rechtsprechung des EuGH stellt die "öffentliche Ordnung" einen gemeinschaftlichen Begriff dar, der aber im wesentlichen frei nach den nationalen Bedürfnissen der Mitgliedstaaten bestimmt werden könne.[146]

In einer Entscheidung aus 1988, noch vor Inkrafttreten der Fernsehrichtlinie, hatte sich der EuGH mit der Frage auseinanderzusetzen, wie weit Gründe kulturpolitischer Art, "die auf die Aufrechterhaltung eines pluralistischen und nichtkommerziellen Rundfunkwesens sowie einer pluralistischen und unabhängigen Presse gerichtet sind",[147] (diskriminierende) Eingriffe rechtfertigen.

Gegenstand des Verfahrens war das niederländische Rundfunksystem. Im Rundfunkgesetz[148] wurde, in der Absicht, ein pluralistisches, nicht kommerzielles Rundfunksystem einzuführen, die für die Verbreitung von Programmen auf beiden Kanälen verfügbare Sendezeit aufgeteilt zwischen der "Nederlandse Omroepstichung" (Niederländische Rundfunkstiftung, NOS) und einer Reihe von durch den zuständigen Minister genehmigten Rundfunkanstalten (Omroeporganisaties), die insbesondere die großen geistigen Strömungen des Volkes vertreten. Art 11 des Rundfunkgesetzes verbietet es den Omroeporganisaties, auf Verlangen Dritter Werbemitteilungen auszustrahlen. Dieses Recht bleibt nach Art 50 Rundfunkgesetz der STER ("Stichting Etherreclame", Stiftung für Rundfunkwerbung) vorbehalten. Diese hat ihre Einnahmen nach Art 6 Abs 2 ihrer Satzung an den Staat abzuführen, der sie für die Subventionierung der Omroeporganisaties und, in geringerem Umfang, der Presse verwendet. Den eigentlichen Streitpunkt bilden die "Kabelregeling"[149], die es verbietet, von anderen Mitgliedstaaten aus gesendete Hörfunk- und Fernsehprogramme über Kabelnetze zu verbreiten, wenn diese Werbemitteilungen enthalten, die sich speziell an das niederländische Publikum richten oder niederländische Untertitel führen. In den Begründungserwägungen zur "Kabelregeling" wird ausgeführt, diese Beschränkungen seien dazu bestimmt, das indirekte Zustandekommen eines kommerziellen Kabelrundfunks oder Fernsehabonnentenprogrammes in den Niederlanden zu verhindern, das dem inländischen Rundfunk und dem niederländischen Abonnentenfernsehen, das noch der Entwicklung bedarf, unlautere Konkurrenz machen könnte.

---

[145] Vgl. auch DELBRÜCK, Direkter Satellitenrundfunk 65 f.

[146] RANDELZHOFER in Grabitz, Kommentar Rz 2 zu Art 56 EWG-Vertrag.

[147] So die Frage des vorliegenden Gerichts in RS 352/85 Slg 1988, 2085 ff.

[148] Omroepwet, Staatsblad 176 aus 1967.

[149] Ministerialverordnung vom 26. Juli 1984, STCRT Nr. 145 vom 27.7.1984.

Unter den neun Fragen, die das vorlegende Gericht an den EuGH stellte, war auch jene, ob die betroffene Regelung unter Hinweis auf **kulturpolitische Zielsetzungen** durch Gründe des Allgemeininteresses gerechtfertigt werden könne.

Der EuGH wiederholte dazu zuerst seine ständige Rechtsprechung, wonach innerstaatliche Vorschriften, die nicht unterschiedslos auf die Dienstleistungen ohne Rücksicht auf deren Ursprung anwendbar und somit diskriminierend sind, mit dem Gemeinschaftsrecht nur dann vereinbar sind, wenn sie von einer ausdrücklichen abweichenden Bestimmung gedeckt sind. Zu denken wäre hier an Art 56 EWG-Vertrag, demzufolge das Verbot des Art 59 EWG-Vertrag nicht für innerstaatliche Vorschriften gilt, die eine Sonderregelung vorsehen, wenn diese aus Gründen der öffentlichen Ordnung gerechtfertigt sind. Keinen Grund in diesem Sinn stellen wirtschaftliche Ziele wie jenes dar, einer inländischen öffentlichen Stiftung die Gesamtheit der Einnahmen zu sichern, die aus speziell für das Publikum des betreffenden Landes bestimmten Werbemitteilungen stammen. Als legitimen Eingriffsgrund in Erwägung gezogen wurde vom EuGH allerdings der Einwand der niederländischen Regierung, die Verbote der Werbung und Untertitelung verfolgten letzten Endes einen nichtwirtschaftlichen Zweck, nämlich die Aufrechterhaltung des nichtkommerziellen und damit pluralistischen Charakters des niederländischen Rundfunks. Dieser Einwand der Regierung scheiterte allerdings an der **Verhältnismäßigkeitsprüfung**: die aufgrund von Art 56 EWG-Vertrag getroffenen Maßnahmen dürfen nämlich nicht in einem Mißverhältnis zum angestrebten Ziel stehen. Art 56 ist als Ausnahme zu einem Grundprinzip des Vertrages restriktiv zu interpretieren und muß so ausgelegt werden, daß sich die Wirkungen auf das beschränken, was zum Schutz der Interessen, die es zu wahren gilt, notwendig ist. Genau diese Verhältnismäßigkeit war hier allerdings nicht gegeben, mußte doch selbst die niederländische Regierung zugestehen, daß es **weniger einschränkende, nichtdiskriminierende** Mittel gibt, um die angestrebten Ziele zu erreichen - etwa die Ausdehnung der niederländischen Werberegelung auf ausländische Anbieter.

In einer seiner jüngsten Entscheidungen hat der EuGH nun - wiederum zum niederländischen Rundfunksystem - klargestellt, daß auch kulturpolitische Anliegen einen zwingenden Grund des Allgemeininteresses darstellen können, der eine Beschränkung der Dienstleistungsfreiheit durch nicht diskriminierende Eingriffe rechtfertigt.[150]

Auch der diesem Urteil zugrunde liegende Sachverhalt wurde vor Inkrafttreten der Fernsehrichtlinie verwirklicht; das niederländische Mediengesetz ("Media wet") von 4.6.1987, mit dem ein pluralistisches nicht kommerzielles Rundfunkwesen geschaffen werden sollte, verpflichtete die Anstalten, die Sendezeit für inländische Rundfunksendungen erhalten haben, bei Fernsehsendungen im geringeren Ausmaß als bei Rundfunksendungen, sich der technischen Mittel einer Aktiengesellschaft niederländischen Rechts, der "Bedrijf", zu bedienen. Dadurch werden natürlich in anderen

[150] EuGH 25.7.1991 RS C 353/89, EuZW 1992, 56/58.

Mitgliedstaaten niedergelassene Unternehmer daran gehindert, niederländischen Rundfunkanstalten ihre Dienstleistungen zur Durchführung von Rundfunkprogrammen zu erbringen, womit nach Ansicht der Kommission ein Verstoß gegen Art 59 EWGV (Dienstleistungsfreiheit) gegeben sei. Die niederländische Regierung machte zur Rechtfertigung der Regelung u.a. geltend, daß sie als Ausnahme durch das Allgemeininteresse gerechtfertigt sei.

> "Die streitigen Beschränkungen seien durch zwingende Erfordernisse ihrer Kulturpolitik im Rundfunksektor gerechtfertigt. Diese Politik solle die Meinungsfreiheit der verschiedenen gesellschaftlichen, kulturellen, religiösen und geistigen Strömungen in den Niederlanden schützen, wie sie sich in der Presse, im Rundfunk oder im Fernsehen müsse entfalten können. Der Bedrijf ermögliche dadurch, daß er den verschiedenen inländischen Rundfunkanstalten technische Mittel zur Verfügung stelle, den Fortbestand eines pluralistischen und nichtkommerziellen niederländischen Rundfunksystems. Der Bedrijf erfülle auch kulturelle Aufgaben, wie z.B. dadurch, daß er eine Phonothek und ein Filmarchiv sowie Rundfunkorchester und -chöre unterhalte. Kulturpolitische Gründe wie diese seien aber als Erwägungen des Allgemeininteresses anzusehen, die beschränkende Maßnahmen rechtfertigen könnten, selbst wenn diese wirtschaftlicher Art seien."[151]

Der EuGH anerkannte zwar, daß eine so verstandene Kulturpolitik einen zwingenden Grund des Allgemeininteresses darstellen könne, der eine Beschränkung der Dienstleistungsfreiheit rechtfertigt; er meinte allerdings, daß im konkreten Fall das verfolgte Ziel über den Schutz der Meinungsfreiheit hinausgehe. Damit wird wohl wieder mangelnde Verhältnismäßigkeit angesprochen. Die Meinungsvielfalt im Rundfunksektor eines Mitgliedstaates kann nämlich in keiner Weise dadurch beeinträchtigt werden, daß den einzelnen inländischen Rundfunkanstalten die Möglichkeit gegeben wird, sich an in anderen Mitgliedstaaten ansässige Erbringer von Dienstleistungen zu wenden. Er sah auch keinen notwendigen Zusammenhang zwischen einer solchen Kulturpolitik und einem weiteren Punkt der Entscheidung, nämlich den die Struktur der ausländischen Rundfunkanstalten betreffenden Voraussetzungen im "Mediawet".

Im Fall "Kabelregeling" wie auch schon in "Debauve"[152] wie auch im gerade behandelten Fall sprach der GH aus, daß jeder Mitgliedstaat in Ermangelung einer Harmonisierung der auf dem Gebiet von Hörfunk und Fernsehen geltenden innerstaatlichen Vorschriften befugt bleibt, Fernsehwerbung in seinem Hoheitsgebiet aus Gründen des Allgemeininteresses Rechtsvorschriften zu unterwerfen, zu beschränken oder sogar völlig zu verbieten, sofern er alle Dienstleistungen ohne Rücksicht auf ihren Ursprung gleich behandelt. Diese **Harmonisierung** ist nun aber

[151] EuGH RS C 353/89, EuZW 1992, 58 TZ 29.

[152] Slg 1980, 833.

mit der **Fernsehrichtlinie**[153] in gewissem Ausmaß **vollzogen** worden. Es wurden Mindeststandards für den Bereich der Werbung, des Jugendschutzes und des Rechts auf Gegendarstellung festgelegt. Gleichzeitig soll eine sogenannte "Quotenregelung" die Verbreitung und Herstellung europäischer Fernsehprogramme fördern. Die Fernsehrichtlinie und die Europaratskonvention folgen dabei dem Sendestaatsprinzip. Danach ist nur der Sendestaat berechtigt, aber auch verpflichtet, die Konformität der Programme der seiner Rechtshoheit unterliegenden Veranstalter mit den europäischen Normen sicherzustellen. Der Empfangsstaat kann die Ausstrahlung und die Weiterverbreitung von Fernsehsendungen aus einem anderen Gemeinschaftsland nur noch unter sehr engen Voraussetzungen in genau bestimmten gravierenden Fällen unterbinden. Ausständig ist noch die Harmonisierung im Bereich des Urheberrechts, die durch die Coditel-Entscheidung des EuGH erzwungen wird. Der Gerichtshof räumte in dieser Entscheidung dem freien Sendeverkehr erst dann Vorrang ein, wenn die aus Gründen des Allgemeininteresses zum Schutz des geistigen Eigentums erlassenen und gerechtfertigten Vorschriften des Rundfunk- und Urheberrechts hier angeglichen sind.[154] Zum Zweck dieser Rechtsangleichung hat die Kommission unlängst einen Vorschlag für eine Richtlinie zur Koordinierung bestimmter urheber- und leistungsschutzrechtlicher Vorschriften in bezug auf Satellitenrundfunk und Kabelweiterverbreitung vorgelegt.[155]

Die Fernsehrichtlinie selbst läßt den Mitgliedstaaten aber dennoch eine Reihe von Gestaltungsmöglichkeiten. Eine Art generellen Regelungsvorbehalt stellt Art 3 dar: "Die Mitgliedstaaten können für Fernsehveranstalter, die **ihrer Rechtshoheit unterworfen** sind, strengere oder ausführlichere Bestimmungen in den von dieser Richtlinie erfaßten Bereichen vorsehen." (HvA) Darüber hinaus enthält die Richtlinie in den Art 8, 19 und 20 gezielte Eingriffsermächtigungen. Art 19 spricht dabei die "Wahrung der Informations- und Medienfreiheit" an, die die Mitgliedstaaten berechtigt, strengere Werbezeitenregelungen zu treffen als sie die Richtlinie vorsieht, um die Nachfrage nach Fernsehwerbung mit den Interessen der Allgemeinheit in Einklang zu bringen. Damit erlaubt die Richtlinie explizit das Werbeaufkommen in Richtung Printmedien zu steuern. Art 20 der Richtlinie verhindert allerdings nicht "Spill-over"-Effekte am Werbemarkt, die durch die internationale Verbreitung von elektronischen Medien entstehen.

---

153 Richtlinie des Rates vom 3. Oktober 1989 zur Koordinierung bestimmter Rechts- und Verwaltungsvorschriften der Mitgliedstaaten über die Ausübung der Fernsehtätigkeit. Abl Nr L 289 vom 17.10.1989 S 23; vgl. auch MÖWES/SCHMITT-VOCKENHAUSEN, Europäische Medienordnung, EuGRZ 1990, 121 ff.

154 RS 62/79 (Coditel I) Slg 1980, 881; vgl. auch SCHWARTZ, Rundfunk, ZUM 1991, 155 (165).

155 KOM (91) 276 end. - SYN 358, 11. September 1991; abgedruckt in: MuR 1991, 182; vgl. auch HAINDL, Urheberrecht an grenzüberschreitenden Sendungen: EG und Österreich, MuR 1991, 180.

Fusionskontrolle

Unmittelbar einsichtig ist die Relevanz einer (allgemeinen) Fusionskontrolle für das Problem der Pressekonzentration. Der EWG-Vertrag selbst kennt keine expliziten Fusionskontrollregelungen, jedoch waren sich EuGH und Kommission mit dem überwiegenden Teil der Lehre einig, daß die wettbewerbsrechtlichen Regelungen und insbesondere Art 86 EWG-Vertrag auch auf Konzentrationsvorgänge anwendbar sind.[156] Denn wenn der Wettbewerb nach Art 3 f EWG-Vertrag vor Verfälschungen geschützt werden muß, dann erst recht vor einer völligen Ausschaltung des Wettbewerbs durch Zusammenschlüsse der Wettbewerber.[157] Die mit der **Continental Can** Entscheidung begründete Kompetenz zur Fusionskontrolle bezog sich allerdings nur auf eine nachträgliche Fusionskontrolle. Erst die neu eingeführte Verordnung über die Kontrolle von Unternehmenszusammenschlüssen[158] enthält eine präventive Fusionskontrolle, die selbstverständlich auch für Medienunternehmen gilt.

Die Verordnung erfaßt nach Art 1 Zusammenschlüsse von gemeinschaftsweiter Bedeutung. Die "gemeinschaftsweite Bedeutung" wird anhand des Umsatzes der beteiligten Unternehmen und dessen geographischer Verteilung beurteilt. Dieses Kriterium dient dazu, die Zuständigkeiten zwischen Gemeinschaft und Mitgliedstaat abzugrenzen: für Zusammenschlüsse gemeinschaftsweiter Bedeutung ist ausschließlich die Gemeinschaft zuständig. Ein Zusammenschluß hat gemeinschaftsweite Bedeutung, wenn:

a) der weltweite Gesamtumsatz aller beteiligten Unternehmen mehr als 5 Milliarden ECU (70 Milliarden öS) beträgt und
b) der gemeinschaftsweite Umsatz von mindestens zwei beteiligten Unternehmen jeweils mehr als 250 Millionen ECU beträgt und
c) die beteiligten Unternehmen nicht mehr als zwei Drittel ihres gemeinschaftsweiten Gesamtumsatzes in ein- und demselben Mitgliedstaat erzielen.

Das erste Kriterium - 5 Milliarden ECU weltweiter Umsatz - soll Ende 1993 überprüft werden, wobei die Kommission für eine Herabsetzung auf 2 Milliarden eintritt. Egal ob fünf oder zwei Milliarden die Eingriffsschwelle darstellen, diese Größenordnung wird in Europa nur von wenigen multimedialen Konzernen und Konglomeraten, kaum aber von Presseunternehmen erreicht werden {über der 5 Milliarden Umsatzschwelle liegen Fininvest (I), Bertelsmann (BRD), News International (GB); die 2 Milliardengrenze könnten noch folgende Medienunternehmen überspringen: Hachette SA (F), ARD (BRD), Hawas SA (F), Granada Group (GB), Reed International (GB), Pearson Pic (GB), Maxwell Communications Cooperation (GB)}.[159] Damit sind Großverlage wie Springer oder Bauer nicht erfaßt und Vorfälle wie die WAZ- Beteiligung an "Krone" und "Kurier" oder des Springer-Verlages an

[156] BEUTLER/BIEBER/PIPKORN/STREIL, Europäische Gemeinschaft[3] 347.

[157] RS 6/72 (Continental Con) Slg 1973, 245.

[158] ABl Nr. L 395 vom 30. Dezember 1989.

[159] Quelle: "Top Fifty European Media Owners", London 1990; Zahlen 1988/89 zitiert nach MUZIK, Medienmultis 253.

der Tiroler Tageszeitung hätten keine gemeinschaftsweite Bedeutung und blieben der Regelung durch nationales Recht vorbehalten.[160] Trotz dieser hohen Aufgriffsschwellen gibt es aber dennoch bestimmte Formen der Medienkonzentration, die von der EG-Kontrolle erfaßt werden.[161]

Das zweite Kriterium (b) soll Zusammenschlüsse ausnehmen, die nur geringe Auswirkung auf den Wettbewerb innerhalb der Gemeinschaft haben. Das dritte Kriterium soll Fälle rein nationaler Bedeutung ausnehmen.

Art 3 der Verordnung definiert "Zusammenschluß" dadurch, daß entweder Unternehmen fusionieren oder dadurch, daß Personen oder Unternehmen durch den Erwerb von Vermögens- oder Anteilsrechten, durch Vertrag oder in sonstiger Weise Kontrolle über andere Unternehmen erwerben. **Nicht erfaßt** sind also **Minderheitsbeteiligungen**, die nicht zur Erlangung der Kontrolle, wohl aber zu einer gewissen Einflußnahme führen. Nach Art 21 ist die Kommission ausschließlich dafür zuständig, die in der Verordnung vorgesehenen Entscheidungen zu erlassen. Das gilt auch gegenüber Medienunternehmen. Für unvereinbar mit dem gemeinsamen Markt sind jene Zusammenschlüsse zu erklären, die eine **marktbeherrschende Stellung** begründen oder verstärken, durch die **wirksamer Wettbewerb** im gemeinsamen Markt oder in einem wesentlichen Teil desselben erheblich **behindert** wird.[162]

Das Vorliegen einer marktbeherrschenden Stellung beurteilt sich nicht nur anhand der Marktanteile[163], sondern auch aufgrund der Struktur des betroffenen Marktes, dem Bestehen von Marktzutrittsschranken etc.

Insgesamt sind die Anwendungsfälle der EG-Fusionskontrolle auf besonders schwerwiegende Fälle beschränkt. Das liegt an den hohen Eingriffsschranken und daran, daß Minderheitsbeteiligungen wie Medienverflechtungen mit jeweils geringen Marktanteilen nicht erfaßt sind.

Daneben läßt aber die Verordnung den Mitgliedstaaten noch beträchtlichen Spielraum: Die Kompetenz der Mitgliedstaaten betreffend Zusammenschlüsse, die keine gemeinschaftsweite Bedeutung erreichen (also die vorgesehenen Umsatzschwellen nicht überschreiten), bleiben unangetastet. Aber auch wenn die Gemeinschaft prinzipiell zuständig ist und es nach Art 21 Abs 1 der VO allein der Kommission zukommt, die vorgesehenen Entscheidungen (auch gegenüber Medienunternehmen) zu erlassen, so können die Mitgliedstaaten unbeschadet dessen noch immer geeignete **Maßnahmen zum Schutz der Medienvielfalt** treffen (Abs 3). Denn es geht

160 Vgl. FRÖHLINGER, EG-Kartellrecht in: Wittmann (Hrsg.), Kartellrecht und Medien 7 (11).

161 Vgl. Fall IV/M 110 - ABC/Général des Eaux/Canal+/W.H. Smith TV, Kommission der Europäischen Gemeinschaften, 10. September 1991, wo die Kommission die Fusion wegen der geringen Marktanteile und der Marktmacht der Mitbewerber zuließ.

162 Art 2 Abs 3 VO.

163 Punkt 15 der Erwägungsgründe stellt eine Vermutung dahin auf, daß Marktanteile unter 25 % keine marktbeherrschende Stellung begründen.

hier ja um andere Interessen als jene, die in der VO berücksichtigt wurden. Mit den Worten von Vizepräsident Leon Brittan:

> "Die Verordnung ist in der Wettbewerbspolitik begründet, und sie verfolgt das alleinige Ziel, diese Politik auf systematische und umfassende Weise zur Anwendung zu bringen. Sie hat nicht die Aufgabe andere Probleme zu lösen, die sich im Zuge eines Zusammenschlusses ergeben. Fusionen haben unmittelbare Auswirkungen auf Märkte, sie können auch unmittelbare Auswirkungen oder Nebenwirkungen auf anderen Gebieten staatlicher Politik zeigen. ....: Öffentliche Sicherheit, Medienvielfalt und die Aufsichtsregeln für Finanzdienstleistungen."[164]

Daneben besteht die allgemeine Möglichkeit nach Art 9 der VO, daß die Kommission auf Antrag eines Mitgliedstaates einen Fall an die nationalen Behörden verweist, wenn ein Zusammenschluß, der eine marktbeherrschende Stellung erreicht, den Wettbewerb in einem Markt dieses Mitgliedstaates beeinträchtigt, der einen gesonderten Markt darstellt.

Solange keine Rechtsangleichung durch die Gemeinschaft erfolgt, um den Binnenmarkt auch insoweit zu errichten und die Medienvielfalt überall in der Gemeinschaft gegenüber zunehmender Konzentration von Wirtschafts- und Meinungsmarkt zu schützen, sind die Mitgliedstaaten in der Ausgestaltung des nationalen Rechts weitgehend frei. Allerdings dürfen auch nationale Vorschriften zum Schutz von Medienvielfalt und Meinungsfreiheit nicht gegen die Grundsätze des Gemeinschaftsrechtes verstoßen; verboten bleibt also insbesondere eine Ausländerdiskriminierung, etwa die Beschränkung der Beteiligung ausländischer natürlicher oder juristischer Personen an Medienunternehmen.[165]

Politik

Auch das Europaparlament hat sich dem Problem der Medienkonzentration zugewandt und am 15. Februar 1990 eine Resolution betreffend Medienfusionen und -übernahmen verabschiedet.[166] Darin wird festgestellt, daß Beschränkungen der Medienkonzentration nicht so sehr aus ökonomischen Gründen notwendig sind, sondern um die **Informationsvielfalt und die Pressefreiheit** zu sichern. Die Kommission und die Mitgliedstaaten werden aufgefordert, entsprechende legislative Maßnahmen vorzuschlagen und zu verabschieden. Bald darauf hat die Kommission ihre Leitlinien zur Politik im audiovisuellen Bereich[167] veröffentlicht. Im Punkt 2.2.3. über Pluralismus und Unternehmenszusammenschlüsse führt die Kommission

---

164 Leon BRITTAN, Anwendung der Fusionskontrollverordnung, WuW 1991, 29 (30-31).

165 Vgl. FRÖHLINGER in: Wittmann (Hrsg.), Kartellrecht 7 (14); SCHWARTZ, ZUM 1991, 155 (161).

166 ABl C 68/137-138; vgl. auch die nichtöffentlichen Berichte von B. FAYOT (PE 151.044, 24. April 1991) und D. SCHINZEL (PE 152.265, undatiert).

167 Communication to the Council and the Parliament on audiovisual policy; COM (90) 78 final.

aus, daß es nicht ihr Ziel sei, den audiovisuellen Bereich auf Kosten des Pluralismus zu fördern. Vielmehr wird eine Vielfalt der von der Öffentlichkeit angebotenen Programme angestrebt. Die Kommission stellt dabei ausdrücklich fest, daß das Gemeinschaftsrecht wohl nicht alle Situationen erfaßt, in denen ein pluralistischer Medienmarkt bedroht ist, insbesondere wenn es sich um Formen multimedialen Eigentums handelt. Auch der 19. Wettbewerbsbericht der Kommission betont, daß zur Sicherung von Pluralismus und Meinungsfreiheit zusätzliche legistische Maßnahmen in bestimmten Bereichen auf nationaler oder Gemeinschaftsebene notwendig sein werden.[168] Zuletzt hat das Parlament am 16. September 1992 eine "Entschließung zur Medienkonzentration und Meinungsvielfalt"[169] verabschiedet. Dabei hat sich das Parlament von der Erkenntnis leiten lassen, "daß die wettbewerbsrechtlichen Regelungen allein keine Garantie für Meinungsvielfalt und Pluralismus der Medien bieten können". Bezüglich der Presse fordert das Parlament die Kommission und den Rat auf, die legitimen Forderungen der Printmedien zur Sicherung ihrer ökonomischen Grundlage zu berücksichtigen, um den Erhalt einer Vielzahl von unabhängigen Titeln zu gewährleisten. Unter diesem Punkt scheint insbesondere an Privilegierungen im Bereich der Mehrwertsteuer gedacht zu werden. Printmedien sollen auch weiterhin ausreichend Mittel aus der Werbung zur Verfügung stehen. Dabei weist das Parlament auf den Werbeeinnahmenschwund der Printmedien gegenüber den audiovisuellen Medien hin und fordert die Mitgliedstaaten auf, bestehende Werberegelungen wirksam zu kontrollieren. Leistungsfähige und preisgünstige Vertriebsstrukturen für die Presse müßten erhalten bleiben und Gründung und Betrieb von Agenturen, die für die Verteilung von Zeitungen und Zeitschriften zuständig sind, hätten "absolut transparent" zu sein. Schließlich dürfen öffentliche Beihilfen für gefährdete Zeitungen, die im wesentlichen Maß zur kulturellen Vielfalt beitragen, nicht ausgeschlossen werden.

Dieser bunt zusammengewürfelte Forderungskatalog des Parlaments ist noch kein konsistenter Maßnahmenkatalog zur Sicherung der Medienvielfalt. Solches zu entwerfen ist auch nicht Aufgabe des Parlaments, sondern der Kommission. Das zu tun wird die Kommission auch in Punkt 27 der Entschließung aufgefordert. Unter Konsultation der betroffenen Parteien sind:

> "wirksame Maßnahmen zur Kontrolle und Beschränkung der Medienkonzentration vorzuschlagen, falls erforderlich im Rahmen einer Antikonzentrationsrichtlinie, um
> a) die nationalen Bestimmungen über die Konzentration von Eigentum an Medien zu harmonisieren und
> b) die Meinungsvielfalt bei Konzentrationsvorgängen europäischer Dimension zu sichern. Dabei muß folgendes berücksichtigt werden:
> - die Verbesserung der Zugangsbedingungen für Aktivitäten im Medienbereich;

[168] Competition Report EC 1989: 51-52.
[169] ABl Nr. C 284 vom 2.11.1992.

- die Gewährleistung einer möglichst großen Zahl von Medienanbietern in einem bestimmten Verbreitungsgebiet;
- die Aktivitäten in der Gemeinschaft ansässiger Medienunternehmen in Drittländern, z.B. in den mittel- und osteuropäischen Ländern;
- die Entwicklung der Konzentration insbesondere bei den Presseagenturen und auch auf dem Werbemarkt."

Inzwischen hat die Kommission ihr Grünbuch "Pluralismus und Medienkonzentration im Binnenmarkt - Bewertung der Notwendigkeit einer Gemeinschaftsaktion"[170] der Öffentlichkeit vorgestellt und die interessierten Kreise zur Stellungnahme aufgefordert.

Das Grünbuch folgt einem ähnlichen Konzept wie diese Untersuchung und unterscheidet zwischen wirtschaftlichen und publizistischen Aspekten bei Konzentrationsvorgängen. Daher wird das wirtschaftsrechtliche Instrumentarium der Gemeinschaft auch nicht als geeignetes Rechtsinstrument zur Wahrung des Pluralismus angesehen (obgleich es dazu beitragen kann). Die Verfolgung dieses Ziels wird vielmehr als Aufgabe der einzelnen Mitgliedstaaten verstanden. Das Gemeinschaftsrecht läßt ihnen dazu den entsprechenden Handlungsspielraum. Das Grünbuch sieht daher diesbezüglich keinen Handlungsbedarf für die Gemeinschaft gegeben. Die Möglichkeit der Mitgliedstaaten, vielfaltssichernde Vorschriften im Hinblick auf Konzentrationsvorgänge aufrechtzuerhalten, wird von der Kommission aber im Hinblick auf Auswirkungen auf den einheitlichen Binnenmarkt problematisiert. Abweichende Regelungen des Eigentums an Medienunternehmen könnten zumindest potentiell Auswirkungen auf das Funktionieren des einheitlichen Binnenmarktes ohne Grenzen haben. Daher ist eine der Optionen, die die Kommission sieht, eine Harmonisierung der einzelstaatlichen Eigentumsbeschränkungen an Medienunternehmen vorzusehen. Weitere Optionen sieht die Kommission darin, eine Empfehlung im Bereich der Transparenz (der Eigentumsverhältnisse an Medienunternehmen) vorzunehmen oder keine Aktion zu ergreifen.

4. Restriktive Interventionsmodelle gegen Medienkonzentration

Im folgenden sollen die Möglichkeiten des Gesetzgebers, auf Presse- bzw. Medienkonzentration mit (restriktiven) Maßnahmen zu reagieren, in der Reihenfolge steigender Interventionsintensität untersucht werden. Dabei muß erwähnt werden, daß es auch die Möglichkeit der "Nicht-Intervention" (4.1) gibt. Gerade die Beispiele Schweden und Österreich im Vergleich zeigen, daß Medienvielfalt und Kartellrecht in keinem unmittelbaren Zusammenhang stehen. In beiden Ländern fehlt eine wirksame Fusionskontrolle, und dennoch steht dem konzentrierten Medienmarkt in

[170] KOM (92) 480 endg.

Österreich der (noch) vielfältige und differenzierte Tageszeitungsmarkt Schwedens gegenüber.

Das zweite Interventionsmodell ist das rein wirtschaftsrechtliche. Abgestellt wird dabei auf den Aspekt des Mediums als Wirtschaftsgut. Überlegungen zu Pluralität und Meinungsvielfalt bleiben bewußt ausgeschlossen. Dazu wird in der Folge beispielhaft die Fusionskontrolle nach dem deutschen GWB dargestellt (4.2).

Schließlich werden verschiedene Formen medienrechtlicher Intervention erläutert. So wie die Begriffe eingangs definiert wurden, sollen darunter jene Beispiele "medienkartellrechtlicher" Fusionskontrolle, wie sie implizit in der Schweiz möglich scheint und wie sie explizit der Novellenentwurf zum österreichischen Kartellgesetz vorsieht, verstanden werden (4.3). Schließlich sollen noch jene italienischen und französischen Regelungen erläutert werden, in denen harte Kriterien vorgegeben werden, die eine Fusion unzulässig machen. Diese Kriterien beziehen sich vorzugsweise auf Eigentums- und auf Marktanteile (4.4).

4.1 Laissez faire

Der direkte Vergleich Schweden-Österreich macht jedenfalls klar, daß zur Sicherung der Meinungsvielfalt kartellrechtliche Maßnahmen nicht unverzichtbar sind. Dieser Befund wird auch durch das Beispiel Schweiz unterstützt, da die nun zweifellos gegebene Möglichkeit der Fusionskontrolle erst jüngeren Datums ist. Auch die Schweiz kann eine differenzierte Medienstruktur vorweisen, verfügte aber bis zur Novelle des Kartellgesetzes 1985 über keine effiziente Fusionskontrolle. Eine vielfältige Medienstruktur kann es auch ohne rechtliche Konzentrationskontrolle geben - allerdings nur, wenn gesamtgesellschaftliche bzw. kulturelle Bedingungen das fördern.

4.1.1 Kartellrecht auf österreichisch

Das österreichische Recht kennt, wie jede entwickelte Rechtsordnung, wettbewerbs- und kartellrechtliche Bestimmungen, doch keine Fusionskontrolle. Das derzeit geltende **Kartellgesetz vom 19. Oktober 1988**[171] regelt in den Abschnitten II bis IV Kartelle, unverbindliche Preisempfehlungen und marktbeherrschende Unternehmen und enthält auch einen mit "Zusammenschlüsse" überschriebenen Abschnitt V. Das materielle Kartellrecht ist im wesentlichen auf alle Sachverhalte anzuwenden, die sich im Inland auswirken - ausgenommen die ohnehin auf eine Anmeldepflicht reduzierten fusionsrechtlichen Bestimmungen.[172] Selbst in jenen Bereichen, auf die das KartG grundsätzlich sachlich anwendbar wäre, greifen weitreichende Bereichs-

171 BGBl Nr. 600. Vgl. GUGERBAUER, Das Kartellgesetz (Wien, 1989); BARFUSS/AUER, Kartellrecht (Wien, 1989).

172 Vgl. § 6 Abs 1 KartG.

ausnahmen ein: Sie betreffen Forstwirtschaft, Kreditunternehmen und private Versicherungen, insoweit sie staatlicher Aufsicht unterliegen, sowie Verkehrsunternehmen, die einer sondergesetzlichen Aufsicht unterliegen.[173] Was das KartG aber endgültig zum zahnlosen Papiertiger verkommen läßt, ist das Faktum, daß diejenigen, die durch kartellrechtliche Sachverhalte beeinträchtigt werden, nach ständiger Rechtsprechung nicht "beteiligt" sind: das heißt, sie sind im Kartellverfahren nicht antragslegitimiert, können nicht Klage erheben und ihre Ansprüche nicht durchsetzen.[174] Zu den Hütern des österreichischen Wettbewerbs sind die Kammern berufen, die nicht nur als Amtsparteien[175] am Verfahren teilnehmen, sondern auch noch sämtliche Beisitzer des KG und vier von sechs Beisitzern des KOG bestimmen.[176] Damit ist hinreichend sichergestellt, daß Österreichs Wirtschaft ("ruinöser") Wettbewerb (bis zum EG-Beitritt) erspart bleibt.[177]

4.1.2 Fusionskontrolle im Kartellrecht

Vorschriften über Zusammenschlüsse wurden erst durch das KartG 1972 eingeführt: Hauptgegenstand der Regelung war die Verpflichtung, Zusammenschlüsse, die zu einem inländischen Marktanteil von mindestens 5 % führen, beim Kartellgericht anzumelden und diese eintragen zu lassen. Das wurde als erster Schritt gesehen, um im Zusammenhang mit der Mißbrauchsaufsicht über marktbeherrschende Unternehmen auch das Entstehen solcher Unternehmen zu kontrollieren. Dieser Intention folgte das KartG 1988 - entgegen den Absichtserklärungen der Regierungsvorlage - aber nicht. Es besteht nun vielmehr eine **bloße Anzeigepflicht** für Zusammenschlußtatbestände beim Kartellgericht (Eintragung ins Kartellregister nach § 71 Z 7 KartG). Das Vorhaben, auch in Österreich eine Fusionskontrolle einzuführen, wurde damit vorläufig aufgegeben.[178]

Am Vorbild des bundesdeutschen Gesetzes gegen Wettbewerbsbeschränkungen (§ 23 GWB) orientiert, unterscheidet das österreichische KartG im ersten der beiden Paragraphen, die den Unternehmenszusammenschlüssen gewidmet sind, fünf Varianten von Zusammenschlüssen, die kartellrechtlich erfaßt werden (§ 41 KartG):

- den Erwerb eines Unternehmens, auch eines wesentlichen Teils;

---

173 § 5 KartG; vgl. KOPPENSTEINER, Wettbewerbsrecht I² 81 ff.

174 Vgl. KOG ÖBl 1975, 122, 123, ÖBl 1977, 53; KOPPENSTEINER, Wettbewerbsrecht I² 297; BARFUSS/AUER, Kartellrecht 76; GUGERBAUER, Kartellgesetz 106 f.

175 § 44 Abs 1 KartG.

176 § 92 Abs 1 KartG; vgl. REBHAHN, Sind die Kartellgerichte verfassungskonform organisiert? WBl 1991, 369. Vgl. auch VfGH 15.10.1992, G 159/92.

177 Insgesamt zufrieden mit dem KartG scheint die österreichische Rechtsanwaltskammer: vgl. BARFUSS u.a., Erfahrungen mit der praktischen Anwendung des Kartellgesetzes 1988, AnwBl 1991, 145.

178 Vgl. dazu JA, 717 BlgNR 17. GP. und EB, 366 BlgNR 17. GP.

- Betriebsüberlassungs- und Betriebsführungsverträge;
- mindestens 25 % Anteilserwerb;
- personelle Überkreuzverflechtung;
- als Auffangtatbestand: jede Verbindung von Unternehmen, aufgrund derer ein Unternehmer einen beherrschenden Einfluß auf ein anderes Unternehmen ausüben kann.

Als einzige Rechtsfolge bei Vorliegen eines Zusammenschlusses sieht das geltende KartG - wie schon erwähnt - eine Meldepflicht vor: Zusammenschlüsse sind binnen eines Monats nach ihrem Zustandekommen beim Kartellgericht anzuzeigen. Geschieht dies nicht, so droht eine Verwaltungsstrafe gemäß § 142 Z 1 mit einer Geldbuße bis zu öS 200.000,-.

Die personelle Zuordnung der Anzeigenverpflichtung ergibt sich aus § 42 Abs 2 KartG. Danach trifft diese Verpflichtung entweder den erwerbenden Unternehmer oder in den Fällen der "Gleichordnungskonzentration" alle beteiligten Unternehmer.

4.1.3 Konzentrationskontrolle im Medienrecht

Die Erwartung, daß in einem Land, das schon im Wettbewerbsrecht keine fusionskontrollrechtlichen Bestimmungen kennt, eine Suche nach solchen Regelungen im Medienrecht frustrieren muß, ist berechtigt. Das eigentliche Medienrecht kennt **keine Bestimmungen zum Schutz der Medienvielfalt** bzw. zur Kontrolle von Konzentrationstendenzen im Medienbereich. Einzig dem österreichischen Normbestand angehörend sind die Regelungen des Presseförderungsgesetzes 1985.[179]

Dem Presseförderungsgesetz wurde vielfach vorgeworfen, unter dem Etikett **"Förderung zur Erhaltung der Medienvielfalt"** eine ohnehin erfolglose Finanzierung an Partei- oder parteinahe Zeitungen vorzunehmen.[180] Förderungswürdigkeit im Sinne dieses Presseförderungsgesetzes ist nämlich nur unter teilweise bemerkenswerten Bedingungen gegeben:[181]

- So muß es sich um eine Tageszeitung "mit besonderer Bedeutung für die politische Meinungs- und Willensbildung in mindestens einem Bundesland" handeln. Das ist allerdings ein Anknüpfungspunkt, der hinsichtlich der redaktionellen Ausrichtung und der publizistischen Haltung der begünstigten Unternehmen keinesfalls neutral ist. Eine Forderung wie diese wäre in der Bundesrepublik schlicht

---

[179] WV Presseförderungsgesetz 1979, BGBl 1985/228. Vgl. WITTMANN, Die Kontrolle des Wettbewerbs auf dem Medienmarkt, Wirtschaftspolitische Blätter 1991, 318 (319).

[180] Vgl. insbesondere "Geldregen für Parteizeitungen", MuR 1985/1, 6. Allerdings verliert dieser Vorwurf durch das rasche Sterben der "Parteizeitungen" zusehends an Schlagkraft; SCHMOLKE, Von der schlechten Presseförderung in Österreich, Wirtschaftspolitische Blätter 1991, 337 ff.

[181] § 7 Abs 2 PresseförderungsG.

grundgesetzwidrig, da sie geeignet ist, die grundrechtlich geforderte "Staatsunabhängigkeit der Presse" zu bedrohen.[182]

- Von der Förderung ausgeschlossen sind Tageszeitungen mit marktbeherrschender Stellung, die jedenfalls dann vorliegt, wenn die Auflage in einem Bundesland 15 % oder im Bundesgebiet 5 % der Bevölkerungszahl überschreitet.
- Schließlich ist eine Zeitung auch dann nicht förderungswürdig, wenn mehr als 20 % ihres jährlichen Seitenumfanges aus Anzeigen besteht.

Hier ist nicht der Ort, Presseförderungsmaßnahmen zur Erhaltung der Medienvielfalt genauer darzustellen (vgl. den Beitrag von HOLTZ-BACHA); es reicht klarzumachen, daß dem, was hierorts als vielfaltsfördernde Maßnahmen bezeichnet wird, nicht unbestritten diese Funktion zukommt.

Auch der Aufschrei einiger österreichischer Politiker nach dem Großeinkauf des WAZ-Konzerns in Österreich verhallte ohne Effekt. Der im Juli 1989 von VP-Justizsprecher Michael GRAFF den anderen Parteien übermittelte Entwurf eines "Bundesgesetzes zur Sicherung der Medienvielfalt" wird seither im Justizministerium "überarbeitet". Dem MedienG sollte ein neuer § 49 a eingefügt werden. Darin wird eine kartellgerichtliche Genehmigungspflicht für Zusammenschlüsse von Medienunternehmen, die zusammen einen österreichischen Marktanteil von mindestens 5 % oder in einem Bundesland von mindestens 25 % haben, vorgesehen. Die Genehmigung wäre danach zu erteilen, wenn durch den Zusammenschluß die Medienvielfalt nicht beeinträchtigt wird oder die Sanierung eines wirtschaftlich notleidenden Unternehmens nur durch diesen Zusammenschluß möglich scheint. Bis zu seiner Genehmigung bliebe der Zusammenschluß rechtsunwirksam und seine Durchführung verboten. Im Gegensatz zu den allgemeinen Regelungen des KartG ist als Sanktion eine gerichtliche Geldstrafe vorgesehen. Antragslegitimiert waren auch Medienunternehmer, Journalisten und bestimmte (Medien) Konsumentenvereine. Ende 1991 hat nun das Bundesministerium für Justiz selbst einen Entwurf zur Novelle des Kartellgesetzes vorgelegt, der auch Sonderregelungen für Medienzusammenschlüsse enthält (vgl. unten 4.3.2).[183]

4.1.4 Fusionskontrolle in Schweden

Erste kartellrechtliche Ansätze in Schweden finden sich bereits 1925. Ein Gesetz zur Überwachung wettbewerbsbeschränkenden Verhaltens führte 1946 ein Kartellregister ein. Das Gesetz positivierte nicht irgendwelche Standards, sondern vertraute darauf, daß die angestrebte Publizität wettbewerbsbeschränkendes Verhalten unterdrücken würde. Die gegenwärtige schwedische Gesetzgebung wurde 1953 mit einem

---

182 Vgl. DITTRICH, Pressekonzentration 76 ff (82) mwN.

183 Vgl. zum Entwurf insgesamt AICHER/ZIB, Regelungsmodelle gegen Medienkonzentration und Medienverflechtung, in: Bildungsinformation Extra-Medienpolitik (1990), 13 ff.

Gesetz mit Vorbildern aus den USA eingeleitet, um einer Einschränkung des Wettbewerbs entgegenzuwirken, dem sog. "Konkurrenzbegrenzungsgesetz" (Schw: konkurrensbegränsningslagen = KBL). Das Gesetz wurde 1982 erweitert, um unter anderem Fusionen und Unternehmenserwerb mit hemmenden Auswirkungen auf den Wettbewerb zu verhindern. Das Gesetz wird Wettbewerbsgesetz (Schw: konkurrenslagen = KL) genannt. Gegenwärtig wird es von einer staatlichen Untersuchungskommission, dem sog. Wettbewerbskomitee, überprüft.

Die schwedische Wettbewerbsgesetzgebung gilt selbstverständlich auch für Unternehmen, die auf dem Gebiet der Massenmedien tätig sind. Aber die Behörden, welche gegen den unlauteren Wettbewerb vorzugehen haben (Näringsfrihetsombudsmannen und Marknadsdomstolen), haben die Jahre hindurch gerade auf diesem Gebiet viele Ausnahmen bewilligt. Diese Ausnahmen betreffen Wettbewerbsbeschränkungen durch z.B. einheitliche Bestimmungen bezüglich Anzeigenvermittlungen, festgelegte Preise auf Bücher und Filmgesellschaften, die Kinos besitzen. Letzteres wird immer noch als Ausnahme anerkannt.[184]

Bei der gegenwärtigen Überprüfung des Wettbewerbsbeschränkungsgesetzes wird auch der Bereich der Massenmedien untersucht. Eine Untersuchung der SPK (Svenska Pris- och Kartellnämnden = Schwed. Preis- und Kartellamt) von ungefähr 60 Branchen, die im Auftrag des Wettbewerbskomitees durchgeführt wurde, beinhaltet auch die Tageszeitungsbranche. Laut Untersuchung ist der Wettbewerb innerhalb der schwedischen Tagespresse begrenzt. Ferner wurde festgestellt, daß die Branche staatlich geregelt ist und daß es keine erwähnenswerte Importkonkurrenz gibt. Das SPK betont besonders die Tatsache, daß alle schwedischen Tageszeitungen beim Kauf von Papier durch ein zentrales Abkommen einer Papierfabrik zugeteilt werden und alle den gleichen Preis zahlen. Das Wettbewerbsrecht, wie es 1953 verabschiedet wurde,[185] baute auf der Idee auf, daß freier Wettbewerb und die Freiheit wirtschaftlicher Betätigung wesentlich zu Wirtschaftswachstum und Effizienzsteigerung beitragen. Das derzeit in Kraft stehende **Wettbewerbsgesetz 1983** will den Wettbewerb fördern, soweit er im öffentlichen Interesse liegt.[186]

Der Anknüpfungspunkt für das Gesetz sind wettbewerbsbeschränkende Praktiken, die negative Effekte haben. Als solche gelten Praktiken, die die Preisbildung unangemessen beeinflussen, die die Produktivität beschränken oder den Handel anderer be- oder verhindern.[187] Auch die **Fusionskontrolle** setzt an diesen wettbewerbsbehindernden Praktiken an. Diese können auch darin bestehen, daß ein Unternehmer durch eine Erwerbung eine beherrschende Stellung auf einem Markt für Waren oder

---

184 Vgl. dazu Karl Erik GUSTAFFSON, Massenmedienkoncentration i ett marknadsekonomiskt EG-Perspektiv. Medie Notiser 1-2/91, 1 ff.

185 RBP Act, 1953:603.

186 Sec 1 Competition Act; die folgenden Zitate beziehen sich auf die engl. Übersetzung.

187 Sec 2 Competition Act.

Dienstleistungen erreicht, oder eine bereits bestehende marktbeherrschende Position ausbaut. Die fusionsrechtlichen Regeln sind anzuwenden auf Erwerbungen durch den Kauf eines Unternehmens, von Aktien, Geschäftsanteilen, etc., bis hin zu Gemeinschaftsunternehmen, oder jede andere Form, durch die eine marktbeherrschende Position erreicht oder verstärkt wird. In diesem Sinn wird auch eine Fusion als "Erwerbung" verstanden.[188] Das Gesetz ist also für alle Unternehmen und jedwede Transaktion mit Waren oder Dienstleistungen anwendbar.

Verfahren

Zur Durchsetzung des Wettbewerbsgesetzes berufen ist hauptsächlich der **Wettbewerbs-Ombudsmann** (Näringsfrihits-ombudsmannen, **NO**). Die Großzahl der wettbewerbsrechtlichen Fälle wird durch Verhandlungen zwischen NO und den betroffenen Unternehmen beigelegt. Wenn der Ombudsmann in seinen Bemühungen erfolglos sein sollte, kann er den Fall vor den Handels-Gerichtshof bringen.

Es handelt sich dabei um einen Spezialgerichtshof, der aus Juristen, Wirtschaftsexperten und Wirtschafts- und Konsumentenvertretern zusammengesetzt ist. Das spezielle Verfahren bei Fusionen weicht davon nicht nur dadurch ab, daß es mit besonderer Schnelligkeit abgeführt werden soll. Nach Sec 5 kommt bei der Fusionskontrolle dem Handels-Gerichtshof auch die Aufgabe zu, durch Verhandlungen die negativen Effekte im Zusammenhang mit einer Fusion zu verhindern. Wenn es dabei um Fragen geht, die vom Standpunkt des öffentlichen Interesses von großer Bedeutung sind, ist Gegenstand der Verhandlungen, daß das betroffene Unternehmen von der Erwerbung absieht. Führen die Verhandlungen nicht zum Erfolg und erscheinen auch Verbote und Auflagen nach Sec 3 nicht zielführend, so kann der Handels-Gerichtshof die Erwerbung verbieten. Eine entsprechende Entscheidung des Handels-Gerichtshofs ist allerdings gegen den Unternehmer **nur durchsetzbar, wenn die Regierung die Entscheidung aufrechterhält**.

Das schwedische Fusionsrecht kennt (**keine Anmeldepflichten und) keine Fusionskontrolle im voraus.** Der NO kann allerdings Erwerbungen von Unternehmen untersuchen und ihnen auftragen, alle relevanten Informationen zur Verfügung zu stellen. Es kann aber auch das Unternehmen den NO von der beabsichtigten Erwerbung informieren. Dieser hat dann unverzüglich zu entscheiden, ob er in eine Untersuchung eintreten will oder von weiteren Untersagungshandlungen, wie Verbot oder Auflagen, Abstand nimmt.

4.1.5 Reform des Kartellrechts

Das schwedische Wirtschaftsrecht befindet sich derzeit in einer Phase des Umbruchs,[189] die durchaus im Zusammenhang mit den gesamtgesellschaftlichen

188 Sec 5 Competition Act.

189 Siehe oben 2.3

Umwälzungen zu sehen ist. So spielt in der Diskussion des neuen Kartellrechts auch die Annäherung an europäische Standards eine wichtige Rolle. Wettbewerbspolitik wird als wichtiges Element der Stabilitätspolitik gesehen und als Voraussetzung für vernünftigen Ressourceneinsatz, Wirtschaftswachstum, sozialstaatliche Entwicklung und internationale Wettbewerbsfähigkeit.[190]

Ein zentrales Anliegen des Vorschlages für ein neues Wettbewerbsrecht ist es, horizontalen Preisabsprachen besser begegnen zu können. Das derzeitige Mißbrauchsverbot wird als zu stumpfe Waffe bewertet. Deshalb sollen horizontale Preisabsprachen, die einen wesentlichen Teil des Marktes betreffen, verboten sein. Neu eingeführt werden soll auch der Begriff des Mißbrauchs einer marktbeherrschenden Position. Von Interesse sind hier allerdings bloß diskutierte Regelungen im Zusammenhang mit dem Erwerb von Unternehmen.[191]

Die für die Vorarbeiten zuständige Kommission geht grundsätzlich davon aus, daß sich die Struktur in verschiedenen Industriesparten ohne regulatorische Eingriffe entwickeln sollte. Nur wo konkrete Gefahren der Schwächung des Marktmechanismus oder der Position der Konsumenten bestehen, sollte die Wettbewerbsbehörde einschreiten und Unternehmenserwerbungen stoppen. Das trifft insbesondere auf horizontale Erwerbungen zu, die zu Unternehmenskonglomeraten führen und eine marktbeherrschende Position entstehen lassen oder verfestigen. Bei den angesprochenen Konsumenteninteressen, die zu berücksichtigen wären, ist wohl auch das Interesse der Meinungsvielfalt, Pluralität und medialer Wahlfreiheit genannt.

Die Kommission geht mit der derzeitigen Fusionskontrolle, insbesondere den zur Verfügung stehenden Interventionsinstrumenten, ziemlich hart ins Gericht:

> "It has not even been possible to prevent acquisition in which very strong market dominance previously existed. The Commission view is that the present regulation concerning legal usage do not fulfil any practical function of retaining efficient competition."[192] (HvA)

Zur effektiven Durchsetzung schlägt die Kommission eine Berichtspflicht vor der Durchführung von Unternehmenserwerbungen vor. Darüber hinaus wird aber auch die Einführung von **Dekonzentrationsbestimmungen** gefordert, falls sich das als einzige Möglichkeit herausstellen sollte, wirksamen Wettbewerb zu erzielen: "The Commission prognoses that the Competition Act should also afford an opportunity to break up strong business combines when this appears the only practicable way of achieving genuin competition." Daneben enthält der Kommissionsvorschlag noch eine Reihe von Rechten zu einer größeren Effizienz der Wettbewerbskontrolle und größerer Konformität mit EG-Wettbewerbsregeln.

---

190 SOU 1991:59 Seite 41.

191 SOU 1991:59 Seite 54 ff.

192 SOU 1991:59 Seite 54.

Was weder das derzeitige Wettbewerbsrecht enthält, noch in den Vorschlägen für die Novelle vorgesehen ist, sind **medienspezifische Regelungen**. Es gibt keine Differenzierung in der Behandlung von Zeitungsunternehmen. Was in weiterer Folge aber von besonderem Interesse ist: Es gibt auch (noch) keine Diskussion über die sich im Zusammenhang mit der Öffnung des elektronischen Medienmarktes ergebenden Probleme. Das marktmächtigste schwedische Medienunternehmen, die BONNIER-Gruppe, ist zwar neben dem Zeitungssektor auch schon am Buchmarkt präsent, hält sich bei den elektronischen Medien jedoch bedeckt. So gehört die Bonnier-Gruppe nicht zu den Bewerbern um die zur Vergabe kommende Fernsehlizenz. Allerdings planen u.a. Bonnier-Zeitungen schon den Einstieg in den Lokalradiobereich. Demnach gibt es kaum eine öffentliche Diskussion oder ein Problembewußtsein über cross media ownership - wie auch seit dem Bericht des Mass-Media-Committee die Presse- und Medienkonzentrationsdiskussion eher gedämpft geführt wurde.

Es gibt auch keine Entscheidungen der schwedischen Wettbewerbsbehörden in diesem Bereich. Die Weichenstellungen in wettbewerbsrelevanten Fragen scheinen bereits im Vorfeld behördlicher Verfahren abgeklärt zu werden.

4.2 Das wirtschaftsrechtliche Regelungsmodell

Mit den Modellfällen Österreich und Schweden wurden Beispiele für fehlende bzw. unwirksame Fusionskontrollmechanismen gebracht. In einer Abfolge steigender Interventionsdichte sind nur Regelungen zu behandeln, die Gefahren vorbeugen wollen, die sich aus der Konzentration wirtschaftlicher Macht ergeben. Dabei wird die "Vielfalt der Meinungen" mittelbar dadurch gesichert, daß eine Vielfalt der wirtschaftlichen Handlungseinheiten angestrebt wird. Das kann und wird regelmäßig auch den Pluralismus der angebotenen Meinungen fördern, schafft aber noch nicht hinreichenden Schutz, da vielfältige "publizistische" Bedrohungen der Meinungsvielfalt, des Pluralismus, durch die rein wirtschaftliche Betrachtungsweise ausgeblendet bleiben.

Sowohl die EG-Fusionskontrolle (vgl. 3.2) als auch die im folgenden darzustellende Fusionskontrolle im Rahmen des deutschen Gesetzes gegen Wettbewerbsbeschränkungen behandeln Presse- und Medienkonzentration unter rein wirtschaftlichen Gesichtspunkten: Das Medienunternehmen interessiert bloß in seiner Qualität als wirtschaftliche Einheit - das Medium ist Ware. Publizistische Aspekte bleiben bewußt ausgeklammert. Die Sicherung der Meinungs- und Medienvielfalt ist nur ein möglicher mittelbarer Effekt der wirtschaftlichen Fusionskontrolle - keinesfalls ihr Ziel. Deshalb beläßt die Fusionskontrollverordnung der EG in diesem Bereich den Mitgliedstaaten auch ihre Regelungskompetenz. Das Nichtausreichen rein wirtschaftlicher Fusionskontrolle wird in Deutschland in bezug auf intermediäre Verflechtungen ersichtlich. Das hier vorhandene Regelungsbedürfnis wird von den Landesmediengesetzen ausgefüllt (vgl. unten 5).

4.2.1 Die Entwicklung der Fusionskontrolle im Pressebereich in der Bundesrepublik Deutschland

Eine wettbewerbsrechtliche Fusionskontrolle gibt es in der Bundesrepublik Deutschland seit 1973. Die Kompetenzen dafür liegen beim Bundesgesetzgeber (Art 74 Nr. 16 Grundgesetz: Verhütung des Mißbrauchs wirtschaftlicher Machtstellung). Die Fusionskontrolle gegenüber Medien ist innerhalb des allgemeinen Rahmens des Gesetzes gegen Wettbewerbsbeschränkungen (GWB) geregelt.

Durch die allgemeine Fusionskontrolle - wie sie durch das 2. Gesetz zur Änderung des GWB 1973[193] eingeführt wurde - unterlagen auch Presseunternehmen der **allgemeinen Fusionskontrolle**. Allerdings konnten durch das hohe Aufgreifkriterium von 500 Mio DM Jahresumsatz nur Zusammenschlüsse von Großverlagen erfaßt werden.[194] Dazu waren durch sogenannte Regionalklauseln[195] Pressebereiche (Lokalzeitungen, Anzeigenblätter) von der Fusionskontrolle überhaupt ausgenommen. Insbesondere diese Punkte wurden durch die 3. Novelle zum GWB geändert.

4.2.2 Die fusionsrechtlichen Grundlagen [196]

Auch für Zusammenschlüsse im Pressebereich gelten die verfahrens- und materiellrechtlichen Bestimmungen der allgemeinen Fusionskontrolle (§§ 23 ff GWB). Pressespezifische Besonderheiten ergeben sich lediglich hinsichtlich der Aufgreifkriterien sowie der Toleranzklausel des § 24 Abs 8 GWB. Jede Fusionskontrolle vollzieht sich daher nach folgender Check-Liste:

- Liegt ein **Unternehmenszusammenschluß** im Sinne des Gesetzes vor (§ 23 Abs 2 und 3 GWB)?

Der Tatbestand ist formal abgegrenzt und erfaßt fünf Möglichkeiten: Vermögenserwerb, Anteilserwerb, bestimmte Unternehmensverträge, Herbeiführung von Personengleichheit in Unternehmensorganen sowie jeder sonstigen Verbindung mit der Möglichkeit eines beherrschenden Einflusses auf ein anderes Unternehmen. Beim weitaus wichtigsten Fall, dem Anteilserwerb, reicht es aus, wenn 25 % des stimmberechtigten Kapitals erworben werden.[197]

- Ist bereits das **Vorhaben eines Zusammenschlusses** beim ausschließlich zuständigen Bundeskartellamt **anzumelden**?

---

193 BGBl I, S 917.

194 § 24 Abs 8 Satz 1 Nr. 1 GWB.

195 § 24 Abs 8 Satz 1 Nr. 3 aF.

196 Vgl. dazu insbes. SPIELER, Fusionskontrolle 20 ff: MÖSCHEL, JZ 1984, 493 ff; MÖSCHEL, Wettbewerbsbeschränkungen Rz 736 ff; MÖSCHEL, Pressekonzentration 164 ff; MESTMÄCKER, Medienkonzentration 88 ff; GROSS, Presserecht 111.

197 § 23 Abs 2 Nr. 2 GWB.

Bei **vollzogenen Zusammenschlüssen** von Presseunternehmen wird eine Anzeigepflicht in der Regel nur durch Erreichen des Umsatzkriteriums nach § 23 Abs 1 Satz 1 Nr. 2 GWB ausgelöst. Nach § 23 Abs 1 Satz 7 ist bei Unternehmen, deren Geschäftsbetrieb im Verlag, der Herstellung oder im Vertrieb von Zeitungen oder Zeitschriften oder deren Bestandteilen besteht, für die Berechnung des Umsatzes das Zwanzigfache in Ansatz zu bringen. Daher ist der Zusammenschluß dann (nachträglich) anzeigepflichtig, wenn die beteiligten Unternehmen insgesamt Umsatzerträge von **25 Mio DM** (statt 500 Mio) erzielten.[198]

Präventive Fusionskontrolle (§ 24 a GWB) greift bei besonders gewichtigen Fällen ein, wobei das Gesetz im wesentlichen auch hier auf den Umsatz der beteiligten Unternehmen abstellt (Beteiligung eines Doppelmilliardärs oder zweier Unternehmen mit mindestens einer Milliarde DM Jahresumsatz). Hier besteht ein Vollzugsverbot. Für Presseunternehmen gilt auch hier der Multiplikator 20. Eine zwingende präventive Fusionskontrolle wird danach bei Presseumsätzen von 100 Mio bzw. 50 Mio ausgelöst.[199] Daneben gilt noch die Sonderregel des § 23 Abs 1 S 6 GWB, wonach bei Unternehmen, deren Geschäftsbetrieb ganz oder teilweise im Vertrieb von Waren besteht, insoweit nur drei Viertel der Umsatzerlöse in Ansatz zu bringen sind. Für den **Vertrieb** von Zeitungen, Zeitschriften oder deren Bestandteilen wäre demnach der Multiplikator 15 in Anschlag zu bringen.

- Dem Bundeskartellamt ist eine materielle Prüfung des Zusammenschlusses verwehrt, wenn eine der **Toleranzklauseln** des § 24 Abs 8 GWB greift:
- Bagatellumsatz bei weniger als 500 Mio DM Umsatz;
- Anschlußklausel;
- Bagatellmarkt von weniger als 10 Mio DM betroffen.

Auch hier greift die pressespezifische Herabsetzung des Aufgreifkriteriums des Umsatzes ein. Daher werden Fusionen im Pressebereich nur dann nicht erfaßt, wenn die beteiligten Unternehmen insgesamt Umsatzerlöse von weniger als 25 Mio DM hatten. Die Bagatellmarktgrenze liegt bei Zusammenschlüssen demnach bei Jahresumsätzen von 500.000 DM.[200] Der wichtigste der Ausschlußtatbestände, die mittelstandspolitisch motivierte Ausschlußklausel des Abs 8, wird durch § 24 Abs 9 aber insoweit ausgeschlossen, als durch den Zusammenschluß der Wettbewerb auf Pressemärkten beschränkt wird.

- Nach § 24 Abs 1 GWB ist der **Zusammenschluß zu untersagen**, wenn die materiellen Kriterien der Norm erfüllt sind: Danach muß zu erwarten sein, daß durch den Zusammenschluß eine **marktbeherrschende Stellung entsteht oder verstärkt**

[198] Das entsprach bei Erlaß der 3. Novelle noch ca. 60.000 Exemplaren, heute allerdings nur mehr einer verkauften Auflage von weniger als 40.000 Exemplaren. Vgl. SPIELER, Fusionskontrolle 22 FN 16.

[199] § 24 a Abs 1 Satz 3 iVm § 23 Abs 1 Satz 7 bzw. § 23 Abs 7 HS 2 GWB.

[200] So SPIELER, Fusionskontrolle 24; aA gegen die hM HARMS in Gemeinschaftskommentar, § 24 Rz 751.

wird, es sei denn, die beteiligten Unternehmen weisen nach, daß durch den Zusammenschluß auch Verbesserungen der Wettbewerbsbedingungen eintreten und daß diese Verbesserungen die Nachteile der Marktbeherrschung überwiegen (siehe dazu unten im Detail bei 4.2.3.3). Gegen Untersagungen des Bundeskartellamtes sind als Rechtsbehelfe die Beschwerde zum KG in Berlin als Tatsacheninstanz und zum BGH als Revisionsinstanz möglich. Damit ist in einem Verwaltungsstreitverfahren der Rechtsschutz den Zivilgerichten überantwortet.[201]

- Zu überlegen ist auch, ob eine Ministererlaubnis nach § 24 Abs 3 in Frage kommt. Zuständig ist der Bundeswirtschaftsminister (in Berlin). Er kann die Erlaubnis bei überwiegendem Gemeinwohlinteresse erteilen.

4.2.3 Die Anwendung des GWB

4.2.3.1 Zusammenschluß

Die Fusionskontrolle nach GWB erfaßt nicht jede Form der Konzentration, sondern nur jene Formen, die sich **extern** durch einen Zusammenschluß vollziehen und Marktbeherrschung begründen oder verstärken. Unterscheidbar in bezug auf die Selbständigkeit publizistischer Einheiten sind folgende Erscheinungsformen der Konzentration, wobei Mischformen häufig sind:[202]

- die Zusammenfassung bisher selbständiger Verlage zu einer neuen wirtschaftlichen und publizistischen Einheit,
- die Zusammenfassung selbständiger Verlage zu einer neuen wirtschaftlichen Einheit bei (teilweiser) Aufrechterhaltung der bisher selbständigen publizistischen Einheiten,
- die Zusammenfassung publizistischer Einheiten durch Übernahme des redaktionellen Teils bei fortbestehender wirtschaftlicher Selbständigkeit,
- Teilintegration (z.B. Anzeigen-, Druck- und Vertriebsgemeinschaften).

Fusionskontrollrechtlich erfaßt sind in Deutschland nur die beiden ersten Varianten wirtschaftlicher Konzentration - da nur sie die Zusammenschlußtatbestände des § 23 Abs 2 erfüllen können. Publizistische Konzentration wird also nicht als solche, sondern nur in bestimmten Fällen und mittelbar kontrolliert.[203]

4.2.3.2 Der relevante Markt

Zweiter zentraler Anknüpfungspunkt ist gemäß § 24 Abs 1 die Entstehung oder Verstärkung einer **marktbeherrschenden Stellung.** Die Feststellung der Marktbeherrschung erfolgt nach gängiger Auffassung zweistufig: Zuerst wird der relevante

---

201 §§ 51 ff GWB. Vgl. EMMERICH, Kartellrecht[4] 300 f.

202 MESTMÄCKER, Medienkonzentration 41.

203 SPIELER, Fusionskontrolle 40; GROSS, Presserecht 122.

Markt abgegrenzt, danach wird der Beherrschungsgrad auf dem so ermittelten Markt festgestellt.[204]

Sachliche Marktabgrenzung

Im deutschen Recht erfolgt die Abgrenzung des sachlich relevanten Marktes nach dem Konzept der **funktionellen Austauschbarkeit** aus der Sicht der Marktgegenseite. Nach diesem sogenannten **Bedarfsmarktkonzept** wird der sachlich relevante Markt gebildet durch sämtliche Erzeugnisse, die einander nach ihren Eigenschaften, ihrem wirtschaftlichen Verwendungszweck und ihrer Preislage so nahe stehen, daß ein verständiger Abnehmer sie als für die Deckung eines bestimmten Bedarfs geeignet, in berechtigter Weise abwägend miteinander vergleicht und als gegeneinander austauschbar ansieht.[205] Dabei wird auf die tatsächliche Handhabung durch die Abnehmer abgestellt. Es besteht Interdependenz zwischen Marktabgrenzung und Feststellung des Beherrschungsgrades, denn die Marktabgrenzung entscheidet indirekt schon über die Marktbeherrschung mit. Je enger der abgegrenzte Markt ausfällt, desto leichter wird die Feststellung der Beherrschung des Marktes fallen - und umgekehrt.

Die sachliche Abgrenzung des relevanten Marktes im Pressebereich zählt zu den problematischsten und umstrittensten Bereichen pressefusionskontrollrechtlicher Verfahren.[206] Unumstritten scheint jedenfalls die Unterscheidung zwischen Lesermarkt (Informationsteil und Anzeigenteil wird gegenüber Leser angeboten) und Anzeigenmarkt (Anzeigenraum bzw. Leserkontaktchancen werden gegenüber nachfragenden Interessenten angeboten). Das heißt allerdings nicht, pressespezifische Fusionskontrollvorschriften könnten nur zur Anwendung gelangen, wenn durch den Zusammenschluß der Wettbewerb auf dem Lesermarkt beschränkt würde. Vielmehr ist den wechselseitigen Abhängigkeiten Lesermarkt/Anzeigenmarkt, redaktioneller Teil/Anzeigenteil notwendigerweise Rechnung zu tragen, um Wettbewerb im Pressebereich effektiv schützen zu können.[207]

Lesermarkt

Für die Abgrenzung der Lesermärkte werden verschiedenste **organisatorisch-technische Kriterien** wie Erscheinungsweise, Verbreitungsgebiet, Vertriebs-

---

[204] Vgl. MÖSCHEL, Wettbewerbsbeschränkungen Rz 838; SPIELER, Fusionskontrolle 43.

[205] Vgl. MÖSCHEL, Wettbewerbsbeschränkungen Rz 509; MÖSCHEL, JZ 1984, 496; SPIELER, Fusionskontrolle 76; EMMERICH, AG 1985, 314; BGH AG 1986, 288 (289) Metro-Kaufhof.

[206] SPIELER, Fusionskontrolle 46.

[207] So SPIELER, Fusionskontrolle 47 und 58 ff; MESTMÄCKER in IM, vor § 23 Rz 46; wohl auch MÖSCHEL, JZ 1984, 496. AA BECHTOLD, AfP 1978, 119 und KLEINMANN, AfP 1979.

methode, aber auch **inhaltlich-publizistische Kriterien**[208] herangezogen. Freilich wird dabei von den Wettbewerbsrechtlern betont, daß es **nicht um Fragen der publizistischen Meinungsvielfalt** ("Vielfaltsthese" nach § 5 Abs 1 GG) gehen könne, sondern bloß darum, die "charta of effective competition" zu ermitteln.[209] Eine erste Unterscheidung wird zwischen Tageszeitungen, politischen Wochenzeitungen/politischen Magazinen, Sonntagszeitungen, Publikumszeitschriften (die ein möglichst breites Publikum anstreben) und Fachzeitschriften (die einen speziellen Informationsbedarf bestimmter Zielgruppen befriedigen) getroffen. Innerhalb des Marktes für **Tageszeitungen** unterscheidet die deutsche Praxis weiter zwischen:

- **Straßenverkaufszeitungen** und **Abonnentenzeitungen**. Unterscheidendes Kriterium ist nicht nur die Vertriebsform, sondern auch die unterschiedliche Art der Berichterstattung und Aufmachung.[210] Die zwischen beiden Märkten auftretende Substitutionskonkurrenz ist im Rahmen der Gesamtwürdigung bei der Prüfung des Beherrschungsgrades zu berücksichtigen. Wenn allerdings keine wesentlichen Unterschiede zwischen den verschiedenen Produkten mehr festzustellen sind, ist von einem einheitlichen Lesermarkt auszugehen.

- **Überregionale, regionale und lokale Tageszeitungen**.

Sachliche und örtliche Abgrenzungsmerkmale gehen hier ineinander über. Primär ausschlaggebend sind zwar inhaltliche Kriterien, die einer Zeitung einen überregionalen, regionalen oder lokalen Charakter geben und damit die sachliche Abgrenzung betreffen. Gleichzeitig beziehen sie sich auf das geographische Verbreitungsgebiet und damit die räumliche Marktabgrenzung.

Ein spezielles Problem stellt die Frage dar, wie die Marktabgrenzung bei Rundfunkunternehmen zu erfolgen hat (vgl. Punkt 5).

Werbemärkte

Trotz vielfältiger Verbindungen und Interdependenzen sind die Wettbewerbsverhältnisse auf den Anzeigenmärkten (Marktbeziehung Medienunternehmen - Inserent) nicht gleichzusetzen mit jenen auf den Lesermärkten (Wettbewerbsbeziehung Medienunternehmen - Leser). Die Austauschbarkeit kann für Leser- und Anzeigenmärkte unterschiedlich zu beurteilen sein. Die an bestimmten Zielgruppen orientierte Nachfrage nach Anzeigenräumen begrenzt die funktionelle Austauschbarkeit von Werbeträgern aus der Sicht der Werbewirtschaft.

Da sachliche und räumliche Marktabgrenzung auch auf Anzeigenmärkten eng miteinander verknüpft sind, kann auch hier eine Differenzierung nach **lokal - regional - überregional** vorgenommen werden (in den lokalen Markt fallen Anzeigen mit rein

[208] Vgl. KG AG 1983, 286 1. Gruner & Jahr - Zeit.

[209] SPIELER, Fusionskontrolle 49.

[210] Es ist insofern auch unerheblich, wenn "Straßenverkaufszeitungen zum Teil im Abonnement abgesetzt werden. Vgl. WuW/E BKartA 1733, 1734 Kaufzeitung.

lokalem Bezug wie Einzelhandel, Wohnungseinrichtungen etc, der überregionale Markt ist insbesondere für Markenartikelwerbung relevant.). **Umstritten** ist nach wie vor die Frage, ob Abonnententageszeitungen und Straßenverkaufszeitungen demselben relevanten Anzeigenmarkt zuzurechnen sind. Zwei widersprüchliche Entscheidungen des BKartA haben hier nichts zur Klärung beigetragen.[211]

Wegen unterschiedlicher Aktualität und Lesergruppen bilden auch überregionale Tageszeitungen und Wochenzeitungen je eigene Werbemärkte. Auch **Anzeigenblätter** fallen nach BGH und BVerfG in den Anwendungsbereich der pressespezifischen Fusionskontrolle, wenn sie einen gewissen, nicht ganz unbeachtlichen redaktionellen Teil aufweisen.[212] Ob allerdings Abonnententageszeitungen und Anzeigenblätter demselben relevanten Anzeigenmarkt zuzurechnen sind, ist im Einzelfall speziell zu untersuchen. Je einen eigenen Anzeigenmarkt bilden auch Publikumszeitschriften und Fachzeitschriften.[213]

Räumliche Marktabgrenzung

Die räumliche Marktabgrenzung bereitet in der Regel kaum Schwierigkeiten: Der räumlich relevante Markt entspricht meist dem tatsächlichen Verbreitungsgebiet der betroffenen Presseobjekte, er kann jedoch auch enger geschnitten sein.[214]

4.2.3.3 Entstehung oder Verstärkung einer marktbeherrschenden Stellung

Auch für die Fusionskontrolle im Pressebereich gilt grundsätzlich die Feststellung der Marktbeherrschung nach § 22 Abs 1 GWB; Nr. 1: das Fehlen wesentlichen Wettbewerbs und Nr. 2: überragende Marktstellung. Die Untersagung eines Zusammenschlusses ist im Fall Eins wahrscheinlich, wenn etwa ein Zeitungsverlag mit Alleinstellung beteiligt ist.[215] Der zweite Fall liegt vor - entsprechend den allgemeinen Regeln - wenn ein Unternehmen einen überragenden (einseitigen) Verhaltensspielraum bei der Entwicklung von Marktstrategien oder beim Einsatz einzelner Aktionsparameter besitzt.[216]

---

[211] WuW/E BKartA 1700, 17002 Springer-Elbe Wochenblatt und WuW/E BKartA 1733, 1735 Zeitungsmarkt München.

[212] Vgl. WuW/E BGH 1905, 1906 Münchner Anzeigenblätter, WuW/E VG 307 Münchner Anzeigenblätter. Das Kammergericht mußte bisher noch nicht entscheiden, ob Anzeigenblätter generell "Zeitungen und Zeitschriften" im fusionskontrollrechtlichen Sinn sind; vgl. SPIELER, Fusionskontrolle 59.

[213] Vgl. dazu insgesamt SPIELER, Fusionskontrolle 55 f.

[214] MÖSCHEL, JZ 1984, 497.

[215] WuW/E BKartA 1700, 17002 Springer-Elbe Wochenblatt; WuW/E BKartA 1733, 1738 Zeitungsmarkt München; BKartA AG 1981, 260, 262 Springer-az Anzeigenblatt; WuW/E BKartA 2103 Süddeutscher Verlag - Donau-Kurier.

[216] WuW/E BGH 1435, 1439 Vitamin B 12; WuW/E BGH 1445, 1449 Valium.

Für die Beurteilung der Marktstellung eines Verlages sind sowohl seine Position auf dem Lesermarkt als auch die auf dem Anzeigenmarkt zu berücksichtigen. Danach ist eine Prognosenentscheidung zu treffen, die die strukturellen Wettbewerbsbedingungen vor und nach dem Zusammenschluß vergleicht. SPIELER hat die bisherigen Zusammenschlüsse folgendermaßen systematisiert:[217] Bei Zusammenschlüssen zwischen Medienkonzernen oder überregionalen Zeitungsunternehmen und lokalen/regionalen Zeitungen kann es zu einer Verstärkung der marktbeherrschenden Stellung beider Beteiligter, oder bloß eines, des Medienkonzerns/der überregionalen Zeitung kommen. Er unterscheidet weiter zwischen Zusammenschlüssen von Tageszeitungen und Anzeigenblättern, Ankauf eines Marktführers durch einen Medienkonzern, der verstärkten Oligopolisierung des Marktes und Marktverflechtungen. Als Kriterium, an das bei der Beurteilung der Marktbeherrschung als erstes zu denken ist, gilt der **Marktanteil**. Aufgrund der spezifischen Struktur des Pressewettbewerbs (Zusammenhang zwischen Leser- und Anzeigenmarktposition infolge der Anzeigen-Auflagen-Spirale) und den hohen Marktzutrittsschranken indiziert ein hoher Marktanteil insbesondere bei niedrigen Marktanteilen der Wettbewerber eine auch fusionsrechtlich relevante fehlende Wettbewerbskontrolle. Zu berücksichtigen ist auch eine zu erwartende oder bestehende Beschränkung des **Substitutionswettbewerbs**. Hier können marktbeherrschende Stellungen entstehen oder verstärkt werden, wenn durch den Zusammenschluß selbständige Wettbewerber im marktnahen Bereich wegfallen. Konglomerate Zusammenschlüsse können nur untersagt werden, wenn sich die Wettbewerbsstrukturen, die die Marktmacht im Sinne des § 22 Abs 1 bestimmen, in einer die neutralisierende Wirkung des Wettbewerbs einschränkenden Weise verändern. Das ist in der Praxis schon gegeben, wenn mit dem Zusammenschluß die gesteigerte Fähigkeit, nachstoßenden Wettbewerb abzuwerben, verbunden ist, was eine abschreckende Wirkung auf aktuelle und potentielle Wettbewerber hat. Solche Abschreckungseffekte können im Pressebereich begründet werden durch den Zuwachs an Finanzkraft, Ressourcen- und Personaltransfer, Verbundvorteile oder auch die Koordination des verlegerischen Gesamtkonzepts.

Ein vollzogener Zusammenschluß, den das Bundeskartellamt untersagt hat und für den keine Ministererlaubnis mehr möglich ist, ist nach § 24 Abs 2 S 5 GWB **aufzulösen**. Dazu hat das GWB in § 24 Abs 6 und 7 nur ein äußerst dürres Regelungsgerüst zur Verfügung gestellt. Eine Auflösung kann demnach auch darin bestehen, die Wettbewerbsbeschränkung auf andere Weise als durch Wiederherstellung des früheren Zustandes zu beseitigen. Das Bundeskartellamt ordnet die dazu erforderlichen Maßnahmen unter Beachtung des Verhältnismäßigkeitsgrundsatzes an. Die demonstrativ aufgezählten Durchsetzungsmöglichkeiten sind die Festsetzung eines Zwangsgeldes, das Verbot, Stimmrechte auszuüben, die Erklärung der Unwirksam-

[217] SPIELER, Fusionskontrolle 71 ff.

keit von den Zusammenschluß bewirkenden Verträgen und die Zwangsbestellung eines Treuhänders.[218]

Über die Praxis der Fusionskontrolle geben die Berichte der Monopolkommission Auskunft.[219] So hat das Bundeskartellamt im Berichtszeitraum 1988/89 nur zwei Zusammenschlußfälle untersagt. Allerdings haben manche Unternehmen schon nach Vorgesprächen, in denen das Bundeskartellamt Bedenken äußerte, von einer geplanten Fusion Abstand genommen. In einigen Fällen, in denen die am Zusammenschluß beteiligten Zeitungsverlage in Schwierigkeiten waren, ging das Bundeskartellamt von einer Verbesserung der Wettbewerbsbedingungen durch den Zusammenschluß aus. Bei einem Konkurs wären die Marktanteile dieser gefährdeten Zeitungen den jeweiligen Marktführern zugefallen und damit der Wettbewerb stärker gefährdet gewesen als durch den Zusammenschluß; das ist etwa bei der Fusion von vom Konkurs bedrohten Zeitungsverlagen mit Zweitzeitungen oder mit gebietsfremden Verlagen der Fall. In anderen Fällen war der Zusammenschluß nicht kausal für die Entstehung oder Verstärkung einer marktbeherrschenden Stellung, "weil die Verschlechterung der Wettbewerbsbedingungen bereits vor dem Zusammenschluß entstanden war."[220] In anderen bedenklichen Fällen kam das Bundeskartellamt zu der Erkenntnis, daß es zu keiner Entstehung oder Verstärkung einer marktbeherrschenden Stellung kommt.

Auch das für den Berichtszeitraum 1988/89 größte Fusionsvorhaben wurde nicht untersagt. Obwohl "FAZ" und "FNP" in der Stadt Frankfurt auf dem Lesermarkt durch den Zusammenschluß eine marktführende Stellung erlangen (FAZ/FNP 51 % gegenüber 49 % Frankfurter Rundschau) und somit ein Duopol im Bereich der Abonnements-Tageszeitungen entsteht, erging keine Untersagungsverfügung. Das wurde vor allem damit begründet, daß die Frankfurter Rundschau am Anzeigenmarkt führend ist und diese Position auch durch den Zusammenschluß nicht gefährdet ist, da alle Inserenten der FNP auch in der FR Anzeigen schalten. Da es keine Doppelleser zwischen diesen beiden Zeitungen gibt, wird die FR auch auf dem Lesermarkt ihre bisherige Position behalten. Schließlich seien wegen der differenzierten Leserstruktur von FAZ und FNP nach der Stiftungsfusion keine Synergieeffekte zu erwarten. Auch wenn zuzugeben ist, daß sich im Hinblick auf die drei großen Wettbewerber in der Stadt Frankfurt die Wettbewerbsstruktur nicht verschlechtert, ist doch zu bedenken, daß für die kleineren Regionalblätter der angrenzenden Regionen ein deutlich spürbarer Konkurrenzdruck entsteht.

---

218 Vgl. MÖSCHEL, Wettbewerbsbeschränkungen Rz 916 ff; WuW BKartA 19 808 Springer-Elbe Wochenblatt II; CANENBLEY, Zum Entflechtungsverfahren in der Fusionskontrolle GRUR 1984, 188.

219 Vgl. Monopolkommission, Hauptgutachten 1988/1989 Tz 587 ff; Monopolkommission, Hauptgutachten 1986/1987 Tz 489 ff. Vgl. auch BECHTOLD, Die Entwicklung des deutschen Kartellrechts seit Mitte 1986, NJW 1990, 481 (484 f).

220 Monopolkommission, Hauptgutachten 1986/87 Tz 489.

Neuere Untersagungen, die vom Bundesgerichtshof bestätigt wurden, betrafen den Süddeutschen Verlag und den Zeitverlag.

Der Süddeutsche Verlag, Herausgeber der "Süddeutschen Zeitung", wollte seine Minderheitsbeteiligung am Verlag des "Donau-Kurier" auf 50 % und danach auf 75 %, sowie an der "Donau-Kurier-Beteiligungsgesellschaft" sukzessive auf 100 % erhöhen. Diese Zusammenschlüsse sichern und verstärken nach Ansicht des Bundeskartellamtes die marktbeherrschende Stellung des "Donau-Kurier" durch den Ausschluß des Wettbewerbs, der von der "Süddeutschen Zeitung" ausgeht. Der "Donau-Kurier" besitzt im größten Teil seines Verbreitungsgebietes eine fast monopolartige Stellung am Leser- und Anzeigenmarkt. Durch den Zusammenschluß wird auch die marktbeherrschende Stellung der "Süddeutschen Zeitung" auf dem Leser- und Anzeigenmarkt im Wirtschaftsraum München verstärkt, weil der "Süddeutsche Verlag" in die Lage versetzt wird, die Änderung der Vertriebsstrategie des "Donau-Kuriers" zu Lasten anderer Wettbewerber zu beeinflussen.[221]

Interessant scheint in diesem Fall auch eine weitere Frage, die in der Entscheidung behandelt wird. Die Beschwerdeführer hatten vorgebracht, daß der Zusammenschluß aufgrund von Verträgen aus dem Jahre 1974 durchgeführt werden sollte, die aber erst durch die dritte Novelle zum GWB 1976 von der Fusionskontrolle erfaßt würden. Damit läge eine Rückwirkung auf eine vorher getroffene Vereinbarung vor, die aber unzulässig sei. Der BGH erklärte allerdings, daß hier keine "echte" (retroaktive) Rückwirkung vorläge, durch die ein belastendes Gesetz in schon abgewickelte, der Vergangenheit angehörende Tatbestände eingreift. Die Vereinbarung aus 1974 ist jedoch nur insoweit abgewickelt, als der Beschwerdeführer bereits Anteile erworben hat. Das ist aber nicht Gegenstand der Untersagung. Der erst beabsichtigte Erwerb weiterer Anteile ist in dem hier maßgebenden Sinn jedoch nicht "abgewickelt". Doch liegt ein Fall sogenannter "unechter" (retrospektiver) Rückwirkung vor. In dieser Weise zurückwirkende Gesetze sind grundsätzlich zulässig, jedoch kann der aus dem Rechtsstaatsprinzip folgende Gesichtspunkt des Vertrauensschutzes im Einzelfall der Regelungsbefugnis Schranken setzen, die hier allerdings nicht ersichtlich sind. Mit Verweis auf die Judikatur des BVerfG konnte der BGH auch eine Verletzung des Eigentumsrechts nach Art 14 GG ausschließen. Die Fusionskontrolle nach dem GWB ist grundsätzlich mit der Verfassung vereinbar, auch soweit es den Zusammenschluß von Presseunternehmen betrifft (3. Novelle zum GWB). Es ist ein allgemeines Gesetz iS von Art 5 II GG; gegenüber den Schranken, die es dem (externen) Wachstum von Presseunternehmen zugunsten der Wettbewerbsfreiheit zieht, muß das Recht auf freie Meinungsäußerung zurücktreten, da die Fusionsbestimmungen geeignet und erforderlich sind, das am Gemeinwohl orientierte Ziel der Verhinderung des Mißbrauches wirtschaftlicher Macht zu erreichen.[222]

---

[221] WuW/BGH 2276; WuW/E OLG 3303; WuW/E BKartA 2103.

[222] WuW/E BGH 1685(1689) Springer-Elbe/Wochenblatt; BVerfG NJW 1986, 1743 = WuW/E VG 307(308) Münchner Anzeigenblätter.

Das Zusammenschlußvorhaben "Gruner & Jahr" - "Zeitverlag" wurde im zweiten Rechtsbeschwerdeverfahren, in dem es um den relevanten Markt der politischen Wochenzeitschriften "Zeit" und "Spiegel" sowie "Stern" ging, beim Bundesgerichtshof untersagt. Vorausgegangen war die Untersagung des Bundeskartellamtes von 1981,[223] das eine Verstärkung der marktbeherrschenden Stellung von Gruner & Jahr mit dem Verlagsobjekt "Stern" durch den Zusammenschluß erwartet hatte. Auch ging das Bundeskartellamt damals davon aus, daß es zu einer Verstärkung der marktbeherrschenden Stellung der Spiegel Verlag GmbH & CoKG auf dem Markt des "Spiegel" durch den Zusammenschluß kommt, da Gruner & Jahr daran eine Minderheitsbeteiligung hält. Schließlich nahm das Amt auch noch eine Absicherung der überragenden Position der "Zeit" auf dem Markt für politische Wochenzeitungen und damit die Entstehung einer marktbeherrschenden Stellung durch den Zusammenschluß an. Der BGH hat im folgenden Verfahren diese letzte Feststellung als nicht hinreichend begründet befunden und an das Kammergericht zurückgewiesen. In der Entscheidung vom 7. Februar 1986 bestätigte das Kammergericht im zweiten Rechtsgang die Untersagung durch das Bundeskartellamt.[224] Danach sind politische Wochenzeitungen und überregionale Tageszeitungen nicht zum gleichen sachlich relevanten Markt zu rechnen. Dagegen bilden "Spiegel" und "Zeit" einen gemeinsamen Markt. Der "Spiegel" hat an den Erlösen des Marktes einen Anteil von knapp zwei Dritteln, die "Zeit" einen von 23 %. Wie sich im zweiten Beschwerdeverfahren herausstellte, hat Gruner & Jahr im Spiegel-Verlag über die finanzielle Beteiligung hinaus auch noch mitbeherrschenden Einfluß. Das Kammergericht nahm die Entstehung eines marktbeherrschenden Oligopols durch den Zusammenschluß von "Zeit" und "Spiegel" an, da auch im Außenverhältnis nicht von einem wesentlichen Wettbewerb auszugehen war. Dagegen spricht auch nicht, daß der Spiegel auf dem betreffenden Markt bereits eine beherrschende Stellung innehat. Die gesunde wirtschaftliche Lage des Zeit-Verlages schloß auch aus, eine zusammenschlußbedingte Verbesserung der Wettbewerbsbedingungen wegen der Verhinderung von Marktstrukturverschlechterungen - etwa durch Existenzsicherung der "Zeit" - anzunehmen.

4.3 Medienkartellrecht

Eine rein wirtschaftliche Betrachtungsweise der Medien wird ihrer Rolle in der demokratischen Gesellschaft und ihrer Bedeutung für den Prozeß gesellschaftlicher Kommunikation nicht gerecht. Eine damit unverträgliche Konzentration publizistischer Macht kann sich auch außerhalb und neben diesem wirtschaftlichen Betrachtungsraster ergeben und muß gesondert erfaßt werden. Der rein wirtschaftsrechtliche Regelungsrahmen wird verlassen, wenn neben wirtschaftlichen auch publizistische Aspekte Berücksichtigung finden können. Das ist - anhand weicher Kriterien - der Fall im Rahmen der Schweizer Fusionskontrolle, die implizit zuläßt, zu berücksich-

[223] WuW/E BKarA 1863.

[224] WuW/E OLG 3807.

tigen, wie sich eine Unternehmensfusion auf die Meinungs- und Medienvielfalt auswirkt. Eine explizite Berücksichtigung publizistischer Aspekte wird im Entwurf zur Novelle des österreichischen Kartellgesetzes vorgeschlagen und ist im britischen Fair Trading Act vorgesehen. Daneben kann der Gesetzgeber aber auch konkret jene Schwellenwerte (und Kombinationen davon insbesonders hinsichtlich Eigentums- und Marktanteilen) angeben, über die hinaus er keine Konzentration zulassen will. Damit werden harte Kriterien vorgegeben.

4.3.1 Das geltende Schweizer Kartellrecht

Anders als Österreich kennt die Schweiz nun jedenfalls eine Zusammenschlußkontrolle im Rahmen des Kartellrechts.

Nach Art 18 Abs 1 KartellG vom 20.10.1985 ist das Kartellrecht nur auf Verträge, Beschlüsse und Vorkehrungen, soweit sie ausschließlich das Arbeitsverhältnis betreffen, nicht anwendbar. Damit sind also Arbeitgeber und Arbeitnehmer in ihrer Verbandsbildung nicht eingeschränkt. Ansonsten ist jedoch keine Branche oder keine Industrie vom Geltungsbereich des Kartellrechts bewußt ganz oder teilweise ausgenommen. Mithin **gilt** das Kartellrecht auch grundsätzlich für den **Medienbereich**, der Dienstleistungen im Sinne der Art 2 und 3 KartG anbietet.[225] Allerdings ist zu beachten, daß vom Kartellgesetz abweichende Vorschriften vorbehalten bleiben, soweit sie jedenfalls angewendet sein wollen. Die Anwendung dieses Vorbehalts bleibt beschränkt auf Fälle, in denen durch öffentliches Recht eine besondere Stellung bestimmter Unternehmen im Wettbewerb geschaffen wird.[226] Diese Frage ist im Zusammenhang mit der Erteilung von Rundfunklizenzen von Bedeutung. Dazu wird die Meinung vertreten, daß die Notwendigkeit einer Konzession nicht per se die Anwendung des Kartellgesetzes ausschließe.[227] Das geltende KartG umfaßt Kartelle und ähnliche Organisationen, horizontale Wettbewerbsbeschränkungen und kollektiv veranlaßte vertikale Preisbindungen der zweiten Hand und ist anwendbar auf marktmächtige Einzelunternehmen und oligopolistische Verbände.

Ein Betroffener kann gegen Wettbewerbsausschlüsse oder erhebliche Wettbewerbsbehinderungen vorgehen, wenn das Kartell nicht den Rechtfertigungsgrund des öffentlichen Interesses geltend zu machen vermag.[228] Die Kartellkommission ist berechtigt, Untersuchungen über allfällige Wettbewerbsbeschränkungen einzuleiten, etwa in Form von Sonderuntersuchungen, in denen überprüft wird, ob das Kartell (bzw. eine ähnliche Organisation) volkswirtschaftlich oder sozial schädliche Wirkungen nach sich zieht. Die Kartellkommission kann, wenn diese Prüfung negative Ergebnisse zeitigt, **Entflechtungsmaßnahmen** empfehlen; werden diese

[225] Vgl. WEBER, Wirtschaftsregulierung 515f; SCHÜRMANN, Medienrecht 227 ff.
[226] Art 44 Abs 2 b Schweizer KartG.
[227] WEBER, Wirtschaftsregulierung 555.
[228] Art 6/7 KartG.

Empfehlungen nicht berücksichtigt, so kann das Eidgenössische Volkswirtschaftsdepartment beim Bundesgericht die Entflechtung beantragen. Grundlage der Fusionskontrolle in der Schweiz ist Art 30 des Kartellgesetzes,[229] der zu Untersuchungen bei Unternehmenszusammenschlüssen ermächtigt.

Danach beschließt die Kartellkommission unter bestimmten Voraussetzungen eine Untersuchung nach Art 29 ff KartG. Die Kartellkommission wird vom Bundesrat, der Schweizer Regierung, bestellt und besteht aus 11-15 Mitgliedern, die Wissenschaft, Wirtschaft und Konsumenten repräsentieren.[230] Voraussetzung für eine Untersuchung ist, daß durch einen Zusammenschluß eine den Markt maßgeblich beeinflussende Stellung begründet oder verstärkt wird und überdies Anhaltspunkte für volkswirtschaftlich oder sozial schädliche Auswirkungen bestehen. Die Voraussetzungen für das Einschreiten sind also zwei: Erstens das Überschreiten einer **Maßgeblichkeitsschwelle** im relevanten Markt, sowie zweitens Indizien für **volkswirtschaftliche und soziale Nachteile**, die mit diesem Zusammenschluß verbunden sein müssen. Die Schweiz folgt also auch in der Zusammenschlußkontrolle dem im restlichen Kartellrecht geltenden **Mißbrauchsprinzip**.

Die nun verwirklichte Fusionskontrolle im Rahmen des KartG 1985 stellt nur mehr eine Minimalvariante dessen dar, was mit der "Motion Schürmann" 1971 als Diskussionsprozeß begann, der auf eine "Verbesserung des kartellgesetzlichen Instrumentariums" abzielte.[231] Denn offensichtlich war der Versuch, eine weit-

---

[229] AS 1986/874, SR 101.

[230] Art 20 KartG.

[231] Vgl. SIEBER/TUCHTFELD, Fusionskontrolle in FS Schürmann, 353 ff. Der Text der Motion Schürmann: "Die wirtschaftliche Entwicklung der Industrieländer, die Integrationsvorgänge und die Diskussion über die konjunkturpolitischen Steuerungsmöglichkeiten bestätigen die Bedeutung eines funktionsfähigen Wettbewerbs für eine freiheitliche Wirtschafts- und Gesellschaftsordnung. Unter Berücksichtigung der Erfahrungen mit der schweizerischen Kartellgesetzgebung - die nunmehr auf sieben Jahre zurückgehen - stellt sich auf längere Sicht und im Blick auf die internationale Entwicklung die Frage, ob nicht rechtzeitig eine Verbesserung des kartellgesetzlichen Instrumentariums zu erwägen sei. Diese Prüfung sollte sich insbesondere auf folgende Fragen beziehen:

a) Gesetzliche Verankerung der sogenannten Vorabklärungen, die durch die Praxis eingeführt wurden;
b) Vorkehren zur Beschleunigung des Erhebungs- und Untersuchungsverfahrens, insbesondere durch Einführung einer Meldepflicht für Kartellabsprachen und Unternehmenszusammenfassungen;
c) Verfahren bei Nichtbefolgung akzeptierter Empfehlungen der Kartellkommission;
d) Bessere Erfassung der Preisbildung insbesondere marktmächtiger Unternehmungen und der wettbewerbspolitischen Auswirkungen internationaler Kartelle und multinationaler Unternehmungen.

gehende, an ausländischen Vorbildern orientierte Fusionskontrolle zu installieren, von vornherein zum Scheitern verurteilt. Und es bleibt auch die Wahrscheinlichkeit gering, daß es in Fusionsfällen zur Verfügung von Maßnahmen durch das zuständige Eidgenössische Verkehrs-Departement (EVD) kommen wird. Das Ganze wird überlagert und begleitet von einem Paradigmenwechsel in der wissenschaftlichen Diskussion; weg von der neoklassischen Preistheorie, mit ihren vom statischen Gleichgewicht ausgehenden Prämissen und Folgerungen hin zu einer Markttheorie, die ihren Blick auf den Bereich der Marktmacht legt, die wesentlich durch Beschränkungen des Markteintritts und -austritts begründet wird.[232]

Da eine Fusion zweier nicht marktmächtiger Unternehmen, die nicht zu marktmächtigen Strukturen führt, nicht überprüfbar ist, kann Marktkonzentration nicht schon im Anfangsstadium kontrolliert werden. Das große Defizit der Schweizer Fusionskontrolle ist allerdings das **Fehlen einer Meldepflicht.** Zwar hatte der Entwurf des Bundesrates für ein neues Kartellgesetz (1981) noch vorgesehen, daß Unternehmenszusammenschlüsse zu melden sind, wenn dadurch eine den Markt erheblich beeinflussende Stellung verstärkt oder neu begründet wird. Das Parlament hat diese Meldepflicht jedoch aus dem Entwurf gestrichen, weshalb die Kartellkommission weiterhin von sich aus tätig werden muß.

Die Bewertung der allfälligen positiven und negativen Auswirkungen einer Fusion erfolgt nach der sogenannten **Saldomethode**, die eine Abwägung der in Betracht kommenden Faktoren fordert. In diesem Zusammenhang können auch Erwägungen der **publizistischen Vielfalt** Berücksichtigung finden.[233] Unter dem entscheidenden Kriterium der **Marktmacht** wird verstanden, daß ein Unternehmen Marktdaten weitgehend selbständig bestimmen kann, sich also dem Funktionsmechanismus des marktwirtschaftlichen Systems zu entziehen vermag. Zu der Beurteilung dieser Frage darf nicht bloß auf Marktanteile abgestellt werden.

4.3.2 Entwurf einer Novelle zum Kartellgesetz

Ausgehend von den durch den Bundeskanzler vorgezeichneten medienpolitischen Perspektiven der Bundesregierung enthält auch der Novellenentwurf zum KartG medienkartellrechtliche Regelungen.

Bundeskanzler VRANITZKY hat in seiner Rede vor dem Verband Österreichischer Zeitungsherausgeber am 2.12.1991 die "medienpolitischen Perspektiven" der Bundesregierung erläutert. In dieser Rede wandte sich der Bundeskanzler gegen einen monokausalen Erklärungsansatz, der in der Verflechtung von Krone-Kurier-

---

Der Bundesrat wird ersucht, entsprechende Studien und Abklärungen in die Wege zu leiten".

232 Vgl. SIEBER/TUCHTFELD, Fusionskontrolle, in FS Schürmann, 364 f.

233 WEBER, Wirtschaftsregulierung 357; vgl. Wettbewerbsregulierungen im Bereich der Medien und multimediale Konzentration, VKK 1983, 148.

Mediaprint und ausländischem Kapital die Wurzel allen Übels sieht. Diese Analyse ginge am Kern des Problems vorbei, da sie sich viel zu sehr an der Frage des Zusammenschlusses und seiner Auflösung orientierte, die Frage der Marktbeherrschung allerdings ausklammerte. Das eigentliche Problem bestünde nämlich darin, daß die marktbeherrschende Position einzelner Medienunternehmen das Erscheinen anderer Druckprodukte gefährdet, es ginge um das Offenhalten von Druckkapazitäten und Vertriebsmöglichkeiten. Zu denken wäre an medienspezifische gesetzliche Vorkehrungen, wie etwa die Einführung von Auflagen für marktbeherrschende Unternehmen, um etwa Druck und Vertrieb für nicht marktbeherrschende Unternehmen sicherzustellen. Diese Überlegungen betreffen sowohl Medienunternehmen, die durch internes Unternehmenswachstum wie auch jene, die durch externes Unternehmenswachstum in ihre marktbeherrschende Position gelangt sind. Nur als "absolut letztes Mittel" zieht der Bundeskanzler die Einführung von Entflechtungsbestimmungen in Betracht.[234] Und so sieht dann auch der nun vorgelegte Entwurf aus.

Entwurf zur Novelle des Kartellgesetzes[235]

Ausgehend vom Bericht des Justizministers zu den Erfahrungen mit dem Kartellgesetz[236] und dem Koalitionsabkommen wird eine Reihe von Änderungen zum Kartellgesetz vorgeschlagen, die für eine bessere Anwendbarkeit und Durchsetzbarkeit sorgen sollen. So soll der Zugang zum Gericht erleichtert, das Verfahren vereinfacht und beschleunigt, der Kreis der Antragsberechtigten auf Untersagung des Mißbrauchs einer marktbeherrschenden Stellung erweitert werden. Völlig neu ist das Institut einer Zusammenschlußkontrolle, mit ergänzenden Sonderregelungen für Medienunternehmen, die der Erhaltung der Medien- und Meinungsvielfalt dienen sollen.

Im II. Abschnitt ("Zusammenschlüsse"), der schon jetzt Begriffsbestimmungen (§ 41) und die Anzeigepflicht (§ 42) enthält, werden die §§ 42a, 42b und 42c eingefügt. Wegen der leichteren Handhabbarkeit gegenüber Marktanteilen[237] wird als Aufgriffskriterium auf Umsatzgrößen abgestellt. Dabei wird nicht unterschieden, auf welchem örtlichen oder sachlichen Markt der Umsatz erzielt wurde. Der Entwurf kennt demnach vier Kategorien von Zusammenschlüssen:

a) Solche, die unbedeutend, **"kartellrechtlich uninteressant"** sind und daher vom Kartellrecht nicht erfaßt werden. Das sind jene Fälle, in denen die beteiligten Unter-

---

[234] VRANITZKY, Medienpolitische Perspektiven, Rede anläßlich der ordentlichen Generalversammlung 1991 des Verbandes österreichischer Zeitungsherausgeber und Zeitungsverleger, St. Pölten, 2.12.1991 - Typoskript.

[235] Bundesministerium für Justiz, Kartellgesetznovelle 1992, Zl 9100/245-I 4/91.

[236] Bericht des Bundesministers für Justiz vom 28.6.1991, III - 35 der Beilagen.

[237] So bisher § 41 Kart 1988.

nehmen bzw. Unternehmer im letzten Geschäftsjahr Umsatzerlöse von **weniger als** 150 Millionen Schilling erreicht hatten.

b) Als **"kartellrechtlich interessant"** gelten Zusammenschlüsse, bei denen die Umsätze zwischen 150 Millionen und unter 2 Milliarden Schilling liegen. Daher muß das Zustandekommen solcher Zusammenschlüsse **angezeigt** und in das Kartellregister eingetragen werden (§ 42 KartGNov).

c) **Angemeldet** werden müssen schließlich Zusammenschlüsse, wenn die beteiligten Unternehmen/Unternehmer im letzten Geschäftsjahr Umsatzerlöse von mindestens 2 Milliarden Schilling hatten (§ 42a KartGNov). Die Erläuterungen zur Novelle sprechen hier von Zusammenschlüssen, die **"kartellrechtlich verdächtig"** sind und sich daher einer kartellgerichtlichen Kontrolle stellen müssen. Zu dieser Prüfung kommt es allerdings nur, wenn die in § 44 genannten Amtsparteien (Bund und Sozialpartner) die Prüfung des Zusammenschlusses beantragen.[238] Das Kartellgericht kann also nicht amtswegig tätig werden. Gerade im Medienbereich ist das besonders prekär, weil aufgrund der hier gegebenen Machtstrukturen die Prüfungsinitiative in heiklen Fällen wirksam nur von einer politisch und medial möglichst unabhängigen Instanz wahrgenommen werden kann.[239] Der Zusammenschluß ist zu untersagen, wenn eine marktbeherrschende Stellung entsteht oder verstärkt wird und keine Ausnahmeregelung -wie etwa eine Verbesserung der Wettbewerbsbedingungen, welche die Nachteile der Marktbeherrschung überwiegt, oder vermehrte internationale Wettbewerbsfähigkeit - greift.[240] Das Kartellgericht kann die Nichtuntersagung des Zusammenschlusses mit Auflagen und Bedingungen versehen.

d) Schließlich regelt der Entwurf den **Sonderfall der Medienzusammenschlüsse**.[241]

Erhaltung der Medien- und Meinungsvielfalt durch Fusionskontrolle

Der Begriff des Medienzusammenschlusses ist in § 42c definiert: nur wenn zumindest zwei der beteiligten Unternehmen ein besonderes Naheverhältnis zu Medien haben, ist von einem Medienzusammenschluß zu sprechen:

a) Es kann sich bei den betreffenden Unternehmen entweder direkt um **Medienunternehmen oder Mediendienste** handeln. Der Entwurf greift dabei auf die im MedienG definierten Begriffe zurück.[242]

---

238 § 42b Abs 2 KartGNov.

239 Auch die Antragslegitimation nach § 42 a Abs 3 (u.a. für Journalistenvereinigungen) verschafft hier keine Abhilfe, weil Zusammenschlüsse, die angemeldet, aber von den Amtsparteien nicht aufgegriffen werden, erlaubterweise durchgeführt werden.

240 § 42b Abs 3 KartGNov.

241 § 42c KartGNov.

242 § 42c Abs 1 Z 1 KartGNov verweist auf § 1 Abs 1 Z 6 und 7 MedienG:

b) Neu geschaffen wird im Entwurf der Begriff der "**Medienhilfsunternehmen**": Verlage, sofern sie nicht Medienunternehmen sind, Druckereien oder Unternehmen, die Werbeaufträge beschaffen, die den Vertrieb von Medienstücken im Großen besorgen. Damit sind auch Fälle **vertikaler Integration** erfaßt.

c) Schließlich sind auch Unternehmen erfaßt, die an einem der vorhin genannten Unternehmen (Medienunternehmen u. -hilfsunternehmen, Mediendienst) einzeln oder gemeinsam, mittelbar oder unmittelbar zu mindestens 25 % beteiligt sind.

Erfaßt wird auch der Fall, wenn Medienunternehmen, Mediendienst oder Medienhilfsunternehmen an Unternehmen mittelbar oder unmittelbar zu mindestens 25 % beteiligt sind, die selbst nicht als Medienunternehmen etc. anzusehen sind. Für diesen Fall ordnet § 42c Abs 2 an, daß es sich auch dann um einen Medienzusammenschluß handelt, wenn nur **eines** der in Abs 1 aufgezählten Unternehmen beteiligt ist. Das soll wohl eine allzu leichte Umgehung der medienspezifischen Fusionskontrolle abschneiden. Wegen des Ziels der Erhaltung der Medienvielfalt wird abweichend von den allgemeinen Regelungen die Gründung eines gemeinsamen Unternehmens als Medienzusammenschluß behandelt.[243]

Für Medienfusionen gelten die normalen fusionsrechtlichen Bestimmungen, allerdings mit zwei zentralen **Ausnahmen**. Wenn am Zusammenschluß mindestens zwei Medienunternehmen beteiligt sind, ist die Anmeldepflicht jedenfalls - unabhängig von jedweder Umsatzgröße - gegeben. Andernfalls schon ab einem Umsatzerlös von 150 Millionen Schilling, also bei der Beteiligung von Mediendiensten, Medienhilfsunternehmen, etc.[244] Entsprechend den allgemeinen Regelungen ist ein Medienzusammenschluß zu untersagen, wenn dadurch eine marktbeherrschende Stellung entsteht oder verstärkt wird und kein "Befreiungsgrund" nach § 42b Abs 4 und 5 gegeben ist. Wie bei der deutschen Regelung, die ja als Vorbild diente, wird zuerst der relevante Markt abzugrenzen und danach der Beherrschungsgrad auf dem so ermittelten Markt festzustellen sein.[245] Hier wird nur auf Auswirkungen auf den Wirtschaftsmarkt - im Gegensatz zum Meinungsmarkt - abgestellt. So wäre hier etwa auch der Zusammenschluß zweier Zeitungsunternehmen ohne Beeinträchtigung der Medienvielfalt - etwa weil das weitere Erscheinen beider Blätter und die Selbständigkeit der Redaktionen sichergestellt ist - bei Vorliegen der übrigen Voraussetzungen zu untersagen.[246]

"6. "**Medienunternehmen":** ein Unternehmen, in dem die inhaltliche Gestaltung des Mediums besorgt wird und seine Herstellung und Verbreitung besorgt oder veranlaßt werden;

7. "**Mediendienst**": ein Unternehmen, das Medienunternehmen wiederkehrend mit Beiträgen in Wort, Schrift, Ton oder Bild versorgt."

243 § 42c Abs 3 KartGNov.

244 § 42c Abs 4 KartGNov.

245 Vgl. dazu die Ausführungen bei Kap. 5

246 Erläuterungen, S. 32.

Nach dieser Regelung wäre wohl schon der Zusammenschluß von Neuer Kronen Zeitung und Kurier durch die Beteiligung des WAZ-Konzerns zu untersagen gewesen. Aber auch jede weitere Beteiligung eines marktmächtigen Medienunternehmens an einem anderen Medienunternehmen, wie zuletzt die Kooperation der Kleinen Zeitung mit der Presse, dürfte hier auf Grenzen stoßen. Hier sind allerdings bei dem vorhandenen Konzentrationsgrad am österreichischen Tageszeitungsmarkt die durch den Zusammenschluß eintretenden verbesserten Wettbewerbsbedingungen gegenüber den auf nationaler Ebene auftretenden marktbeherrschenden Wettbewerbern abzuwägen gegenüber den eventuellen Nachteilen der Marktbeherrschung auf einem regionalen Markt. Natürlich kann das Kartellgericht auch hier den Ausspruch, daß der Zusammenschluß nicht untersagt wird, mit entsprechenden Beschränkungen oder Auflagen verbinden.[247] Ob das Kartellgericht die Nichtuntersagung des Zusammenschlusses auch mit Auflagen oder Beschränkungen zum Schutz der Medien- und Meinungsvielfalt verbinden kann, geht aus dem Wortlaut des Entwurfes und den Erläuterungen allerdings nicht klar hervor. Bei entsprechender Beachtung der erklärten Zielrichtung und der Systematik des Entwurfes[248] wird diese Frage wohl zu bejahen sein. Danach hätte das Kartellgericht etwa die Möglichkeit, durch entsprechende Auflagen bei Zusammenschlüssen die redaktionelle Unabhängigkeit der betroffenen Medien zu sichern. Spätestens damit ist die Parallelität zum deutschen Vorbild GWB zu Ende, ist es doch dem Bundeskartellamt verboten, bei der Beurteilung der Marktpositionen publizistische Kriterien zu berücksichtigen.[249]

Eine völlig vom deutschen Vorbild gelöste eigenständige österreichische Lösung stellt schließlich die Regelung des § 42c Abs 5 dar, wonach Medienzusammenschlüsse auch dann zu untersagen sind, wenn zu erwarten ist, daß durch den Zusammenschluß die **Medienvielfalt beeinträchtigt** wird. Ziel ist es, sicherzustellen, daß möglichst viele verschiedene Medien von unabhängigen wirtschaftlichen Einheiten produziert werden und so die Meinungsvielfalt in einer demokratischen Gesellschaft gefördert wird.[250] Diese Bestimmung ernst genommen und den Konzentrationsgrad am österreichischen Zeitungsmarkt bedenkend, müßte damit wohl der Spielraum für weitere Fusionen unter Tageszeitungen in Österreich sehr eingeschränkt sein. Freilich bleibt noch immer das Problem der Sanierungsfusionen. Es stellt sich näm-

247 § 42b Abs 5 KartGNov.

248 § 42c, der die Medienzusammenschlüsse regelt, verweist mehrfach auf die allgemeinen Regelungen der §§ 42a und 42b; vgl. § 42c Abs 4 und 5.

249 Vgl. GROSS, Presserecht 123, der auch auf den Wegfall der Zusageklausel hinweist, die nach der Regierungsvorlage in § 24a Abs 2 GWB eingefügt werden sollte, um zu ermöglichen, daß die Zusage der Aufrechterhaltung einer Lokalredaktion oder der Fortbestand einer Lokalausgabe - oder Zeitung - als Verbesserung der Wettbewerbsbedingungen nach § 24 Abs 1 GWB zu bewerten sei (BT-Drucks 593/74 S 11, BT-Drucks 7/2954 S 7).

250 Erläuterungen S. 32.

lich die Frage, was für die Meinungsvielfalt besser ist, eine redaktionelle (teil-)unabhängig aber wirtschaftlich verbundene weiterbestehende Tageszeitung oder gar keine Tageszeitung?[251] Außerdem scheint problematisch, was die Verfasser des Entwurfs als hinreichenden Schutz der Medienvielfalt betrachten: Wenn das "weitere Erscheinen der beiden Blätter und die Selbständigkeit der Redaktionen sichergestellt ist".[252] Diese Sicherheit kann natürlich nur eine momentane sein, und wie MESTMÄCKERS Untersuchung des WAZ-Modells gezeigt hat, ist es nahezu aussichtslos, die Interessen eines abhängigen Unternehmens gegen die kollidierenden Interessen des herrschenden Unternehmens nachhaltig zu schützen.[253]

Wie schon vom Bundeskanzler angesprochen, will der Entwurf keine "Entflechtungsmaßnahmen" einführen, da Erfahrungen im Ausland, insbesondere in der Bundesrepublik Deutschland gezeigt hätten, daß die zwangsweise Entflechtung eines vollzogenen Zusammenschlusses kaum praktikabel sei. Aber nicht nur Gründe der Praktikabilität sprächen gegen eine rückwirkende Zusammenschlußkontrolle, sondern auch verfassungsrechtliche Überlegungen: "Eine solche rückwirkende Zusammenschlußkontrolle würde wohl einen so gravierenden Eingriff in wohlerworbene Rechte bzw. eine so gravierende Verletzung des Vertrauens in eine bestimmte geltende Rechtslage bedeuten, daß sie im Sinn der Judikatur des Verfassungsgerichtshofes von vornherein unzulässig wäre."[254] Schon oben bei Punkt 3.1 wurde ausgeführt, daß und warum an dieser vorgeblichen "Offensichtlichkeit" Zweifel angemeldet werden können.

<u>Mißbrauch einer marktbeherrschenden Stellung</u>

Der Entwurf geht davon aus, daß das eigentliche Problem, dem etwa mit Entflechtungsregelungen beigekommen werden soll, im Bestehen einer marktbeherrschenden Stellung liegt. Ob diese nun durch einen früheren Zusammenschluß oder durch eigenständiges Wachstum zustandegekommen sei, wäre für die unerwünschten Auswirkungen auf den (Medien)Markt unerheblich. Der Entwurf sieht daher in § 35 Abs 3 nunmehr vor, daß das Kartellgericht nicht nur den Mißbrauch einer marktbeherrschenden Stellung - wie bisher - untersagen kann, sondern dem marktbeherrschenden Unternehmen unter Abwägung aller beteiligten Interessen zusätzlich auch den Auftrag zu einem positiven Tun erteilen kann, soweit dies notwendig ist, um die Fortsetzung oder Wiederholung des mißbräuchlichen Verhaltens zu verhindern. § 35 Abs 2 normiert ausdrücklich, daß bei der Beurteilung, ob ein Verhalten mißbräuchlich ist, auch darauf Bedacht zu nehmen ist, ob die Medienvielfalt dadurch beeinträchtigt wird. Die Erläuterungen entnehmen auch dem Medienbereich die Beispiele, um zu demonstrieren, woran hier zu denken wäre:

---

251 Vgl. DUCHKOWITSCH W. u.a. (Hrsg.), Zeitungs-Los, München, 1992.

252 Erläuterungen, S. 32.

253 MESTMÄCKER, Medienkonzentration 66.

254 Erläuterung, S. 28 f.

> "Marktbeherrschende Druckereien oder Vertriebsunternehmen, die ein wirtschaftliches Naheverhältnis zu einer bestimmten Zeitung haben, könnten dazu verhalten werden, den Druck und den Vertrieb anderer Zeitungen zu bestimmten Konditionen zu übernehmen. Wenn andere Maßnahmen nicht geeignet sind, das angestrebte Ziel ("Verhinderung der Fortsetzung oder Wiederholung des mißbräuchlichen Verhaltens") zu erreichen, kämen als letztes Mittel auch Maßnahmen in Frage, die in der öffentlichen Diskussion als **"Entflechtung"** bezeichnet worden sind (allerdings beschränkt auf Unternehmer, die ihre marktbeherrschende Stellung durch Zusammenschlüsse vor dem Inkrafttreten des Gesetzes erlangt haben, während die vorgeschlagene Regelung auch für Unternehmer gilt, die ihre marktbeherrschende Stellung durch eigenständiges Wachstum erreicht haben). Dies könnte etwa der Auftrag sein, Beteiligungen an einem anderen Unternehmen 'abzuspalten'."[255]

Also gibt es doch Entflechtungsmöglichkeiten im neuen Kartellrecht?! Was ist nun mit den oben geäußerten Bedenken gegen Entflechtungsmaßnahmen à la "Praktikabilität" und "wohlerworbene Rechte"?

Nicht neu wäre es auch, wenn in den Erläuterungen anderes zu finden wäre als im Gesetzestext - die hier zutage tretenden Widersprüchlichkeiten sollten allerdings durch eine Klarstellung im Gesetzestext beseitigt werden. Ganz abgesehen davon sieht Art IV des Entwurfs vor, daß das Bundesgesetz auf Zusammenschlüsse nicht anzuwenden ist, die vor dem Zeitpunkt seines Inkrafttretens zustandegekommen sind. Diese Bestimmung wörtlich genommen, würde entgegen den Erläuterungen, auch die Fassung des § 35 KartG und die darin vorgesehene Möglichkeit, Aufträge zu positivem Tun, die letztlich bis zur Entflechtung gehen können, unanwendbar machen. Darüber hinaus ist die Idee, im Rahmen der Mißbrauchsaufsicht Entflechtungsmaßnahmen vorzusehen, systematisch verfehlt: Entflechtung verhindert Marktmacht, Mißbrauchskontrolle verhindert nur deren Mißbrauch. Wird nun Entflechtung eingesetzt, um nur (bloß) Machtmißbrauch zu verhindern, so ist sie für dieses Regelungsziel überschießend und muß über die Notwendigkeitsprüfung zur Unanwendbarkeit führen. Im Ergebnis wäre ein Entflechtungsauftrag nach § 35 nur zulässig, wenn Marktmacht an sich Mißbrauch wäre, da überall anders gelindere Mittel eingesetzt werden können und müssen. Da das aber nicht der Fall ist, ist der Entflechtungsauftrag wie er nach § 35 des Entwurfs vorgesehen ist schon jetzt totes Recht.[256]

Überhaupt läßt sich fragen, ob der Ansatz der Mißbrauchsaufsicht allgemein der richtige ist. P.M. LINGENS hat die praktischen Probleme, die bei der Durchsetzung derartiger Regelungen auftreten, plastisch dargestellt:

---

[255] Erläuterungen S. 24 f.

[256] Ich danke Dr. Christian ZIB für diese Hinweise.

> "Man kann eine Druckerei in der Praxis kaum zwingen, eine Zeitung, die sie nicht drucken will, zu Bestbieterkonditionen zu drucken. Wie soll man - beispielsweise - hintanhalten, daß sie auch der hauseigenen Zeitung kurzerhand einen überhöhten Druckpreis verrechnet, weil sie weiß, daß die Einnahmen sowieso in den selben Topf fließen, während der gerichtlich aufgezwungene Konkurrent dem überhöhten Druckpreis hilflos ausgeliefert wäre? Wie soll man auch nur verhindern, daß bei jedem medialen Großereignis einer der Mikroprozessoren zufällig gerade dann den Geist aufgibt, wenn die Konkurrenz gedruckt wird? ("Kurier" und "Kronen Zeitung", die seit zwanzig Jahren die Möglichkeit ventilierten, in ein und derselben Druckerei gedruckt zu werden, unterließen das bis zur Gründung der KROKUWAZ, weil sie das Risiko scheuten, "daß irgendwem der Schraubenschlüssel in die Maschine fällt".)
>
> Ähnlich kühn ist die Hoffnung, man könne eine Vertriebsorganisation dazu zwingen, ein ungeliebtes Fremd-Produkt erfolgreich zu vertreiben. So setzt jede funktionierende Hauszustellung beispielsweise voraus, daß die Austräger der Zeitungen ständig kontrolliert werden und ihre Pakete nicht zeitsparend in den Kanal werfen. Bei "Kronen Zeitung" oder "Kurier" müßte man diesbezüglich keinerlei Sorge haben, denn einer Beschwerde der Abonnenten würde seitens des "Mediaprint"-Vertriebes sofort nachgegangen. Aber wer könnte in einem Gerichtsverfahren beweisen, daß der Beschwerde eines Abonnenten des "Standard" oder der "Presse" mit Absicht nicht nachgegangen wurde? "Auflagen" der beschriebenen Art können helfen - aber sie können "Entflechtung" vermutlich kaum ersetzen."[257]

Und auch in der Wissenschaft finden sich ähnliche Stellungnahmen. So schreibt MÖSCHEL in der Einleitung zu seiner Untersuchung über Entflechtungen im Recht der Wettbewerbsbeschränkungen:

> "Diese legislative Abstinenz in der Vergangenheit erweist sich als umso mißlicher, als punktuelle Verhaltenskorrekturen - Stichwort Mißbrauchsaufsicht - sich weltweit als inferior herausgestellt haben gegenüber stärker strukturellen Eingriffen im Sinne einer Ursachentherapie."[258]

Mißbrauchsaufsicht kann also Marktstrukturkontrolle nicht ersetzen. Sie hat eine andere Zielrichtung und ist mit einer Vielzahl von Problemen verbunden. Das gilt allgemein und auch im speziellen für einen konzentrierten Medienmarkt.

Verfahren

Die Effizienz kartellrechtlicher Kontrolle hängt entscheidend von der Ausgestaltung des Verfahrens ab - unter anderem daran krankt ja auch das geltende Kartellrecht.

---

[257] LINGENS, Wirtschaftswoche 9. Jänner 1992, 11.

[258] MÖSCHEL, Entlechtungen 1.

Doch auch hier soll der Entwurf Linderung bringen, indem er etwa im Kartellverfahren Antragsrechte auch den Unternehmern einräumt, deren rechtliche oder wirtschaftliche Interessen berührt werden.[259] Im Fall der Beeinträchtigung der Medienvielfalt durch den Mißbrauch einer marktbeherrschenden Stellung bzw. von Medienzusammenschlüssen sind nunmehr nicht nur die Amtsparteien,[260] Vereinigungen, die wirtschaftliche Unternehmerinteressen vertreten und betroffene Unternehmer beim Kartellgericht antragsberechtigt, sondern auch Vereinigungen, die die Interessen von Journalisten vertreten.[261] Diese Erweiterung des Kreises der Antragsberechtigten ist grundsätzlich zu begrüßen, da sie die Wahrscheinlichkeit erhöht, daß es zu einem kartellgerichtlichen Verfahren kommt, auch wenn sie zuwenig weitgehend ist und auch für das Verfahren im Zusammenhang mit der Fusionskontrolle gelten müßte. Fraglich bleibt jedoch, ob die mitgelieferte Begründung zutreffend ist. Danach hätten Journalisten "naturgemäß" ein besonderes Interesse an der Erhaltung der Medienvielfalt, was es rechtfertige, solche Vereinigungen insoweit mit Unternehmensinteressensverbänden gleichzustellen. Verfassungsrechtlich wird das Interesse an der Meinungsvielfalt allerdings in einem "Jedermann"-Grundrecht geortet, und eigentlich stellt das Interesse an einem freien Prozeß offener Kommunikation ein allgemeines staatsbürgerliches Interesse dar - demnach müßte jedermann antragsberechtigt sein oder doch zumindest eine Vereinigung der Medienkonsumenten. Daneben bleiben natürlich noch die Einwände, die gegen das Kartellgericht und dessen Zusammensetzung selbst vorgebracht werden können (s.o.).

4.3.3 Großbritannien

Großbritannien kennt ebenfalls eine **pressespezifische Fusionskontrolle**, die auf weichen Kriterien aufbaut. Wie die allgemeine Fusionskontrolle ist auch die Pressefusionskontrolle im Fair Trading Act 1973 verwirklicht. Im allgemeinen wird eine erste Untersuchung eines Zusammenschlusses vom Office of Fair Trading vorgenommen. Dessen Direktor kann dem Handelsminister vorschlagen, die Monopolies and Mergers Commission (MMC) mit einer umfassenden und intensiven Untersuchung zu beauftragen. Wenn die MMC zur Ansicht kommt, die betreffende Fusion widerspreche dem öffentlichen Interesse, so kann sie eine Modifikation der Konzentrationsvereinbarung oder gar eine Aufhebung der Vereinbarung vorschlagen. Um letzteres durchzusetzen, hat der Minister dem Parlament einen entsprechenden Gesetzesantrag vorzulegen. Bei Pressefusionen findet im Gegensatz dazu immer eine Prüfung vor dem Zusammenschluß statt, wenn eine gewisse Größenschwelle überschritten wird (durchschnittliche Auflage von 500.000 Stück). Eine Eigentumsübertragung in diesem Bereich bedarf immer der bedingten oder unbedingten

[259] So § 25 Abs 3 Z 3 KartGNov.

[260] § 44 KartG: Bund, Bundeskammer der gewerblichen Wirtschaft, Arbeiterkammertag, Präsidentenkonferenz der Landwirtschaftskammern.

[261] § 37 Z 4 und § 42a Abs 3 Z 4 KartGNov.

Zustimmung des Ministers, bei sonst drohender Nichtigkeit. Dieser muß zwingend - außer in dringenden Fällen, wenn er überzeugt ist, die betroffene Zeitung könnte sonst nicht überleben - die MMC befassen. Ohne Gutachten der MMC kann der Minister nur entscheiden, wenn die Fusion eine Zeitung mit einer Auflage unter 25.000 Stück betrifft.

Der Bericht der MMC beantwortet die Frage, ob die Eigentumsverschiebung dem öffentlichen Interesse widerspricht. Dabei sind alle relevanten Umstände zu berücksichtigen, insbesondere das **Bedürfnis nach einer objektiven Nachrichtenwiedergabe und nach Freiheit der Meinungsäußerung.**[262] Hier werden also klar publizistische Vielfaltsaspekte angesprochen, während die Begründung einer marktbeherrschenden Stellung zu den Umständen gehört, "which appear in the circumstances to be relevant".[263]

Der Test der MMC ist sehr breit angelegt. Er hat zum einen die Auswirkungen auf den relevanten Markt zu untersuchen und überhaupt die Entwicklungen auf dem Zeitungsmarkt zu beachten.

So prüft die MMC die Vereinbarkeit von Pressefusionen im Lokalbereich mit dem öffentlichen Interesse etwa an folgenden Kriterien:

- Die zukünftigen Aussichten der zu übernehmenden Zeitung, falls der beantragte Zusammenschluß nicht stattfindet.
- Die lokalen Auswirkungen des beantragten Zusammenschlusses.
- Die Auswirkungen des Zusammenschlusses auf die Wirtschaftlichkeit (commercial efficiency) der beteiligten Zeitungen sowie der Presse im allgemeinen.
- Die voraussichtlichen Wirkungen des Zusammenschlusses auf die zuverlässige Nachrichtendarstellung und freie Meinungsäußerung im Zeitungsbereich im allgemeinen und auf lokaler Ebene im besonderen.
- Die Bedeutung des Zusammenschlusses im Hinblick auf die Eigentumskonzentration im Pressewesen im allgemeinen.[264]

4.4 Harte Kriterien

Die jüngeren Regelungen Frankreichs und Italiens gegen die Medienkonzentration beschränken sich nicht auf eine mehr oder weniger explizite Beschwörung der Meinungs- und Medienvielfalt. Vielmehr werden klare Schwellen in bezug auf Markt-

[262] Fair Trading Act 1973 Section 59 Subsection 3: "On a reference made to them under this section (in this Act referred to as a "newspaper merger reference") the Commission shall report to the Secretary of State whether the transfer in question may be expected to operate against the public interest, taking into account all matters which appear in the circumstances to be relevant and, in particular, the need for accurate presentation of news and free expression of opinion."

[263] MESTMÄCKER, Medienkonzentration 70.

[264] MESTMÄCKER, Medienkonzentration 71 mwN.

und Eigentumsanteile definiert, deren Überschreiten mit bestimmten Sanktionen bedroht wird.

4.4.1 Frankreich

Die derzeit geltende Rechtsgrundlage zur Sicherung des Pluralismus im Medienbereich - versehen mit weitreichenden Transparenzvorschriften - findet sich im Gesetz vom 1. August 1986, vervollständigt durch das Gesetz vom 27. November 1986.[265] Dieses Gesetz, das eine nie richtig akzeptierte Regelung aus den Jahren 1984 und 1944 ablöste, sieht sich inspiriert von der Deklaration der Menschenrechte 1789 und dem Gesetz über die Pressefreiheit 1881.[266]

Frankreich kennt allerdings auch eine allgemeine Konzentrationskontrolle im Gesetz vom 19. Juli 1977. Und schon diesem Gesetz gegenüber wurden Bedenken vorgebracht, ob es denn wohl mit dem Prinzip der Pressefreiheit vereinbar sei. Um wieviel schärfer stellt sich diese Frage erst, wenn es um eine spezielle Fusions- und Konzentrationskontrolle für Medien geht? Bei diesen Fragen kam es zu einer grundlegenden Diskussion zwischen Senat und Nationalversammlung und schließlich auch einer Entscheidung des Conseil constitutionell. Dieser hatte schon 1984 festgestellt, daß die Vielfalt der allgemeinpolitischen Tageszeitungen in sich selbst ein Ziel von Verfassungswert sei.[267] Diese Position bezog der Conseil constitutionell auch 1986, als er die ursprüngliche Version der Regelungen zur Vielfaltssicherung untersuchte und für nicht verfassungskonform befand. Das deshalb, da die vorgesehene Regelung keinen wirksamen Schutz der Pressevielfalt oder genereller der Vielfalt der Medien, denen die Presse zuzuordnen ist, bewirke und errichte. Das Ergebnis dieser Bemühungen um eine Regelung zur Sicherung des Pluralismus im Bereich der Massenkommunikation in Frankreich ist nun eine Regelung, die mit Fug und Recht als **"particulierément complexe et détaillé"**[268] beschrieben werden kann. Deshalb folgen der ausführlichen schriftlichen Darstellung in den meisten französischen Quellen seitenlange Schemata, um die Regelungsstruktur anschaulich zu machen. Hier daher nur die Grundzüge der Regelung:[269]

Das derzeit geltende Regelungssystem enthält Vorschriften und Begrenzungen in bezug auf die **Kapitalanteile** (parts de capital), die jemand an bestimmten Medien-

---

[265] JO 28 novembre 1986 p 14297.

[266] Vgl. DUBOIS, Frankreich, in Wittmann (Hrsg.), Kartellrecht und Medien in Europa 40 (43 ff).

[267] Conseil constitutionell, decision des 10 et 11 octobre 1984: "le pluralisme des quotidiens d`information politique et generale (...) est en lui-meme un objectif de valeur constitutionell."

[268] DERIEUX, Pluralism de l`information, Legipresse 1991/9, 84.

[269] Für eine ausführliche Darstellung vgl. COUSIN/DELCORS, Le droit de la communication (Paris, 1990), Tome 1, 328 ff.

unternehmen haben darf und in bezug auf die **Marktanteile** (parts de marché), die diese Unternehmen halten, wobei beide Elemente häufig kombiniert angewendet werden. Weitere Differenzierungskriterien sind die Mediensparte, in der das Unternehmen tätig ist, und die räumliche Definition des Marktes (national, regional, etc.).

Die Begrenzung der zulässigen Kapitalanteile dient zur Sicherung des internen Pluralismus innerhalb des betreffenden Medienunternehmens und soll verhindern, daß wer auch immer, einen zu großen Einfluß in einem Mediensektor oder einem Unternehmen ausübt. Aus verschiedensten Gründen, die nicht immer offensichtlich sind, werden die Grenzen zulässiger Kapitalanteile bei verschiedenen Aktivitäten verschieden festgelegt. So darf eine physische oder juristische Person keinesfalls mehr als 25 % des Kapitals oder der Stimmrechte an einem Unternehmen haben, das ein nationales Fernsehprogramm betreibt.[270] Diese Grenze sinkt, wenn weitere gleichartige Beteiligungen im Fernsehbereich gehalten werden.

Für den Printbereich, genauer die allgemein politischen Tageszeitungen, gibt es im Gesetz vom 1. August 1986 keine expliziten Grenzen in bezug darauf, welchen Kapitalanteil eine physische oder juristische Person an einem Printunternehmen halten darf. Allerdings ergibt sich im Zusammenhang mit der Marktanteilsgrenze, die festlegt, daß niemand mehr als **30 % der Auflage gleichartiger Tageszeitungen** kontrollieren darf, die Notwendigkeit festzustellen, wann jemand eine Tageszeitung kontrolliert. Art 11 des Gesetzes vom 1. August 1986 verweist dazu auf Art 355-1 des Gesetzes vom 24. Juli 1966 über die Gesellschaften. Die Kontrolle ist danach gegeben, wenn ein Unternehmen direkt oder indirekt über die Mehrzahl der Stimmrechte in der Generalversammlung verfügt (Stimmrechtsverträge werden dabei berücksichtigt). Dabei wird angenommen, daß Kontrolle auch dann schon gegeben ist, wenn ein Unternehmen 40 % der Stimmrechte hält und kein anderes Unternehmen über dessen Stimmrechtsanteil liegt. Darüber hinaus ist nach Art 11 des Gesetzes vom 1. August 1986 "Kontrolle" auch dann gegeben, wenn eine physische oder juristische Person(engruppe) eine Publikation unter ihre Autorität oder in ihre Abhängigkeit gebracht hat ("aurait place une publication sous son autorité ou sa dependance").

Die Marktanteilsgrenze für allgemeinpolitische Tageszeitungen wird durch Art 11 des Gesetzes vom 1. August 1986 gezogen. Danach ist es bei Nichtigkeitsfolge untersagt, eine allgemeine oder politische Tageszeitung zu kaufen, deren Geschäftsführung zu übernehmen oder sonst beherrschenden Einfluß auszuüben, wenn dadurch eine physische oder juristische Person oder eine Gruppe von physischen oder juristischen Personen Eigentumsrechte bzw. direkten oder indirekten Einfluß über mehr als 30 % der französischen Auflage gleichartiger Tageszeitungen erhält. Diese Grenze gilt jedoch nur, wenn "Kontrolle" im oben definierten Sinn vorliegt. Unter dieser Beteiligungsintensität gilt auch die Marktanteilsgrenze nicht, und einem darüber hinausgehenden Engagement ist kein Limit gesetzt.

---

[270] Art 39 I; Gesetz vom 30. September 1986.

Als Sanktionen sind neben der Nichtigkeit auch strafrechtliche Konsequenzen gesetzt. Die folgenreichere Konsequenz dürfte dabei sicher die Nichtigkeit sein, auch wenn dabei noch viele Fragen offen sind, so etwa wer zur Rechtsdurchsetzung berufen ist und entscheiden soll, ob Nichtigkeit gegeben ist. Dazu sind eine Unmenge von Informationen notwendig, die zu erheben den Gerichten wohl an Instrumenten mangelt. Im Bereich multimedialer Konzentration dürfte die zentrale Kontrollinstanz das Conseil Superieur de l`audiovisuel (CSA) sein.[271] Zum Schutz der Vielfalt bei Tageszeitungen sind Gefängnisstrafen zwischen zwei Monaten und einem Jahr oder Geldstrafen zwischen 10.000 F und 200.000 F vorgesehen. Im audiovisuellen Bereich sind Geldstrafen zwischen 100.000 F und einer Million Francs vorgesehen.

4.4.2 Italien

Die Tageszeitungskonzentration ist in Italien recht markant: die fünf größten Gruppen kontrollieren 86,1 % der verkauften Auflage.[272] Dabei beträgt der Anteil der Gruppe Rizzoli/La Stampa 39,8 %. Eine rechtliche Neugestaltung der italienischen Medienlandschaft wurde 1990 vorgenommen:

<u>Legge Mammi</u>

Im Sommer 1990 hat der italienische Gesetzgeber einen entscheidenden Schritt zur Neuordnung des italienischen Medienmarktes unternommen und ein umfassendes, klar gegliedertes, durchaus modernen Gesichtspunkten entsprechendes Radio- und Fernsehgesetz verabschiedet.[273]

Diesem Gesetz waren heftige Diskussionen über den Wildwuchs im italienischen Mediensystem vorangegangen. Die Liberalisierung des Rundfunkmarktes war ja vom Verfassungsgerichtshof (Corte Constiterzionale) ausgegangen, der 1976[274] das RAI-Monopol im Lokalbereich für unzulässig erklärt hatte. In einer späteren Entscheidung hatte er allerdings das Monopol auf nationaler Ebene für verfassungskonform gehalten.[275] Da es allerdings zu keinen gesetzgeberischen Maßnahmen kam, die die neue Situation geregelt hätten, entwickelte sich der Markt - inmitten von rechtlichen Unsicherheiten - recht chaotisch.[276] So war am Ende der Entwicklung

---

271 Vgl. DERIEUX, Pluralisme de l`information, Legipresse 1991/9, 91 f.

272 Zahlen für 1989, Vergleichszahl 1981: 74,6 % nach Europaratsbericht, 177.

273 Legge n. 223, "Disciplina del sistema radiotelevisivo pubblico e privato", Gazz. uffic. 9 agosto 1990; vgl. GATNAR, Neues Radio- und Fernsehgesetz in Italien, MuR 1990, 177.

274 sent. n. 202/1976.

275 sent. n. 148/1981.

276 Entgegen den Urteilen des Verfassungsgerichtshofes schlossen sich einige Stationen zu nationalen Netzwerken zusammen - es kam zu einem Einschreiten einiger

dann auch SILVIO BERLUSCONI Eigentümer von drei italienweit ausgestrahlten Programmen (Italia Uno, Rete Quattro, Canale 5). Als BERLUSCONI auch noch Anstalten machte, eine der größten Tageszeitungen ("La Repubblica") zu kaufen, kam es zu einer breiten Medienkonzentrationsdiskussion. Das Gesetz enthält nun in Art 15 ein "Verbot beherrschender Stellungen im Bereich der Massenmedien".[277] Anknüpfungspunkt ist dabei die Konzession, die Voraussetzung für den Betrieb von Hörfunk und Fernsehen ist. Danach darf eine Konzession für ein Fernsehunternehmen nicht erhalten, wer zugleich die Kontrolle über ein Verlagsunternehmen ausübt, das eine Tageszeitung mit mehr als 16 % der Gesamtauflage der italienischen Tageszeitungen herausgibt. Wer eine Konzession für ein Fernsehunternehmen auf nationaler Ebene hat, darf nicht gleichzeitig ein Verlagsunternehmen kontrollieren, das eine Tageszeitung mit mehr als 16 % der Gesamtauflage italienischer Tageszeitungen herausgibt. Wer mehr als eine Konzession für Fernsehen auf nationaler Ebene besitzt, darf nicht die Kontrolle über mehr als 8 % der italienischen Tageszeitungsgesamtauflage kontrollieren; im übrigen gilt, daß Tageszeitungsverlage höchstens über zwei nationale Fernsehkonzessionen verfügen dürfen. Daraus ergibt sich folgende Regel, innerhalb welcher Schranken eine Medienverflechtung zulässig ist:

kontrollierte Tageszeitungsauflage	zulässige nationale Fernsehkonzessionen
größer 16 %	keine
16 % - 8 %	1
kleiner 8 %	2
kein Engagement im Tageszeitungsmarkt	3

Nach Art 15 Abs 4 darf ein Konzessionsnehmer für den nationalen Rundfunk (Fernsehen und Hörfunk) über insgesamt höchstens 25 % der Zahl der nationalen Sendenetze und jedenfalls nicht mehr als drei Konzessionen verfügen.

Zur korrekten Durchführung des Gesetzes wurde als oberste Rundfunkbehörde ein "Garantiebeauftragter für das Rundfunk-, Fernseh- und Verlagswesen" eingerichtet.[278] Zu den Aufgaben des Garantiebeauftragten gehört unter anderem die Führung des Registers der Radio- und Fernsehunternehmen und des nationalen Presseregisters. Für die Übertragung des Eigentums an Radio- und Fernsehunternehmen sieht Art 13 eine Anzeigepflicht vor: Werden mehr als 10 % der Gesellschaftsanteile an private Radio- und Fernsehstationen übertragen, so ist innerhalb von zehn Tagen

---

Richter. Eine Art Notgesetz (decreto legal n. 807/1984) wurde erlassen, um in Grundzügen das Verhältnis zwischen privatem und öffentlichem Rundfunk zu regeln.

277 "Divieto di posizioni dominanti nell' ambito dei mezzi di communicazione di masse". Titel zu Art 15.

278 Art 6, Garante per la radiodiffusione e l'editoria.

ab der Übertragung dem Garantiebeauftragten unter der Anlage der entsprechenden Unterlagen eine Anzeige zu erstatten. Durch diesen wird kontrolliert, ob nicht ein unzulässiger Zusammenschluß erfolgt. Eine Übertragung ist nur bei Eintragung in das nationale Register der Radio- und Fernsehunternehmen rechtswirksam.

Darüberhinaus erklärt Art 15 Abs 2 jegliche Art von Eigentumsübertragung sowie Pacht- oder Managementverträgen für **nichtig**, wenn dadurch ein Rechtssubjekt (auch über beherrschte oder verbundene Unternehmen) mehr als **20 % der Gesamtressourcen** des Sektors der Massenmedien kontrolliert. Darunter wird die Gesamtheit der Einkünfte verstanden, die aus dem Verkauf von Zeitungen und Zeitschriften, audiovisuellen Produkten, Abonnementgebühren sowie aus der Werbung stammen. Bezieht das Unternehmen mindestens zwei Drittel der Gesamteinnahmen aus dem Sektor der Massenmedien, so liegt die Grenze für den Anteil an den Gesamtressourcen bei 25 %.

Daneben kennt Italien noch eine pressespezifische Konzentrationsbeschränkung, die weitere Konzentrationsvorgänge zu verhindern versucht.[279] Die Konzentrationskontrolle baut auf dem Konzept der Marktbeherrschung auf. Dabei ist vorgesehen, daß verschiedene Konzentrationstatbestände, wie Vermögensübertragungen, Fusionen, Lizenzverträge etc.,[280] relevant werden, wenn bestimmte Schwellenwerte überschritten werden. Eine marktbeherrschende Position wird dann angenommen, wenn eine natürliche oder juristische Person

1.) selbst oder über kontrollierte Unternehmen Tageszeitungen mit mehr als 20 % Marktanteil an der (Jahres)-Gesamtauflage der italienischen Tageszeitungen herausgibt; oder

2.) selbst oder über ein kontrolliertes Unternehmen mehr als 50 % der Gesamtauflage der Publikationen in einer Region mit mehr als einer Zeitung herausgibt; oder

3.) selbst oder über ein kontrolliertes Unternehmen mehr als 50 % der Gesamtauflage der Tageszeitungen für einen interregionalen Bereich herausgibt. Solche interregionale Bereiche sind Nord-West (Piemont, Aostatal, Lombardei, Ligurien), Nord-Ost (Trentino, Südtirol, Veneto, Friaul Julisch Venetien, Emilia-Romagna), Zentrum (Toskana, Umbrien, Latien, Abruzzen) und Süden (die restlichen Regionen);

4.) Anteile in Unternehmen erwirbt, die mehr als 30 % der Gesamtauflage der in Italien im Vorjahr produzierten Tageszeitungen herausgibt.

---

279 Legge 25 febbraio 1987, n. 67. - Rinnovo della legge 5 agosto 1981, n. 416, recante disciplina delle imprese editrici e provvidenze per l'editoria (Gazz. Uff. del 9 marzo 1987, n. 56 suppl. ord.; vgl. SORTINO, Italien, in Wittmann (Hrsg.), Kartellrecht und Medien in Europa 54.

280 Vgl. Art 3 Abs 4 leg.cit.

Zur Definition, was unter einem kontrollierten Unternehmen zu verstehen ist, wird auf das Zivilrecht verwiesen.[281] Es handelt sich jedenfalls dann um ein kontrolliertes Unternehmen, wenn ein Eigentümer mehr als 50 % des Kapitals einer Gesellschaft hält. Darüber hinaus wird aber auch noch vermutet, daß eine de facto Kontrolle vorliegt,

- wenn die Möglichkeit besteht, Gewinne oder Verluste von einer auf die andere Gesellschaft zu übertragen;
- oder das Management von Presse und anderen Unternehmen zu gemeinsamen Zwecken koordiniert wird bzw. zwischen den Unternehmen nur begrenzter Wettbewerb herrscht;
- oder Gewinne ausgeschüttet / Verluste zugewiesen werden, die zum Kapital in keinem Verhältnis stehen;
- oder Befugnisse erteilt werden, die jene übersteigen, die aus der Aktieninhaberschaft ableitbar sind;
- oder andere Geschäftsführer und Führungspersönlichkeiten bestellt werden, als dies aufgrund der Eigentumsform vorgesehen wäre.[282]

Die wesentliche Rechtsfolge einer Überschreitung der eben genannten Schwellen durch eine Vermögensverschiebung, Vereinbarung, etc. ist die durch das Gesetz angeordnete absolute Nichtigkeit des Rechtsgeschäfts. In anderen Fällen, etwa beim Anteilserwerb an Nicht-Medienunternehmen, kann das Rechtsgeschäft durch den Garante aufgehoben werden, wenn es zu einer marktbeherrschenden Stellung führen würde. Die Durchsetzung dieser Normen wird durch Transparenzvorschriften abgesichert.[283] Danach haben Medienunternehmen dem Garante gegenüber ihre Eigentümerstruktur sowie Eigentumsübertragungen bekanntzugeben und genau definierte Angaben zu ihrer finanziellen Situation zu machen. Diese Regeln betreffen nur das externe Unternehmenswachstum und setzen internem Wachstum keine Grenzen.

4.5 Defizite und Stärken

Wettbewerbsrechtliche Maßnahmen, die an wirtschaftliche Zusammenschlußtatbestände anknüpfen - und das ist bei kartellrechtlichen Regelungen der Regelfall - erfassen nur einen Aspekt der möglichen Konzentrationsformen im Medienbereich. Ausgeblendet bleiben dabei alle publizistischen Konzentrationstendenzen, die für die Funktionsfähigkeit der Kommunikationsordnung nicht minder gefährlich sein können. Wenn wirtschaftliche Fusionskontrolle dann noch jedwede Beachtung der Auswirkungen auf den publizistischen Markt ausschließt, bedeutet das eine weitere Einschränkung des möglichen Anwendungsbereiches. Das ist ja das vorherrschende Verständnis der Regelungen im deutschen GWB, das publizistische Aspekte aus der Überlegung ausklammert. Wie sich das auswirkt, zeigt sich plastisch an der herr-

[281] Art 2359 Codice Civile.

[282] SORTINO, Italien, in Wittmann (Hrsg.), Kartellrecht und Medien in Europa 60.

[283] Ausdrücklich in Art 21 der Italienischen Verfassung für zulässig erklärt.

schenden Vorstellung über die Anwendbarkeit des GWB auf intermediäre Zusammenschlüsse: Für die Abgrenzung des sachlich relevanten Marktes ist ja nur der Werbemarkt heranzuziehen. Es muß zwischen den betroffenen Medien zumindest Substitutionswettbewerb herrschen, und die nachteiligen Folgen auf den Pressemarkt dürfen nicht durch Verbesserungen der Wettbewerbsbedingungen am Rundfunkmarkt überwogen werden. Diese selektiven Bedingungen machen das GWB für intermediäre Zusammenschlüsse nahezu unanwendbar. Das dennoch vorhandene Regelungsbedürfnis wird und muß in Deutschland über die Landesmediengesetze erfüllt werden. Daß die Instrumente des Wettbewerbsrechtes aber auch für das Ziel der Sicherung der Meinungsvielfalt verwendet werden kann, beweist der Entwurf zur KartG-Novelle, wie er nun vorliegt, oder die Schweizer Auffassung, die die publizistischen Aspekte bei der Abwägung volkswirtschaftlicher und sozialer Nachteile berücksichtigen will.

Um es andersherum noch einmal klar zu formulieren: Eine rein wirtschaftliche Fusionskontrolle muß im Medienbereich Defizite aufweisen, da sie den doppelten Charakter von Medienprodukten als "Ware" und als "publizistischer Faktor" nicht berücksichtigt. Diese publizistischen Konzentrationsphänomene müssen dann eben außerhalb des Wettbewerbsrechts geregelt werden. Die Bundesrepublik beweist allerdings, daß auch rein wirtschaftliche Fusionskontrolle in ihrem Bereich durchaus erfolgreich sein kann, wenn sie mit entsprechender Konsequenz umgesetzt wird. Als Erfolg ist immerhin anzuerkennen, daß die Anzahl der publizistischen Einheiten seit der Einführung einer pressespezifischen Fusionskontrolle relativ stabil ist, allerdings bei hohem Konzentrationsniveau.

Der Versuch, eine wesentliche Voraussetzung der Meinungsvielfalt - die Medienvielfalt - durch wettbewerbsrechtliche Maßnahmen zu sichern, stößt auch auf andere Probleme und Grenzen, die im folgenden angerissen werden:

Wettbewerb und Ideologie

Wettbewerbsgesetze zeichnen sich weltweit durch einen hohen Anteil an unbestimmten Rechtsbegriffen und Generalklauseln aus. Das ist nicht nur und nicht immer die Flucht des Gesetzgebers vor der Verantwortung, sondern bedingt durch die Komplexität und die Entwicklungsoffenheit des Regelungsgegenstandes - der Wettbewerbsprozesse. Bei der Konkretisierung solcher vager Rechtsbegriffe, sowohl für die Feststellung des Sachverhaltes als auch für die Folgendiskussion, bleiben die Rechtsanwendungsorgane auf die Methoden der sogenannten Wirklichkeitswissenschaften angewiesen. Nur ein theoretisches Referenzsystem erlaubt ein systematisches Verständnis einer Rechts- und Wirtschaftsordnung, das seinerseits wieder innerhalb einer Rechtsfortbildung fruchtbar gemacht werden kann.[284] An konkurrierenden Konzepten besteht kein Mangel: Die "freie Konkurrenz" der Klassiker (A. Smith und D. Ricardo); Preistheorie; Workability-Konzepte, Systemtheoretischer

[284] MÖSCHEL, Pressekonzentration 37.

Ansatz (Konzeption der Wettbewerbsfreiheit); Theorie der Wettbewerbsbeschränkungen, Chicago-School - um nur einige Denkschulen zu nennen.[285] Insgesamt haben die Ökonomen, vor allem im Laufe der Nachkriegszeit, wettbewerbstheoretische Ansätze in Menge produziert, die zudem oft ausgesprochen widersprüchlich sind. Das ist ein unschöner Reflex der Tatsache, daß es, wie Manson schon 1953 formulierte, so viele Leitbilder des wirksamen oder effektiven Wettbewerbs gibt, wie wirksame und effektive Ökonomen existieren. Die Leistungsfähigkeit der Wettbewerbstheorien wird deshalb selbst nicht von allen Ökonomen mit Zuversicht eingeschätzt; "die Diskrepanz zwischen Realität und Lehrbuch ... ist nirgends größer als im Bereiche der Preis- und Wettbewerbstheorie" (Baubach).[286] Was wundert es daher, wenn selbst die Großmeister des Wettbewerbsrechts resigniert feststellen, "daß das Phänomen des Wettbewerbs offenbar bisher wissenschaftlich nicht bewältigt ist", weshalb auch allenthalben eine Ernüchterung gegenüber den Möglichkeiten einer staatlichen Wettbewerbsschutzpolitik unverkennbar sei.[287] Und daß diese Wirrnisse noch lange nicht überstanden sind, beweist das wiederholte Aufflammen der Diskussion um die Grundlagen des Wettbewerbsrechts.[288] Das alles macht wettbewerbsrechtliche Regelungen noch nicht zur Gänze absolet, zeigt aber Grenzen in der Justiziabilität auf.

Wenn etwa die "Chicago-Schule", die empirisch nachweisbare Zusammenhänge zwischen Marktstruktur, Marktverhalten und Marktergebnissen leugnet und meint, die Konzentration auf einem Markt bei Abwesenheit künstlicher Marktzutrittsschranken spiegle bei ausreichend langfristiger Betrachtungsweise stets nur die unterschiedliche Kostensituation der Unternehmen wider, zur herrschenden Meinung werden sollte (was sie in den USA in der Reagan/Bush-Ära wohl war), dann hat das natürlich Konsequenzen für die kartellrechtliche Fusionskontrolle. Der Schluß der Chicago-School ist nämlich, daß sich der Staat auf die Bekämpfung künstlicher Marktzutrittsschranken zu beschränken habe, im übrigen aber auf die Selbstleitungskraft des Wettbewerbs vertrauen möge, wobei insbesondere Eingriffe

285 Vgl. die Übersichtsdarstellungen bei MÖSCHEL, Recht der Wettbewerbsbeschränkungen 42 ff; EMMERICH, Kartellrecht 6 ff.

286 LINDER, Veraltete Grundlagen der Wettbewerbspolitik, NZZ Nr. 131, 10./11.6.1990, 13.

287 EMMERICH, Kartellrecht 15 ff.

288 Zur aktuellen Diskussion in der Schweiz etwa: Kartellrechtlicher Kontrahierungszwang, NZZ Nr. 35, 14.2.1991, S. 18; BLATTNER, Fälliger Ideenwettbewerb in der Wettbewerbspolitik, NZZ Nr. 145, 26.6.1990, S. 13; als Antwort auf: LINDER, Veraltete Grundlagen der Wettbewerbspolitik? eine Replik auf eine Philippika aus Bankenkreisen, NZZ Nr 131, 10./11.6.l1990, S. 13; als Antwort auf: BLATTNER, Wirtschaftswissenschaftliche Grundlagen der Wettbewerbspolitik, NZZ Nr. 42, 21.2.1990, S. 13; THOMANN, Besonderheiten schweizerischen Wettbewerbsrechts im internationalen Kontext, NZZ Nr. 35, 14.2.1991, S. 18; HOMBURGER, Fragwürdige Anwendung des Kartellgesetzes, NZZ Nr. 217, 20.9.1989, S. 20.

in die Marktstrukturen abgelehnt werden. Genau das ist es aber, was im Pressebereich zu fordern ist, will man marktschwächere Unternehmen, die aufgrund gewisser Spezifika des Medienmarktes (Dualer-Markt, Anzeigen/Auflagen-Spirale, economies of scale etc.) Wettbewerbsnachteile haben, nicht zu dauernden Subventionsempfängern machen und ihnen dennoch das Überleben sichern.

Die Offenheit wettbewerbsrechtlicher Normtexte und die vielen Generalklauseln weisen dem Rechtsanwender eine zentrale Rolle zu und kennzeichnen zwei weitere Problempunkte: die Frage der Effizienz der Instrumente der Rechtsdurchsetzung und das Problem politischer Einflußnahme bzw. Abhängigkeiten der entscheidenden Instanzen - Probleme, die allerdings nicht nur bei der Durchsetzung kartellrechtlicher Normen auftreten.

Effizienz der Rechtsdurchsetzung

Die rechtsvergleichende Umschau zeigt vielleicht gerade im Bereich der Medienkonzentration, daß nicht so sehr die in Gesetzen formulierten Wünsche und Ziele entscheidend sind, als vielmehr das, was dann auch praktisch durchgesetzt wird bzw. durchgesetzt werden kann. Mit dem Wort Vollzugsdefizit wird dieses Auseinanderklaffen von Recht(sordnung) und Realität beschrieben. Solche Umsetzungsdefizite gab/gibt es in speziellen Antikonzentrationsregelungen für den Pressebereich in Italien und Frankreich.[289] Aber auch im Kartellrecht wird nahezu jede Reform von dem Wunsch getragen, das rechtliche Instrumentarium zu verbessern. Das ist ein wesentliches Motiv der derzeit in Schweden laufenden Reformbemühungen, aber auch die Erläuterungen zur österreichischen KartGNovelle bekennen ein, daß das Sanktionensystem des Kartellgesetzes 1988 zwar theoretisch lückenlos und theoretisch sehr streng war. Da es aber aus einer Reihe von Gründen fast nie zu einer strafgerichtlichen Verfolgung, geschweige denn einer Anklage kam, ist die Strafdrohung tatsächlich nicht sehr effektiv.[290] Die Defizite bei der Rechtsdurchsetzung können bei der Feststellung des Sachverhalts, im eigentlichen Verfahren und der Behördenorganisation und beim Interventionsrepertoir der einschreitenden Behörde liegen. Anmelde-, Anzeige- und Mitwirkungspflichten der Parteien erleichtern nicht unwesentlich die Arbeit der Wettbewerbsbehörde. Hindernisse für ein zweckmäßiges Verfahren können in mangelhafter Organisationsstruktur der untersuchenden Behörde (z.B. zu wenig Personal, um entsprechende Untersuchungen und Verfahren zu bewältigen) und umständlichen Verfahrensschritten, mangelnder Koordination mit anderen Behörden, etc. liegen.

---

[289] Vgl. etwa: COUSIN/DELLROS, Le droit de la communication, Tome 1, 322; DUBOIS, Frankreich, in Wittmann, Kartellrecht 45.

[290] Erläuterungen S. 4.

Qualität des rechtsanwendenden Organs

Wenn dem Rechtsanwendungsorgan, wie im Wettbewerbsrecht notwendig, ein weiter Spielraum zukommt, ist natürlich besonders entscheidend, wem diese Aufgabe zukommt. Es gibt grundsätzlich zwei Möglichkeiten: die Kontrolle Verwaltungsbehörden zu übertragen oder Gerichte damit zu beauftragen. Die häufigste Lösung liegt allerdings dazwischen bei irgendwelchen Mischsystemen. In Deutschland ist etwa gegen Untersagungen des Bundeskartellamtes (einem Verwaltungsverfahren) die Beschwerde zum KG Berlin als Tatsacheninstanz und dem Kartellsenat des Bundesgerichtshofes als Beschwerdeinstanz möglich.[291] In diesem Zusammenhang muß noch einmal auf das schon erörterte Problem der Zusammensetzung des österreichischen Kartellgerichts hingewiesen werden.[292] Das zentrale Problem ist dabei, inwieweit politische Instanzen in den Entscheidungsprozeß eingreifen können (Ministererlaubnis).

Vorzug für medienrechtliche Regelungen

Auch medienrechtliche Regelungen treffen die Probleme der Umsetzung: Bei medienrechtlichen Regelungen ist die theoretische Fundierung wohl auch noch nicht völlig unstreitig; erinnert sei nur an das Problem, wie denn Meinungsvielfalt zu bestimmen wäre. Aber medienrechtliche Regelungen haben immerhin den einen großen theoretischen Vorteil, Medien auch in ihrer weiteren wesentlichen Qualität, nämlich als publizistischen Faktor zu erkennen. Daraus resultiert die Forderung, daß Konzentrationskontrolle im Medienbereich diese publizistischen Aspekte möglichst konkret berücksichtigt. Ein Konzentrationsgrad, der für das Funktionieren des (wirtschaftlichen) Marktes noch lange nicht problematisch sein mag, kann im Hinblick auf die Funktion der Medien im Prozeß der gesellschaftlichen Kommunikation unvertretbar sein. Dabei kann der Rechtsvergleich aufzeigen, was in demokratischen Gesellschaften als maximal verträglicher Konzentrationsgrad angesehen wird.

So wird in Frankreich und Italien der maximal zulässige Marktanteil am Tageszeitungsmarkt mit 30 % festgelegt. Ein externes Unternehmenswachstum über diese Schwelle hinaus ist nicht möglich.[293] Damit wird gewissermaßen ein europäischer Standard definiert, der auch bei der Interpretation von Art 10 EMRK Berücksichtigung finden kann. Österreich liegt wohl weit darüber: Kronen Zeitung und Kurier verfügen gemeinsam über eine nationale Reichweite von mehr als 50 %. Dieser vergleichsweise hohe Konzentrationsgrad rechtfertigt nicht nur staatliche Eingriffe, sondern fordert sie, will man die Logik der Regelungen in Frankreich und Italien auf Österreich beziehen. Dabei hätte der österreichische Gesetzgeber in der Wahl seiner

[291] §§ 51 ff GWB.

[292] Vgl. auch REBHAHN, WBl 1991, 396.

[293] Auch die von der Günther Kommission vorgeschlagenen Schwellenwerte bewegen sich in diesem Bereich. Da aber das Auflagenwachstum direkt begrenzt werden sollte, war der Eingriff als unverhältnismäßig zu qualifizieren.

Mittel im Rahmen der Verhältnismäßigkeit einen weiten Spielraum. Rechtspolitisch gesehen sind möglichst klare Lösungen wünschenswert. Diese setzen allerdings einen entsprechenden politischen Willen voraus. Zu denken ist hier etwa an Schwellenwerte nach italienischem oder französischem Vorbild, die allerdings nur in Kombination mit Entflechtungsmaßnahmen Sinn machen. Möglich scheint auch, vielfaltssichernde Auflagen für marktbeherrschende Medienunternehmen vorzusehen, die Binnenpluralität garantieren sollen, wobei aber der grundrechtliche Vorrang für die Sicherung der Meinungsvielfalt durch externe Pluralität zu beachten ist.

Abbildung 2
Instrumente der Fusionskontrolle im Medienbereich

	wirtschaftsrechtliche Regelung	medienrechtliche Regelung weiche Kriterien	medienrechtliche Regelung harte Kriterien
Österreich		①	
Schweden	☆		
Schweiz		❷	
Deutschland	❷		
Frankreich			❷
USA			❷

① Regelung geplant

❷ Regelung vorhanden

☆ Regelung ineffizient

Übersicht: Rechtsgrundlagen für die Beschränkung der Medienkonzentration in den Vergleichsländern

Land	Rechtsgrundlagen	Beschränkungen intramediärer Konzentration	Beschränkungen intermediärer Konzentration
A	Art 10 EMRK Kartellgesetz 1988	keine Regelungen	(noch) keine Regelungen
S	königliche Verordnung 1789 Konkurrensbegränsningslagen 1953 RBP 1953:603 Wettbewerbsgesetz 1983	Wettbewerbs-Ombudsmann kann im allgemeinen, wirtschafts-kartellrechtlichen Verfahren einen Fall vor den Handels-Gerichtshof bringen, wenn eine gütliche Einigung nicht erzielt wird. Das Gesetz soll verhindern, daß eine marktbeherrschende Stellung erreicht oder ausgebaut wird. Keine Sonderregelungen für Medienunternehmen.	keine Regelungen
CH	Art 20 und Art 20 bis der Bundesverfassung Kartellgesetz 1985, AS 1986/874, SR 101 Bundesgesetz über Radio und Fernsehen 1991	Untersagung eines Zusammenschlusses, wenn dadurch eine den Markt maßgeblich beeinflussende Stellung begründet oder verstärkrt wird und überdies Anhaltspunkt für volkswirtschaftlich oder sozial schädliche Auswirkungen bestehen.	Konzession für elektronisches Medium kann erteilt werden, wenn der Bewerber die Meinungs- und Angebotsvielfalt nicht gefährdet.

Land	Rechtsgrundlagen	Beschränkungen intramediärer Konzentration	Beschränkungen intermediärer Konzentration
GB	Kartellgesetz 1973 Rundfunkgesetz 1990	Pressespezifische Fusionskontrolle: Zusammenschluß von Zeitungsunternehmen mit einer Tagesauflage von mehr als 500.000 Stück bedarf der Zustimmung des Ministers. Ein Gutachten der MMC beantwortet die Frage, ob Eigentumsverschiebung öffentlichen Interessen (Bedürfnis nach einer objektiven Nachrichtenwiedergabe und nach Freiheit der Meinungsäußerung) widerspricht.	Beschränkung der Eigentumsanteile, die Zeitungsunternehmen an elektronischen Medien halten dürfen, mit fixen Schwellenwerten und differenziert nach regionalem Verbreitungsgebiet.
BRD	Verfassungsrecht: Artikel 5 Grundgesetz §§ 22, 23 und 24 des Gesetzes gegen Wettbewerbseinschränkungen (GWB), Bundeskompetenz Rundfunkstaatsvertrag vom 31.8.1991 Landesmediengesetze	Zusammenschlüsse von Unternehmen, die sich mit dem Verlag, der Herstellung oder dem Vertrieb von Zeitungen und Zeitschriften befassen, können untersagt werden, wenn der gemeinsame Umsatz mehr als 25 Mio DM beträgt und durch den Zusammenschluß eine marktbeherrschende Stellung entstünde.	Verschiedene Regelungen in den Landesmediengesetzen: - Bestimmungen zur Verhinderung von Doppelmonopolen; - z.B.: in Bayern; Schleswig-Holstein und Hessen kann die Sendelizenz verweigert werden, wenn der Bewerber eine dominierende Position in der Tagespresse einnimmt.

Land	Rechtsgrundlagen	Beschränkungen intramediärer Konzentration	Beschränkungen intermediärer Konzentration
FRANKREICH	Artikel 11 der Deklaration der Menschenrechte von 1789 Gesetz Nr. 86/897 vom 1. Oktober 1986 ergänzt durch Gesetz Nr. 86/1210 vom 27. November 1986 Geset vom 30. September 1986 in der Fassung durch das Gesetz Nr. 89/25 vom 17. Jänner 1989	Übernahme einer politischen oder allgemeinen Tageszeitung ist nicht gestattet, wenn dadurch ein Unternehmen oder eine Unternehmensgruppe die Kontrolle über mehr als 30% der Auflage aller gleichartigen Zeitungen in Frankreich erlangte. Transparenzregelungen: - kein Anteilserwerb unter fremden Namen; - alle Anteile müssen namentlich gezeichnet sein; - Publikationspflichten - Information der Leser bei Übertragung von 1/3 der Eigentums- oder Stimmrechtsanteile	Die Genehmigung für einen terrestrischen Hörfunk-, Fernseh- oder Kabel-Sender wird nicht erteilt, wenn das Unternehmen Einfluß hat auf: a) national: politische und allgemeine Tageszeitungen mit 20% oder mehr der Gesamtauflage aller vergleichbaren Zeitungen in Frankreich b) regional: eine oder mehrere in der Region vertriebene landesweite oder nicht landesweite Tageszeitungen

Land	Rechtsgrundlagen	**Beschränkungen intramediärer Konzentration**	**Beschränkungen intermediärer Konzentration**
ITALIEN	Artikel 21, 41, 42 und 43 der Verfassung von 1948 Gesetz Nr. 416 vom 5. 8.81, geändert durch Gesetz Nr. 67 vom 25. Februar 1987 und Gesetz Nr. 223 vom 6.August 1990 Gesetz Nr. 223 vom 6.August 1990	Rechtsgeschäfte, die zu einer "vorherrschenden Stellung" führen sind ungültig. Eine vorherrschende Stellung ist gegeben, wenn ein Unternehmen einen Tageszeitungsverlag besitzt oder beherrscht, dessen Publikationen: - eine Auflage von mehr als 20% der Gesamtauflage aller italienischen Tageszeitungen erreichen oder - 50% der in einer bestimmten Region erscheinenden Titel ausmachen oder - eine Auflage von mehr als 50 % der Gesamtauflage der Tageszeitungen in demselben interregionalen Gebiet erreichen.	Zulassungsvoraussetzungen von Zeitungsverlagen beherrschten Medienunternehmen zur nationalen Fernsehveranstaltung: - keine Lizenzerteilung möglich, wenn Zeitungsverlag im vergangenen Jahr mehr als 16 % der Gesamtauflage der italienischen Tageszeitungen erreicht hat; - nur eine Lizenz, wenn der Zeitungsverlag mehr als 8 % der Gesamtauflage der italienischen Tageszeitungen erreicht hat; - maximal 2 Lizenzen möglich, wenn der Zeitungsverlag weniger als 8 % der Gesamtauflage der italienischen Tageszeitungen erreicht hat.
		Eigentumsübertragungen, Pacht- und Managementverträge, Aktienübertragungen usw. zwischen Medienunternehmen sind ungültig, wenn dadurch einer Person direkt oder indirekt mehr als 20 % der Gesamteinnahmen im Massenmedienbereich zufallen.	

5. Multimediale Konzentration

Die wirtschaftliche oder publizistische Verbindung von Printmedienunternehmen und elektronischen Medien, insbesondere im gleichen Verbreitungsgebiet, wird überall als Problem betrachtet, das einer Regelung bedarf. Dabei spielt sicher mit, daß die Liberalisierung in Europa erst relativ spät einsetzte und man daher auf entsprechenden US-amerikanischen Erfahrungen aufbauen konnte. Im Unterschied zum Problem der Pressekonzentration wird multimedialer Konzentration in den untersuchten Rechtsordnungen immer mit **spezifisch mediengesetzlichen Regelungen** begegnet. Daneben wird in der Bundesrepublik auch die Anwendbarkeit des allgemeinen Kartellrechts im Rundfunkbereich grundsätzlich bejaht.

Deutschland: harte und weiche Kriterien

Die Öffnung des Rundfunkmarktes für private Rundfunkveranstalter und die Tendenz von Printmedienunternehmen, sich in diesem Bereich zu etablieren, warf schon bald die Frage auf, inwieweit das GWB und dessen Fusionskontrollvorschriften auch hier anwendbar sind. Es geht dabei um die Frage des **Verhältnisses zwischen Rundfunkrecht und Wettbewerbsrecht** bzw. um die Anwendbarkeit der Fusionskontrollvorschriften des GWB. Inzwischen scheint klargestellt, daß die Herstellung und Verbreitung von Programmen die Veranstalter zu Unternehmern macht. Daher unterliegen auch privatwirtschaftlich organisierte Anbieter von Rundfunkprogrammen den GWB-Normen, und selbst öffentlich-rechtliche Rundfunkanstalten können in den Anwendungsbereich des GWB fallen.[294]

Die schon angesprochene Frage des Verhältnisses zwischen Rundfunk- und Wettbewerbsrecht hat einen konkreten Hintergrund in den verschiedenen Kompetenzbefugnissen: Während für rundfunkrechtliche Belange die deutschen Länder zuständig sind, ist das Wettbewerbsrecht Sache des Bundes. Daraus wird der Schluß gezogen, daß bei der Beurteilung des publizistischen Wettbewerbs der Schwerpunkt auf die landesrechtlichen Regelungen des Rundfunkrechts zu legen ist, bei der Beurteilung des wirtschaftlichen Wettbewerbs dagegen auf das GWB. Hier scheinen auch zwei einander nicht verstehende Welten aufeinander zu treffen: die Verfassungsrechtler auf der einen und die Wettbewerbsrechtler auf der anderen Seite, die einander in verschiedensten Fragen mit diametral entgegengesetzten Positionen gegenüber stehen.[295] Hinter den widersprüchlichen Antworten, die auf diverse Fragen - wie etwa, ob das Wettbewerbsrecht auf den öffentlich-rechtlichen Rundfunk anwendbar sei - gegeben werden, steht ein divergierendes Verständnis vom dem, was Rundfunk ist: Während die eine Seite eher die kulturelle und staatspolitische

[294] SPIELER, Fusionskontrolle 158.

[295] Vgl. HOFFMANN-RIEM (Hrsg.), Rundfunk im Wettbewerbsrecht (1988); vgl. auch KIRCHER, WuW 1990, 128 (130).

Dimension sieht, dominiert anderenorts (naturgemäß) die Marktorientierung.[296] Das ist aber nur die oberste Schicht des Konfliktes, der nicht nur auf Fragen im Zusammenhang mit dem Rundfunk beschränkt bleibt, sondern alle Medien betrifft. Die tiefer liegende Frage ist, welche Funktion Massenmedien zukommt und wie sie demnach zu behandeln sind. Darf oder muß man den Markt der Massenmedien anders behandeln als den der Kleinwagen?

Die **grundsätzliche Anwendbarkeit des GWB** mit der wettbewerbsrechtlich herrschenden Meinung **annehmend**, ist auch im Zusammenhang mit intermediären Zusammenschlüssen nach den allgemeinen Regeln vorzugehen.

Die sachliche Marktabgrenzung erfolgt auch in diesem Fall nach dem Bedarfsmarktkonzept. Dabei geht das Bundeskartellamt davon aus, daß derzeit weder im Hörfunk noch im Rundfunk Rezipientenmärkte bestehen, weil der Leistung (Programm) keine identifizierbare Gegenleistung gegenüberstehe und somit keine Abwägung beider Güter erfolge.[297] Denn ist das Programmangebot werbefinanziert, so erfolgte mit dem Rezipienten kein wirtschaftlicher Austausch. Ist eine öffentlich-rechtliche Gebühr zu zahlen, wäre dies eine Art Pauschale für den Zugang zum Medium überhaupt; die konkrete Nutzung wäre dann kostenlos. Ausschlaggebend sind vielmehr die **Werbemärkte**. Zwar bilden dabei Hörfunk-, Fernsehmarkt und Printmärkte aufgrund zahlreicher Besonderheiten jeweils für sich sachlich relevante Märkte. Die nachfragende Werbewirtschaft sieht diese Märkte zwar nicht als austauschbar, aber doch als komplementär an; das heißt, daß im Tatsächlichen gewisse Substitutionsbeziehungen bestehen.

Die **Entstehung oder Verstärkung einer marktbeherrschenden Stellung** kann sich nur auf Rundfunkwerbemärkte oder Printwerbemärkte beziehen. Dabei kann man zwei Fallgruppen unterscheiden:

Beteiligung lokaler/regionaler Zeitungsverlage am Rundfunk: Viele Zeitungsverleger drängen in den Rundfunkmarkt, um dadurch die Rundfunkwerbung derart steuern zu können, daß das Anzeigengeschäft der Zeitung nicht leidet (z.B. durch Kombinationstarife). Damit § 24 Abs 1 zur Anwendung kommen kann, müssen folgende Kriterien erfüllt sein: Zwischen Rundfunk- und Zeitungsmarkt muß zumindest Substitutionswettbewerb bestehen. Das Printmedium muß in der Lage sein, seine Absicherungsstrategie innerhalb des Rundfunkunternehmens durchzusetzen, und das Rundfunkunternehmen muß diese Strategie innerhalb des Marktes durchsetzen können.[298] Schließlich dürfen die nachteiligen Wirkungen auf dem Pressemarkt nicht überwogen werden durch eine Verbesserung der Wettbewerbsbedingungen im

---

296 Vgl. HOFFMANN-RIEM, AöR 1985, 529ff bzw. EMMERICH,AfP 1989, 433f.

297 Vgl. KIRCHER, WuW 1990, 128 (130), der vom Arbeitskreis Kartellrecht des Bundeskartellamtes berichtet und anschaulich die deutsche Meinungspalette darstellt.

298 Das wird überall dort nicht der Fall sein, wo andere/öffentlich-rechtliche Rundfunkanstalten den Markt dominieren. Am ehesten wird dieses Kriterium daher auf lokalen Märkten erfüllt werden.

Rundfunkmarkt, die mit der Tatsache eines neuen Wettbewerbers verbunden sein können.

Nur unter diesen **sehr selektiven Bedingungen** kann das GWB media-cross-ownership verhindern. Noch weniger greifen fusionskontrollrechtliche Bestimmungen bei **Zusammenschlüssen zwischen überregionalen Medienunternehmen und Rundfunkanbietern**. Die Marktstellung der öffentlich-rechtlichen Anstalten ist derart verfestigt, daß Absicherungsstrategien zugunsten privater Medienunternehmen bis auf weiteres nicht durchsetzbar scheinen. Das hat vom Wettbewerbsrecht her den **seltsamen Effekt**, daß die Fusionskontrolle bei den privaten "Großen" weniger greift als bei den privaten "Kleinen".[299]

Neben diesen wettbewerbsrechtlichen Regelungen des GWB finden sich auch in den **Landesmediengesetzen** diverse Bestimmungen, die der Sicherung der Meinungsvielfalt dienen. Auch enthält der "Staatsvertrag über den Rundfunk im Vereinten Deutschland vom 31. August 1991"[300] Regeln zur Sicherung der Meinungsvielfalt. Danach darf ein Veranstalter bundesweit im Hörfunk und im Fernsehen jeweils nicht mehr als zwei Programme verbreiten. Darunter darf jeweils nur ein Vollprogramm oder ein Spartenprogramm mit Schwerpunkt Information sein.[301]

Primär sind in bezug auf die multimediale Verflechtung die landesgesetzlichen Regelungen, die als "medienrechtlich" zu bezeichnen wären, von Bedeutung. Dabei bietet sich in der Bundesrepublik schon deshalb ein buntes Bild, da Rundfunk Ländersache ist und daher verschiedene Regelungsansätze verwirklicht wurden. Im Zentrum steht dabei die Sicherung der Meinungsvielfalt, denn nach der Rechtsprechung des Bundesverfassungsgerichts fordert Art 5 Abs 1 Satz 2 GG für die Veranstaltung privaten Rundfunks **gesetzliche Vorkehrungen**, die sicherstellen, "daß die **Vielfalt** bestehender Meinungen im Rundfunk in bestmöglicher Breite und Vollständigkeit Ausdruck findet und daß auf diese Weise umfassende Information geboten wird".[302] Der Gesetzgeber ist insbesondere auch zu Vorkehrungen gegen die Entstehung vorherrschender Meinungsmacht verpflichtet. Zur Sicherung der Vielfalt kann der Gesetzgeber eine binnenpluralistische Struktur der Veranstalter vorsehen, er kann aber auch eine Gestaltungsform wählen, bei der das Gesamtangebot der inländischen Programme auch tatsächlich der bestehenden Meinungsvielfalt im wesentlichen entspricht.[303]

Auch in seiner jüngsten Entscheidung hat der Gerichtshof diese Rechtsprechung fortgeführt:[304] Er bleibt bei seiner systematisch teleologischen Interpretation der Gewährleistung der Rundfunkfreiheit. Entscheidend ist danach die Funktion des

---

299 SPIELER, Fusionskontrolle 200 ff.

300 Abgedruckt in Media Perspektiven Dokumentation IIIa/1991.

301 § 21 leg cit.

302 BVerfGE 57, 295 (320).

303 Vgl. BVerfGE 73, 118 (153 ff).

304 U 5.2.1991 = JZ 1991, 346 mit Anm. HESSE.

Rundfunks für die freie öffentliche und individuelle Meinungsbildung. Die kann nur gelingen, wenn der Rundfunk frei, umfassend und wahrheitsgemäß informiert. Dazu muß er einerseits frei von staatlichem Einfluß betrieben werden, es muß aber auch sichergestellt werden, daß der Rundfunk die Vielfalt der Themen und Meinungen wiedergibt, die in der Gesellschaft eine Rolle spielen.

Diesen Anforderungen des Bundesverfassungsgerichts sind die deutschen Bundesländer auf unterschiedliche Weise nachgekommen. Abgesehen davon, daß die Mediengesetze einiger Länder die Vielfalt lokaler und regionaler Veranstalter fördern[305] und die übrigen auf die Errichtung landesweiter Senderketten setzen, kann man auch für den Privatrundfunk drei Ordnungsmodelle unterscheiden:

- Das einzelne private Programm muß in sich ausgewogen sein (**binnenplurales Modell**).[306]
- Die Rundfunkprogramme in ihrer Gesamtheit - die öffentlich-rechtlichen eingeschlossen - müssen die bedeutsamen politischen, weltanschaulichen und gesellschaftlichen Meinungen widerspiegeln (**außenplurales Modell**).[307]
- Daneben gibt es **Mischmodelle**, die auf außenplurale Vielfalt setzen, solange allerdings nicht wenigstens 3 bis 4 gleichwertige Programme angeboten werden, ist jedes Rundfunkprogramm zur Meinungsvielfalt verpflichtet.[308]

Unterschiedlich sind auch die Regelungen, soweit sie auf die Printmedienbeteiligung an Radioprojekten eingehen. Nicht in allen Landesmediengesetzen finden sich entsprechende Regelungen, wohl aber finden sich überall vielfaltssichernde Regeln[309] und zumeist Bestimmungen, die die mehrfache Programmveranstaltung ausschließen sollen.

Was die Beteiligung von Printmedien betrifft, reicht der Bogen der in den Landesmediengesetzen verwirklichten Regeln von allgemeinen Vielfaltsforderungen über Sonderbeschränkung bis zum Ausschluß marktbeherrschender Printmedien; dabei wird sowohl an harte als auch an weiche Kriterien angeknüpft.

Im Verhältnis zu den anderen Landesrundfunkordnungen ist **Bayern** als Alleinveranstalter von Rundfunkprogrammen schon von der Grundkonzeption her ein **Sonderfall**: Im Freistaat wird der private Rundfunk, der im Rahmen des Medienerprobungs- und -entwicklungsgesetzes (MEG) "versuchsweise" veranstaltet wird, "in öffentlicher Verantwortung und in öffentlich-rechtlicher Trägerschaft der

305 Baden-Württemberg, Bayern, Nordrhein-Westfalen.

306 Vgl. §§ 67 LRG Nordrhein-Westfalen (hier werden nur Veranstaltergemeinschaften zugelassen, wobei jenen, die die größere Meinungsvielfalt im Programm erwarten lassen, der Vorzug bei knappen Übertragungskapazitäten zu geben ist), § 6 Hamburgisches MedienG.

307 Art 3 MEG Bayern.

308 Vgl. § 12 Abs 2 LRG Rheinland-Pfalz.

309 Vgl. § 61 KPPG Berlin; § 7 LRG Nordrhein-Westfalen.

Bayerischen Landeszentrale für neue Medien" betrieben.[310] Das deshalb, weil die bayerische Landesverfassung einen Vorbehalt "öffentlich-rechtlicher Trägerschaft" (Art 111 a Abs 2 Satz 1 BV) enthält. Dieser Vorbehalt ging durch einen Volksentscheid 1973 in die Landesverfassung ein und besagt - kurz gefaßt -, daß das Staatsvolk in Bayern keinen privat-kommerziellen Rundfunk will. In der aktuellen Medienpolitik wird dieser historische Volkswille allerdings nicht mehr ohne weiteres nachvollzogen, weshalb auch das MEG diesen kompromißhaft-chargierenden Charakter hat.[311]

Träger des Versuchs nach dem MEG sind der Bayerische Rundfunk, das Zweite Deutsche Fernsehen, **Zusammenschlüsse von Zeitungsverlagen**, von Zeitschriftenverlagen und von Film- und Videounternehmen im Freistaat Bayern.[312] Die Beteiligten regeln Einzelheiten des Versuches im Wege der Vereinbarung. Was die konkrete Beteiligung von Printmedienunternehmen an neuen Rundfunkprogrammen betrifft[313], so verlangt Art 25 Abs 6 MEG, daß ein Anbieter durch seine Beteiligung an Rundfunkprogrammen "nicht in einem hohen Maße ungleichgewichtigen Einfluß auf die Bildung der öffentlichen Meinung im Verbreitungsgebiet" erhält. "Stehen für ein Rundfunkprogramm nur zwei Anbieter zur Verfügung oder können mehrere Frequenzen für dasselbe Verbreitungsgebiet genutzt werden, darf der Anteil eines Anbieters, der bei im Verbreitungsgebiet des Programmes periodisch erscheinenden Druckwerken eine marktbeherrschende Stellung hat, 50 v.H. der Hauptsendezeit oder der Gesamtsendezeit an Rundfunkprogrammen nicht übersteigen; im übrigen soll der Anteil der Anbieter mit marktbeherrschender Stellung ein Drittel nicht übersteigen." Damit wird die Beteiligung marktbeherrschender Printunternehmer an Rundfunkprojekten in bezug auf die **Sendezeit** beschränkt, und zwar abhängig davon, wieviele private Anbieter vorhanden sind.

Eine ähnliche Regelung findet sich im Gesetz über den privaten Rundfunk in **Hessen** (HPRG). Auch hier wird an ein sendungsbezogenes Kriterium angeknüpft - allerdings nicht an die Sendezeit. Abgestellt wird vielmehr auf **Sendungen mit lokalem oder regionalem Bezug**. Diese dürfen nicht zu mehr als der Hälfte von einem Unternehmen zugeliefert werden, das für das Verbreitungsgebiet der Sendungen bestimmte periodische Druckwerke mit mehr als 20 % Marktanteil verlegt.[314]

---

310 Art 2 Abs 1 MEG Bayern.

311 Vgl. STOCK, Privatrundfunk als "öffentlich-rechtlicher Rundfunk"? JZ 1991, 645 (646) mwN.

312 Art 6 MEG.

313 Vgl. vierter Abschnitt MEG Bayern.

314 § 16 HPRG.

Vielfaltssicherung als weiches Kriterium

Auch in Berlin wird in den Vergabegrundsätzen[315] die Meinungsvielfalt mehrfach angesprochen. Zunächst darf ein Anbieter nur je ein Hörfunk- und ein Fernsehprogramm betreiben.[316] Der für die Frequenzvergabe zuständige Kabelrat hat darauf zu achten, daß die in Berlin ortsüblich empfangbaren Programme in ihrer Gesamtheit der Vielfalt der in der Gesellschaft vorhandenen Meinungsrichtungen Ausdruck geben; einzelne gesellschaftliche oder politische Gruppen dürfen im Gesamtangebot keinen beherrschenden Einfluß ausüben. Für die Auswahlentscheidung in bezug auf die Meinungsvielfalt hat der Kabelrat vorrangig zu berücksichtigen, "in welcher Weise das Angebot zur Vielfalt in den Berliner Medien beiträgt".[317] Daß das bei der Auswahl schon etablierter oder gar marktbeherrschender Medien nicht notwendigerweise der Fall ist, liegt auf der Hand.

Nordrhein-Westfalen verhindert schon dadurch vielfaltsgefährdendes Engagement marktbeherrschender Medienunternehmen, indem es nur Veranstaltergemeinschaften zur Veranstaltung von Rundfunk zuläßt. Die Veranstaltergemeinschaft hat durch geeignete Vorkehrungen, z.B. einen Programmbeirat, zu gewährleisten, daß es durch Mehrheitsbeteiligungen nicht zu einer vorherrschenden Einwirkung auf die Meinungsbildung durch privaten Rundfunk kommt. **Baden-Württemberg** spricht im LandesmedienG die Zeitungsverleger direkt an und verlangt, daß deren Medienmacht neutralisiert wird:[318] Ist ein Verleger Veranstalter oder zu mehr als 50 % an einer Anbietergemeinschaft beteiligt, so ist eine Zulassung zur Programmveranstaltung nur bei besonderen vielfaltssichernden Vorkehrungen möglich. Sowohl nach Organisation, insbesondere Zusammensetzung des Programmbeirates aus Vertretern der im Verbreitungsgebiet wesentlichen Meinungsrichtungen, als auch nach Programmschema und Programmgrundsätzen muß "reichlich" Gewähr dafür geboten sein, daß die Sendungen insgesamt ein ausgewogenes Meinungsbild vermitteln.

Begrenzung der Eigentumsanteile als hartes Kriterium

Der häufigst gewählte Weg in Deutschland ist allerdings der, die Tageszeitungen mit marktbeherrschender Stellung auf dem relevanten geographischen Markt davon auszuschließen, als Alleinveranstalter Rundfunk zu betreiben, und ihren Anteil in einer allfälligen Veranstaltergemeinschaft zu beschränken. Dabei werden marktbeherrschenden Medienunternehmen in Hamburg[319] und Bremen [320] höchstens 25 % der Stimmrechte an Veranstaltergemeinschaften erlaubt; das Rundfunkgesetz für das Saarland erlaubt marktbeherrschenden Printmedienunternehmen die Teilnahme an

[315] § 61 Abs 1 und Abs 2 KPPG.

[316] § 60 Abs 2 KPPG.

[317] § 61 Abs 3 Z 1 KPPG.

[318] Vgl. § 22 LandesmedienG.

[319] Vgl. § 18 Abs 2 HambMedienG.

[320] Vgl. § 8 Abs 4 BremLMG.

Veranstaltungsgemeinschaften, wenn deren Sendeanteil ein Drittel des Programmumfanges und der Stimmrechte nicht übersteigt. Bemerkenswert sind auch die vielfach anzutreffenden Absicherungen gegen Umgehungsversuche. So stellt etwa § 40 LRG Saarland klar, daß nicht nur Unternehmer mit einer oder mehreren Tageszeitungen, die im Verbreitungsgebiet eine marktbeherrschende Stellung haben, einer Sonderbehandlung unterzogen werden, sondern auch Unternehmen, die die Mehrheit der Kapital- oder Stimmrechtsanteile besitzen oder in anderer Weise wesentlichen Einfluß auf die Programmgestaltung ausüben, sowie Personen, die an einem solchen Unternehmen in leitender Stellung mitwirken. § 12 Abs 2 MedienG Hamburg stellt klar, daß, wenn eine Anbietergemeinschaft bestimmte Sendeanteile für die Beteiligten vorsieht, die Sendezeit eines solchen Unternehmens insgesamt und hinsichtlich der Informationssendungen als Teil des Programms höchstens 25 % der Gesamtsendezeit betragen darf.

Allein auf **"weiche Kriterien"** verläßt sich die **Schweiz**. Diesen Vorstellungen kam der Bundesrat in seinem Vorschlag für ein Bundesgesetz über Radio und Fernsehen im wesentlichen nach. Danach dürfte eine Konzession, die für die Veranstaltung von Radio und Fernsehen notwendig ist, nur erteilt werden, wenn verschiedene Voraussetzungen vorliegen. So dann, wenn (unter anderem) der **Bewerber im Versorgungsgebiet keine publizistische Vormachtstellung**, welche die Meinungs- oder Angebotsvielfalt gefährdet, **besitzt oder** durch die Konzessionserteilung **erlangt**."[321] Reichen für ein Verbreitungsgebiet mehrere Bewerber Gesuche ein, so sollen jene bevorzugt werden, deren Programm mehr zur freien Meinungsbildung und kulturellen Entfaltung beiträgt, einen stärkeren Bezug zum Versorgungsgebiet hat und einen größeren Anteil an Eigenproduktionen aufweist. Nach den Erläuterungen zu dieser Bestimmung ist es deren Ziel, die Meinungsvielfalt zu erhalten und zu fördern. Daraus könne allerdings kein Verbot für Zeitungsverleger abgeleitet werden, sich im Bereich der elektronischen Medien zu engagieren.[322]

Im **"Bundesgesetz über Radio und Fernsehen (RTVG)"** vom 21. Juni 1991 wird nun in Art 3 ein Auftrag an Radio und Fernsehen "insgesamt" formuliert, nach dem diese zur freien Meinungsbildung, zu einer allgemeinen, vielfältigen und sachgerechten Information der Zuhörer und Zuschauer sowie zu deren Bildung und Unterhaltung betragen sollen; nicht zu vergessen die staatsbürgerlichen Kenntnisse, deren Vermittlung auch noch zum umschriebenen Aufgabenkreis gehört. Was die Kontrolle bezüglich cross-ownership betrifft, so präsentiert sie sich in der Gesetz gewordenen Fassung etwas "schlanker": Es heißt nunmehr, eine Konzession kann erteilt werden, wenn u.a. **"der Bewerber die Meinungs- und Angebotsvielfalt nicht gefährdet";**[323] Konzessionsbehörde ist der Bundesrat, der diese Funktion für

---

[321] Art 10 Abs 1 lit g Entwurf Bundesgesetz über Radio und Fernsehen (RTVG), in: Botschaft zum Bundesgesetz über Radio und Fernsehen vom 28. September 1987, BBl 1987 III 689.

[322] Botschaft BBl 1987 III 689 Seite 45.

[323] Art 11 Abs 1 lit g RTVG.

die Veranstaltung regionaler und lokaler Programme dem Eidgenössischen Verkehrs- und Energiewirtschaftsdepartement übertragen kann. Die Konzessionsdauer beträgt im Verordnungsentwurf für die Veranstaltung von lokalen und regionalen Programmen fünf Jahre.[324]

Demgegenüber stellen die Entwürfe, die **in Österreich** derzeit diskutiert werden, eher auf **"harte Kriterien"** ab. Konkreter Ausgangspunkt der Liberalisierungsdiskussion in Österreich war die Vereinbarung zwischen ORF und VÖZ vom 24.11.1987.[325] Diese Vereinbarung war durch mehrere Absonderlichkeiten gekennzeichnet, die hier erwähnt werden sollen, da sie nicht ganz untypisch für österreichische Verhältnisse sind:

Zuerst fällt auf, daß die Agierenden in diesem Zusammenhang nicht Parteien oder sonstige politische Handlungsträger waren, sondern eine öffentlich-rechtliche Körperschaft mit gesetzlich verankertem Informationsauftrag (ORF) auf der einen und der Verband der Zeitungsherausgeber auf der anderen Seite. Welche **(Statisten-)Rolle die Politiker** nach dem Verständnis der Vertragspartner einnehmen sollten, wird aus den Details klar:

> "Diese Vereinbarung wird vor dem Bundeskanzler und dem Vizekanzler vom Generalintendanten des ORF und dem Präsidenten des VÖZ unterfertigt."[326]

Daß Medien Politik betreiben, ist in Österreich ja nicht neu - erinnert sei nur an das Rundfunkvolksbegehren und das damit initiierte Rundfunkgesetz 1966. Das Ausmaß, in dem die österreichischen Medienpolitiker durch Untätigkeit von der "Täter-" in die "Opfer-Rolle" geschlittert sind, ist allerdings erstaunlich und im Hinblick auf die zustandegekommene Medienkonzentration bedenklich zugleich, ganz abgesehen von der eigentlichen juristischen Frage, in welcher Funktion und mit welcher Bedeutung Kanzler und Vizekanzler diesen Akt hinnahmen und wie das verfassungsrechtlich zu qualifizieren sei.

Besonders pikant waren die Vorstellungen der Vertragspartner allerdings in bezug auf den **intermediären Wettbewerb**:

> "Im Falle der Realisierung von Pilotprojekten sind alle in ihrem Verbreitungsgebiet betroffenen Tageszeitungen und regionalen Wochenzeitungen mit bundeslandweiter Verbreitung auf Vorschlag des VÖZ zur Mitarbeit einzuladen."[327]

---

324 Art 5 Entwurf Radio- und Fernsehverordnung, RTVV vom 31. Juli 1991.

325 Vgl. dazu im Detail TRETTENBREIN, ÖJZ 1989, 363 ff.

326 Pkt 4.4 der Zusatzvereinbarung vom 24.11.1987.

327 Pkt. 1.3. der Zusatzvereinbarung.

Statt Konzentrationsbegrenzung also alleiniger Zugang für Printmedien zur Veranstaltung von Rundfunk, so die damaligen Vorstellungen.[328] Für Wien hätte das etwa geheißen, neben Mediaprint-Krone-Kurier im Printbereich auch noch ein Mediaprint-Radio zu installieren. Zwar wurde in der Diskussion diesen Vorstellungen eine Absage erteilt, aber auch die nun vorliegenden Entwürfe sind noch zu kritisieren.

Derzeit noch aktuell in der etwas abgeflauten Diskussion sind der Entwurf der Koalitionsparteien und ein Vorschlag der Grünen, die beide mehr oder weniger effiziente Begrenzungen der multimedialen Verflechtung vorsehen.

Koalitionsentwurf

Am Ende der letzten Legislaturperiode kam es zwischen den Regierungsparteien zu Verhandlungen, die im **Regionalradiogesetz-Entwurf**[329] gipfelten. Neben anderen Schwachstellen enthält dieser Entwurf vor allem im Bereich der intermediären Verflechtung einige Probleme. § 12 im Entwurf regelt die Beteiligung von Medienunternehmen:

> "§ 12 Beteiligung von Medienunternehmen
>
> (1) Ein Inhaber eines periodischen Mediums (§ 1 Abs 1 Z 2 Mediengesetz) sowie Kapitalgesellschaften, an denen ein solcher Medieninhaber direkt oder indirekt maßgeblich beteiligt ist, dürfen an einem Programmveranstalter mit höchstens 25 v.H. beteiligt sein; die Beteiligung kann bis zu 35 v.H. betragen, sofern die über 25 v.H. hinausgehenden Anteilsrechte nicht stimmberechtigt sind.
>
> (2) Konzernunternehmen im Sinne des § 15 Aktiengesetz dürfen an einem Programmveranstalter gemeinsam mit nicht mehr als dem Zweifachen der in § 12 Absatz 1 dieses Bundesgesetzes genannten Höchstsätze beteiligt sein."[330]

In dieser Bestimmung wird an die Terminologie des Mediengesetzes angeknüpft, das die Begriffe "periodisches Medium", "Medienunternehmer" und "Medieninhaber" definiert.[331] Damit ist die Beteiligung aller Medienunternehmen - egal ob elektronisch oder print - erfaßt. Anknüpfungspunkt ist der Inhaber eines periodischen Mediums, also jene natürliche oder juristische Person, in deren Unternehmen die inhaltliche Gestaltung des periodischen Mediums erfolgt und seine Herstellung verbreitet, besorgt oder veranlaßt wird. Für alle Medieninhaber gelten die gleichen Beteiligungsgrenzen von 25 % bzw. 35 %. Es wird nicht auf eine marktbeherrschende Stellung im wettbewerbsrechtlichen Sinn oder eine publizistische Vormacht-

---

328 Vgl. auch HOLOUBEK, in Korinek/Holoubek, Rundfunksystem 21; AICHER/ZIB, Regelungsmodelle 26.

329 Vgl. WITTMANN, MuR 1990, 126 ff, Text des Entwurfs: MuR 1990, 159.

330 Wiedergegeben in MuR 1990, 159 (160).

331 § 1 Abs 1 Z 2, 6 und 8.

stellung, die die Meinungsvielfalt bedroht, sondern generell auf die Beteiligung anderer Medieninhaber abgestellt. Es wird dadurch allerdings nicht ausgeschlossen, daß etwa vier Printmedien gemeinsam ein Privatradio, ohne Beteiligung von Außenseitern, betreiben; genausowenig ist es ausgeschlossen, daß die Erstzeitung eines Bundeslandes an einem Radioprojekt beteiligt ist. Wie WITTMANN[332] richtig ausgeführt hat, stellt sich die Frage nach der Wirksamkeit dieser Konzentrationsregel besonders dort, wo ein Presseunternehmen mit mehreren getrennten Zeitungstiteln, die wirtschaftlich verbunden sind, auftritt - Stichwort: Mediaprint. Sind derart wirtschaftlich verbundene Zeitungstitel getrennt zu zählen oder ist das dahinter stehende Gemeinschaftsunternehmen der Anknüpfungspunkt? Im ersten Fall wird die von dieser Regelung vorgeblich angestrebte publizistische Machtteilung wohl allzu leicht unterlaufen werden. Aber selbst die zweite Interpretationsvariante befriedigt nicht, da sie sogar eklatant marktbeherrschende Printmedienunternehmen nicht von der Bildung eines "Duopols" ausschließt, ihnen also ermöglicht, am gleichen geographischen Markt im Tageszeitungsbereich marktbeherrschend zu sein und dennoch eine Beteiligung an einem Hörfunkveranstalter zu halten.

Entwurf der Grünen

Im Dezember 1991 haben der Grüne Parlamentsclub und eine "Pressure Group freies Radio" einen Entwurf für ein Privatradiogesetz vorgelegt, das neben den kommerziellen Privatradios auch Nichtkommerzielles ermöglichen will.[333] Zur Finanzierung der freien Radios soll ein Radiofonds errichtet werden, in den 1 % der Werbeeinnahmen einbezahlt werden sollen.[334] Wie sich der ganze Entwurf im Verhältnis zum Koalitionsentwurf präziser und stringenter verhält, so auch die Antikonzentrationsbestimmung des § 9:

> "(1) Bei der Erteilung einer Lizenz ist insbesondere auch darauf zu achten, daß hiedurch auf internationaler, nationaler, regionaler und lokaler Ebene der Konzentration im Medienbereich - sei es auch im Zusammenwirken mit Printmedien - kein Vorschub geleistet wird.
> (2) Eine Lizenz darf daher an eine/n Antragsteller/in nur erteilt werden, wenn
> a) an dem Radiounternehmen Medieninhaber (Verleger) oder Mediendienste mit einem Marktanteil von weniger als 40 v.H. im gesamten Bundesgebiet und zwar mit höchstens 25 v.H. beteiligt sind;
> b) an dem Radiounternehmen Medieninhaber (Verleger) oder Mediendienste, die einen Marktanteil von mehr als 50 v.H. im geplanten Verbreitungsgebiet besitzen, nicht beteiligt sind;
> c) an dem Radiounternehmen Medieninhaber (Verleger) oder Mediendienste aus dem Ausland mit weniger als 25 v.H. beteiligt sind."

332 Vgl. WITTMANN, in Korinek/Holoubek, Rundfunksystem 77.

333 Vgl. Bericht in Juridicum 4/91, 13.

334 § 23 Entwurf.

Damit wird zumindest die Bildung eines Duopols ausgeschlossen, da nach Abs 2 lit b Medien mit mehr als 50 % Marktanteil im Verbreitungsgebiet grundsätzlich von der Lizenzerteilung ausgeschlossen sind. Nach dem Wortlaut der Bestimmung dürfen andere Medien überhaupt nur mit 25 % an den Privatradiounternehmen beteiligt sein. Medien mit einem Marktanteil von mehr als 40 % im genannten Bundesgebiet wären allerdings auch von dieser Beteiligungsmöglichkeit ausgeschlossen. Unklar bleibt - zumindest fürs erste - das Verhältnis der lit a, b und c zueinander: Darf etwa an einem Privatradiounternehmen ein Medienunternehmen mit einem bundesweiten Marktanteil von weniger als 40 % zu 25 % **und** ein Medienunternehmen, das im Verbreitungsgebiet weniger als 50 % Marktanteil hat, (unbeschränkt) beteiligt sein?

Inzwischen wurde vom Parlament das Regionalradiogesetz (RRG) beschlossen und im Bundesgesetzblatt, BGBl. Nr. 506/1993, veröffentlicht. § 10 RRG, der nun die Beteiligung von Zeitungsinhabern und Programmverantwortlichen regelt, ist sehr umfänglich geraten, da er Umgehungsmöglichkeiten möglichst auszuschließen versucht. Die Koalitionsparteien blieben ihrem ursprünglichen Regelungskonzept treu, den Zeitungsinhabern - unabhängig davon, ob sie am relevanten geographischen Markt marktbeherrschend sind oder nicht - nur beschränkten Einfluß innerhalb von Programmveranstaltern zu ermöglichen.

Ein Zeitungsinhaber darf nun an einem Programmveranstalter Kapitalanteile oder Stimmrechte im Ausmaß von höchstens 26 % halten. An zwei weiteren Programmveranstaltern in zwei anderen Bundesländern darf er Kapitalanteile oder Stimmrechte im Ausmaß von höchstens je 10 % halten. Konzernmäßig nach oben oder unten verflochtene Unternehmen sollen nach der erklärten Zielsetzung der Regelung (vgl. 1134 BlgNr. 18 GP) zusammengerechnet werden. Für diese Konzerne wird allerdings in Abs 5 eine besondere Regelung getroffen: Konzernmäßig verbundene Unternehmen, wie etwa die Unternehmen der Mediaprint Gruppe, dürfen in sechs Bundesländern tätig werden: in zwei Bundesländern mit einem maximalen Kapital- oder Stimmrechtsanteil von 26 %, in vier weiteren Bundesländern mit jeweils 10 %.

Auf **harten Kriterien** bauen auch die entsprechenden Regelungen gegen "media-cross-ownership" in Frankreich und Italien auf.

Multimediale Konzentrationsbekämpfung in Frankreich

Das Gesetz vom 30. September 1986[335] regelt den zulässigen Konzentrationsgrad in verschiedenen Mediensparten auf nationaler und regionaler Ebene. Danach darf sich jemand - ob national oder regional - in bezug auf die definierten Schwellen/Limits, nicht in mehr als zwei von vier Bereichen engagieren. Eine Regel, die als "zwei aus vier" ("des deux situations sur quatre") bezeichnet wird. Danach darf auf nationaler Ebene eine Person unter diesem Titel sich nicht in mehr als zwei der folgenden Situationen befinden:

[335] JO 28 novembre 1986 p 14297.

1. Inhaber einer oder mehrerer Fernsehkonzessionen mit einem Einzugsbereich von mehr als vier Millionen Einwohnern zu sein;
2. Inhaber einer oder mehrerer Radiokonzessionen für einen Einzugsbereich von mehr als 30 Millionen Hörern zu sein;
3. Inhaber einer oder mehrerer Konzessionen für Kabelrundfunk mit einem Einzugsbereich von 6 Millionen Einwohnern zu sein;
4. allgemeinpolitische Tageszeitungen mit einem Marktanteil von mehr als 20 % herauszugeben oder zu kontrollieren.

Wenn ein Medienunternehmen sich schon in zwei dieser vier Situationen befindet, kann es keine weitere Lizenz für ein elektronisches Medium erhalten. Will es das dennoch, so muß es danach trachten, sein Engagement in einer der anderen Situationen unter die kritische Schwelle zu bekommen.[336]

Im regionalen und lokalen Bereich werden die für den nationalen Bereich vorgesehenen Regeln entsprechend modifiziert. Die Situationen sind hier folgende:

1. Inhaber einer oder mehrerer Fernsehkonzessionen nationalen oder regionalen Charakters zu sein, die in der entsprechenden Zone ausgestrahlt werden.
2. Inhaber einer oder mehrerer Radiokonzessionen nationalen oder regionalen Charakters zu sein, die in der betreffenden Zone mehr als 10 % des potentiellen Publikums erreichen.
3. Inhaber einer oder mehrerer Konzessionen für Kabelrundfunk zu sein.
4. Allgemeinpolitische Tageszeitungen nationalen oder regionalen Charakters, die in der betreffenden Zone vertrieben werden, herauszugeben oder zu kontrollieren.

Auch hier gilt die Regel zwei aus vier, wonach sich ein Medienunternehmen nur in zwei dieser vier Situationen befinden darf. Dabei fällt auf, daß für den lokalen Bereich keine Schwellen in bezug auf die Reichweite mehr vorgesehen sind - einzige Ausnahme ist der Rundfunk. So ist es etwa einer Person/ einem Unternehmen, das eine Zeitung herausgibt oder kontrolliert und eine Kabellizenz hält, nicht mehr möglich, eine weitere Lizenz im audiovisuellen Bereich für diese geographische Zone zu erhalten, unabhängig von der aktuellen Reichweite.

Zusammenfassend ergeben sich also verschiedene Anknüpfungspunkte, um ein demokratieverträgliches Rundfunksystem zu konstituieren, in dem die Anforderungen an Pluralismus und Meinungsvielfalt entsprechend berücksichtigt werden. Auffallend ist, daß alle untersuchten Rechtsordnungen dem Problem der multimedialen Konzentration mit eigenen medienrechtlichen Regelungen begegnen. Wie das Beispiel Deutschland zeigt, mag daneben durchaus auch die allgemeine Fusionskontrolle des GWB grundsätzlich zur Anwendung kommen, sie ist nur nicht sehr effizient.

Die Regelungen selbst können entweder einem **weichen Zugang** folgen und bei der Lizenzvergabe für elektronische Medien bloß vorsehen, daß Meinungsvielfalt,

---

[336] COUSIN/DELCORS, Le droit de la communication (Paris, 1990), Tome 1, 344.

Pluralität etc. entsprechend zu berücksichtigen sind. Damit wird dem rechtsanwendenden Organ die Konkretisierung aufgetragen und ein weiter Spielraum gegeben.

Härtere Kriterien können in drei Bereichen ansetzen: Eigentumsanteile, Marktanteile und Pluralitätsvorschriften. Diese Ansätze sind dabei wechselweise verknüpf- und kombinierbar.

Die **Begrenzung von Eigentums- und Stimmrechten** kann als Instrument zur Sicherung der Pluralität in einem Medium verstanden werden. Einem einzigen Eigentümer wird so ein beherrschender Einfluß auf das Medienunternehmen und damit das Medium verwehrt. Dabei kann in bezug auf multimediale Verflechtung gegenüber Printmedien eine weitere Verschärfung verfügt werden, die bis zum Ausschluß aus der Eigentümerposition unter bestimmten Bedingungen (z.B. Marktbeherrschung im totalen Zeitungsmarkt) reichen kann. Damit ist auch schon der Anknüpfungspunkt **"Marktanteil"** angesprochen. In der französischen Konstruktion, die den Interventionsbedarf erkennt, wenn auf nationaler Ebene in zwei von vier Märkten gewisse Schwellen überschritten werden, ist auch der Anteil am Rundfunkmarkt relevant. Wenn der Blick allerdings primär darauf gerichtet ist, den Zugang zum Rundfunk zu reglementieren, dann ist insbesondere der Marktanteil im Printbereich entscheidend. So wird marktbeherrschenden Tageszeitungen in Bremen und Hamburg am entsprechenden Regionalradio nur eine Minderheitsbeteiligung von 25 % erlaubt. **Pluralitätsvorschriften** können die **Organisationsstruktur** der elektronischen Medien betreffen und zwingend Veranstaltergemeinschaften mit einer bestimmten Zusammensetzung und/oder Programmbeiräte etc. vorsehen oder auch den Programminhalt betreffen, etwa, indem die Programmbeiträge, die von (marktbeherrschenden) Medienunternehmen kommen, limitiert werden.

6. Zusammenfassung

Die vorstehende Systematik der Interventionsmöglichkeiten gegen Medienkonzentration sollte zumindest eines zeigen: Es gibt gesetzgeberische Möglichkeiten, gegen die Konzentration von Wirtschafts- und Meinungsmacht vorzugehen.

Gesetzliche Regelungen gegen die Konzentration von Wirtschaftsmacht gehören zum Standardrepertoire im Kartellrecht einer entwickelten Rechtsordnung. Spezielle Regelungen, die sich darüberhinaus auf die besonderen Gefährdungen beziehen, die sich aus der Konzentration von Meinungsmacht ergeben, sind zumindest in Europa relativ jüngeren Datums. Welche Regelungen eine nationale Rechtsordnung vorsieht, hängt von verschiedenen - nicht nur rein rechtlichen - Faktoren ab. Diese Untersuchung zeigt dabei vor allem, daß medien- und kartellrechtliche Instrumente nicht zuerst unter dem Gesichtspunkt systematischer Geschlossenheit zu sehen sind, sondern eine konkrete Reaktion des nationalen Gesetzgebers auf eine bestimmte Bedrohungs- oder Gefahrensituation darstellen. Die jeweils als regelungsbedürftig empfundene Situation wird zum Anlaß für gesetzgeberisches Handeln genommen.

Probleme werden nur dort gelöst, wo sie wirklich vorhanden sind, daher sind Maßnahmen gegen Medienkonzentration in der Schweiz und in Schweden nicht wirklich ein Thema. Im Fall Schweden wird aber noch ein anderes Phänomen offenbar: die zentrale Bedeutung "kultureller" Gegebenheiten für die Art und Weise, wie gesellschaftliche Konflikte gelöst werden. So spielt in Schweden die "vorrechtliche" Konfliktbereinigung eine wesentlich wichtigere Rolle als in nichtnordischen Staaten. Die öffentliche Untersuchung eines als bedrohlich empfundenen Verhaltens reicht aus, daß die Marktteilnehmer für Jahre auf solche Vorgangsweisen verzichten. Selbstkontrolle und die Befolgung bloßer Empfehlungen haben eine Bedeutung, die hierorts als außergewöhnlich empfunden wird.

Im Vergleich zu Ländern mit einer ähnlichen Regelung und Rechtskultur sind die kartell- und medienrechtlichen Interventionsmöglichkeiten gegen Konzentrationstendenzen im allgemeinen und Phänomene der Medienkonzentration im besonderen in Österreich unterentwickelt. Dieser Befund ergibt sich aus der Tatsache, daß Österreich bisher keinerlei wirksame Fusionskontrolle kennt. Zwar enthält das österreichische Kartellgesetz ein kurzes Kapitel, das sich Unternehmenszusammenschlüssen widmet, doch besteht derzeit keine Möglichkeit, Fusionen zu untersagen; der Gesetzgeber sieht bloß die Verpflichtung vor, Zusammenschlüsse einer gewissen Größenordnung anzumelden.

In allen untersuchten Ländern, in denen ein entsprechendes Regelungsbedürfnis besteht, finden sich weitergehende Regelungen. Ausgangspunkt sind dabei zumeist Instrumente wirtschaftlicher Fusionskontrolle, die die Entstehung oder Verstärkung einer marktbeherrschenden Stellung verhindern sollen. Ziel dieser Marktstrukturkontrolle ist es, einen funktionierenden Wettbewerb am relevanten Markt aufrechtzuerhalten. Diese Zielrichtung der Marktstrukturkontrolle vermag mittelbar auch die Meinungsvielfalt zu stärken, indem sie die Vielzahl der Anbieter schützt, sie kann aber nicht allen Bedrohungen für die Meinungsvielfalt begegnen. Das beweist die Erfahrung in der Bundesrepublik; das deutsche Gesetz gegen Wettbewerbsbeschränkungen sieht zwar für Zeitungsunternehmen herabgesetzte Umsatzregelungen hinsichtlich der fusionsrechtlichen Relevanz eines Zusammenschlusses vor, die Berücksichtigung von Vielfaltsaspekten im Verfahren bei der Zusammenschlußkontrolle ist allerdings nicht möglich. Ein Zusammenschluß kann demzufolge nur untersagt werden, wenn er zu einer wirtschaftlichen Marktbeherrschung führen würde, nicht aber wegen der zu erwartenden Beeinträchtigung für den offenen Prozeß gesellschaftlicher Kommunikation. Schon in der Bundesrepublik müssen diesbezügliche Regelungsdefizite, insbesondere hinsichtlich der intermediären Konzentration, in anderen Regelungsmaterien, den Landesmediengesetzen, abgefangen werden.

Die aufgrund des doppelten Charakters von Medienprodukten als Wirtschaftsgut und publizistischer Faktor notwendige zweiseitige Beschränkung von Konzentrationsprozessen in der zusätzlichen Form einer medienspezifischen, auf Vielfaltsaspekte abstellenden Fusionskontrolle, läßt sich systematisch wiederum zweifach gliedern.

Einerseits ist es möglich - ohne spezifizierte Angabe von Kriterien - den rechtsanwendenden Organen die Berücksichtigung von Gefahren, die sich für die Medienvielfalt ergeben, aufzutragen. Dieser Weg wird in der Schweiz und in Großbritannien verfolgt. Andererseits kann der Gesetzgeber aber auch die äußersten Grenzen vertretbarer Konzentration explizit festlegen und Schwellenwerte vorgeben, die sich insbesondere auf Marktanteile und Eigentumsanteile sowie Kombinationen davon beziehen können. Dieser Weg wird in Italien und Frankreich beschritten. So wird der Konzentrationsgrad im Tageszeitungsmarkt in Frankreich mit 30 % der Auflage und in Italien mit 20 % Marktanteil, die von einem Unternehmen oder einer Unternehmensgruppe kontrolliert werden dürfen, begrenzt. Rechtsgeschäfte, durch die diese Schwelle überschritten würde, sind nichtig.

Überlegungen zur Übertragung und Anwendung von ausländischen Erfahrungen und Bestimmungen könnten sich insbesondere an diesen in anderen westlichen Demokratien gezogenen Schwellenwerten orientieren. Auffällig sind in den untersuchten Rechtsordnungen darüber hinaus die Bemühungen um Transparenz und die Absicherung vor Umgehungsversuchen. Beides steht im Dienst einer effizienten Rechtsdurchsetzung. Denn einerseits ist es für die Behörden zuerst einmal notwendig, von Konzentrationsvorgängen überhaupt zu erfahren. Daher werden Medienunternehmen mit umfänglichen Auskunfts- und Informationspflichten belastet. Zum anderen scheint die Verlockung, die fusionsrechtlichen Bestimmungen zu umgehen, für Medienunternehmen sehr groß zu sein, weshalb der Findigkeit, mit der Umgehungskonstruktionen entworfen werden, mit ebensolcher Findigkeit bei der legistischen Bewältigung zu begegnen ist.

Entscheidende Rolle bei der Durchsetzung dieser Bestimmungen kommt dabei Transparenzvorschriften und Sicherungen gegen Umgehungsmöglichkeiten zu. Regelmäßig sind Informationspflichten an die Behörde über Eigentumsverhältnisse an Medienunternehmen und deren Änderungen vorgesehen. Und ebenso regelmäßig wird in den Regelungen nicht nur auf unmittelbare, sondern auch auf mittelbare Beteiligungen abgestellt, die erfaßt werden sollen, sowie auf die tatsächliche wirtschaftliche Beherrschung. Entscheidend ist schließlich vor allem aber die Frage, wer mit der Rechtsdurchsetzung, d.h. der Vollziehung, beauftragt wird.

Die typologischen Pole liegen dabei einerseits in bezug auf die fachliche Spezialisierung zwischen allgemeiner kartellrechtlicher Behörde und Behörde mit spezieller Medienausrichtung; in bezug auf die Zusammensetzung liegen die Möglichkeiten zwischen Behörden mit eher politischem und eher richterlichem Charakter.

Gerade in Hinblick auf die Rechtsdurchsetzung dürfte die geplante Reform des Kartellrechts in Österreich noch Schwächen aufweisen.

Zwar baut auch im Entwurf einer Novelle zum Kartellgesetz die Medienfusionskontrolle auf Tatbeständen wirtschaftlicher Konzentration und Integration auf, womit Phänomene rein publizistischer Konzentration unbeachtet bleiben (z.B.: redaktionelle Zusammenarbeit, Abhängigkeit von Nachrichtenagenturen, etc.), im Gegensatz zum deutschen GWB wird in der Novelle allerdings die Berücksichtigung der publizistischen Folgen von Medienzusammenschlüssen explizit gefordert: Medienzusammenschlüsse sind zu untersagen, wenn zu erwarten ist, daß dadurch die Medienvielfalt beeinträchtigt wird. Dennoch bleiben Defizite in der Rechtsdurchsetzung zu erwarten, da eine allgemeine und nicht auf Medien spezialisierte Behörde zuständig sein wird, und zum anderen, da die Kartellgerichte aufgrund der sozialpartnerschaftlichen Zusammensetzung starkt politisiert sind.

Fusionskontrolle und Entflechtungsbestimmungen gehen systematisch Hand in Hand. Die grundrechtliche Untersuchung zeigt dabei, daß im Hinblick auf die Medienkonzentration nicht nur danach gefragt wird, wie sich solche Eingriffe rechtfertigen lassen, sondern es sogar geboten sein kann, gesetzgeberisch gegen exzessive Formen der Medienkonzentration vorzugehen. Wie das rechtstechnisch zu bewältigen wäre, zeigt etwa das deutsche GWB, das die Entflechtung von Fusionen, die widerrechtlich zustande gekommen sind, regelt.

Literaturverzeichnis

Aicher Josef, Wettbewerbsrechtliche Aspekte der Medienkonzentration in FS Ostheim (Wien, 1990), 461.

Aicher Josef, Das Recht der Werbung (Wien, 1989).

Aicher Josef / Zib Christian, Regelungsmodelle gegen Medienkonzentration und Medienverflechtung, Bildungsinformation Extra - Medienpolitik 1990,13.

Assmann Heinz-Dieter / Brinkmann Tomas, Die Gratisverteilung anzeigenfinanzierter Fachzeitschriften, NJW 1972, 312.

Barfuß Walter, Das neue Kartellgesetz, ÖJZ 1989, 482.

Barfuß Walter, Das neue Kartellgesetz (Vortragsbericht), JBl 1989, 639.

Barfuß Walter u.a., Erfahrungen mit der praktischen Anwendung des Kartellgesetzes 1988, AnwBl 1991, 145.

Barfuß / Auer, Kartellrecht (Wien, 1989).

Barrelet Denis, Droit Suisse des Mass Media (Berne, 1980).

Baumbach Adolf / Hefermehl Wolfgang, Wettbewerbsrecht[16] (München, 1990).

Bechtold Rainer, Die Entwicklung des deutschen Kartellrechts seit Mitte 1986, NJW 1990, 481.

Bechtold Rainer, Fusionskontrolle in Anzeigenmärkten, AfP 1980, 88 (89).

Berka Walter, Der Schutz der freien Meinungsäußerung im Verfassungsrecht und im Zivilrecht, ZfRV 1990, 35.

Berka Walter, Das Recht der Massenmedien (Wien, 1989).

Bernegger Sabine, Die wirtschaftliche Bedeutung der Europäischen Menschenrechtskonvention, ÖZW 1987, 11.

Bernitz Ulf, Internationell marknadsrätt (Stockholm, 1990).

Bethge Herbert, Landesrundfunkordnung und Bundeskartellrecht (Baden-Baden, 1991).

Beutler Bengt u.a., Die Europäische Gemeinschaft - Rechtsordnung und Politik, 3. Auflage (Baden-Baden, 1987).

Blattner, Fälliger Ideenwettbewerb in der Wettbewerbspolitik, NZZ Nr. 145, 26.6.1990, S. 13.

Blattner, Wirtschaftswissenschaftliche Grundlagen der Wettbewerbspolitik, NZZ Nr. 42, 21.2.1990, S. 13.

Bogler Anja, Verschuldenserfordernis bei Schadenersatzklagen wegen unwahrer Presseveröffentlichungen nach amerikanischem Recht - Die "New York Times"-

Doktrin des U.S. Supreme Court, ihr Anwendungsbereich und ihre Folgeprobleme (Dissertation an der Universität Köln, 1986).

Burkart Roland, Kommunikationswissenschaft (Wien, Köln 1983).

Conzett Peter, Die Pressekonzentration in der Schweiz als wirtschaftliches Problem (Dissertation an der Universität Zürich, 1978).

Von Büren Bruno, Kommentar zum Bundesgesetz über den unlauteren Wettbewerb, (Zürich, 1957), S. 17 ff.

Canenbley Cornelis, Zum Entflechtungsverfahren in der Fusionskontrolle GRUR 1984, 188.

Couprie Eliane / Olsson Henry, Freedom of Communication under the Law, Europäisches Medieninstitut: Media Monograph No. 9 (Manchester, 1987).

Cousin Bertrand / Delcros Bertrand, Le droit de la communication (Paris, 1990).

David Lucas, Schweizerisches Wettbewerbsrecht (Bern, 1984).

Delbrück Jost, Die Rundfunkhoheit der deutschen Bundesländer im Spannungsfeld zwischen Regelungsanspruch der EG und nationalem Verfassungsrecht (Frankfurt am Main, 1986).

Delbrück Jost, Direkter Satellitenrundfunk und nationaler Regelungsvorbehalt - Umfang und Grenzen des transnationalen freien Informationsflusses nach Völkerrecht, dem Recht der Europäischen Gemeinschaften und dem Grundgesetz der Bundesrepublik Deutschland, Beitraäge zum Rundfunkrecht Heft 25 (Frankfurt am Main, 1982).

Derieux Emmanuel, Droit de la communication (Paris, 1991).

Derieux Emmanuel, Le droit de la communication, Legipresse 1990/1, 1.

Derieux Emmanuel, Pluralisme de l'information, Legipresse 1991/9, 83.

Dittrich Norbert, Pressekonzentration und Grundgesetz (München, 1971).

Duchkowitsch Wolfgang u.a. (Hrsg.), Zeitungs-Los (Salzburg, 1992)

Emmerich Volker, Rundfunk im Wettbewerbsrecht, AfP 1989, 433.

Emmerich Volker, Kartellrecht[4] (München, 1982).

Egger Edeltraud, Datenschutz versus Informationsfreiheit, Verwaltungstechnische und verwaltungspolitische Implikationen neuer Informationstechnologien (Wien, München, 1990).

Eidgenössisches Justiz- und Polizeidepartement (Hrsg.), Medien-Gesamt-Konzeption, Bericht der Expertenkommission für eine Medien-Gesamtkonzeption (Bern, 1982).

Engels Ulfert, Der zulässige redaktionelle Teil am Gesamtumfang eines kostenlos verteilten Anzeigenblattes, Wettbewerb in Recht und Praxis 1985, 193.

Ermacora Felix, Grundriß der Menschenrechte (Wien, 1988).

Fischer Heinz-Dietrich / Baerns Barbara (Hrsg.), Wettbewerbswidrige Praktiken auf dem Pressemarkt (Baden-Baden, 1979).

Fleck Florian H. u.a. (Hrsg.), Massenmedien und Kommunikationswissenschaft in der Schweiz (Zürich, 1987).

Frick Marie-Theres, Persönlichkeitsrechte (Wien, 1991).

Frowein Jochen Abr. / Peukert Wolfgang, Europäische MenschenRechtsKonvention (Kehl, 1985).

Gatnar Anton F., Neues Radio- und Fernsehgesetz in Italien, Medien&Recht 1990, 177.

German, Unlauterer Wettbewerb, 1945, S. 348.

Goldberg / Wallace, Regulating the Audiovisual Industry - The Second Phase (London, 1991).

Grabitz Eberhard (Hrsg.), Kommentar zum EWG-Vertrag, Loseblatt (München, 1990).

Greenwood Walter / Welsh Tom, McNae's Essential Law for Journalists (London, 1988).

Groß Rolf, Presserecht (Wiesbaden 1987).

Groß Rolf, Pressekonzentration und Medienpolitik, DVBl 1975, 236.

Helmig Ekkehard, Datenschutzprobleme in der Presse - Zur Notwendigkeit der Einbeziehung der Presse in den Geltungsumfang des Bundesdatenschutzgesetzes (Dissertation Ruprecht-Karl-Universität Heidelberg, 1978).

Heyden Frank, Vergleichender Warentest, SJZ 64/1968, S. 1 ff.

Hotz Karl Matthias, Zur Bedeutung des Bundesgesetzes gegen den unlauteren Wettbewerb (UWG) für die Massenmedien, Schweizerische Juristen-Zeitung 1990, 26.

Huber Hugo Eugen, Vergleichender Warentest und unlauterer Wettbewerb, Dissertation (Zürich, 1970).

Gamerith Helmuth, Die Rechtsprechung des Obersten Gerichtshofes zur vergleichenden Werbung; Handel, Wirtschaft, Recht 1988, 7.

Gugerbauer Norbert, Das neue österreichische Kartellgesetz, GesRZ 1989, 135.

Gugerbauer Norbert, Das Kartellgesetz (Wien, 1988).

Gustafsson Karl Erik, Massmediekoncentration i ett marknadsekonomiskt EG-perspektiv, MedieNotiser 1-2/1991, 1.

Hodik Kurt H., Zur Sittenwidrigkeit des Vernichtungswettbewerbs nach österreichischem Recht, GRUR Int 1986, 453.

Holznagel Bernd, Konzentrationsbekämpfung im privaten Rundfunk, ZUM 1991, 263.

Hoffmann-Riem Wolfgang , Rundfunkrecht neben Wirtschaftsrecht (Baden-Baden, 1991).

Hoffmann-Riem Wolfgang (Hrsg.), Rundfunk im Wettbewerbsrecht (Baden-Baden, 1988).

Hoffmann-Riem Wolfgang, Deregulierung als Konsequenz des Marktrundfunks, AöR 1985, 528.

Holoubek Michael, Rundfunkfreiheit und Rundfunkmonopol (Wien, 1990).

Homburger, Fragwürdige Anwendung des Kartellgesetzes, NZZ Nr. 217, 20.9.1989, S. 20.

Hoppmann Erich, Wirschaftsordung und Wettbewerb (Baden-Baden, 1988).

Hunziker Peter, Medien, Kommunikation und Gesellschaft (Darmstadt, 1988).

Immenga Ulrich, Rundfunk und Markt, AfP 1989, 621.

Isensee / Kirchhoff (Hrsg.), Handbuch des Staatsrechts VI (Heidelberg, 1989).

Kaiser Joseph H., Presseplanung (Frankfurt am Main, 1972).

Kapeteyn / Van Themaat, Introduction to the law of the European Communities after the coming into force of the Single European Act (Deventer, 1989).

Karré-Abermann Doris, Liberalisierung der vergleichenden Werbung: UWG-Novelle 1988 und Rechtsprechung des OGH, WBl 1990, 198.

Kartellkommission, Die Konzentration im schweizerischen Pressewesen, VKK 1969, 171.

Kartellkommission, La concentration dans la presse suisse, VKK 1974, 253 ff: Deutsche Zusammenfassung Seiten 304 bis 306.

Kartellkommission, Die Wettbewerbsverhältnisse beim Zeitungs- und Zeitschriftenvertrieb, VKK 1971, 125 ff.

Kartellkommission, Die Wettbewerbsverhältnisse bei den Annoncenagenturen und deren Einflußmöglichkeit auf die Presse, VKK 1972, 25 ff.

Kartellkommission, Feuilles d'annonces gratuites, VKK 1972, 183 ff. Deutsche Zusammenfassung Seite 259 bis 263.

Kartellkommission, Die Wettbewerbsverhältnisse auf dem Büchermarkt, VKK 1973, 187 ff.

Kartellkommission, Die Anzeigensperre von Automobilimporteuren gegenüber dem "Tages-Anzeiger", VKK 1981, 41 ff.

Kartellkommission, Die Großauflage der "Luzerner Neuesten Nachrichten", VKK 1982, 35 ff.

Kartellkommission, Das Verhältnis zwischen Verlegern, Buchhandel und Buchklubs in der Deutschschweiz, VKK 1982, 117 ff.

Kartellkommission, Die Wettbewerbsentwicklung im Bereich der Medien und die multimediale Konzentration, VKK 1983, 85 ff.

Kartellkommission, Prise de position sur le projet de la federale sur la radio et la television (LRTV), VKK 1986, 379 ff.

Kerber Markus, Französisches Pressefusionskontrollgesetz in Kraft getreten, WuW 1985, 290.

Kiecker Jürgen, Fusionskontrolle im Rundfunk, WuW 1990, 128.

Kirchhoff Wolfgang, Europäische Fusionskontrolle, Betriebs-Berater 1990, Beilage 14, 1.

Koppensteiner Hans-Georg, Wettbewerbsrecht, Band 1: Österreichisches Kartellrecht[2], Band 2: Unlauterer Wettbewerb[2] (Wien, 1989 und 1987).

Kopper Gerd G. (Hrsg.), Marktzutritt bei Tageszeitungen - zur Sicherung von Meinungsvielfalt durch Wettbewerb (München, 1984).

Korinek Karl / Holoubek Michael (Hrsg.), Österreich auf dem Weg zum dualen Rundfunksystem (Wien, 1991).

Kramer Ernst A., Die vergleichende Werbung im österreichischen Wettbewerbsrecht, GRUR Int 1974, 195.

Kübler Friedrich, Medienverflechtung (Fankfurt am Main, 1982).

Kübler Friedrich, Wirschaftsordnung und Meinungsfreiheit (Tübingen, 1966).

Kull, Freie Presse und Antitrustgesetzgebung, AfP 1974, 634 (636).

Larese Wolfgang, Medienrecht im Umbruch - Vom Versuch zur definitiven Ordnung in FS Uchtenhagen (Baden-Baden, 1987) 105.

Leclerc Henri, Liberte de la Presse et la Convention Europeenne de Droits de l'Homme, Legipresse 1991/10, 97.

Lehmann Michael, Kostenlose Anzeigenblätter und unlauterer Wettbewerb, GRUR 1977, 21.

Lindacher Walter F., Zur wettbewerbsrechtlichen Unterlassungshaftung der Presse im Anzeigengeschäft, Wettbewerb in Recht und Praxis 1987, 858.

Linder, Veraltete Grundlagen der Wettbewerbspolitik, NZZ Nr. 131, 10./11.6.1990, 13.

Löffler Martin, Presserecht (München, 1983).

Löhr Dieter, Zur Haftung der Presse für irreführende Werbung, Wettbewerb in Recht und Praxis 1974, 524.

Medien-Gesamt-Konzeption, Bericht der Expertenkommission für eine Medien-Gesamtkonzeption, herausgegeben vom Eidgenössischen Justiz- und Polizeidepartement (Bern, 1982) (Zu beziehen über die Eidg. Drucksachen- und Materialzentrale, CH-3003 Bern; Form. 407.707 d 5.52 6000 15633).

Mestmäcker Ernst-Joachim u.a., Der Einfluß des europäischen Gemeinschaftsrechts auf die deutsche Rundfunkordnung (Baden-Baden, 1990).

Mestmäcker Ernst-Joachim, Die Anwendbarkeit des Gesetzes gegen Wettbewerbsbeschränkungen auf Zusammenschlüsse zu Rundfunkunternehmen, GRUR(Int) 1983, 535.

Mestmäcker Ernst-Joachim, Medienkonzentration und Meinungsvielfalt (Baden-Baden, 1978).

Möschel Wernhard, Fusionskontrolle im Pressebereich, JZ 1984, 493.

Möschel Wernhard, Konglomerate Zusammenschlüsse in den Vereinigten Staaten seit 1979, RabelsZ 1984, 552.

Möschel Wernhard, Recht der Wettbewerbsbeschränkungen (Köln, 1983).

Möschel Wernhard, Pressekonzentration und Wettbewerbsgesetz (Tübingen, 1978).

Möschel Wernhard, Entflechtungen im Recht der Wettbewerbsbeschränkungen (Tübingen, 1979).

Möwes/ Schmitt-Vockenhausen, Europäische Medienordnung, EuGRZ 1990, 121 ff.

Munzik Peter, Die Medienmultis (Wien, 1990).

Müller Jörg Paul, Die Grundrechte der Verfassung und der Persönlichkeitsschutz des Privatrechts (Bern, 1964).

von Münch Ingo (Hrsg.), Grundgesetzkommentar (München, 1985).

Nobel Peter, Leitfaden zum Presserecht[2], Ringier Reihe Kommunikation (ohne Orts- und Jahresangabe).

Nowotny Ch., Vergleichende Werbung - Wende der Rechtsprechung, RdW 1990, 366.

Ochs Gerd, Wettbewerbsrechtliche Probleme der Presse (Stuttgart, 1984).

Oppermann Bernd, Medienrecht, Privatrundfunk und Wettbewerb, ZUM 1990, 376.

Oppermann Thomas, Europarecht (München, 1989).

Pechstein Matthias, Subsidiarität der EG-Medienpolitik?, Die Öffentliche Verwaltung 1991, 535.

Petersen Kay, Die Gratisverteilung von Presserzeugnissen, Wettbewerb in Recht und Praxis 1979, 428.

Peukert Wolfgang, Zur Notwendigkeit der Beachtung des Grundsatzes des Vertrauensschutzes in der Rechtssprechung des EGMR zu Eigentumsfragen, EuGRZ 1992, 1.

Picard Robert G., The Press and the Decline of Democracy (Westport, London, 1988).

Pitschas, Wettbewerbliche Probleme und Verfassungsmäßigkeit der pressespezifischen Fusionskontrolle, DBl 1981, 729 (731).

Pürer Heinz, Presse in Österreich, Schriftenreihe Medien & Praxis (St. Pölten, 1990).

Rager Günther, Gefährdete Vielfalt - Konsequenzen aus der veränderten deutschen Zeitungslandschaft, Vortrag auf dem Kongreß der deutschen Lokalpresse am 12. November 1991.

Ricker Reinhart, Die rückwirkende Einführung der pressespezifischen Fusionskontrolle, AfP 1975, 733.

Richter Hermann, Pressekonzentration und neue Medien (Göttingen, 1989).

Rebhahn Robert, Welche Erwartungen darf der Gesetzgeber nicht enttäuschen?, DRdA 1992, im Erscheinen.

Rebhahn Robert, Sind die Kartellgerichte verfassungskonform organisiert?, WBl 1991, 369.

Rehbinder Manfred, Schweizerisches Presserecht (Bern, 1975).

Roth Günther H., Die vergleichende Werbung nach der UWG-Novelle 1988, 411.

Röper Burkhardt (Hrsg.), Wettbewerbsprobleme öffentlich- und privatrechtlicher Medien, Schriften des Vereins für Socialpolitik, Band 185 (Berlin, 1989).

Röper Burkhardt (Hrsg.), Wettbewerb im Medienbereich, Schriften des Vereins für Socialpolitik, Band 162 (Berlin, 1987).

Röper Horst, Formation deutscher Medienmultis 1991, Media Perspektiven 1992, 2.

Röper Horst, Die Entwicklung des Tageszeitungsmarktes in Deutschland nach der Wende in der ehemaligen DDR, Media Perspektiven 1991, 421.

Sachon Werner P., Fachzeitschriftenvertrieb und Wettbewerbsrecht, Wettbewerb in Recht und Praxis 1985, 183.

Schmidt Karsten, Europäische Fusionskontrolle im System des Rechts gegen Wettbewerbsbeschränkungen, Betriebs-Berater 1990, 719.

Schmitt Glaeser Walter, Anzeigenblatt und Pressefreiheit, NJW 1971, 2012.

Schmolke Michael, Von der schlechten Presseförderung in Österreich, WiPolBl 1991, 337 ff.

Schiwy Peter / Schütz Walter J. (Hrsg.), Medienrecht[2] (Neuwied, 1990).

Schricker Gerhard, Die wettbewerbsrechtliche Beurteilung der Gratisverteilung von Fachzeitschriften, GRUR 1980, 194.

Schüle Adolf / Huber Hans, Persönlichkeitsschutz und Pressefreiheit - Zwei Rechtsgutachten (Tübingen, 1961).

Schürmann Leo, Medienrecht (Bern, 1985).

Solal Philippe, L'enterprise de presse ecrite et le droit del la concurrence, Legipresse 1989/4, 33.

Schwade Michael H., Verteilung von Sonntags-Anzeigenblättern, Wettbewerb in Recht und Praxis 1985, 249.

Schwartländer Johannes / Willoweit Dietmar (Hrsg.), Meinungsfreiheit - Grundgedanken und Geschichte in Europa und USA, Tübinger Universitätsschriften Forschungsprojekt Menschenrecht Band 6 (Kehl am Rhein, 1986).

Schwartländer Johannes / Ridel Eibe (Hrsg.), Neue Medien und Meinungsfreiheit im nationalen und internationalen Kontext, Tübinger Universitätsschriften Forschungsprojekt Menschenrechte Band 7 (Kehl am Rhein, 1990).

Sieber Hugo / Tuchtfeld Egon (Hrsg.), Wettbewerbspolitik in der Schweiz (Bern, 1972).

Sieber Hugo / Tuchtfeld Egon, Die Fusionskontrolle im revidierten Kartellgesetz in FS Schürmann, 353.

Severinsson Ronny, Att studera medieägande och ägarkoncentration, MedieNotiser 1-2/1991, 16.

Sparr Jürgen, Kulturhoheit und EWG-Vertrag (Baden-Baden 1991).

Spieler Ekkehard, Fusionskontrolle im Medienbereich, Schriften zu Kommunikationsfragen Band 11 (Berlin, 1988).

Stock Martin, Privatrundfunk als "öffentlich-rechtlicher Rundfunk"? Ein bayerisches Verfassungsproblem, JZ 1991, 645.

Stock Martin, Rundfunk und Kartellrecht, AfP 1989, 627.

Stockmann Kurt, Privater Rundfunk - ein Ausnahmebereich der Fusionskontrolle?, AfP 1989, 634.

Straberger Viktor A., Kartellgesetz 1988 - Neuerungen und Zweifelsfragen, WBl 1989, 37.

Sundin Staffan, Bonniers och mediekancentrationenen i Sverige, MedieNotiser 1-2/1991, 7.

Tettinger Peter J., Schutz der Kommunikationsfreiheiten im deutschen Verfassungsrecht, JZ 1991, 846.

Thienel Rudolf, Vertrauensschutz und Verfassungsrecht (Wien, 1990).

Thomann, Besonderheiten schweizerischen Wettbewerbsrechts im internationalen Kontext, NZZ Nr. 35, 14.2.1991, S. 18.

Todorov Pierre, La presse francaise à l'heure de l'Europe (Paris, 1990).

Ulmer Peter, Wettbewerbs- und kartellrechtliche Grenzen der Preisunterbietung im Pressewesen, AfP 1975, 870.

Vonlanthen Beat, das Kommunikationsgrundrecht "Radio- und Fernsehfreiheit": Analyse der verfassungsrechtlichen Einbettung der elektronischen Medien in der Schweiz unter Berücksichtigung kommunikationswissenschaftlicher Daten und grundrechtsdogmatischer Rahmenbedingungen (Freiburg, 1987).

Weber Rolf H., Wirtschaftsregulierung in wettbewerbspolitischen Ausnahmebereichen (Baden-Baden, 1986).

Wellbrock Rita, Persönlichkeitsschutz und Kommunikationsfreiheit (Baden-Baden, 1982).

Widmer-Schlumpf Eveline, Voraussetzungen der Konzession bei Radio und Fernsehen (Basel, 1990).

Wittmann Heinz (Hrsg.), Kartellrecht und Medien in Europa, Schriftenreihe Medien & Praxis 3 (St. Pölten, 1991).

Wittmann Heinz, Die Kontrolle des Wettbewerbs auf dem Medienmarkt, WiPolBl 1991, 318.

Wittmann Heinz, Neuerungen im Wettbewerbsrecht, Medien&Recht 1988, 74.

Wirtz Karl-Ernst, Unlautere Pressekontakte - Wettbewerbsrechtliche Bemerkungen zu speziellen Erscheinungsformen von "Produkt-Publicity", Wettbewerb in Recht und Praxis 1985, 187.

Zweigert Konrad / Kötz Hein, Einführung in die Rechtsvergleichung auf dem Gebiete des Privatrechts, Band I: Grundlagen (Tübingen, 1984).

Rudolf Mosler / Edith Weinmeier

Arbeitsbedingungen bei Tageszeitungsunternehmen im internationalen Vergleich

Dr. Rudolf Mosler

ist Assistenzprofessor am Institut für Arbeitsrecht und Sozialrecht der Universität Salzburg

Dr. Edith Weinmeier

ist Universitätsassistentin am Institut für Arbeitsrecht und Sozialrecht der Wirtschaftsuniversität Wien, derzeit dienstzugeteilt beim Verfassungsdienst des Bundeskanzleramtes.

Abkürzungsverzeichnis

A	Österreich
ABGB	Allgemeines Bürgerliches Gesetzbuch
Abs	Absatz
AD	Urteile des schwedischen Arbeitsgerichts
AfP	Archiv für Presserecht
AG	Arbeitgeber
AHV	Alters- und Hinterbliebenenversorgung (Schweiz)
aM	anderer Meinung
AMFG	Arbeitsmarktförderungsgesetz
AML	Gesetz über die Arbeitsplatzgestaltung
AN	Arbeitnehmer
AngG	Angestelltengesetz
AP	Arbeitsrechtliche Praxis
app	appendage
Arb	Sammlung arbeitsrechtlicher Entscheidungen
ArbAbfG	Arbeiterabfertigungsgesetz
ArbeitsG	Arbeitsgesetz
ArbGG	Arbeitsgerichtsgesetz
ArbIG	Arbeitsinspektionsgesetz
ArbPlSG	Arbeitsplatzsicherungsgesetz
ArbtidL	Gesetz über die Arbeitszeit
ArbVG	Arbeitsverfassungsgesetz
ARD	ARD-Betriebsdienst
ARG	Arbeitsruhegesetz
Art	Artikel
ASchG	Arbeitnehmerschutzgesetz
ASG	Arbeits- und Sozialgericht
ASGG	Arbeits- und Sozialgerichtsgesetz
ASVG	Allgemeines Sozialversicherungsgesetz
AuA	Arbeit und Arbeitsrecht
AÜG	Arbeitnehmerüberlassungsgesetz
AuR	Arbeit und Recht
AuslBG	Ausländerbeschäftigungsgesetz
AV	Arbeitsverhältnis
AZG	Arbeitszeitgesetz
AZO	Arbeitszeitordnung
BAG	Bundesarbeitsgericht
BB	Betriebsberater
Bd	Band
BEinstG	Behinderteneinstellungsgesetz
BerAusbG	Berufsausbildungsgesetz

BeschFG	Beschäftigungsförderungsgesetz
BetrAVG	Gesetz zur betrieblichen Altersversorgung
BetrVG	Betriebsverfassungsgesetz
BG	Bundesgesetz
BGB	Bürgerliches Gesetzbuch
BGBl	Bundesgesetzblatt
BGE	Bundesgerichtsentscheidung (Schweiz)
BGTV	Tarifvertrag gewerbliche Arbeitnehmer (Bayern)
Bl	Bundesländer
BlgNR	Beilagen zu den Stenographischen Protokollen des Nationalrates
BLTV	Lohntarifvertrag Bayern
BPG	Betriebs-Pensionskassengesetz
BR	Betriebsrat
BRD	Bundesrepublik Deutschland
BTV	Tarifvertrag Bayern
BUrlG	Bundesurlaubsgesetz
BVerfG	Betriebsverfassungsgesetz
BVerfGE	Entscheidungen des Bundesverfassungsgerichtes
BVG	BG über die berufliche Alters-, Hinterlassenen- und Invalidenvorsorge
bzw	beziehungsweise
CA	Collective Agreement
CC	Convention collective
CEDEFOP	Centre pour l ' education et developement de la formation professionelle
CH	Schweiz
D	Deutschland
DB	Der Betrieb
dGewO	deutsche Gewerbeordnung
dh	das heißt
DHG	Dienstnehmerhaftpflichtgesetz
DM	Deutsche Mark
DRdA	Das Recht der Arbeit
dzt	derzeit
e.V.	eingetragener Verein
EFZG	Entgeltfortzahlungsgesetz
EG	Europäische Gemeinschaften
EO	Exekutionsordnung
etc	et cetera
EuGH	Europäischer Gerichtshof
EuGRZ	Europäische Grundrechte Zeitschrift
EWGV	Vertrag zur Gründung der Europäischen Wirtschaftsgemeinschaft
EWR	Europäischer Wirtschaftsraum
EWRA	Abkommen über den europäischen Wirtschaftsraum
EZA	Entscheidungssammlung zum Arbeitsrecht

f (ff)	der (die) folgende(n)
FML	Gesetz über die gewerkschaftliche Vertretung
FN	Fußnote
Fr	Freitag
FS	Festschrift
G	Gesetz
GAV	Gesamtarbeitsvertrag
GesmbH	Gesellschaft mit beschränkter Haftung
GewO	Gewerbeordnung
GF	Gewerkschaft Graphisches Gewerbe
gg	gegen
GG	Grundgesetz
GleichbG	Gleichbehandlungsgesetz
GP	Gesetzgebungsperiode
GTV	Tarifvertrag gewerbliche Arbeitnehmer
HausbG	Hausbesorgergesetz
HausgG	Hausgehilfen- und Hausangestelltengesetz
HGB	Handelsgesetzbuch
HTF	Gewerkschaft der kaufmännischen Angestellten Schweden
idR	in der Regel
IESG	Insolvenzentgeltsicherungsgesetz
IG	Industriegewerkschaft
Ind Rel	Industrial Relations
inkl	inklusive
Int Enc	International Encyclopedia
iS	im Sinne
iSd	im Sinne des
iSv	im Sinne von
ITS-KV	Kollektivvertrag über die Einführung von integrierten Texterfassungssystemen bei Tages- und Wochenzeitungen
iVm	in Verbindung mit
JämL	Gesetz über gleiche Beschäftigungsbedingungen für Frauen und Männer am Arbeitsmarkt
JBl	Juristische Blätter
KMVG	Kranken- und Mutterschaftsversicherungsgesetz
KündSchG	Kündigungsschutzgesetz
KV	Kollektivvertrag
KVG	Krankenversicherungsgesetz
LAG	Landesarbeitsgericht
LAS	Kündigungsschutzgesetz
lit	litera (Buchstabe)
LO	Schwedischer Arbeitergewerkschaftsbund
LOA	Gesetz über den öffentlichen Dienst

LohnFG	Lohnfortzahlungsgesetz
LRA	Gesetz über das Arbeitsgerichtsverfahren
MBL	Gesetz über die Gemeinsamen Regelungen
MedienG	Mediengesetz
MitbG	Mitbestimmungsgesetz
Mo	Montag
Montan-MitbG	Montan-Mitbestimmungsgesetz
MRK	Europäische Menschenrechtskonvention
MTV	Manteltarifvertrag
MünchKomm	Münchner Kommentar zum Bürgerlichen Gesetzbuch
MuttSchG	Mutterschutzgesetz
mwN	mit weiteren Nachweisen
NGTV	Tarifvertrag gewerbliche Arbeitnehmer Nordrhein-Westfalen
NJA	Sammlung des schwedischen obersten Gerichtshofes
NJW	Neue Juristische Wochenschrift
nr	Nummer (schwedischer Text)
Nr	Nummer
NTV	Tarifvertrag Nordrhein-Westfalen
NZA	Neue Zeitschrift für Arbeitsrecht
ÖGB	Österreichischer Gewerkschaftsbund
OGH	Oberster Gerichtshof
ÖJZ	Österreichische Juristenzeitung
OLG	Oberlandesgericht
OR	Schweizerisches Obligationenrecht
ORF	Österreichischer Rundfunk
ÖZS	Österreichische Zeitschrift für Soziologie
PKG	Pensionskassengesetz
Pkt	Punkt
Prop	Proposal (Gesetzesvorschlag, schwedischer Text)
PTK	Privatangestelltenkartell
RdA	Recht der Arbeit
RdW	Recht der Wirtschaft
RF	Regierungsurkunde
RFG	Rundfunkgesetz
Rs	Rechtssache
RTS-TV	Tarifvertrag über Einführung und Anwendung rechnergesteuerter Textsysteme
RVO	Reichsversicherungsordnung
Rz	Randziffer
RZ	Richterzeitung
S	Schilling, Schweden, Seite
s	siehe
Sa	Samstag

SACO	Schwedischer Akademikerbund
SAF	Schwedische Arbeitgebervereinigung
SB TZ	Sonderbestimmungen Tageszeitungen
SemL	Gesetz über den bezahlten Urlaub
sfr	Schweizer Franken
SIF	Gewerkschaft der Büro- und technischen Angestellten der Industrie
SJF	Schwedische Journalistengewerkschaft
SJU	Schweizer Journalistinnen- und Journalisten-Union
Sk (SK)	Schwedische Kronen
So	Sonntag
SO	Thronfolgeordnung
sog	sogenannte(n, r)
SoSi	Soziale Sicherheit
sten Prot	stenographische Protokolle des Nationalrates
STGG	Staatsgrundgesetz
StyrepL	Gesetz über die Mitbestimmung in (der Geschäftsleitung der) Unternehmen
SZV	Schweizerischer Verband der Zeitungs- und Zeit-schriftenverleger
TA	Schwedischer Verlegerverband
TCO	Angestelltengewerkschaftsbund
TF	Gesetz über die Freiheit der Presse
TV	Tarifvertrag
TVG	Tarifvertragsgesetz
uä	und ähnliche(s)
ua	unter anderem
udgl	und dergleichen
UrlG	Urlaubsgesetz
uU	unter Umständen
UVA	Entwicklungsvereinbarung
uvm	und vieles mehr
va	vor allem
vgl	vergleiche
Zweitbearb	Zweitbearbeiter(ung)
VO	Verordnung
VÖZ	Verband Österreichischer Zeitungsherausgeber und Zeitungsverleger
VSJ	Verband Schweizer Journalisten
VwGH	Verwaltungsgerichtshof
WDR	Westdeutscher Rundfunk
Z	Ziffer
ZAS	Zeitschrift für Arbeits- und Sozialrecht
ZIAS	Zeitschrift für ausländisches und intern. Arbeits- und Sozialrecht
ZUM	Zeitschrift für Urheber- und Medienrecht

1. Einleitung

Gegenstand der Studie sind die Arbeits- und Entgeltbedingungen der Mitarbeiter von Tageszeitungsunternehmen in Österreich, Deutschland (Nordrhein-Westfalen und Bayern), der Schweiz und Schweden. Es sind folgende Beschäftigtengruppen einbezogen worden: Journalisten, kaufmännische Angestellte in der Redaktion, gewerbliche Arbeitnehmer in der Redaktion, technische Angestellte im Druckbereich, kaufmännische Angestellte im Druckbereich, gewerbliche Arbeitnehmer im Druckbereich, Zusteller, Austräger und Kolporteure sowie freie Mitarbeiter in allen genannten Bereichen. Die Analyse der Arbeits- und Entgeltbedingungen ist ausschließlich aus juristischer Sicht anhand des gesetzlichen und tariflichen Arbeitsrechts in den vier Staaten erfolgt - in Deutschland waren hiebei regionale Unterschiede zu beachten - und, soweit sie uns zur Verfügung standen, der betriebsspezifischen Regelungen.

2. Die rechtliche Organisation der Arbeit bei Printmedien

Innerhalb des Stufenbaus der Rechtsordnung stellen die **Kollektivverträge** (Tarifverträge, Gesamtarbeitsverträge, Collective Agreement) die für die tatsächlichen Arbeits- und Entgeltbedingungen bedeutsamste Rechtsquelle dar. In Österreich, Deutschland und der Schweiz verdrängen sie, sofern für den Arbeitnehmer günstiger, das gesetzliche Arbeitsrecht. In Schweden haben viele gesetzliche Regelungen "halbzwingenden" Charakter und erlauben abweichende Vereinbarungen der Sozialpartner. Obwohl der KV nur in Österreich auch Arbeitnehmer erfaßt, die nicht Mitglieder der Gewerkschaft sind, kann man wegen des hohen gewerkschaftlichen Organisationsgrades insbesondere der Journalisten und Drucker in allen Vergleichsländern davon ausgehen, daß die kollektivvertraglichen Arbeitsbedingungen gleichmäßig auf alle in Mitgliedsunternehmen beschäftigten Pressemitarbeiter angewandt werden. Der Arbeit sind daher die kollektivvertraglichen Arbeitsbedingungen zugrundegelegt worden.

In den Vergleichsländern gibt es im Unterschied zu Österreich keine Sondergesetze für Pressemitarbeiter. In Österreich sind zwar Bemühungen um ein umfassendes MedienmitarbeiterG gescheitert, im JournalistenG und im MedienG finden sich aber immerhin einige spezifische Regelungen für journalistische Mitarbeiter. In Österreich, Deutschland und Schweden gelten für fast alle oben genannten Beschäftigtengruppen KV. In der Schweiz hingegen wurden nur für den journalistischen und den Druckbereich GAV abgeschlossen. In allen Vergleichsländern außer Österreich werden zur Zeit auch freie Mitarbeiter in Zeitungsunternehmen von kollektivvertraglichen Mindestarbeitsbedingungen erfaßt, sofern sie eine arbeitnehmerähnliche Stellung haben. Vorgesehen sind insbesondere Mindesthonorarsätze, Kündigungsfristen, Entgeltfortzahlung und Urlaub.

2.1 Österreich

2.1.1 Struktur und Stufenbau der Rechtsquellen

Das geltende Arbeitsrecht ergibt sich aus verschiedensten Rechtsquellen. Es besteht im wesentlichen aus Normen des Verfassungsrechts (Kompetenzverteilung, Grundrechte wie zB die Koalitionsfreiheit, Gleichheitssatz), einfachen Bundesgesetzen, Verordnungen, KV, Betriebsvereinbarungen sowie denbehördlich festgesetzten Arbeitsbedingungen (Satzung, Mindestlohntarif, Festsetzung der Lehrlingsentschädigung). Neben diesen generellen Rechtsquellen kommt im Einzelfall dem Arbeitsvertrag besondere Bedeutung zu. All diese Rechtsquellen stehen in einem streng hierarchischen Verhältnis.

Stufenbau der arbeitsrechtlichen Rechtsquellen

Verfassung	
einfache Bundesgesetze	
KV	Verordnungen
Betriebsvereinbarung	
Arbeitsvertrag	

Die meisten arbeitsrechtlichen Normen haben **einseitig zwingende Wirkung**. Dh, daß die jeweils niederrangige Norm nur Regelungen treffen darf, wenn in der betreffenden Angelegenheit keine höherrangige Norm besteht oder die niederrangige Norm eine für die AN günstigere Bestimmung enthält (**Günstigkeitsprinzip**). Wenn also etwa das UrlG einen Mindesturlaub im Ausmaß von 30 Werktagen pro Jahr vorsieht, darf der KV nur eine Regelung treffen, die den betroffenen AN einen Anspruch auf mindestens 31 Werktage Urlaub pro Jahr sichert. Ebenso darf ein Mindestgehalt von S 15.000,- nach dem KV nicht durch eine arbeitsvertragliche Vereinbarung verschlechtert werden. Auch wenn im Arbeitsvertrag mit ausdrücklicher Zustimmung des AN ein Entgelt in der Höhe von S 14.000,- festgesetzt wird, wäre dies unzulässig und nichtig. Der AN kann seinen kollektivvertraglichen Anspruch jederzeit gerichtlich durchsetzen.

Nur **ausnahmsweise** entfalten arbeitsrechtliche Gesetze (zB ArbVG) und KV **zweiseitig zwingende Wirkung**. In diesen Fällen darf eine niederrangige Norm überhaupt nicht regeln. Auch für die AN günstigere Bestimmungen wären unzulässig (**Ordnungsfunktion**). Ebenso stellen **dispositive** (nachgiebige) Normen Ausnahmen dar. Sie treffen eine Regelung nur für den Fall, daß die Vertragsparteien die betreffende Angelegenheit nicht geregelt haben. Gibt es hingegen eine vertragliche Vereinbarung, geht diese der dispositiven Norm vor. Bei den freien Mitarbeitern ist im Unterschied zu den AN der Anteil des dispositiven Rechts überwiegend.

Die praktisch bedeutsamste Regelung der Arbeitsbedingungen erfolgt im Kollektivvertrag. Der KV enthält jeweils einen Anspruch der AN auf ein Mindestentgelt, das idR jährlich neu verhandelt und angepaßt wird. Darüber hinaus wird bei diesen KV-Verhandlungen meist auch eine sog "Ist-Lohn-Erhöhung" festgelegt. Dh, es werden nicht nur die kollektivvertraglichen Mindestgehälter, sondern auch die tatsächlich bezahlten höheren Gehälter ("Ist-Löhne") erhöht. Weiters werden meist Arbeitszeit, Urlaub, Entgeltfortzahlung bei Krankheit, Beendigung des AV, Abfertigung, AN-Schutz, eventuell betriebliche Altersversorgung uvm geregelt. Während das laufende Entgelt sozusagen eine Domäne des KV darstellt, werden die sonstigen Arbeitsbedingungen häufig auch auf der gesetzlichen Ebene normiert (zB Arbeitszeit, Urlaub, Abfertigung, AN-Schutz). Der KV darf in diesen Bereichen nur für die AN günstigere Bestimmungen vorsehen.

Die **Betriebsvereinbarung** ist eine Vereinbarung zwischen Betriebsinhaber (idR mit dem AG identisch) und der Belegschaft des Betriebes, vertreten durch den BR.[1] Sie darf nur Angelegenheiten zum Inhalt haben, deren Regelung durch Gesetz oder KV der Betriebsvereinbarung vorbehalten ist (§ 29 ArbVG). § 97 ArbVG enthält ein eher bunt gemischtes Bündel an Regelungskompetenzen, das von der Festsetzung der Lage der Arbeitszeit, AN-Schutz, Sozialplänen zum Ausgleich von Härten bei Rationalisierungsmaßnahmen und sonstigen betrieblichen Umgestaltungsmaßnahmen, Kündigungsfristen und Beendigungsgründen bis zu Maßnahmen der betrieblichen Altersversorgung reicht. Auffällig ist die (bewußte) Zurückhaltung des Gesetzgebers im Hinblick auf Regelungen, die das laufende Entgelt betreffen. Eine Betriebsvereinbarung, die in einer Angelegenheit abgeschlossen wird, für die **keine Regelungskompetenz** besteht, ist unzulässig und als **Betriebsvereinbarung nichtig**. Die Rechtsprechung deutet solche Vereinbarungen freilich in aller Regel in Vertragsschablonen um, die zwischen AG und BR für die Belegschaft vereinbart werden. Soweit für die AN die Arbeitsbedingungen dadurch verbessert werden, kommt damit eine quasi automatische (einvernehmliche) Ergänzung des Arbeitsvertrages zustande. In der Praxis kommen solche **"freien Betriebsvereinbarungen"**, die va auch Entgeltregelungen enthalten, sehr häufig vor. Als Beispiel wäre eine Vereinbarung anzuführen, die das kollektivvertragliche Mindestentgelt (zB S 15.000,-) für die AN des betroffenen Betriebes um S 3.000,- erhöht.

Der Gestaltungsspielraum des Arbeitsvertrages wird durch diese Vielzahl an unmittelbar einwirkenden Normen stark eingeschränkt. Im wesentlichen können nur in den Angelegenheiten Regelungen getroffen werden, in denen keine zwingenden gesetzlichen, kollektivvertraglichen oder betrieblichen Vorschriften bestehen, oder, soweit solche Normen bestehen, deren Bestimmungen für den AN günstiger sind. Typischerweise finden sich in Arbeitsverträgen Vereinbarungen über Lohn/Gehalt,

---

1 Die Kompetenzen und Handlungsmöglichkeiten des BR werden unter 2.1.2 näher dargestellt, vgl auch 5.2

Art der Tätigkeit, Dauer und Lage der Arbeitszeit, Arbeitsort, Dauer des AV (befristet oder unbefristet), Verhalten am Arbeitsplatz usw.

2.1.2 Betriebliche und überbetriebliche Interessenvertretungen

Interessenvertretungen spielen im Arbeitsrecht eine zentrale Rolle. Die wichtigsten Arbeitsbedingungen werden idR nicht zwischen AN und AG im einzelnen Arbeitsvertrag vereinbart, sondern in KV und Betriebsvereinbarungen. Darüber hinaus kommt va den überbetrieblichen Interessenvertretungen ein maßgeblicher Einfluß auf die staatliche Arbeits- und Sozialpolitik zu. Unter dem Stichwort **"Sozialpartnerschaft"** wird ein Modell beschrieben, das den AN- und den AG-Verbänden durch ein Geflecht informeller wie formeller Beziehungen Möglichkeiten bietet, Arbeits- und Sozialgesetze mitzugestalten. So trägt etwa die personelle Identität zwischen führenden Verbandsfunktionären und Parlamentariern zu einem beträchtlichen Einfluß der Interessenvertretungen auf die generelle Arbeits- und Sozialpolitik bei.

Das Verhältnis der AG- und AN-Verbände zueinander ist in Österreich betont **kooperativ** angelegt. Dem "Arbeitsfrieden", also der Vermeidung von Arbeitskämpfen, wird allgemein ein sehr hoher Stellenwert beigelegt. Die Durchsetzung sozialer Forderungen durch Streiks ist seltene Ausnahme, Arbeitskämpfe zur Durchsetzung oder Verhinderung einer bestimmten Unternehmenspolitik (wie etwa beim "profil-Streik") sind noch seltener. Aussperrungen gibt es praktisch nicht. Dies gilt auch für den politisch überdurchschnittlich sensiblen Medienbereich. Die Funktionsweise dieses Modells basiert auf einer faktischen Monopolstellung der Verbände, ihrem hohen Zentralisierungsgrad und der im internationalen Vergleich hohen Organisationsquote. Sogar die gewerkschaftlich besonders gut organisierten und traditionell "kampfstarken" Drucker verzichten in Österreich weitgehend auf Kampfmaßnahmen.[2]

An wichtigen Verbänden gibt es auf AN-Seite den **Österreichischen Gewerkschaftsbund (ÖGB)** als freiwillige AN-Vereinigung mit einem Organisationsgrad von insgesamt über 50 %, sowie die **Kammern für Arbeiter und Angestellte** mit einer Pflichtmitgliedschaft. Auf AG-Seite gibt es mehrere branchenmäßig organisierte Verbände. Im Medienbereich spielt der **Verband Österreichischer Zeitungsherausgeber und Zeitungsverleger (VÖZ)** eine überragende Rolle. Daneben gibt es auch auf der AG-Seite Organisationen mit Pflichtmitgliedschaft, die **Kammern der gewerblichen Wirtschaft**. Zeitungsverlage sind allerdings nicht kammerzugehörig, wohl aber Druckunternehmen.

Neben der allgemeinen Interessenpolitik besteht die wichtigste Aufgabe der überbetrieblichen Verbände im **Aushandeln von KV**. Diese werden auf AN-Seite

---

2 Nach Informationen aus Gewerkschaftskreisen dürfte der Organisationsgrad der Drucker bei ca 70 %, im Tageszeitungsbereich bei nahezu 100 % liegen.

fast immer vom ÖGB abgeschlossen. Als Abschlußpartner treten aber verschiedene AG-Verbände auf. Wird der KV auf AG-Seite von einer Kammer der gewerblichen Wirtschaft oder einer Teilorganisation abgeschlossen, sind alle AG der betreffenden Branche dem KV zwingend unterworfen, weil aufgrund der Pflichtmitgliedschaft keine Möglichkeit des Austritts aus der Kammer der gewerblichen Wirtschaft besteht. Anders ist es hingegen bei den KV für die Journalisten, die vom VÖZ abgeschlossen werden und dem KV Druck, der vom Hauptverband der graphischen Unternehmungen Österreichs abgeschlossen wird. Zu diesen Vereinigungen besteht eine freiwillige Mitgliedschaft. Ein KV kommt aber nach § 8 ArbVG nur für die AG zur Anwendung, die zur Zeit seines Abschlusses Mitglied des abschließenden Verbandes waren oder später werden bzw die AG, auf die der Betrieb eines kollektivvertragsangehörigen AG übergeht. Der KV Druck wurde allerdings vom Bundeseinigungsamt zur Satzung erklärt. Dies bedeutet, daß er unabhängig von der Mitgliedschaft des AG zum vertragsschließenden Hauptverband für alle Druckereiunternehmen zwingend zur Anwendung kommt. Auf AN-Seite kommt es auf die Mitgliedschaft zur Gewerkschaft nicht an, weil der KV auch für Nicht-Mitglieder ("Außenseiter") gilt.

Auf der **betrieblichen Ebene** fällt im internationalen Vergleich der hohe Grad der **Verrechtlichung** durch eine gesetzliche Betriebsverfassung mit einer eigenständigen betrieblichen Interessenvertretung auf. In Betrieben ab einer Belegschaftsstärke von fünf AN ist ein BR zu bilden, der von den AN direkt gewählt wird. Der BR ist rechtlich von den überbetrieblichen Interessenvertretungen (ÖGB, Arbeiterkammer) völlig unabhängig, soll aber mit ihnen kooperieren. Gerade in größeren Betrieben besteht va durch Doppelfunktionen (Mitglied des BR und Gewerkschaftsfunktionär) eine engere Bindung. Der BR hat die Aufgabe, die wirtschaftlichen, sozialen, gesundheitlichen und kulturellen Interessen der AN im Betrieb wahrzunehmen und zu fördern (§ 38 ArbVG). Dazu hat er eine Vielzahl von **Überwachungs- und Mitwirkungsrechten** in personellen, sozialen und wirtschaftlichen Angelegenheiten. Die Intensität der Mitwirkung reicht vom Anspruch auf Information bis zur gleichberechtigten Mitentscheidung. Der BR kann etwa mitbestimmen bei der Versetzung oder Kündigung von AN, bei der Einführung von Personaldatensystemen, Personalfragebögen oder bei Kontrollmaßnahmen. Mitgestalten kann der BR va auch beim Abschluß von **Betriebsvereinbarungen**.[3]

Eine Besonderheit des Medienbereichs stellen die Vertretungsorgane für Medienmitarbeiter dar. Die Gesamtheit der Medienmitarbeiter eines Medienunternehmens (Redaktionsversammlung) kann eine **Redaktionsvertretung** wählen, deren wesentliche Aufgabe im Abschluß von **Redaktionsstatuten** mit dem Medieninhaber (Verleger) über die Zusammenarbeit in publizistischen Angelegenheiten darstellt. Der Abschluß von Redaktionsstatuten bei Printmedien ist im Unterschied zum ORF (§ 18 RFG) fakultativ (§ 5 MedienG). Derzeit gibt es nach unseren Informationen

3 Vgl oben 2.1.1

Redaktionsstatuten bei drei österreichischen Tageszeitungen. Ihr Zweck liegt va im Schutz der Gewissensfreiheit des einzelnen Journalisten.

2.1.3 Rechtsbeziehungen aus abhängiger Arbeit allgemein

Ein **Arbeitsverhältnis** entsteht dadurch, daß sich jemand einem anderen gegenüber zu Arbeitsleistungen unter dessen Leitung und Anweisungen verpflichtet. Dies kann sowohl auf eine bestimmte (kürzere oder längere) Zeit als auch ohne Befristung ("bis auf weiteres") erfolgen. Charakteristisch für ein AV sind im wesentlichen zwei Elemente.

Erstens befindet sich der Beschäftiger ("AG") typischerweise in einer wesentlich stärkeren wirtschaftlichen Position als der Beschäftigte ("AN"), der auf die Einkünfte aus dem AV im allgemeinen zur Bestreitung seines Lebensunterhaltes existentiell angewiesen ist. Man spricht in diesem Zusammenhang von der **wirtschaftlichen Abhängigkeit** des AN.

Zweitens sind AN in die Organisation eines Betriebes eingebunden und aufgrund dessen den Weisungen und der Kontrolle des AG, also seiner funktionellen Autorität unterworfen. Der AG bestimmt regelmäßig den Arbeitsort, die Arbeitszeit und den Ablauf der Arbeit. Daraus ergibt sich zwangsläufig eine Beschränkung der persönlichen Freiheit bei der Arbeitsleistung. Man spricht hier von **persönlicher Abhängigkeit** des AN.

Nach herrschender Lehre und Rechtsprechung ist die persönliche Abhängigkeit des AN ein Wesenselement des AV, das es von anderen Vertragsverhältnissen (zB Werkvertrag) unterscheidet.[4] Dagegen wird die wirtschaftliche Abhängigkeit als zwar typisch aber nicht wesensnotwendig für ein AV angesehen. Es gibt daher AV, bei denen der AN auf Lohn oder Gehalt wirtschaftlich gar nicht angewiesen ist. Theoretisch sind sogar unentgeltliche AV denkbar und idR zulässig. Wird in diesen Fällen die Arbeit in persönlicher Abhängigkeit erbracht, entsteht ein AV. Umgekehrt reicht die wirtschaftliche Abhängigkeit vom Einkommen aus der Arbeitsleistung nicht zur Entstehung eines AV aus, wenn bei der Erbringung der Arbeitsleistung die Merkmale persönlicher Selbständigkeit überwiegen.

Die Konsequenzen dieser Unterscheidung sind äußerst gravierend. Das Arbeitsrecht geht von einem wirtschaftlichen Ungleichgewicht zwischen AG und AN aus und sieht daher eine Vielzahl von Schutzvorschriften für AN, dh in persönlicher Abhängigkeit Beschäftigte, vor. Wer hingegen **Arbeitsleistungen in persönlicher Selbständigkeit** erbringt, für den gelten **nicht** (oder nur in geringem Umfang) die **Regeln des Arbeitsrechts**, sondern bloß die des allgemeinen Vertragsrechts und solche für andere Verträge, wie etwa das Werkvertragsrecht. Dabei wird jedoch regelmäßig von einem wirtschaftlichen Gleichgewicht der Vertragspartner ausgegangen. Der Spielraum für privatautonome Gestaltungen im Vertrag, die auch den

---

4 Vgl statt vieler *Spielbüchler*, Arbeitsrecht I, 36 ff.

gesetzlichen Regeln vorgehen, ist hier deutlich größer als im Arbeitsrecht. Arbeiten in persönlicher Selbständigkeit kommen relativ häufig bei den Journalisten ("freie Mitarbeiter") und auch im Bereich der Zeitungszustellung und Kolportage vor.

Der Unterscheidung zwischen angestellten und freien Mitarbeitern kommt daher im Medienbereich besondere Bedeutung zu. Die rechtlichen Folgen bestehen grob gesprochen darin, daß für die "angestellten" Mitarbeiter die vielfältigen Schutzvorschriften des Arbeitsrechts (Mindestentgelt, Arbeitszeitbeschränkungen, Kündigungsschutz usw) zur Anwendung kommen, während die sog **"freien" Mitarbeiter** aus dem Arbeitsrecht herausfallen oder jedenfalls nur einzelne arbeitsrechtliche Regelungen für sie gelten. Freie Mitarbeiter unterliegen idR auch nicht der Lohnsteuer- und der Sozialversicherungspflicht. Sie sind vielmehr einkommensteuerpflichtig und können eine Sozialversicherung nur auf freiwilliger Basis begründen. Die Vorteile der freien Mitarbeit liegen va in der größeren persönlichen Bestimmungsfreiheit (zB Einteilung der Arbeitszeit, grundsätzlich unbeschränkte Möglichkeit der Beschäftigung bei mehreren Medienunternehmen, mehr inhaltliche Gestaltungsspielräume) und in der bisweilen höheren Honorierung.[5] Dem steht freilich die wesentlich bessere soziale Absicherung der angestellten Mitarbeiter gegenüber. Aus der Sicht des Zeitungsunternehmens besteht der Vorteil der freien Mitarbeit insbesondere in der größeren Flexibilität, dh es bestehen weniger und va leichter lösbare Verpflichtungen.

Aus der allgemeinen Vertragsfreiheit ergibt sich, daß es den beiden Parteien, Zeitungsunternehmer (Verleger) und Mitarbeiter, überlassen bleibt, welche Art eines Vertragsverhältnisses sie wählen. Neben dem Arbeitsvertrag ("Anstellung") kommen - für freie Mitarbeiter - in erster Linie der Werkvertrag und der freie Dienstvertrag in Frage. Beim Arbeitsvertrag unterliegt der AN hinsichtlich Arbeitszeit, Arbeitsort und arbeitsbezogenem Verhalten den Weisungen des AG (Verlegers). Die persönliche Abhängigkeit des AN stellt das maßgebende Kriterium für die Abgrenzung des Arbeitsvertrages von anderen Vertragstypen dar.

Dagegen zeichnen sich Werkvertrag und freier Dienstvertrag durch weitgehende persönliche Selbständigkeit des Mitarbeiters und durch ein geringeres Ausmaß der Eingliederung in den Betrieb aus. Der **Werkvertrag** ist dabei auf die Erbringung eines **Werkes** (zB eine bestimmte Reportage) gerichtet. Beim **freien Dienstvertrag** verpflichtet sich jemand auf eine gewisse **Zeit** (befristet oder unbefristet) dazu, einem anderen seine Arbeitskraft zur Verfügung zu stellen, ohne daß dabei ein persönliches Abhängigkeitsverhältnis wie beim Arbeitsvertrag entsteht.[6] Der Abschluß eines freien Dienstvertrages ist daher sinnvoll, wenn etwa ein Journalist regelmäßig oder jedenfalls gelegentlich in einem bestimmten Ausmaß für eine Zeitung tätig werden soll und die zu erbringenden Leistungen nur gattungsmäßig umschrieben sind (zB Erstellung von Sportreportagen). Die Unterschiede zwischen Werkvertrag

---

5 Vgl *Berka*, Recht der Massenmedien, 294 f.

6 Vgl *Wachter*, DRdA 1984, 407 mwN.

und freiem Dienstvertrag verschwimmen freilich dann, wenn der Werkvertrag die wiederholte Erbringung eines Werkes zum Inhalt hat.

Von den Rechtsfolgen her gesehen ist die Differenzierung insofern von Bedeutung, als für den Werkvertrag eigene Vorschriften bestehen (§§ 1165 ff ABGB). Dagegen existiert eine spezielle Regelung für den freien Dienstvertrag nicht. Die Praxis behilft sich mit der **analogen Anwendung** all der Vorschriften über den Arbeitsvertrag, die nicht auf die persönliche Abhängigkeit und die damit zusammenhängende besondere Schutzbedürftigkeit der AN abstellen (zB Kündigungsfristen).[7] Ergänzend können uU auch die Regelungen über den Werkvertrag herangezogen werden.

Liegt kein AV vor, kann eine Arbeitsleistung auch im Rahmen arbeitnehmerähnlicher Rechtsverhältnisse erbracht werden. Dies hat zur Folge, daß einige (wenige) arbeitsrechtliche Gesetze zur Anwendung kommen. **Arbeitnehmerähnliche Personen** können ihre Ansprüche beim Arbeits- und Sozialgericht geltend machen, sie sind für den Fall der Insolvenz des Auftraggebers abgesichert (IESG) und sind im Hinblick auf Haftungserleichterungen (DHG) und Arbeitskräfteüberlassung (AÜG) den AN gleichgestellt. Für die Praxis ist ferner bedeutsam, daß die Tätigkeit im Rahmen eines arbeitnehmerähnlichen Verhältnisses dem AuslBG unterfällt und daher idR eine Beschäftigungsbewilligung (ersatzweise Arbeitserlaubnis oder Befreiungsschein) einzuholen ist. Bei der AN-Ähnlichkeit handelt es sich um **keinen eigenen Vertragstyp**. Eine derartige Beschäftigung kann vielmehr sowohl durch Werkvertrag, freien Dienstvertrag oder durch ein anderes Vertragsverhältnis (zB Auftrag) begründet werden. Die AN-Ähnlichkeit zeichnet sich dadurch aus, daß im Auftrag und für Rechnung bestimmter Personen Arbeit in persönlicher Selbständigkeit aber **wirtschaftlicher Unselbständigkeit** geleistet wird. Es liegt zwar kein AV aber doch eine gewisse Fremdbestimmtheit vor, die va in der Tätigkeit für einen oder jedenfalls wenige Auftraggeber, weiters im Mangel einer eigenen Betriebsstätte, in der längeren Dauer einer Beschäftigung und in regelmäßiger Honorierung zum Ausdruck kommt.[8] Ein ständiger freier Mitarbeiter in der Redaktion oder ein Zeitungskolporteur wird in aller Regel als arbeitnehmerähnliche Person anzusehen sein, soferne nicht ohnehin ein AV vorliegt.

Zeitungsunternehmer und Mitarbeiter sind in ihren rechtlichen Gestaltungsmöglichkeiten nicht völlig frei. Es steht ihnen zwar offen, die gewünschte **Leistung** innerhalb der gesetzlichen Grenzen **beliebig zu gestalten**. Es ist also sowohl zulässig, eine uhrzeitmäßig genau vorgeschriebene Arbeitszeit mit einer Anwesenheitspflicht in der Redaktion zu vereinbaren, als auch völlig freie Einteilung von Arbeitszeit und Arbeitsort durch den Mitarbeiter. Die getroffene Vereinbarung kann allerdings **nicht beliebig** einem bestimmten **Vertragstyp** zugeordnet werden. So ist es insbesondere nicht möglich, durch die Bezeichnung eines Vertrages als Werkvertrag

---

7 Dazu *Wachter*, DRdA 1984, 410 ff.

8 Vgl *Schwarz/Löschnigg*, Arbeitsrecht, 147 ff mwN.

oder als freier Dienstvertrag die Bestimmungen des Arbeitsrechts zu umgehen. Diese sind als Schutzbestimmungen nämlich zugunsten der AN zwingend ausgestaltet und können auch nicht einvernehmlich außer Kraft gesetzt werden. Arbeitsrechtliche Ansprüche können auch noch nach Beendigung des AV beim Arbeits- und Sozialgericht durchgesetzt werden. Dagegen bestehen keine rechtlichen Bedenken, mit einem freien Mitarbeiter die Anwendung arbeitsrechtlicher Bestimmungen (zB AngG) zu vereinbaren.

Die Unterscheidung zwischen angestellten und freien Mitarbeitern ist ua deshalb eine zentrale Fragestellung, weil sich die unterschiedlichen Rechtsfolgen auf die Kosten auswirken, die das Unternehmen pro Mitarbeiter aufzuwenden hat (die sog **Lohnnebenkosten** sind bei freien Mitarbeitern wesentlich geringer). Es ist daher entscheidend, ob bzw in welchem Ausmaß das Arbeitsrecht und das Sozialversicherungsrecht **disponibel** sind. Nach der österreichischen Rechtslage bestehen Dispositionsmöglichkeiten nur hinsichtlich der faktischen Gestaltung des Beschäftigungsverhältnisses, nicht aber hinsichtlich der Wahl des Vertragstyps. Es kommt, wie oben ausgeführt, maßgeblich darauf an, ob die Tätigkeit in persönlicher Abhängigkeit geleistet wird. Zu bedenken ist freilich, daß rechtswidrige **Umgehungen** des Arbeitsrechts und des Sozialversicherungsrechts in der Praxis sicherlich vorkommen. Die Gründe dafür liegen einerseits in der wirtschaftlichen Übermacht eines Unternehmens gegenüber einem einzelnen Beschäftigten. Va bei geringer qualifizierten Tätigkeiten besteht meist eine schlechte Marktposition für einen Arbeitssuchenden. So müssen etwa Zeitungskolporteure idR die vom Zeitungsunternehmen angebotenen Beschäftigungsbedingungen akzeptieren oder auf die Beschäftigung verzichten. Hinzu kommt noch, daß diese Tätigkeit überwiegend von Ausländern ausgeübt wird, deren soziale und rechtliche Stellung besonders prekär ist.

Andererseits kommen Vereinbarungen über freie Mitarbeit auch bei Journalisten vor, deren soziale Schutzwürdigkeit geringer anzusetzen ist. Manche Journalisten haben sogar ein ausgeprägtes Interesse daran, als freier und nicht als angestellter Mitarbeiter beschäftigt zu werden. Die Vorteile können im **Ersparen von Steuerzahlungen** und Sozialversicherungsbeiträgen bestehen. Bei der Einkommensteuer bestehen idR günstigere Absetzmöglichkeiten als bei der Lohnsteuer und außerdem erfolgt kein automatischer Abzug vom Entgelt. Dem steht allerdings der Nachteil des fehlenden Versicherungsschutzes gegenüber. Ein weiterer Vorteil kann in mehr zeitlicher und örtlicher Flexibilität bei der Arbeit selbst liegen. Der persönliche Wunsch nach "Freiheit" vom Arbeits- und Sozialversicherungsrecht wird von der Rechtsordnung nur insofern akzeptiert, als eine freiere Gestaltung des Beschäftigungsverhältnisses auch ein Indiz für ein freies Mitarbeiterverhältnis darstellt. Ansonsten ist die Rechtsordnung gegenüber derartigen persönlichen Wünschen unzugänglich und insofern relativ starr. Der Grund hiefür liegt darin, daß eine entsprechende Flexibilität, dh die Schaffung von vermehrten Dispositionsmöglichkeiten, auch die Umgehungsmöglichkeiten in Bereichen vermehren würde, in denen eine besondere soziale Schutzbedürftigkeit besteht.[9]

2.2 Deutschland

2.2.1 Struktur und Stufenbau der Rechtsquellen

Die rechtlichen Grundlagen und die Struktur der Rechtsbeziehungen sind dem österreichischen Recht durchaus ähnlich. Das Zusammenwirken der einzelnen Rechtsquellen richtet sich grundsätzlich nach dem **Stufenbau** Verfassung, Gesetz und Verordnung. Wie im österreichischen Arbeitsrecht sind jedoch über die genannten Quellen hinaus insbesondere der TV, die Betriebsvereinbarung und der Individualarbeitsvertrag zu beachten. Innerhalb des vertraglichen Rahmens kann die konkret geschuldete Arbeitsleistung durch Weisung näher bestimmt werden. Auch das **Günstigkeitsprinzip** gilt, wonach die rangniedrigere Norm sich gegenüber der ranghöheren durchsetzt, sofern sie für den AN günstiger ist.

Im deutschen Arbeitsrecht fällt die **ausgeprägtere Grundrechtsbezogenheit** gegenüber Österreich auf. Art 3 GG über die Gleichbehandlung der Geschlechter, Art 5 GG über die Freiheit der Meinungsäußerung, Art 9 Abs 2 GG über die Koalitionsfreiheit, Art 11 GG über die Freizügigkeit und Art 12 Abs 1 über die freie Wahl von Beruf und Ausbildung bilden einen Rahmen für die Gestaltungsfreiheit des Gesetzgebers. Das **Sozialstaatsprinzip** gilt als Aufforderung, die Arbeitsrechtsordnung so zu gestalten, daß sie den sozialen Anforderungen entspricht, auch wenn daraus grundsätzlich keine Ansprüche der einzelnen AN abzuleiten sind.[10] Eine unmittelbare Drittwirkung der Grundrechte (auf Privatrechtsverhältnisse) wird wie in Österreich überwiegend verneint, die Grundrechte determinieren jedoch die Generalklauseln (zB Gute-Sitten-Klausel) des Privatrechts und wirken so mittelbar auch auf privatrechtliche Verhältnisse ein.

Im Hinblick auf das Medienarbeitsrecht ist insbesondere Art 5 Abs 1 Satz 2 GG **(Rundfunkfreiheit)** zu berücksichtigen, der im Zusammenhang mit der Zulässigkeit freier Dienstverträge und von Ketten-AV für Rundfunkmitarbeiter Bedeutung erlangt hat. In einem berühmt gewordenen Beschluß hat das deutsche BVerfG 1982 betont, daß auch die Gestaltungsfreiheit bei der Auswahl und Einstellung des Personals zur Wahrung der Vielfalt der Programminhalte durch den verfassungsrechtlichen Schutz der Freiheit des Rundfunks umfaßt sei. Das BAG hatte bis dahin Arbeitsrecht auf

---

9 Die Abgrenzung zwischen freien und angestellten Mitarbeitern ist im vollen Projektbericht anhand von Beispielen aus der **Rechtsprechung** dokumentiert. Vgl. *Mosler/Weinmeier*, Projektbericht "Arbeitsbedingungen bei Tageszeitungsunternehmen", Salzburg 1993.

10 Wohl aber im Zusammenhang mit der Unzulässigkeit von Kettenarbeitsverträgen, vgl *Schaub*, Arbeitsrechts-Handbuch § 39; allgemein zur Zulässigkeit von (aneinandergereihten) Befristungen unten 5.1.

solche Fälle der Beschäftigung von "freien Mitarbeitern" angewandt, in denen zwar ursprünglich ein Arbeitsvertrag weder abgeschlossen worden noch beabsichtigt war, sich das Verhältnis aber zusehends verfestigt hatte und die Mitarbeiter in persönlicher Abhängigkeit und in die Arbeitsorganisation eingegliedert tätig waren. Das BVerfG stellte sich auf den Standpunkt, daß die Annahme **unbefristeter AV für programmgestaltende freie Mitarbeiter nicht mit Art 5 Abs 1 S 2 GG in Einklang** gebracht werden könne. Das BAG habe das Arbeitsrecht nicht im Lichte der Verfassung ausgelegt, die Urteile verletzten daher das Grundrecht der Rundfunkfreiheit.[11]

Die Zuständigkeit zur Gesetzgebung im Bereich des Arbeitsrechts steht in der BRD im Wege der konkurrierenden Gesetzgebung dem **Bund** zu, soweit ein Bedürfnis nach bundeseinheitlicher Regelung besteht (Art 74 Nr 12 GG). Aus Gründen der Wahrung der Rechts- und Wirtschaftsordnung wird dies grundsätzlich bejaht. Die Länder haben ein Gesetzgebungsrecht nur insoweit, als der Bund keinen Gebrauch davon macht. Erläßt der Bund schließlich ein dieselbe Materie betreffendes Gesetz, so tritt das entsprechende Landesrecht außer Kraft. Gewisse Bereiche bleiben gleichwohl den Ländern vorbehalten, darunter jedoch kein für den Medienbereich relevantes Rechtsgebiet.

In Ermangelung eines umfassenden Gesetzes über die Rechtsstellung der Medienmitarbeiter[12] gelten für ihre AV die **allgemeinen Arbeitsgesetze**. Ihnen geht jedoch für die meisten Bereiche der einschlägige TV vor. Der **Tarifvertrag** entspricht in seinen Voraussetzungen und Wirkungen im wesentlichen dem österreichischen KV. Herauszustellen sind zwei grundsätzliche Unterschiede des deutschen TV-Rechts: Zum ersten **fehlt** dem deutschen TV die **Außenseiterwirkung**. Während in Österreich auf jeden bei einem kollektivvertragsangehörigen AG beschäftigten AN die kollektivvertraglichen Regelungen zur Anwendung kommen, kommt es in der BRD grundsätzlich auf die eigene Mitgliedschaft des AN beim tarifvertragsschließenden Verband **(Tarifgebundenheit)** an.[13] Theoretisch könnte der AG daher einem AN, der nicht Mitglied der Gewerkschaft ist, mit der der für ihn geltende TV abgeschlossen wurde, in seinem Betrieb die tariflichen Vergünstigungen verweigern. Anders ist es nur dann, wenn der TV auf Antrag eines der beteiligten Verbände vom Bundesminister für Arbeit für **"allgemeinverbindlich"** erklärt worden ist. Eine Ungleichbehandlung von tarifgebundenen AN und Außenseitern stellt keinen Verstoß gegen den arbeitsrechtlichen Gleichbehandlungsgrundsatz dar,[14] es sei denn, es wird mit allen (Gewerkschaftsmitglied oder nicht) AN die Geltung des TV vereinbart und nur einzelne davon werden ausgeschlossen. Zum zweiten ist darauf hinzuweisen,

---

11 Näher dazu unten 5.1

12 Ein "PresserechtsrahmenG" ist ähnlich wie in Österr. das MedienmitarbeiterG gescheitert.

13 Ausnahme: wenn es um Betriebsnormen oder Normen über betriebsverfassungsrechtliche Fragen geht, kommt es nur auf die Tarifgebundenheit des AG im betreffenden Betrieb an.

14 Vgl *Schaub*, Arbeitsrechts-Handbuch § 112.

daß der 1974 in das TVG eingefügte § 12a TVG nunmehr über die Festlegung von Normen für Arbeitsverträge hinaus auch den Abschluß von **TV für bestimmte Gruppen von arbeitnehmerähnlichen Personen**, etwa für arbeitnehmerähnliche freie Mitarbeiter der Medien, erlaubt.

Neben dem MTV, der die nicht unmittelbar finanziell relevanten Arbeitsbedingungen auf mehrere Jahre hinaus festlegt, werden in kürzeren Abständen **Gehaltstarifverträge** abgeschlossen. Bestimmte Sonderfragen, wie Fortbildung und Umschulung, Altersversorgung und Arbeit an rechnergesteuerten Textverarbeitungssystemen, aber auch Regelungen über den Rationalisierungsschutz werden in eigenen TV geregelt.

Wie in Österreich haben BR und AG die Möglichkeit, bestimmte vom Gesetzgeber für geeignet gehaltene Materien auf betrieblicher Ebene im Rahmen einer **Betriebsvereinbarung** zu regeln. Betriebsvereinbarungen können nur in solchen Bereichen abgeschlossen werden, die zum Aufgabenbereich des BR gehören. Sie dürfen keine Fragen regeln, die durch TV geregelt wurden oder üblicherweise durch TV zu regeln sind (außer wenn tarifvertragsergänzende Regelungen durch diesen ausdrücklich gestattet werden). Einen Katalog der zulässigen Regelungsgegenstände findet man in §§ 87 f BetrVG. In Medienunternehmen - soviel vorweg - sind infolge des Tendenzschutzes bestimmte Einschränkungen zu machen.[15]

Als möglicher Inhalt für den individuellen **Arbeitsvertrag** bleiben Vereinbarungen, die aufgrund ihrer Natur nicht generell getroffen werden (Arbeitsort, konkrete Arbeitspflicht) oder günstiger sind als das anwendbare Gesetz/der anwendbare TV (übertarifliches Entgelt). In Bereichen, in denen es keine zwingenden Bestimmungen gibt und die Parteien keine Vereinbarung getroffen haben, wird **dispositives Recht** angewandt. Wegen der durch den Schutzcharakter des Arbeitsrechts bedingten Regelungsdichte kommt dies jedoch selten zum Tragen.

2.2.2 Betriebliche und überbetriebliche Interessenvertretungen

Auch in Deutschland werden die tatsächlichen Arbeitsbedingungen nicht vom Gesetzgeber - er sieht ein Mindestschutzniveau vor - sondern von den Interessenvertretungen im Form von TV festgelegt. **Tariffähig** sind nach deutschem Recht sowohl die **AG-Verbände** als auch **einzelne AG** (§ 2 Abs 1 TVG). Firmen-TV gibt es für die Zeitungs- und Zeitschriftenbranche allerdings nicht. Auf seiten der AN bestehen in einigen Bundesländern Arbeiter- und Angestelltenkammern, die jedoch nicht berechtigt sind, TV abzuschließen. Die weitaus größere Rolle spielen die **Gewerkschaften**, die branchenweise gegliedert sind.

Konkret stehen einander in Deutschland als Partner von sozialpartnerschaftlichen Verhandlungen über die Arbeitsbedingungen der Journalisten der

---

15 Vgl *Schaub* §§ 234 ff; s ausführlicher unten 5.2.3.

Bundesverband Deutscher Zeitungsverleger e.V. (als Vertreter der angeschlossenen Mitgliedsverbände der südwestdeutschen, bayrischen, Berliner, Bremer, Hamburger, der hessischen, nordwestdeutschen, rheinisch-westfälischen, und Schleswig-Holsteiner Zeitungsverleger sowie der Verband der Zeitungsverleger in Rheinland-Pfalz und Saarland) auf der einen Seite und die **IG Medien - Druck und Papier, Publizistik und Kunst** und der **Deutsche Journalisten-Verband e.V.** auf der anderen Seite gegenüber. Die TV für die **kaufmännischen Angestellten** werden **länderweise** abgeschlossen. Neben der IG Medien ist auf AN-Seite auch die **Deutsche Angestelltengewerkschaft** Vertragspartner. Für die Arbeiter und Angestellten im Druckbereich kontrahieren der Bundesverband Druck e.V. und die IG Medien, Druck und Papier, wobei die Angestelltentarifverträge wiederum länderweise (geringfügig) unterschiedlich sind.[16]

Auf AG-Seite sind alle Landesverbände der Verleger vom TV erfaßt.[17] Es besteht allerdings **keine Pflichtmitgliedschaft** der einzelnen Verlage zum Verlegerverband. Alle großen Verlagshäuser gehören jedoch nach Auskunft der befragten Sozialpartnern dem jeweils zuständigen Verband an. Auf seiten der AN erstrecken sich die TV-Wirkungen nicht wie im österreichischen Recht auf alle bei einem tarifvertragsangehörigen AG beschäftigten AN, sondern nur auf die **Mitglieder** der vertragschließenden Interessenvertretungen. Der **gewerkschaftliche Organisationsgrad** ist sowohl bei den Journalisten als auch bei den Druckern allerdings **hoch**, sodaß die tarifvertraglichen Bestimmungen in allen Mitgliedsunternehmen idR zur Anwendung kommen.[18]

Obwohl "kampflustiger" als die österreichischen Sozialpartner, haben auch die deutschen Interessenvertretungen in letzter Zeit weitgehend auf den Einsatz von Arbeitskampfmaßnahmen verzichtet, auch wenn in den Tarifverhandlungen für die Journalisten Ende Januar 1992 von seiten der Gewerkschaft mit Streik gedroht wurde. Die **Vertretung der AN auf der betrieblichen Ebene** (s ausführlich unten 5.2) diente der österreichischen Organisation als Vorbild. Auffällig ist eine etwas weitere Einschränkung der betrieblichen Mitbestimmung für die sogenannten "Tendenzbetriebe": Gemäß § 118 BetrVG finden die Vorschriften des BetrVG in Medienunternehmen nur insoweit Anwendung, als die Eigenart des Unternehmens dem nicht entgegensteht. Aus diesem Grund wird relativ häufig vor deutschen

---

16 Nach der deutschen Einigung haben sich auch in dem Gebiet der neuen Bundesländer Verlegerverbände formiert (Berlin, Brandenburg, Mecklenburg-Vorpommern, Sachsen-Anhalt, Sachsen und Thüringen), die mittlerweile ebenfalls für ihren Bereich TV mit der IG Medien und dem Deutschen Journalisten-Verband abgeschlossen haben. Sie werden innerhalb dieser Arbeit jedoch nicht berücksichtigt.

17 Eine Ausnahme (für den Bereich der Altbundesländer) bildet der Hessische Verlegerverband hinsichtlich des TV für arbeitnehmerähnliche freie Journalisten.

18 So übereinstimmend der damalige Justitiar des Journalistenverbandes Dr. Alfred *Gerschel* und der Leiter der Abteilung Recht beim Bundesverband der Zeitungsverleger, Burkhart *Schaffeld*.

Gerichten verhandelt, auf welchen Sachgebieten konkret der BR nun eigentlich seine allgemeinen Mitspracherechte ausüben kann (vgl unten 5.2.3). **Redaktionsstatuten** waren eine wesentliche Forderung der Journalisten in der Diskussion vor und um das letztlich gescheiterte PresserechtsrahmenG. Für den Bereich der Printmedien (anders im Rundfunk) gibt es nicht einmal eine Kann-Bestimmung wie im österreichischen Medienrecht. Trotzdem gibt es in der Praxis Redaktionsstatuten (vgl unten 5.2.5).

2.2.3 Rechtsbeziehungen aus abhängiger Arbeit allgemein

Drei Voraussetzungen müssen für die Qualifikation als AN iSd Arbeitsvertragsrechts erfüllt sein: Er muß sich zur Leistung von Arbeit im wirtschaftlichen Sinn verpflichtet haben, die Verpflichtung muß auf einem privatrechtlichen Vertrag beruhen und im Dienste eines anderen geleistet werden. Im Dienste eines andern erfolgt die Tätigkeit, wenn der Betreffende **persönlich abhängig** ist, dh fremdbestimmte und fremdnützige Arbeit übernimmt und in einen fremden Produktionsbereich eingegliedert ist (zeitliche und örtliche Bindung, persönliche und fachliche Weisungsgebundenheit, Arbeitskontrolle, Eingliederung in den Betriebsablauf etc). Die Bewertung wird anhand der vorliegenden Indizien vorgenommen. Dabei handelt es sich um eine **typologische Methode**, die eine Gesamtwürdigung der Umstände vornimmt. Nicht alle Kriterien müssen vorhanden sein, um ein Vertragsverhältnis als AV zu qualifizieren. Die beschriebenenen Rechtsquellen des Arbeitsrechts wirken grundsätzlich nur auf Arbeitsverträge, in engen Grenzen auch auf die Rechtsverhältnisse arbeitnehmerähnlicher Personen ein.

Eine Qualifikation als **arbeitnehmerähnliche Person** kommt in Frage, wenn jemand nicht persönlich, aber wirtschaftlich abhängig ist, sodaß eine dem AN ähnliche Schutzwürdigkeit zu bejahen ist. Solche Personen sind in einzelnen Aspekten den AN gleichgestellt: sie haben gemäß §§ 2, 12 BUrlG Anspruch auf Erholungsurlaub, für sie sind die Arbeitsgerichte zuständig (§ 5 Abs 1 S 2 ArbGG). Gemäß § 12 a TVG können für ihre Rechtsverhältnisse eigene TV abgeschlossen werden. Während also in Österreich im Streitfall das Gericht entscheidet, welche Normen konkret anzuwenden sind, hat in der BRD der **TV über die arbeitnehmerähnlichen freien Journalisten** etwas mehr an Rechtsicherheit gebracht.

Arbeit in persönlicher Selbständigkeit kann auf Werkvertrag oder freiem Dienstvertrag gründen. Als **"freie Dienstverträge"** werden typischerweise Verträge mit Vertretern der "freien Berufe" wie Rechtsanwälten, Architekten, Steuerberatern etc abgeschlossen. Auch wenn von "freien Mitarbeitern" einer Zeitung die Rede ist, meint die deutsche Terminologie selbständige Mitarbeiter. Im Vordergrund steht hier der unmittelbare, persönliche Einsatz geistiger Arbeitskraft in leitender oder verantwortlicher Stellung.[19]

19 *Söllner* in MünchKomm, Rz 42ff zu § 611.

Als **Werkvertrag** ist ein Vertragsverhältnis zu qualifizieren, das auf die Erzielung eines bestimmten Arbeitsergebnisses gerichtet ist. Ein solches Rechtsverhältnis wird nur durch wenige zwingende (Schutz-)Normen determiniert. Der Gesetzgeber geht vom Abschluß durch zwei wirtschaftlich gleich starke Vertragspartner aus. Wesentlicher Unterschied in den Rechtsfolgen ist die gesetzliche Mängelgewährleistung des Werkunternehmers, die für den Arbeitsvertrag nicht vorgesehen ist. Der AN schuldet den Einsatz seiner Arbeitskraft, nicht die Herstellung eines bestimmten Arbeitserfolges. Welchen Vertragstyp man wählt, bzw wie ein vorliegender Vertrag zu qualifizieren ist, hat daher bedeutende Konsequenzen für die Gestaltungsfreiheit, den sozialen Schutz des Mitarbeiters und die Kosten des Beschäftigers.

Der Entwurf eines **Presserechtsrahmengesetzes**, das auch die Arbeitsbedingungen der Pressejournalisten regeln sollte, ist in den siebziger Jahren in der BRD gescheitert. Es kommen daher auch im Printmedienbereich die allgemeinen Kriterien der Abgrenzung zwischen angestellten und freien Mitarbeitern mit all ihren Folgen zur Anwendung.[20]

Nicht nur Journalisten, sondern auch andere Mitarbeiter (zB Vertrieb) werden häufig nicht in (traditionellen) AV, sondern in **freieren Gestaltungsformen** tätig. Dies ist zum Teil durch die spezifischen Anforderungen der Branche wie zeitliche Flexibilität, Beschäftigung möglichst vieler Mitarbeiter zur Gewährleistung der Meinungsvielfalt, sowie der von seiten der Mitarbeiter gewünschten größtmöglichen persönlichen Freiheit bedingt, zum Teil aber auch durch den Willen beider oder einer der beiden Seiten verursacht, zwingende arbeitsrechtliche Normen zu vermeiden oder Kosten für Sozialversicherung und Lohnsteuer zu sparen.

AN ist, wer sich vertraglich zur Leistung abhängiger Arbeit verpflichtet. Dabei geht die Rechtsprechung wie in Österreich von der **persönlichen Abhängigkeit**[21] (nicht wirtschaftlich, nicht sachlich) des AN aus. Im einzelnen nimmt das BAG die Abgrenzung zwischen freiem Dienstnehmer und AN anhand folgender Kriterien vor:[22] Für das Vorliegen eines Arbeitsvertrages spricht, wenn der Betreffende **fremdbestimmte und fremdnützige Arbeit** leistet. Es wird also geprüft, inwieweit er seine Arbeitszeit selbst bestimmen und die **Arbeit frei gestalten kann**. Dazu gehört auch die Intensität der Ausnützung der Arbeitskraft:[23] Wer seine Arbeitskraft zur Gänze einem Unternehmer zur Verfügung stellt, ist meist AN. Die Fremdnützigkeit bezieht sich auf das **unternehmerische Risiko**. Wer Gewinn oder Verlust seines Produktes selbst trägt, ist grundsätzlich selbständig. Der AN verwertet das Produkt

---

20 Zu betriebswirtschaftlichen und sozialen Vor- und Nachteilen beider Formen s oben 2.1.3

21 BAG AP Nr 12, 15-21, 25, 26 zu § 611 BGB.

22 Vorauszuschicken ist, daß das BAG wie die österreichische Rechtsprechung nicht von einem Begriff, sondern von einem Typus des AN ausgeht. Das bedeutet, daß nicht jedes Kriterium (und) nicht in der gleichen Intensität vorliegen, sondern anhand des Gesamtbildes die AN-Eigenschaft beurteilt werden muß.

23 *Rosenfelder*, Arbeitsrechtlicher Status, 71.

seiner Arbeit nicht selbst und trägt daher kein Markt-, wohl aber das Arbeitsplatzrisiko.

Auf unselbständige Tätigkeit deutet auch hin, wenn die betreffende Person **in betriebliche Abläufe eingebunden** wird, sich in einen fremden Organisationsplan einordnen muß und seine Arbeitsleistung kontrolliert wird. Mit Zunahme der flexiblen und atypischen AV wie Telearbeit, job-sharing etc kommt dem Kriterium der unmittelbaren "Eingliederung" in den Betrieb immer weniger Bedeutung zu. Auch bei Journalisten geht es weniger um die ständige Eingliederung als um die Abhängigkeit von technischen Mitteln des Betriebs und den übrigen Mitarbeitern. Man spricht daher eher von einer **"Abhängigkeit von Apparat und Team"**[24] oder der "funktionsgerecht dienenden Teilhabe am Arbeitsprozeß". Gemeint ist damit eine gewisse **Regelmäßigkeit der Arbeitsleistung,** das Vorhandensein von Terminen, die eingehalten werden müssen, die Dienstbereitschaft, Koordination der Einsätze durch Dienst- oder Dispositionspläne und dgl.[25] Was die Rundfunkjournalisten betrifft, so hatte das BAG die regelmäßige verpflichtende **Teilnahme an Redaktionskonferenzen** als wichtiges Indiz gewertet.[26] Die **Kontrolle** der Arbeitsleistung bzw auch Berichtspflicht des AN richtet sich dabei jedoch weniger auf die Qualität der Leistung (dies kann auch bei Werkverträgen in Frage kommen) sondern vornehmlich auf die Anwesenheit und das ordnungsgemäße Tätigwerden.

Besitzt der Beschäftigte eine **eigene Betriebsstätte**, so ist im Zweifel Selbständigkeit anzunehmen. Im Rahmen eines AV wird üblicherweise vom AG ein funktionsfähiger Arbeitsplatz zur Verfügung gestellt. Auch Anmeldung zur Sozialversicherung und Lohnsteuereinbehaltung gelten als Indiz für die Annahme eines AV, begründen es per se aber nicht. Wie die Parteien ihr Vertragsverhältnis nennen, ist unerheblich. Es gilt die "praktische Handhabung des Vertragsverhältnisses".

AN ist idR, wer **weisungsgebunden** ist. Dieses Abgrenzungskriterium taugt jedoch nicht für alle Berufsgruppen. Je höher die Qualifikation des AN, desto seltener werden Weisungen ausgesprochen. Gerade im journalistischen Bereich ist die Weisungsgebundenheit als Abgrenzungskriterium wenig brauchbar, weil sie in den sensiblen Bereich der journalistischen Eigenverantwortlichkeit und der Meinungsfreiheit hineinspielt. Im Zweifel für die AN-Eigenschaft spricht die **Pflicht zur persönlichen Arbeitsleistung**. Wer hingegen das Recht hat, sich vertreten zu lassen oder Hilfskräfte einzusetzen, ist im Regelfall selbständig. Keine Bedeutung (mehr)[27] für die Abgrenzung zwischen AN und freiem Dienstnehmer hat die **wirtschaftliche Abhängigkeit**. Sie ist allerdings relevant für die Unterscheidung zwischen freiem und arbeitnehmerähnlichem freien Dienstnehmer.[28]

---

24 AP Nr 26 und 34 zu § 611 BGB.

25 *Rosenfelder*, Arbeitsrechtlicher Status, 73.

26 AP Nr 18 und 21 zu § 611 BGB .

27 Vgl die Hinweise bei *Rosenfelder*, Arbeitsrechtlicher Status, 61.

28 S sogleich unten.

Wie sich zeigt, ist es auch in der BRD nicht gelungen, einen allgemeingültigen und scharf umgrenzten AN-Begriff zu entwickeln.[29] Dies führt dazu, daß immer dann, wenn keine einschlägige Vorjudikatur vorhanden ist, die gerichtliche Entscheidung im voraus schwer berechenbar ist. Relativiert wurde die Rechtsprechung des BAG zum Arbeitsvertrag von Rundfunkmitarbeitern durch die oben bereits angesprochene Entscheidung des BVerfG im Jahr 1982, als eine Reihe von Feststellungsurteilen, in denen das BAG das Bestehen eines unbefristeten AV von ständigen freien Mitarbeitern der Rundfunkanstalten festgestellt hatte, vom BVerfG aufgehoben wurden. Geändert hat sich aber letztlich nicht die Rechtsprechung zum AN-Begriff an sich. Das BAG sah keine Veranlassung, hinsichtlich der Abgrenzung von AN zu freien Mitarbeitern von seiner Rechtsprechung abzuweichen und für den Bereich der Rundfunkanstalten besondere, vom allgemeinen Arbeitsrecht abweichende Kriterien zu entwickeln. Vielmehr wurde auf die Rundfunkfreiheit im Rahmen der Prüfung der Zulässigkeit (mehrmals) befristeter AV Rücksicht genommen.[30]

Eine Sonderstellung nehmen die **arbeitnehmerähnlichen**[31] **freien Mitarbeiter** ein. Dabei handelt es sich um freie Mitarbeiter, denen wegen ihrer wirtschaftlichen Unselbständigkeit ein so hohes Maß an sozialer Schutzbedürftigkeit zugestanden wird, daß sie in einzelnen Bereichen wie AN behandelt werden.[32] Für die Interpretation des Begriffes der **arbeitnehmerähnlichen Person im Sinne des Tarifrechts**[33] hat die Rechtsprechung bestimmte Grundsätze entwickelt. Voraussetzung der Anwendbarkeit des § 12 a TVG ist das Vorliegen einer dem Arbeitsvertrag vergleichbaren Bindung wie Dienst- oder Werkvertrag.[34]

---

29 Auf die Frage, ob es überhaupt sinnvoll ist, alle zwingenden Rechtsfolgen des AV an die Bejahung des AN-Status zu knüpfen und man nicht in bestimmten Regelungsbereichen auf die ökonomische Schwäche, in anderen auf Wahrung der Persönlichkeitsrechte des in den Betrieb eingegliederten Beschäftigten etc abstellen soll, kann hier nicht eingegangen werden.

30 S im einzelnen unten 5.1.

31 Vgl jüngst *von Olenhusen*, ZUM 12/1991, 557.

32 *Söllner*, MünchKomm zum BGB, Rz 148 ff zu § 611 BGB.

33 Dies schließt nicht aus, daß es arbeitnehmerähnliche Personen gibt, für die zwar kein TV abgeschlossen werden kann, die aber von § 5 Abs 1 S 2 ArbGG und §§ 2, 12 BUrlG erfaßt sind, vgl BAG v 17.10.1990 - 5 AZR 639/89.

34 Kriterien: Abhängigkeit, soziale Schutzbedürftigkeit, nur ein AG; bei Journalisten muß mindestens ein Drittel des Einkommens von einem Auftraggeber bezogen werden. Vgl. *Mosler/Weinmeier*, Projektbericht "Arbeitsbedingungen bei Tageszeitungsunternehmen", Salzburg, 1993.

2.3 Schweiz

2.3.1 Struktur und Stufenbau der Rechtsquellen

Während hinsichtlich der Rechtsquellenstruktur zwischen Österreich und der BRD kaum Unterschiede bestehen, sind in der Schweiz einige Besonderheiten zu beobachten. Neben den auf der Kompetenzverteilung in der Verfassung gründenden Gesetzen[35] sind auch die **Rechtsverordnungen**[36] (va zum AN-Schutzrecht) zu beachten. Der **Gesamtarbeitsvertrag** stellt das Pendant zum österreichischen KV dar. Die **Betriebsordnung** dient als Mittel zur Gestaltung des betrieblichen Arbeitsrechts. Die Betriebsordnung ist allerdings nicht mit der österreichischen oder deutschen Betriebsverfassung vergleichbar. Sie enthält mit der Belegschaft einvernehmlich vereinbarte oder einseitig vom AG erlassene (das sind 90 % der in Geltung stehenden Betriebsordnungen) Bestimmungen über Gesundheitsvorsorge und Unfallverhütung sowie über die Ordnung im Betrieb. Zwingend ist sie nur für Industriebetriebe aufzustellen.

Der **Arbeitsvertrag** zwischen AG und AN kann durch Weisungen näher determiniert werden. Prinzipiell gilt innerhalb der Rangordnung Gesetz, GAV, Betriebsordnung, Arbeitsvertrag das **Günstigkeitsprinzip**, dh sowohl im Verhältnis GAV - Arbeitsvertrag als auch zwischen Betriebsordnung und Arbeitsvertrag (vgl OR 358). Die Betriebsordnung, die dem Schutz der Gewerkschaft dient, kann hingegen den GAV nicht abändern.[37] Wie im österreichischen und deutschen Recht gibt es aber auch **beidseitig zwingende** gesetzliche Regelungen. Sie sind in OR 361 aufgelistet. Nur die in OR 362 genannten Regelungen sind dem Günstigkeitsprinzip zugänglich.[38]

Als **GAV** bezeichnet man die kollektive Vereinbarung von Arbeitsbedingungen zwischen den Gewerkschaften und einzelnen AG oder deren Verbänden. In Inhalt

---

35 Die Gesetzgebungskompetenz des Bundes für Individualarbeitsrecht, öffentliches Arbeitsrecht und kollektives Arbeitsrecht ergibt sich primär aus Art 34ter der Schweizerischen Bundesverfassung Das gesetzliche Arbeitsrecht ist bundeseinheitlich geregelt. Dagegen bestehen beim Sozialversicherungsrecht kantonale Unterschiede. Seit der Revision der Wirtschafts- und Sozialartikel im Jahr 1947 sind auch die Freiheit der Berufs- und Arbeitsplatzwahl, Koalitionsfreiheit, Kollektivvertrag und Arbeitsschutz verfassungsrechtlich abgesichert.

36 Eine besondere Form der Rechtsverordnung stellt der sog **Normalarbeitsvertrag** dar. Er besteht jedoch nur in Bereichen, wo es keine öffentlichrechtlichen Vorschriften gibt, wie das landwirtschaftliche Dienstverhältnis und das AV im Hausdienst.

37 *Rehbinder*, Schweizerisches Arbeitsrecht, 31.

38 Die zentralen arbeitsrechtlichen Bestimmungen finden sich in den Art 319 bis 362 OR und im ArbeitsG 1964, in dem das schweizerische AN-Schutzrecht kodifiziert ist. Zum ArbeitsG sind mehrere Verordnungen ergangen, die ua die Anwendbarkeit der Bestimmungen je nach Arbeitsbereich modifizieren.

und Wirkung unterscheidet sich der GAV in manchen Punkten vom KV. Zunächst entfaltet er seine Wirkung nur für die **Mitglieder** der vertragschließenden bzw nachträglich beigetretenen Verbände. Ein **"Anschluß"** (dh Einbeziehung in den persönlichen Geltungsbereich ohne Verbandsmitgliedschaft) einzelner AG oder von AN, die im Dienst beteiligter AG stehen, ist jedoch möglich. In diesem Fall wird den Anschlußwilligen jedoch meist vom GAV selbst ein Solidaritätsbeitrag vorgeschrieben, der die Kosten der Durchführung des GAV decken soll. Zulässig ist auch, einen "Anschlußzwang" vorzusehen, sofern dies unter angemessenen Bedingungen geschieht und nicht der Tatbestand des OR 356 b Abs 3[39] erfüllt wird. Durch **Allgemeinverbindlicherklärung** (Rechtsverordnung des Bundesrates bzw der Kantonalbehörde mit Genehmigung des Bundesrates) kann der Geltungsbereich des GAV auf die nicht beteiligten AG und AN des betreffenden Wirtschaftszweiges oder Berufes ausgedehnt werden.[40]

Neben den die einzelnen AV betreffenden **Inhaltsnormen** (Entgelt, Arbeitszeit, Urlaub etc) kann der GAV auch Regelungen über die Vertretung der AN im Betrieb, Wohlfahrtseinrichtungen, Leistungen an Ausgleichskassen enthalten. Damit ersetzt der GAV in geringem Umfang die im österreichischen und deutschen Recht gesetzlich vorgesehene Betriebsverfassung. Darüber hinaus enthalten manche GAV gesellschaftsrechtliche Regeln über das Verhältnis der vertragsschließenden Verbände. Als weitere Besonderheit können die GAV-Partner über die auch im österreichischen Recht bekannte "Einwirkungspflicht"[41] hinaus vereinbaren, daß ihnen gemeinsam ein **Anspruch auf Einhaltung des Vertrages** gegenüber den beteiligten AG und AN zusteht (OR 357 b). Hinsichtlich der normativen Bestimmungen iS von OR 356, 1 und 357 b, 1 lit a geht der Anspruch jedoch nur auf Feststellung. Ob die betroffenen AN oder AG den festgestellten Anspruch auch durchsetzen, bleibt ihnen überlassen. Die schuldrechtlichen und indirekt-schuldrechtlichen (auf Leistungen an Ausgleichskassen oder andere das AV betreffende Einrichtungen, auf Vertretung der AN in den Betrieben, auf Leistung von Kautionen, etc) Bestimmungen können von den Vertragsparteien gemeinsam geltend gemacht und rechtlich erzwungen werden.[42]

Unter der **Betriebsordnung** ist eine kollektive Regelung der AV eines Betriebs durch einseitigen Erlaß oder durch Vereinbarung mit der betrieblichen AN-Vertretung zu verstehen. Für Industriebetriebe und durch VO zum ArbeitsG erfaßte Betriebe ist die Erlassung einer Betriebsordnung im ArbeitsG zwingend vorgeschrieben, für alle anderen fakultativ. **Im Medienbereich** hat sie **keine Bedeutung**. Es gibt

---

39 Anschlußzwang bei gleichzeitiger Unmöglichkeit für den Verband, sich am GAV zu beteiligen.

40 BG über die Allgemeinverbindlicherklärung von GAV vom 28.9.1956, SR 221.215.311.

41 Die schuldrechtliche Pflicht der abschließenden Verbände, auf ihre Mitglieder einzuwirken, daß diese den Vertrag einhalten.

42 Vgl *Rehbinder*, Schweizerisches Arbeitsrecht 180.

damit für den Zeitungs- und Zeitschriftenbereich keine gesetzliche betriebliche Mitwirkung.[43]

Nach dem Einzelarbeitsvertrag richten sich die Elemente des AV, die ihrer Natur nach nur für das einzelne Dienstverhältnis vorgesehen (und daher in Quellen der gesetzlichen oder kollektiven Rechtsetzung unberücksichtigt geblieben sind) oder die für den AN günstiger sind als die gesetzliche, gesamtarbeitsvertragliche oder betriebliche Regelung.

2.3.2 Betriebliche und überbetriebliche Interessenvertretungen

In der Schweiz gibt es zwei Verlegerverbände: Den Schweizerischen Verband der Zeitungs- und Zeitschriftenverleger (SZV) und die Union romande des journaux. Ersterer schließt die GAV für die Deutschschweiz und den Tessin ab, letztere für die französischsprachige Schweiz. Der Verband Schweizer Journalisten (VSJ) vertritt hingegen die gesamte journalistische Berufsgruppe in der Schweiz. Daneben gibt es die Schweizerische Journalisten- und Journalistinnen-Union (SJU), die stärker politisch ausgerichtet ist. Die SJU war 1990 erstmals Abschlußpartner des GAV für die deutsche und italienische Schweiz, ist aber mittlerweile wieder ausgetreten.

Die von diesen Interessenvertretungen abgeschlossenen GAV binden ausschließlich die Mitglieder der betreffenden Verlegerverbände, andererseits die ins Berufsregister eingetragenen Journalisten. Da eine Eintragung in dieses Register nur bei Gewerkschaftsmitgliedschaft möglich ist und von der Eintragung die Ausstellung des Presseausweises abhängt, ist der gewerkschaftliche Organisationsgrad außerordentlich hoch. Neben den Verbandsverträgen sind Firmen-GAV möglich, wie zum Beispiel zwischen dem Verlag Ringier Romandie und dem VSJ. Nach einer Totalrevision der derzeit geltenden GAV sollen in Zukunft gemeinsame Verträge für alle Verleger der Schweiz abgeschlossen werden. Für die kaufmännischen Arbeiter und Angestellten gibt es zur Zeit keinerlei tarifliche Regelung.

Der GAV für die AN in den graphischen Unternehmen wurde vom Schweizerischen Verband graphischer Unternehmen (SVGV) als AG-Organisation und den AN-Verbänden Schweizerische Graphische Gesellschaft (SGG), Schweizerischer Lithographenbund (SLB) und Gewerkschaft Druck und Papier (GDP) abgeschlossen.

Eine Interessenvertretung auf betrieblicher Ebene ist nach schweizerischem Recht nicht vorgesehen. Die Hoffnung der Gewerkschaftsvertreter[44], daß eine Angleichung an den europäischen Standard im Zuge des EG-Beitritts erfolgen werde, wird sich angesichts des Ausgangs des Volksentscheids über den Europäischen Wirtschaftsraum wohl nicht so schnell erfüllen. Daß auch Arbeitskampf-

---

43 Nach der Schweizer Terminologie ist bei der **Mitwirkung** zwischen Mitsprache, dh Information und Anhörung der AN, und (wirtschaftlicher) Mitbestimmung zu unterscheiden.

44 Dies wurde bei den geführten Interviews zum Ausdruck gebracht.

maßnahmen in der Schweiz ungebräuchlich sind, braucht nicht weiter ausgeführt zu werden.

2.3.3 Rechtsbeziehungen aus abhängiger Arbeit allgemein

Als **AN** gilt, wer sich in einem privatrechtlichen Vertrag auf bestimmte oder unbestimmte Zeit verpflichtet, fremdbestimmt (unter Eingliederung in eine fremde Arbeitsorganisation) und gegen Entgelt Arbeit zu leisten (OR 319 I). Entscheidend ist letztlich die Würdigung des Gesamtbilds,[45] wobei der rechtlichen Unterordnung besondere Bedeutung zukommt. Wer sich durch einen privatrechtlichen Vertrag verpflichtet, ohne Eingliederung in eine fremde Arbeitsorganisation Dienste zu erbringen, wobei eine starke wirtschaftliche Abhängigkeit vom Vertragspartner besteht, kann nach der Lehre als **arbeitnehmerähnliche Person** zu betrachten sein. In diesem Fall käme nicht Arbeitsrecht, wohl aber gemäß OR 394 II **Agenturvertragsrecht** (vgl OR 418 a ff), das grundsätzlich mit dem österreichischen Handelsvertreterrecht vergleichbar ist, zur Anwendung.

Der freie Dienstvertrag nach österreichischem Recht wird in der Schweiz **"Auftrag"**[46] genannt. Die anwendbaren Regelungen finden sich in OR 394 ff. Gegenstand des Vertragsverhältnisses ist die Übernahme einer Geschäftsbesorgung oder Dienstleistung nach dem Willen und im Interesse des Auftraggebers. Wesentlicher Unterschied ist die fehlende Unterordnung.[47] Der **Werkvertrag** (OR 363 ff) hat die Erbringung eines Arbeitsergebnisses zum Inhalt. Der Anspruch auf Entgelt entsteht daher, wenn nichts anderes vereinbart wird, erst mit Ablieferung des Werkes. Bei Mängeln trifft den Werkunternehmer eine Gewährleistungspflicht. Der Werkunternehmer handelt in eigenem Namen und auf eigene Rechnung.

Auch in der Schweiz gibt es **kein Sonderrecht für Journalisten und andere Pressemitarbeiter**. Ihre Beschäftigungsverhältnisse gründen daher entweder auf Arbeitsvertrag[48] oder Auftrag.[49] Wird der Auftrag in wirtschaftlicher Abhängigkeit vom Auftraggeber durchgeführt, so gilt der Auftragnehmer nach der Lehre als **arbeitnehmerähnliche Person**.[50] Die Arbeitsbedingungen der freien Mitarbeiter der Presse werden im **GAV** mitgeregelt, wobei mit zunehmender Intensität und Regelmäßigkeit der Mitarbeit die Arbeitsbedingungen denen der festangestellten AN

---

45 *Rehbinder*, ÖJZ 1983, 373.

46 Verwechslungsgefahr besteht, weil auch im österreichischen Zivilrecht der "Auftrag" existiert. Er hat jedoch nur die Geschäftsbesorgung, also Rechtshandlungen, zum Inhalt, nicht tatsächliche Dienste.

47 *Rehbinder*, ÖJZ 1983, 375.

48 Dies betrifft die festangestellten Redakteure und anderen Bediensteten der Redaktionen.

49 Bzw "freier Dienstvertrag" nach österreichischer Terminologie.

50 Wirtschaftliche Abhängigkeit wird letztlich zu bejahen sein, wenn ein freier Mitarbeiter regelmäßig für eine oder zwei Zeitungen tätig wird und auf dieses Einkommen zur Deckung seines Lebensunterhalts angewiesen ist.

angeglichen werden. Daher stellen sich Einordnungsfragen bisher nicht. Mit dieser Einbeziehung wird ein im europäischen Vergleich sehr **hoher Schutzstandard** erreicht.

Es ist allerdings in der letzten Zeit nicht unumstritten, ob dies zulässig ist, da OR 356 nur die Regelung der einzelnen AV der beteiligten AG und AN vorsieht. Freie Mitarbeiter (nach Schweizer Terminologie Mitarbeiter im Auftragsverhältnis) sind jedoch per definitionem keine AN. Der Begriff der arbeitnehmerähnlichen Person, auf die bestimmte Vorschriften für AN wegen des ähnlichen Schutzbedürfnisses angewandt werden können, ist zwar in der Lehre anerkannt,[51] nicht jedoch in der Judikatur. Dementsprechend sieht der Entwurf des SZV für den neuen GAV einen regelrechten GAV nur mehr für festangestellte Redakteure vor, die Arbeitsbedingungen für freie Mitarbeiter sollen hingegen in einer "Vereinbarung" festgelegt werden. Wesentliches Abgrenzungsmerkmal zwischen Arbeitsvertrag und Auftrag ist die **rechtliche Unterordnung**. Die Rechtsprechung nimmt die Abgrenzung konkret anhand von Einzelkriterien wie ein hohes Maß an Weisungsgebundenheit, die Bindung an feste Arbeitszeiten[52] und entsprechende Gewährung von Ferien, oder das Fehlen des unternehmerischen Risikos vor. Bei überwiegendem Vorliegen bestimmter Kriterien, die typischerweise dem Arbeitsvertrag zuzuordnen sind, nimmt man ein AV an. Auch nach Schweizerischem Recht haben wir es daher mit einem Typus und nicht mit einem abgeschlossenen Begriff zu tun. [53]

Die derzeit geltenden Regelungen für freie Mitarbeiter im GAV werden im Zusammenhang mit kollektivvertraglichen Einzelthemen erörtert.

2.4 Schweden

2.4.1 Struktur und Stufenbau der Rechtsquellen

Aus historischen Gründen besteht die **schwedische Verfassung** aus drei getrennten Gesetzeswerken, und zwar der Thronfolgeordnung (SO), dem Gesetz über die Freiheit der Presse (TF) und der Regierungsurkunde (RF). Das Gesetz über die Freiheit der Presse[54] führt eine Tradition der verfassungsrechtlichen Absicherung der freien (schriftlichen) Meinungsäußerung fort, die bis 1766 zurückreicht. Sie gilt als Voraussetzung eines demokratischen Staates, daher wird auch in der Regierungsurkunde darauf Bezug genommen. Im zuletzt genannten Dokument werden die Grundlagen der Verfassung festgelegt, wie zum Beispiel die Zusammensetzung und die Zustän-

---

51 *Rehbinder*, ÖJZ 1983, 373.

52 BGE 95 II 626; BGE 90 II 485.

53 Nähere Ausführungen dazu sind zu finden in *Mosler/Weinmeier*, Projektbericht "Arbeitsbedingungen bei Tageszeitungsunternehmen", Salzburg 1993

54 Es soll demnächst durch ein Gesetz über die Freiheit des (nicht nur schriftlichen) Ausdrucks ersetzt werden.

digkeiten des Parlaments, der Regierung und anderer öffentlicher Einrichtungen. Es enthält auch ein Kapitel über Grundrechte und -freiheiten. Dort sind Freiheiten von grundlegender Bedeutung für die Arbeitsbeziehungen zu finden, wie zum Beispiel das Versammlungs-, Vereinigungs- und Demonstrationsrecht. Das Arbeitskampfrecht ist ebenfalls genannt (RF 2.17): Jede Gewerkschaft, jeder AG, und jede AG-Vereinigung hat das Recht, Streik- oder Aussperrungsmaßnahmen oder ähnliche Maßnahmen zu ergreifen, sofern nichts anderes durch Gesetz oder Vertrag bestimmt ist. Es ist also zu beachten, daß es kein individuelles Streikrecht für die AN gibt, das Streikrecht kommt der Gewerkschaft zu.

Was die **Rechtsetzungskompetenz** betrifft, so gibt es in Schweden **keine Teilung zwischen Staat und Ländern oder Regionen**. Das Gesetzesrecht, das vom Parlament verabschiedet wird, gilt im gesamten Staatsgebiet. Die schwedische Rechtsordnung wird hauptsächlich durch die kontinentaleuropäische Rechtstradition geprägt. Die wichtigsten Rechtsquellen sind daher **die vom Parlament verabschiedeten Gesetze**. Einflüsse der durch "case-law" gekennzeichneten Common Law-Tradition können jedoch ebenfalls festgestellt werden und höchstgerichtliche Urteile dienen als zusätzliche Richtlinie für die Feststellung des tatsächlichen Regelungsgehalts der Norm.[55] Der schwedische "Labour Court" hat eine besondere Rolle. Bei der Errichtung des Gerichts 1928 gab es noch so gut wie keine spezifisch arbeitsrechtliche Gesetzgebung, daher mußten anwendbare Rechtsprinzipien vom Gericht in Präzedenzfällen entwickelt werden. Diese Praxis mündete in das sogenannte "Industrial Common Law". Die ausführlichen und didaktisch gut formulierten Urteilsbegründungen bilden den Ausgangspunkt des heute kodifizierten schwedischen Arbeitsrechts. Eine weitere Auslegungshilfe bieten die Materialien des Gesetzgebungsprozesses, die "travaux prèparatoires". Die Methode, mithilfe der Vorarbeiten die Zwecke des Gesetzgebers zu erforschen, wurde nach dem ersten Weltkrieg mit dem zunehmenden Umfang der schriftlichen Materialien gebräuchlich.[56] Im Bereich des Arbeitsrechts - wie sogleich gezeigt wird - hat das Collective Agreement (im folgenden: CA) durch den Gebrauch von halbzwingenden Regeln eine besondere Stellung. Es ersetzt verschiedene (gesetzliche) Bestimmungen als verbindliches Recht.

Halbzwingend (semi-compulsory) ist eine Bezeichnung für eine spezielle Wirkungsweise eines Gesetzes oder einer Bestimmung. Sie bedeutet, daß Abweichungen ausschließlich durch CA möglich sind, die dann das Gesetz als verbindliches Recht ersetzen. Abweichungen sind auch zuungunsten des AN möglich, außer wenn sie gegen den Zweck des Gesetzes verstoßen oder sittenwidrig sind. Das Arbeitsgericht hat den Grundsatz entwickelt, daß Abweichungen vom CA durch

---

55 Untergerichte sind nicht an die oberstgerichtlichen Entscheidungen gebunden, halten sich in der Regel jedoch daran.

56 *Sundberg*, 232.

Individualvertrag nichtig sind. Der Grund dafür ist, daß die stabilen Beziehungen zwischen den Vertragspartnern aufrechterhalten werden sollen.[57]

Das wichtigste Rechtsetzungsinstrument, abgesehen von den Gesetzen[58] ist das CA. Durch den Gebrauch von halbzwingendem Recht sind viele Bereiche zur **Regelung an die Sozialpartner** abgegeben worden. Das hat die Verhandlungsmacht der Gewerkschaften gestärkt und erlaubt, den unterschiedlichen Bedürfnissen verschiedener Berufsgruppen Rechnung zu tragen. Innerhalb ihres Anwendungsbereiches sind CA zwingend.[59]

CA findet man auf drei Niveaus im privaten Sektor. Auf der (**nationalen**) Ebene des Gewerkschaftsbundes, auf **sektorieller** Ebene (bundesweit) und auf **lokaler Ebene** zwischen regionalen Gewerkschaften und Unternehmen. Bis vor kurzem wurde die generelle Richtung der meisten Regelungen auf der obersten Ebene festgelegt, während die Detailbestimmungen auf der lokalen Ebene getroffen wurden, entweder durch lokale CA oder durch Arbeitsvertrag.[60] Beispiele für auf oberster Ebene geregelte Materien, auch Rahmenvereinbarungen genannt, sind allgemeine Arbeitsbedingungen, Gehälter, besondere Vergünstigungen (Betriebspensionen und Zusatzversicherungen) und Vereinbarungen über die Zusammenarbeit. In den letzteren werden Vorgangsweisen für Verhandlungen und gemeinsame Regelungen aufgestellt und damit die durch die maßgeblichen Sozialpartner im Jahr 1938 eingeführte Tradition (Basic Agreement)[61] fortgeführt und erneuert.

Im Gesetz über die Gemeinsamen Regelungen wird das **CA** im § 23 als schriftliche Vereinbarung zwischen einer AG-Vereinigung oder einem AG und einer AN-Vereinigung, die die Regelung von Arbeitsbedingungen oder andere das Verhältnis zwischen AG und AN betreffende Regelungen zum Inhalt hat, definiert. Sie ist nicht nur für die vertragschließenden Teile verbindlich, sondern auch für die Mitglieder der Vereinigungen, die die Vereinbarung getroffen haben (§ 26). Keine der Parteien darf hinsichtlich der geregelten Bereiche Arbeitskampfmaßnahmen ergreifen (§§ 41-45). § 32 empfiehlt ausdrücklich, daß die Parteien, besonders auf Verlangen der AN, zu einer **gemeinsamen kollektiven Regelung** bezüglich des Abschlusses und der Beendigung des Arbeitsvertrages, der Leitung und Verteilung der Arbeit und der betrieblichen Tätigkeit im allgemeinen kommen sollten.[62] Eine Vereinbarung, die aufgrund dieser Bestimmung zustande kommt, wird "gemeinsame Regelung" (**joint**

---

57 *Schmidt*, Facklig Arbetsrätt, 164.

58 Premierminister, Pro 1975/76:105, 12.

59 *Adlercreutz*, Int Enc 56.

60 Einige AG setzten sich für die dezentrale Festsetzung von Mindestentgelten ein und trafen auf erbitterten Widerstand der Gewerkschaften.

61 Um Eingriffe des Gesetzgebers zu vermeiden, vereinbarten SAF und LO Vorgangsweisen im Fall von Konflikten, die eine Gefahr für die Gesellschaft darstellen, und erreichten damit eine Art Schutz für Dritte im Sozialpartnerkonflikt.

62 *Schmidt*, Facklig arbetsrätt, 111.

regulation)[63] genannt. Im Zusammenhang mit dieser Bestimmung steht ein **Recht auf Arbeitskampf** (MBL § 44). Es soll die Parteien dazu bringen, eine solche Vereinbarung abzuschließen. In den meisten CA ist dieses Streikrecht jedoch nicht mehr enthalten. Viele AG weigern sich, überhaupt Gehalts-TV abzuschließen, wenn die Gewerkschaften das Recht behalten, Arbeitskampfmaßnahmen zu ergreifen.[64]

Was den persönlichen Anwendungsbereich des CA betrifft, so war es die Intention des Gesetzgebers, **nur Mitglieder der vertragsschließenden Parteien** zu binden. Daher kann sich ein AN, der nicht Mitglied der Gewerkschaft ist, auch nicht auf Rechte aus dem CA berufen. Die Bestimmungen des CA können seine Position nur indirekt beeinflussen, etwa als **gebräuchliche Praxis**, als Indiz, wenn nichts vereinbart wurde. Da der schwedische Arbeitsmarkt einen außergewöhnlich hohen Organisationsgrad aufweist, ist die Außenseiterfrage in der Praxis kein Problem. Im Gegensatz zur Rechtslage in Österreich existieren **keine Betriebsvereinbarungen** oder ähnliche Instrumente zur Regelung der Arbeitsbeziehungen neben KV und Arbeitsverträgen. **CA auf lokaler Ebene** dürften jedoch in ähnlicher Weise wirken.

Betriebsräte wurden 1946 durch eine Vereinbarung der Sozialpartner[65] errichtet. Sie kann in gewisser Weise als Vorgängerin der Vereinbarungen, die aufgrund des Gesetzes 1976 über Gemeinsame Regelungen abgeschlossen werden können und durch die sie ersetzt wurde, gesehen werden. Die damals eingesetzten BR stellten einen ersten Versuch dar, eine strukturierte Zusammenarbeit der Sozialpartner zu verwirklichen, waren jedoch **ohne große praktische Bedeutung**[66] und von Relevanz bloß als Modell für AN-Mitbestimmung.[67] Es dürfte nach wie vor solche "Betriebsräte", zB für bestimmte Aufgaben oder Projekte geben. In den meisten Bereichen haben die lokalen Gewerkschaften und Sozial-partnerverhandlungen die Räte ersetzt.

Abgesehen von den die Dauer der Beschäftigung betreffenden gibt es keine gesetzlichen Regelungen, die den **Arbeitsvertragsabschluß** als solchen im privaten Sektor berühren. Auch mündliche Vereinbarungen sind wirksam. Bestimmungen betreffend die Arbeitsbedingungen finden sich üblicherweise in CA. Diese Regeln ersetzen in weiten Bereichen die Gesetze und bilden den wesentlichen Inhalt des Arbeitsvertrages (MBL § 26). Soweit jedoch kein CA anwendbar ist und die vertrag-

---

63 Der englische Begriff joint regulation (statt codetermination/Mitbestimmung) soll verdeutlichen, daß die Entscheidung über die Interpretation einer bestimmten Regelung zunächst beim AG bleibt, wenn nicht eine Bestimmung eingreift, wonach in der konkreten Situation die Gewerkschaft ein Recht auf eine Lösung der strittigen Frage nach ihrer Interpretationsweise hat, bis die Frage gerichtlich geklärt werden kann.

64 *Schmidt*, Facklig arbetsrätt, 234.

65 SAF-LO-TCO.

66 *Edlund* m fl, 167.

67 *Adlercreutz*, Int Enc 44.

liche Regelung nicht gesetzlichen zwingenden Bestimmungen widerspricht, haben diese individuellen Vereinbarungen volle Vertragswirkung.[68]

Als weitere Quellen, die eine Rolle für die tatsächlichen Beschäftigungsbestimmungen spielen können, sind die **Betriebsordnungen** zu nennen. Als ein Relikt aus vorgewerkschaftlicher Zeit bestehen sie aus Regeln, die vom AG zusammengestellt und herausgegeben werden und das Verhalten und die Ordnung am Arbeitsplatz betreffen. Um rechtliche Bedeutung zu erlangen, müssen sie Bestandteil des KV oder des Arbeitsvertrages werden. Im großen und ganzen ist die Bedeutung dieser Regeln geschwunden.

Als ergänzende Quellen des Arbeitsrechts gelten die **Gebräuche der betreffenden Berufsgruppe**. Wenn man sich nicht auf ausdrückliche Regelungen oder KV berufen kann, können diese Gebräuche als Richtlinie zur Bestimmung der Natur des AV herangezogen werden. Nach schwedischem Arbeitsrecht ist es nicht möglich, Wirkungen der KV auf nicht erfaßte Bereiche zu erstrecken. Sie können in solchen Fällen nur als ergänzende Rechtsquellen dienen.

2.4.2 Betriebliche und überbetriebliche Interessenvertretungen

Der Ausgangspunkt aller AN-Vereinigungen war die "alte Tradition der Vereinigung innerhalb der Zünfte".[69] Die Druckervereinigung, die 1846 gegründet wurde, wurde 1885 zur Gewerkschaft, der ersten in Schweden. 1898 wurde der schwedische Gewerkschaftsbund (LO) gegründet, 1944 die Zentralorganisation der Angestellten (TCO). Die Angestelltengewerkschaft und der Akademikerbund (SACO) sind schon öfter in Verhandlungen mit der Privatwirtschaft gemeinsam aufgetreten. Das Kartell, das sie für diese Zwecke gebildet haben, wird Privatangestelltenkartell genannt (PTK). In Schweden findet man eine (ständig diskutierte) Unterscheidung zwischen Arbeitern und Angestellten und die meisten schwedischen Fachgewerkschaften stellen eine Mischung aus Berufsvereinigung und traditioneller Gewerkschaft dar. Folglich haben sie nicht nur ein Interesse an der Sicherstellung von Löhnen und Arbeitsbedingungen, sondern auch an der Erhaltung des Berufsethos und der Kontrolle von Berufszulassungen.[70] Sie verfolgen auch unterschiedlichen Strategien und weisen unterschiedlich ausgeprägte Servicefunktionen und ein differierendes Ausmaß an Dezentralisierung bei der Entscheidungsfindung auf.

Die AG bildeten 1902 die Schwedische AG-Vereinigung (SAF). Die AG hatten in ihren Gründungsstatuten eine Regelung vorgesehen, wonach alle kollektiven Vereinbarungen, die von einem ihrer Mitglieder abgeschlossen werden, eine Klausel

68 *Adlercreutz*, Int Enc 57.

69 *Adlercreutz*, Int Enc 36.

70 Auch von Berufsausweisen; Journalisten haben ein hochentwickeltes "Berufsbewußtsein", was erst kürzlich zur Bildung einer neuen Gewerkschaft der Informationsberufe führte.

über das Recht des AG, einzustellen und zu kündigen, nach seinem Willen die Arbeit zu verteilen und Weisungen zu erteilen, beinhalten sollten.[71] Im Gegenzug wurde den AN die Anerkennung von **nationalen Gewerkschaften**, die landesweit geltende KV forderten, zugestanden. Erst 1938 schlossen SAF und LO eine Vereinbarung, die als "Basic Agreement" bekannt wurde. Dadurch wurde der Schutz von dritten Parteien im Fall des Arbeitskampfes eingeführt und und eine Vorgangsweise festgelegt, wie Arbeitskonflikte, die sich als Gefahr für die Gesellschaft erweisen, in den Griff bekommen werden sollten. Die Vereinbarung markiert den Beginn eines neuen Abschnitts, die nach dem Ort der Unterzeichnung der Vereinbarung **Saltsjöbad-Ära** genannt wird. Diese Periode wurde durch ruhige Verhandlungen und eine Atmosphäre der Kooperation, einem Geist der "Freiheit unter Verantwortung"[72] gekennzeichnet und dauerte bis in die 70er Jahre.

Eine Flut von Arbeitsgesetzen änderte die bis dahin geltende Ordnung. Das unternehmerische Leitungsrecht, das in den Statuten der SAF verankert war, wurde zum Hauptziel der Reform. Die Arbeiter waren zunehmend unzufrieden und wollten ihren Einfluß auf den unternehmerischen Entscheidungsprozeß vergrößern. Ihre Reformwünsche wurden von der Sozialdemokratischen Partei, die zum damaligen Zeitpunkt die Regierung stellte, umgesetzt. Die Beseitigung von Vorrechten leitender Angestellter und die "Schaffung von neuen Kräfteverhältnissen am Arbeitsplatz"[73] waren die Ziele. Gleichzeitig erforderte die Entwicklung neuer Technologien und neuer Organisationsstrukturen Dezentralisierung und größere individuelle Verantwortung für die einzelnen AN. Beide Entwicklungen gingen letztlich in dieselbe Richtung.[74] 1976 kündigte die LO Teile des Basic Agreement.

Die Struktur des neuen Rechts, insbesondere des Gesetzes über die Gemeinsamen Regelungen (MBL), betrachtete kollektive Verhandlungen und CA als wichtigste Form der Rechtssetzung. Das Gesetz legte fest, daß die gemeinsame Gesetzgebung in Form von CA erfolgen sollte. Eine Neuerung dieses Gesetzes war hingegen ein umfassenderes Recht des AN auf Beratung und Information. Neben dem Recht auf Information und Beratung, das die Gewerkschaft nach dem MBL hinsichtlich aller Bereiche hat, die Gegenstand von Verhandlungen sein können (§ 10 MBL), sollte auch dem einzelnen AN gewährleistet werden, nicht Außenseiter zu bleiben, sondern die gleichen Möglichkeiten in Anspruch zu nehmen, das Unternehmen "von innen" zu sehen. Das Informationsrecht der Gewerkschaft war als prozessuales Recht zwar von Bedeutung, änderte aber nichts daran, daß es Angelegenheit der Parteien (und ihres Verhandlungsgeschicks) war, den Verlauf der Ereignisse zu bestimmen. Das Ergebnis zeigte sich 1982, als die **"Entwicklungsvereinbarung (UVA)"** von LO, SAF und PTK abgeschlossen wurde. Die **UVA** ist noch heute in Kraft. Es bringt

71 Die in § 23, später in § 32 niedergelegten Rechte.

72 *Forsebäck*, 12.

73 *Fahlbeck*, 11-12.

74 *Edlund* m fl, 231.

gemeinsame Werte zum Ausdruck und legt fest, daß Entwicklung und Effizienz gemeinsam mit sicheren Arbeitsplätzen sowohl für die Unternehmer als auch für die Beschäftigten von Bedeutung sind. Hier ist anzumerken, daß es in Schweden keine Beschränkungen der durch CA regelbaren Materien gibt. In der Praxis beziehen sich die Inhalte der CA jedoch hauptsächlich auf Arbeitsbeziehungen oder andere Aspekte des Verhältnisses zwischen AG und AN.

Nationale Vereinbarungen, die die kollektiven Verhandlungen auf Branchenebene im privaten Sektor beeinflussen, sind neben den nationalen Gehaltstarifen nationale Vereinbarungen über die Versicherung und über die Arbeitsplatzgestaltung. Auf sie wird regelmäßig in den von den beteiligten Parteien abgeschlossenen Vereinbarungen Bezug genommen.

So wie in allen anderen Branchen wurden die Interessenvereinigungen in der **Zeitungsindustrie** nach den Grundsätzen gestaltet, die zu Beginn des Jahrhunderts den Arbeitsmarkt prägten. Es gibt eine Unterscheidung zwischen Arbeitern und Angestellten ebenso wie Unterscheidungen nach der Berufsgruppe.[75] Die Druckereiarbeiter gehören der Gewerkschaft Graphische Gewerbe an (GF), die Redaktionsmitglieder der Schwedischen Journalistengewerkschaft (SJF) und die kaufmännischen Angestellten sind von der Gewerkschaft des kaufmännischen Personals erfaßt. Die Druckergewerkschaft ist eines von 24 Mitgliedern des schwedischen Arbeitergewerkschaftsbundes (LO). Die Journalisten- und Kaufmännische Angestellten-Gewerkschaft gehört dem Angestelltengewerkschaftsbund TCO an. Damit besteht auf AN-Seite Mitgliedschaft zu den wichtigsten von den Sozialpartnern abgeschlossenen Vereinbarungen. Der Schwedische Verlegerverband (TA) ist hingegen nicht Mitglied der nationalen AG-Organisation SAF. Die Hauptursache ist historischer Natur und liegt darin begründet, daß die LO bis vor kurzer Zeit Eigentümerin der sozialistischen Presse war. Daher hätte der Anschluß an die SAF die Beziehungen zwischen den Sozialpartnern verwirrt, wenn die im LO-Eigentum stehenden Zeitungen als AG dem bedeutendsten Gegenspieler des Gewerkschaftsbundes angehört hätten.[76] Die **AN-Vertretung auf betrieblicher Ebene** wird durch Gewerkschaftsfunktionäre ausgeübt. Einen gewählten BR wie im österreichischen oder deutschen Recht gibt es nicht. Wert, genannt zu werden, sind jedoch auch die im UVA vorgesehenen AN-Konsulenten.

Im **UVA**, das von SAF und PTK abgeschlossen und von den anderen Parteien der Zeitungsindustrie übernommen wurde, werden gemeinsame arbeitsmarktpolitische Regelungen der Sozialpartner getroffen. Eine der vorgesehenen Formen, die die **Teilnahme der AN an unternehmerische Entscheidungen** erleichtern

---

75 Einige der Interviewpartner stellten die Geltung dieser Prinzipien für die Zukunft in Frage. Eine mögliche andersverlaufende Entwicklung läßt sich vielleicht aus den kürzlich ergangenen öffentlichen Bekanntmachung eines Zusammenarbeitsabkommens zwischen LO und TCO ablesen, das auf eine Vereinigung der Kräfte hindeutet.

76 Nach der traditionellen Sichtweise würde eine politische Färbung vermutet.

soll, ist das Recht der Gewerkschaft, **AN-Konsulenten** zu engagieren, die bei bevorstehenden betrieblichen Änderungen, die die finanzielle Lage des Unternehmens oder seine Beschäftigtenzahl betreffen, die AN beraten und mit Analysen versehen sollen. Der AG muß die Kosten für die Konsulenten tragen und ist verantwortlich dafür, daß den Konsulenten die nötigen Informationen zur Erfüllung ihrer Aufgaben, wie in MBL und UVA vorgesehen, zur Verfügung gestellt werden.

2.4.3 Rechtsbeziehungen aus abhängiger Arbeit allgemein

Der Gegenstand der schwedischen Arbeitsgesetzgebung ist die abhängige Beschäftigung eines AN bei einem AG, sofern es einen **Arbeitsvertrag** gibt. Fälle, in denen die Leistung einer Partei im Auftrag einer anderen Partei nicht auf einem Arbeitsvertrag basiert, fallen grundsätzlich aus dem Anwendungsbereich des Arbeitsrechts.[77] Die einzige Ausnahme wird dann gemacht, wenn eine Partei, die sich zur Leistung eines Werks oder Auftrags verpflichtet hat, im selben Ausmaß von der anderen Partei abhängig ist wie ein AN.

Nach dem Gesetz über die Gemeinsamen Regelungen soll jede Person als **AN** betrachtet werden, die Arbeit für eine andere Person leistet und - obwohl nicht durch Arbeitsvertrag verbunden - eine im wesentlichen dem AN gleiche Position innehat. In diesem Fall soll die Person, der die Arbeit zugute kommt, als AG angesehen werden. Die Zwecke der einzelnen arbeitsrechtlichen Gesetze sind heranzuziehen, wenn es darum geht, zu beurteilen, ob auch **arbeitnehmerähnliche Personen** von ihnen erfaßt sind. Für die Bereiche der Sozialen Sicherheit gibt der "Board of Inland Revenue" Richtlinien über die Anwendbarkeit der sozialrechtlichen Gesetze heraus.

In der Rechtsdogmatik wurde eine Methode entwickelt, die den **Begriff des AN** durch eine Definition von praktischem Nutzen veranschaulichen soll. Anhand der Judikatur wurden im Verlauf der Jahre von der Lehre **zehn Kriterien** entwickelt. Die erste Entscheidung, die auf die Ziele, wie sie vom Staatsekretär formuliert worden sind, Bezug nahm und damit die Basis der Prüfung erweiterte, war die Entscheidung des Obersten Gerichtshofes NJA 1949, 768, betreffend das Gesetz über den bezahlten Urlaub. Die Entscheidung bildete die Grundlage der herrschenden Doktrin. Sie legt fest, daß alle Umstände, die im Zusammenhang mit der Vereinbarung über die Leistung von Arbeit stehen, berücksichtigt werden sollten. Darüber hinaus kann die soziale und finanzielle Situation der Parteien ein Indikator sein, ebenso die "generelle rechtliche Beurteilung der konkreten Situation." Dabei handelt es sich um eine Formulierung, die häufig in Urteilsbegründungen zu finden ist. Man versteht darunter mehr oder weniger alles, das geeignet ist, einen bestimmten Standpunkt glaubhaft zu machen, wie zB Verkehrssitte, Ansichten der Sozialpartner, verglichen mit gesetzlichen Regelungen, Materialien etc. Derselbe Ansatz wurde 1958

---

77 *Fahlbeck*, 9.

vom Arbeitsgericht verwendet. Eine Zehn-Schritte-Methode dient als **Richtlinie einer umfassenden Überprüfung** aller relevanten Umstände.[78]

3. Die Arbeitsverhältnisse der Beschäftigten bei Tageszeitungen im Überblick

3.1 Gesetze

A Für Pressemitarbeiter kommt eine breite Palette allgemeingültiger arbeitsrechtlicher Gesetze zur Anwendung. Dazu zählen in Österreich etwa ABGB (va die §§ 1151 ff), AngG, ArbVG, ArbPlSG, AuslBG, DHG, GleichbG, IESG, BEinstG, BAG, KJBG, MuttSchG, UrlG, BPG, ASchG, AZG, ARG, ArbIG, AMFG, AÜG, ASGG, EO (Lohnpfändung).

Spezielle gesetzliche Vorschriften für Journalisten gibt es nur in Österreich (JournG, MedienG), nicht aber in der BRD und der Schweiz bzw Schweden. In diesen Staaten gilt das allgemeine gesetzliche Arbeitsrecht, es existiert daher keine gesetzliche Definition des Redakteurs oder Journalisten.

Die österreichischen gesetzlichen Regelungen zeichnen sich durch eine nur historisch erklärbare Kasuistik und äußerst komplizierte und unzureichend aufeinander abgestimmte Geltungsbereiche aus. Hier zeigt sich, wie notwendig ein vereinheitlichtes Medienarbeitsrecht wäre. Ein **"MedienmitarbeiterG"**, das den arbeitsrechtlichen Schutz von journalistischen und programmgestaltenden Mitarbeitern von Medienunternehmen zum Gegenstand hatte, wurde zwar lange Zeit diskutiert und lag auch schon im Entwurf vor, zur Verabschiedung ist es aber mangels einer Einigung zwischen den Sozialpartnern nicht gekommen. Die äußerst heterogenen Interessen (Interessengegensätze bestehen nicht nur zwischen Beschäftigten und Unternehmern, sondern auch zwischen Printmedien und ORF) ließen dieses Projekt zu Beginn der achziger Jahre scheitern. Eine neue Gesetzesinitiative ist in absehbarer Zeit wohl nicht zu erwarten. Auch unsere Gesprächspartner von den Interessenvertretungen haben nicht den Eindruck vermittelt, daß sie entsprechende Aktivitäten beabsichtigen.

Während das **JournG** va Regelungen über die Kündigung des Journalisten sowie über das Schicksal des AV bei Verkauf und Veräußerung des Zeitungsunternehmens und den Wechsel der politischen Richtung enthält, beschäftigt sich das **MedienG** in seinem hier interessierenden Teil mit dem Schutz der journalistischen Berufsausübung. Daneben sind va noch die Vorschriften des **AngG** zu beachten, die

78 Vgl. *Mosler/Weinmeier*, Salzburg, 1993 S. 57-59

wie das JournG und der KV Journalisten nur für die im Rahmen eines Dienstverhältnisses[79] hauptberuflich beschäftigten Mitarbeiter gelten.

Das **AngG** kommt nach § 2 Abs 1 Z 3 auf (hauptbeschäftigte) **Redaktionsmitarbeiter** in aller Regel zur Anwendung. Eine Ausnahme besteht nur für AV, deren Inhalt überwiegend in Hilfstätigkeiten wie Botengängen, Abschreibarbeiten uä besteht. Dagegen gilt das **JournG** nur für die mit der Verfassung eines Textes oder mit der Zeichnung von Bildern betrauten Mitarbeiter einer Zeitungsunternehmung, die mit festen Bezügen angestellt sind und diese Tätigkeit nicht bloß als Nebenbeschäftigung ausüben (Redakteure, Schriftleiter). Damit werden alle **Redakteure** (iSd Pkt 1.-6. des KV Journalisten) aber auch die **Korrespondenten** und **Redaktionssekretäre**(-innen) erfaßt, weil auch diese überwiegend Redakteurstätigkeiten ausüben.[80]

Fraglich ist, ob auch Reporter (Text, Bild) iSd KV Journalisten unter das JournG fallen. Dafür spricht, daß das Gesetz nicht nach der hierarchischen Stellung im Prozeß der Text- und Bildproduktion differenziert. Ob ein bestimmter Beitrag auf Weisung eines Redakteurs oder frei nach eigener Themenauswahl und mit entsprechender Gestaltungsfreiheit hergestellt wurde, macht für die Anwendung des JournG keinen Unterschied.[81]

Redakteur iSd JournG ist nicht nur der Endverfasser eines Textes, sondern auch der **Reporter**, der durch Recherche, Notizen und Textvorschläge zum Verfassen eines Textes einen konkreten Beitrag leistet. Es muß sich dabei aber um eine Leistung mit einer gewissen schöpferischen Komponente und nicht bloß um technische Mithilfe handeln. Das ergibt sich schon aus dem Zweck des JournG, das eine besondere soziale Absicherung der "journalistischen Mitarbeiter" (im Gegensatz zu den kaufmännischen und technischen Mitarbeitern, die nicht unter diesen Schutzbereich fallen sollten) bewirken sollte. Im übrigen versteht auch § 17 Abs 3 RFG unter dem Begriff "journalistische Mitarbeiter" Redakteure, Reporter, Korrespondenten und Gestalter. Freilich verlangt § 1 Abs 1 JournG einen konkreten Bezug zum Verfassen eines Textes. Besteht die Tätigkeit eines Redaktionsmitarbeiters im bloßen Recherchieren von Informationen ohne schriftliche Fixierung, kommt das JournG genausowenig zur Anwendung wie der KV Journalisten, der auch wenigstens eine Fixierung der eingeholten Informationen verlangt.

Ähnliches gilt für das **Zeichnen von Bildern** für eine Zeitung. Nach dem Wortlaut des § 1 JournG fallen Pressefotografen nicht unter den Geltungsbereich dieses Gesetzes. weil sie vorrangig weder mit dem Verfassen von Texten noch mit dem Zeichnen von Bildern beschäftigt sind. Allerdings ist dabei zu bedenken, daß

---

79 Der Begriff "Dienstverhältnis" wird in älteren Gesetzen wie dem AngG und dem JournG verwendet und ist ein Synonym für "Arbeitsverhältnis". Letzterer Begriff wird in der vorliegenden Arbeit deshalb verwendet, weil er heute der gebräuchlichere ist.

80 Die Definitionen des KV Journalisten werden unter 3.2. dargestellt.

81 Vgl *Kuderna*, DRdA 1964, 347.

zum Zeitpunkt des Inkrafttretens des JournG (1920) Pressefotografen bei weitem nicht die Bedeutung hatten wie heute. Der Gesetzgeber dürfte daher an diese Gruppe noch nicht gedacht haben. Im Laufe der Zeit haben die Pressefotografen jedoch zum Teil die Funktion der im Gesetz erwähnten Zeichner übernommen. Heute zählen die Fotografen zu einer sehr wichtigen Gruppe der journalistischen Mitarbeiter, auf die die Umstände, die für die Einbeziehung der Zeichner in das JournG sprachen, mindestens im selben Ausmaß zutreffen.[82] Die Bestimmungen des JournG sind daher **analog** auf die **Pressefotografen** anzuwenden.

Auch die Tätigkeit des **Layouters** ist für das Zustandekommen und die Gestaltung einer Zeitung von maßgeblicher Bedeutung. Allerdings liegt hier oft kein Bezug mehr zur inhaltlichen Gestaltung durch Textverfassung oder Herstellung von Bildern vor. Soweit der Layouter mehr für die technische Gestaltung einer Zeitung (mit)verantwortlich ist, kommt die Anwendung des JournG daher nicht in Frage.

Besonders schwierig und uneinheitlich wurde in den verschiedenen Gesetzen die Abgrenzung zwischen **hauptberuflich** und bloß **nebenberuflich** beschäftigten Redakteuren geregelt.[83]

Außerhalb der journalistischen Tätigkeiten ist für die arbeitsrechtliche Einordnung va die Unterscheidung zwischen Arbeitern und Angestellten von Bedeutung. **Angestellte** sind AN, die vorwiegend zur Leistung kaufmännischer oder höherer, nicht kaufmännischer Arbeiten oder zu Kanzleiarbeiten angestellt sind. Für die in der Verwaltung, im Rechnungswesen, in den Bereichen Anzeigen, Vertrieb, Marketing/ Werbung Beschäftigten kommt neben den allgemeinen arbeitsrechtlichen Gesetzen daher grundsätzlich das AngG zur Anwendung.

Bei den Angestellten im Bereich **Anzeigen** sind arbeitsrechtlich mehrere AN-Gruppen zu unterscheiden. Die im Haus beschäftigten Angestellten (Anzeigenannahme, -gestaltung, -verrechnung, Schalterpersonal uä) unterliegen dem AngG. Gegen Provision beschäftigte Angestellte und Anzeigenwerber aller Art unterliegen dem AngG, wenn sie mindestens ein Fünftel der Normalarbeitszeit beschäftigt sind.

Arbeitertätigkeiten wären etwa im Bereich der Haustechnik, ebenso als einfache Verwaltungstätigkeiten denkbar. Das AngG könnte hier nur vertraglich vereinbart werden. Ohne vertragliche Vereinbarung gelten nur die **allgemeinen arbeitsrechtlichen Vorschriften**, soweit sie für Arbeiter und Angestellte bzw nur für Arbeiter gelten.

Soweit **Kolporteure** und **Zusteller** überhaupt als AN beschäftigt werden,[84] gelten hier ebenso nur die allgemeinen arbeitsrechtlichen Vorschriften, wie sie sich

---

82 *Kuderna*, DRdA 1964, 348.

83 Näheres bei Mosler/Weinmeiner, a.a.O., 62 f.

84 Zur AN-Eigenschaft der Zeitungskolporteure vgl Mosler/Weinmeier, a.a.O., 22; zum AN-Begriff des § 36 ArbVG vgl etwa *Strasser*, Arbeitsrecht II, 260 f; *Marhold*, Österreichisches Arbeitsrecht II, 131 ff.

aus dem ABGB und den (auch) für Arbeiter geltenden Sondergesetzen wie zB der GewO 1859, UrlG, ArbAbfG, DHG, EFZG, IESG, sowie den Arbeitsschutzbestimmungen des ASchG, AZG und ARG ergeben. Die betriebsverfassungsrechtlichen Vorschriften des ArbVG kommen desgleichen voll zur Anwendung soweit eine "Beschäftigung im Betrieb" iSd § 36 ArbVG vorliegt. Kolporteure sind daher idR für die Betriebsratswahl wahlberechtigt, für sie können Betriebsvereinbarungen abgeschlossen werden und sie fallen auch sonst unter den Schutz der gesetzlichen **Betriebsverfassung**.

Zu bedenken ist allerdings, daß es sich bei den Zeitungskolporteuren meist um ausländische Staatsbürger handelt. Ausländer können derzeit nicht in den BR gewählt werden.[85] Weiters kommen die Vorschriften des AuslbG zur Anwendung. Dies gilt im übrigen unabhängig von der AN-Eigenschaft, weil gem § 2 Abs 2 lit a AuslBG dessen Bestimmungen auch für arbeitnehmerähnliche Personen gelten. IdR muß für einen ausländischen Zeitungskolporteur daher eine Beschäftigungsbewilligung beim zuständigen Arbeitsamt beantragt werden. Nur für Ausländer, die schon eine gewisse Zeit in Österreich beschäftigt waren und daher im Besitz einer Arbeitserlaubnis bzw eines Befreiungsscheins sind, entfällt dieses Erfordernis.[86] Die Bestimmungen des AuslBG werden derzeit in der Praxis offenbar nicht vollzogen.

D CH S In keinem der Vergleichsländer gibt es spezifische gesetzliche Regelungen für die AV der Presse. Nach dem Scheitern des PresserechtsrahmenG in Deutschland wurde kein weiterer ernsthafter Versuch gemacht, einheitliches Gesetzesrecht zu schaffen.

In der Schweiz und in Schweden spielt gesetzliches Arbeitsrecht aus unterschiedlichen Gründen eine untergeordnete Rolle.

CH In der Schweiz bildet das Arbeitsrecht immer noch ein Randgebiet der Rechtsdogmatik und ist größtenteils auf die Bestimmungen des **Obligationenrechtes über den Dienstvertrag** rückführbar. Wie wenig ausgeprägt die arbeitsrechtliche Schutzfunktion ist, zeigt sich daran, daß erst vor wenigen Jahren ein KündigungsschutzG verabschiedet wurde.

S In Schweden wird das Arbeitsrecht traditionell von den **CA-Parteien** gestaltet. Bis in die siebziger Jahre gab es keine maßgebliche Arbeitsrechtsgesetzgebung. Die danach ergangenen Gesetze regeln allgemeine Mindeststandards unabhängig von der Branche. Die Gewerkschaftsbewegung, die umfangreichere Reformen anstrebte, als am Verhandlungstisch auszuhandeln waren, nützte damals ihren politischen Einfluß, um ihre Ziele zu erreichen. Fortschritte sollten in drei Bereichen erzielt werden: Beim Kündigungsschutz, im Bereich der "Joint regulation" durch die Sozialpartner

---

85 Zu den bevorstehenden Änderungen durch Inkrafttreten des EwRA vgl. Mosler/ Weinmeier, a.a.O., 239 ff.

86 §§ 14 a ff bzw 15 ff AuslBG

und bei der gewerkschaftlichen Vertretung im Betrieb.[87] Resultat dieser Bemühungen sind drei Gesetze von grundlegender Bedeutung für die schwedischen Arbeitsbeziehungen: Das **Kündigungsschutzgesetz** (LAS), das **Gesetz über Gemeinsame Regelungen** (MBL), und das **Gesetz über die gewerkschaftliche Vertretung** (FML). Dadurch wurde es auch Sache der Gewerkschaften, die Rechte der AN zu schützen und im Auge zu behalten. In vielen Teilbereichen wurde ein Mindeststandard festgelegt, von dem die Sozialpartner nur durch CA abweichen können. Dafür hat sich der Begriff **"halbzwingende" Gesetzgebung** eingebürgert. Diese halbzwingende Wirkung wurde fast allen arbeitsrechtlichen Gesetzen verliehen.

Andere **Gesetze**, die in diesen zehn Jahren verabschiedet oder novelliert wurden, waren: Das Gesetz über den bezahlten Urlaub (SemL), das Gesetz über die Mitbestimmung in (der Geschäftsleitung der) Unternehmen (StyrepL), das Gesetz über das Arbeitsgerichtsverfahren (LRA, das die Zuständigkeit des Labour Court als wichtigstem Forum für Arbeitsstreitigkeiten erweiterte), das Gesetz über die Arbeitsplatzgestaltung (AML), das Gesetz über die Arbeitszeit (ArbtidL), das Gesetz über gleiche Beschäftigungsbedingungen für Frauen und Männer am Arbeitsmarkt (JämL) und das Gesetz über den öffentlichen Dienst (LOA).

3.2 Kollektive Rechtsgestaltung im überbetrieblichen Bereich

3.2.1 Österreich

A Wie oben unter 2.1.2 ausgeführt kommt es in Österreich für die Geltung des KV auf die Mitgliedschaft des AG zum vertragsschließenden Verband an. Ist der AG Mitglied, kommt aufgrund der **Außenseiterwirkung** der KV auch für Nicht-Gewerkschaftsmitglieder zur Anwendung. Bei den vom VÖZ abgeschlossenen KV ist eine lückenlose Geltung nicht automatisch gewährleistet, da ein AG nicht Mitglied bei diesem Verband sein muß. Die derzeitige Praxis sieht jedoch so aus, daß mit einer Ausnahme ("täglich Alles") alle Tageszeitungen VÖZ-Mitglied und damit **kollektivvertragsunterworfen** sind.

Auch zum Hauptverband der graphischen Unternehmen Österreichs besteht keine Pflichtmitgliedschaft. Der von diesem Verband mit dem ÖGB abgeschlossene KV wurde jedoch zur Satzung erklärt und damit für alle österreichischen Druckunternehmen verpflichtend.[88]

Für die journalistisch tätigen Mitarbeiter gilt in Österreich der KV für die bei den österreichischen Tageszeitungen angestellten Redakteure, Redakteursaspiranten und Reporter (KV Journalisten, gültig ab 1.1.1989), für die sonstigen Angestellten im

87 *Schmidt*, Facklig arbetstätt, 15.

88 Satzungen des Bundeseinigungsamtes vom 3.3.1992, Zl 15/BEA/1992-6 sowie vom 1.4.1992, Zl 15/BEA 1992-15.

redaktionellen Dienst der KV für die kaufmännischen Angestellten der Tageszeitungen (KV kaufmännische Angestellte, gültig ab 1.5.1990). Weiters sind die KV für Expeditarbeiter, Redaktions- und Verwaltungsgehilfen, Zusteller und Austräger (KV Expedit, gültig ab 31.1.1982, mit Zusatzvereinbarung gültig ab 1.4.1985, sowie Zusatzvereinbarung gültig ab 2.4.1990), für Arbeiter im graphischen Gewerbe (KV Druck, gültig ab 1.1.1992), für technische Angestellte im graphischen Gewerbe (KV technische Angestellte Druck, gültig ab 1.1.1992), sowie für kaufmännische Angestellte im graphischen Gewerbe (KV kaufmännische Angestellte Druck, gültig ab 1.1.1987) zu beachten. Das Entgelt wird in meist jährlich angepaßten "Tarifverträgen", "Punktationen", "Gehaltstabellen" oder "Lohntabellen" separat geregelt.

Im einzelnen gilt der **KV Journalisten** für alle Redakteure, Redakteursaspiranten sowie Reporter, Zeichner, Fotografen und Layouter, wenn sie in einem hauptberuflichen Dienstverhältnis zu einer oder mehreren im gleichen Verlag erscheinenden Tageszeitungen stehen (§ 5). Die Berufsgruppen, für die der KV Journalisten gilt, werden umfassend definiert.

Als **Redakteursaspiranten** werden AN bezeichnet, die sich noch in der Ausbildung zum Redakteur befinden. Unter dem Oberbegriff **"Redakteure"** werden journalistische Mitarbeiter verstanden, die in erster Linie nach der hierarchischen Stellung im Betrieb untergliedert werden. Auch Reporter, Zeichner, Fotografen und Layouter fallen unter den KV Journalisten.

Im einzelnen sind

1. **Redakteure** AN, die an der Herstellung des redaktionellen Teiles von Blättern regelmäßig in der Weise mitwirken, daß sie

- eigene, zum Begriff einer periodischen Druckschrift gehörige Aufsätze und Notizen oder selbst ausgewählte und hergestellte Bildbeiträge beistellen;

  oder

- fremde, aktuelle, zum Begriff einer periodischen Druckschrift gehörige Beiträge oder Bilder für den Druck fertig machen;

  oder

- die redaktionell-technische Ausgestaltung (Anordnung oder Umbruch) des Textteiles besorgen.

2. **Ressortleiter** jene Redakteure, die hauptberuflich und verantwortlich mit der redaktionellen Führung eines Ressorts betraut sind.

3. **Leitende Redakteure** jene Redakteure, die eine über mehrere Ressorts sich erstreckende verantwortliche Tätigkeit bei der Leitung des Blattes ausüben.

4. **Chef vom Dienst** ein Redakteur, der die Tätigkeit der einzelnen Ressorts im redaktionell-organisatorischen Sinn koordiniert.

5. **Stellvertretende Chefredakteure** jene Redakteure, die hauptberuflich gemeinsam mit dem Chefredakteur oder in dessen Vertretung allein mit der Führung einer oder mehrerer Tageszeitungen betraut sind.

6. **Chefredakteure** jene Redakteure, die hauptberuflich mit der selbständigen redaktionellen Führung einer oder mehrerer Tageszeitungen betraut und denen mindestens zwei Redakteure (nach Pkt 1.) unterstellt sind.

7. **Korrespondenten** die AN, die zum regelmäßigen Dienst für die ständige briefliche oder mittels nachrichtentechnischer Mittel durchzuführende redaktionelle Berichterstattung an einem bestimmten Ort hauptberuflich für eine oder mehrere im gleichen Verlag erscheinende Tageszeitungen verpflichtet sind.

8. **Journalistisch tätige Redaktionssekretäre(-innen)** die AN, die überwiegend und ständig Tätigkeiten als Redakteur (nach Pkt 1.) und daneben noch andere Tätigkeiten im Rahmen der Redaktion ausüben

Reporter (Text, Bild) festangestellte AN ,die zur Verwendung im Innen- und Außendienst hauptberuflich verpflichtet sind. Ihre Aufgabe ist es, auf Weisung von Redakteuren Beiträge und Notizen zu verfassen, Informationen einzuholen und diese zu fixieren.

Zeichner und Fotografen können unter den gleichen Voraussetzungen angestellt werden.

Layouter sind festangestellte AN, die die grafische Gestaltung der Zeitung besorgen.

Für **freie Mitarbeiter** kommt kein KV zur Anwendung. Der KV Journalisten enthält aber eine **Honorarempfehlung** für diese Gruppe.

Der **KV kaufmännische Angestellte** gilt für alle kaufmännisch, administrativ und im redaktionellen Dienst (wenn sie nicht dem KV-Journalisten unterliegen) tätigen Angestellten und Lehrlinge, nicht aber für Praktikanten. Der KV kaufmännische Angestellte erfaßt hingegen **voll- und teilzeitbeschäftigte AN** gleichermaßen, für teilzeitbeschäftigte gelten nur einige Sonderbestimmungen. **Gegen Provision beschäftigte Angestellte und Anzeigenwerber aller Art** unterliegen dem KV kaufmännische Angestellte -mit Modifikationen- hingegen nur dann, wenn sie **hauptberuflich** Beschäftigte des Verlages sind.

Zwischen dem VÖZ und dem ÖGB (Gewerkschaft Druck und Papier) wurde ein KV für Expeditarbeiter, Redaktions- und Verwaltungsgehilfen, Zusteller und Austräger (KV Expedit) abgeschlossen. Neben dem für alle genannten Tätigkeiten geltenden Mantelvertrag enthält der **KV Expedit** auch Sonderbestimmungen, die nur für die jeweilige Berufssparte (zB Expeditarbeiter) gelten.

Als **Expeditarbeiter** gelten Arbeitskräfte, die ausschließlich Tätigkeiten für den jeweiligen Tagesversand von Zeitungen und Zeitschriften durchzuführen haben.

Redaktions- und Verwaltungsgehilfen sind AN, die einfache Arbeiten in Redaktionen und Verwaltung leisten.

Zusteller sind AN, die gegen Wochenlohn, mit oder ohne eigenem Fahrzeug, die Zustellung und den Transport von Zeitungen, mit Ausnahme von Abonnenten-Direktzustellungen, besorgen. Die Tätigkeit des Zustellers ist überwiegend das Zustellen von Zeitungen an die verschiedenen Verkaufs- und Verschleißstellen sowie die Anlieferung der Sonderkolportage.

Für **Sonn- und Feiertagszusteller**, die als AN beschäftigt werden und dabei mit eigenem Kfz das Aufstellen und Einsammeln von Geräten samt Zeitungen an Sonn- und Feiertagen besorgen, gilt der Mantelvertrag. Darüber hinaus sind innerbetriebliche Vereinbarungen zu treffen.

Austräger sind AN, die die Zustellung eines kompleten Verlagsproduktes besorgen, und zwar gegen Provision an Abonnenten einschließlich des Inkassos beim Abonnenten sowie gegen festen Lohn an Verschleißer.

Für **Zeitungskolporteure** kommt der KV Expedit nicht zur Anwendung. Kolporteure und Werbemittelverteiler fallen unter keinen KV. Wie oben schon ausgeführt sind derartige Tätigkeiten nicht einmal generell als AV anzusehen. Während die Kolporteure idR AN sein dürften, wird die meist deutlich geringer reglementierte Beschäftigung als **Werbemittelverteiler** häufig nicht mehr als AV anzusehen sein. In diesen Fällen besteht weitgehende Gestaltungsfreiheit hinsichtlich Bezahlung und Vereinbarung der Vertragsbedingungen. Liegt ein AV vor, gelten nur die allgemeinen arbeitsrechtlichen Gesetze, nicht aber KV.

Die für den **Druckbereich** genannten KV kommen an sich nur dann zur Anwendung, wenn der AG Mitglied beim Hauptverband des graphischen Gewerbes ist. Aufgrund der Satzungserklärung (siehe oben) gilt der KV allerdings für alle Druckunternehmen zwingend, und zwar auch für Hausdruckereien, für deren Betrieb keine Gewerbeberechtigung erforderlich ist.

Die GewO, nach der sich im wesentlichen auch die Zugehörigkeit zur Kammer der gewerblichen Wirtschaft bestimmt, nimmt in § 2 Abs 1 Z 18 die Herausgabe, das Herstellen und das Verbreiten periodischer Druckwerke durch das Medienunternehmen des Medieninhabers von ihrem Geltungsbereich aus. Dies bedeutet, daß nicht nur die inhaltliche Gestaltung und der Verkauf, sondern auch der Druck von Tageszeitungen keiner Gewerbeberechtigung bedürfen und in weiterer Folge auch nicht zur Zugehörigkeit zur Kammer der gewerblichen Wirtschaft führen. Es macht dabei keinen Unterschied, welche wirtschaftlichen Verbindungen zwischen Zeitungsunternehmen und Druckerei vorhanden sind. Ist die Druckerei ein rechtlich vom Zeitungsunternehmen selbständiges Unternehmen, besteht die Pflichtmitgliedschaft zur Kammer der gewerblichen Wirtschaft auch dann, wenn die Druckerei zum selben Medienkonzern wie das Zeitungsunternehmen gehört.

Übernimmt die unternehmenseigene Druckerei auch **Fremdaufträge,** benötigt sie allerdings dazu eine Gewerbeberechtigung. Dies führt wiederum zur automatischen Kammer-Mitgliedschaft.

Bei den **kaufmännischen Angestellten** im Druckbereich hängt es von der organisatorischen Gliederung des Zeitungsunternehmens ab, welcher KV zur Anwendung kommt. Ist die **Druckerei** ein **eigenständiger Betrieb** oder wenigstens eine organisatorisch und fachlich abgegrenzte **Betriebsabteilung**, unterfallen die dort Beschäftigten kaufmännischen Angestellten dem **KV kaufmännische Angestellte Druck**. Besteht hingegen **keine** entsprechende **organisatorische Abgrenzung** (zB wenn die kaufmännischen Angestellten der Tageszeitung für alle Unternehmenstätigkeiten eingesetzt werden und nicht dem Druckbereich zugeordnet sind), gilt der **KV kaufmännische Angestellte** (bei Tageszeitungen).

Bei der Darstellung der Arbeitsbedingungen der Drucker wurden insbesondere Entgelt und Arbeitszeit besonders hervorgehoben. Der Tageszeitungsdruck erfolgt zum Teil in hauseigenen,[89] zum Teil in unternehmensfremden Druckereien (Lohndruckereien). Die Arbeits- und Entgeltbedingungen der Drucker wirken sich bei letzteren nur mittelbar auf die Kosten der Zeitungsherstellung aus. Wollte man die Gesamtlohnkosten der Tageszeitungsproduktion erfassen, so müßte man auch die Arbeitsbedingungen in anderen beauftragten Fremdunternehmen (zB Frächter, Papierindustrie) in die Untersuchung einbeziehen. Wird von einem Zeitungsunternehmen ein Auftrag zum Druck vergeben, sind die Arbeitskosten zudem nur einer von mehreren Faktoren, die sich auf die Druckkosten auswirken. Es unterliegt grundsätzlich der freien unternehmerischen Disposition, welchen Preis das Druckereiunternehmen für den Druck einer Tageszeitung verlangt, wobei die Arbeitskosten sicherlich ein maßgeblicher Faktor sind. Soweit konzernartige Verbindungen bestehen, kann der Preis auch ein Ergebnis konzernpolitischer und weniger unmittelbar betriebswirtschaftlicher Überlegungen sein.

Die Schwierigkeiten der Aufarbeitung der Arbeitsbedingungen der AN im Druckbereich liegen darin, daß die KV sehr komplizierte und bis ins kleinste Detail differenzierende Vorschriften vorsehen. So hängt etwa die Bestimmung des Entgelts von einer Vielzahl von Voraussetzungen ab, deren Vorliegen **im Einzelfall** zu prüfen ist. Ohne zuverlässige Vergleichsdaten der einschlägigen Praxis, die uns nicht zur Verfügung stehen, sind die in den KV geregelten Mindestarbeitsbedingungen wenig aussagekräftig. So wurde uns immer wieder versichert, daß das Lohnniveau der Drucker vergleichsweise äußerst hoch sei. Diese Einschätzung läßt sich aus den Lohntabellen nur zum Teil bestätigen. Die Löhne und Gehälter bei den AN in Druckereien liegen in der Praxis offenbar va durch diverse Zulagen und Überzahlungen deutlich über den KV-Mindestlöhnen. Ob und welche Zulagen gebühren, muß aber im Einzelfall festgestellt werden.

---

89 Vgl VÖZ (Hg), Österreichisches Pressehandbuch 1992.

Diese Situation führt auch dazu, daß der **internationale Vergleich** auf der Basis der Rechtsgrundlagen nur beschränkt aussagekräftig ist. Trotzdem haben wir versucht, die Arbeits- und Entgeltbedingungen der AN im **Druckbereich** soweit es uns möglich und wissenschaftlich vertretbar erschienen ist, vergleichend darzustellen.

3.2.2 Deutschland

D In Deutschland gelten für **redaktionelle Mitarbeiter** folgende TV:

GTV für Redakteure an Tageszeitungen, gültig ab 1.5.1991
MTV für Redakteure an Tageszeitungen, gültig ab 1.11.1989

TV über vermögenswirksame Leistungen für Redakteure und Redaktionsvolontäre an Tageszeitungen, gültig ab 1.1.1972
TV über die Altersversorgung für Redakteure an Tageszeitungen, gültig ab 1.1.1987
TV über das Redaktionsvolontariat an Tageszeitungen, gültig ab 1.7.1990

In den neuen Bundesländern gelten seit 1.1.1992 ein eigener MTV und ein GTV, ebenso ein TV über vermögenswirksame Leistungen und journalistische Altersversorgung. Auf diese TV wird im einzelnen nicht eingegangen.

Die TV für die **kaufmännischen Angestellten** in Verlagen werden länderweise abgeschlossen. Im Rahmen dieser Arbeit werden die TV von Nordrhein-Westfalen und Bayern berücksichtigt.

Für die **gewerblichen AN** in Redaktionen besteht nur in Bayern ein TV, der vom Verband Bayrischer Zeitungsverleger und von der IG Druck und Papier abgeschlossen wurde. Für AN, die eine arbeiterrentenversicherungspflichtige Tätigkeit ausüben und nicht unmittelbar mit der Zeitungsherstellung und -zustellung beschäftigt sind, gilt in Bayern der MTV für gewerbliche AN im Zeitungsverlagsgewerbe. Dessen Geltungsbereich ist insofern enger als der des KV-Expedit als die **Zusteller** und **Austräger nicht** erfaßt werden.

In den anderen Bundesländern hingegen gilt kein TV für die gewerblichen AN in Verlagen (die nicht überwiegend im Druckbereich beschäftigt sind - in diesem Fall kommt der bundesweit geltende TV für die gewerblichen AN im Druckbereich zur Anwendung), daher insbesondere keine Mindestlohnregelung.

Für die **Drucker** kontrahieren der Bundesverband Druck e.V. einerseits und die IG Druck und Papier andererseits. Es gilt der MTV für die gewerblichen AN der Druckindustrie für die AN ua in Zeitungsdruckereien, die eine arbeiterrentenversicherungspflichtige Beschäftigung ausüben. Die Mindestlöhne enthält der Lohnrahmen-TV mit gleichem Geltungsbereich. Ferner gibt es einen TV zur Förderung der Fortbildung und Umschulung in der Druckindustrie.

Die Arbeitsbedingungen der Angestellten werden durch länderweise abgeschlossene TV geregelt. Hier wird der MTV für Angestellte der Druckindustrie im Land Nordrhein-Westfalen, der durch einen GTV mit gleichem Geltungsbereich ergänzt wird, behandelt.

Obwohl eine **Allgemeinverbindlicherklärung** in der oben dargestellten Form im Bereich der Journalisten nur für den MTV und den TV über die Altersversorgung erfolgt ist (nicht dagegen für den Gehalts-TV, den TV Volontäre und TV freie arbeitnehmerähnliche Journalisten) und hinsichtlich der kaufmännischen Angestellten, gewerblichen AN und Drucker keine Allgemeinverbindlicherklärungen vorliegen,[90] kann man davon ausgehen, daß die Mitglieder der TV-Abschlußpartner auch gegenüber den AN, die nicht Mitglied der abschließenden Verbände sind, die im TV vereinbarten Arbeitsbedingungen anwenden.

Für **arbeitnehmerähnliche Journalisten** an Tageszeitungen wurde ein TV gemäß § 12 a TVG abgeschlossen. Der TV gilt nicht für hessische Tageszeitungsverlage, weil der zuständige Verlegerverband den Abschluß eines solchen TV bisher abgelehnt hat. Der TV enthält Mindestregeln hinsichtlich der Arbeitsbedingungen, aber auch einige vertragsergänzende Normen dispositiven Rechts, die nur eingreifen, wenn keine Vereinbarung getroffen wurde und die besonderes Augenmerk auf den urheberrechtlichen Schutz des Journalisten legen.

Der **TV Redakteure**, der wegen seiner Regelungsdichte - in Ermangelung spezieller gesetzlicher Regelungen - die für die Praxis wichtigsten anwendbaren Normen enthält, sieht folgende Begriffsbestimmung vor:

"Als Redakteur gilt, wer - nicht nur zum Zwecke der Vorbereitung auf diesen Beruf kreativ an der Erstellung des redaktionellen Teils von Tageszeitungen regelmäßig in der Weise mitwirkt, daß er
(1) Wort- und Bildmaterial sammelt, sichtet, ordnet, dieses auswählt und veröffentlichungsreif bearbeitet, und/oder
(2) mit eigenen Wort- und Bildbeiträgen zur Berichterstattung und Kommentierung in der Zeitung beiträgt und/oder
(3) die redaktionell-technische Ausgestaltung (insbesondere Anordnung und Umbruch) des Textteils besorgt und/oder
(4) diese Tätigkeit koordiniert."

Erfaßt sind damit die Redakteure im ursprünglichen Sinn, denen die veröffentlichungsreife Bearbeitung redaktionellen Materials obliegt und die angestellten Journalisten, die Beiträge zur Berichterstattung und Kommentierung in der Zeitung erstellen.[91] Wichtig ist in beiden Fällen - ähnlich wie nach österreichischem Recht -,

90 Information von AG-Seite.

91 Sie müssen nicht bis zur endgültigen Veröffentlichungsreife bearbeitet werden, BAG 13.2.1985, AfP 3/1985, 232.

daß die Arbeit ein **eigenschöpferisches Element** beinhaltet.[92] Darüber hinaus werden auch die sog **"technischen Redakteure"** von der Geltung des TV erfaßt. Wer allerdings lediglich technische Arbeiten ohne redaktionellen Bezug verrichtet, ist kein Redakteur iSd MTV. Zuletzt sind die Redakteure in **leitender Funktion** genannt. Auch wenn in diesen Fällen die journalistische gegenüber der administrativen Tätigkeit zurückgedrängt wird, soll die Redakteursstellung erhalten bleiben[93].

Bei gemischten Tätigkeiten entscheidet wie im österreichischen Recht die **überwiegende Tätigkeit**. Wer also nicht nur, aber überwiegend mit den genannten Agenden beschäftigt ist, gilt als Redakteur iSd MTV.

> Vom MTV Redakteure werden daher im wesentlichen dieselben Tätigkeiten wie vom österreichischen KV Journalisten erfaßt.

Angehörigen von sog **"kaufmännischen Redaktionen"**, die vorwiegend damit beschäftigt sind, Anzeigen und anzeigenerläuternde Texte für Magazine und Beilagen zu sammeln und zusammenzustellen, kann es an dem für die Anwendung des Redakteurs-TV nötigen kreativen Element fehlen. Gegebenenfalls kommt auf solche Tätigkeiten der TV für die kaufmännischen Angestellten bei Verlagen zur Anwendung. Auch in Österreich kommt hier nicht der KV Journalisten, sondern der KV kaufmännische Angestellte zur Anwendung.

Wie nach der österreichischen Rechtslage ist die **hauptberufliche** Ausübung des journalistischen Berufes ein Kriterium für die Anwendbarkeit des MTV Redakteure. Für **Teilzeitbeschäftigte** gilt grundsätzlich das gesetzliche und tarifliche Arbeitsrecht in vollem Umfang. Der TV sieht aber selbstverständlich eine anteilige Kürzung der Leistungen entsprechend der realen Arbeitszeit vor.

In Deutschland werden die TV für das **nichtjournalistische Personal** in Redaktionen **länderweise** abgeschlossen. Entsprechend dem Kernvergleichsbereich des Projekts werden hier die in Bayern (im folgenden BTV) und Nordrhein-Westfalen (NTV) geltenden TV dargestellt. Für die kaufmännischen Angestellten wurden in beiden Bundesländern TV abgeschlossen. Für die **gewerblichen AN** (Pförtner, Verpackung, Haustechnik etc) in Verlagen gibt es nur in Bayern einen geltenden TV. Auch von letzterem nicht erfaßt sind zB Zusteller und Austräger.

Die **TV kaufmännische Angestellte** in Bayern und Nordrhein-Westfalen gelten für alle Angestellten, Auszubildende und Anlernlinge in Verlagen, die nicht unter den Redakteursbegriff des MTV für Redakteure an Tageszeitungen fallen. Erfaßt sind insbesondere auch die Mitarbeiter, die mit der Texterfassung im rechnergesteuerten System, der Erstellung von Layouts, von Layout- und Grafikkonzeptionen und der Überwachung bis zur Druckreife beschäftigt sind.

92 BAG 13.5.1981, AfP 4/81, 473.

93 *Hesse/Schaffeld/Rübenach*, Arbeitsrecht der Pressejournalisten, 17.

Nicht erfaßt sind hingegen Arbeiter in kaufmännischen Verlagen, Ferienaushilfen (§ 1 Abs 3 lit c NTV) und leitende Angestellte iSd § 5 Abs 3 BetrVG (§ 1 Abs 3 lit c NTV). Der BTV hingegen erfaßt alle AN, die angestelltenversicherungspflichtig sind und die in kaufmännischen Berufen Auszubildenden ohne weitere Einschränkungen.

3.2.3 Schweiz

CH In der Schweiz wurden für den Bereich Zeitungsunternehmen folgende GAV abgeschlossen:

GAV 1990 zwischen dem Schweizerischen Verband der Zeitungs- und Zeitschriftenverleger (SZV) und dem Verband Schweizer Journalisten (VSJ) sowie der Schweizerischen Journalistinnen- und Journalisten-Union (SJU)[94], der für die Deutschschweiz und den Tessin gilt, und die **Convention collective** (CC) zwischen der Union romande des journaux und dem Verband Schweizer Journalisten (Fédération suisse des journalistes). Sie gelten einerseits für die Mitglieder der betreffenden Verbände (was den erstgenannten betrifft, jedoch nicht hinsichtlich der von ihnen herausgegebenen Fachzeitschriften) andererseits für die ins Berufsregister eingetragenen Mitglieder der genannten Gewerkschaft.

De facto kann man davon ausgehen, daß die gesamtarbeitsvertraglichen Bestimmungen auf alle **Journalisten** gleichmäßig angewandt werden. Es besteht ein hoher gewerkschaftlicher Organisationsgrad. Dies mag auch dadurch bedingt sein, daß nur Gewerkschaftsmitglieder und Angeschlossene ins **Berufsregister** eingetragen werden können. Die Eintragung ist Voraussetzung für das Führen der Berufsbezeichnung "Journalist BR" und den Presseausweis und bewirkt damit zumindest einen gewissen **Berufsschutz**.

Einzelne nicht gewerkschaftlich organisierte AN dürfen aufgrund des arbeitsrechtlichen **Gleichbehandlungsgebots** ebensowenig wie im österreichischen Recht gegenüber den Gewerkschaftsmitgliedern diskriminiert werden.[95] Eine Allgemeinverbindlicherklärung der GAV in Form von Rechtsverordnungen ist daher nicht nötig.

Daneben bestehen einzelne **Firmen-GAV**[96] von geringer Bedeutung, die hier nicht berücksichtigt werden können.

Journalisten im Sinne des GAV sind nur die Mitglieder des VSJ (bei Abschluß auch SJU), die im Berufsregister eingetragen sind. Wer dem KV nicht unterstellt ist

---

94 Die SJU ist mittlerweile nicht mehr Vertragspartner dieses GAV.

95 Vgl etwa *Rehbinder*, Schweizerisches Arbeitsrecht, 69.

96 Im Gegensatz zum österreichischen Recht können auch einzelne AG gemäß OR 356 GAV abschließen.

oder nicht Mitglied einer der vertragschließenden Parteien ist, kann sich dem Vertrag in Anwendung von Art 356 b OR **anschließen** (Art 2, Abs 1 und 3 GAV).

In das **Berufsregister** werden Journalisten unter folgenden Voraussetzungen aufgenommen

* Mitgliedschaft beim VSJ, SJU oder individuelle Unterstellung unter den KV
* hauptberufliche journalistische Tätigkeit während zwei Jahren für Schweizer oder Liechtensteiner Informationsmedien (kann durch langjährige Teilzeitbeschäftigung ersetzt werden)
* Wohnsitz in der Schweiz oder in Liechtenstein (außer für Auslandskorrespondenten und Grenzgänger) (Z 1 des Reglements über die Voraussetzungen der Eintragung in das Paritätische Berufsregister SZV/VSJ bzw SZV/SJU)

Journalistische Tätigkeit besteht in einer **regelmäßigen und schöpferischen** Mitarbeit an Informationsmedien und stellt einen intellektuellen Beitrag an den Inhalt oder die Gestaltung des Mediums dar. Daher fallen auch **Korrespondenten**, **Zeichner** und **Fotografen** unter den Journalistenbegriff, nicht jedoch Verfasser wissenschaftlicher oder literarischer Werke, Verfasser von Texten aus dem Bereich der Produkte-, Dienstleistungs-, Vertrauens- oder Imagewerbung sowie von Texten auf dem Gebiet der Öffentlichkeitsarbeit (Public Relations), und zwar auch dann, wenn solche Texte im redaktionellen Teil eines Mediums verbreitet werden. Ebensowenig erfaßt sind Pressechefs (Beauftragte für Öffentlichkeitsarbeit bestimmter Institutionen).

Technische Redakteure, deren Tätigkeit sich auf die Durchführung des Umbruchs und von technischen Arbeiten beschränkt, können mangels schöpferischer Mitarbeit und intellektuellem Beitrag **nicht** unter den Begriff des **Journalisten** subsumiert und daher auch nicht eingetragen werden.

Als **hauptberuflich** gilt die Tätigkeit, wenn der festangestellte Journalist mindestens 80% seines Arbeitseinkommens (vorübergehende Minderungen schaden nicht), der freie Journalist oder Fotograf zudem im monatlichen Durchschnitt mindestens das Existenzminimum daraus abdeckt (Z 2 des genannten Reglements).

Diese 80% des Arbeitseinkommens können auch durch Zusammenrechnung mehrerer Dienstverhältnisse erzielt werden. Auch für in einer Redaktion **teilzeitbeschäftigte** Journalisten gilt demnach der GAV, sofern sie nur insgesamt hauptberuflich als Journalisten tätig sind. Ihre kollektivvertraglichen Ansprüche sind gem Art 28 GAV im Verhältnis zur regelmäßig aufgewendeten wöchentlichen Arbeitszeit, ausgehend von der 44-Stunden-Woche, zu ermitteln. Die durch die Dienstjahre der Redaktoren bedingten kollektivvertraglichen Leistungen des Verlegers erfolgen in diesen Fällen nur auf den Teilgehältern (Art 28 GAV).

Weiters ist zu unterscheiden zwischen Redaktoren am Ort oder im Außendienst, arbeitsvertraglich angestellten Journalisten mit Monatssalär und angestellten Pressefotografen einerseits und freien Mitarbeitern andererseits. Bei den letzteren ist wiederum begrifflich zu unterscheiden zwischen freien Mitarbeitern, die regelmäßige Mitarbeiter sind und freien Journalisten mit ständigem Auftrag.

Auch dem zwischen dem Verlegerverband der französischen Schweiz und dem VSJ abgeschlossenen GAV (CC) sind auf AN-Seite sowohl festangestellte als **auch freie Journalisten** unterstellt, sofern sie ins Berufsregister eingetragen sind. Für die Eintragung in das **Berufsregister** gelten dieselben Voraussetzungen wie für die deutschsprachige Schweiz.

Während der GAV der deutschsprachigen Schweiz und des Tessin den Mitgliedern auf Verlegerseite nur empfiehlt, bloß Mitglieder der vertragschließenden Parteien anzustellen (Art 8 GAV), legt die CC fest, daß nur **eingetragene**, **angeschlossene** oder solche Journalisten vollzeitbeschäftigt werden können, die eine Ausbildung gemäß Art 30, 31 der CC absolviert haben (Art 2 CC).

Das Spannungsverhältnis dieser Regelungen zur **Koalitionsfreiheit** wird zwar releviert[97], da aber ein Anschluß an den KV ohne weitere Voraussetzungen möglich ist, letztlich als unbedenklich betrachtet.

Für die **teilzeitbeschäftigten** Journalisten gilt gleich wie nach dem GAV, daß ihre Ansprüche entsprechend der Arbeitszeit gekürzt werden (Art 21 CC). Art 14 Abs 3 CC über die Überarbeit kommt nicht zur Anwendung.

Die SJU ist per 1.1.1992 aus dem GAV ausgetreten und befindet sich daher im **vertragslosen Zustand**. Auswirkungen auf die AV ihrer Mitglieder entstehen dadurch idR nicht, weil - bei insgesamt hohem gewerkschaftlichen Organisationsgrad - die SJU eine weitaus geringere Mitgliederzahl als der VSJ aufweist und es dem AG - wie erwähnt - aufgrund des **Gleichbehandlungsgebotes** verboten ist, einzelne AN seines Betriebes schlechter zu stellen. Eine **Nachwirkung** des KV bis zum Inkrafttreten des folgenden wird von der Lehre jedoch **abgelehnt**[98]. Die Großverlage Ringier und Tages-Anzeiger sind im Juni 1991 aus dem SZV ausgetreten, im Frühjahr 1992 jedoch wieder eingetreten. Ringier Romandie hingegen ist nicht wieder eingetreten, der mit dem VSJ ausgehandelte Firmenvertrag ist am 1.7.1992 in Kraft getreten.

Zur Zeit werden erste Vorschläge zu einer **Totalrevision** des GAV 1990 diskutiert. Der angestrebte Vertrag soll dann für alle Mitglieder der Verlegerverbandes, also auch in der romanischen Schweiz gelten. Ua strebt der SZV an, die **freien Mitarbeiter** aus einer strikt kollektivvertraglichen Regelung **auszuschließen**.

Tatsächlich ist es - wie bereits in Kapitel 2.3.3 angedeutet - nach der geltenden Rechtslage problematisch, KV mit Wirkung für freie Mitarbeiter zu schließen: OR 356 spricht von "AV" der beteiligten "AG und AN". Wenn man es auf eine strenge Qualifikation der Beschäftigungsverhältnisse sog ständiger freier Mitarbeiter ankom-

97 *Künzi*, Gesamtarbeitsverträge, 59.

98 *Rehbinder*, Schweizerisches Arbeitsrecht, 169.

men läßt, so stellt sich möglicherweise heraus, daß es sich in manchen Fällen um AV handelt und damit der GAV anwendbar bleibt. Eine Klage bei laufendem Beschäftigungsverhältnis wird jedoch, so übereinstimmend die Vertreter der beteiligten Interessenverbände, in der Schweiz mehr noch als in der BRD und in Österreich als unverzeihlicher Affront betrachtet. Bei einer sehr weiten Definition des AN könnten allenfalls die nach der österreichischen und deutschen Terminologie bzw der schweizerischen Lehre - die Judikatur hat sich zu dieser Abgrenzungsfrage noch nicht geäußert - "arbeitnehmerähnlichen" Personen noch von kollektivvertraglichen Regelungen erfaßt oder eine analoge Anwendung befürwortet werden.[99]

Aller Voraussicht nach würde jedoch mit der angestrebten Teilung des GAV in einen verbindlichen GAV für festangestellte Journalisten und einer "Vereinbarung" für freie Mitarbeiter der in der Schweiz im internationalen Vergleich relativ **hochentwickelte Schutz für ständige freie Mitarbeiter eingeschränkt** werden.

Für die **kaufmännischen Angestellten** und für die **Arbeiter in Zeitungsverlagen** gelten derzeit **keine** GAV. Die Arbeitsbedingungen sind frei vereinbar und es ist nur das zwingende gesetzliche Arbeitsrecht zu beachten. Für AN in **graphischen Unternehmen** wurde hingegen ein GAV abgeschlossen.

3.2.4 Schweden

S Wie erwähnt sind die CA die maßgeblichen Rechtsquellen des schwedischen Arbeitsrechts. Sie bestehen auf der **(nationalen) Ebene des Gewerkschaftsbundes, auf sektorieller Ebene** (bundesweit) und auf **lokaler Ebene** zwischen regionalen Gewerkschaften und Unternehmen. Viele Vereinbarungen sind modifizierte Versionen oder überhaupt Duplikate von landesweit abgeschlossenen Tarifen. Im Bereich der Gehälter orientiert man sich insbesondere an den Vereinbarungen, die von der Gewerkschaft der Büro- und technischen Angestellten der Industrie (SIF, Mitglied des TCO) erreicht werden, zumal sie eine der mächtigsten Gewerkschaften ist. Oft gibt es eine Bezugnahme auf die Gehaltsentwicklung im zwischen SAF und PTK verhandelten Bereich, die durch Anpassungsklauseln erfolgt. Demnach können Anpassungen der bestehenden Vereinbarungen vorgenommen werden, wenn Veränderungen auftreten, die nicht in die Berechnungen einbezogen wurden oder vorausgesehen werden konnten.

Die KV des Zeitungsgewerbes geben diesen Zustand ebenfalls wieder. GF und TA haben ein "**Zeitungsabkommen**" abgeschlossen, in dem die grundlegenden Arbeitsbedingungen und Gehälter für Mitarbeiter[100] der graphischen Gewerbe,

---

99 So auch *Berenstein*, Avis de droit relative à la convention collective entre l'Union romande de journaux et la Fédération suisse des journalistes.

100 Die Wortwahl "Mitarbeiter" zeigt den Wunsch der Parteien, mit alten traditionellen Verhaltensweisen zu brechen und die Entwicklung einer neuen Gestaltung der Beziehungen zwischen AG und AN, die mehr "gleich" und modern ist, zu betonen. Das gilt auch für

gültig von Feb 1991 bis März 1993, festgelegt wurden. Es wird ergänzt durch andere Kollektivverträge, die sich auf einzelne Fragen, wie neue Technologien, Bildung und Arbeitsplatzgestaltung beziehen. Der Bereich, der sowohl für SJF als auch für TA von Interesse ist, wird ebenfalls durch getrennte Vereinbarungen abgedeckt. Eine davon gilt für selbständiges Personal,[101] die zunächst ein Jahr gilt, und für die gleiche Zeit verlängert werden kann, andere für die redaktionellen Mitarbeiter, die im wesentlichen den gleichen zeitlichen Anwendungsbereich haben wie der CA für die graphischen Gewerbe, mit dem einzigen Unterschied, daß sie schon am 1.1.1991 in Kraft getreten sind.

Dasselbe gilt für Vereinbarungen zwischen HTF und TA, die unter anderem die Gehälter und grundlegenden Arbeitsbedingungen der Angestellten von Tageszeitungen regeln. Zwischen einigen der Parteien existieren auch schriftliche **Zusammenarbeitsabkommen.**[102] Der Inhalt dieser Vereinbarungen soll in den folgenden Teilen dargestellt werden.

Wie oben erwähnt, gibt es mehrere zentral abgeschlossene KV betreffend die Journalisten. Die wichtigsten Bestimmungen wurden in einem Vertragsdokument zusammengefaßt, das durch Protokolle und Abänderungen ergänzt wird. Beispiel dafür sind die Gehaltstarife, die naturgemäß regelmäßig neuverhandelt werden müssen. Dies gilt für alle Berufsgruppen.

Das **Journalisten-CA** bezieht sich ausschließlich auf Journalisten bzw Redaktionsmitglieder. Nur sie sind berechtigt, als Mitglieder der Journalistengewerkschaft (SJF) aufgenommen zu werden. Nur sie sind daher vertreten und durch die mit den AG (va TA) abgeschlossenen Vereinbarungen berechtigt/verpflichtet. Nach Aussage der befragten Vertreter sind sehr wenige schwedische Journalisten nicht Mitglied der Gewerkschaft, das Problem ist eher das der Sicherstellung einer ausreichenden Qualifikation der Antragsteller. **Aufnahmevoraussetzung** ist ein bestimmtes monatliches Mindesteinkommen, die Personen, die aufgenommen werden wollen, müssen ihren Lebensunterhalt als Journalisten verdienen können. Offenbar ist es eine Statusfrage, dieser Gewerkschaft anzugehören. Die Gewerkschaft gibt auch Presseausweise aus, die sehr begehrt sind, weil sie bestimmte Privilegien mit sich bringen. Außerdem ist die Berufsgruppe traditionsreich und sehr selbst- bzw standesbewußt. Ein Ausdruck dessen ist der allseits beachtete und überaus bestandskräftige Ehrenkodex der Presseethik. Man sagt, daß der Unterschied zwischen Journalisten und anderem Personal der Zeitungen darin besteht, daß sie eine öffentliche Verantwortung als "Waffenträger" der Pressebranche innehaben.

---

die KV der Journalisten. Aus Gründen der Einfachheit soll hier jedoch der Begriff AN für graphisches und journalistisches Personal beibehalten werden.

101 Dh Journalisten, die als freie Mitarbeiter tätig sind.

102 ZB das Zusammenarbeitsabkommen zwischen HTF und GF vom Sept 1980, das noch in Geltung steht und jeweils um ein Jahr verlängert werden kann.

Der Kodex ist aber andererseits ein Hindernis für zukünftige Produktentwicklung und die damit verbundene Revision der Arbeitsorganisation, die von der Verwendung neuer Technologien ausgelöst wurde.

Die erste Bestimmung des Journalisten-CA zählt die von der Vereinbarung erfaßten AN-Kategorien auf:

1. Journalisten,
2. Photographen und Künstler, die redaktionelle Aufgaben wahrnehmen,
3. Korrektoren,
4. Layout-Personal (ausgenommen diejenigen, die rein technische Arbeiten am Computer verrichten, sie sind AN des graphischen Gewerbes),
5. lokale Herausgeber (damit sind Journalisten der Redaktion gemeint, die außerhalb des Erscheinungsortes tätig sind),
6. Telefonrezeptionisten, die unabhängig und auf journalistische Weise hereinkommende Meldungen bearbeiten,
7. Archivpersonal, das journalistische Aufgaben erfüllt.

Die Definition des Journalisten ist daher sehr weit.[103]

3.3 Kollektive Rechtsgestaltung im betrieblichen Bereich

A In einigen österreichischen Zeitungsunternehmen gibt es auch **Betriebsvereinbarungen**. Generell spielen sie jedoch eine deutlich geringere Rolle als in anderen Branchen. Dies liegt möglicherweise an den relativ ausführlichen Regelungen in den KV.

Die bestehenden betrieblichen Vereinbarungen sind nur teilweise als Betriebsvereinbarungen iSd § 29 ArbVG anzusehen. Soweit sie über die von Gesetz und KV eingeräumte Regelungsbefugnis hinausgehen, sind sie als Betriebsvereinbarung nach ArbVG unwirksam und als **"freie Betriebsvereinbarung"** anzusehen. In aller Regel kommt in diesem Fall eine Ergänzung des Einzelarbeitsvertrages zustande (vgl oben 2.1.1).

Die betrieblichen Vereinbarungen beziehen sich im einzelnen auf folgende Themen:

* Mehrere Vereinbarungen haben die **Einführung neuer Technologien** zum Gegenstand. Sie ergänzen im wesentlichen den ITS-KV (dazu unten 5.3).

---

[103] Einer der Journalisten, der zu dieser Studie beigetragen hat, indem er Erfahrungen mit einem Projekt, das von einer der größten Morgenzeitungen durchgeführt wurde, beigesteuert hat, hob hervor, daß ein Journalist nicht unbedingt das ist, was man sich gewöhnlich darunter vorstellt und daß das gesamte Personal einer Redaktion sich als Journalisten betrachtet. Aus juristischer Sicht kann dies nicht aus den KV abgeleitet werden. Die gemeinsame Bezeichnung für alle Beschäftigten, die von der Regelung erfaßt werden, ist die des "Mitarbeiters" durch den gesamten Vertragstext.

* Eine Vereinbarung hat den **Schutz der kaufmännischen Redaktionsangestellten** vor arbeitsrechtlichen Nachteilen (Weitergelten des KV kaufmännische Angestellte, Übernahme der Umschulungskosten, erweiterter Kündigungsschutz, zusätzliche Abfertigung) im Zuge einer **Veränderung der Eigentumsverhältnisse** (Ausgliederung) zum Gegenstand.
* Zwei Vereinbarungen regeln die konkrete Umsetzung der kollektivvertraglichen **Arbeitszeitverkürzung**, eine die Abgeltung von **Überstunden, Sonn- und Feiertagsarbeit**, eine weitere betrifft die **betriebliche Altersversorgung**.

D In Deutschland bestehen schon aufgrund des Tendenzschutzes **weniger Betriebsvereinbarungen**. Der Betriebsverfassung und damit der betrieblichen Mitbestimmung kommt im Medienarbeitsrecht vergleichsweise geringe Bedeutung zu. § 118 Abs 1 BetrVG, enger formuliert als § 132 ArbVG, schließt die Anwendbarkeit des BetrVG für sog "Tendenzbetriebe" zum Teil aus (s dazu eingehend unten 5.2.3). Daher können Fragen der sozialen Absicherung der Redaktionsmitarbeiter bei Rationalisierungsmaßnahmen und Betriebsänderungen im allgemeinen nicht auf betrieblicher Ebene gelöst werden. Maßnahmen zur Abwendung sozialer Härten bei Kooperation und Konzentration von Tageszeitungen werden in der Anlage zum MTV Redakteure geregelt. ZB werden vorgesehen: Übergangshilfe bei maßnahmebedingter Kündigung für länger als zehn Jahre im Unternehmen beschäftigte AN (1,5 bis 3 Monatsgehälter); Ausfalleistungen zur Sicherung der Altersversorgung, bei verminderten Bezügen und bei Arbeitslosigkeit.

CH In der Schweiz gibt es **keine gesetzliche Betriebsverfassung.** Schriftliche **Betriebsvereinbarungen** wie sie das deutsche und das österreichische Recht kennen, können in der Schweiz in Ermangelung betrieblicher Mitbestimmungsregelungen (wenn man von der Betriebsordnung absieht) **nicht** abgeschlossen werden. Auch "freie" Betriebsvereinbarungen sind ungebräuchlich. Regelungen auf betrieblicher Ebene gehen in der Schweiz zumeist über **"gentlemen agreements"** nicht hinaus.[104] Wo kein GAV besteht - dies betrifft sowohl die kaufmännischen Angestellten als auch die Arbeiter in Redaktionen - gilt für die betreffenden AV nur Gesetzesrecht und daher zB keine Mindestlohnregelung.

A D CH Bei vielen österreichischen, deutschen und Schweizer Tageszeitungen gibt es **Redaktionsstatuten**. Auf sie wird unter 5.2.5 gesondert eingegangen.

S Auch in Schweden besteht keine gesetzliche Betriebsverfassung. Die endgültige Vereinbarung von Arbeitsbedingungen erfolgt in Schweden aber häufig auf **lokaler Ebene**. Davon hängt die tatsächliche Bedeutung der CA ab. Da diese lokalen Vereinbarungen weitgehend auf den landesweit geltenden CA beruhen, werden sie hier nicht behandelt.

---

104 Einhellige Aussagen der Gewerkschaftssekretäre und des Vertreters des Verlegerverbandes im Rahmen der im Mai 1992 in Zürich, Bern und Fribourg geführten Interviews.

3.4 Einzelvereinbarungen

Es war im Rahmen dieses Projekts nicht möglich, die bestehenden Einzelvereinbarungen auch nur einigermaßen vollständig aufzuarbeiten oder wenigstens repräsentative Beispiele zu finden. Dies liegt ua daran, daß solche Vereinbarungen grundsätzlich an keine Form gebunden sind, häufig daher bloß mündlich zustandekommen, sowie an den großen tätigkeits-, unternehmensbezogenen und regionalen Unterschieden.

A Schriftliche **Arbeitsvertragsmuster** konnten in Österreich bei drei Tageszeitungen ermittelt werden. Die darin enthaltenen - über den jeweiligen KV hinausgehenden - Regelungen betreffen im wesentlichen die Dauer des AV (befristet/unbefristet), das Einsatzgebiet, die Arbeitszeit und das konkrete Entgelt.

Überzahlungen des KV kommen offenbar bei den meisten österreichischen Tageszeitungen vor. Sie werden allerdings in sehr unterschiedlicher Form geleistet. Eine wichtige Rolle dürfte bei den Journalisten dabei die über den KV hinausgehende Anrechnung von (zT fiktiven) **Vordienstzeiten** spielen, die offenbar im Einzelfall je nach "Marktwert" des Redakteurs eingesetzt wird. Auch Zulagen, günstige Überstundenpauschalen uä dürften diesem Zweck dienen. Bei einem Unternehmen wurde uns berichtet, daß statt aller Zusatzleistungen und betrieblicher Sozialleistungen das kollektivvertragliche Entgelt um etwa ein Drittel erhöht wird.

Nicht näher abschätzen läßt sich die Situation bei den **leitenden Tätigkeiten** und bei den **"Starkolumnisten"**. Der KV sieht für leitende Tätigkeiten offenbar bewußt keine eigene Gehaltsstufe vor, weil das Entgelt in diesem Bereich völlig frei vereinbart wird.

Aus übereinstimmenden mündlichen Aussagen von Gesprächspartnern läßt sich noch der Schluß ziehen, daß im **Wiener Raum und in größeren Verlagen durchschnittlich ein höheres Entgelt** (Überzahlungen bei den Redakteuren bis zu einem Drittel, bei den sonstigen Angestellten bis etwa 10 %) als im Westen und in kleineren Verlagen bezahlt wird.

Aussagen über die Verträge **freier Mitarbeiter** sind noch schwieriger. Die einzige gesicherte Annahme, die sich aus unseren Recherchen ergab, ist die, daß Entgelt- und Arbeitsbedingungen je nach Tätigkeit, Verlag und Ressort stark differieren. Einer kleinen Gruppe von bestbezahlten freien Mitarbeitern steht offenbar eine größere Anzahl mit deutlich schlechteren Entgeltbedingungen gegenüber. Ob die Empfehlung in § 28 KV Journalisten, die für angestellte Redakteure tariflich vereinbarten Honorare für Text- und Bildbeiträge einzuhalten, befolgt wird, kann nicht gesagt werden. Eine einzige Tageszeitung hat hier eine (positive) Rückmeldung abgegeben.

In vielen Fällen stellt die freie Mitarbeit (zT auch der befristete Arbeitsvertrag) den **Einstieg in eine redaktionelle Tätigkeit** bei einer Zeitung dar, dem nach einer gewissen Zeit bei entsprechender Bewährung eine Beschäftigung als angestellter Redakteur folgt.

D CH S Weder die Gesprächspartner auf Gewerkschafts- noch auf AG-Seite in Deutschland, Schweiz und Schweden wollten konkrete Aussagen über tarifliche Überzahlungen treffen. Arbeitsvertragsmuster stehen angeblich keiner der betroffenen Seiten zur Verfügung. Aus einzelnen, im Wege von Gerichtsverfahren bekanntgewordenen Vereinbarungen ist kein Schluß auf die allgemein übliche Praxis zulässig.

CH In der Schweiz gibt es eine anonymisierte Erhebung der **durchschnittlichen Ist-Gehälter** in den Medienunternehmen, gegliedert nach der Unternehmensgröße, die im Anhang beiliegt. Daraus lassen sich Überzahlungen von etwa fünf bis 30 % ablesen, die Löhne für stagiaires und Honorare für Bildbeiträge und freie Mitarbeiter werden hingegen häufig unterschritten.

4. Die Arbeits- und Entgeltbedingungen im einzelnen

Die unterschiedlichen gesetzlichen und tariflichen Regelungen erfordern in der Darstellung eine Differenzierung zwischen den Bereichen Redaktion, kaufmännische Angestellte in der Redaktion, Arbeitertätigkeiten in der Redaktion und Druck.

4.1 Redaktion

Die Arbeitsbedingungen der freien Mitarbeiter werden gesondert dargestellt (4.1.2), weil deren arbeitsrechtliche Situation sich von der der Angestellten zum Teil gravierend unterscheidet.

4.1.1 Angestellte Redaktionsmitarbeiter

4.1.1.1 Gehälter, Honorare, Remunerationen

a) Tarifgehälter

A Die Entgeltbestimmungen im KV Journalisten sind nicht gerade unkompliziert geregelt. Der Journalist hat jedenfalls Anspruch auf das sog **"Tarifgehalt"**, das ist das Mindestgehalt, das sich nach der Einreihung in eine von drei **Tarifgruppen** (Redakteursaspiranten, Reporter, Redakteure) und eine von der Anzahl der **Dienstjahre** abhängigen **Tarifstufe** (zB im ersten Redakteursjahr) in Verbindung mit den jeweiligen Gehaltsansätzen im Tarifvertrag bestimmt. Unter Dienstjahre sind die im gleichen Unternehmen zugebrachten redaktionellen Dienstleistungszeiten zu verstehen (§ 17 Z 6 KV Journalisten). Die Anrechnung von Vordienstzeiten für die Einstufung kann frei vereinbart werden. Die einzelvertragliche Vereinbarung eines höheren Gehalts ist ohne weiteres möglich. Für die verschiedenen leitenden Tätigkeiten (Ressortleiter, leitende Redakteure, Chefs vom Dienst, stellvertretende Chefredakteure und Chefredakteure) sind keine eigenen Mindestgehälter vereinbart. Für sie gelten grundsätzlich die Tarifgehälter für Redakteure. Frei vereinbarte höhere Gehälter dürften in der Praxis allerdings die Regel sein.

Nach dem KV Journalisten besteht ein Anspruch auf das sog **"Quinquennium"**. Darunter wird eine nach jeweils **fünfjähriger Dienstzeit** im gleichen Unternehmen zustehende **Erhöhung des letzten Ist-Gehalts** (einschließlich regelmäßig gewährter monatlicher Zulagen) verstanden. Die Quinquennien betragen 10 % vom letzten Ist-Gehalt.

D Auch in Deutschland gilt als ziffernmäßige Untergrenze das im jeweiligen Gehaltstarifvertrag festgelegte **Mindestentgelt**. Zu berücksichtigen sind bei der Festlegung des Gehalts die Anzahl der **Berufsjahre**, die **Funktion** des Redakteurs und die **Auflagenstärke** der Zeitung (letzteres nur bis 1.5.1993).

Der wesentliche Unterschied zwischen der österreichischen und der deutschen Rechtslage bei der Anrechnung von Berufsjahren (bzw Vordienstzeiten) für die Gehaltseinstufung liegt darin, daß nach dem Gehaltstarifvertrag ein Rechtsanspruch auf die Anrechnung besteht, nach dem KV Journalisten diese frei vereinbart werden kann.

CH Die Höhe des Anspruchs auf ein Tarifgehalt richtet sich in der Schweiz nach dem Regulativ, das von den Vertragsparteien alle zwei Jahre zu erlassen ist und einen integrierenden Bestandteil des GAV bildet. In diesem Regulativ werden auch die Honorarsätze für freie Mitarbeiter geregelt. Die Einstufung hängt allein von der **Anzahl der Berufsregister-Jahre** ab. Im ersten Berufsregister-Jahr haben die Redaktoren monatlich mindestens Anspruch auf das im Regulativ über die Mindestsätze gemäß Art 12 des GAV festgesetzte Mindestgehalt. Dieses Gehalt erhöht sich nach drei, sechs, 15 und 20 Berufsregister-Jahren um je 7,5% des Mindestansatzes. Die Vertragsparteien empfehlen den Verlegern, diese Reallohnerhöhungen auf das Effektiv- und nicht auf das kollektivvertragliche Mindestgehalt zu gewähren (Art 12 bzw 24 GAV).

Die CC sieht bei **Tarifgehalt**, **Teuerungsabgeltung** (Art 12) und **13. Monatsgehalt** (Art 10.2) ähnliche Regelungen wie der GAV vor. Im Gegensatz zum GAV richtet sich das Gehalt jedoch nicht nur nach der Anzahl der Berufsjahre, sondern auch nach der **Auflagenstärke** der Zeitung (Art 10).

S Die meisten schwedischen Entlohnungssysteme sind sehr kompliziert. Das ist ein Ergebnis der verschiedenen im Lauf der Jahre eingebauten Änderungen und Anpassungen. Bestimmungen, die sich auf einen bestimmten Sachverhalt beziehen, können daher in verschiedenen CA aus verschiedenen Zeitabschnitten der kollektiven Rechtsetzung gefunden werden. Das betrifft gerade die Redaktionsmitglieder in besonderem Maße.

Der derzeit in Geltung stehende Gehaltstarif gilt bis 31.März 1993. Er ist eine Verlängerung der Vereinbarung über die Gehaltsbestimmungen, die zu einem früheren Zeitpunkt abgeschlossen wurde. Nach dem Ablauf wird man zu einem **neuen System zur Gehaltsberechnung** für redaktionelles Personal übergehen.

Nach dem alten System wird im Hauptvertragstext, der alle Themenbereiche der Beschäftigung von Redaktionsmitgliedern abdeckt, die Basis des Gehaltstarifssytems festgelegt. Das **Mindestanfängergehalt**, die Definition des **Dienstjahres**, die zusätzliche **Entlohnung von Überstunden**, bzw **Wochenend- und Nachtarbeit** sowie andere Kriterien, auf denen die verschiedenen Formen der **jährlichen Gehaltssteigerung** beruhen, werden hier festgesetzt. Die exakten Zahlen sind im jeweils anwendbaren Anhang des Übergangsabkommens zu finden. Die generelle Erhöhung für 1992 ist 1 %, berechnet vom Fixgehalt (dh ohne Berücksichtigung der "Extras" wie zum Beispiel Entschädigung für außergewöhnliche Arbeitsleistungen) plus 163 SK. Nur vollbeschäftigte AN können in den Genuß der vollen Erhöhung kommen. Teilzeitbeschäftigte erhalten eine geringere Gehaltssteigerung, proportional zur Relation zwischen ihrer Arbeitszeit und der der Vollzeitbeschäftigten. Darüber hinaus muß 1 % der Gesamtsumme der Gehälter der in der Redaktion Beschäftigten unter den Redaktionsmitgliedern aufgeteilt werden. Dies kann nach individuellen Gesichtspunkten geschehen.

In Hinkunft werden die Gehälter individuell berechnet und auf der Grundlage der **Leistung**, wie sie die **konkrete Stellung des Beschäftigten** erfordert, differenziert. Größere Anforderungen und verbesserte Leistung werden zur Erhöhung des Gehalts beitragen, folglich werden leitende Angestellte grundsätzlich höhere Gehälter als Untergebene beziehen. Marktbedingungen und betriebliche Wohlfahrtseistungen sollen ebenfalls in die Gehaltsberechnung einfließen. Die Anwendung der vorgesehenen Regelungen darf nicht dazu führen, daß Unterschiede nach dem Alter oder Geschlecht gemacht werden.

wichtigste Kriterien für kollektivvertragliches Mindestentgelt
- Journalisten -

	A	D	CH		S xxx)
			GAV	CC	
Art der Tätigkeit	X	X	-	-	-
Dienstjahre (im Unternehmen)	X	-	-	-	X
Berufsjahre	X x)	X	X	X	-
Auflagenstärke	-	X xx)	-	X	-

x) Anrechnung von Vordienstzeiten

xx) bis 30.4.1993

xxx) bis 31.3.1993 (danach Berechnung nach individuellen Kriterien)

b) Gehaltserhöhungen

A Nach dem KV-Journalisten werden Tarifgehälter, Quinquennienbeträge und Ist-Gehälter in regelmäßigen Abständen neu verhandelt und um einen bestimmten Prozentsatz (der bei den Ist-Gehältern jeweils niedriger liegt) erhöht. So wurden zum 1.1.1991 die Tarifgehälter und Quinquennienbeträge um jeweils 8,6 %, die Ist-Gehälter um 6 % hinaufgesetzt.

D Auch in Deutschland werden die Tarifgehälter regelmäßig angepaßt. Bei übertariflicher Entlohnung muß bei einer Tarifgehaltserhöhung das vereinbarte Entgelt nur insoweit angehoben werden, als es für die Erzielung des tariflichen Mindestgehalts nötig ist, sofern der Gehaltstarifvertrag oder der Einzelarbeitsvertrag nichts anderes vorsehen (vgl auch § 12 der Durchführungsbestimmungen zum Gehaltstarifvertrag).

CH Am 1.1. jedes Jahres wird eine **Teuerungsabgeltung** durchgeführt. Die Gehälter und Honorare werden dementsprechend um soviel Prozent erhöht, als der Landesindex der Konsumentenpreise seit der letzten Anpassung gestiegen ist. Liegen die effektiv ausbezahlten Gehälter und Honorare über dem jeweils anwendbaren Mindestansatz des GAV, so muß die Teuerung mindestens auf dem Gehalts- bzw Honorarteil kompensiert werden, welcher dem anwendbaren Mindestsatz entspricht (Art 10 GAV).

Eine angemessene Gehaltserhöhung ist nach dem Schweizer GAV dann zu gewähren, wenn der Redakteur durch Maßnahmen der Zusammenarbeit oder des Zusammenschlusses verschiedener Zeitungen oder Zeitschriften auf redaktionellem oder übermittlungstechnischen Gebiet zu einem Mitarbeiter einer Zentralredaktion oder einer Redaktion wird, die andere Redaktionen mit redaktionellem Stoff bedient (Art 27 GAV).

S Die Gehaltserhöhungen im CA erfolgen teils periodisch, teils individuell und wurden daher schon oben unter a) dargestellt.

c) Remunerationen

A Alle dem KV Journalisten unterliegenden AN erhalten (spätestens am 1.Dezember) eine **Weihnachtsremuneration** in Höhe von 150 % des Ist-Gehalts für November sowie eine **Urlaubsbeihilfe** bei Urlaubsantritt (bzw spätestens am 1.Juli) in Höhe von 150 % des im Monat der Auszahlung gebührenden Ist-Gehalts. Den Journalisten gebühren daher schon nach dem KV insgesamt **15 Monatsgehälter**. Bei Ein- oder Austritten während des Kalenderjahres wird der Anspruch jeweils aliquotiert.

D Wessen AV während des gesamten Kalenderjahres bestanden hat, der hat nach dem deutschen MTV Anspruch auf eine **Jahresleistung** in der Höhe eines tariflichen (13.) Monatsgehalts. Ausscheidende Redakteure haben Anspruch auf anteilige Leistungen (§ 4 Abs 2 Satz 4 MTV). Nach § 10 MTV erhalten die Redakteure daneben ein tarifliches **Urlaubsgeld** in der Höhe von 100 % des monatlichen

Effektivgehalts, sofern sie während des gesamten Fälligkeitsjahres beim Verlag angestellt waren. Wenn nicht, so erfolgt eine anteilige Kürzung. Insgesamt besteht also ein Anspruch auf **14 Monatsgehälter**.

CH In der Schweiz ist gemeinsam mit dem 12. Monatsgehalt ein **13. Monatsgehalt** auszubezahlen. Im ersten Dienstjahr kann dieses 13. Gehalt auf die Hälfte reduziert werden. Die redaktionellen Mitarbeiter haben jedoch Anspruch auf den ganzen 13. Monatslohn, wenn der Verleger diesen auch anderen Gruppen von Beschäftigten (im ersten Dienstjahr) ausrichtet (Art 25 Abs 2 GAV). Beginnt oder endet das Dienstverhältnis während des Kalenderjahres, so besteht der Anspruch auf das 13. Monatsgehalt im Verhältnis zur Dienstdauer während des Kalenderjahres und wird zusammen mit dem letzten zur Auszahlung gelangenden Monatslohn abgegolten (Art 25 GAV).

S Nach dem CA sind grundsätzlich keine Remunerationen vorgesehen. Das **Urlaubsentgelt** ist aber im Vergleich zum regelmäßigen Entgelt **erhöht** und beträgt 13 % des Jahresgehalts. Damit erfüllt es zum Teil eine ähnliche Funktion.

A Der KV-Journalisten sieht weiters vor, daß nach 25-jähriger ununterbrochener Betriebszugehörigkeit dem AN einmalig ein **Jubiläumsgeld** in der Höhe eines Ist-Gehalts gebührt.

CH S Gleichwertige Leistungen gibt es weder nach dem MTV, noch dem GAV bzw CA. Werden in einem Unternehmen Treueprämien gewährt, so müssen sie nach Art 26 GAV allerdings auch für Redakteure vorgesehen werden.

Kollektivvertragliche Entgeltleistungen (neben Monatsentgelt)

- Journalisten -

	A	D	CH	S
Remuneration - Monatsentgelte/J.	3	2	1	etwas erhöhtes Urlaubsentgelt
Jubiläumsgeld	ein Monatsentgelt nach 25-jähriger Betriebszugehörigkeit	-	-	-
Überstunden-abgeltung	50%	25%	Zeitausgleich 1:1 oder Zuschlag 25%	ca 100 % und mehr oder Zeitausgleich 1,5:1 bis 2:1 (je nach Lage der Arbeitszeit)
Abfertigung	2 - 16 Monatsentgelte	-	-	-
obligatorische Betriebspension	-	X	X	X

4.1.1.2 Entgeltfortzahlung bei Urlaub, Krankheit und sonstigen Dienstverhinderungen

Urlaub, Krankheit und verschiedene andere Verhinderungsgründe befreien den Journalisten von der Arbeitspflicht, während bis zu einem gewissen Höchstausmaß weiterhin Entgeltpflicht besteht.

a) Urlaub

A Während des Urlaubs behält der AN seinen Anspruch auf Fortbezug seines Ist-Gehalts. Das **Urlaubsausmaß** beträgt nach dem österreichischen UrlG und dem KV Journalisten nach einer sechsmonatigen Wartezeit grundsätzlich **30 Werktage**. Es erhöht sich allerdings nach ununterbrochener Dauer des AV von zehn Jahren bei den Journalisten auf 39 Werktage bzw von 20 Jahren auf 41 Werktage.

D Nach dem MTV ist die Höhe des **Urlaubsanspruches nach Lebensjahren gestaffelt**. Der Jahresurlaub beträgt bis zum vollendeten 25. Lebensjahr 31 Urlaubstage, ab dem 26. Lebensjahr 32 Urlaubstage, ab dem 31. Lebensjahr 33 Urlaubstage und ab dem 40. Lebensjahr 35 Urlaubstage. Der volle Urlaubsanspruch wird erstmals nach sechsmonatigem Bestehen des AV erworben (§ 4 BUrlG).

CH Während des Erholungsurlaubs bleibt auch in der Schweiz der Entgeltanspruch aufrecht. Der **Mindestanspruch** beträgt **vier Wochen**, er erhöht sich nach dem 45. Lebensjahr oder nach 20 BR-Jahren auf fünf Wochen. Auch Redakteure, die jünger als 20 Jahre sind, haben Anspruch auf fünf Wochen Jahresurlaub (damit entspricht der GAV der gesetzlichen Vorschrift des OR 329 a). Nach dem vollendeten 55. Lebensjahr oder nach 30 Berufsregister-Jahren beträgt der Urlaubsanspruch sechs Wochen (Art 32).

Die **CC** sieht folgende Urlaubsregelungen vor: **vier Wochen** bis zum 40. Lebensjahr, fünf Wochen nach dem 40. Lebensjahr oder 15 Jahren Eintragung ins BR, sechs Wochen nach dem 50. Lebensjahr.

A Endet das AV nach Entstehen des Urlaubsanspruches jedoch vor Verbrauch des Urlaubs, gebührt nach österreichischem Recht - abhängig von der Art der Beendigung des AV - eine **Urlaubsentschädigung** in der Höhe des noch ausstehenden Urlaubsentgelts oder eine aliquotierte **Urlaubsabfindung** (§§ 9 f UrlG).

D Wird der Urlaub wegen Beendigung des AV nicht mehr verbraucht, so ist er nach § 7 des deutschen BUrlG **abzugelten**, sofern der Redakteur bei Fortdauer des AV seine vertraglich geschuldete Leistung hätte erbringen können (dh nicht bis zum Ablauf der Verfallsfrist [31.3. des Folgejahres] arbeitsunfähig erkrankt ist).

CH Aus OR 329 d wird von der Schweizer Rechtsprechung e contrario geschlossen, daß bei Beendigung des AV vor Verbrauch des Urlaubs eine **angemessene Abgeltung** erfolgen muß.

S Das **Urlaubsausmaß** ist im Gesetz mit **27 Urlaubstagen** innerhalb des Urlaubsjahres 1.4. bis 31.3. des Folgejahres festgelegt.

Das **Urlaubsentgelt** beträgt 13% des Gehalts, das in der Zeit zwischen 1.4. und 31.3. des Vorjahres verdient wurde. Daher kann es sein, daß die Zahl der bezahlten freien Tage nicht mit der Zahl der tatsächlichen Urlaubstage übereinstimmt. Wenn die Beschäftigung nach dem 1. April des vorigen Jahres begonnen hat, werden einige Tage Urlaub nicht entgolten sein. Der AN kann auf diese unbezahlten Urlaubstage verzichten, nicht aber auf die bezahlten. Eine andere Beschränkung ist vorgesehen, wenn das AV am 31. August oder später begonnen hat. In diesem Fall werden nur fünf Urlaubstage gewährt.

Das CA, das auf die Redaktionsbediensteten zur Anwendung kommt, differenziert nach dem **Lebensalter**: Angestellte über 40 Jahren haben 30 Wochentage Urlaub, von denen zumindest acht nicht zusammen mit den restlichen 22 genommen werden können. Jüngere AN haben 27 Tage, von denen nur drei getrennt konsumiert werden müssen.

Das **Urlaubsentgelt** setzt sich aus drei Teilen zusammen: dem Monatseinkommen und zwei Zuschlägen. Ersterer beträgt 0,8% des Fixgehaltes und der zweite 0,5% des variablen Teils des Monatsgehalts. Wenn das AV nicht länger als drei Monate gedauert hat, wird nur Urlaubsentschädigung (nicht Urlaubsentgelt) geleistet. Sie beträgt 4,6% des bezahlten Gehalts.

Urlaubsdauer - Journalisten

	A	D	CH		S
			GAV	CC	
Mindestanspruch	30 WT	31 AT	4 W	4 W	27 AT
nach Dienstjahren	39/41 WT	-	-	-	-
nach Lebensalter	-	32/33/35 AT	5/6 W	5/6 W	30 AT
nach Berufsjahren	-	-	5/6 W	5 W	-

Urlaubsdauer - Mindestanspruch in AT bei 5-Tage-Woche

A	D	CH	S
25	31	20	27

WT = Werktage (6-Tage-Woche)
AT = Arbeitstage (5-Tage-Woche)

b) Krankheit, Mutterschaft, Wehr- und Zivildienst

A Ist ein Journalist nach Antritt des Dienstverhältnisses durch **Krankheit** oder **Unglücksfall** an seiner **Dienstleistung verhindert**, ohne daß er die Verhinderung vorsätzlich oder durch grobe Fahrlässigkeit herbeigeführt hat, behält er nach dem KV Journalisten seinen Anspruch auf das Entgelt (letztes Ist-Gehalt) für die in § 38 Z 3 KV Journalisten angeführten Zeiträume (zwischen 1,5 und sechs Monate voll, anschließend zwischen ein und vier Monaten 49 % des letzten Ist-Gehalts).

Durch diese Regelung wird der gesetzliche Entgeltfortzahlungsanspruch (§ 8 AngG) zum Teil erheblich verbessert. Lediglich im ersten Dienstjahr ist der an die volle Entgeltfortzahlung anschließende 49prozentige Anspruch auf den ersten Blick für die AN etwas ungünstiger als die vom AngG angeordnete 50prozentige Fortzahlung (für vier Wochen). Diese Regelung erklärt sich allerdings daraus, daß an die Entgeltfortzahlung anschließend das Krankengeld aus der Krankenversicherung gebührt. Bei voller Entgeltfortzahlung ruht das Krankengeld zur Gänze, bei halber zur Hälfte. Macht hingegen die Entgeltfortzahlung weniger als 50 % aus, tritt kein Ruhen des Krankengeldanspruchs ein (§ 143 Abs 1 Z 3 ASVG). Die 49prozentige Entgeltfortzahlung sichert damit zusammen mit dem Krankengeld dem AN ein Einkommen, das sogar etwas höher als das Entgelt bei der Arbeitsleistung sein kann.

D Nach § 5 MTV ist bei unverschuldeter, durch **Krankheit** oder **Unfall** verursachter **Arbeitsunfähigkeit** (gleichgestellt sind von der Krankenversicherung voll gedeckte Kuren) dem Redakteur das Gehalt für die Dauer der Arbeitsunfähigkeit, längstens aber für sechs Wochen (§§ 63 HGB, 133c dGewO und § 616 BGB, ebenso § 5 MTV) fortzuzahlen. Die Bezüge richten sich nach dem **Lohnausfallprinzip**.

Nach Ablauf der Sechs-Wochen-Frist hat der Redakteur Anspruch auf **Zuschuß zum Krankengeld**, wenn er länger als zwei Jahre dem Betrieb angehört. Wie lange der Zuschuß zu zahlen ist, hängt von der Dauer der Betriebszugehörigkeit ab (im einzelnen § 5 Abs 3 MTV). Bei einer Betriebszugehörigkeit von mehr als 25 Jahren soll der Zuschuß für die gesamte Dauer der Arbeitsunfähigkeit gezahlt werden, längstens aber bis zu dem Zeitpunkt, zu dem der Redakteur Rente wegen Berufs- oder Erwerbsunfähigkeit oder Altersruhegeld beantragen kann (nach § 53 Abs 1 AVG bereits nach einem halben Jahr krankheitsbedingter Berufs- und Erwerbsunfähigkeit möglich). Der Zuschuß beträgt den Unterschiedsbetrag zwischen Nettogehalt und Kassenbarleistung (Krankengeld aus der Krankenversicherung). Beide Begriffe sind im MTV definiert (vgl § 5 Abs 3 und 4 MTV). Im Ergebnis wird damit eine volle Entgeltfortzahlung erreicht.

A D Die Kosten der Entgeltfortzahlung bei **Mutterschaft** werden sowohl in Österreich als auch in Deutschland von der **Krankenkasse** getragen.

CH An Arbeitsverhinderungen, die den Anspruch auf **Entgeltfortzahlung** aufrechterhalten, kennt der GAV **Krankheit**, **Niederkunft** und **Militärdienst**.

Wenn das AV bereits ein Jahr besteht, erfolgt die Lohnfortzahlung im Krankheits- oder Unglücksfall für **mindestens drei Monate**. Wenn das AV noch kein Jahr bzw noch nicht zwei Jahre gedauert hat, kommt die gesetzliche Regelung des OR

324 a zur Anwendung. Bei Krankheit, Unfall und Niederkunft besteht im ersten Jahr eine Lohnfortzahlungspflicht durch drei Wochen, im zweiten Jahr durch ein Monat.

Redaktorinnen haben ab dem zweiten Dienstjahr Anspruch auf Gehaltsfortzahlung während einer Arbeitspause einen Monat vor der **Niederkunft**. Nehmen sie innerhalb von drei Monaten ihre Arbeit wieder auf, so gebührt in Anwendung der Regelung für den Krankheitsfall auch für diesen Zeitraum das volle Entgelt.

Auch während des **Militärdienstes** eines Redakteurs wird das Gehalt weiterbezahlt.

A D Entsprechende Leistungen bei Dienstverhinderung wegen Ableistung des Wehrdienstes gibt es weder in Österreich noch in Deutschland.

CH In der CC wird hinsichtlich der **Entgeltfortzahlung im Krankheitsfall** auf den Art 324 a OR verwiesen. Bei einer durch ärztliches Attest nachgewiesenen Krankheit hat der AN Anspruch auf volle Entgeltfortzahlung während 121 Tagen Krankheit, und auf 80% des Lohnes vom 121. bis zum 365. Tag. Ist der Anspruch ausgeschöpft, so kann erst nach Ablauf von 730 Arbeitstagen wieder Entgeltfortzahlung in Anspruch genommen werden. Ansprüche aus einer Krankenversicherung reduzieren die Lohnfortzahlung.

Ab dem zweiten Dienstjahr kann eine Redakteurin im Falle der **Niederkunft** zwei Wochen bezahlten und zwölf Wochen unbezahlten Mutterschaftsurlaub nehmen (Art 17 CC).

Großzügig ist auch in der CC die Entgeltfortzahlungsregelung bei **Militärdienst**. Während fünf Monaten Pflichtdienst wird das Gehalt in voller Höhe weiterbezahlt.

Die Lohnfortzahlung bei Krankheit, Unfall, Entbindung oder Ausübung gesetzlicher Verpflichtungen entfällt, wenn ein Anspruch auf Leistungen aus einer obligatorischen Versicherung besteht und die Versicherungsleistungen mindestens 80% des Lohnausfalles betragen (324 b OR). Die Differenz zwischen den 80% und dem Gehalt hat der AG während der Dauer der Lohnfortzahlung zu tragen. Bestehen Wartefristen (etwa drei Karenztage udgl) muß der AG die 80% für diese Zeit übernehmen.

Eine gesetzliche Pflichtversicherung besteht in der gesamten Schweiz nur für das Risiko des Arbeitsunfalles, eine gesetzliche Krankenversicherung nur in wenigen Kantonen. Eine Mutterschaftsversicherung gibt es nicht.

Die Lohnfortzahlung kann jedoch auch durch eine **Taggeldversicherung** ersetzt werden, wenn sie gleichwertig ist.[105] In diesem Fall gibt es keine über die Taggelder hinausgehende Entgeltpflicht des AG. Solche Vorsorgeeinrichtungen

---

105 Die in der Praxis geltenden Taggeldversicherungen sehen längere Entgeltfortzahlungszeiträume bei geringeren Taggeldleistungen vor, idR Taggelder von 80% für Erkrankungen bis zu 720 Tagen innerhalb eines Zeitraums von 900 Tagen.

werden von einem großen Teil der Unternehmen, auch in der Zeitungsbranche, genutzt. Der GAV und die CC sehen jedoch keine obligatorische Einrichtung vor.

S Die Regelungen der **Entgeltfortzahlung bei Krankheit** befinden sich allesamt im Gesetz über die Sozialversicherung aus den frühen 60er Jahren. Die Entschädigung bei Krankheit wird weitgehend durch die **Gehaltslistensteuer** (payroll tax), die der AG bezahlen muß, finanziert. Die gegenwärtige Gesetzessituation ist im wichtigsten Vertragstext zwischen TA und SJF abgedruckt und ergänzt.

Wenn die Beschäftigung kürzer als sechs Monate bestanden hat, so wird eine Entschädigung nur für den Rest des Kalendermonats, in dem die Krankheit eingetreten ist, bezahlt. **Nach sechs Monaten** der Beschäftigung wird die Entschädigung **bis zum 90. Tag** des Krankenstandes bezahlt.

Für die ersten drei Tage der Krankheit werden 75 % des durchschnittlichen jährlichen Stundenlohnes bezahlt, ab dem vierten bis zum 14. Tag 90 %. Die **Berechnung** basiert auf dem Monatsgehalt, einschließlich aller regelmäßigen Zuschläge und Erhöhungen (Dienstjahre, Nacht- und Sonntagsarbeit etc). Vom 15. Tag an ist die Abgeltung immer noch 90 %, wird aber tageweise ausbezahlt und basiert auf einem Monatseinkommen inklusive Zuschläge (wie oben) und betrieblicher Sozialleistungen wie zB Gratisessen und Werkswohnung. Ihr Wert wird nach den Richtlinien des Board of Inland Revenue beziffert.

Für Gehälter, die die Höhe von monatlich 20.717,- SK überschreiten, gibt es eine andere Formel zur Berechnung der Entschädigung. Eine weitere Formel gibt es für diese Gruppe von Angestellten, wenn die Krankheit länger als 91 Tage andauert.

Für Angestellte, die mehr als das oben angeführte Einkommen beziehen und deren AV bereits länger als ein Jahr dauert, wird die Entschädigung während 150 Tagen zusätzlich zu dem Monat, in dem die Krankheit eingetreten ist, bezahlt. Nach fünf Jahren Beschäftigung und ansonsten gleichen Voraussetzungen kann der bezahlte Krankenstand bis zu 180 Tage dauern.

4.1.1.3 Arbeitszeit

Obwohl journalistische Arbeit ein großes Ausmaß an zeitlicher Flexibilität voraussetzt, gelten auch für Journalisten Höchstgrenzen der täglichen und wöchentlichen Arbeitszeit.

A Im KV Journalisten wird die gesetzliche **Wochenarbeitszeit** von 40 Stunden verkürzt. Die regelmäßige wöchentliche Arbeitszeit beträgt danach **38 Stunden**. Die Einteilung der Arbeitszeit erfolgt nach den Bedürfnissen des Unternehmens. Die Zwei-Stunden-Differenz zur gesetzlichen Arbeitszeit darf nicht in Geld ausbezahlt werden. Für **Überstunden** gebührt ein **Zuschlag von 50 %** (§ 10 AZG). Regelmäßige Mehrarbeit soll nach Möglichkeit durch ein Pauschale abgegolten werden (§ 23 Journalisten-KV), das allerdings den Journalisten nicht schlechter stellen darf als die

Überstundenentlohnung im Einzelfall. Die **Höchstgrenzen** der zulässigen Arbeitszeit richten sich nach dem AZG und betragen idR zehn Stunden täglich bzw 50 Stunden wöchentlich (§ 9 AZG).

D Von den deutschen TV-Parteien wurde eine relativ elastische Arbeitszeitordnung geschaffen, um den spezifischen Erfordernissen der journalistischen Tätigkeit Genüge zu tun. Grundsätzlich ist von der Geltung der **38,5-Stunden-Woche** auszugehen[106], weiters ist die **Fünf-Tage-Arbeitswoche** normiert.

Die derzeitige Regelarbeitszeit von 38,5 Wochenstunden soll innerhalb eines Zeitraums von zwei Kalendermonaten durch regelmäßige Arbeit bzw Mehrarbeit und Zeitausgleich erfüllt werden. Die gesetzliche Höchstarbeitszeit von idR zehn Stunden am Tag darf jedoch nicht überschritten werden (vgl im einzelnen § 8 und 14 AZO). Erst wenn sich nach zwei Monaten eine Arbeitszeitüberschreitung ergibt, hat der Redakteur Anspruch auf Vergütung **(Durchrechnungszeitraum)**. Der Anspruch auf Überstundenvergütung ist daher an folgende Voraussetzungen gebunden: Arbeit von mehr als 38,5 Stunde pro Woche und fehlender Zeitausgleich bis zum Ablauf der folgenden beiden Kalendermonate.

CH Da die Höchstarbeitszeit weder im GAV noch in der CC explizit geregelt ist, gilt die **gesetzliche Arbeitszeit**. Sie beträgt für Angestellte gemäß der Verordnung zum ArbeitsG über die Herabsetzung der wöchentlichen Höchstarbeitszeit für einzelne Gruppen von Betrieben und AN **45 Wochenstunden**.

Hinsichtlich der Mehrarbeit ist im schweizerischen Recht zwischen **Überstundenarbeit** und **Überzeitarbeit** zu unterscheiden. Letztere liegt nach Art 12 Abs 1 ArbeitsG vor, wenn die gesetzliche Arbeitszeit überschritten wird. Dem AN gebührt dann ein Zuschlag von 25%. Überstundenarbeit nach OR 321 c hingegen wird geleistet, wenn die einzel- oder kollektivvertragliche Arbeitszeit überschritten wird. Auch in diesen Fällen gebührt Zeitausgleich (im Verhältnis 1:1) oder, wenn dies nicht möglich ist, ein Zuschlag von 25 % zum normalen Entgelt. Im Gegensatz zum Zuschlag wegen Überzeitarbeit kann auf diesen Zuschlag jedoch verzichtet werden. Sowohl im GAV als auch in der CC wurde auf eine Regelung verzichtet. Es gilt daher Gesetzesrecht, also das ArbeitsG.

Auch hinsichtlich des Beginnes und Endes der Arbeitszeit, der Nacht- und Sonntagsarbeit gilt zunächst das Gesetzesrecht. Nach den Sondervorschriften für Zeitungs- und Zeitschriftenredaktionen in Art 126 bis 129 der Verordnung II zum ArbeitsG sind jedoch Mitarbeiter von Zeitungs- und Zeitschriftenredaktionen vom Geltungsbereich bestimmter Arbeitszeitregeln ausgenommen. Im einzelnen sind dies die Grenzen der Tagesarbeit (Art 10 ArbeitsG), Ausnahmen vom Verbot der Sonntagsarbeit (Art 20 ArbeitsG) und Arbeits- und Ruhezeit der weiblichen AN (Art 34 ArbeitsG).

---

[106] ab 1.5.1993 37,5 Stunden, bis 1.5.1998 soll die 35-Stunden-Woche erreicht werden

Dies bedeutet, daß Beginn und Ende der Arbeitszeit ohne behördliche Bewilligung über die gesetzlichen Grenzen hinaus verschoben werden dürfen, doch darf die Arbeit nicht vor drei Uhr beginnen und nicht länger als bis 24 Uhr dauern. Die tägliche **Ruhezeit** muß zehn Stunden betragen. Die behördliche Bewilligung für **Nachtarbeit** und für **Sonntagsarbeit** entfällt. Für Sonntagsarbeit ist jedoch eine Ersatzruhezeit vorgesehen.

A Für die Arbeit an **Sonn- und Feiertagen** gebührt ein Entgelt von 5 % des Ist-Gehalts pro gearbeitetem Tag.

Ebenso ist die Arbeit während eines über 22.00 Uhr hinausgehenden **Nachtdienstes** (redaktioneller Schlußdienst oder Hilfsdienst für den Nachtredakteur), der im Auftrag des AG oder in Vertretung des Nachtredakteurs während dessen Abwesenheit durch Urlaub, freien Arbeitstag oder Erkrankungen geleistet wird) mit 2 % des Ist-Gehaltes separat zu bezahlen.

D Neben dem Fixgehalt sind im MTV Zuschläge für **Sonn- und Feiertagsarbeit** vorgesehen. Wer an einem solchen Tag länger als vier Stunden arbeitet, erhält einen steuer- und sozialversicherungsfreien Zuschlag von DM 150.– (§ 8 Abs 1 MTV). Eine pauschale Abgeltung der Sonn- und Feiertagsarbeit ist möglich.

CH Art 30 GAV regelt die **Ansprüche bei Nachtarbeit**. Als Nachtarbeit gilt die Zeit von 20 Uhr bis sechs Uhr. Müssen festangestellte Journalisten mindestens zweimal pro Woche während dieser Zeit in einem Mindestumfang von zwölf Stunden pro Woche arbeiten, so gilt dies als regelmäßige Nachtarbeit. Ab 225 Stunden regelmäßiger Nachtarbeit pro Jahr besteht ein Anspruch auf eine **zusätzliche Ferienwoche**, die gemäß Art 31 GAV einvernehmlich auch durch eine finanzielle Entschädigung ersetzt werden kann.

In der CC gilt gemäß Art 15 als **Nachtarbeit** die Arbeit von mindestens drei Stunden zwischen 19.00 Uhr und sieben Uhr. Festangestellte, die mindestens vier solcher Nachtdienste in der Woche leisten, haben Anspruch auf eine **zusätzliche Ferienwoche**. Wer diese Grenze nicht erreicht, hat pro 30 geleistete Nachtdienste Anspruch auf einen arbeitsfreien Tag.

Nach Art 31 GAV ist **Sonntagsarbeit** bei Festangestellten als Überarbeit zu betrachten und daher gemäß OR 321 c zu entschädigen. Alternativ kann Zeitausgleich gewährt werden. Bei regelmäßiger Sonntagsarbeit (wenn im gleichen Jahr an mindestens 18 Sonn- und gesetzlichen Feiertagen während vier Stunden am Vormittag oder Nachmittag Dienst getan wird) besteht Anspruch auf eine **zusätzliche Ferienwoche**.

S Die normale gesetzliche **Wochenarbeitszeit** beträgt **40 Stunden**. Auch für Redaktionsmitglieder beträgt die Normalarbeitszeit maximal 40 Stunden. Wenn die Position **Nacht- und Sonntagsarbeit** erfordert, so dürfen im Durchschnitt höchstens **38 Stunden** geleistet werden. Es gibt eine Verpflichtung, **Überstunden** bis zu 25 Stunden pro Woche zu leisten. In welchen Fällen die Pflicht zum Tragen kommt bzw welche Gründe der AN einer Überstundenanordnung entgegensetzen kann, ist nicht geregelt, bleibt also dem lokalen CA überlassen.

Die **Überstundenentschädigung** muß entweder in Geld, als Quote des Monatsgehalts für jede Überstunde, oder als Freizeit - abhängig davon, wann die Überstunde geleistet wurde - erfolgen. **Drei zusätzliche freie Tage** stehen allen Beschäftigten der Branche zu.

Wochenarbeitszeit:

Österreich	Deutschland	Schweiz	Schweden
38	38,5*)	44/45	38/40

*) Etappenweise Verkürzung auf 35 Stunden bis 1.5.1998.

4.1.1.4 Abfertigung, Alters- und Hinterbliebenenversorgung

A Die **Abfertigung** stellt eine besondere Entgeltleistung des AG dar, die anläßlich der **Beendigung** des AV fällig wird. Kein Anspruch auf Abfertigung besteht, wenn ein AN selbst kündigt, wenn er ohne wichtigen Grund vorzeitig austritt oder wenn ihn ein Verschulden an der vorzeitigen Entlassung trifft (§ 23 Abs 7 AngG). **Bestand** und **Höhe** des Abfertigungsanspruches hängen von der **Dauer des AV** ab, die Höhe zudem vom Entgelt, das im letzten Monat des AV gebührt. Kündigt der AG oder tritt der AN in den Ruhestand (Alterspension oder vorzeitige Alterspension wegen langer Versicherungsdauer), erhält der AN eine Abfertigung, die nach einer ununterbrochenen Dienstzeit von

3 Jahren	das Zweifache,
5 Jahren	das Vierfache,
10 Jahren	das Fünffache,
15 Jahren	das Achtfache,
20 Jahren	das Zehnfache
25 Jahre	das Sechzehnfache

seines Gesamtmonatsbezuges beträgt (§ 42 Z 1 KV-Journalisten).

Endet das AV durch Zeitablauf, einvernehmliche Auflösung, begründeten vorzeitigen Austritt oder unverschuldete Entlassung des AN gebührt dem AN eine Abfertigung, die nach einer ununterbrochenen Dienstzeit von

3 Jahren	das Zweifache,
5 Jahren	das Dreifache,
10 Jahren	das Vierfache,
15 Jahren	das Sechsfache,
20 Jahren	das Neunfache,
25 Jahren	das Zwölffache

seines Gesamtmonatsbezuges beträgt (§ 23 Abs 1 iVm Abs 7 AngG).

Das österreichische Arbeitsrecht sieht **keine zwingende betriebliche Altersversorgung** vor. Weder das BPG noch das PKG schaffen einen Rechtsanspruch auf eine betriebliche Altersversorgung. Ihr Zweck liegt vielmehr darin, entsprechende Ansprüche der AN zu sichern, die in einem KV, einer Betriebsvereinbarung oder in einem Arbeitsvertrag begründet wurden. Wird dem AN eine Betriebspension oder eine pensionsähnliche Leistung zB aufgrund einer Betriebsvereinbarung gewährt, darf die Abfertigung eingerechnet werden oder durch die Pension ersetzt werden, wenn der AN dadurch insgesamt günstiger gestellt wird (§ 42 Z 3 KV-Journalisten und § 23 a Abs 6 AngG). Der Versorgungszweck der Abfertigung tritt hier zutage.

Der KV Journalisten sieht aber eine darüber hinausgehende Altersversorgung vor. Für AN ab Vollendung des 35. Lebensjahres bezahlt das Unternehmen bei Bestehen einer privaten **Er- und Ablebensversicherung** oder einer **freiwilligen Pensionshöherversicherung** nach ASVG die Hälfte der hiefür erforderlichen Jahresprämie, maximal ein Vierundzwanzigstel der Höchstbeitragsgrundlage in der Pensionsversicherung der Angestellten nach dem ASVG. Derzeit beträgt der Beitrag des AG zur Betriebspension maximal S 1325,-.

D In Deutschland gibt es **keinen** gesetzlichen oder tarifvertraglichen **Anspruch auf Abfertigung** oder eine vergleichbare Leistung.

Neben der verpflichtenden gesetzlichen Altersversicherung ist es in der BRD üblich, auf betrieblicher Ebene Altersvorsorge zu betreiben. Der Anspruch auf **betriebliche Altersversorgung** bedarf einer freiwilligen Betriebsvereinbarung nach § 88 BetrVG oder einer Zusage im Arbeitsvertrag. Er kann aber auch, wie im vorliegenden Fall, **allgemein im TV** geregelt werden. Die Versorgungszusagen des AG unterliegen der gesetzlichen Regelung des BetrAVG, das Vorsorge gegenüber dem Verfall und der Auszehrung von Ansprüchen trifft, eine laufende Anpassung der Leistungen vorschreibt und die Insolvenzsicherung beinhaltet.

Neben Ansprüchen aus der gesetzlichen Rentenversicherung haben Redakteure daher auch Anspruch auf Leistungen der Direktversicherung iSd § 1 Abs 2 BetrAVG und der **Versorgungskasse der Deutschen Presse**, die eine Unterstützungskasse iSd § 1 Abs 4 BetrAVG darstellt.

CH Das **Altersvorsorgesystem** der Schweiz unterscheidet sich grundlegend vom deutschen und va vom österreichischen System. Es beruht auf drei Säulen. Die staatliche Alters-, Hinterlassenen- und Invalidenversicherung (AHV/IV), über deren Ausgleichskassen auch die Arbeitslosenversicherung und die Erwerbsausfallversicherung für Wehr- und Zivildienstpflichtige abgewickelt wird, soll das Existenzminimum sichern. Sie wird ergänzt durch die **obligatorische berufliche Vorsorge (BVG)** und die individuelle Vorsorge. Mit dem BG über die berufliche Alters-, Hinterlassenen- und Invalidenvorsorge (BVG) wurden **Mindestvorschriften für die berufliche Vorsorge** aufgestellt. Jeder AG, der AN beschäftigt, die einen Jahreslohn von mindestens fr 19200.- (Stand 1990) beziehen und das 17. bzw 24. Lebensjahr vollendet haben, muß diese bei einer Personalvorsorgeeinrichtung versichern.

Während ihr Status im Arbeitsrecht ungeklärt ist, sind die **ständigen freien Mitarbeiter** jedenfalls **AN iSd Sozialversicherungsrechts** und als solche gleich den festangestellten Redakteuren zu versichern. Beide Gewerkschaften betreiben eigene Pensionskassen für freie Mitarbeiter.

Weder der GAV noch die CC enthalten darüber hinaus Regelungen über verbindliche oder freiwillige Alterssicherungsleistungen.

S In Schweden gibt es **keinen gesetzlichen oder tariflichen Anspruch auf Abfertigung**. **Pensionen** für Redakteure werden wie für die meisten anderen Berufsgruppen durch die **Versicherungsübereinkommen** zwischen SAF und PTK bestimmt. Darauf wird dann im anwendbaren CA Bezug genommen. Der AG ist verpflichtet, die AN zu versichern. Lokal vereinbarte Pensionsschemata sollen nach dem Übereinkommen dem national akkordierten Pensionslevel angepaßt werden.

4.1.2 Freie Mitarbeiter

A Für freie journalistische Mitarbeiter gilt neben den allgemein vertragsrechtlichen Regeln nur § 28 des KV Journalisten. Es handelt sich dabei im Unterschied zu den KV-Regelungen für die angestellten Mitarbeiter um **bloße Empfehlungen** des VÖZ als KV-Partei gegenüber seinen Mitgliedern. Das bedeutet, daß § 28 KV Journalisten **keine zwingende Wirkung** entfaltet. Die Vertragsverhältnisse freier Mitarbeiter werden nicht normativ gestaltet. Die Mitglieder des VÖZ sind also aufgrund des KV Journalisten nicht verpflichtet, die in § 28 empfohlenen Honorare auch tatsächlich zu bezahlen.

Inhaltlich sieht § 28 KV Journalisten vor, daß die wichtigsten **Honorarregelungen** des TV einschließlich der jeweiligen tariflichen Erhöhungen auch für freie Mitarbeiter gelten sollen. Weiters empfiehlt der VÖZ seinen Mitgliedern den Abschluß von **freien Hausvereinbarungen**, in denen zugesichert werden soll, daß für ständig freie Mitarbeiter die Honorarbestimmungen des KV Journalisten verbindlich zur Anwendung gebracht werden. Die Frage der Verbindlichkeit der Honorarregeln wird also auf die betriebliche Ebene "delegiert".

Weitergehende Schutzvorschriften für freie Mitarbeiter (zB Arbeitszeit) bestehen nicht. Soweit sie als **arbeitnehmerähnlich**, dh als wirtschaftlich abhängig anzusehen sind, gelten einzelne arbeitsrechtliche Gesetze (IESG, DHG, AÜG, AuslBG, ASGG). KV kommen für arbeitnehmerähnliche Personen nicht zur Anwendung.

D Der **TV für arbeitnehmerähnliche freie Journalisten und Journalistinnen an Tageszeitungen** gilt für alle hauptberuflich tätigen Journalisten bei Tageszeitungen, die arbeitnehmerähnlich iSd § 3 TV sind, wenn sie für Tageszeitungen im Rahmen eines Dienst- oder Werkvertrags arbeiten.

Als einen der wichtigsten Punkte legt der TV **Mindesthonorare** fest. Sie werden nach Umfang des Beitrags und Höhe der verkauften Auflage bestimmt. Das Honorar richtet sich weiters danach, ob der Beitrag zum Erstdruck, Zweitdruck oder Alleinveröffentlichungsrecht geliefert wird. Mindesthonorar ist jedenfalls das Honorar für 20 Zeilen im Erstdruck.

Mit Journalisten, die ständig für einen bestimmten Verlag arbeiten, kann ein **Pauschalhonorar** vereinbart werden. In diesem Fall sind nicht die Honorarsätze zusammenzurechnen, sondern gegebenenfalls auch zusätzliche Leistungen eines Vertragspartners zu berücksichtigen.

Ausführlich geregelt ist - für einen TV untypisch - das Zustandekommen eines Kaufvertrags über einen Beitrag.

Urlaub steht dem Journalisten nicht aufgrund des TV, sondern aufgrund des BUrlG zu. Demnach hat auch der arbeitnehmerähnliche freie Journalist Anspruch auf 18 Urlaubstage im Jahr, der erstmals nach sechsmonatigem Bestehen des Vertragsverhältnisses erworben wird. Als Basis für das Urlaubsentgelt wird das durchschnittliche Entgelt für die letzten 13 Wochen herangezogen, bei größeren Unregelmäßigkeiten ist ein längerer Bezugszeitraum heranzuziehen.

Eine **Abgeltung** in Geld ist nicht möglich, es sei denn, das Vertragsverhältnis endet, bevor der Urlaub konsumiert werden kann. Bei arbeitnehmerähnlichen Journalisten muß es sich hier wohl um das (beabsichtigte) endgültige Ende des Vertragsverhältnisses handeln.

CH Wer (als eingetragener Journalist) bei einem Verlag nicht im Rahmen eines AV tätig und bei keinem Verlag vollzeitlich als AN beschäftigt ist, gilt gemäß Art 37 GAV als **freier Mitarbeiter**. In diesem Fall kommen die Bestimmungen der Art 37 ff GAV zur Anwendung.

Dabei ist zunächst zu unterscheiden zwischen freien Mitarbeitern, die zu einer Publikation keine regelmäßige Beziehung haben und solchen, die bei einer Publikation regelmäßig mitarbeiten. **Regelmäßige Mitarbeit** liegt vor, wenn der Betreffende durch mindestens zwei Jahre eine bestimmmte Menge an Beiträgen mit einem Mindestumfang, ausgedrückt in Druckzeilen oder Druckzeichen, geliefert hat (Art 45 GAV).

Als weitere Gruppe gelten die **freien Journalisten mit ständigem Auftrag**, also solche, die von einem Verlag durch einen generellen Auftrag mit regelmäßiger Mitarbeit über ein bestimmtes sachliches oder regionales Gebiet betraut werden und die daraus mindestens ein Fünftel des im Regulativ festgesetzten Mindestgehalts für Redakteure beziehen (Art 47 GAV). Sie können gleichzeitig regelmäßige Mitarbeiter sein.

Die **Honorierung** erfolgt nach den Mindestansätzen des Regulativs. Sie kann sich nach Arbeitsaufwand, Druckzeilen oder Einzelbild richten oder als monatliches Fixum oder Mindestgarantie festgelegt werden (Art 38 ff GAV). Ist ein monatliches

Fixum vereinbart, so darf es unter Berücksichtigung der durchschnittlichen zeitlichen Beanspruchung nicht unter dem Redaktorengehalt liegen.

Bei Krankheit, Unfall, Militärdienst, Niederkunft, Ferien und Kündigung richtet sich die **Entgeltfortzahlung** nach den für die Redaktoren geltenden Bestimmungen. Dasselbe gilt für die Mindestgarantie. Sie ist ansonsten auch zu entrichten, wenn das durchschnittliche Auftragsvolumen unterschritten wird. Wird es überschritten, so ist die Mehrleistung abzugelten.

Die regelmäßigen Mitarbeiter haben über die Honorare hinaus Anspruch auf zusätzliche Leistungen, die in der Praxis als **Ausgleich für den fehlenden Teuerungsausgleich** betrachtet werden. Im Falle von Fusionen besteht darüber hinaus ein Anspruch auf Entschädigung in Höhe von 30 % des ausgewiesenen Honorarausfalles bei fusionierten Zeitungen (Art 46 GAV).

Mitarbeiter mit ständigem Auftrag haben Anspruch auf Honorierung in Form eines monatlichen **Fixums** oder einer **Mindestgarantie** (Art 47 GAV).

Erfordert die Erfüllung eines Auftrags zwingend **Nacht- oder Sonntagsarbeit**, sind die Bezüge angemessen zu erhöhen - wenn es sich um Mindesthonorare handelt, um einen Zuschlag von 25 %. Die Sonntagszuschläge entfallen bei Sportberichterstattung (Art 38 Abs 3 ff GAV).

Nach der CC kann die **Honorierung** nach dem Zeitaufwand, nach abgeliefertem Artikel, Zeichnung oder Foto, nach Druckzeilen, in Form eines Fixums oder pauschal erfolgen (Art 23 f CC). Bei Abrechnung nach Artikel, pauschal oder durch monatlichen Fixbetrag wird der Teuerungsausgleich nach Art 12 durchgeführt.

Auch in der CC findet sich eine Regelung, die ähnlich der im GAV die **regelmäßigen Mitarbeiter begünstigt**. Sie enthält aber auch ein **Konkurrenzverbot**: ein freier Mitarbeiter, der bereits regelmäßiger Mitarbeiter einer Publikation ist, darf an einer Konkurrenzpublikation nur mit dem Einverständnis des Verlegers der ersteren mitarbeiten (Art 27 CC).

Nach der CC (Art 23 Abs 2) ist das Honorar der freien Mitarbeiter um 25 % zu erhöhen, wenn die Ausführung des Auftrags mehrheitlich Nacht- oder Sonntagsarbeit erfordert. Dies gilt nicht, wenn die Natur des Auftrags regelmäßig **Nacht- oder Sonntagsarbeit** erfordert oder eine Pauschalentschädigung vorgesehen ist.

S Die Verträge mit freien Mitarbeitern werden zum Teil von einem CA erfaßt. Dieser sogenannte **Freiberufler-CA** gilt sowohl für die Tageszeitungspresse als auch für die Wochenzeitungen. Die Schwedische Journalistengewerkschaft organisiert praktisch alle Journalisten im Land. Daher wird es von der Gewerkschaft als selbstverständlich betrachtet, als Abschlußpartner dieses CA aufzutreten und diese Gruppe von Beschäftigten zu vertreten. Der CA regelt **grundlegende Vertragsbedingungen** wie zB Offerte, Annahmen, Lieferbedingungen, Entgelte und Haftung.

Mindestarbeitsbedingungen für freie Mitarbeiter in der Redaktion

A	D	CH	S
- (nur Honorarempfehlungen)	TV sofern Entgelt über Geringfügigkeitsgrenze	GAV + CC	CA

4.2 Nichtredaktioneller Bereich[107]

4.2.1 Hauptberufliche Angestellte

4.2.1.1 Entgelt

a) Monatsgehalt

A Der KV kaufmännische Angestellte unterscheidet zwischen **Mindestgrundgehalt**, das ist das Tarifgehalt gemäß Gehaltsordnung, **Kollektivvertragsgehalt**, dieses umfaßt das Mindestgrundgehalt und die Quinquennien, sowie **Ist-Gehalt**, worunter das Kollektivvertragsgehalt einschließlich innerbetrieblich regelmäßig gewährter Zulagen (zB Leistungszulagen) verstanden wird, jedoch ohne Überstunden und ohne Funktionszulagen. Die jeweiligen Tarifgehälter richten sich nach der Einstufung in eine der sieben **Verwendungsgruppen**.

Über das Tarifgehalt hinaus besteht auch Anspruch auf **Quinquennien** bei ununterbrochenem Dienst im gleichen Unternehmen jeweils nach

1., 2., 3. und 4. Dienstjahr	eine 2,5 %ige Erhöhung
10 Dienstjahren	eine 10 %ige Erhöhung
je weiteren 5 Dienstjahren	eine 10 %ige Erhöhung
35 Dienstjahren (letztes Quinquennium)	eine 12%ige Erhöhung des Ist-Gehalts.

Für die dem KV unterliegenden, gegen **Provision** beschäftigten Angestellten und Anzeigenwerber gelten allerdings einige Besonderheiten, die sich im wesentlichen darauf beziehen, daß ihr Entgelt leistungsbezogen und daher in seiner Höhe unregelmäßig ist. Auch dieser Gruppe ist aber ein monatliches Mindestgrundgehalt laut Tarifvertrag garantiert. Sie sind in die Verwendungsgruppe II a (dzt S 14.330,-) bzw nach dem ersten Dienstjahr in Verwendungsgruppe III (dzt S 15.235,-) einzustufen.

---

107 Die Arbeitsbedingungen der Expeditarbeiter, Redaktions- und Verwaltungsgehilfen, Zusteller, Austräger und Zeitungskolporteure können hier aus Platzgründen nicht dargestellt werden. Vgl dazu *Mosler/Weinmeier*, Arbeitsbedingungen bei Tageszeitungsunternehmen im internationalen Vergleich, 177 ff.

D Ähnlich wie in Österreich werden in Deutschland die **Mindestentgelte** in Gehalts-TV (länderweise) geregelt. Die **Einstufung** in die Gehaltsgruppen erfolgt wie in Österreich nach der tatsächlich verrichteten **Tätigkeit**. Die einzelnen Gehaltsgruppen entsprechen im wesentlichen den Verwendungsgruppen des KV kaufmännische Angestellte (wenn auch Unterschiede im Detail zu beachten sind).

Der BTV (Bayern) nimmt keine so ausführlichen Differenzierungen vor. Die Gehaltssätze richten sich allgemein nach der **Berufsausbildung** und den **Anforderungen** der ausgeübten Tätigkeit. Für Angestellte von Tageszeitungen mit einer Auflage unter 12.000 Exemplaren gilt eine zweite Gehaltstabelle, deren Sätze 94 % des tarifvertraglichen Lohnes ausmachen.

CH In der Schweiz besteht für kaufmännische Angestellte bei Tageszeitungen kein GAV. Wichtigste Konsequenz dieser Tatsache ist das **völlige Fehlen einer Mindestentgeltregelung**. Damit gilt hinsichtlich der Entlohnung bloß, daß der Arbeitsvertrag seiner Natur nach entgeltlich (OR 318) und der AG daher verpflichtet ist, den vertraglichen Lohn zu zahlen (OR 322).

S Die allgemeinen Arbeitsbedingungen und Entgelte für Angestellte, die mit Verwaltungs-, Verkaufs-, Vertriebs-, Finanzierungs-, Datenverarbeitungs- und ähnlichen Aufgaben innerhalb des Zeitungsunternehmens beschäftigt sind, werden von CA, die zwischen HTF und TA abgeschlossen wurden, erfaßt. Für die exakte Einstufung der Angestellten und zur Klärung der Frage, auf welche AN der CA zur Anwendung kommt, wird eine Nomenklatur verwendet. Zur Unterscheidung zwischen graphischen und kaufmännischen Angestellten ist es gebräuchlich, nach der vorwiegenden Tätigkeit zu unterscheiden. Da die anwendbaren Gesetze bereits oben erläutert wurden, werden sie hier nicht wiederholt.

Gehälter werden **individuell vereinbart** und idR monatlich ausgezahlt. Sie sind in jedem Fall nach den Anforderungen der Position und den individuellen Fähigkeiten und Leistungen des AN zu bestimmen. Eine beschreibende Nomenklatur und die nationale Gehaltsstatistik sind die wichtigsten Instrumente für die Gehaltsverhandlungen. **Provisionssysteme** für Anzeigenkonsulenten werden lokal festgelegt.

Nur die **Mindestgehälter** für 18- bis 24jährige werden im nationalen CA festgesetzt, vom 1. Juli 1991 an 7400 SK für erstere bzw 9100 SK für letztere. Nacht- und Sonntagsarbeit, Rufbereitschaft und Arbeitsbereitschaft werden stundenweise mittels Quoten abgegolten, die nach der jeweiligen Tageszeit differieren. Ruf- und Arbeitsbereitschaft wird nur bei einer Mindestzeit von acht Stunden abgegolten. Angestellte in leitender Position können ausgenommen und eine andere Art der Abgeltung vereinbart werden.

wichtigste Kriterien für kollektivvertragliches Mindestentgelt

- kaufmännische Angestellte -

	A	D	CH (kein KV)	S
Art der Tätigkeit	X	X	-	-
Dienstjahre	X (Quinquiennien)	-	-	-
Berufsjahre	X (Vordienstzeiten)	X	-	-
Auflagenstärke	-	X (Bayern)	-	-
individuelle Kriterien	-	-	-	X

b) Remunerationen

A Alle dem KV kaufmännische Angestellte unterliegenden Angestellten erhalten (spätestens am 1.November) eine **Weihnachtsremuneration** in der Höhe von 150 % des November-Ist-Gehalts, wobei Überstundenentgelte nicht in die Berechnung einzubeziehen sind.

Ebenso gebührt (bei Antritt des Urlaubes, spätestens am 1. Juli) ein **Urlaubszuschuß** in Höhe von 150 % des letzten Ist-Gehalts (Berechnungsgrundlage Juni-Ist-Gehalt). Die Aliquotierungsvorschriften entsprechen im wesentlichen denen bei der Weihnachtsremuneration. Wie die Journalisten haben auch die kaufmännischen Angestellten daher Anspruch auf **15 Monatsgehälter**.

D Nach NTV und BTV haben die Angestellten Anspruch auf eine **Jahresleistung** in Höhe des tariflichen Monatsgehalts zum Fälligkeitszeitpunkt (31.12.), wenn sie das ganze Fälligkeitsjahr beim betreffenden Verlag beschäftigt waren. Ist das nicht der Fall, so erfolgt idR eine anteilige Kürzung (vgl im einzelnen § 24 NTV, § 9 BTV).

Daneben hat der Angestellte Anspruch auf ein zusätzliches **Urlaubsgeld** in der Höhe von 68,2 % des vereinbarten Gehalts bzw der vereinbarten Ausbildungsvergütung (§ 30 Abs 2 NTV). Nach BTV beträgt das **Urlaubsgeld** pro Urlaubstag 50 % des vereinbarten Monatsgehalts geteilt durch 22. Aus der tageweisen Regelung läßt sich schließen, daß auch anteiliges Urlaubsgeld denkbar ist.

A Nach 25jähriger Betriebszugehörigkeit gebührt den österreichischen kaufmännischen Angestellten ein **Jubiläumsgeld** in der Höhe eines Ist-Gehalts, bei 35jähriger Betriebszugehörigkeit zwei Ist-Gehälter und bei 40jähriger Betriebszugehörigkeit drei Ist-Gehälter.

D CH S Weder in Deutschland noch in der Schweiz und in Schweden finden sich vergleichbare Ansprüche.

Entgeltleistungen neben Monatsentgelt

- kaufmännische Angestellte -

	A	D		CH	S
		NTV	BTV		
Remuneration in Monatsentgelten/Jahr	3 Ist-Gehälter	1 Tarifgehalt + 68,2% des vereinbarten Monatsgehalts	1 Tarifgehalt + 50% des vereinbarten Monatsgehalts pro Tag: 22	-	-
Jubiläumsgeld	nach 25/35/40 Dienstjahren 1/2/3 Ist-Gehälter	-		-	-
Überstundenabgeltung (ohne Wochenend- und Nachtzuschläge)	50%	30%	30%	25% oder Zeitausgleich 1:1	keine Angaben
Abfertigung	2-14 Monatsgehälter	-		-	-
Betriebspension	-	-		X	X
Gehaltszahlung im Sterbefall	gesetzliche Abfertigung	-	1-3 Monatsgehälter	-	-

4.2.1.2 Entgeltfortzahlung bei Urlaub und Krankheit

a) Urlaub

A Während des Erholungsurlaubes ist das Entgelt fortzuzahlen, das dem AN gebührt hätte, wenn der Urlaub nicht angetreten worden wäre (regelmäßiges Entgelt, § 6 UrlG). Das **Urlaubsausmaß** beträgt grundsätzlich 30 Werktage (dh fünf Wochen) für jedes Arbeitsjahr (§ 2 Abs 1 UrlG). Es erhöht sich entsprechend der Dauer des AV und beträgt (§ 11 Z 1 KV kaufmännische Angestellte)

nach 10jähriger Dauer	31 Werktage,
nach 15jähriger Dauer	33 Werktage,
nach 20jähriger Dauer	36 Werktage,
nach 25jähriger Dauer.	41 Werktage.

D Der **Jahresurlaub** beträgt nach den deutschen TV 30 Arbeitstage, Urlaubsjahr ist das Kalenderjahr. Angestellte, die zu Beginn des Kalenderjahres das 58. Lebensjahr vollendet haben, haben nach NTV und BTV Anspruch auf zwei zusätzliche Urlaubstage. Während des Urlaubs bleibt der Anspruch auf Gehaltszahlung aufrecht (vgl § 30 NTV, § 10 Abs 1 BTV).

CH Gemäß OR 329 a-e besteht Anspruch auf vier Wochen **Ferien** pro Jahr, für AN unter 20 sind es fünf Wochen. Während des Urlaubs bleibt der gesamte **Entgeltanspruch** (einschließlich Überstunden, Zulagen etc) aufrecht. Der Urlaub kann nicht in Geld abgegolten werden. Bei "Schwarzarbeit" während der Ferien kann der AG das Urlaubsentgelt für die betreffenden Tage einbehalten bzw zurückverlangen.

S Die Anzahl der Urlaubstage, die dem kaufmännischen Angestellten zustehen, hängt von mehreren Faktoren ab. Angestellte, die ein Gehalt von weniger als 29 700 SK im Monat beziehen, haben 27 Tage **Urlaubsanspruch**, Angestellte über 40 haben 28 Tage bzw 30 Tage wenn besondere Arbeitsbedingungen herrschen (zB unkontrollierbare Arbeitszeiten) und ein längerer Urlaub deshalb vereinbart ist. Angestellte, die mehr als den genannten Betrag verdienen oder den erhöhten Urlaubsanspruch einzelvertraglich vereinbart haben, um die Vorgesetztenfunktion abzugelten, haben 32 Urlaubstage. In einer Garantieklausel ist außerdem festgehalten, daß eine individuell oder durch andere kollektive Vereinbarungen festgesetzte höhere Zahl von Urlaubstagen nicht durch die nationalen CA verschlechtert werden kann, außer es ist in diesen lokalen Vereinbarungen zugelassen. Das **Urlaubsgeld** und die **Entschädigung** werden genauso berechnet wie für Redakteure.

Urlaubsdauer - kaufmännische Angestellte

	A	D	CH	S
Mindestanspruch	30 WT	30 AT	4 W	27 AT
nach Dienstjahren	31/33/36/41	-	-	-
nach Lebensalter:				
unter 20	-	-	5 W	-
über 40	-	-	-	28 AT
über 58	-	32 AT	-	-

Mindestanspruch in AT

A	D	CH	S
25	30	20	27

WT = Werktage (6-Tage-Woche), AT = Arbeitstage (5-Tage-Woche)

b) Krankheit

A Ist der Angestellte nach Antritt des AV durch **Krankheit** oder **Unglücksfall** an der Leistung des Dienstes verhindert, ohne daß er die Verhinderung vorsätzlich oder grob fahrlässig herbeigeführt hat, so behält er den Anspruch auf **Entgeltfortzahlung**

im ersten Dienstjahr	6 Wochen 100 %	4 Wochen 50 %
im 2.-5. Jahr	3 Monate 100 %	2 Monate 49 %
im 6.-10. Jahr	4 Monate 100 %	2,5 Monate 49 %
im 11.-15. Jahr	5 Monate 100 %	3 Monate 49 %
im 16.-20. Jahr	5,5 Monate 100 %	3,5 Monate 49 %
im 21. Jahr und darüber	6 Monate 100 %	4 Monate 49 %.

Anstelle der 100%igen Entgeltfortzahlung kann auch der doppelte Zeitraum halbe Fortzahlung in Anspruch genommen werden. Die 49 %ige Entgeltfortzahlung wird idR durch das Krankengeld aus der Krankenversicherung ergänzt.

D Die **Entgeltfortzahlung** erfolgt in der BRD durch sechs Wochen. Zugrundezulegen ist das vereinbarte Monatsentgelt zum Zeitpunkt des Krankheitsbeginns zuzüglich der durchschnittlichen Überstunden, Samstags-, Sonn- und Feiertags- und Nachtarbeitszuschläge der letzten drei Monate. Bei längerer Krankheit hat der Angestellte, der dem Verlag mehr als fünf Jahre ununterbrochen angehört, bis zu einer Gesamtkrankheitsdauer von drei Monaten (bei mehr als zehnjähriger Zugehörigkeit durch fünf Monate) Anspruch auf eine Beihilfe in Höhe des Unterschiedsbetrages zwischen Krankengeld und 90% des Nettogehaltes (§ 31 Abs 3 ff NTV).

Nach BTV hingegen bemißt sich das fortzuzahlende Entgelt nach dem Durchschnittsverdienst der letzten drei vollen Monate einschließlich Mehrarbeitsvergütungen und tarifliche Zuschläge, aber ohne Zuschläge für geleistete Feiertagsarbeit (§ 14 BTV).

bis 5 Dienstjahre	6 Wochen 100%
5.-10. Jahr	3 Monate 90 % (inkl Krankengeld)
über 10 Dienstjahre	5 Monate 90 % (inkl Krankengeld)

CH In der Schweiz kennt das Gesetz **keine** von vornherein **festgelegte Dauer der Entgeltfortzahlung**: Bei Absenzen wegen Krankheit, Unfall, Entbindung, Erfüllung gesetzlicher Pflichten oder Ausübung eines öffentlichen Amtes bzw anderer persönlicher Gründe (siehe oben 4.1.1.2.b)) ist für "eine beschränkte Zeit" das Entgelt fortzuzahlen (OR 324 a). Mangels günstigerer Bestimmungen ist der Lohn in den genannten Fällen im ersten Dienstjahr mindestens drei Wochen lang fortzuzahlen, später für eine "angemessene längere Zeit". In der Praxis der Gerichte haben sich allgemeine Richtlinien entwickelt, die die Dauer der Lohnfortzahlung je Dienstjahr nach der Dauer des AV staffeln. Am weitesten verbreitet ist die **"Berner Skala"**[108].

108 *Brunner/Bühler/Waeber*, Kommentar zum Arbeitsvertrag, N 14 zu OR 324 a.

Die Dauer des Lohnanspruchs beträgt danach:

während des 1. Dienstjahres	3 Wochen
während des 2. Dienstjahres	1 Monat
während des 3. und 4. Dienstjahres	2 Monate
ab dem 5. und bis inkl 9. Dienstjahr	3 Monate
ab dem 10. und bis inkl. 19..Dienstjahr	5 Monate
ab dem 20. Dienstjahr	6 Monate

Diese Skala wird jedoch nicht streng angewandt, sie dient nur als **allgemeine Richtlinie**. Dem Gesetz gemäß ist auch auf die besonderen Umstände des Falles Rücksicht zu nehmen. Einbezogen in die Beurteilung werden das Alter des AN, die Frequenz und Dauer früherer Absenzen und die Größe des Unternehmens. Zum Ersatz der Lohnfortzahlung durch eine Taggeldversicherung vgl oben 4.1.1.2.b).

S Die Bestimmungen im CA sind, mit einer Ausnahme, dieselben wie im CA für Redakteure: Die **Zeiten** der **Entgeltfortzahlung** sind **unterschiedlich** lang. Für jemanden, der zumindest ein Jahr beschäftigt ist, oder der unmittelbar aus einem mindestens gleichlangen Beschäftigungsverhältnis übernommen wurde, wird die Entschädigung bis zum 90. Tag bezahlt. Für alle anderen Angestellten wird nur bis zum 45. Tag Entschädigung geleistet. Wenn der Angestellte innerhalb von 12 Monaten mehrmals erkrankt, liegt die Höchstdauer der Entschädigung bei 105 bzw 45 Tagen.

4.2.1.3 Arbeitszeit

A Die Höchstgrenzen der Arbeitszeit und der Anspruch auf Ruhepausen richten sich nach dem AZG, der Anspruch auf Wochenend- bzw Wochenruhe nach dem ARG (vgl oben KV Journalisten). Die normale Arbeitszeit ohne Pausen beträgt **wöchentlich 37 Stunden** (§ 8 KV kaufmännische Angestellte). Innerhalb der Arbeitswoche ist die Arbeitszeit so zu verteilen, daß der Dienst an Samstagen spätestens um 13 Uhr endet.

D Für die kaufmännischen Angestellten in Deutschland beträgt die Normalarbeitszeit wie in Österreich **37 Wochenstunden**. Es gilt die Fünf-Tage-Woche.

A **Überstunden** sind mit einem 50 %igen Zuschlag zu vergüten. Nachtüberstunden sind wie die Arbeit an Sonn- und Feiertagen mit einem Zuschlag von 100 % abzugelten. Für **Nachtarbeit** während der Normalarbeitszeit gebührt ein Zuschlag von 50 %. Die Festsetzung eines Überstundenpauschales ist im Einvernehmen mit dem BR zulässig.

D Nach den in Deutschland geltenden TV wird für die Leistung von **Überstunden** (über die tarifliche bzw darunter liegende betrieblich vereinbarte Arbeitzeit hinaus) innerhalb eines Zeitraumes von vier Wochen Ausgleich in Form von Geld oder Freizeit geleistet (§ 19 Abs 1, 2 NTV, § 5 Abs 5 BTV).

Die **Überstundenentgelte** betragen nach dem NTV pro Überstunde 1/160 des vereinbarten Monatsgehalts und einen Zuschlag von 30 %. Im BTV sind die Zuschläge gestaffelt, je nachdem, ob es sich um Mehrarbeit innerhalb der Tag- oder Frühschicht, Spätschicht oder Nachtschicht handelt (pro Stunde gebührt ein Zuschlag von 30 %, 50 % bzw 75 % zu 1/160 des vereinbarten Monatsgehalts). Dies gilt allerdings nur für angeordnete und genehmigte Überstunden.

Der Zuschlag für die Sonntagsarbeit beträgt zur Zeit gemäß § 27 NTV 124 % auf 1/160 des vereinbarten Monatsgehalts. Der Zuschlag auf die Arbeit an Feiertagen beträgt 155 % auf 1/160 des vereinbarten Monatsgehalts. Der Nachtarbeitszuschlag beträgt 58 % auf 1/160 des vereinbarten Monatsgehalts. Bei der Samstagsarbeit kommt es auf die Lage der Arbeitszeit im Tagesablauf an (vgl § 27 NTV).

Die Zuschläge gemäß BTV sind bei gleichem Begriff der Sonn- bzw Nachtarbeit abweichend geregelt (vgl § 7 BTV): Der Zuschlag für Sonntagsarbeit beträgt zur Zeit 103% auf 1/160 des vereinbarten Monatsgehalts. Für Feiertagsarbeit ist ein Zuschlag von 155% zu entrichten und für Nachtarbeit vor 24 Uhr ein Zuschlag von 33%, nach null Uhr ein Zuschlag von 52%. Bei der Samstagsarbeit kommt es darauf an, ob sie in Tages-, Spät- oder Nachtschicht geleistet wird (30%, 65% bzw 85%). Bei regelmäßig erscheinenden Zeitungen, die am Sonntag oder in der Nacht vom Sonntag zum Montag hergestellt werden, ist an alle mit der unmittelbaren Herstellung beschäftigten Angestellten eine Antrittsgebühr von 3,7 % des tariflichen Monatsgehalts zu bezahlen, bei einer Arbeitszeit von drei Stunden oder weniger beträgt die Antrittsgebühr 1,85 % (§ 7 Abs 6 BTV).

CH Die gesetzliche **Höchstarbeitszeit** beträgt in der Schweiz für Büropersonal 45 Stunden. Die in der Verordnung II zum ArbeitsG festgelegten Ausnahmen von der Einschränkung der Tages-, Nacht- und Sonntagsarbeit gelten für alle AN in Redaktionen, daher auch für die kaufmännischen Angestellten und gewerblichen AN.

Hingegen ist ein Nachtarbeits- oder Sonntagsarbeitszuschlag vom Gesetz nicht zwingend vorgesehen. Ein **Zuschlag** von 25 % gebührt nur dann, wenn die Nachtarbeit gleichzeitig **Überzeitarbeit** iSd Art 12 Abs 1 ArbeitsG (Überschreitung der gesetzlichen Höchstarbeitszeit) darstellt. Der Lohnzuschlag ist für Büropersonal sowie für technische und andere Angestellte jedoch nur dann zu bezahlen, wenn die Überzeitarbeit im Kalenderjahr 60 Stunden übersteigt. Auch Überstundenarbeit iSd OR 312 c (Überschreitung der einzelvertraglichen Arbeitszeit) ist mit Zeitausgleich 1:1 oder Zuschlag von 25 % zu vergüten, sofern nicht auf die Anwendung dieser Regelung verzichtet wurde.

S Alle kaufmännischen Angestellten von Zeitungen, die Mitglieder des TA sind, sind von der Anwendung des Gesetzes über die Arbeitszeit ausgenommen. Das Gesetz wurde durch das CA ersetzt. Die Regeln betreffend die Arbeitszeit finden Anwendung auf alle Angestellten außer denen in leitender Funktion, die ein Gehalt von mehr als 29 700 SK beziehen oder die Arbeit unter praktisch weisungsfreien

Bedingungen verrichten. Lokale CA können die Ausnahmen auch auf andere AN erstrecken, wenn deren Aufgabe oder Arbeitsplatz dies verlangt.

Eine **Fünf-Tage-Woche** und eine maximale **Wochenarbeitszeit** von **40 Stunden** ist die allgemeine Regel. Abweichungen aus betrieblichen oder anderen Gründen können in lokalen CA berücksichtigt werden. Für **Schichtarbeit** wird ein Limit von acht Stunden pro Schicht festgelegt, wenn nichts anderes durch die lokalen Sozialpartner bestimmt ist. Wenn regelmäßig Schichtarbeit geleistet wird, dürfen die normalen Wochenarbeitszeiten 36 Stunden nicht überschreiten. Im Anschluß an die normale Arbeitszeit und eventuelle Überstunden hat der AN Anspruch auf zehn Stunden Ruhezeit. Angestellte, deren normale Arbeitszeit Wochenenden einschließt oder die mindestens drei Stunden **Nacht- oder Sonntagsarbeit** leisten, dürfen im Durchschnitt nicht mehr als 37,5 Stunden wöchentlich arbeiten. Die normale **Überstundenarbeit** darf nicht mehr als 150 Stunden im Jahr betragen, mit einem Maximum von 48 Stunden pro vier Wochen oder 50 Stunden pro Monat. 50 Stunden sind auch die Obergrenze für Arbeitsbereitschaft.

Höchstarbeitszeit - kaufmännische Angestellte -

A	D	CH	S
37	37	45	40/37,5x)

x) bei Wochenend- bzw Nachtarbeit

4.2.1.4 Abfertigung, Alters- und Hinterbliebenenversorgung

A Der Anspruch auf **Abfertigung** richtet sich nach dem AngG und § 15 KV kaufmännische Angestellte. Wie bei den Journalisten (vgl 4.1.1.4) gilt auch hier, daß kein Anspruch besteht, wenn der Angestellte selbst kündigt, ohne wichtigen Grund vorzeitig austritt oder ohne Verschulden entlassen wird. In allen übrigen Fällen der Auflösung des AV einschließlich der Kündigung durch den AN bei Übertritt in den Ruhestand wegen Erreichen der gesetzlichen Altersgrenze gebührt ein Vielfaches des letzten Monatsentgelts.

Das **Ausmaß** beträgt:

Dienstjahre	Monatsentgelte	Dienstjahre	Monatsentgelte
3	2,0	15	7,0
5	3,0	16	7,6
6	3,2	17	8,2
7	3,4	18	8,8
8	3,6	19	9,4
9	3,8	20	10,0
10	4,0	21	10,8
11	4,6	22	11,6
12	5,2	23	12,4
13	5,8	24	13,2
14	6,4	25	14,0

Eine **betriebliche Altersversorgung** (Betriebspension) sieht der KV kaufmännische Angestellte **nicht** vor.

D Die deutschen TV enthalten **weder** Regelungen über die **Abfertigung noch** über die **Altersversorgung**. Es kommen also zunächst die gesetzlichen Bestimmungen zur Anwendung. Demnach müssen Ansprüche auf betriebliche Altersversorgung im Wege einer Betriebsvereinbarung oder im Rahmen des Arbeitsvertrags vorgesehen werden.

Nicht der Alterssicherung des Angestellten, aber in gewissem Maß der Existenzsicherung seiner Hinterbliebenen dient die Regelung in § 12 BTV über die **Gehaltszahlung im Sterbefall**. Demnach ist das Gehalt eines Angestellten, der bei seinem Tode einen unterhaltsberechtigten Ehegatten und/oder unterhaltsberechtigte Kinder unter 21 Jahren hinterläßt, deren Berufsausbildung nicht beendet ist, für den Sterbemonat und außerdem nach folgender Staffelung (nach der Dauer der Betriebszugehörigkeit) weiterzuzahlen:

ein bis fünf Jahren	ein Monatsverdienst
sechs bis zehn Jahren	zwei Monatsverdienste
mehr als zehn Jahren	drei Monatsverdienste
bei Unfall im Betrieb	drei Monatsverdienste

CH Wie bereits oben erwähnt besteht nach schweizerischem Recht Anspruch auf **Abgangsentschädigung** gemäß OR 339 b, wenn das AV eines mindestens 50 Jahre alten AN nach 20 oder mehr Dienstjahren endet. Der Anspruch gegen den AG **entfällt**, wenn der AN Anspruch auf **gleichwertige Leistungen aus einer Personalvorsorge** hat (OR 339 d), was durch das BVG für fast alle Arbeitnehmer zwingend vorgesehen ist.

Zur **Altersversorgung** vgl oben 4.1.1.4.

S **Zusatzpensionsversicherungen** wurden von SAF und PTK ausgearbeitet und von TA und HTF übernommen. Sie unterscheiden sich jedoch nicht von den Pensionsregelungen für andere Branchen.

4.2.2 Technische Angestellte im Druckbereich

S In Schweden erfolgt innerhalb einer Berufsgruppe generell keine Differenzierung zwischen Arbeitern und Angestellten. AN in Druckereien gelten als "blue-collar-worker", ihre Arbeits- und Entgeltbedingungen werden unter 4.2.3 dargestellt.

a) Entgelt

A Die Monatsgehälter für technische Angestellte richten sich nach der Einstufung in eine von drei **Verwendungsgruppen** (technische Angestellte, Kalkulanten und Arbeitsplaner, Abteilungsleiter, wobei in der Verwendungsgruppe Abteilungsleiter auch die Abteilungsgröße eine Rolle spielt) und der **Anzahl von Dienstjahren**. Die derzeitigen Monatsgehälter (Stand 1.4.1992) liegen zwischen S 22.240,- und S 35.832,-.

Dazu kommen - ähnlich wie bei den Druckereiarbeitern (vgl 4.2.3) - verschiedene **Zulagen** und **Zuschläge** (Überstunden, Nachtarbeit, Sonn- und Feiertagsarbeit, Rufbereitschaft, Abgeltung für verschobene Ruhepausen, für bestimmte Tätigkeiten, Schmutzzulage). **Urlaubszuschuß** und **Weihnachtszuschuß** betragen je einen Fünf-Wochen-Bezug. Weiters besteht Anspruch auf **Jubiläumsgeld** nach 25jähriger bzw 35jähriger Betriebszugehörigkeit.

D Nach dem MTV Druckindustrie Angestellte betragen die **Mindestgehälter** zwischen DM 2.028,- (überwiegend mechanische oder schematische Tätigkeiten, für die eine Berufsvorbildung nicht erforderlich ist) und DM 5.956,- (Stand ab 1.4.1991). Dazu kommen **Zuschläge** für Überstunden, Nacht-, Sonntags- und Feiertagsarbeit.

An **Sonderzahlungen** gebühren eine tarifliche Jahresleistung in Höhe eines tariflichen Monatsgehalts und ein zusätzliches Urlaubsgeld (je Urlaubstag 50 % des vereinbarten Monatsgehalts, geteilt durch 22).

CH In der Schweiz gilt der GAV Druck, der **Mindestlöhne** zwischen sfr 2244,- und sfr 3558,20 (Stand 1.1.1988) vorsieht. Dazu kommt eine jährliche **Teuerungszulage**. Im einzelnen vgl dazu unten 4.2.3.

b) Arbeitszeit

A Bei den technischen Angestellten im Bereich der Tageszeitungsproduktion gilt die **36-Stunden-Woche**. Die Arbeitszeit kann auf fünf oder sechs Tage verteilt werden.

D Nach dem MTV Druckindustrie Angestellte beträgt die wöchentliche Arbeitszeit **37 Stunden**, die grundsätzlich auf fünf Tage, bei der Herstellung von Zeitungen auch auf sechs Tage (wobei eine Mitwirkung des BR vorgesehen ist) verteilt werden kann.

CH In der Schweiz gilt die **40-Stunden-Woche**, die auf fünf Tage verteilt werden soll.

Wochenarbeitszeit technische Angestellte im Druckbereich:

A	D	CH	S
36	37	40	40 (38/36)

4.2.3 Druckereiarbeiter

a) Entgelt

A Der KV Druck besteht aus einem Mantelvertrag für Arbeiter sowie Sonderbestimmungen ua für den Druckvorbereich, den Druck und für Tageszeitungen und Montagfrühblätter. Er kommt derzeit in allen Druckereien und Verlagen, die Tageszeitungen produzieren, zur Anwendung. Einzige Ausnahme bildet offenbar "Täglich alles". Der Druckvorbereich (insbesondere Texterfassung) hat bei der Herstellung von Tageszeitungen durch die Umstellung auf neue Techniken in den letzten Jahren stark an Bedeutung eingebüßt.

Die **KV-Mindestlöhne** pro Woche bewegen sich zwischen S 2310,- (Drucker nach einfachen Verfahrensarbeiten - Helfer, kommt bei Tageszeitungen nicht zur Anwendung) und S 4522,- (höchste Stufe Facharbeiter im Druckvorbereich und Druck).[109] Für Facharbeiter bei Tageszeitungen kommt nur die höchste Lohnstufe zur Anwendung. Helfer im Bereich Druck und Druckvorbereich Tageszeitungen erhalten S 3417,-.[110] Bei der Umrechnung des Wochenlohnes in den Monatslohn gilt ein Multiplikator von 4,34.

Zu diesem Grundlohn kommen verschiedenste Arten von **Zulagen**. So gebührt nach fünf, zehn und fünfzehn Jahren Betriebszugehörigkeit eine Betriebserfahrungszulage in der Höhe von grundsätzlich drei Prozent des KV-Wochenlohnes. Bei Überzahlungen verringert sich die Betriebserfahrungszulage. Die **Überzahlungen** liegen in der Praxis zwischen 0% und 30% des Mindestlohnes, wobei 30% einen Extremwert darstellen.[111] Weiters gebühren nach Maßgabe der im einzelnen angeführten Voraussetzungen Zuschläge für Nachtarbeit (50 % auf den Normalstundenlohn), Nachtschichtarbeit (1,25 % des KV-Wochenlohnes), Überstunden (50 % bzw bei Überstunden in der Nacht 100 %), Sonntagsarbeit (100 %), Rufbereitschaft, sowie für bestimmte Tätigkeiten (zB bei Bedienung von zwei EDV-Systemen gemäß § 13 Sonderbestimmungen Druckvorbereich, Schnellläuferzulage nach § 11 Sonderbestimmungen Druck, weiters Schmutz- und Gefahrenzulagen ua).

---

109 Stand 1.4.1992: zwischen S 2442,- und S 4780,-.

110 Ab 1.4.1992: S 3612,-.

Nach den **Sonderbestimmungen für Tageszeitungen** (SB TZ) bestehen Ansprüche auf Zuschläge und Zulagen insbesondere bei der Bildherstellung, sofern ein Personal für zwei Tageszeitungen produziert; bei der Produktion von Extraausgaben und Ersatzausgaben; bei der Herstellung von zeitungseigenen Beilagen, ein- und mehrfarbigen Umschlägen oder Teilen einer Tageszeitung; bei teilweiser Produktion von Tageszeitungen in einem anderen Betrieb; bei der Herstellung von Montagfrühblättern. Gemäß § 8 Pkt 6 Satz 4 KV Druck SB TZ darf sich die normale Arbeitszeit der AN der gleichen Sparte nicht mehr als um eineinhalb Stunden täglich überschneiden. Diese AN sind lohn- und arbeitsrechtlich den bei Nacht in ihrer Sparte Beschäftigten gleichzustellen. Sie haben daher Anspruch auf einen Nachtarbeitszuschlag in Höhe von 50%, auch wenn ihre Arbeitszeit nicht in den Nachtstunden liegt. Diese Regelung gilt allerdings nicht beim Einsatz von ITS. § 10 Z 2 ITS-Vertrag sieht statt dessen ab Inbetriebnahme von ITS einen Zuschlag von 30% des kollektivvertraglichen Stundenlohnes vor.

D Nach dem deutschen Lohnabkommen für die Druckindustrie betragen die tariflichen **Mindestlöhne** zwischen 543,43 DM und 881,23 DM.[112] Bei einem Vergleich mit den österreichischen Löhnen ist zu beachten, daß der KV Druck eine große Anzahl von Zulagen enthält, die nach Maßgabe der Umstände des Einzelfalles zustehen. Der deutsche MTV Druck sieht im wesentlichen nur Zuschläge für Nachtarbeit, Samstagsarbeit, Sonn- und Feiertagsarbeit und Überstunden vor.

Weiters enthält der KV Druck Ansprüche auf **Sonderzahlungen** in Höhe von zehn Wochenlöhnen pro Jahr, der MTV Druck entsprechende Leistungen in Höhe eines Monatsentgelts zuzüglich eines zusätzlichen Urlaubsgeldes (pro Urlaubstag 50 % des vereinbarten Tagesverdienstes). Weiters besteht nach dem KV Druck nach 25- bzw 35jähriger Betriebszugehörigkeit Anspruch auf ein **Jubiläumsgeld**, dem im MTV Druck keine entsprechende Leistung gegenübersteht. Andererseits sind die deutschen AG verpflichtet, nach einem eigenen TV für die AN monatlich bzw jährlich **vermögenswirksame Leistungen** zu erbringen, die nach den gesetzlichen Vorschriften zu veranlagen sind. Eine gleichartige Verpflichtung besteht nach dem KV Druck nicht.

CH Nach dem Schweizer GAV Druck betragen die monatlichen **Mindestlöhne** zwischen sfr 2244,- und sfr 3558,20 (Stand 1.1.1988). Dazu kommt eine jährliche **Teuerungszulage** für Mindestlöhne und Effektivlöhne jeweils zum 1.Jänner, die sich nach der Veränderung des Indexes der Konsumentenpreise richtet, bis zu einer fixierten Obergrenze (1.1.1988: sfr 5437,-). Interessant ist, daß die niedrigste Mindestlohngruppe für ungelernte weibliche AN gilt. Ihr Mindestlohn wird jährlich um sfr 70,- erhöht, bis der Mindestlohn für männliche ungelernte AN (1.1.1988: sfr 2662,20,-) erreicht ist. Der GAV sieht weiters **Zuschläge** für Überstunden-, Nacht-,

[111] Diese Angaben stammen von Dr. Inmann, Geschäftsführer des Hauptverbandes der graphischen Unternehmungen Österreichs.

[112] Gültig ab 1.4.1991.

Sonn- und Feiertags-, sowie Schichtarbeit vor. Zudem gebührt ein **13. Monatsgehalt**. Ähnlich wie nach dem deutschen MTV Druck ist der AG verpflichtet, zur **Vermögensbildung** der AN beizutragen. Spart der AN monatlich einen Betrag zwischen sfr 25,- und sfr 50,-, hat der AG den gleichen Betrag zu leisten. Das Guthaben kann vom AN erst nach einer vom Lebensalter abhängigen Sparzeit behoben werden.

S Bei der **Entgeltfestsetzung** werden die Verantwortung und der **Schwierigkeitsgrad der Tätigkeit** und die **beruflichen Kenntnisse** des AN in Betracht gezogen. Änderungen dieser Faktoren werden neben anderen Determinanten auch bei Gehaltserhöhungen berücksichtigt. Andere entscheidende Kriterien sind Einsetzbarkeit als Aufsichtsperson, Initiative, fachliche Qualifikationen, Verantwortung für finanzielle Entscheidungen und "Reichtum an Ideen"[113]. Diese Grundsätze sollen so angewendet werden, daß innerhalb des Unternehmens eine Gehaltsstruktur geschaffen werden kann, die im Hinblick auf die Differenzierungen fair ist.

Die Auszahlung erfolgt monatlich, wenn in lokalen CA nichts anderes vereinbart wurde. Das gilt auch für Zeitarbeit, wenn in diesem Fall nicht eine stundenweise Entlohnung als geeigneter betrachtet wird. Das Monatsgehalt wird durch **Prämien** und andere **variable Bestandteile** ergänzt. Das **Mindestgehalt** beträgt nach der Revision 6000 SK für AN unter 18 Jahren, 8300 SK, wenn der AN das 18. Lebensjahr zum 30.12.1990 vollendet hat oder vom ersten Tag des Monat 1991 an, in welchem er dieses Alter erreicht, und 9200 SK, wenn der AN im Jahr 1991 das 22.Lebensjahr vollendet.

Nacht- und Sonntagsarbeit wird stundenweise abgegolten. Wenn nichts anderes lokal vereinbart wurde, so wird ein Zuschlag zum Monatsgehalt bezahlt, der auf den folgenden Sätzen (in SK) beruht:

18 - 24 Uhr, Mo - Fr	15
0-7 Uhr, Mo - Fr	18
18 - 24 Uhr, Fr - So	24
0 - 7 Uhr, Fr - So	28
7 - 18 Uhr, Sa- So	13

Bei der jährlichen Gehaltsanpassung wird der jährliche Durchschnitt an Nacht- und Sonntagsarbeit festgestellt. Diese Zahl wird herangezogen, um den Fixbetrag zu errechnen, der als Entschädigung geleistet wird.[114] Bei Änderungen, die nicht nur kurzzeitig auftreten, können sowohl AN als auch AG eine Neuberechnung verlangen. Zusätzlich zu diesem Zuschlag wird ein Morgenarbeitszuschlag von 32 SK pro Stunde bezahlt, wenn der Arbeitstag zwischen drei Uhr und sieben Uhr morgens beginnt. 280 SK werden pro Tag für Arbeit an Feiertagen bezahlt.

---

113 Begriff wird so im CA verwendet.

114 Die Formel ist (Sonntags- oder Nachtarbeit pro Schichtzyklus mal 4,375) dividiert durch die Anzahl der Wochen pro Schichtzyklus.

Für Vollzeit-AN werden **Überstunden** durch Geld oder Freizeit abgegolten. Wenn die Überstunden zwischen sechs Uhr und 20 Uhr zwischen Mo und Fr (außer an Feiertagen) stattfinden, so wird eine Abgeltung von 1/94 mal dem Monatsgehalt oder 1 1/2 Stunden Freizeit gewährt. Für Überstunden zu allen anderen Tages- oder Nachtzeiten beträgt die Abgeltung 1/72 mal Monatsgehalt oder zwei Stunden Freizeit.

Monatsentgelt eines Facharbeiters im Druckbereich (für Schweden liegen keine Angaben vor), Stand: 1.1.1992

	A	D	CH
Grundlohn	19.625,48 S (B III/TZ)	3295,10 - 3954,12 DM (Lohngruppe V-VII)	3123,90 sfr (gelernte AN)
Überzahlungen	0 - 30%	keine Angaben	keine Angaben
Gehaltssteigerungen nach Dienstjahren	nach 5, 10, 15 Jahren jeweils bis 3% (Überzahlungen werden zum Teil angerechnet)	-	-
nach Berufsjahren	-	-	nach 5 J. 3558,20 sfr
Nachtzuschlag	50% vom Ist-Lohn	23 -52% des Stundenlohnes	50 - 100%
ITS-Zuschlag x)	30% vom KV-Lohn	-	-
Samstagszuschlag	-	30 - 85%	-
Sonntagszuschlag	100% + 100% Freizeit	103% (gestaffelt bis 1995 115%)	100%
Feiertagszuschlag	100% + 100% Freizeit	155% (gestaffelt bis 1995 170%)	200%
Zulage für Arbeitszeitvorverlegung	50%	-	-
Antrittsgebühr bei Sonntagsproduktion	-	8 - 16% des Wochenlohnes (gestaffelt bis 1996 10 - 20%)	-
Mahlzeitenentschädigung	-	-	5 sfr
Zulage für Ruhezeitverkürzung	100%	-	-
Schmutz und Erschwerniszulage	0,5 - 3 Stundenlöhne pro Arbeitstag	9 - 100%	-
Rollenzulage	15% (vom Grundgehalt)	-	-

x) Ab Inbetriebnahme von ITS, ansonsten vgl § 8 Pkt 6 Satz 4 KV-Druck SBTZ

Sonstige Entgeltleistungen - Facharbeiter im Druckbereich

	A	D	CH
Überstundenzuschlag	50%	30 - 75%	25%
Remunerationen	10 Wochenlöhne	1 Monatstariflohn + 50% des Ist-Lohnes pro Tag für jeden Urlaubstag	1 Monatslohn
Abfertigung	2 - 12 Monatshälter	-	-
Betriebspension	-	-	X
Sterbegeld	-	2 - 4 Wochenentgelte	-
Vermögensbildung der AN	-	52,– DM/Monat	25 - 50 sfr/Monat (wenn der AN gleichen Betrag spart)

b) Arbeitszeit

A Auffallend sind in Österreich und Deutschland die für die AN vergleichsweise sehr günstigen Arbeitszeitvorschriften. Die **wöchentliche Arbeitszeit** beträgt nach dem KV Druck grundsätzlich 37 Stunden, bei Tätigkeiten gemäß § 8 Punkt 1 SB TZ **36 Stunden**. Darüber hinaus ist bei den zuletzt genannten Tätigkeiten eine **Viertelstunde der täglichen Pause in die Arbeitszeit einzurechnen**. Bei überwiegender Bildschirmarbeit erhalten solche AN täglich (bezahlte) Vormittags- und Nachmittagspausen von je einer Viertelstunde. Es gilt grundsätzlich die **Sechs-Tage-Woche**.

D Nach dem MTV Druck beträgt die regelmäßige **wöchentliche Arbeitszeit 37 Stunden**, ab 1.4.1995 35 Stunden. In den neuen Bundesländern gilt bis 31.12.1992 noch die 40-Stunden-Woche, danach die 38-Stunden-Woche.

Die Arbeitszeit ist auf **fünf Tage** pro Woche zu verteilen. Nach dieser Maßgabe ist Samstags- und Sonntagsarbeit zur Produktion von Zeitungen, die am Samstag, Sonntag oder Montag erscheinen, zulässig. Dem BR stehen in diesem Fall Mitbestimmungsrechte zu.

CH Der GAV Druck sieht eine **40-Stunden-Woche** vor, die auf **fünf Tage** verteilt werden soll. Die Tagesarbeitszeit soll 8,5 Stunden nicht überschreiten.

S Die Normalarbeitswoche darf im Durchschnitt nicht mehr als **40 Stunden** umfassen. AN, die ein bestimmtes Ausmaß **Nacht- oder Sonntagsarbeit** verrichten, haben eine 38- bzw 36-Stunden-Woche. Innerhalb eines Durchrechnungszeitraums von zwei Wochen soll die Tagesarbeitszeit durchschnittlich acht 1/2 Stunden bei Fünf-Tage-Woche nicht überschreiten, wenn nicht durch lokalen CA anderes bestimmt ist. Der AN soll **36 Stunden Ruhezeit** an denselben Tagen innerhalb der

Woche genießen, ist dies nicht möglich, muß eine gleichwertige Vereinbarung getroffen werden. Nach der Tagesarbeitszeit bzw den Überstunden ist eine **tägliche Ruhezeit von zehn Stunden** zu gewährleisten. Wenn im Arbeitszeitplan Arbeit zwischen 2.30 Uhr und 5.00 vorgesehen werden soll, müssen die Produktionsinteressen gegen die gerechtfertigten Interessen der AN abgewogen werden. Arbeit an Feiertagen muß mit anderen freien Tagen abgegolten werden. Die Arbeitszeit für Teilzeit-AN soll nicht unter 18 Wochenstunden fallen, es sei denn, es ist auf lokaler Ebene anderes vereinbart.

Wochenarbeitszeit der Drucker bei Tageszeitungen im Vergleich:

A	D (alte Bl.)	D (neue Bl.)	CH	S
36 (34,5 bei Einrechnung der bezahlten Pausen)	**37** (35 ab 1.4.1995)	**40** (38 ab 1.1.1993)	**40**	**40 (38/36)**

5. Einzelfragen

5.1 Kettenarbeitsverhältnisse

Neben der Beschäftigung von freien Mitarbeitern ist der Abschluß von (allenfalls mehrmals) **befristeten AV** ein Mittel zur Erhöhung des Flexibilitätspotentials der Unternehmen. In keinem Vergleichsland ist jedoch die Aneinanderreihung von befristeten AV unbeschränkt zulässig, weil damit der Bestandschutz des AN umgangen werden kann. Während früher kurzfristige AV zudem bestimmte Ansprüche (wie zB Urlaub, in Österreich auch Abfertigung) gar nicht erst entstehen ließen, sind diese Nachteile für AN mit befristeten Verträgen hingegen mittlerweile durch entsprechende Anrechnungs- und Zusammenrechnungsregeln zumeist beseitigt (vgl etwa für Österreich §§ 2 Abs 3 UrlG, 23 Abs 1 AngG, ebenso ArbAbfG).

5.1.1 Österreich

5.1.1.1 Allgemein

A Nach ständiger Rechtsprechung ist die **Aneinanderreihung von befristeten AV** - sofern keine sondergesetzliche Regelung wie etwa im SchauspG oder RFG besteht - nur dann zulässig, wenn **besondere wirtschaftliche oder soziale Gründe** dies rechtfertigen.[115] Die Beweislast für das Vorliegen eines sachlichen Grundes trägt der AG.[116]

Die dogmatische Grundlage für die Eingriffe in die Möglichkeit, befristete AV gültig zu vereinbaren, ist nach wie vor unklar. Ursprünglich wurde nur bei Umgehungsabsicht des AG (die zu beweisen war) eingegriffen, später wurde das Kettenarbeitsvertragsverbot mit der Fürsorgepflicht, dann mit dem Grundsatz des Sozialstaates begründet.[117] In den letzten Urteilen scheint der OGH davon auszugehen, daß eine mehrfache Befristung den Schluß zuläßt, daß eine Umgehung des Bestandschutzes bezweckt war. Der AG kann durch die Darlegung wirtschaftlicher oder sozialer Gründe für die Befristung diesen Anscheinsbeweis entkräften.[118]

Als Folge der unzulässigen Befristung wird das **AV im großen und ganzen wie ein unbefristetes AV betrachtet**.

Teilt der AG dem AN mit, daß sein Arbeitsvertrag nicht verlängert werde, so gilt dies als Beendigungserklärung. Ist noch ausreichend Zeit, die Kündigungsfrist verstreichen zu lassen, so handelt es sich um eine ordnungsgemäße Kündigung. Gibt der AG die Nichtverlängerung erst unmittelbar vor Ablauf der Frist bekannt, so liegt eine vorzeitige ungerechtfertigte Auflösung des Arbeitsvertrags vor und der AN hat Anspruch auf Kündigungsentschädigung.[119] Lehnt der AN die Weiterverlängerung ab, so endet das AV durch Zeitablauf.[120]

Die **Sachlichkeitsprüfung erfolgt schon bei der zweiten Befristung**[121], wobei es aber nicht nötig ist, daß die AV unmittelbar aneinander anschließen.[122]

Es genügt, daß der zeitliche und wirtschaftliche Zusammenhang der einzelnen Verträge so eng ist, daß durch die gewählte Form der Verträge sich der AG die Arbeitskraft des Dienstnehmers praktisch auf unbestimmte Zeit gesichert hat. In einer späteren Entscheidung stellte der OGH überhaupt nicht mehr auf einen zeitlichen oder wirtschaftlichen Zusammenhang ab, sondern nur mehr auf die Tatsache, ob bei mehreren Arbeitsverträgen mit Unterbrechungen die Merkmale vorliegen, aus denen auch Kettenverträge als unzulässig angesehen werden müssen.[123]

---

115 Vgl Arb 3902, 5288, 5823, 6055, 7595, 7715, 8635, 10149 = DRdA 1985, 126, DRdA 1987, 210.

116 ZAS 1974, 57.

117 Vgl dazu *Schrank*, Fortbestand des AV 245, *Miklau*, ZAS 1974, 43.

118 Vgl *Pfeil*, DRdA 1985, 126; weiters *Erd*, ZAS 1970, 15; *Haslinger*, ZAS 1973, 63; *Krejci* in *Rummel*, ABGB, Rz 44 zu § 879 ABGB, Rz 13 ff zu §§ 1158 ff ABGB; *Massl*, DRdA 1987, 213; *Mayer-Maly* in FS *Strasser*, 1983, 87; *Pfeil*, DRdA 1987, 454; *Schrammel*, RdW 1986, 347; *Tomandl*, ZAS 1982, 18.

119 Arb 5823, 8003, ZAS 1974/8, 57.

120 Arb 10527.

121 ZAS 1974/8, 57; Arb 6829.

122 Arb 7595, 8611, ZAS 1970/1, 13.

123 Arb 6344, 7595.

Was als **wirtschaftlicher Grund** zu betrachten ist, wird von der Judikatur jeweils ad hoc entschieden. Das **objektiv vorhersehbare Ende des Arbeitsbedarfes (insbesondere bei Saisonarbeiten)** kann jedenfalls einen solchen wirtschaftlichen Grund darstellen.

So wurden die hintereinander folgenden Saisonverträge eines Dirigenten bei einer Rundfunkgesellschaft als (zulässige) Verträge auf bestimmte Zeit qualifiziert, weil die Spielzeit im Theater- und Musikleben erfahrungsgemäß von September bis Juni dauere und in diesen Monaten daher regelmäßig kein Arbeitsbedarf bestehe. Die Programmgestaltung müsse jedoch auf den Arbeitsbedarf Rücksicht nehmen und es sei ihr daher zuzubilligen, daß deshalb befristete Dienstverhältnisse abgeschlossen würden. Bei der Beurteilung käme es außerdem auf die Besonderheiten des in Betracht kommenden Lebenskreises künstlerischer Darbietungen und Dienste an, die es jedenfalls wirtschaftlich und sozial unbedenklich erscheinen ließen, auch für mehrere aufeinanderfolgende Saisonen befristete Verträge abzuschließen, ohne daß dadurch die Wirkung eines einheitlichen Dienstverhältnisses auf unbestimmte Zeit erzielt wird. Es läge auch im Interesse des AN, zu wissen, daß er in den Sommermonaten frei für andere künstlerische Engagements zur Verfügung stehe. Überdies sei ein Unterschied in der Behandlung der Kapellmeister, die dem SchauspG unterliegen (das mehrmalige Befristungen zuläßt) und der anderen bei der Ähnlichkeit der Tätigkeitsmerkmale nicht einzusehen.[124]

Die **bloße Unsicherheit der Auftragslage** hingegen reicht nicht aus, um die Zulässigkeit aufeinander folgender Arbeitsverträge zu rechtfertigen, ebenso wenig die **Branchenüblichkeit von Kettendienstverhältnissen**.[125] Daher wurde die Aneinanderreihung von mit dem Ablauf von Kalenderjahren befristeten Dienstverhältnissen eines Produktionsleiters in der Filmbranche als einheitliches Dienstverhältnis betrachtet. Insbesondere wurde hervorgehoben, daß in diesem Fall die Tätigkeit des Betroffenen ja nicht auf ein oder mehrere Filmvorhaben beschränkt gewesen sei, sondern allgemein seine Mitwirkung bei der Produktion von Filmen innerhalb einer bestimmten Zeit vereinbart war. Auch die Branchenüblichkeit sei nicht geeignet, das Fehlen sachlicher, objektiv gerechtfertigter Gründe zu ersetzen. Im Gegenteil spreche die lückenlose Aneinanderreihung dafür, daß daß der AG den AN an sich für unbestimmte Zeit benötige, aber mit der Vereinbarung befristeter Dienstverhältnisse dem Entstehen von Rechten des AN im Hinblick auf die Kündigungsfristen und anderes vorbeugen wolle. Ob eine Befristung mit der **Realisierung bestimmter Projekte** zulässig wäre, hat der OGH offen gelassen.

Schon anhand dieser beiden Beispiele zeigt sich, daß es an klaren Kriterien für das Vorliegen eines sachlichen Befristungsgrundes fehlt. In beiden Fällen handelt es sich um Berufe mit grundsätzlich unterschiedlichem Arbeitsanfall. Treten die Arbeitspausen regelmäßig auf, so ist die Befristung gerechtfertigt, weil die Disposi-

---

124 Arb 7595.

125 Arb 5823, Arb 8003.

tionsmöglichkeiten des AG gewahrt werden sollen, ist dies nicht der Fall, so ist dem AG verwehrt, die Arbeitsverträge nach Bedarf zu verlängern oder auslaufen zu lassen. Womit es zu begründen ist, daß sich im zweiten Fall mit zunehmender Dauer des AV die Kündigungsfristen verlängern und schließlich der allgemeine Kündigungsschutz zur Anwendung kommt, während im ersten Fall der AN diese Vorteile nicht genießt, erscheint nicht klar. Zusätzliche Wertungswidersprüche treten auf, wenn man die sondergesetzlichen Ausnahmen vom Kettenarbeitsvertragsverbot[126] (die sich vor allem auf künstlerische oder kreative Berufe beziehen) in die Betrachtung mit einbezieht.

Erfolgt die Befristung bzw befristete Verlängerung des Arbeitsvertrages auf **Wunsch des AN**, so kann natürlich nicht von der Umgehung des Bestandschutzes gesprochen werden[127]. Andererseits muß in Betracht gezogen werden, daß der AN üblicherweise noch lieber einen befristeten Arbeitsvertrag schließt als gar keinen, wenn ein unbefristeter Vertrag nicht abgeschlossen werden kann. Der Wunsch des AN, den Arbeitsvertrag zu erhalten, reicht für die Rechtfertigung eines Kettendienstvertrages nicht aus.[128]

Als sachlicher Grund für eine dritte Befristung wurde angesehen, wenn das AV **Erprobungszwecken** dient und die Leistung des AN unterdurchschnittlich war.[129]

Die Judikatur hat insbesondere deshalb die Kritik der Lehre hervorgerufen, weil die Aneinanderreihung von Befristungen von ihrem Zweck her nur dann verboten sein soll, wenn der Bestandschutz des AN konkret gefährdet wird. Der Bestandschutz ist dann nicht umgangen, wenn der **Zeitablauf durch die Befristung später eintritt als die Beendigung durch Kündigung, wenn am Tag der Befristungsvereinbarung ordnungsgemäß gekündigt worden wäre** und der AN **nicht dem allgemeinen**[130] oder **besonderen Kündigungsschutz** unterliegt.[131] Genau das wird vom OGH jedoch nicht geprüft.

Wegen der mangelnden Praktikabilität der Sachlichkeitsprüfung wird von Teilen der Lehre, bislang jedoch nicht von der Judikatur, eine andere Theorie befürwortet, die bloß auf die objektive Umgehung abstellt.[132] Nach dieser Theorie kommt es auf die objektive Funktionswidrigkeit des Rechtsgeschäfts an, die immer dann gegeben ist, wenn dadurch der Zweck zwingender Normen (zB des Kündigungsschutzes) objektiv verletzt wird. Im Ergebnis führt dies dazu, daß nicht nur zu prüfen

---

126 S unten 5.1.1.2.

127 Arb 5888.

128 *Krejci* in *Rummel*, Rz 15 zu § 1158 ABGB; OGH 15.6.1988 = RdW 1989, 31.

129 Arb 10149 = DRdA 1985/7, 126; vgl zum AV zur Probe auch ZAS 1973, 60 mit Anmerkung von *Haslinger*.

130 Beispielsweise deshalb, weil er in einem Betrieb mit weniger als fünf ständigen über 18jährigen AN tätig ist oder noch nicht sechs Monate im Betrieb beschäftigt wird.

131 *Schrank*, Fortbestand des AV, 247; *Miklau*, ZAS 1974, 46f.

132 *Pfeil*, DRdA 1985, 128; aufbauend auf *Kramer*, DRdA 1973, 159.

ist, ob die vorliegende Befristung geeignet ist, den Kündigungsschutz zu unterlaufen, sondern auch, ob sie es im konkreten Fall auch tut. Es muß daher entschieden werden, ob es bei Anwendung des § 105 ArbVG zur Beendigung des AV gekommen wäre. Dies ist zum Beispiel dann nicht der Fall, wenn (Kündigungs)Gründe in der Person des AN oder betriebliche Interessen die Interessen des AN am Erhalt des Arbeitsplatzes überwiegen. Auf etwaige soziale oder wirtschaftliche Gründe für eine Befristung käme es demnach nicht mehr an.

Die Befristung von Arbeitsverträgen mit ausländischen AN ist nach einem Urteil des OGH zulässig, wenn eine Beschäftigungsbewilligung eingeholt werden muß.[133] Ob die Notwendigkeit der Beschäftigungsbewilligung den Abschluß befristeter Verträge rechtfertigt, wurde von der Lehre bezweifelt, zumal es dem AG möglich ist, so rechtzeitig eine Beschäftigungsbewilligung zu beantragen, daß bei Nichtgewährung auch die Kündigungsfrist eingehalten werden kann.[134] Nunmehr spricht auch § 7 Abs 8 AuslBG, der die Wirkungen der Nichtverlängerung erst mit dem Zeitpunkt eintreten läßt, der sich aus den die Rechte des Ausländers schützenden Gesetzen und kollektivvrechtlichen Normen ergibt (also etwa dem Ablauf der Kündigungsfrist), dafür, daß der nötige Antrag auf Beschäftigungsbewilligung kein zulässiger Befristungsgrund sein kann.

5.1.1.2 Sondergesetzliche Regelungen

Mehrere **arbeitsrechtliche Gesetze** sehen (weitergehende) **Befristungsmöglichkeiten** vor.[135] Im gegenständlichen Zusammenhang erscheint jedoch nur die Regelung des **§ 17 Abs 5 RFG** einer näheren Betrachtung wert.

Gem § 17 Abs 5 RFG können mit den **journalistischen und programmgestaltenden Mitarbeitern des Österreichischen Rundfunks**, deren vereinbarte oder tatsächlich geleistete Arbeitszeit während eines Zeitraums von sechs Monaten im Monatsdurchschnitt nicht mehr als vier Fünftel des 4,3fachen der durch Gesetz oder KV vorgesehenen wöchentlichen Normalarbeitzeit beträgt, befristet Arbeitsverträge ohne zahlenmäßige Begrenzung und unmittelbar hintereinander abgeschlossen werden, ohne daß dadurch ein AV auf unbestimmte Zeit entsteht.

Der ORF als AG hat jedoch die Verpflichtung, dem AN die Absicht, ein weiteres befristetes Dienstverhältnis nicht abzuschließen, schriftlich unter Beachtung bestimmter Fristen mitzuteilen. Erfolgt diese Mitteilung nicht rechtzeitig, hat der Mitarbeiter Anspruch auf Entschädigung, das AV endet jedoch am vorgesehenen Endtermin. Außerdem hat ein Mitarbeiter, dessen AV nicht verlängert wird, Anspruch auf Abfertigung, wenn sich die befristeten AV ab Beginn des ersten AV

133 OGH/DRdA 1987, 12, 210.

134 *Maßl*, DRdA 1987, 213.

135 So die §§ 14 Abs 1 BAG, 29 Abs 1,2 SchauspG, 18 Abs 1 HausbG, 13 Abs 1 HausgG ua.

mit oder ohne Unterbrechung über einen Zeitraum von fünf Jahren erstrecken. Sowohl die Entschädigung als auch die Abfertigung werden nach Prozentsätzen des zuletzt bezogenen Entgelts berechnet.

Demgegenüber bleibt es für die **Printmedien bei der allgemeinen, oben ausgeführten Rechtslage.**

Die Unterschiede in der rechtlichen Behandlung der befristeten Arbeitsverträge verschiedener Berufsgruppen bieten nach der Ansicht einzelner Autoren Anlaß für **verfassungsrechtliche Bedenken**.[136]

In der BRD, soviel vorweg, gründet die gleichermaßen bestehende Differenzierung bei der Zulässigkeit von Befristungen zwischen Mitarbeitern der Print- und der audivisuellen Medien auf die **bundesverfassungsgerichtliche Sicht der Rundfunkfreiheit**. Ob sie zum gegenwärtigen Zeitpunkt noch geeignet ist, diese unterschiedliche Behandlung zu tragen, wird unten näher beleuchtet. In Österreich ist die Situation insofern anders, als das ORF-Monopol nach wie vor besteht und daher innerhalb dieser Institution und **gemäß dem gesetzlichen Programmauftrag die nötige Programmvielfalt erzielt werden muß**, was nach Ansicht des Gesetzgebers eine ausreichende **Flexibilität bei der Beschäftigung der Mitarbeiter** voraussetzt.[137]

Ungeachtet dessen wäre jedoch zu prüfen, ob dieser Umstand geeignet ist, diese Ausnahmestellung von den allgemeinen Grundsätzen des Arbeitsrechtes zu rechtfertigen bzw ob nicht andere, gleichwertige Umstände Sonderregeln für andere Berufsgruppen, die zur Zeit den allgemeinen Bestimmungen unterliegen, erfordern.

5.1.2 Deutschland

D Auch in der Bundesrepublik gibt es reiche Judikatur zu Fragen der **befristeten Dienstverhältnisse**. Im Unterschied zu Österreich kommt es bei der Beurteilung der Zulässigkeit jedoch nicht auf die Zahl der aufeinander folgenden Befristungen an, sondern auf die Frage, ob die (uU auch nur einmalige) Befristung aus sozialstaatlichen Gesichtspunkten zu vertreten ist.

5.1.2.1 Allgemein

Außerhalb des Anwendungsbereichs des BeschFG[138] ist nach der Rechtsprechung des BAG eine **Befristung dann nicht rechtswirksam**, wenn dadurch der **Kündigungsschutz vereitelt** wird und für die Befristung als solche oder für ihre Dauer nach der Auffassung verständiger und verantwortungsbewußter Vertragspartner, die

136 *Mayer-Maly*, in FS *Strasser* 87.

137 Materialien zur RFG-Novelle 1982, 964 BlgNR XV.GP.

138 Vgl unten 5.1.2.2

auf die sozialen und wirtschaftlichen Verhältnisse beider Vertragspartner Rücksicht nehmen, **kein sachlich gerechtfertigter Grund** besteht.[139] Dagegen ist die Befristung von freien Mitarbeiterverhältnissen oder von Verträgen arbeitnehmerähnlicher Personen unbeschränkt möglich.[140]

Eine Befristung des AV mit der Erreichung einer Altersgrenze ist unter bestimmten Voraussetzungen unbedenklich, insbesondere auch die in den TV vorgesehene Befristung mit Erreichung des 65. Lebensjahres[141].

Sachliche Gründe sind dann anzunehmen, wenn für die Befristung wirtschaftliche oder soziale Gründe beider Vertragspartner oder auch nur einer Partei sprechen.[142] Der sachliche Grund muß im Zeitpunkt des Vertragsschlusses vorliegen.[143] Die Befristung wird danach beurteilt, ob sie **aus rechtlich billigenswerten Gründen branchenüblich** nach den Umständen des Einzelfalles **angemessen** ist oder - bei Befristung nur für einen Teil der AN - eine berechtigte, für sie **durchschaubare Regel** besteht. Ist die Befristung auch dem Grunde nach gerechtfertigt, so darf sie nicht die **angemessene Dauer** überschreiten. Die Angemessenheit ist an den sachlichen Gründen für die Befristung, der Üblichkeit und den Umständen des Einzelfalles zu messen.

Der allgemeine Kündigungsschutz hängt von der Dauer der Beschäftigung im Betrieb (der mehr als fünf AN beschäftigt) ab und beginnt daher erst nach Ablauf von sechs Monaten. Liegen die **Voraussetzungen der Anwendung des KSchG oder des besonderen Kündigungsschutzes** (Mütter, Schwerbehinderte, etc) **nicht vor, so ist die Befristung wirksam,** auch wenn es keinen sachlichen Grund gibt. Befristungen unter sechs Monaten sind daher zulässig. Auch eine während des Verlaufs eines zulässig befristeten AV eintretende Schwangerschaft ändert nichts am Recht des AG, sich auf den Ablauf der Befristung zu berufen.

Die sachlichen Gründe können mittlerweile in **Fallgruppen** zusammengefaßt werden. Im Streitfall (eine Feststellungsklage ist bereits nach Abschluß des befristeten AV zulässig) wird seit einer Judikaturänderung im Jahr 1985 nur mehr die Sachlichkeit der letzten Befristung geprüft.[144] Bei mehrfacher Befristung steigen jedoch

---

139 Vgl allgemein *Schaub*, Arbeitsrechts-Handbuch, 190; *derselbe*, BB 1988, 2253; *Wilmes*, AuA 1991, 61; *Sowka*, DB 1988, 2457; *Schwerdtner* in MünchKomm, § 620 BGB; BAG AP Nr 54, 64, 87, 88 zu § 620 BGB.

140 *Schwerdtner* in MünchKomm, Rz 8 zu § 620 BGB; BAG DB 1984, 2203.

141 *Schaub*, Arbeitsrechts-Handbuch 193; mit Hinweis auf die Judikatur des BAG.

142 BAG AP 23 zu § 620 BGB.

143 BAG AP Nr 23 zu § 620 BGB; *Löwisch*, Jahrbuch Bd 21, 19; *Schwerdtner* in MünchKomm, Rz 24 zu § 620 BGB.

144 EzA Nr 76; kritisch *Klevemann/Ziemann*, DB 1989, 2608.

die Anforderungen an diesen Befristungsgrund.[145] Die Beweislast für das Vorliegen eines sachlichen Grundes trägt der AG.[146]

Zulässig sind im allgemeinen
* Befristungen auf **Wunsch des AN**[147]
* Befristungen zum Zweck der **Erprobung** des AN bis zu idR sechs Monaten[148]
* Befristungen bei Wahrnehmung bloß **vorübergehender Aufgaben** (zB Aushilfstätigkeiten, Karenzvertretungen, Saisonarbeiten, Inventuraufnahmen, die befristete Finanzierung der Stelle durch Dritte, etc), nicht aber wenn bloß die **Konjunktur- oder Absatzentwicklung** nicht ausreichend beurteilt werden kann[149]
* Befristungen in bestimmten Branchen, bei denen wegen des Abwechslungsbedürfnisses oder Publikumsgeschmacks Zeitarbeitsverträge abgeschlossen werden müssen (**Unterhaltungsgewerbe, bestimmte Bereiche der Medien**)[150]
* bestimmte Befristungen aus **sozialen Gründen** (zur Erleichterung des Übergangs in ein anderes AV)[151] und im öffentlichen Dienst[152].

---

145 BAG AP 100, 103 zu § 620 BGB; AP 4 zu § 620 BGB Hochschule.

146 So die überwiegende Rechtsprechung, Nachweise bei *Schwerdtner* in MünchKomm, Rz 85 zu § 620 BGB.

147 BAG AP Nr 38, 68, 91; dabei muß vorausgesetzt werden, daß die Entscheidungsfreiheit des AN unbeeinträchtigt war. Das BAG verlangt daher in der Praxis, daß zum Zeitpunkt des Abschlusses objektive Anhaltspunkte vorliegen, aus denen man schließen kann, daß der AN ein Interesse an einer befristeten Beschäftigung hat (zB familiäre Verpflichtungen, noch nicht abgeschlossene Ausbildung).

148 BAG AP 28, 45, 56, 61 zu § 620. Eine Verlängerung der üblichen Probezeit ist nach Ansicht des BAG dann zulässig, wenn der AN seit Jahren nicht mehr in dem erlernten Beruf tätig war. Auch bei künstlerischer oder wissenschaftlicher Tätigkeit wurden bereits längere Probezeiten anerkannt. Die Befristung zum Zwecke der Erprobung muß jedenfalls Vertragsinhalt werden. Das bloß erkennbare Motiv der Erprobung durch den AG genügt nicht, vgl dazu BAG AP Nr 61 zu § 620 BGB.

149 BAG AP Nr 46, 52, 60, 97 zu § 620 BGB. Die Befristung ist nur dann wirksam, wenn eine begrenzte Arbeitsaufgabe vorliegt, deren Ende konkret und zuverlässig absehbar ist (zB ein bestimmtes Projekt), nicht aber, wenn der zukünftige Bedarf nicht vorausgesehen werden kann. Auch Aushilfs-AV können befristet abgeschlossen werden. Nebentätigkeiten wie die eines Zeitungsausträgers oder studentischer Hilfskräfte können regelmäßig befristet werden; vgl *Schwerdtner* in MünchKomm, Rz 38 zu § 620 BGB. Die Befristung zu Vertretung oder Aushilfe bei Erkrankung ist nur dann wirksam, wenn die Rückkehr in überschaubarer Zeit liegt. Wenn auf diese Weise jedoch mehrere Zeitverträge jeweils zur Vertretung geschlossen werden und jeweils bei Abschluß des Vertrages eine über den Endtermin der Befristung hinausgehende Beschäftigung bereits vorgesehen war, liegt ein Fall der nicht zu billigenden Dauervertretung vor, vgl BAG DB 1985, 2152.

150 Vgl *Schwerdtner* in MünchKomm, Rz 58 zu § 620 BGB; BAG AP Nr 11, 26 zu § 611 BGB, AP 144 zu § 242 BGB. Der Abschluß von befristeten AV mit den programmgestaltenden Mitarbeitern einer Rundfunkanstalt ist zulässig. S dazu sogleich unten.

151 Vgl *Schaub*, Arbeitsrechts-Handbuch 198; BAG AP Nr 54, 60, zuletzt 91 zu § 620 BGB. Nach der jüngsten Rechtsprechung können soziale Motive nur dann als die Befristung

Was die besonderen Bedürfnisse der Medien nach Zeitarbeitsverträgen betrifft, so wurde die Rechtsprechung des BAG zum Arbeitsvertrag von Rundfunkmitarbeitern durch die im Kapitel 2.2.1 bereits erwähnte Entscheidung des BVerfG im Jahr 1982 relativiert, als eine Reihe von vom BAG positiv entschiedenen Feststellungsklagen (auf Bestehen eines unbefristeten AV) von ständigen freien Mitarbeitern einer Rundfunkanstalt vom BVerfG aufgehoben wurden. Geändert hat sich aber letztlich nicht die Rechtsprechung zum AN-Begriff an sich - das BAG sah keine Veranlassung, hinsichtlich der Abgrenzung von AN zu freien Mitarbeitern von seiner Rechtsprechung abzuweichen und für den Bereich der Rundfunkanstalten besondere, vom allgemeinen Arbeitsrecht abweichende Kriterien zu entwickeln. Vielmehr wurde auf die **Rundfunkfreiheit im Rahmen der Prüfung der Zulässigkeit (mehrmals) befristeter AV** Rücksicht genommen, mit dem Ergebnis, daß eine Aneinanderreihung von befristeten AV mit programmgestaltenden Mitarbeitern des Rundfunks idR zulässig ist.

Der Entscheidung des BVerfG lag folgender Sachverhalt zugrunde: Der WDR hatte elf Verfassungsbeschwerden erhoben, die zwölf Mitarbeiter betrafen. In allen Fällen hatte das BAG entgegen den vertraglichen Abmachungen den Festanstellungsklagen der freien Mitarbeiter stattgegeben und ihre AN-Eigenschaft festgestellt. Die entsprechenden Urteile wurden vom BVerfG als verfassungswidrig aufgehoben. Dabei führt es an, der 5. Senat des BAG hätte die verfassungsrechtliche Lage nicht erkannt. Das Arbeitsrecht sei im Lichte des Art 5 Abs 1 Satz 2 GG auszulegen. Das BAG habe unterlassen, zu prüfen, ob die Maßstäbe, nach denen es das Bestehen eines unbefristeten Arbeitsvertrags für die freien Mitarbeiter beurteile, mit der Rundfunkfreiheit vereinbar seien.

In den Gründen führte das BVerfG unter anderem aus: Aufgabe des Rundfunks sei es, in möglichster **Breite und Vollständigkeit zu informieren**; er gebe dem einzelnen und den gesellschaftlichen Gruppen Gelegenheit zu meinungsbildendem Wirken und sei selbst an der Meinungsbildung beteiligt. Das **Vielfaltsgebot**, das die Rundfunkanstalten zu beachten hätten (nicht jedoch die Presse, die die verfassungsrechtliche Freiheit habe, die Grundrichtung einer Zeitung unbeinflußt zu bestimmen[153] setze auch voraus, daß die Sendungen von Personen gestaltet werden, die in der Lage sind, die gebotene Vielfalt in das Programm einzubringen. Es sei also Aufgabe der Rundfunkanstalten, ihren Aufgaben und den Erfordernissen ihres Pro-

rechtfertigende sachliche Gründe gelten, wenn das Interesse des AG, aus sozialen Erwägungen mit dem betreffenden AN nur einen befristeten Arbeitsvertrag zu schließen, auch angesichts des Interesses des AN an unbefristeter Beschäftigung schutzwürdig ist. Das ist zu bejahen, wenn es ohne einen Überbrückungszweck (Überwindung von Übergangsschwierigkeiten) überhaupt nicht zum Abschluß eines Arbeitsvertrages gekommen wäre. Die Interessen des AN müssen beim Abschluß im Mittelpunkt des Interesses gestanden sein, nicht die betrieblichen Erfordernisse.

152 Vgl *Schwerdtner* in MünchKomm, Rz 62 ff zu § 620 BGB.

153 BVerfGE 5, 283 = NJW 1980, 1093.

grammauftrages durch den Einsatz von für die jeweilige Aufgabe qualfizierten Mitarbeitern gerecht zu werden. Dazu wären sie nicht in der Lage, wenn sie ausschließlich auf ständige feste Mitarbeiter angewiesen wären, welche unvermeidlich nicht die ganze Vielfalt der in den Sendungen zu vermittelnden Inhalte wiedergeben und gestalten könnten. Sie müssen daher auf einen **breit gestreuten Kreis geeigneter Mitarbeiter** zurückgreifen können, was seinerseits voraussetzen kann, daß diese nicht auf Dauer, sondern **nur für die Zeit beschäftigt werden, in der sie benötigt werden**.

Dieser grundrechtliche Schutz der Bestimmung über das Rundfunkpersonal beschränke sich auf den Kreis von Rundfunkmitarbeitern, die an Hörfunk- und Fernsehsendungen inhaltlich gestaltend mitwirken. Als programmgestaltende Mitarbeiter werden typischerweise diejenigen bezeichnet, die ihre eigene Auffassung zu politischen, wirtschaftlichen, künstlerischen und anderen Sachfragen, ihre Fachkenntnisse und Informationen, ihre individuelle künstlerische Befähigung und Aussagekraft in die Sendungen einbringen.[154]

Im Anschluß daran stellte sich die Frage, ob die Rundfunkfreiheit im Wege der Auslegung schon bei der **Unterscheidung zwischen AN und freiem Dienstnehmer** zu berücksichtigen sei, oder nur für die **Frage der Zulässigkeit der Aneinanderreihung von AV.**

In den dem BVerfG-Beschluß folgenden Entscheidungen des BAG zum Problembereich der ständigen freien Mitarbeiter hat das BAG an seinen bisherigen Grundsätzen zur Abgrenzung der freien von den angestellten Mitarbeitern festgehalten. Diese Möglichkeit blieb dem BAG erhalten,[155] weil das BVerfG ausdrücklich festgestellt hatte, daß die Zuordnung der Rundfunkfreiheit einerseits, der verfassungsrechtlich legitimierten Schutzzwecke des Arbeitsrechts andererseits im konkreten Fall Aufgabe der zuständigen Fachgerichte sei. Das BVerfG könne sie nicht durch eine eigene Bestimmung ersetzen, es sei ihm verwehrt, die Grenze zwischen Voll- und Teilzeitbeschäftigung in einem AV und freier Mitarbeit selbst zu ziehen.

Der Beschluß des BVerfG führte daher (bloß) zu einer Erweiterung der Befristungsmöglichkeiten von Arbeitsverträgen in der Judikatur der Arbeitsgerichte. Der Rundfunkfreiheit sei demnach Genüge getan, wenn den Rundfunkanstalten das Recht eingeräumt werde, selbst zu entscheiden, ob sie einen Mitarbeiter auf Dauer oder nur befristet einsetzen wollen.

Eine **lang andauernde (wiederkehrende) Beschäftigung** bei einem Rundfunkunternehmen könne aber auch ein Indiz dafür sein, daß **kein Bedürfnis nach**

---

154 Vgl AP 44 zu § 611 BGB.

155 Ebenso *Löwisch*, Beiträge zum Rundfunkrecht, Heft 29, 1983, 16 mwN; *Konzen/Rupp*, EzA Art 5; *Lieb*, in FS *Hilger und Stumpf*, 433; *Otto*, AuR 1983, 1; Gegenteiliger Ansicht *Rüthers*, RdA 1985, 129. In Bestätigung der oberstgerichtlichen Judikatur jüngst wieder LAG München, 5.12.1990, AfP 2/92, 560.

Mitarbeiterwechsel bestehe, während die soziale Schutzbedürftigkeit des Betroffenen wachsen könne.

Die Zulässigkeit der Befristung hängt nach Ansicht des BAG ua von der Gesamtdauer der wiederkehrenden Beschäftigungen ab. Wer über Jahre hinaus, auch mit Unterbrechungen, immer wieder in derselben Funktion beschäftigt wird, befindet sich in einem unbefristeten AV. Gegen die Annahme eines unbefristeten Arbeitsvertrages spricht jedoch ein hohes Ausmaß der Eigeninitiative und Gestaltungsfreiheit[156] bei den einzelnen Projekten, für die der Betreffende engagiert wurde. Je höher das Ausmaß der "spezifischen künstlerischen Kreativität", desto eher ist eine Befristung zu rechtfertigen. Damit verbunden ist meist ein hohes Entgelt für die betreffende Leistung. Überschreitet die Abgeltung bei weitem die Höhe der üblichen Gehälter für unbefristet beschäftigte AN,[157] so ist die soziale Schutzwürdigkeit des Empfängers nicht gegeben und die Befristung zulässig.

Ob in Zukunft eine Übertragbarkeit der Rechtsprechung auf die Printmedien möglich ist, kann nicht abschließend beurteilt werden. Art 5 Abs 1 Satz 2 ("Die Pressefreiheit und die Freiheit der Berichterstattung durch Rundfunk und Fernsehen werden gewährleistet.") nennt beide angesprochenen Freiheiten in einem Satz. Das BVerfG geht davon aus, daß ein "Mindestmaß von inhaltlicher Ausgewogenheit, Sachlichkeit und gegenseitiger Achtung" in beiden Bereichen zu gewährleisten ist, da Art 5 Abs 1 Satz 2 GG auch als Schutzrecht für eine faire und demokratische Meinungs- und Willensbildung zu betrachten sei.[158] Es seien daher von seiten des Gesetzgebers - wenn notwendig - (ua organisationsrechtliche) Maßnahmen zugunsten eines ausgewogenen Gesamtangebots zu treffen[159]. Während im **Printmedienbereich** die **demokratische Ausgewogenheit** des Gesamtprogramms (durch alle vorhandenen Betreiber) **als automatisch vorhanden unterstellt** wird (sog "außenpluralistisches Modell"), erfordert die Absicherung der **Rundfunkfreiheit** im oben dargestellten Sinn in gewissem Ausmaß **staatliche Ordnungspolitik** ("Binnenpluralismus")[160] (wie in unserem Fall offenbar auch eine differenzierte Interpretation arbeitsrechtlicher Schutzvorschriften). Begründet wird dieser Standpunkt mit zwei maßgeblichen Unterschieden zur Presse: die Rundfunkanstalten hätten, wenn nicht Monopol-, so doch **Oligopolstellung**, einerseits, weil die **finanziellen Mittel** für das Betreiben einer Rundfunk- oder Fernsehanstalt von Privaten kaum aufzubringen seien, andererseits weil die **Beschränktheit der Übertragungskapazitäten** (sog "Wellenknappheit") die Zahl der Betreiber begrenze.

Diese Prämissen sind jedoch bei der gegenwärtigen Entwicklung der Medienlandschaft kaum aufrecht zu halten. Zunächst haben die technischen Entwicklungen

---

156 AP 43 zu § 611 BGB.

157 AP 43 zu § 611 BGB.

158 *Maunz-Dürig*, Rz 215 c zu Art 5 GG.

159 Vgl zB *Degenhardt*, Bonner Kommentar (Zweitbearb), Art 5, Rz 81 ff, Rz 98 ff.

160 So zuletzt BVerf-Beschluß vom 24.3.1987 = EuGRZ 1987, 261.

(Satellitenübertragung, Kabelfernsehen) das Problem der Wellenknappheit entschärft, zum anderen zeigt die Zunahme der Privatsender in fast allen europäischen Staaten, daß das Betreiben von Sendeanstalten nicht allein Körperschaften öffentlichen Rechts vorbehalten bleiben muß. Jedenfalls hinsichtlich des Hörfunks scheint das Argument der mangelnden Finanzierbarkeit völlig obsolet.

Im Gegenteil ist es gerade im letzten Jahrzehnt im Printmedienbereich zu Konzentrationen gekommen, die an der Ausgewogenheit der Berichterstattung durch Vielzahl der Anbieter zweifeln lassen können. Vielfach kommt es auch zu Verflechtungen von Zeitungsunternehmen mit Betreibern elektronischer Medien.

Das BVerfG hat sich seit 1981 nicht mehr mit der Verfassungsmäßigkeit von Festanstellungsurteilen im Medienbereich befaßt. Auch die inzwischen ergangenen Urteile zur Absicherung der Presse-, Rundfunk- und Fernsehfreiheit lassen keinen Schluß zu, ob sich die Vorstellungen des BVerfG über die Herstellung der Ausgewogenheit der Berichterstattung in den genannten Bereichen geändert haben.[161] Aufgrund der tatsächlichen Entwicklungen scheint es jedoch nicht ausgeschlossen, daß es bei neuerlicher Vorlage der Verfassungsmäßigkeit von Festanstellungsklagen zu einer Angleichung der Beurteilung für beide Bereiche (Rundfunk- und Presse) kommt.

Gegenwärtig ist davon auszugehen, daß **für die Presse keine verfassungsrechtlich begründete Erweiterung der Befristungsmöglichkeiten gilt** und daher die gesetzlichen Regelungen (insbesondere BeschFG) und die vom BAG entwickelten Grundsätze zur Anwendung kommen. Gibt es **keinen sachlichen Grund für die Befristung**, so gilt das AV als auf **unbestimmte Zeit** abgeschlossen.[162] Eine ordentliche Kündigung von seiten einer der Parteien ist jedoch vor Ablauf der vereinbarten Zeit nicht möglich.[163]

5.1.2.2 Sondergesetzliche Regelungen

Befristungsmöglichkeiten sind ua im **BeschFG** 1985 vorgesehen. Das BeschFG läßt bis zum 31.12.1995 den Abschluß befristeter AV zu, auch ohne daß ein sachlicher Grund für die Befristung vorliegt. Voraussetzung ist, daß der AN neu eingestellt wird oder daß, wenn es sich um die Übernahme eines Ausgebildeten handelt, kein Arbeitsplatz für eine unbefristete Beschäftigung zur Verfügung steht.

Eine Neueinstellung kann auch gegeben sein, wenn der AN vorher als arbeitnehmerähnliche Person, Dienstnehmer, Leih-AN oder freier Mitarbeiter beschäftigt war. Eine Neueinstellung liegt jedenfalls nicht vor, wenn zu einem vorhergehenden

---

161 Auch die letzte in diesem Bereich ergangene Entscheidung, das sog "5. Fernsehurteil" (EuGRZ 1987, 261), wo es um die Zulässigkeit lokaler und regionaler Monopole für Privatrundfunk ging, nimmt zu dieser Frage nicht Stellung.

162 BAG AP Nr 27 zu § 620 BGB, AP Nr 7, 14 zu § 1 KSchG.

163 BAG v 1.6.1980, AP Nr 55 zu § 620 BGB = DB 1980, 2246.

befristeten oder unbefristeten Arbeitsvertrag mit demselben AG ein enger sachlicher Zusammenhang besteht.

Die Befristung ist nur bis zur Dauer von 18 Monaten zulässig. Ausgenommen sind nur AV bei AG, die ihre Erwerbstätigkeit neu aufgenommen haben und nicht mehr als 20 AN beschäftigen, wo eine Befristung bis zu zwei Jahren möglich ist. Die Befristung kann jedenfalls nur einmal vereinbart werden.

5.1.3 Schweiz

Wie oben ausgeführt, besteht in der Schweiz erst seit kurzem ein gesetzlicher Kündigungsschutz. Da sich die Frage nach der Umgehung des Bestandschutzes durch Ketten-AV deshalb bisher kaum gestellt hat, liegen nur spärliche einschlägige Entscheidungen bzw literarische Äußerungen[164] zu diesem Problem vor.

Soweit ersichtlich orientiert sich die Dogmatik stark an der deutschen und österreichischen Diskussion. Die **Befristung eines AV** gem OR 334 Abs 1 ist **unbeachtlich, wenn ihr kein sachliches Motiv zugrundeliegt**. Das AV wird dann in ein unbefristetes umgedeutet.[165] Als sachliche Motive anzuerkennen sind Besonderheiten etwa des AV bei der Bühne oder bei Aushilfstätigkeiten. Auch der eigene Wunsch des AN rechtfertigt den Abschluß eines befristeten Arbeitsvertrags. Ansprüche auf Sozialleistungen, die an eine bestimmte Mindestdauer des AV anknüpfen, entstehen trotz der Aneinanderreihung von AV und trotz gelegentlicher oder regelmäßiger Unterbrechungen.

5.1.4 Schweden

S Die beiden Formen der Beschäftigung, die das LAS erlaubt, sind: Die Beschäftigung bis zur Verständigung (von der Kündigung, dh das unbefristete Dienstverhältnis, § 4) und die Beschäftigung für **bestimmte Zeit** (§§ 5 und 6).

Unbefristet bedeutet, daß der Beschäftigte nur aus objektiven Gründen gekündigt werden kann, wie zum Beispiel Arbeitsmangel, und nur dann wenn es nicht vernünftig erscheint, den AG zu verpflichten, dem AN eine andere Aufgabe zu erteilen (§ 7). Dies ist der Regelfall.

Ein **befristetes** AV kann nur in bestimmten Fällen abgeschlossen werden, außer wenn anderes in den CA, die auf zentraler Ebene abgeschlossen wurde, bestimmt ist. Sektion 2 des Vertragstextes, der die Beschäftigung von Journalisten zum Inhalt hat, hat solche abweichende Vereinbarungen zugelassen. Die alternativen Beschäftigungformen sind genannt: 1. unbefristetes AV, 2. Beschäftigung für be-

164 Vgl *Rehbinder*, Schweizerisches Arbeitsrecht, 105.

165 BGE 101 I a 465.

stimmte Zeit, aus Gründen der Saisonarbeit oder der Eigenarten der Arbeit an sich, maximal aber sechs Monate und nur wenn die konkrete Aufgabe es verlangt, 3. Einsatz als Vertretung für maximal sechs Monate.

Dauert das befristete AV länger als gesetzlich oder durch CA erlaubt, so kann der AN Klage auf Feststellung erheben, daß ein unbefristetes AV vorliegt (§§ 4, 36 LAS). Die Beweislast trägt die Partei, die das Bestehen eines befristeten AV behauptet.

Alle Verträge auf bestimmte Zeit, die **länger als sechs Monate** dauern sollen, müssen von der lokalen **Gewerkschaft genehmigt** werden. Nach der Ansicht einer der Interviewpartner ist der Zweck dieser Regelung die Vermeidung einer "merry-go-round-Situation" für die Journalisten,[166] die offenbar weitverbreitete Praxis war, und die Schaffung eines Minimums an Arbeitsplatzsicherheit auch für zeitweise Beschäftigte.[167] Wenn das AV über die bestimmte Zeit hinaus fortgesetzt wird, dann wird es **automatisch zu einem AV auf unbestimmte Zeit**. Personen, die für bestimmte Zeit beschäftigt werden, und insgesamt innerhalb von zwei Jahren 18 Monate beschäftigt wurden, haben nach der Beendigung auch das Vorrecht gegenüber anderen Kandidaten wie oben beschrieben. Situationen, wo mehrere Prioritäten zusammenkommen, werden vom LAS geregelt (wobei das Alter des Beschäftigten erst als letztes Kriterium genannt ist).

Eine anschauliche **Entscheidung** zur zweiten Alternative der im Journalisten-CA erlaubten Beschäftigungen für bestimmte Zeit ist der Fall AD 1983 nr 113. Ein Journalist war angestellt worden, um die Möglichkeiten zu untersuchen, eine Zeitung, die bis dahin vornehmlich aus Anzeigen bestanden hatte in eine lokale Tageszeitung umzuwandeln. Obwohl der Journalist auch normale Redaktionsarbeit verrichtete, was eine andere Form der Beschäftigung (als die vereinbarte) nahelegen hätte können, betrachtete das Arbeitsgericht den Vertrag als zeitlich beschränkt. Die wichtigste Aufgabe war ein einmaliges, in sich geschlossenes Projekt und nicht die übliche Redaktionsarbeit. Das Projekt sollte innerhalb von drei Monaten abgeschlossen werden. Daher ging das Gericht davon aus, daß es sich um einen Vertrag für die Durchführung einer bestimmten Arbeit handelte. Die Beschäftigung als Journalist bringe immer eine gewisse redaktionelle Tätigkeit mit sich. Der hauptsächliche Zweck der Beschäftigung im Licht der Gesamtumstände war das entscheidende Kriterium in diesem Fall.

5.1.5 Zusammenfassung

Der Abschluß befristeter Arbeitsverträge wird in den Vergleichsländern nicht unbeschränkt zugelassen. Während in Österreich erst die zweite Befristung auf ihre sachliche Rechtfertigung überprüft wird, kann in der BRD und der Schweiz kein befriste-

166 Kurzeinsätze als AN.

167 Die Beschäftigung von Auszubildenden ist in einem anderen CA geregelt.

tes Dienstverhältnis rechtswirksam vereinbart werden, wenn dadurch der Kündigungsschutz umgangen wird und keine sachliche Rechtfertigung für die Befristung besteht. Als sachliche Gründe kommen jedenfalls der Wunsch der AN, der objektiv vorhersehbare begrenzte Bedarf (Saison, Aushilfe), und die Erprobung des AN in Betracht. Weitere Befristungsmöglichkeiten ergeben sich aufgrund sondergesetzlicher Regelungen. Während die (mehrmalige) Befristung der AV von programmgestaltenden Rundfunkmitarbeitern sowohl in Deutschland als auch in Österreich möglich ist (in letzterem Fall jedoch nur bei einem gewissen Beschäftigungsumfang), bleibt es für die Printmedien beim allgemeinen Befristungs- bzw Kettenarbeitsvertragsverbot.

5.2 Mitbestimmung und Überzeugungsschutz in Medienunternehmen

5.2.1 Struktur der betrieblichen Mitbestimmung allgemein

A Grundlage des österreichischen Modells der betrieblichen Mitbestimmung ist es, daß die AN des Betriebes (idR getrennt nach Arbeitern und Angestellten) eine Interessenvertretung, den **Betriebsrat (BR)**, wählen. Der BR ist berechtigt (und verpflichtet), die vom ArbVG verliehenen Rechte im Sinne einer möglichst wirksamen Interessenvertretung auszuüben. Ziel der betrieblichen Mitbestimmung ist die Herbeiführung eines **Interessenausgleiches** zum Wohl der AN und des Betriebes (§ 39 Abs 1 ArbVG). Das ArbVG geht also von einem Interessengegensatz zwischen Belegschaft und AG aus. Durch die gesetzliche Betriebsverfassung soll aber der strukturell vorhandene Konflikt zwischen Arbeit und Kapital kanalisiert, dh in rechtlich geordnete Bahnen gelenkt werden.[168] Die wirtschaftliche Dispositionsfreiheit des AG als Unternehmer wird dabei nicht grundsätzlich in Frage gestellt. Die Beteiligung der AN an maßgeblichen betrieblichen Entscheidungen dient einerseits dem Zweck, die Arbeitsbedingungen der AN zu verbessern, andererseits aber auch der Harmonisierung des antagonistischen Verhältnisses zwischen AG und Belegschaft zum Schutz der Betriebsinteressen (va Vermeidung von Arbeitskämpfen).

Der BR steht dabei in einem Spannungsverhältnis zwischen Belegschaft, AG und überbetrieblicher Interessenvertretung (Gewerkschaft). Im Verhältnis zur Belegschaft muß er uU schwierige Abwägungen treffen zwischen Individualinteressen einzelner AN und den kollektiven Interessen der Belegschaft. So kann etwa die Zustimmung zur Kündigung eines AN dessen berufliche Existenz gefährden, dabei aber durchaus im Belegschaftsinteresse liegen. Zur Gewerkschaft steht der BR uU in einem Konkurrenzverhältnis, das freilich durch das Gebot zur **Kooperation** (§ 39 Abs 2 ArbVG) und in praxi auch durch viele personelle Verflechtungen abgemildert wird. Die Aufgabe der Interessenvertretung führt zu einem **"natürlichen Interessen-**

168 Vgl statt vieler *Strasser*, Arbeitsrecht II, 227 ff.

gegensatz" zum AG. Soweit es diese Aufgabe erlaubt, ist aber auf die betrieblichen Interessen Rücksicht zu nehmen.

Mitwirkungsrechte der Belegschaft bestehen in sozialen, personellen und wirtschaftlichen Angelegenheiten. So muß etwa vor Einführung von Personalfragebögen, Kontrollmaßnahmen, die die Menschenwürde berühren und von Personaldatensystemen die Zustimmung des BR eingeholt werden. Der BR hat weiters Mitbestimmungsrechte im Einzelfall, zB bei der Kündigung, Entlassung oder Versetzung von AN. Auffälligstes Mitwirkungsrecht in wirtschaftlichen Angelegenheiten ist die sog Drittelbeteiligung im Aufsichtsrat von Kapitalgesellschaften. Ein Drittel der Aufsichtsratsmitglieder wird dabei vom BR entsendet. Schon an dieser Stelle muß freilich auf den für Zeitungsunternehmen geltenden **Tendenzschutz** hingewiesen werden, der die Mitwirkung in wirtschaftlichen Angelegenheiten entscheidend einschränkt (vgl dazu unten 5.2.3).

Durch die Mitbestimmung werden die Dispositionsmöglichkeiten des Betriebsinhabers va in sozialen und personellen Angelegenheiten zum Teil erheblich eingeschränkt. Das ArbVG geht aber eindeutig davon aus, daß der Betriebsinhaber die maßgeblichen Entscheidungen grundsätzlich selbst trifft und auch selbst zu verantworten hat. Die Mitwirkungsrechte der Belegschaft schränken den Betriebsinhaber nur insoweit ein, als nach Meinung des Gesetzgebers schutzwürdige Belegschaftsinteressen tangiert werden.

Neben der Mitbestimmung nach ArbVG gibt es in Medienbetrieben die Möglichkeit, **Redaktionsvertretungen** zu wählen. Sie vertreten im Unterschied zum BR nicht alle AN des (Medien-)Betriebes, sondern nur die (fest angestellten) Medienmitarbeiter (vgl unten 5.2.5)

D Das deutsche Mitbestimmungsmodell stimmt mit dem österreichischen in den wesentlichen Fragen sehr weitgehend überein. Wie in Österreich werden die Interessen der Belegschaft durch einen demokratisch gewählten **BR** vertreten. Auch das deutsche BetrVG geht von einem natürlichen Interessengegensatz zwischen AG und Belegschaft aus, der durch die Mitwirkung der AN "befriedet" werden soll. AG und BR haben dabei zum Wohl des Betriebes und der AN zusammenzuwirken (§ 2 Abs 1 BetrVG). Der Grundsatz der **"vertrauensvollen Zusammenarbeit"** ist noch etwas stärker als im ArbVG ausgeprägt. Auch die Gegenstände der betrieblichen **Mitbestimmung** entsprechen im großen und ganzen dem österreichischen Recht (zB Beginn und Ende der täglichen Arbeitszeit, Verhaltens- und Leistungskontrolle, Sozialeinrichtungen, Personalfragebogen, Versetzung, Kündigungsschutz, Arbeitsschutzmaßnahmen).[169]

Deutlicher als nach dem ArbVG kommt im deutschen Arbeitsrecht die Unterscheidung von Betriebsverfassung und **Unternehmensverfassung** zum Ausdruck. Das MitbG und das (für den Medienbereich irrelevante) Montan-MitbG sichern den

---

169 Vgl statt vieler *Schaub*, Arbeitsrechts-Handbuch, 1672 ff mwN.

AN eine Einflußnahme auf unternehmerische Entscheidungen, die zT wesentlich weiter als nach österreichischem Recht geht. So sind etwa die Aufsichtsräte von Kapitalgesellschaften nach dem MitbG paritätisch zwischen Kapitalvertretern und AN-Vertretern besetzt. Sowohl das BetrVG (§ 118 Abs 1) als auch das MitbG (§ 1 Abs 4) beschränken die Mitbestimmungsrechte der AN in Medienbetrieben allerdings in stärkerem Ausmaß als das ArbVG (dazu unten 5.2.3).

Für eine **redaktionelle Mitbestimmung** gibt es in der BRD zwar keine spezielle Rechtsgrundlage, es bestehen in der Praxis aber "freie Vereinbarungen", die den Journalisten nicht unbeträchtliche Mitwirkungsmöglichkeiten in redaktionellen Angelegenheiten sichern (vgl unten 5.2.5).

CH Die Schweiz kennt **keine "Betriebsverfassung" auf gesetzlicher oder kollektivvertraglicher Grundlage**. Soweit es betriebsinterne Regelungen gibt, sind diese eher als "gentleman agreements" denn als Rechtsnormen anzusehen. Eine redaktionelle Mitbestimmung sehen die beiden GAV vor (dazu unten 5.2.5).

S Auch in Schweden gibt es **keine gesetzliche Betriebsverfassung** und keinen von der Belegschaft gewählten BR.

Die Reform des kollektiven Arbeitsrechts in den 70er Jahren hatte ua das Ziel, die Möglichkeiten der AN, auf die betriebliche Entscheidungsfindung einzuwirken, zu erweitern oder "Arbeitsplatzdemokratie" einzuführen, wie es manchmal genannt wurde. Das Gesetz über die **Gemeinsame Regelung** (joint regulation - MBL), das wichtigste Instrument, war in gewissem Ausmaß eine Kodifikation, eine systematische Beschreibung dessen, was teils durch Gesetze, teils durch Gerichtsentscheidungen bereits galt.[170]

Einige neue oder modifizierte Tatbestände wurden jedoch eingeführt, wie zB ein erweitertes **Recht auf Verhandlung**, ein erweitertes **Informationsrecht** für die Gewerkschaften, die **Gemeinsame Regelung durch CA** und in manchen Fällen die **Priorität der arbeitnehmerfreundlichen Interpretation** bis zur gerichtlichen Klärung. Der Gesetzgeber wollte den AN die Möglichkeit geben mitzubestimmen, bevor Entscheidungen getroffen wurden. Daher wurde der AG verpflichtet, in bestimmten Situationen von sich aus Verhandlungen einzuleiten. Die betriebswirtschaftliche Entscheidung trifft jedoch letztlich der AG. Einer der Vertreter der SAF meinte, der Zweck des Gesetzes sei die offene Aussprache aller im Betrieb vertretenen Ansichten über wichtige Angelegenheiten und die Verbreiterung der Basis der Entscheidungsfindung. Es gibt Verfahrensregeln, die zu beachten sind, aber keine Verpflichtung des AG, Kompromisse zu machen.[171] Wichtig erscheint dabei va die **Verhandlungspflicht** des AG (§ 11 MBL). Bevor der AG eine **wichtige Änderung im Betrieb** vornimmt, muß er von sich aus mit einer Organisation der AN, mit der er durch CA verbunden ist, Verhandlungen aufnehmen. Dasselbe gilt, wenn der AG vor

---

170 Schmidt, Facklig Arbetsrätt, 110.

171 Olof Ljunggren, Lag & Avtal nr 4 1979, 8.

hat, maßgebliche Änderungen im Hinblick auf die zu verrichtende **Arbeit** oder die **Arbeitsbedingungen** der AN, die der betreffenden Organisation angehören, durchzuführen.

5.2.2 Mitbestimmung und Pressefreiheit

A D Die Mitbestimmung der Belegschaft nach dem ArbVG und dem deutschen BetrVG[172] umfaßt grundsätzlich auch Zeitungsunternehmen. Allerdings sind einige Besonderheiten zu beachten. Schon aus dem Wesen der privatwirtschaftlichen Organisation des Pressewesens ergibt sich, daß der Verleger als freier Unternehmer die Unternehmensziele und die Art und Weise wie diese Ziele erreicht werden sollen, insbesondere auch Personalentscheidungen, in eigener Verantwortung treffen kann. Grundsätzlich bestimmt daher der **Herausgeber bzw** der **Verleger** die **grundlegende weltanschauliche Richtung der Zeitung, die Höhe der Auflage, den Chefredakteur und die sonstige Mitarbeiterauswahl**. Wie in jedem sonstigen AV können den Mitarbeitern auch Weisungen über die konkrete Arbeitsleistung und deren Durchführung erteilt werden.

Der mitbestimmungsrechtlich relevante Unterschied zwischen einer Zeitung und einem anderen Produktions- oder Dienstleistungsunternehmen liegt in der Sensibilität des Produkts. Es bedarf keiner besonderen Begründung, daß die **Beeinflussung der öffentlichen Meinung** va auch durch Tageszeitungen einen äußerst wichtigen Faktor in der heutigen Informationsgesellschaft darstellt. Die Herstellung einer Zeitung berührt aber nicht nur die Öffentlichkeit. Sie erzeugt gleichzeitig ein **Spannungsverhältnis** zwischen der vom Verleger vorgebenen oder gewünschten **Blattlinie** und der **weltanschaulichen Position des einzelnen Journalisten**. Die damit verbundenen Probleme wurden aus den verschiedensten Blickwinkeln und aus politischer wie juristischer Sicht in einer Vielzahl von Arbeiten untersucht. Die Diskussion wird dabei meist unter den Stichworten "äußere und innere Pressefreiheit" geführt.

Als **äußere Pressefreiheit** wird dabei das verfassungsrechtlich gewährleistete (Grund-)Recht bezeichnet, das sich va aus Art 13 STGG und Art 10 MRK, sowie in Deutschland aus Art 5 Abs 1 S 2 GG ergibt und den Einzelnen vor Eingriffen des Staates in die Meinungs- und Informationsfreiheit schützt.[173] Aus diesem **Grundrecht** wird auch die Erforderlichkeit eines Tendenzschutzes in der Betriebsverfassung abgeleitet. Durch die betrieblichen Mitwirkungsrechte (va) in wirtschaftlichen Angelegenheiten könnten die AN - ohne Tendenzschutz - in einer die Pressefreiheit tangierenden Weise auf die Blattlinie Einfluß gewinnen. So hat etwa das deutsche BVerfG 1979 die **Grundrechtsbezogenheit des Tendenzschutzes** ausdrücklich festgestellt:

---

172 Nicht hingegen nach dem MitbG, vgl unten 5.2.4.

173 Vgl dazu statt vieler *Berka*, Recht der Massenmedien, 65 ff mwN.

"Das Grundrecht der Pressefreiheit verwehrt dem Staat eine unmittelbare Einflußnahme auf die Tendenz von Presseerzeugnissen: er darf auch nicht rechtliche Regelungen der Presse fremden - nicht-staatlichen - Einflüssen unterwerfen oder öffnen, die mit dem durch Art 5 Abs 1 S 2 GG begründeten Postulat unvereinbar wären, der Freiheit der Presse Rechnung zu tragen".[174]

Dagegen spricht man von **"innerer Pressefreiheit"**, soweit es um die Verhinderung von Eingriffen in die redaktionelle Arbeit meist von seiten des Verlegers geht.[175] Ob und inwieweit die Absicherung der journalistischen Freiheit verfassungsrechtlich geboten oder vielleicht umgekehrt einen Verstoß gegen das Grundrecht auf Pressefreiheit darstellt, wurde und wird äußerst kontrovers diskutiert. Sehr häufig stehen dabei weniger juristische als interessenbedingte und ideologische Argumente im Vordergrund. Freilich verwundert dies kaum, weil es sich um ein eminent politisches Thema handelt. Die Interessen der Verleger- bzw Eigentümerseite liegen natürlich darin, die Blattlinie möglichst weitgehend vorgeben zu können und einen möglichst großen wirtschaftlichen Erfolg zu erzielen. Journalisten, auch solche, die sich im Prinzip mit der Blattlinie identifizieren, streben einen inhaltlichen Freiraum und eine publizistische Eigenverantwortlichkeit an, um ihre persönlichen Fähigkeiten zur Geltung bringen zu können und um nicht gegen die eigene Überzeugung schreiben zu müssen. Die Besonderheit der journalistischen Tätigkeit äußerst sich dabei darin, daß die **Sicherung der journalistischen Eigenverantwortlichkeit** nicht nur dem Schutz des einzelnen Journalisten dient, sondern auch der Erfüllung der gesellschaftlichen Funktionen der Massenmedien. Eine demokratiepolitisch erwünschte Meinungsvielfalt erfordert ebenso wie eine umfassende, zuverlässige und wahrheitsgemäße Berichterstattung Maßnahmen, die Eingriffe des Verlegers in die journalistische Arbeit beschränken.[176] Die juristische Umsetzung ist dabei freilich umstritten geblieben. Va die Absicherung der individuellen journalistischen Verantwortlichkeit durch (kollektivrechtliche) Mitbestimmungsinstrumente, wie die Einführung von Redaktionsvertretungen und Redaktionsstatuten, wurde von Verlegerseite auch mit verfassungsrechtlichen Argumenten scharf bekämpft. Die überwiegende Meinung in der juristischen Literatur geht jedenfalls davon aus, daß Mitbestimmung weder als Verstoß gegen die (äußere) Pressefreiheit per se verfassungswidrig ist, noch die Verfassung ein Mitbestimmungsinstrumentarium gebiete und quasi einen Anspruch auf Mitbestimmung vorsehe. **Redaktionelle Mitbestimmung** wird **so weit als zulässig**

---

174 BVerfGE 52, 283, zitiert nach *Arnold*, Mitbestimmungsformen, 7.

175 *Berka*, Recht der Massenmedien, 303; *Arnold*, Mitbestimmungsformen, 19; aus der umfangreichen deutschen Literatur sei beispielhaft auf folgende Arbeiten verwiesen: *Mallmann*, Publizistik 1959, 323 ff; *Mayer-Maly*, DB 1971, 335 ff; *Lerche*, Verfassungsrechtliche Aspekte der "inneren Pressefreiheit"; *Arndt/Ebsen*, AuR 1977, 161 ff; *Scholz*, Pressefreiheit und Arbeitsverfassung, *Hoffmann-Riem*, Innere Pressefreiheit als politische Aufgabe.

176 Vgl anschaulich *Berka*, Recht der Massenmedien, 302.

angesehen, als es sich um **taugliche und verhältnismäßige Mittel zur Erreichung der demokratiepolitisch notwendigen Aufgaben der Presse** handelt.[177]

Neben der redaktionellen Mitbestimmung (unten 5.2.5) wird die Überzeugung des einzelnen Journalisten auch individualrechtlich geschützt (unten 5.2.4). Freilich stand und steht der individuelle Überzeugungsschutz deutlich weniger im Blickpunkt des öffentlichen Interesses und der verfassungsrechtlichen Diskussion. Trotzdem handelt es sich auch dabei um eine äußerst sensible Materie.

S In Schweden gibt es - wie erwähnt - wegen des Fehlens einer normierten "Betriebsverfassung" keine gesetzlichen Mitbestimmungsrechte. Die Grundlagen für die **Meinungs- und Ausdrucksfreiheit** sind aber ebenfalls in der **Verfassung** zu finden. Alle Zeitungsunternehmungen basieren rechtlich auf der Regierungsurkunde, die das Recht auf freie Meinungsäußerung und Information garantiert, und dem Gesetz über die Pressefreiheit, das die meisten publizistischen Angelegenheiten regelt. Im Hinblick auf die Arbeitsbedingungen hat dies nur insoferne Bedeutung, als mit der Pressefreiheit argumentiert wird, wenn eine extensive Auslegung der Tendenzschutzklausel vorgenommen werden soll (vgl unten 5.2.3).

5.2.3 Tendenzschutz

A D Die weltanschauliche Prägung und politische Sensibilität der Massenmedien bewog den Gesetzgeber nicht nur zu einer eigenen zusätzlichen Mitbestimmungsregelung für Journalisten, sondern auch zu einer **Einschränkung** der "klassischen" **Mitbestimmung**. Das erscheint nur auf den ersten Blick als Paradoxon. Träger der betriebsverfassungsrechtlichen Mitbestimmungsrechte ist die Belegschaft des Betriebes als ganzes (und nicht nur die Redaktion). Die Mitwirkung betrifft neben sozialen und personellen Angelegenheiten auch direkte oder indirekte Einflußmöglichkeiten auf die Gestaltung des im Unternehmen hergestellten Produkts. Die Blattlinie einer Zeitung soll aber aus den oben angeführten Gründen in erster Linie durch den Verleger bestimmt werden. Redaktionsvertretungen und Redaktionsstatute sichern den **journalistisch tätigen Mitarbeitern** eine **Mitgestaltungsmöglichkeit** im Hinblick auf einen Überzeugungsschutz. Dagegen soll der kaufmännische, technische oder im Versand tätige Mitarbeiter keinen derartigen Einfluß ausüben.

A Die verfassungsrechtlich geschützte freie Informationstätigkeit steht mit der wirtschaftlichen Entscheidungsfreiheit in Zusammenhang.[178] § 132 Abs 2 ArbVG nimmt daher die **wirtschaftlichen Mitwirkungsrechte** (§§ 108 bis 112 ArbVG) **von der Geltung in Zeitungsunternehmen aus**, soweit es sich um **Angelegenheiten**

---

177 *Berka*, Recht der Massenmedien, 303; vgl auch *Mayer-Maly*, JBl 1981, 622 ff, der den Aspekt der Verlegerfreiheit in einer privatwirtschaftlichen Presseverfassung besonders betont und der journalistischen Mitbestimmung skeptisch gegenübersteht

178 Vgl *Schrammel*, FS Strasser, 564 f.

handelt, die die **politische Richtung des Unternehmens bzw Betriebes beeinflussen**. § 109 ArbVG findet aber Anwendung, soweit es sich um Betriebsänderungen iSd § 109 Abs 1 Z 5 und 6 handelt (relativer Tendenzschutz).

Im einzelnen bedeutet das: Der **Tendenzschutz** greift ein für Betriebe und Unternehmen, die sich **unmittelbar** mit der **Herausgabe einer Zeitung** beschäftigen. Druckerei und Vertrieb und sonstige technische Leistungen fallen grundsätzlich nicht unter den Tendenzschutz, da sie nur mittelbar "Zwecken der Berichterstattung oder Meinungsäußerung" (§ 132 Abs 2 ArbVG) dienen.[179]

Gegen diese Ansicht wird vorgebracht, daß der unmittelbaren Tendenzverwirklichung auch alle Hilfs- und Nebentätigkeiten dienen, ohne die eine Zeitung nicht hergestellt werden kann.[180] Damit müßten freilich auch Betriebe der Papierindustrie und des Transportwesens, die ebenso für die Produktion und Verbreitung einer Zeitung von maßgeblicher Bedeutung sind, als Tendenzbetriebe anzusehen sein. Das vom ArbVG im Hinblick auf den Betriebszweck Berichterstattung oder Meinungsäußerung geforderte Kriterium der Unmittelbarkeit würde damit faktisch weginterpretiert.

Werden die genannten technischen Leistungen und die Verlegertätigkeit in einem **einheitlichen Unternehmen mit mehreren Betrieben** erbracht, besteht also zB das Unternehmen "Zeitungs-Aktiengesellschaft" aus den Betrieben Zeitungsredaktion, Druckerei und Vertrieb, zeigt sich, daß Unternehmenszweck und die im einzelnen Betrieb erzielten Ergebnisse nicht immer übereinstimmen müssen.[181] Die vom BR wahrgenommenen **betriebsbezogenen Mitwirkungsrechte** werden **nur in der Zeitungsredaktion durch den Tendenzschutz eingeschränkt**. Die **unternehmensbezogenen Mitwirkungsrechte**, die vom Zentralbetriebsrat ausgeübt werden, und die Mitwirkung im Aufsichtsrat des Unternehmens unterliegen hingegen dann zur Gänze dem (relativen) Tendenzschutz, wenn die **Verlegertätigkeit** gegenüber den technischen Leistungen dem gesamten **Unternehmen das entscheidende Gepräge** verleiht, was in aller Regel der Fall sein dürfte.[182]

Werden Vertrieb und Druck **ohne organisatorische Abgrenzung** im selben Betrieb wie die Redaktion durchgeführt, unterliegt auch die **betriebsbezogene Mitwirkung dem Tendenzschutz**. Freilich wird dieser Fall eher unwahrscheinlich sein, da es sich um unterschiedliche Tätigkeiten handelt, die idR eine gewisse organisatorische Eigenständigkeit erfordern.

Aus dem Zeitungsunternehmen **ausgegliederte Betriebe**, die technische Leistungen erbringen ("Lohndruckereien", unternehmensfremder Vertrieb), unter-

---

179 *Berka*, Recht der Massenmedien, 311.

180 *Tomandl*, FS Kralik, 564.

181 VwGH 1966/ZAS 1967, 114 ff mit Anmerkung von *Mayer-Maly*.

182 Sog "Gerägetheorie", vgl dazu *Tomandl*, FS Kralik, 565 f; *Mayer-Maly*, in Arbeitsrechts-Blattei, Tendenzbetrieb I E III. *Schrammel*, FS Strasser, 568 ff.

liegen dem **Tendenzschutz** des § 132 Abs 2 ArbVG überhaupt **nicht**, und zwar auch dann nicht, wenn eine konzernartige Verbindung mit dem Zeitungsunternehmen besteht. Sie dienen weder "unmittelbar" Zwecken der Berichterstattung oder Meinungsäußerung, noch können sie Einfluß auf die Tendenzverwirklichung des Zeitungsunternehmens ausüben.[183]

Inhaltlich betrifft der Tendenzschutz die in den §§ 108-112 ArbVG geregelte Mitwirkung in wirtschaftlichen Angelegenheiten. Es handelt sich dabei in § 108 um **wirtschaftliche Informations-, Vorschlags- und Beratungsrechte**, zB Informationen über die aktuelle wirtschaftliche Lage, über geplante Maßnahmen zur Hebung der Wirtschaftlichkeit des Betriebes uä. Nach § 109 ArbVG muß der Betriebsinhaber den BR von geplanten Betriebsänderungen ehestmöglich in Kenntnis setzen und mit ihm darüber beraten. Eine **Betriebsänderung** liegt etwa bei der Einschränkung oder Stillegung des Betriebes oder von Betriebsteilen, größeren betriebsorganisatorischen Veränderungen, Einführung neuer Arbeitsmethoden oder Rationalisierungsmaßnahmen von erheblicher Bedeutung vor. Der BR kann Vorschläge zur Verhinderung, Beseitigung oder Milderung von für die AN nachteiligen Folgen machen. Bringt eine Betriebsänderung wesentliche Nachteile für alle AN oder erhebliche Teile der Belegschaft mit sich, so können in Betrieben, in denen dauernd mindestens 20 AN beschäftigt sind, Maßnahmen zur Verhinderung, Beseitigung oder Milderung dieser Folgen durch Betriebsvereinbarung geregelt werden (sog **Sozialplan**). Kommt eine Einigung über einen Sozialplan nicht zustande, kann von beiden Parteien die Schlichtungsstelle angerufen werden. Es handelt sich dabei um eine **Zwangsschlichtung**, die bei Anrufung durch einen der Streitteile auch gegen den Willen des anderen tätig wird. Sollte die Schlichtungsstelle keine Einigung der Parteien BR und Betriebsinhaber erreichen, trifft sie selbst eine Entscheidung, der die gleichen Rechtswirkungen wie einer Betriebsvereinbarung zukommen.

Der **Tendenzschutz** greift **nicht** ein bei der Einführung neuer Arbeitsmethoden sowie bei der Einführung von Rationalisierungs- und Automatisierungsmaßnahmen von erheblicher Bedeutung. In diesen Fällen kann also der BR Information und Beratung verlangen und uU auch einen Sozialplan bei der Schlichtungsstelle erzwingen.

§ 110 ArbVG betrifft die Mitwirkung des BR im Aufsichtsrat von Kapitalgesellschaften (Aktiengesellschaft, GesmbH). Der BR bzw Zentralbetriebsrat ist berechtigt, **ein Drittel** der Aufsichtsratsmitglieder zu stellen. Die **AN-Vertreter im Aufsichtsrat** haben grundsätzlich die gleichen Rechte und Pflichten wie die Kapitalvertreter. Nur Beschlüsse über die Bestellung und Abberufung von Vorstandsmitgliedern sowie die Wahl des Aufsichtsratsvorsitzenden und seines ersten Stellvertreters bedürfen zusätzlich einer Mehrheit der Stimmen der Kapitalvertreter.

Die §§ 111 und 112 ArbVG (Einspruch gegen die Wirtschaftsführung, Staatliche Wirtschaftskommission) betreffen ein sozialpartnerschaftlich orientiertes, frei-

183 AM *Tomandl*, FS Kralik, 570 f; differenzierend *Mayer-Maly*, FS Löffler 273.

williges **Schlichtungsverfahren** für Mittel- und Großbetriebe, das bei Betriebsänderungen und sonstigen wirtschaftlichen Maßnahmen, die wesentliche Nachteile für die AN mit sich bringen, zu einer möglichst einvernehmlichen und die Interessen der AN wie des Unternehmens berücksichtigenden Lösung führen soll. Seine Bedeutung in der Praxis ist allerdings nicht besonders groß.

Die Mitwirkungsrechte der **§§ 108-112** sind bei Zeitungsunternehmen und -betrieben nur **insoweit nicht anzuwenden**, als es sich um **Angelegenheiten** handelt, die die **politische Richtung dieser Unternehmen und Betriebe beeinflussen**. Das Informationsrecht in wirtschaftlichen Angelegenheiten kann daher nur in den Fällen verweigert werden, in denen die politische Richtung beeinflußt wird. Der BR darf daher auch in Tageszeitungsunternehmen (sofern die Voraussetzungen gegeben sind) Mitglieder in deren Aufsichtsrat entsenden, die allerdings in Angelegenheiten, die die politische Richtung beeinflussen, nicht informations- und stimmberechtigt sind.[184]

Der Einfluß auf die politische Richtung läßt sich nicht generell definieren. Er wird jedenfalls allgemein durch die Festlegung der **Blattlinie** vom Betriebsinhaber vorgegeben. Das Gesetz verlangt freilich eine Prüfung im **Einzelfall**, ob es sich um eine Angelegenheit handelt, die die politische Richtung beeinflußt. Voraussetzung dafür ist, daß das Unternehmen bzw der Betrieb überhaupt eine politische Richtung besitzt. Ein wichtiges **Indiz** wird dabei sicherlich die vom MedienG geforderte regelmäßige **Erklärung über die grundlegende Richtung** sein.[185] Fraglich ist, ob bzw wann bei weltanschaulich ungebundenen Zeitungen ein Einfluß auf die politische Richtung vorliegt. Sicher ist nur, daß der relative Tendenzschutz **nicht nur für Zeitungen einer politischen Partei** zur Geltung kommt. Eine politische Richtung ist sicherlich auch die Überparteilichkeit verbunden mit einer politischen Grundhaltung (zB liberal, konservativ, sozial), generell jede wahrnehmbare Einstellung zu den Grundsatzfragen des öffentlichen Lebens.[186] Zeitungen, die keine feststellbare politische Tendenz besitzen, weil sie etwa nur auf die Unterhaltung oder auf eine Fachinformation der Leser abzielen, unterliegen aber nicht mehr dem Tendenzschutz. Bei Zeitungsunternehmen, die eine im umschriebenen Sinn **feststellbare politische Richtung** aufweisen, ist hingegen anhand der einzelnen Sachfrage zu beurteilen, ob die politische Richtung beeinflußt wird und damit der Tendenzschutz eingreift. Plant etwa ein Zeitungsverlag eine Rationalisierungsmaßnahme, die organisatorische Umgestaltungen mit sich bringt, nicht aber die Blattlinie betrifft, kommt die Mitwirkung des BR ohne Einschränkung zur Geltung. Hingegen unterläge eine Maß-

---

184 *Berka*, Recht der Massenmedien, 311 f; *Arnold*, Mitbestimmungsformen, 54 f.

185 *Berka*, Recht der Massenmedien, 312; nach *Tomandl*, FS Kralik, 568, stimmen die Begriffe "politische Richtung" in § 132 Abs 2 und § 11 JournG sowie "grundlegende Richtung" in § 25 Abs 4 MedienG überein.

186 *Schrammel*, FS Strasser, 569; *Strasser*, ArbVG-Handkommentar, 916.

nahme dem Tendenzschutz, die etwa eine verstärkte Schwerpunktsetzung im Bereich der lokalpolitischen Berichterstattung zum Ziel hat.

Die **soziale und personelle Mitwirkung** kommt auch in **publizistischen Tendenzbetrieben zur Anwendung**. Einzige Ausnahme bildet das Informationsrecht des BR nach § 99 Abs 3 ArbVG über einzelne Einstellungen, das bei der Einstellung von Journalisten insoweit nicht zur Anwendung kommt, als diese Einstellung die politische Richtung des Unternehmens bzw Betriebes beeinflußt.

Ein etwas **erweiterter Tendenzschutz**, der aber ebenso die Mitwirkung in wirtschaftlichen Angelegenheiten umfaßt, gilt dann, wenn die Zeitung über ihren meinungsbildenden Zweck hinaus auch **unmittelbar politischen, koalitionspolitischen, konfessionellen, wissenschaftlichen, erzieherischen oder karitativen Zielen** dient, ferner, wenn es sich um eine Verwaltungsstelle einer juristischen Person des öffentlichen Rechts handelt. In Unternehmen und Betrieben, die konfessionellen Zwecken einer gesetzlich anerkannten Kirche oder Religionsgesellschaft dienen, geht der Tendenzschutz wesentlich weiter. Hier gelten die betriebsverfassungsrechtlichen Bestimmungen insoweit überhaupt nicht, als die Eigenart des Unternehmens oder Betriebes dem entgegensteht. Eine Tageszeitung, die in erster Linie konfessionellen und nicht allgemein publizistischen Zwecken dient (zB ein Mitteilungsblatt für Gläubige), gibt es derzeit in Österreich aber offenbar nicht.

D Auf den ersten Blick wesentlich gravierendere Einschränkungen der Rechte der Belegschaft als in Österreich enthält die in den Details sehr umstrittene deutsche Regelung des § 118 Abs 1 Z 2 BetrVG. Die Vorschriften des **BetrVG** finden danach auf Unternehmen und Betriebe, die unmittelbar und überwiegend Zwecken der Berichterstattung oder Meinungsäußerung dienen, auf die Art 5 Abs 1 S 2 GG Anwendung findet, **keine Anwendung, soweit die Eigenart des Unternehmens oder des Betriebes dem entgegensteht**. Die §§ 106 bis 110 sind nicht, die §§ 111 bis 113 nur insoweit anzuwenden, als sie den Ausgleich oder die Milderung wirtschaftlicher Nachteile für die AN infolge von Betriebsänderungen regeln.

Ähnlich wie nach dem ArbVG kommt die Tendenzschutzklausel nur zur Anwendung, wenn das Unternehmen **unmittelbar und überwiegend der Meinungsäußerung oder Berichterstattung** dient. Dies ist in erster Linie bei **Zeitungsverlagen** der Fall. Lohndruckereien, die Zeitungen produzieren, sind jedenfalls dann keine Tendenzbetriebe, wenn sie ein eigenes, rechtlich selbständiges Unternehmen darstellen.[187] Wird dagegen die Zeitung im gleichen Unternehmen gedruckt, fällt sie unter den Tendenzschutz. Davon sind allerdings wiederum die Fälle auszunehmen, in denen die verlagseigene Druckerei auch Fremdaufträge durchführt und diese die Zeitungsproduktion an Bedeutung übersteigen.

---

187 Vgl etwa *Kresse*, Tendenzschutz bei Konzernverflechtung, 78 ff; *Hilken*, Tendenzbestimmung in Medienkonzernen, 72, beide mwN.

Im Unterschied zum ArbVG werden von **§ 118 BetrVG** nicht nur wirtschaftliche Mitwirkungsrechte dem Tendenzschutz unterstellt. Vielmehr bezieht sich der Ausschluß der Mitwirkung der AN auf das **gesamte BetrVG**, soweit die Eigenart des Betriebes seiner Anwendung entgegensteht. Entscheidend ist, daß die Einschränkung von Rechten erforderlich ist, weil durch die Mitwirkung der AN der **geschützte Zweck** (Gewährleistung der Pressefreiheit) **gefährdet** wäre.

Ohne auf die im einzelnen schwierige und umstrittene Abgrenzung eingehen zu können, läßt sich vereinfacht folgendes festhalten. Die allgemeinen und **organisatorischen Vorschriften** des BetrVG (zB Betriebratswahl) werden nicht oder **kaum vom Tendenzschutz tangiert**. Das gleiche gilt für die Mitbestimmung in **sozialen Angelegenheiten**, die in erster Linie den technischen Arbeitsablauf betrifft. Tendenzbezogene Maßnahmen sind hier in erster Linie im Zusammenhang mit der Festlegung der **Arbeitszeit** denkbar.[188] In **personellen** Angelegenheiten ist der Tendenzschutz va bei der **Einstellung, Versetzung und Kündigung von Redakteuren** ("Tendenzträgern") betroffen.[189] Die stärkste Einschränkung von Mitbestimmungsrechten findet sich bei den **wirtschaftlichen** Angelegenheiten. In Tendenzunternehmen und -betrieben ist **kein Wirtschaftsausschuß** zu bilden (§§ 106 bis 110 BetrVG gelten nicht). Weiters steht dem BR **keine Beteiligung bei Entscheidungen über die Betriebsordnung** zu. Ein Mitwirkungsrecht besteht nur hinsichtlich der Regelung des Ausgleichs oder der Milderung wirtschaftlicher Nachteile für die AN infolge einer Betriebsänderung (Sozialplan). Im Unterschied zum ArbVG sind die **AN in Aufsichtsräten** von Medienunternehmen überhaupt **nicht vertreten**. Dies ergibt sich aus § 129 BetrVG als auch aus § 1 Abs 4 MitbG.

Zusammenfassend kann man sagen, daß der **Tendenzschutz in der BRD weiter geht als in Österreich**, und zwar va bei der Mitwirkung in personellen und in wirtschaftlichen Angelegenheiten. In der Praxis dürfte der **Unterschied** aber **nicht so groß** sein, wie es auf den ersten Blick aussieht. Die Relativklausel "soweit die Eigenart des Betriebes dem entgegensteht" schränkt die Zahl der Fälle, in denen eine Mitwirkung nach ArbVG bestehen würde, hingegen nach BetrVG ausgeschlossen ist, deutlich ein.

CH Da es in der Schweiz keine gesetzliche Betriebsverfassung gibt, stellt sich auch das Problem des Tendenzschutzes nicht.

S In bestimmten Unternehmen sind nach der Absicht des schwedischen Gesetzgebers Entscheidungen zu treffen, die nicht für eine Gemeinsame Regelung mit der AN-Seite (s oben 5.2.1) geeignet sind. Parteipolitische Ideologien, theologische Ausrichtung bestimmter Religionsgemeinschaften, bestimmte Ziele von Non-profit-Organisationen aber auch gewinnorentierten Organisationen und die **Medien** wurden als Beispiele genannt, wo das Management bei seinen Entscheidungen zumindest

---

188 Vgl zB *Hesse/Schaffeld/Rübenach*, Arbeitsrecht der Pressejournalisten, Rz 670 ff.

189 Vgl die Übersicht bei *Arnold*, Mitbestimmungsformen, 12 ff.

zum Teil von der einmal gewählten Richtung abhängig sei. Daher wurde die sog **"Tendenzklausel"**, § 2 MBL, hinzugefügt. Der konkrete Inhalt und die Abgrenzung wurden weitgehend dem Arbeitsgericht überlassen. Die Bestimmung lautet:

"Ausgenommen von den Bestimmungen dieses Gesetzes sind Tätigkeiten eines AG von religiöser, wissenschaftlicher, künstlerischer oder anderer nicht gewinnorientierter Natur, oder solche, die kooperative, gewerkschaftliche, politische oder meinungsbildende Ziele haben, insoweit als diese Ziele und Richtungen betroffen sind."

Der in den §§ 2 und 11 MBL geregelte Anwendungsbereich der Gemeinsamen Regelungen ist naturgemäß für die Zeitungsindustrie ein wichtiger Streitpunkt. Die Frage, welche Tätigkeiten von der Pflicht der AG, zu verhandeln, aufgrund der vorliegenden Bestimmung ausgeschlossen sind, ist daher Gegenstand der meisten Gerichtsverfahren zwischen den Sozialpartnern im Medienbereich. Es gibt **drei bedeutende Urteile**, in denen über das Verhältnis zwischen und damit über die Auswirkungen der oben genannten Bestimmungen entschieden wurde. Es handelt sich um die Fälle AD 1981, nr 22, AD 1990 nr 22 und AD 1991 nr 113.

Zum ersten Mal wurde die Frage der **Anwendbarkeit der Tendenzklausel** erhoben, als es um die **Neugestaltung der Titelseite einer Zeitung** ging, die ursprünglich nur aus Anzeigen bestand und nunmehr Beiträge enthalten sollte. Wie wichtig war diese Änderung? In welchem Ausmaß betraf sie die betriebliche Tätigkeit, die Arbeit und die Arbeitsbedingungen der AN? Wenn ja, war die Änderung von den Verhandlungen ausgenommen, weil sie Ziel und Richtung des meinungsbildenden Unternehmens betraf? Das Gericht entschied, das dies nicht der Fall war und damit gegen den AG.

Die folgenden Argumente wurden gebracht: Es gibt zwei Bedingungen, damit die Klausel anwendbar wird. Zunächst muß die **Tätigkeit** des Unternehmens einen **bestimmten Charakter** aufweisen **oder** einen **bestimmten Zweck** haben. Zweitens muß die **konkrete Maßnahme** das **Ziel** und die **Richtung** des Unternehmens **betreffen**.

Ersteres Kriterium war zwanglos erfüllt, das letztere wurde hingegen einer gründlichen Analyse unterzogen. Das Gericht führte in seiner Begründung aus, daß der Gesetzgeber einen Weg vorgegeben habe, wie bestimmt werden sollte, was von den Begriffen Ziel und Richtung des Unternehmens erfaßt sei. Erfaßt sein sollten nach Ansicht des Gericht Entscheidungen über die Unternehmenspolitik (Policy) und Entscheidungen über die Durchführung dieser Unternehmenspolitik. Einziges Beispiel für Entscheidungen über Unternehmenspolitik in den Medienbetrieben, das in den Materialien angegeben war, war die **Festlegung der politischen Richtung**[190]. Das Gericht stellte allerdings fest, daß auch der Raum, der bestimmten Themen innerhalb des Blattes gewidmet wurde, eine Frage der Unternehmenspolitik sei. Betreffend die Durchführung der Unternehmenspolitik hatte der Staatssekretär her-

190 Prop 1975/75:105 app 1, 329.

vorgehoben, daß diese Entscheidungen unmittelbar auf dem Ziel des Unternehmens beruhen müßten, wenn sie von der Anwendung der Gemeinsamen Regelung ausgenommen werden sollten.[191] Genau diese Frage mußte letztlich vom Gericht entschieden werden.

Das Gericht war der Meinung, daß hauptsächlich **finanzielle Erwägungen** angestellt worden waren, bevor die Entscheidung über die Titelseite getroffen wurde und daher keine unmittelbare Verbindung zum Ziel des Unternehmens bestehe. Die Maßnahme war daher nicht von der Ausnahme des § 2 MBL erfaßt. Die Pflicht, zu verhandeln und die Anwendbarkeit von §11 hänge davon ab, welche Folgen die Änderung nach sich ziehen könne. Das Gericht bestätigte seine ständige Rechtsprechung, wonach alles, was **typischerweise von Interesse für die Gewerkschaft** sei und wo ein Verhandlungsinteresse der Gewerkschaft bestehe, von der **Mitbestimmungspflicht umfaßt** sei. Das bedeute jedoch nicht, daß die Entscheidungskompetenz von einer Seite zur anderen übergehe.

Der zweite und dritte Fall betrafen die **Bestellung eines Chefredakteurs und eines Herausgebers**. Wie in den Begründungen erläutert sind die Aufgabenbereiche dieser Personen nicht immer dieselben. Die Art und Weise, wie eine Zeitung strukturiert ist und die Personalorganisation sind in den Einzelunternehmen sehr unterschiedlich. Der Entscheidungsbereich, der den Führungskräften zukommt, kann jeweils verschieden sein. Die Bestellung eines Herausgebers wurde als eine die Richtung und das Ziel betreffende Angelegenheit betrachtet.

Im dritten Fall und bis zu einem gewissen Grad auch im zweiten, argumentierte das Gericht im Prinzip wie im oben besprochenen Fall aus 1981. Der Herausgeber sei der Musterfall des Angestellten, der unmittelbar mit Fragen der Unternehmenspolitik befaßt sei. Diese Person wird vom Unternehmen gerade dazu bestellt, die **Einhaltung der gewählten Richtung zu gewährleisten**.[192] Es handelt sich daher um eine Maßnahme, die im Zusamenhang mit dem Ziel und der Richtung des Unternehmens steht, wie es für die Anwendung von § 2 MBL Voraussetzung ist. Damit wird grundsätzlich der in der Lehre vertretenen Auffassung gefolgt, wonach bei der Auslegung des § 2 MBl die kaufmännischen Entscheidungen in, die nichtkaufmännischen außerhalb des Joint Regulation Act fallen sollten.[193]

5.2.4 Individueller Überzeugungsschutz in Gesetzen und KV

Auch AN in Medienbetrieben sind dem Weisungsrecht des AG, das auch den Arbeitsinhalt und die Art der Erbringung der Arbeitsleistung betrifft, unterworfen. Im Rahmen des Arbeitsvertrages muß daher der Journalist grundsätzlich die Anordnung

191 Prop 1975/75:105 app 1, 329.

192 KU 1975/76:1 Y, appendix 6 zu In U 1975/76:45.

193 *Schmidt*, "Facklig Arbetsrätt", Law and Industrial Relations in Sweden, 96.

des Chefredakteurs befolgen, einen bestimmten Beitrag zu verfassen oder zu überarbeiten.

A Nach § 2 des MedienG hat allerdings jeder Medienmitarbeiter das Recht, seine **Mitarbeit an der inhaltlichen Gestaltung von Beiträgen oder Darbietungen zu verweigern, die seiner Überzeugung in grundsätzlichen Fragen oder den Grundsätzen des journalistischen Berufes widersprechen**. Aus einer gerechtfertigten Weigerung darf ihm kein arbeitsrechtlicher Nachteil erwachsen. Der Überzeugungsschutz des § 2 MedienG will also verhindern, daß ein Medienmitarbeiter durch Weisung dazu angehalten wird, Artikel zu schreiben oder in einer Art und Weise zu recherchieren, die seinem Gewissen, also seinen weltanschaulichen, religiösen und ethisch-moralischen Überzeugungen, widerspricht. Der Katholik darf sich daher weigern, einen Beitrag zu verfassen, der die Abtreibung verteidigt, der Umweltschützer kann die inhaltliche Mitarbeit an einem Artikel ablehnen, der den Vorrang wirtschaftlicher Interessen vor Umweltschutzzielen begründen soll.[194]

Ein Weigerungsrecht steht auch gegenüber der Anordnung zu, in einer Art und Weise zu schreiben oder zu recherchieren, die den **anerkannten Grundsätzen der journalistischen Berufsausübung widerspricht** (zB Unterdrückung der Wahrheit, einseitige Darstellung, unfaire Interviews, keine Rücksicht auf Katastrophen- oder Verbrechensopfer). Festgelegt sind Grundsätze der journalistischen Berufsausübung im Ehrenkodex für die österreichische Presse des österreichischen Presserates.

Der Überzeugungsschutz ist allerdings in zweifacher Hinsicht eingeschränkt. Er gilt **nicht**, wenn die **Überzeugung** des Medienmitarbeiters der **veröffentlichten grundlegenden Richtung des Mediums widerspricht**. Eine entsprechende Pflicht zur Veröffentlichung einer Erklärung über die grundlegende Richtung trifft den Verleger im Zusammenwirken mit dem Herausgeber gemäß § 25 Abs 4 MedienG. Liegt etwa eine Festlegung auf das Programm einer politischen Partei vor, darf der Journalist nicht die Mitarbeit an einem Beitrag verweigern, der diesem Parteiprogramm entspricht.

Weiters darf die **technisch-redaktionelle Bearbeitung** von Beiträgen oder Darbietungen anderer und die Bearbeitung von Nachrichten nicht verweigert werden. Auch hieran zeigt sich, daß der Überzeugungsschutz einen gewissen geistigen Freiraum sichern und Gewissenskonflikte des Journalisten verhindern soll.[195] Bei technischen Bearbeitungen wird die Meinungs- und Gewissensfreiheit deutlich weniger tangiert. Es besteht daher auch **kein Weisungsverweigerungsrecht** des Journalisten. Freilich sind derartige Weisungen des Verlegers immer nur dann zulässig, wenn eine entsprechende **arbeitsvertragsrechtliche Verpflichtung** besteht, technisch-redaktionelle Leistungen zu erbringen. Soweit keine ausdrückliche Vereinbarung darüber besteht, ist der Arbeitsvertragsinhalt nach dem in der Branche und im Betrieb

---

194 Vgl *Berka*, Recht der Massenmedien, 305.

195 *Berka*, Recht der Massenmedien, 305.

Üblichen zu bestimmen. Weisungen, die in diesem Sinne über den arbeitsvertraglichen Rahmen hinausgehen, müssen vom jeweiligen Mitarbeiter nicht befolgt werden. Die Nichtbeachtung solcher Weisungen darf keine nachteiligen arbeitsrechtlichen Konsequenzen (Versetzung, Kündigung, Entlassung) nach sich ziehen.

Dem Überzeugungsschutz dient auch § 3 MedienG. Wird ein **Beitrag** in einer den Sinngehalt betreffenden Weise **geändert**, so darf die **Veröffentlichung** unter dem Namen des Medienmitarbeiters bzw unter dem von ihm bekanntermaßen gebrauchten Decknamen oder Zeichen **nur mit seiner Zustimmung** geschehen. Diese Bestimmung bietet keinen Schutz vor bloß technischen oder rein sprachlichen Änderungen.

Im übrigen ergibt sich aus dem MedienG kein Anspruch des Journalisten, den eigenen Beitrag mit Namen (bzw Decknamen oder Zeichen) zu kennzeichnen.[196] Es besteht für die Zeitung auch **kein Veröffentlichungszwang,** dh daß der Medienmitarbeiter die Veröffentlichung eines von ihm verfaßten Beitrages nicht erzwingen kann (§ 4 MedienG).

Eine quasi materielle Absicherung des individuellen Überzeugungsschutzes enthält § 11 JournG. Danach kann ein Redakteur bei einem **Wechsel der bisherigen politischen Richtung** (Blattlinie) der Zeitung innerhalb eines Monats, nachdem er vom Richtungswechsel Kenntnis erlangt hat, den Vertrag **ohne Einhaltung einer Kündigungsfrist lösen**. Voraussetzung dafür ist, daß ihm die Fortsetzung seiner Tätigkeit ohne Änderung seiner Gesinnung nicht zugemutet werden kann. Der Journalist erhält in diesem Fall eine **Entschädigung**, die mindestens ein volles Jahresentgelt, nach fünf- bis zehnjähriger Dauer des AV das Eineinhalbfache des Jahresentgelts beträgt und sich mit je fünf weiteren Jahren um ein halbes Jahresentgelt erhöht. Ein angefangenes Jahrfünft wird dabei als voll angerechnet. Diese unvergleichlich hohen Abfindungssummen machen einen Wechsel der politischen Richtung in der Praxis wohl unmöglich.[197]

Freilich wird eine Änderung der Blattlinie eher selten unter ausdrücklicher Ankündigung vor sich gehen. Welche Änderung in der politischen Einstellung erforderlich ist, um von einem "Wechsel der politischen Richtung" sprechen zu können, läßt sich nicht allgemein festschreiben. Geringfügige Änderungen fallen sicher nicht ins Gewicht, in diesem Fall wäre dem Journalisten die Weiterarbeit auch zumutbar. Andererseits muß die politische Linie wohl nicht ins Gegenteil verkehrt werden, so etwa, wenn eine arbeitnehmerorientierte Zeitung plötzlich ganz vorrangig AG-Interessen publizistisch vertritt.[198] Sinn und Zweck der Bestimmung ist es, einen möglichst wirksamen Gesinnungsschutz zu schaffen und dem Journalisten die Entscheidung zwischen wirtschaftlichem Überleben und Beibehaltung seiner Welt-

---

196 Vgl *Berka*, Recht der Massenmedien, 307.

197 *Berka*, Recht der Massenmedien, 307.

198 Zu eng daher *Kuderna*, DRdA 1964, 350.

anschauung zu ersparen. Eine **deutlich erkennbare Änderung der politischen Linie** wird daher schon ausreichen, um Ansprüche nach § 11 JournG zu begründen.

Nach § 8 JournG kann bei der **Veräußerung** einer Zeitungsunternehmung der Erwerber innerhalb eines Monats nach der Veräußerung dem Redakteur gegenüber erklären, daß er in den Arbeitsvertrag, der zwischen Journalist und Veräußerer besteht, nicht eintritt. Eine derartige **Verweigerung der Übernahme** kommt allerdings relativ teuer. Der Journalist kann nämlich neben dem Entgelt für die Kündigungsfrist eine **Abfertigung** in derselben Höhe **wie bei Wechsel der politischen Richtung** verlangen. Tritt der Erwerber in den Vertrag mit dem Journalisten ein oder gibt er innerhalb der Monatsfrist keine ablehnende Erklärung ab, kann er den Vertrag innerhalb eines Jahres nach der Veräußerung nicht kündigen. Dieser **Kündigungsschutz** soll Umgehungsgeschäfte verhindern. § 8 JournG soll wie § 11 zum **Schutz der journalistischen Gewissensfreiheit** als Teil der Pressefreiheit beitragen.

Dies wird insbesondere durch die Materialien zum JournG, das aus 1920 stammt, mit pathetischen Worten dokumentiert: Die Bestimmung habe den Zweck, "die geistigen Zeitungsarbeiter davor zu schützen, daß die sittliche und wirtschaftliche Grundlage ihres Berufslebens jeden Augenblick durch kapitalistische Eingriffe gefährdet werden kann. Wer in Zukunft einen bestehenden Zeitungsverlag durch Kauf an sich bringt, soll damit zu rechnen haben, daß den Redaktionsmitgliedern je nach der Dauer ihrer bisherigen Mitarbeiterschaft gesetzliche Entschädigungsansprüche zustehen, daß also Journalisten nicht mit der Zeitung wie Sklaven mit der Plantage verkauft werden können".[199]

D In Deutschland finden sich **weder** entsprechende **gesetzliche noch tarifvertragliche Bestimmungen des individuellen Überzeugungsschutzes**. Nach deutschem Recht wäre allerdings denkbar, daß ein Medienmitarbeiter uU seine Arbeit verweigern darf, wenn er bei Ausführung der Arbeit in **Gewissenskonflikte** geraten würde. So hat die oberstgerichtliche Rechtsprechung die fristlose Kündigung eines Druckers als unwirksam angesehen, der als anerkannter Kriegsdienstverweigerer und Mitglied der "Vereinigung der Verfolgten des Naziregimes" unter Berufung auf sein Gewissen die Mitwirkung am Druck von Werbeschriften für jedenfalls teilweise glorifizierende Bücher über das "Dritte Reich" und den Zweiten Weltkrieg verweigert hatte.[200] Ähnlich wurde entschieden, als ein Drucker sich geweigert hatte, eine neonazistische Beilage einer Zeitschrift zu bearbeiten.[201] Damit wurde zwar im Grundsatz anerkannt, daß ein **Gewissenskonflikt der Pflicht zur Arbeitsleistung ausnahmsweise vorgehen** kann. Gleichzeitig wurde von der Rechtsprechung aber betont, daß es sich um **erhebliche** Gewissensgründe handeln muß,

---

199 403 Blg sten Prot der konstituierenden Nationalversammlung, zitiert nach *Kuderna*, DRdA 1964, 342.

200 BAG 1984/AP Nr 27 zu § 611 BGB Direktionsrecht mit Anmerkung von *Brox* = AuR 1986, 379 mit Anmerkung von *Preuß*.

201 BAG 1960/AP Nr 12 zu § 123 GewO = AuR 1962, 30 mit Anmerkung von *Herschel*.

die für den AN bei Aufnahme des AV nicht vorhersehbar waren und die mit den berechtigten Interessen des AG an der Erbringung der Arbeitsleistung abzuwägen sind.

Unter diesen Voraussetzungen wäre auch für Journalisten eine gerechtfertigte Arbeitsverweigerung möglich. Es ist aber auffällig, daß Beispiele aus dem journalistischen Bereich weder in der Judikatur noch in der umfangreichen Literatur zum individuellen Gewissensschutz besondere Berücksichtigung finden.[202] Die Diskussion um den Überzeugungsschutz für Journalisten dreht sich in Deutschland fast ausschließlich um die **Redaktionsstatuten**, denen in der Literatur ein relativ hoher Stellenwert eingeräumt wird. Aus diesem Umstand ist es vielleicht erklärlich, daß dem in Österreich ausführlich geregelten individuellen Überzeugungsschutz in Deutschland kein entsprechendes Pendant gegenübersteht.

CH Das Schweizer Arbeitsrecht enthält zwar keinerlei gesetzlichen Überzeugungsschutz, dafür aber relativ ausführliche Bestimmungen in den **GAV**.[203] Danach ist von einer **umfassenden Entscheidungsbefugnis des Verlegers** in publizistischen wie auch in finanziellen, administrativen und technischen Belangen auszugehen. Der Verleger hat auch die Blattlinie und die wichtigsten Daten wie Erscheinungsweise und Verbreitungsgebiet festzulegen (Standortbestimmung) und allen Redakteuren schriftlich mitzuteilen (Aufnahme in das Redaktionsstatut oder in den Arbeitsvertrag). Über die **Gestaltung des Textteils entscheidet** dagegen die **Redaktion** im Rahmen der Standortbestimmung grundsätzlich selbst. Außer geschäftliche und sonstige Mitteilungen des Verlags darf ohne Wissen der Redaktion nichts in den Textteil der Zeitung aufgenommen werden. Nur bei Angelegenheiten, die die Stellung und das Interesse des Blattes gefährden könnten, sind Rücksprachen mit dem Verlag erforderlich und Weisungen möglich.

Weiters kann **niemand gezwungen** werden, Artikel zu schreiben, die seiner **Überzeugung widersprechen**. Wird vom Verleger die **Standortbestimmung geändert**, hat er dies der Redaktion unverzüglich mitzuteilen. Ein Redakteur, dem diese Änderung nicht zumutbar ist, kann von seinem Arbeitsvertrag sofort **zurücktreten** und in diesem Fall eine **angemessene Entschädigung** verlangen. Die beiden GAV sichern der Redaktion damit eine relativ starke Position im Hinblick auf den Überzeugungsschutz. Dazu kommt noch, daß sie die Schaffung von **Redaktionsstatuten verbindlich** vorsehen, die zum Teil noch weitergehende Bestimmungen enthalten (dazu unten 5.2.5).

S In Schweden sind uns keine gesetzlichen oder kollektivvertraglichen Normen bekannt, die den individuellen Überzeugungsschutz betreffen.

---

202 So etwa auch in den neueren Arbeiten zum Thema, zB *Konzen/Rupp*, Gewissenskonflikte im Arbeitsverhältnis; *Derleder*, AuR 1991, 193 ff, beide mwN.

203 GAV 1990 und CC, vgl oben 3.2; zu den Bestimmungen über die "innere Pressefreiheit" in den beiden Verträgen vgl die Darstellung bei *Arnold*, Mitbestimmungsformen, 74 ff.

5.2.5 *Redaktionelle Mitbestimmung*

A Auch die redaktionelle Mitbestimmung dient in erster Linie dem Überzeugungsschutz der journalistischen Mitarbeiter, der sog **"inneren Pressefreiheit"**. Während der individuell konzipierte Überzeugungsschutz des MedienG und des JournG den einzelnen Redakteur und die Mitbestimmungsrechte des ArbVG sowie des BetrVG die Belegschaft als ganzes schützen, sollen Redaktionsvertretung und Redaktionsstatuten die **Interessen der journalistisch tätigen Medienmitarbeiter** wahren. In die Rechte der Belegschaft wird nicht eingegriffen.

Rechtsgrundlage ist in Österreich § 5 MedienG. Danach können für Medienunternehmen und Mediendienste Redaktionsstatuten abgeschlossen werden, die die Zusammenarbeit in publizistischen Angelegenheiten regeln.[204] Ein **Redaktionsstatut** wird abgeschlossen zwischen dem **Medieninhaber** (Verleger) und einer **Redaktionsvertretung**, die von der **Redaktionsversammlung** (alle fest angestellten Medienmitarbeiter) zu wählen ist. Die Vereinbarung bedarf zu ihrer Wirksamkeit der Genehmigung der Redaktionsversammlung, die diese mit der Mehrheit von zwei Dritteln ihrer Angehörigen erteilt. Gegen den Willen des Medieninhabers kann ein Redaktionsstatut **nicht durchgesetzt** werden.

Während das ArbVG die Organisation der Belegschaft einschließlich der Wahl des BR sehr ausführlich regelt, enthält § 5 Abs 4 MedienG nur den Hinweis, daß die überbetrieblichen Interessenvertretungen (ÖGB, Arbeiterkammer bzw VÖZ) allgemeine Grundsätze von Redaktionsstatuten vereinbaren können. Das Fehlen einer näheren juristischen Strukturierung wird in der Literatur zum Teil massiv kritisiert.[205] Das MedienG wollte es offenbar der Redaktionsversammlung selbst überlassen, nach welchen Grundsätzen sie sich eine Vertretung wählt (vorgegeben ist nur die Verhältniswahl), mit welchen Vollmachten sie diese ausstattet und welchen Inhalt ein Redaktionsstatut im vorgegebenen Rahmen der "Zusammenarbeit in publizistischen Angelegenheiten" haben soll. Unklar sind auch die Rechtsnatur und die Rechtsfolgen der getroffenen Vereinbarung. Der Gesetzgeber dachte offenbar an "freie Vereinbarungen", die eine gewisse Ähnlichkeit mit Betriebsvereinbarungen haben sollten. Der maßgebliche Unterschied liegt freilich darin, daß Form, Inhalt und Rechtsfolgen der Betriebsvereinbarung vom ArbVG sehr genau vorgegeben werden. Eine Betriebsvereinbarung darf daher keineswegs etwa die Mitwirkungsrechte der Belegschaft ausbauen.

Dagegen können in den Redaktionsstatuten **Mitbestimmungsrechte der Redakteure** geschaffen werden, so zB Informations-, Beratungs-, Anhörungs- und Vorschlagsrechte der Redaktionsvertretung in publizistischen Angelegenheiten, Mitwirkung der Redaktionsvertretung bei publizistisch wichtigen Personalentschei-

204 Beim ORF ist dagegen ein Redakteursstatut abzuschließen.

205 Va von *Mayer-Maly*, JBL 1981, 626.

dungen (zB Bestellung des Chefredakteurs) und Maßnahmen und Entscheidungsverfahren bei Konflikten im Bereich des Überzeugungsschutzes.

Von den bestehenden Tageszeitungen haben offenbar nur drei ein Redaktionsstatut, das sind "Neue Kronen Zeitung", "Kurier", und "Die Presse".[206] Die drei Redaktionsstatuten unterscheiden sich zwar zum Teil nicht unerheblich, sie weisen aber übereinstimmend einige Kernpunkte auf.[207] So wird jeweils die **Blattlinie** offengelegt, ein **Vertretungsorgan** der Redakteure (Redaktionsausschuß) vorgesehen, ein **Schiedsgericht** zur Lösung von Streitigkeiten bei behaupteten Verstößen gegen das Statut eingerichtet, ein **Informations- und Vorschlagsrecht** des Redaktionsausschusses bei gravierenden **wirtschaftlichen Veränderungen** (zB Änderung der Mehrheitsbeteiligung, Einstellung der Zeitung) sowie ein **Überzeugungsschutz** für Redakteure vorgesehen.

Die Bedeutung der Redaktionsstatuten in der Praxis wird als gering angesehen.[208] Einzig die Mitwirkung der Redaktionsvertretung bei der **Bestellung und Abberufung des Chefredakteurs** sei manchmal Gegenstand von Konflikten und ermögliche auch den Redakteuren, effektiv auf die Blattlinie und den laufenden Betrieb einzuwirken. So kann etwa bei der "Presse" die Bestellung eines bestimmten Redakteurs zum Chefredakteur oder Chefredakteur-Stellvertreter uU verhindert werden. Zu diesem Zweck hat der Redaktionsausschuß innerhalb von acht Tagen nach Mitteilung durch den Verlag eine Redaktionsversammlung einzuberufen. Wird in geheimer Wahl mit einer Mehrheit von zwei Drittel der gültigen Stimmen die Bestellung abgelehnt, muß der Verlag einen neuen Kandidaten präsentieren. Bei der "Kronen Zeitung" und beim "Kurier" kann unter näher geregelten Voraussetzungen die Abberufung eines Chefredakteurs von einer qualifizierten Mehrheit der Redakteursversammlung erzwungen werden (zB bei mehrfacher Verletzung des Redaktionsstatuts durch den Chefredakteur). Neben diesen Mitwirkungsmöglichkeiten wird die Funktion der Redaktionsstatuten noch darin gesehen, daß möglicherweise schon ihr Vorhandensein weitergehende Konflikte bei der Redaktionsarbeit verhindert oder entschärft. Insgesamt wird aber die in Österreich (im Vergleich zur BRD) nie besonders intensive Diskussion um Redaktionsstatuten in ihrer **Bedeutung** als **eher rückläufig** eingestuft.[209]

D Die Situation in der BRD unterscheidet sich einmal insofern von der österreichischen, als es **keine spezielle Rechtsgrundlage** für Redaktionsstatuten gibt. Wie erwähnt ist bisher überhaupt keine gesetzliche oder tarifvertragliche Regelung des

---

206 Diese Aussage steht unter dem Vorbehalt, daß die uns gemachten Angaben der Realität entsprechen.

207 Vgl zum folgenden *Arnold*, Mitbestimmungsformen, 61 ff; sowie *Jeller*, Redaktionsstatuten.

208 So die Einschätzung aller von uns befragten Gesprächspartner.

209 Gespräch mit *Dr. Schaffelhofer* vom VÖZ am 15.7.1992; vgl auch *Arnold*, Mitbestimmungsformen, 70.

Überzeugungsschutzes zustandegekommen.[210] Es fehlt daher auch eine ausdrückliche rechtliche Verankerung von Redaktionsvertretungen und Redaktionsversammlungen. Die vorhandenen **Redaktionsstatuten** sind als **freie Vereinbarungen** zwischen Verlegern und Redaktionen anzusehen, die nach allgemeinem Vertragsrecht zu beurteilen und regelmäßig Bestandteil der einzelnen Arbeitsverträge sind. Sie haben wie in Österreich grundsätzlich **keine normative Wirkung**. Nur in Einzelfällen handelt es sich um Betriebsvereinbarungen.[211]

Inhaltlich unterscheiden sich die einzelnen Redaktionsstatuten zum Teil erheblich voneinander. Sie enthalten aber idR folgende wesentliche **Regelungsgegenstände**:
- Festlegung der grundsätzlichen Haltung der Zeitung (Blattlinie)
- Regelungen über die Vertretung der Redakteure (Redaktionsausschuß, Redaktionsrat) sowie
- Festlegung der Rechte und Pflichten der Redakteure bei redaktioneller Arbeit, bei Änderung der Blattlinie, in wirtschaftlichen und personellen Angelegenheiten.[212]

Die **Intensität** der den Redakteuren übertragenen Mitwirkungsrechte reicht etwa bei einer Änderung der Blattlinie von **Information** und **Anhörung** bis zu **Zustimmungsrechten**. Ansprüche der einzelnen Redakteure wie in § 11 Abs 2 JournG sind nicht vorgesehen. Erwähnenswert sind noch die in einigen Redaktionsstatuten vorgesehenen **Veto-Rechte bei der Bestellung und Abberufung des Chefredakteurs**.

Insgesamt dürfte auch in der BRD die Diskussion um die Redaktionsstatute **keine vorrangige Bedeutung mehr** besitzen. Die bestehenden Statute werden offenbar grundsätzlich akzeptiert, eine Ausweitung aber eher abgelehnt.[213]

CH In der Schweiz gibt es eine nicht unerhebliche Zahl von Redaktionsstatuten, die auf Art 15 GAV bzw Art 4 CC basieren. Im Unterschied zu Österreich sind **Redaktionsstatuten verbindlich**, werden aber nicht vereinbart, sondern vom **Verleger** nach Konsultationen mit der Gesamtheit der Redakteure oder einer von ihr bestellten Delegation **festgelegt**. Das Statut muß aber jedenfalls folgende **Inhalte** aufweisen:[214]
- Standortbestimmung (Blattlinie) und juristische Organisationsform der Zeitung
- Verpflichtung zur regelmäßigen Information über die wirtschaftliche Entwicklung und die allgemeine Organisation
- Mitwirkung der Redakteure in sie betreffenden Organisationsfragen

---

210 Zur Genese der verschiedenen Initiativen, Vorschläge und Entwürfe vgl *Arnold*, Mitbestimmungsformen, 21 ff.

211 Vgl die Übersicht bei *Arnold*, Mitebstimmungsformen, 29.

212 Vgl im einzelnen *Arnold*, Mitbestimmungsformen, 30 ff; *Holtz-Bacha*, Mitspracherechte.

213 Vgl *Arnold*, Mitbestimmungsformen, 34 ff; *Holtz-Bacha*, Mitspracherechte, 61 ff und 100 ff.

214 *Arnold*, Mitbestimmungsformen, 76 ff.

- unverzügliche Information der Redakteure über Anstellung und Entlassung von Redakteuren.

Bei Streitfällen über die Auslegung und Anwendung des Statuts ist ein **Schlichtungsverfahren** durch eine paritätisch besetzte Kommission vorgesehen.

Der Schweizerische Zeitungsverlegerverband (SZV) hat ein **Musterstatut** herausgegeben, das als Empfehlung für die Verlage anzusehen ist. Danach soll die publizistische Grundhaltung ausführlich dargelegt werden. Die **Verantwortung für Inhalt und Gestaltung** trägt idR der **Chefredakteur**, kann aber auch dem einzelnen Redakteur oder einem Redaktionsausschuß übertragen werden. In diesem Rahmen ist der **Redakteur frei in seinem journalistischen Tätigkeitsbereich**. Gewissens- und Überzeugungsschutz sind zu gewährleisten. Wenn die Stellung, der Ruf oder das Interesse der Zeitung erheblich berührt wird, hat jeder Redakteur den **Herausgeber** rechtzeitig zu informieren, dem die **endgültige Entscheidungsbefugnis** nach Anhörung des Redakteurs bzw Chefredakteurs obliegt. Die Redaktion hat weiters **Informations- und Anhörungsrechte** in wirtschaftlichen, publizistischen, administrativen, finanziellen und personellen Entscheidungen, die sie betreffen.

Die in der Praxis aufgestellten Statuten stimmen inhaltlich mit dem Musterstatut meist weitgehend überein. Im großen und ganzen ergeben sich dabei keine wesentlichen Unterschiede zu den Redaktionsstatuten in Österreich und Deutschland. Auffällig ist allerdings, daß die Einrichtung von **Redaktionsvertretungen die Ausnahme** darstellt. Auch hinsichtlich der Formulierung lassen sich Unterschiede zu den deutschen und österreichischen Statuten ausmachen. Es handelt sich mehr um "soft law" als um eine genaue Festlegung von Rechten und Pflichten.[215] Die schon für Österreich und Deutschland getroffene Einschätzung, daß die **Redaktionsstatuten** im publizistischen Alltag **keine überragende Bedeutung** haben, dürfte auch für die Schweiz zutreffen.[216]

Arbeitsrechtlich sind die Redaktionsstatuten als "**allgemeine Arbeitsbedingungen**" einzustufen, die vom AG einseitig erlassen werden und durch Einbeziehung in den einzelnen Arbeitsvertrag rechtsverbindlich werden. Eine normativ wirkende "vereinbarte Betriebsordnung" (ähnlich der österreichischen Betriebsvereinbarung) liegt nicht vor, weil die Statuten nicht vereinbart, sondern vom AG unter bloßer Konsultation der Redaktion erlassen werden.

S Schwedische Redaktionsstatuten sind uns nicht bekannt.

---

215 *Arnold*, Mitbestimmungsformen, 81 spricht treffend von einer "Art Verhaltenskodex".

216 Vgl *Arnold*, Mitbestimmungsformen, 82 f.

Überblick über die derzeit geltenden Regelungen zum Überzeugungsschutz und zur redaktionellen Mitbestimmung[217]:

	BRD	Österreich	Schweiz
Gesetzliche Bestimmungen	-	§§ 2 - 5 MedienG §§ 8, 11 JournG	-
Kollektivvertragl Vereinbarungen	-	-	GAV, CC
Redaktionsstatuten	bei 12 Tageszeitungen (1990)	bei 3 Tageszeitungen (1992)	bei 15 Tageszeitungen (1990)

5.3 Einführung neuer Techniken in Redaktionen und Druckereien

Die Zeitungsherstellung veränderte sich zunächst durch die Einführung des Fotosatzes und in weiterer Folge durch die Entwicklung **rechnergesteuerter integrierter Textsysteme** (ITS) gravierend. Arbeitsbedingungen, Arbeitsinhalte und auch die Anzahl der Arbeitsplätze waren und sind davon betroffen. So wurden von den Redaktionen im Rahmen der Texterfassung zunehmend Teile der Setzerarbeit übernommen. Dies wirkte sich bei den Redakteuren als Steigerung der Arbeitsintensität, im Druckbereich va durch einen Beschäftigungsabbau aus. Die Gewerkschaften in ganz Europa versuchten diesem Phänomen - mit unterschiedlichem Erfolg - entgegenzuwirken. Am spektakulärsten waren dabei die deutschen Druckerstreiks in den siebziger Jahren. In vielen Staaten wurden zwischen Gewerkschaften und AG-Verbänden **Rationalisierungsschutzabkommen** geschlossen.

A Bei den Tageszeitungen in Österreich sind nach wie vor die Vorschriften des **ITS-Vertrages** zu beachten. Dabei handelt es sich um einen KV, der zwischen dem Hauptverband der graphischen Unternehmungen und dem VÖZ einerseits, sowie den Teilgewerkschaften GPA, KMfB, Druck und Papier andererseits 1981 (ursprünglich auf acht Jahre, 1989 verlängert) abgeschlossen wurde.

Der Geltungsbereich erfaßt sowohl die AN von Betrieben der graphischen Gewerbe als auch die AN von Verlagen, beide wenn sie von der Einführung eines integrierten Texterfassungssystems betroffen sind. Unter **ITS** wird die direkte Eingabe und Bearbeitung von Texten verstanden, sofern dies die Zusammenfassung von bisher zwischen Redaktion, Verwaltung oder sonstigen Dritten einerseits und Druckereien andererseits getrennten Stufen der Produktion bedeutet, unabhängig davon, ob die Integration innerhalb eines Betriebes oder im Rahmen mehrerer Betriebe bzw Unternehmen stattfindet. Als direkte Eingabe von Texten (der die Übernahme von Texten gleichgehalten wird) ist Texterfassung zur immateriellen Übernahme von

217 Die Tabelle wurde in Anlehnung an *Arnold*, Mitbestimmungsformen, 84, erstellt.

Daten oder die Verarbeitung von Datenträgern jeder Art anzusehen, einschließlich maschinlesegerechter Manuskripte zur Satzherstellung.

Der ITS-Vertrag ist ein Rationalisierungsschutzabkommen.[218] Sein wesentlicher Inhalt besteht in einem **Kündigungs- und Versetzungsschutz**. Der Grund für die Notwendigkeit solcher Maßnahmen liegt bzw lag darin, daß bestimmte Arbeitsvorgänge in der technischen Produktion von Zeitungen durch ITS ausgeschaltet wurden bzw ganz oder teilweise eingespart werden konnten. Im einzelnen enthält der ITS-Vertrag einen Anspruch auf **Beibehaltung des Arbeitsplatzes** nach (auch teilweiser) Einführung von ITS sowie die Verpflichtung des AG bestimmte Arbeitsplätze im ITS (va Texterfassung) grundsätzlich nur mit graphischen Facharbeitern des Betriebes bzw Unternehmens zu besetzen und innerbetriebliche Bewerber um freiwerdende oder neugeschaffene Arbeitsplätze generell externen Bewerbern (bei gleicher Qualifikation, auch wenn diese erst durch eine Um- oder Einschulung erreicht wird) vorzuziehen (**Besetzungsregel**).

Darüber hinaus gilt für alle durch die Umstellung auf ITS betroffenen AN ein zweijähriger Kündigungsschutz (**Behaltezeit**) ab (auch teilweiser) Einführung. Diese Frist beträgt für graphische Facharbeiter in allen Bereichen der Druckformenherstellung (zB Setzer, Korrektoren), die 1981 schon fünf Jahre im Betrieb beschäftigt waren, zehn Jahre (ab Inbetriebnahme von ITS). Für AN, die zum Zeitpunkt der Inbetriebnahme von ITS das 50. Lebensjahr vollendet haben und mindestens fünf Jahre im Betrieb beschäftigt sind, gilt der Kündigungsschutz bis zum frühestmöglichen Pensionsanspruch. Während der Behaltezeit darf ein AN nur auf einen zumutbaren Arbeitsplatz versetzt werden. **Zumutbar** ist die Weiterbeschäftigung auf einem anderen Arbeitsplatz im bisherigen Fach, die **Versetzung** auf einen Arbeitsplatz, der einem Lehrberuf entspricht, die Versetzung auf einen durch die neue Technologie entstandenen qualifizierten Arbeitsplatz oder die Versetzung auf einen Arbeitsplatz, der einer Angestelltentätigkeit oder einer journalistischen Tätigkeit entspricht. Lehnt der AN die Versetzung auf einen zumutbaren Arbeitsplatz ab, geht der Kündigungsschutz verloren.

Ist kein Arbeitsplatz mit zumutbarer Beschäftigung vorhanden, erhält ein AN bei Selbstkündigung vor dem Ende der Behaltezeit eine zusätzliche Abfertigung (Mobilitätshilfe). Die **Mobilitätshilfe** gebührt für den Zeitraum zwischen Ende des AV und Ende der Behaltezeit in Höhe der betrieblichen Überzahlungen bzw Zulagen (höchstens das Äquivalent von eineinhalb Jahresentgelten). Darüber hinaus gebührt in diesem Fall (Selbstkündigung vor Ablauf der Behaltezeit, wenn kein zumutbarer Arbeitsplatz vorhanden) die gesetzliche Abfertigung.

---

218 Vgl dazu *Unger*, ÖZS 1988, S. 63 fs; *Hummel/Bauer*, Studienprojekt Informatisierung.

D In Deutschland wurde schon 1978 der sog RTS-Vertrag abgeschlossen.[219] Er enthält ebenso wie der ITS-Vertrag eine **Besetzungsregel**. Danach sind **Gestaltungs- und Korrekturarbeiten** im RTS für einen Zeitraum von acht Jahren nach Umstellung des Betriebs auf RTS durch **geeignete Fachkräfte der Druckindustrie** auszuführen, wenn solche verfügbar sind. Auch der RTS-Vertrag enthält einen Anspruch auf **Mobilitätshilfen** (zusätzliche Abfertigungen), allerdings **keinen Kündigungsschutz**. Die **beschäftigungssichernde Funktion** eines Rationalisierungsschutzabkommens wurde damit **in deutlich geringerem Ausmaß als in Österreich** erreicht. Dies ist insofern bemerkenswert, als die deutsche Regelung nach langen Arbeitskämpfen, der ITS-Vertrag hingegen ausschließlich auf dem Verhandlungsweg durchgesetzt wurde.

Weiters gibt es in Deutschland einen **Rationalisierungsschutzvertrag für den Druckbereich** (TV zur Abwendung sozialer Härten bei Rationalisierungsmaßnahmen), der nicht nur für ITS gilt, sondern für alle Änderungen von Arbeitstechniken, Arbeits- und Produktionsabläufen, auch durch organisatorische Maßnahmen, die mit technischer Entwicklung und Rationalisierung zu begründen sind, sofern sie zur Freisetzung, Lohnminderung oder Umsetzung, verbunden mit Lohnminderung, führen. Der TV sieht zwar keinen absoluten Kündigungsschutz vor, enthält aber **Maßnahmen der Arbeitsplatzerhaltung** und eine **erhebliche Verlängerung der Kündigungsfristen** (gestaffelt nach Lebensalter und Dauer der Betriebszugehörigkeit) bei Kündigung durch den AG wegen Rationalisierung. Weiters besteht Anspruch auf eine **Entschädigung für die Aufgabe des sozialen Besitzstandes**, die wiederum nach dem Lebensalter und der Dauer der Betriebszugehörigkeit gestaffelt ist und bis zu 12 Monatslöhnen beträgt.

CH In der Schweiz sind im GAV Druck **Maßnahmen zur Sicherung der Beschäftigung** vorgesehen, die die Vermeidung von Härtefällen ua bei **Rationalisierungsmaßnahmen infolge Einführung neuer Techniken** zum Ziel haben. Neben der **Mitwirkung der Interessenvertretungen** der AN und AG soll bei Wegfall von Arbeitsplätzen den betroffenen AN möglichst eine **Weiterbeschäftigung im Betrieb**, gegebenenfalls auch eine **Umschulung** bei Entgeltfortzahlung, angeboten werden. Ist eine Weiterbeschäftigung nicht möglich, kann bei (je nach Anstellungsdauer) bis zu vier Monate **verlängerten Kündigungsfristen** gekündigt werden. Dem AN gebühren jedoch eine **Abgangsentschädigung** in Höhe eines halben bis zu acht Monatslöhnen (gestaffelt nach dem Lebensalter und der Dauer der Betriebszugehörigkeit) und ein Ersatz für Kosten, die aus einem uU erforderlichen Wechsel des Wohnortes resultieren.

Ferner haben die für die graphischen Unternehmen zuständigen Schweizer Interessenvertretungen ein **"Reglement über die Sicherung der Beschäftigung bei**

219 TV über Einführung und Anwendung rechnergesteuerter Textsysteme, publiziert in RdA 1978, 116 ff; vgl dazu *Hesse/Schaffeld/Rübenach*, Arbeitsrecht der Pressejournalisten, 103 ff; weiters *Robak/Schlecht*, WSI-Mitteilungen 1983, 133 ff.

der Einführung und Anwendung von neuen Satztechniken" abgeschlossen. Danach sollen Satzarbeiten auf programmgesteuerten Satzsystemen, insbesondere Textverarbeitung, Korrektur, Umbruch am Bildschirm, idR von Inhabern eines eidgenössischen Fähigkeitszeugnisses der graphischen Branche ausgeführt werden. AN, die direkt von technologischen Veränderungen betroffen sind und einen neuen Arbeitsplatz suchen müssen, werden bei gleicher Qualifikation anderen AN **vorgezogen**. Offene Arbeitsplätze im Bereich der programmgesteuerten Satzherstellung müssen innerbetrieblich bekanntgemacht werden. **Umschulungsmöglichkeiten** sind vom AG anzubieten. Während der Zeit der Umschulung ist das vorherige Entgelt weiterzubezahlen. Arbeiten der programmgesteuerten Satzherstellung, die vorher durch graphische Facharbeiter ausgeführt wurden, dürfen dann nicht durch die Redaktion hergestellt werden, wenn dies die Kündigung eines dem GAV unterstellten AN im Betrieb zur Folge hätte.

Die Regelungen werden ergänzt durch **Gesundheitsschutzmaßnahmen** (Pausen bei Bildschirmarbeit, Versetzung auf gleichwertigen Arbeitsplatz bei fehlender gesundheitlicher Eignung in Bezug auf die Arbeit mit neuen Techniken, ärztliche Untersuchungen bei regelmässiger Bildschirmarbeit).

Für die **Journalisten** wurde 1989 zwischen SZV und URJ einerseits und VSJ und SJU andererseits ein **"Abkommen über die Einführung und Anwendung elektronischer Mittel in den Redaktionen"** vereinbart. Der Vertrag enthält die zunächst die **Garantie** einer angemessenen **Ausbildung** am "elektronischen Arbeitsgerät" während der Arbeitszeit. Die Geräte dürfen grundsätzlich **nur zur Eingabe der eigenen Texte**, zur Textverwaltung sowie zum Redigieren bereits erfaßter Texte verwendet werden. Soweit nicht zur Ausführung ihrer Aufgabe die regelmäßige Anwendung elektronischer Geräte gehört, sind die Journalisten in der Bestimmung des Computereinsatzes für ihre Arbeit frei. Weiters enthält das Abkommen Vorschriften zum **Schutz der Gesundheit** für die Journalisten, die am Bildschirm tätig sind (Rücksichtnahme bei der Geräteauswahl, Verbot der ausschließlichen Beschäftigung am Bildschirm, jährliche Augenuntersuchung auf Kosten des Verlegers).

Schließlich enthält die Vereinbarung auch einen **Kündigungsschutz**: Sind Journalisten infolge der Einführung elektronischer Arbeitsgeräte in ihrer Redaktion außerstande, ihre gewohnte journalistische Arbeitsleistung zu erbringen, so darf das AV deswegen vom Verlag nur gekündigt werden, wenn ihnen keine zumutbare gleichwertige Arbeit im Unternehmen übertragen werden kann. Ist eine Weiterbeschäftigung ausnahmsweise ausgeschlossen, so besteht während der Dauer eines Jahres Anspruch auf eine **Mobilitätsentschädigung** in der Höhe der Differenz zwischen dem bisherigen Gehalt und demjenigen an einem neuen Arbeitsplatz bzw den Leistungen der Arbeitslosenversicherung. Der Anspruch entfällt, wenn eine vom Verleger vorgeschlagene zumutbare Arbeit abgelehnt wird.

Die Schweizer Regelung ähnelt eher der österreichischen als der deutschen, da sie einen echten Kündigungsschutz enthält und auch Mobilitätsentschädigungen vorsieht. Ansonsten zeigen sich zwischen den Rationalisierungsabkommen in den genannten drei Vergleichsländern viele Parallelen.

S Die neuen Informationstechniken stellen einen wichtigen Anwendungsbereich der schwedischen **joint regulation** dar, auch insofern als Fragen des **Kündigungsschutzes** und der **Arbeitsplatzsicherheit** betroffen sind. Folglich enthält das UVA einen Abschnitt über neue Technologien. Das UVA sieht vor, daß im Fall von technischen Veränderungen der Inhalt der Tätigkeit des AN im Hinblick auf Fähigkeit, Verantwortlichkeit und Verpflichtungen in Betracht gezogen werden soll. Die **Gewerkschaft** ist bei der Planung von technischen Neuerungen **beizuziehen**. Der AG ist verpflichtet, die nötigen und geeigneten Informationen zur Verfügung zu stellen und er kann **Projektgruppen** bilden, die die weiteren Möglichkeiten zur Problemlösung erheben sollen.[220] Ausbildungsmöglichkeiten und Information werden jedenfalls als wichtig bei jeder Entwicklung betrachtet und sollten daher vom AG garantiert werden.

Alle Parteien des Zeitungsgewerbes haben **CA** über neue Technologien im wesentlichen mit demselben Inhalt. **Verhandlungen** über die Einführung neuer Technologien müssen rechtzeitig im voraus stattfinden. **Kein AV darf aufgrund einer solchen Änderung beendet werden**. Eine solche Beendigung würde nicht als Kündigung aus objektiven Gründen wie im § 7 LAS gefordert, angesehen. Das Wissen und die Kenntnisse des AN müssen bei Veränderungen berücksichtigt werden. Alle Parteien erklären, daß sie die umfassende Zusammenarbeit aller Beteiligten erwarten, damit sichergestellt werden kann, daß keine Kategorie von AN ihre Aufgaben an eine andere verliert.

---

220 Ein Besuch bei einer derartigen Projektgruppe einer schwedischen Zeitung wurde gemacht. Die lokalen Gewerkschaften sowohl der Journalisten als auch der Drucker hatten sich dem Willen des AG, sich von den überflüssig erscheinenen Druckern zu trennen, entgegengesetzt. Um die Möglichkeiten integrierter Aufgabenstellungen ausfindig zu machen wurde ein Ausbildungsexperiment gemacht. Ein externer Konsulent (ein Computerfachmann) wurde eingestellt, um zusammen mit einem Journalisten, der zu diesem Zweck freigestellt worden war, das Projekt durchzuführen. Dieser Versuch einer Neuorganisation der Arbeit wird zur Zeit ausgewertet, daher können hier noch keine Ergebnisse präsentiert werden. Die Personen, die im Zusammenhang damit interviewt wurden, schienen jedenfalls sehr optimistisch und sahen das einzige Problem im Ehrenkodex der Presse. Es wurde der Vorschlag gemacht, den Kodex auf alle AN des Printmedienbereichs auszudehnen.

Literaturverzeichnis

1. Österreich

Aichinger, Kommentar zu OGH 1983/ZAS 1984, 26 ff.

Barazon, Aktuelle Probleme des Journalistengesetzes, Stb 1971, F 1, 3.

Berka, Medienfreiheit und Persönlichkeitsschutz. Die Freiheit der Medien und ihre Verantwortung im System der Grundrechte (1982).

Berka, Das Recht der Massenmedien (1989).

Cerny, Arbeitsverfassungsgesetz[8] (1987).

Cerny/Haas-Laßnigg/Schwarz B., Arbeitsverfassungsrecht Band 2 - Kollektive Rechtsgestaltung, Betriebsverfassung I (Allgemeine Bestimmungen, Organisationsrecht) (1992).

Dittrich, Kommentar zu OGH 1969/ZAS 1970, 179 ff.

Egger, Kommentar zu VwGH 1971/ZAS 1971, 178 ff.

Erd, Kommentar zu OGH 1969/ZAS 1970, 15 ff.

Floretta/Strasser, Kommentar zum Arbeitsverfassungsgesetz (ArbVG-Handkommentar, 1975).

Floretta/Strasser, Arbeitsverfassungsgesetz[2] (1988).

Foregger, Mediengesetz (1981).

Gitter, Kommentar zu OGH 1981/ZAS 1983, 134 ff.

Grillberger, Kommentar zu OGH 1981/DRdA 1984, 134 ff.

Grillberger, Österreichisches Sozialrecht (1990).

Hartmann/Rieder, Mediengesetz (1981).

Haslinger, Kommentar zu OGH 1972/ 1973, 63 ff.

Hausjell, Mittagspause im Ausverkauf? Zum Verhältnis der Printmedien Österreichs zu BRD und DDR, in: Ratholb-Schmid-Heiß (Hg.), Österreich und Deutschlands Größe (1990), 181 ff.

Hellbling, Kommentar zu OGH 1983/ZAS 1984, 28 ff.

Hodik, Zur Neuordnung der Rechtsstellung der freien Mitarbeiter des ORF, ÖJZ 1983, 569 ff.

Hummel/Bauer (Projektverantwortliche), Informatisierung am Beispiel Printtechnologie. Studienprojekt der Gewerkschaft Druck und Papier betreffend die Veränderungen des Arbeitsablaufes durch ITS bei graphischen Facharbeitern, Journalisten und kaufmännischen Angestellten (1988).

Institut für Publizistik und Kommunikationswissenschaften der Universität Salzburg (Hg), Massenmedien in Österreich, Medienbericht II (1983) und III (1986).

Jeller, Redaktionsstatuten in Österreich (Diss. 1981).

Klein G., Rechtspolitisches und Rechtsdogmatisches zum "Medienmitarbeiter", FS Floretta (1983), 389 ff.

Korn, Der Begriff des programmgestaltenden und journalistischen Mitarbeiters des ORF (§ 17 Abs 2 und 3 RFG 1974), RfR 1981, 1 ff.

Korn, Die "Betriebseinbringung" als Veräußerung nach § 8 JournG?, RdW 1988, 425 f.

Korn/Weber, Arbeitsrecht für Journalisten, in: Pürer (Hg), Praktischer Journalismus in Zeitung, Radio und Fernsehen² (1985), 465 ff.

Kramer, Hauptprobleme des befristeten und resolutiv bedingten Arbeitsverhältnisses, DRdA 1973, 159 ff.

Krejci, Kommentierung der §§ 879, 1151 ff ABGB, in Rummel (Hg), Kommentar zum Allgemeinen Bürgerlichen Gesetzbuch, 1. Band² (1990).

Kuderna, Der Abfertigungsanspruch nach § 8 Abs. 2 Journalistengesetz, DRdA 1964, 341 ff.

Kuderna, Kommentar zu OGH 1968/DRdA 1969, 249 ff.

Kunst/Böhm/Twaroch, Das neue Medienrecht (1982).

Machacek, Journalistengesetz und Pressefreiheit, DRdA 1965, 257 ff.

Marhold, Österreichisches Arbeitsrecht II, Kollektivarbeitsrecht (1991, hg von Mayer-Maly/Marhold).

Martinek/Schwarz M./Schwarz W., Angestelltengesetz⁷ (1991).

Maßl, Kommentar zu OGH 1986/DRdA 1987, 210 ff.

Mayer-Maly, Arbeitsrechtliche und presserechtliche Aspekte des Mediengesetzes 1981, JBl 1981, 622 ff.

Mayer-Maly, Neue Probleme bei der Befristung von Dienstverhältnissen, FS Strasser (1983), 87 ff.

Mayer-Maly, Österreichisches Arbeitsrecht I, Individualarbeitsrecht (1987, hg von Mayer-Maly/Marhold).

Miklau, Probleme des Kettendienstvertrages, ZAS 1974, 43 ff.

Pfeil, Kommentar zu OGH 1982/DRdA 1985, 126 ff.

Pfeil, Kommentar zu OGH 1986/DRdA 1987, 452 ff.

Rebhahn, Arbeitskampf in einer Druckerei, DRdA 1982, 130 ff, 222 ff.

Rehbinder, Arbeitnehmer oder Unternehmer? Die Abgrenzung des Arbeitsvertrages von den Verträgen auf selbständige Dienstleistungen, ÖJZ 1983, 373 ff.

Runggaldier, Kollektivvertragliche Mitbestimmung bei Arbeitsorganisation und Rationalisierung (1983).

Runggaldier, Kommentar zu OGH 1983/DRdA 1984, 445 ff.

Schrammel, Zur Rechtsstellung freier Mitarbeiter des Österreichischen Rundfunks, JBl 1982, 449 ff.

Schrammel, Probleme des Tendenzschutzes in der österreichischen Betriebsverfassung, FS Strasser (1983), 559 ff.

Schrammel, Kettendienstverträge mit Rundfunkmitarbeitern, RdW 1986, 347 ff.

Schrammel, Kommentar zu OGH 1991/DRdA 1991, 356 ff.

Schrank, Der Fortbestand des Arbeitsverhältnisses als Schutzobjekt der Rechtsordnung (1982).

Schwarz/Löschnigg, Arbeitsrecht^4 (1989).

Spielbüchler/Floretta, Arbeitsrecht, Band I^3 Individualarbeitsrecht (1988, hg von Floretta/Spielbüchler/Strasser).

Strasser, Kommentar zu OGH 1981, DRdA 1982, S. 191 ff.

Strasser, Arbeitsrecht, Band II^3 Kollektives Arbeitsrecht (1990, hg von Floretta/Spielbüchler/Strasser).

Tomandl, Kommentar zu OGH 1981/ZAS 1982, 15 ff.

Tomandl, Der Anwendungsbereich des betriebsverfassungsrechtlichen Tendenzschutzes bei Presseunternehmungen, FS Kralik (1986), 559 ff.

Tomandl, Pressefreiheit und Mitbestimmung, FS Schnorr (1988), 341 ff.

Tomandl, Arbeitsrecht 1^2 - Gestalter und Gestaltungsmittel (1988).

Tomandl, Arbeitsrecht 2 - Sachprobleme (1990).

Unger, Kollektivvertraglicher Rationalisierungsschutz am Beispiel des Druckergewerbes. In: ÖZS, 2/1988, S. 63 ff.

Verband Österreichischer Zeitungsherausgeber und Zeitungsverleger (Hg), Pressehandbuch 1992 (1992).

Wachter, Der sogenannte freie Dienstvertrag, DRdA 1984, 405 ff.

Wachter, Kommentar zu OGH 1982/DRdA 1985, 395 ff.

Wittmann, Einführung in das Medienrecht (1981).

2. Deutschland

Arndt/Ebsen, Mitbestimmung und Pressefreiheit, AuR 1977, 161 ff.

Badura, "Tendenzautonomie" des Presseunternehmens und Mitwirkungsrechte des Betriebsrats, Jura 1980, 335 f.

Berger-Delhey, Die Sondernummer, Ein Beitrag zum urheberrechtlichen Vergütungsanspruch des Zeitschriftenredakteurs, AfP 1988, 325 ff.

Berger-Delhey, Die tarifliche Jahresleistung für Redakteure, AfP 1989, 721 ff.

Berger-Delhey, Anmerkung zu ArbG Bonn 1989 (Zum Unterlassungsanspruch des BDZV bei Sympathiestreikaufruf an Redakteure), AfP 1989, 783 ff.

Berger-Delhey, Anmerkung zu Einigungsstelle (Wuppertal) 1990 (Einigungsstellensprüche zur Mitbestimmung des Betriebsrats bei der Volontärsausbildung), AfP 1990, 153 ff.

Berger-Delhey, Anmerkung zu LAG Niedersachsen (Kein Mitbestimmungsrecht des Betriebsrats bei der Arbeitszeit der Redakteure), AfP 1991, 562 ff.

Berger-Delhey, Mitbestimmung der Betriebsvertretung bei Arbeitszeitregelungen gegenüber Redakteuren?, NZA 1992, 441 ff.

Bethge, Innere Pressefreiheit, AfP 1980, 13 ff.

Birk, "Tendenzbetrieb" und Wirtschaftsausschuß, JZ 1973, 753 ff.

Brahnal, Pressefreiheit und redaktionelle Mitbestimmung (1979).

Brodmann, Arbeitskampf und Pressefreiheit (1982).

Brox, Anmerkung zu BAG 1984/AP Nr 27 zu § 611 BGB Direktionsrecht.

Buchwald, Musterredaktionsstatut für Rundfunkanstalten, Journalist 1971, 12 ff.

Däubler, Arbeitskampfrecht mit neuen Konturen? AuR 1992, 1 ff.

Däubler ua (Hg), Betriebsverfassungsgesetz - Kommentar für die Praxis[3] (1992).

Derleder, Arbeitsverhältnis und Gewissen, AuR 1991, 193 ff.

Degen, Der Tendenzbetrieb im Betriebsverfassungsrecht (Diss. 1969).

Dütz, Tendenzschutz und Beteiligungsrechte des Betriebsrats, BB 1975, 1261 ff.

Dütz, Zur Beweislast beim Tendenzschutz (§ 118 Abs. 1 BetrVG), RdA 1976, 18 ff.

Dütz, Gerichtsschutz für außergesetzliche Arbeitnehmervertretungen im Betrieb, insbes Redaktions- und Sprecherausschüsse, AfP 1980, 17 ff.

Dütz, Mitbestimmung des Betriebsrats bei Arbeitszeitmaßnahmen in Pressebetrieben, AfP 1988, 193 ff.

Dütz, Rechtsgrenzen für koalitionsautonome Arbeitszeitregelungen im Pressebereich, insbesondere zur tariflichen Einschränkung von Wochenendarbeit, AfP 1989, 605 ff.

Eckhart, Anmerkung zu BAG 1980 (Mitwirkung des Betriebsrates bei der Einführung von Arbeitszeit- und Tätigkeitsberichten), AfP 1981, 368 ff.

Eisemann, Tendenzschutz und Beweislast, RdA 1977, 336 ff.

Fischer (Hg), Freie Mitarbeiter in publizistischen Berufen (1989).

Fitting ua, Betriebsverfassungsgesetz - Handkommentar[17] (1992).

Frey, Der Tendenzbetrieb im Recht der Betriebsverfassung und des Arbeitsverhältnisses (1959).

Frey, Der Tendenzschutz im Betriebsverfassungsgesetz 1972, AuR 1972, 161 ff.

Galperin/Löwisch, Kommentar zum Betriebsverfassungsgesetz[6], Band I und II (1982).

Gerschel, Die verfassungsrechtliche Stellung des Journalisten, Journalist 1966, 2 ff.

Gerschel, Mitbestimmung beim Rundfunk, Journalist 1969, 12 ff.

Gerschel, Totaler Tendenzschutz - eine Schimäre!, Journalist 1982, 44 ff.

Gerschel, Freie Journalisten bei Printmedien, Journalist 1985, 50 ff.

Gerschel, Freie Journalisten und Urheberrecht, Journalist 1986, 43 ff.

Grunsky, Interessenausgleich und Sozialplan im Tendenzbetrieb, FS Mallmann (1978), 79 ff.

Hanau, Pressefreiheit und paritätische Mitbestimmung (1975).

Hanau, Die neue Arbeitskampfarithmetik, insbesondere im Pressebereich, AfP 1980, 126 ff.

Hanau, Neue Rechtsprechung zum betriebsverfassungsrechtlichen Tendenzschutz, AfP 1982, 1 ff.

Heidenreich, Rechtsprobleme des Tarifvertrags über Einführung und Anwendung rechnergesteuerter Textsysteme, FS Löffler (1980), 69 ff.

Herschel, Anmerkung zu BAG 1960/AuR 1962 30 ff.

Hesse, Begriff des Redakteurs und neuer MTV, AfP 1981, 473 ff.

Hesse, Tarifvertragliche Urheberrechtsregelung für Redakteure an Tageszeitungen, AfP 1986, 201 ff.

Hesse, Der Arbeitnehmerurheber, AfP 1987, 562 ff.

Hesse/Schaffeld/Rübenach, Arbeitsrecht der Pressejournalisten (1988).

Hilken, Tendenzbestimmung in Medienkonzernen (1986).

Hoffmann-Riem, Innere Pressefreiheit als politische Aufgabe (1979).

Holtz-Bacha, Mitspracherechte für Journalisten. Redaktionsstatuten in Presse und Rundfunk (1986).

Ihlefeld, Verfassungsrechtliche Probleme des § 118 BetrVG, RdA 1977, 223 ff.

Klein W., Der Tendenzschutz von Presseunternehmen und die Reform ihrer Binnenstruktur durch Redaktionsstatute (Diss. 1976).

Klevemann/Ziemann, Die Reichweite der Befristungskontrolle bei mehrfach befristeten Arbeitsverhältnissen, DB 1989, 2608 ff.

Konzen, Aussperrungsquoten und Druckgewerbe, AfP 1984, 1 ff.

Konzen/Rupp, Gewissenskonflikte im Arbeitsverhältnis: Leistungsverweigerung und Gewissensfreiheit im Vertragsrecht (1990).

Kresse, Tendenzschutz bei Konzernverflechtung: Eine Untersuchung zur Frage der Konzerndimensionalität der Tendenzautonomie (1982).

Kübler, Empfiehlt es sich, zum Schutze der Pressefreiheit gesetzliche Vorschriften über die innere Ordnung von Presseunternehmen zu erlassen? Gutachten zum 49. Deutschen Juristentag, in: Verhandlungen des 49. DJT, Teil D (1972).

Kühle, Anmerkung zu LAG München 1980 (Mitwirkung des Betriebsrates bei der Einstellung eines Redaktionsvolontärs), AfP 1980, 234 ff.

Küttner/Schlüpers-Oehmen, Zulässigkeit von Arbeitskampfmaßnahmen in Rundfunkanstalten, AfP 1980, 80 ff.

Lerche, Verfassungsrechtliche Aspekte der "inneren Pressefreiheit" (1974).

Lieb, Zur Befristung von Beschäftigungsverhältnissen im Bereich der Rundfunkfreiheit, FS Hilger und Stumpf (1983), 409 ff.

Löffler, Die Bedeutung des Tendenzschutzes für die Presse - Tendenzschutz ein überholtes Privileg? AfP 1978, 165 ff.

Löffler, Wann ändert der Verleger die grundsätzliche Haltung seiner Zeitung? AfP 1979, 290 ff.

Löffler/Ricker, Handbuch des Presserechts[2] (1986).

Loritz, Mitbestimmung und Tendenzschutz im Konzern, ZfA 1985, 497 ff.

Löwisch, Die befristeten Vertragsverhältnisse der Rundfunkmitarbeiter zwischen Bundesverfassungsgericht und Bundesarbeitsgericht, in Dieterich/Kissel (Hg), Das Arbeitsrecht der Gegenwart, Band 21 (1984), 19 ff.

Löwisch, Arbeitsrecht[3] (1991).

Mallmann, Pressefreiheit und Journalistenrecht, Publizistik 1959, 323 ff.

Maunz/Dürig, Kommentar zum Bonner Grundgesetz (1987).

Mayer-Maly, Anmerkung zu VwGH 1966/ZAS 1967, 114 ff.

Mayer-Maly, Die innere Pressefreiheit und das Arbeitsrecht, DB 1971, 335 ff.

Mayer-Maly, Grundsätzliches und Aktuelles zum "Tendenzbetrieb", BB 1973, 761 ff.

Mayer-Maly, Die Rechtsstellung konzernangehöriger Verlagsdruckereien nach § 118 Abs 1 BetrVG, FS Löffler (1980), 267 ff.

Mayer-Maly, Arbeitsrechts-Blattei, Tendenzbetrieb I E III.

Mayer-Maly/Löwisch, Bemerkungen zur neueren Rechtsprechung zum Tendenzschutz, BB 1983, 913 ff.

Meyer, Massenmedien in der BRD (1990).

Morawski, Nachholbedarf endlich gestillt - Redakteurs-Statut beim Bayrischen Rundfunk verabschiedet, BJVreport 4/1991, 16 ff.

Müller, Überlegungen zur Tendenzträgerfrage, in: FS Hilger und Stumpf (19, 477 ff.

Oetker, Betriebszugehörigkeit und gelockerte Betriebsbeziehung - Dargestellt am Beispiel der Zeitungszusteller, AuR 1991, 359 ff.

Olenhusen, Die arbeitnehmerähnliche Person im Presse- und Medienrecht, ZUM 1991, 557 ff.

Otto, Personalvertretungsrechtlicher Tendenzschutz contra kollektiven Sozialschutz, in: FS Hilger und Stumpf (1983), 529 ff.

Plander, Die Lage der Arbeitszeit von Zeitungsredakteuren als Mitbestimmungsproblem, AuR 1991, 353 ff.

Preuß, Anmerkung zu BAG 1984/AuR 1986, 379 ff.

Rath-Glawatz, Außerdienstliches Verhalten von Redakteuren in Presseunternehmen, AfP 1982, 125 ff.

Rehbinder, Über die urheberrechtliche Nutzungsberechtigung der Zeitungsverlage am Arbeitsergebnis ihrer festangestellten Redakteure, AfP 1983, 305 ff.

Reske/Berger-Delhey, Anmerkung zu ArbG Freiburg 1989 (Kein Unterlassungsanspruch der IG Medien gegen Burda-BV zur Samstagarbeit im Druckbereich), AfP 1990, 70 ff.

Reske/Berger-Delhey, Anmerkung zu BAG 1992 (Betriebsvereinbarung über Arbeitszeit kein Eingriff in Tendenzverwirklichung), BB 1992, 1135 ff.

Robak/Schlecht, Tarifliche Gestaltung des Einsatzes neuer Technologien - Erfahrungen und Konsequenzen aus der Anwendung des RTS-Tarifvertrages in der Druckindustrie, WSI-Mitteilungen 1983, 133 ff.

Rosenfelder, Der arbeitsrechtliche Status des freien Mitarbeiters - Zugleich ein Beitrag zur Abgrenzung des Arbeitnehmerbegriffs unter besonderer Berücksichtigung der freien Mitarbeiter bei Hörfunk und Fernsehen (1982).

Rüthers, Innere Pressefreiheit und Arbeitsrecht, DB 1972, 2471 ff.

Rüthers, Tarifmacht und Mitbestimmung in der Presse (1975).

Rüthers, Tendenzschutz und betriebsverfassungsrechtliche Mitbestimmung - Anmerkungen zum Beschluß des BVerfG (1.Senat) - 1 BvR 81/76 - , AfP 1980, 2 ff.

Schaffeld, Die Stellung der Zeitungszusteller aus rechtlicher Sicht, AfP 1982, 265 ff.

Schaub, Teilzeitbeschäftigung und befristete Arbeitsverhältnisse als Formen einer Personalentscheidung, BB 1988, 2253 ff.

Schaub, Arbeitsrechts-Handbuch[7] (1992).

Scholz, Pressefreiheit und Arbeitsverfassung. Verfassungsprobleme um Tendenzschutz und innere Pressefreiheit (1978).

Schwerdtner, Das Rechtsverhältnis zwischen Verleger und Redakteur. Innere Pressefreiheit und Arbeitsrecht, BB 1971, 833 ff.

Schwerdtner, Kommentierung von § 620 BGB, in Münchener Kommentar zum Bürgerlichen Gesetzbuch (hg von Rebmann/Säcker), Band 3/1[2] (1988).

Seiter, Aussperrung im Druckgewerbe, AfP 1985, 186 ff.

Söllner, Kommentierung von § 611 BGB, in Münchener Kommentar zum Bürgerlichen Gesetzbuch (hg von Rebmann/Säcker), Band 3/1[2] (1988).

Sowka, Befristete Arbeitsverhältnisse, DB 1988, 2457 ff.

Weber, NZA 1989, Beil 3, 2ff.

Weiss, Sonderarbeitskampfrecht der Presse? AuR 1984, 97 ff.

Wesle, Anmerkung zu LAG Baden-Württemberg 1989 (Zum Geltungsbereich des Tarifvertrages über die Altersversorgung der Zeitschriftenredakteure), AfP 1989, 777 ff.

Wilmes, Der befristete Arbeitsvertrag im bundesdeutschen Recht, AuA 1991, 61 ff.

3. Schweiz

Berenstein, Avis de droit relative à la convention collective entre l 'Union romande de journaux et la Fédération suisse des journalistes (unveröffentlicht, 1989).

Brunner/Bühler/Weber, Kommentar zum Arbeitsvertrag (1990).

Guhl/Merz/Druey, Obligationenrecht (1990).

Hailbronner, Die Gewährleistung der Pressefreiheit und die innere Ordnung des Pressewesens in der Schweiz, in: Pressefreiheit und innere Struktur von Presseunternehmen in westlichen Demokratien. Berliner Abhandlungen zum Presserecht, Heft 18 (1974).

Helbling, Personalvorsorge und BVG (1989).

Kopp, Die schweizerische Medien-Gesamtkonzeption aus juristischer Sicht, AfP 1983, 379 ff.

Künzi, Die Gesamtarbeitsverträge der Journalisten und Journalistinnen in der Schweiz (Lizentiatsarbeit 1992).

Pfitzmann, Werdegang und Stand der beruflichen Alters-, Hinterlassenen- und Invalidenvorsorge in der Schweiz, ZIAS 1988, 62 ff.

Rehbinder, Schweizerisches Presserecht (1975).

Rehbinder, Schweizerisches Arbeitsrecht^{9} (1988).

Stöckli/Zehnder (Hg), Sozialpaket Schweiz^{2} (1990); Beiträge von *Zehnder, Bollag, Schön* und *Beeurret-Flück*.

Weber, Die Regelung des Binnenbereichs der Presse durch Redaktionsstatute (Diss. 1982).

4. Schweden

Adlercreutz, Arbetstagarbegreppet (1964).

Adlercreutz, Sweden, in: Blanpain (Hg), International encyclopedia for labour law and industrial relations (1984).

Edlund m fl, Saltsjöbadsavtalet 50 ar (1989).

Fahlbeck, Labour Law in Sweden (1981).

Lunning, Anställningsskydd, Kommentar till anställningsskyddslagen (1989).

Petersson, Der Arbeitskampf im schwedischen Pressewesen, AfP 1979, 333 ff.

Petzke, Journalistische Mitbestimmung in schwedischen Zeitungsverlagen (=Dortmunder Beiträge zur Zeitungsforschung, Bd 18,1974)

Schmidt, Das kollektive Arbeitsrecht Schwedens (1968).

Schmidt, Law and Industrial Relations in Sweden (1977).

Schmidt, Reform des kollektiven Arbeitsrechts in Schweden (1978).

Schmidt, Demokratie im Betrieb nach schwedischem Muster (1981).

Schmidt, Löntagarrätt (1988).

Schmidt, Facklig arbetsrätt (1989).

Sigeman, Semesterrätt (1989).

Sundberg, fr. Eddan t. Ekelöf (1990).

5. Rechtsvergleichende Literatur

Abele, Regelungen der betrieblichen Altersversorgung in der BRD, Österreich und der Schweiz, ZIAS 1988, 1 ff.

Arnold, Mitbestimmungsformen in Medienbetrieben des deutschsprachigen Raums: Bestandsaufnahme und Vergleich der Verhältnisse in Deutschland, Österreich und Schweiz (1991).

Birk/Abele/Kasel-Seibert/Maurer, Lohnfortzahlung im Krankheitsfall - vergleichender Überblick übder das Recht der EG-Staaten, Österreich und der Schweiz, ZIAS 1987, 45 ff, 159 ff.

Dittrich, Mitbestimmung - eine korporatistische Strategie? Eine international vergleichende Untersuchung zur Mitbestimmungspolitik in zehn europäischen Ländern (1985).

Frick/Notz/Schuchardt (Forschungsinstitut der Friedrich-Ebert-Stiftung), Arbeitnehmerbeteiligung in Westeuropa. Erfahrungen aus Italien, Norwegen und Schweden (1986).

Klein Ch., Der allgemeine Kündigungsschutz in Schweden und Österreich - Ein Rechtsvergleich unter Berücksichtigung der österreichischen Reformbestrebungen, DRdA 1986, 391 ff und DRdA 1987, 29 ff..

Mosler/Weinmeier, Arbeitsbedingungen bei Tageszeitungsunternehmen, Projektbericht im Rahmen des Forschungsprogramms "Ökonomie und Zukunft der Printmedien", Salzburg (1993)

Rehbinder, Schweizerisches Arbeitsrecht[9] (1988).

Rehbinder, Schweizerisches Arbeitsrecht[9] (1988).

Warneke (Hg), Technischer Wandel und Einflußmöglichkeiten der Arbeitnehmer in Europa (1985).

Die Literaturangaben zu diesem Abschnitt entsprechen in ihrer Zitierweise dem in den Rechtswissenschaften entwickelten Usus. Hochzahlen am Ende des Buchtitels verweisen demnach auf die für das Zitat verwendete Auflagennummer der betreffenden Publikation.

Christina Holtz-Bacha

Presseförderung im westeuropäischen Vergleich

Prof. Dr. Christina Holtz-Bacha

ist seit 1991 Professorin im Fach Publizistik an der Ruhr-Universität Bochum

1. Presseförderung in Westeuropa - das Instrumentarium

Pressehilfen lassen sich nach direkten und indirekten Fördermaßnahmen differenzieren. Direkte Hilfen gehen unmittelbar an die Presseunternehmen. Indirekte Hilfen dienen zwar ebenfalls dem Zweck, die Presse finanziell zu unterstützen, kommen ihr jedoch nur mittelbar zugute und sind zum Teil in ihrem Umfang nur schwer einzuschätzen. Die verschiedenen Formen der Unterstützung für die Presse werden üblicherweise außerdem differenziert nach allgemeinen und spezifischen Hilfen.

Schaubild 1
Formen der Presseförderung

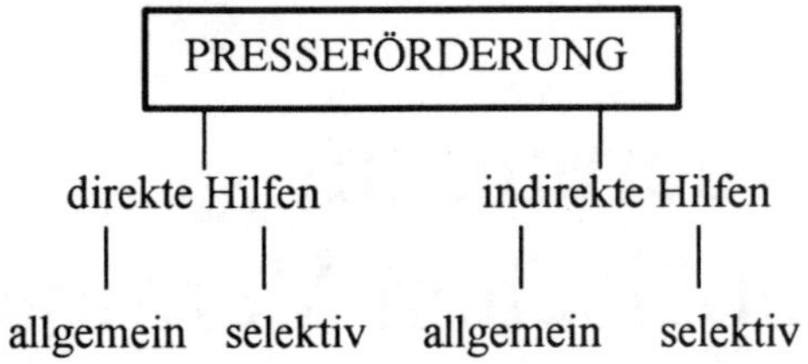

Allgemeine Pressehilfen kommen allen Objekten einer Kategorie zugute. Beispiele dafür sind Steuererleichterungen für die Zeitungen, niedrige Zölle für die Einfuhr von Zeitungspapier oder reduzierte Tarife für den Postversand von Zeitungen. Im Gegensatz zu solchen allgemeinen Hilfen gehen spezifische Hilfen nur an bestimmte Zeitungen oder Zeitschriften, also etwa Steuererleichterungen nur für Blätter bis zu einer gewissen Auflagenhöhe. Der Sachverständigenausschuß für Fragen der Pressekonzentration beim Europarat hat in seinem Bericht 1974 drei Formen der Pressehilfe beschrieben: neben "allgemeiner" Hilfe unterscheidet der Ausschuß "spezifische" und "gezielte" Hilfen. Spezifische Hilfen stehen wie allgemeine Hilfen allen Zeitungen zu, machen aber einen Unterschied zwischen den verschiedenen Kategorien von Zeitungen, z. B. indem Blätter mit niedriger Auflage höhere finanzielle Zuschüsse erhalten als diejenigen mit hoher Auflage. Gezielte Pressehilfen kommen indessen nur einigen Blättern zu, wenn sie bestimmten, festgesetzten Kriterien entsprechen (vgl. Europarat 1975). Beispiele für gezielte Hilfen sind Subventionen für Zeitungen, die Verluste haben, oder die Unterstützung einzelner Objekte bei besonderen Investitionen.

Das Ziel allgemeiner Hilfen ist es, die wirtschaftliche Lage der Presse insgesamt zu verbessern. Diese Unterstützung wird gerechtfertigt mit der öffentlichen Aufgabe der Presse und ihrer Rolle in der Meinungs- und Willensbildung. Allgemeinen Hilfen wird der Vorzug vor spezifischen und gezielten Hilfen gegeben, weil sie allen Zeitungen zugute kommen und Probleme, wie sie in dem sensiblen Rechtsbereich der Pressefreiheit durch Abgrenzungs- und Ausschlußkriterien entstehen, vermieden werden. Allerdings haben auch allgemeine Hilfen meist nur den Anschein der Gleichbehandlung, da die Zeitungen von den Maßnahmen unterschiedlich profitieren. Steuererleichterungen für die Presse, wie z. B. der in vielen europäischen Ländern reduzierte Mehrwertsteuersatz auf Vertriebserlöse von Zeitungen, fallen etwa bei Zeitungen mit hoher Auflage stärker ins Gewicht als bei kleineren Blättern. Auch für allgemeine Pressehilfen müssen Vergaberichtlinien aufgestellt und der Kreis der Anspruchsberechtigten definiert werden, so daß in der Praxis auch allen Zeitungen zugute kommende Hilfen in der einen oder anderen Weise differenzieren. Für das zuvor angeführte Beispiel eines reduzierten Mehrwertsteuersatzes liegt diese differenzierende Wirkung neben der erwähnten Abhängigkeit von der Höhe der Einnahmen einer Zeitung auch in der Abgrenzung der Printmedien, für die die Mehrwertsteuer nicht in vollem Umfang erhoben wird. Das heißt, es sind Richtlinien notwendig, die festlegen, welche Voraussetzungen erfüllt sein müssen, damit ein reduzierter Mehrwertsteuersatz in Anwendung kommt. Eine solche Bedingung kann zum Beispiel die mindestens jährliche Erscheinungsweise einer Publikation sein.

Dasselbe gilt für direkte Zahlungen an die Presse, sofern die Zuwendungen nicht von der Auflage abhängig sind, sondern "allen" Zeitungen ein gleich hoher Betrag zukommen soll. Auch bei diesem Förderungsmodell müssen Richtlinien aufgestellt werden, die bestimmen, welche Blätter anspruchsberechtigt sind und welche ausgegrenzt werden. Das kann zum Beispiel eine Beschränkung der Förderung auf die Tagespresse sein.

In den westeuropäischen Staaten ist die indirekte allgemeine Unterstützung der Presse sehr verbreitet. Diese Form der Pressehilfe wird begründet mit der öffentlichen Aufgabe der Zeitungen und ihrer Rolle für die demokratische Meinungs- und Willensbildung. Um die Presse bei der Erfüllung dieser Funktion zu unterstützen und um den Bestand einer Vielzahl von Zeitungen zu erhalten, die als bestmöglicher Garant für Vielfalt gesehen wird, bemühen sich die westeuropäischen Staaten um eine allgemeine Erleichterung der wirtschaftlichen Situation ihrer Zeitungen.

Die meisten Staaten gewähren den Tageszeitungen *Steuererleichterungen*, meist in Form einer reduzierten Mehrwertsteuer oder sogar einer völligen Befreiung von der Mehrwertsteuer auf Vertriebserlöse. Zum Teil gelten auch für die Umsätze der Zeitungen im Anzeigengeschäft oder beim Kauf von Druckmaterialien niedrigere Steuersätze. Daneben existiert auch eine Steuerbefreiung, sofern Gewinne zur Reinvestition verwendet werden. Außerdem gibt es steuerliche Erleichterungen durch erhöhte Abschreibungsmöglichkeiten für Presseunternehmen. Wie anhand des zuvor diskutierten Beispiels bereits ausgeführt, differenzieren auch allgemeine Steuererleichterungen insofern, als sie meist gewinnabhängig sind, d.h. nur Unternehmen zugute kommen, die Gewinn machen. Wirtschaftlich schwache Betriebe können daher von diesen Hilfen relativ weniger oder überhaupt nicht profitieren.

Da es Länder gibt, in denen auf Anzeigeneinnahmen eine besondere Steuer erhoben wird, die damit einen zusätzlichen Kostenfaktor darstellt, könnte im europäischen Vergleich auch das Nichtvorhandensein einer solchen Steuer bzw. ein reduzierter Satz für Zeitungen als eine die wirtschaftliche Situation der Presse erleichternde Maßnahme gewertet werden (vgl. dazu auch Kap. 4.4). Schaubild 2 zeigt die verschiedenen Formen der Steuererleichterungen für die Presse noch einmal im Überblick.

Schaubild 2
Steuererleichterungen als Presseförderung

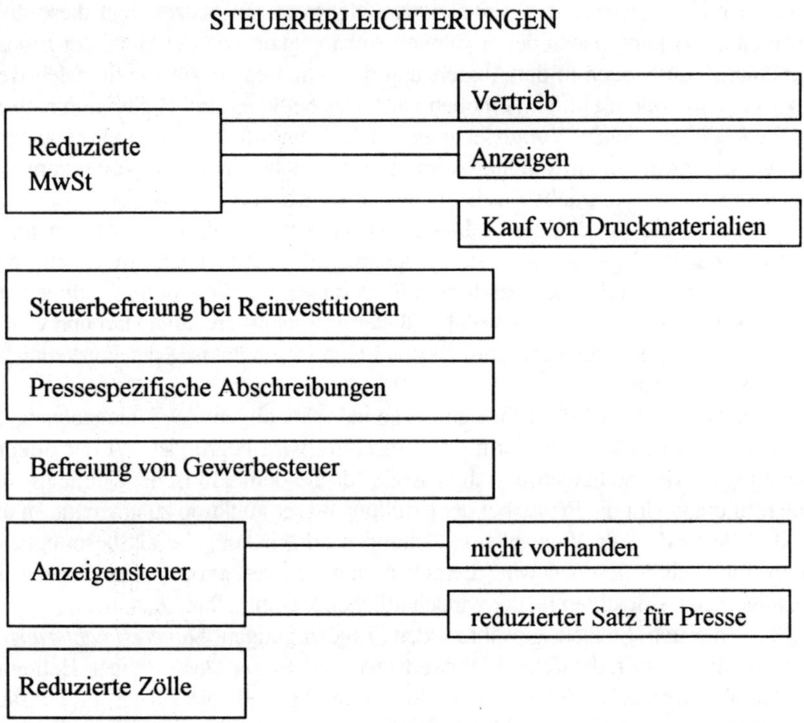

Allgemein und indirekt wirken außerdem *reduzierte Tarife bei Postdiensten und Bahntransport*. Zu den Leistungen der Post, bei denen besondere Konditionen gewährt werden, gehört der Postzeitungsdienst, also Versand und Auslieferung von Zeitungen mit der Post, sowie der Fernmeldedienst, also die Informationsbeschaffung über Postleitungen oder auch die Übertragung z. B. von Druckvorlagen. Schließlich betrifft dies auch die Leitungen zwischen Nachrichtenagenturen und Verlagen.

Reduzierte Tarife im Postzeitungsdienst sind in den westeuropäischen Ländern weit verbreitet. Sie haben zumeist längere Tradition und lassen sich zum Teil bis ins letzte Jahrhundert zurückverfolgen, so etwa in Finnland und Schweden, in Frankreich sogar bis in die Zeit der Französischen Revolution. Inwieweit eine einzelne Zeitung davon profitieren kann, ist abhängig von dem Anteil an der Gesamtauflage, der auf diesem Vertriebsweg abgesetzt wird. Aufgrund unterschiedlicher kultureller Traditionen, die das Verhältnis von Einzelverkauf und Abonnement bestimmen, sowie geographischer Gegebenheiten differiert der Prozentsatz an der gesamten Zeitungsauflage, der über die Post bezogen wird, beträchtlich. In der Regel nutzen Zeitungen mit großem Verbreitungsgebiet, also vorrangig überregionale Zeitungen, den Postzeitungsdienst in größerem Umfang als Blätter mit lokal begrenztem Absatzgebiet.

Fernmeldegebühren machen nur einen kleineren Teil der Kosten von Zeitungen aus, sodaß Reduktionen in diesem Sektor wenig ins Gewicht fallen. Wirtschaftlich starke Zeitungen mit größeren Redaktionen und der finanziellen Möglichkeit, mehrere Nachrichtendienste zu abonnieren, dürften von dieser Form der Pressehilfe am ehesten profitieren. Reduzierte Gebühren existieren auch für Verbindungsleitungen, die benötigt werden von Zeitungen, die nicht nur an einem Ort produzieren, also Fernsatz und -druck.

Sondertarife bei Bahntransporten betreffen den Versand von Zeitungspaketen, eventuell auch die Nutzung der Bahn durch Mitarbeiter der Zeitungen. Für die Möglichkeit, die besonderen Konditionen beim Bahntransport in Anspruch zu nehmen, gilt ebenfalls, daß sie vom Anteil der mit der Bahn versandten Auflage abhängig ist.

In einigen Staaten werden die *Preise für Zeitungspapier* niedrig gehalten, das geschieht auch durch geringere Zölle beim Import. Diese Maßnahme kommt allen Zeitungen zugute, sie differenziert wiederum insofern, als der Verbrauch von Papier von der Auflage einer Zeitung abhängig ist und die hochauflagigen Blätter daher stärker profitieren. Die staatlichen Unterstützungsmaßnahmen beim Zeitungspapier richten sich nicht überall (nur) auf die Presseförderung, sondern sollen durch günstige Preise auch als Anreiz dienen, einheimisches dem importierten Papier vorzuziehen, um die nationale Papierindustrie zu fördern.

Zu den allgemeinen und indirekten Formen der Presseförderung gehört auch die *finanzielle Unterstützung von Nachrichtenagenturen* durch direkte Zahlungen an die Agenturen oder Abnahmegarantien, indem politische Institutionen zum Abonnement einer Agentur verpflichtet werden. Die Agenturen können dadurch ihre Preise niedriger halten, als wenn Kostendeckung allein durch den Absatz bei den Medien erreicht werden müßte. Da wirtschaftlich schwache Zeitungen in besonderer Weise auf die Agenturen angewiesen sind, könnten sie von dieser Form der Pressehilfe stärker profitieren als die großen Zeitungen, die aufgrund eines besseren Personalbestandes weniger auf Agenturen zurückgreifen müssen. Nachrichtenagenturen werden in mehreren westeuropäischen Staaten durch direkte Zahlungen oder durch eine bestimmte Zahl von Abonnements durch die politischen Institutionen unterstützt. Außerdem bestehen zum Teil Maßnahmen, mit denen der Bestand einer größeren Zahl von Agenturen gefördert und so Umfang sowie Vielfalt des Nachrichtenangebots an die Medien erhöht werden sollen.

Anders als bei den sonstigen aufgeführten Fördermaßnahmen für die Presse werden bei *Beschränkungen für den Umfang der Werbung in den Funkmedien* keine staatlichen Gelder eingesetzt, sondern sie stellen staatliche Regelungen dar, die sich für die Presse finanziell auswirken. Sie kommen potentiell allen Zeitungen zugute, sofern sich das Anzeigenaufkommen für die Presse durch diese Maßnahme hält oder vergrößert. Sie differenziert allerdings insofern, als - entsprechend der Auflagen-Anzeigen-Spirale - hochauflagige Zeitungen gewöhnlich von den Anzeigenkunden bevorzugt werden. Zeitungen mit niedriger Auflage, die oft auch die wirtschaftlich schwachen Zeitungen sind, profitieren von Werbebeschränkungen im Rundfunk daher vermutlich weniger als große Zeitungen. In den westeuropäischen Staaten sind solche Begrenzungen für die Werbung in Hörfunk und Fernsehen sehr verbreitet. Nicht immer werden sie explizit damit begründet, daß das Anzeigenaufkommen der Presse gesichert werden soll.

Im übrigen ist nur schwer quantifizierbar, wie sich die Werbebeschränkungen bei den Funkmedien für die Presse auswirken. Ihre Wirkung könnte aber etwa da bemessen werden, wo der Umfang der Werbung in Hörfunk und Fernsehen erweitert wurde, entweder indem der Gesetzgeber den zulässigen Umfang erweitert hat oder durch die Vermehrung von Programmen z. B. durch den Einstieg privater Anbieter auf dem Rundfunkmarkt. Wenn sich in der Folge das Anzeigenaufkommen der Zeitungen verringert hat, kann das als Indikator dafür gewertet werden, daß Werbebegrenzungen im Rundfunk den Zeitungen zugute kommen. Um hier eine eindeutige Kausalität belegen zu können, bedürfte es jedoch zusätzlicher Daten, wie zum Beispiel Entwicklung des gesamten Werbeaufkommens im Zeitverlauf, um auszuschließen, daß Anzeigenrückgänge bei den Zeitungen nicht etwa durch rückläufiges Werbeaufkommen insgesamt bedingt sind.

Neben Beschränkungen des Umfangs von Rundfunkwerbung ist als Pressehilfe auch die *Umverteilung von Geldern aus der Rundfunkwerbung zugunsten der Presse* denkbar. Dabei wird vorausgesetzt, daß es einen intermediären Wettbewerb um Werbung gibt und das Werbeaufkommen von Zeitungen durch Rundfunkwerbung geschmälert wird, Rundfunkwerbung also nicht zusätzlich zur Werbung in den Zeitungen betrieben wird.

Die zum Teil explizit mit der Sicherung des Anzeigenaufkommens der Presse begründete Begrenzung der Funkwerbung sowie die in einigen Ländern von staatlicher Seite vorgenommene Umverteilung der Werbeeinnahmen vom Funk zur Presse werden hier als Indikatoren angesehen, daß es sich bei den Begrenzungen der Rundfunkwerbung um eine Form der indirekten Presseförderung handelt.

Zusammen mit anderen Unterstützungsmaßnahmen für die Presse fördern einige Länder auch die *Journalistenaus- und -weiterbildung*. Diese Maßnahme zielt auf die inhaltliche Qualität der Presse mit der Idee, daß über den redaktionellen Teil einer Zeitung auch deren wirtschaftliche Situation beeinflußt werden kann.

Bei der Diskussion möglicher Maßnahmen zur Unterstützung der Zeitungen wurde gelegentlich auch die Leseförderung angesprochen. Gemeint sind allgemeine medienpädagogische Maßnahmen oder eine Form finanzieller Unterstützung sozial schlechter gestellter Personen, die damit in die Lage versetzt werden, Zeitungen zu kaufen. Bei der Leseförderung handelt es sich um die einzige Maßnahme der Presseförderung, die auf der Publikumsseite ansetzt und auf dem Weg über die Leserschaft versucht, den Zeitungen ihre Auflage zu sichern. Solche Maßnahmen der Leseförderung sind allerdings selten Bestandteil staatlicher Presseförderung, sondern werden eher von den Verlegerverbänden initiiert. Schaubild 3 faßt im Überblick die möglichen Maßnahmen der indirekten Presseförderung zusammen.

Schaubild 3
Maßnahmen der indirekten Förderung im Überblick

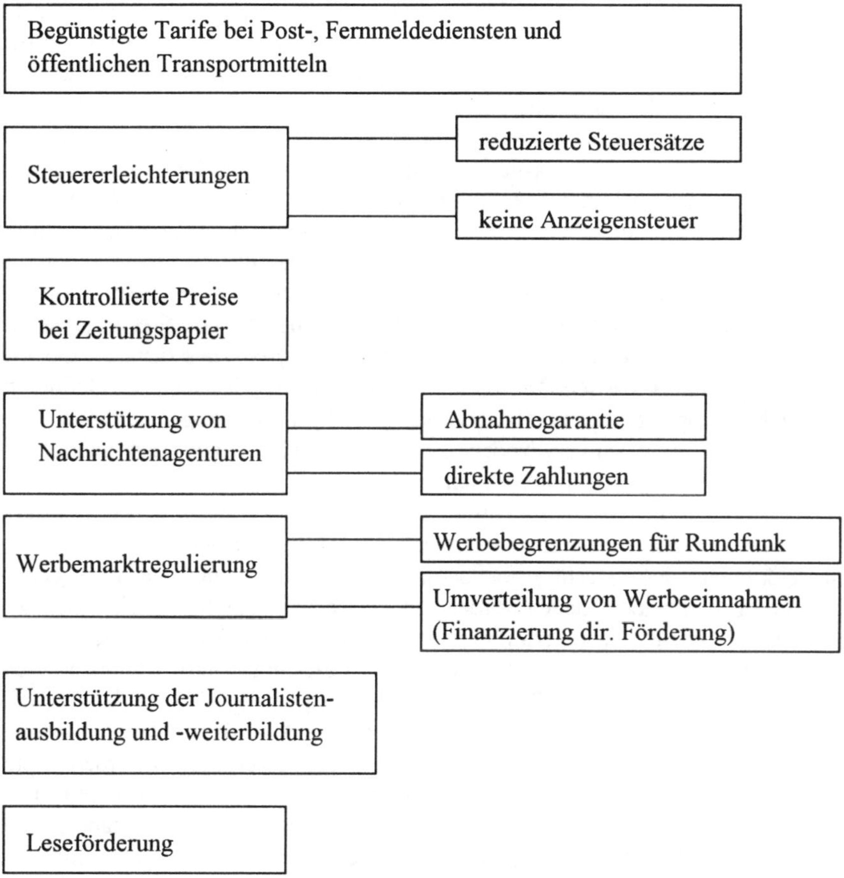

Neben den im westeuropäischen Vergleich am häufigsten vertretenen Formen der allgemeinen und indirekten Pressehilfen bestehen nur wenige Formen der allgemeinen und direkten Unterstützung der Presse. In diese Kategorie fallen *finanzielle Zuwendungen an die Zeitungen*, allgemein bedeutet hier: in derselben Höhe an alle Zeitungen. Diese Art der Förderung hat ebenfalls die Verbesserung der wirtschaftlichen Situation der Presse insgesamt zum Ziel und bedeutet nicht die Förderung wirtschaftlich schwacher Blätter, etwa um Pressekonzentration oder Verringerung der Vielfalt auf dem Pressemarkt vorzubeugen. Solche direkten Zahlungen an die Zeitungen sind zumindest umstritten, weil die Presse in den Verdacht einer Abhängigkeit von der Regierung gerät, was im allgemeinen mit dem Verständnis von Pressefreiheit in Demokratien nicht vereinbar ist (vgl. dazu z. B. Schmolke 1991; Saxer 1992b, S. 40/41 sowie die Diskussion in der Bundesrepublik Deutschland, hier Kap. 3.2).

Daneben kann auch auf die finanzielle *Unterstützung von Kooperationen* z. B. beim Vertrieb oder beim Druck als direkte Form der Pressehilfe eingestuft werden. Allgemein ist die Förderung von Kooperationen insofern, als sie allen Zeitungen gleichermaßen offensteht. Tatsächlich nehmen wohl vor allem die schwächeren Blätter diese Hilfe in Anspruch, um die Kosten im Vertrieb, beim Druck oder bei der Anzeigenakquisition zu senken. Kooperationen im Vertrieb nehmen diesen kostenintensiven Sektor aus der Konkurrenz der Zeitungen untereinander heraus und können so zu beträchtlichen Einsparungen beitragen. Anreize für Kooperationen bei der Distribution können indirekt auch der Erleichterung des Marktzutritts dienen, weil neu auf den Markt kommende Zeitungen unmittelbarer Zugang zu (zentralisierten) Vertriebsorganisationen ermöglicht werden kann. Als allgemeine und direkte Hilfe für Zeitungen wäre auch eine *pressespezifische Investitionsförderung* denkbar, die also nicht ein generelles Wirtschaftsförderungsprogramm darstellt. Nach der Definition, wie sie der Europarat eingeführt hat (Europarat 1975), werden allgemeine zu spezifischen Pressehilfen, wenn verschiedene Kategorien von Zeitungen auch unterschiedlich von den Unterstützungsmaßnahmen profitieren.

Als direkte, gelegentlich allgemeine, meist jedoch spezifische Hilfe wirken *Insertionen staatlicher Institutionen.* Es handelt sich hierbei um einen Bereich der Presseförderung, der nur schwer meßbar ist, zumal echte und unechte Anzeigenaufträge kaum auseinandergehalten werden können: Regierungen, Ministerien usw. vergeben immer wieder Anzeigenaufträge im Rahmen ihrer Öffentlichkeitsarbeit, die nicht immer als systematische Presseförderung bezeichnet werden können. Viele Institutionen verhalten sich außerdem in ihrer Mediaplanung, also bei der Auswahl der Zeitungen, an die die Aufträge gehen, wie andere Anzeigenkunden. Das bedeutet, daß in der Regel die Blätter mit einer hohen Auflage vorgezogen werden. Systematische Presseförderung kann hier nur angenommen werden, wenn Richtlinien für die Vergabe von Insertionen bestehen, also etwa für eine gezielte Vergabe an alle oder an wirtschaftlich schwache Zeitungen, oder wenn Werbebudgets politischer Institutionen explizit als Presseförderung deklariert werden und auch regelmäßig zur Verfügung stehen. Presseförderung durch Anzeigenaufträge staatlicher Institutionen unterscheidet sich von anderen direkten Hilfen insofern, als die Zeitungen

"Gegenleistungen" (wie Anzeigenraum, ggf. Steuern auf Anzeigeneinnahmen) erbringen müssen. Die feste Planung oder sogar gesetzliche Verankerung staatlicher Insertionen in der Presse bedeutet für diese aber ein gesichertes, teilweise berechenbares Werbeaufkommen. Sie werden auch deshalb hier als eine mögliche Form der indirekten Presseförderung behandelt, weil staatliche Insertionen gerade für Zeitungen mit niedriger Auflage, die in der nur an Auflagen orientierten Mediaplanung sonst nicht berücksichtigt würden, eine gezielte Unterstützung darstellen können.

Die allgemeinen Pressehilfen dienen vorwiegend einer Erleichterung der wirtschaftlichen Situation der Zeitungen insgesamt. Spezifische Maßnahmen, sofern sie die kleineren bzw. wirtschaftlich schwächeren Zeitungen bevorzugen, in jedem Fall aber gezielte Hilfen richten sich auf eine Bekämpfung der Pressekonzentration und können insofern dem Erhalt oder dem Ausbau von Zeitungsvielfalt dienen. Kriterium für die Vergabe gezielter Hilfen ist die wirtschaftliche Lage einer Zeitung. Der Sachverständigenausschuß des Europarates hat darauf hingewiesen, daß sich die wirtschaftliche Situation einer Zeitung nicht zu einem einzelnen Zeitpunkt oder über einen kurzen Zeitraum bestimmen läßt. Eine Zeitung kann vorübergehend defizitär sein, weil sie größere Investitionen vorgenommen hat. Umgekehrt könne ein Gewinn bei einer schwächeren Zeitung nicht mit längerfristiger Lebensfähigkeit gleichgesetzt werden, sofern zum Beispiel Investitionen zur Aufrechterhaltung der Wettbewerbsfähigkeit unterblieben sind. Der Ausschuß empfiehlt daher für die Bestimmung der Wirtschaftskraft einer Zeitung eine Kriterienkombination, wobei neben ihrer wirtschaftlichen Lage auch die Auflagenhöhe, die Wettbewerbssituation im Verbreitungsgebiet oder die Wettbewerbslage auf dem Anzeigenmarkt berücksichtigt werden könnten.

Zu den gezielten Hilfen gehören *direkte finanzielle Zuwendungen* an eine begrenzte Zahl von Zeitungen. Um den Kreis der anspruchsberechtigten Blätter zu bestimmen, bedarf es der Vorgabe von Selektionskriterien. Direkte Zahlungen gehen meist an "wirtschaftlich schwache" Zeitungen, um ihre Konkurrenzfähigkeit auf dem Pressemarkt zu stärken oder ihnen überhaupt das Weiterbestehen zu ermöglichen. Als Auswahlkriterium für die Förderung ökonomisch schwacher Zeitungen gilt meist eine Auflagengrenze oder die Höhe des Anzeigenaufkommens. Direkte Zahlungen gehen verschiedentlich aber auch an nationale Zeitungen, die ins fremdsprachige Ausland exportiert werden, an Publikationen "von hohem kulturellen Wert" oder an Zeitungen für (sprachliche) Minderheiten.

Selektive und direkte Wirkung haben außerdem *Kredite* an Zeitungen *zu günstigeren Konditionen* als auf dem freien Kreditmarkt. Die Kriterien für die Vergabe solcher Kredite orientieren sich an wirtschaftlichen Kennziffern. Da Kredite rückzahlbar, befristet und meist an spezifische Investitionsvorhaben gebunden sind, geraten Zeitungen, die diese Hilfe in Anspruch nehmen, weniger leicht in den Verdacht einer staatlichen Abhängigkeit als direkt und nicht rückzahlbar geförderte Zeitungen. Schaubild 4 zeigt im Überblick die verschiedenen möglichen Maßnahmen der direkten Presseförderung.

Schaubild 4
Maßnahmen der direkten Förderung im Überblick

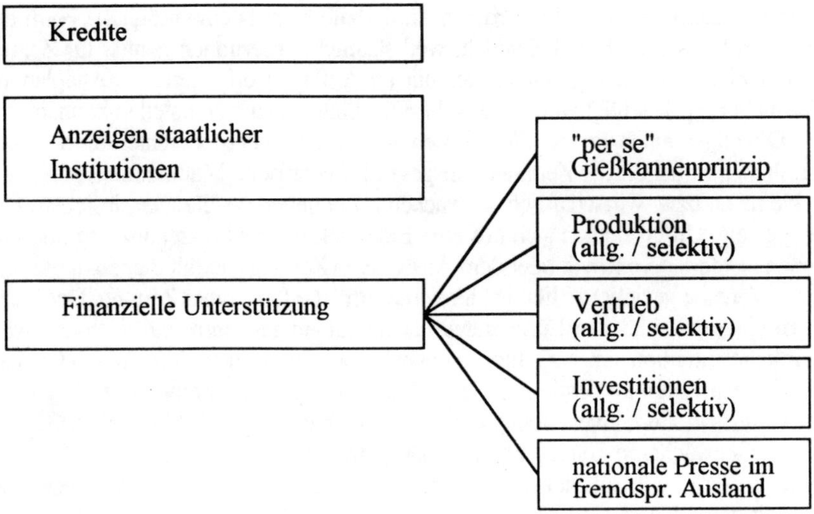

2. Zur Frage der Leistungsfähigkeit von Presseförderung

Staatliche Intervention auf dem Zeitungsmarkt wird gerechtfertigt mit der öffentlichen Aufgabe der Presse, ihrer Funktion für die politische Meinungs- und Willensbildung in der demokratischen Gesellschaft und hat zum Ziel, Konzentrationsprozesse zu verhindern oder zu stoppen und Vielfalt durch Vielzahl zu sichern. Das gilt gleichermaßen für restriktive Maßnahmen durch das Wettbewerbsrecht wie für fördernde Maßnahmen, wie sie hier im vorangegangenen Kapitel beschrieben wurden.

Auch wenn Einigkeit über das Ziel herrscht - Vielzahl und Vielfalt - stehen sich in der Diskussion über staatliche Intervention auf dem Zeitungsmarkt Gegner und Befürworter gegenüber. Die Befürworter staatlicher Intervention gehen von der Aufgabe des Staates aus, Pressefreiheit zu gewährleisten, wenn und weil der Markt versagt. Weil es sich bei der Presse um einen besonderen Wirtschaftssektor handelt, könne er auch nicht völlig den Marktkräften überlassen werden. Auf der Seite der Gegner kommen diejenigen zusammen, die jegliche Intervention ablehnen, weil sie die Pressefreiheit gefährde, mit denen, die die Presse dem Markt überlassen wollen, weil ökonomischer Wettbewerb am ehesten publizistische Leistungsfähigkeit gewährleiste (Zum Verhältnis von Sozialverantwortungsmodell und Marktmodell vgl. auch: Entman/Wildman 1992).

Beim Austausch von Argumenten für und wider staatliches Eingreifen auf dem Pressemarkt vermischen sich Fragen nach der ökonomischen, publizistischen sowie der demokratietheoretischen Leistungsfähigkeit fördernder oder wettbewerbsrechtlicher Maßnahmen. Das heißt, staatliche Aktivität auf dem Pressemarkt muß erstens danach beurteilt werden, inwieweit die Maßnahmen geeignet sind, ökonomisch benachteiligte Zeitungen für den Wettbewerb zu stärken und Konzentrationsprozesse, die den Wettbewerb einschränken, zu verhindern (ökonomische Leistungsfähigkeit). Zweitens, mit dem Blick auf publizistische Leistungsfähigkeit, ist zu prüfen, ob staatliche Intervention dazu beiträgt, Vielfalt zu gewährleisten. Schließlich muß drittens unter demokratietheoretischen Gesichtspunkten danach gefragt werden, inwieweit die Freiheit der Presse, ihre Unabhängigkeit vom Staat, ihre Funktion als Informations- und Kontrollinstanz in einer demokratischen Gesellschaft eingeschränkt werden.

Es gibt nicht viel Literatur, die sich mit Presseförderung beschäftigt, zumal in international vergleichender Perspektive. Die meisten Publikationen zu Presseförderung beschränken sich auf deskriptive Darstellungen der Maßnahmen einzelner Länder, oft nur als Teil von Beschreibungen nationaler Pressesysteme. Das letzte Buch, das einen detaillierteren Überblick über die Fördermaßnahmen in europäischen Staaten vermittelt, wurde 1977 von Anthony Smith veröffentlicht. Unter aktuelleren Publikationen bietet lediglich das Buch von Pierre Todorov (1990) einen internationalen Vergleich von Merkmalen europäischer Pressesysteme, darunter auch der Presseförderung. Diese Veröffentlichung geht zurück auf ein Gutachten im Auftrag des französischen Ministeriums für Kommunikation, in dem es darum ging, die Position der französischen Presse in Hinblick auf den zukünftigen Europäischen Binnenmarkt zu bestimmen. In diesem Zusammenhang werden auch die fördernden Maßnahmen der EG-Mitgliedsländer aufgelistet.

Insofern liegen heute nur wenige weitergehende Analysen der Pressefördersysteme in Westeuropa vor, aufgrund derer allgemeingültige Aussagen über die Maßnahmen sowie über deren Leistungsfähigkeit möglich wären. Vergleichsweise umfangreich ist die Literatur aus Schweden, wo immerhin einige über die Deskription hinausgehende Untersuchungen durchgeführt wurden (vgl. dazu insbesondere die verschiedenen Publikationen von Gustafsson).

Hinsichtlich der ökonomischen Leistungsfähigkeit von Presseförderung ist es daher bislang nur möglich, einige allgemeine Feststellungen über die Wirkung auf den Wettbewerb zu treffen. So läßt sich etwa sagen, daß generelle Maßnahmen zur wirtschaftlichen Unterstützung der Presse nicht geeignet sind, Konzentrationsprozesse zu verhindern. Denn auch solche Maßnahmen, die für alle Zeitungen gelten, sind nicht wettbewerbsneutral. Auflagenstarken Blättern, die ohnehin von Größenvorteilen profitieren, kommen zum Beispiel günstige Post- oder Agenturtarife stärker zugute als Zeitungen mit niedrigerer Auflage und zwar meist auch dann, wenn Tarife nach der Auflage gestaffelt sind, also mit der Höhe der Auflage einer Zeitung ansteigen. Selektive Maßnahmen, die gezielt ökonomisch schwächeren Zeitungen helfen sollen, sind eher geeignet, sie gegenüber den ökonomisch besser gestellten Konkurrenten zu stärken und ihnen das Verbleiben auf dem Markt zu ermöglichen.

Karl-Erik Gustafsson (1980) hat die unterschiedlichen Wirkungen allgemeiner und selektiver Förderung mit einer Modellrechnung am schwedischen Beispiel demonstriert. Die nachfolgende Tabelle 1, die von ihm übernommen ist, stellt die Geschäftsergebnisse von Zeitungen mit niedriger Haushaltsabdeckung (d. h. unter 50 Prozent) und Zeitungen mit hoher Haushaltsabdeckung einander gegenüber, und zwar die tatsächliche Entwicklung unter dem selektiven Fördersystem und die hypothetische Entwicklung, die sich ergeben hätte, wenn derselbe Gesamtförderbetrag an alle Zeitungen entsprechend ihrem Umsatz gezahlt worden wäre.

Tabelle 1:

Geschäftsergebnis konkurrierender Zeitungen unter einem selektiven (tatsächlichen) und einem allgemeinen (hypothetischen) Fördersystem

Zeitungstyp	Zahl der Zeitungen	Selektives System (in Mio SEK)		Allg. System (in Mio SEK)	
		1976	1977	1976	1977
Zeitungen mit niedriger Haushaltsabdeckung	30	- 3	- 9	- 55	- 62
Zeitungen mit hoher Haushaltsabdeckung	30	+ 20	+ 34	+ 41	+ 58

Gustafsson 1980, S. 120

Bei allgemeiner Förderung wären die Gewinne der Zeitungen mit hoher Haushaltsabdeckung demnach noch besser ausgefallen als unter dem bestehenden System der selektiven Unterstützung. Die Verluste der Zeitungen mit niedriger Haushaltsabdeckung wären dagegen drastisch gestiegen. Gustafsson folgert dann auch daraus, daß allgemeine Subventionen die Marktkräfte verstärken und den Konzentrationsprozeß fördern und die Probleme der schwächeren Zeitungen durch ein solches Fördersystem nicht gelöst werden können (Gustafsson 1980, S. 121; vgl. auch: Ostgaard 1976). Indessen hat sich gezeigt, daß selektive Förderung eher zum Erhalt des Status quo, also etwa einer bestimmten Zahl von Zeitungen, beitragen, die Zahl der Zeitungen auf dem Markt aber kaum erhöhen kann, also Marktzutritt nicht erleichtert (Gustafsson 1980, S. 122).

Bei der Frage nach der publizistischen Leistungsfähigkeit von Presseförderung insgesamt und auch spezifischer Fördermaßnahmen leidet die Diskussion darunter, daß eine allgemeingültige Definition von "Vielfalt" bislang nicht vorliegt (vgl. z. B.

Rager/Weber 1992). Vielfalt wird in der Regel pauschal als Ziel staatlicher Medienpolitik genannt, ohne daß immer deutlich ist, auf welcher Ebene Vielfalt gemeint ist: Vielfalt der Themen, der Meinungen oder der Produkte (vgl. dazu ausführlich McQuail 1992; Entman/Wildman 1992). Außerdem ist zumindest umstritten, ob Vielzahl auch tatsächlich Vielfalt nach sich zieht (vgl. Rager/Weber 1992).

Wenn wir feststellen müssen, daß nur wenige generalisierbare Erkenntnisse über die Effizienz von Presseförderung - gemessen an der Vielzahl von Zeitungen - vorliegen, so gilt das erst recht für den Zusammenhang von Förderung und Vielfalt bzw. den Zusammenhang von Vielzahl und Vielfalt. Diese Frage stellt sich sowohl in bezug auf Presseförderung insgesamt wie auch in bezug auf einzelne Maßnahmen. Die Beschreibung des vielfältigen Instrumentariums der Presseförderung im vorangehenden Kapitel sowie die nachfolgende Bestandsaufnahme der Maßnahmen, die die einzelnen Länder zur Unterstützung ihrer Zeitungen anwenden, zeigen, daß dasselbe Ziel - also Vielfalt - auf unterschiedlichen Wegen angestrebt werden kann und angestrebt wird.

Robert G. Picard hat darauf aufmerksam gemacht, daß die Effekte einzelner Instrumente staatlicher Pressepolitik für den ökonomischen Wettbewerb anders ausfallen können als für den publizistischen Wettbewerb, das heißt, eine spezifische Maßnahme kann sich zum Beispiel belebend für den ökonomischen, aber hemmend für den publizistischen Wettbewerb auswirken (vgl. dazu und im folgenden: Picard 1991). Zur Analyse der Effekte fördernder oder auch restriktiver Maßnahmen auf den beiden Märkten schlägt er das als Schaubild 5 folgende Schema vor:

Schaubild 5
Analyseschema für staatliche Maßnahmen auf dem Pressemarkt

	Ökonomischer Wettbewerb	Publizistischer Wettbewerb
Belebt den Wettbewerb		
Kein Effekt für den Wettbewerb		
Hemmt den Wettbewerb		

Picard 1991, S. 11

Reduzierte Posttarife, die für alle Zeitungen gelten, wirken sich - so Picard in seinen Erläuterungen - fördernd für den publizistischen, aber hemmend für den ökonomischen Wettbewerb aus. Sie behindern den ökonomischen Wettbewerb, weil sie keine finanziellen Ressourcen bei den wirtschaftlich starken Zeitungen abschöpfen und es ihnen durch Einsparungen eher noch erlauben, ihre Position auf dem Markt auszubauen. Reduzierte Posttarife beleben den publizistischen Wettbewerb insofern, als sie für schwächere Zeitungen Kostenerleichterungen im Vertrieb mit sich bringen. Selektive und direkte Subventionen zum Beispiel könnten sich fördernd für den Wettbewerb in beiden Bereichen auswirken, weil sie den Wettbewerbsvorteil stärkerer Zeitungen - teilweise - kompensieren. Das heißt, es ist notwendig, die Maßnahmen der Presseförderung jeweils daraufhin zu prüfen, welchen Effekt sie auf beiden Märkten haben. Picard geht davon aus, daß staatliche Interventionen auf dem Pressemarkt dann umso besser politisch zu legitimieren sind, wenn der Großteil ihrer Effekte im oberen Teil des Schemas angesiedelt sind (Picard 1991).

Hinsichtlich der Befürchtungen, daß durch staatliche Intervention auf dem Markt die Pressefreiheit eingeschränkt werden könnte, bleibt die Diskussion zumeist bei der theoretischen Auseinandersetzung. Empirische Untersuchungen liegen dazu - nicht zuletzt wegen der schwierigen Operationalisierbarkeit - bislang kaum vor. Auch diese Frage stellt sich unter verschiedenen Perspektiven. Zum einen im internationalen Vergleich von Staaten mit unterschiedlichen Modellen der Presseförderung. Zum anderen bezogen auf die vom Staat geförderten Zeitungen, deren redaktioneller Unabhängigkeit und ihr Ansehen beim Publikum.

Beim internationalen Vergleich erweist es sich als problematisch, allein nach der Zahl oder der Art der angewendeten Maßnahmen den staatlichen Interventionsgrad im Bereich der Presse zu bestimmen und daraus womöglich Gefahren für die Pressefreiheit abzuleiten. Robert G. Picard hat Anfang der achtziger Jahre den Versuch unternommen, das Ausmaß staatlicher Eingriffe auf dem Zeitungsmarkt im internationalen Vergleich zu bestimmen, und eine Rangreihe der Länder nach Interventionsgrad erstellt (1984; 1987). Er hat dafür zwölf verschiedene Maßnahmen von einem Expertenteam nach einer dreistufigen Skala bewerten lassen, so daß jeder Maßnahme ein Gewicht (massive Intervention - schwache Intervention) zugeordnet werden konnte. Als die schwerstwiegenden Eingriffe wurden die staatliche Festlegung von Zeitungspreisen, kartellrechtliche Maßnahmen, Subventionen an Zeitungen sowie an Parteien (für ihre Informationspolitik) gewertet. Am niedrigsten, also als schwächste Interventionen, wurden bevorzugte Post- und Telekommunikationsgebühren eingestuft (Picard 1984, S. 31). Entsprechend diesen Gewichtungen ließen sich die einzelnen Länder nach Art der angewendeten Maßnahmen in eine Rangfolge bringen. Auf den Plätzen mit hohem Interventionsniveau stehen Schweden, Italien, die Niederlande, Frankreich, Norwegen und Finnland (S. 33) Diese Reihung nach Interventionsgrad entspricht auch weitgehend der Reihenfolge, die sich einfach aus der Zahl der angewendeten Maßnahmen ergibt (Picard 1984, S. 30).

Vorgehensweise und Ergebnisse dieser Studie belegen die Schwierigkeit der Frage nach dem Ausmaß staatlicher Intervention. Zum einen ist die Verwendung von zwölf pauschalen Kategorien (= fördernde und restriktive Maßnahmen) unangemessen, was sich am Beispiel der "Subventionen" verdeutlichen läßt. Diese Kategorie steht für eine Vielzahl unterschiedlicher Vorgehensweisen bei der Vergabe von Subventionen, also sowohl für das Gießkannenprinzip wie auch für die selektive Zuweisung. Notwendig wäre auch die Berücksichtigung des Entscheidungsprozesses bei der Vergabe von Subventionen, also: wie lauten die Voraussetzungen für die Antragsberechtigung, wer trifft die Entscheidung (z. B. Politiker oder Unabhängige?), wird am Einzelfall entschieden, oder verläuft die Vergabe eher automatisch? In dieser Beziehung bestehen deutliche Unterschiede zwischen den einzelnen Staaten, die bei der Verwendung einer Pauschalkategorie verloren gehen.

Bei der Gewichtung der Maßnahmen ist schließlich unklar, vor welchem Hintergrund diese vorgenommen wurde, also woran sich der Grad der Intervention bemißt. Picard spricht von "Eingriffen in die Ökonomie der Presse", die Ausführungen zur Qualifikation der Experten lassen ebenfalls vermuten, daß die Gewichtung der einzelnen Maßnahmen bezüglich des ökonomischen Wettbewerbs vorgenommen wurde (1984, S. 27, 31). Nur so läßt sich etwa erklären, warum die Festsetzung der Zeitungspreise als die schwerstwiegende Maßnahme staatlicher Medienpolitik eingestuft wurde. Möglicherweise ist das auch eine Erklärung dafür, warum Kredite an die Presse gegenüber staatlicher Unterstützung von Nachrichtenagenturen als die stärkere Intervention angesehen wurden. Da die Diskussion um Presseförderung aber gerade auch den publizistischen Wettbewerb sowie die inhaltliche Unabhängigkeit der Presse betrifft, erscheint eine Gewichtung der Maßnahmen allein nach Gesichtspunkten des ökonomischen Wettbewerbs als unzureichend.

Schließlich stellt sich die Frage, welche Aussagen aufgrund einer solchen Rangfolge von Staaten nach Interventionsgrad gemacht werden können, die über die Feststellung der staatlichen Aktivität auf dem Pressemarkt hinausgehen. Am Beispiel von Schweden kann dieses Problem erklärt werden. Schweden gelangt auf die erste Position, der Grad staatlicher Intervention ist hier nach Picard am größten. Aufgrund dieser Feststellung läßt sich jedoch weder eine Aussage über die Effektivität der schwedischen Förderungsmaßnahmen etwa hinsichtlich des Ziels der Vielzahl oder Vielfalt von Zeitungen noch über mögliche Auswirkungen für die Pressefreiheit machen. Die schwedische Presseförderung gilt zumindest insofern als wirksam, als der Zeitungsmarkt stabilisiert werden konnte (vgl. die Publikationen von Gustafsson). Die Pressefreiheit in Schweden wird auch von Autoren, die Presseförderung eher kritisch gegenüberstehen, nicht in Zweifel gezogen (z. B. Smith 1978).

Um staatliche Intervention im Bereich der Presse hinsichtlich ihrer Wirksamkeit bezüglich des erklärten Ziels der publizistischen Vielfalt oder auch hinsichtlich einer damit verbundenen Gefährdung von Pressefreiheit bewerten zu können, müssen daher zahlreiche andere Faktoren berücksichtigt werden, wie etwa die Rahmenbedingungen für journalistisches Arbeiten (z. B. Zeugnisverweigerungsrecht, d.h. das Recht von Journalisten, ihre Quellen nicht preiszugeben; Informationsanspruch gegenüber staatlichen Institutionen; redaktionelle Mitbestimmung) oder die Marktstruktur der Presse. Hier treffen wir wiederum auf zum Teil beträchtliche nationale

Unterschiede, so daß es kaum möglich ist, allgemeingültige Aussagen über die Bedeutung staatlicher Maßnahmen im Zeitungsmarkt zu machen.

Ralph R. Lowenstein hat unter den 23 Faktoren, aus denen er den PICA-Index - einen Standardindex zur Bestimmung von Pressefreiheit in einzelnen Ländern (Press Independence and Critical Ability) - konstruiert hat, auch Maßnahmen der Presseförderung einbezogen (dazu und im folgenden: Lowenstein 1976; Freiheit der Weltpresse 1970). Der individuelle Grad der Pressefreiheit eines Landes bestimmt sich auch nach dem Vorhandensein von Subventionen, von staatlichen Krediten und Abhängigkeit der Presse von amtlicher Werbung sowie einer besonderen steuerlichen Behandlung der Presse, egal ob durch gegenüber anderen Wirtschaftszweigen höhere oder niedrigere Steuern. Die Einstufung der einzelnen Länder wurde jeweils durch Fremde und durch Einheimische vorgenommen.

Die PICA-Erhebung wurde 1966 durchgeführt, später aber, obwohl eine jährliche Erhebung vorgesehen war, in dieser Form nicht mehr wiederholt. Damals wurden die westeuropäischen Länder in den beiden höchsten Kategorien, nämlich "in hohem Maß frei" und "frei mit geringen Kontrollen", eingestuft. Belgien, Dänemark, Finnland, die Niederlande, Norwegen, Schweden und die Schweiz wurden als in hohem Maß frei bewertet. Als frei mit geringen Kontrollen wurden Österreich, Frankreich, die Bundesrepublik Deutschland, Italien, Großbritannien und Irland bezeichnet (Lowenstein 1976, S. 142; Freiheit der Weltpresse 1970, S. XXVIII). Da Maßnahmen der direkten Presseförderung in den europäischen Ländern erst später eingeführt wurden und die Pressekonzentration, die ebenfalls als Indikator verwendet wurde, sich in der Zwischenzeit verstärkt hat, würde die Einordnung für einige Länder heute vermutlich anders ausfallen. Immerhin kombinierte der PICA-Index aber verschiedene Merkmale der Pressesysteme, so daß Förderungsmaßnahmen nicht zu einem singulären Maßstab von Pressefreiheit verwendet wurden. Dieser Index könnte zumindest als Ausgangspunkt für Untersuchungen dienen, die die Rolle des Staates auf dem Pressemarkt und die Auswirkungen für die Funktionsfähigkeit der Presse bestimmen wollen.

Zu der Frage nach Auswirkungen von Presseförderung auf das redaktionelle Arbeiten liegt lediglich eine Untersuchung aus Schweden vor. John A. Gothberg befragte Anfang der achtziger Jahre ein Sample von 30 Herausgebern schwedischer Tageszeitungen. Bei weitgehend positiver Beurteilung der Subventionen waren die Befragten überwiegend der Meinung, daß mit der Presseförderung kein Einfluß auf die Inhalte der Zeitungen einhergeht. Statt dessen bezogen sich ihre Bedenken eher auf die Einflüsse von Förderung auf den Wettbewerb und die Gefahr der Festigung einer überholten Struktur. (Gothberg 1983)

3. Maßnahmen der Presseförderung im westeuropäischen Vergleich [1]

3.1 Zur Auswahl der Vergleichsländer

Für den internationalen Vergleich von Presseförderung werden die folgenden Staaten einbezogen: neben Österreich die Schweiz, die Niederlande, Schweden, Finnland, Frankreich, Italien und die Bundesrepublik Deutschland. Nur wenige westeuropäische Staaten lassen sich bezüglich der Presseförderung als zurückhaltend einstufen. Zurückhaltend bedeutet in diesem Zusammenhang weniger die Zahl der Maßnahmen zur Unterstützung der Presse, sondern viel mehr den Verzicht auf die direkte finanzielle Förderung von Zeitungen. Unter den für diesen Vergleich ausgewählten Staaten ist die Schweiz das Land, das am wenigsten Fördermaßnahmen einsetzt, die Presse also weitgehend einem freien Wettbewerb überläßt. Finanzielle Hilfen, die unmittelbar an Zeitungen gehen, gibt es nicht. Als beinahe ebenso zurückhaltend läßt sich die Bundesrepublik Deutschland bezeichnen. Hier wie in der Schweiz hat es vor einiger Zeit Diskussionen über die verfassungsrechtlichen Möglichkeiten zur Presseförderung gegeben, die erkennen lassen, daß in beiden Ländern die Bedenken gegenüber Eingriffen auf dem Pressemarkt schwer wiegen. Die Bundesrepublik Deutschland verfügt allerdings - im Gegensatz zu den meisten westeuropäischen Staaten - über eine pressespezifische Fusionskontrolle im Wettbewerbsrecht.

Umfangreiche Unterstützung, die - wie in Österreich - auch direkte finanzielle Zuwendungen an die Zeitungen umfaßt, gibt es in den Niederlanden, in Schweden, Finnland, Italien und in Frankreich. Neben der Bundesrepublik Deutschland als bevölkerungsreiches und - in Relation zu den meisten Nachbarstaaten - auch medienreiches Land, das aber Presseförderung nur in geringem Umfang einsetzt, werden hier mit Italien und Frankreich zwei ebenfalls große Staaten mit stärkerer Presseförderung in den Vergleich einbezogen. Zumal Frankreich wendet beinahe das komplette Repertoire der Förderungsmaßnahmen an. Von besonderem Interesse bei der Reform des österreichischen Modells der Presseförderung sind die Erfahrungen anderer Kleinstaaten, deren Medienmarkt unter spezifischen Bedingungen steht (vgl. dazu ausführlich: Trappel 1991). Daher wurden die Niederlande ausgewählt. Allerdings gelten für den niederländischen Pressemarkt, der einen eigenen Sprachraum versorgt, andere Voraussetzungen als für Österreich, das an zwei Staaten mit gleicher

---

1 Es war ein meist schwieriges Unterfangen, Auskünfte und konkrete Daten aus den verschiedenen Ländern zu erhalten, und es ist nicht überall geglückt. Denen, die sich für Informationsgespräche zur Verfügung gestellt oder mit Material und anderen Hinweisen weitergeholfen haben, sei an dieser Stelle gedankt. Vor Ort in Bochum haben mich an den Arbeiten für dieses Projekt vier Studentinnen der Ruhr Universität unterstützt: Eva Goßlau, Ritva Kosonen-Trojan, Susanne Schneider-Zarei und Rosita Sommer. Außerdem hat Katrin Martens wertvolle bibliographische und organisatorische Hilfestellung geleistet.

Sprache grenzt. Schon der Blick auf österreichische Zeitungskioske und nicht zuletzt das finanzielle Engagement deutscher Großverleger (WAZ-Gruppe, Springer) zeigen, wie stark der österreichische Medienmarkt von der Bundesrepublik Deutschland beeinflußt wird. Die durch den großen deutschen Sprachraum auch für Österreich bestehenden Exportchancen dürften die deutschen Importe kaum aufwiegen.

Als weitere Kleinstaaten wurden hier Finnland und Schweden in den Vergleich einbezogen. Wie in Österreich hat es in den beiden nordischen Ländern in der Nachkriegszeit eine starke Parteipresse gegeben, die nach und nach ihr Publikum verloren hat. Diesen Blättern Unterstützung zu gewähren, war ein Motiv für die Einführung von Subventionen. Dem Erhalt einer vielfältigen Presse durch eine Vielzahl von Zeitungen wird in beiden Ländern ein hoher Stellenwert eingeräumt, wobei die Bedenken gegenüber einem Eingriff in die Pressefreiheit zurücktreten.

Die hier in die Betrachtung einbezogenen Staaten fördern ihre Zeitungen in der einen oder anderen Weise, gestehen der Presse also eine Sonderrolle zu, die durchgehend mit ihrer öffentlichen Aufgabe und ihrer Bedeutung für die politische Meinungs- und Willensbildung begründet wird. Die einzelnen Staaten wenden jedoch ganz unterschiedliche Kombinationen der Maßnahmen zur Presseförderung an. Die Entscheidung für die verschiedenen Maßnahmen und den Umfang der Presseförderung steht in Abhängigkeit zu der Beschaffenheit des Zeitungsmarktes, in erster Linie natürlich von der wirtschaftlichen Situation der Zeitungen und dem Grad der Pressekonzentration. Daneben kommen kulturelle Unterschiede zwischen den nationalen Zeitungsmärkten zum Tragen, zum Beispiel das Vorhandensein einer Parteipresse und das damit verbundene Interesse von Politikern an der Wettbewerbsfähigkeit dieser Blätter. Ebenso das Fehlen oder Bestehen einer überregionalen Presse, was auf die staatliche Organisation (Zentralismus - Föderalismus) oder geographische Gegebenheiten (Transportprobleme) zurückzuführen sein kann.

Daran anknüpfend können wir die in diese Synopse einbezogenen Länder zunächst unterscheiden nach dem Umfang der Fördermaßnahmen. Einige Länder schöpfen die Palette des Instrumentariums zur Förderung der Presse beinahe voll aus, während andere sich auf wenige Maßnahmen beschränken. Wichtiger noch, zumal in Hinblick auf mögliche Abhängigkeiten, die aus der Förderung erwachsen können, scheint indessen die Differenzierung der Länder nach dem Vorhandensein bzw. Fehlen gezielter Hilfen und dem Ausmaß direkter Presseförderung. Denn bei diesen Maßnahmen gerät die geförderte Presse am ehesten in den Verdacht der staatlichen Abhängigkeit. Es sind aber auch gerade diese Formen der Presseförderung, die sich am ehesten zur Bekämpfung von Konzentrationstendenzen und Monopolbildungen eignen.

Einige Maßnahmen der indirekten Presseförderung wie günstige Tarife im Postzeitungsdienst und für Telephon haben meist längere Tradition. Das Einsetzen der Diskussion über die Möglichkeiten der direkten Presseförderung sowie zum Teil auch der wettbewerbsrechtlichen Maßnahmen und der damit einhergehenden Tendenz zu staatlicher Intervention auf dem Pressemarkt läßt sich etwa auf die zweite

Hälfte der sechziger Jahre datieren. Diese Überlegungen werden ausgelöst durch wachsende ökonomische Probleme der Zeitungen, die zurückzuführen sind auf hohe Kosten für die Modernisierung der Betriebe und steigende Papierpreise sowie die aufkommende Konkurrenz des Fernsehens. In den Ländern mit einem bedeutsamen Anteil von Parteizeitungen schwindet allmählich die Leserschaft der parteigebundenen Presse. Zugleich verzeichnen alle Länder Konzentrationserscheinungen, sei es durch das Verschwinden schwacher Zeitungen vom Markt oder durch die Übernahme von Zeitungen durch größere Unternehmen. Der Zutritt neuer Zeitungen auf den Markt wird indessen selten oder sogar ganz unmöglich.

Die meisten Länder in Westeuropa haben sich angesichts dieser Entwicklungen - neben den meist schon bestehenden indirekten Unterstützungsmaßnahmen durch Kostenerleichterungen - für die Einführung von Maßnahmen der direkten Presseförderung entschieden, um so Schwächen des freien Marktes zu kompensieren. Unter den Kernvergleichsländern dieser Untersuchung blieben allein die Bundesrepublik Deutschland und die Schweiz zurückhaltend. In beiden Ländern wurden Diskussionen über die verfassungsrechtliche Zulässigkeit von Presseförderung geführt, die diese Zurückhaltung begründen.

3.2 Die Diskussion in der Bundesrepublik Deutschland und in der Schweiz

In der **Bundesrepublik Deutschland**, die insbesondere während der sechziger Jahre starke Konzentrationsprozesse auf dem Tageszeitungsmarkt zu verzeichnen hatte, waren die verfassungsrechtlichen Aspekte der Konzentration auf dem Pressemarkt sowie die nach dem Grundgesetz möglichen, notwendigen oder unzulässigen Fördermaßnahmen Gegenstand einer umfassenden juristischen Debatte (vgl. dazu z. B.: Ehmke 1969; Dittrich 1971; Lerche 1971; Schütz 1990). Entscheidungen über Pressehilfen bewegen sich hier in einem Spannungsverhältnis, das sich einerseits aus der Pressefreiheit als einem subjektiven Grundrecht und sich andererseits aus der institutionellen Garantie einer freien Presse, also einer objektiv-rechtlichen Seite der Pressefreiheit ergibt (Art. 5 GG). Beide Positionen hat das Bundesverfassungsgericht in seinen Medienurteilen mehrfach betont. So heißt es etwa im Ersten Rundfunkurteil vom Februar 1961, es widerspreche der Verfassungsgarantie des Art. 5 GG, "die Presse oder einen Teil von ihr unmittelbar oder mittelbar von Staats wegen zu reglementieren oder zu steuern." (BVerfG 12) Im Spiegelurteil vom August 1966 führt das Gericht aus: "Presseunternehmen müssen sich im gesellschaftlichen Raum frei bilden können. Sie arbeiten nach privatwirtschaftlichen Grundsätzen und in privatrechtlichen Organisationsformen. Sie stehen miteinander in geistiger und wirtschaftlicher Konkurrenz, in die die öffentliche Gewalt grundsätzlich nicht eingreifen darf." Im selben Urteil heißt es aber auch hinsichtlich der Garantie für eine freie Presse: "[...]; doch ließe sich etwa auch an eine Pflicht des Staates denken, Gefahren abzuwehren, die einem freien Pressewesen aus der Bildung von Meinungsmonopolen erwachsen könnten." (BVerfG 20) Ein staatliches Eingreifen in den Prozeß der Meinungs- und Willensbildung ist also in der **Bundesrepublik Deutschland** verfassungsrechtlich nicht zulässig, zugleich kann es aber für den Staat einen aus der Verfassung zu rechtfertigenden Grund geben, den Folgen von Pressekonzentration entgegenzuwirken und auf dem Pressemarkt steuernd tätig zu werden.

Steuerungsmaßnahmen müssen daher so beschaffen sein, daß die Unabhängigkeit der Presse vom Staat gewahrt bleibt und jeder staatliche Einfluß auf die publizistische Arbeit der Presse ausgeschlossen ist. Dieser Maßstab gilt auch für den Umfang von Fördermaßnahmen. Pressehilfen müssen sich auf Unterstützungsmaßnahmen beschränken und nicht so umfangreich sein, daß die Zeitungen davon abhängig werden und damit in eine staatliche Abhängigkeit geraten.

Erschwerend für die Entscheidung über Fördermaßnahmen für die Presse kommt in der **Bundesrepublik Deutschland** hinzu, daß die Bundesregierung nach dem Grundgesetz im Bereich der Presse lediglich über eine Rahmenkompetenz verfügt, die Gesetzgebungskompetenz sonst aber bei den Bundesländern liegt. Das bedeutet, daß der Bund sich auch bei der Presseförderung auf solche Maßnahmen beschränken muß, die die Gesetzgebungskompetenz der Länder im Bereich der Presse unberührt lassen. Ein solcher Eingriff in die Länderkompetenz wäre gegeben, wenn Maßnahmen sich nicht auf wirtschaftliche Ziele beschränken, sondern kommunikationspolitische Ziele verfolgt werden. Allerdings erweist sich auch diese Abgrenzung als problematisch, da mit wirtschaftlicher Zielsetzung getroffene Maßnahmen ebenfalls Folgen für den publizistischen Wettbewerb haben.

Allgemeine Maßnahmen, die dazu dienen sollen, die wirtschaftliche Lage der Presse zu verbessern, werden unter den genannten Bedingungen als mit dem Grundgesetz vereinbar beurteilt. Selektive Maßnahmen, die nur einem Teil der Presse zugute kommen, sind indessen nur unter bestimmten Voraussetzungen möglich. Nicht ohne seine "erheblichen Bedenken" gegenüber direkten und gezielten Subventionen an Presseunternehmen zu betonen, hat das Oberverwaltungsgericht Berlin in seinem Urteil vom April 1975 entschieden:

> "Staatliche Subventionen an Presseunternehmen sind nur auf der Grundlage eines Gesetzes zulässig, das die Voraussetzungen und Bedingungen der staatlichen Hilfsmaßnahmen so konkret wie möglich umschreibt. Der Gesetzesvorbehalt folgt nicht aus Art. 5 Abs. 2 GG, sondern aus dem Grundsatz, daß nicht dem Ermessen der Exekutive überlassen bleiben darf, die Grenzen grundrechtlich geschützter Bereiche nach ihren Vorstellungen vom öffentlichen Wohl zu bestimmen." (Staatliche Subventionierung ... 1975, S. 851)

Das Bundesverfassungsgericht hat in seinem Beschluß vom Juni 1989 die Zulässigkeit einer staatlichen Subventionierung der Presse unter bestimmten Voraussetzungen bestätigt. Dort heißt es:

> "Staatliche Förderungsmaßnahmen für die Presse sind nur dann mit Art. 5 Abs. 1 Satz 2 GG vereinbar, wenn eine Einflußnahme auf Inhalt und Gestaltung einzelner Presseerzeugnisse sowie Verzerrungen des publizistischen Wettbewerbs insgesamt vermieden werden. Es ist dem Staat jedoch nicht von vorneherein verwehrt, bei der Subventionierung der Presse nach meinungsneutralen Kriterien zu differenzieren." (Postzeitungsordnung ... 1989, S. 658)

Aus diesen verfassungsrechtlichen Vorgaben folgt für die Presseförderung in der **Bundesrepublik Deutschland**: 1. Entscheidungen über die Vergabe von Subventionen müssen auf einer gesetzlichen Grundlage beruhen, in der 2. die Bedingungen für die Fördermaßnahmen konkret ausformuliert sind; 3. diese Bedingungen müssen meinungsneutral sein, d.h. sie dürfen sich nicht am Inhalt der Presseerzeugnisse orientieren.

Die von der Bundesregierung eingesetzte "Kommission zur Untersuchung der Gefährdung der wirtschaftlichen Existenz von Presseunternehmen und der Folgen der Konzentration für die Meinungsfreiheit in der Bundesrepublik" (= Günther-Kommission) hatte 1967 zahlreiche Maßnahmen vorgeschlagen, die - auch durch Förderung - dem Erhalt der Vielfalt und des Wettbewerbs auf dem Tageszeitungsmarkt dienen sollten (vgl. Vorläufiger Bericht ... 1967; Schlußbericht ... 1968). Kaum etwas davon ist verwirklicht worden. Da die Kommission vorrangig die Förderung von Periodika, die der politischen Bildung und Unterrichtung dienen, empfohlen hatte, wären diese Maßnahmen wegen dieses nicht meinungsneutralen Selektionskriteriums ohnehin zum verfassungsrechtlichen Scheitern verurteilt gewesen. Lediglich das vorgeschlagene Kreditprogramm wurde eingerichtet.

Die **Bundesrepublik Deutschland** ist vor einer Intervention auf dem Zeitungsmarkt zurückgeschreckt - die verfassungsrechtliche Debatte dürfte ihren Teil dazu beigetragen haben. Statt dessen kam es 1976 zur Einführung pressespezifischer Kriterien in die wettbewerbsrechtliche Fusionskontrolle, die es möglich machten, auch kleinere Verlage zu erfassen. Die Entscheidung fiel also zugunsten restriktiver Maßnahmen, die auf der Basis ökonomische Kriterien eingesetzt werden können. Zur Beobachtung der Entwicklung auf dem Pressemarkt ist 1975 außerdem das Pressestatistikgesetz erlassen worden, so daß seitdem regelmäßig Strukturdaten, aber auch Angaben zu Umsätzen auf dem deutschen Pressemarkt vorgelegt werden.

In der **Schweiz** setzte 1973 mit der Einrichtung einer Expertenkommission zur Revision des Verfassungsartikels 55 (Pressefreiheit) die Diskussion über Presseförderung ein. Aufgabe der Kommission war die Analyse der rechtlichen und wirtschaftlichen Situation der Presse sowie die Ausarbeitung von Entwürfen für eine Revision des Art. 55 der Bundesverfassung, für einen Presseförderungsartikel (Art. 55 bis) und für ein Presseförderungsgesetz. Der 1975 vorgelegte Bericht der Kommission empfahl einen Artikel, der den Bund ermächtigen sollte, Maßnahmen zur Förderung einer vielfältigen und unabhängigen Presse sowie zu ihrem Schutz durch Verhinderung von Vormachtstellungen zu treffen. Die Presseförderung sollte auch die Förderung der beruflichen Aus- und Weiterbildung von Journalisten und Verlegern umfassen. Gleichzeitig wurde der Entwurf für ein Presseförderungsgesetz präsentiert. Darin waren indirekte und direkte Maßnahmen vorgesehen wie vergünstigte Tarife für Telex oder Fernsatz, Investitionshilfen, Produktionskostenbeiträge sowie die Unterstützung der Distribution. In einem Vernehmlassungsverfahren (Anhörung) wurde jedoch die Revision des Artikels 55 BV abgelehnt, hinsichtlich staatlicher Presseförderungsmaßnahmen gingen die Meinungen auseinander, wobei auch auf die Gefahr hingewiesen wurde, daß durch die Entscheidung über Förderungsberechtigung sowie die Kontrolle der zweckgebundenen Verwendung von Förderungsmitteln ein staatlicher Einfluß auf die Presse möglich wäre. Der schweizerische Bundesrat stellte schließlich die Arbeiten an der Reform des Artikels 55 BV und an dem Presseförderungsgesetz ein, auch weil die finanzielle Lage des Bundes Presseförderung zum damaligen Zeitpunkt nicht erlaubt hätte. (vgl. Nuspliger 1980, S. 151-171)

Auch die 1978 eingesetzte Expertenkommission für eine Medien-Gesamtkonzeption hat die Presseförderung in ihre Vorschläge einbezogen. Diese orientierten sich am Bericht der Expertenkommission von 1975 und sahen Unterstützungsmaßnahmen durch Distributionshilfen, Unterstützung von Investitionsvorhaben sowie die Förderung der beruflichen Aus- und Weiterbildung im Medienbereich vor (Eidgenössisches Justiz- und Polizeidepartement 1982). Aber auch diese Vorschläge wurden nicht weiterverfolgt, so daß sich die Presseförderung in der **Schweiz** weiterhin auf reduzierte Tarife im Postzeitungsdienst beschränkt. Auch zu einem pressespezifischen Kartellrecht, das gleichzeitig mit der Presseförderung diskutiert wurde, hat sich die **Schweiz** nicht durchgerungen. Indessen ist das allgemeine Kartellrecht auch für die Medien anwendbar.

3.3 Maßnahmen der indirekten Förderung

Presseförderungsmaßnahmen allgemeiner und indirekter Art sind in den westeuropäischen Ländern am weitesten verbreitet. Auch solche Staaten, die hier hinsichtlich der Presseförderung als zurückhaltend eingestuft werden, weil sie auf Eingriffe in den Wettbewerb der Zeitungen möglichst verzichten, gewähren ihren Zeitungen allgemeine wirtschaftliche Erleichterungen. Gemeinsam ist allen Staaten ein bevorzugter Posttarif für den Versand von Zeitungen und Zeitschriften, eine Maßnahme, die auch überall eine lange Tradition hat. Außerdem gilt in allen Staaten für Zeitungen und Zeitschriften ein reduzierter Mehrwert- bzw. Umsatzsteuersatz.

Da die Verlage heute meist eigene Vertriebsorganisationen aufgebaut haben, hat der Vertrieb von Tageszeitungen durch die Post allerdings an Bedeutung eingebüßt. Dennoch gehen beträchtliche Summen staatlicher Presseförderung in den Postzeitungsdienst. Um in den Genuß der Gebührenvergünstigungen zu kommen, müssen die Presseerzeugnisse bestimmten Kriterien genügen und zum Postzeitungsdienst zugelassen werden. Die Tarife im Postzeitungsdienst sind in der Regel nach Gewicht gestaffelt, durch zusätzliche Bedingungen wie etwa die Berücksichtigung des Anzeigenumfangs können die Gebühren auch zur selektiven Förderung bestimmter Zeitungskategorien eingesetzt werden. Da generell die Kriterien für die Zulassung zum Postzeitungsdienst sehr weit gefaßt sind, kommt diese Maßnahme der Presseförderung eher den Zeitschriften als den Tageszeitungen zugute.

In **Portugal** werden die Kosten für den Postversand von Zeitungen komplett vom Staat getragen. In den anderen westeuropäischen Ländern gelten meist erheblich reduzierte Gebühren im Postzeitungsdienst. Lediglich **Spanien** hat durch drastische Erhöhungen in der letzten Zeit die besonderen Postvergünstigungen für die Presse fast ganz abgeschafft.

3.3.1 Post- und Fernmeldedienste, Bahntransport

Bei den Postunternehmen führen die vergünstigten Tarife für die Presse zu einer beträchtlichen Kostenunterdeckung. Angaben über den Kostendeckungsgrad und die Höhe der Defizite im Postzeitungsdienst erlauben es abzuschätzen, wie hoch der Geldbetrag ist, mit dem die Presse unterstützt wird. In einigen Ländern muß die Post ihr Defizit im Postzeitungsdienst selbst decken, also etwa durch Gewinne in anderen Postbereichen. Das heißt, nicht alle Regierungen gleichen die Defizite im Postzeitungsdienst tatsächlich durch Zahlungen an die Post aus.

Für die **Schweiz** wird heute ein Kostendeckungsgrad von etwa 40 Prozent angegeben, was einer indirekten Presseförderung von 160 Mio SFR entspricht. Das Defizit der Schweizer PTT wird derzeit noch durch Überschüsse in anderen Postbereichen gedeckt. In **Italien** werden die Kosten für die reduzierten Posttarife durch den Staatshaushalt getragen und wurden im Jahr 1987 auf rund 700 Milliarden Lire geschätzt. Vergleichsweise gering fallen die Tariferleichterungen im Postzeitungsdienst in **Irland** und **Großbritannien** aus.

In **Frankreich** wurde 1979 eine Kommission eingesetzt, die einen Plan zur Verringerung des Defizits im Postzeitungsdienst ausarbeiten sollte. Benannt nach dem Vorsitzenden der Kommission wurde das Ergebnis in den "accords Laurent" niedergelegt. Danach sollten ab 1980 acht Jahre lang die Posttarife für die Presse (ausgenommen amtliche Publikationen) angehoben werden, bis 1988 ein Kostendeckungsgrad von einem Drittel erreicht wäre. Weitere 30 Prozent sollten zu Lasten der französischen Post und etwas mehr als ein Drittel vom Staat getragen werden (Vebret 1984, S. 42; Santini 1990, S. 27). De facto führte der Plan Laurent zu Preiserhöhungen im Postzeitungsdienst zwischen 14 und 27 Prozent pro Jahr. Für Tageszeitungen mit niedrigen Anzeigeneinnahmen, die in **Frankreich** besonders gefördert werden, galt ein niedrigerer Prozentsatz bei der Anhebung der Gebühren. Außerdem wurden die Tarife für den Vertrieb für die französische Presse im Ausland nicht in gleichem Umfang angehoben. Das Ziel des Laurent-Planes konnte daher nicht verwirklicht werden, so daß weitere Erhöhungen notwendig waren (vgl. Santini 1990, S.

36/37). Erst seit 1991 übernimmt die französische Regierung einen Teil der Kosten für den Postzeitungsdienst.

Die bevorzugten Posttarife für die Presse machen in **Frankreich** bis heute rund zwei Drittel der indirekten Hilfen aus, die Mindereinnahme der Post betrug 1990 3650 Mio FF, 1991 3820 Mio FF (Rapport Général 1991, S. 37). Da bei der Berechnung des Tarifs für die Presse Gewicht und Erscheinungsweise eine Rolle spielen, fällt der Kostendeckungsgrad bzw. die Unterstützung für die einzelnen Pressekategorien unterschiedlich aus. Für Tageszeitungen und Wochenzeitschriften mit einem Gewicht unter 70 g beträgt die Hilfe zum Beispiel fast 90 Prozent, für andere Publikationen, die zwischen 200 und 300 g wiegen, dagegen nur rund 42 Prozent. Bei den bevorzugten Posttarifen in **Frankreich** waren früher ausländische Publikationen ausgeschlossen. Der Europäische Gerichtshof kritisierte jedoch 1985 diese Diskriminierung als nicht vereinbar mit den Römischen Verträgen. Die französische Gesetzgebung wurde daraufhin geändert, seitdem gelten für Publikationen aus Mitgliedsländern der Europäischen Gemeinschaft, die in Frankreich vertrieben werden, dieselben Tarife wie für die einheimische Presse.

Auch in der **Bundesrepublik Deutschland** wird mittlerweile Kostendeckung für den Postzeitungsdienst angestrebt. Das beträchtliche Defizit in diesem Bereich der Post war schon Ende der sechziger Jahre das Argument der Bundesregierung, als sie sich gegen die Empfehlung der Günther-Kommission für eine weitere Reduktion der Postgebühren für Zeitungen aussprach. Zu dieser Zeit wurde das Defizit im Postzeitungsdienst auf rund 276 Mio DM beziffert. Zur Deckung wurden die Gewinne in anderen Dienstzweigen der Post herangezogen. Seit der Poststrukturreform im Jahr 1989 muß nun jeder Dienstzweig Kostendeckung anstreben, das heißt, Defizite werden nicht mehr durch die Gewinne in den profitablen Postbereichen ausgeglichen. Die Post gerät damit in den Zugzwang, bei defizitären Dienstleistungen die Gebühren anzuheben.

Bereits seit 1978 wurden im Einvernehmen zwischen dem Bundesverband Deutscher Zeitungsverleger (BDZV) und der Post Gebührenanpassungen vorgenommen. Dadurch konnte der Kostendeckungsgrad im Postzeitungsdienst von knapp 35 auf 50 Prozent im Jahr 1984 verbessert werden. Trotzdem betrug 1988 das Defizit noch immer 540 Mio DM (Klabunde 1990, S. 228: Bericht der Bundesregierung ... 1974, 1985). Für 1992 wird ein Defizit von annähernd 900 Mio DM erwartet, davon rund 220 Mio in den neuen Bundesländern. Vor diesem Hintergrund kündigte die Deutsche Bundespost Ende 1991 für den Postzeitungsdienst Erhöhungen um rund 16 Prozent an, die zum 1. Oktober 1992 in Kraft treten und bis 1997 dazu führen sollen, daß volle Kostendeckung erreicht wird. Die neuen Gebühren sollen sich nicht mehr wie bisher an der Erscheinungshäufigkeit und an dem Gewicht der Publikationen orientieren, statt dessen werden bei der Kalkulation der Gebühren vier Faktoren einbezogen: Format und Gewicht (kombiniert), Größe des Zeitungsbundes sowie die Wohndichte im Zustellbezirk. Der Postzeitungsdienst spielt allerdings beim Vertrieb von Tageszeitungen auch in der **Bundesrepublik Deutschland** eine untergeordnete

Rolle. 1989 wurden im Durchschnitt 4,6 Prozent der verkauften Auflage mit der Post zugestellt. Im Vergleich zum Vorjahr bedeutete das einen Rückgang um 0,2 Prozentpunkte. Die Pressestatistik des Statistischen Bundesamtes zeigt die unterschiedliche Bedeutung der Postzustellung nach Auflagengrößenklassen. Die Daten werden in Tabelle 2 wiedergegeben.

Tabelle 2:

Bundesrepublik Deutschland: Anteil der Postzustellung an der verkauften Auflage nach Größenklassen (1989)

Verkaufte Auflage Tageszeitungen	Postzustellung in %
unter 10.000	9,4
10.000 - 25.000	8,3
25.000 - 50.000	7,1
50.000 - 75.000	6,8
75.000 - 125.000	4,8
125.000 - 250.000	5,8
250.000 und darüber	1,5
gesamt	4,6

Quelle: Statistisches Bundesamt 1991, S. 38, 41; eigene Berechnungen

Diese Aufschlüsselung zeigt, daß der Postversand bei Zeitungen mit niedrigen Auflagen einen überdurchschnittlichen Anteil ausmacht. Insofern kommt die staatliche Unterstützung durch Einnahmenverzicht bei der Post im Bereich der Tageszeitungen eher den kleineren Blättern zugute. Größere Bedeutung kommt der Postzustellung beim Vertrieb der Wochenzeitungen (1989 10,1 %) und vor allem der Zeitschriften zu, die daher erheblich mehr als Tageszeitungen von den günstigen Tarifen des Postzeitungsdienstes profitieren (vgl. Statistisches Bundesamt 1991, S. 38, 41; Pieper 1991, S. 10, 11).

Einem Gutachten von Knoche und Zerdick zufolge wandten die deutschen Zeitungsverlage zwischen 1976 und 1988 jährlich nur etwa ein Prozent ihrer Umsatzerlöse für den Postzeitungsdienst auf. Bezogen auf die Kosten, die den Verlagen insgesamt für die Zustellung der Zeitungen entstehen, entfällt auf die Postzustellung ein Anteil von 13 Prozent. Das heißt, im Durchschnitt wenden die Zeitungen mehr als 85 Prozent ihrer Zustellkosten für andere Vertriebswege auf. Aufgrund von Modellrechnungen kommen Knoche und Zerdick zu dem Schluß, daß auch eine Verdoppelung der Gebühren im Postzeitungsdienst nicht zu existenzgefährdenden Verlusten führen und den Verlagen "immer noch recht positive durchschnittliche Betriebsergebnisse" erlauben würden (1991, S. 52, 63).

In den **Niederlanden** beschloß die Regierung angesichts des enormen Defizits der Post bereits Anfang der siebziger Jahre, die Vorteile der Presse beim Postversand einzuschränken, um Kostendeckung zu erreichen. Auch nach der 1989 erfolgten Privatisierung der niederländischen Post blieb es bei vergünstigten Tarifen für Tageszeitungen und Zeitschriften. Bei den Tageszeitungen konnte der Kostendeckungsgrad mittlerweile von 40 auf rund 75 Prozent gesteigert werden (Nieuwenhuis 1991, S. 115). Allerdings wird das Defizit nicht von der Regierung ausgeglichen.

In **Finnland** haben die Verleger eine effektive, mehr als drei Viertel des Landes abdeckende Vertriebsorganisation aufgebaut. 25 Prozent der Zeitungsauflage werden mit der Post versandt und durch die Briefträger verteilt. Dennoch geht immer noch der größte Teil der finnischen staatlichen Presseförderung in die allgemeine Transporthilfe, das heißt an die Post. In **Finnland** wurden 1991 mehr als zwei Drittel der jährlichen Hilfen durch die Regierung an die Post gezahlt, das machte 320 Mio FIM aus gegenüber 154,5 Mio FIM direkter staatlicher Unterstützung. Allerdings zeichnet sich seit einigen Jahren eine Verschiebung der Relation zugunsten der direkten Hilfen ab. 1988 hatte der Anteil, der an die Post ging, im Verhältnis zu den direkten Hilfen noch drei Viertel betragen (Joukkoviestintätilasto 1991).

Zu den in Westeuropa häufiger anzutreffenden indirekten Maßnahmen der Presseförderung gehören auch reduzierte Tarife bei anderen Postdiensten (Fernschreiben, Telegramme usw.) und im Fernmeldedienst, also bei Gebühren für Telephon oder auch für Leitungen zur Übertragung von Druckvorlagen sowie für Leitungen zur Nachrichtenübermittlung zwischen Agenturen und Verlagen. Günstigere Telephongebühren für die Presse gelten in **Belgien** und **Spanien**, ebenso in **Italien**, **Griechenland** und **Portugal** gelten, wo außerdem Telegraphie- und Telegrammgebühren für die Presse um mindestens 50 Prozent reduziert sind. In **Großbritannien** gelten ebenfalls Ermäßigungen bei Telegraphiegebühren (FIEJ 1991; Mateo/Corbella 1992, S. 195).

In **Frankreich** gibt es ebenfalls Vorzugstarife für Telephon, Telegraphie- und Telegramme sowie für Facsimileübertragungen. Der französische Staatshaushalt wurde dafür 1991 mit einer Summe von 37,55 Mio FF belastet. Der Aufwand in diesem Sektor ist in den letzten Jahren deutlich angestiegen. 1988 lag der Betrag für die Erleichterungen im Telekommunikationsbereich noch bei 23,87 Mio FF. Mit zwei Dritteln geht der größte Teil dieser Unterstützung an die französischen Provinzzeitungen (SJTI 1991, S. 89; Santini 1990, S. 64-67). Ergänzend zum begünstigten Postzeitungsdienst bestehen in **Frankreich** und **Italien** besondere Konditionen für den Transport von Zeitungen und Zeitschriften mit der Bahn. Die Kosten der französischen SNCF für die Nachlässe werden von der Staatskasse ausgeglichen. 1990 und 1991 machte dieser Betrag gut 180 Mio FF aus und ist damit gegenüber den Vorjahren um rund 40 Mio FF gestiegen (SJTI 1991, S. 89).

In anderen Ländern gelten Vergünstigungen bei der Bahn oder anderen öffentlichen Verkehrsmitteln für Mitarbeiterinnen und Mitarbeiter der Presse. In der **Schweiz** gibt es für Journalisten Sonderpreise bei der Schweizerischen Bundesbahn und bei der Swissair, in **Portugal** können Angehörige der Presse ebenfalls reduzierte Tarife bei der Bahn und bei städtischen Verkehrsmitteln in Anspruch nehmen. In- und ausländische Journalisten, die in **Belgien** arbeiten, erhalten eine Reduktion von 75 Prozent auf Tickets für die Bahn und die belgische Fluggesellschaft Sabena (Todorov 1990).

3.3.2 Steuererleichterungen

Ebenso wie vergünstigte Tarife beim Vertrieb von Zeitungen durch die Post gewähren alle westeuropäischen Staaten der Presse Erleichterungen bei der Mehrwert- bzw. Umsatzsteuer. Die reduzierten Steuersätze gelten meist nur für Einnahmen aus dem Vertrieb. Nur die **Schweiz** erhebt die Warenumsatzsteuer (WUST), die allerdings mit der Mehrwertsteuer kaum zu vergleichen ist, weder auf Vertriebs- noch auf Anzeigenumsätze, so daß die Zeitungen von einer beträchtliche Kostenentlastung profitieren. Mehrere Länder, nämlich **Belgien**, **Dänemark**, **Finnland**, **Großbritannien**, **Portugal** und **Schweden** verzichten völlig auf Mehrwert- bzw. Umsatzsteuer auf Einnahmen aus dem Verkauf, andere wenden einen gegenüber dem Normalsatz mindestens um die Hälfte reduzierten Mehrwertsteuersatz an.

Um die wirtschaftliche Situation der Presse zu verbessern, galt in den **Niederlanden** von 1969 bis 1979 ein Nullsatz bei der Mehrwertsteuer für Einnahmen aus Abonnements für Zeitungen und Zeitschriften. Seit 1980 wird bei Publikationen, die mindestens dreimal pro Jahr erscheinen, ein reduzierter Satz für Einnahmen aus Vertrieb und aus Anzeigen erhoben. Die Entscheidung für die Anwendung der Mehrwertsteuer auch für Printmedien fiel vor dem Hintergrund, daß sich die wirtschaftliche Lage der Presse mittlerweile gebessert hatte und zudem der Betriebsfonds zur Organisation der Presseförderung seine Arbeit aufgenommen hatte.

In **Italien** bestand lange Zeit ebenfalls eine Befreiung der Tageszeitungen von der Mehrwertsteuer, die noch im Frühjahr 1987 auf andere Presseerzeugnisse ausgedehnt worden war. Seit 1990 gilt ein Mehrwertsteuersatz von vier Prozent, und zwar für Publikationen, die mindestens einmal pro Jahr erscheinen. Die italienischen Zeitungen sind insofern bei der Mehrwertsteuer besonders begünstigt, als nicht alle Vertriebseinnahmen der Mehrwertsteuer unterliegen, sondern lediglich 20 Prozent der Auflage versteuert werden (Gespräch F. Megna, 3.3.92).

In **Finnland** gilt der Nullsatz im Vertrieb lediglich für Abonnements, das bedeutet für den überwiegenden Teil der Vertriebseinnahmen der Tageszeitungen. Allerdings werden durch diese Einschränkung die Abendzeitungen ausgeschlossen, die nur auf der Straße verkauft werden. In **Frankreich** zahlen Tageszeitungen und politische Wochenzeitschriften mit nationaler Verbreitung für ihre Vertriebsumsätze 2,1 Prozent, andere Zeitschriften vier Prozent Mehrwertsteuer. Die nachfolgende

Tabelle 3 zeigt die Mehrwertsteuersätze im europäischen Vergleich, und zwar jeweils den Satz für Vertriebseinnahmen, für Einnahmen aus dem Anzeigengeschäft sowie den Normalsteuersatz. Eine ähnliche Übersicht, wie sie im Bericht über "World Press Trends" der FIEJ (1991) abgedruckt ist, wurde aufgrund anderer Quellen für diese Tabelle korrigiert und aktualisiert. Wegen fehlerhafter Angaben in der Aufstellung der FIEJ wird hier darauf verzichtet, die Steuerbegünstigungen beim Kauf von Papier oder Druckmaterialien in die Tabelle aufzunehmen.

Spitzenreiter bei der Mehrwertsteuer im europäischen Vergleich sind derzeit **Österreich** und **Irland** mit einem Satz von zehn Prozent bei Vertriebsumsätzen. Als eine Folge der Besteuerung wird in **Irland** auch der Erfolg britischer Zeitungen auf dem irischen Markt angesehen. Sie machen etwa 30 Prozent der in Irland verkauften Zeitungsauflagen aus. Da in **Großbritannien** keine Mehrwertsteuer im Zeitungsvertrieb anfällt, sind britische Zeitungen preisgünstiger als irische. Der Unterschied in der Mehrwertsteuer zwischen den beiden Ländern wird von Kommentatoren auch als Grund dafür angegeben, daß britische Zeitungsverleger wenig Interesse an einem unternehmerischen Engagement auf dem irischen Pressemarkt haben (vgl. Trützschler 1991, S. 240).

Tabelle 3
Mehrwert- bzw. Umsatzsteuersätze im europäischen Vergleich

	Vertrieb	**Anzeigen**	**Normalsatz**
Belgien	0	19,5	19,5
BR Deutschland	7	15	15
Dänemark	0	25	25
Finnland	0 (21,2)	21,2	21,2
Frankreich	2,1	18,6	18.6
Griechenland	4	8	18
Großbritannien	0	0	17,5
Irland	10	21	21
Italien	4	19	19
Luxemburg	3	15	15
Niederlande	6	6	18,5
Norwegen	0	20	20
Österreich	10	20	20
Portugal	0	16	16
Schweden	0	25	25
Schweiz	0	0	-
Spanien	7,5	15	15

Quellen: mü. 1992; FIEJ 1991

Einige Länder wenden auch für andere Bereiche des Zeitungsgeschäfts einen reduzierten Mehrwertsteuersatz an. **Frankreich** erhebt bei Aufwendungen für die Leistungen der Nachrichtenagenturen, bei Kosten für Satz, Druck und Bindearbeiten einen geringeren Steuersatz. In **Belgien, Griechenland, Italien** und **Portugal** ist der Einkauf von Zeitungspapier steuerlich begünstigt, in **Griechenland** außerdem Fernsatz, in **Italien** der Einkauf von Materialien, die für Satz und Druck notwendig sind.

Die Reduktion der Mehrwert- bzw. Umsatzsteuer bedeutet für die Presse eine beträchtliche finanzielle Erleichterung. Aus einigen Ländern liegen Angaben darüber vor, welche Beträge diese Form der Presseförderung pro Jahr ausmacht. Bei solchen Kalkulationen wird von sonst unveränderten Bedingungen ausgegangen, das heißt, höhere Zeitungspreise als mögliche Folge bei einem Fortfallen der Steuerreduktion und daraufhin zurückgehende Auflagen können nicht berücksichtigt werden. In **Frankreich** bedeutet die reduzierte Mehrwertsteuer für den Staat derzeit eine Mindereinnahme von mehr als einer Milliarde FF (Albert 1990, S. 72). Für **Norwegen** machte die Befreiung der Zeitungen von der Mehrwertsteuer bei Vertriebsumsätzen 1990 rund 700 Mio NOK aus (Mitteilung Det Kongelige Kulturdepartement, Oslo, vom 5.9.91). In **Dänemark** bedeutet der Nullsatz bei der Mehrwertsteuer für die Presse pro Jahr eine Ersparnis von zusammen 250 Mio DKR (Cheesman/Kyhn 1991, S. 6).

In den Mitgliedsstaaten der Europäischen Gemeinschaft ist ab 1993 eine Harmonisierung der Mehrwertsteuer vorgesehen. Im Zuge der Vereinheitlichung des Mehrwertsteuersatzes auf dem Europäischen Binnenmarkt ist damit auch eine Angleichung der steuerlichen Behandlung von Zeitungen und Zeitschriften zu erwarten. Einen reduzierten Steuersatz für die Presse wird es auch weiterhin geben. Sollte jedoch eines Tages ein einheitlicher Mehrwertsteuersatz für die Presse festgelegt werden, dürfte das für einige Länder eine Anhebung bedeuten, die für deren Printmedien spürbare Folgen haben würde. Im Juli 1992 haben sich die Finanzminister der EG-Staaten auf einen Mehrwertsteuermindestsatz von 15 Prozent für zunächst vier Jahre geeinigt. Gleichzeitig wurde ein Katalog von Waren und Dienstleistungen festgelegt, auf die "nach nationalem Belieben" ein reduzierter Mehrwertsteuersatz angewendet werden darf, darunter auch die Printmedien (mü 1992).

Neben der üblichen Reduktion der Mehrwertsteuer gewähren einige Staaten der Presse zusätzliche steuerliche Erleichterungen. Vor allem **Frankreich** räumt Zeitungen und Zeitschriften zahlreiche steuerliche Vergünstigungen ein. Für die französische Presse besteht Steuerfreiheit für Investitionsrücklagen. Seit 1960 brauchen Gewinne, die für den Kauf von Maschinen und sonstiger Ausstattung vorgesehen sind, nicht versteuert zu werden. Bei Tageszeitungen und regionalen Wochenzeitungen können so bis zu 60 Prozent der Gewinne angelegt und bis zu 80 Prozent der Kosten von Investitionen gedeckt werden. Diese Maßnahme bedeutet für den französischen Staat pro Jahr einen Einnahmenverzicht von derzeit etwa 290 Mio FF (Rapport Général 1990).

In **Frankreich** sind neben Zeitungsunternehmen außerdem Druckereien, Vertriebsorganisationen und Presseagenturen von der Gewerbesteuer ausgenommen. Dadurch gehen den Gemeinden pro Jahr rund 600 Mio FF an Einnahmen verloren (Santini 1990, S. 54). Insgesamt macht die Unterstützung der Presse durch Einnahmenverzicht des französischen Staates bei der Mehrwertsteuer der Gemeinden, bei der Gewerbesteuer und durch die Gewährung von steuerfreien Investitionsrücklagen also pro Jahr etwa zwei Milliarden FF aus. In den **Niederlanden**, in **Griechenland** und in **Italien** bestehen ebenfalls Steuererleichterungen für Investitionen, in **Irland** gilt für die Presse ein besonderes Abschreibungsverfahren (FIEJ 1991, S. 38).

Nur wenige Staaten erheben - ebenso wie **Österreich** - eine spezielle Werbesteuer. In **Schweden** wird mit den Einnahmen aus der allgemeinen, zur Zeit elfprozentigen Werbesteuer die Presseförderung ermöglicht. Die schwedische Werbesteuer gilt auch für Tageszeitungen, die jedoch einen ermäßigten Satz von vier Prozent zahlen (Gespräch K. Hallberg, 10.10.91; vgl. auch: Gustafsson 1990). In **Griechenland** wird mit den Einnahmen aus der Besteuerung von Anzeigen in Zeitungen und Zeitschriften (20 Prozent) sowie von Werbeeinblendungen in Radio und Fernsehen (21,5 Prozent) ein Fonds für die soziale Absicherung der in den Medien Beschäftigten finanziert. In **Italien** erheben die Gemeinden eine Steuer auf Straßenwerbung, von der die Presse allerdings ausgenommen ist (FIEJ 1991, S. 37, 38, 40). **Frankreich** führte 1982 eine Werbesteuer für das Fernsehen ein, um mit den Einnahmen einen Teil der Pressesubventionen zu finanzieren (Santini 1990, S. 73). Diese Steuer für das Fernsehen wird als "Solidaritätsakt" zugunsten der Vielfalt der Presse bezeichnet. 1990 machte das Aufkommen aus der Werbesteuer 50 Mio FF aus (Rapport Général 1991, S. 59/60).

3.3.3 Unterstützung beim Einkauf von Zeitungspapier

In das Maßnahmenpaket zur Förderung der Presse gehört in einigen Ländern die Unterstützung beim Einkauf von Zeitungspapier, zum Teil durch steuerliche Erleichterungen, Verzicht auf Zollgebühren oder durch direkte Hilfen. Die Verlage in allen EG-Mitgliedsstaaten profitieren von niedrigen Zöllen beim Import von Zeitungspapier aus Ländern außerhalb der Gemeinschaft. Generell gilt für Zeitungspapier ein Zolltarif von neun Prozent, kein Zoll wird erhoben beim Import von Papier aus Schweden, Finnland, Norwegen, Österreich und der Schweiz. Für die Einfuhr von kanadischem Papier besteht Zollfreiheit für eine festgesetzte Menge (Todorov 1990, S. 39; Rapport d'information 1991, S.38/39). Der reduzierte Mehrwertsteuersatz gilt in **Belgien**, **Italien**, **Griechenland** und **Portugal** auch beim Papierkauf. In **Spanien** wurde die direkte Unterstützung, die bei der Verwendung einheimischen Papiers gewährt wurde, 1988 aufgegeben.

In **Italien** wurde mit dem Mediengesetz 416 von 1981 ein auf fünf Jahre befristetes Subventionsprogramm für Zeitungen eingeführt, das 1986 und 1987 in reduzierter Form weitergeführt wurde. Im Gesetz ist von "Beihilfen zum Papierpreis bei

Zeitungen" die Rede, das heißt, Subventionen waren gestaffelt nach dem Papierverbrauch mit Abzügen für den Anzeigenteil. Da es sich aber um direkte Zahlungen an die Presse handelte, wird das italienische Subventionsprogramm hier im Zusammenhang mit anderen direkten Förderungsmaßnahmen vorgestellt (vgl. Kapitel 3.4).

In **Frankreich** organisierte seit dem Krieg eine zentrale und unter staatlicher Kontrolle stehende Einrichtung, die Société professionelle des papiers de presse (SPPP), den Kauf und Verkauf von Zeitungspapier. Nach einem Vertrag mit dem Staat aus dem Jahr 1961 war es Aufgabe der SPPP, die Versorgung mit Papier sicherzustellen und es an alle Kunden zum gleichen Preis abzugeben, unabhängig von der Abnahmemenge und der Entfernung zum Kunden; Großabnehmer und kleinere Unternehmen sollten so gleichgestellt werden. Bis zu ihrer Umstrukturierung in der zweiten Hälfte der achtziger Jahre hatte die SPPP ein Monopol inne; heute macht ihr Marktanteil beim Zeitungspapier rund 60 Prozent aus. Seit 1987 wird der Papiereinkauf von der Compagnie française des papiers de presse (CFPP) abgewickelt, die zu 25 Prozent der SPPP und zu 75 Prozent den in vier Kooperativen organisierten Presseverlegern gehört. Während die SPPP nur solche Zeitungen versorgt, die bei der Pressekommission (Commission paritaire des publications et agences de presse) registriert sind, steht die Versorgung über die CFPP allen Printmedien offen. Nach einem Gesetz aus dem Jahr 1951 hat der französische Informationsminister das Recht, von den Verlagen exakte Angaben über Auflagen und Papierverbrauch einzufordern.

3.3.4 Unterstützung von Nachrichtenagenturen

Mehrere Staaten unterstützen die nationalen Nachrichtenagenturen durch direkte Zahlungen oder eine größere Zahl von Abonnements. Diese Hilfen kommen Zeitungen und Zeitschriften insofern zugute, als die Agenturen ihre Meldungen zu günstigeren Preisen anbieten können, wie wenn Kostendeckung allein auf dem Medienmarkt erreicht werden müßte. Für die Zeitungen reduzieren sich so die Kosten der Nachrichtenbeschaffung, was ihnen womöglich auch das Abonnement von mehreren Agenturdiensten erlaubt. Insofern stellt die Unterstützung von Nachrichtenagenturen auch eine Maßnahme der Presseförderung dar, die die allgemeine wirtschaftliche Situation der Presse erleichtert. Wo die Agenturen im Besitz der Zeitungsverleger sind, kommen ihnen die Regierungszuschüsse auch direkt zugute. Agenturförderung kann auch bedeuten, daß durch die staatliche Unterstützung der Bestand einer größeren Zahl - auch kleinerer - Agenturen gewährleistet wird. Dadurch steht den Zeitungen ein umfangreicheres, vielleicht auch vielfältigeres Angebot an Informationen zur Verfügung.

In **Finnland** wird die Unterstützung der Presseagenturen als direkte Presseförderung ausgewiesen. Diese Förderung steht in der Tradition reduzierter Telegraphiegebühren, die bereits vor rund einhundert Jahren gewährt wurden. Die Summe, die an die Agenturen gezahlt wurde, hat sich während der letzten zehn Jahre mehr als verdoppelt, macht aber mit knapp sieben Mio FIM 1990 dennoch nur 1,5 Prozent der staatlichen Presseförderung aus. Der größte Teil der Agenturhilfe geht an die finnische Presseagentur Suomen Tietotoimisto (STT), die 54 Zeitungsunternehmen und zu drei Prozent den Rundfunkanstalten gehört. Daneben werden aber auch kleinere Agenturen unterstützt, die etwa seit den sechziger Jahren entstanden sind und meist den Parteien gehören.

Die Zahlungen der Bundesregierung an die Nachrichtenagenturen in der **Bundesrepublik Deutschland** werden hier ebenfalls als indirekte Presseförderung betrachtet. Die Bundesregierung zahlt den Agenturen für deren Dienstleistungen Pauschalbeträge. Denn anders als bei den Zeitungen oder bei den Rundfunkanstalten, die die Agenturen entsprechend ihrer Auflage bzw. der Verwendung bezahlen, fehlt für die Inanspruchnahme der Agenturdienste durch die Bundesregierung eine Berechnungsgrundlage, was den Subventionscharakter dieser Zahlungen an die Agenturen unterstreicht. 1991 gingen mehr als acht Mio DM an die Agenturen. Davon erhält die Deutsche Presse Agentur (dpa) fünf Mio, etwa eine Mio geht an den Allgemeinen Deutschen Nachrichtendienst (ADN, früher staatliche Agentur der DDR) und jeweils rund 600.000 DM erhalten der Deutsche Depeschen-Dienst (ddp) sowie Agence France Presse und Reuters für ihre deutschsprachigen Dienste. Zusätzlich erhält die dpa noch einmal rund elf Mio DM zur Unterstützung des Korrespondentennetzes "zur Unterrichtung über das Ausland" (Gespräch G. Hellack, 16.12.91). Da die dpa zu rund 75 Prozent den Zeitungsverlegern gehört, handelt es sich bei den Zuschüssen der Regierung in der Bundesrepublik Deutschland um eine zweifache Unterstützung der Presse: durch die Einnahmen von dpa sowie durch die aufgrund dieser Einnahmen niedrigeren Bezugspreise der Agenturdienste für die Zeitungen.

Frankreich subventioniert seine Agenturen insofern, als diese ebenso wie die Zeitungen von der Gewerbesteuer ausgenommen sind und ebenfalls bevorzugte Post- und Telephontarife in Anspruch nehmen können. 1988 brachte der Staat allein 5,5 Mio FF an Telephonkosten für die Nachrichtenagenturen auf, darunter knapp 1,5 Mio zugunsten von Agence France Presse (AFP) und 1,7 Mio FF für die Agence Centrale Parisienne de Presse. Außerdem profitieren von dieser Unterstützung die in **Frankreich** ansässigen ausländischen Agenturen (Santini 1990, S. 67). AFP wird außerdem unterstützt durch einen großen Abnehmerkreis bei den französischen Behörden: Ihre Abonnements machen gut die Hälfte des Agenturbudgets aus, das entsprach 1991 einem Betrag von gut 467 Mio FF, dagegen kommen nur rund 20 Prozent der Einnahmen vom Verkauf des Dienstes an die französischen Medien (Toussaint Desmoulins 1987; Charon 1991; Rapport Général 1991). AFP ist zwar seit 1957 ein genossenschaftlich organisiertes Unternehmen, ist jedoch durch die Finanzierung und durch die Repräsentation in allen Organen vom Staat abhängig. Es wird davon ausgegangen, daß AFP ohne die staatliche Unterstützung längst hätte schließen müssen (Rapport d'information 1991, S. 57).

In **Spanien** können Agenturen vom Staat finanzielle Hilfen für ihre technische Modernisierung erhalten. In **Belgien** entfallen etwa sechs Prozent der direkten Pressehilfen auf die Nachrichtenagentur Belga. 1987 betrug die direkte Presseförderung

80 Mio FB, die Agentur erhielt 4,4 Mio (Todorov 1990, S. 107; Trappel 1991, S. 146).

In **Italien** wurde mit dem Pressegesetz 416 von 1981 auch ein befristetes Förderprogramm für die Nachrichtenagenturen eingeführt. Seitdem wurden pro Jahr vier Milliarden Lire an nationale Agenturen vergeben. Ein Drittel dieses Betrages wurde zu gleichen Teilen an die Agenturen verteilt, zwei Drittel entsprechend dem Aufwand nach Zahl der Kunden, der Leitungen sowie nach der Übertragungsleistung. Weitere 500 Mio Lire wurden an kleinere Agenturen vergeben. 200 Mio gingen auch hier zu gleichen Teilen an alle Agenturen, 300 Mio entsprechend der Zahl der Redakteure und dem Aufwand.

Die nachfolgende Tabelle 4 faßt im Überblick die Befunde zur indirekten Förderung der Presse durch regelmäßige Unterstützung von Nachrichtenagenturen zusammen. In Österreich erhält die "Austria Presse Agentur" (APA) keine regelmäßige Unterstützung (vgl. dazu Kap. 4.3).

Tabelle 4
Staatliche Unterstützung von Nachrichtenagenturen

Belgien	ja
Bundesrep. Deutschland	ja
Dänemark	nein
Finnland	ja
Frankreich	ja
Großbritannien	nein
Irland	nein
Italien	ja
Niederlande	nein
Norwegen	nein
Österreich	nein
Schweden	nein
Schweiz	nein
Spanien	ja

3.3.5 Werbemarktregulierung

Einen wichtigen Einflußfaktor für den Anteil der Zeitungen am Werbemarkt stellen Struktur und Werberegelungen des Fernsehens dar. Insofern können Werbebeschränkungen im Rundfunk als eine Maßnahme zur Sicherung des Anzeigenaufkommens in der Presse und daher als eine indirekte Förderung angesehen werden. Solche

Begrenzungen für den Umfang der Werbung in Hörfunk und Fernsehen gibt es in allen westeuropäischen Staaten, zum Teil explizit um die Konkurrenz für die Presse auf dem Werbemarkt zu beschränken. Durch die Vervielfachung von Fernsehkanälen und das Aufkommen lokaler Rundfunksender, die sich aus der Werbung finanzieren, haben Werbebeschränkungen an Wirksamkeit verloren. Zwar bestehen auch für die Werbung in kommerziellen Programmen Grenzen für den Umfang der Werbung, durch die Vielzahl der Werbekanäle ist dennoch der Konkurrenzdruck auf dem Werbemarkt gewachsen.

Da die Entwicklung des kommerziellen Rundfunks in den einzelnen Ländern, die hier in den Vergleich einbezogen sind, nicht in gleicher Weise verlaufen ist und das Verhältnis von Werbeaufwendungen für die Print- und die Funkmedien ebenfalls nationale Unterschiede aufweist, kann kaum ein allgemeines Urteil über die Auswirkungen für die Presse gefällt werden. Zudem ist die Abhängigkeit der Zeitungen von Anzeigeneinnahmen, wie sie sich im Verhältnis von Vertriebs- und Werbeeinnahmen zeigt, in den einzelnen Staaten unterschiedlich, so daß die Entwicklung auf dem Rundfunkmarkt die Zeitungen auch jeweils in unterschiedlicher Weise trifft. Das nachfolgende Schaubild 6 präsentiert im Vergleich, wie sich in den westeuropäischen Ländern bei den Zeitungen das Verhältnis zwischen Einnahmen aus Vertrieb und aus Werbung darstellt. Die Angaben für Österreich sind dem Tätigkeitsbericht 1990 des österreichischen Verlegerverbandes (V.Ö.Z.) entnommen, beruhen aber auch dort auf einer Schätzung. Für die **Schweiz** geben Meier und Saxer (1992, S. 226) für die Einnahmen aus Anzeigen einen Prozentsatz von 60 bis 80 Prozent an, für dieses Schaubild wird ein Mittelwert eingesetzt.

Schaubild 6
Anzeigen- : Vertriebseinnahmen 1990

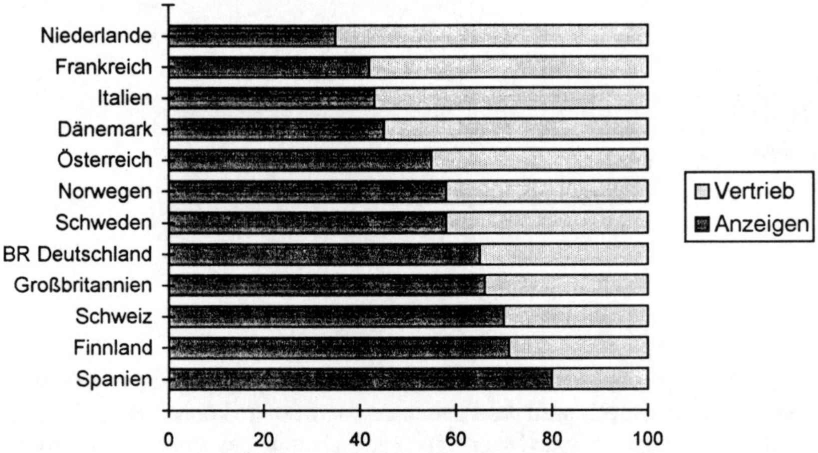

Quellen: Garante 1991; VÖZ 1990; Meier/Saxer 1992

Diese pauschalen Daten für die Tagespresse in den einzelnen Ländern ebnen zudem Unterschiede zwischen den verschiedenen Zeitungstypen bzw. Auflagengrößenklassen ein: Straßenverkaufs- bzw. Boulevardzeitungen haben in der Regel höhere Einnahmen aus dem Vertrieb als Abonnementzeitungen, die stärker auf das Anzeigengeschäft angewiesen sind. Nach Zeitungstypen aufgeschlüsselte Daten liegen für den internationalen Vergleich jedoch nicht vor.

Die Verfassung der **Schweiz** erwähnt in ihrem Radio- und Fernsehartikel explizit: "Auf Stellung und Aufgabe anderer Kommunikationsmittel, vor allem der Presse, ist Rücksicht zu nehmen." (Saxer 1992a, S. D 236) Auch das neue Rundfunkgesetz vom Sommer 1991 betont, daß bei der Festsetzung der höchstzulässigen Werbezeit durch den Bundesrat vor allem die Presse zu berücksichtigen ist. In den Radioprogrammen der SRG ist Werbung noch verboten, vom Werbeverbot ausgenommen sind die privaten Lokalstationen. Bislang durfte das nationale Fernsehen 30 Minuten Werbung senden, seit April 1992 ist der zulässige Werbeanteil auf etwa 50 Minuten heraufgesetzt werden. Gleichzeitig wurde Werbung an Sonntagen und an den meisten Feiertagen erlaubt. Der beschleunigte Konzentrationsprozeß unter den Schweizer Zeitungen, die derzeit - konjunkturbedingt - mit erheblichen Rückgängen im Anzeigengeschäft zu kämpfen haben, wird sich vor diesem Hintergrund vermutlich fortsetzen.

In **Finnland** profitieren die Zeitungen derzeit offenbar noch von den Begrenzungen der Fernsehwerbung. Das nachfolgende Schaubild 7 zeigt, wie sich das finnische Werbeaufkommen auf die verschiedenen Medien verteilt. Mit gut 58 Prozent liegt der Anteil der finnischen Tageszeitungen am Werbemarkt deutlich über dem der Zeitungen in anderen Ländern. In **Finnland** sendet der öffentliche Rundfunk YLE seine Radio- und Fernsehprogramme ohne Werbung. Ein Teil der zwei Fernsehprogramme, rund 20 Stunden pro Woche, wird jedoch vom kommerziellen Sender MTV gestaltet, der sich aus Werbung finanziert. Maximal 15 Prozent seiner Sendezeit dürfen Werbung sein. Ab 1993 erhält MTV einen eigenen Kanal. Werbung im Fernsehen kann danach auch regional gesplittet werden, so daß Auswirkungen für die Zeitungen auf dem Werbemarkt erwartet werden. Da sich die finnische Tagespresse zu 75 Prozent aus Anzeigeneinnahmen finanziert und rezessionsbedingt schon im Jahr 1991 beinahe 13 Prozent an Werbung einbüßen mußte, werden in **Finnland** mit der Ausdehnung der Fernsehwerbung Schwierigkeiten für die Zeitungen befürchtet.

Schaubild 7
Finnland: Anteile am Werbemarkt 1990

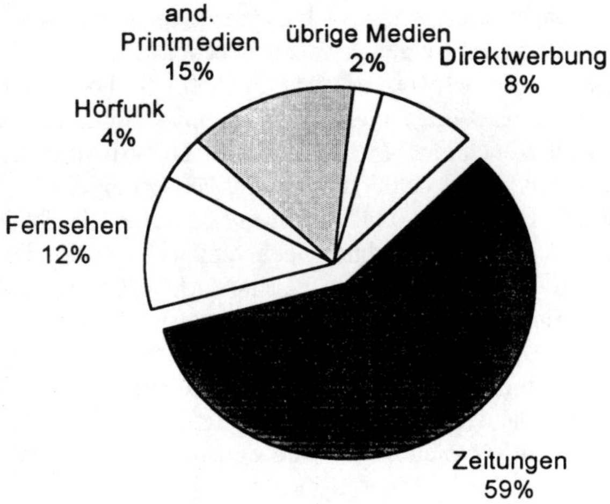

Quelle: Press Media in Finland o.J., Angaben gerundet

In **Norwegen**, **Schweden** und **Dänemark** macht sich bis heute das jahrelange Verbot der Funkwerbung bemerkbar. In **Dänemark** wurde Werbung 1988 im nationalen Fernsehen zugelassen, in **Schweden** und **Norwegen** erst zu Beginn der neunziger Jahre (Gustafsson 1992b, S. 10; Østbye 1991, S. 31). In **Norwegen** gab es Werbung bis dahin lediglich im lokalen Hörfunk (seit 1988) und Fernsehen (seit Herbst 1990; vgl. Roloff/Köhne 1992, S. D 186). 1990 entfielen auf die norwegischen Zeitungen 77 Prozent des Werbeaufkommens, auf die Zeitschriften weitere 16 Prozent. Hörfunk und Fernsehen kamen zusammen nur auf einen Anteil von vier Prozent. Ganz ähnlich verteilt sich der Werbekuchen in **Schweden**. 1990 gingen 79 Prozent an die Zeitungen, 14 Prozent an Zeitschriften, das Fernsehen kam auf zwei Prozent (Gustafsson 1992b, S. 10).

In **Italien** legt ein parlamentarischer Kontrollausschuß jährlich in Absprache mit den Zeitungsverlegern das zulässige Werbevolumen für den öffentlichen Rundfunk RAI fest. Dies geschieht auf der Basis eines Gesetzes von 1975, das den Umfang der Werbung eines Jahres nach dem Anteil des Werbeaufkommens der Printmedien im Vorjahr kalkuliert (Rauen 1988). Diese Maßnahme war zur Sicherung der Werbeeinnahmen für die Presse gedacht, wurde aber durch den Boom der kommerziellen Rundfunksender in **Italien** weitgehend hinfällig. Derzeit gelten bei der

RAI Begrenzungen für den Werbeumfang auf maximal zwölf Prozent pro Stunde. Bei den Privaten darf die Werbung höchstens 18 Prozent des Tagesprogramms und 20 Prozent in der Stunde betragen. Das Werbelimit bei der RAI kommt heute vorrangig den privaten Sendern zugute.

In **Italien** entfielen 1974, also vor der Ablösung des RAI-Monopols im lokalen Rundfunkmarkt, 65 Prozent des Werbeaufkommens auf die Presse, und nur 15 Prozent gingen an die RAI. 1989 betrug der Anteil der Presse am Werbeaufkommen nur noch 45 Prozent, während das öffentliche und private Fernsehen insgesamt 48 Prozent erreichte. Da mit der Vervielfachung der Werbekanäle in **Italien** das Werbeaufkommen aber drastisch angestiegen ist, haben sich die Einnahmen der Presse aus Anzeigen absolut kaum verändert (Mazzoleni 1992, S. 135). Schaubild 8 demonstriert, wie sich die Anteile der verschiedenen Medien am italienischen Werbemarkt zwischen 1975 und 1990 verändert haben.

Schaubild 8
Italien: Anteile am Werbemarkt 1975 - 1990

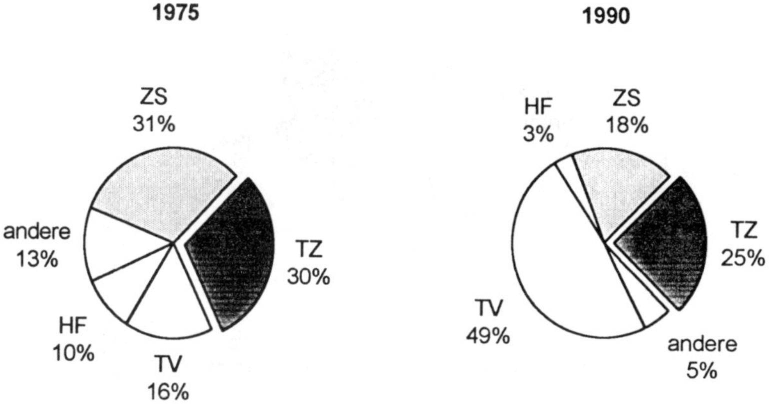

ZS = Zeitschriften

Quelle: FIEJ, Angaben gerundet

In der **Bundesrepublik Deutschland** ist Werbung im öffentlich-rechtlichen und im privaten Rundfunk ebenfalls begrenzt, wobei die öffentlich-rechtlichen Programme stärkeren Einschränkungen bei der täglichen Werbezeit und durch Ausschluß der Werbung an Sonn- und Feiertagen unterliegen. Daß Werbebeschränkungen im Rundfunk ein berechtigtes Interesse der Tagespresse sind, wurde auch vom

Bundesverfassungsgericht in seinem Beschluß vom März 1987 betont. Werbeverbote für lokale und regionale Programme des öffentlich-rechtlichen Rundfunks wurden als zulässig beurteilt, um die wirtschaftlichen Grundlagen von Tageszeitungen und privaten Sendern zu sichern. Der Anteil der Tagespresse am Werbeaufkommen ist in den letzten Jahren parallel zur Erweiterung der Werbemöglichkeiten auf dem Rundfunkmarkt um mehrere Prozentpunkte gesunken. Absolut haben indessen die Zeitungen noch immer eine Steigerung ihrer Anzeigeneinnahmen zu verzeichnen, allerdings - bezogen auf die Entwicklung des gesamten Werbemarktes - mit unterdurchschnittlichen Wachstumsraten. Wie groß derzeit die Anteile der einzelnen Medien auf dem Werbemarkt sind, stellt Schaubild 9 dar.

Schaubild 9
BR Deutschland: Anteile am Werbemarkt 1990

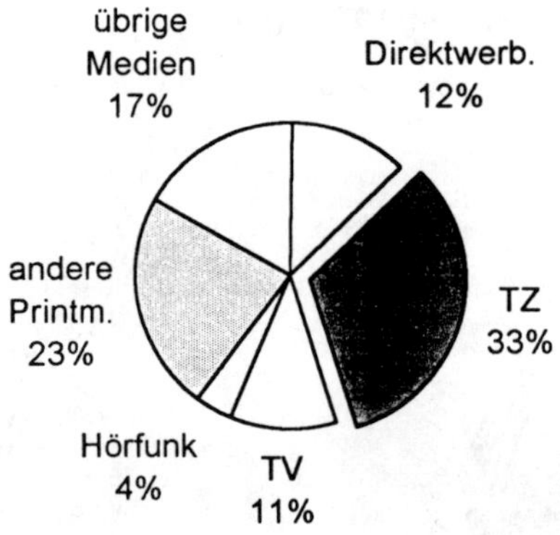

Quelle: BDZV 1991, S. 40, Angaben gerundet

In den **Niederlanden** ist Werbung im Fernsehen auf 6.5 Prozent des Programms beschränkt, seit 1992 sind auf dem zweiten Kanal 15 Prozent zugelassen. Seit Ende 1989 gibt es mit RTL4 außerdem ein werbefinanziertes Fernsehprogramm. Anfang 1991 wurde in den lokalen Fernsehprogrammen ebenfalls Werbung eingeführt (Brants/McQuail 1992). Kürzlich wurde schließlich in Radio und Fernsehen auch Sonntagswerbung zugelassen. Die **Niederlande** finanzieren ihre Presseförderung aus den Werbeeinnahmen im Rundfunk. Die finanziellen Mittel des Betriebsfonds, der seit Mitte der siebziger Jahre besteht und die niederländische Presseförderung organisiert, stammen aus den Einnahmen der STER (Stichting Ether Reclame), einer Werbegesellschaft, die 1967 gegründet wurde und das Monopol für Rundfunkwerbung erhielt. Seit der Einführung der Werbung im Rundfunk und der zeitgleichen Etablierung der STER gab diese einen Teil ihrer Einnahmen als Nachteilsausgleich an die Zeitungen weiter. Die neue Konkurrenz durch das werbefinanzierte Programm von RTL4 machte mittlerweile sich in Einnahmerückgängen bei der STER bemerkbar, 1991 überholten die Einnahmen von RTL4 die der STER (Hemels 1992).

In **Frankreich** hat sich in den letzten Jahren mit dem Ausbau des privaten Fernsehens der Anteil der Fernsehwerbung erhöht, jedoch kaum nennenswert zu Lasten der Presse. Wie das nachfolgende Schaubild 10 zeigt, liegt der Anteil der Tagespresse am Werbeaufkommen hier ohnehin auf einem sehr niedrigem Niveau. Statt dessen profitieren in **Frankreich** andere Printmedien vergleichsweise stark vom Werbemarkt (Rapport Général 1990; S. 29, 30).

Schaubild 10
Frankreich: Anteile am Werbemarkt 1990

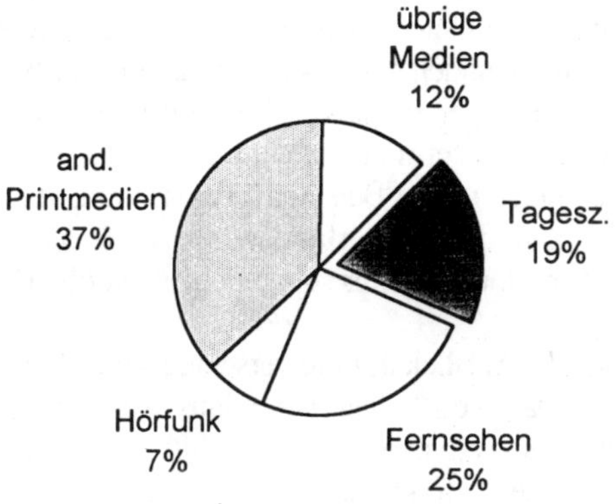

Quelle: Rapport Général 1991 und eigene Berechnungen, Angaben gerundet

Europaweit hat das Fernsehen 1991 zum ersten Mal die Tageszeitungen überholt: 33 Prozent des europäischen Werbeaufkommens entfielen auf das Fernsehen, der Anteil der Tageszeitungen liegt bei 30 Prozent. Während der europäische Werbemarkt 1991 sogar eine Negativtendenz von 0,9 Prozent aufwies und die Tageszeitungen und Zeitschriften ein Nullwachstum zu verzeichnen hatten, stieg das Werbeaufkommen des Fernsehens insgesamt um elf Prozent (APA 1992b).

3.3.6 Journalistenausbildung und Leseförderung

Die bislang beschriebenen Maßnahmen der Presseförderung sind alle darauf angelegt, die ökonomische Situation der Zeitungen zu erleichtern, um Vielzahl und damit potentielle Vielfalt zu erhalten. Bevorzugt werden dafür indirekte Maßnahmen angewendet, die die Kosten im Zeitungsgeschäft senken. Auffällig ist, daß indessen vergleichsweise wenig getan wird, um Zeitungen zu einem attraktiven Angebot zu verhelfen und so ihre Stellung auf dem Lesermarkt zu sichern. Zu den Maßnahmen, die sich auf das redaktionelle Angebot der Presse richten, gehört die Förderung der Aus- und Weiterbildung von Journalisten, die es in mehreren Ländern gibt. In der **Bundesrepublik Deutschland** zahlt die Regierung für die Fortbildung von Journalisten derzeit 150.000 DM pro Jahr an die Deutsche Journalistenschule in München sowie jeweils 130.000 DM an die Akademie für Publizistik in Hamburg und an das Deutsche Institut für publizistische Bildungsarbeit/Haus Busch in Hagen. Die Bundesregierung hat in früheren Jahren auch die Modellversuche für Journalistenaus- und -weiterbildung an den Universitäten München, Dortmund und Berlin unterstützt.

Allenfalls die finanzielle Unterstützung von Nachrichtenagenturen, die sich in niedrigeren Preisen für ihre Kunden auswirken soll, könnte auch als eine sich auf das inhaltliche Angebot der Zeitungen richtende Hilfe verstanden werden, indem Zeitungen durch die niedrigeren Preise ermöglicht wird, überhaupt eine Agentur oder sogar mehrere Dienste zu abonnieren. Ein Beispiel für Förderung, die auf die Inhalte der Zeitungen abzielt, gibt es in den **Niederlanden**, wo 1990 ein Fonds zur Unterstützung von investigativem Journalismus eingerichtet wurde (Nieuwenhuis 1991, S. 138).

Insgesamt läßt sich beim Blick auf die verschiedenen Modelle der Presseförderung jedoch resümieren, daß die Maßnahmen relativ wenig auf die inhaltliche Seite der Zeitungen ausgerichtet sind und die wirtschaftliche Unterstützung kaum mit Anreizen zur Steigerung der Attraktivität von Zeitungen auf dem Lesermarkt verbunden ist.

Ebenfalls kaum zu finden sind staatliche Presseförderungsmaßnahmen, die beim Publikum ansetzen, also versuchen, durch Leseförderung den Konsum von Zeitungen zu erhöhen, um so die Position der Presse zu sichern. Solche Überlegungen erscheinen nicht nur naheliegend in den Ländern, in denen vergleichsweise wenig Zeitung gelesen wird, sondern auch bedenkenswert angesichts verbreiteter Befürchtungen, daß - vor allem bei jüngeren Leuten - der Trend von den Zeitungen zu den audiovisuellen Medien verläuft. Bei der Diskussion möglicher Förderungsmaßnahmen in der **Schweiz** spielte der Gedanke einer Leseförderung eine Rolle, ist aber, ebenso wie die anderen vorgeschlagenen Verfahren, nicht weiter verfolgt worden. In **Finnland** versuchen die Gewerkschaften, über die Vergabe von Coupons an ihre Mitglieder die linken Zeitungen zu stützen. Gewerkschaftsmitglieder erhalten jährlich einen Gutschein, der ihnen beträchtliche Rabatte bei bestimmten Zeitungsabonnements einbringt. Die Differenz zum gewöhnlichen Abonnementpreis trägt die

Gewerkschaft. Während diese Möglichkeit des günstigen Zeitungsabonnements in den siebziger Jahren noch häufig in Anspruch genommen wurde, ist die Bedeutung der Coupons in den achtziger Jahren zurückgegangen und hat nicht verhindern können, daß sich die Gewerkschaftsmitglieder zunehmend anderen Zeitungen zuwandten (Gespräch A. Laine, 7.4.92).

3.4 Maßnahmen der direkten Förderung

3.4.1 Gesetzliche Grundlagen

Nicht in allen Ländern, die Maßnahmen der direkten Presseförderung eingeführt haben, beruhen diese auf gesetzlichen Grundlagen. Unter den Staaten der Europäischen Gemeinschaft kennt nur **Portugal** in seiner Verfassung einen Bezug zur Presseförderung. In Artikel 38 der portugiesischen Verfassung, dem Artikel über die Pressefreiheit, heißt es: Der Staat "behandelt und unterstützt sie [die Massenkommunikationsmittel] auf nichtdiskriminierende Weise." Dieser Passus wird ergänzt durch die Verpflichtung des Staates, Konzentration auf dem Medienmarkt zu verhindern, "insbesondere durch mehrfache und sich überkreuzende Beteiligungen." Außerdem haben drei Länder in ihren Verfassungen explizit festgeschrieben, daß Gesetze die Offenlegung der Finanzquellen der Medien bzw. der Presse vorschreiben können. **Italien** sieht diese Möglichkeit in Art. 21 der Verfassung (Pressefreiheit) vor. Die Verfassungen von **Portugal** und **Griechenland** enthalten ähnliche Vorgaben (Die Verfassungen ... 1990).

Ein alle Subventionsformen umfassendes Gesetz hat **Italien** mit seinem Pressegesetz von 1981 eingeführt, nachfolgende Gesetzesnovellen brachten Veränderungen und Präzisierungen. Gleichzeitig mit dem Förderprogramm wurden Transparenzregelungen für die Presse eingeführt. Danach sind die italienischen Tageszeitungen verpflichtet, jährlich ihre Bilanzen zu veröffentlichen. Der Garantiebeauftragte für die Presse überwacht die Einhaltung des Gesetzes, führt das nationale Presseregister und veröffentlicht in seinen Berichten an das Parlament die Höhe der Subventionen und die Namen der begünstigten Verlage und Objekte. (Legge 416)

In **Frankreich** beruhen die verschiedenen Maßnahmen der Presseförderung auf mehreren Gesetzen und Dekreten (vgl. Goux/Forgues 1985, S. 49). Die Entscheidungen über die Berechtigung zur Inanspruchnahme von Subventionen liegen nicht in einer Hand. Die Zulassung zu den indirekten Hilfen erfolgt bei der "Commission paritaire des publications et agences de presse", die mit Repräsentanten der betroffenen Ministerien sowie der Presseunternehmen besetzt ist. Die Registrierung bei dieser Kommission ist auch Voraussetzung für direkte Hilfen, über die beim Ministerium für Kommunikation entschieden wird.

In den **Niederlanden** ist über die Fortführung der direkten Presseförderung durch die sogenannte Kompensationsregelung noch nicht abschließend entschieden worden. Der "Bedrijfsfonds voor de Pers", der diese Förderung organisiert, hat mit dem Mediengesetz von 1988 eine gesetzliche Grundlage erhalten. Er setzt sich aus sieben Mitgliedern zusammen, die nicht aus dem (zuständigen) Ministerium für Gemeinwohl, Gesundheit und Kultur und nicht aus dem Kreis der Verleger oder des Management der Presse stammen dürfen.

In **Schweden** ist das administrative Organ zur Organisation der Presseförderung der Presstödsnämnden. Ihm gehören acht Mitglieder an, davon fünf Mitglieder als Repräsentanten der Parlamentsparteien. Der Vorsitzende und seine zwei Stellvertreter werden von der Regierung entsandt. In **Finnland** wird der elfköpfige Presseförderungsausschuß ebenfalls parlamentarisch besetzt.

3.4.2 Formen direkter Presseförderung

Bei direkten staatlichen Maßnahmen der Presseförderung gehen finanzielle Hilfen unmittelbar an die Zeitungsverlage. Sie sind insofern spezifisch, als Zeitungen bestimmte Voraussetzungen erfüllen müssen, um die Hilfen in Anspruch nehmen zu können, und die direkten Hilfen werden in der Regel eingesetzt, um bestimmten Kategorien von Zeitungen das Überleben auf dem Markt zu sichern. Durch diese Zielgerichtetheit sind die direkten Hilfen am ehesten geeignet, strukturelle Schwächen des Marktes zu kompensieren und Konzentrationsprozessen entgegenzuwirken. Weil direkte Förderung weniger automatisch eingesetzt werden kann als die Unterstützung durch die indirekten Maßnahmen, sondern in der Regel von dafür eingerichteten Gremien entschieden wird, kommt in diesem Zusammenhang am ehesten der Verdacht auf Eingriffe in die Unabhängigkeit der geförderten Presse auf.

3.4.3 Kreditprogramme

Kredite unterscheiden sich insofern von anderen direkten Maßnahmen der Presseförderung, als sie keine verlorenen Subventionen darstellen, sondern rückzahlbar sind. Solche Kreditprogramme gibt es in mehreren Ländern. In der **Bundesrepublik Deutschland** bestehen für Presseverlage mehrere Möglichkeiten der bevorzugten Kreditaufnahme, das pressespezifische ERP-Programm (ERP = European Recovery Program) ist allerdings Ende 1991 ausgelaufen. Kredithilfen für kleinere und mittlere Zeitungen gehörten zu den Empfehlungen der Günther-Kommission, als sie 1967 staatliche Unterstützungsmaßnahmen für die Presse vorschlug. Schon in der Stellungnahme zum vorläufigen Bericht der Kommission erklärte sich die Bundesregierung bereit, Mittel aus dem ERP-Sondervermögen für zinsgünstige Kredite zur Verfügung zu stellen. Bereits für 1968 wurden dafür zehn Mio DM eingeplant und eine spätere Erhöhung in Aussicht gestellt (Vorläufiger Bericht ... 1967).

Anträge auf Kredite waren beim Bundesministerium für Wirtschaft zu stellen, wo auch über die Kreditvergabe entschieden wurde. Die Kreditanstalt für Wiederaufbau (KfW) in Frankfurt am Main übernahm die bankmäßige Abwicklung der

Darlehen. Die Antragsberechtigung richtete sich zunächst nach einer Auflagenobergrenze von 160.000 Exemplaren, bevorzugt wurden aber Zeitungen mit einer Auflage bis zu 80.000 Exemplaren. Als weitere Voraussetzung für die Antragsberechtigung verlangten die Richtlinien, daß die Zeitungen oder Zeitschriften der um einen Kredit nachsuchenden Verlage "überwiegend der politischen Bildung und Unterrichtung dienen". Der Höchstbetrag für ein Darlehen lag bei 500.000.- DM, wobei höchstens bis zu 60 Prozent des geplanten Vorhabens, bei Verlagen mit Vollredaktion oder im Zonenrandgebiet maximal 70 Prozent finanziert werden sollten. Der Zinssatz lag zuletzt bei 8.5 Prozent im Jahr. Die Laufzeit betrug zehn Jahre für Anlagen und Ausrüstungen und 15 Jahre bei Baumaßnahmen. Die ersten zwei Jahre waren jeweils tilgungsfrei. Gefördert wurden Investitionsmaßnahmen in den Bereichen Nachrichtenbeschaffung/Redaktion, Satzherstellung, Zeitungsdruck oder Vertrieb (vgl. Bericht der Bundesregierung ... 1974; 1978; 1985; schriftl. Auskünfte L. Hass 11.7.91 und 3.4.92 sowie KfW 12.12.91 und 10.2.92). Anträge auf ein Darlehen mußten u. a. die folgenden Angaben enthalten: Höhe der verkauften Auflage, Verwendungszweck des Kredites, voraussichtlicher Effekt der geplanten Maßnahmen, Geschäftsentwicklung der letzten drei Jahre mit Umsatz und Reingewinn sowie eine Darlegung der Vermögensverhältnisse und der Steuerbilanzen der letzten zwei Jahre.

Seit Einrichtung des ERP-Presseprogramms im Jahr 1968 bis Ende 1991, als das Förderprogramm auslief, waren insgesamt 561 Kreditzusagen über einen Gesamtbetrag von 303 Mio DM erteilt worden. Beinahe zwei Drittel der Darlehen gingen an kleinere Unternehmen mit Auflagen bis zu 20.000 Exemplaren, etwa drei Viertel an Unternehmen mit Auflagen unter 40.000 Stück. Der Anteil der Darlehen, der auf größere Verlage entfiel, blieb mit fünf Prozent gering. Die nachfolgende Tabelle 5 zeigt die Aufschlüsselung des Kreditprogrammes nach Bundesländern (ohne Berlin) und die auf sie entfallenden Anteile an der Darlehenssumme über die gesamte Laufzeit des Programms.

Die meisten Bewilligungen und die höchsten Gesamtbeträge gingen an Unternehmen in den großen Flächenländern der **Bundesrepublik Deutschland**, das sind zugleich die Bundesländer mit der größten Zahl an Zeitungen. Fast alle Bundesländer - ausgenommen nur Bremen, Hamburg und das Saarland - haben jedoch in diesem Zeitraum einen Rückgang bei den Publizistischen Einheiten und bei den Redaktionellen Ausgaben verzeichnen müssen. Da aber das ERP-Presseprogramm nicht evaluiert wurde, liegen keine Erkenntnisse darüber vor, ob durch die Darlehen Zeitungen am Markt gehalten werden konnten. Das Programm wurde ohne Angabe von Gründen eingestellt. Da 1991 noch 46 Darlehen in einer Höhe von insgesamt etwa 21 Mio DM bewilligt wurden, kann der Grund nicht eine ungenügende Inanspruchnahme gewesen, sondern dürfte vermutlich in Sparmaßnahmen zu suchen sein.

Tabelle 5
Bundesrepublik Deutschland: ERP-Presseprogramm von 1968 bis 1991

	Anzahl der Bewilligungen	Darlehenssumme in Tausend DM	Darlehenssumme in Prozent
Niedersachsen	122	75.258	24,8
Baden-Württemb.	118	72.643	24,0
Bayern	124	58.346	19,3
Nordrhein-Westf.	69	37.080	12,2
Schleswig-Holstein	36	21.827	7,2
Hessen	52	19.723	6,5
Bremen	11	8.525	2,8
Hamburg	8	4.470	1,5
Rheinland-Pfalz	18	2.916	1,0
Saarland	3	2.247	0,7
	561	303.035	100,0

Quelle: Bundesministerium für Wirtschaft

Da das ERP-Presseprogramm keine gesetzliche Grundlage hatte und den Kreis der Antragsberechtigten neben Druckereibetrieben auf Presseverlage beschränkte, "deren Zeitungen und Zeitschriften der politischen Meinungsbildung und Unterrichtung dienen", entsprach es nicht den Anforderungen, wie sie deutsche Gerichte und auch das Bundesverfassungsgericht für staatliche Subventionen als notwendig bezeichnet hatten. Danach bedarf es eines Gesetzes, außerdem müssen die Voraussetzungen für Subventionen im Bereich der Presse meinungsneutral, das heißt, nicht am Inhalt der Presseerzeugnisse orientiert sein (Staatliche Subventionierung ... 1975, S. 851; Postzeitungsordnung ... 1989, S. 658). Mit der Bezugnahme auf politische Meinungsbildung und Unterrichtung war diese Bedingung im ERP-Presseprogramm jedoch nicht erfüllt.

Angesichts steigender Papierpreise und einem Rückgang im Anzeigengeschäft erfolgte in der **Bundesrepublik Deutschland** 1974 zusätzlich die Einbeziehung von Zeitungsverlagen in das Sonderprogramm der Kreditanstalt für Wiederaufbau. Danach wurden wiederum Kredite an kleinere und mittlere Verlage zunächst bis zu einem Umsatz von 150 Mio DM vergeben. Ab 1977 wurden die Zeitungsverlage im Rahmen der KfW-Mittelstandsprogramme betreut, als Umsatzobergrenze galten seitdem 200 Mio DM. Damit wird den Verlagen die Möglichkeit gegeben, zinsteurere Kredite abzulösen, Mehraufwendungen bei der Beschaffung von Zeitungsdruckpapier zu finanzieren oder Maßnahmen im Bereich des Vertriebes zu fördern (Bericht der Bundesregierung ... 1974, S. 27; 1978, S. 65/66). Während des Zeitraums 1981 bis 1991 wurden im KfW-Mittelstandsprogramm 125 Kreditzusagen über insgesamt gut 105 Mio DM im Bereich Verlag/Literatur/Presse gemacht (schriftl. Auskünfte KfW 12.12.91 und 10.2.92). Ab Sommer 1975 vergab die KfW außerdem Zinszuschüsse, die der Verbilligung von Krediten an Zeitungsunternehmen dienen sollten. Begünstigt wurden die zwischen 1975 und 1977 vergebenen Kredite aus dem ERP- und dem Mittelstandsprogramm. Dieses Programm wurde 1982 beendet, bis dahin waren insgesamt 2,9 Mio DM aufgewendet worden (Bericht der Bundesregierung ... 1985). Im Investitionsprogramm sowie im Modernisierungsprogramm - beide für die neuen Bundesländer - wurden im Bereich Verlag/Literatur/Presse 1991 acht Kredite über rund 41 Mio bzw. 1990/91 18 Kredite über gut zehn Mio DM zugesagt.

Unterstützung für die Presse durch Kredite zu günstigen Konditionen gibt es auch in **Italien**. Zeitungs- und Zeitschriftenverlagen sowie Nachrichtenagenturen können bei Banken Kredite aufnehmen und zahlen einen niedrigeren als marktüblichen Zinssatz, der Staat trägt die Differenz. Der Fonds, aus dem der staatliche Anteil gezahlt wird, wurde mit dem Pressegesetz 416 von 1981 eingerichtet. Die Kredite sollen die technische Modernisierung im Produktionsbereich ermöglichen, können aber auch für die Realisierung spezifischer Vorhaben im redaktionellen Bereich eingesetzt werden. Die Höchstgrenze der Kredite liegt bei zehn Milliarden Lire und die Laufzeit beträgt maximal zehn Jahre. Um einen Kredit zu erhalten, müssen die Verlage ihre finanzielle Situation offenlegen, eine detaillierte Beschreibung ihres Vorhabens, der finanziellen Abwicklung und einen Zeitplan einreichen. Die Tätigkeitsberichte des "Garante per la radiodiffusione e l'editoria" verzeichnen namentlich die Betriebe, denen ein Kredit zugestanden wurde, die Höhe des Kredits, den Namen des Kreditinstituts sowie den Anteil, den der Staat jährlich trägt.

In den **Niederlanden** gewährt der Betriebsfonds Kredite zu besonderen Konditionen an Verlage. Für die Kredite gelten niedrigere Zinssätze und die ersten ein oder zwei Jahre sind tilgungsfrei. Gelder aus Krediten sind gedacht für Reorganisations- und Sanierungsvorhaben, die darauf ausgerichtet sind, die wirtschaftliche Rentabilität der Verlage zu sichern oder wiederherzustellen. In die Fördermaßnahmen können auch Zeitungsneugründungen einbezogen werden.

Norwegen richtete 1972 einen Pressefonds ein, über den Kredite für Investitionen der Zeitungsverlage finanziert und die Aufnahme anderer Kredite erleichtert werden. Pro Jahr stehen dem Fonds zwischen 15 und 20 Mio NOK zur Verfügung. Zeitungen, die sich in besonderen ökonomischen Schwierigkeiten befinden, können beim norwegischen Pressefonds einen Antrag auf zusätzliche Förderung stellen (schriftl. Auskunft Det Kongelige Kulturdepartement 5.9.91).

Auch in **Schweden** existierte ein Kreditprogramm für die Zeitungsverlage. Sie wurden vergeben für die Errichtung technischer Anlagen und waren gekoppelt an die Zusammenarbeit von Zeitungen in der Produktion. Mittlerweile ist das Kreditprogramm abgeschafft worden, weil die Kreditaufnahme auf dem freien Markt als nicht mehr problematisch angesehen wurde (Gespräch H. Westergren 18.10.91). Der Staat übernimmt jedoch Bürgschaften bei Anträgen auf Kredite. Kreditprogramme gibt es außerdem in **Dänemark**, **Griechenland** und in **Spanien** (FIEJ 1991).

3.4.4 Direkte Förderung in den einzelnen Ländern

Direkte Subventionen zur Presseförderung, die nicht zurückzuzahlen sind, gibt es in **Österreich,** den **Niederlanden**, in **Schweden**, **Finnland**, **Frankreich** und in **Italien**, außerdem auch in **Norwegen**, **Belgien**, **Luxemburg** und in **Portugal**. Anders als in **Österreich**, das einen Teil seiner Bundespresseförderung an alle Tageszeitungen vergibt, sind die Maßnahmen der direkten Förderung in den anderen Ländern jedoch ausschließlich selektiv. Das bedeutet, sie werden nicht unterschiedslos an alle Zeitungen vergeben, sondern nur an bestimmte Kategorien der Presse. Diese Förderung gilt vorrangig Blättern in wirtschaftlich schwacher Position, wobei die zur Bestimmung solcher Zeitungen herangezogenen Kriterien national variieren, und zwar entsprechend den länderspezifischen Charakteristika der Zeitungslandschaft.

Die nordeuropäischen Staaten begannen frühzeitig mit der umfangreichen direkten Unterstützung ihrer Presse: **Schweden** begann bereits Mitte der sechziger Jahre mit der Förderung der Zeitungen durch Subventionen an die Parteien, denen die meisten Zeitungen gehörten. **Norwegen** führte 1969 die Presseförderung ein und **Finnland** folgte 1971. Nur **Dänemark** lehnte die direkte Förderung der Presse ab und hat - im Vergleich zu den Nachbarstaaten - auch die ungünstigste Entwicklung auf seinem Pressemarkt zu verzeichnen. Erst in den letzten Jahren hat sich **Dänemark** ebenfalls zu direkten Hilfen - wenngleich in sehr geringem Umfang - entschlossen. In **Schweden**, **Finnland** und **Norwegen** kommt den Zeitungen eine besondere Bedeutung zu. Wie Schaubild 11 zeigt, nehmen diese Länder Spitzenpositionen ein bei der Zahl der Zeitungsexemplare pro Einwohner.

Die starke Position der Zeitungen in den drei nordischen Staaten wurde entscheidend mitbeeinflußt durch soziale und politische Bewegungen, die um die Jahrhundertwende ihre eigene Presse gründeten (Gustafsson 1992b, S. 3). Diese besondere Stellung der Zeitungen in **Schweden**, **Finnland** und **Norwegen** mag eine Rolle gespielt haben bei der Entscheidung für umfangreiche direkte Pressehilfen. Als die Parteipresse allmählich in Schwierigkeiten geriet, weil sie auf dem Lesermarkt an Attraktivität verlor, lag es außerdem im Interesse der Parteien, durch staatliche Gelder das Überleben ihrer Zeitungen zu sichern. Es war vorrangig die sozialdemokratische Partei, die sich für staatliche Subventionen an die Presse einsetzte, weil ihre Zeitungen gefährdet waren. Die Konservativen, deren Zeitungen es vergleichsweise gut ging, wandten sich indessen eher gegen eine selektive Subventionierung der Presse (Gustafsson 1980, S. 113). Außerdem fallen in den nordeuropäischen Staaten wegen der teilweise dünnen Besiedelung und großer Entfernungen die Vertriebskosten besonders ins Gewicht.

Schaubild 11
Exemplare pro 1000 Einwohner 1990

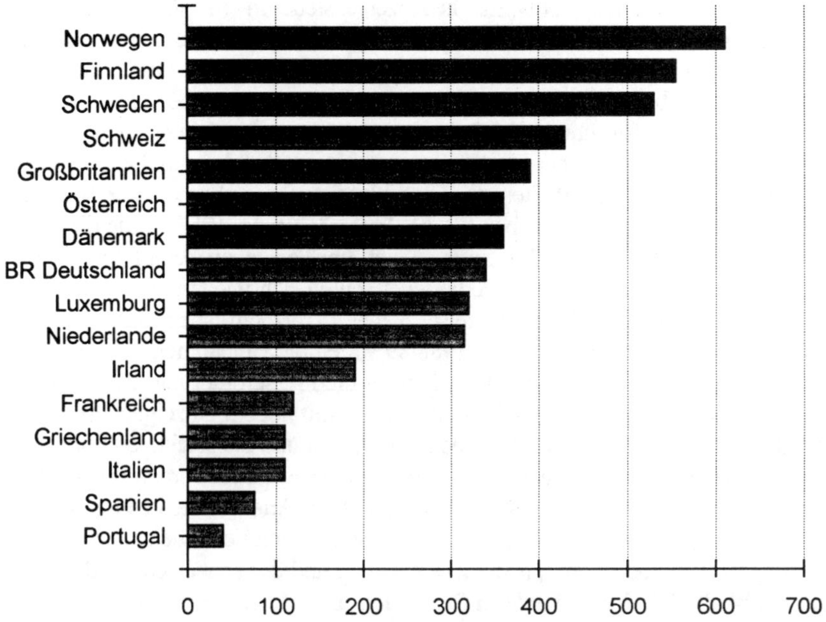

Quelle: FIEJ

- *Schweden*

In der ersten Phase (ab 1965) wurde die Presseförderung in **Schweden** über die im Reichstag vertretenen Parteien an die Zeitungen gezahlt, und zwar entsprechend der Anzahl der Sitze. Da damals noch 80 bis 90 Prozent der Zeitungen zu den Parteien gehörten, konnte so der größte Teil der Presse erreicht werden. Indem die Vergabe der Mittel an die Zeitungen in die Hand der Parteien gelegt wurde, konnte sich der Staat aus dem schwierigen Entscheidungsprozeß heraushalten. Allerdings wurde die Presseförderung schon bald von den Parteien abgelöst, ab 1969 gingen finanzielle Hilfen direkt an die Zeitungen (vgl. dazu und im folgenden: Gustafsson 1980; 1981; 1984; 1992a). 1969 wurde ein Kreditplan für die Zeitungen aufgestellt, nach dem Zeitungen Hilfen für die technische Modernisierung gegeben werden konnten. Insgesamt sollten während eines Zeitraums von fünf Jahren 125 Mio SEK vergeben werden. Ab 1970 wurde der gemeinsame Vertrieb gefördert. 1971 wurden Produktionssubventionen für Zeitungen in schwacher Marktposition eingeführt.

Die finanziellen Mittel für die Förderung kommen aus den Einnahmen der allgemeinen Anzeigensteuer (später: Werbesteuer). Die Anzeigensteuer wurde 1971 eingeführt und betrug für Zeitungen sechs, für andere Presseprodukte zehn Prozent (vgl. dazu und im folgenden: Gustafsson 1990). Diese Steuer wurde offenbar direkt an die Werbekunden weitergegeben, denn die Anzeigenpreise erhöhten sich um zehn Prozent. Bereits ein Jahr später wurde die Anzeigensteuer in eine allgemeine Werbesteuer umgewandelt, die auf alle Werbeträger angewendet wurde und nun einheitlich sechs Prozent ausmachte. In der zweiten Hälfte der siebziger Jahre wurde die Anzeigensteuer von der bürgerlichen Regierung, deren Parteien gegenüber der Werbesteuer bereits bei deren Einführung kritisch eingestellt waren, reduziert. Diese Absenkung der Steuer führte zu einer Unterfinanzierung der Subventionen. Durch steigendes Werbeaufkommen überholten die Einnahmen aus der Werbesteuer Mitte der achtziger Jahre wieder die Ausgaben für die Presseförderung. 1985 wurde die Steuer dennoch auf vier Prozent angehoben, angeblich um den Finanzbedarf für die Subventionen zu decken. Die höhere Werbesteuer schlug sich wiederum in einer etwas stärkeren Erhöhung der Anzeigenpreise nieder. Trotzdem stieg das Anzeigenvolumen weiter an. Im Haushaltsjahr 1988/89 waren die Einnahmen aus der Steuer mehr als doppelt so hoch wie die Ausgaben für die Presseförderung (929: 474 Mio SEK) (vgl. Gustafsson 1980; 1990). Da Zeitungen mit hohem Anzeigenaufkommen durch die Steuer entsprechend stärker belastet werden und die selektiven Subventionen in **Schweden** die Zeitungen mit niedrigem Anzeigenaufkommen unterstützen, kommt die Finanzierung der Presseförderung durch die Anzeigensteuer einer Umverteilung von ökonomisch starken zu ökonomisch schwachen Zeitungen gleich.

Auf der Basis des Konzepts der Zweitzeitung und der Einbeziehung des Kriteriums Haushaltsabdeckung wurde in **Schweden** eine gleichsam automatische Vergabepraxis für die Subventionen entwickelt. Aufgrund von Forschungsergebnissen ging man davon aus, daß nur Zeitungen mit einem Haushaltsabdeckungsgrad von mehr als 50 Prozent für Anzeigenkunden interessant wären und Zeitungen mit geringer Haushaltsabdeckung deshalb in ökonomische Schwierigkeiten gerieten (Gustafsson 1984, S. 115). Daher sollte solchen Zeitungen gezielt geholfen werden, das heißt, die selektive Förderung sollte die benachteiligte Position einer Zeitung auf dem Anzeigenmarkt - gemessen nach der Haushaltsabdeckung - kompensieren. Um spekulativen Neugründungen vorzubeugen und nicht Zeitungen unterstützen zu müssen, die nur auf den Markt gebracht werden, um staatliche Gelder in Anspruch nehmen zu können, wurden die Produktionssubventionen auf solche Zeitungen beschränkt, die bereits mindestens ein Jahr auf dem Markt waren. Weil deutlich wurde, daß ein Marktzutritt von täglich erscheinenden Zeitungen wirtschaftlich kaum möglich war, wurde schließlich die Definition von Zeitung dahingehend erweitert, daß auch Blätter mit geringerer Erscheinungshäufigkeit - Wochenblätter mit Tageszeitungscharakter - bei der Förderung berücksichtigt werden konnten. Die Gründung solcher Wochenzeitungen wurde als eine Möglichkeit gesehen, Vielfalt auf dem schwedischen Zeitungsmarkt zu erhalten und auszubauen, was zur Etablierung einer Neugründungshilfe führte. Für die Produktion der wöchentlich erscheinenden Zeitungen waren zudem keine zusätzlichen Investitionen im Bereich der

Herstellung notwendig, weil sie zur Nutzung bestehender Produktionsüberkapazitäten geeignet waren (Gustafsson 1984, S. 117).

Auf Anträge für lokale oder regionale Blätter konnten 1,125 Mio SEK, für nationale Zeitungen 2,250 Mio SEK vergeben werden. Die Neugründungshilfe wurde maximal zwei Jahre gewährt und stellte einen zins- und tilgungsfreien Kredit dar, bis sich die Zeitung für Produktionssubventionen qualifiziert hatte. Mit dieser Bindung sollte wiederum Spekulationen vorgebeugt werden. Diese Neugründungshilfen konnten auch von Zeitungen beantragt werden, die ihre Erscheinungshäufigkeit erhöhen wollten. Die Etablierungshilfe für neu auf den Markt kommende Zeitungen wurde allerdings 1987 wieder abgeschafft, weil sie nur wenig in Anspruch genommen wurde. Von 1976 bis 1986 wurde Etablierungshilfe von insgesamt 22,1 Mio SEK für 18 Zeitungen gezahlt (Gustafsson/Westergren 1991; Gustafsson 1984, S. 119).

Um die Marktzutrittschancen für neue Zeitungen zu erhöhen und die Vertriebskosten auch für schwächere Zeitungen zu senken, wurden in **Schweden** ab Anfang der siebziger Jahre Vertriebskooperationen angestrebt. Nach und nach wurden einzelne Vertriebsorganisationen fusioniert und einem gemeinsamen Vertriebssystem angeschlossen. Als Tochterunternehmen der Post und des schwedischen Pressebüros entstanden zwei miteinander konkurrierende Vertriebsunternehmen, die seitdem den landesweiten Vertrieb für die schwedischen Zeitungen abwickeln. Daneben bestehen zwei regionale Vertriebsunternehmen.

Heute gibt es in **Schweden** die folgenden direkten Unterstützungsmaßnahmen: Betriebssubventionen (die früheren Produktionszuschüsse), Entwicklungszuschüsse und Vertriebshilfen. Betriebssubventionen richten sich an Zeitungen mit niedriger Haushaltsabdeckung, sofern sie überwiegend in **Schweden** vertrieben werden und in schwedischer Sprache verfaßt sind (dazu und im folgenden: Gespräch H. Westergren 18.10.91, Gespräch K. Hallberg 17.10.91). Niedrige Haushaltsabdeckung bedeutet hier weniger als 40 Prozent der Haushalte im Erscheinungsgebiet einer Zeitung. Voraussetzungen sind außerdem, daß mehr als 70 Prozent der Auflage im Abonnement vertrieben werden und daß der Verkaufspreis nicht unter einem bestimmten Preis - liegt, den der Presseförderungsrat festsetzt. Die jährliche Unterstützung durch den Staat wird nach der folgenden Formel berechnet: Auflage in Tausend x Erscheinungstage pro Woche x 162.000 SEK. Die Höchstgrenze für den Förderungsbetrag liegt bei 11.600.000 SEK. Für die Zeitungen in den Großstädten Stockholm, Göteborg und Malmö geht in die Formel ein Betrag von 225.000 SEK ein, die maximale Fördersumme pro Jahr beträgt 49.500.000 SEK. Voraussetzung ist allerdings, daß die Zeitungen im Jahr mindestens 30.000 Meter redaktionellen Teil enthalten. Spezielle Bedingungen gelten für Zeitungen, die nur ein- oder zweimal in der Woche erscheinen. Ihr redaktioneller Teil muß sich auf mindestens 1.000 Meter pro Jahr addieren. Für Zeitungen, die im ganzen Land verbreitet werden und eine Auflage von mehr als 10.000 Exemplaren haben, werden 3.050.000 SEK ausgeschüttet. Die Beträge werden geringer bei kleineren Auflagen, für Blätter der Größenklasse 2.000 bis 7.000

werden 1.540.000 SEK vergeben. Lokalzeitungen mit einer Auflage von mehr als 2.000 Exemplaren, einer Erscheinungsweise von ein- oder zweimal pro Woche, einer Haushaltsabdeckung von weniger als 25 Prozent und einer Abonnementquote von mindestens 50 Prozent erhalten 1.540.000 SEK.

Diese Berechnungsmethoden wurden im Sommer 1990 neu eingeführt. Bis dahin war die Fördersumme auf der Basis des verbrauchten Zeitungspapiers kalkuliert worden, wobei die Auflage mit dem Jahresgewicht pro Exemplar multipliziert und der Anteil der Anzeigen abgezogen wurde. Pro Tonne Papier wurde - bis zu einer Höchstfördersumme - ein bestimmter Betrag ausgezahlt. Dieses System unterlag der Kritik, weil durch diesen Modus die Gefahr bestand, daß der Papierverbrauch künstlich in die Höhe getrieben wurde. Welche Beträge seit 1971/72 als Betriebssubventionen vergeben wurden, zeigt Schaubild 12.

Schaubild 12
Schweden: Produktionshilfen 1971 - 1991 (in Mio. SEK)

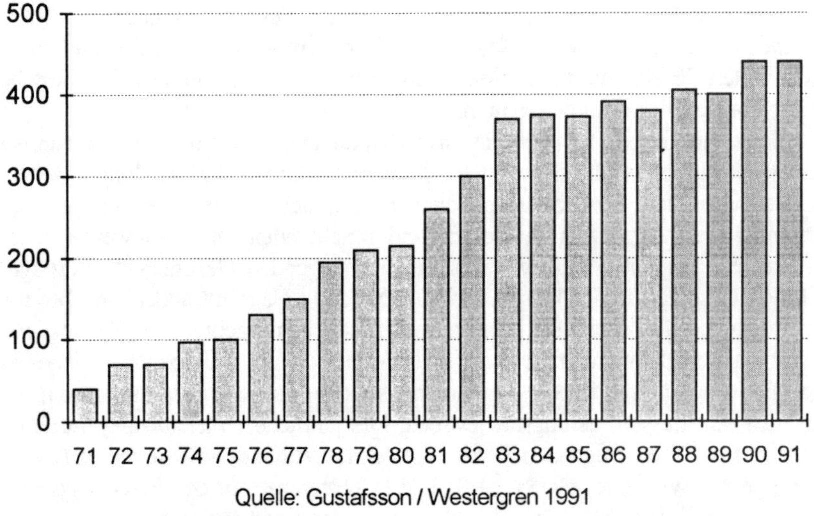

Entwicklungszuschüsse gehen nur an Zeitungen, die sich für Betriebssubventionen qualifiziert haben und sich in wirtschaftlich schwacher Marktposition befinden. Entwicklungszuschüsse sind konzipiert als kurzfristige Investitionshilfen für technische Modernisierungsmaßnahmen bei Satz und Druck, die langfristig geeignet sind, die Kosten des Zeitungsunternehmens zu senken, und für Kooperationen in diesen Bereichen. Anders als bei den Betriebssubventionen, die niedriges Anzeigenaufkommen kompensieren und damit auf die Einnahmeseite gerichtet sind, zielen die Entwicklungszuschüsse auf die Reduzierung der Kosten. Anträge müssen detaillierte Angaben über die geplanten Projekte und vollständige Kostenkalkulationen enthalten. Es werden maximal 75 Prozent der Kosten für eine Investition getragen. Die Höchstgrenze beträgt 7,5 Mio SEK alle drei Jahre für Investitionen im Bereich der Druckvorbereitung, bei anderen Investitionen zwei Mio SEK bzw. eine Mio SEK alle fünf Jahre für Zeitungen, die ein- oder zweimal pro Woche erscheinen.

Auch Zeitungen, die in fremden Druckereien drucken lassen, können für diese Kosten Entwicklungszuschüsse beantragen. Gezahlt werden 0,12 SEK pro Exemplar bis zu einer Höhe von maximal zehn Mio Exemplaren und über eine Höchstzeit von sieben Jahren. Die Beträge, die für Entwicklungszuschüsse seit 1976/77 aufgewendet wurden, zeigt Schaubild 13 im Überblick.

Schaubild 13
Schweden: Entwicklungszuschüsse 1976 - 1991 (in Mio SEK)

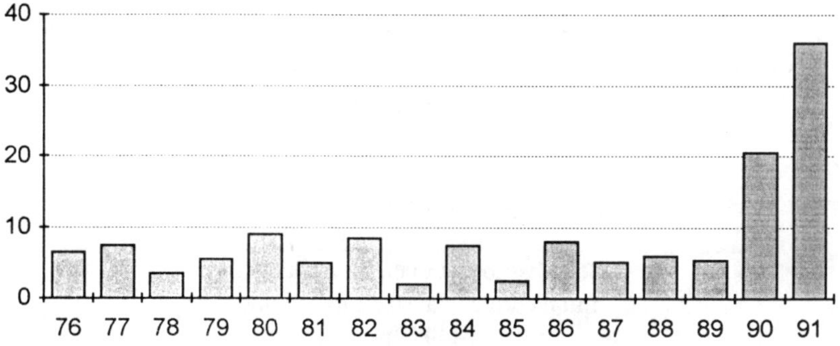

Quelle: Gustafsson / Westergren 1991

Distributionshilfen setzen die Kooperation beim Vertrieb und einen Einheitspreis für alle vertriebenen Titel voraus. Die Unterstützung beträgt 0,10 SEK für die ersten sieben Mio Exemplare. Mit steigender Auflage nimmt der Förderbetrag ab bis auf 0,05 SEK bei mehr als 21 Mio Exemplaren. Schaubild 14 stellt die Entwicklung der Distributionshilfe seit 1969/70 im Überblick dar.

Die selektiven Subventionen in **Schweden** machten Ende der achtziger Jahre knapp vier Prozent der Kosten der Zeitungen aus, zehn Jahre zuvor betrug der Anteil der Presseförderung noch zwischen fünf und sechs Prozent (Gustafsson 1992a, S. 213; Weibull/Anshelm 1991, S. 49). Für Zeitungen mit niedriger Haushaltsabdeckung, die Betriebssubventionen erhalten, bedeutet dies im Durchschnitt einen Zuschuß von 20 Prozent. Das nachfolgende Schaubild 15 zeigt die Maßnahmen der direkten Presseförderung in **Schweden** und die Beträge, die 1991 für die einzelnen Posten aufgewendet wurden, noch einmal im Überblick.

Schaubild 14
Schweden: Distributionshilfen 1969 - 1991 (in Mio SEK)

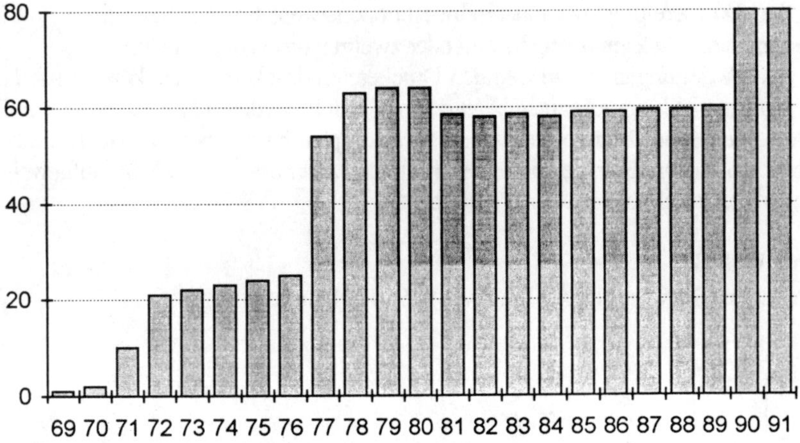

Quelle: Gustafsson / Westergren 1991

Schaubild 15
Direkte Presseförderung in Schweden 1991

Betriebssubventionen für Zeitungen
mit niedriger Haushaltsabdeckung
440 Mio

Entwicklungszuschüsse
(Investitionshilfe)
35,8 Mio

Unterstützung von
Vertriebskooperationen
79,5 Mio

Beträge in SEK; nach Gustafsson / Westergren 1991, S. 35

Die Einführung der direkten Förderungsmaßnahmen in **Schweden** sowie ihre weitere Ausgestaltung und Veränderungen sind durch sechs Pressekommissionen beeinflußt worden. Die damit verbundene Beobachtung des Marktes führte zu einem System der Presseförderung, das sich den spezifischen Bedürfnissen der schwedischen Zeitungen angepaßt hat. Die Kriterien für die anspruchsberechtigten Zeitungen konnten genau definiert werden, so daß gerade bei den Produktionshilfen, die den größten Teil der staatlichen Presseförderung ausmachen, ein gleichsam automatischer Vergabemodus entstanden ist. Übereinstimmend wird in **Schweden** die Presseförderung als erfolgreich und als notwendig bezeichnet. Gustafsson (1991) resümiert, daß die selektiven Subventionen nicht nur das Zeitungssterben aufhalten konnten, sondern auch strukturelle Veränderungen mit sich gebracht haben. Die Zeitungslandschaft hat sich nicht nur stabilisiert, sondern die Zahl der Erscheinungsorte ist wieder angestiegen und die unterstützten Zeitungen konnten ihre Stellung auf dem Markt verbessern. An etwa 20 Orten besteht noch Konkurrenz zwischen mehreren Zeitungen (Gustafsson 1992b, S. 8). Tabelle 6 zeigt die Zahl der schwedischen Zeitungen für die Jahre 1980 und 1990 im Vergleich.

Tabelle 6

Schwedische Tageszeitungen und Wochenzeitungen mit Tageszeitungscharakter 1980 - 1990

	Zeitungen			Auflage
	1 - 7 x pro Woche gesamt	davon 7 x	6 x pro Woche	in Tsd.
1980	163	14	64	4.895
1990	164	13	67	4.832

Quelle: Weibull 1991, S. 75

Die Zahlen für den Zehnjahresvergleich verbergen allerdings, daß die Zahl der Zeitungen in **Schweden** Mitte der achtziger Jahre bis auf 175 angestiegen war und seitdem wieder abgenommen hat. Zuwachs und Rückgang gab es vorrangig bei den einmal pro Woche erscheinenden Zeitungen. Nach Angaben von Karl Erik Gustafsson (1991) sind von den heute bestehenden 165 Zeitungen etwa 25 seit der Einführung der staatlichen Subventionen auf den Markt gekommen. In einer von der schwedischen Regierung initiierten Untersuchung wurde der Grad der Pressekonzentration auf dem Zeitungsmarkt schon Ende der siebziger Jahre als hoch bezeichnet. Allerdings konnten daraus keine negativen Konsequenzen abgeleitet werden. Seit der zweiten Hälfte der sechziger Jahre entfallen auf die drei größten Verlage rund 40 Prozent der Zeitungsauflage (Weibull/Anshelm 1991, S. 46). Für den schwedischen Medienmarkt bestehen jedoch keine Regelungen zur Konzentrationskontrolle.

- Finnland

In **Finnland** wurde 1971 die direkte Presseförderung eingeführt, die bis heute vorrangig eine Parteiförderung ist. Neben den Agentursubventionen, die in **Finnland** bei der direkten staatlichen Förderung mit eingerechnet werden, bestehen drei Formen der Unterstützung, die über das Ministerium für Transport und Kommunikation vergeben werden: Hilfen für Parteizeitungen, Hilfen für Zeitungen mit ökonomischen Problemen sowie die Unterstützung bei Kooperation im Vertrieb. Außerdem werden über den Etat des Erziehungsministeriums meinungsbildende sowie religiöse Zeitschriften gefördert. Wie sich die direkte Förderung in **Finnland** seit ihrer Einführung entwickelt hat, zeigt Schaubild 16. Ab 1976 ist zusätzlich zu den Subventionen an Parteizeitungen und ökonomisch schwache Zeitungen die allgemeine Transporthilfe (Post) einbezogen. Aus der Gesamtsumme der Presseförderung herausgerechnet sind indessen hier die Agenturhilfen sowie die Beträge, die über das Erziehungsministerium vergeben werden.

Schaubild 16
Finnland: Presseförderung 1971 - 1991 (in Mio. FIM)

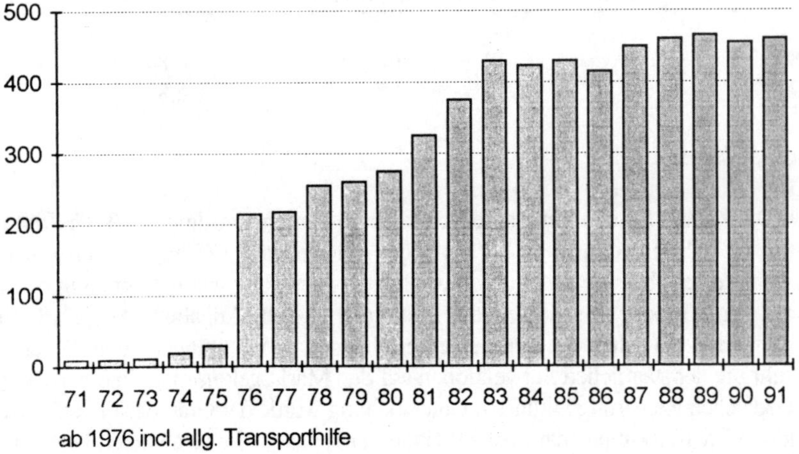

Quelle: Finnish Mass Media 1989 und eigene Berechnungen (Joukkoviestintätilasto 1991)

Die Gelder, mit denen Parteizeitungen unterstützt werden sollen, werden an die Parteien und nicht direkt an die Zeitungen gezahlt. Der Schlüssel für die Verteilung dieser Subventionen folgt der Zahl der Sitze einer Partei im Parlament. Die großen Parteien werden entsprechend besser bedacht als die kleineren. Die meisten Subventionen gehen daher an die Sozialistische Partei und an die Nationale Koalitionspartei.

Die Entscheidung darüber, welche Zeitungen unterstützt werden und wie der Gesamtbetrag auf die Zeitungen aufgeteilt wird, liegt bei den Parteien. Sie verwenden die Gelder indessen nicht nur für Blätter, die in ihrem Besitz sind, sondern lassen sie auch unabhängigen Zeitungen, die der Parteilinie nahestehen, zukommen (Gespräch L. Holamo, I. Kosonen 6.4.92).

Diese sogenannte parlamentarische Subvention unterliegt der Kritik, weil sie als zusätzliche Form der Parteienfinanzierung angesehen wird. Außerdem ist nicht gewährleistet, daß die Gelder tatsächlich den Zeitungen zugehen und daß sie tatsächlich die bedürftigen Zeitungen erreichen (vgl. auch Mäntylä 1988). Für die Zeitungen, die auf die Subventionierung angewiesen sind, erwachsen aus diesem Vergabemodus politische Abhängigkeiten, weil die Parteien die Aufteilung der Gelder vom Wohlverhalten der Zeitungen abhängig machen (können).

Der mittlerweile größere Teil der Presseförderung aus den Mitteln des Ministeriums für Transport und Kommunikation wird an Zeitungen, die in ökonomischen Schwierigkeiten sind, vergeben. Bis Mitte der achtziger Jahre wurden für die "parlamentarische Förderung" und für die selektiven Hilfen je gleich hohe Beträge angesetzt. Die Mittel für die selektive Förderung sind seitdem weiter gewachsen, während der Betrag für die Subventionierung der Parteizeitungen etwa gleich geblieben ist. 1991 wurden für die Unterstützung von Parteizeitungen und für die Förderung von wirtschaftlich schwachen Zeitungen insgesamt 122 Mio FIM angesetzt. Davon entfielen 48,8 Mio FIM auf die Subventionierung von Parteizeitungen, die restlichen 73,2 Mio auf die Unterstützung von Zeitungen, die mit ökonomischen Schwierigkeiten zu kämpfen haben. 1992 betrug die Relation 43 zu 69 Mio FIM. Das Verhältnis von 65 zu 35 Prozent, wie es die letzte parlamentarische Pressekommission neben einer gleichzeitigen Erhöhung der Subventionen empfohlen hatte, ist damit noch nicht ganz erreicht (Mäntylä 1988, S. 9). Das nachfolgende Schaubild 17 weist die Höhe und die Entwicklung der beiden Subventionsarten seit 1980 aus, wo sich erkennen läßt, wie sich erst Mitte der achtziger Jahre die selektive von der parlamentarischen Förderung abhebt.

Die Zahl der Parteizeitungen in **Finnland** ist zurückgegangen, weil sich die Zeitungen nach und nach von den Parteien gelöst haben, und es erscheint daher verständlich, daß die Mittel für die Förderung der Parteipresse nicht weiter erhöht wurden. Während 1970 45 Prozent der finnischen Zeitungsauflage auf Parteizeitungen entfielen, waren es 1988 nur noch knapp ein Drittel (Kosonen 1990, S. 102).

Schaubild 17
Finnland: Selektive / Parteien-Förderung 1980 - 1991

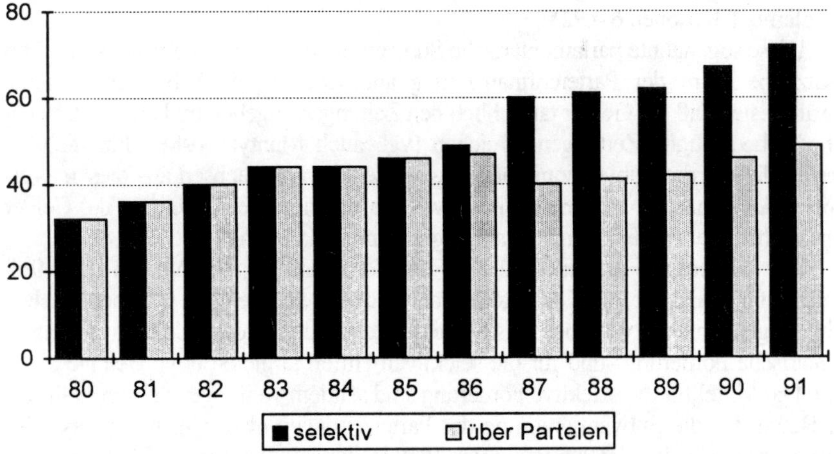

Quelle: Finnish Mass Media 1989; Joukkoviestintätilasto 1991

Mittel aus der selektiven Förderung gehen an etwa 50 Zeitungen, wobei es sich meist um Zweit- oder Drittzeitungen handelt. Um Subventionen zu erhalten, müssen die Unternehmen einen Antrag stellen, in dem ausführliche Angaben über die finanzielle Situation der Zeitungen zu machen sind. Allerdings wird auch die selektive Hilfe für Zeitungen in ökonomischen Schwierigkeiten als ebenso politisch motiviert bezeichnet wie die über die Parteien vergebenen Mittel. Das liegt zum einen an den unklaren Kriterien für die Verteilung der selektiven Hilfen wie auch an der Besetzung des Entscheidungsgremiums. Da auch die Gelder aus der selektiven Förderung vorrangig an solche Zeitungen vergeben werden, die deutlich die Linie einer Partei verfolgen, wird diese Subventionsform ebenfalls als eine Parteienförderung angesehen. Der "Presseförderungsrat", der alljährlich die zu fördernden Zeitungen vorschlägt, ist durch Repräsentanten der im Parlament vertretenen Parteien besetzt.

Der drittgrößte Betrag aus dem Topf der direkten Förderung wird für die Unterstützung des gemeinsamen Vertriebs aufgewendet. Im dünnbesiedelten **Finnland**, in dem Zeitungen fast ausschließlich im Abonnement abgesetzt werden, stellt die Hauszustellung eine besonders schwierige und damit kostenintensive Aufgabe dar. Wo Abonnenten weit entfernt vom Erscheinungsort einer Zeitung leben, übersteigen die Zulieferkosten gelegentlich den Preis des Abonnements (Jyrkiäinen/Hujanen 1991, S. 66). Vor allem die kleineren Zeitungen sind nicht in der Lage, diese Kosten alleine zu tragen. Schaubild 18 zeigt, wie sich derzeit die Kostenstruktur der finnischen Zeitungen darstellt.

Schaubild 18
Finnland: Kostenstruktur Zeitungen 1990

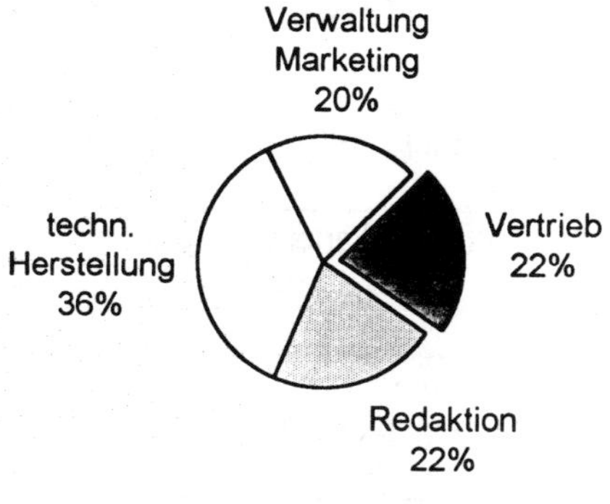

Quelle: Press Media in Finland o.J.

Vor etwa zehn Jahren haben sich die finnischen Verleger zu einer gemeinsamen Vertriebsorganisation zusammengeschlossen, über die mittlerweile mehr als drei Viertel des Landes abgedeckt werden. Mit Hilfe dieses Vertriebssystems, in das neben den Verlegern auch die Post integriert ist, wird gewährleistet, daß die Zeitungen morgens bis 6:30 Uhr die Haushalte erreicht haben. Es verbleibt daneben nur ein vergleichsweise geringer Teil der Zeitungsauflage, der tagsüber mit der Post zugestellt wird (Gespräch O. Rantalainen 7.4.92). Der Unterstützungsbetrag für die gemeinsame Distribution wird jährlich auf Antrag der Vertriebsorganisation Sava im Ministerium festgelegt. 1991 wurden dafür 21 Mio FIM gezahlt, das macht 4,4 Prozent aller staatlichen Presseförderung aus. Die Entwicklung dieses Postens seit 1980 ist aus Schaubild 19 abzulesen.

Schaubild 19
Finnland: Förderung Vertriebskooperation 1980 - 1991 (in Mio. FIM)

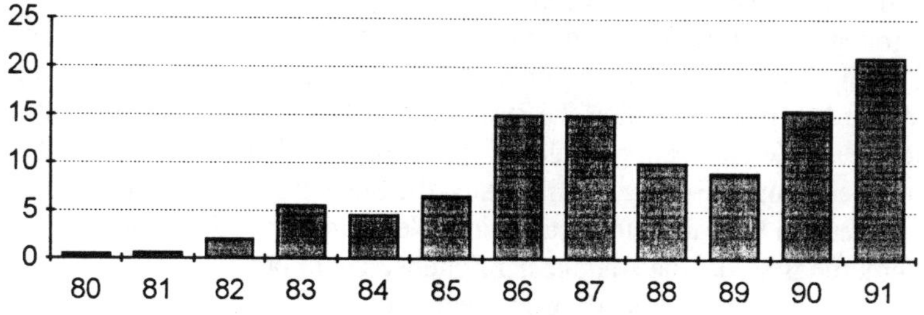

Quelle: Finnish Mass Media 1989; Joukkoviestintätilasto 1991

Das Schaubild 20 zeigt die Beträge der direkten Pressehilfe in **Finnland** für 1991. Nicht enthalten sind hier die Agenturhilfen, da sie nicht unmittelbar an die Zeitungen ausgezahlt werden, und die Förderung meinungsbildender und religiöser Zeitschriften, die über das Erziehungsministerium vergeben wird.

Schaubild 20
Direkte Presseförderung in Finnland 1991

Hilfen für Parteizeitungen
48,8 Mio

Unterstützung von
ökonomisch schwachen Zeitungen
73,2 Mio

Unterstützung von
Vertriebskooperationen
21,0 Mio

Beträge in FIM; nach Joukkoviestintätilasto 1991

Vornehmlich aus finanziellen Gründen strebt **Finnland** eine Veränderung des Presseförderungssystems an. Im April 1992 beschloß die Regierung bereits eine Kürzung der Subventionen für dieses Jahr um 100 Mio FIM (Gespräch L. Holamo, I. Kosonen 6.4.92). Zur selben Zeit wurde ein vom Ministerium für Transport und Kommunikation in Auftrag gegebenes Gutachten mit Reformvorschlägen für die Presseförderung vorgelegt. Das Gutachten von Jarmo Virmavirta, dem früheren Chefredakteur der 1991 eingestellten Zeitung *Uusi Suomi*, empfiehlt die Orientierung der selektiven Subventionen allein an ökonomischen Kriterien bei gleichzeitiger Rücknahme der parlamentarischen Subventionen. Parteizeitungen würden damit in das System der selektiven Subventionen einbezogen. Unterstützung soll nur noch solchen Zeitungen gewährt werden, die lebensfähig sind, um ihnen eine Anpassung an die ökonomischen Bedingungen des Marktes ermöglichen. Das heißt, jeder Antrag müßte einer Einzelprüfung unterzogen werden, um die spezifische Situation einer Zeitung berücksichtigen zu können. Die Höchstgrenze für Subventionen soll gesenkt werden: bislang durften die staatlichen Hilfen bis zu 70 Prozent des Einkommens einer Zeitung betragen, diese Grenze soll in Zukunft bei 50 Prozent liegen. Nur unter bestimmten Bedingungen könnten die Subventionen kurzfristig höher ausfallen. Außerdem wird die Einführung einer Neugründungshilfe vorgeschlagen. Der Presseförderungsrat, der die Anträge der Zeitungen auf Förderungsmittel prüft, sollte mit Experten besetzt sein und nicht mehr durch Parteivertreter (dazu und im folgenden: Virmavirta 1992; Gespräch J. Virmavirta 9.4.92).

Eine Erhöhung der Subventionen für den gemeinsamen Vertrieb sollte verbunden werden mit einer Einbeziehung von Zeitungen, die nicht täglich erscheinen. Außerdem sollte die Vertriebsorganisation ermöglichen, daß am Wochenende Zeitungen, die außerhalb der Hauptstadt erscheinen, auch in Helsinki ausgetragen werden. Dem Sava-Vertriebssystem wird langfristig der Vorzug vor dem Postzeitungsdienst eingeräumt, die Kürzung der Subventionen für die Post war ohnehin vorgesehen. Die Post müsse ihre Leistungen entsprechend den Marktbedingungen kalkulieren und in Konkurrenz zur anderen Vertriebsorganisationen auftreten. In Zukunft würden die Mittel aus der allgemeinen Transporthilfe direkt an die Zeitungen ausgezahlt, die dann die für sie günstigste Vertriebsorganisation selbst wählen können.

Eine Kürzung der Subventionen müsse stufenweise erfolgen, im ersten Schritt könnte die Reduktion 65 Mio FIM betragen. Im übrigen hält der Gutachter eine Konzentrationsgesetzgebung für den finnischen Zeitungsmarkt derzeit nicht für notwendig (Virmavirta 1992). Sowohl Verleger- wie auch Journalistenverband haben die Reformvorschläge von Virmavirta begrüßt (Gespräch A. Laine 7.4.92; O. Rantalainen 7.4.92). Die mittlerweile beschlossene Kürzung der staatlichen Subventionen um 100 Mio FIM übersteigt den im Gutachten von Virmavirta empfohlenen Betrag. Zudem trifft diese Entscheidung die finnischen Zeitungen in einer Phase der wirtschaftlichen Rezession. Das Anzeigenaufkommen - der zu etwa 75 Prozent von Anzeigen abhängigen Zeitungen - ist in den letzten zwei Jahren deutlich gesunken, 1991 um 12,9 Prozent. Es wird daher damit gerechnet, daß Zeitungen durch die Verluste im Anzeigengeschäft und wegen der Kürzungen bei der Presseförderung in Schwierigkeiten geraten und vom Markt verschwinden.

Über die letzten zwanzig Jahre, also seit der Einführung der Presseförderung in **Finnland**, hat sich die Zahl der ein- bis siebenmal pro Woche erscheinenden Zeitungen wie auch die Gesamtauflage erhöht. Dieser Zuwachs ist allein auf die weniger als viermal wöchentlich erscheinenden Zeitungen zurückzuführen, auf die 1990 knapp ein Drittel der finnischen Gesamtauflage entfiel. Das nachfolgende Schaubild 21 zeigt die Entwicklung der finnischen Zeitungen, insgesamt und unterschieden nach ihrer Erscheinungsweise, zwischen 1970 und 1990 im Überblick und im Vergleich zur Situation in den Jahren 1950 und 1960.

Gemessen an der Zahl der Zeitungen sieht es so aus, als ob **Finnland** mit seinen Presseförderungsmaßnahmen Erfolg gehabt und zu einer Stabilisierung des Zeitungsmarktes beigetragen hat. Unabhängig von der Kritik an der derzeitigen Durchführung der Maßnahmen werden die Presseförderung in **Finnland** als notwendig, die Kürzung mit den absehbaren Folgen für den Zeitungsmarkt jedoch als unausweichlich bezeichnet.

Schaubild 21
Finnland: Zahl der Zeitungen 1950 - 1990

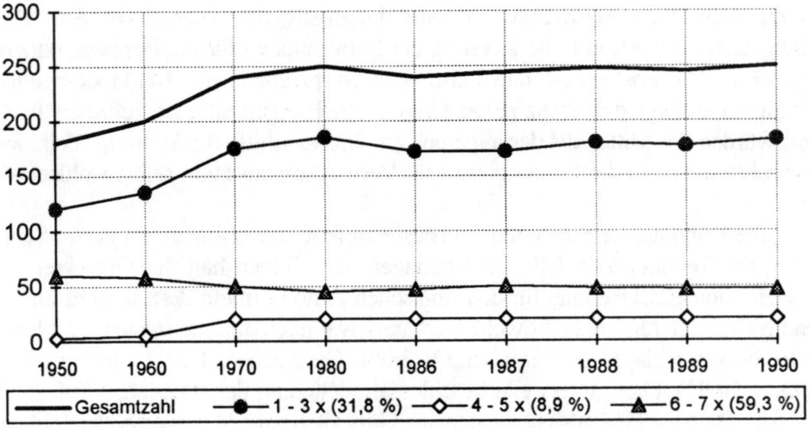

Quelle: eigene Berechnungen nach Joukkoviestintätilasto 1991, S. 117

Obwohl mittlerweile auch in **Finnland** Konzentrationsprozesse eingesetzt haben - der größte Zeitungsverlag erreicht mit drei Zeitungen gut ein Fünftel, die größten vier Unternehmen kommen auf rund 50 Prozent der Gesamtauflage (Jyrkiäinen/Hujanen 1991, S. 64) -, wurden gesetzliche Regelungen mit Anti-Konzentrationsbestimmungen bislang nicht für notwendig gehalten und sind auch nicht abzusehen.

- Norwegen

In **Norwegen** wurde die direkte Presseförderung 1969 eingeführt, nachdem viele den Sozialisten und der Bauernpartei nahestehende Zeitungen in ökonomische Schwierigkeiten geraten waren. Den größten Anteil machen bis heute die Produktionssubventionen aus, die entsprechend der verkauften Auflage an kleine Zeitungen in nachrangiger Wettbewerbsposition vergeben werden. Antragsberechtigt sind Zeitungen, die mindestens zweimal pro Woche erscheinen und eine durchschnittliche Auflage von 2.000 und 6.000 Exemplaren haben. Zweitzeitungen erhalten Förderung, wenn ihre Auflage 80.000 Exemplare nicht übersteigt. Seit 1989 werden auch Zeitungen berücksichtigt, die nur einmal wöchentlich erscheinen und mindestens eine Auflage von 1.000 Exemplaren haben (Østbye 1991; dazu und im folgenden: schriftl. Auskunft Det Kongelige Kulturdepartement 5.9.91).

Anfänglich wurden 5,4 Mio NOK für die Produktionssubventionen zur Verfügung gestellt. Der Betrag wurde immer weiter angehoben und machte 1991 150 Mio

NOK aus. Produktionshilfen gingen 1991 an 117 von 170 Zeitungen, auf einzelne Blätter entfielen zwischen 100.000 und 26 Mio NOK. Zeitungen in nachrangiger Wettbewerbsposition erhalten zusammengenommen 86 Prozent der Produktionshilfen, die Höchstbeträge gehen an die Zeitungen in Oslo, Bergen und Trondheim. 1978 wurde in **Norwegen** zusätzlich eine Unterstützung für Vertriebskooperationen eingeführt. Seit 1990 gehen diese finanziellen Hilfen nur noch an solche Zeitungen, die auch Produktionssubventionen erhalten, und werden lediglich für den Teil der Auflage gezahlt, der über die Post vertrieben wird. 1991 standen für die Vertriebsförderung 14,8 Mio NOK zur Verfügung.

Der Umfang der Presseförderung in **Norwegen** ist in die Abhängigkeit der Parteien geraten. Østbye (1991) beschreibt, daß die konservative Partei, die sich schon 1990 bei der Einführung gegen die Pressehilfen gewendet hatte, seit Anfang der achtziger Jahre versuchte, die Beträge zu reduzieren. Unter der sozialistischen Regierung 1987-88 wurde die Fördersumme wieder angehoben, Ende der achtziger Jahre kündigte die konservative Regierung die Abschaffung der Förderung an. Insgesamt ist die Förderung um beinahe 25 Prozent gekürzt worden. Die Subventionen machen rund zwei Prozent der Einnahmen der Zeitungsunternehmen aus.

Im Mai 1992 hat die vierte norwegische Pressekommission ihren Bericht mit Vorschlägen für das weitere Vorgehen bei der Presseförderung vorgelegt (dazu und im folgenden: schriftl. Auskunft K.-E. Gustafsson 6.7.92 und Gespräch 26.6.92). Die Kommission fordert die erneute Anhebung des Subventionsbetrages um 25 Prozent und schlägt vor, mit der Hälfte der gesamten Fördersumme die nationale Verbreitung von Zeitungen, die der politischen Meinungsbildung dienen, zu unterstützen, und rund 40 Prozent sollen für Hilfen an Zweitzeitungen aufgewendet werden. Nur noch zehn Prozent der Förderung - und das bedeutet eine Reduktion um etwa 14 Prozent - sollen für allgemeine Maßnahmen zum Erhalt der Vielzahl von Zeitungen eingesetzt werden.

Die norwegische Presseförderung hat dazu beitragen können, daß sich Zweitzeitungen auf dem Markt halten konnten, die ohne die staatliche Unterstützung bereits eingegangen wären. Dennoch sind auch in den letzten Jahren Zeitungen eingestellt worden, außerdem verzeichnet **Norwegen** einen fortschreitenden Konzentrationsprozeß auf dem Zeitungsmarkt. 1979 bestanden noch 166 Zeitungen, zehn Jahre später war die Zahl auf 155 gesunken (gezählt sind nur die Titel, die dem norwegischen Zeitungsverlegerverband angehören). Der Anteil der Zeitungen, die sich in Monopolstellung befinden, ist im gleichen Zeitraum von 51 auf 60 Prozent angestiegen, das bedeutet, auf 79 Prozent der lokalen Märkte steht nur eine Zeitung zur Verfügung (Østbye 1991, S. 21). Vor diesem Hintergrund haben auch in **Norwegen** Diskussionen über rechtliche Regelungen zur Eindämmung des Konzentrationsprozesses auf dem Zeitungsmarkt sowie zur Unterbindung von Cross-ownership eingesetzt (schriftl. Auskunft Det Kongelige Kulturdepartement 5.9.91).

- Niederlande

In den **Niederlanden** setzte die direkte Presseförderung 1967 ein, nachdem noch in der ersten Hälfte der sechziger Jahre finanzielle Unterstützung der Presse durch den Staat - auch von den Zeitungsverlegern - als Bedrohung der Pressefreiheit ausdrücklich abgelehnt worden war. Allgemeine Maßnahmen zur Verbesserung der ökonomischen Situation der Zeitungen wie Aufhebung der Umsatzsteuer, Freigabe der Abonnement- und Anzeigenpreise sowie die Beteiligung der Presse an der Rundfunkwerbung wurden für ausreichend gehalten. (Hemels 1974; 1979) Zum Meinungsumschwung kam es mit der Entscheidung, Werbung in Hörfunk und Fernsehen einzuführen. Weil dadurch erhebliche Verlagerungen beim Werbeaufkommen befürchtet wurden, die Presse selbst aber keinen Zugang zum Rundfunk hatte, wurde eine Rundfunk-Kompensationsauszahlung beschlossen (ether-compensatieuitkering). Dieser Nachteilsausgleich sollte zeitlich befristet sein, um der Presse die Anpassung an die neue Konkurrenzsituation zu ermöglichen. Obwohl die Presseförderung in den **Niederlanden** im Laufe der Zeit verändert wurde und heute bei ihrer Kompensationsregelung andere Entscheidungskriterien zugrunde legt, hat sich der Gedanke des Nachteilsausgleichs insofern erhalten, als die Presseförderung nach wie vor aus den Werbeeinnahmen des Rundfunks finanziert wird.

1967 wurde die Werbegesellschaft Stichting Ether Reclame (STER) gegründet, die das Monopol für die Rundfunkwerbung erhielt und die Werbeeinnahmen zwischen dem Rundfunk und den Zeitungen aufteilen sollte. In den ersten drei Jahren, von 1967 bis 1970, gingen 40 Prozent der STER-Einnahmen an die Zeitungsverleger. Dieser Betrag wurde auf die Zeitungen aufgrund des geschätzten Verlustes durch die Einführung der Rundfunkwerbung aufgeteilt. Der Schlüssel richtete sich nach dem Werbeaufkommen der Zeitungen von 1966, also dem Jahr vor der Einführung der Werbung im Rundfunk, das heißt, nicht alle Zeitungen erhielten einen gleich hohen Betrag, sondern entsprechend ihrem Anzeigenaufkommen. Zeitungen mit einem hohen Anzeigenaufkommen gingen also höhere Beträge zu als schwächeren Zeitungen, die tatsächlichen Einbußen oder überhaupt die Finanzkraft einer Zeitung wurden nicht berücksichtigt (vgl. auch Smith 1977). Ab 1970 wurde bei der Verteilung der Gelder auf die Zeitungen auch deren ökonomische Situation berücksichtigt. Insgesamt wurden für die Jahre 1967 bis 1973 Kompensationszahlungen in Höhe von 130 Millionen Gulden vergeben.

Da sich die Probleme der Zeitungen jedoch weiter verschärften und die Verluste durch die Rundfunkwerbung höher waren als die Ausgleichszahlungen der STER, machte bereits 1968 der damalige Presserat den Vorschlag, schwachen Presseunternehmen mit Hilfe eines Fonds Unterstützung zu gewähren. Eine mit der Ausarbeitung von Vorschlägen beauftragte staatliche Medienkommission legte 1971 ein Gutachten vor, das zu dem Beschluß führte, einen Betriebsfonds für die Presse aufzubauen, der aus STER-Einnahmen finanziert werden sollte. Zur Einrichtung des "Bedrijfsfonds voor de Pers", zunächst als Stiftung, kam es schließlich 1974. Aufgabe der Stiftung war die Vergabe von Krediten bzw. Krediterleichterungen an Tageszeitungen sowie die Informations- und Meinungswochenpresse. Diese Finanzhilfen waren gedacht für Investitionen, die geeignet sind, die Rentabilität der Presseunternehmen zu sichern oder wiederherzustellen (Hemels 1975, S. 761). Der Betriebsfonds war zunächst für eine befristete Zeit vorgesehen, blieb aber bestehen und erhielt schließlich 1988 mit dem neuen Mediengesetz auch eine gesetzliche Grundlage und wurde eine selbständige Institution. Allerdings hat der Minister für Gemeinwohl, Gesundheit und Kultur das Recht zur Einflußnahme auf Entscheidungen des Betriebsfonds.

Der Bericht der niederländischen Regierung zur Medienpolitik vom März 1975 machte eine Reihe von Vorschlägen zur Unterstützung der Presse, deren wirtschaftliche Lage sich in den Jahren zuvor verschlechtert hatte (vgl. dazu und im folgenden: Hemels 1975; 1979). Eine Förderung nach dem Gießkannenprinzip wurde strikt abgelehnt. Statt dessen empfahl der Medienbericht neben der Fortführung des Kreditprogrammes die Unterstützung von Zeitungsneugründungen, Kompensationszahlungen für Zeitungen in schwacher Position auf dem Anzeigenmarkt sowie Unterstützung bei Papierkauf und Gleichstellung der Meinungswochenblätter mit der Tagespresse hinsichtlich der Gebühren für den Postversand. Unterstützung sollten nur diejenigen Zeitungen und Zeitschriften bekommen, die mit einem Redaktionsstatut redaktionelle Mitbestimmung gewährleisten. Der Medienbericht schlug auch die Ablösung der Nullsatzes bei der Mehrwertsteuer durch eine Steuer von vier Prozent auf Abonnementeinnahmen vor. Die Mehrwertsteuer für die Presse wurden in den **Niederlanden** ab dem 1. Januar 1979 erhoben, ab 1981 wurde - zunächst als Versuch - eine Kompensationsregelung für Tageszeitungen in ökonomisch schwacher Wettbewerbsposition eingeführt (Hemels 1979; Bedrijfsfonds voor de pers 1991a).

Die niederländische Kompensationsregelung war zunächst an der Stellung der Zeitungen auf dem Anzeigenmarkt orientiert und sollte einen Ausgleich für Zeitungen mit schwachem Anzeigenaufkommen dienen (dazu und im folgenden: Bedrijfsfonds voor de pers 1991a). Untersuchungen des Betriebsfonds zeigten außerdem, daß dabei auch die geographische Streuung einer Zeitung einen Einflußfaktor auf die Einnahmen hat: Bei gleicher bzw. ähnlicher Auflage haben Zeitungen, deren Verbreitungsgebiet geographisch stärker konzentriert ist, ein vergleichsweise höheres Anzeigenaufkommen. Schließlich bringt eine stärkere Streuung der Auflage höhere Versandkosten mit sich. Neben der Auflage einer Zeitung, die sich in dieser Anzeigen-Auflagen-Spirale auswirkt, sollte daher auch die geographische Verbreitung einer Zeitung bei der Kompensationsregelung berücksichtigt werden. Förderung wurde entsprechend berechnet nach den Kriterien Auflage, Verbreitungsdichte und Papierverbrauch für den redaktionellen Teil. Dieses Verfahren wurde zunächst als Versuch für einen Zeitraum von drei Jahren (1981 bis 1983) eingeführt, dann wieder 1985 evaluiert und 1989 neu begutachtet.

Im Dezember 1990 legte der Betriebsfonds für die Presse erneut ein Gutachten über die Erfahrungen mit der Kompensationsregelung und Vorschlägen zur Veränderung vor (Bedrijsfonds voor de pers 1991b): Weil Zeitungen, die in einem Konzern herausgebracht werden, Verbundvorteile genießen, müßte die Konzernzugehörigkeit bei der Berechnung der Zahlungen in Zukunft Berücksichtigung finden. Die Kosten für redaktionelle Selbständigkeit sollten sich auf die Höhe der Kompensation auswirken und so ein Anreiz für die Aufrechterhaltung selbständiger Redaktionen geschaffen werden. Die Unterstützungszahlung sollte maximal ein Fünftel der Vertriebseinnahmen ausmachen. Um die Subventionen schneller zur Auszahlung zu bringen, ist eine Vereinfachung des Berechnungsverfahrens notwendig.

Um Förderung vom Betriebsfonds zu erhalten, müssen die Zeitungsverlage die folgenden Bedingungen erfüllen, die im Mediengesetz von 1988 festgeschrieben sind: die Zeitungen müssen in den **Niederlanden** erscheinen und für niederländische Leser bestimmt sein; sie müssen in großem Umfang Nachrichten, Analysen, Kommentare und Hintergrundinformationen, die der politischen Meinungsbildung dienen, enthalten. Die Zeitungen müssen eine selbständige Redaktion haben, deren journalistische Unabhängigkeit durch ein Statut gesichert ist. Sie müssen regelmäßig und mindestens einmal im Monat erscheinen, öffentlich zugänglich sein und müssen verkauft werden, dürfen also nicht kostenlos sein. Publikationen, die von der Regierung herausgegeben werden oder an die Mitgliedschaft in Organisationen gebunden sind, können nicht gefördert werden (Mediawet; Stappers 1992).

Die beschriebene Weiterentwicklung der niederländischen Kompensationsregelung aufgrund von Gutachten des Betriebsfonds macht bereits deutlich, daß die Förderungspraxis einer fortlaufenden Evaluation unterliegt. Der Betriebsfonds wendet einen Teil seiner Mittel für die Auswertung der Fördermaßnahmen auf und unterstützt auch Untersuchungen zu verschiedenen Problemen des Pressemarktes wie zum Beispiel über Fragen der Fusionskontrolle (vgl. z. B. Betriebsfonds ... 1989). Der Betriebsfonds für die Presse finanziert sich aus den Zahlungen der Stichting Ether Reclame (STER). In den ersten Jahren waren 40 Prozent der STER-Einnahmen für die Presse vorgesehen. Nach dem Mediengesetz von 1988 entscheidet der Minister für Gemeinwohl, Gesundheit und Kultur in jedem Jahr, ob und in welcher Höhe dem Betriebsfonds Mittel aus dem STER-Einkommen zugewiesen werden. Für den Zeitraum 1988 bis 1991 wurde die finanzielle Situation des Betriebsfonds, der auch Zinseinnahmen aus Darlehen hat, als befriedigend angesehen, so daß eine finanzielle Unterstützung durch die STER nicht notwendig war. Ab 1991 wurden die Bestimmungen über die Finanzierung des Betriebsfonds im Mediengesetz geändert. Danach wird jährlich ein Prozentsatz bis zu einer Höchstgrenze von vier Prozent festgelegt, den die STER und der kommerzielle Rundfunk aus ihren Werbeeinnahmen an den Betriebsfonds abzuführen haben. Da die Finanzlage des Betriebsfonds als ausreichend angesehen wurde, galt für 1991 und 1992 ein Prozentsatz von null, die STER brauchte also keine Beträge an den Betriebsfonds abzuführen.

Der niederländische Zeitungsmarkt verzeichnet bereits seit den fünfziger Jahren Konzentrationsprozesse. 1960 bestanden noch 54 selbständige Tageszeitungsunternehmen, 1989 waren es 20. Die Zahl der redaktionell selbständigen Tageszeitungen betrug 1960 67 und war bis 1989 auf 47 zurückgegangen (Hemels 1974, S. 186; Bedrijfsfonds 1990, S. 65, 66). In den achtziger Jahren ist es jedoch zu einer Stabilisierung des Zeitungsmarktes gekommen. Allerdings besteht heute ein hoher Grad der Anbieterkonzentration. Die zehn größten Zeitungsverlage geben mehr als 85 Prozent der täglichen Gesamtauflage heraus, Mitte der sechziger Jahre lag der Anteil noch bei 56 Prozent (Bedrijfsfonds 1990; Hemels 1974). Obwohl angesichts der Situation auf dem Zeitungsmarkt mehrfach ein Gesetz zur Fusionskontrolle gefordert worden war, ist bislang keine Regelung zustande gekommen.

- *Frankreich*

In **Frankreich** machen die direkten staatlichen Pressehilfen 278,45 Mio FF aus gegenüber 5,276 Mrd., die für die indirekte Unterstützung der Presse aufgewendet werden. Mehr als die Hälfte entfällt auf die Erstattungen an die französische Bahn. In **Frankreich** werden die Erstattungen an die Bahn unter den direkten Hilfen ausgewiesen. Mit 180,40 Mio FF, die an die SNCF gingen, machen sie den größten Posten aus. Außerdem werden die Erleichterungen durch vergünstigte Gebühren im Telekommunikationsbereich eingerechnet, sie betrugen 1991 37,55 Mio FF. Daneben bleiben drei Formen der unmittelbaren Unterstützung der französischen Presse: Hilfen für die Verbreitung der französischen Presse im Ausland sowie Hilfen für nationale Tageszeitungen mit niedrigem Anzeigenaufkommen sowie für regionale Tageszeitungen mit niedrigen Einnahmen im Anzeigengeschäft. Ohne Berücksichtigung der Erstattungen an die SNCF und die Erleichterungen bei den Telekommunikationsgebühren betrugen die direkten Hilfen an die französische Presse 1991 gut 60 Mio FF. Wie die Entwicklung der Hilfen in den letzten Jahren ausgesehen hat, zeigt Schaubild 22. In dem Betrag von 1989 sind fünf Mio FF enthalten, die in dem Jahr zusätzlich als Unterstützung für den Papiereinkauf gezahlt wurden.

Schaubild 22
Frankreich: Direkte Subventionen 1989 / 1990 / 1991 (in Mio. FF)

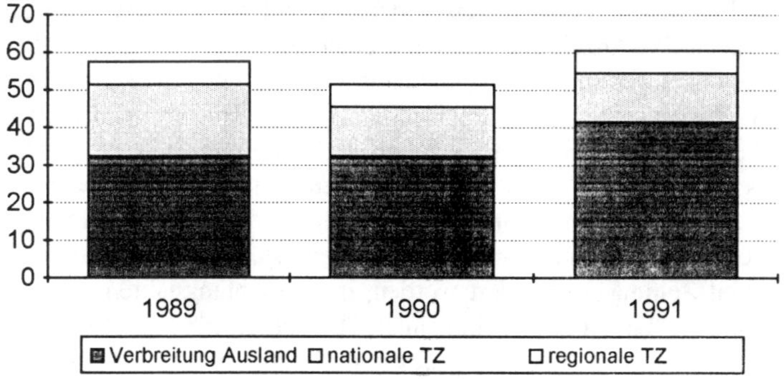

Quelle: Rapport Général 1990

Den größten Teil der im engeren Sinn direkten Subventionen umfassen die Hilfen zur Verbreitung der französischen Presse im Ausland. Der Etat für diese Subventionen, die bereits seit 1957 vergeben werden, wurde 1991 um 26,8 Prozent gegenüber dem Vorjahr erhöht. Gegenüber 1980 hat sich der Betrag damit etwa verdreifacht. Die Gelder gehen an Tageszeitungen, Publikums- und Fachzeitschriften und sollen insbesondere Beihilfen zu den Transportkosten darstellen und zu günstigen Verkaufspreisen der französischen Presse im Ausland beitragen. 1990 haben von diesen Hilfen die Vertriebsgesellschaft NMPP (Nouvelles messageries de la presse parisienne), die 2.000 Titel vertritt und dafür insgesamt 73 Prozent der Subventionen erhalten hat, sowie rund 50 Verlage, die etwa 140 Titel exportieren, profitiert. Über die Vergabe der Gelder entscheidet eine beim Ministerium für Information/Kommunikation eingerichtete Kommission.

1991 wurden die Modalitäten für die Vergabe von Mitteln aus dem Hilfsfonds für die Verbreitung der französischen Presse im Ausland geändert. Die Antragsberechtigung beschränkt sich nun nicht mehr auf französische Publikationen, sondern sie müssen lediglich in **Frankreich** verlegt werden. Voraussetzung ist aber, daß die Publikationen zur Verbreitung der französischen Sprache und der französischen Kultur beitragen. Die Zeitungen und Zeitschriften sollen vorrangig ausländische Leser ansprechen.

Die direkte Unterstützung von national verbreiteten Tageszeitungen mit schwachem Anzeigenaufkommen gab es schon einmal von 1973 bis 1975 und besteht in der heutigen Form seit 1982 (dazu und im folgenden: Rapport Général 1990, S. 46-48). Antragsberechtigt sind französischsprachige Tageszeitungen, die mindestens fünfmal pro Woche erscheinen und "politische und allgemeine Informationen" enthalten. Die gedruckte Auflage darf 250.000 und die verkaufte Auflage 150.000 Exemplare nicht überschreiten. Der Verkaufspreis darf nicht mehr als 30 Prozent über und nicht mehr als zehn Prozent unter dem Durchschnittspreis der Tageszeitungen betragen; die Einnahmen aus Anzeigen dürfen ein Viertel der Gesamteinnahmen nicht überschreiten. Die Subventionen berechnen sich nach der verkauften Auflage. Insgesamt dürfen sich die Subventionen pro Exemplar höchstens auf sechs Prozent des durchschnittlichen Verkaufspreises der national verbreiteten Tageszeitungen belaufen. Macht das Anzeigenaufkommen einer antragsberechtigten Zeitung mehr als 15 Prozent ihrer gesamten Einnahmen aus, wird der Förderbetrag reduziert. Über die Vergabe der Subventionen entscheidet der Minister für Kommunikation.

Die Zahl der Tageszeitungen mit nationaler Verbreitung bewegte sich seit Mitte der fünfziger Jahre zwischen 15 und 11 und beträgt seit Ende der achtziger Jahre wieder elf Zeitungen, ihr Anteil an der Gesamtauflage der französischen Tagespresse ist in der Vergangenheit immer weiter zurückgegangen. Pro Jahr sind aus dem Fonds höchstens fünf Zeitungen gefördert worden, in den Anfangsjahren waren dies die Pariser Zeitungen "La Croix", "L'Humanité", "Libération", "Le Matin de Paris" und "Présent". Die finanzielle Ausstattung des Fonds wurde in den einzelnen Jahren jeweils dadurch beeinflußt, ob "Libération" einen Antrag auf Förderung stellte oder nicht (die Zeitung entsprach in manchen Jahren nicht den Bedingungen). "Le Matin de Paris" ist 1988 eingestellt worden, so daß zum Teil nur drei, 1990 und 1991 sogar nur zwei Zeitungen aus diesem Förderungstopf unterstützt wurden.

Das nachfolgende Schaubild 23 zeigt die direkten Pressehilfen in **Frankreich** noch einmal im Überblick. Nicht enthalten sind die Erstattungen an die Post sowie an die Bahn, weil sie nicht direkt an die Zeitungen ausgezahlt werden.

Schaubild 23
Direkte Presseförderung in Frankreich 1991

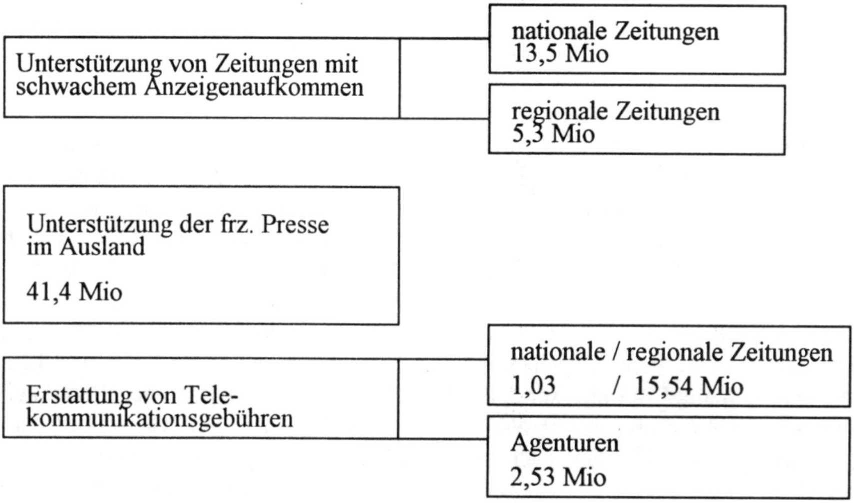

Beträge in FF; nach Rapport Général 1991

1990 wurde die Förderung von Regionalzeitungen mit niedrigen Einnahmen im Anzeigengeschäft eingeführt. Voraussetzungen für Subventionen sind: Es muß sich um französischsprachige Zeitungen mit politischen und allgemeinen Informationen handeln, die mindestens fünfmal pro Woche erscheinen. Die gedruckte Auflage darf im Durchschnitt nicht über 70.000, die verkaufte Auflage nicht über 60.000 Exemplaren liegen, und ihr Preis darf nicht mehr als 30 Prozent über und nicht mehr als zehn Prozent unter dem Durchschnittspreis der anderen lokalen oder regionalen Tageszeitungen liegen. Die Zeitungen dürfen in ihrem Verbreitungsgebiet keine Erstanbieterposition innehaben. 1989 wurden acht der 62 Regionalzeitungen gefördert. Die höchste Fördersumme betrug 1,42 Mio FF (Rapport Général 1991, S. 58).

In **Frankreich** selbst werden die direkten und indirekten Maßnahmen der staatlichen Presseförderung als diffus, heterogen und zu wenig selektiv bezeichnet, ihre Wirksamkeit sei kaum zu ermitteln. Zur Zeit werden etwa 2500, einschließlich der Verbandspresse sogar 13.000 Publikationen gefördert. Insbesondere durch die umfangreichen Hilfen, die den Vertrieb unterstützen, profitieren auch und vorrangig Unternehmen mit guter Finanzlage von den Subventionen. Im Vergleich mit anderen europäischen Staaten gilt die französische Presse, vor allem der Tageszeitungsmarkt, als finanziell schwach, was auch dazu führt, daß in **Frankreich** Veränderungen, die der gemeinsame EG-Binnenmarkt für den Pressesektor und damit für nationale Presseförderungsmaßnahmen mit sich bringen könnte, mit einer gewissen Beunruhigung diskutiert werden (Todorov 1990; Rapport Général 1990; Rapport d'information 1991).

Die französische Presseförderung, die sich auf 12 bis 15 Prozent des Gesamtumsatzes der Tageszeitungen und etwa 20 Prozent ihrer Einnahmen beläuft (Charon 1991, S. 118), hat indessen in **Frankreich** den Rückgang in der Zahl der Zeitungen beider Kategorien nicht aufhalten können. Die Zahl der Regionalzeitungen hat sich seit 1950 etwa halbiert. Parallel dazu ist eine Reduktion der - in **Frankreich** im Vergleich zu anderen europäischen Ländern ohnehin niedrigen - Auflage zu verzeichnen (SJTI 1991). Insbesondere die (nationalen) Pariser Zeitungen mußten zum Teil drastische Auflagenrückgänge hinnehmen. Der Anteil der Zeitungsleser an der Bevölkerung ist auf 45 Prozent gefallen. Außerdem sind Zeitungen in **Frankreich** vergleichsweise teuer. Die Konzentration auf dem französischen Zeitungsmarkt ist weiter fortgeschritten, die meisten Regionalzeitungen haben in ihren Verbreitungsgebieten eine Monopolstellung. Die großen Verlagsgruppen haben ihre Position ausgebaut. Gesetzliche Regelungen, die die Konzentration eindämmen sollen, wurden erstmalig - mit nur wenig Erfolg - 1984 eingeführt und bereits 1986 durch ein neues Gesetz abgelöst (Holtz-Bacha, 1984; Hirsch 1988). Gegenüber dem Pressegesetz von 1984, das unter einer sozialistischen Regierung zustande gekommen war, stellt das Gesetz von 1986 einen Rückschritt dar. Während nach dem ersten Gesetz nur maximal zehn Prozent der Tageszeitungsauflage in einer Hand sein durften - eine Regelung, die sich speziell gegen den rechten Großverleger Robert Hersant richtete - erlaubt das von der konservativen Parlamentsmehrheit 1986 verabschiedete Gesetz bis zu 30 Prozent. Zu diesem Zeitpunkt lag der Anteil von Hersant noch unterhalb dieses Schwellenwertes. Cross-ownership ist nach dem neuen Gesetz zwar erlaubt, es gibt aber Begrenzungen für den gleichzeitigen Besitz von Zeitungen und Radio- oder Fernsehstationen vor. (vgl. Teidelt 1986; Lange/Loon 1991, S. 147/148)

Dennoch hat während der achtziger Jahre der Konzentrationstrend auf dem französischen Medienmarkt weiter zugenommen. Die Konzentration wird zurückgeführt auf die wirtschaftlichen Schwierigkeiten, mit denen viele Zeitungen wegen der hohen Kosten für die Modernisierung im Produktionsbereich zu kämpfen hatten, sowie auf verschärften Wettbewerb durch ausländisches Engagement bei den französischen Medien. Schließlich sind in **Frankreich** ebenso wie in **Italien** auf dem Medienmarkt verstärkt branchenfremde Unternehmer auf dem Vormarsch (Schulz 1990). Verleger Hersant hält mittlerweile einen Anteil von rund 40 Prozent an der

Auflage der regionalen und nationalen Tageszeitungen und ist außerdem im Rundfunk aktiv (Hirsch 1988). Der Staat hat seine Anteile im Medienbereich zwar in den letzten Jahren reduziert, ist aber zum Beispiel immer noch der größte Einzelaktionär in Frankreichs zweitgrößtem Medienunternehmen Havas und ist dadurch beteiligt an mehreren Regionalzeitungen sowie an Vertriebsgesellschaften (Schulz 1990).

Ein besonderes Problem der französischen Presse, unter dem vor allem die Pariser Zeitungen zu leiden haben, ist der Vertrieb. Zeitungen werden traditionell hauptsächlich über den Verkauf am Kiosk abgesetzt. 40 Prozent des Verkaufspreises einer Zeitung werden für den Vertrieb kalkuliert (Hirsch 1988). Das ist eine Erklärung dafür, daß 63 Prozent der französischen Presseförderungsmittel für die Unterstützung des Vertriebs per Post und per Bahn aufgewendet werden. Die Verlage der nationalen Zeitungen haben darauf insofern reagiert, als sie auf den Fernsatz ausweichen, um in der Region zu drucken und so die Probleme und Kosten des Vertriebs zu umgehen. Für die hohen Vertriebspreise, die sich auf die Verkaufspreise der Zeitungen auswirken, wird auch die Vertriebsorganisation Nouvelles messageries de la presse parisienne (NMPP) verantwortlich gemacht. Es handelt sich um das weltweit größte Vertriebsunternehmen, das in Paris eine Quasi-Monopolstellung erworben hat. (Schmidt et al. 1983, S. 103)

- Italien

In **Italien** wurde 1981 ein umfassendes Pressegesetz verabschiedet, das auch ein staatliches Maßnahmenpaket zur Förderung der Presse vorsah. Das Gesetz reagierte damit auf eine anhaltende ökonomische Krise auf dem Zeitungsmarkt. Dieses Gesetz wurde 1987 und 1990 fortgeschrieben. Es wurde schließlich 1990 ergänzt durch das Gesetz für den öffentlichen und den privaten Rundfunk ("Legge Mammì"), das auch Regelungen für Cross-ownership eingeführt hat.

Voraussetzung für jegliche Förderung, das heißt auch für indirekte Unterstützung wie etwa durch vergünstigte Posttarife, ist in **Italien** der Eintrag in das nationale Presseregister, das beim Garantiebeauftragten für die Presse, dem "Garante per l'editoria" (seit dem Gesetz Mammì 1990 "Garante per la radiodiffusione e per l'editoria), geführt wird. Die Registrierung verlangt auch Angaben über die Eigentumsverhältnisse der Unternehmen. Der Garante veröffentlicht zweimal pro Jahr in seinem Bericht an das Parlament eine Aufstellung aller vergebenen Subventionen mit den Namen der begünstigten Unternehmen. Im übrigen sind Zeitungen gesetzlich verpflichtet, jährlich ihre Bilanzen zu veröffentlichen.

Das Pressegesetz Nr. 416 von 1981 bildete die gesetzliche Grundlage für finanzielle Hilfen an Tageszeitungen und andere Periodika, für Publikationen "von hohem kulturellen Wert" sowie für die italienische Presse im Ausland. Das Unterstützungsprogramm für die Tageszeitungen war auf fünf Jahre angelegt. Die Zeitungen erhielten Beihilfen für den Kauf von Zeitungspapier, und zwar gestaffelt nach Auflage unter Berücksichtigung des Anzeigenumfangs. Erhöhte Beträge wurden an Zeitungen vergeben, die von Journalistenkooperativen oder in einer Minderheitensprache herausgegeben wurden. Voraussetzung für die Förderung war, daß eine Zeitung bereits seit mindestens einem Jahr bestand und mindestens 130 Ausgaben pro Halbjahr erschienen waren. Neugründungen konnten nach einem halben Jahr berücksichtigt werden, sofern mindestens 130 Ausgaben erschienen waren. Dieses Hilfsprogramm lief Ende 1987 aus, wird aber mit dafür verantwortlich gemacht, daß es den italienischen Tageszeitungen gelang, aus der wirtschaftlichen und strukturellen Krise herauszukommen (Mazzoleni 1992). Neben Tageszeitungen waren auch politische, kulturelle, religiöse, Wirtschafts-, Sport- und Gewerkschaftszeitschriften in die Fördermaßnahmen einbezogen, die entsprechend ihrem Verbrauch von Zeitungspapier unterstützt wurden. Periodika, die von Journalistenkooperativen herausgegeben werden, wurden auch hier mit höheren Beiträgen gefördert. Diese Maßnahme ist ebenfalls ausgelaufen.

Seit 1981 werden Publikationen von "hohem kulturellen Wert" gefördert, darunter werden vor allem wissenschaftliche Fachzeitschriften verstanden. Diese Förderung besteht heute noch. Antragsberechtigt sind Zeitschriften, deren Anzeigenteil weniger als die Hälfte ihres Umfangs ausmacht. Pro Jahr steht ein Betrag von insgesamt vier Milliarden Lire zur Verfügung. 1989 wurden im Schnitt fünf Mio Lire pro Zeitschrift vergeben. Bis heute beibehalten wurde auch das zunächst ebenfalls nur auf fünf Jahre angelegte Hilfsprogramm für die italienische Presse im Ausland. Aus diesem anfangs mit einer Milliarde und seit 1986 mit zwei Milliarden Lire ausgestatteten Topf werden zwei Gruppen von Publikationen gefördert: 1. Zeitungen und Zeitschriften, die im Ausland für die dort lebenden Italiener herausgegeben werden, und 2. Publikationen mit mindestens vierteljährlicher Erscheinungsweise, die in **Italien** herausgegeben, aber größtenteils im Ausland vertrieben werden und die nicht nur über **Italien** unterrichten, sondern sich auch mit den Problemen der Italiener im Ausland beschäftigen. Die erste Gruppe wird mit insgesamt 1.400 Mio, die zweite mit 600 Mio Lire unterstützt. Die einzelnen Subventionen berechneten sich zunächst ausschließlich nach der Auflage. Mittlerweile wurden die Vergabekriterien diversifiziert, neben einem festen Betrag berechnet sich die individuelle Fördersumme nach Auflage, Seitenzahl, Zahl der Ausgaben pro Jahr und nach der Bewertung der entscheidenden Kommission (Gespräch F. Bonsignore 5.3.92).

Seitdem die fünf- bzw. siebenjährigen Förderprogramme für die Tageszeitungen und für Zeitschriften ausgelaufen sind, werden - außer den Zeitschriften von hohem kulturellen Wert und den im Ausland vertriebenen Publikationen - nur noch zwei Kategorien gefördert: Periodika von Journalistenkooperativen und von Parteien. Das Gesetz Nr. 67 von 1987 führte diese Beihilfen an "Verlagsunternehmen von besonderem Wert" ein, sie wurden mit dem Gesetz Nr. 250 von 1990 verlängert. Antragsberechtigt sind nur Zeitungen und Zeitschriften, deren Anzeigeneinnahmen 40 Prozent ihrer Kosten nicht übersteigen. Der Förderbetrag berechnet sich jeweils aus einem fixen Betrag (30 Prozent der Kosten bei Zeitungen von Kooperativen bis maximal zwei Milliarden, 40 Prozent bei Parteizeitungen bis zu maximal 2,5 Milliarden Lire) und einem variablen Anteil nach Höhe der Auflage. Die Subventionen dürfen insgesamt nicht mehr als 60 Prozent der Kosten eines Unternehmens ausmachen (Gespräch T. Verde 5.3.92).

Italien und **Frankreich** galten während der achtziger Jahre als die Länder mit der umfangreichsten Presseförderung. **Italien** hat mit seinem befristeten Subventionsprogramm Erfolg gehabt und die direkte Unterstützung mittlerweile weitgehend abgebaut, seit Ende der achtziger Jahre sind Tageszeitungen größtenteils wenigstens kein Zuschußgeschäft mehr. Die Zahl der Tageszeitungen ist in den letzten Jahren sogar angestiegen. 1986 wurden 78, 1990 82 Zeitungen verzeichnet, im selben Zeitraum ist die Auflage der italienischen Tagespresse um 6,3 Prozent gewachsen, vorrangig allerdings zurückzuführen auf wachsende Erfolge der Sportzeitungen, aber auch Auflagensteigerungen der Provinzzeitungen. Zum wirtschaftlichen Aufschwung im italienischen Zeitungsgeschäft hat vermutlich auch die Freigabe der Verkaufspreise beigetragen. Bis 1988 wurden in **Italien** die Preise für die Zeitungen staatlich festgelegt, weil Zeitungen in dem "Warenkorb" enthalten waren, nach dem der Anstieg der Lebenshaltungskosten berechnet wird. Allerdings haben Zeitungen nach wie vor eine schwache Position beim italienischen Publikum, insgesamt werden kaum mehr als sechs Millionen Exemplare pro Tag verkauft (vgl. auch Schaubild 11).

Indessen verzeichnet **Italien** - den Regelungen bezüglich marktbeherrschender Stellungen im Gesetz von 1981 zum Trotz - einen hochkonzentrierten Zeitungsmarkt mit intermediären Verflechtungen. In den letzten Jahren sind die Unternehmen der Großindustrie ins Zeitungsgeschäft eingestiegen. Sie haben die herkömmlichen Zeitungsverleger abgelöst; im Vergleich zu anderen europäischen Ländern stellt diese Situation eine italienische Besonderheit dar. Lediglich **Frankreich** verzeichnet seit den achtziger Jahren ebenfalls den Einstieg branchenfremder Investoren auf dem Medienmarkt. Die neuen italienischen Großverleger verfügen auch über Anteile im Rundfunk und in der Werbewirtschaft. Den Markt der nationalen Tageszeitungen, der rund 70 Prozent der täglichen Gesamtauflage ausmacht, haben die fünf größten Verlagsunternehmen unter sich aufgeteilt. Daß das neue Medienkartellgesetz von 1990 mehr Erfolg haben könnte, der Konzentration entgegenzuwirken, wird bezweifelt. (vgl. Mazzoleni 1992; Rauen 1990; Sauer 1991) Diese Zweifel werden zum einen dadurch begründet, daß mit dem Gesetz Regelungen für den Privatfunk erst 15 Jahre nach dessen Start geschaffen wurden, zu spät um in die Entwicklung noch einzugreifen. Zum anderen wird verwiesen auf die enge Interessenverflechtung von Politikern und Medienunternehmen sowie nicht zuletzt auf den "lässigen Umgang der Italiener mit Gesetzen" (Igel 1991, S. 37). Nach dem Gesetz von 1990 dürfen nicht mehr als drei nationale Rundfunksender in einer Hand sein. Besitzer von drei Sendern dürfen nicht gleichzeitig Anteile an einer Tageszeitung halten. Der italienische Bauunternehmer Silvio Berlusconi, der Anfang der siebziger Jahre zunächst in das italienische, später auch in das internationale Mediengeschäft eingestiegen ist, liegt mit seinen Besitzanteilen über den Grenzen des Gesetzes.

3.4.5 Förderung durch Anzeigenaufträge

Neben der direkten Unterstützung der Presse durch finanzielle Zuwendungen werden die Zeitungen in einigen Ländern auch systematisch durch Anzeigenaufträge staatlicher Institutionen unterstützt. In **Italien** ist im Pressegesetz festgeschrieben, daß Behörden und nationale Gesellschaften mindestens 60 Prozent ihres Werbebudgets für Anzeigen in Tageszeitungen und anderen Periodika aufwenden müssen. Nach dem Rundfunkgesetz von 1990 sind nun auch 25 Prozent der öffentlichen Werbeausgaben für den privaten Lokalfunk vorgesehen. Bei Anzeigen staatlicher Stellen in **Schweden** gilt ein sogenanntes Totalitätsprinzip. Um alle Bürger zu erreichen, sollen Anzeigen in allen Tageszeitungen bzw. in allen Zeitungen einer Region geschaltet werden. Diese Anzeigenpolitik verfolgt auch die Regierung in **Norwegen**.

In **Frankreich** ist für die Zeit von 1980 bis 1989 eine Aufstellung der Werbekampagnen der Regierung veröffentlicht worden. Aufgeschlüsselt werden die Ausgaben für Anzeigen in den Tageszeitungen sowie in Magazinen, zusätzlich wird gezeigt, welcher Anteil der gesamten Aufwendungen der Regierung für Werbekampagnen in den Medien auf die Presse entfällt. Im Verlauf der zehn Jahre haben sich die Ausgaben der Regierung für Anzeigen in der Presse mehr als verdoppelt anteilsmäßig aber verringert. 1989 wurden 31,7 Mio FF aufgewendet, das entspricht einem Fünftel des gesamten Werbebudgets für die Medien (1981 waren über 39 %). Von diesem Betrag entfielen 14,5 Mio FF auf die Tageszeitungen. Drei Jahre zuvor hatte die französische Regierung noch ein Drittel ihrer Werbeausgaben an die Presse gegeben, die Tageszeitungen hatten dadurch 1986 Einnahmen von insgesamt 24,9 Mio FF (Rapport Général 1990, S. 32).

3.4.6 Vergleichende Bewertung

Vor der vergleichenden Bewertung der Presseförderung präsentiert das nachfolgende Schaubild 24 einen zusammenfassenden Überblick über die kontinuierlichen direkten Fördermaßnahmen der verschiedenen Länder, wie sie in Kapitel 3.4 ausführlich beschrieben worden sind.

Schaubild 24
Übersicht zu den direkten Fördermaßnahmen für die Tagespresse

Schweden	- Betriebssubventionen für Zeitungen mit niedriger Haushaltsabdeckung - Investitionshilfen - Unterstützung von Vertriebskooperationen
Finnland	- Hilfen für Parteizeitungen - Hilfen für ökonomisch schwache Zeitungen - Unterstützung von Vertriebskooperationen
Norwegen	- Produktionssubventionen für ökonomisch schwache Zeitungen - Vertriebskooperationen
Niederlande	- Kompensationszahlungen für ökonomisch schwache Zeitungen
Frankreich	- Hilfen für frz. Presse im Ausland - Hilfen für regionale / nationale Zeitungen mit schwachem Anzeigenaufkommen - Erstattung von Telekommunikationsgebühren
Italien	- Hilfen für Parteizeitungen - Hilfen für Zeitungen von Journalistenkooperativen - Hilfen für italienische Presse im Ausland

Die Geschichte der direkten Subventionen an die Presse zeigt, daß diese Maßnahmen sich zu permanenten Hilfen entwickelt haben. Diese Tendenz zur dauerhaften Unterstützung der Presse wird noch dadurch unterstrichen, daß mehrheitlich ein Zeitungssterben vorausgesagt wird, würde die Unterstützung gestrichen. Die Subventionen sind offenbar zwar geeignet, schwache Zeitungen am Markt zu halten, aber sie vermögen kaum, diese Zeitungen von Unterstützung unabhängig zu machen. Damit ist nicht erreicht worden, was auch der Sachverständigenausschuß des Europarates 1975 als Zielvorgabe formuliert hatte, nämlich Hilfe auf Zeitungen zu beschränken, "[..], deren Existenz durch Ursachen bedroht ist, die durch Gewährung begrenzter Hilfe während eines bestimmten Zeitraums voraussichtlich auf Dauer beseitigt werden können" (S. 728). Statt dessen hat sich eine Abhängigkeit der Zeitungen von staatlicher Hilfe entwickelt; die Förderung kompensiert strukturelle Schwächen - vorwiegend des Anzeigenmarktes -, die sich nicht beseitigen lassen.

Nur in **Italien** ist ein Teil des von vorneherein befristeten Förderprogramms für die Tagespresse Ende der achtziger Jahre ausgelaufen. Möglicherweise ist es zu früh, um beurteilen zu können, ob alle Tageszeitungen nun auch ohne die direkte staatliche Unterstützung überleben werden. Da in **Italien** in den letzten Jahren immer mehr branchenfremde Unternehmer ins Zeitungsgeschäft eingestiegen sind und sich auch ein Trend zu Multimediaunternehmen abzeichnet, könnte es sein, daß die Schwäche mancher Zeitung innerhalb der Unternehmen durch Subventionierung ausgeglichen wird.

Auch wenn in den Ländern, in denen es direkte Presseförderung gibt, Zeitungen nur mit dieser Hilfe überleben können, wird dennoch - vorrangig in den nordischen Staaten - die Neigung zum Abbau der Subventionen deutlich. in **Finnland** hat es bereits Kürzungen gegeben, in **Schweden** sind ebenfalls Kürzungen zu erwarten, in **Norwegen** werden neue Gewichtungen bei der Vergabe von Subventionen vorgenommen. In **Frankreich** ist der Anteil der Presseförderung am Umsatz der Presse seit Anfang der achtziger Jahre um rund fünf Prozent zurückgegangen. 1991 sind die französischen Pressehilfen im Rahmen einer allgemeinen Budgetanpassung wegen des Golfkrieges um zehn Mio FF gegenüber dem Haushaltsentwurf reduziert worden (Rapport d'information 1992). Dieser Trend zur Kürzung von Presseförderung ist zum Teil bedingt durch die finanziellen Schwierigkeiten der öffentlichen Haushalte, kann aber auch - wie am Beispiel von **Norwegen** und **Schweden** deutlich wird - davon abhängig sein, welche Parteien in der Regierung vertreten sind.

Zu der Unsicherheit, die daraus für die auf Förderung angewiesenen Zeitungen ergibt, tritt nun die derzeit für die Printmedien ungünstige Entwicklung des Werbemarktes. In den nordischen Staaten kämpfen die Zeitungen mit beträchtlichen, konjunkturell bedingten Einbrüchen bei ihrem Anzeigenaufkommen. Daß diese Entwicklung nicht auf Skandinavien begrenzt ist, zeigt sich in der **Schweiz**, wo der Anzeigenrückgang bereits seinen Niederschlag in einem neuerlichen Konzentrationsprozeß findet. Angesichts der Entwicklung des kommerziellen Rundfunks in allen europäischen Ländern und des wachsenden Anteils des Fernsehens am Werbekuchen, zeichnen sich neue ökonomische Probleme für die Presse ab.

In der **Bundesrepublik Deutschland** schließlich ist die Pressekonzentration seit der Wende wieder in Schwung gekommen, seitdem die westdeutschen Verlage in großem Stil auf dem ostdeutschen Markt eingestiegen sind und eine beträchtliche Zahl von Zeitungen dort mittlerweile schon wieder eingestellt wurde. So gelangt etwa Beate Schneider (1992) in ihrer "traurigen Bilanz" für die ostdeutsche Tagespresse zu dem Fazit, daß eine Entwicklung zu Vielfalt auf den lokalen Märkten nicht mehr zu erwarten ist. Die ostdeutschen Zeitungen haben im Vergleich zu den Zeitungen in den alten Bundesländern größere Verbreitungsgebiete und deutlich höhere Auflagen. Zeitungen, die sich in einer marktbeherrschenden Position befinden, bauen ihre Monopolstellung zu Lasten der kleineren Lokalzeitungen weiter aus (Schneider 1992, S. 439).

Diese Entwicklungen könnten die Notwendigkeit von Presseförderung verstärken und vielleicht auch in den Ländern, die sich mit direkten Maßnahmen bislang zurückgehalten haben, die Diskussion über fördernde und restriktive staatliche Intervention auf dem Pressemarkt wiederbeleben.

Zu dieser Wiederbelebung könnte auch die noch engere ökonomische Verzahnung der EG-Staaten durch den europäischen Binnenmarkt sowie die Haltung der europäischen Institutionen zur Presseförderung beitragen. In einem Entschließungsantrag betonte der Ausschuß für Kultur, Jugend, Bildung und Medien beim Europäischen Parlament im Frühjahr 1992 die besorgniserregende Situation der Presse sowie die "legitimen Forderungen der Printmedien (z. B. bezüglich der Mehrwertsteuer) zur Sicherung ihrer ökonomischen Grundlage" (Entschließungsantrag ... 1992, S. 14, 8). Diese Feststellung war - "angesichts des relativen Werbeeinnahmenschwunds der Printmedien gegenüber den audiovisuellen" - verbunden mit der Forderung an die Gemeinschaft, dafür zu sorgen, daß der Presse auch in Zukunft eine ausreichende Werbeeinnahmen bleiben (S. 9). Allerdings verweist der Ausschuß zugleich auch auf die Gefahren für die Pressefreiheit, die mit einer Intervention des Staates oder der Gemeinschaft auf dem Pressemarkt verbunden sein kann (S. 17). Der Entschließungsantrag vermerkt, daß Pressehilfen nicht unter die Gemeinschaftsvorschriften der EG fallen, weil dadurch eine Wettbewerbsverzerrung auf Gemeinschaftsebene nicht verursacht werden könne (Entschließungsantrag ... 1992, S. 17). Insofern ist zwar zu erwarten, daß in absehbarer Zeit die nationalen Regelungen der Presseförderung durch Gemeinschaftsrecht nicht berührt werden. Da aber bereits heute zahlreiche Verlage auf den Pressemärkten in mehreren EG-Staaten aktiv sind, könnte es dennoch in der Zukunft eine Notwendigkeit geben, gemeinschaftlich auf dem Pressemarkt einzugreifen und auch die unterschiedliche Förderpraxis in den einzelnen Ländern anzugleichen.

4. Presseförderung in Österreich

4.1 Bundespresseförderung

Im Juli 1975 erließ die österreichische Bundesregierung erstmalig ein Gesetz über die Förderung von Zeitungen. Nach § 1 hat der Bund "Tages- und Wochenzeitungen durch finanzielle Zuwendungen zu fördern, um die den Zeitungen entstehenden Kostenbelastungen bei Nachrichtenübermittlung und Zeitungsvertrieb teilweise zu decken." 1973 war in Österreich die Umstellung von der kumulativen Umsatzsteuer zur Mehrwertsteuer vorgenommen worden, womit sich für die Zeitungsunternehmen, die bis dahin für ihre Vertriebserlöse keine Umsatzsteuer hatten zahlen müssen, eine zusätzliche Belastung ergab. Daher war das neue Presseförderungsgesetz vorrangig als eine Kompensation für die von den Zeitungen zu zahlende Umsatzsteuer gedacht (vgl. Pürer 1990 S. 31; Medienbericht III, S. 60; Berka 1989, S. 95).

Den Hintergrund für diese Entscheidung bildeten indessen aber auch die wirtschaftlichen Probleme zum Ende der sechziger wie zu Beginn der siebziger Jahre, in deren Folge eine Reihe von Tages- und Wochenzeitungen ihr Erscheinen eingestellt hatten. Während der österreichische Tageszeitungsmarkt 1961 noch 27 Publizistische Einheiten verzeichnete, war die Zahl 1972 bereits auf 20 Publizistische Einheiten gesunken. Allein zwischen 1965 und 1972 verschwanden fünf Zeitungen vom Markt. (Pürer 1990, S. 3) Als Gründe für diese krisenhafte Entwicklung nennt Hans Heinz Fabris strukturelle Schwierigkeiten der österreichischen Medienunternehmen: Kapitalschwäche, Abhängigkeit vom Ausland und von der Gesamtkonjunkturentwicklung, zu kleiner Inlandsmarkt sowie Qualifikationsdefizite des Medienpersonals (1976, S. 41).

Der Herausgeberverband hatte schon 1972 einen umfangreichen Forderungskatalog vorgelegt, der ein umfassendes Paket der Presseförderung durch direkte und indirekte Maßnahmen vorsah (Medienbericht II, S. 96). Nach den Beratungen einer von der Regierung eingesetzten Kommission unter Vorsitz von Bundeskanzler Bruno Kreisky kam es daher Mitte 1975 zur Verabschiedung des Gesetzes über die Förderung der Presse. Dieses Gesetz war eingebunden in einen umfangreichen Katalog von Fördermaßnahmen für die Medien. Bereits 1972 war mit dem "Bundesgesetz über die Förderung staatsbürgerlicher Bildungsarbeit im Bereich der politischen Parteien und der Publizistik" ein Zeitschriftenförderungsgesetz erlassen worden.

Presseförderungsgesetz 1975

Mit dem Presseförderungsgesetz von 1975 führte Österreich die direkte Subventionierung der Zeitungen ein, die an der von den Zeitungen jährlich abzuführenden Umsatzsteuer orientiert war (vgl. dazu und im folgenden: Bundesgesetz vom 2. Juli 1975). Grundlage der Berechnung von Fördermitteln für die einzelne Zeitung war die Höhe der Umsatzsteuer, die im vorangehenden Jahr für Vertriebserlöse (kalkuliert nach Endverkaufspreisen) angefallen wäre. Der Förderbetrag für eine Tageszeitung durfte nach dem Gesetz aber drei Mio Schilling und der für eine Wochenzeitung 500.000 Schilling nicht überschreiten. Gefördert wurden jeweils nur selbständige Zeitungen. Getrennte Ausgaben und Mutationen, die aus demselben Verlag stammen, konnten nicht gesondert gefördert, die Kosten für ihre Produktion jedoch entsprechend der auf sie entfallenden Kosten bei der Förderung des Stammblattes berücksichtigt werden. Die Förderbeträge des Bundes wurden gekürzt, wenn ein Verleger außerdem finanzielle Zuwendungen von anderen Gebietskörperschaften erhielt. Fördermittel wurden demnach vergeben an Tages- und Wochenzeitungen, sofern sie die folgenden Voraussetzungen erfüllten:

- sie müssen inhaltlich über den Kreis der reinen Fachpresse hinausgehen und vorwiegend der politischen, allgemeinen wirtschaftlichen oder kulturellen Information und Meinungsbildung dienen

- sie dürfen weder Kundenzeitschriften noch Organe von Interessenvertretungen sein
- sie müssen mindestens bundeslandweite Verbreitung haben
- sie müssen in Österreich verlegt und hergestellt sein
- sie müssen wenigstens 50mal pro Jahr erscheinen und mit dem größten Teil ihrer Auflage in Österreich vertrieben werden
- ein Antrag auf Förderung kann frühestens gestellt werden, wenn eine Zeitung bereits seit einem Jahr erscheint und sie die anderen Voraussetzungen in diesem Jahr erfüllt hat
- die Mindestauflage beträgt bei Wochenzeitungen 5000 und bei Tageszeitungen 10.000 Stück.

Die Entscheidung über die Anträge, die jeweils im ersten Quartal eines Jahres an das Bundeskanzleramt zu stellen waren, lag bei der Bundesregierung. Nur in den Fällen, in denen die Regierung vorhatte, einen Antrag ganz oder teilweise abzulehnen, wurde das Gutachten einer Kommission eingeholt. Nach dem Gesetz von 1975 bestand diese Kommission aus fünf Mitgliedern und setzte sich wie folgt zusammen: Je zwei Mitglieder wurden für die Dauer von zwei Jahren vom Bundeskanzler und vom Verband Österreichischer Zeitungsherausgeber und Zeitungsverleger benannt. Sie bestimmten gemeinsam als fünftes Mitglied einen Vorsitzenden. Die Vergabe von Presseförderung in Österreich geschieht im Rahmen der Privatwirtschaftsverwaltung des Bundes. Das hat zur Folge, daß kein Rechtsanspruch auf Fördermittel besteht und gegen Entscheidungen über die Vergabe nicht geklagt werden kann. (vgl. Dünser 1979; Zauner-Jelemensky 1988)

Noch im Jahr 1975 standen 35 Mio Schilling für die Presseförderung zur Verfügung. Genehmigt wurden die Anträge von 19 Tages- und 35 Wochenzeitungen. Im folgenden Jahr umfaßte der Gesamtförderungsbetrag 85 Mio, von 1977 bis 1979 jeweils etwas über 80 Mio, wobei sich der Anteil für die Tageszeitungen wegen der wachsenden Förderung für Wochenzeitungen und später für Presseklubs sowie Journalistenaus- und -fortbildung immer weiter verringert. Ab 1980 ging der Förderbetrag immer weiter zurück und erreichte 1983 einen vorläufigen Tiefstand mit 72.6 Mio Schilling, der erst ab 1987 wieder unterschritten wurde (vgl. Tabelle 7).

Novellierungen 1976 und 1980

Bereits ein Jahr später, im August 1976, wurde das Gesetz über die Förderung der Presse novelliert (dazu und im folgenden: Bundesgesetz vom 7. Juli 1976). Die wichtigste Änderung betraf die Berechnung der Fördermittel. Während nach dem Gesetz von 1975 die Förderung unter Berücksichtigung der Höhe der Jahresumsatzsteuer erfolgte, wurden ab 1976 nur noch 80 Prozent der Mittel entsprechend der Umsatzsteuer vergeben. Die übrigen 20 Prozent wurden berechnet nach den Kosten, die einer Publikation im Jahr für den Postversand entstanden. Außerdem wurde festgelegt, daß der Förderbetrag für eine einzelne Tageszeitung höchstens fünf Prozent und für eine Wochenzeitung höchstens 0.8 Prozent der insgesamt zur Presseförderung vorgesehenen Mittel betragen durfte. Gleichzeitig wurde auch die Förderung von Presseklubs, also solcher Vereinigungen, die Pressekonferenzen organisieren, vorgesehen.

Mit der ersten Novelle des Presseförderungsgesetzes im Sommer 1976 erfolgte also die Abkehr vom reinen "Mehrwertsteuermodell", das die Einführung direkter Subventionen geleitet hatte. Der mit der Novelle beschlossenen Berücksichtigung der Kosten für den Postversand der Zeitungen waren Diskussionen über eine geplante Erhöhung der Postgebühren vorausgegangen (vgl. Zauner-Jelemensky 1988, S. 76). Mit der Aufnahme von Presseklubs wurde das Fördersystem ausgebaut, diese Erweiterung wurde fortgesetzt mit der zweiten Novelle des Gesetzes im Jahr 1978, als schließlich auch die Journalistenausbildung in die Förderung aufgenommen wurde. Außerdem wurde die nach dem Gesetz von 1975 vorgesehene Kürzung der Förderbeträge an Zeitungen, die auch vom Land finanzielle Zuwendungen erhielten, zum 1. Januar 1979 gestrichen. Das heißt, ab 1979 wurden Zeitungen vom Bund gefördert unabhängig davon, ob und in welcher Höhe sie außerdem von den Bundesländern unterstützt wurden. Die bis dahin fünf Mitglieder umfassende Beratungskommission wurde um zwei erweitert, indem Vertreter der Journalistengewerkschaft aufgenommen wurden.

Mit der abermaligen Novellierung des Gesetzes Anfang 1980 wurde erneut das Berechnungsverfahren für die Förderbeträge geändert, indem nun zusätzlich die Aufwendungen für Telephon- und Fernschreibgebühren berücksichtigt wurden. Danach wurden 60 Prozent der Fördermittel entsprechend der Höhe der Umsatzsteuer und je 20 Prozent entsprechend den Kosten für den Postzeitungsdienst und für Kommunikationsgebühren vergeben.

Presseförderungsgesetz 1985

Das System der allgemeinen Subventionierung der Zeitungen wurde durch eine abermalige Novellierung des Presseförderungsgesetzes mit dem Jahr 1985 grundlegend geändert (dazu und im folgenden: Kundmachung des Bundeskanzlers vom 3. Juni 1985). Neben der allgemeinen Förderung (= Presseförderung I) wurde im neuen Gesetz zusätzlich eine "Besondere Förderung zur Erhaltung der Medienvielfalt" (= Presseförderung II) eingeführt. Dem neuen Presseförderungsgesetz war eine mehrjährige Diskussion verschiedener Förderungsmodelle vorausgegangen, wobei sich allmählich das Ziel der spezifischen Unterstützung ökonomisch schwächerer Zeitungen herauskristallisierte. Die Verleger indessen beharrten auf dem Prinzip der allgemeinen "Entlastung von Belastungen", das das erste Presseförderungsgesetz geleitet hatte. (vgl. Zauner-Jelemensky 1988) Mit dem im Zusammenhang der besonderen Förderung erklärten Ziel, Medienvielfalt zu sichern, erhielt die Presseförderung 1985 einen neuen medienpolitischen Akzent.

Unabhängig von den Beträgen aus der allgemeinen Förderung gibt es seit dem Gesetz von 1985 zusätzliche finanzielle Zuwendungen für solche Tageszeitungen, denen eine besondere Bedeutung für die politische Meinungs- und Willensbildung zukommt, die aber keine marktbeherrschende Stellung haben. Vor einer Ausschüttung dieser Mittel hat die Bundesregierung ein Gutachten der siebenköpfigen Presseförderungskommission einzuholen. Die Förderungswürdigkeit eines Antragstellers wird anerkannt, sofern die folgenden Voraussetzungen erfüllt sind (zu Änderungen ab 1992 vgl. unten):

- eine Tageszeitung muß von besonderer Bedeutung für die politische Meinungs- und Willensbildung in mindestens einem Bundesland sein; diese liegt vor, wenn die Auflage wenigstens ein Prozent der Bevölkerung des Bundeslandes beträgt
- der redaktionelle Teil der Zeitung muß überwiegend von hauptberuflichen Journalisten erstellt werden
- die Zeitung darf keine marktbeherrschende Stellung haben, d.h. die Zeitung darf mit ihrer Auflage in einem Bundesland 15 Prozent oder in ganz Österreich fünf Prozent der Bevölkerung nicht überschreiten
- die Förderung einer Zeitung ist nicht möglich, wenn ihr Herausgeber oder Verleger auch Annoncenzeitschriften in bedeutendem Umfang herausgibt oder wenn eine enge ökonomische oder organisatorische Beziehung zum Herausgeber oder Verleger von Annoncenzeitschriften besteht
- der Verkaufspreis der Zeitung darf nicht erheblich vom Preis vergleichbarer Zeitungen abweichen
- eine Förderung ist nicht möglich, wenn die Anzeigen einer Zeitung mehr als 20 Prozent ihres jährlichen Seitenumfangs ausmachen.

Der individuelle Betrag der besonderen Förderung setzt sich aus einem Grundbetrag und einem Zusatzbetrag zusammen. Danach erhält jede Zeitung, die als förderungswürdig anerkannt wird, einen gleich hohen Grundbetrag. Der Zusatzbetrag errechnet sich pro Bundesland aus der Auflage und der Anzahl der im Vorjahr redaktionell gestalteten Seiten, das heißt, für eine höhere Zahl redaktionell gestalteter Seiten gibt es auch mehr Geld. Inhaltliche Kriterien sieht das Gesetz nicht vor, da die "besondere Bedeutung für die politische Meinungs- und Willensbildung" bei Tageszeitungen ausschließlich nach der Auflage bestimmt wird. Nach Aussage eines Kommissionsmitglieds sind inhaltliche Kriterien jedoch bei anderen Zeitungen gelegentlich zum Tragen gekommen, wenn etwa die besondere Bedeutung von Wochen- oder Sportzeitungen geprüft wurde.

Mutationen, das sind Zeitungsausgaben "mit nur geringfügig geänderten, für kleine Regionen bestimmten Lokalseiten" (Pürer 1988, S. 676), werden bei der Kalkulation des Zusatzbetrages berücksichtigt. Dieser Zusatzbetrag wird nach dem Gesetz von 1985 indessen nicht für Bundesländer gezahlt, in denen die Auflage der antragstellenden Zeitung mehr als zehn Prozent der Bevölkerungszahl beträgt bzw. unter einem Prozent liegt. Für Grund- und Zusatzbetrag wird je die Hälfte der insgesamt zur besonderen Förderung vorgesehenen Mittel verwendet. Die besondere Förderung beschränkt sich ausschließlich auf Tageszeitungen. Wochenzeitungen, die bei der allgemeinen Bundesförderung bedacht werden, bleiben hier also ausgeklammert. Mit Inkrafttreten des Presseförderungsgesetzes 1985 wurden für die besondere Förderung 40 Mio Schilling zur Verfügung gestellt. Zugleich wurde der für die allgemeine Förderung vorgesehene Betrag um fünf Mio auf 85 Mio Schilling angehoben.

Publizistikförderungsgesetz 1984

Flankiert wurde die Unterstützung der Presse aus der Bundesförderung durch das gleichzeitig novellierte "Bundesgesetz über die Förderung politischer Bildungsarbeit und Publizistik 1984" (dazu und im folgenden: Kundmachung des Bundeskanzlers vom 10. September 1984). Nach diesem Gesetz gehen Fördermittel des Bundes an Publikationen, sofern sie

- mindestens viermal, aber höchstens vierzigmal pro Jahr erscheinen, wobei nicht mehr als 50 Prozent der Auflage gratis abgegeben werden dürfen
- in Österreich verlegt und hergestellt werden unter der Beteiligung von mindestens einem österreichischen Herausgeber
- Fragen der Politik, der Kultur oder der Weltanschauung (Religion) oder der damit zusammenhängenden Disziplinen auf hohem Niveau abhandeln und dadurch der staatsbürgerlichen Bildung dienen
- nicht nur von lokalem Interesse sind
- für Vereinsmitteilungen nicht mehr als 20 Prozent des redaktionellen Umfangs aufwenden
- zum Zeitpunkt der Antragstellung mindestens ein Jahr erscheinen und die Förderung aufgrund der wirtschaftlichen Lage der Publikation erforderlich ist.

Während das Presseförderungsgesetz 1985 Tages- und Wochenzeitungen von der Unterstützung ausschloß, die neu auf dem Markt waren, können nach dem Publizistikförderungsgesetz von 1984 Publikationen gefördert werden, die noch nicht ein Jahr erscheinen. Voraussetzungen dafür sind die Vorlage eines verlegerischen und redaktionellen Konzepts sowie ein Finanzplan.

Novellierungen des Presseförderungsgesetzes von 1985 im Jahr 1992

Die Änderung des Presseförderungsgesetzes von 1985 war bereits seit Jahren gefordert und von seiten der Regierung auch mehrfach angekündigt worden. So schreiben etwa die letzten Jahrgänge des Informationsdienstes "APA Medien" eine Chronik der Kritik an der Presseförderung nach dem Gesetz von 1985 und der Vorschläge für Veränderungen. Die Zeitungsverleger haben sich wiederholt für die deutliche Aufstockung des Budgets für die Presseförderung ausgesprochen. Mehrmals wurde - vom V.Ö.Z., aber z. B. auch von der Gewerkschaft Künste, Medien, freie Berufe -

die Wiederherstellung der "Parität zur Parteienförderung" angemahnt (V.Ö.Z. 1988, S. 40), was ebenfalls eine beträchtliche Erhöhung der Presseförderungsmittel bedeutet hätte. Der Zusammenhang zwischen Parteien- und Presseförderung wird auch hergestellt durch die Forderung, die Unterstützung der Presse ebenso wie die Förderung der Parteien als gesetzliche Verpflichtung zu verankern (vgl. z. B. V.Ö.Z. 1988, S. 38). Damit wäre die jährliche Festlegung des Budgets nicht länger eine Ermessensentscheidung.

Nach dem massiven Einstieg deutscher Medienunternehmen auf dem österreichischen Zeitungsmarkt im Jahr 1988 (vgl. dazu z. B. Pürer 1988, S. 674) wurde verschiedentlich der Vorschlag gemacht, die Förderung von Zeitungen mit ausländischer Kapitalbeteiligung zu kürzen oder solche Zeitungen von der Förderung ganz auszuschließen. Ein entsprechender Passus wurde im November 1990 in das Koalitionsübereinkommen von SPÖ und ÖVP aufgenommen (V.Ö.Z. 1991b, S. 37). Diese Forderung hat schließlich ihren Niederschlag in der Regierungserklärung vom Dezember 1990 gefunden, wo es hieß, daß die Förderung bei Zeitungen und Zeitschriften mit ausländischen Kapitalanteilen um den Anteil der ausländischen Beteiligung gekürzt werden sollte (vgl. Dokumentation in: VÖZ 1991b, S. 30; vgl. auch mig 1992).

Es dauerte bis zum Sommer 1992, bis die neuen gesetzlichen Regelungen über die Presseförderung vorgelegt wurden. Noch im Dezember 1991 hatte Bundeskanzler Franz Vranitzky in einer Rede bei der Generalversammlung des V.Ö.Z. betont, die Reform der Presseförderung 1992 in einem Zusammenhang mit Maßnahmen gegen die Medienkonzentration und für eine Liberalisierung des Rundfunks realisieren zu wollen (1991, S. 4). Bei dieser Gelegenheit stellte der Bundeskanzler bereits eine "deutliche Erhöhung der Gesamtmittel für die Presseförderung" in Aussicht. Zugleich wurde aber deutlich, daß die angekündigte Reform des Presseförderungsgesetzes keine Abkehr von den Prinzipien des Gesetzes von 1985 bringen würde, Modifikationen sollten vielmehr auf der Grundlage des Modells mit allgemeiner und besonderer Förderung erfolgen (S. 16). Allerdings unterstrich der Bundeskanzler auch die Notwendigkeit, Reformüberlegungen auf der Basis objektiver Daten, d.h. von wirtschaftlichen Kennzahlen der Zeitungsunternehmen anzustellen (vgl. S. 17). Im Juli 1992 schließlich beschloß der Nationalrat die Änderung des Presseförderungsgesetzes von 1985 rückwirkend zum 1. Januar 1992 (vgl. dazu und im folgenden: Bundesgesetz ... 1992a). Noch im Dezember desselben Jahres erfolgte eine abermalige Novellierung (Bundesgesetz ...1992b). Die wichtigsten Modifikationen gegenüber dem Presseförderungsgesetz von 1985 führten zu einer stärkeren Förderung von Wochenzeitungen und Änderungen bei der Förderung der Journalistenausbildung.

Im einzelnen sehen die Neuregelungen bei der allgemeinen Förderung so aus: Gefördert werden nun Tageszeitungen sowie Wochenzeitungen, die mindestens 41mal pro Jahr erscheinen, im Gesetz von 1985 war eine Erscheinungsweise von mindestens 50mal jährlich vorgesehen. Die Änderung vom Juli 1992 hatte die

Grenze zunächst bei einer Mindestzahl von 40 Ausgaben festgelegt. Da das Publizistikförderungsgesetz von 1984 Publikationen berücksichtigt, die mit mindestens vier und höchstens 40 Ausgaben pro Jahr erscheinen, hätten Zeitungen und Zeitschriften mit genau 40 Ausgaben sowohl Förderung nach diesem Gesetz wie auch nach dem Presseförderungsgesetz beantragen können. Unverändert bleiben die Auflagengrenzen, wonach Tages- und Wochenzeitungen mit einer verkauften Auflage von mindestens 10.000 bzw. 5000 Stück pro Ausgabe gefördert werden. Neu hingegen ist, daß solche Wochenblätter explizit von der Unterstützung ausgeschlossen werden, die von Gebietskörperschaften herausgegeben oder verlegt werden. Ebenfalls neu ist, daß - ebenso wie schon bei der besonderen Förderung - nur solche Tageszeitungen berücksichtigt werden, deren Verkaufspreis von jenem vergleichbarer Tageszeitungen nicht erheblich abweicht. In den Erläuterungen wird diese Klausel damit begründet, daß Zeitungen, "die mit einem Dumpingpreis auf den Markt kommen" von der Förderung ausgeschlossen werden sollen (Bericht des Verfassungsausschusses) - eine Regelung, die auf die seit April 1992 erscheinende Tageszeitung "täglich Alles" (Kurt Falk) mit einem Verkaufspreis von drei Schilling abzielt.

Der Anteil an der allgemeinen Förderung, der auf Vereinigungen entfällt, die Pressekonferenzen organisieren, beträgt nach der Gesetzesänderung nur noch ein Prozent (bisher 1.6 Prozent). Diese Verringerung des prozentualen Anteils erfolgte vor dem Hintergrund, daß eine Anhebung der Presseförderungsmittel geplant und dadurch eine absolute Kürzung der Förderbeträge für die Vereinigungen nicht zu erwarten war. Mit der Einfügung eines neuen Passus bei den Regelungen für die allgemeine Förderung soll der Marktzutritt neuer Zeitungen erleichtert werden. Bislang konnten nur solche Zeitungen Unterstützung beantragen, die bereits mindestens ein Jahr erschienen. Seit 1992 können nun auch Zeitungen berücksichtigt werden, die seit einem halben Jahr auf dem Markt sind.

Wie schon bei früheren Gesetzesänderungen wurde auch 1992 der Berechnungsmodus für die Förderung modifiziert, d.h. die Gewichte, mit denen die Höhe der Jahresumsatzsteuer, die Ausgaben für den Postvertrieb, für Telephon- und Fernschreibgebühren berücksichtigt werden, haben sich verschoben. Nach dem neuen Gesetz werden 50 Prozent der Fördermittel unter Berücksichtigung der Jahresumsatzsteuer vergeben (bisher 60 Prozent). 30 Prozent der Mittel werden nun entsprechend den Aufwendungen für den Postversand ausgeschüttet (bisher 20 Prozent). Unverändert bleibt der Anteil von 20 Prozent, der die Kosten für Telephon und Fernschreiben berücksichtigt. Der Gesamtförderbetrag, den eine Zeitung aus dem Topf der allgemeinen Förderung erhalten kann, wurde bei Tageszeitungen von fünf auf sechs Prozent und bei Wochenzeitungen von 0,8 auf ein Prozent der Mittel angehoben. Diese Vorkehrung erschien notwendig, um sicher zu stellen, daß auch nach der Erhöhung des Budgets und der zwischenzeitlich gesunkenen Zahl der Tageszeitungen alle Fördermittel vergeben werden können (vgl. Bericht des Verfassungsausschusses). Die Novelle vom Dezember 1992 sieht zusätzlich vor, daß - sollten einmal die errechneten Förderbeträge die insgesamt zur Verfügung stehenden Mittel nicht ausschöpfen - die Differenz anteilsmäßig an die geförderten Zeitungen vergeben wird.

Während die Verschiebung der Erscheinungsweise von 50mal auf 41mal pro Jahr den Kreis antragsberechtigter Publikationen erweitert, wird die angestrebte stärkere Förderung von Wochenzeitungen 1992 zusätzlich abgesichert durch die Festlegung eines Verteilungsschlüssels für die Mittel aus der allgemeinen Förderung. Nach Abzug der Beträge zur Förderung von Presseklubs (ein Prozent des Gesamtbetrags) werden die Mittel in einem Verhältnis von 65 zu 34 Prozent auf Tageszeitungen und Wochenzeitungen verteilt.

Bei den Regelungen für die Vergabe von Mitteln aus der besonderen Förderung hat es 1992 lediglich eine bedeutsame Veränderung gegeben: Bislang waren Zeitungen nicht förderungswürdig, deren Anzeigenumfang mehr als 20 Prozent des jährlichen Seitenumfangs ausmacht. Diese Grenze wurde auf 22 Prozent angehoben. Als Begründung führt der Bericht des Verfassungsausschusses an, daß Zeitungen ihre Förderungswürdigkeit nicht verlieren sollen, wenn sie - etwa durch Kampagnen der Anzeigenakquisition - vorübergehend die Umfangsgrenze überschreiten. Diese Ausführungen bieten allerdings keine Erklärung für die Wahl dieses Prozentsatzes, so daß lediglich festzuhalten ist, daß förderungswürdige Zeitungen seit 1992 einen höheren Anzeigenumfang haben dürfen. Der besondere Akzent des geänderten Presseförderungsgesetzes liegt bei der Journalistenausbildung. Die entsprechenden Regelungen wurden 1992 in einem eigenen Abschnitt in das Gesetz aufgenommen. Die österreichische Bundespresseförderung erhält damit im Bereich der indirekten Förderungsmaßnahmen ein neues Gewicht (vgl. dazu hier Kap. 4.3).

Die Veränderungen im Presseförderungsgesetz von 1985 wurden vor dem Hintergrund der in Aussicht gestellten Erhöhung der Fördermittel formuliert. Parallel zu der Verabschiedung der Gesetzesnovelle im Juli 1992 wurde dann auch eine gegenüber den im Bundesfinanzgesetz 1992 vorgesehenen Beträge deutliche Erhöhung der Mittel für die Presseförderung beschlossen, die bei der allgemeinen Erhöhung etwa eine Verdoppelung, bei der besonderen Förderung beinahe eine Versechsfachung bedeutete (vgl. Bericht des Verfassungsausschusses). Das Bundesfinanzgesetz hatte für 1992 in der allgemeinen Förderung einen Betrag von 54,6 Mio Schilling veranschlagt, womit sich der mehrjährige Abwärtstrend fortgesetzt hätte. Parallel zu der Novelle des Presseförderungsgesetzes wurde der Betrag für die allgemeine Förderung auf 110 Mio ÖS angehoben, so daß hier 1992 ein vorläufiger Höchststand der Mittel erreicht wurde. Die besondere Förderung wurde auf 180 Mio ÖS festgesetzt (vgl. auch Tabellen 7 und 8). Um die Planung der Verlage zu vereinfachen, sollen auch in den kommenden Jahren jeweils 300 Mio Schilling für die Bundespresseförderung zur Verfügung gestellt werden.

Tabelle 7
Österreich: Presseförderung I 1975 bis 1992

Jahr	Fördermittel	Anträge T	W	P	J	gefördert T	W	P	J	abgelehnt T	W	P	J
1975	35.000.000	19	37	-	-	19	35	-	-	-	2	-	-
1976	85.000.000	19	56	4	-	19	52	4	-	-	4	-	-
1977	80.750.000	19	61	4	-	19	54	4	-	-	7	-	-
1978	80.750.000	19	63	8	-	19	57	8	-	-	6	-	-
1979	80.750.000	19	63	8	2	18	60	7	2	1*	3	1	-
1980	78.967.000	18	64	7	3	18	60	4	3	-	4	3	-
1981	78.966.000	18	60	5	5	18	52	4	3	-	8	1	2
1982	72.675.000	18	65	5	6	18	55	5	6	-	10	-	-
1983	72.675.000	18	61	5	6	18	56	5	6	-	5	-	-
1984	80.675.000	18	63	5	6	18	60	5	6	-	3	-	-
1985	85.675.000	18	65	5	6	18	56	4	5	-	9	-	-
1986	83.533.125	18	63	5	6	18	56	4	6	-	8	1	-
1987	58.174.000	18	65	6	6	18	58	4	5	-	7	2	1
1988	44.347.000	16	62	7	6	16	57	3	5	-	5	4	1
1989	67.200.000	17	58	4	4	16	58	4	4	1	-	-	-
1990	61.110.000	17	60	5	4	16	59	5	4	1	1	-	-
1991	55.566.000	17	57	7	5	16	54	7	5	1	3	-	-
1992	118.362.000+	15	59	6	5	15	53	6	4	-	6	-	-
1993	110.000.000** +												

T = Tageszeitungen W = Wochenzeitungen P = Presseclubs
J = Institutionen der Journalistenausbildung
* wegen Einstellung ** Voranschlag
+ zuzügl. 10 Mio ÖS für Journalistenausbildung (vgl. Kap. 4.3)

Quelle: Bundeskanzleramt

Tabelle 7 zeigt die Höhe der Bundespresseförderung sowie die Aufteilung der Mittel nach Tages- und Wochenzeitungen, Presseklubs und Institutionen der Journalistenausbildung zwischen 1975 und 1993 im Überblick (= Presseförderung I). In der allgemeinen Förderung des Bundes werden alle Tageszeitungen gefördert (für eine Übersicht der Titel vgl. Tabelle 10), ausgenommen ist lediglich die seit 1992 erscheinende Zeitung *täglich Alles*. Sie ist nach einer entsprechenden Klausel, die 1992 mit der Novellierung in das Presseförderungsgesetz aufgenommen wurde, von der Unterstützung ausgeschlossen, weil ihr Verkaufspreis erheblich von dem der anderen Tageszeitungen abweicht.

Die Förderungsmittel, die insgesamt pro Jahr für alle vier Kategorien zur Verfügung gestellt wurden, sind in Schaubild 25 graphisch dargestellt. Zu dem Betrag für die allgemeine Förderung 1992 sind hier, um die Vergleichbarkeit mit den früheren Jahren zu ermöglichen, die zehn Mio ÖS für die Journalistenausbildung addiert worden. An der Verlaufskurve läßt sich erkennen, wie stark die Summen von Jahr zu Jahr schwanken, daß also nicht etwa ein konstanter Betrag oder eine Anhebung entsprechend des Kostenanstiegs zu kalkulieren ist. Eklatant sind die Schwankungen in der zweiten Hälfte der achtziger Jahre, nachdem mit dem Presseförderungsgesetz 1985 zunächst eine Erhöhung vorgenommen worden war. Obwohl sich die Zahl der Antragsteller und auch die der bewilligten Anträge nur unwesentlich veränderte, sank der Gesamtbetrag für die allgemeine Presseförderung bis 1988 beinahe um die Hälfte. 1989 erfolgte wiederum eine deutliche Anhebung, 1990 und 1991 wurden die Mittel jeweils verringert, bis 1992 mit der Novellierung des Gesetzes eine Verdoppelung der Mittel gegenüber dem Vorjahr erfolgte.

Schaubild 25
Österreich: Presseförderung I 1975 - 1992 (in Mio ÖS)

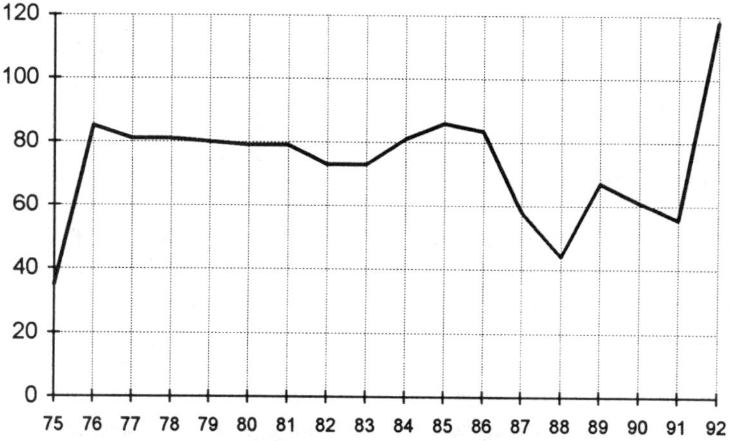

Quelle: Bundeskanzleramt

Ähnliche Schwankungen lassen sich bei der 1985 eingeführten besonderen Förderung, die im Überblick in Tabelle 8 dargestellt ist, erkennen. 1985 mit 40 Mio Schilling angesetzt, sank sie bis 1988 auf die Hälfte, wurde 1989 wieder fast auf den ursprünglichen Betrag angehoben, ging aber schon 1990 noch einmal zurück. Allerdings wurde die besondere Förderung 1990 nachträglich um 164 Mio Schilling ergänzt, so daß sie zum ersten Mal auch erheblich über der allgemeinen Förderung lag. 1991 wurde die besondere Förderung ebenfalls aufgestockt und um 100 Mio erweitert. Nach dem Bundesfinanzgesetz 1992 waren für die besondere Förderung 31,2 Mio ÖS vorgesehen. Die Fördermittel hätten damit unter dem Betrag von 1989 gelegen. Allerdings ist mittlerweile auch die Zahl der Zeitungen, die für die besondere Förderung in Frage kommen, zurückgegangen: Seitdem die kommunistische *Volksstimme* im März und die *AZ* im November 1991 ihr Erscheinen einstellen mußten, bleiben nur noch sieben Tageszeitungen in der besonderen Förderung. Nach der Novellierung des Presseförderungsgesetzes 1992 wurde die besondere Förderung auf 180 Mio Schilling festgelegt, bleibt damit aber noch etwa niedriger als der 1990 ausgeschüttete Betrag.

Tabelle 8
Österreich: Besondere Förderung 1985 bis 1993

Jahr	Fördermittel	Zahl der Anträge	gefördert
1985	40.000.000	10	9
1986	39.000.000	10	10
1987	27.160.000	10	10
1988	20.704.000	8	8
1989	38.400.000	9	8
1990	198.920.000	9	9
1991	131.327.738	8	8
1992	179.063.970	8	7
1993	180.000.000	(Voranschlag)	

Quelle: Bundeskanzleramt

Tabelle 9 schlüsselt die besondere Förderung weiter auf und zeigt für die einzelnen Zeitungstitel die Beträge im Jahr 1991 sowie die addierten Beträge für die Zeit von 1985 bis 1990. Einige dieser Zeitungen erhielten oder erhalten noch zusätzlich Unterstützung in den Ländern.

Seit der Einführung der besonderen Förderung wurde die *AZ* unterstützt und kam über die Jahre auf den höchsten Betrag. Trotzdem mußte die *AZ* 1991 eingestellt werden. Indessen haben sich andere Zeitungen, die zum Teil mit erheblich geringeren Beträgen gefördert werden, auf dem Markt halten können. Das macht deutlich, daß nicht (allein) die Höhe der Förderung für das Verbleiben der Zeitungen auf dem Markt entscheidend ist, in einigen Fällen reichen vergleichsweise niedrige Beträge, um das Fortbestehen einer Zeitung zu sichern. Dieser Befund bestätigt die Intention der besonderen Förderung, deren Vergabe - anders als die allgemeine Förderung - stärker am Einzelfall orientiert ist.

Tabelle 9
Besondere Förderung 1992 und Summe für 1985 bis 1991

	1992	1985-1991
(Neue) AZ (ab 1985)*	-	100.317.587
Kärntner Tageszeitung (ab 1985)	21.862.471	50.737.545
Neue Zeit (ab 1985)	37.709.852	84.734.274
Neues Volksblatt (ab 1985)	18.176.140	39.103.859
Oberösterreichisches Tagblatt (1985-1987)**	-	6.598.792
Die Presse (ab 1985)	34.978.767	77.507.788
Süd-Ost Tagespost (1985-1987)***	-	10.763.116
Volksstimme (ab 1985-1990)	-	20.835.742
NVZ-Neue Volkszeitung (1985-1989)	-	20.187.667
Salzburger Volkszeitung (ab 1990)****	14.468.292	20.710.600
Neue Vorarlb. Tageszeitung (ab 1986)	17.310.356	22.837.396
Der Standard (ab 1990)	34.558.092	37.757.883

* bis 31.10.1991 — Beträge sind gerundet
** ab 1.6. 1987 in die AZ integriert
*** bis 31.3.1987
**** bis 1989 integriert in die NVZ

Quelle: Bundeskanzleramt

Einen beträchtlichen, wenngleich unübersichtlichen Umfang machen die Inseratenaufträge der Bundesregierung, der Länder und Gemeinden sowie der verstaatlichten Betriebe aus (zur Diskussion von Insertionen als Presseförderung vgl. hier auch Kap. 1). Felix Dünser hat den Betrag, den Bundeskanzleramt und Bundesministerien für Anzeigenschaltungen zwischen 1975 und 1978 aufgewendet haben, 1979 mit mehr als 49 Mio Schilling errechnet (Medienbericht II, S. 104; Dünser 1979, S. 250). Die Einnahmen können als Presseförderung verstanden werden, sofern der Zweck der Inserate (wenigstens) auch darin besteht, den Zeitungen finanzielle Zuwendungen zukommen zu lassen. Daß dabei offenbar die größeren Zeitungen bevorzugt werden, entspricht der Logik, wie sie sich in der "Auflagen-Anzeigen-Spirale" auf dem Pressemarkt ausdrückt. Daß aber auch die schwächeren SPÖ-Zeitungen bei der Inseratenvergabe bevorzugt wurden, spricht für den Zweck einer gezielten Presseförderung (Medienbericht II, S. 105). Nach Angaben von Dünser addieren sich dazu außerdem Anzeigenkampagnen der verstaatlichten Betriebe.

4.2 Zuschüsse aus der Arbeitsmarktförderung

Den österreichischen Tageszeitungen bzw. ihren Druckereien gingen in den letzten Jahren erhebliche Beträge aus der Arbeitsmarktförderung des Bundesministeriums für Arbeit und Soziales zu, in der Regel ergänzt durch Förderbeträge aus den Bundesländern. Allein für die Zeit zwischen 1989 und 1991 ist von einem Gesamtförderbetrag von 830 Mio Schilling die Rede (Reiterer 1992, S. 97).

Die Förderung von Druckereien wurde offenbar ausgelöst durch die zeitweilig drohende Abwanderung der *Kurier*-Druckerei aus Wien nach Niederösterreich. Die Ansiedlung außerhalb der Stadtgrenzen hätte für Wien Einbußen bei Steuern und der zehnprozentigen Anzeigenabgabe bedeutet (vgl. Schopf 1990). Der *Kurier* baute schließlich das neue Druckhaus in Wien-Inzersdorf und bekam dafür eine Unterstützung von rund 80 Mio Schilling (Kotanko/Wolf 1988; auch Reiterer 1992, S. 97).

1983 und 1984 erhielt dann die sozialistische "Vorwärts AG" insgesamt 47,5 Mio ÖS für die Anschaffung einer neuen Zeitungsrotationsmaschine sowie zur Errichtung eines neuen Druckereigebäudes (vgl. dazu und im folgenden Bericht des Rechnungshofes 1992; profil 1991; das Bundesministerium für Arbeit und Soziales selbst erteilte keine Auskunft). Der Förderbetrag wurde je zur Hälfte vom Bundesministerium für Arbeit und Soziales und dem Land Wien gezahlt. Mit der finanziellen Unterstützung sollte auch der Erhalt von insgesamt 321 Arbeitsplätzen gesichert werden. Ebenfalls 1984 gingen der ÖVP-nahen "Herold-Druck- und VerlagsgesmbH" in Wien 25 Mio ÖS zu. (Die Aussagen über die Parteinähe der in diesem Kapitel genannten Unternehmen, die ein parteipolitisches Gegengeschäft andeuten, sind dem Bericht des Rechnungshofes übernommen.) Dieser Betrag wurde vergeben für die Einrichtung eines neuen Produktions- und Redaktionssystems. Damit sollten auch 33 Arbeitsplätze neu geschaffen werden. Ebenso wie bei der Förderung der "Vorwärts AG" wurde in diesem Fall die Zusage des Bundesministeriums an die Beteiligung des Landes Wien bei der Förderung der Investitionsvorhaben geknüpft.

1988 erhielt die gleichfalls der ÖVP nahestehende "Buchdruckerei und Buchhandlung Carinthia des St. Josef Vereins" in Klagenfurt eine Förderung von sieben Mio Schilling. Diese Unterstützung wurde beantragt zur Anschaffung eines integrierten Textverarbeitungssystems für die *Kleine Zeitung* für Kärnten und für die *Neue Volkszeitung* mit den Ausgaben für Tirol (*Neue Tiroler Zeitung*) und Salzburg (*Salzburger Volkszeitung*). Mit dem Antrag auf finanzielle Unterstützung wurde offenbar auch deutlich gemacht, daß die beiden Zeitungen eingestellt würden, wenn die Investitionsvorhaben nicht durchgeführt werden könnten. Mit der Einstellung wäre eine Entlassung von 130 Arbeitnehmern verbunden gewesen. Die Förderung an die "Carinthia" wurde ausschließlich aus Mitteln des Bundesministeriums für Arbeit und Soziales gezahlt, eine Landesbeteiligung hat es in diesem Fall nicht gegeben. Das ehemalige ÖVP-Organ *Neue Volkszeitung* mußte dennoch Anfang 1990 sein Erscheinen einstellen, nur kurze Zeit nachdem das Blatt in eine parteiunabhängige Tageszeitung umgewandelt worden war (Pürer 1990, S. 9).

Gleichfalls 1988 beantragte "Die ganze Woche Zeitschriften GesmbH & Co KG" (Kurt Falk) in Wien eine Förderung für den Bau einer Hochleistungsdruckerei. Der Antrag war verbunden mit der Zusage des Verlages, in Zukunft verstärkt auf Zeitungspapier aus österreichischer Produktion zurückzugreifen. Zur Zeit der Antragstellung lag dem Unternehmen eine Zusage des Landes Wien vor, das Vorhaben mit 66,7 Mio Schilling zu fördern, sofern auch eine Förderung durch den Bund erfolgt. Das Bundesministerium für Arbeit und Soziales förderte das Vorhaben mit 133,3 Mio aus dem Topf der Arbeitsmarktförderung.

Die wiederholte Druckereiförderung durch das Ministerium löste eine Welle von Anträgen anderer Zeitungsunternehmen aus. Die "Mediaprint" erhielt 180 Mio für den Ausbau ihrer Druckerei in Wien, wiederum verknüpft mit einer 60-Mio-Beteiligung des Landes. Die ÖVP-nahe "Wagner'sche Universitätsdruckerei" in Innsbruck bekam 1990 13,5 Mio für die Anschaffung neuer Maschinen nach einem Brand. Dieser Betrag machte die Differenz aus, die durch die Leistungen der Versicherung nicht gedeckt war. Mit mehr als 60 Mio Schilling förderte das Ministerium schließlich 1991 den Bau des "Druckzentrum West", das eine Tochtergesellschaft der *Salzburger Nachrichten* errichtet. In der Druckerei werden auch die Ausgaben der *Neuen Kronen Zeitung* für Salzburg, Tirol und Vorarlberg produziert. Die Mittel des Ministeriums stammten wiederum aus dem Topf der Arbeitsmarktförderung. Der Bau des Druckzentrums sowie dessen Förderung lösten erhebliche Proteste der Druckerinnung aus, die bei bereits bestehendem Mangel an Fachpersonal im Raum Salzburg noch eine Abwanderung von Arbeitskräften befürchtet, was Probleme für kleinere Druckereibetriebe mit sich brächte (APA 51/1991; Worm 1992). Die Stadt Salzburg ist an der Förderung für das Druckzentrum mit zweimal zehn Mio Schilling beteiligt. Als Reaktion auf die Förderung des "Druckzentrums West" fordert die Innung indessen eine entsprechende Unterstützung der übrigen Salzburger Druckereien, um den "wettbewerbsverzerrenden Eingriff" auszugleichen (APA 1992a). 1992 sind auch anderen Zeitungsunternehmen für ihre Druckereien Investitionshilfen aus der Arbeitsmarktförderung des Ministeriums für Arbeit und Soziales zugesagt worden. Einschließlich der Förderung für die *Salzburger Nachrichten* wurden insgesamt 450 Mio Schilling ausgeschüttet. An den Grazer Styria-Verlag gingen 112 Mio, an den Verlag der *Tiroler Tageszeitung* 76 Mio, an die *Vorarlberger Nachrichten* 63 Mio, an die *Oberösterreichischen Nachrichten* 32 sowie je 22 Mio an die Kärntner Druck und Verlags Gesellschaft und den Carinthia Verlag. Ein Drittel dieser Beträge wurde jeweils von den Bundesländern aufgebracht (Ninz 1992).

1992 legte der Rechnungshof einen Bericht vor, der sich mit der Druckereiförderung des Bundesministeriums für Arbeit und Soziales während der Zeit von 1983 bis 1988 befaßte (vgl. dazu und im folgenden: Rechnungshof 1992; profil 1991). Der Rechnungshof rügte die Förderung der Printbetriebe durch das Ministerium in allen Fällen, und zwar wegen der Verfahren an sich und im einzelnen weil die Voraussetzungen für die für eine Inanspruchnahme von Arbeitsmarktförderung nicht gegeben waren, wegen bestehender Überkapazitäten im Drucksektor sowie wegen der Auswirkungen im Bereich der Presseförderung. Insgesamt hätten die Maßnahmen zu einer Verstärkung des Ungleichgewichtes beim Wettbewerb in diesem Sektor beigetragen - so das Fazit des Rechnungshofes.

In der Diskussion der Auswirkungen auf die Presseförderung nimmt der Rechnungshof eine Interpretation vor, die die Druckereiförderung durch das Bundesministerium für Arbeit und Soziales als parteipolitisch motiviert bezeichnet (vgl. dazu: Rechnungshofbericht 1992, S. 245/246). Der "Abwanderungsthese", wonach die Druckereiförderung durch die drohende Ansiedlung der *Kurier*-Druckerei außerhalb von Wien ausgelöst wurde, schenkt der Rechnungshof keine Beachtung. Vielmehr stellt er die Förderung ÖVP-naher Unternehmen als eine unabwendbare Folge der Förderung der sozialistischen "Vorwärts AG" hin. Die Gewährung des Zuschusses an "Die ganze Woche Zeitschriften GesmbH & Co KG", die sich keiner der beiden großen Parteien zuordnen ließe, sei als ein "Zugeständnis an die Printmedienmacht" zu bewerten (S. 245). Der Bericht des Rechnungshofes stellt außerdem einen Zusammenhang zwischen der Druckereiförderung und der Entwicklung bei der Bundespresseförderung her. Weil aufgrund der Berichterstattung über die Druckereiförderung weitere Anträge von Printbetrieben beim Bundesministerium für Arbeit und Soziales eingingen, dessen Budget aber erschöpft war, "sei der Bundeskanzler dafür eingetreten, die bestehende Presseförderung einmalig aufzustocken und hiefür im Rahmen eines Budgetüberschreitungsgesetzes vorzusorgen." (S. 245) Dieser Zusammenhang zwischen Druckereiförderung und Presseförderung wird in dem Bericht durch Hinweise auf entsprechende Erläuterungen zur Regierungsvorlage sowie bei der Debatte im Nationalrat weiter gestützt.

Eine zentrale Rolle in der Kritik des Rechnungshofes an der Druckereiförderung durch das Bundesministerium für Arbeit und Soziales kommt dem Argument zu, daß die Förderung entgegen dem Grundsatz des Ministeriums erfolgt, Branchen mit Überkapazität von der Unterstützung auszuschließen. Die mit der Förderung der "Vorwärts AG" begonnene Beihilfenvergabe habe letztlich dazu geführt, "daß für den ohnehin von einem Verdrängungswettbewerb und von Überkapazitäten gekennzeichneten Wirtschaftszweig des Druckerei- und Vervielfältigungswesens im Rahmen der Presseförderung noch weitere Beträge in Millionenhöhe zu Lasten der öffentlichen Hand bereitgestellt wurden" (S. 246).

4.3 Indirekte Maßnahmen der Presseförderung

Neben den direkten Subventionszahlungen durch den Bund erhalten die österreichischen Zeitungen Kostenerleichterungen auf indirektem Weg. Dazu gehören Steuererleichterungen, ermäßigte Tarife im Postzeitungsdienst sowie bei Bahntransporten, die Unterstützung der Austria Presse Agentur, Werbebeschränkungen im österreichischen Rundfunk und schließlich die Beihilfen zur Journalistenausbildung. Ein reduzierter Mehrwertsteuersatz gilt in Österreich nur für Vertriebserlöse. Dabei fällt Mehrwertsteuer in der Höhe von zehn Prozent an, im europäischen Vergleich ein

Spitzensatz (vgl. Tabelle 3). Der volle Satz von 20 Prozent gilt für Anzeigeneinnahmen und andere Erlöse.

Die Subventionierungsleistungen durch die günstigen Tarife im Postzeitungsdienst werden üblicherweise durch den Kostendeckungsgrad der Post in diesem Dienstleistungsbereich bzw. durch das ihr jährlich darin entstehende Defizit ausgedrückt. Anfang der achtziger Jahre wurde bei der österreichischen Post ein Kostendeckungsgrad von weniger als 20 Prozent verzeichnet. 1991 liegt er nur noch bei etwa zwölf Prozent. Das Defizit für 1980 wird auf rund 828 Mio bzw. 1713 Mio Schilling beziffert, je nachdem ob die Kosten auf der Basis von Massensendungen oder Drucksachen berechnet werden (Medienbericht II, S. 102). Das Defizit für 1991 wird mit 2,8 Milliarden Schilling angegeben. Von den im Postzeitungsdienst beförderten Publikationen machen Tageszeitungen rund ein Viertel und Wochenblätter rund 15 Prozent aus. Das heißt, der größere Teil, nämlich fast 60 Prozent, entfällt auf Monatsschriften (1990; vgl. Geretschlaeger/Leinschitz 1992, S. 42). Tages- und Wochenzeitungen sind daher nur teilweise für die Kostenunterdeckung im Postzeitungsdienst verantwortlich zu machen. Der Anteil des Postversandes an der Gesamtauflage der Zeitungen liegt lediglich bei etwas mehr als fünf Prozent. Die österreichische Post erbringt für die Zeitungen jedoch zusätzlich einen besonderen Service: obwohl seit 1974 Briefe und Drucksachen am Sonnabend nicht mehr zugestellt werden, werden Zeitungen dennoch ausgeliefert. Dafür werden finanzielle Zuschläge erhoben (Medienbericht II, S. 384/385).

Die Austria Presse Agentur (APA), eine von den Zeitungsverlegern getragene Genossenschaft, erhält keine regelmäßige Förderung durch die Regierung. Ihr gingen Mittel aus dem Topf der allgemeinen Bundesförderung über ihre Tochtergesellschaft IPZ für die Veranstaltung von Pressekonferenzen zu. Als einmalige Investitionsförderung für den technischen Ausbau ihres EDV- und Telekommunikationssystems erhielt die APA in den Jahren 1989 bis 1991 dreimal zehn Mio Schilling und im Jahr 1988 zusätzlich für den Aufbau ihres Bilderdienstes fünf Mio Schilling (schriftl. Auskunft APA 12.2.92).

Für den österreichischen Rundfunk gelten Werbebeschränkungen, die im Rundfunkgesetz festgelegt sind. Diese Regelungen bildeten die Basis für eine Grundsatzvereinbarung zwischen V.Ö.Z. und ORF (vgl. dazu und im folgenden: V.Ö.Z. 1991a; Fabris/Luger/Signitzer 1992, S. D201). Beide Vertragspartner sehen sich also offenbar in einem Wettbewerb um die Werbung, den Begrenzungen der Werbezeit im Rundfunk kommt daher die Rolle einer indirekten Presseförderung zu (vgl. dazu auch Kap. 1). Die Grundsatzvereinbarung wurde 1985 abgeschlossen und 1987 noch einmal ergänzt. Der V.Ö.Z. bekräftigte darin, keinen Einwand gegen die Einführung von Sonn- und Feiertagswerbung zu erheben, wenn gleichzeitig das Werbevolumen auf 120 Minuten im Hörfunk und 20 Minuten im Fernsehen begrenzt bliebe. In den Regionalprogrammen des Fernsehens, die nur bundesländerweit empfangen werden, sollte keine Werbung ausgestrahlt werden. In der Ergänzung von 1987 hieß es, daß lokale und regionale Werbung nur über Ö-Regional verbreitet werden dürfte. Als der

ORF 1990 eine Verdoppelung der Werbezeiten verlangte und die Zeitungsverleger sich dagegen wehrten, wurde das Abkommen in Frage gestellt. Zunächst wurden zwar die Werbezeiten nicht ausgedehnt, dafür aber die Werbepreise angehoben (Fabris/Luger/Signitzer 1992, S. D201). Im Juni 1993 einigten sich ORF und Verleger schließlich doch auf eine stufenweise Ausdehnung der Werbezeiten. Ab 1. Jänner 1995 darf demnach der ORF die tägliche Werbezeit im Fernsehen um fünf auf 25 Minuten erhöhen, 1997 auf 30 Minuten, 1999 auf 35 Minuten und im Jahr 2001 sollen dem ORF täglich 42 Minuten Sendezeit für Werbung zur Verfügung stehen. Das entspräche dann rund fünf Prozent der täglichen Sendezeit (vgl. Bruck 1993, S. 99). Wie derzeit der Anteil der Tageszeitungen am Werbeaufkommen in Österreich aussieht, zeigt Schaubild 26.

Schaubild 26
Österreich: Anteile am Werbemarkt 1991

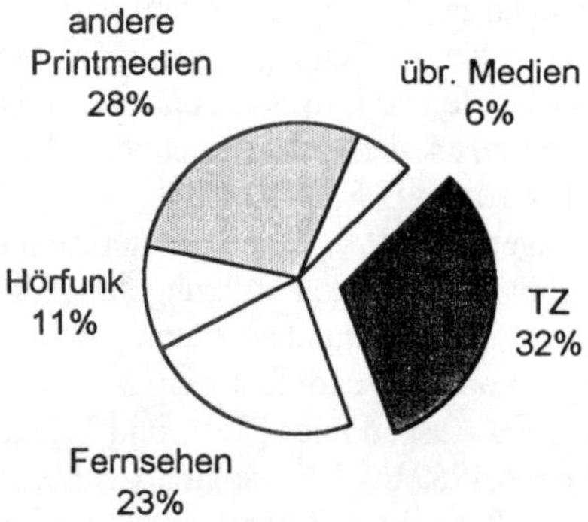

Quelle: MMO (vgl. Bruck 1993, S. 63)

Obwohl bislang kein kommerzieller Rundfunk in Österreich besteht, entfällt auf das Fernsehen ein vergleichsweise hoher Anteil des Werbekuchens (zum Vergleich: Anteil des Fernsehens in Finnland 12,4 Prozent, in der Bundesrepublik Deutschland rund elf Prozent), was auch auf die relativ weiten Werberegelungen, die für den ORF gelten, zurückzuführen sein dürfte. Außerdem hat auch der Hörfunk eine relativ starke Position auf dem österreichischen Werbemarkt (zum Vergleich: Finnland 4,1 Prozent, Bundesrepublik Deutschland 3,6 Prozent). Im Langzeitvergleich über 12 Jahre zeigt sich, daß die Tageszeitungen, die 1988 mit 30,5 Prozent einen Tiefstand zu verzeichnen hatten, ihren Anteil am Werbeaufkommen in den letzten Jahren wieder haben ausbauen können. Der Marktanteil des Fernsehens, der

1982 bei gut 30 Prozent gelegen hatte, ist seit 1987 deutlich zurückgegangen und hat 1991 den niedrigsten Wert erreicht. (Haas 1992, S. 774)

Mit den Novellierungen des Gesetzes über die Presseförderung in den Jahren 1976 und 1978 wurden Presseklubs sowie Einrichtungen der Journalistenaus- und -fortbildung in die Förderung durch den Bund einbezogen. Durch die Aufnahme in das Gesetz werden diese Maßnahmen eindeutig als Presseförderung deklariert, wenngleich sich die geldwerte Unterstützung, die damit der Presse zuteil wird, kaum bemessen und daher in ihrem Beitrag zum Erhalt der Pressevielfalt nur schwer beurteilen läßt.

Mit der Änderung des Presseförderungsgesetzes 1985 im Sommer 1992 wurde insbesondere auch eine Verbesserung der Förderung der Journalistenausbildung angestrebt. Die Erläuterungen betonen das Ziel, eine intensive und professionelle Journalistenausbildung zu fördern, wie sie in erster Linie vom "Kuratorium für Journalistenausbildung" in Salzburg durchgeführt werde (Bericht des Verfassungsausschusses). Nach wie vor bleibt die Förderung auf solche Institutionen beschränkt, die nicht gewinnorientiert tätig sind und ihre Aus- und Fortbildungsmaßnahmen vorwiegend Angestellten österreichischer Medienunternehmen oder freien Journalisten, die hauptberuflich journalistisch arbeiten, anbieten. Neu ist nun eine Unterscheidung von - erstens - Vereinigungen, die sich ausschließlich oder überwiegend der Journalistenausbildung widmen, dafür mindestens einen hauptberuflichen Angestellten haben und mindestens 1.200 Ausbildungstage im Jahr erreichen, und - zweitens - solchen Einrichtungen, die Volontariate vergeben oder finanzieren, aber nicht die genannten Voraussetzungen erfüllen. An Institutionen, die der ersten Kategorie angehören, werden 70 Prozent der zur Verfügung stehenden Mittel vergeben, auf Institutionen der zweiten Kategorie entfallen 30 Prozent.

Mit der Novelle des Presseförderungsgesetzes im Jahr 1992 und der damit einhergehenden Erhöhung der Mittel wurde die Journalistenausbildung aus dem Etat der allgemeinen Bundespresseförderung ausgegliedert. Sie wird nun aus einem eigenen Topf bezahlt, für den 1992 ein Betrag von zehn Mio ÖS bereitgestellt wurde. Gegenüber dem Vorjahr bedeutete das eine Steigerung um etwa das Vierfache. 1992 stellten fünf Ausbildungsinstitutionen Anträge, vier gelangten in die Förderung. Den mit Abstand größten Förderbetrag erhielt mit sieben Mio das "Kuratorium für Journalistenausbildung" in Salzburg, je eine Mio ging an die "Katholische Medienakademie", an das zur SPÖ gehörige "Friedrich-Austerlitz-Institut" sowie an das zur ÖVP gehörige "Friedrich-Funder-Institut für Publizistik, Medienforschung und Journalistenausbildung" (Angaben vom Bundeskanzleramt).

4.4 Presseförderung durch die Bundesländer

Neben den Drittelbeteiligungen, die die Bundesländer zu den vom Bund geleisteten Druckereiförderungen aufbringen, erhalten Zeitungen in einigen Bundesländern eine gesonderte Förderung. Zur Orientierung zeigt die nachfolgende Tabelle 10 im Überblick die österreichischen Tageszeitungen und in welchen Bundesländern sie erscheinen. Keine eigenen Tageszeitungen gibt es in den Bundesländern Burgenland und Niederösterreich. Ergänzend sind die durchschnittlichen Wochentagsdruckauflagen der Zeitungen (1992) eingetragen. (vgl. Pürer 1990; KOMDAT 1992) Gekennzeichnet ist außerdem, welche Zeitung Mittel aus der besonderen Förderung des Bundes (*) und welche Zeitung direkte Förderung in einem Bundesland erhält (+), ausgenommen sind die Druckereiförderungen sowie der Verzicht der Länder auf Anzeigenabgabe (vgl. dazu Tabelle 15). Alle in der Tabelle verzeichneten Tageszeitungen - außer *Täglich Alles* - werden durch Zuwendungen aus der allgemeinen Bundespresseförderung unterstützt (vgl. Kap. 4.1).

Tabelle 10
Österreich: Tageszeitungen nach Bundesländern

Titel	Druckauflage	Bundesland
Kärntner Tageszeitung *	54.635	Kärnten
Oberösterreichische Nachrichten +	119.627	Oberösterreich
Neues Volksblatt * +	28.970	Oberösterreich
Salzburger Nachrichten	96.864	Salzburg
Salzburger Volkszeitung *	12.900	Salzburg
Kleine Zeitung +	267.926	Steiermark/Kärnten
Neue Zeit *	68.397	Steiermark
Tiroler Tageszeitung	97.813	Tirol
Vorarlberger Nachrichten +	73.520	Vorarlberg
Neue Vorarlberger Tageszeitung * +	30.459	Vorarlberg
Neue Kronen Zeitung +[1)]	1.016.993	Wien
Kurier	343.49	Wien
Der Standard *	87.725	Wien
Die Presse *	94.289	Wien
Wiener Zeitung[2)]	28.667	Wien
Täglich Alles	496.000	Wien

* Besondere Förderung des Bundes
+ Länderförderung
[1)] Länderförderung in der Steiermark [2)] 1990; hrsg. von der Republik Österreich

Für die Vergabe von Mitteln nach der Länderförderung bestehen nicht überall schriftlich fixierte Richtlinien, es werden Kriterien für die Vergabe angegeben wie Sitz des Zeitungsverlags im betreffenden Bundesland oder besonderer Bezug zum Land. Das Verhalten der Länder hinsichtlich einer Förderung durch Inseratenaufträge und sonstige Maßnahmen ist heterogen und erst recht schwer durchschaubar. Das

Institut für Publizistik und Kommunikationswissenschaft der Universität Salzburg behalf sich bei der Erstellung des Medienberichtes II mit einer Umfrage bei den Ämtern der Landesregierungen bzw. den Magistraten der Landeshauptstädte. Allerdings hatten die Autoren offenbar dennoch Zweifel hinsichtlich der Vollständigkeit des Überblicks, den sie aufgrund der Umfrageergebnisse für 1981 vorgelegt haben - darauf läßt eine entsprechende Anmerkung in dem Bericht schließen.

Ergänzende Angaben bis zur Mitte der achtziger Jahre sind einer Aufstellung zu entnehmen, die Herbert Dachs in seinem Aufsatz über "Öffentliche Parteienfinanzierung in den österreichischen Bundesländern" 1985 publiziert hat. Zur Fortschreibung und Aktualisierung der früheren Erhebungen wurde für diesen Bericht Mitte 1991 wiederum eine Umfrage bei den Presseämtern der Landesregierungen durchgeführt. In die nachfolgende Dokumentation gehen schriftliche Auskünfte der Presseämter der Landesregierungen im Burgenland, in Kärnten, Niederösterreich, Oberösterreich, Salzburg, in der Steiermark, in Tirol und in Wien ein. Die zuständige Stelle bei der Vorarlberger Landesregierung hat trotz Nachfragen keine Stellung genommen. Die Antworten auf den für alle Bundesländer einheitlichen Fragenkatalog gingen zum Teil erst nach Monaten und aufgrund eines Erinnerungsschreibens ein. Die Auskünfte beziehen sich jeweils nur auf die Förderung durch das Land, in einigen Antwortschreiben wird aber die Vermutung geäußert, daß (zusätzlich) einzelne Gemeinden oder Wirtschaftsunternehmen die Presse direkt oder indirekt finanziell unterstützen. Aktuelle Daten wurden aufgrund einer neuen Erhebung im Frühjahr 1993 zusammengestellt. Die meisten Anfragen wurden diesmal schnell und ohne Nachfragen beantwortet.

Da sich Beträge, die der Presse zugute kommen, auch in den Ländern oft hinter anderen Budgetposten verbergen, zum Beispiel in der Partei- oder Investitionsförderung, kann die Aufstellung über die Länderpresseförderung kein vollständiges Bild liefern. Die Förderungsarten und die dafür angesetzten Beträge, die hier ausgewiesen werden, unterschätzen daher in jedem Fall die Situation in den Ländern. Es kann davon ausgegangen werden, daß den Zeitungen eine über verschiedene Kanäle insgesamt umfangreichere finanzielle Förderung zuteil wird, als die hier wiedergegebenen Daten zeigen.

Das Burgenland zahlt keine direkten Subventionen an die Presse (dazu und im folgenden: schriftl. Auskunft des Amtes der Burgenländischen Landesregierung 12.12.91 und 28.1.92). Förderungsbeträge werden im Rahmen der allgemeinen Kulturförderung lediglich einzelnen wissenschaftlichen Publikationen zugesprochen. Allerdings zahlt das Land den im Landtag vertretenen Parteien seit 1985 Beihilfen für deren politische Bildungsarbeit. Im ersten Jahr waren dafür zwei Mio Schilling veranschlagt (Medienbericht II, S. 111; Dachs 1985, S. 440/441). Eine weitere indirekte Presseförderung gibt es insofern, als die Zeitungen im Burgenland außer in Eisenstadt keine Anzeigenabgabe zahlen müssen und daher Kosten einsparen. 1991 wurde den drei im Landtag vertretenen Parteien von der Burgenländischen Landesregierung insgesamt ein Betrag von 8.18 Mio Schilling für "Kulturförderung" zur Verfügung gestellt.

In Kärnten bestand seit 1975 direkte und indirekte Presseförderung, mit dem Jahr 1987 wurde die direkte Förderung aus dem Landeshaushalt eingestellt (dazu und im folgenden: schriftl. Auskunft des Amtes der Kärntner Landesregierung 13.9.91). 1985 waren noch zwei Mio und 1986 sowie 1987 jeweils 1,5 Mio Schilling an die Tageszeitungen, die auch in Kärnten gedruckt werden, ausgezahlt worden. Die im Kärntner Landtag vertretenen Parteien erhalten jedoch entsprechend der Zahl ihrer Mandate Förderung für ihre Öffentlichkeitsarbeit.

Niederösterreich zahlt den Zeitungen seit 1981 direkte Subventionen (dazu und im folgenden: schriftl. Auskunft des Amtes der niederösterreichischen Landesregierung 1.10.91 sowie ergänzend 11.3.93). Berücksichtigt werden die Blätter, die in diesem Bundesland erscheinen bzw. über Niederösterreich berichten und finanzieller Unterstützung bedürfen. Seit dem ersten Jahr der Förderung stellte die Landesregierung je zwölf Mio Schilling zur Verfügung. Dieser Betrag ist seitdem gleich geblieben.

Eine zusätzliche indirekte Förderung erhalten die niederösterreichischen Zeitungen in Form von Druckkostenbeiträgen und Inseraten. Der Medienbericht II weist dafür einen jährlichen Betrag von insgesamt neun bis zehn Mio Schilling aus (S. 110). In den Jahren 1985 bis 1990 wurden für Anzeigen und Druckkostenbeiträge insgesamt rund 100 Mio Schilling aufgewendet. Dieser Betrag hat sich seitdem nicht wesentlich verändert. Die Inseratenaufträge gehen an 50 verschiedene Zeitungen. Die im niederösterreichischen Landtag vertretenen Parteien werden ebenfalls gefördert, so daß auch auf diesem Weg zusätzlich Gelder an die Zeitungen fließen dürften. Das Amt der niederösterreichischen Landesregierung geht davon aus, daß einzelne Zeitungen auch von Gemeinden und Wirtschaftsunternehmen gefördert werden. Das Bundesland erhebt keine Anzeigenabgabe.

Oberösterreich führte - laut Angaben von Dachs - 1974 eine allgemeine Presseförderung ein. Auf die Parteizeitungen entfielen danach Mitte der achtziger Jahre rund zwei Mio Schilling (1985, S. 443). Nach Angaben des Amtes der oberösterreichischen Landesregierung (schriftl. Auskunft 10.9.91 sowie ergänzend 6.4.93) gewährt das Land den Tages- und Wochenzeitungen "nach Maßgabe der budgetären Möglichkeiten" jährlich Beträge im Rahmen einer direkten Presseförderung. Diese können solche Blätter erhalten, die ihren Sitz in Oberösterreich haben und dort komplett produziert werden (Eigentümer, Herausgeber, Verleger, Druck, Redaktion, Versand). Die nachfolgende Tabelle 11 weist die Beträge aus, die die oberösterreichischen Zeitungen in den Jahren 1985 bis 1990 erhalten haben.

Tabelle 11
Presseförderung des Landes Oberösterreich 1985 bis 1990

Oberösterreichische Nachrichten	5.073.000
Neues Volksblatt	5.073.000
Oberösterreichisches Tagblatt (bis incl. 1989)	3.827.000
Oberösterreichische FPÖ-Nachrichten	1.425.000
Korrekt-Linzer Rundschau	370.500
Mühlviertler Rundschau	370.500
Rieder Rundschau	370.500
Welser Rundschau	370.500
Vöcklabrucker Rundschau	370.500
Oberösterreichische Rundschau	370.500
Braunauer Rundschau	370.500
Kremstaler Rundschau (ab 1986)	305.500
Steyrer Zeitung	370.500
Kremstal Bote (bis incl. 1987)	134.250
Salzkammergut Zeitung	370.500
Presseförderung insgesamt	S 19.172.250

Quelle: Amt der Oberösterreichischen Landesregierung

1991 standen für die Presseförderung in Oberösterreich insgesamt 2.680.000 ÖS zur Verfügung, 1992 wurde ein Gesamtbetrag von 1.968.300 ÖS bereitgestellt. Für Inseratenaufträge wurden 1990 außerdem 1.429.847 Schilling aufgewendet. Die Verteilung der Anzeigen auf die verschiedenen Zeitungen "erfolgt unter dem Gesichtspunkt einer wirksamen öffentlichen Verbreitung von Informationen und Ankündigungen". Die Vergabe von Inseratenaufträgen durch die Oberösterreichische Landesregierung kann daher nur bedingt als systematische Presseförderung bezeichnet werden, da sie sich an der Auflage orientiert, große Zeitungen also bevorzugt berücksichtigt werden. Tabelle 12 weist die Aufwendungen für 1990 im Detail aus:

Tabelle 12
Inseratenaufträge der Oberösterreichischen Landesregierung für 1990

Neue Kronen Zeitung		417.448
Oberösterreichische Nachrichten		292.830
Oberösterreichisches Tagblatt		41.976
Salzburger Nachrichten		112.008
Neues Volksblatt		115.585
9 Ausgaben der OÖ Rundschau	je	50.000
Gesamtbetrag		S 1.429.847

Quelle: Amt der Oberösterreichischen Landesregierung

Der Medienbericht II verzeichnete für Oberösterreich in den Jahren 1979 bis 1981 eine Insertionsförderung von je rund 3,3 Mio Schilling. Davon entfielen auf die *Oberösterreichischen Nachrichten*, auf das *Neue Volksblatt* und auf das *Oberösterreichische Tagblatt* je 800.000 und auf die Wochenblätter insgesamt gut 900.000 Schilling. Im Vergleich dazu liegen die Einnahmen der Zeitungen aus Inserateaufträgen der Landesregierung 1990 beträchtlich niedriger als zu Beginn der achtziger Jahre: Für die *Oberösterreichischen Nachrichten* ist der Betrag um mehr als 50 Prozent gesunken, das *Neue Volksblatt* kam 1990 nur auf ca. 13 Prozent der früheren Einnahmen aus Inseraten der Landesregierung. 1991 war bei den Inseratenaufträgen ein leichter Anstieg auf einen Gesamtbetrag von fast 1,7 Mio ÖS zu verzeichnen. 1992 verringerte sich das Budget für Insertionen wiederum beträchtlich auf nur noch knapp 1,2 Mio ÖS.

Über die in den Tabellen 11 und 12 aufgeführte Presseförderung hinaus unterstützt Oberösterreich die Journalistenausbildung. Bis 1990 erhielt das "Kuratorium für Journalistenausbildung" jährlich einen Betrag zwischen 5000 und 20.000 Schilling, das "Friedrich-Funder-Institut" in Wien 5000 Schilling. Zusätzlich ging 1990 erstmals eine Unterstützung von insgesamt 26.000 Schilling an die "Oberösterreichische Journalistenschule" in Linz . 1991 standen für die finanzielle Förderung der Journalistenausbildung 26.000 ÖS zur Verfügung, 1992 stieg der Betrag auf 46.000 ÖS. Außerhalb der direkten Presseförderung zahlt das Land Oberösterreich den Parteien keine Mittel für ihre Publikationen.

Das Land Salzburg gewährte seinen Zeitungen seit 1975 eine direkte Förderung (dazu und im folgenden: schriftl. Auskunft des Landespressebüros 12.9.91). Subventionen gingen an die Salzburger Tageszeitungen, die am 1. Januar 1975 mindestens seit zehn Jahren als Lokalzeitungen bestanden und überwiegend im Land Salzburg abgesetzt werden. Diese Klausel sollte dafür sorgen, daß die *Neue Kronen Zeitung* nach einer möglichen Gründung einer Salzburg-Ausgabe nicht in die Förderung einbezogen zu werden brauchte. Der Betrag wurde bis 1984 jeweils zu gleichen Teilen an die *Salzburger Nachrichten*, das *Salzburger Tagblatt* und die *Salzburger Volkszeitung* vergeben.

Seit 1985 wurden die wirtschaftlich gesunden *Salzburger Nachrichten* nicht mehr durch das Land gefördert. Bis dahin hatte das Blatt insgesamt 35 Mio Schilling aus der Landesförderung erhalten. Subventionen gingen seitdem nur noch an die Parteizeitungen *Salzburger Tagblatt* (SPÖ) und *Salzburger Volkszeitung* (ÖVP). Das *Tagblatt* als redaktionelle Ausgabe der *AZ* hat mittlerweile sein Erscheinen eingestellt. Das *Salzburger Volksblatt* wurde bis zu seiner Einstellung im Jahr 1979 ebenfalls gefördert. Seit 1985 erscheint das Blatt unter demselben Titel als Wochenzeitung der FPÖ und wurde seitdem wieder mit rund einem Fünftel des Betrages, den die Tageszeitungen erhielten, gefördert. Die direkte Presseförderung durch das Land Salzburg ist mit dem Jahr 1989 eingestellt worden. Der Betrag, der bislang auf die Zeitungen entfiel, wird nun den Parteien für ihre Öffentlichkeitsarbeit zur Verfügung gestellt. Die Aufteilung auf die Parteien wird so vorgenommen, daß pro Landtagsmandat 150.000 Schilling berechnet werden.

Neben den Beträgen aus der Landespresseförderung erhielten die vier Salzburger Zeitungen auch Zuschüsse aus der allgemeinen Bundespresseförderung sowie zum Teil aus der besonderen Förderung des Bundes. Seit der Einstellung der direkten Presseförderung zahlt das Land Salzburg nur noch an das *Kuratorium für Journalistenausbildung* (50.000 Schilling) sowie für das Mitteilungsblatt des Kameradschaftsbundes (175.000 Schilling) und an die *Elisabethbühne* (75.000 Schilling). Eine systematische Insertionsförderung besteht nicht.

Für die Steiermark verzeichnet der Medienbericht II noch keine direkte Landespresseförderung, sondern lediglich für 1981 einen Betrag von 15 Mio Schilling als Insertionsförderung (S. 110). Indessen verweist Dachs auf allgemeine Landespresseförderung, aus der 1985 rund 12 Mio auf die Parteien entfielen. Seit 1983 enthält die Parteienförderung des Landes einen Posten "Förderungsbeträge an die Tageszeitungen der im Landtag vertretenen politischen Parteien", der bis dahin in dem Förderungsposten "Zuwendungen an Kammern" versteckt war. 1985 erhielten die Landtagsparteien über diese Förderung für ihre Tageszeitungen gut 22 Mio Schilling.

Seit 1990 betrugen die Presseförderungsmittel in der Steiermark jährlich 30 Mio Schilling, die in zwei Teilen zu Beginn des Jahres und zur Jahresmitte ausgezahlt werden (dazu und im folgenden: schriftl. Auskunft des Amtes der Steiermärkischen Landesregierung 4.3.92 sowie ergänzend 17.3.93). Förderung wird Tageszeitungen gewährt, die "eine wichtige Informationsaufgabe innerhalb des Landes wahrnehmen"; diese Voraussetzung gilt als erfüllt, wenn eine Zeitung in der Steiermark auf eine verkaufte Auflage von 80.000 Exemplaren kommt. Unterhalb dieses Schwellenwertes liegt die ehemalige SPÖ-Zeitung *Neue Zeit*, die sich im Besitz der Mitarbeiter befindet. Gefördert werden außerdem Wochenzeitungen, die zum überwiegenden Teil ihrer Auflage in der Steiermark erhältlich sind, die Parteien und Landtagsklubs für ihre Pressearbeit sowie Presseclubs und Institute für Journalistenausbildung. Über Anträge von Gratisblättern wird gesondert entschieden. Wie die Aufteilung der Förderbeträge aussieht, kann hier detailliert für 1990 gezeigt werden. Die Daten sind in Tabelle 13 wiedergegeben.

Die Mittel werden jeweils im Januar und im Juli ausgezahlt, sind für die Tabelle jedoch auf das ganze Jahr umgerechnet. Für die Projekte von FPÖ und VGÖ-AL sind vorläufige Zahlungen ausgewiesen, über den endgültigen Betrag sollte erst im Laufe des Jahres entschieden werden, lag aber hier nicht vor. Nach einem Passus in der Vereinbarung über die Verteilung der Fördermittel können auch seltener als wöchentlich erscheinende Zeitschriften sowie Gratis-, Inseraten- und Postwurfzeitungen unterstützt werden. 1990 wurde für diese Gruppe der nach Vergabe der in Tabelle 13 ausgewiesenen Mittel verbleibende Restbetrag aufgewendet.

Tabelle 13
Presseförderung in der Steiermark 1990 (in Mio ÖS)

Kronen Zeitung	6,5
Kleine Zeitung	6,5
ÖVP oder das von ihr genannte Zeitungsprojekt	6,5
SPÖ oder das von ihr genannte Zeitungsprojekt	6,5
Presseclub und Kuratorium für Journalistenausbildung	0,2
Regionale Wochenzeitungen	0,8
Ring steirischer Regionalzeitungen	0,5
FPÖ oder das von ihr genannte Zeitungsprojekt	0,3
VGÖ/AL oder das von ihnen genannte Zeitungsprojekt	0,3
	29,0

Quelle: Amt der Steiermärkischen Landesregierung

Im Jahr 1992 wandte die Steiermark 52,9 Mio ÖS für die Presseförderung auf. Für die Insertionsförderung standen 3,034 Mio ÖS zur Verfügung. Die Journalistenausbildung wurde mit 150 Mio ÖS unterstützt. Für 1993 sind Beträge in etwa der gleichen Höhe vorgesehen. 1991 zahlte das Land Steiermark zusätzlich je 30 Mio Schilling an den Styria-Verlag und an die Mediaprint für den Bau ihrer Druckanlagen. Diese Beträge wurden ergänzt durch Fördermittel der Stadt Graz. Außerdem verfügt die Landesregierung über ein Budget von jährlich 2.5 Mio Schilling für die Förderung der Presse durch Insertionen, die an die Tageszeitungen und auch andere Publikationen gehen.

In Tirol gibt es keine direkten Pressesubventionen (dazu und im folgenden schriftl. Auskunft des Amtes der Tiroler Landesregierung 3.9.91). Der Landespressedienst der Tiroler Landesregierung wendet auch nur einen vergleichsweise niedrigen Betrag für Druckkostenbeiträge und Inserate auf. Der Medienbericht II gibt für 1980 eine Summe von etwa 450.000 Schilling an (S. 110), von 1985 bis 1990 wurden je rund 400.000 Schilling ausgegeben. Indessen entfällt in Tirol die Anzeigenabgabe.

Presseförderung in Vorarlberg existiert seit 1974 in Form einer Refundierung der Anzeigenabgabe an die Zeitungen. Der Betrag, der davon den Tageszeitungen zugute kam, wird 1977 mit insgesamt 3,9 Mio angegeben. Der Anteil der *Vorarlberger Nachrichten* betrug rund 2,35 Mio, der der *Neuen Vorarlberger Tageszeitung* 1,55 Mio (Medienbericht II, S. 110). 1986 wurde eine Förderung für Tages- und Wochenzeitungen, die mindestens seit drei Jahren auf dem Markt sind, eingeführt. Die entsprechenden Richtlinien wurden nach Auskunft der Vorarlberger Landesregierung (an Michael Schmolke 9.9.1992) noch nie angewendet. Dafür wurde ein Betrag von fünf Mio Schilling angesetzt.

In Wien besteht ebenfalls keine direkte Presseförderung (dazu und im folgenden schriftl. Auskunft des Presse- und Informationsdienstes der Stadt Wien 20.1.92

sowie ergänzend 16.3.93). Auf indirektem Weg wird die Presse durch Insertionen unterstützt. Für Anzeigenaufträge an Tageszeitungen, Wochen- und Monatszeitschriften waren in den letzten Jahren die folgenden Beträge im Budget vorgesehen: 1985 10 Mio, 1986 19,2 Mio, 1987 28,5 Mio, 1988 21,2 Mio, 1989 24,2 Mio, 1990 22,6 Mio, 1991 21,07 Mio und 1992 19 Mio Schilling. Für 1993 steht voraussichtlich ein Betrag von 22 Mio zur Verfügung. Seit 1982 zahlt die Stadt Wien außerdem den im Gemeinderat vertretenen Parteien für ihre Öffentlichkeitsarbeit und die laufende Publikationstätigkeit jährlich zehn Mio Schilling. Der Anteil, den eine einzelne Partei aus diesem Topf erhält, berechnet sich nach den Stimmen, die die Partei bei der letzten Wahl erhalten hat. Zehn Prozent des gesamten Betrages werden jedoch vorab als Sockelbetrag zu gleichen Teilen an die Parteien ausgeschüttet. Felix Dünser hat seinerzeit ermitteln können, daß außerdem die Wiener Stadtwerke neun Mio und die Wiener Holding gut sieben Mio Schilling an die Presse zahlten (1979, S. 232). Neuere Angaben liegen dazu allerdings nicht vor.

Die Stadt Wien zahlte außerdem eine Investitionsförderung für die Umstellung der Zeitungsdruckereien, pro Betrieb maximal 90 Mio. Davon profitierten die *Kronen Zeitung* und der *Kurier* (je 90 Mio), die *AZ* (30 Mio) und die *Volksstimme* (Medienbericht II, S. 110). In den letzten Jahren hat sich Wien wiederum an der Druckereiförderung beteiligt, die aus dem Budget des Bundesministeriums für Arbeit und Soziales als Arbeitsmarktförderung gezahlt wurde. Im Rahmen sonstiger Fördermaßnahmen gingen zwischen 1986 und 1991 insgesamt eine Mio Schilling an das "Kuratorium für Journalistenausbildung" und 220.000 Schilling an den Presseklub "Concordia". Außerdem erhielt der "Klub der Bildungs- und Wissenschaftsjournalisten" 10.000 ÖS pro Jahr.

Anzeigenabgabe

Bei der Anzeigenabgabe handelt es sich um eine zusätzliche Steuer auf Entgelte für Werbung, und zwar vor Umsatzsteuer. Nach dem Finanzausgleichsgesetz fällt die juristische Kompetenz für die Anzeigenabgabe an die Länder und/oder Gemeinden, in denen die Printmedien hergestellt, bzw. von wo sie vertrieben werden. Länder und Gemeinden entscheiden, ob und in welcher Höhe die Abgabe zu zahlen ist; daher besteht auch keine bundeseinheitliche Regelung.

Tirol und das Burgenland (ausgenommen nur Eisenstadt) erheben keine Anzeigenabgabe, die Regelung kann in diesen Ländern deshalb als eine Maßnahme der Presseförderung gerechnet werden. Für das Burgenland wird 1989 bei den Printmedien ein Anzeigenvolumen von 22 Mio Schilling berechnet (V.Ö.Z. 1990, S. 28), so daß sich für die Presse insgesamt eine Ersparnis von etwa zwei Mio Schilling ergibt. Auf die Tiroler Printmedien entfiel 1989 ein Anzeigenvolumen von 260 Mio Schilling, sie sparten also rund 26 Mio. In den anderen Bundesländern bzw. ihren Gemeinden ist die Anzeigenabgabe zu zahlen. Sie beträgt in der Regel zehn Prozent des Anzeigenpreises, lediglich Vorarlberg erhebt sieben Prozent.

Für die anderen Bundesländer, in denen die Anzeigenabgabe zu zahlen ist, berechnete der V.Ö.Z. die folgenden Beträge, die 1989 bei der Presse als Anzeigenabgabe fällig waren:

Tabelle 14
Anzeigenabgabe 1989 in Mio ÖS

Kärnten	17,7
Niederösterreich	19,9
Oberösterreich	46,6
Salzburg	22,0
Steiermark	28,8
Vorarlberg	15,4
Wien	53,7
Überregional	301,0

Quelle: V.Ö.Z. 1990, S. 28

Eine aktuellere Übersicht über das Volumen der Anzeigenabgabe in den einzelnen Ländern ist nicht zu erhalten. Für die Steiermark werden die Einnahmen des Landes aus der Anzeigenabgabe im Jahr 1992 auf 80 Mio Schilling beziffert (schriftl. Auskunft des Amtes der Steiermärkischen Landesregierung 17.3.93). Gegenüber den 28,8 Mio, die für die Steiermark 1989 errechnet wurden, bedeutet das eine beträchtliche Differenz. Daten über die Entwicklung des Anzeigenaufkommens der Printmedien in der Steiermark liegen hier nicht vor. In ganz Österreich ist das Werbeaufkommen der Printmedien seit 1989 absolut zwar deutlich gestiegen. Aber dennoch nicht in dem Umfang, daß mehr als eine Verdoppelung der Einnahmen des Landes aus der Anzeigenabgabe zu vermuten ist. Möglicherweise enthalten also die für 1989 vom V.Ö.Z. kalkulierten Zahlen eine Unterschätzung. Für die Zeitungen dürfte die Anzeigenabgabe ein "Durchlaufposten" darstellen. Das heißt, die Anzeigenabgabe zahlen die Werbekunden mit dem Anzeigenpreis. Insofern ließe sich argumentieren, daß der Verzicht auf eine Anzeigensteuer auch keine Förderung der Presse darstellt, weil die Anzeigenabgabe bei den Zeitungen nicht als direkte Belastung zu Buche schlägt.

Die österreichischen Zeitungsverleger sehen das aber offenbar nicht so. Denn der V.Ö.Z. hat wiederholt die Abschaffung dieser "Luxussteuer auf Anzeigen" gefordert (V.Ö.Z. 1990, S. 30). Nach einer APA-Meldung vom September 1988 hat der damalige V.Ö.Z.-Generalsekretär Ivan die Anzeigenabgabe dann auch in einen unmittelbaren Zusammenhang mit der Presseförderung gestellt. In der Meldung heißt es:

> Daß die Zeitungen als Bittsteller um Steuergelder auftreten mußten, sei ein unwürdiger Vorgang, weil beispielsweise allein durch die zehnpro-

> zentige Anzeigenabgabe die Printmedien jährlich rund 500 Millionen Schilling abliefern mußten. 'Eine generelle Abschaffung dieser Willkürsteuer wäre die wirksamste Form einer Presseförderung', meinte der Generalsekretär. Dies würde sowohl der Werbewirtschaft neue Impulse geben, als auch die Zeitungen von unnotwendigen Belastungen befreien (V.Ö.Z. 1988, S. 40).

Der Hinweis auf die Belastungen der Presse durch die Anzeigenabgabe und der Einsatz der Verleger für eine Abschaffung der Steuer lassen vermuten, daß die Anzeigenabgabe den Zeitungen dennoch Kosten verursacht. Das könnte der Fall sein, wenn Anzeigenpreise so kalkuliert werden, daß die Abgabe nicht voll auf den Preis der Anzeigen aufgeschlagen wird, das heißt, der eigentliche Anzeigenpreis liegt niedriger, um insgesamt die Anzeigen nicht so teuer werden zu lassen. Es wird hier zumindest davon ausgegangen, daß ein Wegfall der Steuer sich in einem höheren Anzeigenaufkommen für die Zeitungen auswirken würde und der Verzicht auf die Anzeigenabgabe insofern eine indirekte Presseförderung darstellt (als solche wurde sie daher auch in Kap. 1 behandelt). Der werbetreibenden Wirtschaft würde ohne Anzeigenabgabe ein größeres Budget für Anzeigen zur Verfügung stehen, das sich für die Printmedien positiv auswirken müßte.

Die nachfolgende Tabelle 15 stellt noch einmal im Überblick die Presseförderungsmaßnahmen der einzelnen Bundesländer zusammen. Ausgewiesen werden direkte Subventionen an Zeitungen, Unterstützung der Parteien für ihre Öffentlichkeitsarbeit sowie die Erhebung der Anzeigenabgabe. Die Tabelle wurde aufgrund der Auskünfte erstellt, die die Ämter der Landesregierungen machten.

Tabelle 15
Österreich: Förderung durch die Bundesländer

Bundesland	Direkte Förderung von Zeitungen	Förderung der Parteien für Öffentlichkeitsarbeit	Anzeigen-abgabe
Burgenland	nein	ja	nein*
Kärnten	nein	ja	ja
Niederösterreich	ja	ja	ja
Oberösterreich	ja	nein	ja
Salzburg	nein	ja	ja
Steiermark	ja	ja	ja
Tirol	nein	nein	nein
Vorarlberg	ja***	nein	ja**
Wien	nein	ja	ja

* ausgenommen Eisenstadt
** nach der Angabe im Medienbericht II (1983) wird die Anzeigenabgabe refundiert
*** seit 1986 rechtlich möglich, aber bislang nicht verwirklicht

5. Resümee

Tabelle 16 faßt die wichtigsten Maßnahmen der Presseförderung zusammen. Die Reihenfolge, in der die einzelnen Staaten aufgeführt sind, bedeutet keine Gewichtung. Statt dessen werden diejenigen Länder vorangestellt, in denen es keine direkte Förderung gibt. Im weiteren werden die Staaten mit direkter Förderung in der Reihenfolge verzeichnet, die der ausführlichen Beschreibung im vorangegangenen Teil entspricht.

Österreich gehört im internationalen Vergleich zu den Ländern mit umfangreicherer Presseförderung. Angesichts struktureller Probleme des österreichischen Zeitungsmarktes - Kleinheit des Marktes, geringe Zahl von Tageszeitungen nach Zeitungssterben, Auflagenkonzentration beim Marktführer *Neue Kronen Zeitung*, Engagement ausländischen Kapitals - kann eine Notwendigkeit der Presseförderung vorausgesetzt, wegen fehlender ökonomischer Daten jedoch nicht belegt werden. Eine österreichische Besonderheit ist die allgemeine und direkte Förderung von Tageszeitungen durch die Bundesregierung, in allen anderen Staaten ist die Unterstützung der Presse - sofern direkte Maßnahmen angewendet werden - selektiv. Die selektive Förderung in Österreich gleicht entsprechenden Maßnahmen anderer Länder, zum Beispiel der Unterstützung von nationalen und regionalen Zeitungen mit geringem Anzeigenaufkommen in Frankreich oder der selektiven Förderung von Zeitungen in Finnland.

Gemessen an der Zahl der möglichen Maßnahmen zur Presseförderung und im internationalen Vergleich schöpft Österreich das Instrumentarium bei weitem nicht aus. Unter den direkten Maßnahmen fehlt ein Kreditprogramm, wie es in mehreren Ländern für Zeitungen, meist zur Unterstützung von Investitionen oder als kurzfristige Hilfestellung, eingerichtet wurde. Bei der indirekten Förderung in Österreich ist auffällig, daß vergleichsweise wenig getan wird für eine steuerliche Entlastung der Presse, zumal die meisten Zeitungen durch die Anzeigenabgabe in den Bundesländern zusätzlich belastet sind. Für die Presse in Österreich gilt zwar ein reduzierter Mehrwertsteuersatz, hier nimmt Österreich jedoch zusammen mit Irland in Europa eine Spitzenposition ein. Andere Steuererleichterungen, wie sie etwa Frankreich anwendet, fehlen.

Hinsichtlich der in diesem Bericht eingangs formulierten Fragen nach der wirtschaftlichen und publizistischen Leistungsfähigkeit sowie die demokratietheoretische Problematik lassen sich nun die Befunde des internationalen Vergleichs resümieren. Nicht alle Länder bemühen sich um eine Effektivitätskontrolle ihrer Presseförderungsmaßnahmen unter dem Aspekt ihrer ökonomischen Leistungskraft. Dazu würde eine Diagnose der strukturellen und individuellen Probleme der Zeitungen gehören, einschließlich einer Feststellung der Notwendigkeit von Presseförderung, aber auch die laufende Überprüfung ihrer Wirksamkeit, um beurteilen zu können, ob die Pressehilfen überhaupt dem angestrebten Ziel dienen und um die Maßnahmen den Entwicklungen auf dem Zeitungsmarkt anpassen zu können.

Tabelle 16
Presseförderung im Vergleich

Land	Schwerpunkt indir. Förderung	direkte Förderung	Schwerpunkt dir. Förderung	Evaluative Begleitforschung
CH	WUST+) PZD ++) Werbemarkt	nein	—	—
D	MwSt PZD Werbemarkt	nein	—	—
GB	MwSt PZD Werbemarkt	nein	—	—
IRL	MwSt	nein	—	—
S	MwSt Werbemarkt	ja	selektiv: ökon. schwache Ztgn. Vertrieb	ja
SF	MwSt PZD Werbemarkt	ja	selektiv: ökon. schwache Ztgn. Vertrieb	nein
N	MwSt PZD Werbemarkt	ja	selektiv: ökon. schwache Ztgn.	ja*)
NL	MwSt Werbemarkt	ja	selektiv: ökon. schwache Ztgn.	ja
F	div. Steuern PZD Fernmeldedienste Bahn Werbemarkt	ja	selektiv: ökon. schwache Ztgn. frz. Presse im Ausland	nein
I	MwSt PZD Fernmeldedienste Werbemarkt	ja*)	selektiv: Parteizeitungen Ztgn. von Journalisten-kooperativen ital. Presse im Ausland	nein
A	MwSt PZD Werbemarkt Journalisten-ausbildung	ja	allgemein selektiv: ökon. schwache Ztgn	nein

+) Warenumsatzsteuer ++) Postzeitungsdienst
*) sehr bedingt

Insbesondere bedarf es einer Untersuchung der unterschiedlichen Wirkungen von allgemeinen und selektiven Pressehilfen. Wenn nämlich Presseförderung darauf anzielt, benachteiligte Zeitungen für den Wettbewerb zu stärken und Konzentrationsprozessen entgegenzuwirken, sind allgemeine Maßnahmen eher ungeeignet. Denn sie tendieren zur Verfestigung des Ungleichgewichts zwischen starken und schwachen Zeitungen oder beeinflussen es sogar zuungunsten der schwächeren Zeitungen (vgl. Tabelle 1).

Positive Beispiele in bezug auf Effektivitätskontrolle bieten vor allem Schweden und die Niederlande. In den Niederlanden wurde die Einführung und weitere Ausgestaltung der Kompensationsregelung von einer fortlaufenden Evaluation durch den Betriebsfonds begleitet. Auch Schweden hat sich durch mehrere Pressekommissionen um die Bewertung der Förderungsmaßnahmen bemüht. Frankreich und Italien beschränken sich dagegen weitgehend auf die Vorlage statistischen Materials über den Pressemarkt. In Österreich fehlt bislang eine entsprechende Evaluation.

Voraussetzung für die Diagnose der Notwendigkeit von Presseförderung, für Entscheidungen über die Vergabe von Mitteln wie für die Überprüfung ihrer Wirksamkeit ist die Vorlage ökonomischer Daten aus den Zeitungsverlagen. Vorbilder bieten hier die Transparenzregelungen im italienischen Pressegesetz, das die Tageszeitungen u. a. dazu verpflichtet, jährlich ihre Bilanzen zu veröffentlichen, oder das deutsche Pressestatistikgesetz. Üblich ist in allen Ländern zumindest die Angabe von Auflagenzahlen. In Österreich werden bislang weder die Angaben zu verkauften Auflagen noch weitergehende ökonomische Daten veröffentlicht.

Nur zum Teil wird in den verschiedenen Ländern Presseförderung mit Bedingungen zu ökonomischem Verhalten gekoppelt. Die skandinavischen Länder verbinden selektive Förderung auch mit Anreizen zu ökonomischem Verhalten, indem sie Kooperationen im Vertrieb oder beim Druck finanziell unterstützen. Für die Zeitungen reduzieren sich durch solche Kooperationen die festen Kosten in der Herstellung und im Vertrieb, oder sie werden durch die Kooperationen überhaupt erst in die Lage versetzt, bestimmte Leistungen anzubieten wie etwa Hauszustellung auch in weiter entfernten Orten oder in dünnbesiedelten Gebieten. Möglicherweise eignet sich die Bindung von finanziellen Hilfen an Kooperationen auch zur Verhinderung einer unerwünschten Folge von Presseförderung, dem Aufbau von Überkapazitäten im Herstellungsbereich. Denn Finanzhilfen ohne Auflagen führen u. U. dazu, daß Zeitungsverlage eigene Druckereien aufbauen, die dann nicht ausgelastet werden können. In Österreich hatte es im Zusammenhang mit der Druckereiförderung durch das Bundesministerium für Arbeit und Soziales eine entsprechende Diskussion gegeben. Der Rechnungshof hat die Vergabe von Mitteln für den Auf- und Ausbau von Druckereien trotz bereits bestehender Überkapazitäten in diesem Wirtschaftssektor kritisiert.

Die Vergabe von Fördermitteln für Investitionen kann auch an die Vorlage detaillierter Pläne abhängig gemacht werden, die es ermöglichen, die längerfristigen ökonomischen Auswirkungen zu prüfen. Damit läßt sich gewährleisten, daß Förderung nicht inhaltliche und ökonomische Versäumnisse kompensiert. Eine solche Kopplung wurde zeitweilig in den Niederlanden praktiziert. Ansatzweise war eine solche Prüfung auch Grundlage für Entscheidungen über die Vergabe von Krediten im Rahmen des deutschen ERP-Programms. Um sicher zu stellen, daß sich Zeitungen auch auf dem Lesermarkt ökonomisch verhalten, das heißt, daß sie nicht an ihrem Publikum vorbeiproduzieren, können die Zeitungen auch unterstützt werden, indem Untersuchungen über die Erwartungen der Leserschaft vorgelegt werden. Solche Forschung wird beispielsweise in den Niederlanden auch vom Betriebsfonds finanziert.

In Reaktionen auf die Novellierung des österreichischen Presseförderungsgesetzes 1985 im Jahr 1992 war einer der Kritikpunkte "der vom Gesetzgeber provozierte Aufruf zur Unwirtschaftlichkeit" (Ritschel 1992) durch die Regelung, daß Zeitungen mit einem Anzeigenumfang von mehr als 22 Prozent keine Unterstützung aus der besonderen Förderung erhalten können. Diese Klausel könne leicht umgangen werden durch eine künstliche Ausweitung des redaktionellen Teils. Förderungswürdigkeit ließe sich so herbeiführen, "allerdings durch mehr und nicht notwendige Aufwendungen" (Koller 1992). Solche Spekulationen belegen zumindest die Notwendigkeit, Kriterien für die Presseförderung daraufhin zu untersuchen, ob sie nicht einen Boomerangeffekt auslösen, indem sie eher zu unwirtschaftlichem als zu ökonomischem Verhalten anregen.

Da der gängige Maßstab für wirtschaftliche Leistungsfähigkeit von Presseförderung die Zahl der auf dem Markt befindlichen Zeitungen ist, ist die Förderung von Marktzutritt von besonderer Bedeutung. Das heißt, die Kriterien der Presseförderung müssen so beschaffen sein, daß auch neu auf den Markt kommende Zeitungen, die in der Anfangsphase einen erhöhten Kapitalbedarf haben, gefördert werden können. Der internationale Vergleich bietet kein gelungenes Modell für die Erleichterung von Marktzutritten, wohl aber Anleitung, wie spekulativen Neugründungen vorzubeugen ist. Schweden zum Beispiel vergab Etablierungshilfe für neue Zeitungen zunächst als Kredit, der nur dann nicht zurückzuzahlen war, wenn sich die Zeitungen für andere Förderung qualifiziert, also auf dem Markt etabliert hatten. Die österreichische Presseförderung schloß bis zur Änderung des Presseförderungsgesetzes von 1985 Zeitungen, die weniger als ein Jahr auf dem Markt waren, explizit aus. Seit 1992 sind auch solche Zeitungen bei der Bundespresseförderung antragsberechtigt, die bis zum jeweiligen Antragstermin am 31. März wenigstens seit einem halben Jahr erscheinen.

Es wurde bereits darauf hingewiesen, daß sich die Wirksamkeit in der Regel an dem Kriterium der Vielzahl auf dem Zeitungsmarkt orientiert. Als Indikator für die ökonomische Leistungsfähigkeit kann dieses Kriterium - bedingt - akzeptiert werden. Bedingt deshalb, weil durch weitergehende Evaluation zu ermitteln ist, inwieweit die auf dem Markt befindlichen Zeitungen auf Dauer lebensfähig sind. Es ist festzustellen, daß sich alle Länder auf Vielzahl als potentiellem Garanten von Vielfalt verlassen und Untersuchungen darüber, inwieweit sich Presseförderung tatsächlich auf

Vielfalt auswirkt, nicht vorliegen. Hinsichtlich der publizistischen Leistungsfähigkeit von Presseförderung muß daher hier ein Desiderat vermerkt werden.

Aus der vorgelegten Bestandsaufnahme der Förderpraxis in den verschiedenen Ländern läßt sich auch resümieren, daß für eine Rechtfertigung der Presseförderung gegenüber demokratietheoretischen Bedenken bislang ebenfalls zu wenig getan wird. Eine solche Legitimationsgrundlage könnten Befunde über die ökonomische und publizistische Leistungsfähigkeit der Förderung sein. Weitere Voraussetzungen bilden die Unabhängigkeit der Förderung von inhaltlichen Kriterien, interessenungebundene Vergabeentscheidungen sowie Offenlegung der Empfänger von Fördermitteln.

Zwar bemühen sich alle Staaten, ökonomische und nicht inhaltliche Kriterien bei der Vergabe von Presseförderungsmitteln heranzuziehen. Nirgendwo konnte aber eine befriedigende Lösung für eine unbedenkliche, nicht auf Inhalte bezogene Abgrenzung derjenigen Zeitungen und Zeitschriften, auf die sich Presseförderung bezieht, vorgelegt werden. Kriterien wie "überwiegend der politischen Bildung und Unterrichtung dienen" (Bundesrepublik Deutschland), "von besonderem politischem Wert" (Italien), "von hohem kulturellem Wert" (Italien) oder "von besonderer Bedeutung für die politische Meinungs- und Willensbildung" (Österreich) beziehen sich auf den Inhalt, beurteilen insofern "Qualität" und lassen zudem breiten Spielraum für Interpretation.

Eine Auswahl der Berechtigten nach dem Kriterium Periodizität bleibt nur bei Tageszeitungen relativ unproblematisch (in Italien würden damit auch die täglich erscheinenden Sportzeitungen einbezogen). Bei der Einbeziehung wöchentlich erscheinender Publikationen bedarf es weiterer Auswahlkriterien, die dann unbedenklich sind, wenn sie sich an ökonomischen Daten orientieren: keine Gratisabgabe, Anzeigenteil von weniger als 50 Prozent des Umfangs. Es bedarf allerdings weiterer Selektionskriterien, die sich unweigerlich doch an Inhalten orientieren, um zum Beispiel Comics oder Rätselhefte auszugrenzen.

Transparenz von Vergabeentscheidungen wird erreicht durch eine präzise Definition von Kriterien, die die Einzelfallprüfung ersetzen können und eine eher automatische Verteilung von Mitteln ermöglichen. Das italienische Pressegesetz von 1981 bietet ein Vorbild für die detaillierte Angabe von Vergabekriterien bis zur Festschreibung der Beträge, die jährlich zur Verfügung stehen. Beispielhaft sind auch die Selektionskriterien, die Schweden einsetzt, auch wenn diese nicht auf einer gesetzlichen Grundlage beruhen. In Schweden, Finnland, Frankreich und Italien werden außerdem die Förderbeträge und Empfänger von Presseförderung zusammen mit anderen Strukturdaten - zum Teil ausführlich - dokumentiert. In Österreich liegen Angaben über Höhe und Empfänger der Bundespresseförderung vor, allerdings fehlt ein Überblick über die Förderung, die aus anderen Quellen an die Presse gelangt.

Soweit Förderung nicht automatisch vergeben werden kann, müßte ein Expertengremium zur Entscheidung herangezogen werden, das mit unabhängigen Mitgliedern besetzt sein sollte. Unter den Mitgliedern dürfte es keine Vertreter der durch

Presseförderung Begünstigten, also der Verleger geben. Ein Modell für eine mit der Vergabe von Presseförderungsmitteln beauftragte Institution mit Expertengremium bietet der niederländische Betriebsfonds.

Vor diesem Hintergrund lassen sich nun noch einmal die Befunde für die Förderpraxis in Österreich zusammenfassen: Die österreichische Presseförderung

- enthält keine Effektivitätskontrolle

Unterstützung wird gezahlt, ohne daß die Wirksamkeit der Presseförderung geprüft und entsprechend angepaßt wird. Das betrifft die Wirksamkeit von Presseförderung im einzelnen Unternehmen, d.h. es wird nicht untersucht, ob die Förderung einer Zeitung zur Leistungsfähigkeit und zum Überleben aus eigener Kraft verhilft oder womöglich auf Dauer immer nur die Verluste abdeckt, die Zeitungen also auf Dauer von Förderung abhängig bleiben (wovor schon der Europarat 1975 gewarnt hat). Das betrifft aber auch die Wirksamkeit für das Ziel, Vielfalt auf dem Zeitungsmarkt zu fördern; dafür müßte die Struktur der österreichischen Presse detailliert untersucht werden. Effektivitätskontrolle würde voraussetzen, daß die Zeitungen gezwungen sind, die dafür notwendigen Unternehmensdaten offenzulegen.

- ist planungsmäßig zu wenig berechenbar

Das betrifft zum einen die Quellen: neben der allgemeinen und besonderen Förderung aus dem Bundeskanzleramt fließen Gelder an die Presse aus einer Vielzahl von Töpfen wie dem Bundesministerium für Arbeit und Soziales, den Länderregierungen, den Gemeinden, Wirtschaftsunternehmen. Das betrifft zum anderen die Höhe der direkten Subventionen: in der Bundespresseförderung stiegen und sanken die Beträge bis 1992 zum Teil beträchtlich, so daß sich die Zeitungen nicht auf feste Beträge einstellen konnten. Mit der Gesetzesänderung im Sommer 1992 deutet sich in dieser Hinsicht eine Erleichterung für die Zeitungsunternehmen an. Die Erläuterungen zum neugefaßten Gesetz gehen auf die schwierige Planbarkeit für die Verlage explizit ein und betonen, daß der 1992 für die Bundespresseförderung aufgewandte Betrag auch in den Folgejahren in gleicher Höhe zur Verfügung stehen soll. Die Länderförderung indessen ist nicht gesichert. Das Salzburger Beispiel zeigt, daß Förderung auch ganz eingestellt werden kann.

- ist nur sehr bedingt selektiv

Die allgemeine Förderung wird an alle Tageszeitungen gezahlt. Sie folgt zwar nicht einem Gießkannenprinzip, sondern bestimmten im Gesetz festgeschriebenen Kriterien, aber alle Tageszeitungen erhalten Förderung. Das heißt, auch Zeitungen, die keine ökonomischen Probleme haben, werden unterstützt; eine Pressekonzentration hemmende Wirkung kann bei einem solchen Vorgehen nicht erreicht werden. Da neben der direkten Förderung eine Vielzahl indirekter Maßnahmen zur Erleichterung der ökonomischen Situation der Presse besteht, die sich meist für Zeitungen mit hoher Auflage stärker auswirken als für kleinere Blätter (Mehrwertsteuer, Werbeaufkommen durch Begrenzung der Rundfunkwerbung, günstige Tarife bei Postdiensten), profitieren große Zeitungen erheblich mehr als kleinere. Gleichbehandlung, wie sie mit der allgemeinen Förderung vorgetäuscht wird, besteht also ohnehin nicht. Selektiv wirkt nur die besondere Förderung, diese Maßnahme wird daher dem Ziel, Vielfalt auf dem Zeitungsmarkt zu erhalten, am ehesten gerecht.

- **bietet keine Anreize für marktgerechtes und ökonomisches Verhalten**
  Zeitungen werden in jedem Fall gefördert; Förderung wird nicht abhängig gemacht von Anstrengungen zum Erhalt und zur Verbesserung der Situation auf dem Markt, z. B. durch Anpassung an sich wandelnde Bedürfnisse der Leser. Da ökonomische Schwierigkeiten oftmals auf eine mangelnde Anpassung an die Interessen des Publikums zurückzuführen sind, müßte Förderung entsprechende Bemühungen der Zeitungen voraussetzen. Förderung ist auch nicht gekoppelt an Bemühungen, Kosten zu senken, z. B. durch gemeinsamen Druck oder Vertrieb.

- **erleichtert den Marktzutritt nur bedingt**
  Angesichts des erklärten Ziels, Vielfalt zu fördern, müßte ein Anreiz für Marktzutritt geschaffen werden, wobei neu auf den Markt kommende Zeitungen zumindest ebenfalls von Anfang an Förderung erhalten können, wenn nicht sogar besonders unterstützt werden. Bis zur Novellierung des Presseförderungsgesetzes im Jahr 1992 waren Zeitungen im ersten Jahr ihres Bestehens explizit von der Förderung ausgeschlossen. Die Gesetzesänderung brachte insofern eine Verbesserung, als nun auch solche Zeitungen einen Antrag auf Unterstützung stellen können, die bis zum Antragstermin am 31. März mindestens seit einem halben Jahr auf dem Markt sind. Allerdings bleibt Zeitungen in der schwierigen Anfangsphase des Marktzutritts Förderung immer noch versagt.

- **bedarf neben dem Nachweis ihrer ökonomischen und publizistischen Leistungskraft der größtmöglichen Transparenz, um staatliche Interventionen auf dem Pressemarkt zu rechtfertigen und Zweifel gegenüber einer geförderten Presse abzubauen**
  Als im Juli 1975 das erste Gesetz über die Förderung von Zeitungen im österreichischen Nationalrat verabschiedet wurde, passierte zeitgleich ein Gesetz über die Parteienförderung das Parlament. Die Beschlußfassung über die staatliche Presseförderung wurde von der Regierung mit der Einführung der staatlichen Parteienförderung gekoppelt. Eine ähnliche Verknüpfung hatte es schon einige Jahre zuvor gegeben, als die Entscheidung über Zeitschriften-

förderung zusammen mit der Einführung einer Förderung von Parteiakademien beschlossen wurde. Diese Koppelung und die direkte Subventionierung der Zeitungen haben dazu geführt, daß Parteien in den Verdacht gerieten, sich über die staatliche Presseförderung selbst zu bedienen und die Presse in ihre Abhängigkeit zu bringen. Sickinger und Nick, die die Presseförderung in ihrem Buch über die Parteienfinanzierung in Österreich als indirekte Form der Parteienfinanzierung aufführen, bezeichnen die parallele Behandlung von Presse- und Parteienförderung "als eine gelungene Strategie [..], um allzu kritische Schlagzeilen über die staatliche Parteienfinanzierung zu verhindern" (1990, S. 95). Michael Schmolke sieht in seiner Bilanz "Von der *schlechten Presseförderung* in Österreich" nicht nur die Unabhängigkeit der Presse bedroht, sondern bezeichnet die österreichische Presseförderung außerdem als "eine Art sedatives System" (1991, S. 343) und schließlich als "demokratieunwürdig" (1990).

Die Vielzahl der Quellen von Presseförderung, gelegentlich undurchsichtige Vergabekriterien - wie etwa in der Länder- oder Druckereiförderung - sowie die teilweise Koppelung von Parteien- und Presseförderung erschweren die Transparenz und damit die Rechtfertigung staatlicher Intervention auf dem österreichischen Pressemarkt.

Verzeichnis der Tabellen und Schaubilder

Tabellen **Seite**

Schaubilder **Seite**

Literaturverzeichnis

ALBERT, Pierre (1990): La Presse Française. Paris: La Documentation Française

APA Journal Medien (1991): Protest gegen 100 Millionen Förderung für Druckzentrum West. Gesamter Innungsausschuß der Salzburger Drucker trat zurück. Nr. 51 vom 18. Dezember 1991

APA Journal Medien (1992a): Salzburger Druckereien rufen nach Förderung. Landesinnung: "Wettbewerbsverzerrende" Subvention für Druckzentrum-West muß ausgeglichen werden. Nr. 22 vom 27. Mai 1992

APA Journal Medien (1992b): Euro-Werbung im Tief. 1991 war Europas schlechtestes Werbejahr seit einer Dekade. Nr. 24 vom 10. Juni 1992

BARILE, Paolo / RAO, Giuseppe (1992): Trends in the Italian mass media and media law. In: European Journal of Communication, 7. Jg., S. 261-281

BEDRIJFSFONDS VOOR DE PERS (1989): Jaarverslag 1988. 's-Gravenhage: Bedrijfsfonds voor de pers

BEDRIJFSFONDS VOOR DE PERS (1990): Jaarverslag 1989. 's-Gravenhage: Bedrijfsfonds voor de pers

BEDRIJFSFONDS VOOR DE PERS (1991a): Voorjaar 1991. 's-Gravenhage: Bedrijfsfonds voor de pers

BEDRIJFSFONDS VOOR DE PERS (1991b): Adviezen in 1990. 's-Gravenhage: Bedrijfsfonds voor de pers

BELLWALD, Waltraut / HÄTTENSCHWILER, Walter / WÜRSCH, Roman (1991): Blätterwald Schweiz. Zahlen und Fakten zur Zeitungsstruktur. Zürich: Seminar für Publizistikwissenschaft der Universität Zürich

BERICHT DER BUNDESREGIERUNG ÜBER DIE LAGE VON PRESSE UND RUNDFUNK IN DER BUNDESREPUBLIK DEUTSCHLAND (1974). Drucksache 7/2104 des Deutschen Bundestages, 7. Wahlperiode, vom 15. Mai 1974. Bonn: Presse- und Informationsamt der Bundesregierung

BERICHT DER BUNDESREGIERUNG ÜBER DIE LAGE VON PRESSE UND RUNDFUNK IN DER BUNDESREPUBLIK DEUTSCHLAND (1978) - Medienbericht - Drucksache 8/2264 des Deutschen Bundestages, 8. Wahlperiode, vom 9. November 1978. Bonn: Presse- und Informationsamt der Bundesregierung

BERICHT DER BUNDESREGIERUNG ÜBER DIE LAGE DER MEDIEN IN DER BUNDESREPUBLIK DEUTSCHLAND 1985. Medienbericht '85. Drucksache 10/5663 des Deutschen Bundestages, 10. Wahlperiode, vom 16. Juni 1986. Bonn: Presse- und Informationsamt der Bundesregierung

BERICHT DES VERFASSUNGSAUSSCHUSSES über den Antrag (363/A) der Abgeordneten Dr. Cap, Steinbauer und Genossen betreffend ein Bundesgesetz, mit dem das Presseförderungsgesetz 1985 geändert wird (1992). 603 der Beilagen zu den Stenographischen Protokollen des Nationalrates XVIII.GP

BERKA, Walter (1989): Das Recht der Massenmedien. Wien, Köln, Graz: Böhlau

BRANTS, Kees / MCQUAIL, Denis (1991): The Netherlands. In: Euromedia Research Group: The media in Western Europe. The Euromedia Handbook. London, Newbury Park, New Delhi: Sage, S. 152-166

BRUCK, Peter A. (Hrsg.) (1993): Werbeboom & Medien. Wien: Buchkultur

BUNDESGESETZ, mit dem das Presseförderungsgesetz 1985 geändert wird (1992a). In: Bundesgesetzblatt für die Republik Österreich Nr. 465/1992

BUNDESGESETZ, mit dem das Presseförderungsgesetz 1985 geändert wird

(1992b). In: Bundesgesetzblatt für die Republik Österreich Nr. 865/1992

BUNDESGESETZ VOM 2. JULI 1975 ÜBER DIE FÖRDERUNG DER PRESSE. In: Bundesgesetzblatt für die Republik Österreich, Nr. 405/1975

BUNDESGESETZ VOM 7. JULI 1976, mit dem das Bundesgesetz über die Förderung der Presse sowie das Bundesgesetz über die Förderung staatsbürgerlicher Bildungsarbeit im Bereich der politischen Parteien sowie der Publizistik geändert werden. In: Bundesgesetzblatt für die Republik Österreich, Nr. 394/1976

BUNDESVERBAND DEUTSCHER ZEITUNGSVERLEGER (1991): Zeitungen '91. Bonn: BDZV

CHARON, Jean-Marie (1991): La presse en France de 1945 à nos jours. Paris: Éditions du Seuil

CHEESMAN, Robin / KYHN, Carsten (1991): The structure of Danish mass media. Remarks on the significance of recent developments. In: The Nordicom Review of Nordic Mass Communication Research, Nr. 2, S. 3-18

DACHS, Herbert (1986): Öffentliche Parteienfinanzierung in den österreichischen Bundesländern. In: Österreichisches Jahrbuch für Politik 1985. Hrsg.: Khol, Andreas / Ofner, Günther / Stirnemann, Alfred. München, Wien: R. Oldenbourg / Verlag für Geschichte und Politik, S. 439-454

DETTERBECK, Steffen (1990): Zur Grundrechtsproblematik staatlicher selektiver Pressesubventionen. In: Zeitschrift für Urheber- und Medienrecht, XX. Jg., Nr. 8/9, S. 371-376

DITTRICH, Norbert (1971): Pressekonzentration und Grundgesetz. Ein Beitrag zu den verfassungsrechtlichen Aspekten der Konzentrationsvorgänge im Bereich der Presse. München: C. H. Beck'sche Verlagsbuchhandlung

DÜNSER, Felix (1979): Demokratie und Medienvielfalt. Medienpolitik in Österreich am Beispiel staatlicher Presseförderung. Wien: Institut für Publizistik und Kommunikationswissenschaft der Universität Wien (Diss.)

EHMKE, Horst (1969): Verfassungsrechtliche Frgen einer Form des Pressewesens. In: Ehmke, Horst / Schmid, Carlo / Scharoun, Hans: Festschrift für Adolf Arndt zum 65. Geburtstag. Frankfurt: Europäische Verlagsanstalt, S. 77-118

EIDGENÖSSISCHES JUSTIZ- UND POLIZEIDEPARTEMENT (Hrsg.) (1975): Presserecht Presseförderung. Bericht der Expertenkommission für die Revision von Artikel 55 der Bundesverfassung. Bern: EDMZ

EIDGENÖSSISCHES JUSTIZ- UND POLIZEIDEPARTEMENT (Hrsg.) (1982): Medien-Gesamtkonzeption. Bericht der Expertenkommission für eine Medien-Gesamtkonzeption. Bern: EDMZ

ENTMAN, Robert M. / WILDMAN, Steven S. (1992): Reconciling economic and non-economic perspectives on media policy: Transcending the "Marketplace of Ideas". In: Journal of Communication, 42. Jg., Nr. 1, S. 5-19

ENTSCHLIESSUNGSANTRAG ZUR MEDIENKONZENTRATION UND MEINUNGSVIELFALT (1992). In: Bericht des Ausschusses für Kultur, Jugend, Bildung und Medien über Medienkonzentration und Meinungsvielfalt. Europäisches Parlament. Sitzungsdokumente. 27. April 1992, S. 5-33

EUROMEDIA RESEARCH GROUP: The media in Western Europe. The Euromedia Handbook. London, Newbury Park, New Delhi: Sage

EUROPARAT (1975): Bericht des Sachverständigenausschusses für Fragen der Pressekonzentration (Straßburg Dezember 1974). In: Publizistik 20. Jg., S. 683-736

EUROPARAT (1975): Entschließung (74)43 zur Pressekonzentration, angenommen vom Ministerausschuß am 16. Dezember 1974. In: Publizistik 20. Jg., S. 737-738

EUROPARAT (1975): Empfehlung 747 (1975) der parlamentarischen Versammlung des Europarates zur Pressekonzentration vom 23. Januar 1975. In: Publizistik, 20. Jg., S. 739-742

FABRIS, Hans Heinz (1976): Helfen den Massenmedien neue Gesetze? Staatliche Kommunikationspolitik am Beispiel der österreichischen Mediengesetzgebung. In: Publizistik, 21. Jg., S. 31-46

FABRIS, Hans Heinz / LUGER, Kurt / SIGNITZER, Benno (1992): Das Rundfunksystem Österreichs. In: Hans-Bredow-Institut (Hrsg.): Internationales Handbuch für Hörfunk und Fernsehen 1992/93. Baden-Baden / Hamburg: Nomos, S. D 192-D 204

FIEJ (Hrsg.) (1991): World Press Trends. Paris: FIEJ

FINNISH MASS MEDIA 1989.. Helsinki: Tilastokeskus 199

FISCHER, Heinz-Dietrich / BAERNS, Barbara (Hrsg.)(1979): Wettbewerbswidrige Praktiken auf dem Pressemarkt. Positionen und Probleme im internationalen Vergleich. Baden-Baden: Nomos

FREIBERG, J. W. (1981): The French press. Class, State, and Ideology. New York: Praeger

FREIHEIT DER WELTPRESSE. Die PICA-Erhebung des Freedom of Information Center (1970). In: Handbuch der Weltpresse. Band 1: Die Pressesysteme der Welt. Herausgegeben vom Institut für Publizistik der Universität Münster unter Leitung von Henk Prakke, Winfried B. Lerg und Michael Schmolke. Köln, Opladen: Westdeutscher Verlag, S. XI-XXXI

GARANTE PER LA RADIODIFFUSIONE E L'EDITORIA (1991): Relazione al parlamento sullo stato dell'editoria per l'anno 1991. Rom: Dipartimento per l'informazione e l'editoria

GERETSCHLAEGER, Erich / LEINSCHITZ, Anton (1992): Postleistungen. Endbericht Teilprojekt III.4, Ökonomie und Zukunft der Printmedien. Wien (Unveröff. Manuskript)

G[ericke], G[erhard] (1973): Wir stellen vor: Rundfunk in den Niederlanden. In: Media Perspektiven, Nr. 5, S. 207-216

GOTHBERG, John A. (1983): Newspaper subsidies in Sweden pose no dangers, its editors feel. In: Journalism Quarterly, 60. Jg., S. 629-634

GOUX, Christian / FORGUES, Pierre (1985): Rapport d'information déposé en application de l'article 145 du règlement par la commission des finances, de l'économie générale et du plan à la suite d'une enquête demandée à la Cour des comptes sur les mécanismes d'aide publique à la presse. Paris: Assemblée Nationale

GÜNNEL, Traudel (1992): Legge Mammi. Das italienische Mediengesetz und der (lokale) Rundfunk. In: medium, 22. Jg., Nr. 3, S. 13-15

GUSTAFSSON, Karl Erik (1980): The press subsidies of Sweden: A decade of experiment. In: Smith, Anthony (Hrsg.): Newspapers and democracy. International essays on a changing medium. Cambridge, London: The MIT Press, S. 104-125

GUSTAFSSON, Karl-Erik (1981): Pressepolitik in Schweden. In: Publizistik, 26. Jg., S. 371-387

GUSTAFSSON, Karl-Erik (1984): Überwindung von Marktzutrittsbarrieren durch Presseförderungsmaßnahmen in Schweden. In: Marktzutritt bei Tageszeitungen - zur Sicherung von Meinungsvielfalt durch Wettbewerb. Hrsg.: Kopper, Gerd G.. München usw.: K. G. Saur, S. 109-122

GUSTAFSSON, Karl Erik (1990): Ruotsin mainosvero. In: Tiedotustutkimus, 13. Jg., Nr. 2, S. 41-45

GUSTAFSSON, Karl Erik (1991): Staatliche Presseförderung für publizistische Vielfalt in Schweden. Unveröff. Manuskript

GUSTAFSSON, Karl Erik (1992a): Sweden. In: Euromedia research group: The media in Western Europe. The Euromedia Handbook. London, Newbury Park, New Delhi: Sage, S. 207-222

GUSTAFSSON, Karl Erik (1992b): Newspapers in Nordic Countries. o.O.

GUSTAFSSON, Karl Erik / WESTERGREN, Håkan (1991): Dagspressens ekonomi 1990. Stockholm: Presstödsnämden

HAAS, Hannes (1992): Werbezeiten und Rundfunkpolitik in Österreich. Politikrituale und Finanzierungsprobleme von öffentlich-rechtlichem Rundfunk. In: Media Perspektiven, Nr. 12, S. 771-781

HADENIUS, Stig (1977): Mass media and the state in Sweden. In: Gazette, 23. Jg., S. 105-115

HADENIUS, Stig (1983): The rise and possible fall of the Swedish party press. In: Communication Research, 10. Jg., S. 287-310

HEMELS, Joan (1974): Entwicklung und Problematik der niederländischen Tagespresse. Ein Versuch zur Bestandsaufnahme. In: Publizistik, 19. Jg., S. 185-199

HEMELS, Joan (1975): Der Regierungsbericht über die Medienpolitik in den Niederlanden: leichte Dünung oder kräftige Woge? In: Publizistik, 20. Jg., S. 760-769

HEMELS, Joan (1979): Wettbewerbswidrige Praktiken auf dem niederländischen Pressemarkt. In: Fischer, Heinz-Dietrich / Baerns, Barbara (Hrsg.): Wettbewerbswidrige Praktiken auf dem Pressemarkt. Positionen und Probleme im internationalen Vergleich. Baden-Baden: Nomos, S. 183-205

HEMELS, Joan (1992): Aktuelle Entwicklungen im niederländischen Rundfunksystem im Kräftespiel zwischen Entsäulung und Kommerzialisierung. In: Kutsch, Arnulf / Holtz-Bacha, Christina / Stuke, Franz R. (Hrsg.): Rundfunk im Wandel. Beiträge zur Medienforschung. Berlin: Vistas, S. 205-226

HIRSCH, Mario (1988): Die französische Presselandschaft - Expansion trotz Krise. In: Media Perspektiven, Nr. 6, S. 329-357

HOLTZ-BACHA, Christina (1984): Zur Lage der französischen Tagespresse. Der Staat greift ein. In: Media Perspektiven, Nr. 3, S. 180-187

IGEL, Regine (1991): Lex Berlusconi. Nach 15 Jahren Privatfunk hat Italien ein Mediengesetz. In: medium, 21. Jg., Nr. 3, S. 36-38

JOUKKOVIESTINTÄTILASTO 1991. Helsinki: Tilastokeskus 1991

JYRKIÄINEN, Jyrki / HUJANEN, Taisto (1991): The Finnish media system in transition. In: The Nordicom Review of Nordic Mass Communication Research, Nr. 2, S. 63-79

KLABUNDE, Horst (1990): Postzeitungsdienst. In: Schiwy, Peter / Schütz, Walter J.: Medienrecht. Lexikon für Wissenschaft und Praxis. 2. Auflage. Neuwied, Frankfurt am Main: Luchterhand, S. 226-230

KNOCHE, Manfred / ZERDICK, Axel u.a. (1991): Die Wirtschaftlichkeit der Verlage und der Postzeitungsdienst. Bad Honnef: Wissenschaftliches Institut für Kommunikationsdienste

KOLLER, Andreas (1992): Wettbewerbsverzerrung oder Pressevielfalt? Die Zuschüsse für marode Blätter werden versechsfacht. In: Salzburger Nachrichten vom 4. Juli

KOSONEN, Ismo (1990): The financial performance of the Finnish press in the 1980s. In: Finnish mass media 1989. Helsinki: Tilastokeskus, S. 101-109

KOTANKO, Christoph / WOLF, Franz Ferdinand (1988): Wenn die Blätter fallen. In: profil vom 27. Juni

KOMDAT (1992). Kommunikationswissenschaftliche Datenbank, Universität Salzburg

KUK, Alexander von (1992): Postzeitungsdienst als politische Institution erhalten. (Vervielf. Manuskript)

KUNDMACHUNG DES BUNDESKANZLERS VOM 10. SEPTEMBER 1984, mit der das Bundesgesetz über die Förderung politischer Bildungsarbeit und Publizistik wiederverlautbart wird. In: Bundesgesetzblatt für die Republik Österreich, Nr. 369/1984

KUNDMACHUNG DES BUNDESKANZLERS VOM 3. JUNI 1985, mit der das Presseförderungsgesetz wiederverlautbart wird. In: Bundesgesetzblatt für die Republik Österreich, Nr. 228/1985

ANGE, André / LOON, Ad van (1991): Pluralism, Concentration and Competition in the Media Sector. Straßburg: Europarat

LEGGE 416 PER L'EDITORIA (1987). Testo aggiornato della legge 5 agosto 1981. Rinnovo della legge 5 agosto 1981. o.O.

LEGGE 6 agosto 1990, n. 223. Disciplina del sistema radiotelevisivo pubblico e privato. In: Gazzetta ufficiale della Repubblica Italiana, 9. August 1990

LERCHE, Peter (1971): Verfassungsrechtliche Fragen zur Pressekonzentration. Berlin: Duncker & Humblot

LÖFFLER, Martin (1978): Presseförderung und Pressefreiheit in Europa. In: Archiv für Presserecht, IX. Jg., Nr. 1, S. 6-11

LOWENSTEIN, Ralph L. (1976): Press freedom as barometer of political democracy. In: Fischer, Heinz-Dietrich / Merrill, John Calhoun (Hrsg.): International and intercultural communication. 2. Auflage. New York: Hastings House, S. 136-147

MÄNTYLÄ, Jorma (1988): Subsidies and the press - the Finnish experience. Paper presented at the colloquium of Media, Culture & Society, London

MASSENMEDIEN IN ÖSTERREICH. MEDIENBERICHT III (1986). Hrsg.: Institut für Publizistik und Kommunikationswissenschaft der Universität Salzburg. Wien: Internationale Publikationen-Gesellschaft

MASSENMEDIEN IN ÖSTERREICH. MEDIENBERICHT II (1983). Hrsg.: Institut für Publizistik und Kommunikationswissenschaft der Universität Salzburg. Wien: Internationale Publikationen-Gesellschaft

MATEO, Rosario de / CORBELLA, Joan M. (1992): Spain. In: Euromedia Research Group: The media in Western Europe. The Euromedia Handbook. London, Newbury Park, New Delhi: Sage, S. 192-206

MAZZOLENI, Gianpietro (1992): Italy. In: Euromedia Research Group: The media in Western Europe. The Euromedia Handbook. London, Newbury Park, New Delhi: Sage, S. 123-142

MCQUAIL, Denis (1992): Media performance. Mass communication and the public interest. London, Newbury Park, New Delhi: Sage

MEDIAWET (1988): Zwolle: W.E.J. Tjeenk Willink

MEIER, Werner A. (1992): Neue Rundfunk-Werberichtlinien und die Auswirkungen auf die Medienentwicklung in der Schweiz. In: Media Perspektiven, Nr. 12, S. 758-770

MEIER, Werner A. / SAXER, Ulrich (1992): Switzerland. In: Euromedia Research Group: The media in Western Europe. The Euromedia Handbook. London, Newbury Park, New Delhi: Sage, S. 223-237

mig (1992): "Heimische Presse - kein Europa-Format". Buseks Radikalabrechnung mit Zeitungen und ihrer Förderung. In: Die Presse vom 8. Mai

mü. (1992): EG handelt Kompromißvorschlag bei Steuern aus. In: Süddeutsche Zeitung vom 29. Juli

NIEUWENHUIS, Aernout J. (1991): Persvrijheid en persbeleid. o.O.: Otto Cramwinckel Uitgever

NIEUWENHUIS, Aernout J. (1992): Media policy in the Netherlands: Beyond the market? In: European Journal of Communication, 7. Jg., S. 195-218

NINZ, Lydia (1992): Vorbilder Falk & Mediaprint. Hesoun spendiert 300 Millionen an Investitionshilfe für sieben Verlage. In: Der Standard vom 18./19. Januar

NUSPLIGER, Kurt (1980): Pressefreiheit und Pressevielfalt. Diessenhofen: Rüegger

NUYL, Piet te / OLDERAAN, Frank / RENCKSTORF, Karsten (1988): Medienpolitik in den Niederlanden zwischen Kontinuität und Wandel. Das neue Mediengesetz, die Koalitionsvereinbarungen und die Kommerzialisierung des Rundfunks. In: Media Perspektiven, Nr. 11, S. 683-691

OSTGAARD, Einar (1976): Effects of growing dependence on government aid: Analysis of official reports published in Norway and Sweden. In: IPI report, April, S. 18-19

PICARD, Robert G. (1984): Levels of state intervention in the Western press. In: Mass Comm Review, 11. Jg., S. 27-35

PICARD, Robert G. (1985a): The press and the decline of democracy: The democratic Socialist response in public policy. Westport: Greenwood Press

PICARD, Robert G. (1985b): Patterns of state intervention in Western press economics. In: Journalism Quarterly, 62. Jg., S. 3-9, 30

PICARD, Robert G. (1987): Regression analysis of state role in press economics. In: Journalism Quarterly, 64. Jg., S. 846-850

PICARD, Robert G. (1988): The ravens of Odin: The press in the Nordic nations. Ames: Iowa State University Press

PICARD, Robert G. (1989): Media economics. Concepts and issues. Newbury Park, London, New Delhi: Sage

PICARD, Robert G. (1991): Competitive effects of state press policies: An analytical framework for policy proposals. Paper presented to the "Political Economy vs. Media Economics" Workshop of the Economy and Future Media Resarch Program, Universität Salzburg, Oktober (Vervielf. Manuskript)

PIEPER, Frank (1991): Der Postzeitungsdienst und die Wetbbewerbssituation auf dem Zustellmarkt für Presseerzeugnisse. Bad Honnef: Wissenschaftliches Institut für Kommunikationsdienste

POSTZEITUNGSORDNUNG IST VERFASSUNGSGEMÄSS (1989). In: Archiv für Presserecht, XX. Jg., Nr. 3, S. 658-660

PRESS MEDIA IN FINLAND (o.J.). Helsinki: The Finnish Newspaper Publishers Association

PROFIL (1991): Seid verschleudert Milliarden. In: profil vom 12. August

PROFIL (1991): Diskretion Ehrensache. In: profil vom 12. August

PÜRER, Heinz (1988): Österreichs Mediensystem im Wandel. Ein aktueller Lagebericht. In: Media Perspektiven, Nr. 11, S. 673-682

PÜRER, Heinz (1990) unter Mitarbeit von SIGNITZER, Benno: Presse in Österreich. Wien: V.Ö.Z

RAGER, Günther / WEBER, Bernd (1992): Publizistische Vielfalt zwischen Markt und Politik. In: Media Perspektiven, Nr. 6, S. 357-366

RAPPORT D'INFORMATION fait au nom de la commission des Finances, du contrôle budgétaire et des comptes économiques de la Nation sur la presse française et son marché (1991). Paris: Sénat

RAPPORT D'INFORMATION fait au nom de la commission des Finances, du contrôle budgétaire et des comptes économiques de la Nation sur la situation de la presse française à la veille du marché unique européen (1992). Paris: Sénat

RAPPORT GÉNÉRAL fait au nom de la commission des Finances, du contrôle budgétaire et des comptes économiques de la Nation sur le loi de finances pour 1991 (1990). Tome III. Annexe No. 6. Fascicule 2. Paris: Sénat

RAPPORT GÉNÉRAL fait au nom de la commission des Finances, du contrôle budgétaire et des comptes économiques de la Nation sur le loi de finances pour 1992 (1991). Tome III. Annexe No. 10. Fascicule 2. Paris: Sénat

RAUEN, Birgid (1988): Italienische Presse 1978 bis 1988. In: Media Perspektiven, Nr. 11, S. 692-704

RAUEN, Birgid (1990): Italien: Kartellbildung von Medien und Industrie. In: Media Perspektiven, Nr. 3, S. 156-174

RECHNUNGSHOF (1992): Bericht des Rechnungshofes über Wahrnehmungen betreffend die Gebarung des Bundesminsietriums für Arbeit und Soziales hinsichtlich arbeitsmarktpolitischer Maßnahmen gemäß § 39a des Arbeitsmarktförderungsgesetzes in den Jahren 1983 bis 1988. Wien: Österreichische Staatsdruckerei

REITERER, Reinhold (1992): Konzentration und Vielfalt. In: Medien Journal, Nr. 2, S. 96-100

RICHTLINIE FÜR ERP-DARLEHEN ZUR FÖRDERUNG VON KLEINEN UND MITTLEREN PRESSEUNTERNEHMEN (ERP-PRESSEPROGRAMM) (1982). In: Bundesanzeiger Nr. 160 vom 31. August 1982, S. 2

RITSCHEL, Karl Heinz (1992): Koalitionäre Medienpackelei. In: Salzburger Nachrichten vom 4. Juli

ROLOFF, Eckart Klaus / KÖHNE, Gunnar (1992): Das Rundfunksystem in Norwegen. In: Hans-Bredow-Institut (Hrsg.): Internationales Handbuch für Hörfunk und Fernsehen 1992/93. Baden-Baden, Hamburg: Nomos, S. D 183-D 191

SANTINI, André (1990): L'Etat et la Presse. Paris: Litec

SAUER, Ulrike (1991): Auswirkungen des neuen Mediengesetzes in Italien. In: Media Perspektiven, Nr. 3, S. 161-169

SAXER, Ulrich (1976): Medienpolitische Systeme: eine Analyse schweizerischer Medienpolitik. In: Publizistik, 21. Jg., S. 9-30

SAXER, Ulrich (1992a): Das Rundfunksystem der Schweiz. In: Hans-Bredow-Institut (Hrsg.): Internationales Handbuch für Hörfunk und Fernsehen 1992/93. Baden-Baden, Hamburg: Nomos, S. D 235 - D 247

SAXER, Ulrich (1992b): Presse - Post - Presseförderung. Pressedefinitionen und postalische Transporttarifpolitik. Zürich: Seminar für Publizistikwissenschaft (Vervielf. Manuskript)

SCHLUSSBERICHT der Kommission zur Untersuchung der Gefährdung der wirtschaftlichen Existenz von Presseunternehmen und der Folgen der Konzentration für die Meinungsfreiheit in der Bundesrepublik Deutschland (Pressekommission)(1968). In: Verhandlungen des Deutschen Bundestages, 5. Wahlperiode, Anlage zu den stenographischen Berichten, Band 122, Drucksache V 3122 vom 3. Juli 1968. Bonn

SCHNEIDER, Beate (1992): Die ostdeutsche Tagespresse - eine (traurige) Bilanz. In: Media Perspektiven, Nr. 7, S. 428-441

SCHOPF, Hannes (1990): "Besondere" Millionen. Presseförderung wird systematisch pervertiert. In: Die Furche vom 28. Juni (abgedruckt in: V.Ö.Z. 1990, S. 34)

SCHMIDT, Bernhard / DOLL, Jürgen / FEKL, Walther / LOEWE, Siegfried (1983): Frankreich-Lexikon. Schlüsselbegriffe zu Wirtschaft, Gesellschaft, Politik, Geschichte, Kultur, Presse- und Bildungswesen. Band I, II. Berlin: Erich Schmidt Verlag

SCHMOLKE, Michael (1991): Von der *schlechten Presseförderung* in Österreich. In: Wirtschaftspolitische Blätter, 38. Jg., S. 337-346

SCHMOLKE, Michael (1990): Der Vielfalt (k)eine Gasse. In: Die Furche vom 6. September

SCHMOLKE, Michael (1988): Massenmedien und Kommunikationspolitik, In: Die Ära Lechner. Das Land Salzburg in den sechziger und siebziger Jahren. Hrsg.: Zwink, Eberhard. Salzburg: Landespressebüro, S. 437-460

SCHÜTZ, Walter J. (1990): Konzentration. In: Schiwy, Peter / Schütz, Walter J. (Hrsg.): Medienrecht. Lexikon für Wissenschaft und Praxis. 2. Auflage. Neuwied, Frankfurt: Hermann Luchterhand, S. 161-171

SCHULZ, Ferdinand F. (1990): Konzentrationstrend in Frankreichs Medienlandschaft. Daten zu den großen Medienunternehmen. In: Media Perspektiven, Nr. 3, S. 175-193

SERVAES, Jan (1988): Neue Trends in der belgischen Presse. In: Media Perspektiven, Nr. 6, S. 338-346

SERVAES, Jan (1991): Concentration and competition in the Belgian press. In: Communications, 16. Jg., S. 363-377

SICKINGER, Hubert / NICK, Rainer (1990): Politisches Geld. Parteienfinanzierung in Österreich. Wien: Kulturverlag

SJTI (1991): Tableaux statistiques de la presse. Données détaillées 1989. Résultats provisoires 1990. Rétrospective 1982-1990. Paris: La Documentation Française

SMITH, Anthony (1977): Subsidies and the press in Europe. London: PEP/International Press Institute

SMITH, Anthony (1978): The politics of information. Problems of policy in modern media. London: Macmillan

SMITH, Anthony (Hrsg.)(1980): Newspapers and democracy. International essays on a changing medium. Cambridge, London: The MIT Press

SPARKS, Colin (1992): The press, the market, and democracy. in. Journal of Communication, 42. Jg., Nr. 1, S. 36-51

STAATLICHE SUBVENTIONIERUNG DER PRESSE (1975). In: Archiv für Presserecht, 23. Jg., Nr. 3, S. 851-854

STAPPERS, James G. (1992): A disappearing landscape in European media ecology. In: Kutsch, Arnulf / Holtz-Bacha, Christina / Stuke, Franz R. (Hrsg.): Rundfunk im Wandel. Beiträge zur Medienforschung. Berlin: Vistas, S. 189-204

STATISTISCHES BUNDESAMT (1991): Bildung und Kultur. Fachserie 11. Reihe 5. Presse. Stuttgart: Metzler-Poeschel

TEIDELT, Irene (1986): Mediengesetzgebung in Frankreich: Trendwende nach dem Regierungswechsel. In: Media Perspektiven, Nr. 8, S. 531-540

TESTO AGGIORNATO DELLA LEGGE 5 AGOSTO 1981, n. 416, recante: «Disciplina delle imprese editrici e provvidenze per l'editoria». In: Gazzetta ufficiale della Repubblica Italiana, 28. April 1987

TODOROV, Pierre (1990): La presse française à l'heure de l'Europe. Paris: La Documentation Française

TOUSSAINT, Nadine / LETEINTURIER, Christine (1978): Evolution de la concentration dans l'industrie de la presse en France. Brüssel: Kommission der Europäischen Gemeinschaft

TOUSSAINT DESMOULINS, Nadine (1987): Les effets pervers des aides à la presse. In: Mediaspouvoirs, Nr. 8, S. 104-110

TRAPPEL, Josef (1992): Austria. In: Euromedia Research Group: The media in Western Europe. The Euromedia Handbook. London, Newbury Park, New Delhi: Sage, S. 1-15

TRAPPEL, Josef (1991): Medien Macht Markt. Medienpolitik westeuropäischer Kleinstaaten. Wien, St. Johann: Österreichischer Kunst- & Kulturverlag

TRÜTZSCHLER, Wolfgang (1991): Irlands Weg zur Medienkolonie. Medienpolitik in Irland. In: Trappel, Josef: Medien Macht Markt. Medienpolitik westeuropäischer Kleinstaaten. Wien, St. Johann: Österreichischer Kunst- & Kulturverlag, S. 230-248

VEBRET, Joseph (1984): Aide-toi, l'état t'aidera. In: Presse Actualité, Nov., S. 40-44

VERBAND ÖSTERREICHISCHER ZEITUNGSHERAUSGEBER UND ZEITUNGSVERLEGER (1988): Tätigkeitsbericht 1988. Wien: V.Ö.Z

VERBAND ÖSTERREICHISCHER ZEITUNGSHERAUSGEBER UND ZEITUNGSVERLEGER (1989): Tätigkeitsbericht 1989. Wien: V.Ö.Z

VERBAND ÖSTERREICHISCHER ZEITUNGSHERAUSGEBER UND ZEITUNGSVERLEGER (1990): Tätigkeitsbericht 1990. Wien: V.Ö.Z

VERBAND ÖSTERREICHISCHER ZEITUNGSHERAUSGEBER UND ZEITUNGSVERLEGER (1991a): Rundfunk und Zeitungen. Wien: V.Ö.Z.

VERBAND ÖSTERREICHISCHER ZEITUNGSHERAUSGEBER UND ZEITUNGSVERLEGER (1991b): Tätigkeitsbericht 1991. Wien: V.Ö.Z

VERBAND ÖSTERREICHISCHER ZEITUNGSHERAUSGEBER UND ZEITUNGSVERLEGER (1992): Tätigkeitsbericht 1992. Wien: V.Ö.Z

DIE VERFASSUNGEN DER EG-MITGLIEDSSTAATEN (1990). München: dtv, 2. Aufl.

VIRMAVIRTA, Jarmo (1992): Julkinen sana ja tuki. Selvitys lehdistötuen kehittämisestä. Helsinki: Liikenneministeriö

VORLÄUFIGER BERICHT der Kommission zur Untersuchung der Gefährdung der wirtschaftlichen Existenz von Presseunternehmen und der Folgen der Konzentration für die Meinungsfreiheit in der Bundesrepublik Deutschland (Pressekommission) (1967/68). In: Verhandlungen des Deutschen Bundestages, 5. Wahlperiode, Anlage zu den stenographischen Berichten, Band 117, Drucksache V 2403 vom 15. Dezember 1967. Bonn

VRANITZKY, Franz (1991): Medienpolitische Perspektiven. Vervielf. Manuskript der Rede anläßlich der ordentlichen Generalversammlung 1991 des Verbandes österreichischer Zeitungsherausgeber und Zeitungsverleger

WEIBULL, Lennart (1991): Dagspress: Statistik. In: Carlsson, Ulla / Anshelm, Magnus (Red.): Medie-Sverige '91. Statistik och analys. Göteborg, S. 73-92

WEIBULL, Lennart / ANSHELM, Magnus (1991): Signs of Change. Swedish Media in Transition. In: The Nordicom Review of Nordic Mass Communication Research, Nr. 2, S. 37-61

WORM, Alfred (1992): Groß gegen Klein. Die hohen Subventionen für das neue Druckzentrum West bringen Klein-Druckereien in arge Nöte. In: profil vom 17. Februar

ZAUNER-JELEMENSKY, Brigitte (1988): Staatliche Presseförderung in Österreich. Bedingungen, Zielsetzungen, Resultate. Diplomarbeit zur Erlangung des Magistergrades an der Grund- und Integrativwissenschaftlichen Fakultät der Universität Wien. Wien

ØSTBYE, Helge (1991): Norwegian Media in the 1980s. Structural Changes, Stable Consumption. In: The Nordicom Review of Nordic Mass Communication Research, Nr. 2, S. 19-35

ØSTBYE, Helge (1992): Norway. In: Euromedia Research Group: The media in Western Europe. The Euromedia Handbook. London, Newbury Park, New Delhi: Sage, S. 167-182

Erich Geretschlaeger / Anton Leinschitz

Postleistungen

Dr. Erich Geretschlaeger

ist freiberuflicher Medienberater in Wien und Lektor an den Publizistikinstituten in Wien und Salzburg

Mag. Anton Leinschitz

ist Geschäftsführer der *GMK Gesellschaft für Marketing und Kommunikation* in Graz

1. Die Bedeutung des Postzeitungsdienstes

Das flächendeckende Zustellsystem der Post ermöglicht Verlagen den potentiellen Zugriff auf ein voll ausgebautes Distributionsnetz und stellt so - abgesehen von der immanenten Bedeutung - eine Alternative zu anderen Vertriebswegen bereit. In Österreich werden gegenwärtig pro Jahr ca. 840 Mill. Periodika (davon etwa 220 Mill. Tageszeitungen) mit der Post distribuiert. Die Zeitungen sind damit nach den Werbemittelverteilern der bedeutendste Kunde der Post. Im Verhältnis zur Gesamtauflage wird die Postzustellung in Finnland, in der Schweiz oder in Frankreich noch stärker genutzt als in Österreich. Die Bundesrepublik Deutschland und Großbritannien weisen geringere - allerdings deutlich geringere - Anteile an postdistribuierter Auflage auf. Prinzipiell ist der Postvertriebsweg als die kostengünstigste Vertriebsform einzustufen.

Dennoch ist die Post im Zeitungsvertrieb kein Alleinanbieter. Der Vertriebsweg ist im Bereich der Abonnementzustellung durch verlagseigene oder private Zustellorganisationen substituierbar. Allerdings zeigen alle gegenwärtigen Systeme und belegen alle Modellversuche und Berechnungen, daß der Aufbau einer postähnlichen Zustellorganisation auf privatwirtschaftlicher Basis zu kostenintensiveren, sprich teureren, Lösungen führt. Der Postzeitungsdienst erweist sich im Rahmen von Großauflagen und Haushaltsabdeckungen - wie auch bei der Verteilung von Zeitschriften - als günstigste Distributionsmöglichkeit.

Die distributive Leistung der Post, auch in Regionen mit geringerer Verteildichte zu den gleichen niedrigen Kosten für Verlage zuzustellen, stellt einen medienpolitisch derzeit nicht ersetzbaren Garant für Medienvielfalt und nicht-selektive Versorgung der Bevölkerung dar. Der Postzeitungsdienst wirkt als wettbewerbsneutrales Distributionssystem, dem in Regionen, die von Verlagen selbst nur unrentabel erreicht werden können, auch eine Aushilfsfunktion zukommt. Bei überregionalen Tageszeitungen ist der Postzeitungsdienst derzeit die einzige betriebswirtschaftlich denkbare Möglichkeit, ohne intensive Kooperation mit Konkurrenzverlagen landesweite Abonnementdistributionen aufzubauen und aufrecht zu erhalten.

Der Postzeitungsdienst erfüllt hohe distributive Anforderungen auf den Dimensionen Menge und Ort. Die von Vertriebsleitern beklagten Unzulänglichkeiten des Postzeitungsdienstes werden von Lesern in der Regel nicht wahrgenommen. Vielmehr halten Leser die Zuverlässigkeit und damit die Qualität der postalischen Zustellung für ausgezeichnet und lasten verspätete Zustellung oder einen Ausfall eher dem Verlag an.

Ein anderes Bild ergibt sich bei Betrachtung der zeitlichen Leistung. Hier kann der Postvertrieb, wie Erhebungen zeigen, die leser- und marktorientierte Anforderungen der Abonnementzustellung nicht gewährleisten. Die Zeitung zum Frühstück ist Qualitätsmerkmal und werblich angepriesener Marktvorteil der privaten Zustellorganisationen. Die späte, nicht selten am Nachmittag liegende, Zustellzeit führt daher zunehmend zur Substitution durch den Aufbau eigener Zustellorganisationen der Verlage, was sich auch international nachvollziehen läßt: der kostenseitige Vorteil postalischer Zustellung wird aufgrund von absatzorientierten Opportunitätsüberlegungen gegenüber der teureren Austrägerzustellung aufgegeben.

Eine echte Alternative zur verlagseigenen Austrägerzustellung könnte der Postzeitungsdienst nur unter Gewährleistung der Morgenzustellung erfüllen. So gestaltet, würde er ein wettbewerbsneutrales Instrument darstellen, dessen unmittelbare Bedeutung in der Neutralisierung bestehender vertrieblicher Marktmachtstrukturen zu sehen wäre. Voraussetzung dazu wäre jedoch ebenfalls ein Gebührenniveau, das unter den bestehenden Selbstkosten der Verlage liegen müßte.

Postzeitungsdienst international

Der Postversand von Zeitungen stellt eine wohl weltweit übliche Vertriebsform dar. Zeitungen werden überall auch mit der Post verteilt - wenn auch in der Regel zu voneinander abweichenden Bedingungen und Vorschriften.

Allein die europäischen Kriterien und Regulative für den Postversand von Druckwerken sind weit davon entfernt, sich zu gleichen. Was in einem Land rechtmäßig oder gar ausdrücklich vorgeschrieben ist, kann in einem anderen eher unerwünscht oder verboten sein. Während in einem Land ein bestimmter Bereich durch restriktive Vorschriften geregelt (und eingeengt) wird, passiert es, daß im Postgesetz des anderen Landes zur selben Sache keinerlei Aussagen gemacht werden. Eine Zeitung, definiert nach dem Postgesetz des einen Landes, muß nach den Bestimmungen des anderen nicht unbedingt ebenfalls eine solche sein.

Eine vergleichende Gegenüberstellung ist schwierig und hat ihre Tücken, wie schon die Internationale Vereinigung für Zeitungs- und Medientechnik (Ifra) feststellten mußte, als sie Ende der 80er Jahre daran ging, einen Vergleich der europäischen Tarife und Vorschriften für den Postversand von Zeitungen zu erstellen.[1] Bereits in der Einleitung der Arbeit, die sich aus Kostengründen auf die 11 Länder Belgien, Dänemark, Deutschland (BRD), England, Frankreich, Holland, Italien, Norwegen, Österreich, Schweden und die Schweiz beschränkt, heißt es: "Schon gleich bei der Inangriffnahme der Studie zeigte es sich, daß eine einheitliche Darstellung der Vorschriften der ausgewählten europäischen Postverwaltungen nicht realisiert werden kann. Dagegen ist es möglich, gewisse Kriterien, welche z.B. mit Zahlenangaben definiert werden können, in Tabellenform zusammenfassend zu präsentieren. Die verbalen Erläuterungen der Vorschriften sind oft nicht so präzise und/oder vollständig wiedergegeben, wie es sich der Berichterstatter gewünscht hätte. Hier ist eine Beschränkung dadurch gegeben, daß der Platzbedarf natürliche Grenzen sowohl in der Interpretation wie auch in der Ausführlichkeit auferlegt. Auffallend ist auch, wie unterschiedlich im gleichen Sprachraum, wie z.B. Deutschland, Österreich und

[1] vgl. dazu: Vergleich der europäischen Tarife und Vorschriften für den Postversand von Zeitungen. Versandraum und Vertrieb (4) Ifra. Special Report 4.5. Darmstadt, März 1989

deutschsprachiger Schweiz oder Frankreich, Belgien und französischsprachiger Schweiz die postalische Begriffs-Nomenklatur ausfällt."[2]

Da jedoch erst im Vergleich die spezifisch österreichische Situation herausgearbeitet werden kann, wird der Versuch eines internationalen Vergleichs (im Unterschied zur genannten Ifra-Studie breiter angelegt) hier nochmals gewagt. Um die jeweilige Bedeutung des Postzeitungsdienstes für den Abonnementvertrieb in den einzelnen Ländern aufzuzeigen, soll international vergleichend, die Situation der Printmedien ebenso betrachtet werden, wie, anhand einiger Kenndaten, die Rolle der Post. Über die formalen Kriterien hinaus (Darstellung der jeweiligen Zulassungsbestimmungen und der Tarifgestaltung im Postzeitungsdienst) wird die Beziehung zwischen dem vorgeschriebenen und dem tatsächlich erbrachten Leistungsspektrum (Angebot und Umfang, Kundenzufriedenheit) hergestellt und wird anhand der Erlös- und Kostendeckungssituation im Postzeitungsdienst die Zukunft dieses Angebots zur Diskussion gestellt.

In den internationalen Vergleich einbezogen wurden neben Österreich die Bundesrepublik Deutschland und die Schweiz (beide aufgrund ihrer besonderen Postsituation mit Vorbildrolle für Österreich), Frankreich und Großbritannien (unterschiedliches Käuferverhalten, andere Zustellmodelle) sowie Finnland (große Zeitungsdichte, kooperatives Vertriebsmodell).

2. Printmedien: Marktanteil, Vertrieb und Kosten

Die Darstellung der jeweiligen Postzeitungssituation wäre unvollständig (und wohl auch unverständlich) ohne die - zumindest kursorische - Berücksichtigung der Situation der Printmedien im entsprechenden Medienmarkt. Die folgende Beschreibung[3] geht aus Vergleichsgründen - sofern nicht anders angegeben - von der Entwicklung im Jahr 1990 aus und berücksichtigt Vertriebsdaten.

Österreich

Die österreichische Tagespresse befand sich 1990 in einer Phase des Umbruchs und vor größeren Veränderungen, die sich allerdings schon abzeichneten.[4] Zum einen stand die Einstellung zweier Tageszeitungen bevor (die dann im Mai - "Volksstimme" - bzw. Oktober 1991 - "AZ" erfolgte), zum anderen die Gründung einer

2 ebd. S. 4

3 sie erhebt weder einen Anspruch auf Vollständigkeit, noch auf Identität der Erhebungsdaten in den einzelnen Ländern, wie etwa die Medienmarktanteile zeigen, die in einigen Ländern mit, in anderen ohne den Anteil der Direktwerbung erhoben werden.

4 Für eine umfassende Darstellung der Entwicklung der österreichischen Tageszeitungen von 1986 bis 1993 siehe: Peter A. Bruck / Iris Melcher-Smejkal: Tageszeitungen in Österreich. In: Medienbericht IV. Massenmedien in Österreich. Hg. vom Institut für Publizistik und Kommunikationswissenschaft, Universität Salzburg. Wien: Verlag Buchkultur 1993

neuen Tageszeitung, deren Markteintritt lange vorbereitet und vereinzelt befürchtet wurde (Kurt Falks Drei-Schilling Farbbilligzeitung "täglich Alles" erschien erstmals am 5. April 1992). Dennoch wird hier aus Vergleichsgründen das Jahr 1990 herangezogen.

Die österreichische Tagespresse zählte 1990 insgesamt 17 publizistische Einheiten, die in 29 Ausgaben und 37 regionalen und lokalen Mutationen erschienen. Die Druckauflage betrug 2.705 Mill. Exemplare, ein leichter Rückgang nach dem historischen Höchststand des Jahres 1989.[5] Auf 1000 Einwohner entfallen somit 356 Exemplare.[6] Die Gesamtreichweite aller Tageszeitungen lag österreichweit bei 72,8 %.[7]

Drei Tageszeitungen ("Neue Kronen-Zeitung", "Kurier" und "Kleine Zeitung") druckten nahezu 65 % der Auflage, wobei allein die "Neue Kronen-Zeitung" 40 % für sich verbuchen konnte.[8] Während die regionalen Tageszeitungen eher und nahezu ausschließlich Abonnementzeitungen waren, spielte das Abonnement bei den zwei größten österreichischen Tageszeitungen mit etwa 45 % bzw. 40 % (davon jeweils wiederum zirka 50 % Postabo) an der Verkaufsauflage noch eine deutlich geringere Rolle.[9]

Laut Mediaforschung lag das Werbevolumen der österreichischen Massenmedien 1990 bei 12,5 Mrd. Schilling. Der Anteil der Tageszeitungen am Gesamtaufkommen aller Medien und Werbeträger erreichte dabei ein Drittel.[10]

Die Tagespresse ist insgesamt also in hohem Maß auf Anzeigeneinnahmen angewiesen, wobei jedoch zur Kosten- und Erlösstruktur der österreichischen Zeitungen keine statistisch gesicherten Daten vorliegen.[11] Bei einem branchenweit sehr uneinheitlichen Bild werden durchschnittliche Vertriebserlöse von 43 % und Anzeigenerlöse von 56 % angenommen. Unter den Kosten rangieren dieser Schätzung zufolge

---

5 vgl. dazu: Verband Österreichischer Zeitungsherausgeber und Zeitungsverleger (Hrsg.): Pressehandbuch 1991. 39. Jg. Wien, 1991, S. 23

6 vgl. dazu: FIEJ (Hrsg.): World Press Trends. Edition 1991. Paris, Juni 1991, S. 9

7 vgl. dazu: PÜRER, Heinz: Reichweite und Leserschaft der Tagespresse in Österreich. In: Verband Österreichischer Zeitungsherausgeber und Zeitungsverleger (Hrsg.): Pressehandbuch 1991 ... a. a. O., S. 12 - 18, hier S. 14

8 vgl. dazu: Verband Österreichischer Zeitungsherausgeber und Zeitungsverleger (Hrsg.): Pressehandbuch 1991 ... a. a. O., S. 22

9 Durch die tendenzielle Umstellung des Einzelverkaufs auf Abonnements mit Hauszustellung wird dieser Anteil freilich sukzessive wachsen. vgl. dazu auch: HUMMEL, Roman (Projektleiter): Die Situation der Zeitungskolporteure. Soziale und rechtliche Stellung. Studie im Auftrag des Bundesministeriums für Wissenschaft und Forschung sowie des Bundesministeriums für Arbeit und Soziales. Wien, 1992, S. 56 f

10 Das Werbejahr 1990. In: Verband Österreichischer Zeitungsherausgeber und Zeitungsverleger (Hrsg.): Pressehandbuch 1991 ... a. a. O., S. 19 - 21, hier S. 19

11 Die besten Angaben dazu befinden sich im Projektbericht "Industrieökonomie und Marktasymmetrie" von AIGINGER, Karl / PENEDER, Michael. Salzburg, Ökonomie und Zukunft der Printmedien, 1993.

jene für Druck und Papier mit 43 % an erster Stelle, es folgen die Aufwendungen für die Redaktion mit 22 %, für den Vertrieb mit 20 % und für die Verwaltung mit 15 %.[12]

Abbildung 1: Kostenstruktur Tageszeitungen in Österreich

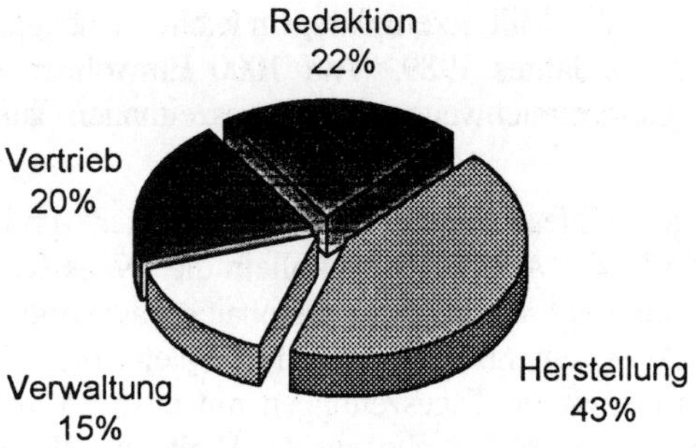

Quelle: V.Ö.Z.

Deutschland

Die friedliche Revolution der DDR im Herbst 1989 und schließlich im Oktober 1990 die Vereinigung der beiden deutschen Staaten nach vier Jahrzehnten der Trennung hatte natürlich auch am Zeitungsmarkt Folgen. Die Momentaufnahme des Jahres 1990, die hier präsentiert wird, und für die verläßliche Daten vorliegen, hat auf die zukünftige Entwicklung nur beschränkte Aussagekraft. Eine statistische Trennung der Resultate aus alten und neuen Bundesländern ist teilweise schon heute nicht

---

12 Diese Werte werden mehr oder weniger unverändert seit Mitte der 70er Jahre publiziert. vgl. dazu: Institut für Publizistik und Kommunikationstheorie der Universität Salzburg (Hrsg.): Medienbericht II. Massenmedien in Österreich. Internationale Publikationen Ges.m.b.H., Wien, 1977, S. 46 sowie SCHROTTA, Werner: Die wirtschaftliche Entwicklung der österreichischen Tagespresse. In: 350 Jahre Amtliche Linzer Zeitung. Festschrift. (Das älteste Periodikum der Welt.) Amt der oberösterreichischen Landesregierung, Linz 1981, S. 57 - 60, hier S. 60, gekürzt wiedergegeben in Verband Österreichischer Zeitungsherausgeber und Zeitungsverleger (Hrsg.): Österreichs Presse Werbung Graphik 81. Handbuch. 29. Jg., Wien, 1981, S. XIII - XV, hier S. XV und MUZIK, Peter: Die Zeitungsmacher. Österreichs Presse, Macht, Meinungen und Milliarden. Orac, Wien, 1984, S. 250. Neuerdings siehe dazu: Verband Österreichischer Zeitungsherausgeber und Zeitungsverleger (Hrsg.): Tätigkeitsbericht 1991. Wien, 1991, S.11 Eine im Rahmen des Forschungsprogramms Ökonomie und Zukunft der Printmedien durchgeführte Erhebung bei sieben österreichischen Tageszeitungen ergibt einen durchschnittlichen Anteil der Druckkosten an den Gesamtkosten von ca. 32 %. Vgl. auch Aiginger/Peneder, Salzburg, 1993, a.a.O.

mehr möglich[13] und wird in der Folge noch wesentlich schwieriger sein und kann zu Fehlinterpretationen führen. 1990 erschienen in der Bundesrepublik Deutschland (= alte Bundesländer) 356 Tageszeitungen mit einer Gesamtauflage von knapp 21 Mill. Exemplaren, 5 Sonntagszeitungen mit einer kumulierten Auflage von ca. 4 Mill. und 29 Wochenzeitungen mit zusammen 1,8 Mill. Exemplaren.[14]

Auf 1.000 Einwohner entfallen in der BRD 343 Tageszeitungen.[15] Die Statistik unterscheidet zwischen lokalen und regionalen Abonnementszeitungen (Auflage 13,97 Mill., Abo-Anteil 90,2 %), 5 überregionalen Kaufzeitungen (Auflage 1,34 Mill., Abo-Anteil 7,2 %) und 6 Kaufzeitungen mit einer Gesamtauflage von 5,65 Mill. Exemplaren. Im Durchschnitt liegt der Anteil der abonnierten Tageszeitungsauflage bei 65,1 %.[16], die u. a. von mehr als 23.000 von den Verlagen beschäftigten Hauszustellern verteilt wird.[17]

Abbildung 2: Kostenstruktur Tageszeitungen in Deutschland

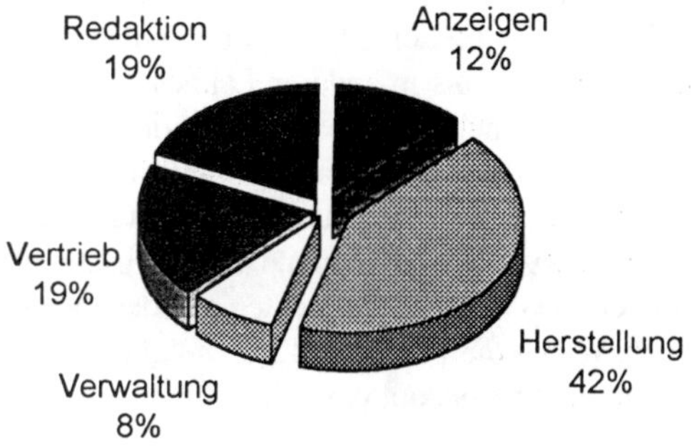

Quelle: BDZV

Folgt man dem BDZV, so blieben die Tageszeitungen auch 1990 das Hauptwerbemedium in der BRD. Bei Gesamtwerbeaufwendungen von 24,5 Mrd. DM entfielen 8,06 Mrd. DM bzw. 32,9 % auf Tageszeitungen.[18] Tageszeitungen erreichten einen

---

13 Die Auflagenzahlen für das II. Quartal 1990 etwa enthalten bereits Auflagenteile aus neuen Ländern von Zeitungen aus den alten. vgl. dazu: KUK, Alexander von: Zur wirtschaftlichen Lage der deutschen Zeitungen. In: Bundesverband Deutscher Zeitungsverleger e. V. (Hrsg.): Zeitungen '91. Bonn, 1991, S. 28 - 53, hier S. 34

14 vgl. dazu: Zahlen - Daten - Fakten. In: Bundesverband Deutscher Zeitungsverleger e. V. (Hrsg.): Zeitungen '91. Bonn, 1991, S. 332 - 345, hier S. 334 sowie KUK, Alexander von: Zur wirtschaftlichen Lage ... a. a. O., S. 33

15 vgl. dazu: FIEJ (Hrsg.): World Press Trends. Edition 1991. Paris, Juni 1991, S. 9

16 vgl. dazu: KUK, Alexander von: Zur wirtschaftlichen Lage ... a. a. O., S. 47

17 vgl. dazu: FIEJ (Hrsg.): Yearbook. Le Livre de l'année 1990/91. Paris, 1991, S. 114

18 vgl. dazu: KUK, Alexander von: Zur wirtschaftlichen Lage ... a. a. O., S. 39

Gesamtumsatz von 12,34 Mrd. DM; 8,06 Mrd. DM (65,3 %) Anzeigenumsatz, 4,28 Mrd. DM (34,7 %) Vertriebsumsatz. Die Erlösstruktur der Abonnementszeitungen zeigt ein Verhältnis zwischen Anzeigen- und Vertriebseinnahmen von 63,9 % (Anzeigen 56,1 %, Fremdbeilagen 7,8 %) zu 36,1 %. Die Kostenstruktur zeigt Herstellungskosten von 42,0 %, Redaktion und Vertrieb machen je 18,6 % aus, 12,4 % entfallen auf Anzeigen, 8,4 % auf Verwaltung.

Schweiz

Die Schweiz gehört zu den Ländern mit der größten Zeitungsdichte und dem weitverzweigtesten Abonnentennetz in Europa. 1990 erschienen in der Schweiz 126 Tageszeitungen (4- bis 7mal pro Woche) in einer Gesamtauflage von ca. 2,8 Mill. Exemplaren, d. h. auf 1.000 Einwohner entfielen 412 Exemplare.[19] Nahezu 73 % der Tageszeitungen haben eine Auflage unter 10.000 Exemplaren, 15 Tageszeitungen vereinen ca. 50 % der Auflage und der Erlöse.[20]

Die Auflage der schweizerischen Tageszeitungen wird insgesamt zu ca. 80 % abonniert. Regional gesehen ist der Einzelverkauf in der Westschweiz mit durchschnittlich 31 % deutlich ausgeprägter als in anderen Landesteilen; in der Deutschschweiz beträgt der Einzelverkauf z. B nur 16 %. Je niedriger die Auflage, desto höher ist im allgemeinen der abonnierte Anteil einer Tageszeitung. Titel mit einer Auflage unter 50.000 Exemplaren setzen durchschnittlich unter 5 % im Einzelverkauf ab, bei höherer Auflage steigt der Einzelverkaufsanteil dann auf durchschnittlich 30 % bzw. 42 % in der Westschweiz. Gut 60 % der Abonnenten werden per Post, der Rest durch private Träger bedient, wobei die Frühzustellung (möglicherweise auch in Kooperation mit der Post) permanent ausgebaut wird.[21]

Die Netto-Werbeumsätze für 1990 werden mit 5,693 Mrd. SFr beziffert, 2 Mrd. SFr (= 35,1 %) entfallen auf Tageszeitungen.[22]

Zur Kostenstruktur sind für die Schweiz keine aktuellen Daten verfügbar. Ein 1987 publizierte Auflistung gibt Satz- und Druckkosten mit 26,1 %, Vertrieb und Spedition mit 16,3 % an.[23]

---

19 berechnet nach Informationen von Barbara Scherwey, Schweizerischer Verband der Zeitungs- und Zeitschriftenverleger, Bereich Verlagsmarketing vom 8. Mai 1992

20 vgl. dazu: FIEJ (Hrsg.): Yearbook.... a. a. O., S. 233

21 vgl. dazu: NIEDERMANN, Thomas (Projektleiter): Die Verteilung von Zeitungen und Zeitschriften. Ergebnisse einer Umfrage. Schweizerischer Verband der Zeitungs- und Zeitschriftenverleger (Hrsg.), Zürich, 1990, S. 3

22 Die Werbeumsätze, mit Ausnahme der Direktwerbung ohne Produktionskosten, wurden von Advico, Young & Rubicam geschätzt. vgl. dazu: Ringier AG (Hrsg.): Ringier Werbefibel 1992, Zürich, (1992) S. 5

23 vgl. dazu: Tagesanzeiger (Hrsg.): Zeitung Lesen. Zürich, 1987, S. 229

Abbildung 3: Kostenstruktur Tageszeitungen in der Schweiz

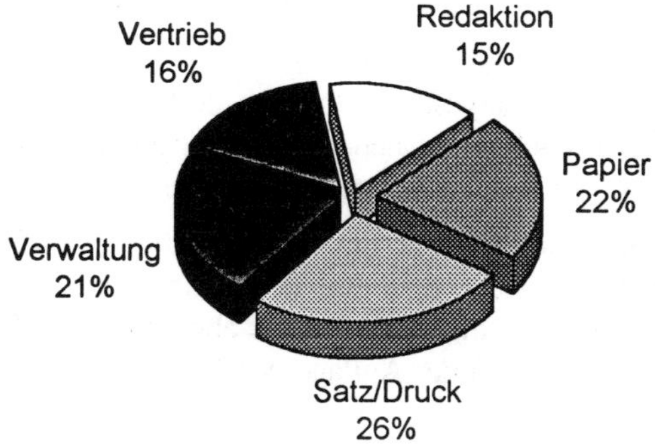

Quelle: Tagesanzeiger

Frankreich

Die Gesamtauflage der 99 französischen Tageszeitungen liegt bei 9,9 Mill. Exemplaren täglich.[24] In Relation zur Bevölkerung werden in Frankreich deutlich weniger Tageszeitungen gekauft als in anderen westeuropäischen Ländern: auf 1000 Einwohner entfallen in Frankreich 127 Tageszeitungen,[25] bzw. der einzelne Haushalt gibt pro Jahr 162 FF für Tageszeitungen aus.[26]

Von den Gesamtwerbeausgaben (1989 46,598 Mrd. FF) entfallen 26 Mrd. FF oder 56,2 % auf die Presse.[27]

Die übliche Unterteilung in nationale und regionale Tageszeitungen zeigt wesentliche Unterschiede im redaktionellen Inhalt, in der Struktur, der Präsentation, der Herstellung und im Vertrieb.

Die 12 nationalen Tageszeitungen, die etwa zu 40 % in der Region Paris verbreitet werden,[28] und sich hauptsächlich mit nationaler und internationaler Politik sowie Hauptstadtthemen beschäftigen, erreichen - mit je einer Ausgabe - eine Auflage von 2 Mill. Exemplaren. Das hexagonale Vertriebssystem dieser Tageszeitungen beruht prinzipiell auf dem von dem Verlegern kontrollierten genossenschaftlichen Distributionsapparat "Nouvelles Messageries de la Presse Parisienne". Diese Großorganisation, die gleichzeitig als Großhändler für die Region Paris auftritt und der Post einen

24 Die Informationen stammen aus einem Gespräch mit Robert Darthenay, Association de Liaison et d'Etudes Postales pour la Presse, vom 10. Dezember 1991

25 vgl. dazu: FIEJ (Hrsg.): World Press Trends... a. a. O, S. 9

26 vgl. dazu: Nouvelles Messageries de la Presse Parisienne: 1990 Vente au Numero. Bilan de L'Annee Presse. Paris, 1991, S. 2

27 DDB Needham Worldwide (Hrsg.): 1991 European Media Fact Book. Paris, 1991, S. 81

28 vgl. dazu: FIEJ (Hrsg.): Yearbook. Le Livre de l'année 1989/90. Paris, 1990, S. 42

großen Teil der Verteilaufgabe abnimmt oder zumindest - insbesondere für die in Paris gedruckten Zeitungen - in ihrem Auftrag erfüllt, hat einen volumensmäßigen Anteil von knapp 20 % und einen wertmäßigen Anteil von ca. 25 % am Tageszeitungsvertrieb.[29]

Die am jeweiligen Druckort hergestellte und von dort aus individuell vertriebene Provinzpresse besteht aus 44 regionalen Tageszeitungen und 33 Departements-Titeln. Sie erscheinen in der Regel in mehreren Ausgaben.[30]

85 % der Tageszeitungsauflage wird im Einzelverkauf abgesetzt, 13 % im Postabonnement, 2 % durch Hauszustellung.[31] Bei den nationalen Tageszeitungen wird 77,1 % der verkauften Auflage im Einzelverkauf abgesetzt, 18,5 % sind abonniert und 4,4 % Freiexemplare - 73 % der Auflage werden verkauft, 27 % kommen als Remissionsexemplare retour.[32]

Die durchschnittlichen Ausgaben entfallen zu 21 % auf Druckkosten, zu 13 % auf redaktionelle Kosten und zu 12 % auf Papierkosten.[33]

Abbildung 4: Kostenstruktur Tageszeitungen in Frankreich

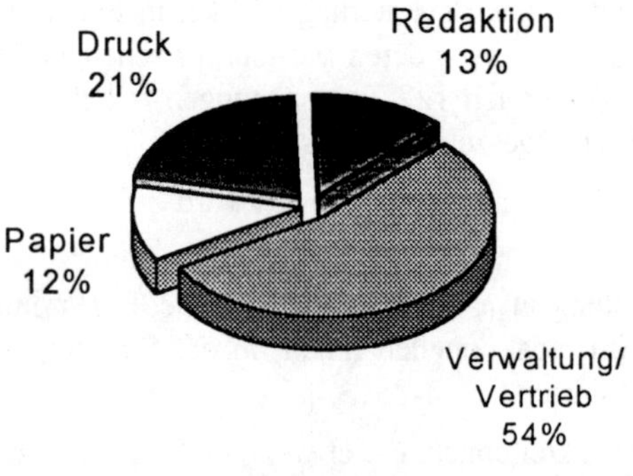

Quelle: FNFP

Das Anzeigenaufkommen der nationalen Tageszeitungen wird für 1989 auf 3,3 Mrd. FF geschätzt. 53,7 % der Tageszeitungs-Einnahmen stammen aus Anzeigen, 2,8 Mrd. aus dem Vertrieb, wovon wiederum 17,6 % aus Abonnements kommen.[34]

---

29 vgl. dazu: Nouvelle Messageries de la Presse Parisienne: Toute la Presse, partout ou il y a un lecteur. (Service Communication Nr. 3/90), Paris, 1990

30 vgl. dazu: FIEJ (Hrsg.): Yearbook (1990/91) ... a. a. O., S. 108

31 Die Informationen stammen aus einem Gespräch mit Laurent Dubois, Directeur Syndicat de la Presse Parisienne, am 9. Dezember 1991, S. 3

32 vgl. dazu: La Presse en 1989 et 1990. Paris, 1991, S. 58

33 vgl. dazu: FIEJ (Hrsg.): Yearbook (1990/91) ... a. a. O., S. 109

Großbritannien

Briten konsumieren 195 Mill. Zeitungen pro Woche.[35] Mehr als 86 Mill. Exemplare stammen von regionalen und lokalen Tageszeitungen, Wochenzeitungen und Sonntagszeitungen, wobei die Zahl der regionalen Morgen- bzw. Abendzeitungen mit 90, jener der Tageszeitungen mit 15 angegeben wird.[36]

Das Auflagen/Bevölkerungsverhältnis liegt (1990) mit fallender Tendenz bei 393 Exemplaren pro 1.000 Einwohner.[37]

Von den Gesamtwerbeausgaben von 7,555 Mrd. Pfund entfallen 4,806 Mrd. Pfund oder 64,3 % auf die Presse, bzw. ca. 15 % auf nationale Tageszeitungen.[38]

Im Detail sind dies 38,6 % für die regionale Presse, 27,7 % für die nationale Presse, 13,6 % für Wirtschafts- und Fachzeitschriften, 10,2 % für Publikumszeitschriften und 9,4 % für Adreßbücher.[39]

Finnland

Finnland hat eine außergewöhnlich hohe Zeitungsdichte, verbunden mit einer hohen Lesefreudigkeit: 1990 erschienen in Finnland 252 Zeitungen zwischen 1 und 7x pro Woche mit einer Gesamtauflage von ca. 4 Mill. Exemplaren. 66 Titel (Gesamtauflage 2,78 Mill.)[40] sind als Tageszeitungen zu werten, was einer Verbreitung von 562 Exemplaren pro 1.000 Einwohner entspricht.[41] Tageszeitungen haben gewöhnlich eine Reichweite von über 90 % in ihrem Erscheinungsgebiet und 70 % bis 80 % in benachbarten Gebieten.[42]

Neben den Tageszeitungen gibt es knapp über 1000 Zeitschriften (darunter ca. 150 Magazine), mit einer Gesamtauflage von ca. 20 Mill. sowie etwa 140 Gratispublika-

[34] vgl. dazu: La Presse en 1989 et 1990... a. a. O., S. 69

[35] BROWNING, Richard: A Regional Accent. In: Media International, July 1991, S. 21

[36] vgl. dazu: FIEJ (Hrsg.: Yearbook (1990/91) ... a. a. O., S. 125 Zirka 50 % dieser Auflage besteht wiederum aus kostenlos verteilten Anzeigenblättern.
vgl. dazu: FIEJ (Hrsg.): Yearbook (1989/90) ... a. a. O., S. 144

[37] vgl. dazu: FIEJ (Hrsg.): World Press Trends... a. a. O, S. 9

[38] vgl. dazu: DDB Needham Worldwide (Hrsg.): 1991 European Media Fact Book. Paris, 1992, S. 313 siehe dazu auch: MICHALSKI, Peter: Zauberwort "Tabloid". In: Die Welt, 8. Dezember 1992, S. 8 sowie SWINGEWOOD, Delwyn: Hard pressed. In: Media International, September 1992, S. 42 - 43, hier S. 42

[39] vgl. dazu: FIEJ (Hrsg.: Yearbook (1990/91) ... a. a. O., S. 126

[40] Durch die Einstellung einer der angesehensten finnischen Tageszeitungen "Uusi Suomi" (Auflage 92.000 Exemplare) im Dezember 1991 haben sich diese Werte auf 65 bzw. knapp 2 Mill. reduziert. vgl. dazu: "Uusi Suomi" als Opfer der Rezession. In: Neue Zürcher Zeitung, 3. Dezember 1991, S. 2

[41] vgl. dazu: FIEJ (Hrsg.): World Press Trends... a. a. O, S. 94 und 19

[42] vgl. dazu: FIEJ (Hrsg.): Yearbook (1989/90) ... a. a. O., S. 125

tionen mit einer jährlichen Auflage von ca. 230 Mill. Exemplaren bzw. einem Anteil von 20 % des Printvolumens per annum.[43]

Der Anteil der Massenmedien am Bruttoinlandsprodukt beträgt 3 %, der Umsatz erreicht 16 Mrd. FMk. Printmedien sind an diesen Werten zu 75 % beteiligt.

Ebenfalls bei 75 % liegen die Einnahmen aus Anzeigen, 25 % kommen aus Abos und dem Einzelverkauf.[44] Auf der Ausgabenseite fallen die Herstellungskosten am meisten ins Gewicht. Redaktion und Distribution (was Porto, Verteilung, Transport, und Post-Zustellgebühren einschließt) machen je 22 % aus.[45]

Abbildung 5: Kostenstruktur Tageszeitungen in Finnland

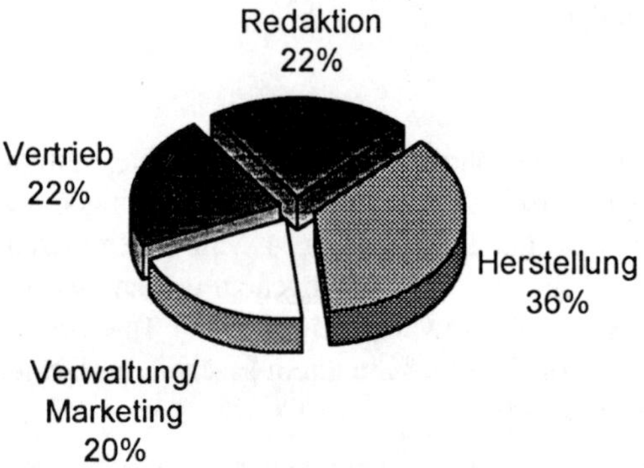

Quelle: Press Media in Finland. 1992

Tageszeitungen erscheinen in Finnland gewöhnlich frühmorgens und werden an die Empfänger zugestellt. 90 % der finnischen Presse sind abonniert (meist für ein Jahr), nur 10 % werden im Einzelverkauf abgesetzt. Von den abonnierten Zeitungen werden 70 %, primär von den Zeitungen selbst, vor 7 Uhr früh (von über 6000 Zustel-

---

43 vgl.dazu: The Finnish Newspaper Publishers Association (Hrsg.): Press Media in Finland. Helsinki, 1992, S. 6

44 Diese Angaben aus dem Jahr 1990 sind heute zweifellos veraltet. Als Folge der Rezession sind die Anzeigenerlöse zum Teil drastisch zurückgegangen. Gespräch mit Haakan Gabrielsson, Distribution Specialist, The Finnish Newspaper Publishers Association, vom 9. Januar 1992

45 vgl. dazu: The Finnish Newspaper Publishers Association (Hrsg.): Press Media... a.a.O., S. 8 Während die Redaktionskosten sinken (1985 26,8 %, 1989 22 %). steigen die Vertriebskosten stetig an (1985 16,6 %, 1989 22 %). Vgl. dazu: The Finnish Newspaper Publishers Association (Hrsg.): The Press Media in Finland. Helsinki, 1987 sowie The Finnish Newspaper Publishers Association (Hrsg.): Press Media ... a. a. O., S. 95

lern) zugestellt. Abonnenten am Land erhalten die Zeitung hauptsächlich durch die Post.[46]

Abbildung 6: Tageszeitungszustellung in Finnland

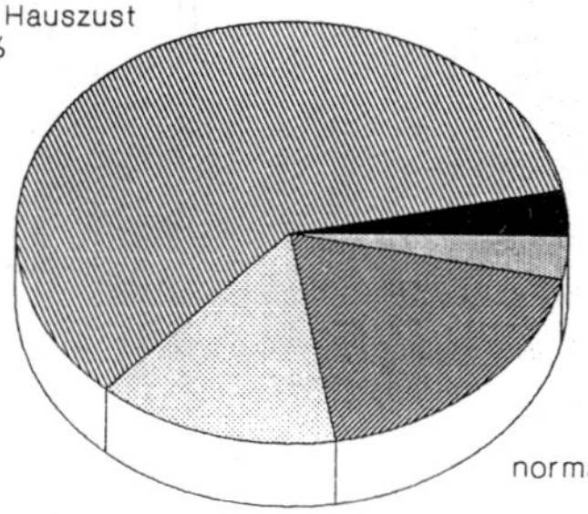

Quelle: Finnish Newspaper Publ. Assoc.

Nahezu jeder finnische Haushalt hat zumindest eine Zeitung abonniert - 1989 waren es im Durchschnitt aller Haushalte 1,5 Exemplare.[47]

[46] Die Informationen stammen aus einem Gespräch mit Haakan Gabrielsson, Distribution Specialist, The Finnish Newspaper Publishers Association, vom 9. Januar 1992

[47] vgl. dazu: vgl. dazu: FIEJ (Hrsg.): Yearbook (1990/91) ... a. a. O., S. 94

Zusammenfassende Übersicht (1990)

Titelanzahl Tageszeitungen

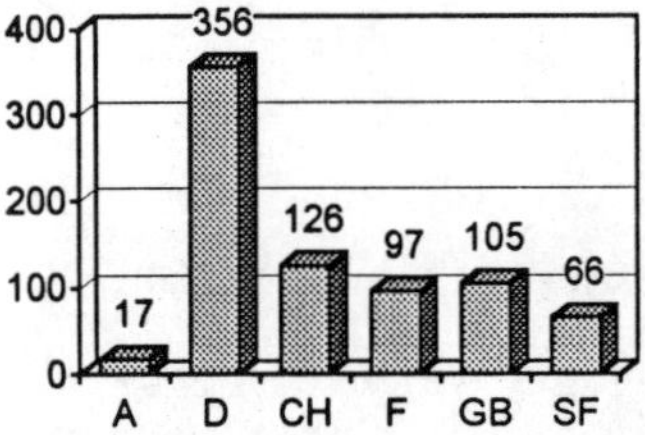

Durchschnittsauflage Tageszeitungen

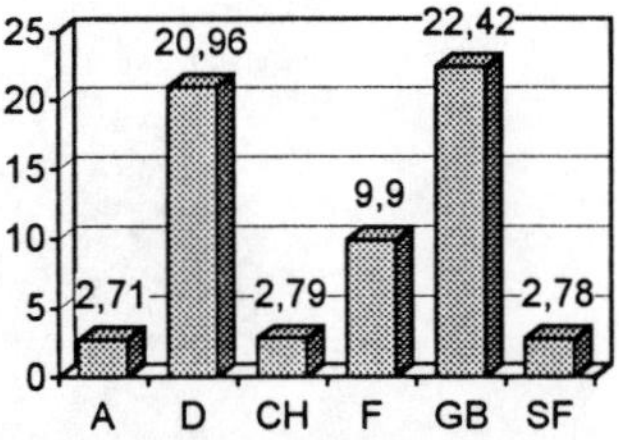

Auflage pro 1000 Einwohner

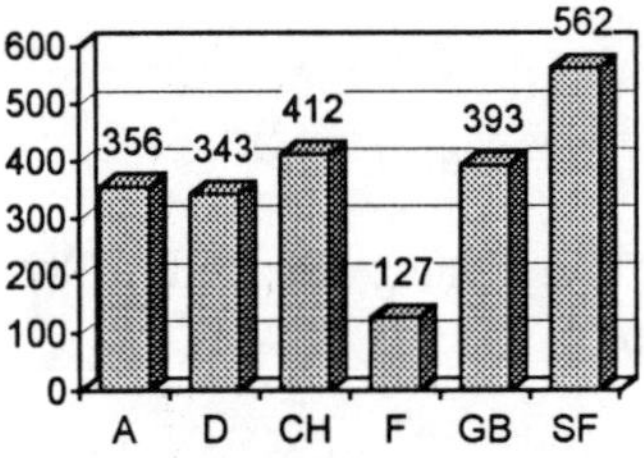

Relation Werbe- / Vertriebseinnahmen

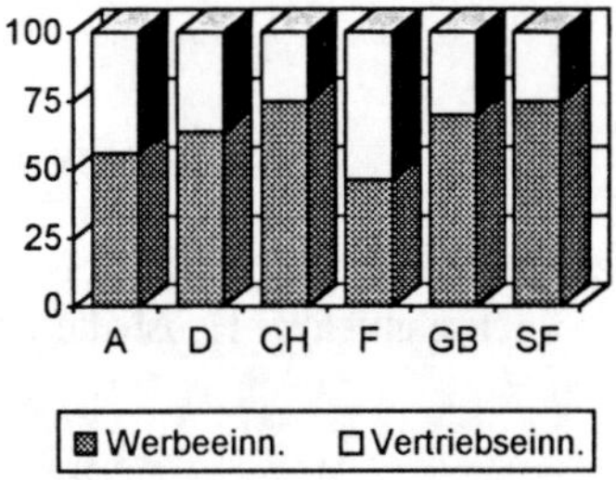

Vertriebseinnahmen Tageszeitungen
(Einnahmen in Mill. $)

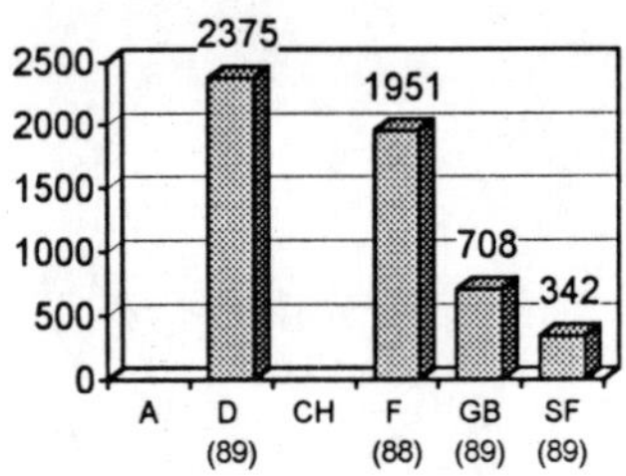

Werbeeinnahmen Tageszeitungen
(Einnahmen in Mrd. $)

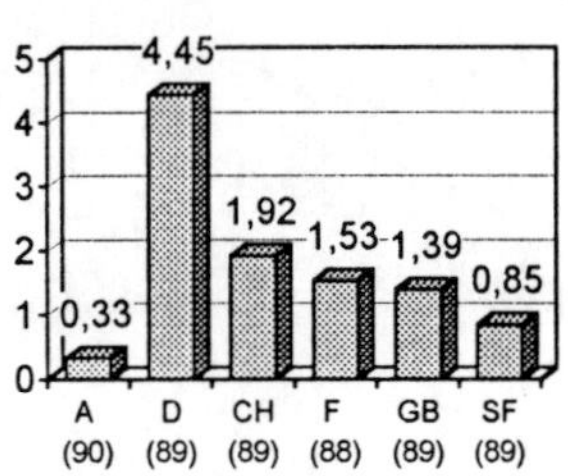

Quelle: FIEJ: World Press Trends. 1991 / Schweiz: SVZ

3. Die Postzeitungsdienste

In jedem der hier untersuchten Länder bietet die Post einen Zeitungsdienst an. Der Anteil dieses Dienstes am jeweiligen Unternehmens bzw. der Postbehörde ist freilich genauso unterschiedlich wie der Leistungsumfang der einzelnen Postverwaltungen. Bevor auf die Ausgestaltung und die Praxis der verschiedenen Postzeitungsdienste näher eingegangen wird, sollen daher zuerst überblicksweise einige Kenndaten[48] zum Vergleich gestellt werden:

Österreich[49]

Die österreichische Post- und Telegraphenverwaltung ist als die Sektion III des Bundesministeriums für öffentliche Wirtschaft und Verkehr organisiert, gegliedert in die drei Sparten Postdienst, Fernmeldedienst und Postautodienst.

1990 wurde mit ca. 55.000 Mitarbeitern (davon 80 % Beamte, Personalkosten 61 %) ein Umsatz von 47,86 Mrd. Schilling erzielt. Im Postsektor wurde von 30.500 Mitarbeitern ein Umsatz von 13,68 Mrd. öS erwirtschaftet. Die Gewinn- und Verlustrechnung weist (aufgrund der Überschüsse im Fernmeldebereich) einen Betriebsüberschuß von 5,7 Mrd. Schilling aus.

1990 wurden 2,093 Mrd. Briefsendungen (Inland) befördert, 838,9 Mill. Zeitungen und 53,57 Mill. Pakete.

Deutschland[50]

Die Deutsche Bundespost, Postdienst entstand zusammen mit den Schwesterunternehmen Deutsche Bundespost Telekom und Deutsche Bundespost Postbank als eigenständiges marktwirtschaftlich orientiertes Serviceunternehmen in der Transport- und Verkehrswirtschaft auf Basis des Poststrukturgesetzes 1989.[51] Mit Wir-

---

48 Postorganisation, Spartengliederung, Umsatz, Mitarbeiterzahl, Betriebsergebnis, Verkehrsmengenstatistik Postdienst

49 Die folgenden Informationen stammen aus dem Geschäftsbericht 1990 der PTV. vgl. dazu: Generaldirektion für die Post- und Telegraphenverwaltung. Bundesministerium für öffentliche Wirtschaft und Verkehr (Hrsg.): Geschäftsbericht 1990. Wien, 1991

50 Die folgenden Informationen stammen - sofern nicht anders angegeben - aus dem Geschäftsbericht 1990 der Deutschen Bundespost - Postdienst. vgl. dazu. Deutsche Bundespost Postdienst Generaldirektion (Hrsg.): Geschäftsbericht 1990. Bonn 1991. Siehe dazu auch: Deutsche Bundespost Telekom Generaldirektion (Hrsg.): Das Jahr der Wende, ein Jahr des Aufbruchs. Bericht über das Geschäftsjahr 1990, Telekom. Bonn, 1991

51 "Durch dieses Gesetz wurde eine Neustrukturierung der DBP in Verbindung mit einer Trennung der unternehmerischen von den hoheitlichen Aufgaben herbeigeführt. Im Interesse einer klaren und ordnungspolitischen Kompetenzabgrenzung verbleiben die Hoheitsaufgaben beim BMPT, während die unternehmerischen Aufgaben der DBP Postdienst übertragen wurden. Mit dieser Neustrukturierung ist auch eine Umstellung der Rechtsbeziehungen zwischen dem Unternehmen und den Postkunden verbunden." SCHNEIDER, Franz;

kung ab 3. Oktober 1990 gehört die ehemalige Deutsche Post (Verkehrsgebiet Ost) zum Unternehmen.[52]

1990 erwirtschafteten (im Verkehrsgebiet West) 313.177 Mitarbeiter (Personalkosten 76 %) einen Umsatz von 20,2 Mrd. DM. 67 % der Erlöse entfallen auf den Briefdienst, 15 % auf den Frachtdienst, 4 % auf den Zeitungsdienst und 14 % auf den Rentendienst bzw. auf Umsätze mit Schwesterunternehmen und sonstige Erträge. Die Bilanz des ersten Geschäftsjahres 1990 weist einen Verlust von knapp 1,5 Mrd. DM aus.

Die Verkehrsmengenstatistik registriert für 1990 13,083 Mrd. beförderte Briefsendungen, ca. 2 Mrd. Sendungen im Postzeitungsdienst und 545 Mill. Paketsendungen und Päckchen.

Schweiz[53]

Die Schweizerischen Post-, Telefon- und Telegrafenbetriebe stehen unter der Geschäftsführung des Bundesrates und sind in ein Post-, Fernmelde- und Präsidialdepartement gegliedert.

Die im Jahresschnitt beschäftigten 63.654 Mitarbeiter der PTT Betriebe (Personalaufwand 47 %) erwirtschafteten 1990 einen Betriebsumsatz von 10,44 Mrd. SFr, 2,94 Mrd. SFr entfielen auf den Postbereich, in dem 40.437 Mitarbeiter tätig waren. Die Erfolgsrechnung weist nach Abzug eines Gewinnvortrags aus dem Jahr 1989 einen Reinverlust von 47,16 Mill. SFr aus, der bei einem Kostendeckungsgrad von 84 % im Postdienst bei 113 % im Fernmeldedienst nicht ausgeglichen werden kann.

Bei einer Verkehrszunahme gegenüber 1989 um durchschnittlich 5,2 % (Fernmeldedienste 7,1 %, Post 2,7 %) wurden 3,64 Mrd. Briefsendungen, 1,17 Mrd. abonnierte Zeitungen und 224 Mill. Pakete befördert.

Winfried ULMEN; Jörg Reimar JÄKEL: Postdienstordnung. In: Postpraxis 42. Jg., H. 10, 1991, S. 218 - 225, hier S. 219

52 Dies ist jedoch in der folgenden Darstellung und der Bilanz nicht berücksichtigt. Zur Lage des Unternehmens nach der Integration der ehemaligen Deutschen Post in die Deutsche Bundespost siehe: ZUMWINKEL, Klaus: Die Deutsche Bundespost, Postdienst auf dem Weg zu einem erfolgreichen Unternehmen. In: Postpraxis, 43, Jg., H. 1, 1992, S. 2 - 4

53 Die folgenden Informationen stammen aus dem Geschäftsbericht 1990 der PTT. Vgl. dazu: Schweizerische Post-, Telefon- und Telegrafenbetriebe (Hrsg.): PTT-Geschäftsbericht und Finanzrechnung 1990. Bern, 1991

Frankreich[54]

Die französische Post befindet sich gegenwärtig in einer Strukturreform, die weitreichende Freiräume für das Management "La Poste" z.B. bei der Installierung von privatwirtschaftlich organisierten Tochtergesellschaften vorsieht.[55] Die offizielle Umstellung zu einem öffentlichen Unternehmen unter Privatrecht erfolgte am 1. Januar 1991.[56]

Im Geschäftsjahr 1990 erzielte "La Poste" einen Gesamtumsatz von 201,61 Mrd. FF und machte (Post und Telekommunikation) einen Gewinn von 15,98 Mrd. FF. Am Postsektor lag der von 297.000 Mitarbeitern erzielte Umsatz bei 87,06 Mrd. FF. Die Verkehrsmengenstatistik weist für das Jahr 1990 20,1 Mrd. Poststücke aus, davon 2,1 Mrd. Zeitungen und Zeitschriften, 320 Mill. Pakete.[57]

Großbritannien

Das englische Post Office wurde mit dem Post Office Act 1969 in ein öffentliches Unternehmen, das im Wettbewerbsbereich wie eine Privatfirma agieren kann, umgewandelt. 1981 wurde dann mit dem "British Telecommunications Act" die Trennung des Post Office in ein Fernmelde- und Datenverarbeitungsunternehmen (British Telecom) und ein Postunternehmen (Post Office) mit den drei selbständigen und als Profit Center organisierten Unternehmenseinheiten National Giro, Postal Services und Schalterdienste vollzogen.[58] Viele privatwirtschaftliche Elemente wie Lohndifferenzierung (Ballungsraum/Land), Leistungsentlohnung, privat als Agenturen betriebene Poststellen etc. sind seit Jahren eingeführt.[59]

1990 wurde von der Post Office Group (206.000 Mitarbeiter) ein Umsatz von 4459 Mill. Pfund bzw. ein Gewinn von 3 Mill. Pfund erwirtschaftet.[60] Im Geschäftsjahr

---

54 Die folgenden Informationen stammen aus dem Geschäftsbericht der Französischen Post. Vgl. dazu: Ministére de l'Economié des Finances et des Budget "Postes et Telécommunications": Rapport sur la gestion financiére et la marché des services pendant l'année 1990. Paris, 1991

55 vgl. dazu: ZUMWINKEL, Klaus: Die Zukunftsperspektiven für die Deutsche Bundespost POSTDIENST im europäischen Binnenmarkt. In: Postpraxis, 42. Jg., H. 1, 1991, S. 5 - 11, hier S. 6

56 Die Informationen stammen aus einem Gespräch mit Robert Darthenay, Association de Liaison et d'Etudes Postales pour la Presse, vom 10. Dezember 1991

57 vgl. dazu: Ministére de l'Economié des Finances et des Budget "Postes et Telécommunications": Rapport sur la gestion financiére ... a. a. O.

58 vgl. dazu: HEUERMANN, Arnulf; Thomas SCHNÖRING: Die Entwicklung des Britischen Post Office - Ansätze zu einem Vergleich mit der DBP. Diskussionsbeiträge zur Telekommunikationsforschung Nr. 11, Bad Honnef, Oktober 1984, S. 1 ff

59 Die Informationen stammen aus einem Gespräch mit Claire Chilton, Post Office Headquarters vom 30. Oktober 1991

60 Die folgenden Informationen stammen aus dem Geschäftsbericht der britischen Post. vgl. dazu. The Post Office (Hrsg.): The Post Office. Report and Accounts 1990-91. London, 1991

1990 (2. April 1990 bis 31. März 1991) wurden bei einer Verkehrszunahme gegenüber dem Vorjahr von 3,8 % im Inland, 6,7 Mrd. First Class Letters, 8,6 Mrd. Second Class Letters - total 15,3 Mrd. Briefe - und 166 Mill. Pakete zugestellt.

Zeitungen werden in Großbritannien als Spezifikum nicht ausgewiesen.[61] "Presstream", ein Zeitschriftenverteilservice für die Verlagswirtschaft (die Preise sind niedriger als der öffentliche Tarif und unterliegen bei Vorsortierung durch den Kunden weiteren Ermäßigungen) hatte 1990 etwa 1.000 Kunden mit 2.500 Titeln.[62]

Finnland

Mit 1. Januar 1990 wurde die finnische Post (P & T) in ein im Staatsbesitz stehendes Unternehmen, dessen Budget vom Staatsbudget unabhängig ist, umgewandelt.[63]

Zirka 44.000 Beschäftigte (Personalkosten 57 %), davon 31.560 am Postsektor, erzielten 1990 einen Umsatz von 9,47 Mrd. FMk; 4,48 Mrd. FMk entfielen dabei auf die Post, 4,98 Mrd. FMk auf den Bereich Telecom. Die Bilanz weist einen positiven Erfolg von 394 Mill. FMk aus.

Zeitungen und Zeitschriften, die einen Anteil von 39,6 % am Inlandspostverkehr ausmachen, tragen zum Gesamtumsatz 10,4 % bzw. 985 Mill. FMk bei. Insgesamt wurden 1990 an Inlandspost 856,7 Mill. Zeitungen und Zeitschriften, 769,2 Mill. Briefe, 515,8 Mill. Massensendungen und 22,1 Mill. Pakete zugestellt.[64]

---

61 "With regard to the actual number of items posted, we simply cannot tell. Any item posted under the inland or overseas special rates services are treated as 'ordinary' items of mail and as such are included with the normal first class, airmail or surface stream of mail." Zitiert aus einem Brief von Claire Chilton, Post Office Headquarters, vom 14. April 1992 an E. Geretschlaeger.

62 vgl. dazu: The Post Office (Hrsg.): The Post Office ... a. a. O., S. 16 sowie Brief von Ruth Barker, British Postal Consultancy Service, vom 8. Juni 1992 an E. Geretschlaeger, in dem die Anzahl der mit der britischen Post beförderten Titel mit 2.200 angegeben wird.

63 Diese und die folgenden Informationen stammen aus dem Geschäftsbericht der finnischen Post. Vgl. dazu: P&T of Finland (Hrsg.): Post-Telecom. Annual Report 1990. Helsinki 1991

64 vgl. dazu: P&T of Finland (Hrsg.): Posti- Ja Telelaitos. Post- och Televerket, Posts and Telecommunications of Finland. Tilastot, Statistik, Statistics 1991. Helsinki, 1992, S. 14

Zusammenfassende Übersicht (1990)

Umsatz Post
(n Mrd. $)

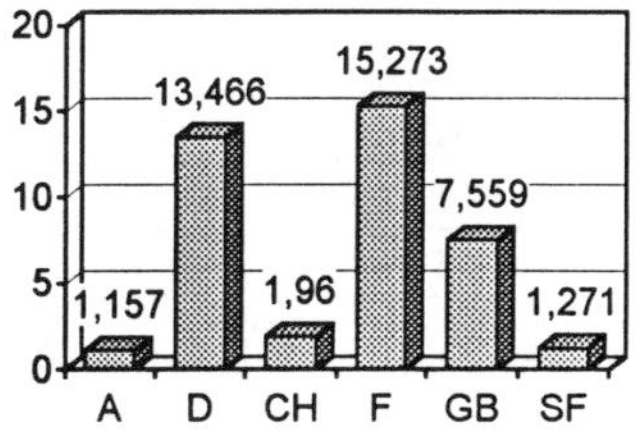

Beschäftigte
(in Tausend)

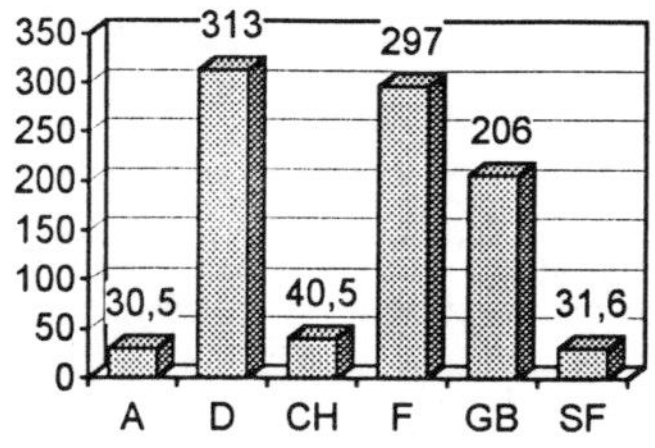

Verkehrsmengen Inland gesamt
(in Mrd. Stück)

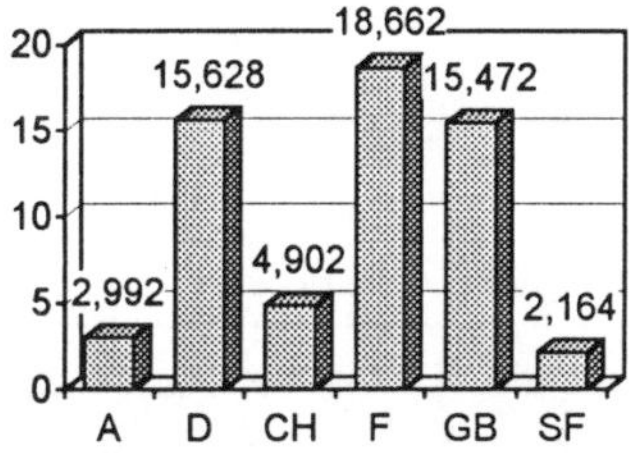

Verkehrsmengen Zeitung/Zeitschrift
(in Mrd. Stück)

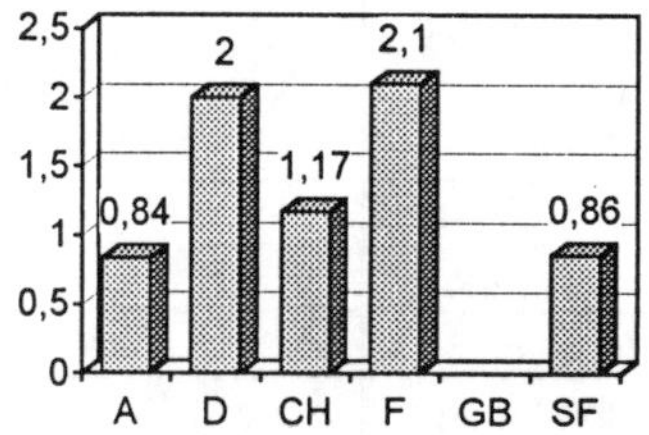

* Wechselkurse 1990:
1 $ = 11,815 öS, 1,50 DM, 1,50 SFr, 5,70 FF, 0,59 Pfund, 3,975 FMk

Quelle: Geschäftsberichte der Postverwaltungen

4. Die rechtliche Situation

Das Vorhandensein eines Postzeitungsdienstes an sich bietet noch nicht die Gewähr zur Teilnahme für jedes Printmedium. Um in den Genuß der Gebühren-Vorteile zu gelangen, sind bestimmte Voraussetzungen zu beachten und Vorschriften einzuhalten.

Da diese Vorschriften in mehreren Ländern (etwa in Österreich oder Deutschland) umfassend und ausführlich sind,[65] ist eine Vergleichsdarstellung nur in teilweise

[65] In Deutschland etwa regeln die Vorschriften ausführlichst selbst die Papierqualität, das Gewicht, den Farbton, und weitere Details von Vordruckvorlagen zur Gebührenerfassung. vgl. dazu: Amtsblatt des Bundesministers für das Post- und Fernmeldewesen Nr. 49, Jg. 1984, 9. 4. 1984, S. 585

stark gekürzter Form sinnvoll,[66] wobei im folgenden die für Tageszeitungen relevanten Vorschriften nach einem einheitlichen Raster gegenübergestellt werden. Dem vorgeschaltet sei ein kurzer Überblick:

Tabelle 1
Überblick: Kenndaten für die Zulassung zum Postzeitungsversand

Bezug	**Postverwaltung**					
	A	**D**	**CH**	**F**	**GB**	**SF**
Red. Anteil %	-	30	30	33	-	-
Herkunft	inl.	in/ausl.	inl.	inl.	inl.	in/ausl.
Periodizität/Jahr	4	4	4	4	-	4
Vorschrift/Druck	-	x	-	-	-	-
Mindestauflage	300	300	-	1.000	5.000	100
Mindestformat	14x9	zweckm.	geeignet	10x7	-	13x9
Maximalformat	40x30	zweckm.	17,6x25	div.	61x46	47x32
Gewicht/Expl/kg	1	1	0,5	3	0,75	1
Vorschrift/ Verpackung	keine	(keine)	keine	x	x	x
Vorschrift/Versand	x	x	x	x	x	x
Sondervermerk	P.b.b	-	AZ	-	reg.	-
Red. Beilagen	x	x	x	x	x	-
Verlagsbeilagen	x	x	x	x	x	-
kommerz. Beilagen	x	x	x	x	x	-
Max. Beilagengewicht/g	40	150	-	50	-	-
Max. Beilagenanzahl	-	5	-	-	3 komm.	-

x = ja
- = nicht vorhanden

66 Um die österreichischen Bestimmungen laut Postgesetz und Postordnung jedoch noch besser in Beziehung zu den Vorschriften der deutschsprachigen Nachbarländer bringen zu können, werden die Bestimmungen der BRD und der Schweiz in den Fußnoten ergänzt.

Österreich [67]

Zum Postzeitungsversand in Österreich zugelassen sind Publikationen, die folgende Bedingungen erfüllen:

Inhalt	Informationen über das Tagesgeschehen in presseüblicher Weise
Redaktioneller Anteil	nicht vorgeschrieben
Ausschluß	Herausgabe zum Zweck der geschäftlichen Werbung
Herkunft	In Österreich gedruckt und verlegt
Abgabe	nicht unentgeltlich
Periodizität	mindestens vierteljährliches Erscheinen
Druckverfahren	nicht vorgeschrieben
Mindestformat	14 x 9 cm
Maximalformat	40 x 30 cm
Mindestauflage	300 Exemplare
Gewicht	maximal 1 kg inklusive Beilagen
Beilagen	redaktionelle Beilagen, eigene Beilagen, fremde Beilagen, maximal 40 g
Adressierung	Adresse bzw. Bezieherliste
Verpackung	offen oder unverpackt
Versand	Aufgabe von Zeitungen in Orts-, Leitstrecken-, Leitgebiets- und Leitzonenbunden, je Bund maximal 25 kg
Formalkriterium	Zulassung erteilt
Sondervermerk	P. b. b.

67 Die folgenden Angaben stammen aus: Bundesministerium für Verkehr. Generaldirektion für die Post- und Telegraphenverwaltung (Hrsg.): Postgesetz und Postordnung. Stand 1. August 1991

Deutschland [68]

Zum Postzeitungsversand in Deutschland zugelassen sind Publikationen, die folgende Bedingungen erfüllen:

Inhalt	Unterrichtung der Öffentlichkeit über Tagesereignisse, Zeit- oder Fachfragen, in Form und Erscheinung der üblichen Auffassung einer Zeitung entsprechend[69]
Redaktioneller Anteil	in zusammenhängender Form mindestens 25 %, sonst 30 % "übliche Presseberichterstattung"
Ausschluß	Druckschriften, die geschäftliche Interessen wahrnehmen, Vereins- und Verbandszeitungen[70]
Herkunft	in- und ausländische Publikationen
Abgabe	nicht unentgeltlich oder gegen Schutzgebühr
Periodizität	mindestens vierteljährliches Erscheinen
Druckverfahren	Hoch-, Tief- oder Offsetdruck
Mindestformat	zweckmäßig für Postbetrieb
Maximalformat:	zweckmäßig für Postbetrieb
Mindestauflage	50 Exemplare[71]
Gewicht	nur ausnahmsweise mehr als 1 kg inkl. Beilagen und Verpackung
Beilagen	Verlegerbeilagen, Fremdbeilagen, müssen sich zur Beförderung eignen, dürfen nicht schwerer sein als die Zeitung selbst[72]
Adressierung	Adresse bzw. Einlieferungsliste[73]
Verpackung	Postvertriebsstücke: unverpackt bzw. Streifband/ Umhüllung; Postzeitungsgut: keine Vorschriften; Bunde/Pakete: grundsätzlich umhüllt und verschnürt
Versand	Einzelexemplare als Postvertriebsstücke, Zeitungsdrucksache[74] und Postzeitungsgut; Bunde/Pakete max. 15 kg[75]
Formalkriterium	Zulassung erteilt
Sondervermerk	Vertriebskennzeichen

68 Die folgenden Angaben stammen aus der Postzeitungsordnung vom 9. September 1981 in der jeweils aktuellen Fassung.
vgl. dazu: Amtsblatt des Bundesministers für das Post- und Fernmeldewesen. Nr. 117, Jg. 1981, 2. 10. 1981, S. 1265 - 1303

69 "§ 5 (1) Zeitungen im Sinne dieser Verordnung sind periodisch erscheinende Druckschriften, die zu dem Zweck herausgegeben werden, die Öffentlichkeit über Tagesereignisse, Zeit- oder Fachfragen zu unterrichten. Sie müssen nach Art, Form, Umfang und Verbreitungsweise der im Verkehr üblichen Auffassung von einer Zeitung entsprechen.
(2) Zeitschriften sind den Zeitungen gleichgestellt, wenn sie die in Absatz 1 Satz 1 bestimmten Voraussetzungen erfüllen. Absatz 1 Satz 2 gilt sinngemäß.

(3) Druckschriften, die zu dem Zweck herausgegeben werden, die ideellen Ziele von Vereinen, Verbänden oder sonstigen Körperschaften zu fördern, gelten als Zeitungen, wenn sie im übrigen die in Absatz 1 oder Absatz 2 bestimmten Voraussetzungen erfüllen.
(4) Die zur Verkündigung von Gesetzen, Verordnungen, Erlassen oder Verfügungen bestimmten amtlichen Druckschriften gelten als Zeitungen. Sie müssen im Titel als Gesetz-, Verordnungs- oder Amtsblatt gekennzeichnet sein. Im Titel oder Untertitel muß außerdem die Behörde angegeben sein, die die amtliche Druckschrift herausgibt.
(5) Druckschriften sind Vervielfältigungen, die in einem Hochdruckverfahren oder gleichwertig in einem Flach- oder Tiefdruckverfahren hergestellt sind. Das Schriftbild darf nicht die Wiedergabe einer mit der Hand oder mit der Schreibmaschine geschriebenen Vorlage sein."
Amtsblatt des Bundesministers für das Post- und Fernmeldewesen. Nr. 117, Jg. 1981, 2. 10. 1981, S. 1268

70 "§ 6 (1) Vom Postzeitungsdienst ausgeschlossen sind periodische Druckschriften, die nicht als Zeitungen im Sinne des § 5 gelten. Das sind insbesondere:
1. Druckschriften, die durch ihre inhaltliche Gestaltung oder die Art der Verbreitung erweisen, daß sie zu dem Zweck herausgegeben werden, den geschäftlichen Interessen von Unternehmen, Vereinen, Verbänden oder sonstigen Körperschaften unmittelbar oder mittelbar zu dienen,
2. Druckschriften, die im Titel oder Untertitel Namen von geschäftlichen Unternehmen, Namen von geschäftlichen Erzeugnissen, Firmen- oder Markenzeichen verwenden,
3. Druckschriften, die im Text- oder Anzeigenteil geschäftliche Empfehlungs- oder Vermittlungsdienste des Verlages anbieten,
4. Druckschriften, in denen laufend und ausschließlich für ein bestimmtes Unternehmen geworben wird,
5. Druckschriften, die durch ihren Inhalt erweisen, daß sie ausschließlich für ein Sammelwerk bestimmt sind.
(2) Vom Postzeitungsdienst ausgeschlossen sind Zeitungen, deren presseübliche Berichterstattung im Sinne des § 5 Abs. 1
1. in zusammenhängender Form abgedruckt weniger als 25 vom Hundert,
2 in nichtzusammenhängender Form abgedruckt weniger als 30 vom Hundert, des Zeitungsumfangs ausmacht.
(3) Ferner sind Zeitungen vom Postzeitungsdienst ausgeschlossen, die
1. unentgeltlich oder gegen eine Schutzgebühr abgegeben werden, es sei denn sie enthalten weder geschäftliche Werbung noch bezahlte Anzeigen,
2. seltener als einmal im Vierteljahr erscheinen,
3. einschließlich der Beilagen mehr als 1 000 Gramm wiegen; das gilt nicht für die zur Verkündung von Gesetzen und Verordnungen bestimmten amtlichen Druckschriften."
Amtsblatt des Bundesministers für das Post- und Fernmeldewesen. Nr. 117, Jg. 1981, 2. 10. 1981, S. 1269 f

71 "§ 28 (3) Von jeder Zeitungsnummer sollen insgesamt mindestens 100, bei wöchentlich einmal und häufiger erscheinenden Zeitungen mindestens 50 Postvertriebsstücke eingeliefert werden. Werden diese Sendungsmengen unterschritten, so wird eine Mindestgebühr erhoben."
Amtsblatt des Bundesministers für das Post- und Fernmeldewesen. Nr. 117, Jg. 1981, 2. 10. 1981, S. 1283

72 "§ 8 (1) Verlegerbeilagen sind folgende Druck-Erzeugnisse des Verlegers, die in ihrem gesamten Inhalt in einem Druckverfahren nach § 5 Abs. 5 Satz 1 vervielfältigt sind:
1. Mitteilungen, die mit dem Bezug der Zeitung in engem Zusammenhang stehen,
2. Zeitungszugaben, die der Verleger bei regelmäßig wiederkehrenden Anlässen mit der Zeitung liefert.
(2) Verlegerbeilagen sind auch andere Zeitungen des Verlegers, die er der Zeitung regelmäßig als Nebenblatt beifügt. Die Zeitung muß einen Vermerk enthalten, der erkennen läßt, daß das Nebenblatt regelmäßig beigefügt wird.
(3) Verlegerbeilagen sind ferner, sofern sie keine geschäftliche Werbung enthalten:
1. Druck-Erzeugnisse und Muster, die der Verleger wissenschaftlichen oder fachlichen Aufsätzen zur Veranschaulichung beifügt,
2. Druck-Erzeugnisse von allgemeiner oder gemeinnütziger Bedeutung,
3. Zahlungsverkehrsvordrucke für Zuwendungen, die nach § 10 b Abs. 1 des Einkommensteuergesetzes steuerbegünstigt sind; die Vordrucke dürfen an den dafür vorgesehenen Stellen mit Eintragungen versehen sein.
Als Verlegerbeilagen gelten Beilagen nach Nummer 2 und 3, die der Verleger im Interesse Dritter beifügt, sofern er hierfür kein Entgelt erhält.
(4) Verlegerbeilagen müssen sich zur Beförderung mit den Zeitungsexemplaren eignen und dürfen deren betriebliche Behandlung nicht erschweren.
(5) Verlegerbeilagen müssen in die Zeitung eingelegt werden. Sie dürfen mit der Zeitung fest verbunden sein.
(6) Die einem Zeitungsexemplar beigefügten Verlegerbeilagen dürfen insgesamt nicht schwerer sein als das Zeitungsexemplar. Nebenblätter dürfen bis zu 100 Gramm schwerer sein als das Zeitungsexemplar, dem sie beiliegen. Die Gewichtsbegrenzung gilt nicht für Verlegerbeilagen, die den zur Verkündung von Gesetzen und Verordnungen bestimmten amtlichen Druckschriften beigefügt werden.
(7) Verlegerbeilagen werden so behandelt, als sei ihr Inhalt in der Zeitung selbst gedruckt. Sie dürfen jedem Zeitungsexemplar nur einmal und nur der Zeitungsnummer insgesamt beigefügt werden. Werden sie ausnahmsweise nur einem Teil der Zeitungsnummer beigefügt, berechnen sich die Gebühren so, als ob die Verlegerbeilagen der gesamten Zeitungsnummer beigefügt worden wären; dies gilt nicht, wenn dieser Teil der Zeitungsnummer als Streifbandzeitung versandt wird."
Amtsblatt des Bundesministers für das Post- und Fernmeldewesen. Nr. 134, Jg. 1988, 7. 11. 1988, S. 2115
"§ 9 (1) Fremdbeilagen sind Druck-Erzeugnisse die in ihrem gesamten Inhalt in einem Druckverfahren nach § 5 Abs. 5 Satz 1 vervielfältigt sind und Muster, die der Verleger im Auftrag und im Interesse Dritter den Zeitungsexemplaren beifügt. Als Fremdbeilagen gelten Druck-Erzeugnisse und Muster, die vom Verleger herrühren, jedoch weder Zeitungsbestandteile noch Verlegerbeilagen sind.
(2) Fremdbeilagen müssen sich zur Beförderung mit den Zeitungsexemplaren eignen und dürfen deren betriebliche Behandlung nicht erschweren. Sie dürfen verschlossen sein.
(3) Fremdbeilagen müssen in das Zeitungsexemplar eingelegt werden; sie dürfen mit dem Zeitungsexemplar fest verbunden sein. Das Einlegen ist nicht erforderlich wenn das Zeitungsexemplar mit einer Umhüllung versehen ist.
(4) Das Gesamtgewicht der einem Zeitungsexemplar beigefügten Fremdbeilagen darf höchstens 150 Gramm betragen. Die Fremdbeilagen dürfen jedoch insgesamt nicht

schwerer sein als das Zeitungsexemplar, dem sie beiliegen. Die Einschränkung nach Satz 2 gilt nicht für als Fremdbeilagen beigefügte andere Zeitungen.
(5) Ein Zeitungsexemplar, das als Postvertriebsstück oder Postzeitungsgut versandt wird, darf Fremdbeilagen von höchstens fünf Auftraggebern enthalten. Ein Zeitungsexemplar, das als Streifbandzeitung versandt wird, darf höchstens fünf Fremdbeilagen enthalten. Den Streifbandzeitungen dürfen nur solche Fremdbeilagen beigefügt werden, für die in der Zeitung ein Beilagenhinweis abgedruckt ist.
(6) Fremdbeilagen im Gewicht bis 25 Gramm, die den Postvertriebsstücken beigefügt werden, dürfen mit der Anschrift des Empfängers des Postvertriebsstücks versehen sein. Bei derartigen Fremdbeilagen ist es zulässig, in einem beliebigen Verfahren
1. die Anschrift oder Teile der Anschrift zu wiederholen,
2. bis zu zehn Ordnungsbezeichnungen anzugeben,
3. zusätzliche Angaben zur Absenderangabe zu machen,
4. Zahlungsverkehrsvordrucke an den jeweils dafür vorgesehenen Stellen mit Eintragungen zu versehen.
Die Angaben dürfen sich bei den einzelnen Fremdbeilagen voneinander unterscheiden, müssen jedoch bei allen Druckstücken an der gleichen Stelle stehen.
(7) Besteht eine Fremdbeilage aus mehreren losen Bestandteilen, so zählt jeder Bestandteil als eine Fremdbeilage. Werden mehrere von einem Auftraggeber stammende Fremdbeilagen durch Umschlag, feste Heftung oder Klebemittel zusammengehalten, so gelten sie als eine Fremdbeilage. Eine in die Zeitung als Fremdbeilage eingelegte andere Zeitung gilt auch dann als eine Fremdbeilage, wenn sie aus mehreren losen Bestandteilen besteht.
(8) Fremdbeilagen dürfen auch einem Teil der Postvertriebsstücke, des Postzeitungsguts oder der Streifbandzeitung beigefügt werden. Die teilweise Beifügung in Postvertriebsstücken und Postzeitungsgut ist nur gestattet, wenn die Zahl der Beilagen ohne betriebliche Schwierigkeiten festzustellen ist.
(9) Besteht eine Fremdbeilage aus mehreren losen Bestandteilen, so zählt jeder Bestandteil als eine Fremdbeilage. Haben die Bestandteile dasselbe Format und sind sie in einem einheitlichen Arbeitsablauf gedruckt und ineinandergefalzt worden, so zählen sie als eine Fremdbeilage. Eine in die Zeitung als Fremdbeilage eingelegte andere Zeitung gilt auch dann als eine Fremdbeilage, wenn sie aus mehreren losen Bestandteilen besteht."
Amtsblatt des Bundesministers für das Post- und Fernmeldewesen. Nr. 127, Jg. 1987, 29. 10. 1987, S. 2190
sowie: Amtsblatt des Bundesministers für das Post- und Fernmeldewesen. Nr. 134, Jg. 1988, 7. 11. 1988, S. 2115
vgl. dazu auch: MAUZ, Bernhard: Abgrenzungsprobleme zwischen Zeitungsbestandteilen und Fremdbeilagen bei Tageszeitungen. In: Postpraxis, 37. Jg., H. 11, 1988, S. 271 - 275

73 "§ 21 (1) Der Verleger hat dem Verlagspostamt für jede Zeitungsnummer beim Erscheinen eine Einlieferungsliste und ein Belegexemplar zu liefern. Wird eine Zeitungsnummer nur als Streifbandzeitung versandt, so ist die Einlieferungsliste nicht erforderlich. Das Verlagspostamt kann verlangen, daß ihm das Belegexemplar als Postvertriebsstück übermittelt wird. (2) Die Einlieferungsliste muß die für die Gebührenberechnung erforderlichen Angaben über die eingelieferten Postvertriebsstücke, das Postzeitungsgut und die Fremdbeilagen enthalten. Für die Einlieferungsliste ist ein Formblatt nach amtlichem Muster zu verwenden."

Amtsblatt des Bundesministers für das Post- und Fernmeldewesen. Nr. 117, Jg. 1981, 2. 10. 1981, S. 1277 sowie: Amtsblatt des Bundesministers für das Post- und Fernmeldewesen. Nr. 127, Jg. 1987, 29. 10. 1987, S. 2190

74 Die Zeitungsdrucksache wird am 1. Januar 1991 als Zwischenlösung übergangsweise angeboten. Es sollen Erkenntnisse über die Sendungsstruktur gewonnen werden, die in ein künftiges, einheitliches Dienstleistungsangebot für das gesamte Verkehrsgebiet der Bundesrepublik Deutschland einfließen.
"Zeitungsdrucksachen sind adressierte Zeitungsexemplare für Einzelempfänger, die die Verlage zum Versand in Zeitungsbunden zusammenfassen. Im Gegensatz zu Postvertriebsstücken sind Zeitungsdrucksachen - mit Ausnahme von einigen Städten mit mehreren Zustellämtern, für die beim Vorliegen von mindestens fünf Sendungen für das Zustellamt Zustellamtsbunde vorgesehen sind - Leitbereichsbunde zu fertigen. Im übrigen gelten die gleichen Regelungen wie für Postvertriebsstücke."
HAUN, Otmar: Der Postzeitungsdienst im vereinten Deutschland - noch uneinheitlich. In: Postpraxis, 42. Jg., H. 9, 1991, S. 201 bis 205, hier S. 204

75 "§ 18 (1) Verleger können ihre Zeitungsexemplare versenden: 1. als Postvertriebsstücke in Zeitungsbunden an Postämter zur Auslieferung an Einzelempfänger; 2. als Postzeitungsgut an Sammelempfänger zur Weitervermittlung; 3. als Streifbandzeitungen an Einzelempfänger. (2) Zeitungsvertriebsstellen können Zeitungsexemplare als Streifbandzeitungen versenden." Amtsblatt des Bundesministers für das Post- und Fernmeldewesen. Nr. 117, Jg. 1981, 2. 10. 1981, S. 1277
vgl. dazu auch ausführlich: HAUN, Otmar: Die Versandbedingungen für Postvertriebsstücke. In: Postpraxis, 38.Jg., H. 7, 1987, S. 153 - 185

Schweiz [76]

Zum Postzeitungsversand in der Schweiz zugelassen sind Publikationen, die folgende Bedingungen erfüllen:

Inhalt	Redaktionelle Beiträge zur Information, Unterhaltung und Bildung der Leser[77]
Redaktioneller Anteil	mindestens 15 %[78]
Ausschluß	überwiegend Geschäfts- und Reklamezwecken dienend[79]
Herkunft	in der Schweiz hergestellt und herausgegeben
Abgabe	Versand aufgrund von Abonnement[80]
Periodizität	mindestens vierteljährliches Erscheinen
Druckverfahren	nicht vorgeschrieben
Mindestformat	zur Postbeförderung geeignet
Maximalformat	17,6 x 25 cm (gefalzt), über 300 g bzw. Zeitschriften im Umschlag 25 x 35,3 cm[81]
Mindestauflage	100 Exemplare
Gewicht	maximal 0,5 kg inklusive Beilagen (die nicht der Beilagentaxe unterliegen) und Verpackung
Beilagen	möglich, wenn diese die Postbeförderung nicht erschweren
Adressierung	Adresse bzw. Abonnementverzeichnis[82]
Verpackung	unverschlossen bzw. unter Band/Umschlag, ohne Umhüllung, wenn Format kleiner als 25 x 18 cm
Versand	nach Anleitung der PTT als Einzelexemplare bzw. Bunde/Pakete Maximalgewicht 20 kg
Formalkriterium	nicht vorgeschrieben
Sondervermerk	AZ, AZA, AZB[83]

76 Die folgenden Angaben stammen aus den Verkehrsvorschriften A 1 (Inland) der Schweizerischen PTT-Betriebe. Vgl. dazu: Schweizerische PTT-Betriebe (Hrsg.): Zeitungen. Auszug aus den Verkehrsvorschriften A1 (Inland) und A 24 (Ausland). Februar 1991. Siehe dazu auch: Generaldirektion PTT (Hrsg.): Zeitungen - eine Informationsschrift für Verleger und Drucker. Bern (Stand 1. 2. 1991); sowie: Generaldirektion PTT (Hrsg.): Zielsicher vom Verlag - an die Post - zum Empfänger. Empfehlungen für den Versand der Zeitungen und Zeitschriften. Bern, März 1988 oder: Generaldirektion PTT (Hrsg.): Anleitungen für die Sortierung von Postsendungen durch den Auftraggeber. Bern (Gültig ab. 1. 2. 1991). Zur Entwicklung der Tarifierung in der Schweiz siehe SCHMID, A.: PTT und Presseförderung. In: PTT-Zeitschrift, Nr. 11, 1986, S. I - VIII

77 V (1) Art. 38 Die Zeitschriften sind in dieser Verordnung den Zeitungen gleichgestellt. "Als Zeitschriften gelten Publikationen, die sich vor allem durch die Herstellungsweise von den Zeitungen unterscheiden; Zeitschriften sind am Rücken geheftet oder geleimt und in der Regel aus oberflächenbehandeltem Papier (Glanzpapier) hergestellt.

78 V (1) Art. 39 4 "Als redaktionelle Beiträge gelten Teile, welche die verantwortliche Redaktion zur Information, Unterhaltung oder Bildung der Leser auswählt, bearbeitet oder gestaltet. Nicht dazu gehören alle Arten von offener oder versteckter Werbung, namentlich Reklamen, Inserate und andere Beiträge, die in auffälliger Weise über das übliche Infor-

mationsbedürfnis der betreffenden Leserschaft bezüglich eines Unternehmens oder der von ihm angebotenen Produkte und Dienstleistungen hinausgehen."

79 V (1) Art. 39 "(3) Keine Zeitungen im Sinne dieser Verordnung sind namentlich Publikationen, die: a. durch den Inhalt oder die Gestaltung den Eindruck erwecken, dass der redaktionell verarbeitete Teil hauptsächlich die Werbewirkung für gleichzeitig angepriesene Produkte, Dienstleistungen oder Veranstaltungen unterstützen soll; b. von Einzelpersonen, Firmen oder Organisationen selbst oder in ihrem Auftrag herausgegeben werden und hauptsächlich der Empfehlung ihrer Produkte oder Dienstleistungen dienen."

80 V (1) Art. 39 "2 Die Zeitungen müssen: a. Dem Empfänger aufgrund eines entgeltlichen Abonnementsvertrages laufend mit der Post zugesandt werden; oder b. von einer Körperschaft aufgrund eines Beschlusses des zuständigen Organs ihren Mitgliedern zugesandt werden; oder c. als Sondernummern zu einem besonderen Anlass herausgegeben und an die Abonnenten gesandt werden; oder d. als Gratisexemplare in fortlaufenden Nummern an ständige Mitarbeiter der Zeitung, andere Zeitungsverleger, Behörden, Amtsstellen oder Lesezimmer öffentlicher Einrichtungen (Schulen, Spitäler, Altersheime, Kasernen usw.) gesandt werden; oder e. als Verkaufsexemplare in fortlaufenden Nummern an Kioske und andere Verkäufer geliefert werden; oder f. während Abwesenheit (z. B. Ferien, Militär usw.) des Empfängers vom Wohnort vorübergehend der Post adressiert zur Beförderung übergeben werden: oder g. als Probe- und Einführungsexemplare der Abonnentenwerbung dienen."

V (1) Art. 46 "1 Zeitungen bis 250 g werden zur Zustellung an alle Haushaltungen einer oder mehrere Ortschaften angenommen. Der Verleger kann die Zustellung auf bestimmte Zustellbezirke oder alle Postfächer einer Ortschaft oder Poststelle beschränken. Die Ausführungsbestimmungen regeln die Einzelheiten betreffend Herrichtung, Aufgabe, Zustellung und Abrechnung der Taxen.

81 V (1) Art. 40 zulässige Höchstmaße für Zeitungen: "Die Exemplare sind auf das Format von höchstens B 5 (176 x 250 mm) zu falzen. Solche über 300 g sind bis zum Format B 4 (250 x 353 mm) zugelassen, sofern sie in Bunden aufgeliefert werden, die keiner Unterwegsverarbeitung bedürfen. Exemplare in Restbunden sowie solche an eine Feldpostadresse sind stets auf das Format B 5 (176 x 250 mm) zu falzen."

82 V (1) Art. 41 "(1) Zeitungen, die weniger als einmal wöchentlich erscheinen, sowie Probe- und Einführungsexemplare müssen einzeln adressiert werden. Die übrigen Zeitungen können auch unadressiert aufgegeben werden. (2) Zeitungen, die adressiert aufgegeben werden, müssen für die Adresse einen unbedruckten Teil aufweisen, wenn für den Versand keine Versandhüllen verwendet werden."

V (1) Art. 42 "(46) Adressierte Zeitungen müssen nach Botenbezirken sortiert aufgegeben werden, wenn in deren Hauptverbreitungsgebiet zahlreiche Orte mit durchschnittlich fünf oder mehr Exemplaren je Botenbezirk anfallen. Die PTT-Betriebe können im Einvernehmen mit dem betroffenen Verleger in weiteren Fällen eine Sortierung nach Botenbezirken vorsehen. Für Zeitungen, die in Botenbezirksbunden aufgeliefert werden, richten die PTT-Betriebe pro Exemplar folgende Vergütungen aus: bis 200 g: 0,5 Rp.; über 200 bis 300 g: 1 Rp.; über 300 bis 500 g: 2 Rp. (47) Die Verleger müssen der Aufgabepoststelle bei jeder Zeitungsaufgabe ein Aufgabeverzeichnis (Formular PTT 268.01) abgeben. Dieses ist gemäss Vordruck zu ergänzen. Für wöchentlich mindestens einmal erscheinende Zeitungen kann anstelle des Aufgabeverzeichnisses eine EDV-Liste abgegeben werden. Diese ist nach Anleitung der PTT-Betriebe herzurichten. (48) Probe- und Einführungsexemplare müssen in der Nähe der Adresse einzeln als solche gekennzeichnet sein. Sie können zusammen mit den abonnierten Exemplaren sortiert und gebündelt aufgegeben werden. Im Aufgabeverzeichnis (Formular PTT 268.01) sind sie jedoch getrennt einzutragen. Die gleichzeitige Aufgabe einer grossen Zahl von Probe- und Einführungsexemplaren für den gleichen Ort muss vorgängig mit der zuständigen Kreispostdirektion abgesprochen werden."

V (1) Art. 41 "(4) Verleger, die ihre Zeitung ohne Adresse versenden wollen, haben den Bestimmungspoststellen ein Verzeichnis der Bezüger (Abonnentenverzeichnis) zu übergeben. Sie müssen jede Änderung dieses Verzeichnisses ohne Verzug der betreffenden Bestimmungspoststelle mitteilen."

V (1) Art. 41 "(43) Die Abonnentenverzeichnisse sind in Form von Karten (Karte je Adresse) oder in Form von Listen (Adressliste je Bote gemäss Botenfile) zu erstellen. Die Abonnentenverzeichnisse müssen den Bestimmungspoststellen nach Absprache und rechtzeitig vor dem Versand der Zeitung zugestellt werden. (44) Die PTT-Betriebe führen die Abonnentenverzeichnisse aufgrund der gelieferten Verzeichnisse und Änderungsanzeigen nach. Änderungen im Bestand und in den Adressen der Abonnenten müssen den betreffenden Poststellen auf Formular PTT 252.09 gemeldet werden. Die Verleger können diese Formulare für den eigenen Bedarf nach Muster selber herstellen.

83 V (1) Art. 41 "3 Neben oder über der Adresse muß der Vermerk "AZ" (Art. 43 Abs. 1. und Abs. 2) bzw. "AZA" (Art. 43 Abs. 3) oder "AZB" (Art. 43 Abs. 4) und der Ort mit Postleitzahl, an den Adressmutationen zu melden sind, angegeben werden.

V (1) Art. 43 "(1) Zeitungen, die wöchentlich zweimal oder häufiger erscheinen, werden werktags am Erscheinungstag zugestellt, wenn die von den PTT-Betrieben festgelegte Aufgabezeit eingehalten worden ist. (2) Abonnierte Lokal- und Regionalzeitungen, die wöchentlich erscheinen, werden von Montag bis Freitag in ihrem Hauptverbreitungsgebiet am Erscheinungstag zugestellt, wenn die von den PTT-Betrieben festgelegte Aufgabezeit eingehalten worden ist. Am Samstag werden diese Zeitungen nicht zugestellt. (3) Die übrigen wöchentlich und die vierzehntäglich erscheinenden Zeitungen werden am ersten Werktag nach der Aufgabe zugestellt, wenn die von den PTT-Betrieben festgelegte Aufgabezeit eingehalten worden ist. Das Leistungsangebot für Grossauflagen dieser Zeitungen wird im Rahmen der bestehenden Verbindungen im Einvernehmen mit dem Verleger festgelegt. Am Samstag werden diese Zeitungen nicht zugestellt. (4) Zeitungen, die weniger als vierzehntägig erscheinen, werden am zweiten, spätestens aber am dritten Werktag nach der Aufgabe zugestellt. Am Samstag werden diese Zeitungen nicht zugestellt."

Frankreich [84]

Zum Postzeitungsversand in Frankreich zugelassen sind Publikationen, die folgende Bedingungen erfüllen:

Inhalt	Zeitungscharakter, der Belehrung, Bildung, Information, Unterhaltung der Bevölkerung dienend
Redaktioneller Anteil	mindestens ein Drittel
Ausschluß	nicht transportiert werden Kataloge, Prospekte, Almanache, Sammelbände etc. und Werke, die direkt oder indirekt der Werbung dienen
Herkunft	in Frankreich verlegte Publikation
Abgabe	nicht unentgeltlich, mindestens 50 % Verkauf
Periodizität	regelmäßiges, mindestens vierteljährliches Erscheinen (Doppelnummer kompensiert den Abstand von mehr als drei Monaten nicht)
Druckverfahren	nicht vorgeschrieben
Mindestformat	Banderole oder Umschlag: 14 x 9 cm; Paket: 10 x 7 cm; Zeitungsrolle: Länge plus 2 x Durchmesser bzw. 10 cm lang
Maximalformat	Banderole Umschlag und Paket: 60 cm lang (alle drei Dimensionen 100 cm); Zeitungsrolle: Länge plus 2 x Durchmesser bzw. 104 cm
Mindestauflage	1.000 Exemplare
Gewicht	maximal 3 kg inklusive Beilagen
Beilagen	Verlagsbeilagen maximal 50 g
Adressierung	Adresse mindestens 5-, maximal 6zeilig, Routenvorschriften bei Paketen
Verpackung	obligatorisch, Streifband, unversiegelter Umschlag, Umhüllung, Paket, Rolle
Versand	Einzelexemplare im Paket oder unter einer Plastikumhüllung bzw. in einem Postsack, Maximalgewicht 25 kg[85]
Formalkriterium	Zulassung durch paritätische Kommission erteilt
Sondervermerk	nicht vorgeschrieben

84 Die Informationen stammen aus einem Brief von Robert Darthenay, Association de Liaison et d'Etudes Postales pour la Presse, vom 1. April 1992 an E. Geretschlaeger

85 Außer der Vorschrift, daß die Pakete bzw. Zeitungsbunde neben dem Frankiervermerk auch die Adressen von Absender und Empfänger tragen müssen, sind noch umfangreiche Routenvorschriften zu beachten. Insbesondere wird zwischen der Route nach Paris, nach Städten über 50.000 Einwohnern, nach Städten mit mehreren Verteilbüros usw. sowie nach dem Versand in die Überseeprovinzen unterschieden. Vgl. dazu: Vergleich der europäischen Tarife und Vorschriften für den Postversand von Zeitungen. Versandraum und Vertrieb (4). Ifra. Special Report 4.5. Darmstadt, März 1989, S. 14

Großbritannien [86]

Zum Postzeitungsversand in Großbritannien zugelassen sind Publikationen, die folgende Bedingungen erfüllen:

Inhalt	politische oder andere Nachrichten oder aktuelle Beiträge
Redaktioneller Anteil	mindestens ein Drittel
Ausschluß	gedruckt und veröffentlicht außerhalb des britischen Postgebiets
Herkunft	britisches Postgebiet oder Mitgliedsstaat der EG
Abgabe	nicht vorgeschrieben
Periodizität	publiziert in Nummern nicht häufiger als 7mal pro Woche
Druckverfahren	nicht vorgeschrieben
Mindestformat	nicht vorgeschrieben
Maximalformat	Paket: 61 x 46 x 46 cm; Zeitungsrolle: 1,04 cm für die Länge plus 2 x Durchmesser bzw. 90 cm für die größte Dimension
Mindestauflage	5.000 Stück
Gewicht	maximal 0,75 kg
Beilagen	Seitenumfang nicht größer als das Hauptblatt, Aufschrift "Supplement", maximal drei Werbebeilagen[87]
Adressierung	individuell, Art nicht vorgeschrieben
Verpackung	Streifband, unversiegelter Umschlag, verschnürt
Versand	in Absprache mit dem lokalen Head Postmaster
Formalkriterium	Zulassung erteilt
Sondervermerk	"Registered as a newspaper at the Post Office"

86 Die folgenden Informationen stammen aus: The Post Office (Hrsg.): Inland Postal Services. Newspaper in Course of Distribution. London, 1991, S. 48 f

87 Supplements und Inserts müssen in allen Ausgaben der Zeitung ident sein.

Finnland [88]

Zum Postzeitungsversand in Finnland zugelassen sind Publikationen, die folgende Bedingungen erfüllen:

Inhalt	in Form und Inhalt Zeitungscharakter
Redaktioneller Anteil	nicht vorgeschrieben
Ausschluß	Einzelstück, Katalog oder Preisliste
Herkunft	nicht vorgeschrieben[89]
Abgabe	nicht unentgeltlich
Periodizität	Erscheinung mindestens 4x jährlich
Druckverfahren	nicht vorgeschrieben
Mindestformat	13 x 9 cm
Maximalformat	47 x 32 cm
Mindestauflage	nicht vorgeschrieben
Gewicht	maximal 1 kg inklusive Beilagen
Beilagen	jede Beilage ist möglich
Adressierung	individuell, Art nicht vorgeschrieben
Verpackung	in Bunden
Versand	Postbund, Postleitzahlenbund, Sortierbereichsbund, Routenbund[90]; Maximalgewicht 15 kg
Formalkriterium	Zulassung erteilt
Sondervermerk	nicht vorgeschrieben

88 Die Informationen stammen aus einem Gespräch mit Liisa Holamo, Head of Division for Mass Communications Ministry of Transport and Communications, sowie mit Ismo Kosonen, Liikenneministeriö, vom 9. Januar 1992, sowie einem Brief von Mikael Akermarck, Trafikministeriet, Helsinki, vom 31. März 1992 an E. Geretschlaeger

89 Ausländische Publikationen sind trotz Teilnahme am Postzeitungsdienst von zusätzlichen staatlichen Subventionen ausgeschlossen.

90 Postbund: bei fünf oder mehr Exemplaren
Postleitzahlenbund: bei bis fünf Exemplaren an ein Postamt
Sortierbereichsbund: bei weniger als fünf Exemplaren an das gleiche Postleitzahlengebiet
Routenbund: in Zusammenarbeit mit dem Verleger werden bei hochauflagigen Publikationen Bunde für die Zustellroute zusammengestellt.
vgl. dazu: Brief von Mikael Akermarck, Trafikministeriet, Helsinki, vom 31. März 1992

Zusammenfassung

Sinngemäß einheitlich sind die Vorschriften in den untersuchten Ländern, was die Definition von (Tages-)Zeitungen und die erlaubten Inhalte anbelangt. Zeitungen sind demnach periodisch erscheinende Druckschriften mit dem Zweck, die Öffentlichkeit über Tagesereignisse, Zeit- und Fachfragen zu orientieren. Sie entsprechen in ihrer Form und Erscheinung der üblichen Auffassung einer Zeitung.

Nicht zur Beförderung zugelassen sind unentgeltliche oder gegen eine Schutzgebühr herausgegebene Zeitungen sowie Publikationen, welche Geschäfts- oder Firmeninteressen wahrnehmen, in der Regel (nicht z.B. in Österreich) auch Verbands- oder Vereinszeitungen und dergleichen.

Die Grenze, ab wann eine Publikation vom Zeitungsdienst ausgeschlossen ist, schwankt zwischen 15 % (Schweiz) bis 33 % (Frankreich) redaktioneller Anteil, wobei in anderen Ländern (etwa auch in Österreich) solche Formalbestimmungen nicht existieren.

Bemerkenswert ist, daß in vielen Ländern[91] eine Zeitung auch im jeweiligen Land verlegt sein muß, um zum kostengünstigen Tarif versandt zu werden. Die Bundesrepublik Deutschland ist hier z.B. liberaler und vermerkt u.a. "nur", daß die Zeitung periodisch zu erscheinen hat.

Die Periodizität wird in den meisten Ländern mit mindestens vierteljährlichem Erscheinen festgelegt. Für Postverwaltungen (und Zeitungsverleger) wäre es freilich durchaus überlegenswert, eine mindestens wöchentlich einmalige Herausgabe zur Bedingung für einen reduzierten Tarif zu machen, um nicht seltener erscheinende Publikationen - mit kleiner Auflage - mittragen zu müssen.[92]

Das Druckverfahren wird etwa in Deutschland konkret vorgeschrieben, die anderen Länder lassen dies offen, was auch vernünftiger erscheint, da heute bei der Zeitungsherstellung neue Druckverfahren wie z.B. Hochdruck, Anilox-Offset und Flexodruck ebenfalls Verwendung finden.

Ob Formatbeschränkungen sinnvoll sind, ist ebenfalls zu bezweifeln. Die Grenzen regeln sich wahrscheinlich durch die Benutzereignung (wie sie durch ein zweckmäßiges Format gegeben ist) von selbst. Die Vorschrift eines dritten Bruches (längs oder quer) wie z.B. in der Schweiz oder in Frankreich verursacht sicherlich höhere Herstellkosten, die die verminderten Vertriebskosten übertreffen.

Bei der Minimalauflage gibt es große Schwankungen im Bereich von 100 Exemplaren bis 5000 Exemplaren (Großbritannien).[93] Ebensolche Schwankungen gibt es

---

[91] so z.B. auch im EG-Land Frankreich, das im Gegensatz etwa zu Großbritannien bislang auf den europäischen Binnenmarkt nicht eingestellt ist.

[92] vgl. dazu z.B.: Vergleich ... a.a.O., S. 31

[93] Was zweifellos eine Aussage zu den politischen Zielen des jeweiligen Postzeitungsdienst macht.

auch beim Gewicht des Einzelexemplars, das von maximal 0,75 kg (Großbritannien) bis 3 kg (Frankreich) reicht, oder beim Gewicht des Postpakets (Frankreich 8 kg bis Österreich 25 kg).[94]

Was die Beilagen anbelangt, scheint die Unterteilung in redaktionelle, verlegerische und kommerzielle Beilagen (ausgenommen Großbritannien, wo es auch für andere wesentliche Bereiche keine oder wenig restriktive Vorschriften gibt) allgemein üblich zu sein.

Bei den redaktionellen Beilagen unterscheidet man im wesentlichen zwei verschiedene Arten: 1. in die Paginierung und Verarbeitung der Zeitung miteinbezogene Anzeigen und dergleichen, die in ihrem Format (etc.) die gleichen Merkmale aufweisen wie die übrigen Zeitungsbestandteile und 2. Beiblätter oder Hefte, die die Zeitung ergänzen sollen. Darunter sind z.B. Wochenend-, Kultur-, Kunst- oder Unterhaltungsbeilagen, aber auch Rundfunk-Programmsupplements zu verstehen.

"In verschiedenen Ländern werden auch Werbeaufkleber und/oder dünne, auf einen der Zeitungsbogen aufgeklebte Muster als redaktionelle Beilagen verstanden. In Deutschland schreibt die Postzeitungsordnung vor, daß solche Beilagen höchstens eine Fläche von 25 cm^2 bedecken und in keiner Richtung mehr als 6 cm Ausdehnung aufweisen dürfen. In Österreich wird vermerkt, daß die Stärke einer solchen Beilage nicht mehr als 1 mm betragen darf, die Schweiz sagt, daß Werbeaufkleber gestattet und in der dafür vorgesehen Fläche aufgeklebt werden müssen. Die anderen Ländervorschriften enthalten mehr allgemein formulierte Kriterien.

Gewisse einschränkende Teile der Vorschrift, z.B. der mögliche Umfang solcher redaktioneller Beilagen oder Bestandteile im Verhältnis zum Rest des Zeitungsumfangs ergeben ein sehr uneinheitliches Bild."[95]

Bei den Verlags-Beilagen (die Bestandteil der Zeitung oder mit ihr z.B. durch Einklebung verbunden sein können, die aber auch lose beigelegt sein können), werden in den Vorschriften im wesentlichen zwei Arten von zugelassenen Beilagen erwähnt: 1. Mitteilungen über den Zahlungsverkehr (z.B. an Abonnenten, Sammelbezieher etc.), auch in Form der Beilage einer Zahlkarte oder eines Zahlscheines (oft auch personalisiert mit Absender und/oder Empfangsadresse), Aufforderung zum Abonnement und dergleichen sowie 2. Mitteilungen, die im engen Zusammenhang mit der Zeitung und ihrer Informationsaufgabe stehen, z.B. Hinweise auf die besondere Bedeutung einer Zeitungsnummer, Beilage weiterer eigener Publikationen des Verlegers, regelmäßig wiederkehrende Beilagen wie z.B. neue Fahrpläne, Kalender etc.

---

[94] Der Postsack dagegen scheint mit 25 kg das optimale Gewicht erreicht zu haben.
Die Ifra meint: Sinnvoll erscheint es, Pakete nach 'oben' gewichtsmäßig (z.B. 15 kg) und nach 'unten' durch die minimale Anzahl von Exemplaren (z.B. drei Exemplare) zu begrenzen. Die Pakete sollten für den Versand umschnürt werden." Vergleich ... a.a.O., S.33

[95] Vergleich ... a.a.O., S. 37

Bei der Ermittlung der Versandgebühr wird in allen Ländern das Gewicht der Verlagsbeilage(n) zum Gewicht der eigentlichen Zeitung addiert. Häufig (z.B. in Österreich mit 40 Gramm oder in Frankreich mit 50 Gramm) gibt es (relativ niedrige) Gewichtsbeschränkungen für Verlagsbeilagen.

Die deutschen Regeln schreiben vor, daß die Verlags-Beilagen insgesamt nicht schwerer sein dürfen, als die Zeitung selbst - Nebenblätter dürfen bis zu 100 Gramm schwerer sein als das eigentliche Zeitungsexemplar. Auch Formateinschränkungen für Beilagen sind üblich.

Kommerzielle Beilagen im Auftrag Dritter schließlich sind in der Regel gebührenpflichtig, obwohl die einzelnen - meist sehr umfangreichen - Vorschriften stark variieren. So ist entweder die Anzahl der möglichen Beilagen beschränkt (der Streifbandzeitung in der BRD dürfen höchstens 5 Beilagen zugegeben werden), das zusätzliche Gewicht (in Österreich etwa sehr niedrig mit 40 Gramm) oder es gibt eine Verpackungsvorschrift (z.B. Banderole in Frankreich).[96]

Vertriebs- und Adressierkriterien gehören in gewissem Sinne zusammen und hängen auch mit den geographischen Gegebenheiten der Länder und der damit verbundenen Unterschiedlichkeit der Anforderungen zusammen. Gegenwärtig ist die Adressierung von Einzelexemplaren technisch sowohl durch das Aufkleben der Etiketten als auch durch Tintenspritzverfahren möglich. Legislativ gibt es hier noch Grenzen, wie es auch keine Vereinheitlichung gibt, was die Plazierung der Adresse auf der Seite oder den Aufbau der Adresse anbelangt.

Auch bei der Adressierung von Zeitungsbunden, Postpaketen, Postsäcken oder Paletten sind große Unterschiede in den jeweiligen Ländern zu bemerken, wobei manchmal (z.B. in der BRD) präzise Vorschriften selbst über Qualität und Farbe des Adressenträgers erlassen wurden, in anderen Fällen Verhandlungen zwischen den Verlegern und der Post einen Spielraum offen lassen.

Ähnlich ist es mit der Verpackung: Verschiedene Postverwaltungen verlangen zwingend die Verpackung jedes Einzelexemplars, z.B. mit einem Streifband oder einer

[96] Die einschlägigen Vorschriften sind zweifellos auch für die Beilagenkultur in den einzelnen Ländern verantwortlich. So ist die Beförderung von Supplements und Fremdbeilagen durch das Transportmedium Zeitung in Deutschland (aber auch in Skandinavien oder der Schweiz) sehr verbreitet, was sowohl mit den Interessen der Verleger als auch den relativ liberalen Postvorschriften in diesen Ländern zu tun hat. In Frankreich dagegen, wo die Beifügung von kommerziellen Beilagen stark eingeschränkt wird, ist diese Sparte bis heute nicht entwickelt. Die Ifra meint dazu: "Das Beilagengeschäft ist eines der großen Vorteile der Tageszeitung gegenüber den elektronischen Medien und sollte auch von den Postverwaltungen im Interesse der Wettbewerbsgleichheit gefördert oder zumindest wohlwollend behandelt werden." Vergleich ... a.a.O., S. 38

Umhüllung, andere klären diese Frage - wie auch die Verpackung von Paketen für Sammelempfänger - nicht und überlassen dem Verleger die Entscheidung.[97]

Sehr individuell und auf die Bedürfnisse des jeweiligen Landes bzw. der Struktur der Postverwaltung abgestimmt, sind die Vorschriften für die Zusammenfassung von Zeitungsgütern zu routengerechten Paketen (Zeitungsbunden) - sowohl für Einzelabonnenten wie auch für Wiederverkäufer wie etwa Kioske usw.

Ziemlich einheitlich dagegen sind schließlich die erforderlichen Vermerke und Angaben auf den für den Postversand zugelassenen Zeitungen: Titel der Zeitung, Erscheinungstag, fortlaufende Nummer, Preis des Exemplars, Verlegerangaben mit Adresse etc., Versandpostamt, Vertriebskennzeichen usw.

5. Tarife und Gebühren

Internationale Preisvergleiche postalischer Dienste sind aufgrund qualitativer Angebotsunterschiede, d.h. die Verschiedenheit der Tarifbedingungen, und der Wechselkursproblematik schwierig und auch mit Zurückhaltung zu interpretieren.

Unterschiede, die sich aus der historischen Entwicklung in den einzelnen Ländern und der traditionsreichen Postorganisationen erklären, die aus den unterschiedlichen geographischen Strukturen und den damit gegebenen großen (oder kleinen) Entfernungen resultieren oder den politischen Landesaufbau (Föderalismus versus Zentralismus) spiegeln, sind nicht, quasi tabellarisch, auf einen Nenner zu bringen. Die Umrechnung auf eine gemeinsame Leitwährung scheint daher im speziellen auch wenig sinnvoll.[98]

In der folgenden Darstellung sind die Tarife soweit aufbereitet, daß ein Tendenzvergleich möglich ist, was die Gebühren für den Zeitungseinzelversand an Abonnenten, die Postgebühren für den Paketversand an Sammelempfänger und die Postgebühren für die Beigabe von kommerziellen Beilagen anbelangt. Es sind nur die jeweiligen Inlandspostgebühren aufgelistet. Auslandstarife bleiben unberücksichtigt.

Österreich

Die österreichische Gebührenstruktur ist immer noch relativ simpel, auch wenn zu den zwei Positionen Kilogebühr und Mindestgebühr pro Stück, mit denen man bis zum Ende der 50er Jahre das Auslangen fand, inzwischen weitere Gewichtsstufen,

---

[97] So unbedeutend die Frage der Verpackung auf den ersten Blick sein mag, ist sie bei der Analyse der Herstellungs- und Verbreitungskosten einer Zeitung sicher nicht zu vernachlässigen. Auch wenn von der jeweiligen Postverwaltung keine Verpackung vorgeschrieben sein sollte oder nur eine Verschnürung (manchmal auch bei kleineren Paketen) ist aus Witterungsgründen häufig eine Folierung zweckmäßig.

[98] Als Anhaltspunkt seien dennoch die Umrechnungskurse (Stand 4. Mai 1992) angegeben: 1 DM = 6,91 öS, 1 SFr = 7,54 öS, 1 FF = 2,06 öS, 1 PfSt = 20,30 öS und 1 FMk = 2,53 öS

eine Beilagengebühr, der Zuschlag zur Beförderungsgebühr für Samstagnummern einer Tageszeitung und seit 1991 auch eine Jahresgebühr gekommen sind.[99]

Der Versand einer Zeitung unter 50 Gramm kostet in Österreich seit 1. August 1991, abgesehen von der Zeitungsgebühr, den Mindesttarif von 0,50 öS, schwerere Zeitungen kosten pro Kilo 7,- öS.[100] Am Samstag ist der Versand teurer. Es wird ein Zuschlag zur Beförderungsgebühr von 10,- öS je Kilogramm (bei einer Zeitungssendung bis 200 Gramm) bzw. bei schwereren Zeitungen von 2,- öS je Sendung eingehoben. Die Beilagengebühr betrug 0,40 öS pro Stück, seit Januar 1992 0,50 öS.[101]

Deutschland

Die Postversand-Bedingungen in Deutschland sind in einem umfangreichen Regelwerk (bis 30. März 1991 der Postzeitungsgebührenverordnung - PostZtgGebV -, seither in einem Entgeltverzeichnis im Rahmen der allgemeinen Geschäftsbedingungen für den Postzeitungsdienst - ABP PZD) festgelegt.[102]

Genau differenziert wird zwischen Postvertriebsstücken, d.h. Zeitungen an Abonnenten und Einzelempfänger (bei weiterer Unterscheidung nach dem Erscheinungsrhythmus häufiger als einmal wöchentlich, einmal wöchentlich und seltener als einmal wöchentlich[103]), Postzeitungsgut (Sammelempfänger/Pakete), Streifbandzeitung sowie Beilagen.

---

99 Diese Jahresgebühr mit der jene Kosten abgegolten werden sollen, die der Post unabhängig von der Erscheinungsweise und der Anzahl der verbreiteten Zeitungssendungen entstehen, ist (auch in der Höhe) der deutschen Zeitungsgrundgebühr vergleichbar. vgl. dazu: HAUN, Otmar: Gebührenerhöhungen im Postzeitungsdienst für 1990 und 1991. In: Postpraxis, 39. Jg., H. 12, 1989, S. 275 - 277, hier S. 277

100 Ab 1. Juli 1992 7,50 öS, ab 1. Juli 1993 8,- öS, ab 1. Juli 1994 8,50 öS und ab 1. Juli 1995 9,- öS. Vgl. dazu: Gebühren im Postzeitungsversand. Merkblatt der Post, Stand: 1. August 1991

101 vgl. dazu: Gebühren im Postzeitungsversand ... a.a.O.

102 Sogenannte Dauerschuldverhältnisse (z.B. die Teilnahme am Postzeitungsdienst) wurden ab dem Stichtag 1.4.1991 in Verträge privaten Rechts umgewandelt. Die die Verordnungen ablösenden Allgemeinen Geschäftsbedingungen (AGB) sind inhaltlich unverändert. Grundlage der Rechtsbeziehungen zwischen der Deutschen Bundespost und ihren Kunden ist nun ein Vertrag nach bürgerlichem Recht. Vgl. dazu: SCHMIDT, Michael; Bernhard MAUZ, Joachim TEICHERT, Manfred ZENK: Allgemeine Geschäftsbedingungen der Deutschen Bundespost POSTDIENST. In: Postpraxis, 42. Jg., H. 3 1991, S. 50 - 65, hier S. 51 sowie: HAUN, Otmar: Der Postzeitungsdienst im vereinten Deutschland - noch uneinheitlich. In: Postpraxis, 42. Jg., H. 9, 1991, S. 201 - 205, hier S. 201

103 Diese Dreiteilung berücksichtigt die Tatsache, daß häufiger erscheinende Zeitungen die postalischen Einrichtungen gleichmäßiger ausnutzen und begünstigt demzufolge die Tageszeitungen gegenüber anderen Printmedien. Vgl. dazu: Vergleich der europäischen Tarife und Vorschriften für den Postversand von Zeitungen. Versandraum und Vertrieb (4). Ifra Special Report 4.5. Darmstadt, März 1989, S. 39

Als Postvertriebsstücke - d.h. die Verleger müssen alle Exemplare selbst mit der Anschrift versehen und nach genauen postalischen Regeln zu Bündeln zusammenpacken - werden heute über 80 % aller Zeitungen und Zeitschriften in Deutschland versandt.[104]

Bei Publikationen (mit Tageszeitungscharakter) die häufiger als einmal wöchentlich erscheinen, beträgt die Gebühr als Postvertriebsstück (Stand 1991) bis 30 Gramm 18,37 Pf, über 30 bis 350 Gramm 0,74 Pf (pro 10 Gramm), über 250 bis 500 Gramm 1,14 Pf (pro 10 Gramm) und von 500 bis 1000 Gramm 1,27 Pf (pro 10 Gramm).[105]

Für 1990 hat die Post penibel berechnet, daß das als Postvertriebsstück verschickte Exemplar (bei Mischung aller Erscheinungsmöglichkeiten) im Durchschnitt 155 Gramm wiegt und 35,7 Pf Zustellgebühr kostet.[106]

Beim Postzeitungsgut wird (Stand 1991) neben einer Gebühr von 31 Pf je Sendung eine Gebühr von 37 Pf je Kilogramm berechnet. Das Gewicht des Postzeitungsgutes wird ermittelt, indem die Zahl der angelieferten Zeitungsexemplare mit dem Gewicht des Belegexemplars - abzüglich Fremdbeilagen - multipliziert wird. 500 Gramm und mehr werden auf 1 Kilogramm aufgerundet. Auf Sendungen mit weniger als drei Exemplaren werden 10 Pf Zuschlag je Sendung eingehoben. Zuschläge werden auch für Postzeitungsschnellgut (11 Pf/kg und 15,5 Pf pro Sendung) berechnet.[107] Auch bei Fremdbeilagen wird zwischen verschiedenen Arten unterschieden. Für je volle oder angefangene 25 Gramm betragen die Gebühren zwischen 3,1 Pf (eine Fremdbeilage, die zur Verwendung als Postkarte bestimmt ist, im Postzeitungsgut) und 21,0 Pf (ein Muster im Postvertriebsstück).[108]

Schweiz

Die Gebühren für den Zeitungsversand in der Schweiz, die nach dem Postverkehrsgesetz "auf die Erhaltung einer vielfältigen Presse" Rücksicht zu nehmen haben,[109] setzen sich aus einer Grundtaxe von 2 bis 9 Rp (abgestuft nach 5 Erscheinungs-

---

104 vgl. dazu: Bundesminister für Post und Telekommunikation (Hrsg.): Verbindungen. 500 Jahre Post. Bonn, (1990), S. 82

105 vgl. dazu: Amtsblatt des Bundesministers für Post und Telekommunikation. Jg. 1989, Nr. 113, Bonn, am 12, Oktober 1989, S. 1873

106 vgl. dazu: Bundesminister für Post und Telekommunikation (Hrsg.): Verbindungen ..., a.a.O., S. 82

107 vgl. dazu: Amtsblatt ... a.a.O., S. 1974

108 vgl. dazu: Amtsblatt ... a.a.O., S. 1872

109 Art. 10 Postverkehrsgesetz zit. nach: Schweizerische PTT-Betriebe (Hrsg.): Zeitungen. Auszug aus den Verkehrsvorschriften A1 (Inland) und A 24 (Ausland). Februar 1991
vgl. dazu auch die Beschreibung der historischen Voraussetzungen für die Entwicklung der Tarife in der Schweiz: STURZENEGGER, Hans: Die Entwicklung der Zeitungstaxe während der letzten 100 Jahre. In: PTT-Zeitschrift, 1. Jg., Nr. 5, 1950, S. 136 - 138

häufigkeiten),[110] einer Gewichtstaxe von 1,75 Rp (je 25 Gramm),[111] Zuschlagtaxen (für größeres Format[112] und Textanteil unter 30 %) sowie Vergütungen von 0,5 Rp je Exemplar (bei Übergabe der gesamten Auflage an die PTT oder zwischen 0,5 und 2 Rp pro Exemplar bei Sortierung nach Botenbezirken) zusammen.[113] Bis zu einem Gewicht von 75 Gramm pro Exemplar wird außerdem unterschieden, ob die Zeitung mit mehr oder weniger als 20.000 Exemplaren herausgegeben wird. Die Gebühr bis 50 Gramm bei einer Auflage bis 20.000 Exemplaren beträgt (ab 1. 2. 1991) 5,50 Rp, bei 50 Gramm bis 75 Gramm bei einer Auflage bis 20.000 Exemplaren 7,25 Rp. Bei einer Auflage über 20.000 Exemplaren beträgt die Gebühr bis 50 Gramm 7,5 Rp, bei 50 bis 75 Gramm 9,25 Rp.[114]

Die Gebührenordnung für Paketsendungen an Sammelempfänger sieht bei mehr als 10.000 Paketen pro Jahr eine Grundgebühr von 1,- SFr pro Sendung sowie für jedes Kilogramm der Sendung eine Gewichtsgebühr vor; Sondervereinbarungen oder gewisse Rabatte, so z.B. beim Routen-Versand, sind jedoch möglich.[115]

"Den Zeitungen können Beilagen beigegeben werden, wenn diese die Postbeförderung nicht durch ihre Form, Größe oder Beschaffenheit erschweren.

Die Taxe für jede Zeitungsbeilage beträgt: bis 50 g 10 Rp, über 50 g bis 75 g 12 Rp, über 75 g bis 100 g 14 Rp. Stammen verschiedene Beilagen vom gleichen Auftraggeber, so wird die Taxe nach dem Gesamtgewicht der Beilagen berechnet."[116]

Frankreich

Die Gebühren für den Versand von Zeitungen an Abonnenten/Einzelempfänger in Frankreich unterscheiden sich beim Versand innerhalb Frankreichs, den Übersee-Departements und den Übersee-Gebieten sowie bei der Periodizität. Sie sind außerdem unterschiedlich je nachdem ob die Zeitung/Zeitschrift täglich/wöchentlich oder nach einer anderen Periodizität zum Versand gelangt und welche Zustellgeschwindigkeit verlangt wird: Am Tag der Einlieferung bzw. am nächsten Tag oder zwei bis vier Tage nach der Einlieferung.[117]

Weitere wesentliche Unterschiede in den Gebühren gibt es bei den möglichen Versandarten: Routes Abonnes (Einzelzustellung), Route Depositaires (Paketzustellung),

---

110 vgl. dazu: Generaldirektion PTT (Hrsg.): Zeitungen - eine Informationsschrift für Verleger und Drucker. Bern (Stand 1. 2. 1991), S. 3

111 vgl. dazu: Generaldirektion PTT (Hrsg.): Zeitungen ... a.a.O., S. 3

112 In der Regel werden somit die Postabonnenten aus Tarifgründen mit Zeitungen beliefert, welche im dritten Falz (Bruch) ausgelegt sind. Vgl. dazu: Vergleich ... a.a.O., S. 28

113 vgl. dazu: Generaldirektion PTT (Hrsg.): Zeitungen ... a.a.O., S. 3

114 vgl. dazu: Generaldirektion PTT (Hrsg.): Zeitungen ... a.a.O., S. 24

115 vgl. dazu: Vergleich ... a. a. O., S. 29 f

116 Generaldirektion PTT (Hrsg.): Zeitungen ... a.a.O., S. 13

117 Die Informationen stammen aus einem Gespräch mit Robert Dartheney, Association de Liaison d'Etudes Postales pour la Presse, vom 10. Dezember 1991.

Semi-Routes (bei weniger als 1.000 Exemplaren national oder 400 Exemplaren lokal).[118]

Zum Beispiel kostet eine mit der Post beförderte 100 g schwere Zeitung bei der Paketzustellung 0,210 FF, bei der Einzelzustellung 0,237 FF und bei der Semi-Route 0,68 FF; bei 200 g Gewicht steigt die Gebühr auf 0,478 FF, 0,955 FF bzw. 2,92 FF; die entsprechenden Gebühren bei 300 g sind 1,017 FF, 2,03 FF und 5,85 FF.[119]

Auch beim Paketversand von Zeitungen werden ähnliche Unterschiede wie beim Einzelversand an Abonnenten gemacht. Ist das Gewicht des Paketes an den gleichen Empfänger mehr als 8 kg schwer, so muß es aufgeteilt und in Postsäcke (maximales Sackgewicht 25 kg) abgefüllt werden.[120]

Bei den Gebühren für Fremdbeilagen gibt es verschiedene, den Tarif wesentlich beeinflussende Kriterien. So wird unterschiedlich taxiert, je nachdem ob die Beilagen in ihrer Gesamtheit 50 g Gewicht oder 4 mm Dicke überschreiten. die Gebühr für gewöhnliche Drucksachen bis 50 Gramm beträgt 0,20 FF, bei Fremdbeilagen von 50 bis 100 Gramm 0,66 FF. Die Gebühr für Verlagsbeilagen von 50 bis 100 Gramm ist 0,33 FF, Verlagsbeilagen unter 50 Gramm sind gratis.[121]

Großbritannien

Die Tarife des Post Office haben - wie seit neuestem auch jene der Deutschen Bundespost - keinen Gesetzescharakter, sie werden marktorientiert festgesetzt. Das Post Office unterliegt nur in den Monopolbereichen (in einem exakt definierten Teil der Briefbeförderung) preispolitischen Auflagen, die sich durch zwei Prinzipien charakterisieren lassen: zum einen ist es das Prinzip der räumlichen Tarifeinheit (eine einheitliche Gebühr im ganzen Land) zum anderen die Verpflichtung zur Grenzkostenpreisbildung, d.h. der Spielraum zur Preissenkung wird prinzipiell nur durch die Forderung nach positiven Deckungsbeiträgen begrenzt.[122]

Die Gebührenordnung sagt aus, daß den als solchen registrierten Zeitungen inklusive der dazugehörenden Beilagen bei "Second Class Letter" Gebühren[123] der gleiche Service geboten wird wie den "First Class Letters". Sie müssen der Post durch den

---

118 vgl. dazu: A.L.E.P.P. (Hrsg.): Tableau Compare (Paris, 1991), bzw. La Poste (Hrsg.): Journaux et ecrits periodiques. Janvier 1992

119 ebd.

120 vgl. dazu: Vergleich ... a. a. O., S. 23

121 vgl. dazu: Vergleich ... a. a. O., S. 23 f

122 vgl. dazu: HEUERMANN, Arnulf; Thomas SCHNÖRING: Die Entwicklung des britischen Post Office - Ansätze zu einem Vergleich mit der DBP. Diskussionsbeiträge zur Telekommunikationsforschung Nr. 11, Bad Honnef, Oktober 1984, S. 4

123 Dies geht bis zum Gewicht von 450 g. Darüberhinaus ermäßigt sich der Zeitungstarif gegenüber der Briefgebühr. Ein "Second Class Letter" im Gewicht von 500 g kostet 1,20 Pfund, die gleichschwere Zeitung 93 p; bei 750 g (Maximalgewicht für Zeitungen) kostet der Brief 1,95 Pfund, die Zeitung 1,40 Pfund. Brief von Claire Chilton, Post Office Headquarters, vom 14. April 1992 an E. Geretschlaeger

Verleger, Drucker oder einen Beauftragten an dem dafür bestimmten Ort übergeben werden. Eine Grundgebühr von 6,50 Pfund pro Jahr muß entrichtet werden.[124]

Beim Versand von Einzelexemplaren werden unter bestimmten Bedingungen Rabatte gewährt, so z.B. für eine Vorsortierung 10 %, die auf 12 % erhöht werden können, sofern die Sortierung nach Postleitzahlen erfolgt. Von den Rabattsätzen ausgenommen sind Sendungen auf gewisse Inseln. Auch Mengenrabatte, allerdings in bescheidener Höhe, sind möglich.

Der Paketversand von Zeitungen über den Postweg wird in Großbritannien nicht sehr rege genutzt. Die Verleger schalten vielfach eine eigene Verteilorganisation ein, um ihre Sammelempfänger zu bedienen. Auch gewisse regionale Tarifkonditionen werden angewandt.

Pakete von 10 bis zu maximal 25 Kilo werden nur bei ausgewählten Postämtern und unter bestimmten Bedingungen angenommen, aber nicht überall hin (z.B. nach Jersey) befördert.[125]

Finnland

Bedingt durch die großflächige Ausdehnung des Landes, berechnet die finnische Post im Normaldienst (Zustellung tagsüber - oft nachmittags) unterschiedliche Tarife. Die Gebühr richtet sich grundsätzlich danach, ob die Auslieferung innerhalb von 16, 48 oder 72 Stunden nach Übergabe der Publikation an die Post erfolgen soll. Außerdem ist sie von der Stückzahl und vom Gewicht abhängig.

Eine am nächsten Tag (innerhalb von 16 Stunden) zugestellte Tageszeitung kostet in der ersten Zone 0,15 FMk/Exemplar plus 2,42 FMk/kg (Mindestkosten 0,32 FMk/Exemplar). Bei Zustellung innerhalb von 72 Stunden reduziert sich dieser Preis auf 0,13 FMk/Stück und 2,07 FMk /kg (Mindestkosten 0,30 FMk/Exemplar).[126]

Das System ist, trotz einer staatlichen Subvention von 325 Mill. FMk 1990 relativ teuer und Zeitungen mit einem Gewicht über 150 Gramm können mit einer eigenen Zustellorganisation kostengünstiger arbeiten.[127] So sank der Anteil der durch die "Briefpost" zugestellten Zeitungen von etwa 40 % 1980 auf ca. 20 % 1990, während gleichzeitig die Frühzustellung stark anstieg.

---

124 ebd.

125 vgl. dazu: Vergleich ... a. a. O., S. 21 f

126 Brief von Mikael Akermarck, Trafikministeriet, Helsinki, vom 31. März 1992

127 Die staatliche, der Post gewährte Subvention zur Abdeckung von nicht durch den Tarif gedeckten Kosten mußte von Jahr zu Jahr erhöht werden, sodaß die Regierung 1991 beschloß, dieses System in Frage zu stellen. Die Subvention für 1991 wurde um 50 Mill. FMk gekürzt, und an einem neuen Förderungsmodell wird gearbeitet.
Gespräch mit Jarmo Virmavirta, Berater des finnischen Transport- und Kommunikationsministeriums, sowie mit Liisa Holamo und Ismo Kosonen, Abteilung für Massenkommunikation dieses Ministeriums vom 9. Januar 1992

In Finnland ist ca. 90 % der Tagespresse abonniert, 20 % davon werden mit der normalen Post im Laufe des Tages zugestellt,[128] 70 % kommt vor 6,30 am Morgen durch einen Austräger. Dieser Auflagenanteil wird von den Zeitungen selbst zugestellt oder (zu einem Anteil von weniger als 15 %) durch die Post. Die Post arbeitet dabei zu den gleichen Bedingungen und Regeln wie die privaten Zusteller und steht im Wettbewerb mit ihnen.[129] Das am häufigsten benutzte Berechnungssystem wurde zu Beginn der 80er Jahre in einem Forschungsprojekts des Transport- und Kommunikationsministeriums entwickelt, und seither in Zusammenarbeit mit den Verlegern eingesetzt. Die Berechnungsfaktoren zur Ermittlung der Distributionskosten sind das Stückgewicht, die Haushaltsabdeckung und das Erscheinungsintervall sowie eine Unterscheidung zwischen werktags und sonntags, die mit bestimmen Koeffizienten[130] multipliziert werden.

Bei einer Haushaltsdichte unter 30 % wurde 1990 eine staatliche Subvention von 14 Penni bzw. für jene Zeitung, die in ihrem Hauptverbreitungsgebiet die Erstzeitung (number one paper) ist, 7 Penni pro Exemplar gewährt. Zu dieser Subvention für die Zeitungen mit geringerer Reichweite kommt eine weitere für die jeweils vertriebsverantwortliche, d.h. in der Hauszustellung operative Zeitung von 5 Penni pro Exemplar.[131]

Laut finnischer Vertriebsstatistik 1990 kostet eine 7mal wöchentlich erscheinende Tageszeitung mit der normalen Postzustellung im Durchschnitt 0,46 FMk pro Exemplar (0,45 FMk Zone 1, 0,49 FMk Zone 2), der Durchschnittspreis inklusive Wochenendzuschlag (Samstag, Sonntag) liegt bei 0,58 FMk, der Durchschnittspreis der Frühzustellung beträgt 0,82 FMk.[132]

---

128 wobei es auch da zwei Zustellgänge gibt: zuerst werden die Zeitungen aus der jeweiligen Gegend zugestellt, im zweiten Gang dann die auswärtigen, weiter entfernt gedruckten. Gespräch mit Asta Bäck, Technical Research Centre of Finland vom 7. Januar 1992

129 Das für jeden Verleger offene System geht dabei von der Voraussetzung aus, daß die Kosten, die auf die einzelnen Zeitung entfallen, umso geringer sind, je mehr Zeitungen teilnehmen. Vertrieb wird dabei nicht als Wettbewerbsinstrument eingesetzt - man legt auf gleiche Bedingungen für alle Wert.

130 z.B. Stückgewicht bis 40 Gramm, Faktor 1, bis 50 Gramm Faktor 1,03 usw. bis 400 Gramm Faktor 1,30: schwerere Zeitungen, das sind in der Regel auch die, denen es wirtschaftlich besser geht, bezahlen mehr.
Haushaltsabdeckung unter 30 % Faktor 1, bis 35 % Faktor 0,965 usw., bis 80 - bis 100 % - Faktor 0,615: hohe Reichweite bedeutet Wirtschaftlichkeit. Bei hoher Haushaltsabdeckung zahlt die Zeitung weniger als der Durchschnitt, der Preis für diese Zeitung, in der Regel die wichtigste am Ort, reduziert sich. Gespräch mit Haakan Gabrielsson, Distribution Specialist, The Finnish Newspaper Publishers Association, vom 7. Januar 1992

131 1990 wurden unter diesen Titeln ca. 20 Mill. FMk ausgeschüttet. Gespräch mit Haakan Gabrielsson, Distribution Specialist, The Finnish Newspaper Publishers Association, vom 7. Januar 1992

132 Sanomalehtien Liitto: Toimitustilasto 1990/91 (Vertriebskostenstatistik 1990/91)

Zusammenfassung

Ein echter Vergleich von Postgebühren verschiedener Länder ist, da eine einheitlich Erfassung und Darstellung der Vorschriften nicht möglich ist, relativ problematisch.

Die nachfolgenden Tarifvergleichsgraphiken sind daher nur als Versuch zu verstehen, einen Tendenzvergleich im Rahmen einer gewissen, nicht definierbaren Genauigkeitsbreite aufzuzeigen, um Abweichungen besser sichtbar zu machen.[133] Die Postgebühren (Tarifstand 1990) sind auf die "Leitwährung Schweizerfranken" zu einem gegebenen Tageskurs umgerechnet.

In der Regel sind pro Land drei Gebührenübersichten erstellt worden:
1. Postgebühren für Einzelversand an Abonnenten,
2. Postgebühren für den Paketversand an Sammelempfänger und
3. Postgebühren für die Beigabe von kommerziellen Beilagen.

Die Postgebühren für den Einzel-Zeitungsversand zeigen deutlich die relativ großen Tarifunterschiede der Vergleichsländer. Es sei jedoch nochmals ausdrücklich auf die stark unterschiedlichen Detailbestimmungen und Kriterien hingewiesen, die Tarifverschiebungen im wesentlichen Ausmaß zur Folge haben können.

Abbildung 7: Postgebühren für den einzeladressierten Zeitungsversand

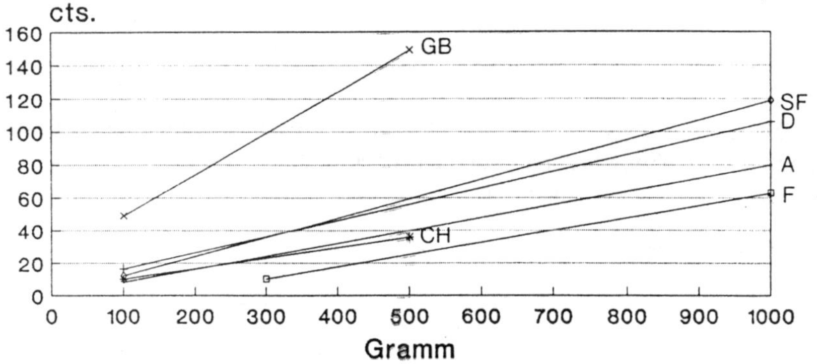

Quelle: ifra / eigene Berechnungen

Die Berechnung der Gebühren für den Paketversand an Sammelempfänger läßt die Verschiedenheit der Tarifbedingungen noch deutlicher werden. Während einzelne Postverwaltungen für Sendungen in Paketform nur eine Gewichtsgebühr einheben, verlangen andere noch zusätzlich eine feste Gebühr pro Sendung. Außerdem kommt in gewissen Ländern eine auf die Entfernung zwischen Absende- und Empfangsort

---

133 Die Basisdiagramme sind der Ifra-Untersuchung "Vergleich der Europäischen Tarife für den Postversand der Zeitungen" entnommen, von den dort zusätzlich aufgenommenen Ländern bereinigt und fallweise ergänzt.
vgl. dazu: Vergleich ... a. a. 0, S. 38 ff

abgestimmte Gebühr, und außerdem werden für Schnell-, Expreß- und Luftpostsendungen Zuschläge eingehoben. Dazu gibt es manchmal aber auch wieder nicht unwesentliche Rabatte bei Überschreitungen von Jahresquoten an Paketen, bei Vorsortierung zu Routenpaketen etc. All diese unterschiedlichen Bedingungen führen beim Paketversand zu Tarifänderungen. Das nachfolgende Diagramm zeigt demzufolge nur eine auf Mittelwerte bezogene Trendsetzung wobei Tarifabstufungen, bezogen auf Gewichtsstufen ebenfalls nicht ersichtlich sind.

Abbildung 8: Postgebühren für den Paketversand (Mittelwert)

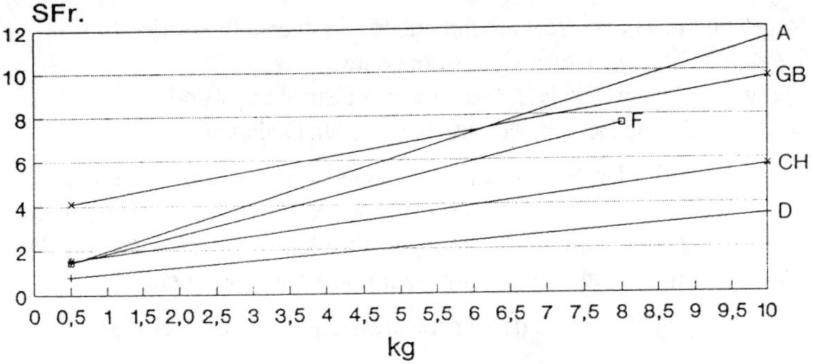

Quelle: ifra / eigene Berechnungen

Auch bei den Gebühren für kommerzielle Beilagen kann der Einbezug aller Randbedingungen zu abweichenden Gebührenwerten führen. Auch dieses Diagramm ist daher nur als Trendinformation zu benutzen.

Abbildung 9: Postgebühren für kommerzielle Beilagen

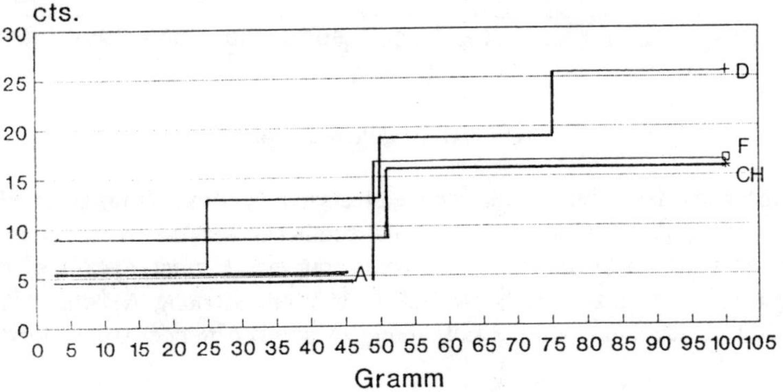

Quelle: ifra / eigene Berechnungen

6. Leistungsangebot und Leistungsumfang versus Kundenzufriedenheit

Postleistungen lassen sich - wie die Verleger durch den Aufbau eigener Zustellorganisationen beweisen - substituieren.[134] Leistungsangebot und Leistungsumfang sind daher nicht das einzige Kriterium, diesen Dienst in Anspruch zu nehmen, die Effizienz der Beförderungsleistung, die Attraktivität für den Kunden (der beim Zeitungsversand in Form des Verlegers und des Abonnenten auftritt), sind ebenso wichtige Argumente.

Inwieweit der Postzeitungsdienst ein marktorientiertes Leistungsangebot in den jeweiligen Vergleichsländern bereitstellt, wird im folgenden Inhalt der Diskussion sein.

Österreich

Die Rolle der Tageszeitung ist im österreichischen Postzeitungsdienst, auch wenn sie wahrscheinlich die größten Anforderungen an die Dienstqualität stellt, eher bescheiden. 17 Tageszeitungen (plus einige täglich erscheinende "Nachrichtenblätter") machen zirka 0,22 % der im Postzeitungsdienst vertretenen 7.597 Titel aus; an den Stückzahlen gemessen sind es ca. 25 %.[135]

Der Zeitung wird keine übermäßige Aufmerksamkeit geschenkt. Sie ist, da die echten Tageszeitungen mit den sogenannten unechten Zeitungen (= Gratispresse) vermischt werden und die Post keine Grenzkostenrechnung besitzt, ein Verlustträger, den man aus Tradition nicht los wird, von dem man andererseits aber auch weiß, daß es zumindest in Teilbereichen keine Alternative zu diesem Vertriebsweg gibt und alle Klagen letztendlich doch zu keiner völligen Abkehr vom Postdienst führen.

In strategischen Planungen der Post kommt das Thema Zeitung nur im Zusammenhang mit einer Reduktion der Titelzahl vor.[136] Im Schwerpunktprogramm zur Unternehmenspolitik 1989 bis 1993, in dem zielgruppenorientierte Marketingkonzepte

---

[134] Wobei diese "Öffnung" der Post immer weiter geht. Hatte die österreichische Post etwa bis vor kurzem noch ein weitgehendes Monopol bei der Beförderung von Briefsendungen, so ist durch eine Entscheidung des Verfassungsgerichtshofs der sogenannte "Beförderungsvorbehalt", d.h. der Umfang jener Sendungen, deren Beförderung der Post vorbehalten ist, heute praktisch auf verschlossene Briefe und Postkarten beschränkt. Vgl. dazu: LANG, Manfred: Der Kunde steht im Vordergrund. In: Postrundschau, H. 3, März 1991, S. 4 - 6, hier S. 3

[135] berechnet nach Angaben des Bundesministeriums für Wirtschaft und Verkehr.
vgl. dazu: Brief des Bundesministeriums für Wirtschaft und Verkehr (Dr. Kratzer) vom 31. Januar 1992 an E. Geretschlaeger

[136] vgl. dazu: Die Post auf dem Weg in das 21. Jahrhundert. In: Postrundschau, Nr. 3, März 1989, S. 4 - 7, hier S. 4

von Briefmarkenabonnements bis Musiktelegrammen aufgelistet werden, wird der Postzeitungsdienst mit keinem Wort erwähnt.[137]

Die Umstellung der Post von einer Hoheitsverwaltung zu einem Dienstleistungsunternehmen ist noch lange nicht abgeschlossen.[138] Wenn es im Zusammenhang mit der Aufstellung von Landbriefträgerabgabekästen heißt "Die Standorte für die Aufstellung ... sind so zu wählen, daß sie eine möglichst rationelle und zeitsparende Befahrung (Begehung) des Landzustellbezirkes ermöglichen"[139] und die Postkunden dabei nicht einmal erwähnt werden, sind die Klagen der Verleger verständlich, die eine mit der Einführung der Motorisierung einhergehende deutliche Verschlechterung bemerken. Dabei soll die Motorisierung des Landzustelldienstes zumindest eine Vermehrung der Zustellgänge (auf fünfmal wöchentlich) bringen, sowie eine Einbeziehung bisher nicht versorgter Empfänger in die Postzustellung.[140]

Während die Verleger klagen,[141] und die Neuabonnenten via Post sich in Grenzen halten, sind die bestehenden Abonnenten offensichtlich weniger verwöhnt und zufrieden.[142] Abonnenten (wobei zwischen Post- und Austrägerzustellung nicht

137 vgl. dazu: Post- und Telegraphenverwaltung (Hrsg.): Schwerpunktprogramm 1989 - 1993. Wien, 1989, S. 6

138 War es früher nicht eben dringlich und üblich, sich am Kunden zu orientieren, setzte - auch angesichts wachsender Konkurrenz durch private Anbieter - Ende der 80er Jahre ein Umdenkprozeß ein. Der Weg vom Staatsmonopol zu einem modernen Serviceunternehmen ist jedoch schwierig und in manchen Bereichen (etwa im Versandhandel, wo die größten Kunden bereits private Anbieter testen) hat der Nachdenkprozeß möglicherweise zu spät eingesetzt. Vgl. dazu: Post zittert um Großkunden. In: Der Standard, 29. Oktober 1992, S. 24
In der BRD wurde hier rascher reagiert und die neu geschaffene Unternehmensstruktur hat zu verstärkten Marketinganstrengungen geführt. Vgl. dazu: Die gelbe Post wacht aus langem Dornröschenschlaf auf. In: w & v, Nr. 38, 18. September 1992, S. 14 - 18

139 Post- und Telegraphendirektion für Wien, Niederösterreich und Burgenland in Wien (Hrsg.): Amtsblatt. Jahrgang 1974, Nr. 8, 7. Oktober 1974, S. 39 - 41, hier S. 39

140 vgl. dazu: Post- und Telegraphenverwaltung (Hrsg.): Schwerpunktprogramm... a.a.O., S.11

141 vgl. dazu: Verband Österreichischer Zeitungsherausgeber und Zeitungsverleger (Hrsg.): Tätigkeitsbericht 1989. Wien, 1989, S. 24 - 26
In diese Unzufriedenheit einzubeziehen sind nicht selten auch potentielle Kunden des Postzeitungsdienstes, deren neue Publikation formal die Bedingungen zur Aufnahme erfüllt, die dennoch (der Ermessensspielraum des Österreichischen Postgesetzes ist hier viel weiter als etwa der des Postverkehrsgesetzes der Schweiz, das um einiges transparenter ist) abgelehnt werden.

142 Wie überhaupt die Österreicher der Post ein hervorragendes Zeugnis ausstellen. Nach zwei Ende 1990 durchgeführten Repräsentativerhebungen erklären 91 % der Befragten (Gallup) bzw. 92 % der Befragten (IMAS), mit der Post zufrieden zu sein. Das Image der Post ist gut. So stellt IMAS fest: "Die Post besitzt damit alles in allem das Image eines Unternehmens, das leistungs- und gewinnorientierte Züge mit gemeinwirtschaftlichen Aspekten zu verbinden vermag, und als Unternehmen, das sich gegenüber seinen Kunden sowohl effizient wie sympathisch stilisiert." Zit. nach: Meinungsumfrage bestätigt Meinungsumfrage. In: Postrundschau, H. 2, Februar 1991, S. 3

unterschieden werden kann) geben der Zustellung auf einer fünfteiligen Schulnotenskala eine Beurteilung von 1,34.[143] Sofern es Probleme gibt, wird (zu 22 %) die verspätete Zustellung angegeben, 12 % bemängeln den schlechten Zustand der Zeitung.[144]

Solche Probleme führen jedoch - zumindest bei langjährigen Abonnenten[145] - noch nicht direkt zur Kündigung des Abonnements, noch dazu wo der Leser häufig Grund zur Annahme besitzt, daß der Verlag Schuld hat und nicht die Post.[146] Potentiellen Neukunden sind die Probleme jedoch anscheinend bekannt. Neue Kunden zum Zeitungsabonnement über die Post lassen sich - so die Auskunft von Verlegern - daher schlecht gewinnen, was zu einem permanenten Bedeutungsrückgang des Postzeitungsdienstes (im Bereich der Tageszeitungszustellung) führt.

Deutschland

Der Ursprung des heutigen Zeitungsdiensts der Deutschen Post läßt sich auf das Jahr 1850 und die Gründung des Deutsch-Österreichischen Postvereins zurückführen. Das Ziel war es, die gedruckten Erzeugnisse überall anbieten zu können.

Gegenwärtig nehmen rund 10.500 Titel am Postzeitungsdienst teil.[147] Lediglich 300 davon (Postauflage 1 Mill. täglich) sind Tageszeitungen.[148]

Diese Zahl dürfte in nächster Zeit allerdings sinken, da nach massiven Preiserhöhungen im Postzeitungsdienst (bis 1997 ist eine Vervierfachung heutiger Gebühren vorgesehen) einige Verleger ernsthaft über alternative Vertriebsstrategien nachzudenken

---

143 vgl. dazu: GERETSCHLAEGER, Erich; Anton LEINSCHITZ: Leser und Zeitungsvertrieb. Österreichweit repräsentative Untersuchung im Rahmen einer Mehrthemenumfrage. Feldarbeit: Österreichisches Gallup-Institut. Wien-Graz, 1992, S. 74

144 vgl. dazu: GERETSCHLAEGER, Erich; Anton LEINSCHITZ: Leser und Zeitungsvertrieb ... a.a.O., S. 35

145 Aus einer deutschen Erhebung weiß man: "Bei einer Abonnementdauer von mehr als 10 Jahren werden Kündigungen fast überhaupt nicht mehr in Erwägung gezogen.
KNOCHE, Manfred; Axel ZERDICK: Bedeutung des Postzeitungsdienstes und Preiserhöhungsakzeptanz in der Bevölkerung. Wissenschaftliches Institut für Kommunikationsdienste, Diskussionsbeitrag Nr. 67. Bad Honnef, 1991, S. 37

146 Vom Briefträger wird dem Empfänger, auch bei nicht geklärter Ursache ein Kärtchen mit der Nachricht zugestellt: "Zeitung nicht rechtzeitig beim Abgabepostamt eingelangt." Vgl. dazu: Verband Österreichischer Zeitungsherausgeber und Zeitungsverleger (Hrsg.): Tätigkeitsbericht 1989 ... S. 25

147 vgl. dazu: Preisdiktat der Post. In: Die Zeitung. 20. Jg., Nr. 4/5, April/Mai 1992, S. 1 - 2, hier S. 2

148 vgl. dazu: SOMMERFELDT, Gert: Die Post trägt die ganze Last. In: Die Post, Nr. 4, April 1992, S. 4 - 5, hier S. 5 sowie BDZV lehnt Postpläne ab. In: Die Welt, 8. Januar 1992, S. 10. Bezogen auf die Gesamtauflage der Tageszeitungen in der Bundesrepublik Deutschland waren dies 1983 7,9 %, die über die DBP vertrieben wurden. Vgl. dazu: KOHL, Walter; Otmar HAUN: Kommentar zur Postzeitungsordnung und Postzeitungsgebührenordnung. Keller, Starnberg, 3. Aufl. 1986, S. 60

beginnen. Während Fachzeitschriften dem vielfach als existenzbedrohenden Preisdiktat der Post kaum ausweichen können, und regionale Tageszeitungen weniger tangiert sind, scheint für Publikumszeitschriften bzw. die stark betroffenen überregionalen Tageszeitungen die private Zustellung womöglich lohnend. Private Zustellsysteme, etwa nach dem Muster der Abonnementvertriebsgesellschaft der Verlagsgruppe Bauer sind heute nicht wesentlich teurer als der Postzeitungsdienst. Hier könnte wahrscheinlich bei Öffnung für weitere Titel und Ausbau der Vertriebssysteme und vor allem bei Objekten mit höherem Gewicht) auf Dauer günstiger gearbeitet werden als im Vertrieb mit der Deutschen Bundespost.[149]

In Einzelfällen - so haben Verleger nachgerechnet - sind Preissteigerungen im Postzeitungsdienst bis zu 48 % zu erwarten, wobei als Folge einer disproportionalen Preiserhöhung besonders leichtere Sendungen betroffen werden. Der Ärger der Verleger läßt sich so auch nicht durch ein zusätzliches Service besänftigen, demnach Presseerzeugnisse abgeholt und über ein besonderes Logistiksystem befördert werden sollen, wodurch sich die Post eine schnellere und zuverlässigere Zustellung verspricht.[150]

Während die deutschen Verleger den Postzeitungsdienst im Kosten-Leistungsverhältnis kritisieren,[151] und auch die Post fallweise Probleme zugibt,[152] sehen die Kunden weniger Probleme. Bei drei 1990 durchgeführten Befragungen[153] gab nur rund ein Viertel der Befragten an, auch bei einer spürbaren Abonnement-Preis-

149 vgl. dazu. bjm: Presse probt Ausstieg. In: w & v, Nr. 22, 29. Mai 1992, S. 118

150 vgl. dazu: Preisdiktat der Post ... a.a.O., S. 1

151 So schreibt der Geschäftsführer Verlagswirtschaft des Bundesverbands Deutscher Zeitungsverleger e.V. Alexander von Kuk: "Das Leistungsangebot der Post wurde in den zurückliegenden Jahrzehnten mehrfach geändert. Seit Jahren unterliegt es der Kritik von Lesern und Verlagen. Pünktliche Zeitungszustellung durch die Post ist eher die Ausnahme; selten erreichen den Postbezieher die Zeitungen am Erscheinungstag, häufig erst am Tag danach oder auch noch später. Dies ist der Grund, warum die Verlage den überwiegenden Teil der Abonnementauflagen auf Verlagszustellung umgestellt haben." KUK, Alexander von: Zeitungen für alle Bürger, an allen Orten. In: Die Zeitung, Nr. 1, Januar 1992, S. 4

152 So wird etwa 1980 von der Post selbst eine mangelhafte Dienstgüte im Postzeitungsdienst konstatiert, wobei man drei Problembereiche bezeichnet: 1. die relativ späte Zustellung (durch in manchen Bereichen fehlende Verbindungen, die einen rechtzeitigen Transport überregionaler Tageszeitungen gewährleisten), 2. der Verbund von Zeitungspostsendungen mit Sendungen anderer Teildienstzweige, wobei die Dienstgüte im Postzeitungsdienst von anderen Umständen mitbestimmt wird, und 3. ein Mangel an Sensibilität bei den Mitarbeitern, die mit den Besonderheiten des Pressevertriebs und der aktualitätsbedingten Empfindlichkeit nicht vertraut sind. Vgl. dazu: BUSCH, Hans Wilhelm: Dienstgüte im Postzeitungsdienst. In: Postpraxis, 31. Jg., H. 1, 1980, S. 8 - 11, hier S. 8 f

153 vgl. dazu: KNOCHE, Manfred; Axel ZERDICK: Bedeutung des Postzeitungsdienstes ... a.a.O.

erhöhung auf den Weiterbezug ihrer Zeitung oder Zeitschrift zu verzichten.[154] Selbst bei den weniger an ihr Abo Gebundenen käme es - laut Umfrage - bei Preissteigerungen nur in geringem Maß zu Abbestellungen.

Abonnements mit Postzustellung haben in der Bundesrepublik Deutschland einen beträchtlichen Stellenwert. 82,4 % der Befragten beziehen mindestens eine Zeitung oder Zeitschrift (einschließlich Fach- und Mitgliedszeitschriften) auf diesem Weg.[155] Abonnenten schätzen in erster Linie den Komfort, der mit dem Postabonnement verbunden ist, dann Zweckmäßigkeit, Pünktlichkeit und Bequemlichkeit. Erst danach kommen Kostengesichtspunkte wie Preisvorteile im Abonnement oder kostenlose Postzustellung.[156] Die Post sei nicht immer zuverlässig, meinen 8,6 % der Befragten, die eine Zeitung/Zeitschrift abonniert haben und/oder einzeln kaufen; 14,9 % stimmen der Aussage zu "mit der Post sind Hefte öfters beschädigt".[157] 80 % der Befragten haben keinen Grund zur Klage über die Postzustellung.[158]

Die im Auftrag der Post tätigen Verfasser der Untersuchung meinen, daß sich aus diesen Ergebnissen zwei Schlußfolgerungen ziehen lassen: "Entweder ist die Zeitempfindlichkeit der Presserzeugnisse, wie sie vor allem seitens der Verleger und Herausgeber hervorgehoben wird, bei den Abonnenten nicht so groß, wie man befürchtet, oder die Zustellung durch die Post ist so zufriedenstellend, daß es trotz hoher Zeitempfindlichkeit keinen Grund zum Klagen gibt."[159]

---

154 "Preiserhöhungen werden in starkem Maße von Lesern von Fachzeitschriften akzeptiert (mehr als 80 %), in schwächerem Maße von Zeitungslesern und am wenigstens von Publikumszeitschriften-Lesern." KNOCHE, Manfred; Axel ZERDICK: Bedeutung des Postzeitungsdienstes ... a.a.O., S. 35 f

155 vgl. dazu: KNOCHE, Manfred; Axel ZERDICK: Bedeutung des Postzeitungsdienstes ... a.a.O., S. 5

156 ebd. S. 11 f

157 ebd. S. 10
Das Problem des Zustellzeitpunkts, das von Verlegern immer wieder thematisiert wird und Tageszeitungen zum Aufbau verlagseigener Trägernetze veranlaßt, wurde bei dieser Erhebung nicht angeschnitten. Vgl. dazu etwa: BRUMMUND, Peter: Struktur und Organisation des Pressevertriebs. Teil 1: Der Deutsche Zeitungs- und Zeitschriftengroßhandel. (Dortmunder Beiträge zur Zeitungsforschung, Bd. 40) K. G. Saur, München - New York - London - Paris, 1985, S. 61

158 Aber selbst wenn es Gründe gäbe, würden sich nur 15 % der Befragten bei der Post beschweren, die Mehrheit würde sich an den Verlag oder Herausgeber wenden. Vgl. dazu: KNOCHE, Manfred; Axel ZERDICK: Bedeutung des Postzeitungsdienstes ... a.a.O., S. 32
"Möglich ist, daß die Post weniger als die Verlage für Lieferprobleme verantwortlich gemacht wird. Möglich ist aber auch, daß man zwar die Post als den Verursacher von Unregelmäßigkeiten in der Lieferung sieht, aber dennoch der Verlag als die geeignete Beschwerdeinstanz angesehen wird, weil mit ihm der Abonnementvertrag abgeschlossen ist. Vielleicht erwartet man auch vom Verlag, daß er erfolgreicher auf die Post einwirkt als man es selbst könnte." Vgl. dazu: KNOCHE, Manfred; Axel ZERDICK: Bedeutung des Postzeitungsdienstes ... a.a.O., S. 33

Schweiz

Die Schweizer Post verfügt über ein flächendeckendes Transport- und Zustellsystem. Rund 90 % aller in der Schweiz zur Auslieferung gelangenden abonnierten Zeitungen und Zeitschriften werden durch die Post zugestellt.[160] Die Ergebnisse einer 1988 durchgeführten Strukturuntersuchung (Vollerhebung) der bei der PTT aufgegebenen Zeitungen und Zeitschriften zeigen, daß es sich dabei um 5747 Zeitungstitel handelt,[161] die eine Aufgabemenge von über 1,1 Mrd. Exemplaren erreichen. 2,3 % dieser Titel, d.h. 134, sind Tageszeitungen (4 bis 7maliges Erscheinen pro Woche), die durch die höhere Periodizität als die anderen Medien knapp 40 % der aufgegebenen Exemplare ausmachen.[162]

60 % aller Zeitungen und Zeitschriften gelten als eilige Sendungen, allen voran die Tageszeitungen mit einem Anteil von 76 %.[163] Zirka 90 % der Tageszeitungen werden so in der Nacht oder frühmorgens verarbeitet, d.h. sie werden von den Verlegern nach Mitternacht aufgegeben und noch am gleichen Morgen zugestellt. Da es der Schweizer aber unabhängig von seinem jeweiligen Aufenthalts- und Wohnort liebt, sich sein Blatt zu halten, geht ein bedeutender Teil der Auflage aller Zeitungen an Leser außerhalb des unmittelbaren Einzugsgebiets. Für diese Zeitungen wird, sofern eine genügend große Anzahl vorliegt, anstelle des zweiten Zustellgangs am Nachmittag, der mit Ende Mai 1986 eingestellt wurde, eine sogenannte Nachvertragung durchgeführt. Diese Nachvertragung, die natürlich stark auf den Kostendeckungsgrad drückt, steht außer Streit: Geschwindigkeit und Zuverlässigkeit haben absolute Priorität vor anderen (etwa wirtschaftlichen) Überlegungen.[164]

Die Verleger haben mit der Schweizer Post kaum Probleme. Die Post ist - so der Verband der Schweizer Zeitungs- und Zeitschriftenverleger - gut und sehr koopera-

---

159 vgl. dazu: KNOCHE, Manfred; Axel ZERDICK: Bedeutung des Postzeitungsdienstes ... a.a.O., S. 30

160 vgl. dazu: HOFMANN, Max: Spedition, Transport und Zustellung. vervielf. Manus., SZV-Medieninstitut, November 1991, S. 13

161 Eine Postzeitungsliste gibt es in der Schweiz aus Datenschutzgründen nicht. Die Titelanzahl wird somit geschätzt (1990 mit rund 6.000) oder man greift auf die Strukturuntersuchungen , die 1982 und 1988 durchgeführt wurden, zurück.
Gespräch mit René Hilti, Generaldirektion PTT, am 3. Dezember 1991

162 vgl. dazu: PTT (Hrsg.): Strukturuntersuchung der Zeitungen und Zeitschriften. Inland 1988, Bern, 1989, S. 2 sowie Beilage 4

163 vgl. dazu: PTT (Hrsg.): Strukturuntersuchung der Zeitungen ... a.a.O., S. 4 sowie Beilage 9

164 Die Informationen stammen aus einem Gespräch mit René Hilti, Generaldirektion PTT, am 3. Dezember 1991

tiv. Die Sensibilität, auch beim einzelnen Boten, ist sehr groß.[165] Die Zeitung hat einen enorm hohen Stellenwert.[166] Die Postverbindungen und die Organisation des Zustelldienstes sind weitgehend auf die Erscheinungsweise der Presse ausgerichtet.[167] Selbst die Gewerkschaft, die sich für einen arbeitsfreien Samstag einsetzt, stellt die Zustellung von Zeitungen durch die Post am Samstag (im Gegensatz zu Briefen aber auch Zeitschriften) nicht in Frage und entspricht damit dem überwiegenden Wunsch der Postkunden: Gemäß einer im August 1990 durchgeführten repräsentativen Umfrage, wollen 79 % der privaten Postempfänger und 72 % der Postempfänger in Betrieben ihre Tageszeitung am Samstag zugestellt erhalten.[168]

Die Zufriedenheit mit der Leistung der Schweizer Post ist so wohl auch bei den Kunden gewährleistet. Eine Nachfrage beim Zeitungsverlegerverband ergab, daß sich eine gewisse Konsumentenunzufriedenheit allein bei einer kleinen (aber wachsenden) Minderheit von Lesern zum Thema Werbebeilagen bildet. Diese Leser verlangen - im Einklang mit Konsumentenorganisationen - daß man Werbebeilagen in Pressemedien nur noch den Abonnenten zustellt, die dies wünschen (was die Verleger - nicht nur aus produktionstechnischen Gründen - ablehnen).[169]

Frankreich

Das Zeitungsabonnement durch die Post oder den Verlag hat in Frankreich keine Tradition. Dennoch wird ungefähr ein Drittel der Presse-Jahresauflage von 6,5 Mrd. Exemplaren, d.h. 2,2 Mrd. Exemplare durch das Postsystem distribuiert. An Tageszeitungen sind das jährlich ca. 552.000.000 Exemplare oder etwa ein Viertel des Gesamtvolumens bzw. ca 20 % der Tageszeitungsauflage - titelmäßig etwa 0,81 % der Gesamtzahl von etwa 12.000.[170]

---

165 Sensibilität gegenüber Zeitungen muß in der Schweiz nicht verordnet werden, was im Gegensatz zu Österreich stehen dürfte, wo etwa bei der Einführung der neuen Tageszeitung "Der Standard" viele Exemplare anfangs nicht sofort ausgetragen wurden, da die Briefträger die Zeitung angeblich nicht von einer Werbedrucksache unterscheiden konnten und sie sie daher zuerst liegen ließen. Gespräch mit MR Mag. Emmerich Laznovsky, Leiter der Gruppe 1 (Post- und Postautowesen) vom 22. November 1991

166 Gespräch mit Thomas Kähr, Generalsekretär des Schweizerischen Verbands der Zeitungs- und Zeitschriftenverleger vom 3. Dezember 1991

167 Nachts aufgegeben, vor Mittag zugestellt. Die Post im Dienste der Presse. In: PTT-Zeitschrift, Nr. 4, 1983, S. 14 - 16

168 Schweizerische Post- Telefon- und Telegrafenbetriebe (Hrsg.): PTT-Geschäftsbericht und Finanzrechnung 1990. Bern, 1991, S. 16

169 Brief von Thomas Kähr, Generalsekretär des Schweizerischen Verbands der Zeitungs- und Zeitschriftenverleger, vom 17. März 1992 an E. Geretschlaeger

170 Gespräch mit Robert Darthenay, Association de Liaison et d'Etudes Postales Pour la Presse, am 10. Dezember 1991.

Doch die Anzahl der postzugestellten Exemplare geht - eine Ausnahme sind die Wirtschaftsblätter - trotz vergünstigter Tarife, die nicht mehr als ein Drittel der tatsächlichen Vertriebskosten ausmachen, stetig zurück.

Die Verleger suchen eigene Wege außerhalb der Postzustellung, da sie in den letzten Jahren und Jahrzehnten einen kontinuierlichen Leistungsabfall feststellen. Und dies, obwohl die Zusammenarbeit zwischen der Post und den Verlegern augenscheinlich nicht so schlecht funktioniert.[171] Die Zustellung ist normalerweise um 12 oder 13 Uhr, in Landbezirken auch 14 oder 15 Uhr beendet. In Paris gibt es sechs Tage pro Woche eine Nachmittagszustellung mit der die Abendzeitungen "Le Croix" (92 % Postanteil) und "Le Monde" zugestellt werden. Außerdem besteht für Unternehmen mit mehr als 70 % Poststücken pro Tag die Möglichkeit, am Cedex-System teilzunehmen, d.h. die Post wird direkt und vor 8.30 Uhr am Morgen vom Verteilpostamt an die Firmenadresse geliefert.[172]

Ein Hauptproblem bei der Postzustellung sind häufige Streiks in regionalen Post- oder Verteilämtern, die plötzlich angesagt werden, und von denen der Verleger manchmal erst nach Tagen erfährt.

Ein anderes gravierendes Problem ergibt sich im Raum Paris, wo 90 % der Gebäude mit Code-Türschlössern versehen sind, und es in der Regel keine Hausbriefkästen, die von außen zugänglich sind, gibt. Der Briefträger bekommt nur in wenigen Fällen den Code (wobei sein Name dann der Polizei gemeldet werden muß, was bei Verhinderung oder Krankheit auch mit dem Ersatzmann zu geschehen hat), in der Regel muß er bei der Concierge läuten, um eingelassen zu werden und die Post (inklusive Zeitungen) dort zu hinterlassen,[173] ein Hindernis, das einerseits Zeitungen davon

---

Von den 2,2 Mrd. durch die Post beförderten Exemplaren entfallen 85 % bzw. 2330 Titel auf Verlagsprodukte, 10 % werden von Vereinen, Verbänden etc. herausgegeben, 5 % von der Regierung oder der öffentlichen Verwaltung. Brief von Robert Darthenay vom 28. Juli 1992 an E. Geretschlaeger

171 Die Informationen stammen aus einem Gespräch mit Laurent Dubois, Syndicat de la Presse Parisienne, vom 9. Dezember 1991

172 Die Informationen stammen aus einem Gespräch mit Robert Darthenay, Association de Liaison et d'Etudes Postales Pour la Presse, am 10. Dezember 1991.

173 Ein Verfahren, wie dies seit dem vorigen Jahrhundert geläufig ist: "Im Frankreich des vorigen Jahrhunderts war es den Briefträgern von der Postverwaltung verboten, in die Stockwerke hinaufzusteigen; alle gewöhnlichen Briefe wurden zu ebener Erde (an den Portier bzw. Hausmeister) abgegeben oder an den im Hausflur oder an der Haustür befindlichen Briefkasten gesteckt; die Hausbewohner hatten für das Weitere selbst zu sorgen und mußten sogar zu dem Briefträger herunterkommen, um die Postsendungen von ihm in Empfang zu nehmen." PATERA, Andreas: Zur "Frühgeschichte" der Wohnungs-(Haus-)Briefkasten bzw. Hausbrieffachanlagen (1870 - 1930). In: Postrundschau Nr. 8, 1990, S. 20 - 22, hier S. 22

abhält, das Hauszustellungsabonnement zu forcieren und andererseits potentielle Abonnenten vom regelmäßigen Bezug einer Zeitung abschreckt.[174]

Großbritannien

Das British Post Office unterhält keinen dem Postzeitungsdienst der Österreichischen Post oder der Deutschen Bundespost qualitativ vergleichbaren Service, auch wenn die Post Zeitungen und Zeitschriften zu vergünstigen Tarifen befördert.

Der Presseanteil, d.h. der Anteil der zu diesem Tarif beförderten 2200 Titel von 360 Mill. Exemplaren am gesamten Postvolumen (First- und Second-Class Letters) von 15,3 Mrd. Stück liegt bei 4,25 %.[175] Tages- bzw. Wochenzeitungen sind darin jedoch nicht enthalten. Zeitungsabos sind traditionell durch den Newsagent oder ein Geschäft möglich, wobei die Zeitung selbst abgeholt oder dem Kunden ins Haus zugestellt wird - Postabonnements sind für die tagesaktuellen Medien seit jeher unbekannt; sie spielen ausschließlich im Zeitschriftenbereich (Magazine) eine Rolle.[176]

Zeitschriften sind in Großbritannien First-Class-Letters gleichgestellt, d.h. es gibt das Laufzeitziel von E + 1 (Zustellung am ersten Werktag nach Einlieferung) was zu nahezu 90 % erreicht wird.[177] Mehr als 90 % der Empfänger haben schließlich auch eine zweimalige Postzustellung täglich.[178]

Das Post Office reagiert in den Wettbewerbsbereichen wie eine Privatfirma. Das bei der Umwandlung von einer staatlichen Verwaltung in eine nationalisierte Industrie gesteckte Ziel, die Organisation aus ihrer ausschließlichen Produktionsorientierung herauszulösen und sie stärker auf ihre Absatzmärkte, die Wünsche der Kunden zu orientieren, scheint erreicht.[179] Die Hinwendung zu markt- bzw. kundenorientierten Verhaltensweisen ("to give customers the best service at a fair price"[180]) z.B. durch die Einführung neuer Dienste ("Presstream", "Mailsort"), oder die Anwendung modernster Technik (etwa computerisierte Routenplanung, Hochgeschwindigkeits-

---

174 Die Informationen stammen aus einem Gespräch mit Robert Darthenay, Association de Liaison et d'Etudes Postales Pour la Presse, am 10. Dezember 1991.

175 Die Informationen stammen aus einem Brief von Ruth Barker, British Postal Consultancy Service, vom 8. Juni 1992 an E. Geretschlaeger

176 Die Informationen stammen aus einem Gespräch mit Marietta Crichton-Stuart, Circulation Secretary, Newspaper Publishers Association Ltd. vom 29. Oktober 1991

177 vgl. dazu: The Post Office (Hrsg.): The Post Office. Report and Accounts. 1990 - 91, London, 1991, S. 9

178 vgl. dazu: The Post Office (Hrsg.): The Post Office. Report and Accounts. 1987 - 88, London, 1988, S. 5

179 82 % der Briten sind mit ihrer Post zufrieden. Dies ist ein wesentlich besserer Wert als ihn andere serviceorientierte Unternehmen (Electricity 77 %, British Gas 69 %, British Telecom 67 %, British Airways 31 %, British Rail 26 %) erreichen. Vgl. dazu: JACKSON, Tony: Return to Sender - Cost Unknown. In: Financial Times, 10. Dezember 1992, S. 14

180 ebd. S. 9

Sortiermaschinen etc.) und potentieller Wettbewerbsdruck[181] liefert eine Erklärung für den wirtschaftlichen Erfolg des Postwesens in Großbritannien, das seit 15 Jahren Gewinne erzielt.[182]

Finnland

Die finnische Post ist der größte Distributeur von Zeitungen und Zeitschriften im Land.[183] 1990 wurden 865 Mill. Pressemedien transportiert, 718 Mill. in der normalen Postzustellung, 147 Mill. im Rahmen der Frühzustellung bzw. am Samstag, an dem normalerweise keine Post zugestellt wird.[184]

Die Dienste der Post nehmen insgesamt 1.390 Titel (102 Tageszeitungen, 175 Lokalzeitungen, 39 Wochenzeitungen und 1.074 Zeitschriften/Magazine) wahr.[185]

Zwischen 1980 und 1990 ist der Anteil der mit der normalen Post zugestellten Tageszeitungen von 40 % auf 20 % gesunken.[186] Die Frühzustellung wurde in jener Zeit drastisch ausgebaut und hat heute mit 90 % Subskription und Hauszustellung den Saturationspunkt erreicht.

Die Frühzustellung wurde in der Regel von den beteiligten Verlegern organisiert - das Vertrauen in die Post war nicht sonderlich hoch. Wenige Ausnahmen bestehen aus politischen Gründen, wo Verlage so heftig um Marktanteile kämpften, daß sie ihren Vertrieb nicht dem Konkurrenten überlassen wollten, sondern eher die Post als neutrale Instanz bevorzugten.

---

181 Bei zu hohen Gebühren oder schlechter Dienstgüte steht es dem Wirtschaftsminister frei, private Wettbewerber zuzulassen. Außerdem wird dadurch verhindert, daß überhöhte Gewinne im Monopolbereich die Wettbewerbsbereiche intern subventionieren. Vgl. dazu. HEUERMANN, Arnulf; Thomas SCHNÖRING: Die Entwicklung des Britischen Post Office - Ansätze zu einem Vergleich mit der DBP. Diskussionsbeiträge zur Telekommunikationsforschung Nr. 11, Bad Honnef, Oktober 1984, S. 11

182 vgl. dazu: The Post Office (Hrsg.): The Post Office. Report and Accounts. 1990 - 91, ... a.a.O., S. 1

183 Wenn man es nur auf Tageszeitungen bezieht, ist die Zustellorganisation von "Helsingin Sanomat" allerdings größer. Gespräch mit Timo Siivonen, Research Manager, Technical Research Centre of Finland, vom 7. Januar 1992

184 vgl. dazu. Posts and Telecommunications of Finland (Hrsg.): Post-Telecom. Annual Report 1990. Helsinki 1991, o.S.

185 vgl. dazu: Liikenneministeriö (Hrsg.): Lehdistön Yleisen Kuljetustuen Muutostarpeet. Helsinki, 1991, Beilage 3

186 Diese und die folgenden Informationen stammen aus einem Gespräch mit Haakan Gabrielsson, Distribution Specialist, The Finnish Newspaper Publishers Association, vom 9. Januar 1992
Eine Zustellzeitstudie zeigte, daß dabei 97 % der Publikationen des 16-Stunden-Services rechtzeitig zugestellt wurden. Beim 48-Stunden-Dienst waren es 95 %, beim 72-Stunden-Dienst 99 %. Vgl. dazu: Posts and Telecommunications of Finland (Hrsg.): Post-Telecom ... a.a.O.

Die klare Präferenz für eigene Zustellsysteme hat aber vor allem ökonomische Gründe. Die gemeinsame eigene Zustellung ist billiger, obwohl die Post 1990 etwa mit 325 Mill. FMK allein für die normale Zustellung subventioniert wurde.[187]

Die Frühzustellung einer siebenmal pro Woche erscheinenden Tageszeitung kostet den Verlag 1,71 FMK pro Exemplar, die eigene Zustellung kommt dagegen auf 1,0 FMK im Hauptverbreitungsgebiet bzw. 1,12 FMK außerhalb des Hauptverbreitungsgebiets.[188]

Der Wunsch nach der frühmorgendlichen Hauszustellung und die Kosteneffektivität geben so den Ausschlag gegen die Postzustellung. Dort, wo eine gemeinsame Hauszustellung organisiert werden kann - was in der Regel die Verlage unter sich ausmachen - spielt die normale Postzustellung keine Rolle mehr[189] und dies umso mehr, als das Hauszustellungssystem offensichtlich sehr gut funktioniert. So beschwert sich pro Tag etwa nur einer von 1.000 Abonnenten bei "Helsingin Sanomat", der größten finnischen Tageszeitung, mit einem Hauszustellungsanteil von 83 % im Großraum Helsinki, über die Zustellung.[190]

Zusammenfassung

Eine Gegenüberstellung des Leistungsangebots und Leistungsumfangs und natürlich noch mehr der Kundenzufriedenheit ist aufgrund traditionsbedingter Unterschiede, differierender Begrifflichkeiten, teilweise anderer Zielsetzungen und Angebote schwierig.[191]

Selbst so wichtige Kenndaten wie etwa die Zahl der im Postzeitungsdienst vertretenen Publikationen sind von den Postverwaltungen mancher Länder nur als Schätz-

---

187 Die Verleger betrachten diese Subvention als Unterstützung der Ineffizienz der Post und nicht als Zeitungsförderung und weigern sich, höhere Tarife zu akzeptieren. 1991 wurde die Postsubvention um 50 Mill. FMK gekürzt, und man begann, Überlegungen zur Installierung eines neuen Presseförderungsmodells anzustellen. Gespräch mit Jarmo Virmavirta, Special Adviser for the Ministry of Transport and Communications, vom 8. Januar 1992

188 vgl. dazu: Sanomalehtien Liitto: Toimitustilasto 1990/91 (Vertriebskostenstatistik 1990/91), Helsinki, 1991

189 vgl. dazu: NYSTI, Anne: Home Delivery as Competitive Advantage. vervielf. Manus., Helsinki, 1992, o. S.

190 ebd.

191 Außerdem weichen die verfügbaren Werte teilweise erheblich von einander ab. So wird z.B. für die Bundesrepublik Deutschland eine Titelanzahl der im Postzeitungsdienst vertretenen Publikationen von 10.000 oder von 10.500 kolportiert, bzw. reichen die Angaben des Tageszeitungsanteils im Postzeitungsdienst von "etwas mehr als 11 %" bis 16,5 % oder schwankt die Angabe über die Zahl der im Postzeitungsdienst vertretenen Titel zwischen 300 und 1200.

vgl. dazu: BDZV lehnt Postpläne ab. In: Die Welt, 8. Januar 1992, S. 10 und SOMMERFELDT, Gert: Die Post ... a.a.O., S. 5 sowie KUK, Alexander von: Zeitungen für alle Bürger, an allen Orten. In: Die Zeitung, Nr. 1, Januar 1992, S. 4

oder Richtwert erhältlich, da es entweder keine eigene Zählung gibt (z.B. in Großbritannien) oder die letzte Zählung bereits mehrere Jahre zurückliegt (z.B. 1988 in der Schweiz).

Die folgende Übersicht (die sich - sofern verfügbar - auf Daten aus dem Jahr 1990 bezieht) gibt Auskunft über die Zahl der im jeweiligen Postzeitungsdienst vertretenen Publikationen, die Anzahl der Tageszeitungen (laut Definition der Postverwaltung bzw. 4- bis 7mal wöchentliches Erscheinen) und dem Anteil an der Gesamttitelanzahl. Analog dazu wird die Auflage der im Postzeitungsdienst vertretenen Publikationen zur Auflage der Tageszeitungen und deren Anteil in Relation gestellt.

Abbildung 10: Titel im Postzeitungsdienst (in Tausend)

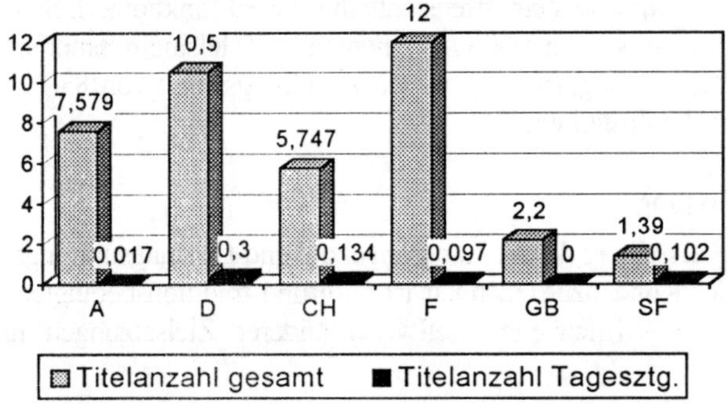

Quelle: Postverwaltungen

Unter Berücksichtigung der oben erwähnten Einschränkungen und Ungenauigkeiten reicht die Zahl der in den einzelnen Ländern registrierten Titel von 1.390 in Finnland bis 12.000 in Frankreich.

Die Zahl der Tageszeitungen reicht dabei von 17 in Österreich (bzw. 0 in Großbritannien) bis 300 in der Bundesrepublik Deutschland. In Relation zur Gesamttitelanzahl pro Land sind dies zwischen 0 % in Großbritannien und 7,34 % in Finnland.

Während die Anzahl der Zeitungen im Postzeitungsdienst nur statistisch relevant ist, hat der Auflagenanteil an der Gesamtauflage insofern Bedeutung, als die Tageszeitung - im Gegensatz zu den anderen Printmedien - für die gleichmäßige Auslastung des Personals sorgt und bei entsprechendem Volumen den Aufbau einer effizienten Organisation lohnt.

Die postvertriebene Gesamtauflage reicht von 360.000.000 Exemplaren pro Jahr in Großbritannien bis zu 2,2 Mrd. Exemplaren/Jahr in Frankreich und steht einer Tageszeitungsauflage von bis zu 552.000.000 Exemplaren in Frankreich gegenüber. Während in Finnland 43,69 % der durch die Post verteilten Presseauflage auf Tageszeitungen entfallen, sind es in der Bundesrepublik Deutschland nur 16,50 %, in Großbritannien gar 0 %.

Abbildung 11: Auflagen Postzeitungsdienst (in Millionen)

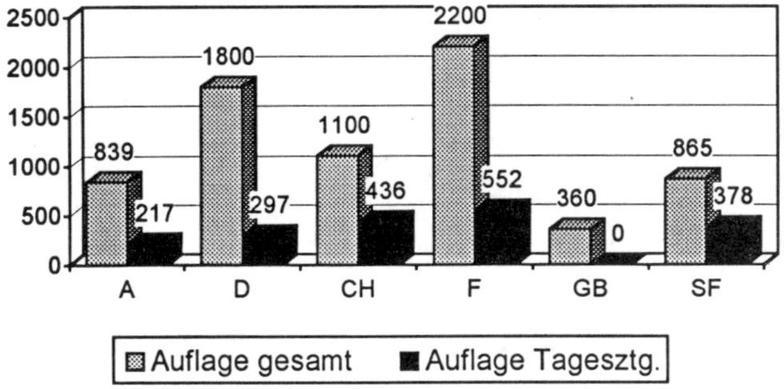

Quelle: Postverwaltungen

Was die Konsumentenzufriedenheit anbelangt, scheint sie bei den Abonnenten generell recht hoch zu sein, bei den Verlegern dagegen überwiegend niedrig,[192] trotz Kooperation, die in vielen Ländern sogar institutionalisiert ist. So gibt es etwa in Frankreich eine eigene Verbindungsstelle (ALEPP = Association de Liaison et d'Etudes Postales Pour la Presse) oder in der Bundesrepublik Deutschland den Arbeitskreis Post/Presse, der auf die 1973 gegründete Kommission Postzeitungsdienst zurückgeht und dessen Ziel es ist, Gebührenfragen einvernehmlich zu lösen, und gemeinsam Rationalisierungsmaßnahmen im Postzeitungsdienst zu besprechen.[193] Daß solche permanenten Gespräche nicht immer erfolgreich sein müssen, zeigt die gegenwärtige gespannte Situation in Deutschland. Auf Dauer scheint aber die Einrichtung einer permanenten Diskussionsplattform günstiger zu sein als eine Krisenintervention, die häufig erst dann stattfindet, wenn die Entscheidungen (politisch) bereits gefallen sind.

---

192 Wozu nicht selten auch die Haltung von Postbediensteten beiträgt, denen das Ausmaß der Kostendeckung im Postzeitungsdienst offenbar die Einsicht erschwert, daß eine auf staatspolitischen Erwägungen beruhende Festsetzung ermäßigter Gebühren in keinem Fall eine Minderung der dem Sendungsgut adäquaten Betriebsgüte rechtfertigt. Verleger empfinden es mit Recht als Ärgernis, wenn die Postangestellten vorrangig als Hüter der einschränkenden benutzungsrechtlichen Vorschriften der Postzeitungsordnung auftreten, und nicht als sachverständige Partner im Beförderungs- und Zustellwesen, also im eigentlichen Dienstleistungsbereich.
vgl. dazu. BUSCH, Hans Wilhelm: Dienstgüte ... a.a.O., S. 8, 10

193 vgl. dazu: WOHLFART, Richard: Zukunftsaspekte für die Postdienste. In: Postpraxis, 39. Jg., H. 6. 1988, S. 125 - 130, hier S. 127 sowie SOMMERFELDT, Gert: Die Post ... a.a.O., S. 5 und KUK, Alexander von: Zeitungen für alle Bürger ... a.a.O., S. 4

Tabelle 2
Titel im Postzeitungsdienst

Land	Titel	Anzahl Tageszeitungen	% Tageszeitungen
Österreich	7.597	17	0,22
Deutschland	10.500	300	2,86
Schweiz	5.747	134	2,33
Frankreich	12.000	97	0,81
Großbritannien	2.200	0	0,00
Finnland	1.390	102	7,34

Quelle: Postverwaltungen der einzelnen Länder

Tabelle 3
Auflagen Postzeitungsdienst

Land	Auflage	Auflage Tageszeitungen	% Tageszeitungen
Österreich	839.000.000	217.000.000	25,81
Deutschland	1,800.000.000	297.000.000	16,50
Schweiz	1,100.000.000	436.000.000	39,64
Frankreich	2,200.000.000	552.000.000	25,10
Großbritannien	360.000.000	0	0
Finnland	865.000.000		

Quelle: Postverwaltungen der einzelnen Länder

7. Erlöse und Kostendeckung im Postzeitungsdienst

"Praktisch in jedem Land Europas wird durch die Postverwaltungen vermerkt, der Zeitungsversand sei nicht kostendeckend."[194] Dabei wird häufig mit dem als Quotient von Leistung und Kosten herzuleitenden Kostendeckungsgrad operiert, der freilich auf sehr unterschiedliche Weise berechnet wird.

Der Kostendeckungsgrad im Österreichischen Postzeitungsdienst etwa, 1990 10,2 %[195], wird durch eine Vergleichsrechnung zur Massensendung bzw. Drucksache festgestellt, wobei man von fiktiven Kosten von 3,025 Mrd. Schilling ausgeht, denen tatsächliche Einnahmen von 355 Mill. Schilling gegenüberstehen. Eine in Literatur und Praxis übliche Kostendeckungsrechnung liegt diesen Werten somit

194 Vergleich der europäischen Tarife und Vorschriften für den Postversand von Zeitungen. Versandraum und Vertrieb (4) Ifra. Special Report 4.5, Darmstadt, März 1989, S. 4

195 Die Information stammt aus einem Brief des Bundesministeriums für Öffentliche Wirtschaft und Verkehr (Dr. Hanns Kratzer) vom 31. Januar 1992 an E. Geretschlaeger

nicht zugrunde. Der Kostendeckungsgrad der Deutschen Bundespost dagegen ist Bestandteil der Leistungs- und Kostenrechnung, wie sie bereits Mitte der 50er Jahre konzipiert wurde.[196]

Gegenstand und Inhalt dieser Leistungs- und Kostenrechnung sind die Rechengrößen Leistung (das bewertete Ergebnis betrieblicher Tätigkeit, das durch den Einsatz von Kosten entsteht, und das die betrieblich bedingte bewertete Güterpoduktion bzw. den betrieblichen Wertzuwachs darstellt) und Kosten (betrieblich bedingter, bewerteter Verbrauch von Produktionsfaktoren zur Erstellung betrieblicher Leistungen bzw. betriebliche Wertminderung). Die Differenz zwischen den gesamten Leistungen und Kosten ist das Betriebsergebnis. Da Gewinne und Verluste im allgemeinen als Salden von Erträgen und Aufwendungen definiert werden, kommt es zum Begriff der Kostendeckung. Eine Kostenüberdeckung liegt vor, wenn die Kosten niedriger sind als die Leistungen, eine Kostenunterdeckung, wenn die Kosten höher sind als die Leistungen.

Kosten und Leistungen sind von den Aufwendungen und Erträgen abzugrenzen. Aufwendungen sind bewerteter Verbrauch von Sachgütern und Dienstleistungen für betriebliche und nicht-betriebliche (neutrale) Zwecke. Erträge stellen Wertzuwächse, d.h. bewertete Ausbringungsgüter jeglicher Art dar. Da die Leistungs- und Kostenrechnung aus der Erfolgsrechnung mit ihren Rechengrößen Ertrag und Aufwand abgeleitet wird, sind zunächst die Gesamterträge um die nicht-betrieblichen (neutralen) Erträge (Erträge, die aufgrund von wirtschaftlichen Handlungen entstanden, die nicht dem Betriebszweck in der Abrechnungsperiode zuzurechnen sind) und die Gesamtaufwendungen um die nicht-betrieblichen (neutralen) Aufwendungen (Aufwendungen, die nicht für betriebliche Zwecke in der Abrechnungsperiode entstanden) zu bereinigen. Da in der Leistungs- und Kostenrechnung nur Marktleistungen und ihre relevanten Kosten ermittelt werden, müssen die aktivierten Eigenleistungen (d.h. mit eigenem Personal erstellte Leistungen, die nicht für den Verkauf bestimmt sind, sondern betrieblich genutzt und als Anlagegegenstände aktiviert

---

196 vgl. dazu und zum Folgenden: BOTT, Helmut: Leistungs- und Kostenrechnung. In: BOTT, Helmut: Handbuch der Postökonomie. Damm-Verlag, Gelsenkirchen-Buer, 1987, S. 313 - 327, besonders S. 313 f
Seit 1985 entwickelt die Deutsche Bundespost in einer Projektgruppe ein neues Kostenrechnungssystem, das als sogenannte "Dezentrale Leistungs- und Kostenrechnung (Delkos)" die bestehende zentrale Leistungs- und Kostenrechnung ablösen soll. Während das gegenwärtige System eine Vollkostenrechnung auf Ist-Kosten-Basis mit zentraler Ermittlung der Daten als Jahresrechnung darstellt, d.h. eine Aufsplittung der Kosten in ihre fixen und variablen Bestandteile nicht erfolgt, wird zukünftig neben der Vollkostenrechnung auch eine Teilkostenrechnung, die als Deckungsbeitragsrechnung auszugestalten ist, installiert. Zusätzlich zur Ist-Kostenrechnung wird so auch eine Plankostenrechnung möglich, wodurch ein Soll-Ist-Vergleich und damit eine Kostenkontrolle durchführbar wird. Vgl. dazu: BOTT, Helmut: Leistungs- und Kostenrechnung ... a.a.O., S. 324, 326

werden) und die zur Ermittlung der Eigenleistungen erforderlichen Personalkosten ebenfalls eliminiert werden.

In die Rechnung gehen der betriebliche Ertrag bzw. der sogenannte Zweckertrag als (markt-)leistungsgleicher Ertrag ein, der den sogenannten Grundleistungen den ertragsgleichen (Markt-)Leistungen entspricht. Analog gilt das für die Aufwendungen. Zu verrechnen sind der betriebliche Aufwand bzw. der Zweckaufwand als kostengleicher Aufwand, der mit den aufwandsgleichen Kosten bzw. Grundkosten identisch ist. Während aus Aufwand und Ertrag die neutralen Werte und Eigenleistungen für die Leistungs- und Kostenrechnung eliminiert werden, sind bei den Grundkosten und Grundleistungen noch kalkulatorische Werte (rechnerisch fiktive Größen, die zur besseren Vergleichbarkeit in die Kostenrechnung eingehen) hinzuzurechnen.[197]

Die Leistungs- und Kostenrechnung der DBP gibt so Aufschluß über die wirtschaftlichen Lage einer postalischen Dienstleistung. Beim Postzeitungsdienst zeigt sich dabei seit Jahren der schlechteste Kostendeckungsgrad aller Dienste. 1958, als die Kostenunterdeckung erstmals 100 Mill. DM überschritt, lag er bei 39 %, um mehr oder weniger kontinuierlich auf bis 26,6 % (1971, Kostenunterdeckung 518 Mill. DM) abzufallen.[198]

Um die wirtschaftliche Lage des Postzeitungsdienstes zu verbessern beschloß das Bundeskabinett 1973 verschiedene Maßnahmen, u. a. wurde die "Gemeinsame Kommission Postzeitungsdienst" (bestehend aus Vertretern der Verlegerverbände und der Post) ins Leben gerufen, die sich 1977 auf jährliche Gebührenerhöhungen bis zum Erreichen eines Kostendeckungsgrads von 50 % einigte.[199] Dabei sollte der Postzeitungsdienst weiterhin keine staatliche Subvention der Verlage sein sondern eine Infrastruktur gewährleisten, die es allen Bürgern Deutschlands ermöglichen sollte, überall mit jeder gewünschten Zeitung versorgt zu werden, eine Grundvoraussetzung für die uneingeschränkte politische Meinungsbildung.[200]

---

197 vgl. dazu BOTT, Helmut: Leistungs- und Kostenrechnung, a.a.O. Abbildung auf S. 323

198 vgl. dazu: KOHL, Walter, Otmar HAUN: Kommentar zur Postzeitungsordnung und Postzeitungsgebührenordnung. Keller, Starnberg, 3. Aufl. 1986, S. 65 wobei Kohl bereits 1962 grundsätzlich zum defizitären Postzeitungsdienst Stellung nimmt.
vgl. dazu: KOHL, (Walter): Der Standort des Postzeitungsdienstes im Rahmen der Gesamtsituation der Bundespost. In: Zeitungs-Verlag und Zeitschriften-Verlag, Nr. 14, 1962, S. 748 - 752

199 vgl. dazu: PLAGEMANN, Jürgen: Die Dienste der Deutschen Bundespost im Wettbewerb zur privaten Unternehmen. Wissenschaftliches Institut für Kommunikationsdienste, Diskussionsbeiträge zur Telekommunikationsforschung Nr. 27, Bad Honnef, 1987, S. 16 ff sowie Presse- und Informationsamt der Bundesregierung (Hrsg.): Medienbericht '85. Bericht der Bundesregierung über die Lage der Medien in der Bundesrepublik Deutschland 1985. Drucksache 10/5663 des Deutschen Bundestages, 10. Wahlperiode, 16. Juni 1986, S. 60

200 vgl. dazu: Gefährliche Pläne der Post. In: Die Zeitung, 20. Jg., Nr. 1, Januar 1992, S. 1

1987 verständigte sich der Arbeitskreis Post/Presse, die 1976 gegründet Nachfolgeorganisation der "Gemeinsamen Kommission Postzeitungsdienst" auf 60 % Kostendeckung als neue Zielmarke. Durch Gebührenerhöhungen war dieses für 1994 vorgesehene Ziel 1990 mit 59,8 % fast erreicht.[201]

Anläßlich des 500jährigen Postjubiläums wird der Postzeitungsdienst als Dienst an der Gesellschaft präsentiert: "Mehr als 18.000 Arbeitskräfte sind von der Deutschen Bundespost für die Bewältigung des Zeitungsdienstes eingesetzt. Von den 95.000 Zustellern arbeiten - umgerechnet - fast 11.000 ausschließlich für die Zeitungs- und Zeitschriftenzustellung. Und am Jahresende schlagen die Personalkosten allein mit 955 Millionen Mark zu Buche. Die Sachkosten betragen 141 Millionen. Kapital- und sonstige Kosten: 137 Millionen Mark. Kosten insgesamt: 1,23 Milliarden Mark. Dagegen stehen Einnahmen von nur rund 690 Millionen. Es fehlen also 540 Millionen in der Postkasse."[202]

Und dieser Fehlbetrag wächst unbeschadet besserer Kostendeckung weiter. So wird der Post im Spätherbst 1991 der Postzeitungsdienst mit seinem gesellschaftspolitisch begründeten niedrigen Tarif offenbar zu teuer. Die Post kündigt eine neue Gebührenstruktur verbunden mit der Forderung nach einer 100 %igen Kostendeckung bis 1997 an. Als wesentlichen Grund für die neue Gebührenpolitik, die von den Verlegern als ernsthafte Bedrohung der Informations- und Pressevielfalt und Abschaffung des politisch motivierten Postzeitungsdienst bezeichnet wurde (der Postvertrieb von Tageszeitungen müßte wegen Unrentabilität eingestellt werden), wird die Vereinigung Deutschlands angeführt, wodurch die Geschäftsgrundlage des alten Rahmenabkommens entfallen sei, und die durch die Subvention des Kulturgutes Zeitung anfallenden Verluste ohne Änderung der Gebührenpolitik von 500 Mill. DM 1990[203] bis 1994 auf 1 Mrd. DM (die Hälfte der jährlichen Kostendeckung des gesamten Postdiensts) anwachsen würden.[204]

Außerdem gebiete das 1989 in Kraft getretene Postverfassungsgesetz dem Postdienst, die Dienstleistungen nach betriebswirtschaftlichen Gesichtspunkten, d.h.

---

201 vgl. dazu: KUK, Alexander von: Zeitungen für alle Bürger, an allen Orten. In: Die Zeitung, Nr. 1, Januar 1992, S. 4 sowie K. B.: Zeitschriftenverleger befürchten Kostensprung. In: Frankfurter Allgemeine, 5. November 1991, S. 17 und HAUN, Otmar: Gebührenerhöhungen im Postzeitungsdienst für 1990 und 1991. In: Postpraxis, H. 12, 1989, S. 275 - 277, hier S. 275

202 Bundesminister für Post und Telekommunikation (Hrsg.): Verbindungen. 500 Jahre Post. Bonn, (1990), S. 82

203 vgl. dazu: Deutsche Bundespost Postdienst (Hrsg.): Geschäftsbericht 1990. Bonn, 1991, S. 26

204 vgl. dazu: bjm: Zeitschriften stöhnen unter Post-Gebühren. In: w & v, Nr. 3, 17. Januar 1992, S. 27

mindestens kostendeckend zu erbringen, und auch einen angemessenen Gewinn zu erwirtschaften.[205]

Die Forderung des Postdienstes, daß er den Vertrieb von Presseerzeugnissen nur zu Vollkosten aufrecht erhalten könne, wird von den Verlegern entschieden zurückgewiesen. Ein im Auftrag der deutschen Verlegerverbände erstelltes Gutachten kommt zu dem Schluß, daß die Pläne der Bundespost auf einer zweifelhaften wirtschaftlichen Begründung beruhten und im Widerspruch zur Verfassung und höchstrichterlichen Rechtsprechung stünden. Es sei - so das Gutachten - nachgewiesen, daß die Grenzkosten des Postzeitungsdienstes durch die Gebühren gedeckt seien, weshalb sich die finanzielle Lage der Post durch die Einstellung des Postzeitungsvertriebs nicht verbessern sondern sogar verschlechtern würde. Die finanzpolitische Forderung der Post läuft - so das Gutachten - darauf hinaus, daß die Presse "als Institution als Ganzes durch wirtschaftliche Nachteile für die Verlage gefährdet werde und nicht nur einzelne Verlage und Titel notleidend werden könnten. Es drohten Substanz-, Bestands- und Reichweitenverluste, die Mehrkosten könnten nicht einfach auf die Leser abgewälzt werden. Es gehe um Funktionsbeeinträchtigungen in der Presse und damit um die verfassungsrechtlich garantierte Pressefreiheit. Dieses Grundrecht schütze nicht nur gegen Ein- und Übergriffe des Staates sondern biete auch eine objektive Gewährleistung der Institution Presse. Die Presse durch den Zeitungsdienst in ihrer Vielfalt zu fördern, gehörte auch nach einer Privatisierung der Post auf der Grundlage des Artikels 87 zu ihrer Verpflichtung, eine Infrastruktur zu sichern. (sic.) Die Einrichtung des Postzeitungsdienstes beruht in einer zusammen-

---

205 vgl. dazu. K. B.: Die Post will ohne Übergang das Zeitungstarifsystem ändern. In: Frankfurter Allgemeine, 21. Dezember 1991, S. 11
Vergleiche zur Diskussion um das neue Gebührensystem, das nun ab 1994 in Kraft treten soll, und die Auswirkungen für die Zeitungen vor allem auch: Gefährliche Pläne ... a.a.O., S. 1 sowie KUK, Alexander von: Zeitungen für alle ... a.a.O., S. 4 und Post-Preispause für den Zeitungsdienst. In: w & v., Nr. 9, 28. Februar 1992, S. 4
Zu den Konsequenzen für den Postzeitungsdienst aus der Vereinigung Deutschlands siehe: FACIUS, Gernot: Gefahr im Verzug. In: Die Zeitung. 19. Jg., Nr. 9, September 1991, S. 1, 2, ZIESCHANG, Hans Oskar: Postdienst Service Gesellschaft mbH - Posttochter im Pressevertrieb. In: Postpraxis, 42. Jg., H. 9, 1991, S. 198 - 201, und HAUN, Otmar: Der Postzeitungsdienst im vereinten Deutschland - noch uneinheitlich. In: Postpraxis, 42. Jg., H. 9, 1991, S. 201 - 205
Die Frühzustellung der Tageszeitungen wurde mit Ende 1991 eingestellt. Bis Ende 1989 wurden aus der Staatskasse der DDR 50 % der entstehenden Kosten des Postzeitungsdienstes subventioniert. Der gesamte Zeitungsdienst war zentrale Dienstleistungsfunktion in der Deutschen Post. Wie in allen kommunistischen Staaten war der Verkauf und die Distribution als Monopol bei der Post angesiedelt. 25.000 Mitarbeiter waren ausschließlich in diesem Sektor tätig. Die Deutsche Post betreute 25 Mill. Abonnementexemplare von Zeitungen und Zeitschriften. Vgl. dazu: Die Post in der Wettbewerbswirtschaft. In: Postpraxis, 42. Jg., H. 12, S. 279 - 293, hier S. 281 sowie FACIUS, Gernot: Gefahr im Verzug ... a.a.O., S. 1 und ZUMWINKEL, Klaus: Rede anläßlich der Bilanzpressekonferenz 1991. Deutsche Bundespost Postdienst, 25. September 1991, vervielf. Manus., S. 26

fassenden Bewertung des Gutachters auf der objektivrechtlichen Verbürgung der Pressefreiheit, die im demokratischen Gemeinwesen die Meinungsbildung schütze und die durch die Infrastrukturverpflichtung bekräftigt werde."[206]

Mit den widersprüchlichen Zielsetzungen Eigenwirtschaftlichkeit und Gemeinwirtschaftlichkeit hat es auch der Postzeitungsdienst der Schweizer Post zu tun. In den unternehmenspolitischen Grundsätzen findet sich das Prinzip der Kostendeckung und die Verpflichtung auf volkswirtschaftliche Ziele: "Wir wollen marktgemäße Leistungen erbringen, für die grundsätzlich vollkostendeckende Preise verlangt werden. Wo dies nicht möglich ist, wird - soweit sachlich und politisch tragbar - ein Ausgleich zwischen kostendeckenden und nicht kostendeckenden Dienstzweigen vorgenommen."[207]

Im Kommunikationsleitbild der PTT, das die Richtung der Entwicklung sowie die angestrebten Zustände im Bereich der Kommunikation für die Post festlegen soll, wird für Zeitungen und Zeitschriften ein Kostendeckungsgrad von 50 % als Zielvorgabe genannt.[208]

Trotz dominantem Ziel Eigenwirtschaftlichkeit herrschen also auch in der Schweiz beim Postzeitungsdienst Sonderverhältnisse. Die gemeinwirtschaftlichen, vom Bund nicht abgegoltenen Leistungen werden 1990 mit 263 Mill. SFr beziffert. Bei Kosten von 409 Mill. SFr (bzw. durchschnittlich 36 Rappen pro Sendung) und einem Ertrag von 146 Mill. SFr (12,9 Rappen pro Sendung) ergibt sich so ein Kostendeckungsgrad von ca. 36 %.[209]

Die Berechnung stützt sich dabei auf die alljährlich von den PTT-Betrieben erstellte Vollkostenrechnung und die "Kostenanalyse der Zeitungen und Zeitschriften im Zustelldienst", wie sie zuletzt 1988 durchgeführt wurde.[210]

Die Zielsetzung dieser zwischen der Post und dem Verlegerverband abgesprochenen Kostenanalyse besteht in der möglichst verursachergerechten Erfassung der Kosten

---

206 K.B.: Verleger wehren sich gegen Preisdiktat der Post. In: Frankfurter Allgemeine, 30. Oktober 1992, S. 17

207 Schweizerische PTT-Betriebe (Hrsg.): Unternehmenspolitische Grundsätze und Richtlinien. Bern, 1977, S. 30

208 vgl. dazu: Schweizerische PTT-Betriebe (Hrsg.): Kommunikationsleitbild. Bern, 1982, S. 60

209 Die Informationen stammen aus einem Gespräch mit René Hilti, Generaldirektion PTT, vom 3. Dezember 1991
Im Geschäftsbericht 1990 wird im Gegensatz dazu ein Kostendeckungsgrad im Bereich Zeitungen und Zeitschriften für 1990 von 42 % angegeben, die gemeinwirtschaftlichen Leistungen werden mit 261 Mill. SFr beziffert. Vgl. dazu: Schweizerische Post-, Telefon- und Telegrafenbetriebe (Hrsg.): PTT-Geschäftsbericht und Finanzrechnung 1990. Bern, 1991, S. 65 f

210 vgl. dazu: Schweizerische PTT-Betriebe (Hrsg.): Kostenanalyse der Zeitungen und Zeitschriften im Zustelldienst. Schlußbericht. (Bern), 1989, S. 1 ff

für Zeitungen und Zeitschriften im Zustelldienst, wozu bei ausgewählten Poststellen die anteiligen Zustellkosten je Zeitungsexemplar ermittelt werden.

Ausgangspunkt für die Kostenanalyse ist die Vollkostenrechnung. Da die Post ein Verbundbetrieb ist (so werden auf Zustelltouren im Verbund Briefe, Drucksachen, Zeitungen und Postzahlungen zugestellt) kann der weitaus größte Teil der Kosten aber nicht verursachergerecht auf die verschiedenen Leistungen (Kostenträger) umgelegt werden. Eine Vollkostenrechnung ist deshalb bei 90 % Personalkosten im Zustelldienst wenig aussagekräftig, solange nicht die für die verschiedenen Kostenträger aufgewendete Arbeitszeit bei der Kostenschlüsselung herangezogen wird.

Bei der Kostenanalyse der Zeitungen und Zeitschriften im Zustelldienst (postintern auch Wegfallkostenrechnung) ging man so von der Hypothese aus, daß die Zeitungen theoretisch wegfallen würden bzw. nicht vorhanden wären. Dabei stellt sich die Frage, welche Auswirkungen dies auf die Gesamtkosten, insbesondere auf die Kosten des Zustellbetriebs, hätte. Die Untersuchungen erstreckten sich aus Gründen der praktischen Durchführbarkeit auf die Personal- und Infrastrukturkosten (am Beispiel von 21 ausgewählten Poststellen in einer Zählwoche). Die aus der Analyse ermittelten Kostenanteile im Zustelldienst wurden auf die gesamtschweizerischen Verkehrsmengen umgelegt. Die übrigen Bereiche (Versand, Umleitung, Transport, Administration) wurden nicht untersucht, bzw. deren Kosten nach dem Prinzip der Vollkostenrechnung mit Schlüsseln hochgerechnet.

Tabelle 4
Kostenanalyse Zeitungen und Zeitschriften: Vorgangsweise

1. Durchführung von Erhebungen (Zustellung)
- unadressierte Zeitungen und Zeitschriften
- adressierte Zeitungen und Zeitschriften (Normalformat)
- adressierte Zeitungen und Zeitschriften (Großformat)
- 14täglich erscheinende adressierte Zeitschriften (nur Massenblätter)
- übrige Briefpost

2. Bereitstellung der Grundlagen (Zustellung)
- durchschnittlicher Tagesverkehr Montag bis Freitag (Jahresverkehr)
- durchschnittlicher Tagesverkehr Samstag (Jahresverkehr)

3. Ermittlung der anteiligen Arbeitszeit (Zustellung)
- durchschnittliche tägliche anteilige Arbeitszeit (umgerechnet in Dienste) Montag bis Freitag
- durchschnittliche tägliche anteilige Arbeitszeit (umgerechnet in Dienste) Samstag

4. Berechnung der anteiligen Kosten im Zustelldienst
- Personal: direkte Lohnkosten und Lohnnebenkosten
- Zuschlag für Fremd- und Anlagekosten

5. Berechnung der anteiligen Gesamtkosten
- übrige Arbeitsbereiche aus Vollkostenrechnung

Die Zustellkosten je Zeitungsexemplar bewegen sich nach dieser Berechnung bei den Postämtern zwischen 13,0 Rp und 21,0 Rp. Der gesamtschweizerische Durchschnitt[211] beträgt 18,0 Rp. Der durchschnittliche Ertrag von 12,2 Rp pro Exemplar vermag diese Kosten somit nicht zu decken.

Die im Zustelldienst anteiligen Kosten der Zeitungen und Zeitschriften betragen 209,5 Mill. SFr, die gesamten Erträge machen 142,3 Mill. SFr aus. Aus der Gegenüberstellung dieser Beträge resultiert für den Zustellbereich eine Unterdeckung von 67,2 Mill. SFr. Bei Berücksichtigung der übrigen Arbeitsbereiche (Annahme, Versand, Umleitung, Transport, betriebliche Administration, Verwaltung) unter Verwendung der Zahlen der Vollkostenrechnung würde sich die aus der Zustellung resultierende Unterdeckung um 125,5 Mill. SFr auf 192,7 Mill. SFr erhöhen, d.h. es würden Gesamtkosten von 28,8 Rp pro Exemplar entstehen.

Sofern die Zeitungstaxen kostendeckend sein sollten, wäre eine Erhöhung der geltenden Gebühren um durchschnittlich das Dreifache (im unteren Gewichtsbereich um das Fünf- bis Sechsfache im übrigen um das 0,5- bis 0,8fache) erforderlich.[212]

Eine derart präzise Kostenrechnung - wie sie auch in der Schweiz aus Wirtschaftlichkeitsüberlegungen nicht regelmäßig durchgeführt werden kann[213] - existiert in den anderen Vergleichsländern des hier vorliegenden Berichts nicht.

In Frankreich und Finnland ist die externe Subventionierung des Postzeitungsdienstes über den öffentlichen Haushalt (in Frankreich zu zwei Drittel) ausdrücklich im Gesetz vorgesehen.[214] In Großbritannien, wo es restriktivere Zulassungsbedingungen

---

211 Die Berechnung ist durch die Einteilung der Poststellen in Größenklassen möglich.

212 Die Informationen stammen aus einem Gespräch mit René Hilti, Generaldirektion PTT, vom 3. Dezember 1991, sowie Schweizerische PTT-Betriebe (Hrsg.): Strukturuntersuchung der Zeitungen und Zeitschriften Inland 1988. Bern, 1989, S. 6

213 Die Grundsätze der Wirtschaftlichkeit und Genauigkeit stehen bei der Kostenrechnung in Konkurrenzbeziehung zueinander: "Je genauer die Rechnung durchgeführt wird, um so höher ist der hierdurch entstandene Zeitaufwand, um so teurer ist die Durchführung. Die Kostenrechnung sollte so genau wie nötig und so wirtschaftlich wie möglich erstellt werden. Nur derjenige Rechenaufwand ist nötig, den der angestrebte Zweck, die gewünschte Information fordert, d.h. weder Über- noch Unterinformation. Bei der Leistungs- und Kostenrechnung rechtfertigen die Ergebnisse und ihr relativ geringer Erkenntniswert kaum den hohen Genauigkeitsgrad und den damit verbundenen hohen Zeitaufwand."
BOTT, Helmut: Leistungs- und Kostenrechnung ... a.a.O., S. 325

214 Die Informationen stammen aus einem Gespräch mit Robert Darthenay, Association de Liaison et d'Etudes Postales pour la Presse, vom 10. Dezember 1991 und Haakan Gabrielsson, Distribution Specialist, The Finnish Newspaper Publishers Association, vom 9. Januar 1992

gibt, gilt grundsätzlich das Kostendeckungsprinzip,[215] der Kostendeckungsgrad dürfte sich um 100 % bewegen.[216]

Abbildung 12: Kostendeckungsgrad im Postzeitungsdienst 1990 (in %)

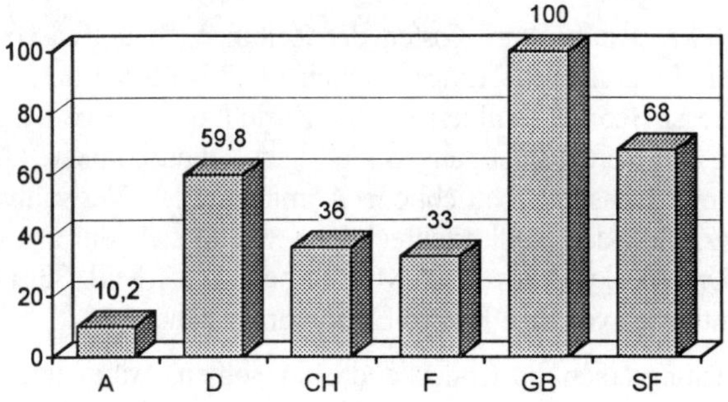

Quelle: Postverwaltungen

Zusammenfassung

Wie bei allen anderen Formen der öffentlichen Infrastrukturversorgung können sämtliche anfallende Kosten nicht in vollem Umfang unmittelbar gedeckt und müssen daher von der Allgemeinheit übernommen werden. Die Post, die in allen Vergleichsländern ihre Leistung nach kaufmännischen Grundsätzen (Ziel Eigenwirtschaftlichkeit) richtet, strebt bei der Erfüllung gemeinwirtschaftlicher Aufgaben die Kostenminimierung, d.h. eine Reduzierung der Unterdeckung an,[217] wobei eine Vollkostendeckung von 100 % - wie das Beispiel Großbritannien zeigt - zu einer Abschaffung dieses Dienstes - zumindest für Tageszeitungen - führt. Momentan liegt Österreich aber mit 10,2 % Kostendeckungsgrad weit davon entfernt.

---

215 vgl. dazu: HEUERMANN, Arnulf; Thomas SCHNÖRING: Die Entwicklung des britischen Post-Office - Ansätze zu einem Vergleich mit der DBP. Diskussionsbeiträge zur Telekommunikationsforschung Nr. 11, Bad Honnef, Oktober 1984, S. 23

216 Die Informationen stammen aus einem Gespräch mit Claire Chilton, Post Office Headquarters vom 30. Oktober 1991

217 In Österreich wird die Kostenunterdeckung bei Zeitungen als erstrangige Schwäche des Unternehmens bezeichnet.
vgl. dazu: LANG. Manfred: Der Kunde steht im Vordergrund. In: Postrundschau, Heft 3, März 1991, S. 4 - 6, hier S. 5

8. Alternative Postzustellungsmodelle

Postzeitungsdienste sind auf mehreren Dimensionen zu beurteilen, wenn es um die Bewertung ihrer Leistungsfähigkeit geht. Im wesentlichen sind drei Ebenen zu differenzieren (wobei die Aspekte Pressefreiheit und Infrastrukturauftrag der Post zweifellos immer mitzubedenken sind). Zum Ersten geht es um eine Leistungsfähigkeit hinsichtlich der leserorientierten Bedürfnisse der Verlage. Zum Zweiten ist der Postzeitungsdienst auf der ökonomischen Dimension zu beurteilen, wobei prinzipiell die verleger- und (zum Dritten) die postorientierte Betrachtung anzustellen ist.

Am Beginn muß die grundsätzliche Frage gestellt werden, welche Funktionen der Postzeitungsdienst zu erfüllen hat und in welchem Umfeld er seine Leistungen anbietet. Als Basis dieser Überlegung kann die Dualität der Zeitungsverlage herangezogen werden, die einmal als betriebswirtschaftlich denkende und gewinnorientierte Unternehmen zu betrachten sind und auf der anderen Seite eine Aufgabe in kultureller und demokratiepolitischer Hinsicht zu erfüllen haben. In diesem Zusammenhang muß der Postzeitungsdienst gesehen werden, wenn es darum geht, die Versorgung betriebswirtschaftlich unrentabler Bereiche sicherzustellen, und wenn sich die postalische Zustellung aus marketingpolitischen und opportunitätskostenorientierten Überlegungen heraus möglicherweise als substituierbar erweist.

8.1 Versuchserfahrungen

Bei der Darstellung alternativer Postzustellungsmodelle ist ein Blick auf mehrere Modellversuche zu werfen, die in Österreich, der Bundesrepublik Deutschland, Frankreich und der Schweiz als Experimente durchgeführt wurden.[218]

1974 wurde in der Bundesrepublik Deutschland im Zusammenhang mit den Beratungen der gemeinsamen Kommission Postzeitungsdienst das "Aschaffenburger Modell"[219] als Modellrechnung für einen konkreten Zustellbereich mit Stadt- und Landbereichen unter den dort herrschenden Bedingungen (Abonnements und ihre Aufteilung auf die vorhandenen Zustellorganisationen, Vertriebswege und Verkehrsmengen) durchgeführt. Im Vordergrund stand dabei die Prüfung der Möglichkeit, eine vollständige außerpostalische Zustellung der Abonnements organisatorisch und wirtschaftlich vertretbar durchzuführen. Als beachtliche und unüberwindliche Probleme stellten sich im Laufe der Untersuchung die Inkompatibilität der Zeitungs- und Zeitschriftenzustellung, die Schwierigkeiten kleinerer Verlage und die fehlende Garantie einer flächendeckenden privatwirtschaftlichen Zustellung heraus. Die

218 vgl. dazu: KNOCHE, Manfred; Axel ZERDICK: Postzeitungsdienst und alternative Zustellformen im Vertriebssystem der Presse. Wissenschaftliches Institut für Kommunikationsdienste, Diskussionsbeitrag Nr. 80. Bad Honnef, 1992, S. 55 f

219 vgl. dazu: KNOCHE, Manfred; Axel ZERDICK: Postzeitungsdienst und alternative Zustellformen ... a.a.O., S. 55.

Ergebnisse der Berechnungen waren dazu angetan, die bereits angesprochene Dualität zwischen privatwirtschaftlicher und öffentlicher Sichtweise zu festigen. Dem "Vorteil" privater Zustellorganisationen, die jeweils nur betriebswirtschaftlich für sie sinnvolle Objekte in dafür geeigneten Gebieten zustellen, stand die Verpflichtung zum Dienstleistungsangebot der Bundespost gegenüber, die zu Durchschnittskonditionen auch die Zustellung von privatwirtschaftlich nicht rentablen Restmengen nicht ablehnen darf.[220]

1975 versuchte man in Österreich, nach Einführung der 40-Stunden-Woche, die Samstagzustellung über ein "Privatzustellungssystem" abzuwickeln, das aufgrund von Erkenntnissen aus der Schweizer Situation entwickelt wurde.[221] Kern dieses Projektes war die Anbindung privater Zustellfirmen an die Post,[222] die als Koordinator weiterhin der direkte Vertragspartner der Verlage bleiben sollte. Nach der Vorstellung dieses Modells am 14. März 1975 durch das Verkehrsministerium wurde es von den österreichischen Verlegern grundsätzlich positiv beurteilt. Die Regierung lehnte das Projekt drei Monate später, am 24. Juni 1975, jedoch ab. Grund waren einmal die errechneten Mehrkosten, die mit 263 Millionen Schilling um etwa 190 Millionen über den Gesamtkosten der werktäglichen Zustellung durch die Post lagen (so hätte die Zeitungszustellung etwa das Dreifache des Zeitungspreises gekostet), die Existenz von gebietsweisen Versorgungsmängeln (für den Bereich von 14 Postämtern in Niederösterreich konnten keine Vertragspartner für die private Zeitungszustellung gefunden werden) und die geringe Beteiligung der Zeitungen an den Zustellkosten (der Präsident des Zeitungsherausgeberverbandes schlug 15 Millionen öS pro Jahr vor).[223]

1981 und 1982 wurde schließlich in der BRD das Projekt AZD[224] durchgeführt. Der Test wurde in acht verschiedenen Gebieten von sechs verschiedenen Grosso-Firmen organisiert, wobei die teilnehmenden großen Publikumszeitschriften mit jeweils 0,3 % und 0,5 % ihrer Gesamtauflage in den Testgebieten vertreten waren. Die

220 Vergleich der europäischen Tarife und Vorschriften für den Postversand von Zeitungen. Versandraum und Vertrieb (4). Ifra Special Report 4.5. Darmstadt, März 1989, S. 30

221 vgl. dazu: GASSER, Hans Georg: Die Probleme der Distribution bei Tageszeitungen in Österreich. Diss. Wien, 1977, S. 151 f. Auslöser war der Diskurs um die Einstellung des Postzeitungsdienstes an Samstagen in Hinblick auf die 5-Tage-Woche.

222 In Form von Werkverträgen, die öffentlich ausgeschrieben wurden. Vgl. dazu den Erlaß vom 14. März 1975: PuTZL. 25.206/8/75. Die Haftung für ordnungsgemäße Erfüllung liegt beim Unternehmer, für seine Arbeitnehmer besteht Sozialversicherungspflicht, die Post kann Mitarbeiter des Zustellunternehmens ohne Angabe von Gründen ablehnen.
WINTER, Reinhard: Die Samstagzustellung von Tageszeitungen. Dipl. Arbeit, Wirtschaftsuniversität, Wien, 1976, S. 17

223 vgl. dazu: GASSER, Hans Georg: Die Probleme der Distribution ... a.a.O., S. 152 sowie WINTER, Reinhard: Die Samstagzustellung ... a.a.O., S. 21. Die geschätzten Kosten für die Samstagzustellung lagen mit 263 Millionen Schilling um etwa 190 Millionen über den Gesamtkosten der werktägigen Zustellung durch die Post.

224 A - Alternative zur Bundespost, Z - Zustellung von Abonnements, D - Dienst.

Gebiete wurden dabei so gelegt, daß auch Areale mit geringerer Zustelldichte und demnach sehr unterschiedliche Durchschnittszahlen von Exemplaren je Zustelltour vertreten waren. Das Projekt beschränkte sich dabei allerdings ausschließlich auf die Distribution und übernahm weder Inkasso noch Werbung.[225]

Das Projekt wurde 1982 abgeschlossen, wobei der entsprechende Bericht vermerkte, daß für die am Test beteiligten 27 Titel mit etwa 45.000 Abonnements ein Kostenniveau erreicht wurde, das mit den damaligen Postgebühren identisch war.[226] Die Pressegrossisten sahen sich demnach in der Lage, den Verlagen kostendeckend ein dem Service der Bundespost vergleichbares bzw. in Teilen sogar überlegenes System anzubieten.

Dieses Projekt wurde von den Zeitungsverlegern durchaus mit Skepsis betrachtet. Der BDZV etwa sah im bundesweiten Aufbau einer privatwirtschaftlichen Zustellorganisation die Gefahr einer Schwächung des "für Tageszeitungen unverzichtbaren Postzeitungsdienstes".[227] Kritisiert wurde vor allem, daß ein solches System nicht auf die pressepolitisch notwendige repräsentative Funktion ausgerichtet sei. Gleichzeitig wurde jedoch auch nicht ausgeschlossen, daß in Gebieten mit entsprechender Abonnementdichte eine private Zustellorganisation effizienter sein kann als das System des Postzeitungsdienstes. Dieser Kritik schloß sich in der Folge auch die AGZV (Arbeitsgemeinschaft Zeitschriftenverlage) an, die diese Argumente in Richtung der Gefährdung des Postzeitungsdienstes als funktionalen und interessensneutralen Vertriebsweg noch bekräftigte.[228]

Für den weiteren Verlauf dieser Darstellung gilt es also zu beachten, in welcher Form alternative Zustellsysteme unter dem Blickwinkel der Presse- und Meinungsvielfalt ihren Einfluß ausüben. Dabei kann durchwegs davon ausgegangen werden, daß eine Institution mit öffentlich-rechtlicher Verpflichtung wie die Österreichische Post unter diesen Aspekten eine entsprechende Garantie darstellt.

Nach einer politischen Anfrage wurde in Frankreich 1988 ein experimentelles Zeitungsfrühzustellungsmodell entwickelt. Das Ziel war zweifach: einerseits sollten die Zeitungen in Paris vor 8.30 Uhr - trotz zusätzlicher Route für die Post - zu den bisherigen Kosten zugestellt werden. Andererseits erhoffte man sich von der Abkop-

---

225 Dadurch war die Neutralität des Zustellsystems gegenüber den einzelnen Verlagen gesichert.

226 vgl. dazu: KNOCHE, Manfred; Axel ZERDICK: Postzeitungsdienst und alternative Zustellformen ... a.a.O., S. 56

227 vgl. dazu: BDZV Jahresbericht 1981/82, S. 26

228 vgl. dazu: KNOCHE, Manfred; Axel ZERDICK: Postzeitungsdienst und alternative Zustellformen ... a.a.O., S. 56. Die Autoren merken an, daß nicht die Wirtschaftlichkeit des Testprojektes an sich in Frage gestellt wurde, sondern eine solche bei Ausweitung der Titelzahl behauptet wurde. An einer Ausweitung seien daher vor allem viele Verleger nicht interessiert gewesen.

pelung der Zeitungszustellung eine generell frühere Zustellung der übrigen Post.[229] Aufgabe der Verleger (und damit Ersparnis bei der Post) war es, die vorsortierten und adressierten Zeitungen bis 4.30 Uhr an das jeweilige Postamt anzuliefern. Der Briefträger sollte um 5.20 Uhr die Tour beginnen.

Der Versuch klappte aus mehreren Gründen nicht. Erstens kamen die Zeitungen (Redaktionsschluß 1.00 Uhr) häufig nicht rechtzeitig zum Postamt. Zweitens gab es Schwierigkeiten mit den Briefträgern. Man hatte nicht bedacht, daß um diese Zeit keine öffentlichen Verkehrsmittel fahren und viele Briefträger, die im Pariser Umland wohnen, ihre Arbeitsstelle mangels eigener Transportmittel nur schlecht erreichen konnten. Drittens machte sich das Problem der fehlenden Briefkästen bemerkbar. Die meisten Gebäude in der französischen Hauptstadt haben keinen von außen zugänglichen Briefkasten. Um in das Gebäude zu gelangen, ist die Kenntnis des codegesicherten Türschlosses notwendig. Der Code wird jedoch in der Regel keinem Fremden, auch nicht dem Briefträger, überlassen. Tagsüber gelangt dieser über die Rezeption oder die Concierge ins Haus. Am frühen Morgen ist dies nicht möglich.[230]

Die Zeitung stellt generell nur einen Teil des gesamten Postgutes dar. In der gegenwärtigen Organisationsstruktur kann das übrige Postgut nicht früh genug zur Verfügung stehen, damit der Briefträger um 3.00 Uhr morgens beginnen und um 7.00 Uhr seine Arbeit beenden könnte.

Eine postalische Frühzustellung scheint daher nur durch eine eigene Organisation machbar. Dies wird weiter durch einen 1989 in Schaffhausen in der Schweiz gestarteten Versuch bestätigt.

Es zeigte sich, daß ausgebildete Briefträger für diese Arbeit überqualifiziert und daher zu teuer sind. Kein Verlag war bereit, für die Zeitungszustellung Löhne zu bezahlen, wie sie Briefträger erhalten. Für das Projekt wurde daher eine eigene, von der Schweizerischen PTT losgelöste Sonderorganisation geschaffen, die nebenberufliche (vom Verleger bezahlte) Zusteller requirierte. Die Post leistete bei der Einschulung dieser Leute Hilfestellung und wies sie in ihre Zustellbezirke ein. Der Versuch zeigte, daß es möglich ist, Zeitungen bis 7.00 Uhr früh zuzustellen möglich aber mit regulärem Postpersonal aus Kostengründen nicht rentabel ist. Eine Frühzustellung plus der ordentlichen (Brief-)Zustellung würde jeden Kostenrahmen sprengen.[231]

229 Eine frühe Zustellung ist nicht nur für Tageszeitungen, sondern für jede Post wichtig. Jene, die zuletzt beliefert werden, werden diskriminiert und können so ein wichtiges Geschäft bzw. Geld verlieren. Jeder hat dieselben Rechte. Gespräch mit Robert Dartheney, Association de Liaison et d'Etudes Postales pour la Presse, vom 10. Dezember 1991.

230 Gespräch mit Robert Dartheney, Association de Liaison et d'Etudes Postales pour la Presse, vom 10. Dezember 1991.

231 Gespräch mit René Hilti, PTT-Generaldirektion und Max Hofmann (PTT-Kommission) am 3. Dezember 1991

Denkt man an Vorschläge und Alternativen zur Verbesserung der Zeitungszustellung am Beispiel Österreich, sind mehrere Varianten möglich. Zum einen gibt es Schritte zur Verbesserung des bisherigen Postzustellsystems, zum anderen neue Systeme.

Schritte zur Verbesserung des bisherigen Postzustellsystems wären:

- Einziehen zusätzlicher Gebührenschienen und damit Gebührendifferenzierung. Vorteil: bessere Kostenwahrheit.

  Im gegenwärtigen Postgesetz wird z.B. im § 19 in Tageszeitungen, Wochenblätter und Monatsschriften unterteilt, wobei Monatsschriften jedoch mindestens einmal im Kalendervierteljahr erscheinen müssen. Eine Textänderung in Tageszeitungen, Wochenblätter, Monatsschriften (Erscheinungsweise mindestens dreimal im Kalendervierteljahr - eine Doppelnummer) und Erweiterung durch Quartalsschriften (Erscheinungsweise mindestens einmal im Kalendervierteljahr) wäre eine weitreichendere Definition, die auch eine Gebührendifferenzierung zuließe.

- Strengere Zugangsbestimmungen - Ausschluß der vielen Nicht-Zeitungstitel. Vorteil: Reduktion der absoluten Kostenunterdeckung.

  Die bisherigen Kriterien des Postgesetzes sind - wie von Seiten der Post und der Tageszeitungsverleger immer wieder bestätigt - nicht ausreichend, um eine mißbräuchliche Inanspruchnahme des Dienstes auszuschließen. Konkret wird (ohne dies freilich öffentlich zur Diskussion zu stellen, wobei auch die Unterstützung der Parteien schwer zu bekommen sein wird) der hohe Anteil der von den politischen Parteien über den Dienst distribuierten Periodika beklagt. In § 20 (2) könnte dies durch eine Anteilsklausel reguliert werden, die etwa - gemünzt auf die Parteipublikationen - lauten könnte: Zum Postzeitungsdienst zugelassen sind von einer Partei oder einer ihrer Organisationen zur Berichterstattung über Angelegenheiten der Politik herausgegebene Zeitungen, deren redaktioneller Teil gemessen am Gesamtumfang mindestens 70 % beträgt. Der Ausschluß von überwiegend Zwecken der Werbung dienenden Publikationen ist weitgehend gewährleistet, wenngleich dies durch die Gründung eines Vereins umgangen werden kann. Auch hier schiene eine Textänderung - will man rigidere Zugangsbestimmungen - sinnvoll. Einerseits wäre es möglich, den Anteil der Werbung z.B. auf maximal 30 % zu limitieren, oder andererseits nur solche Vereinspublikationen aufzunehmen, die in den Vereinsstatuten eine Gewinnorientierung ausdrücklich verneinen.

- Liberalere Zugangsbestimmungen - Öffnung des Systems. Vorteil: Mehr Umsatz und bessere Auslastung (bei differenzierten Gebühren).

  Wenn der Briefträger je Zustellpunkt größere Mengen transportiert, wird zwar sein Rayon aus zeitlichen Gründen zu verkleinern sein, gleichzeitig nehmen aber die unproduktiven Wegelängen und -zeiten zwischen den einzelnen Zustellpunkten (speziell in ländlichen Gebieten) ab, d.h. mehr Umsatz pro Personal-Zeiteinheit. Eine liberalere Regelung beim Beilagengewicht (z.B. Verdoppelung) scheint durch immer hochwertigere und dadurch schwerere Produkte notwendig. Bisher durch Verteilfirmen vorgenommene Zustellungen könnten der Post durch eine Änderung des § 22 (9) Postgesetz ohne wesentliche Mehrkosten (kein zusätzlicher Personalaufwand) zufallen. Märkte lassen sich nicht durch künstliche Kriterien, wie z.B. eine willkürliche Gewichtsobergrenze für Beilagen, definieren.

- Vergütung und Anreiz - Abgeltung von Ersparnissen für die Post. Vorteil: Gebühren in Relation zu den Kosten.

Das gegenwärtige Tarifmodell der österreichischen Post ist gewichtsgesteuert, jedoch distanzunabhängig. Die gesamtpostalische Leistung, die eine Zeitung in Anspruch nimmt, bleibt unberücksichtigt. Eine Regionalzeitung, die nur ihr lokales Postamt frequentiert, und möglicherweise die Zeitung auch noch vorsortiert (also z.B. einsackt), zahlt die gleichen Gebühren wie ein überregionales Blatt, das auf langen Strecken über mehrere Knoten distribuiert wird. Auch ein Verlag, der seine Zeitung bei einem für die Post (auch im Sinne der Zustellgeschwindigkeit) günstigen Verteilpostamt anliefert, und Transportwege für die Post einspart, bekommt gegenwärtig dafür keine Vergünstigungen. In der Bundesrepublik Deutschland denkt man - damit sich die Einnahmen an den Kosten orientieren - an eine neue Gebührenstruktur, derzufolge nicht die Erscheinungshäufigkeit und das Gewicht entscheidend sein sollen, sondern auch das Format, die Größe des Zeitungsbundes und die Wohndichte im Zustellbezirk.[232]

- Neues Regelsystem - Verbindung von inhaltlichen Kriterien (redaktioneller Anteil) mit Kriterien der Erscheinungshäufigkeit und Vergütungselementen (z.B. Ermäßigung bei Vorsortierung). Vorteil: je deutlicher das Produkt eine Zeitung ist, je häufiger es erscheint und je mehr Vorleistungen der Verleger erbringt, desto billiger ist der Vertrieb; der demokratiepolitische Förderungsgedanke wird eher verwirklicht.[233]

Neue Systeme wären:

- Umstellung der gesamten Postzustellung auf Früh- statt Vormittagszustellung. Vorteil: Morgenzustellung für jede Post. Ein Zustellsystem für alle Zeitungen, wettbewerbsneutraler Vertrieb.[234]
- Posttochter (privates Schwesterunternehmen) übernimmt Morgenzustellung österreichweit. Vorteil: größere Wirtschaftlichkeit und Effizienz.[235]

---

232 vgl. dazu: SOMMERFELDT, Gert: Die Post trägt die ganze Last. In: Die Post, Nr. 4, April 1992, S. 4 - 5, hier S. 5

233 Ausnahmeregelung für nicht-kommerzielle (z.B. wissenschaftliche) Zeitschriften

234 Unter dem vertrieblichen Kostendruck gehen immer mehr ausländische Verlage zu Kooperationen über, obwohl einzelne Verlage den Vertrieb immer noch als Marktmacht-Faktor nutzen. In Finnland, als auch in der Schweiz wird der Vertrieb zunehmend zur commodity: jedermann hat freien Zutritt, keiner hat Wettbewerbsvorteile.

235 Ein kunden- und marktorientiertes und nach betriebswirtschaftlichen Grundsätzen geführtes Unternehmen mit breitem Handlungsspielraum und Dienstleistungsangeboten hoher Qualität scheint eher in der Lage, wettbewerbsgerechte Leistungen anzubieten als eine mit einem hohen Anteil verwaltender Funktionen (Bürokratie) belastete Behörde, die an organisationsinternen Problemen (was z.B. Investitionsbereitschaft, Kreditaufnahme, Entscheidungsfindungsprozesse, Motivation, Leistungsdruck etc. anbelangt) leidet. Qualität und Zuverlässigkeit sind entscheidende Strategievorteile im Wettbewerb. Die in den letzten Jahren erfolgten Liberalisierungen im internationalen Postwesen (z.B. in Großbritannien, den Niederlanden, in Schweden, Kanada etc.) zeigen die Erfolge einer solchen Umstrukturierung. Für Postdienste steigen schon durch die Fremdvergabe von Beförderungsleistungen (z.B. wird das Verteilen und Einsammeln vor Ort von privaten Unternehmen durchgeführt, die per Ausschreibung gewonnen wurden) die Chancen, die eigenen Kosten zu senken.

- Koppelung Frühzustellung mit Presseförderung. Zustellung ist offen für jeden Dienstleistungsanbieter - Post tritt in Konkurrenz mit anderen Anbietern. Vorteil: Gezieltere Subventionspolitik.[236]
- Dezentralisierter Tageszeitungsdruck unter Anbindung der Post. Post stellt ab Druckerei am Ort/in der Region mit Zeitgarantie zu. Vorteil: Reduktion der Transportkosten und verteilungslogistischen Kosten, wettbewerbsneutraler Vertrieb.[237]

Den hier plakativ genannten Vorteilen können natürlich Nachteile gegenüberstehen, auf Seiten der Post ebenso wie auf Seiten der Verlage, bzw. kann ein Vorteil für einen Verlag durchaus einen Nachteil für einen anderen darstellen. Aus diesem Grund soll nun in der Folge von dieser Einzeldarstellung bzw. Ansatzpräsentationen abgegangen werden. Vielmehr scheint es sinnvoll, ein Modulsystem zu entwickeln, wobei einzelne Modelle jeweils mehrere Aspekte berücksichtigen und zusätzlich die Möglichkeit von Kombinationen eröffnet. Die Module werden in der Folge als Gebührenmodell, Zustellzeitmodell, Presseförderungsmodell und Wegstreckenmodell diskutiert werden.

8.2 Gebührenmodell

Die von der Post errechnete Unterdeckung auf dem Gebiet der Zeitungszustellung gehen von der Fiktion vollkostendeckender Gebühren bei anderen Diensten (Massensendung bzw. Drucksache) aus. Der grundlegende Gedanke dahinter, über die Schlüsselung der gesamten Kosten auf alle Dienstleistungsangebote Preise zu ermitteln, die im Endeffekt die volle Abdeckung ermöglichen, kann hier nicht verworfen werden.[238] Der derzeitige Stand des Rechnungswesens am Beispiel der Österreichischen Post läßt jedoch keine differenzierte Zurechnung von Kosten auf die einzelnen Leistungen zu, sodaß die Angabe zum Deckungsgrad nicht unbedingt als aussagekräftig zu bezeichnen ist. Gleichzeitig kann hier aber auch nicht verworfen werden, daß der Postzeitungsdienst in den meisten Ländern Verluste und echte

236 Als Modell wäre hier die finnische Frühzustellung anzusehen und zu adaptieren. Rückvergütung bei verspäteter Zustellung oder Zustellausfall aus Verschulden der Post

237 Hier kann an das Satellitendruckmodell der NMPP in Frankreich gedacht werden, wobei man dort jedoch durch den Aufbau einer großen Farbdruckkapazität in Paris wieder zum ursprünglichen Transportsystem zurückgekehrt ist. Gespräch mit Thierry Rozo, Nouvelles Messageries de la Presse Parisienne, vom 9. Dezember 1991.

238 Vor allem nicht unter den Aspekten des konkurrenzlosen Angebotes, die die Kenntnis der Vollkosten verlangen. Besteht das Unternehmensziel nicht in einer Maximierung des Gewinnes, sondern in der vollen Abdeckung der Kosten durch die Erlöse, dann ist für die Preispolitik nicht der Schnittpunkt zwischen Grenzkosten und Grenzerlösen relevant, wie dies beim Gewinnmaximierer der Fall ist, sondern die langfristige Preisuntergrenze (Deckung der fixen und variablen Kosten). Vgl. dazu: Arbeitskreis "Vollkostenrechnung - Teilkostenrechnung": Die Leistungs- und Kostenrechnung der Deutschen Bundespost als Vollkosten- oder Teilkostenrechnung. Archiv für das Post- und Fernmeldewesen. 24. Jahrgang, Nr. 5, 1972, S. 379 - 450, hier S. 388 und 431

Unterdeckungen verzeichnet. Bevor man aber nun den Postzeitungsdienst als demokratiepolitisches Opfer und reines "Verlustgeschäft" betitelt, muß ein weiterer Aspekt berücksichtigt werden.

Der Postzeitungstarif könnte - sieht man ihn vor allem in Zusammenhang mit der postspezifischen Kostenstruktur auch als eine Art von Mengenrabatt betrachtet werden, bei dem das beförderte Volumen einen langfristig sicheren Erlösteil darstellt. Folgt man weiters den Einschätzungen des Arbeitskreises "Vollkostenrechnung - Teilkostenrechnung", so kann von einem Fixkostenanteil zwischen 80 % und 90 % ausgegangen werden.[239] Treffen diese Aspekte zu, so kann leicht argumentiert werden, daß bei einer Nichtbeförderung von Zeitungen und Zeitschriften keine bemerkenswerte Reduktion der Kosten eintreten würde. Vielmehr würde ein nicht unbeträchtlicher Deckungsbeitrag zu den Systemfixkosten verloren gehen.[240] Dies trifft allerdings hauptsächlich auf die Wochentagsbeförderung zu, anders verhält sich die Sachlage bei der Wochenendzustellung, da hier von einer wesentlich durch die Tageszeitungsverlage beanspruchten Systembeschäftigung ausgegangen werden kann - die erwachsenden Kosten also in weitaus höherem Maße als direkt zurechenbar und variabel zu betrachten sind. Es scheint daher durchaus sinnvoll, über eine differenzierte Gebührenpolitik nachzudenken. Eine Umsetzung bedarf jedoch eines transparenten Rechnungswesens, das entsprechende Kosten- und Strukturdaten als Entscheidungsgrundlage liefert.

Betrachtet man die derzeitige Nutzungsstruktur des Postzeitungsdienstes, so würde das Einziehen zusätzlicher Gebührenschienen durchaus positive Aspekte bringen. Unter den oben genannten Gesichtspunkten Mengenrabatt und Fixkostendeckung scheint eine an der Erscheinungsweise des Mediums orientierte Preisstaffel sinnvoll. Nicht nur, daß im Beispielfall Österreich mehr als die Hälfte aller beförderten Postzeitungen definitorisch den Monatszeitschriften zuzuordnen sind, so ist gerade in dieser Gruppe der Anteil jener Publikationen (etwa Gratiszeitungen), die unter den

239 vgl. dazu: Arbeitskreis "Fixkostenrechnung - Teilkostenrechnung": Die Leistungs- und Kostenrechnung ... a.a.O. S. 431
Schmalenbach hat die Kostenstruktur der Bundespost wie folgt eingeschätzt: "Die Kosten der Betriebsbereitschaft, die den Dienst der Post ausmachen, sind in noch höherem Maße als bei der Bahn fix; bei der Post macht es für die Ausgaben ganz wenig aus, ob der Beschäftigungsgrad steigt oder fällt ... " SCHMALENBACH, Eugen: Kostenrechnung und Preispolitik. Köln-Opladen, 8. Aufl. 1963, S. 55

240 Eine ähnliche Überlegung hat man in der Schweiz 1987/88 mit der Wegfallkostenrechnung (später Kostenanalyse) angestellt. Die Rechnung geht von der Hypothese aus, daß die Briefträger ihre Tour sowieso absolvieren müssen, wenn jedoch Zeitungen wegfallen, die Post weniger Einnahmen hat. Die Schlußfolgerungen des Berichts lauten: "Auf Zeitungen und Zeitschriften fallen im Zustelldienst durchschnittliche Kosten von 18,0 Rp. an. Der durchschnittliche Ertrag von 12,2 Rp. pro Exemplar vermag diese Kosten somit nicht zu decken. Bei Einzug der nicht untersuchten übrigen Bereiche ergeben sich Gesamtkosten von 28,8 Rp. pro Exemplar." Schweizerische PTT-Betriebe (Hrsg.): Kostenanalyse der Zeitungen und Zeitschriften im Zustelldienst. Schlußbericht. (Bern), 1989, S. 3

Aspekten der förderungswürdigen Meinungs- und Pressevielfalt fragwürdig sind, am größten.

Geht man hier trotzdem von einer gleichen Förderungswürdigkeit aller beförderten Publikationen über den niedrigen Postzeitungstarif aus, so tritt ein strukturbedingter ökonomischer Aspekt in den Vordergrund. Vergleicht man Monats- und Wochenzeitschriften auf dieser Ebene mit Tageszeitungen, so zeigt sich zweierlei: Einmal sehen sich Tageszeitungen durch ihre tägliche Erscheinungsweise dem Zwang ausgesetzt, niedrigere Endverkaufspreise anzusetzen. Auf der anderen Seite bedingt eben diese Publikationsfrequenz vielfache Transportkosten. Hier entsteht also eine Kosten-Erlös-Schere, die sich mit Ausdehnung des Erscheinungsintervalls deutlich reduziert, obwohl Zeitungen durch ihr Gewicht an sich höhere Gebühren zu zahlen haben.[241] Weniger oft erscheinenden Printmedien ist somit durchaus ein von den Tageszeitungen abweichender Tarif zuzumuten.[242]

Dieses System frequenzgestaffelter Preise könnte zusätzlich mit einer reaktionsorientierten Gebührenpolitik verknüpft werden. Der Gedanke hinter einer solchen Tarifdifferenzierung ist der meinungsbildende Wert der Publikation, der sich am Anteil redaktionellen Inhalts in Gegenüberstellung zum Anzeigenraum orientiert.[243]

---

241 Auf die ebenfalls korrelierenden anderen Kostengruppen soll hier gar nicht eingegangen werden.

242 Knoche und Zerdick verweisen in ihrer Untersuchung allerdings darauf, daß gerade Zeitschriftenverlage in weit größerem Ausmaß von einer Gebührenerhöhung betroffen würden. Während bei Zeitungsverlagen einem durchschnittlichen Betriebsergebnis von knapp 10 % Postgebühren in der Höhe von 1 % des Umsatzes gegenüber stehen, zeigt sich bei den Zeitschriftenverlagen ein Verhältnis von 7 % zu 3 %. Vgl. dazu: KNOCHE, Manfred, ZERDICK, Axel: Die Wirtschaftlichkeit der Verlage und der Postzeitungsdienst. Wissenschaftliches Institut für Kommunikationsdienste, Diskussionsbeitrag Nr. 68, Bad Honnef, 1991, S. 62 f. Diese Disparität wird allerdings verständlich, wenn man die Situation in Deutschland betrachtet und berücksichtigt, daß bei den Zeitschriften 41,6 % der verbreiteten Auflage durch die Post zugestellt werden (Daten 1988) und bei Wochenzeitungen 11,5 %, während bei den Tageszeitungen nur 4,8 % der verbreiteten Auflage auf diesem Weg vertrieben werden.
vgl. dazu: KNOCHE, Manfred; Axel ZERDICK: Strukturanalysen zur medienpolitischen und ökonomischen Bedeutung des Postzeitungsdienstes. Wissenschaftliches Institut für Kommunikationsdienste, Diskussionsbeitrag Nr. 81, Bad Honnef, 1992, S. 20

243 Siehe dazu die Postzeitungsbestimmungen von Deutschland, Schweiz, Frankreich, Großbritannien, die mindestens einen 30 %igen redaktionellen Anteil vorschreiben, aber auch die Bestimmungen von Belgien, Italien und Schweden oder gar der Niederlande, wo dieser Anteil mit 50 % festgesetzt ist. Vgl. dazu: eigene Erhebungen und Vergleich der europäischen Tarife und Vorschriften für den Postversand von Zeitungen, Versandraum und Vertrieb (4) Ifra. Special Report 4.5. Darmstadt, März 1989
Angesichts eines immer größer werdenden Anteils redaktioneller Inhalte, die von externen (PR-)-Agenturen geliefert und unredigiert übernommen werden, ist allerdings eine qualitativ fundierte Definition der Kategorie "redaktioneller Anteil" nötig. Befürchtungen, daß nach diesem Modell anzeigenstarke Zeitungen "bestraft" würden, sind unbegründet, da

Dieses System einer redaktionsanteilsorientierten Gebührenschichtung kann das Problem strengerer Zugangsbestimmungen zum Postzeitungsdienst lösen. Die Gebührenschichtung stellt die Idee der Systemöffnung vor. Indem der Postzeitungsdienst derzeit ein konkurrenzlos billiges Zustellservice offeriert, kann aus wettbewerbspolitischen Gründen durchaus für einen freien Zugang argumentiert werden. Indem die Gebührenpolitik nicht an die entgeltliche Abgabe des Printmediums, sondern an das Ausmaß des redaktionellen Inhalts gebunden wird, geht die Differenzierung deutlicher in Richtung des Grundgedankens einer Förderung der Presse- und Meinungsvielfalt über niedrige Postzeitungsgebühren. Gleichzeitig kann unter den erwähnten Aspekten hoher Systemfixkosten über mehr Umsatz ein deutlich höherer Deckungsbeitrag erzielt werden. Ein kombiniertes System dieser Art könnte wie folgt aussehen:

Abbildung 13: System der redaktionsanteilsorientierten Gebührenschichtung

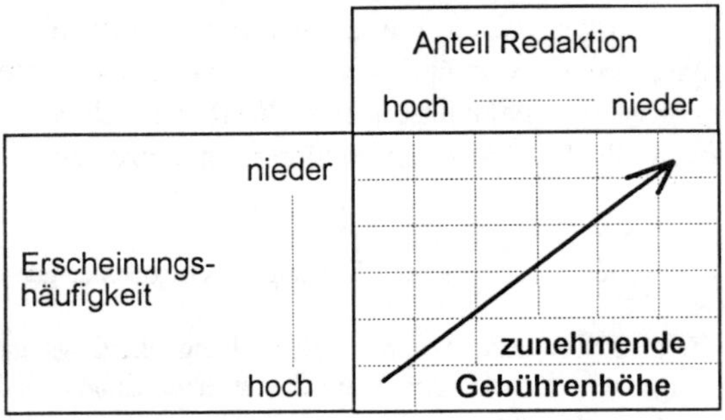

Wieweit dieses Stufensystem zu gliedern wäre, müßte natürlich auch unter verwaltungstechnischen und verwaltungsrechtlichen Gesichtspunkten untersucht werden. Der Leitgedanke sollte jedoch klar erhalten bleiben: je deutlicher ein Produkt eine Zeitung ist und je häufiger es erscheint, desto billiger ist der Vertrieb.[244]

Das oben beschriebene Modell würde eine Verbesserung bisheriger Systeme darstellen, indem auf die wirtschaftlich begründete Anhebung des Kostendeckungsgrades des Postzeitungsdienstes einerseits und die medienpolitisch notwendige Offenheit des Systems andererseits Rücksicht genommen wird. Diese Variante berücksichtigt ausschließlich monetäre Aspekte, wenn man sie aus der verlagsorientierten Sicht der Vertriebsleistung beurteilt. Ein Eingehen auf distributionstechnische und marktorientierte Verbesserungen macht die Entwicklung anders gestalteter Modelle notwendig.

eine solche Sanktion nur dann folgen würden, wenn der Anzeigenteil auf Kosten des redaktionellen Teils überproportional ausuferte.

244 Restriktive Ausnahmeregelungen sollten für nicht-kommerzielle (z.B. wissenschaftliche oder auch karitative) Zeitschriften vorgesehen werden.

8.3 Zustellzeitmodell

Die Entwicklung der Modelle soll zwei Aspekte berücksichtigen: Einmal eine Verbesserung in Richtung auf einen marktorientierten Zustellzeitpunkt, zum anderen in Richtung auf eine Reduktion von Transportkosten und Wegzeiten.

Ein Modell, das ersteren Gesichtspunkt berücksichtigt,[245] kann nur von einer Zustellzeit in den Morgenstunden ausgehen. Um diese Bedingung zu erfüllen, müßte im Modellfall Österreich entweder der derzeitige Postdienst in seiner Gesamtheit zeitlich neu strukturiert werden, oder es bedarf des Aufbaus einer eigenen, für den Zeitungsdienst exklusiven, Distributionskette.

Berücksichtigt man die experimentellen Erfahrungen der Schweiz,[246] so läßt sich die erste Variante unter Berücksichtigung der komplexen Gesamtstruktur der österreichischen Post ins Reich der Utopie verweisen. Eine Systemänderung würde nicht nur die gesamte Zustellungsarbeit in den deutlich kostenintensiveren Bereich der Nachtarbeit verlagern, sondern ebenso alle vorgelagerten verteilungslogistischen Arbeitsbereiche. Unter den derzeit gegebenen arbeitsrechtlichen Bedingungen (Beamtenstatus, Lohnniveau und Zuschläge) dürfte diese Variante weder finanzierbar noch durchsetzbar sein.[247]

Als zweite Variante ist der Aufbau eines gesonderten Zeitungszustellungssystems denkbar. Daß eine solche Möglichkeit prinzipiell machbar ist, beweist die gegenwärtige Form der Samstagszustellung in Österreich ganz gut. Auch sie wird quasi (integriert ist das Austragen von Expreßgut) als eigenes und zeitungsspezifisches System geführt.[248] Überdenkt man diese Form des morgendlichen Zeitungsdienstes betriebswirtschaftlich, erweist sie sich aber nicht als sinnvoll, da mit steigender Zustelldichte und wachsender Zustellmenge je Zustellpunkt eine stufenweise Reduktion der Distributionskosten je befördertem Gegenstand einhergeht. Der paral-

---

245 Hier soll nicht von alternativen Distributionsmodellen im Sinne rein privater Zustellfirmen ausgegangen werden. Wie die eingangs erwähnten Beispiele und die damit verbundene Kritik gezeigt haben, ist die Existenz eines völlig offenen Systems, daß für alle Marktteilnehmer zugänglich ist, von großer medienpolitischer Bedeutung. Ebenso verhält es sich mit der Versorgungsleistung, die im Fall privatwirtschaftlicher gewinnorientiert arbeitender Distributeure im Gegensatz zur öffentlich-rechtlichen Post die Betreuung betriebswirtschaftlich unrentabler Regionen nicht garantiert.

246 vgl. dazu die Ausführungen am Beginn des Kapitels 8.

247 Probleme dürften sich darüber hinaus bei der Zustellung von eingeschriebenen Sendungen und dgl. ergeben, da die Bereitschaft der Empfänger, sich zu früher Morgenstunde stören zu lassen, sehr eingeschränkt sein dürfte.

248 Wobei allerdings zu berücksichtigen ist, daß der Austräger an diesem Tag keine weitere Tätigkeit ausübt. Bei einer postalischen, aber von der jetzigen Organisation unabhängigen Zeitungsdistribution als 6- bzw. 7-Tage Operation wäre die sequentielle Nutzung von Betriebsmitteln (z.B. Pkw, Verteiltische etc.) aus Zeitgründen nur schwer möglich und auch eine Personalidentität vom frühmorgendlichen Zeitungsausträger und morgendlichen Briefträger scheint nur schwer möglich.

lele Systemaufbau wird ineffizient. Die Personalkosten jeder einzelnen Zustelltour und der vorgelagerten zeitungsabhängigen verteilungslogistischen Tätigkeiten würden derselben Kostensteigerung unterliegen wie im Fall der Gesamtsystemumstellung. Die daraus erwachsenden Kosten müßten fast zur Gänze als variabel und rein zeitungsverursacht gesehen werden. Gleichzeitig wären es Kosten, die zusätzlich zu den bereits bestehenden Systemkosten der Post erwachsen würden. Eine merkliche Reduktion dieser Systemkosten ist unter den Aspekten des hohen Fixkostenbestandteils kaum zu erwarten. Im Fall eines ausgegliederten morgendlichen Postzeitungsdienstes ist also davon auszugehen, daß die "normale" Post die Einnahmen aus dem Postzeitungsdienst zur Gänze verliert, ohne dies über eine korrespondierende Kostensenkung zur Gänze ausgleichen zu können, während der morgendliche Zustelldienst volle Kosten zusätzlich verursacht.

Diese zweite Variante ist demnach nur denkbar, wenn sie sich zur Gänze über die Erlöse aus dem Postzeitungsdienst finanzieren ließe.[249] Existenzfähig wird dieses System nur, wenn zwei grundlegende Bedingungen erfüllt sind: Die Konditionen müssen denen des derzeitigen Postzeitungsdienstes zumindest nahe kommen. In jedem Fall müssen sie unter jenen bestehender verlagseigener Austrägersysteme liegen, soll über die Einbringung aller Verlagsabonnements eine betriebswirtschaftlich rentable Zustelldichte erreicht werden.[250] Die Kosten müssen betriebswirtschaftlich optimiert werden. Dies ist nur dann möglich, wenn der dazu herangezogene Austrägerapparat aus dem Entlohnungs- und Arbeitsschema der anderen Postbediensteten ausgegliedert und in ein privatwirtschaftliches Organisationssystem übergeführt wird.[251] Ein Vorteil gegenüber privaten Distributeuren ist in der Nutzung

---

249 Freilich bestünde für eine solches ausgegliedertes System im Fall einer eigenen Rechtsform außerhalb der Post die Möglichkeit, als Serviceunternehmen Zustell- und Speditionsprobleme jeder Art zu lösen und dadurch eine zusätzliche Ertragsschiene aufzubauen.
In der Schweiz trägt man sich mit einem privatwirtschaftlichen Verteilkonzept als Alternative zur Post, daß in die Realität umgesetzt werden könnte, wenn Massenversender wie Coop und Migros zur Teilnahme gewonnen werden könnten. Erst damit wäre die kritische Zustelldichte und -menge erreicht, die eine rentable Verteilung ermöglicht.
Die Informationen stammen aus einem Gespräch mit Thomas Kähr, Generalsekretär, Schweizerischer Verband der Zeitung und Zeitschriftenverleger am 3. Dezember 1991.

250 vgl. dazu: KNOCHE, Manfred; Axel ZERDICK: Postzeitungsdienst und alternative Zustellformen im Vertriebssystem der Presse. Wissenschaftliches Institut für Kommunikationsdienste, Diskussionsbeitrag Nr. 80, Bad Honnef, 1992, S. 78

251 Es ist nicht davon auszugehen, daß beim Aufbau einer zukünftigen privatwirtschaftlich organisierten Zeitungsausträgerorganisation das Lohnniveau der Angestellten dieser Firma wesentlich unter dem Gehalt der Postangestellten (Briefträger) liegen wird. Sind heute die Austräger einer privaten Zustellorganisation wie etwa "Feibra" als Werkvertragsnehmer bzw. Hilfsarbeiter mit entsprechendem Lohnniveau (mengenorientiert) tätig, scheint eine qualifiziertere Zustelleistung nur mit besser ausgebildetem Personal denkbar - das Lohnniveau gleicht sich an jenes der Post an. Der Vorteil einer Privatfirma ist daher überwiegend in der höheren Effizienz der eingesetzen Mittel (Mitarbeiter und

der bestehenden Infrastruktur der Post gegeben. Dadurch ist die Kostenstruktur in ihrer Gesamtheit nahezu ausschließlich nur von Personalkosten beeinflußt.

Als dritte Variante kann noch eine Mischform zwischen Gesamtsystemumstellung und zeitungsexklusiver Morgenzustellung in Betracht gezogen werden. Es könnte sich dabei um ein Zwei-Touren-System handeln. Mit der Frühtour wird jenes Postgut distribuiert, daß zum entsprechenden Zeitpunkt bereits im Verteilungspostamt vorliegt und das in der zur Verfügung stehenden Arbeitszeit bewältigt werden kann. Dadurch wird eine systemumfassende und kostenintensive Arbeitszeitverschiebung verhindert, der morgendliche Austrägerdienst erhält jedoch eine zusätzliche und höhere Transportdichte, eine zweite Austrägertour erhöht die Zustellsicherheit des anderen Postguts.[252]

In jedem der vorgestellten Modellfälle müßte von einer genauen Strukturanalyse der Post ausgegangen werden. Im besonderen müßte eine genaue Berechnung der Toureneffizienz erfolgen, also festgestellt werden, mit welchen Distributionskapazitäten (Menge und Ort) die geringsten Kosten je Verteilungsgut anfallen. Da die Post ein Verbundbetrieb ist, kann der weitaus größte Teil der Kosten nicht direkt auf eine einzelne Leistung (d.h. einen Kostenträger) umgelegt werden. So werden z.B. bei der Zustellung Briefe, Drucksachen, Postanweisungen, Einschreiben und Zeitungen zugestellt. Da im Zustelldienst jedoch rund 90 % der Personalkosten anfallen,[253] ist es wichtig, die für die verschiedenen Kostenträger aufgewendete Arbeitszeit exakt zu ermitteln, wozu umfangreiche mathematisch-statistische Untersuchungen durchgeführt werden müßten.

8.4 Wegstreckenmodell

Die Zeitempfindlichkeit des Produkts Tageszeitung und die Tatsache, daß im gesamten Prozeß der Distribution vor allem die Überwindung von Wegstrecken der zeitliche Engpaß darstellt, läßt natürlich immer wieder den Gedanken der dezentralen Druckereistandorte in Modelle der Vertriebsoptimierung einfließen.[254] Durch die elektronische Datenübertragung steht dem heute von technischer Seite wenig entgegen. Entscheidend sind nach wie vor Kostenaspekte, denn die Errichtung zusätzlicher Druckereien kann auch bei beträchtlichen Transportzeitreduktionen nur dann zielführend sein, wenn bei Aufsummierung aller dadurch erreichten Erlössteigerungen

Investitionen) gegenüber einer Behörde zu sehen. Bestätigt werden diese Aussagen durch: KR Anton Feistl, Geschäftsführer, Feibra/Wien in einem Gespräch am 18. März 1992.

252 Da Dienste mit höherem Qualitätsstandard also schnellerer Laufzeit, gegenüber anderen bevorzugt werden können, lassen sich darüber hinaus Spitzen bei der Sortierung und Zustellung ausgleichen.

253 vgl. dazu: Schweizerische PTT-Betriebe (Hrsg.): Kostenanalyse der Zeitungen und Zeitschriften im Zustelldienst. Schlußbericht. (Bern) 1989, S. 1

254 vgl. dazu etwa: GOSLICH, Lorenz: Zeitungs-Innovationen. Saur, München - New York - London - Paris 1987, S. 119 ff.

und Transportkostenreduktionen am Schluß ein positiver Barwert der Investition zu erwarten ist.[255] Ein entscheidender Faktor hierfür wird die Auslastung der dislozierten Druckereien sein. Diese kann nur dann erreicht werden, wenn über Kooperationen der Zeitungsverlage und die Hereinnahme externer Aufträge ein entsprechendes Volumen erreicht wird.

Die Post könnte weiters über die Bereitstellung einer zeitlichen Zustellgarantie und direkte Anbindung ihrer verteilungslogistischen Organisation an die Druckerei einen erheblichen Anreiz für die Nutzung eines solchen Modells schaffen. Voraussetzung wäre allerdings die Durchführung der Morgenzustellung, wie sie im vorhergehenden Kapitel bereits beschrieben wurde. Für die Post bietet sich im hier vorgeschlagenen Modell ein Vorteil, indem der entsprechenden Postzeitungsgebühr geringere verteilungslogistische Kosten gegenüberstehen. Die Annahme der Zeitung erfolgt bereits im Nahebereich der Endverteilungspostämter, vorgelagerte distributive Leistungen ab dem weiter entfernten Aufgabepostamt und der zeitaufwendige Langstreckentransport fallen weg.

Die Möglichkeiten einer Optimierung der Postzeitungsleistungen in Richtung einer marktgerechten Zustellzeit bedingen zweifellos schwerwiegende Eingriffe und Umstellungen innerhalb der heutigen Postzustellung. Sie sind deshalb wohl nicht als kurzfristige Projekte anzusehen. Vielmehr müßten der Realisierung groß angelegte postinterne Analysen vorausgehen, die den gesamten Bereich der Wirtschaftlichkeit und Effizienz der postalischen Distribution zum Gegenstand haben. Eine Lösung für den Postzeitungsdienst kann weiters nur im Konnex mit einer Gesamtattraktivitätssteigerung unter marktorientierten Gesichtspunkten angestrebt werden..

---

255 Das kooperative, von den Verlegern kontrollierte Verteilsystem der französischen Presse Nouvelles Messageries de la Presse Parisienne (NMPP) sah in der Errichtung von Faximiledruckereien die Lösung der Verteilprobleme nationaler Tageszeitungen im Flächenstaat Frankreich. Der Grundidee von NMPP folgend, daß Wettbewerb über das Produkt und nicht über die Verteilung stattfindet, daß also jeder ohne Diskriminierung die gleichen Möglichkeiten haben sollte, wurden Mitte der 70er Jahre Faximiledruckereien in sieben französischen Orten errichtet. Durch den Wegfall von Transportkosten und die raschere Verfügbarkeit der Zeitungen in der Region schien ein perfektes Distributionssystem für die nationalen Tageszeitungen geschaffen. Probleme gab es mit "Le Monde", die nicht auf das Format der anderen Zeitungen umsteigen wollte, während die Drucker sich weigerten, eine Maschine extra für dieses Blatt anzuschaffen. "Le Monde" wurde weiterhin mit Lkw und Zügen transportiert, was in der Folge freilich die von allen Zeitungen zu tragenden Kosten belastete. Das Ende der Satellitenübertragung und der Faximiledruckereien kam aber nicht dadurch, sondern durch die Errichtung einer Großdruckerei der Hersant-Gruppe ("Le Figaro", "France Soir") 1989 in Paris. Jetzt wurden die meisten der bisher auch in der Provinz gedruckten Blätter wieder in Paris gedruckt. Von Vorteil sind die durch die Massenproduktion reduzierten Kosten sowie die Farbdruckmöglichkeit. Einige Blätter bleiben jedoch weiterhin beim Faximilesystem, sodaß vier der sieben Druckereien bestehen blieben. Die Kosten für NMPP sind durch die Doppelgleisigkeit beträchtlich gestiegen. Gespräch mit Thiery Rozo, Nouvelles Messageries de la Presse Parisienne, vom 9. Dezember 1991

8.5 Presseförderung und Postzeitungsdienst

Bezieht man in die Entwicklung neuer Postzeitungsmodelle nun den Gedanken einer gezielten Presseförderung ein, so ergeben sich weitere Aspekte. Prinzipiell ist jedes der vorgestellten Modelle geeignet, über medienorientierte Subventionen gestützt zu werden. Darauf aufbauend können spezifische Förderungsmodelle erarbeitet werden. Dabei lassen sich einzelne Wirkungen auf den Markt abschwächen oder verstärken.[256] Gerade der zuletzt beschriebene Wegstreckenmodell ließe sich im Beispielsfall Österreich aus dem Titel der Arbeitsmarktförderung von Seiten des Sozialministeriums fördern, oder auch aus Zuschüssen der Länder oder Gemeinden.[257]

Legt man den derzeitigen Kostenunterdeckungsgrad des Postzeitungsdienstes als indirekte Vertriebssubvention aus, so könnte man von folgendem Modell ausgehen: Die bestehende Kostenunterdeckung wird tatsächlich als Fehlbetrag ausgewiesen und dezidiert als Förderungssumme definiert. Gleichzeitig werden die bestehenden Postzeitungsgebühren auf ein höheres und kostendeckendes Niveau angehoben. Die ausgewiesene Förderungssumme wird nun im Sinne einer direkten Subvention (nach festgelegten Kriterien) den Zeitungen zugeteilt.

Dabei handelt es sich nicht um ein System direkter Geldflüsse an die Verlage, sondern um eine spezifische Förderung des Postvertriebes.[258] Indem prinzipiell jeder Verlag die normalen Massensendungsgebühren zu bezahlen hat, kann im Fall jener Zeitungen, die in das Subventionsmodell eingeschlossen werden, eine Reduktion der Gebühren erfolgen. Die Höhe der Förderung richtet sich damit nicht nach gesetzlichen, politischen oder sonstigen Kriterien, sondern ist alleine vom Ausmaß der postvertriebenen Auflage abhängig. Gegenüber dem bisherigen Verfahren ergeben sich zwei Vorteile: Der Übergang von einer indirekten zur direkten Förderung wirkt sich in der Gesamthöhe der zur Verfügung stehenden Gelder nicht unmittelbar aus,

256 Die Autoren sehen vorliegendes Förderungsmodell nur als Ansatz zu einem möglichen Förderungsmodul, der Begriff "Modul" wird daher hier nicht verwendet. Durch Verknüpfung mit den Projekten III.1 und III.3 des Forschungsprogrammes "Ökonomie und Zukunft der Printmedien" und Diskussion mit Betroffenen ließe sich ein solcher jedoch erarbeiten.

257 Wie beim Bau und der Modernisierung von Großdruckereien geschehen. Seit 1984 wurden knapp eine Mrd. Schilling aus Mitteln der Arbeitsmarktförderung und den Budgets der Länder und Gemeinden aufgewendet. Dislozierte und kleinere Druckereien würden aus arbeitsmarktpolitischen Gesichtspunkten vorteilhaft zu beurteilen sein, da sie auch abseits der Hauptstädte in wirtschaftlich schwächeren Regionen Arbeitsplätze schaffen könnten.

258 Es ist daher fraglich, ob dieses Modell mit den im EG-Grünbuch vorgestellten Plänen der EG-Kommission zur Abschaffung des tarifbegünstigten Postzeitungsdienstes konform geht. Da aber eine nach diesen Plänen laufende EG-weite Harmonisierung im Postzeitungsdienst europaweit teilweise zu exorbitanten Steigerungen der Postzeitungsgebühren führen würde, ist die Diskussion darüber noch nicht abgeschlossen und sind Änderungen im Vorgehen noch möglich. Vgl. dazu auch: AHLBORN, Alice: Zeitungen müssen stärker für sich werben. In: Die Zeitung, November/Dezember 1992, S. 8

langfristig ist jedoch durch die größere Transparenz und den notwendigen Nachweis der rechtmäßigen Verwendung der Mittel eine entsprechende stabilisierende Wirkung zu erwarten.

Die Mittelvergabe kann nach klaren demokratie- und medienpolitischen Kriterien erfolgen, was der ursprünglichen Idee einer Presseförderung eher entspricht. Im Gegensatz zur gegebenen Situation des für jeden Tageszeitungsverlag zugänglichen Postzeitungsdienstes, können über klare Richtlinien[259] finanziell nicht förderungswürdige Verlage von den Geldern ausgeschlossen werden, womit für "bedürftige" Medien der Topf größer wird.

Damit stellt sich dieses Modell auf den ersten Blick als wesentlich vorteilhafter dar, als das bestehende. Auf der anderen Seite müssen auch die negativen Aspekte berücksichtigt werden. Einmal handelt es sich bei dieser neuen Variante der Preisstützung um eine selektive Maßnahme, die deutliche Eingriffe in die Marktstruktur vornimmt. Das gegenwärtige Modell tut dies nicht, da allen Teilnehmern am Postzeitungsdienst die anteilig gleiche Stützungssubvention zukommt. Des weiteren muß der politische Aspekt beachtet werden: zwar ließe die beschriebene Variante nur wenig Einfluß in Richtung einer willkürlichen Zuweisung von Förderungsgeldern offen,[260] doch ist sie in der Öffentlichkeit möglicherweise schwieriger zu vertreten.[261] Unter der Prämisse eines möglichen opportunistischen Verhaltens der politischen Entscheider könnte dieses Modell der Beginn vom Ende einer Presseförderung über die Post sein.

Den beschriebenen Vorteilen stehen damit deutliche Nachteile gegenüber, die bei einer Ausarbeitung dieses Modells zu berücksichtigen wären. Derzeit findet sich kein ähnliches Modell in den untersuchten Vergleichsländern, obwohl eine an den Vertrieb gebundene staatliche Subvention nicht neu ist.

In Finnland z.B. wird zur Gewährleistung und Aufrechterhaltung der Distributionswege der Tageszeitungen eine Subvention für jene Unternehmen gewährt, die als Marktführer in ihrem Verteilgebiet auch andere Zeitungen verteilen. Ein Teil der Subvention geht an die Verteilorganisation direkt, ein Teil an die beteiligten Zeitun-

---

259 die sich beispielsweise an Kriterien orientieren könnten, wie sie in bestimmten Ländern zur Zulassung zum Postzeitungsdienst gefordert werden (also etwa die Festlegung eines redaktionellen Anteils), die an Vertriebskooperationen gekoppelt sind oder Standortnachteile kompensieren könnten.

260 Der Ausschluß vom Postdebit war zwischen 1609 - dem Erscheinen der ersten regelmäßigen (Wochen-)Zeitungen - und 1848 ein wirksames Unterdrückungsmittel der Staatsmacht. Er wäre heute verfassungswidrig.

261 Die derzeitige Form der Stützung über einen allgemein niedrig gehaltenen Postzeitungstarif wird in der Öffentlichkeit kaum wahrgenommen. Durch die Quersubventionierung innerhalb der Post über den Fernsprechsektor wird der Subventionscharakter verwischt. Das Bilanzergebnis der Post ist ganz einfach niedriger. Das neue System würde hingegen dazu führen, daß die Politik den Ausweis einer dezidierten Förderung in Milliardenhöhe zu vertreten hätte.

gen selbst.[262] Die Post nimmt an diesem System als gleichgestellter Wettbewerber teil.[263] Aus Kostengründen wird das gesamte Subventionssystem derzeit überdacht, eine Änderung und Reduzierung der Subvention ist wahrscheinlich.

Prinzipiell wäre die spezifische Vertriebsförderung - möglicherweise mit Modifikationen[264] - auch für andere Länder durchaus denkbar. Es handelt sich dabei allerdings nicht um ein speziell auf die Post zugeschnittenes Modell, vielmehr könnte die Post, wie jeder andere Distributeur, an diesem Förderungssystem teilnehmen[265] und sich sogar in Konkurrenz mit anderen Transporteuren weiterentwickeln.[266]

262 1990 wurden dafür 15,5 Mill. FMk, bei einer direkten Gesamtsubvention von 112 Mill. FMk aufgewendet. Vgl. dazu : TRAPPEL, Josef: Medien Macht Markt. Medienpolitik westeuropäischer Kleinstaaten. Österreichischer Kunst- und Kulturverlag, Wien - St. Johann/Pongau 1991, S. 151 sowie Informationen von Haakan Gabrielsson, The Finnish Newspaper Publishers Association, vom 9. Jänner 1992.

263 Die Post erhält aber darüber hinaus eine Subvention zur Stützung des Postzeitungstarifes. "The about 20 percent of the newspapers who are distributed by the normal mail were subsidied by the state with about 325 million FMK 1990. The idea of that subsidy was that the post has certain cost the tariff does not cover. It startet one year and it became a tradition. The post did just get the money from the government. This let to the situation that the post every year got more and still had not enough." Gespräch mit Haakan Gabrielsson, The Finnish Newspaper Publishers Association, vom 9. Jänner 1992.

264 Zum Beispiel wäre durch eine disproportionale Subventionspolitik eine Stärkung der regionalen Trägerorganisationen denkbar. Dadurch würde zum einen die regionale Pressevielfalt erhalten werden, zum anderen würde der atypischen österreichischen Medienstruktur im Sinne einer Subvention der "Schwachen" entgegengewirkt werden.

265 Während das finnische Modell auf Freiwilligkeit (mit ökonomischem Vorteil) beruht, ist ein solches Modell auch mit gesetzlichem Zwang denkbar. Vgl. dazu: BRUCK, Peter A.: AZ: Ego hic sum oder wer ist der Markt? In: Salto, Nr. 28, 8. November 1991, S. 3

266 Inwieweit Konkurrenz das Geschäft beleben kann, zeigt die Reaktion der häufig gescholtenen Post-Monopolbetriebe (auf die Expansion der internationalen Kurierdienste DHL, UPS, TNT etc. Vgl. dazu: Spiegel-Verlag Rudolf Augstein GmbH & Co. KG (Hrsg.): Transportmärkte. Kurier-, Expreß- und Paketdienste. (Spiegel-Verlagsreihe Märkte im Wandel Bd. 13) Hamburg, 1987

Teilprojektnehmer des Forschungsprogramms

I) DATENBASIS

a) Datenerhebung/Datensicherung
Dr. Michael Klinger, Salzburg

b) Pressestatistik/Datenkoordination
Dr. Ursula Maier-Rabler, Mag. Erich Sutterlütti, Salzburg

II) VERLAGSMANAGEMENT

II.1 Produktstrategien und Marktnischenpolitik
AGK, Dr. Werner Meier, lic. phil. Michael Schanne, Zürich;
Dr Josef Trappel, Wien

II.2 Werbemarkt
MMO, Dr. Felicitas Girisch, Wien; Mag. Hannes Selhofer, Salzburg;
Dr. Andreas Büchelhofer, Wien

II.3 Zeitungsvertrieb
Dr. Erich Geretschlaeger, Mag. Anton Leinschitz, Wien/Graz

II.4 Entscheidungsstrukturen
Prof. Dr. Irene Neverla, Mag. Susie Walch, Hamburg/München

II.5 Investition und Finanzierung

a) Finanzierung
DDr. Willibald Girkinger, Molln-Linz

b) Innovationen und Investitionen
Forschungsteam Universität Münster, Prof. Dr. Siegfried Weischenberg, Dr. Martin Löffelholz, Mag. Klaus Dieter Altmeppen, Dr. Monika Pater, Armin Scholl

II.6 Marktasymmetrie und Industrieökonomie
Prof. Dr. Karl Aiginger, Michael Peneder, Wien

II.7 Kommunikationsstrategien

a) Quantitative Manifestationen im internationalen Vergleich
MMO - Dr. Felicitas Girisch, Wien

b) Qualitative Erhebung/Branchenkonzeptionen
Dr. Andreas Büchelhofer, Dr. Matthias Karmasin, Wien

III) MEDIENPOLITIK

III.1 Medien- und Kartellrecht

a) vergleichende Systematik
Dr. Harald Trettenbrein, Klagenfurt/Wien

b) Steuerungs- und Wirkungsmodelle
Prof. Dr. Gerd G. Kopper, Prof. Dr. Günther Rager, Dortmund

III.3 Presseförderung
Prof. Dr. Christina Holtz-Bacha, Bochum

III.4 Postleistungen
Dr. Erich Geretschlaeger, Mag. Anton Leinschitz, Wien/Graz

III.5 Arbeits- und Vertragsrecht
Dr. Rudolf Mosler, Dr. Edith Weinmeier, Salzburg/Wien

Interessieren Sie sich für weitere Ergebnisse des Forschungsprogramms . . .?

Die Beiträge dieses Buches beruhen auf Projektberichten des Forschungsprogramms "*Ökonomie und Zukunft der Printmedien*". Die ursprünglichen Endberichte wurden speziell für diese Publikation gekürzt und redaktionell überarbeitet.

Die ausführlichen Originalfassungen, auch jene der in diesem Band nicht enthaltenen Projektberichte, können in gebundender Form gegen Erstattung der Herstellungskosten per unten angeführter Adresse bestellt werden .

Folgende Bände sind lieferbar:

Bereich I: **Datenbasis**

- I.b Pressestatistik im internationalen Vergleich

Bereich II.: **Verlagsmanagement**

- II.1 Produktstrategien und Marktnischenpolitik
- II.2 Werbeboom & Medien (Buch)
- II.3 Zeitungsvertrieb
- II.4 Entscheidungsstrukturen in Printmedien
- II.5a Finanzierung (Arbeitstitel)
- II.5b Innovationen und Investitionen
- II.6 Ökonomische Grundbedingungen der Printmedienbranche
- II.7 Kommunikationsstrategien: Quantitative Manifestationen im internationalen Vergleich

Bereich III.: **Medienpolitik**

- III.1a Interventionsmöglichkeiten gegen Medienkonzentration
- III.1b Medien- und Kartellrecht: Steuerungs- und Wirkungsmodelle
- III.3 Presseförderung im westeuropäischen Vergleich
- III.4 Postleistungen
- III.5 Arbeitsbedingungen bei Tageszeitungsunternehmen im internationalen Vergleich

Univ.-Prof. DDr. Peter A. Bruck,
Leiter des Forschungsprogramms
Ökonomie und Zukunft der Printmedien

am Institut für Publizistik, Universität Salzburg,
Rudolfkai 42, A-5020 Salzburg

Tel. +662 / 8044 - 4160
Fax. +662 / 8044 - 4190